中華人民共和國國務院批准的重大文化出版工程

國家文化發展規劃綱要的重點出版工程項目

新聞出版總署列爲「十一五」國家重大工程出版規劃之首

國家出版基金重點支持項目

ISBN 978-7-5495-9247-0
9 787549 592470 >

中華大典

文獻目録典

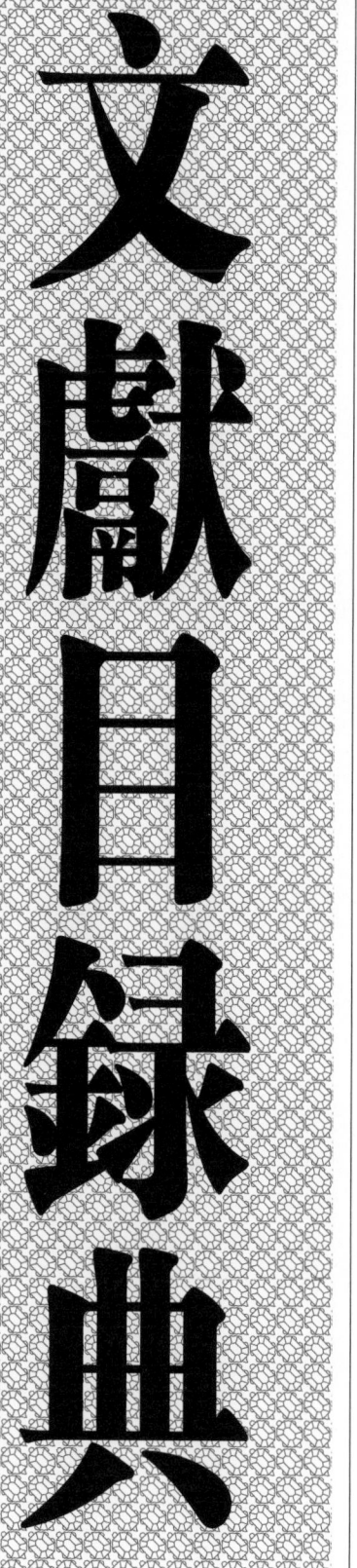

廣西師範大學出版社集團有限公司

《中華大典》工作委員會

主　任：柳斌傑

金人慶

副主任：李　彦　于永湛　鄔書林　張少春　李衛紅

周和平　陳金泉　李静海

委　員：張小影　伍　傑　朱新均　吳尚之　孫　明

王家新　徐維凡　劉小琴　毛群安　遲　計

曹清堯　彭常新　王志勇　潘教峰　姜文明

王　正　石立英　安平秋　陳祖武　詹福瑞

戴龍基　宋焕起　孫　顒　陳　昕　魏同賢

王建輝　朱建綱　高紀言　莫世行　段志洪

李　維　何學惠　甄樹聲　馮俊科　譚　躍

羅小衛　王兆成

《中華大典》編纂委員會

總主編：任繼愈

副主編：席澤宗　程千帆　戴　逸　吳文俊　柯　俊

傅熹年

編　委：卞孝萱　任繼愈　李明富　余瀛鰲　林仲湘

郁賢皓　馬繼興　袁世碩　席澤宗　陳美東

黄永年　章培恒　張永言　張晋藩　葛劍雄

董治安　程千帆　傅世垣　曾棗莊　龐　樸

趙振鐸　劉家和　潘吉星　錢伯城　戴　逸

楊寄林　穆祥桐　吳文俊　金正耀　戴念祖

柯　俊　金維諾　白化文　汪子春　周少川

孫培青　朱祖延　傅熹年　李　申　郭書春

熊月之　柴劍虹　吳子勇　寧　可　江曉原

鄭國光　吳征鎰　尹偉倫　魏明孔

《中華大典》前言

《中華大典》是運用我國歷代漢文古籍編纂的一部大型工具書。其目的是爲學術界及願意瞭解中國古代珍貴文化典籍的人士提供準確詳實、便於檢索的漢文古籍分類資料。

中國是世界文明古國之一，幾千年來纂寫和聚集的文化典籍浩如烟海。我國歷代都有編纂類書的優良傳統，具有代表性的《永樂大典》等大多已佚失，現存《古今圖書集成》編就距今也已數百年。爲了適應今天和以後研究和檢索的需要，一九八八年海内外三百多位專家學者和各古籍出版社同仁倡議，在已有類書的基礎上，用現代科學方法編纂一部新的類書《中華大典》。

國務院在關於編纂《中華大典》問題的批覆中指出，編纂《中華大典》「是我國建國以來最大的一項文化出版工程」。本書所收漢文古籍上起先秦，下迄清末，約三萬種，達七億多字，分爲二十四個典，近百個分典，内容廣博，規模宏大，前所未有。

《中華大典》的編纂工作堅持科學態度和百花齊放、百家争鳴方針。儘量採用古精校精刻本，優先採用我國建國後文獻學和考古學的優秀成果。對傳統文化中重要的不同學派的資料，兼收並蓄。運用現代圖書分類的方法，對收集到的資料，精選、精編，力求便於檢索、準確可信。

這項工作從開始起就受到中共中央、國務院和有關部門的重視和支持。國家主席江澤民、國務院總理李鵬分别爲《中華大典》題詞。江澤民的題詞是：「同心同德群策群力認真編好中華大典爲建設有中國特色的社會主義服務。」李鵬的題詞是：「繼承和弘揚民族優秀傳統文化。」全國政協主席李瑞環、國務委員李鐵映也作了重要指示，要求抓緊辦理。一九九零年五月，國務院批准《中華大典》爲國家重點古籍整理項目。一九九二年九月，正式成立了《中華大典》工作委員會和《中華大典》編纂委員會，召開了《中華大典》工作、編纂會議。自此，《中華大典》的編纂工作由試點轉入正式啓動，逐步鋪開。

編纂《中華大典》，學術性很强，工作量很大，工程十分艱巨，全賴廣大專家學者和全國各有關高等院校、科研院所、圖書館、出版單位的鼎力支持與積極參與。大家本着弘揚中華民族優秀文化的心願，發揚奉獻精神，克服各種困難，團結協作，給這部巨大類書的出版提供了根本保證。在此謹表示誠摯的謝意。

對本書的批評與建議，我們將十分歡迎。

《中華大典》編纂委員會

一九九七年四月

二〇〇六年十一月修訂

《中華大典》編纂通則

一、性質：《中華大典》（以下簡稱《大典》）是對漢文古籍（含已翻譯成漢文的少數民族古籍）進行全面的、系統的、科學的分類整理和匯編總結的新型類書，是在繼承歷代類書優良傳統、考慮漢文古籍固有特點的基礎上，借鑒和參照近代編纂百科全書的經驗和方法編纂而成。編纂《大典》的目的，是爲學術界及願意瞭解中國古代珍貴文化典籍的人士提供各種分門別類的、準確詳細的古代漢文專題資料。

二、規模和體例：《大典》所收古籍的時限，上自先秦，下迄辛亥革命。全書共收各類漢文古籍三萬餘種，七億多字。全書體例，着重汲取清代《古今圖書集成》所採用的經目和緯目相交織這一統一框架結構的模式，同時參照現代科學的學科、目錄分類方法，並根據各類學科內容的實際情況，一般將每一大類學科輯爲一典，也有將幾個相關學科共輯爲一典的。對各典名稱，均以現代學科命名，對於所收入的各種古籍資料，亦儘可能納入現代科學分類體系之中。

三、經目：大典共分二十四個典，即哲學典、宗教典、政治典、軍事典、經濟典、法律典、教育典、語言文字典、文學典、藝術典、歷史典、歷史地理典、民俗典、數學典、物理化學典、天文典、地學典、生物學典、醫藥衛生典、農業典、林業典、工業典、交通運輸典、文獻目錄典。典以下以分典、總部、部、分部分級，分部之下的標目根據各學科特點由各典自行擬定。

四、緯目：共設置九項緯目，用以包容各級經目的具體內容：

①題解：對有關學科的名稱、概念、涵義、特點等作總體介紹的資料。

②論說：有關理論部份的資料。

③綜述：有關學科或事物的系統性資料，凡有關學科或事物的性狀、制度、範疇、特點及學科地位、發展情況等具體內容均編入此緯目中。

④傳記：有關人物的傳記資料。

⑤紀事：有關學科或事物的具體活動或事例的資料。

⑥著録：重要人物或文獻的有關著作資料，如專集介紹、序跋、藏書題記，以及有關著作的成書經過、版本源流等。

⑦藝文：有關屬於文學欣賞性的散文或韵文。

⑧雜録：凡未收入以上各緯目，而又有較高參考價值的資料，均入雜録。

⑨圖表：根據有關經目的内容需要，圖與表附於相關專題之下，或集中匯總於某級經目之後。

《大典》以内容分類安排各級緯目，各級緯目的正文，一般以原書爲單位，按時代順序排列。每一條資料前標明出處，包括書名或作者名、篇名或卷次，以利讀者核對原書。

五、書目：每分典後附有該分典所收書之書目，書目包括書名、作者、時（年）代、版本等内容。時代以成書時代爲準，成書時代不詳者，以作者主要活動時代爲準，並遵從歷史習慣。

六、版本：《大典》在選用版本時儘量採用古人的精校精刻本，亦採用學術界通用的近現代整理圈點本及現代學者校點整理本。

七、校點：爲儘可能保存古籍原貌，《大典》祇對底本中明顯的脱、訛、衍、倒進行勘正。古本中的避諱字一般不作改動，祇對缺筆字補足筆畫。後人刻書時避當朝人諱而改動的字，據古本改回。《大典》採用新式標點法。

一九九六年八月

二〇〇六年十一月修訂

《中華大典·文獻目録典》編纂委員會

顧　問：劉家和　安平秋　傅璇琮　陳祖武

主　編：周少川

副主編：鄧瑞全

編　委：閻崇東　楊寄林　諸偉奇　楊燕起　王錦貴　汪高鑫
周延良　鄧瑞全　楊　健　張　濤　張　昇　王記録
周少川　邵永忠　向燕南　鄭振峰　駱繼光

《中華大典・文獻目録典》序

中國古籍素以浩如烟海、汗牛充棟而著稱。浩瀚的中華典籍哺育了世世代代的炎黄子孫，既是中華文明綿延五千年從不中斷的歷史標志，又是當今弘揚民族精神和時代精神，建設社會主義文化强國的重要資源。

整理研究古代文化典籍，在我國有悠久的歷史。從孔子整理「六經」開始，歷代學者爲了更好地認識和利用典籍，嬗遞文化傳統，非常重視對傳世典籍的考辨整理。他們或校勘異同，訂正訛誤，或訓釋箋注，闡幽發微，或編目著録，考鏡源流，或審定版本，辨别真僞。在整理典籍的長期實踐中，積累了豐富的經驗和資料，編纂出數逾千計的書目著作，逐漸形成了涵蓋目録、版本、校勘、注釋、辨僞、輯佚等專學的文獻校讎之學，並於二十世紀，最終確立了具有民族特色和現代科學體系的中國文獻學。

二十世紀八十年代以來，爲了推進社會主義文化的建設，黨中央多次號召加强古籍整理工作，指出「整理古籍是一件大事，得搞上百年」。古籍整理和文獻學研究的工作任重而道遠。在《中華大典》這項古籍整理的重大文化工程中，工委會和編委會於二十四典中特别設立了《文獻目録典》。其任務是分類彙集古代書目資料和文獻學資料，全面反映中國古代典籍編纂和典籍整理的豐富成果，以促進古籍整理和文獻學的持久發展。因此，《中華大典・文獻目録典》既是古籍整理實踐的産物，又肩負著爲今後古籍整理與文獻學研究的深入開展建設信息庫的歷史使命。

《文獻目録典》的編纂工作自二〇〇六年啓動，歷時六年而完成。全書約三千五百萬字，下設《文獻學分典》和《古籍目録分典》。本典的内容具有以下學術價值和特點：

一、《文獻目録典》推陳出新，規模宏大，是迄今爲止，首創類編文獻學與書目資料的大型工具書。在中國類書編纂史上，也曾有彙編前代評述典籍資料的類書，如南宋王應麟的《玉海・藝文》和清代官修類書《古今圖書集成》中的《理學彙編・經籍典》，然二者皆忽略對典籍整理資料的收集和類編。本典從繼承傳統又超越前賢的目標出發，彙編先秦至清末古籍中有關文獻校讎的重要資料，以及歷代古籍目録著録典籍的重要資料，彌補了古代類書編纂的不足；在規模和體制上，也大大超過了以往相同領域的文獻類編。

二、《文獻目録典》兼具資料類編與書目兩大功能，既是中國文獻學的資料大全，又是中國存佚古籍的解題全目。本典的《文獻學分典》彙集古代學者對目録、版本、校勘、注釋、辨僞、輯佚等各專學相關概念、術語、涵義、地位及淵源流别的論述，收録古代學者運用各專學考辨文獻的方法與實例，以及對他們考校典籍的具體事蹟和成果的記載，爲專業人員和其他學科的研究者提供古代文獻學豐富的史料，也可作爲高等院校文獻學教學的參考素材，從而適應了我國文獻學學科建設和古籍整理發展的需要。

本典的《古籍目録分典》則汲取南宋文獻學家鄭樵「紀百代之有無，廣古今而無遺」的目録學思想，廣採古今公私古籍目録，對産生於一九一一年以前的中國古籍，不論存佚，皆予著録。從一定意義上講，它是第一部反映我國古代文化典籍全貌的中國古籍解題全目，其中有關亡佚古籍的豐富材料，必將在全面發掘我國古代文化遺産，深入開展中國文化史研究的進程中顯示其重要的價值。

三、《文獻目録典》的框架體例體現了高度的科學性、系統的完整性和清晰的條理性。本典採用現代科學分類的方法，並吸收當今文獻學研究和古籍分類的最新成果，對我國古籍的傳統分類加以改造，形成了由典、分典、總部、部、分部、專題等六級經目及若干緯目相互交織的框架結構，用以容納豐富的資料。同時也展現了我國文獻學完整、清晰的學科體系和對古籍的科學分類。這種按學術内容分類統轄、依時間順序排列資料的邏輯體系，不僅有利於揭示典籍文獻的本質屬性和内容上的相互關係，而且有助於反映我國古代各門學術形成發展的淵源脉絡，發揮「辨章學術，考鏡源流」的作用。本典所設計的文獻學框架和對古籍分類體系的改造，也將有益於進一步規範我國文獻學的學科體系和完善古籍目録的分類方法。

四、《文獻目録典》的編纂確保了資料的廣泛性、文獻選編的實用性和校勘標點的準確性。本典的資料採編、整理堅持網羅宏富和質量第一的原則。收録資料的範圍包括傳世典籍、出土文獻和域外漢籍，普查典籍文獻達一萬四千餘種，其中查閲的書目文獻則遍及古今各種古籍目録；採録資料選用典籍較好的版本，並充分利用二十世紀以來古籍整理的優秀成果。文獻採選則注意去粗取精，既選用有代表性和稀見的資料，又兼收不同流派、不同觀點的材料，以求客觀地反映古代學術的面貌。類編文獻務求歸類恰當，並標明出處，配以詳細的《引用書目》，以利使用。由於本典編纂人員是來自國内文獻學界的專家和中青年學者，富有古籍整理的經驗，因而校點工作力求準確規範，在整理資料過程中還改正了以往古籍點校中的一些錯誤。

《中華大典·文獻目録典》在長達六年的編纂工作中，來自北京師範大學、内蒙古師範大學、河北師範大學、安徽大學、河南師範大學、内蒙古大學、南開大學、天津師範大學、雲南大學的近百名專家學者，以嚴謹認真的科學態度，團結協作，甘於奉獻，付出了大量辛勤的勞動。本典的編纂工作自始至終得到《中華大典》工委會、編委會和大典辦公室的悉心指導，得到廣西師範大學出版社的大力支持和密切配合，得到上述高校各級領導的關心支持，以及國家圖書館、有關省級圖書館和高校圖書館的熱情幫助。謹此表示衷心的感謝。並懇望海内外學術界和讀者諸君對本典存在的失誤不吝賜教。

《中華大典·文獻目録典》編纂委員會

二〇一二年一月三十日

《中華大典·文獻目録典》凡例

《文獻目録典》是《中華大典》二十四個典之一。本典以《中華大典》工作總則等條例爲依據，並結合本典内容的實際情況作個别變通，形成以下編纂體例。

一、本典由《文獻學分典》和《古籍目録分典》組成。分典下設總部，《文獻學分典》包括《文獻總論總部》《目録總部》《版本總部》《校勘總部》《注釋總部》《辨僞總部》《輯佚總部》《典藏總部》《流通總部》；《古籍目録分典》包括《經總部》《史總部》《子總部》《集總部》《叢書總部》《譯著總部》。總部下設部，部之下按需要再立分部、專題，由此構成典、分典、總部、部、分部、專題等六級經目。

二、各總部及其所轄經目之下設緯目，用以羅織相關材料。緯目設置視所據資料的情況而定，有則設之，無則不設。本典所設緯目有七項。論述：收録有關論述所屬經目的概念、涵義、特點、分類依據、發展源流的資料。綜述：全面、系統地收録對相關學術、事物或典籍作記述、評介或例證的資料。傳記：收録有關人物的具有代表性的傳記資料。紀事：收録對相關活動的具體記載和史實。藝文：收録吟誦相關事物或人物的韻文或散文。雜録：收録未採用於上述緯目，而又具有較高參考價值的資料。圖表：收録對相關事物作形象描述或簡明表述的圖表。

三、本典的《文獻學分典》彙編先秦至清末有關文獻産生發展、收藏流通及文獻學各門專學的重要資料。《古籍目録分典》彙編古今各種古籍目録的重要資料，用以著録一九一一年以前産生的所有中國古籍的狀況。收録典籍資料的範圍包括傳世典籍、出土文獻和域外漢籍。

所收資料分類編排於相應的緯目之下，並按資料成書的時代先後排列，時代難以考實者就近排列，或遵從歷史習慣。

四、在所引資料前標明出處，常用而熟知的古籍如先秦典籍、《十三經》《二十四史》可不標作者姓名，其他引書標注則均標明作者、書名、卷次或篇名。

五、爲避免不必要的文字重複，一些書名和篇名在引書標示時採用通行的簡稱，如《資治通鑑》簡稱《通鑑》，《漢書·藝文志》簡稱《漢志》，《四庫全書總目提要》簡稱《四庫提要》，書名簡稱所對應的全稱在《引用書目》中説明。在同一部典籍的不同部分引用兩段以上材料而又排列相連時，可用「又」字代替與前文重複的引書標示。

六、所引資料如在一段之中有省略之處，用【略】標明。

七、所引資料的正文中如有注疏文字，則按古籍原貌隨文夾注，並以大小字型區分正文與注疏文字。有的資料中注疏文字較多，形式繁雜，容易混淆，爲方便利用，則以方括號標注注疏者姓名及注疏方式，如［鄭玄注］。

八、校勘只對引書底本明顯的訛、脱、衍、倒進行勘正，不出校記。採用圓括號標署訛字、衍字和倒文，方括號標署正字、順文和增補的脱字。

九、引書底本的古今字、通假字，一般不作改動。不用簡化字。避諱字多一仍其舊，但因避諱而缺筆者，則補足筆畫，空字者補字。

十、採用新式標點符號標點資料原文。

十一、採用中文數字，不用阿拉伯數字。引書標示中對古籍卷次的標示，僅用一、二、三、四、五、六、七、八、九、〇，不用十、百、千、萬。

十二、各分典附《引用書目》，書目包括書名、作者、時代、版本等項内容。本典從實用出發，對一部典籍的引用不限於一種版本，擇善而從。

《中華大典·文獻目録典》編纂委員會

二〇一二年一月三十一日

中華大典·文獻目録典

總目

中華大典・文獻目録典

古籍目録分典

主編：楊寄林　諸偉奇

《古籍目録分典》編纂委員會

主　編：楊寄林　諸偉奇

編委會委員（以姓氏筆劃爲序）：

杜也力　邵永忠　周挺啓　敖　堃　董文武

楊寄林　鄭振峰　諸偉奇　蘇文珠

《古籍目録分典》編纂説明

《古籍目録分典》是《中華大典·文獻目録典》兩個分典之一。本分典以《〈中華大典〉編纂通則》與《〈文獻目録典〉凡例》爲指導，結合中國古籍和歷代古籍書目的特點與實際情况，通過廣泛搜採專題資料，進行科學編排，形成了一部規模較大的新型專科類書，同時兼具集成性中國古籍解題總目的功能。

本分典重在反映一九一一年辛亥革命以前中國歷代著述的整體風貌，以『紀百代之有無，廣古今而無遺』爲旨，本擬收輯古今書目文獻，悉録存佚古籍，以成全目。然受大典通則關於所收資料『迄於辛亥革命』的規定所限，故資料範圍僅以一九一一年前撰成的書目和著述爲採輯對象，特作説明。本分典的編纂企望能客觀顯示中國古籍所達到的位居世界之首的宏富與完備程度，並藉此展現中華傳統文化的獨特景觀與魅力。

本分典重在標揭每種古籍特别是傳世名著與要籍的本來面目和固有情狀，因而廣列群説，提要鈎玄，特將輻射面和關節點集中於：書名涵義、作者略歷、師承關係、時代背景、編著經過、成書年代、篇目次第、撰寫體例、内容概要、主旨大義、優劣得失、學術成就、史料價值、藝術風格、實際用途、社會意義、歷史地位、後世影響，以及傳布原委、版本源流、内容真僞、文字異同等。藉此數端而使每種古籍得以梗要略具或境界全出，進而在特定視域内彰顯其所藴含的中華民族特有的文化認知、精神價值、思維方式和創造力、想像力，並且昭示中華民族在數千年歷史發展過程中所積澱的具有代表性的重要精神文明成果。

本分典重在辨章學術，考鏡源流，因而類聚群分，舉要撮凡，着意宣明有史以來中華學術文化的立體格局和嬗變大勢，闡繹各門學術尤其是主流學術的淵源流變、各自特徵與精髓所在，彼此間的内在聯繫與相互作用，揭示貫穿其間的變通張弛之故；並兼及中國古代圖書事業、目録事業的發展軌跡與具體情形。進而彰揚民族文化的基本元素，顯現出綿延數千年而一脉相承的中華文明的博大精深，持續臻及的廣度、深度與力度。

基於上列重點内容，本分典構建了由五級『經目』同三個『緯目』交織互持的框架結構，用以統括和承載恰相對應的豐富資料。五級『經目』從上至下，除『分典』居首外，包括：六個『總部』，即《經總部》《史總部》《子總部》《集總部》《叢書總部》《譯著總部》。各總部之下，依次復設若干個『部』、若干個『分部』、若干個『專題』。三個『緯目』爲『論述』『雜録』『綜述』，各適其所地配置在『總部』『部』或『分部』『專題』之下。

本分典五級『經目』的設置，均以歷代古籍之有無多寡爲依據，採用現代科學的分類方法重行熔鑄，一方面保留古籍傳統分類的可取之處，另方面吸收當代有關古籍分類的研究成果，力求使之完備化，從而形成了脉絡清晰、邏輯嚴密的古籍分類新體系。

本分典三個『緯目』的設置，組成了各級『經目』所涵蓋的具體内容和各種資料的展開區間和宣示點位。其中『論述』則主要輯録衆書目之大序（部序）、小序（類序）文字，以及他書中與其交相發明的類序性文字；『雜録』則主要輯録同分類相關而足資參考的資料；『綜述』則主要輯録衆書目和他書中關於某部典籍的著録文字、解題文字、註語、按語和序跋題識等。三個『緯目』之間各有側重，彼此映照，互作支撑，融爲一體。

本分典依託於既定的經緯目框架結構，特以『既博且精』爲標尺，大範圍搜集又聚焦化選取原始資料。其『博』在：既以古代各種書目爲主，又以相關著作爲輔，達到近乎竭澤而漁的地步。其『精』在：參照《中華大典》兩委會所設定的編纂規模與輯録一九一一年以前資料的要求，擇定其中頗具代表性或稀見難覓的數百種書目及數十種相關著作予以多維度、層級化、集束式彙輯。彙輯中，特將資料的剪裁與編排列爲第一要務。必經反覆品察，判明每種典籍尤其是易混難分之書或模棱兩可之書的本質屬性而各歸其類，適得其所，力戒重出或失當。資料剪裁則兼顧涵蓋而突出重點，切忌缺漏或冗濫。從被收載的所有典籍到評介每部典籍的各種資料，皆按時代先後排列，自成單元又蟬聯而下。

《古籍目録分典》作爲一部總結性的資料彙編，可向學術界、研究者提供準確詳細、足資參取的古籍解題資料；並對批判地繼承和弘揚祖國歷史文化遺産，建設優秀傳統文化傳承體系，增强中華文明的國際影響力，起到一定的輔助作用。

《古籍目録分典》從發凡起例、廣搜精選資料到諸多編纂環節、審稿定稿，各有分工地傾注和凝聚着《文獻目録典》主編、副主編、本分典主編、六總部主編、全體編纂人員的大量心血、精力、勞動與學術智慧。而廣西師範大學出版社的領導與責任編輯亦爲本分典質量的提陞提出了許多寶貴意見。本分典有待社會檢驗和時間考驗，敬祈海内外方家和廣大讀者對其中存在的瑕疵及不足之處給予教正，謹此先致謝忱。

《中華大典·文獻目録典·古籍目録分典》編纂委員會

二〇一三年九月二十日

子總部

主编：楊寄林 謝輝

《子總部》編纂人員

主　編： 楊寄林　謝　輝

副主編： 温玉春　李江偉　劉　澍

參纂人員（按姓氏筆劃爲序）：

王京陽　王爾春　尹艷萍　邵永忠　李江偉
吴　冕　陳關宜　孫文閣　馮金忠　張　南
張　敏　張　誠　温玉春　賀　婧　楊寄林
劉永海　劉駿勃　劉　澍　薄文婷　蘇文珠

《子總部》提要

《子總部》是《文獻目録典·古籍目録分典》所屬的六個總部之一，旨在廣搜博採，凸現一九一一年以前中國歷代子書的類别與全貌，淵源與流變，内容與體式，價值與功用。爲此下設二十一個部，即：儒家部、道家部、墨家部、法家部、名家部、陰陽家部、縱横家部、兵家部、農家部、醫家部、天文算法部、術數部、藝術部、雜家部、小説家部（與《集總部·小説部》有别）、類書部、道教部、佛教部、耶教部。各部之下，復以所收之書的性質和數量爲依據，或設若干分部；某些分部之下，又依層級設置若干專題。

與上列由總部、部、分部、專題組成的四級經目相匹配，特設論述、雜録、綜述三個緯目。

在既定的經緯目框架内，本總部按時代先後開列歷代問世的子部典籍，無論存佚，均以大力標揭。每種典籍之下，彙輯衆多書目和其他資料而廣列群説，彰顯其大義要旨。

本總部在編纂過程中，嚴格遵照《中華大典》編纂通則和《文獻目録典·古籍目録分典》編纂細則來展開。

本總部撰稿分工如下：儒家部由王爾春承擔；道家部由劉永海承擔；墨家部、法家部、名家部、陰陽家部、縱横家部由邵永忠承擔；兵家部由馮金忠承擔；農家部由王京陽承擔；醫家部由邵永忠、温玉春、李江偉承擔；藝術部由薄文婷、張敏、劉駿勃承擔；雜家部由李江偉、陳關宣、張誠承擔；小説家部由孫文閣承擔；類書部由蘇文珠承擔；道教部由劉永海承擔；佛教部由劉澍、賀婧承擔；耶教部由劉澍、吴晃、張南、楊寄林承擔。

本總部雖欲精益求精，終或難免疏失，伏祈方家和讀者賜教。

《文獻目録典·古籍目録分典·子總部》

二〇一六年六月十日

目次

二

一

儒家部

論述

《漢書・藝文志・儒家類序》 儒家者流，蓋出於司徒之官，助人君順陰陽明教化者也。游文於六經之中，留意於仁義之際，祖述堯舜，憲章文武，宗師仲尼，以重其言，於道最爲高。孔子曰：「如有所譽，其有所試。」唐虞之隆，殷周之盛，仲尼之業，已試之效者也。然惑者既失精微，而辟者又隨時抑揚，違離道本，苟以譁衆取寵。後進循之，是以五經乖析，儒學寖衰，此辟儒之患。

《隋書・經籍志・儒家類序》 儒者，所以助人君明教化者也。聖人之教，非家至而户説，故有儒者宣而明之。其大抵本於仁義及五常之道，黄帝、堯、舜、禹、湯、文、武，咸由此則。《周官》太宰以九兩繫邦國之人，其四曰儒，是也。其後陵夷衰亂，儒道廢闕。仲尼祖述前代，修正六經，三千之徒，並受其義。至於戰國，孟軻、子思、荀卿之流，宗而師之，各有著述，發明其指。所謂中庸之教，百王不易者也。俗儒爲之，不顧其本，苟欲譁衆，多設問難，便辭巧説，亂其大體，致令學者難曉，故曰博而寡要。

焦竑《國史經籍志・儒家類序》 子語子夏曰：「女爲君子儒，無爲小人儒。」天子諸侯曰君，卿大夫曰子。孔子非以欲此名也，冀其并包兼容而勿區區自營之謂也。子夏學不見大而硜硜於言行之信果，此與細民何異？荀卿氏有言，儒耨耕不如農夫，斲削不如工匠，反貨不如商賈，譚詞薦撙不如惠施、鄧析。若夫商德而定次，量能而授官，使賢不肖皆得其位，能不能皆得其官，萬物得其宜，事變得其應，四海一家，歸命輻湊，蓋九流皆其用也，豈與小道曲學僅僅自名者同乎哉？史遷敘諸家，儒者才居其一。彼未得其真而即所覩記者當之，故以寡要少功爲詬病。嗟乎！此不敢以望子夏，何論君子？古今作者，言人人殊，稍爲綴敘而或不純爲儒也，亦備列之，殆益明儒之爲大也已。

《四庫全書總目提要・儒家類序》 古之儒者，立身行己，誦法先王，務以通經適用而已，無敢自命聖賢者。王通教授河汾，始摹擬尼山，遞相標榜，此亦世變之漸矣。迨脱脱等修《宋史》，以《道學》《儒林》分爲兩傳，而當時所謂道學者，又自分二派，筆舌交攻。自時厥後，天下惟朱、陸是争，門户别而朋黨起，恩讎報復，蔓延者垂數百年。明之末葉，其禍遂及於宗社。惟好名好勝之私心不能自克，故相激而至是也。聖門設教之意，其果若是乎？今所録者，大旨以濂、洛、關、閩爲宗，而依附門牆，藉詞衛道者，則僅存其目。金谿、姚江之派，亦不廢所長，惟顯然以佛語解經者，則斥入雜家。凡以風示儒者無植黨，無近名，無大言而不慚，無空談而鮮用，則庶幾孔孟之正傳矣。

又《儒家類四》 案八儒三墨，見於《荀子》，非十二子，亦見於《荀子》，是儒術搆争之始矣。至宋而門户大判，讎隙相尋，學者各尊所聞，格鬭而不休者，遂越四五百載。中間遞興遞滅，不知凡幾。其最著者，新安、金谿兩宗而已。明河東一派沿朱之波，姚江一派嘘陸之焰，其餘千變萬化，總出入於二者之間。脈絡相傳，一一可按。故王圻《續文獻通考》於儒家諸書，各以學派分之，以示區别。然儒者之患，莫大於門户。後人論定，在協其平。圻仍以門户限之，是率天下而鬭也，於學問何有焉！今所存録，但以時代先後爲序，不問其源出某某，要求其不失孔孟之旨而已。各尊一繼禰之小宗，而置大宗於不問，是惡識學問之本原哉？

錢東垣等輯《崇文總目・儒家類序》 仲尼之業，垂之六經，其道閎博，君人治物，百王之用，微是無以爲法。故自孟軻、揚雄、荀況一作「卿」之徒，又駕其説，扶而大一作「本」之，歷世諸子，轉相祖述，自名一家，異端其言，或破碎於大道，然計其作者之意，要之孔氏，不殊焉。

耿文光《萬卷精華樓藏書記・儒家類序》 明道立言，儒家尚矣。漢學雖各守師承，究於經義爲近。宋學多依附門牆，其去儒宗益遠。今所録者，凡五十家，分爲二卷。自唐以前爲一卷，無所謂門户之競也。自宋至今爲一卷，即所稱道學之傳也。大旨以濂、關、閩、洛爲宗。數大儒之説，皆可與經史相參。其餘藉詞衛道之辨論，無關痛癢之語録，概不及焉。通天地人，謂之儒。未有束書高閣，高談道德，遂可謂之通儒也。

雜録

《漢書・藝文志・儒家》 右儒五十三家，八百三十六篇。入揚雄一家［三］十八篇。

《隋書・經籍志・儒家》 右六十二部，五百三十卷。通計亡書，合六十七部，六百九卷。

《舊唐書・經籍志・儒家》 右儒家二十八部，凡七百七十六卷。

《新唐書・藝文志・儒家類》 右儒家類六十九家，九十二部，七百九十一卷。陸善經以下不著録三十九家，三百七十一卷。

《宋史・藝文志・儒家類》 右儒家類一百六十九部，一千二百三十四卷、篇。

《明史・藝文志・儒家類》 右儒家類一百四十部，一千二百三十卷。

《四庫全書總目提要・儒家類四》 右儒家類一百十二部，一千六百九十四卷，皆文淵閣著録。

又《儒家類存目四》 右儒家類三百七部，二千四百三十七卷，內二十部無卷數。皆附存目。

錢東垣等輯《崇文總目・儒家類》 共四十四部，計三百二十卷。

張之洞《書目答問・儒家》 《曾子》、《子思子》乃宋汪晫割裂輳合，非原書，不録。

先秦分部

晏子新書

楊士奇等《文淵閣書目・子書》 《晏子新書》。一部，一册。闕。

孔子家語

楊士奇等《文淵閣書目・性理》 《孔子家語》。一部，五册。殘缺。　又《孔子家語》。一部，三册。闕。　又《孔子家語》。一部，一册。完全。

王世貞《讀書後》卷五 《讀家語》。

劉若愚《內板經書紀略》 《孔子家語》。三本，一百四十四葉。

彭元瑞等《天禄琳琅書目後編・明版子部》 《孔子家語》。一函，四册。篇目同前宋版子部。明吴勉學。刊前有素王事實、歷聘、紀年，王世貞序。

孔子集語

范邦甸等《天一閣書目・儒家類》 《孔子集語》二卷。刊本。宋薛據撰，明司馬公諱欽訂。

《四庫全書總目提要・儒家類二》 《孔子集語》三卷。兩江總督採進本。宋薛據撰。據字叔容，永嘉人。

彭元瑞等《天禄琳琅書目後編・明版・子部》 《孔子集語》一函，二册。宋薛據撰。據字林容，永嘉人。

張金吾《愛日精廬藏書志・儒家類》 《孔子集語》二卷。抄本。宋永嘉薛據纂。

孔子遺語

《四庫全書總目提要・儒家類存目二》 《孔子遺語》一卷。浙江范懋柱家天一閣藏本。不著編輯者名氏。皆裒集羣書所引孔子之言。觀其孔子「卜得賁」一條，自記云已見《漆雕氏》，第與此少異。孔子曰「吾志在春秋」一條，自記云已刻，再查。「魯哀公使人穿井」一條，自記云已見《集語》卷五。蓋欲補宋薛據《孔子集語》之遺而尚未成。書中引楊慎《丹鉛録》，則近代人也。

增訂論語外篇

《四庫全書總目提要・儒家類存目二》 《增訂論語外篇》四卷。浙江巡撫採進本。明潘士達編。士達字在聞，安吉州籍，烏程人。萬曆壬辰進士，官至廣東提學僉事。是書取諸子百家所載孔子之言，分類排纂，倣《論語》二十篇之數。以皆《論語》所不載，故曰「《外篇》」；以因南昌李栻舊稿而葺之，故曰「增訂」。所採既罕異聞，又莊、列寓言亦復闌入。《朱子語録》嘗稱孔門弟子留下《家語》，至今作病痛，況雜家依託之言乎！

論語逸編

《四庫全書總目提要・儒家類存目二》《論語逸編》三十一卷。浙江吴玉墀家藏本。明鍾韶編。韶字牙臺，海鹽人。是編集諸書所載孔子問答之語，分三十一篇。前有其甥鄭心材序，稱其根據六經，節取百家。然《家語》自有全書，《禮記》列於經典，重爲割裂，殊屬牀上之牀。《孔叢子》既屬僞書，《韓詩外傳》、《説苑》、《新序》亦多依託，未可據爲典要。至於承蜩、弄丸乃《莊子》寓言，而執爲實事；赤虹、黄玉尤讖緯誕語，而信爲古書。他若楊簡《先聖大訓》亦裒合諸書而成，乃引爲出典，尤非根柢之學也。

孔子集語

李慈銘《越縵堂讀書記・儒家類》《孔子集語》。清孫星衍輯。閱《孔子集語》，孫氏星衍所輯，凡十七卷，分勸學至寓言爲十四類。以宋人薛據之書不免挂漏，爲之博稽羣書，分篇綴録，各注出處，其用意甚善。惟孫氏意在著明先聖遺訓，垂爲格言，自宜擇取精粹，凡莊、列雜家依託之語，悉從裁汰，或辭而闢之，不使亂真。乃别立雜事、遺讖、寓言三門，多載讖緯異端不經之談。《事譜》二卷，亦與《集語》無涉，即《勸學》至《博物》十篇，中亦有不當采而采者。蓋漢學諸家愛博之過，往往以多爲貴，不肯割棄，有甯令人譏其雜，不可令人議其漏者，此其通病也。光緒己卯（一八七九）六月二十四日。

顏子

胡師安等《元西湖書院重整書目・子》《顏子》。

楊士奇等《文淵閣書目・性理》《顏子》。一部，二册。完全。又《顏子》。一部，二册。闕。

張萱等《内閣藏書目録・子部》《顏子》二册。全。元延祐間李純仁采集書傳中顏子語，彙而爲書。

錢謙益等《絳雲樓書目・僞書類》《顏子》。

黄虞稷《千頃堂書目・儒家類・補元》李純仁《顏子》五卷。延祐高安人。凡十篇。

倪燦等《補遼金元藝文志・儒家類》李純仁《顏子》五卷。延祐高安人。凡十篇。

錢大昕《補元史藝文志・儒家類》《顏子》五卷。延祐李純仁編，高安人。

言子

陳振孫《直齋書録解題・儒家類》《言子》三卷。言偃，吴人，相傳所居在常熟縣。慶元間，邑宰孫應時季和始爲立祠，求朱晦翁爲記。近新昌王爚伯晦復裒《論語》諸書所載問答爲此書。邑中至今有言氏，亦買田教養之。

馬端臨《文獻通考・經籍考・儒家》《言子》三卷。

楊士奇等《文淵閣書目・性理》《言子》。一部，一册。完全。

張萱等《内閣藏書目録・子部》《言子》一册。全。宋嘉熙間，平江守王爚輯子游言行及祠廟事蹟。

《四庫全書總目提要・儒家類存目一》《言子》三卷。《永樂大典》本。宋王爚編。爚字伯晦，會稽人。陳振孫《書録解題》云：言子相傳所居在常熟縣。慶元間，邑宰孫應時始爲之祠，近王爚復裒諸書爲此書。梁維樞《内閣書目》云：宋嘉熙間，平江守王爚輯子游言行及祠廟事蹟。自序以言子生是邑，嘉言懿行散在經傳，爰輯是書，其本末可以考見。蓋以言子吴人，故爲此編而刊之，以存於祠。其書分内篇、外篇，附録爲三卷，所採不出《論語》、《禮記》、《家語》、《孔叢子》諸書，無異聞也。

曾子

《漢書・藝文志・儒家》《曾子》十八篇。名參，孔子弟子。

《隋書・經籍志・儒家》《曾子》二卷。《目》一卷。魯國曾參撰。

《舊唐書・經籍志・儒家》《曾子》二卷。曾參撰。

《新唐書・藝文志・儒家類》《曾子》二卷。曾參。

鄭樵《通志・藝文略・儒術》《曾子》二卷。《目》一卷。曾參撰。

晁公武《郡齋讀書志・儒家類》《曾子》二卷。袁本《前志》卷三上《儒家類第一》。右曾子者，魯曾參也。舊稱曾參所撰，其《大孝篇》中乃有樂正子春事，當是其門人所纂爾。《漢藝文志》：《曾子》十八篇。《隋志》：《曾子》二卷，《目》一卷。《唐志》：《曾子》二卷。今此書亦二卷，凡十篇，蓋唐本也，視《漢》亡八篇，視《隋》亡《目》一篇。考其書已見於《大戴禮》，世人久不讀之，文字謬誤爲甚。乃以《大戴禮》參校之，其所是正者，至於千有餘字云。

尤袤《遂初堂書目・儒家類》《曾子》。

高似孫《子略》卷一《曾子》。曾子者，曾參。與其弟子公明儀、樂正子春、單居離、曾元、曾華之徒，講論孝行之道、天地事物之原，凡十篇。自《修身》至于《天圓》，已見於《大戴禮》，篇爲四十九，爲五十八，他又雜見於《小戴禮》，略無少異，是固後人掇拾以爲之者歟？劉中壘父子《秦漢七略》已不能致辨於斯，況他人乎？然董仲舒《對策》已引其言，有曰：「尊其所聞則高明，行其所知則光大」，則書固在董氏之先乎？又其言曰：「君子愛日，及時而成，難者不避，易者不從。且就業，夕自省，可謂守業。年三十四十無藝，則無藝矣；五十不以善聞，則無聞矣。」質者「吾日三省吾身」，何其辭費耶！予讀先太史《史記》注《七十二弟子傳》，參字子輿，晉灼讀音如宋昌「驂乘」之「參」，因併及之。

馬端臨《文獻通考・經籍考・儒家》《曾子》二卷。周氏《涉筆》曰：《曾子》一書，議道褊迫又過於荀卿，蓋戰國時爲其學者所論也。孔子言「七十而從心所欲，不踰矩」，正指聖境妙處。此書遽謂：「七十而未壞，雖有後過，亦可以免。」七十而壞與否，已不置論，而何以爲過？何以爲免？聖門家法無此語也！

胡師安等《元西湖書院重整書目・子》《曾子》。

《宋史・藝文志・儒家類》《曾子》二卷。

楊士奇等《文淵閣書目・性理》《曾子》。一部，一册。完全。

張萱等《内閣藏書目録・子部》《曾子》一册，全。又一册，全。又一册，全。

錢謙益等《絳雲樓書目・僞書類》《曾子》。

錢東垣等輯《崇文總目・儒家類》《曾子》二卷。

姚振宗《漢書藝文志條理・儒家》《曾子》十八篇。名參，孔子弟子。

曾子遺書

王圻《續文獻通考・經籍考・儒家》《曾子遺書》。戴良輯。

黄虞稷《千頃堂書目・儒家類・補宋》戴良齊《曾子遺書》。

倪燦等《宋史・藝文志補・儒家類》戴良齊《曾子遺書》。

集曾子

王圻《續文獻通考・經籍考・儒家》《集曾子》。章樵編。

黄虞稷《千頃堂書目・儒家類・補宋》章樵《集曾子》十八篇。

倪燦等《宋史・藝文志補・儒家類》章樵《集曾子》十八篇。

子曾子

張萱等《内閣藏書目録・子部》《子曾子》一册，全。宋寶祐間，趙汝騰采集經、書、子、史凡曾子語成書，凡十章，上下二卷。

曾　子

《四庫全書總目提要・儒家類二》《曾子》一卷。安徽巡撫採進本。宋汪晫編。晫字處微,績溪人。是書成於慶元、嘉泰間。咸淳十年。

曾　子

黄虞稷《千頃堂書目・儒家類》李宗延輯《曾子》四卷。

曾子全書

黄虞稷《千頃堂書目・儒家類》曾承業《曾子全書》三卷。五經博士。萬曆乙卯周延儒序。

《四庫全書總目提要・儒家類存目一》《曾子全書》三卷。江蘇周厚堉家藏本。明曾承業編。承業爲曾子六十二代孫。序稱博士,蓋襲職之宗子也。案宋汪晫嘗輯《曾子》一卷,分十二篇,割裂補綴,已非唐以來之舊本。是編又分《主言》一篇爲卷一,《修身》、《事父母》、《制言》上、中、下。《疾病》、《天圓》七篇爲卷二,《本孝》、《立孝》、《大孝》三篇爲卷三。與王應麟《玉海》所云今十篇,自《修身》至《天圓》皆見於《大戴禮》者,又多出《主言》一篇,而分合迥異。不知其何所依據,殆亦以意爲之也。

子　思

《漢書・藝文志・儒家》《子思》二十三篇。名伋,孔子孫,爲魯繆公師。

《隋書・經籍志・儒家》《子思子》七卷。魯穆公師孔伋撰。

《舊唐書・經籍志・儒家》《子思子》八卷。孔伋撰。

《新唐書・藝文志・儒家類》《子思子》七卷。孔伋。

鄭樵《通志・藝文略・儒術》《子思子》七卷。魯穆公師孔伋撰。

晁公武《郡齋讀書志・儒家類》《子思子》七卷。袁本《前志》卷三上《儒家類第二》。右魯孔伋子思撰。載孟軻問:「牧民之道何先?」子思曰:「先利之。」孟軻曰:「君子之教民者,亦仁義而已,何必曰利?」子思曰:「仁義者,固所以利之也。上不仁,則下不得其所;上不義,則樂爲詐,此爲不利大矣。故《易》曰:『利者,義之和也。』又曰:『利用安身,以崇德也。』此皆利之大者也。」温公采之,著於《通鑑》。夫利者有二,有一己之私利,有衆人之公利。子思所取,公利也。其所援《易》之言是也。孟子所鄙,私利也,亦《易》所謂「小人不見利不勸」之利也。言雖相反而意則同,不當以優劣論。

馬端臨《文獻通考・經籍考・儒家》《子思子》七卷。

《宋史・藝文志・儒家類》《子思子》七卷。

楊士奇等《文淵閣書目・性理》《子思子》。一部,一册。完全。　又《子思子》。一部,一册。完全。　又《子思子》。一部,一册。殘缺。

錢謙益等《絳雲樓書目・僞書類》《子思子》。

姚振宗《漢書藝文志條理・儒家》《子思》二十三篇。名伋,孔子孫,爲魯繆公師。

子思子

《四庫全書總目提要・儒家類二》《子思子》一卷。安徽巡撫採進本。宋汪晫編。考晁公武《讀書志》載有《子思子》七卷,晫蓋亦未見其本,故別作是書。凡九篇。內篇:《天命第一》、《鳶魚第二》、《誠明第三》;外篇:《無憂第四》、《胡母豹第五》、《喪服第一》、《魯繆公第七》、《任賢第八》、《過齊第九》。其割裂《中庸》,別列名目,與《曾子》載《孝經》、《大學》同。又晫輯《曾子》,用朱子改本《大學》。至《孔叢子》一書,朱子反覆辨其僞,而晫採之獨多,已失鑒別。又往往竄亂原文,如《孔叢子》「子上雜所習請於子思」,註曰:「雜者,諸子百家」,故下文子思答曰:「雜說不存焉。」此書引之,改曰「子上請所習於子思」,則與子思答義全不相貫。

《孔叢子》「仲尼曰由乎心，心之精神是謂聖，推教究理不以疑。」此書引之，聖字下多一「區」字，疑字上多一「物」字。又《孔叢子》云「彶於進膽亟聞夫子之教」。此書引之，「進膽」作「進善」。輕改舊文，均失先儒詳慎之道。且與《曾子》所引均不著其出典，亦非輯録古書之體。較薛據《孔子集語》，蓋瞠乎後矣。特以書中所録雖真贋互見，然多先賢之格言。故雖編次踳駁，至今不得而廢焉。

曾思二子

楊士奇等《文淵閣書目・性理》 《曾思二子》。一部，一册。闕。

漆雕子

《漢書・藝文志・儒家》 《漆雕子》十三篇。孔子弟子漆雕啓後。

鄭樵《通志・藝文略・儒術》 《漆雕子》十三篇。漆雕開後。

姚振宗《漢書藝文志條理・儒家》 《漆雕子》十三篇。孔子弟子漆雕啓後。

宓子

《漢書・藝文志・儒家》 《宓子》十六篇。名不齊，字子賤，孔子弟子。

鄭樵《通志・藝文略・儒術》 《宓子》十六篇。孔子弟子宓不齊撰。

姚振宗《漢書藝文志條理・儒家》 《宓子》十六篇。名不齊，字子賤，孔子弟子。

景子

《漢書・藝文志・儒家》 《景子》三篇。説宓子語，似其弟子。

姚振宗《漢書藝文志條理・儒家》 《景子》三篇。説宓子語，似其弟子。

世子

《漢書・藝文志・儒家》 《世子》二十一篇。名碩，陳人也，七十子之弟子。

鄭樵《通志・藝文略・儒術》 《世子》二十一篇。名碩，陳人也，七十子之弟子。

姚振宗《漢書藝文志條理・儒家》 《世子》二十一篇。名碩，陳人也，七十子之弟子。鄧名世《古今姓氏書辨證》：世氏出自秦秋衛世叔氏之後，去「叔」爲世氏。

魏文侯

《漢書・藝文志・儒家》 《魏文侯》六篇。

鄭樵《通志・藝文略・儒術》 《魏文侯》六篇。

姚振宗《漢書藝文志條理・儒家》 《魏文侯》六篇。

李克

《漢書・藝文志・儒家》 《李克》七篇。子夏弟子，爲魏文侯相。

鄭樵《通志・藝文略・儒術》 《李克》七篇。子夏弟子，爲魏文侯相。

姚振宗《漢書藝文志條理・儒家》 《李克》七篇，子夏弟子，爲魏文侯相。

公孫尼子

《漢書・藝文志・儒家》 《公孫尼子》二十八篇。七十子之弟子。

《隋書・經籍志・儒家》 《公孫尼子》一卷。尼，似孔子弟子。

《舊唐書・經籍志・儒家》《公孫尼子》一卷。公孫尼撰。

《新唐書・藝文志・儒家類》《公孫尼子》一卷。

鄭樵《通志・藝文略・儒術》《公孫尼子》一卷。七十子之弟子。

姚振宗《漢書藝文志條理・儒家》《公孫尼子》二十八篇。七十子之弟子。

根牟子

姚振宗《漢書藝文志拾補・儒家》《根牟子》七篇。應劭《風俗通義・姓氏篇》：根牟氏，魯邑名，以爲氏。根牟子，古賢者，著書。宋邵思《姓解》、《風俗通》曰：「古賢者根牟子著書七篇。」吴陸璣《詩疏》曰：卜商爲《詩序》，授魯人曾申，申授魏人李克，克授魯人孟仲子，仲子授根牟子，根牟子授趙人荀卿。《經義考・承師篇》曰：孟仲子弟子根牟子，《漢書・古今人表》居第六等。錢氏大昕《三史拾遺》曰：根牟子受《詩》於孟仲子。案高子、仲梁子皆傳《詩》者而在第四等，根牟子何以獨列第六，亦必刊本之譌。張澍《風俗通姓氏篇輯注》曰：澍按，鄧名世《辨證》引云「六國根牟子」，無「古賢者」三字。《姓苑》云根牟子，周人。又按，根牟，曹姓，子，魯宣公取之。《左定王七年》杜注：「琅邪陽都東之牟鄉城。」《樂史》云：「根牟國即密之安丘。」「又按」以下云云，文似有譌誤。按《風俗通》以爲魯邑名者，《左氏》宣九年秋取根牟，杜注：根牟，東夷國也。今琅邪陽都東有牟鄉。按牟鄉，春秋時曰「根牟」，魯取以爲邑始此。根牟子蓋其後人，又以國爲氏者。《釋文敘録》引徐整亦云「根牟子傳孫卿子，是爲荀卿之師，六國時説《詩》之家。」然《風俗通》但云著書不云説《詩》，故列之儒家。《廣韻》、《姓纂》諸書引《風俗通》不著篇數，唯邵思《姓解》引云著書七篇。

孫卿新書

《漢書・藝文志・儒家》《孫卿子》三十三篇。名況，趙人，爲齊稷下祭酒，有《列傳》。

《隋書・經籍志・儒家》《孫卿子》十二卷。楚蘭陵令荀況撰。梁有《王孫子》一卷，亡。

《舊唐書・經籍志・儒家》《孫卿子》十二卷。荀況撰。

《新唐書・藝文志・儒家類》《荀卿子》十二卷。荀況。

鄭樵《通志・藝文略・儒術》《荀卿子》十二卷。楚蘭陵令荀況撰。

尤袤《遂初堂書目・儒家類》《荀子》。

胡師安等《元西湖書院重整書目・子》《荀子》。

高儒《百川書志・儒家》《荀子》十二卷。趙荀況撰。漢劉向校定，除其重複，凡三十二篇。瞿校。凡鈔本作「著」。

錢東垣等輯《崇文總目・儒家類》《荀卿子》十二卷。

姚振宗輯《七略别録佚文・儒家》《孫卿新書》十二卷三十二篇。《勸學篇第一》、《脩身篇第二》、《不苟篇第三》、《榮辱篇第四》、《非相篇第五》、《非十二子篇第六》、《仲尼篇第七》、《成相篇第八》、《儒效篇第九》、《王制篇第十》、《富國篇第十一》、《王霸篇第十二》、《君道篇第十三》、《臣道篇第十四》、《致仕篇第十五》、《議兵篇第十六》、《强國篇第十七》、《天倫篇第十八》、《正論篇第十九》、《樂論篇第二十》、《解蔽篇第二十一》、《正名篇第二十二》、《禮論篇第二十三》、《宥坐篇第二十四》、《子道篇第二十五》、《性惡篇第二十六》、《法行篇第二十七》、《哀公篇第二十八》、《大略篇第二十九》、《堯問篇第三十》、《君子篇第三十一》、《賦篇第三十二》。護左都水使者光禄大夫臣向言，所校讎中《孫卿書》凡三百二十二篇，以相校，除復重二百九十篇，定著三十二篇，皆已定以殺青簡，書可繕寫。孫卿，趙人，名況。方齊宣王、威王之時，聚天下賢士於稷下尊寵之，若鄒衍、田駢、淳于髡之屬甚衆，號曰「列大夫」，皆世所稱，咸作書刺世。是時孫卿有秀才，年五十始來游孝。諸子之事，皆以爲非先王法也。孫卿善爲《詩》、《禮》、《易》、《春秋》，至齊襄王時，孫卿最爲老師。齊向修列大夫之缺，而孫卿三爲祭酒焉。齊人或讒孫卿，乃適楚，楚相春申君以爲蘭陵令。人或謂春申君曰：「湯以七十里，文王以百里。孫卿，賢者也，今與之百里地，楚其危乎！」春申君謝之。孫卿去，之趙。後容或謂春申君曰：「伊尹去夏入殷，殷王而夏亡；管仲去魯入齊，魯弱而齊强。故賢者所在，君尊國安。今孫卿，天下賢人，所去之國其不安乎！」春申君使人聘孫卿，孫卿遺春申君書，刺楚國，因爲歌賦以遺春申君。春申君恨，復固謝孫卿，孫卿乃行，復爲蘭陵令。春申君死而孫卿廢，因家蘭陵。李斯嘗爲弟子，已而相秦。及韓非號「韓子」，又浮邱伯，皆受業爲名儒。孫卿之應聘於諸侯，見秦昭王，昭王方喜戰伐，而孫卿以三王之法説之，及秦相應侯皆不能用也。至趙，與孫臏議兵趙孝成王前，孫臏爲變詐之兵，孫卿以王兵難之，不能對也，卒不能用。孫卿道守禮義，行應繩墨，安貧賤。孟子者亦大儒，以人之性善。孫卿後孟子百餘年，以爲人性惡，故作《性惡》一篇以孟非子。蘇秦、張儀目邪道説諸侯，以大貴顯。孫卿退而笑之曰：「夫不以其道進者，必不以其道亡。」至漢興，江都相董仲舒亦大儒，作書美孫卿。孫卿卒不用於世，老於蘭陵。疾濁世之政，亡國亂君相屬，不遂大道而營乎巫祝，信禨祥，鄙保小拘，如莊周等又滑稽亂俗，於是推儒、墨、道德之行事興壞，序列著數萬言而卒。葬蘭陵。而趙亦有公孫龍爲堅白異同之辨，處子之言；魏有李悝，盡地力之教；楚有尸子、長盧子、羊子，皆著書。然非先王之法也，皆不循孔氏之術。唯孟軻、孫卿爲能尊仲尼。蘭陵多善爲孝，蓋以孫卿也。長老於今稱之曰：「蘭陵人喜字爲卿，蓋以法孫卿也。」《嚴氏全上古文編校》。文曰：案上文至「漢兵江都相」目下十七字當在此句下。孟子、孫卿、董先生皆小五百，以爲仲尼之門，五尺童子皆羞稱五伯。如人君能用孫卿，庶幾於王；然世終莫能用，而六國之君幾滅，秦國大亂卒以亡。觀孫卿之書，其陳王道甚易行，疾世莫能用。其言淒愴，甚可痛也。嗚呼！使斯人卒終於閭巷，而功業不得見於世，哀哉！可爲賈涕。其書比於記傳，可以爲法。謹第録，臣向昧死上言。護左都水使者光禄大夫臣向言所校讎中《孫卿書録》。宋本。

芈子

《漢書・藝文志・儒家》　《芈子》十八篇。名嬰，齊人，七十子之後。

鄭樵《通志・藝文略・儒術》　《芈子》十八篇。齊人芈嬰，七十子之後。

姚振宗《漢書藝文志條理・儒家》　《芈子》十八篇，名嬰，齊人，七十子之後。

内業

《漢書・藝文志・儒家》　《内業》十五篇。不知作書者。

姚振宗《漢書藝文志條理・儒家》　《内業》十五篇。不知作書者。《王氏考證》：按《管子》有《内業篇》，此書恐亦其類。馬國翰曰：《内業》一卷，周管夷吾述。《漢志》儒家有《内業》十五篇，注「不知作書者」。隋、唐《志》皆不著録。佚已久。考《管子》第四十九篇標題「《内業》」，皆發明大道之藴旨，與他篇不相類，蓋古有成書而管子述之。案《漢志》，孝經十一家，有《弟子職》一篇，今亦在《管子》第五十九。以此例推，知皆誦述前人。故此篇在《區言五》，《弟子職》在《雜篇十》，明非管子所自作也。兹據補録，仍釐爲十五篇，以合《漢志》。不題姓名，闕疑也。

周史六弢

《漢書・藝文志・儒家》　《周史六弢》六篇。惠、襄之間，或曰顯王時，或曰孔子問焉。

姚振宗《漢書藝文志條理・儒家》　《周史六弢》六篇。惠、襄之間，或曰顯王時，或曰孔子問焉。顔氏《集注》曰：即今之《六韜》也，蓋言取天下及軍旅之事。「弢」字與「韜」同也。《王氏考證》曰：《周師六弢》六篇。師古曰：「即今之《六韜》。」《通鑑外紀》云《志》在儒家，非兵書也。《館閣書目》：《周史六弢》恐别是一書。《四庫・兵家提要》曰：《莊子・徐無鬼篇》稱《金版六弢》。《經典釋文》曰：司馬彪、崔譔云《金版六弢經》，《周書》篇名。本又作「六韜」，謂太公文、武、虎、豹、龍、犬也。則戰國之初，原有《六弢》，然即以爲太公《六韜》，未知所據。《漢書・藝文志》兵家不著録，惟儒家有《周史六弢》六篇。班固自注曰：「惠、襄之間，或曰顯王時，或曰孔子問焉」，則《六弢》别爲一書。顔師古注以今之《六韜》當之，毋亦因陸德明之説，而牽合附會歟？沈濤《銅熨斗齋隨筆》曰：《周史六弢》六篇，惠、襄之間，或曰顯王時，或曰孔子問焉。師古曰：「即今之《六韜》也。」濤桉，今《六韜》乃文王、武王問太公兵戰之事。而此列之儒家，則非今之《六韜》也。「六」乃「大」字之誤。《古今人表》有《周史大弢》。古字書無「弢」字，《篇》、《韻》始有之，案，謂《玉篇》、《廣韻》也。當爲「弢」字之誤。《莊子・則陽篇》：仲尼問于太史大弢，蓋即其人。此乃其所著書，故班氏有孔子問焉之説，顔氏以爲太公之《六韜》，誤矣。今之《六韜》當在太公二百三十七篇之内。案《周史大弢》見《人表》第六等中下，列周景王、悼王時，爲春秋魯昭公之世，與孔子同時。上距惠、襄之間，下至顯王之際，皆一百數十年，實不相及。唯云孔子問焉，則與《人表》敍次時代相合。又《莊子》有仲尼問于太史大弢，則碻爲大弢無疑。沈氏所考，信有徵矣。孫伯淵先生校刊

《六韜》，編入《平津觀叢書》。其序反覆辨證，謂即此《周史六弢》，蓋考之未審，不可從也。

周政

《漢書・藝文志・儒家》《周政》六篇。周時法度政教。

姚振宗《漢書藝文志條理・儒家》《周政》六篇。周時法度政教。

周法

《漢書・藝文志・儒家》《周法》九篇。法天地，立百官。

姚振宗《漢書藝文志條理・儒家》《周法》九篇。法天地，立百官。章學誠《校讎通義》曰：儒家有《周政》六篇，《周法》九篇，其書不傳。班固注《周政》云「周時法度政教」，注《周法》云「法天地，立百官」，則二書蓋《官》、《禮》之遺也，附之《禮經》之下爲宜，入于儒家非也。案班氏仍《録》、《略》之舊，列于儒家，必有其故。後人未見其書，未可斷以爲非。

河間周制

《漢書・藝文志・儒家》《河間周制》十八篇。似河間獻王所述也。

姚振宗《漢書藝文志條理・儒家》《河間周制》十八篇。似河間獻王所述也。《金樓子・説蕃篇》：王又爲《周制》二十篇。四庫館校輯附案曰：《漢書・藝文志》：《河間周制》十八篇。今作二十篇，與《漢書》不同。《經義考・周禮類》曰：案《漢志》儒家，别有《周政》六篇，《周法》九篇，《河間周制》十八篇。注云獻王所述，似與《周官》相表裏，惜乎其皆亡也。案《周史六弢》及《周政》、《周法》、《周制》四書，似皆河間獻王所奏進，而《周制》又似獻王綜述爲書也。周之故府篇籍多矣，家邦既隕，或亦有散在民間者，獻王購以金帛，遂多爲所得。如《毛詩經》及《故訓傳》、《禮古經》、《古記》、《明堂陰陽》、《王史氏記》、《周官經傳》、《司馬法》、《樂記》、《雅歌詩》、《左氏經傳》、《三朝記》，皆獻之漢朝。此亦其類也歟？又案《禮樂志》，言叔孫通既没之後，河間獻王采禮樂古事，稍稍增輯，至五百餘篇。今學者不能昭見，但推士禮以及天子，説義又頗謬異。故君臣長幼交接之道，寖以不章。此或五百餘篇之殘賸，亦未可知也。

讕言

《漢書・藝文志・儒家》《讕言》十篇。不知作者，陳人君法度。

姚振宗《漢書藝文志條理・儒家》《讕言》十篇。不知作者，陳人君法度。顔氏集注曰：説者引《孔子家語》云孔穿所造，非也。馬國翰曰：《漢志》儒家：《讕言》十篇。注「不知作者，陳人君法度」。師古曰：「説者引《孔子家語》云孔穿所造，非也。」案《家語》後序云，子直生子高，名穿，亦著儒家語十二篇，名曰《讕言》。《集韻》去聲二十九换讕、調、諫三字並列，注云：「詆讕言誣，相被也，或从柬从間」，然則讕與調通，加草者隸古之别也。書名既同，復並稱儒家，且以《孔叢子》所載子高之言觀之，其答信陵君祈勝之禮、對魏王人主所以爲患及古之善爲國至於無訟之問、又與齊君論車裂之刑，所言皆人君法度事，則《讕言》審爲穿書矣。班固云不知作者，蓋劉向校定《七略》時，《孔叢子》晦而未顯。《漢志》本諸《七略》，無從取證。東漢之季，《孔叢子》顯出，故王肅注《家語》據以爲説，魏晉儒者遂據肅説以解《漢志》，在當日實有考見，不知顔監何以斷其非也。兹即從《孔叢子》録出，凡三篇，依舊説，題周孔穿撰。先聖家學可於此探其淵源云。案孔穿，《古今人表》列第四等，注云子思玄孫。馬氏以此爲穿書，與顔監異，穿未知爲孰是也。

功議

《漢書・藝文志・儒家》《功議》四篇。不知作者，論功德事。

姚振宗《漢書藝文志條理・儒家》《功議》四篇。不知作者，論功德事。功議未詳。

甯越

《漢書·藝文志·儒家》《甯越》一篇。中牟人，爲周威王師。

鄭樵《通志·藝文略·儒術》《甯越》一篇。

姚振宗《漢書藝文志條理·儒家》《寧越》一篇。中牟人，爲周威王師。

子華子

《宋史·藝文志·儒家類》《子華子》十卷。自言程氏名本，字子華，晉國人。《中興書目》曰：「近世依託。」朱熹曰：「僞書也。」

徐𤊹《徐氏家藏書目·諸子類》《子華子》二卷。程本。

王孫子

《漢書·藝文志·儒家》《王孫子》一篇。一曰《巧心》。

《隋書·經籍志·儒家》梁有《王孫子》一卷。亡。

鄭樵《通志·藝文略·儒術》《王孫子》一篇。

姚振宗《漢書藝文志條理·儒家》《王孫子》一篇。一曰《巧心》。

董子

《漢書·藝文志·儒家》《董子》一篇。名無心，難墨子。

《隋書·經籍志·儒家》《董子》一卷。戰國時，董無心撰。

《舊唐書·經籍志·儒家》《董子》二卷。董無心撰。

《新唐書·藝文志·儒家類》《董子》一卷。董無心。

馬端臨《文獻通考·經籍考·儒家》《董子》一卷。

《宋史·藝文志·儒家類》《董子》一卷。董無心撰。

姚振宗《漢書藝文志條理·儒家》《董子》一篇。名無心，難墨子。

俟子

《漢書·藝文志·儒家》（俟）〔俟〕子一篇。

姚振宗《漢書藝文志條理·儒家》《俟子》一篇。顔氏《集注》：李奇曰：或作「侔子」。《廣韻》引《風俗通·姓氏篇》，俟氏有俟子，古賢人著書。鄭樵《氏族略》：俟氏，《風俗通》俟子，著書，六國時人。邵思《姓解》：《風俗通》云古賢者俟子，著書八篇。鄧名世《古今姓氏書辨證》、《風俗通》，古賢人俟子。《漢·藝文志》有《俟子》一篇，李奇注曰：或作「侔子」。此必俟氏也。按《廣韻》、《氏族略》及鄧氏《辨證》引《風俗通》，俟子著書，皆不言篇數，唯邵思《姓解》云八篇，與《志》不合，未詳孰是，或一篇之中分子目八篇歟？

徐子

《漢書·藝文志·儒家類》《徐子》四十二篇。宋外黄人。

鄭樵《通志·藝文略·儒術》《徐子》四十二篇。宋外黄人。

姚振宗輯《七略别録佚文·儒家》《徐子》四十二篇。徐子，外黄人也。外黄時屬宋。嚴本。馬本。

姚振宗《漢書藝文志條理·儒家》《徐子》四十二篇。宋外黄人。《古今人表》徐子列第五等中中。梁玉繩曰：徐子始見《魏策》、《史·魏世家》。案本書《藝文志》徐子，注云宋外黄人。《策》、《史》言外黄徐子説太子申「百戰百勝之術」，《表》列魏惠王時，當即此，恐非孟子弟子徐子，乃《韓子·外儲説》左趙襄子力士、中牟徐子也。《經義考·承師篇》曰：徐辟，趙岐曰：「孟子弟子。」又曰：「《人表》，孟子居第二等。其弟子一十九人，公孫丑居第三等，萬章、樂正子、告子、高子居第四等，徐子居第五等，餘不與焉。」案，朱氏以《人表》徐子爲孟子弟子，梁氏以爲不然。

今考《人表》，徐子猶在孟子之前二行，不與公孫丑等相類從，似班氏亦不以此徐子爲孟子弟子也。梁氏之説爲長。

魯仲連子

《漢書・藝文志・儒家》《魯仲連子》十四篇。有《列傳》。

《隋書・經籍志・儒家》《魯連子》五卷《録》一卷。魯連，齊人，不仕，稱爲先生。

《舊唐書・經籍志・儒家》《魯連子》五卷。魯仲連撰。

《新唐書・藝文志・儒家類》《魯連子》一卷。魯仲連。

鄭樵《通志・藝文略・儒術》《魯仲連子》五卷。齊人魯連，不仕，稱先生。

高似孫《子略》卷一《魯仲連子》。仲連生戰國間，可謂大不幸者矣。有其材即無其時，有其時無其事業，此志士之所共嗟也。若其辭氣雋放，倜儻磊落，琅琅乎誓誥之風。遺燕將一書，有曰：「智者不背時而棄利，勇士不怯死以滅名，忠臣不先身而後君。」辭旨激亮，隱然出乎戰國之表，其義高矣。《史記》傳仲連，言其莫肯干仕。嗚呼！當是時，士掉三寸舌，得意天下。一言捭闔，取富貴如拾芥，往往挾詐尚謀，蹂躪於名利之場如恐不及。仲連智謀辯勇，非儀、秦、髡、衍輩可伍。因事抗議，切中事機。排難解紛，迎刃而破。心畏爵賞，如逝鴻避弋。連之意，沉冥斯世久矣。使連可縻，不過相齊耳。天下諸侯方仄足惴惴，將一于秦，亦豈一齊所可亡秦者？逃歸海上，瞭焉蓍龜，兹其所以大過人歟！戰國以來，一人而已。

《宋史・藝文志・儒家類》《魯仲連子》五卷。戰國齊人。

楊士奇等《文淵閣書目・子書》《魯連子》。一部，一册。闕。

錢東垣等輯《崇文總目・儒家類》《魯仲連子》五卷。

姚振宗《漢書藝文志條理・儒家》《魯仲連子》十四篇。有《列傳》。

公孫固

《漢書・藝文志・儒家》《公孫固》一篇。十八章。齊閔王失國，（問）〔問〕之，固因爲陳古今成敗也。

鄭樵《通志・藝文略・儒術》《公孫固》一篇。

姚振宗《漢書藝文志條理・儒家》《公孫固》一篇，十八章。

管氏弟子職

范邦甸等《天一閣書目・儒家類》《管氏弟子職》。

晏　子

徐𤊹《徐氏家藏書目・諸子類》《晏子》二卷。嬰。

孔叢子

徐𤊹《徐氏家藏書目・諸子類》《孔叢子》三卷。鮒。

梅　子

文廷式《補晉書藝文志・道家類》《梅子》一卷。《隋志・儒家》有《梅子新論》一卷。《意林》卷五引一則云：案其書晉人也，稱莊周以來命世大賢，惟阮先生蓋道家者流。《書鈔》一百五十六引《陶梅書》云：古人就食於安里，今三州米流出門。《御覽》三十五引《陶梅書》同。余案《陶梅書》是《梅陶》之誤，疑《梅子》即梅陶作也，姑附記於此。

賈　子

徐𤊹《徐氏家藏書目・諸子類》《賈子》二卷。誼。

陸　子

徐㶿《徐氏家藏書目・諸子類》《陸子》一卷。賈。

小荀子

徐㶿《徐氏家藏書目・諸子類》《小荀子》一卷。悦。

鹿門子

徐㶿《徐氏家藏書目・諸子類》《鹿門子》一卷。皮日休。

玉壺遐覽

徐㶿《徐氏家藏書目・道類》《玉壺遐覽》四卷。胡應麟。

荀子註

王圻《續文獻通考・經籍考・道家類》《荀子註》。趙汝談著。

荀子楊倞注

徐㶿《徐氏家藏書目・諸子類》《荀子楊倞注》十卷。

楊子李軌柳宗元注

徐㶿《徐氏家藏書目・諸子類》《楊子李軌柳宗元注》十卷。

文中子阮逸注

徐㶿《徐氏家藏書目・諸子類》《文中子阮逸注》十卷。

伸蒙子

徐㶿《徐氏家藏書目・諸子類》《伸蒙子》二卷。林慎思。

兩漢分部

羊　子

《漢書・藝文志・儒家》《羊子》四篇。百章，故秦博士。

鄭樵《通志・藝文略・儒術》《羊子》四篇。秦博士羊百章撰。

姚振宗《漢書藝文志條理・儒家》《羊子》四篇。百章，故秦博士。

孔叢子

尤袤《遂初堂書目・儒家類》《孔叢子》。

高似孫《子略》卷一 《孔叢子》。《漢・藝文志》無《孔叢子》，而孔甲《盤盂》二十六篇出于雜家，而又益以《連叢》，其獨《治篇》稱孔鮒，一名甲，世因曰《孔叢子》、《盤盂》者，其事雜也。《漢書》注又以孔甲爲黄帝之史，或夏帝時人。篇第又不同，若非今《孔叢子》也。《記問篇》載子思與孔子問答，如此則孔子時子思其已長矣。然《孔子家語》後敍及《孔子世家》皆言子思年止六十二，《孟子》以子思在魯穆公時固常師之，是爲的然矣。按孔子没於哀公十六年，後十六年哀公卒，又悼公立三十七年，元公立二十一年，穆公既立，距孔子之没七十年矣。當是時，子思猶未生，則問答之事安得有之耶？此又出於後人綴集之言，何其無所據若此！好古之癖，每有悦乎異帙奇篇，及觀其辭，考其事則往往差謬而同異。嗚呼！夫子没而微言絶，異端起而大義乖，皆苟簡於一時而增疑於來世也，故爲學者舍六經何師焉！

陳振孫《直齋書録解題・儒家類》 《孔叢子》七卷。孔氏子孫雜記其先世系言行之書也。《小爾雅》一篇，亦出於此。《中興書目》稱漢孔鮒撰，一名《盤盂》。案《孔光傳》，夫子八世孫鮒，魏相順之子，爲陳涉博士，死陳下，則固不得爲漢人。而其書紀鮒之没，第七卷號《連叢子》者，又記太常臧而下數世，迄於延光三年季彦之卒，則又安得以爲鮒撰。案《儒林傳》所載爲博士者，又曰孔甲，顔注曰：「將名鮒，而字甲也。」今攷此書稱子魚名鮒，陳人，或謂之子鮒，或稱孔甲，然則顔監未嘗見此書耶？《藝文志》有孔甲《盤盂》二十六篇，本注謂黄帝史，或曰夏帝孔甲，似皆非也。其書蓋田蚡所學者，與孔鮒初不相涉也。《中興書目》乃曰「一名《盤盂》」，不知何據？豈以《漢志》所謂孔甲，即陳王博士之孔甲邪？

馬端臨《文獻通考・經籍考・儒家》 《孔叢子》七卷。晁氏曰：楚孔鮒撰。鮒字子魚，孔子八世孫也。仕陳勝爲博士，以言不見用，託目疾而退。論集其先仲尼、子思、子上、子高、子順之言，及己之行事，名之曰《孔叢子》，凡二十一篇。「叢」之爲言聚也。《邯鄲書目》云，一名《盤盂》，取事雜也。至漢孔臧，又以其所著賦與書謂之《連叢》，附於卷末，十一篇。嘉祐中，宋咸爲之注。按《漢志》無《孔叢子》，而儒家有《孔臧》十篇，雜家有孔甲《盤盂書》二十六篇，其注謂孔甲，黄帝史，或曰夏帝，疑皆非。今此書一名《盤盂》，《獨治篇》又云鮒或稱孔甲，《連叢》又出孔臧，意者《孔叢子》即《漢志》孔甲《盤盂》書，而亡六篇，《連叢》即《漢志》孔臧書，而其子孫或續之也。《朱子語録》：漢卿問：「孔子順許多話却好？」曰：「出於《孔叢子》，不知是否？只《孔叢子》説話多類東漢人，其文氣軟弱，全不似西漢文字。兼西漢初若有此等話，何故略不見於賈誼、董仲舒所述，恰限到東漢方突出來，皆不可曉。」

《宋史・藝文志・儒家類》 《孔叢子》七卷。漢孔鮒撰。朱熹曰：「僞書也。」

楊士奇等《文淵閣書目・子書》 《孔叢子》。一部，三册。完全。 又《孔叢子》。一部二册闕。

高儒《百川書志・儒家》 《孔叢子》六卷，《連叢》一卷。楚孔鮒子魚撰，孔子八世孫也。論其先世及己之行事，凡二十一篇。今缺第五篇。「二」原作「一」，從瞿校鈔本改。 漢孔臧又以其所著書賦，謂之《連叢》。大抵記先聖之遺訓，與家世有足稽者爲詳。

范邦甸等《天一閣書目・儒家類》 《孔叢子》三卷。刊本。陳勝博士孔鮒撰，裔孫孔允植校，孔尚達等有序。

王世貞《讀書後》卷一 《讀孔叢子》：《孔叢子》，吾夫子之世家乘也，徵獻而文亦寓焉。自子思以後，世世爲諸侯師，然而不能爲其國救敗辱焉，無它，諸侯者能以禮夫子之禮禮其後，而不能以闕夫子之道用夫子之後之言故也。子順所謀筴皆不悖於理而最後欲令魏陰媚嫪毐以圖苟全，則大謬。鮒之就陳涉也，以復焚書坑儒讐也，即死難何累哉！獨《敘世》一章謂琳子黄厥德不脩，失侯爵，大司徒光分所食邑三百户，請封黄弟茂爲關内侯，茂子子國，子國生子卬，子卬生弘農守仲驩，仲驩子立與劉歆友善。歆故光同時人，小可二十年耳。是立與六世大父行友也。立子元，元子建仕王莽，爲建戎大尹，亦似太速，疑必有脱誤。

徐𤊹《徐氏家藏書目・諸子類》 《孔叢子》三卷。鮒。

張萱等《内閣藏書目録・子部》 《孔叢子》三册。全。秦末孔鮒著。

錢謙益等《絳雲樓書目・儒家類》 《孔叢子》。七卷。孔鮒，字子魚，孔子八世孫。

《四庫全書總目提要・儒家類一》 《孔叢子》三卷。内府藏本。舊本題曰孔鮒撰。所載仲尼而下子上、子高、子順之言行，凡二十一篇。

張之洞《書目答問・周秦諸子》 《孔叢子》七卷。浙江新刻影宋巾箱本。《漢魏叢書》本，三卷。儒。有依託，不盡僞。

姚振宗《三國藝文志・儒家類》 《孔叢子》七卷。《隋志》經部論語篇：《孔叢子》七卷，陳勝博士孔鮒撰。又曰《孔叢》、《家語》並孔氏所傳仲尼之旨，并附于此篇。《唐・經籍志》、《孔叢》七卷，孔鯯撰。「鯯」似「鮒」之刊誤。《藝文志》、《孔叢》七卷，不著撰人。《宋史・藝文志》子部儒家：《孔叢子》七卷，漢孔鮒撰。朱熹曰：「僞書也。」又經部小學類别出孔鮒《小爾雅》一卷。

平原君

《漢書・藝文志・儒家》 《平原君》七篇。朱建也。

姚振宗《漢書藝文志條理・儒家》 《平原君》七篇。朱建也。

新　語

《漢書・藝文志・儒家》 《陸賈》二十三篇。

《隋書・經籍志・儒家》 《新語》二卷。陸賈撰。

《舊唐書・經籍志・儒家》 《新語》二卷。陸賈撰。

《新唐書・藝文志・儒家類》 《陸賈新語》二卷。

鄭樵《通志・藝文略・儒術》 《新語》二卷。陸賈撰。

尤袤《遂初堂書目・儒家類》 《陸賈新語》。

都穆《南濠居士文跋》卷一 《新語》。《新語》三卷，凡十二篇，漢太中大夫楚人陸賈撰。賈以客從高帝定天下，名有口辨。其論秦漢之失得、古今之成敗，尤爲明備。高帝雖輕士善罵不事《詩》、《書》，而獨于賈之語每卷稱善，蓋前此固帝之所未聞也。惜乎其書歲久不傳。余同年李君仲陽宰浙之桐鄉，嘗獲其本，鋟之于木。昔人謂文章與時高下，質而不俚，必曰「先秦西漢」。是書余未敢定其果出于賈，而其失得成敗之論，則有國有家者之當鑑也。

高儒《百川書志・儒家》 《陸賈新語》二卷。前漢大中大夫楚人陸賈撰，凡十二篇。

范邦甸等《天一閣書目・儒家類》 《新語》三卷。刊本。漢陸賈撰，明宏治壬戌錢福序。

徐𤊹《徐氏家藏書目・諸子類》 《陸子》一卷。賈。

錢謙益等《絳雲樓書目・儒家類》 《陸賈新語》。二卷。

《四庫全書總目提要・儒家類一》 《新語》二卷。内府藏本。

張之洞《書目答問・儒家》 《新語》一卷。漢陸賈。《漢魏叢書》本。

姚振宗《漢書藝文志條理・儒家》 《陸賈》二十三篇。

賈　山

《漢書・藝文志・儒家》 《賈山》八篇。

鄭樵《通志・藝文略・儒術》 《賈山》八篇。

姚振宗《漢書藝文志條理・儒家》 《賈山》八篇。

劉　敬

《漢書・藝文志・儒家》 《劉敬》三篇。

鄭樵《通志・藝文略・儒術》 《劉敬》三篇。

姚振宗《漢書藝文志條理・儒家》 《劉敬》三篇。

太常蓼侯孔臧

《漢書・藝文志・儒家》 《太常蓼侯孔臧》十篇。父聚，高祖時以功臣封，臧嗣爵。

姚振宗《漢書藝文志條理・儒家》 《太常蓼侯孔臧》十篇。父聚，高祖時以功臣封，臧嗣爵。本書《功臣侯表》：蓼夷侯孔藂以執盾前元年從起碭，以左司馬入漢，爲將軍，三以都尉擊項籍屬韓信，侯。高帝六年正月丙午封，三十年薨。孝文九年，侯臧嗣，四十五年，元朔三年，坐爲太常衣冠道橋壞不得度，免。《連叢子》曰：臧歷位九卿，遷御史大夫，辭曰：「臣世以經學爲家，乞爲太常，與安國紀綱古訓。」武帝難違其意，遂拜太常，禮賜如三公。著書十篇。

新　書

《漢書・藝文志・儒家》 《賈誼》五十八篇。

《隋書・經籍志・儒家》《賈子》十卷。録一卷。漢梁太傅賈誼撰。

《舊唐書・經籍志・儒家》《賈子》九卷。賈誼撰。

《新唐書・藝文志・儒家類》《賈誼新書》十卷。

鄭樵《通志・藝文略・儒術》《賈子》十卷。漢梁太傅賈誼撰。

晁公武《郡齋讀書志・儒家類》《新書》十卷。袁本《前志》卷三上《儒家類第八》。右漢賈誼撰。誼著《事勢》、《連語》、《雜事》，凡五十八篇。考之《漢書》，誼之著述未嘗散軼，然與班固所載時時不同。固既云「掇其切於世者」，容有潤益刊削，無足怪也。獨其説經多異義而《詩》尤甚，以「騶虞」爲天子之囿官，以「靈臺」爲神靈之臺，與《毛氏》殊不同，學者不可不知也。

尤袤《遂初堂書目・儒家類》《賈誼新書》。

高似孫《子略》卷一《賈誼新書》。養氣之學，孟子一人而已。士之有所激而奮者，極天地古今之變動，山川草木之情狀，人物智愚賢否，是非邪正之銷長，有觸於吾心，有干於吾氣，慮遠而志善，事切而憂深。其言往往出於危激哀傷之餘，而其氣有不可過者。舉天地、今古、山川、草木、人物盛衰之變，皆不足以敵之。嗚呼！此屈原、賈誼之所爲者乎。皮日休讀《賈誼新書》，嘆其心切，其憤深，其辭隱而麗，其藻傷而雅。唯蘇公軾以爲非才之難，所以自用者實難。惜乎賈生王者之佐，而不能自用其才。論亦奇矣。以余觀之，雖東坡亦不能自用其才，況賈生乎？又曰：「觀其過湘作賦以弔屈原，紆鬱憤悶，趯然有遠舉之志。其後卒以自傷哭泣至于夭絶，是亦不善處窮者。夫謀之一不見用，安知終不復用？」嗚呼！此東坡以志量，才識論誼者，非誼之所及也。是蓋孟子之所謂「持其志，無暴其氣者」耳，蘇公有之。

陳振孫《直齋書録解題・儒家類》《賈子》十一卷。案《崇文總目》云隋、唐《志》皆九卷，《新唐書・藝文志》作十卷，此本作十一卷，疑誤。漢長沙王太傅洛陽賈誼撰。《漢志》五十八篇，今書首載《過秦論》，末爲《弔湘賦》，餘皆録《漢書》語，且略節誼本傳於第十一卷中。其非《漢書》所有者，輒淺駁不足觀，決非誼本書也。

馬端臨《文獻通考・經籍考・儒家類》《賈誼新書》十卷。《朱子語録》曰：《賈誼新書》除了《漢書》中所載，餘亦難得粹者，看得來衹是賈誼一雜記稿耳，中間事事有些箇。問《新書》，曰：此賈誼平日記録稿草也。其中細碎俱有，《治安策》中所言多在焉。

高儒《百川書志・儒家》《賈誼新書》十卷。漢長沙太傅賈誼撰，凡五十七篇。

范邦甸等《天一閣書目・儒家類》《新書》十卷。刊本。漢賈誼撰。明黄寶序云：昔承乏選部，偶於京國書肆得賈太傅《新書》鈔本若干卷，正德甲戌，致仕家居長沙，郡守陸公以誼所著《新書》無傳，檢郡齋故櫝得版刻數十片，計脱落尚多，余出是本補刻，遂成完書。

王世貞《讀書後》卷二《讀賈子》：《賈子》上下二篇。其上篇皆誦説時務，其事與辭皆載《治安策》中。不知其書成自擇而上之邪，抑以其書上之而爲班固之所裁節邪？下篇則兼論德政，援據古昔。然論政則有餘，論德則弗足矣。人言文帝不能用賈生者妄，言賈生不能用文帝者亦妄。梁，大國也。懷王，上愛子也，以賈生居之，蓋非久而入爲公卿矣。生死而文帝次第行其言，孰謂賈生不用哉！夫賈生用而不相，陸贄相而不用，則其君有昏喆也。

徐𤊹《徐氏家藏書目・諸子類》《賈子》二卷。誼。

張萱等《内閣藏書目録・子部》《賈太傅新書》二册。全。漢賈誼著。凡十卷。

錢謙益等《絳雲樓書目・儒家類》《賈誼新書》。十卷。

錢東垣等輯《崇文總目・儒家類》《賈子》十九卷。〔原釋〕漢賈誼撰。本七十二篇，劉向删定爲五十八篇。《隋》、《唐》皆九卷，今别本或爲十卷。見《文獻通攷》。闕。見天一閣鈔本。

《四庫全書總目提要・儒家類一》《新書》十卷。通行本。

張金吾《愛日精盧藏書志・儒家類》《賈誼新書》十卷。明宏治刊本。漢賈誼撰。沈頡重刊跋。宏治乙丑。

《新書》十卷。明正德乙亥吉府刊本。漢長沙太傅賈誼撰。胡價序。淳熙辛丑。黄寶序。正德九年。楊節跋。正德乙亥。

吳壽暘《拜經樓藏書題跋記》卷四《賈子新書》。

張之洞《書目答問・儒家》《新書》十卷。漢賈誼。盧文弨校。抱經堂校本。

潘祖蔭《滂喜齋藏書記・子部》明刻《賈誼新書》十卷。一函，四册。淳熙辛丑胡價跋云：「提學漕司給事程公暫攝潭事刻之學宫。」跋後又有題記云：「淳祐八年十月，知院大使陳公刊脩。」按常熟瞿氏、歸安陸氏，皆有明正德本。《瞿氏志》云：「潭板明時殘闕。宏治間，陸桐爲長沙守，脩補印行。」《陸氏志》云：「陸本後歸吉府。」據此則宋時刊板歷明尚存，但遞有增修耳。《陸志》又云：「吉府本册首蓋『吉府圖書』朱文方印。陸本卷六第三葉十一、十二、十三行空白。」此本册首無吉府印，而卷六亦無空行，則在二本前明甚。其元末明初之際乎？同治辛未戴子高校過，卷末有其題字。

姚振宗《漢書藝文志條理・儒家》　《賈誼》五十八篇。

姚振宗輯《七略别録佚文・諸子略》　《賈誼》五十八篇。傳本七十二篇，臣向删定爲五十八篇。《崇文總目》得於《别録》。按此説必。賈誼言三代與秦治亂之意，其論甚美，通達國體，雖古之伊，管未能遠過也。使時見用，功化必盛。爲庸臣所害，甚可悼嘆。《漢書》本傳贊引劉向稱賈誼云云，其文頗與《孫卿敘録》、《論語》相似，當是《别録》文。令姑立此。

對上下三雍宫

《漢書・藝文志・儒家》　河間獻王《對上下三雍宫》三篇。

姚振宗《漢書藝文志條理・儒家》　河間獻王《對上下三雍宫》三篇。

兒　寬

《漢書・藝文志・儒家》　《兒寬》九篇。

鄭樵《通志・藝文略・儒術》　《兒寬》九篇。

姚振宗《漢書藝文志條理・儒家》　《兒寬》九篇。

公孫弘

《漢書・藝文志・儒家》　《公孫弘》十篇。

鄭樵《通志・藝文略・儒術》　《公孫弘》十篇。

姚振宗《漢書藝文志條理・儒家》　《公孫弘》十篇。

終　軍

《漢書・藝文志・儒家》　《終軍》八篇。

鄭樵《通志・藝文略・儒術》　《終軍》八篇。

姚振宗《漢書藝文志條理・儒家》　《終軍》八篇。

吾丘壽王

《漢書・藝文志・儒家》　《吾丘壽王》六篇。

鄭樵《通志・藝文略・儒術》　《吾丘壽王》六篇。

姚振宗《漢書藝文志條理・儒家》　《吾丘壽王》六篇。

虞丘説

《漢書・藝文志・儒家》　《虞丘説》一篇。難孫卿也。

姚振宗《漢書藝文志條理・儒家》　《虞邱説》一篇。

莊　助

《漢書・藝文志・儒家》　《莊助》四篇。

姚振宗《漢書藝文志條理・儒家》　《莊助》四篇。

臣　彭

《漢書・藝文志・儒家》　《臣彭》四篇。

姚振宗《漢書藝文志條理・儒家》 《臣彭》四篇。臣彭無考。案此佚其姓氏、爵里，在《録略》亦不得其詳，故唯就其所署題曰「臣彭」耳。大抵亦與虞邱説同爲武帝時人。

鉤盾冗從李步昌

《漢書・藝文志・儒家》 《鉤盾冗從李步昌》八篇。宣帝時數言事。

姚振宗《漢書藝文志條理・儒家》 《鉤盾冗從李步昌》八篇，宣帝時數言事。《王氏考證》：《百官表》少府有鉤盾令丞，注「鉤盾主近苑囿」。《枚皋傳》與冗從争，注「冗從散職」。案《詩賦略》中有《李步昌賦》二篇，蓋宣帝時奏御，固能文之士也。

儒家言

《漢書・藝文志・儒家》 《儒家言》十八篇。不知作者。

姚振宗《漢書藝文志條理・儒家》 《儒家言》十八篇。不知作者。案此似劉中壘裒録無名氏之説，以爲一編。其下道家、陰陽家、法家、雜家，皆有之，並同此例。

鹽鐵論

《漢書・藝文志・儒家》 桓寬《鹽鐵論》六十篇。

《隋書・經籍志・儒家》 《鹽鐵論》十卷。漢廬江府丞桓寬撰。

《舊唐書・經籍志・儒家》 《鹽鐵論》十卷。桓寬撰。

《新唐書・藝文志・儒家類》 桓寬《鹽鐵論》十卷。

晁公武《郡齋讀書志・儒家類》 《鹽鐵論》十卷。袁本《前志》卷三《上儒家類第十五》。右溪桓寬撰。按班固曰：所謂鹽鐵議者，起始元中，徵文學賢良，問以治亂，皆對願罷郡國鹽鐵酒榷均輸，務本抑末，毋與天下争利，然後教化可興。御史大夫桑弘羊以爲此乃所以安邊境，制四夷，國家大業，不可廢也。當時相詰難，頗有其議文。至宣帝時，汝南桓寬次公治《公羊春秋》，舉爲郎，至廬江太守丞。博通善屬文，推衍鹽鐵之議，增廣條目，極其論難，著數萬言，亦欲以究治亂，成一家之法焉。凡六十篇。

尤袤《遂初堂書目・儒家類》 《鹽鐵論》。

高似孫《子略》卷一 桓寬《鹽鐵論》。《鹽鐵論》者，漢始元六年，公卿、賢良文學所與共議者也。漢制近古，莫古乎議。國有大事，詔公卿、列侯、二千石、博士、議郎雜議，是以廟祀議，伐匈奴議，捐朱厓議，而石渠論經亦有議，皆所謂詢謀僉同者也。初武帝以師旅之餘國用不足，縣官悉自賣鹽鐵酤酒。海内虚耗，户口減半，帝務本抑末，不與天下争利，乃詔有司問郡國所舉賢良文學民所疾苦，議罷之。班氏一贊，專美乎此。顔師古曰：《元帝紀贊》，班彪所作。然觀一時論議，其所問對，非不伸異見，騁異辭，亦無有犖然大過人者。其曰：行遠者因於車，濟海者因於舟，成名者因於資，則一時趣尚可乎矣。又曰：九層之臺傾，公輸子不能正；大朝一邪，伊望不能復。則一時事體可知矣。夫上有樂聞，下無隱議。得失明者其言達，利害決者其慮輕。不決一言，何取羣議？審此，亦足以占士氣，觀國勢矣。然元帝詔書乃曰：公卿大夫好惡不同，雅説空進而事亡成功。此誠言也，天下後世同此患也。吁！

陳振孫《直齋書録解題・儒家類》 《鹽鐵論》十卷。

馬端臨《文獻通考・經籍考・儒家》 《鹽鐵論》十卷。

《宋史・藝文志・儒家類》 桓寬《鹽鐵論》十卷。

都穆《南濠居士文跋》卷一 《鹽鐵論》。《鹽鐵論》十卷，凡六十篇。漢廬江太守丞汝南桓寬次公撰。按鹽鐵之議，起昭帝之始元中，詔問賢良文學，皆對願罷郡國鹽鐵，與御史桑弘羊相詰難，而鹽鐵卒不果罷。至宣帝時，寬推衍增廣成一家言。其書在宋嘗有板刻，歷歲既久，浸以失傳，人亦少有知者。新淦涂君知江陰之明年，百廢俱興，親民之暇手校是書，仍捐俸刻之，使學者獲見古人文字之全。而其究治亂、抑貨利以稗國家之政者，蓋不但可行之當時，而又可施之後世。此則涂君刻書之意也。涂君名禎，字賓賢，予同年進士。

高儒《百川書志・儒家》 《鹽鐵論》十卷。漢廬江太守汝南桓寬次公撰，凡六十篇。

范邦甸等《天一閣書目・儒家類》《鹽鐵論》十卷。刊本。漢桓寬撰。

徐𤊹《徐氏家藏書目・子類》《鹽鐵論》十卷。漢桓寬。

錢謙益等《絳雲樓書目・儒家類》《鹽鐵論》。十卷。桓寬。

錢東垣等輯《崇文總目・儒家類》《鹽鐵論》十卷。桓寬撰。

黄丕烈《蕘圃藏書題識・子類一》《鹽鐵論》十卷。明鈔本。

又《鹽鐵論》十卷。校明鈔本。

姚振宗《漢書藝文志條理・儒家》桓寬《鹽鐵論》六十篇。

説　苑

《漢書・藝文志・儒家》劉向所序六十七篇。《新序》、《説苑》、《世説》、《列女傳頌圖》也。

《隋書・經籍志・儒家》《説苑》二十卷。劉向撰。

《舊唐書・經籍志・儒家》《説苑》三十卷。劉向撰。

《新唐書・藝文志・儒家類》劉向《説苑》三十卷。

鄭樵《通志・藝文略・儒術》《説苑》二十卷。劉向撰。

錢東垣等輯《崇文總目・儒家類》《説苑》五卷。【原釋】漢劉向撰。向成帝時典祕書，採傳記百家之言，掇其正辭美義可爲勸戒者，以類相從，爲《説苑》二十篇。今存者五卷，餘皆亡。見《文獻通考》。《南豐文集》、《書録解題》並引末句。

姚振宗輯《七略別録佚文・儒家》臣向所序《説苑》二十篇。

新　序

《漢書・藝文志・儒家》《劉向所序》六十七篇。《新序》、《説苑》、《世説》、《列女傳頌圖》也。

《隋書・經籍志・儒家》《新序》三十卷。《録》一卷。劉向撰。

《舊唐書・經籍志・儒家》《新序》三十卷。劉向撰。

《新唐書・藝文志・儒家類》劉向《新序》三十卷。

鄭樵《通志・藝文略・儒術》《新序》二十卷。《録》一卷。劉向撰。

晁公武《郡齋讀書志・儒家類》《新序》十卷。袁本《前志》卷三《上儒家類第十三》。右漢劉向子政撰。向當成帝時，與校書，因采傳記、行事、百家之言，删取正辭美義可勸戒者，爲《新序》、《説苑》，共五十篇。《新序》陽朔元年上。世傳本多亡闕，皇朝曾鞏子固在館中，日校正其訛舛而綴緝其放逸，久之，《新序》始復全。自秦之後，綴文之士有補於世者，稱向與揚雄爲最。雄之言，莫不步趨孔、孟；向之言，不皆槩諸聖。故議者多謂雄優於向。考其行事則反是。何哉？今觀其書，蓋向雖雜博而自得者多，雄雖精深而自得者少故也。然則向之書可遵而行，殆過於雄矣。學者其可易之哉？

尤袤《遂初堂書目・儒家類》劉向《新序》。

陳振孫《直齋書録解題・儒家類》《新序》十卷。漢護都水使者光禄大夫劉向子政撰。舜、禹以來迄于周，嘉言善行，往往在焉。其書最爲近古。案曾鞏《序略》曰，向之序此書，於今最爲近古，雖不能無失，然遠至舜、禹，而次及於周、秦以來，古人之嘉言善行，亦往往而有也。此云「自舜、禹以來迄於周」，疑有脱句。

馬端臨《文獻通考・經籍考・儒家》《新序》十卷。南豐曾氏《序略》曰：劉向所集次《新序》三十篇，《録》一篇，隋、唐之世，尚爲全書，今可見者，十篇而已。漢興，六藝皆得於散絶殘脱之餘，世復無明先王之道以一之者，諸儒苟見傳記、百家之言，皆悦而向之，故先王之道爲衆説之所蔽，闇而不明，鬱而不發，而怪奇可喜之論，各師異見，皆自名家者，誕慢於中國，一切不異於周之末世。天下學者，知折衷於聖人，而能純於道德之美者，楊雄氏而止耳。如向之徒，皆不免乎爲衆説之所蔽，而不知有所折衷者也。蓋向之序此書，於今爲最近古，雖不能無失，然遠至舜、禹，而次及於周、秦以來，古人之嘉言善行，亦往往而在也。要在慎取之而已。故臣惜其不可見者，而校其可見者特詳焉。所以攻其失者，豈好辯哉？不得已也！

高氏《子略》曰：向以區區宗臣，老於文學，窮經之苦，崛出諸儒。先秦古書，甫脱燼劫，入向筆，采擷不遺。至其正紀綱，迪教化，辨邪正，黜異端，以爲漢規鑒者，盡在此書，號《説苑》、《新序》之旨也。

胡師安等《元西湖書院重整書目・經》《新序》。

楊士奇等《文淵閣書目・子書》劉向《新序》。一部，三册。完全。劉向《新序》。一部，三册。完全。

高儒《百川書志・儒家》《新序》十卷。漢光禄大夫劉向撰。凡四類。

范邦甸等《天一閣書目・儒家類》 《新序》十卷。刊本。漢劉向撰，朱曾鞏序。

徐𤊹《徐氏家藏書目・子類》 劉向《新序》十卷。

張萱等《内閣藏書目録・子部》 《説苑新序》六册，全。又漢劉向著《新序》，三册，全。又三册，全。又二册，全。

劉若愚《内板經書紀略》 劉向《新序》。三本，一百四十二葉。

錢謙益等《絳雲樓書目・儒家類》 劉向《新序》。三十卷。宋刻十卷。明洪武十五年，頒《説苑》、《新序》於天下學校，令生員講讀。見《劉仲質傳》。

于敏中等《天祿琳琅書目・明版子部》 劉向《新序》。一函，四册。漢劉向著。十卷。目録後有宋曾鞏序。此蓋明翻宋槧之本，而紙質則嫌麤厚，槧印亦未能工。

《四庫全書總目提要・儒家類一》 《新序》十卷。江蘇巡撫採進本。漢劉向撰。向字子政，初名更生，以父任爲輦郎，歷官中壘校尉，事蹟具《漢書》本傳。案班固《漢書・藝文志》，稱向所序六十七篇，《新序》、《説苑》、《世説》、《列女傳頌圖》也。《隋書・經籍志》，《新序》三十卷，《録》一卷。《唐書・藝文志》，其目亦同。曾鞏《校書序》則云：今可見者十篇。鞏與歐陽修同時，而所言卷帙懸殊。蓋《藝文志》所載據唐時全本爲言，鞏所校録則宋初殘闕之本也。晁公武謂「曾子固綴輯散逸，《新序》始復全者」，誤矣。此本《雜事》五卷、《刺奢》一卷、《節士》二卷、《善謀》二卷，即曾鞏校定之舊。《崇文總目》云：所載皆戰國秦漢間事。以今考之，春秋時事尤多，漢事不過數條。大抵採百家傳記，以類相從，故頗與《春秋》内外傳、《戰國策》、《太史公書》互相出入。高似孫《子略》謂「先秦古書，甫脱燼劫。一入向筆，採擷不遺。至其正紀綱，迪教化，辨邪正，黜異端，以爲漢規監者，盡在此書」，固未免推崇已甚。要其推明古訓，以衷之於道德仁義，在諸子中猶不失爲儒者之言也。葉大慶《考古質疑》摘其「昭奚恤對秦使者」一條，所稱司馬子反在奚恤前二百二十年，葉公子高、令尹子西在奚恤前一百三十年，均非同時之人。又摘其誤以孟子論好色，好勇爲對梁惠王，皆切中其失。至大慶謂《黍離》乃周詩，《新序》誤云衛宣公之子壽閔其兄且見害而作，則殊不然。向本學魯詩，而大慶以毛詩繩之，其不合也固宜。是則未考漢儒專門授受之學矣。

彭元瑞等《天祿琳琅書目後編・明版子部》 《説苑新序》。一函，八册。漢劉向撰。《新序》書十卷，凡四篇。曰《雜事》五、《刺奢節士》上下、《善謀》上下。兩書俱有曾鞏校上序。嘉靖丁未何良俊合刻，有序。良俊字元朗，松江華亭人，官翰林院孔目，有《清森閣集》。

錢東垣等輯《崇文總目・儒家類》 《新序》十卷。〔原釋〕漢劉向撰。成帝時，典校秘書，因採載戰國秦漢間事爲三十卷，上之。其二十卷今亡。見《文獻通考》。

姚振宗輯《七略别録佚文・儒家》 臣向所序《新序》三十篇。

列女傳頌

姚振宗《漢書藝文志拾補・儒家》 劉歆《列女傳頌》一卷。歆始末具《六藝・尚書家》。《顔氏家訓・書證篇》曰：《列女傳》劉向所造，其子歆又作《頌》，終於趙悼后。《隋志》史部《雜傳篇》：《列女傳頌》一卷，劉歆撰。唐日本國人佐世《見在書目》同，《通志・藝文略》同。宋王回序曰：《頌》如《詩》之四言。世所行向書併《頌》爲十五卷，通題向撰，題其《頌》曰向子歆撰。按《漢志》注云《列女傳頌圖》，是《頌》亦劉向撰。《隋志》别出劉歆《頌》一卷，與日本國《書目》所載同。《文選・思玄賦》注引劉歆《列女傳頌》曰：「材女修身，廣觀善惡。」今本無此文，知别爲一書，已久亡矣。梁任昉《文章緣起》云漢劉歆作《列女傳贊》，贊、頌本相通也。

成公政事

姚振宗《漢書藝文志拾補・儒家》 《成公政事》十二篇。皇甫謐《高士傳》：成公者，成帝時自隱姓名，常誦經，不交世利，時人號曰「成公」。成帝時出游，問之，成公不屈節。上曰：「朕能富貴人，能殺人，子何逆朕哉?」成公曰：「陛下能貴人，臣能不受陛下之官；陛下能富人，臣能不受陛下之禄；陛下能殺人，臣能不犯陛下之法。」上不能折，使郎二人就受《政事》十二篇。

太玄經

《漢書・藝文志・儒家》 揚雄所序三十八篇。《太玄》十九，《法言》十三，《樂》四，《箴》二。

《隋書・經籍志・儒家》 梁有《揚子太玄經》九卷，揚雄自作《章句》，亡。

晁公武《郡齋讀書志・儒家類》 《太玄經》十卷。袁本《前志》、《後志》未收。右漢揚雄子雲撰。雄作此書，當時已誚其艱深，其後字讀多異。予嘗以諸家本參校，不同者，疏於其上。且發策以問諸生云：揚雄準《易》作《太玄經》，其自序稱《玄》盛矣，而諸儒或以爲猶吴、楚僭王，當誅絶之罪，或以爲度越《老子》之書。大抵譽之者過其實，毁之者失其真，皆未可信。然譬夫聽訟，曾未究其意，烏能決其曲直哉！今欲論《玄》之得失，必先窺其奥，然後可得而議也。夫《玄》雖準《易》，然託始《高辛》、《太初》二曆而爲之，故《玄》有方、州、部、家，凡四重而爲一首九贊，通七百二十九贊有奇，分主晝夜，以應三百六旬有六日之度。首準一卦，始於《中》準《中孚》，而終於《養》準《頤》。二十四氣，七十二候，與夫二十八宿，錯居其間，先後之序，蓋不可得而少差也。夫《易》卦之直日，起於漢儒之學舍，四正卦取六十卦之爻三百六十，各直一日，此《玄》之所準者也。然《易》之卦直日，其亦如《玄》之首有序乎，抑無也？若亦有之，則雄之爲《玄》不亦善乎？不然，則《玄》之序亦贅矣。自《復》、《姤》而爲《乾》、《坤》，十有二卦，皆以陰陽之消長，分居十二月，謂之「辟卦」，則固有序矣。其餘一月而四卦之序云何？且如《中孚》、《頤》，何以爲一日之卦也？曰公卿、大夫、侯者，何謂也？其所謂《屯》正於丑間時而左行，《蒙》正於寅間時而右行者，其旨可得聞歟？又一陽一陰者，《玄》相錯之法也，然《養》爲陽而《中》不爲陰；水、火、木、金、土者，《玄》相傳之法也，然《対》爲金而《羨》不爲土，其自相戾類如此豈得無説哉？

馬端臨《文獻通考・經籍考・儒家》 《太玄經》十卷。《朱子語録》曰：揚子爲人思沉，會去思索，如陰陽消長之妙，他直是去推求。然《太玄》亦拙底工夫。蓋天地間只有一箇奇偶，奇陽偶陰，春少陽，夏太陽，秋少陰，冬太陰，自二而四，自四而八，只恁地推去都走不得，揚子却添作三，事事要作三截，又且有氣無朔，有日星無歲月，恐不是道理。其學本似老氏，如清静淵默等語，皆是老氏意思。【略】水心葉氏曰：《太玄》雖名幽深，然既「枝葉扶疏，獨説十餘萬言，」侯芭又受其辭，則是雄所以作之意，固嘗曉然號於人，使皆可識，不爲甚難明也。至宋衷、陸績、范望，乃皆創立注釋，若昔未嘗聞知者。如首名以節氣起止，贊義以五行勝剋，最爲此書要會。不知自雄及芭親相傳授已如此邪？或舊語果零落，而衷、績等方以意自爲參測也？以位當卦，以卦當日，出於漢人。若夫節候晷刻，推其五行所寄，而吉凶禍福生之，至《玄》而益詳，蓋農工小人所教以避就趨舍者。雄爲孔氏之學，其書將經緯大道，柰何俛首效之？且未有求其小而能得其大者也，惜乎其未講矣！

《宋史・藝文志・儒家類》 揚雄《太玄經》十卷。

姚振宗《漢書藝文志條理・儒家》 《揚雄所序》三十八篇。《太玄》十九，《法言》十三，《樂》四，《箴》二。

太玄經注

姚振宗《後漢藝文志・儒家》 侯芭《太玄經注》。芭始末具《經部・詩類》。

揚子太玄經

《隋書・經籍志・儒家》 《揚子太玄經》九卷。宋衷注。梁有《揚子太玄經》九卷，揚雄自作章句，亡。

《新唐書・藝文志・儒家類》 宋仲孚注《太玄經》十二卷。

姚振宗《後漢藝文志・儒家》 宋衷《太玄經注》九卷。衷始末具《經部・易類》。陸績《述玄》曰：章陵宋仲子爲作《解詁》，仲子以所解與張子布，績得覽焉。仲子之思慮誠爲深篤，然玄道廣遠，淹廢歷載，師讀斷絶，難可一備，故往往有違本錯誤。夫玄之大義，揲蓍之謂，而仲子失其指歸。休咎之占，靡所取定，雖得文間義説，大體乖矣。唐《日本國見在書目》：《揚子太玄經》十三卷，宋衷注。【略】《宋志》、《玄測》一卷，漢宋衷解。《經義考》曰：《新唐書・藝文志》有宋仲孚《太玄經注》十二卷。考《隋書》及《舊唐志》俱無之，疑即宋仲子注書，「子」爲「学」，因譌「孚」耳。按，宋注《太玄》今見于司馬温公《集注》中者，尚有七十七條，輯而録之，猶可成卷。《宋・藝文志》有《宋衷解太玄義經訣》十卷，李沂集。當是《太玄經義訣》，寫者誤倒其文。蓋亦輯宋仲子注而附己所云云，謂之「義訣」。

揚子法言

《漢書・藝文志・儒家》《揚雄所序》三十八篇《法言》十三。

《舊唐書・經籍志・儒家》《楊子法言》六卷。楊雄撰。

《新唐書・藝文志・儒家類》《揚子法言》六卷。揚雄。

尤袤《遂初堂書目・儒家類》《揚子法言》。

陳振孫《直齋書録解題・儒家類》《法言》十卷。案，《唐書・藝文志》作六卷。漢黄門郎蜀揚雄子雲撰。凡十三篇，篇各有序，本在卷末，如班固《敘傳》，然今本分冠篇首，自宋咸始也。

馬端臨《文獻通考・經籍考・儒家》《揚子法言》十卷。晁氏曰：漢揚雄撰，晉祠部郎中李軌注。雄好古學，見諸子各以其知舛駁，不與聖人同，是非頗謬於經，故人時有問雄者，常用法言應之，譔此以象《論語》，號曰《法言》，每篇復爲序贊，以發其大意。然雄之學，自得者少，其言務擬聖人，靳靳然若影之守形。既鮮所發明，又往往違其本指，正古人所謂畫者謹毛而失貌者也。程子曰：揚子無自得者也，故其言蔓衍而不斷，優柔而不決。其論則曰「人之性，善惡混」，蓋雄規矩窄狹，道即性也。言性已錯，更何所得。

《宋史・藝文志・儒家類》揚雄《揚子法言》十三卷。

楊士奇等《文淵閣書目・子書》《揚子法言》。一部，一册。完全。又《揚子法言》。一部，一册。完。《揚子法言》。一部，一册。闕。《揚子法言》。一部，一册。闕。《揚子法言》。一部，二册。闕。《揚子法言》。一部，一册。闕。《揚子法言》。一部，二册。完全。《揚子法言》。一部，一册。闕。

高儒《百川書志・儒家》《揚子法言》十三卷。按，「楊」當作「揚」。漢揚雄撰。凡十三篇。

王世貞《讀書後》卷五《讀揚子》：余讀揚氏《法言》，其稱則先哲，畔道者寡矣。顧其文割裂，聲曲闇曶洪涊，剽襲之跡紛如也。甚哉！其有意乎言之也，聖人之於文也。無意焉以達其所，本有而不容秘耳。故其辭，淺言之而愈深也，深言之而不秘也；驟之而日星乎，徐之而大羹玄酒哉！乃其矩矱天就矣。世之病揚氏以道也，余之病揚氏以文也，雖然文則又奚病焉。

于敏中等《天禄琳琅書目後編・宋版子部》《揚子法言》。一函，六册。見前十三篇。篇爲一卷。前宋咸表序，司馬光序，又唐仲友淳熙八年序，後有《揚子音義》一卷。書中闕筆極謹密，至孝宗諱「慎」字止，是淳熙時鋟。唐仲友序前闕一葉，蓋刻書時序也。大字麻沙最善本。

顧廣圻《思適齋集外書跋輯存・子類》《揚子法言》十卷。世德堂本。

姚振宗《漢書藝文志條理・儒家》《揚雄所序》三十八篇。《太玄》十九，《法言》十三，《樂》四，《箴》二。

揚子法言學行

張萱等《内閣藏書目録・子部》《揚子法言學行》一册。全。

王莽誥

姚振宗《漢書藝文志拾補・儒家》《王莽誥》一篇。《漢書・王莽傳》：地皇四年秋，莽自知敗，迺率羣臣至南郊，陳其符命本末。又作《告天策》自陳功勞千餘言。能誦策文者除以爲郎，至五千餘人，甍惲將領之。《後漢書・隗囂傳》注：莽作《告天策》自陳功勞千餘言，能誦策文者除以爲郎，至五千餘人。劉攽曰：案本傳作「五千餘人」。按班氏有言曰：「昔秦燔《詩》、《書》以立私議，莽誦《六藝》以文姦言，同歸殊塗，俱用滅亡。」又曰：「觀其文辭，方外百蠻無思不服。蓋其文有可觀。雖班氏亦稱之所謂僞稽黄、虞，繆稱典文者，固不失爲儒家言也。無可類附，故列於此。」

三將軍論

鄭樵《通志・藝文略・儒術》 嚴尤《三將軍論》一卷。

揚子法言

《隋書・經籍志・儒家》 《揚子法言》十三卷。宋衷注。

《舊唐書・經籍志・儒家》 又十卷。宋衷注。

《新唐書・藝文志・儒家類》 宋衷注《法言》十卷。

鄭樵《通志・藝文略・儒術》 《揚子法言》十卷。宋衷注。

姚振宗《後漢藝文志・儒家》 宋衷《法言注》十三卷。汪師韓《文選理學權輿》曰：《選注》所引羣書有宋衷《法言注》。

周黨書

曾樸《補後漢書藝文志考・儒家》 《周黨書》。《哀宏記》二篇。《後漢紀》：黨字伯況，舉動必以禮。赤眉之亂，所在殘破，聞黨德行，不入其邑，由是名重天下。三徵然後至，自陳願守所志，上聽之。既退，著書上、下篇。終于沔池，百姓賢而祠之。

桓子新論

《隋書・經籍志・儒家》 《桓子新論》十七卷。後漢六安丞桓譚撰。

《舊唐書・經籍志・儒家》 《桓子新論》十七卷。桓譚撰。

《新唐書・藝文志・儒家類》 《桓子新論》十七卷。桓譚。

鄭樵《通志・藝文略・儒術》 《桓子新論》十七卷。後漢六安丞桓譚撰。

張之洞《書目答問・儒家》 《新論》一卷。漢桓譚。問經堂輯本。

姚振宗《後漢藝文志・儒家》 《桓譚新論》二十九篇。譚始末具《經部・樂類》。

玄思

姚振宗《後漢藝文志・儒家》 鄒邠《玄思》。《論衡・案書篇》曰：東番周伯奇，囊橐文雅之英雄也。觀伯奇之《玄思》，揚子雲不能過也。按陸績《述玄》云：昔嘗見同郡鄒邠，字伯岐，與邑人書，歎揚子雲所述《太玄》，連推求玄本不能得云云，即《論衡》所謂東番鄒伯岐也。與陸績同郡，則會稽人。然考兩漢《地理》、《郡國志》，無東番縣。東番疑即會稽東部，然則伯奇即伯岐，名邠，與趙臺卿名岐，字邠卿，取義同。會稽東部人，今台州郡縣地也。仕履未詳。時吴會尚未分郡，陸績稱同郡者，蓋據邠時地域言之。按晁氏《讀書志》引郭元亨《太玄疏序》云：吴郡鄒伯岐求本不能得，其言蓋亦據陸績《述玄》。其云：吴郡鄒伯岐者，因陸績稱同郡而誤會。又陸績求本不得，誤以爲鄒伯岐。

檢論

姚振宗《後漢藝文志・儒家》 鄒邠《檢論》。邠見前。《論衡・對作篇》：曰桓君山《新論》、鄒伯奇《檢論》可謂論矣。又《恢國篇》云：鄒伯奇論桀紂之惡不若亡秦，亡秦不若王莽。按此所引似即《檢論》中語。

牟子

《隋書・經籍志・儒家》 《牟子》二卷。後漢太尉牟融撰。

鄭樵《通志・藝文略・儒術》 《牟子》二卷。後漢太尉牟融撰。

徐𤊹《徐氏家藏書目・諸子類》 《牟子》一卷。三十七篇。漢牟融。《宏明集》載。

姚振宗《後漢藝文志・儒家》 《牟子》二卷。牟融撰。范書本傳：牟融字子優，北海安邱人也。少博學，以《大夏侯尚書》教授，門徒數百人，名稱州里。以司徒茂才爲豐令。永平五年，入代鮑昱爲司隸校尉。八年，代包咸爲大鴻臚。十一年，代鮭陽鴻爲大司農。融經明才高，善論議，朝廷多服其能。明年，代伏恭爲司空。肅宗即位，代趙熹爲太尉，與熹參録尚書事。建初四年薨。又《儒林傳》曰：中興，北海牟融習《大夏侯尚書》。【略】唐《日本國書目》同。按兩《唐志》，道家有《牟子》二卷，牟融撰。其書亦名《理惑論》，乃靈獻時蒼梧人所作。一云牟子博所傳，與此別爲一書。

論　衡

徐𤊹《徐氏家藏書目・子類》 《論衡》三十卷。漢王充。

張之洞《書目答問・儒家》 《論衡》三十卷。漢王充。明刻單行本。《漢魏叢書》本。

白虎通

尤袤《遂初堂書目・儒家類》 《白虎通》。

韋卿子

姚振宗《後漢藝文志・儒家》 《韋卿子》十二篇。韋彪撰。彪見《史部・故事類》。范書本傳：彪好學洽聞，雅稱儒宗。建武末，舉孝廉，除郎中，以病免，復歸教授。安貧樂道，恬于進趣，三輔諸儒莫不慕仰之。又曰：著書十二篇，號曰《韋卿子》。

唐　子

姚振宗《後漢藝文志・儒家》 《唐子》三十餘篇。唐羌撰。范書《和帝本紀》：舊南海獻龍眼、荔支，十里一置，五里一候，奔騰阻險，死者繼路。時臨武長唐羌，縣接南海，乃上書陳狀。帝下詔，勅太官勿復受獻，由是遂省焉。《謝承書》曰：唐羌字伯游，辟公府，補臨武長。縣接交州，舊獻龍眼、荔支及生鮮。獻之，驛馬晝夜傳送，至有遭虎狼毒害，頓仆死亡不絶。道經臨武，羌乃上書諫，帝從之。章報，羌即棄官還家，不應徵召。著《唐子》三十餘篇。惠棟《後漢書補注》：羅泌曰：「羌本名堯，後人惡其僭而改之。」

搢紳先生論

姚振宗《後漢藝文志・儒家》 陳忠《搢紳先生論》。范書《陳寵傳》：寵，沛國洨人也。子忠，字伯始，永初中辟司徒府，三遷廷尉正，擢拜尚書，使居三公曹，以久次轉爲僕射，遷尚書令。安帝時，常侍江京、李閏等皆爲列侯，共秉權任。帝又愛信阿母王聖，封爲野王君。忠内懷懼懣而未敢陳諫，乃作《搢紳先生論》以諷，文多故不載。延光三年，拜司隸校尉。明年，出爲江夏太守，復留拜尚書令，會疾卒。

王　子

姚振宗《後漢藝文志・儒家》 《王子》五篇。王瓘撰。録王祐語。常璩《廣漢士女贊》：王祐字平仲，郪人也。少與雒高士張浮齊名，不應州郡辟命。司隸校尉陳紀名知人，稱祐天下高士。年四十二卒。弟獲舊校云「獲」一作「灌」。志其遺言，撰《王子》五篇。東觀郎李騰，文章士也，作誄，方之顔子，列畫學官。又《三州士女目録》曰：文學高士王祐，字平仲，郪人也。弟灌有文才而不悉行事也。

太玄經注

姚振宗《後漢藝文志・儒家》 崔瑗《太玄經注》。瑗始末具《經部・小學類》。范書《崔駰附傳》：瑗明天官、曆數、《京房易傳》、六日七分。諸儒宗之。與扶風馬融、南陽張衡篤相友好。陸績《述玄》引張平子與崔子玉書曰：乃者以朝駕明日披讀《太玄經》，知子雲特極陰陽之數也。以其滿汎故，故時人不務此，非特傳記之屬，心實與《五經》擬，漢家得二百歲卒乎？所以作興者之數，其道必顯一代，常然之符也。《玄》四百歲其興乎？竭已精思，以揆其義，更使人難論陰陽之事。足下累世窮道極微，子孫必命世不絶，且幅寫一通藏之以待能者。常道將《蜀郡士女贊》：揚雄《太玄》，大儒張衡、崔子玉、宋仲子等皆爲注解。按本傳不載有是書，常道將言之鑿鑿，必非無据。

玄圖

姚振宗《後漢藝文志・儒家》 張衡《玄圖》一卷。衡見《經部・禮類》。 范書本傳：衡常耽好《玄經》，謂崔瑗曰：吾觀《太玄》，方知子雲妙極道數，乃與《五經》相擬，非徒傳記之屬，使人難論陰陽之事，漢家得天下二百歲之書也。復二百歲，殆將終乎？所以作者之數，必顯一世，常然之符也。漢四百歲，《玄》其興矣。又曰：所著《巡誥》、《懸圖》，凡若干篇。章懷注曰：《衡集》作《玄圖》，蓋「玄」與「懸」通。按《巡誥》，即東西南北巡狩誥。《隋書・經籍志》天文篇：《玄圖》一卷，不著撰人。《太平御覽・天部》引張衡《玄圖》曰：玄者包含道德，搆掩乾坤，橐籥元氣，禀受無源。又曰：玄者無形之類，自然之根，作于太始，莫之與先。亦見《文選・盧子諒贈劉琨詩》注。又《文選・吴都賦》注引云：梟羊喜獲，先笑後悲。《侯志》曰：康按，據李賢本傳注，則《玄圖》本在《衡集》中，而《隋志》有《玄圖》一卷，無撰人，必出張衡無疑，蓋後人析出別行也。按《太玄》十一篇中有《玄圖》一篇，據《選》注、《御覽》所引，蓋即解釋此篇。《隋志》以爲《玄象》編入天文類，實不然也。其書亦編入本集，亦別本單行。

太玄經注

姚振宗《後漢藝文志・儒家》 張衡《太玄經注》。常璩《蜀郡士女贊》：揚雄以

經莫大于《易》，故則而作《太玄》。又曰：其玄淵源懿，後世大儒張衡、王子雍等皆爲注解。按本傳但載與崔子玉論《太玄》，而不言其爲《太玄》注。常道將所云，似即因《玄圖》而牽合。其説若是，則平子但有《玄圖》一篇之解耳。今從《侯志》并存之。

忠經

《宋史・藝文志・儒家類》 馬融《忠經》一卷。

劉若愚《内板經書紀略》 《忠經》。一本，四十二葉。

錢謙益等《絳雲樓書目・儒家類》 馬融《忠經》。十八章。

錢東垣等輯《崇文總目・小説類》 《忠經》一卷。

忠經

范邦甸等《天一閣書目・儒家類》 《忠經》一卷。刊本。 漢馬融撰，并自序。鄭玄注。宋太原王安國後序，顧元緯跋。

徐𤊹《徐氏家藏書目・子類》 《忠經》一卷。馬融撰，鄭玄註。

《四庫全書總目提要・儒家類存目一》 《忠經》一卷。江蘇巡撫採進本。 舊本題漢馬融撰，鄭玄註。其文擬《孝經》，爲十八章。經與註如出一手。考融所述作，具載《後漢書》本傳。玄所訓釋，載於《鄭志目録》尤詳。《孝經註》依託於玄，劉知幾尚設十二驗以辨之，其文具載《唐會要》。烏有所謂《忠經註》哉！《隋志》、《唐志》皆不著録。《崇文總目》始列其名，其爲宋代僞書，始無疑義。《玉海》引宋《兩朝志》，載有海鵬《忠經》，然則此書本有撰人，原非贋造，後人詐題馬、鄭，掩其本名，轉使真本變僞耳。

潛夫論

《隋書・經籍志・儒家》 《潛夫論》十卷。後漢處士王符撰。梁有王漁《正部論》

八卷，後漢侍中王逸撰；《後序》十二卷，後漢司隸校尉應奉撰；《周生子要論》一卷，《録》一卷，魏侍中周生裂撰。亡。

《舊唐書・經籍志・儒家》 《潛夫論》十卷。王符撰。

《新唐書・藝文志・儒家類》 王符《潛夫論》十卷。

鄭樵《通志・藝文略・儒術》 《潛夫論》十卷。後漢處士王符撰。

晁公武《郡齋讀書志・儒家類》 《潛夫論》十卷。袁本《前志》卷三《上儒家類第十六》。右後漢王符節信撰。在和、安之世，耿介不同於俗，遂不得進，隱居著書三十六篇，以譏當時失得，不欲彰顯其名，故號曰「《潛夫》」。范曄取其《貴忠》、《浮侈》、《實貢》、《愛日》、《述赦》等五篇，以爲足以觀見當時風政，頗潤益其文。後韓愈亦贊其《述赦》旨意甚明云。

尤袤《遂初堂書目・雜家類》 王莽《潛夫論》。

馬端臨《文獻通考・經籍考・儒家》 《潛夫論》十卷。

《宋史・藝文志・儒家類》 王符《潛夫論》十卷。

都穆《南濠居士文跋》卷一 《潛夫論》。《潛夫論》十卷，後漢安定王符節信撰。按《范史》，稱符爲人耿介，不同于俗，坐是不得仕進，志意蕴憤，遂著是書，不欲章顯其名，故自號曰「潛夫」。余讀史，僅見其《貴忠》、《浮僞》、《實貢》、《述赦》、《愛日》五篇，恒以未得其全爲恨，非惟予然，雖士之素稱廣覽博記，而同余之恨者多矣。友人朱堯民家藏舊本，不欲秘爲己有，遂刻之以傳。太史公謂虞卿窮愁，非著書不能自見。符之所作，殆類乎是。若其才識之高，言論之正，足以考見當時之政治，非但指摘時短，討究物情而已。此又讀是書者之宜知也。

徐𤊹《徐氏家藏書目・子類》 《潛夫論》十卷。漢王符。

錢謙益等《絳雲樓書目・儒家類》 《潛夫論》。十卷。王符。

《四庫全書總目提要・儒家類一》 《潛夫論》十卷。江蘇巡撫採進本。漢王符撰。符字節信，安定臨涇人。《後漢書》本傳稱和、安之後，世務游宦，當途者更相薦引，而符獨耿介不同於俗，以此遂不得升進。志意蕴憤，乃隱居著書二十餘篇，以議當時得失，不欲章顯其名，故號曰《潛夫論》。今本凡三十五篇，合《敘録》爲三十六篇，蓋猶舊本。卷首《讚學》一篇，論勵志勤修之旨；卷末《五德志篇》，述帝王之世次；《志氏姓篇》考譜牒之源流。其中《卜列》、《相列》、《夢列》三篇，亦皆雜論方技，不盡指陳時政。范氏所云舉其著書大旨爾。符生卒年月不可考。本傳之末，載度遼將軍皇甫規解官歸里，符往謁見事。規解官歸里，據本傳在延熹五年，則符之著書在桓帝時，故所説多切漢末弊政。惟桓帝時，皇甫規、段熲、張奐諸人屢與羌戰，而其《救邊》、《邊議》二篇乃以避寇爲憾，殆以安帝永初五年嘗徙安定、北地郡，順帝永建四年始還舊地，至永和六年又内徙，符安定人，故就其一鄉言之耶？然其謂「失涼州，則三輔爲邊；三輔内入，則宏農爲邊；宏農内入，則洛陽爲邊。推此以相況，雖盡東海猶有邊」，則灼然明論，足爲輕棄邊地之炯鑒也。范氏録其《貴忠》、《浮侈》、《實貢》、《愛日》、《述赦》五篇入本傳，而字句與今本多不同。晁公武《讀書志》謂其有所損益，理或然歟？范氏以符與王充、仲長統同傳，韓愈因作《後漢三賢贊》。今以三家之書相較，符書洞悉政體似《昌言》，而明切過之；辨别是非似《論衡》，而醇正過之。前史列之儒家，斯爲不愧。惟《賢難篇》中，稱鄧通吮癰爲忠於文帝，又稱其欲昭景帝之孝反以結怨，則紕謬最甚，是其發憤著書，立言矯激之過，亦不必曲爲之諱矣。

錢東垣等輯《崇文總目・儒家類》 《潛夫論》十卷。王符撰。

正部論

《隋書・經籍志・儒家》 梁有王逸《正部論》八卷。後漢侍中王逸撰，亡。

姚振宗《後漢藝文志・儒家》 王逸《正部論》八卷。逸始末具《史部・地理類》。馬國翰輯本序曰：《七録》儒家有《正部論》八卷，《隋志》云亡，《唐志》不著録，佚已久。馬總《意林》載《正部》十卷，或因庾仲容《子鈔》之舊目也。《意林》引十三節。《類聚》、《御覽》等書亦引之，或作《王逸子》，即《正部》也。今輯佚文爲卷，書多勗學語，亦每論當代著作，如謂《淮南》浮僞而多恢，《太玄》幽虚而少倣法，言雜錯而無主新，書繁文而鮮用，皆確當不易云。《侯志》曰：《意林》引一條云「《淮南》浮僞而多恢」云云，其自負蓋出數書之上也。按范書《儒林傳》：其賦誄書論及雜文，凡二十一篇，蓋合併著于篇，此論當在二十一篇中。《子鈔》著録十卷，《七録》八卷，阮、庾同時所見不致互異，似仲容并其他文字二卷爲十卷，文貞處士分析編類，以後二卷入之《别集》歟？《書鈔》引王逸《折武論》，當即此書之一篇。

後序

《隋書·經籍志·儒家》 《後序》十二卷。後漢司隸校尉應奉撰，亡。

姚振宗《後漢藝文志·儒家》 應奉《後序》十二卷。秦始末具《史部·史鈔類》。

范書本傳：奉少聰明，自爲兒童及長，凡所經履，莫不暗記。讀書五行並下。著《漢書後序》，多所述載。《華嶠書》曰：奉才敏，善諷誦，故世稱應世叔。讀書五行俱下。著《後序》十餘篇。爲世儒者。【略】按范史，稱《漢書後序》。章氏《隋志考證》曰：尋其名義，似宜列諸《史部》。今考袁山松載《漢事》十七卷，華嶠載《後序》十餘篇，《范史》綜覈其文，故合并言之曰《漢書後序》。「書」或「事」之譌，即指《漢事》歟？又按，《漢事》本抄撮《漢書》，稱爲《漢書》，亦無不可。奉之書大抵以事蹟編爲《漢事》，而以其所餘言論細碎，仿劉向《新序》之例，別爲《後序》，故《七録》入之儒家。章氏以《漢書》、《後序》爲一書，恐非是。

刺奢説

姚振宗《後漢藝文志·儒家》 馮顥《刺奢説》。顥始末具《經部·易類》。常璩《廣漢士女贊》：顥隱居作《易章句》及《刺奢説》，修黄老，恬然終日。按顥爲梁冀所不善，因而去官，隱居。此説大要爲冀作也。

魏子

《隋書·經籍志·儒家》 《魏子》三卷。後漢會稽人魏朗撰。梁有《文檢》六卷，似後漢末人作，亡。

《舊唐書·經籍志·儒家》 《魏子》三卷。魏朗注。

《新唐書·藝文志·儒家類》 《魏子》三卷。魏朗。

鄭樵《通志·藝文略·儒術》 《魏子》三卷。後漢會稽人魏朗撰。

姚振宗《後漢藝文志·儒家》 《魏子》三卷。魏朗撰。《范書·黨錮列傳》：魏朗字少英，會稽上虞人也。少爲縣吏。到陳國從博士郤仲信學《春秋圖緯》，按仲信，名巡，樊英弟子也。又詣太學授《五經》，京師長者李膺之徒争從之。辟司徒府，再遷彭城令，爲九真都尉，拜議郎，遷尚書。被黨議，免歸。後竇武等誅，朗以黨被急徵，行至牛渚，自殺。著書數篇，號《魏子》云。《太平御覽》四百三十八引虞預《會稽典録》曰：靈帝即位，竇武、陳蕃等欲誅宦官，謀泄，反爲所害。朗以黨被徵，乃慷慨曰：「丈夫與陳仲子、李元禮俱死，得非乘龍上天乎！」于丹陽牛渚自殺。海内列名「八俊」。【略】馬國翰輯本序曰：《魏子書》向列儒家。隋、唐《志》並三卷。馬總《意林》云十卷，載十二節，其「薄冰當白日」與「蓼蟲」二條，文義不完。據《類聚》、《御覽》所引補訂，又從《御覽》、《文選注》輯得五節，合録爲一卷。

新書

姚振宗《後漢藝文志·儒家》 荀爽《新書》百餘篇。爽始末具《經部·易類》。范書本傳：又作《公羊問》及《辯讖》，並他所論敘，題爲《新書》，凡百餘篇，今多數亡闕。按《七録》有《後漢司空荀爽集》三卷，《録》一卷。證以本傳，蓋亦從《新書》中析出重編者。

陳子

姚振宗《後漢藝文志·儒家》 《陳子》數十篇。陳紀撰。范書《陳寔傳》：寔，潁川許人也。子紀，字元方，亦以至德稱。兄弟孝養閨門，廱和後進之士皆推慕其風。及遭黨錮，發憤著書數萬言，號曰《陳子》。董卓入洛陽，乃使就家拜五官中郎將，不得已到京師，遷侍中，出爲平原相，追拜太僕，又徵爲尚書令。建安初，袁紹爲太尉，讓于紀，紀不受，拜大鴻臚。年七十一，卒于官。《古文苑·邯鄲淳鴻臚陳君碑》曰：君既處隱約，潛躬味道，足不踰閾，乃覃思著書三十餘萬言，言不務華，事不虚設，其所交釋合贊，規聖哲而後建旨明歸焉，今所謂《陳子》者也。年七十一，建安四年六月卒。《魏志·陳羣傳》注：《魏書》曰：紀歷位平原相、侍中、大鴻臚，著書數十篇，世謂之《陳子》。按《魏志·陳羣傳》，云太祖議復肉刑令，曰：

「昔陳鴻臚以爲死刑有可加于仁恩者，正謂此也。」蓋即指《陳子書》，書中有論肉刑事。

申鑒

《隋書·經籍志·儒家》 《申鑒》五卷。荀悦撰。

《舊唐書·經籍志·儒家》 《申鑒》五卷。荀悦撰。

《新唐書·藝文志·儒家類》 荀悦《申鑒》五卷。

鄭樵《通志·藝文略·儒術》 《申鑒》五卷。荀悦撰。

尤袤《遂初堂書目·雜家類》 荀悦《申鑒》。

陳振孫《直齋書録解題·儒家類》 《申鑒》五卷。漢黄門侍郎潁川荀悦仲豫撰。獻帝頗好文學，政在曹氏，恭己而已。悦志在獻替，而謀無所用，乃作此書五篇奏之。其曰「教化之廢，推中人而墮於小人之域；教化之行，引中人而納於君子之塗」，古今名言也。本傳止載《政體》一篇，有曰「前鑒既明，後復申之」，故名。

《隨齋》批注。

馬端臨《文獻通考·經籍考·儒家》 《申鑒》五卷。

楊士奇等《文淵閣書目·子書》 荀悦《申鑒》。一部，一册。完全。

都穆《南濠居士文跋》卷一 《申鑒》。漢黄門侍郎潁川荀悦所著。有《漢紀》及《申鑒》二書。《漢紀》，余嘗讀之；而《申鑒》，恨未之見。蓋求之三十年而始得之。潮陽守西蜀談君敬仲，余舊僚也，謂是書罕傳於世。以余家本刻寘郡齋，但其中字畫頗多譌謬，背之人固已云，然今不得而正之也。

高儒《百川書志·儒家》 《申鑒》五卷。即《小荀子》。漢荀悦撰。

徐𤊹《徐氏家藏書目·諸子類》 《小荀子》一卷。悦。

張萱等《内閣藏書目録·子部》 荀悦《申鑒》一册。全。

錢謙益等《絳雲樓書目·儒家類》 荀子《申鑒》。五卷。荀悦。

張之洞《書目答問·儒家》 《申鑒》五卷。漢荀悦。《漢魏叢書》本。

姚振宗《後漢藝文志·儒家》 荀悦《申鑒》五卷。悦始末見《史部·編年類》。

范書本傳：獻帝頗好文學，悦與彧及少府孔融侍講禁中，旦夕談論。時政移曹氏，天子恭己而已。悦志在獻替，而謀無所用，乃作《申鑒》五篇。其所辨論，通見政體，既成奏之。帝覽而善焉。

崇德正論

姚振宗《後漢藝文志·儒家》 荀悦《崇德正論》及《諸論》數十篇。范書本傳：又著《崇德正論》及《諸論》數十篇。《四庫》著録《申鑒提要》曰：《後漢書》本傳又稱悦別有《崇德正論》及《諸論》數十篇，今並不傳，惟所作《漢記》及此書，尚存于世。

中論

《隋書·經籍志·儒家》 《徐氏中論》六卷。魏太子文學徐幹撰，梁《目》一卷。

《舊唐書·經籍志·儒家》 《徐氏中論》六卷。徐幹撰。

《新唐書·藝文志·儒家類》 《徐氏中論》六卷。徐幹。

鄭樵《通志·藝文略·儒術》 《中論》六卷。魏徐幹撰。

又 《徐氏中論》六卷。魏太子文學徐幹撰。

晁公武《郡齋讀書志·儒家類》 《中論》二卷。袁本《前志》卷三《上儒家類第十七》。右後漢徐幹偉長撰。幹，「鄴下七子」之一也。曾子固嘗序其書，畧曰：「始見館閣有《中論》二十篇，以爲盡於此。及觀《貞觀政要》，太宗稱嘗見幹《中論·復三年喪篇》，而今書闕此篇。因考之《魏志》，見文帝稱幹著《中論》二十餘篇，於是知館閣本非全書也。」幹篤行體道，不耽世榮，魏太祖特旌命之，辭疾不就，後以爲上艾長，又以疾不行。夫漢承秦滅學之後，百氏雜家，與聖人之道並傳，學者罕能自得於治心養性之方，去就語默之際，況於魏之濁世哉！幹獨能考論六藝，其所得於內，又能信而充之，逡巡濁世，有去就顯晦之大節，可不謂賢乎？今此本亦止二十篇，中分爲上、下兩卷。按《崇文總目》六卷，不知何人合之。李獻民云：「別本有《復三年》、《制役》二篇。」乃知子固時尚未亡，特不之見爾。

尤袤《遂初堂書目·雜家類》 魏徐幹《中論》。

陳振孫《直齋書録解題·儒家類》 《中論》二卷。漢五官將文學北海徐幹偉長撰。《唐志》六卷，今本二十篇，有序而無名氏。蓋同時人所作。案《貞觀政要》，太宗嘗稱見幹《中論・復三年喪篇》，宋時館閣本已闕。又《魏志》，文帝稱幹著《中論》二十餘篇，則知二十篇非全書也。

馬端臨《文獻通考・經籍考・儒家》　《中論》二篇。

都穆《南濠居士文跋》卷一　《中論》。文章自《六經》而下，惟先秦西漢爲近古，其次則及于東漢。余向論桓氏《鹽鐵論》，讀之未嘗不嘆其辭氣之古，論議之妙，至不忍去手。繼讀徐氏《中論》，其辭氣論議視桓氏無大相遠，而予之愛之與《鹽鐵論》同。蓋《鹽鐵》西漢之文，《中論》東漢之文也。二書雖幸存于世，然傳録之艱，人不易見。往歲同年涂君刻《鹽鐵論》于江陰，俾予識之。近吴士黄紋刻《中論》畢工，亦俾一言。予謂好古之士，世未嘗無所恨者，不得悉窺古人製作而傚法之。而坊肆所刻，率多舉業之文，求如二書蓋不可得，而今乃有之，豈非學者之幸乎！予也！舊學荒落，獲見古書之行，爲之欣躍，而且得綴名其末，其爲幸又何如也。

高儒《百川書志・儒家》　徐幹《中論》二卷。魏徐幹偉長撰，或曰後漢人，鄴下七子之一。蓋經兩朝，故説者不一。凡二十篇。

范邦甸等《天一閣書目・儒家類》　《中論》二卷。刊本。陸友仁記後云《中論》二卷，漢司空軍謀祭酒椽屬五官將文學北海徐幹偉長撰。有序文，而無名氏。幹，鄴下七子之一人也。建安之間，疾辭人美麗之文不能敷散道教，故著《中論》，辭義典雅，當世嘉之。按《唐志》六卷，今本二卷，二十篇。宋大理正山陰石邦哲手校題識。邦哲字熙明，再世藏書。至治二年，得之錢塘仇遠氏。明宏治壬戌，黄華卿重刻，進士都穆序。

又　《中論》二卷。刊本。漢徐幹撰，明杜思重刊并序。

王世貞《讀書後》卷二　《讀徐幹〈中論〉》：徐偉長於七子中不甚錚錚，其所著《玄猿》、《漏卮》、《扇橘》諸賦見推於曹子桓者，今多不之見，而獨《中論》十一篇即子桓所稱，成一家言者。東漢之季，其文氣最爲緩弱不流暢，然頗樸而近於理，如幹《中論》是也。視學已自近裏，法象猶足隄身，然此二者非孟德之所急。《考僞》一章所條爲名之弊凡數，總而斥之曰「盜夫」，斥之曰「盜誠」，惡之也。然而孟德倡之也，孟德倡之而偉長斥之，子桓以爲稱而不之覺。嗚呼！其真不之覺邪，將不滿於孟德邪！

徐𤊹《徐氏家藏書目・子類》　《中論》二卷。魏徐幹。

錢謙益等《絳雲樓書目・儒家類》　徐幹《中論》。六卷，二十篇。

于敏中等《天禄琳琅書目・明版子部》　徐幹《中論》。一函，二册。漢徐幹著。上下二卷。前無名氏序，次宋曾鞏序，後宋石邦哲、元陸友識語二篇。考《中論》一書，陳振孫《書録解題》謂《唐志》六卷，今本二十篇，有序而無名氏，蓋同時人所作。晁氏《讀書志》、馬氏《通考》所載，俱稱二十篇，分上下二卷，與今本篇目無異。按石邦哲識語，稱紹興二十八年，假朱丞本校於博古堂。陸友識語，稱邦哲字照明，再世藏書，至治二年，得之錢塘仇遠氏。是此書乃初校於宋，再刻於元，而今本則又爲明時翻刻者，版小而字畫精潔，不減宋梓。邦哲，紹興時官大理評事。友字友仁，博雅好古，工漢隸八分，嘗著《硯史》、《墨史》、《印記》。並見淩迪知《萬姓統譜》。仇遠字近仁，自號近村，又號山村，見《兩浙名賢録》。

《四庫全書總目提要・儒家類一》　《中論》二卷。通行本。漢徐幹撰。幹字偉長，北海劇人。建安中，爲司空軍謀祭酒掾屬、五官將文學。事蹟附見《魏志・王粲傳》，故相沿稱爲魏人。然幹歿後三四年，魏乃受禪，不得遽以帝統予魏。陳壽作史，託始曹操，稱爲太祖，遂併其僚屬均入《魏志》，非其實也。是書，隋、唐《志》皆作六卷，《隋志》又註云梁《目》一卷，《崇文總目》亦作六卷。而晁公武《讀書志》、陳振孫《書録解題》竝作二卷，與今本合，則宋人所併矣。書凡二十篇，大都闡發義理，原本經訓，而歸之於聖賢之道。故前史皆列之儒家。曾鞏校書序云：始見館閣《中論》二十篇，及觀《貞觀政要》，太宗稱嘗見幹《中論・復三年喪篇》，今書獨闕。又考之《魏志》，文帝稱幹著《中論》二十餘篇，乃知館閣本非全書。而晁公武又稱，李獻民所見別本實有《復三年》、《制役》二篇。李獻民者，李淑之字，嘗撰《邯鄲書目》者也。是其書在宋仁宗時尚未盡殘闕，鞏特據館閣不全本著之於録。相沿既久，所謂別本者不可復見，於是二篇遂佚不存。又書前有《原序》一篇，不題名字。陳振孫以爲幹同時人所作。今驗其文，頗類漢人體格，知振孫所言爲不誣。惟《魏志》稱幹卒於建安二十二年，而序乃作於二十三年二月，與史頗異傳寫必有一譌，今亦莫考其孰是矣。

黄丕烈《蕘圃藏書題識・子類一》　《中論》二卷。明刻本。此明刻《中論》二册，余友顧千里藏書也。重其明初刻且爲馮氏藏本，故以售余。余初不甚重視此本，因舊有此書，刻本約略相似。及取出對勘，知舊有者已繙刻，非特行款不同且多墨釘，其字亦多錯誤，乃信書以初刻爲佳，即明一代已然矣。遂以番錢二枚易之。同時有《越絶》、《賈子新書》等，皆明初刻而價各與此同。明刻書人知寶貴已如是，何況宋元哉！癸亥伏日，蕘翁記。

張金吾《愛日精廬藏書志·儒家類》 徐幹《中論》二卷。明宏治刻本。漢徐幹撰。無名氏序。曾鞏序。石邦哲題識。紹興二十八年。陸友跋。至治三年。都穆重刊跋。宏治壬戌。

張之洞《書目答問·儒家》 《中論》二卷。魏徐幹。《漢魏叢書》本。

錢東垣等輯《崇文總目·儒家類》 《中論》六卷。徐幹撰。〔原釋〕不知何人合之。《郡齋讀書志》引，見《文獻通攷》。

姚振宗《後漢藝文志·儒家》 徐幹《中論》二十餘篇。

去伐論集

《隋書·經籍志·儒家》 梁有《去伐論集》三卷。王粲撰。亡。

《舊唐書·經籍志·儒家》 《去伐論集》三卷。王粲撰。

《新唐書·藝文志·儒家類》 王粲《去伐論集》三卷。

鄭樵《通志·藝文略·儒術》 《去伐論》三卷。王粲撰。

姚振宗《後漢藝文志·儒家》 王粲《去伐論集》三卷。粲始末具《始部·雜史類》。馬國翰曰：隋、唐《志》載王粲《去伐論集》三卷，今佚。考《藝文類聚》引《去伐論》一篇，題「晉袁宏」，書名同而撰人異。按隋、唐《志》，均無宏撰《去伐論》之目，以題稱「去伐論集」繹之，當是王粲著論，後賢多有擬議，一併附入歟？按《魏志》本傳，著詩賦、論義垂六十篇，《去伐論》當在其中。此三卷不知集他家爲此論者，凡若干篇。

昌言

《新唐書·藝文志·儒家類》 仲長子《昌言》十卷。仲長統。

尤袤《遂初堂書目·雜家類》 仲長統《昌言》。

錢謙益等《絳雲樓書目·儒家類》 仲長統《昌言》。十卷。

文檢

《隋書·經籍志·儒家》 梁有《文檢》六卷。似後漢末人作，亡。

姚振宗《後漢藝文志·儒家》 《文檢》六卷。《宋書·大且渠蒙遜傳》：元嘉十四年，河西王茂虔或作「牧犍」，北涼武宣王蒙遜第三子。奉表獻方物，并獻書一百五十四卷，有《文檢》六卷。

王莽誡

姚振宗《漢書藝文志拾補·儒家》 《王莽誡》八篇。《漢書·王莽傳》：平帝元始三年初，莽欲擅權，白太后遣甄豐奉璽綬拜帝母衛姬爲中山孝王后，賜帝舅衛寶、寶弟玄爵關内侯，皆留中山，不得至京師。莽子宇，非莽隔絶衛氏，恐帝長大後見怨。宇即私遣人與寶等通書，教令帝母上書求入。莽不聽，宇與師吴章及婦兄吕寬議其故，章以爲莽不可諫，而好鬼神，可爲變怪以驚懼之，章因推類説令歸政於衛氏。宇即使寬夜持血灑莽第，門吏發覺之，莽執宇送獄，飲藥死。大司馬護軍褒奏言：「安漢公遭子宇陷於管蔡之辜，子愛至深，爲帝室故不敢顧私。惟宇遭皋，喟然憤發作書八篇，以戒子孫。宜班郡國，令學官以教授。」事下羣公，請令天下吏能誦公戒者，以著官簿，比《孝經》。師古曰：「著官簿，言用之得選舉也。」《後漢書·荀爽傳》注曰：「平帝時，王莽作書八篇戒子孫，令學官以教授。吏能誦者比《孝經》。」《音義》云「言用之得選舉之也」。按此，則顔注《莽傳》乃他家《音義》之文，非己説也。

窈窕　德象　女師

姚振宗《後漢藝文志拾補·儒家》 《窈窕》、《德象》、《女師》篇。《漢書·外戚傳》：孝成班倢伃誦《詩》及《窈窕》、《德象》、《女師》之篇。師古曰：「詩謂《關雎》以下也。《窈窕》、《德象》、《女師》之篇，皆古箴戒之書也。故傳云誦《詩》及《窈窕》以下諸篇，明《詩》外别有此篇耳。而説者便謂《窈窕》等即是《詩》篇，蓋失之矣。」

女誡

姚振宗《後漢藝文志・儒家》 杜篤《女誡》。范書《文苑傳》：杜篤字季雅，京兆杜陵人也。高祖延年，宣帝時御史大夫。篤少博學，仕郡文學掾。女弟適扶風馬氏。建初三年，車騎將軍馬防擊西羌，請篤爲從事中郎，戰殁于射姑山。所著《女誡》及雜文若干篇。《馬防傳》云防賓客奔湊，四方畢至，京兆杜篤之徒數百人常爲食客居門下。

女誡

《隋書・經籍志・儒家》 曹大家《女誡》一卷。

《舊唐書・經籍志・儒家》 《女誡》一卷。曹大家撰。

尤袤《遂初堂書目・雜家類》 《女誡》。

劉若愚《内板經書紀略》 曹大家《女訓》一本，十六葉。

姚振宗《後漢藝文志・儒家》 曹大家《女誡》一卷。曹大家見《史部・雜傳記類》。《範書・列女傳》：昭作《女誡》七篇，有助内訓。《卑弱第一》、《夫婦第二》、《敬慎第三》、《婦行第四》、《專心第五》、《曲從第六》、《和叔妹第七》。馬融善之，令妻女習焉。昭女妹曹豐生亦有才惠，爲書以難之。辭有可觀。《文心雕龍・詔策篇》曰：戒者，慎也。馬援以下各貽《家戒》，班姬《女戒》足稱母師也。【略】《隋志》、《集部總集篇》：《女誡》一卷，曹大家撰。《宋志・傳記類》：班昭《女誡》一卷。【略】《唐・藝文志》史部雜傳記類：曹大家《女誡》一卷。陳振孫《書録解題》曰：《女誡》一卷，漢曹世叔妻班昭撰，固之妹也。俗號《女孝經》。

女誡

姚振宗《後漢藝文志・儒家》 荀爽《女誡》一篇。爽見前。嚴可均《全後漢文編》：荀爽《女誡》見《藝文類聚》二十三。按《類聚》明刊本，題作魏荀爽，「魏」字誤，其文蓋節録也。爽女采見《范書・列女傳》，其死也實由于爽。是則其女不負斯誡，而爽轉自忘其所誡矣。

女訓

姚振宗《後漢藝文志・儒家》 蔡邕《女訓》一篇。邕始末具《經部・禮類》。《范書》本傳：所著《獨斷》、《勸學》、《釋誨》、《敘樂》、《女訓》，凡若干篇。《隋志・經部》小學類：梁有司馬相如《凡將篇》，班固《太甲篇》、《在昔篇》，崔瑗《飛龍篇》，蔡邕《聖皇篇》、《黄初篇》、《吴章篇》，蔡邕《女史篇》，合八卷，亡。嚴可均《全後漢文編》曰：《書鈔》一百九、《御覽》五百七十七引蔡邕《女訓》，又《文選・女史箴》注：《書鈔》末改本一百二十九，《御覽》三百六十五，又四百五十九，又七百十四，又七百十八，又七百二十，又八百十四引蔡邕《女誡》。謝啓昆《小學考・文字類》：「蔡氏《女史篇》，《七録》一卷。此篇當以四字或三字爲句，便于女子初學成誦者。首有女史句，故以名篇，後世《女千字文》所由昉也。」

三國分部

典論

《隋書・經籍志・儒家》 《典論》五卷。魏文帝撰。

《舊唐書・經籍志・儒家》 《典論》五卷。魏文帝撰。

《新唐書・藝文志・儒家類》　魏文帝《典論》五卷。
鄭樵《通志・藝文略・儒術》　《典論》五卷。魏文帝撰。
張之洞《書目答問・儒家》　《典論》一卷。魏文帝。問經堂輯本。
姚振宗《三國藝文志・儒家類》　魏文帝《典論》五卷。

萬機論

鄭樵《通志・藝文略・儒術》　《萬機論》八卷。蔣濟撰。
尤袤《遂初堂書目・儒家類》　魏蔣濟《萬機論》。

太玄經注

《隋書・經籍志・儒家》　梁有《揚子太玄經》七卷。王肅注。亡。
姚振宗《三國藝文志・儒家類》　王肅《太玄解》七卷。《魏志・王朗附傳》：肅年十八，從宋忠讀《太玄》，而更爲之解。《華陽國志・蜀都士女贊》：其《玄》，後世大儒張衡、崔子玉、宋仲子、王子雍，皆爲注解。

王子正論

《隋書・經籍志・儒家》　《王子正論》十卷。王肅撰。梁有《去伐論集》三卷，王粲撰。亡。
《新唐書・藝文志・儒家類》　王肅《政論》十卷。
鄭樵《通志・藝文略・儒術》　《王子政論》十卷。王肅撰。
姚振宗《三國藝文志・儒家類》　《王子正論》十卷。王肅見前。馬國翰輯本序曰：《晉書・禮志》引王景侯之論，《三國志》肅本傳載其對帝及司馬宣王語，當從本書采取。又《通典》引王肅議及諸答問，《太平御覽》引王肅議禮，雖不顯標書目，要是佚説之散見者並據輯録。其説于禮制加詳多所駁糾，蓋在當日欲與鄭氏角勝拔幟，自成一隊，抗顔高論，亦足名家矣。

當家語

姚振宗《三國藝文志・儒家類》　張融《當家語》二卷。《隋志》經部論語篇：梁有《當家語》二卷，魏博士張融撰。亡。案王肅撰《聖證論》，張融嘗奉詔案經論詰，分別推處，見《舊唐書・元行沖傳》。此《當家語》似亦爲王肅《家語》而作，故《隋志》依《七録》類從于《家語》之次。《日本國見在書目》有《家語抄》一卷，不著撰人，次王肅《家語》之後，疑即是書，或融鈔輯古本《家語》以別之也。

周生子要論

《隋書・經籍志・儒家》　《周生子要論》一卷《録》一卷。魏侍中周生烈撰。亡。
《舊唐書・經籍志・儒家》　《周生烈子》五卷。周生烈志。
《新唐書・藝文志・儒家類》　《周生烈子》五卷。
鄭樵《通志・藝文略・儒術》　《周生烈子》五卷。
姚振宗《三國藝文志・儒家類》　《周生子》十三卷。周生烈始末具《經部・春秋類》。馬總《意林》曰：周生烈子序云：六蔽鄙夫燉煌周生烈字文逸，張角敗後，天下潰亂，哀苦之間，故著此書。以堯舜作《幹植》，仲尼作師誡。《宋書・大且渠蒙遜傳》：元嘉十四年，河西王茂虔奉表獻方物，并獻《周生子》十三卷。【略】馬國翰輯本序曰：崔鴻《十六國春秋》：且渠茂虔永和五年，遣使如宋，表獻方物，並獻書一百五十四卷，有《周生子》十三卷，《七録》一卷。《唐志》五卷皆非茂虔所獻之原帙矣。《意林》載十節，《序》一節。《北堂書鈔》、《藝文類聚》、《白六帖》、《太平御覽》諸書亦引之，合輯二十二節，別出《序》于卷首，其語皆讜論《法言》。自序謂以堯舜作幹植，仲尼作師誡，抗志高睎，言雖大而非夸也。案高似孫《子略》載《意林》篇目，《周生烈子》不著卷數。今本《意林》作五卷者，乃後人依《唐志》所加，非馬元會著録五卷也。北涼所獻十三卷當是原書。《七録》、《要論》并《録》各一卷，似後人節本,《兩唐志》五卷則又別本殘帙也。

要言

姚振宗《三國藝文志・儒家類》 張茂《要言》。《魏志・明紀》: 青龍三年注《魏略》曰: 太子舍人張茂上書諫末云,臣所以不敢不獻瞽言者,臣昔上《要言》,散騎奏臣書以《聽諫篇》爲善,詔曰:「是也。」擢臣爲太子舍人;且臣作書譏爲人臣不能諫諍,今有可諫之事而臣不諫,此爲作書虚妄而不能言也。臣年五十,常恐至死無以報國,是以冒昧以聞。書通,上顧左右曰:「張茂恃鄉里故也。」以事付散騎而已。茂字彦林,沛人。

曹羲書

姚振宗《三國藝文志・儒家類》 《曹羲書》三篇。《魏志・曹真傳》: 真字子丹,太祖族子也。《魏略》曰: 真本姓秦,養曹氏。明帝時爲大將軍,封邵陵侯。子爽嗣,又詔封真五子羲、訓、則、彦、皚,皆爲列侯。齊王即位,爽以大將軍加侍中輔少主,弟羲爲中領軍。爽飲食車服擬于乘輿,作窟室,綺疏四周,數與何晏等會其中,縱酒作樂。羲深以爲大憂,數諫止之。又著書三篇,陳驕淫盈溢之致禍敗。辭旨甚切,不敢斥爽,託戒諸弟以示爽。爽知其爲己發也,甚不悦。羲或時以諫喻不納,涕泣而起。後與爽、訓、晏等皆誅夷。《北堂書鈔》六十四引《傅子》曰: 安鄉亭侯曹羲爲領軍將軍,慕周公之下士,賓客盈坐。《侯志》曰: 《晉書・王接傳》,魏中領軍曹羲作《至公論》,蓋即其中之一篇,論載《藝文類聚》卷二十二。

杜氏體論

《隋書・經籍志・儒家》 《杜氏體論》四卷。魏幽州刺史杜恕撰。梁有《新書》五卷,王基撰;《周子》九卷,吴中書郎周昭撰。亡。

《舊唐書・經籍志・儒家》 《杜氏體論》四卷。杜恕撰。

《新唐書・藝文志・儒家類》 《杜氏體論》四卷。杜恕。

鄭樵《通志・藝文略・儒術》 《杜氏體論》四卷。魏幽州刺史杜恕撰。

姚振宗《三國藝文志・儒家類》 杜恕《禮論》八篇。《魏志・杜畿傳》: 畿字伯侯,京兆杜陵人也。文帝時爲尚書,封豐樂亭侯。子恕嗣。恕字務伯,太和中爲散騎黄門侍郎。在朝八年,出爲弘農太守,數歲轉趙相、河東太守,淮北都督護軍,拜御史中丞,復出爲幽州刺史,加建威將軍,使持節,護烏桓校尉。下廷尉,當死,免爲庶人,徙章武郡。初恕從趙郡還,陳留阮武亦從清河太守徵,俱自薄廷尉。謂恕曰:「相觀才性可以由公道而持之不厲,器能可以處大官而求之不順,才學可以述古今而志之不一,此所謂有其才而無其用。今向閑暇,可試潛思,成一家言。」在章武,遂著《體論》。嘉平四年卒于徙所。陳壽曰:「恕屢陳時政,經論治體,蓋有可觀焉。」裴松之曰: 杜氏《新書》曰:「恕以爲人倫之大綱,莫重于君臣;立身之基本,莫大于言行;安上理民,莫精于政法;勝殘去殺,莫善于用兵。夫禮也者,萬物之體也。萬物皆得其體,無有不善,故謂之《體論》。」【略】嚴可均輯本序曰: 恕,晉征南大將軍預之父也。著《體論》八篇,一曰《君》,二曰《臣》,三曰《言》,四曰《行》,五曰《政》,六曰《法》,七《德察》,八《用兵》。四卷者,卷凡二篇,其書蓋亡于唐末。《羣書治要》載有六千餘言,不著篇名。審觀知是《君》、《臣》、《行》、《政》、《法》、《聽》、《察》六篇,其餘《言篇》、《用兵篇》略見《御覽》、《六帖》,而《意林》以《自敍》終焉。今録出,校定爲一卷。馬氏《玉函山房》亦輯一卷,失。采《羣書治要》,未爲詳備。

篤論

鄭樵《通志・藝文略・儒術》 《篤論》四卷。杜恕撰。

治論

姚振宗《三國藝文志・儒家類》 王昶《治論》二十餘篇。昶始末具《史部・職官類》。《魏志》本傳： 文帝時，遷兗州刺史。明帝即位，加揚烈將軍，賜爵關内侯。衵雖在外任，心存朝廷，以爲魏承秦漢之弊，法制苛碎，不大釐改國典以準先王之風而望治化復興，不可得也。乃著《治論》，略依古制而合于時務者二十餘篇，青龍中奏之。

新　書

《隋書・經籍志・儒家》 梁有《新書》五卷。王基撰。亡。

姚振宗《三國藝文志・儒家類》 王基《新書》五卷。基始末具《經部・詩類》。

《魏志》本傳： 基爲大將軍曹爽從事中郎，出爲安豐太守。時曹爽專柄，風化凌遲，基著《時要論》以切世事。【略】馬國翰輯本序曰： 王氏《新書》，《唐志》不著録，散佚已久。考《魏志》基本傳，載其諫明帝、答司馬景王以及料敵策戰之言，凡七節。又裴注引司馬彪《戰略》載有《論胡烈表降》一節，雖多談兵事而具有儒術，知皆從本書采取也。並據補録。篇序體格無由，盡循其舊，而史稱學行堅白，可于此想見之矣。案本傳稱著《時要論》當亦在《新書》中，特其文無由考見耳。

太玄指歸

姚振宗《三國藝文志・儒家類》 李譔《太玄指歸》。譔始末具《經部・易類》。

《蜀志》本傳： 撰父仁與同縣尹默俱游荆州，從司馬徽、宋忠等學。譔具傳其業，著《古文易》、《尚書》、《毛詩》、《三禮》、《左氏傳》、《太玄指歸》，與王氏意歸多同。案《梓潼人士贊》作《太玄指》，《册府元龜》作《指歸》，與《蜀志》同，知贊文敚「歸」字。

芻蕘語論

鄭樵《通志・藝文略・儒術》 《芻蕘語論》五卷。鍾會撰。

譙子法訓

《隋書・經籍志・儒家》 《譙子法訓》八卷。譙周撰。梁有《譙子五教志》五卷，亡。

《舊唐書・經籍志・儒家》 《譙子法訓》八卷。譙周撰。

《新唐書・藝文志・儒家類》 《譙子法訓》八卷。

鄭樵《通志・藝文略・儒術》 《譙子法訓》八卷。譙周撰。

姚振宗《三國藝文志・儒家類》 《譙子法訓》八卷。譙周見《經部・禮類》。《蜀志》本傳： 凡所著述，撰定《法訓》、《五經論》、《古史考書》之屬百餘篇。【略】馬國翰輯本序曰： 此書稱《法訓》者，擬于古之格言，亦如揚子雲書稱《法言》之類。隋、唐《志》並八卷。原書散佚。陶宗儀《説郛》輯録十節，其《輓歌》一節文句不全，又雜入譙周《喪服圖》一條，頗爲疏略。兹更蒐采得十三節，合訂一卷。嚴可均《全晉文編》曰： 《譙子法訓》，《御覽》四百六引《齊交篇》，其他如《齊民要術》自序、《北堂書鈔》、《文選注》、《初學記》、《御覽》所引無篇名者，凡二十條。案宋刻全本《意林》有《譙子法訓》五條，馬、嚴二家輯本皆未采入，張介侯《蜀典》著作類輯存二十二條，亦不及《意林》。

文廷式《補晉書藝文志・儒家》 譙周《譙子法訓》八卷。《初學記》卷十四、十七、二十九、三十，《文選注》二十八，《書鈔》九十二並引之。馬國翰輯得十三節，云此書稱《法訓》，亦如揚雄書稱《法言》之類。《初學記》二十二引作「法詞」，誤。《御覽》三百四十七。《世説・在誕門注》。《御覽》四百六十八。《御覽》九引《法訓》，不題譙子。八百五十九、九百二十，又七百六十九引二條，七百七十三、三百六十一、四百九十二、一百五十六。

揚子太玄經注

《隋書・經籍志・儒家》 梁有《揚子太玄經》十四卷。虞翻注。亡。

《舊唐書・經籍志・儒家》 又十四卷。虞翻注。

《新唐書・藝文志・儒家類》 虞翻注《太玄經》十四卷。

姚振宗《三國藝文志・儒家類》 虞翻《太玄注》十四卷。翻始末具《經部・易類》。《吳志》本傳注引翻《別傳》曰：又以宋氏解《玄》頗有繆錯，更爲立法，按「法」似「注」之刊誤。并著《明楊》、《釋宋》以理其滯。【略】案《書録解題》曰：雄本傳，三方、九州、二十七部、八十一家、七百二十九贊，分爲三卷，有《首》、《衝》、《錯》、《測》、《摛》、《瑩》、《數》、《文》、《掜》、《圖》、《告》十一篇，皆以解剥《玄》體，蓋與本經三卷共爲十四，然則十四卷者，雄本書原第也。

玄測

《宋史・藝文志・儒家類》 《玄測》一卷。漢宋衷解，吳陸績釋之。

姚振宗《後漢藝文志・儒家》 《宋志》《玄測》一卷。漢宋衷解，吳陸績釋之。按《玉海・藝文》擬經類云：揚氏本自《玄首》已下至《玄告》，凡十一篇，並漢宋衷《解詁》、吳陸績《釋》而正之爲《述玄》，並依舊本分《贊辭》爲三卷，一方爲上，二方爲中，三方爲下。次列《首》、《衝》、《錯》、《測》、《攡》、《瑩》、《數》、《文》、《掜》、《圖》、《告》十一篇。晉范望始合爲十卷。據此，則揚氏舊第實十四卷，惟《七録》載吳虞翻注本卷數相符。宋衷注當亦十四卷。陸注與宋注聯合爲編，而陸有《述玄》一篇，當是十五卷。惟《子略》所録《意林》舊目，卷數相符。隋、唐《志》所載九卷、十卷、十二卷者，皆疑非宋、陸原第。宋、陸雖不注本經，而本經三卷並不棄置也。

太玄經注

《隋書・經籍志・儒家》 《揚子太玄經》十卷。陸績、宋衷注。

《舊唐書・經籍志・儒家》 《楊子太玄經》十二卷。楊雄撰，陸績注。

《新唐書・藝文志・儒家類》 陸績注《揚子太玄經》十二卷。

尤袤《遂初堂書目・儒家類》 陸續注《太玄經》。

姚振宗《後漢藝文志・儒家》 陸績《太玄經注》十卷。績始末具《經部・易類》。績《述玄》曰：鎮南將軍劉景升遣梁國成奇修好鄙州，奇將《玄經》自隨，時雖幅寫一通，年尚暗稚，甫學《書》、《毛詩》，王誼人事，未能深索玄道真，故不爲也。後數年專精讀之，半歲間粗覺其意，于是草創注解，未能也。章陵宋仲子爲作《解詁》。後奇復銜命尋盟，仲子以所解付奇與安遠將軍彭城張子布，績得覽焉。績智意豈能宏裕？顧聖人有所不知，匹夫誤有所達，故遂卒有所述，就以仲子解爲本，其合于道者，因仍其説；其失者，因釋而正之。所以不復爲一解，欲令學者瞻覽彼此，論其曲直，故合聯之耳。績不敢苟好著作以虛譽也，庶合道真，使玄不爲後世所尤而已。常璩《蜀郡揚雄贊》云：其玄淵源懿，後世大儒張衡、崔子玉、宋仲子、王子雍，按王肅，字子雍，魏人。皆爲注解。吳郡陸公紀尤善于《玄》，稱雄聖人。

述玄

高儒《百川書志・儒家》 陸績《述玄》一卷。

顧子新語

《隋書・經籍志・儒家》 《顧子新語》十二卷。吳太常顧譚撰。《通語》十卷，晉尚書左丞殷興撰；《典語》十卷、《典語別》二卷，並吳中夏督陸景撰。亡。

《舊唐書・經籍志・儒家》 《顧子新語》五卷。顧譚撰。

《新唐書・藝文志・儒家類》 《顧子新論》五卷。顧譚。

鄭樵《通志・藝文略・儒術》 《顧子新語》十二卷。吳太常顧譚撰。

姚振宗《三國藝文志・儒家類》 《顧譚新言》二十篇。《吳志・顧雍傳》：雍字元歎，吳郡吳人也。長子邵早卒。邵子譚，字子默。案宋本《意林》，云字默造。弱冠與諸葛恪等爲太子四友，從中庶子轉輔正都尉。赤烏中，代恪爲左節度，加奉車都尉，爲選曹尚書，拜太常，平尚書事。爲全琮父子所搆，坐徙交州。幽而發憤，著《新言》二十篇。其《知難篇》蓋以自悼傷也。見流二年，年四十二，卒于交阯。【略】馬國翰輯本序曰：《吳志》本傳云著《新言》二十篇。《隋志》作《新語》，《唐志》作《新論》，皆非原目。今惟《太平御覽》引數節，又本傳載《疏》一篇，《隋志》無。譚集疏當在《新言》中，如賈誼《治安疏》在《新書》，董仲舒《天人策》在《春秋繁露》之類，合訂爲卷。《侯志》曰：《御覽》四百六十七、八百六十一俱引《顧子》，當出

《新言》。惟七百五十五引《顧子義訓》，未知是一書否？案《隋志》，梁有《顧子》十卷，晉揚州主簿顧夷撰。兩唐《志》，《顧子義訓》十卷，顧夷撰。然則《御覽》稱《顧子》及《義訓》者，未必碻是此書。侯氏失于考訂耳。案宋刻全本《意林》有《新言》一條，汪師韓《文選理學權輿》曰：《選注》所引羣書有顧譚《顧子》。

周子

《隋書・經籍志・儒家》 梁有《周子》九卷。吴中書郎周昭撰。亡。

姚振宗《三國藝文志・儒家類》 《周子新論》九卷。周昭撰。《吴志・步騭傳》：潁川周昭著書，稱步騭及嚴畯等。周昭者字恭遠，與韋曜、薛瑩、華覈並述《吴書》。後爲中書郎，坐事下獄，覈表救之，孫休不聽，遂伏法云。【略】嚴可均《全三國文編》曰：周昭有《周子新論》九卷，《御覽》二百四十一引周紹《新論》，即「昭」之誤，又四百六引周昭《新撰》，亦《新論》之誤。今存四篇，一《贈孫奇詩序》，二《論步騭、嚴畯等》，三《論薛瑩等》四《立交》，並見《御覽》及《步騭傳》。馬國翰輯本序曰：《七録》儒家有《周子》九卷，稱周昭《新撰》，《白六帖》引《二語》而已，《隋志》云亡，《唐志》不著録。佚已久。《御覽》引《論交》一節，稱周昭《新撰》，《吴志》載其《論步騭、嚴畯等》，猶爲完篇。兹據合輯。其論平情準理，不爲低昂，則在當時臧否人物當具有特識，遇暴主不以善終。惜哉！

《侯志》曰：「昭」一作「招」，《抱樸子・正郭篇》引中書郎周恭遠論郭林宗，當出此書。

誓論

鄭樵《通志・藝文略・儒術》 《誓論》三十卷。張儼撰。

太玄經注

《隋書・經籍志・儒家》 梁有《揚子太玄經》十三卷。陸凱注。亡。

姚振宗《三國藝文志・儒家類》 陸凱《太玄注》十三卷。凱始末具《史部・雜傳記類》。《吴志》本傳：凱雖領兵統軍衆，手不釋書，好《太玄》，論演其意，以筮輒驗。

典語 典語別

《隋書・經籍志・儒家》 梁有《典語》十卷。《典語別》二卷。並吴中夏督陸景撰。亡。

《舊唐書・經籍志・儒家》 《典訓》十卷。陸景撰。

《新唐書・藝文志・儒家類》 陸景《典訓》十卷。

鄭樵《通志・藝文略・儒術》 《典訓》十卷。陸景撰。

姚振宗《三國藝文志・儒家類》 陸景《典語》十卷。《典語別》二卷。《吴志・陸遜傳》：遜字伯言，吴郡吴人也。子抗字幼節，抗子晏、景、玄、機、雲分領抗兵。景字士仁，尚公主，拜騎都尉，封毗陵侯。既領抗兵，拜偏將軍、中夏督，澡身好學，著書數十篇。天紀四年，晉軍伐吴，龍驤將軍王濬順流東下，所至輒克，二月壬戌，晏爲王濬別軍所殺。癸亥，景亦遇害，時年三十一。景妻，孫皓適妹，與景俱張承外孫也。【略】《史通・自敍篇》：夫開國承家，立身立事，一文一武，或出或處，雖賢愚壤隔，善惡區分，苟時無品藻，則理難銓綜，故陸景《典語》生焉。嚴可均輯本《序》曰：陸景有《典語》十卷，《典語別》二卷。《舊唐志》有《典語》，無《典語別》，《新唐志》作《典訓》，皆十卷。其書，《宋》不著録，而民間僅或流傳。三年前聞紹興王君理堂游幕山左，攜有宋寫殘本二卷，余未獲見之。僅從《羣書治要》寫出七篇，益以各書所載，爲一卷，凡十七條。他日理堂獲吾書合訂之，以廣其傳，豈非美事！嘉慶十九年歲次甲戌二月。馬國翰輯本曰：徐堅《初學記》卷九引陸景《典語》，《太平御覽》卷七十八作陸景《典略》，又歐陽詢《藝文類聚》卷二十三引吴陸景《誡盈》，疑是《典語》中之一篇，合輯爲卷，凡十一條。案宋本《意林》有陸景《典語》二條，嚴、馬二家皆未采。又馬氏諸輯本皆不及《羣書治要》，故此所輯止十一條。

新言

鄭樵《通志・藝文略・儒術》 《新言》五卷。裴元撰。

新義

鄭樵《通志・藝文略・儒術》 《新義》十八卷。劉廙撰。

秦子

鄭樵《通志・藝文略・儒術》 《秦子》三卷。

家誡

姚振宗《三國藝文志・儒家類》 王肅《家誡》。肅見前。

家誡

姚振宗《三國藝文志・儒家類》 杜恕《家誡》。恕見前。《魏志・邴原附傳》：永寧太僕東郡張閣以簡質聞。杜恕著《家戒》，稱閣曰：張子臺視之似鄙樸人，然其心中不知天地間何者爲美，何者爲好。敦然似如與陰陽合德者。作人如此，自可不富貴，然而患禍當何從而來？世有高亮如子臺者，皆多力慕體之不如也。案《御覽》五百九十三引杜恕《家事戒》，文與此略相同，疑此在《篤論》中，或亦在其後人所編《杜氏新書》中，然在當日則自爲一書，貽其子孫也。

家誡

姚振宗《三國藝文志・儒家類》 王昶《家誡》昶見前。《魏志》本傳：其爲兄子及子作名字，皆依謙實，以見其意，故兄子默字處静，沈字處道，其子渾字玄沖，深字道沖，遂書戒之曰：欲使汝曹立身行己，遵儒者之教，履道家之言，故以玄默沖虚爲名，欲使汝曹顧名思義，不敢違越也。《侯志》曰：王昶《家誡》見《藝文類聚》二十三。又本傳載其戒兄子及子書，其文與《類聚》所引不同，要皆是《家誡》中語也。嚴可均《全三國文編》曰：王昶《家誡》見昶本傳，又略見《郭嘉傳》注、《藝文類聚》。

家誡

姚振宗《三國藝文志・儒家類》 嵇康《家誡》。康始末具《經部・易類》。嚴可均《全三國文編》曰：王肅《家誡》見《藝文類聚》二十三，嵇康《家誡》見本集，又略見《類聚》。

集誡

《隋書・經籍志・儒家》 諸葛武侯《集誡》二卷。

《舊唐書・經籍志・儒家》 《集誡》二卷。諸葛亮撰。

《新唐書・藝文志・儒家類》 諸葛亮《集誡》二卷。

鄭樵《通志・藝文略・儒術》 諸葛武侯《集誡》二卷。

姚振宗《三國藝文志・儒家類》 諸葛武侯《集誡》二卷。武侯見《史部・正史類》。《蜀志》本傳注《魏氏春秋》曰：亮作《八務》、《七戒》、《六恐》、《五懼》皆有條章，以訓厲臣子。又陳壽《重定諸葛故事集目録》云：《訓厲》第六。《文心雕龍・詔策篇》：戒者，慎也；教者，效也。若諸葛孔明之詳約理得，而辭中教之善者也。《隋書・經籍志》集部總集篇，《諸葛武侯誡》一卷。張澍輯《諸葛忠武侯文集目録》曰：澍案《梁書》，武侯儒家《集誡》二卷，當即《隋志》總集《武侯誡》一卷也。案此當是《隋志》儒家武侯《集誡》二卷，當即總集《武侯誡》一卷，而失于校刊者。《十六國春秋》：李玄盛嘗寫諸葛亮誡訓，以示其子弟，今存《誡子》、《誡外生》三篇。

女誡

姚振宗《三國藝文志・儒家類》 諸葛武侯《女誡》一卷。武侯見前。《隋志》集部總集篇：《諸葛武侯誡》一卷，《女誡》一卷。《侯志》曰：康案《女誡》，疑即《集誡》中之一卷，然《隋志》總集内別出之，故今亦分録。案《女誡》，疑即《唐・藝文志》傳記《女訓》中之《貞潔記》一卷。

衆賢誡

《隋書・經籍志・儒家》 《衆賢誡》十三卷。

鄭樵《通志・藝文略・儒術》 《衆賢誡》十三卷。

女典篇

姚振宗《三國藝文志・儒家類》 程曉《女典篇》。曉始末具《史部・雜傳記類》。嚴可均《全三國文編》曰：程曉《女典篇》見《藝文類聚》二十三。

兩晉南北朝分部

通語

《隋書・經籍志・儒家》 《通語》十卷。晉尚書左丞殷興撰。亡。

《舊唐書・經籍志・儒家》 《通語》十卷。文禮撰，殷興續。

《新唐書・藝文志・儒家類》 文禮《通語》十卷。殷興續。

鄭樵《通志・藝文略・儒術》 文禮《通語》十卷。

太玄經

《隋書・經籍志・儒家》 梁有《楊子太玄經》十四卷。晉徵士楊泉撰。亡。

《舊唐書・經籍志・儒家》 《太玄經》十四卷。楊泉撰，劉緝注。

《新唐書・藝文志・儒家類》 《太玄經》十四卷。劉緝注。

鄭樵《通志・藝文略・儒術》 《太玄經》十四卷。楊泉撰。

姚振宗《三國藝文志・儒家類》 《楊子太玄經》十四卷。楊泉撰。《北堂書鈔》六十三引《晉録》曰：會稽相朱則上書言楊泉清操自然，徵聘終不就，詔拜泉郎中。嚴可均《全三國文編》曰：楊泉字德淵，梁國人，見《意林》。吴處士，入晉徵爲郎中，不就。見《書鈔》。有《太玄經》十四卷，《物理論》十六卷，《集》二卷。梁元帝《金樓子・雜記篇》曰：桓譚有《新論》，華譚又有《新論》；揚雄有《太玄經》，楊泉又有《太玄經》。談者多誤，動形言色。或云桓譚有《新論》，何處復有華譚；揚子有《太玄經》，何處復有《太玄經》。此皆由不學使之然也。【略】馬國翰輯本序曰：此書倣楊子雲《太玄》爲之，亦擬《易》之類也。馬總《意林》載六節。考《太平御覽》亦有引《太玄經》而不見子雲書中者，皆此書之佚文也，併輯爲卷。其占法、卦名均不可見，文辭清麗，亦可讀玩。海寧錢保塘《物理論》輯本序曰：《藝文類聚》有楊泉《五湖賦》、《贊善賦》、《蠶賦》、《織賦》、《草書賦》，或稱吴，或稱晉。《初學記》引《五湖賦》，又稱西晉泉，蓋由吴歷晉，晉初徵拜郎中，終不應命，故《隋志》稱曰「徵士」，又曰「處士」。

物理論

《隋書・經籍志・儒家》 梁有《楊子物理論》十六卷。晉徵士楊泉撰。亡。

《舊唐書・經籍志・儒家》 《物理論》十六卷。楊泉撰。

《新唐書・藝文志・儒家類》 楊泉《物理論》十六卷。

鄭樵《通志・藝文略・儒術》　《物理論》十六卷。晉處士楊泉撰。

張之洞《書目答問・儒家》　《物理論》一卷。晉楊泉。平津館輯本。

姚振宗《三國藝文志・儒家類》　《楊子物理論》十六卷。楊泉撰。平津館輯本，桐城馬瑞辰序之曰：《楊子物理論》不見《宋・藝文志》，則其書自宋已佚之矣。章逢之孝廉曾有輯本，今淵如觀察，重加校正，補所未備。其分卷之舊已不可考，謹以事類次第編録。自天文、地理以迄古今帝王用人行政之要，靡不囊括。蓋博采秦漢諸子之説爲之，而引《傅子》爲尤多，其不言《傅子》者，亦多出于《傅子》。《傅子》一百四十卷，今僅從《永樂大典》録出一卷，《楊子》是書正足與《傅子》相表裏已。楊泉字德淵，《隋志》稱徵士，亦稱處士，目爲楊子，列入儒家。蓋晉之隱君子，閉户著書者。案今本《意林》所載《物理論》，祇前十二條是本文，其下六十八條皆是《傅子》。嚴鐵橋先生嘗校而正之。馬序謂引《傅子》尤多者，蓋沿《意林》。顛倒羼越之誤，錢氏輯本已釐剔矣。錢保塘輯本序曰：周氏廣業、嚴氏可均謂《意林》所載《傅子》、《物理論》互有錯簡，因取孫氏輯本校之，去其誤收《傅子》數十條，以《齊民要術》、《五行大義》、《天中記》所引略加補正，而以《意林》錯簡入《傅子》者八條録附焉。第周氏言《物理論》見引他書，搜輯遺文去其重複，得文段完整者百數十條，四千餘字，而諸賦不與焉。此卷祇得三千餘字，知尚有遺佚，惜未得周氏輯本一勘之也。汪師韓《文選理學權輿》曰：《選注》所引羣書有《物理子》，疑即楊泉《物理論》。

太玄經義注

姚振宗《三國藝文志・儒家類》　范望《太玄經義注》。望自序曰：建安年中，故五業主事章陵宋衷、鬱林太守吴郡陸績，各以淵通之才，窮核道真爲十篇解釋，足以根其祕奥，無遺滯者已。然本經三卷雖有章句，辭尚婉妙並宜訓解。且此書也淹廢歷久，傳寫文字或有脱謬。宋君創之于前，鬱林釋之于後，二注并集，或相錯雜，或相理致，文字猥重，頗爲繁多。于教者勞，于誦者勸。望以闇固，學不博識。昔在吴朝校書臺觀，後轉爲郎，讎講歷年，得因二君已成之業爲作《義注》，四萬餘言，寫在觀閣，亡其本末云云。

太玄經注

《舊唐書・經籍志・儒家》　又十二卷。范望注。

《新唐書・藝文志・儒家類》　范望注《太玄經》十二卷。

晁公武《郡齋讀書志・儒家類》　《范氏注太玄經解》十卷。袁本《前志》卷三上《儒家類第九》。右吴范望叔明注。其序云：子雲著《玄》，桓譚以爲絶倫，張衡以擬《五經》。自侯芭受業之後，希有傳者。建安中，宋衷、陸績解釋之，文字繁猥。今以陸爲本，録宋所長，訓理其義，爲十卷。且以《首》分居本經之上，以《測》散處《贊辭》之下。其前又有陸績序，以子雲爲聖人云。

陳振孫《直齋書録解題・儒家類》　《太玄經》十卷。揚雄撰，五業主事章陵宋衷仲子解詁，吴鬱林太守陸績公紀釋文，晉尚書郎范望叔明解贊。案《漢志》，揚雄所敍三十八篇，《太玄》十九。本傳三方、九州、二十七部、八十一家、七百二十九贊，分爲三卷，有《首》、《衝》、《錯》、《測》、《攡》、《瑩》、《數》、《文》、《掜》、《圖》、《告》十一篇，皆以解剥《玄》體，蓋與本經三卷，共爲十四。今《志》云十九，未詳。初，宋、陸二家各依舊本解釋，范望折中長短，或加新意，既成此注，乃以《玄首》一篇，加經贊之上；《玄測》一篇，附贊之下，爲九篇，列爲四卷。《首》、《測》一序，仍載之第一卷之首。蓋猶王弼離合《古易》之類也。卷首有陸績《述玄》一篇。本傳尚有「二百四十三表」六字。《隋齋》批注。

馬端臨《文獻通考・經籍考・儒家》　《范氏註太玄經解》十卷。

高儒《百川書志・儒家》　《太玄經》十卷。漢揚雄子雲撰，晉范望叔明解贊。

錢謙益等《絳雲樓書目・儒家類》　《太元經》。十卷，揚雄作，以擬《周易》。范叔明解。

姚振宗《三國藝文志・儒家類》　范望《太玄經注》十卷。望自序又曰：今更通率爲注，因陸君爲本，録宋所長，捐除其短，并《首》一卷本經之上，散《測》一卷注文之中，訓理其義，以測爲據，合爲十卷，十餘萬言。【略】案，自序之首題晉范望，字叔明。《晁志》稱吴范望叔明。《釋文敍録》有范望州《老子注訓》二卷，注云字叔文，會稽人，吴尚書郎。「州」字疑衍，「明」、「文」二字聲近，未詳孰是。望在吴爲郎時，因宋、陸二注合併煩重，于是删除爲《義注》，四萬餘言。其後入晉，亡失。

又作十卷，十餘萬言之注。既《釋文》及《晁志》稱爲吴人，因亦録存其書。望蓋吴之遺老，入晉未嘗仕宦者歟？

任氏中論注

姚振宗《三國藝文志・儒家類》 《任氏中論注》六卷。唐馬總《意林》曰：《中論》六卷，徐偉長作，任氏注。嚴可均《全三國文編》曰：《中論》序，元刊本有之。案此序，徐幹同時人作，舊無名氏。《意林》：《中論》六卷，任氏注。任嘏與幹同時，多著述，疑此序及注皆任嘏作，無以定之。案《中論》舊序末云：「故追述其事，麄舉其顯露易知之數，沈冥幽微、深奥廣遠者，遺之精通君子，將自贊明之也。」此數語有似乎爲之注者。

傅子

鄭樵《通志・藝文略・儒術》 《傅子》五卷。晉司隸校尉傅玄撰。舊有百二十卷。

楊士奇等《文淵閣書目・子書》 《傅子》。一部，一册。闕。

《四庫全書總目提要・儒家類一》 《傅子》一卷。《永樂大典》本。晉傅元撰。元字休奕，北地人。官至司隸校尉。封鶉觚子。《晉書》本傳稱元撰《論經國九流》及《三史故事》，評斷得失。各爲區例，名爲《傅子》，爲内、外、中篇，凡有四部六録，合百四十首，數十萬言行世。元初作《内篇》成，以示司空王沈。沈與元書曰：「省足下所著書，言富理濟，經綸政體，存重儒教，足以塞楊、墨之流遁，齊孫、孟於往代。」其爲當時所重如此。《隋書・經籍志》、《唐書藝文志》皆載《傅子》一百二十卷，馬總《意林》亦同，是唐世尚爲完本。宋《崇文總目》僅載二十三篇，較之原目已亡一百一十七篇，故《宋史・藝文志》僅載有五卷，其後惟尤袤《遂初堂書目》尚見其名。元明之後，藏書家遂不著録，蓋已久佚。今檢《永樂大典》中，散見頗多，且所標篇目咸在。謹採掇裒次，得文義完具者十有二篇，曰《正心》、曰《仁論》、曰《義信》、曰《通志》、曰《舉賢》、曰《重爵禄》、曰《禮樂》、曰《貴教》、曰《檢商賈》、曰《校工》、曰《戒言》、曰《假言》。又文義未全者十二篇，曰《問政》、曰《治體》、曰《授職》、曰《官人》、曰《曲制》、曰《信直》、曰《矯違》、曰《問刑》、曰《安民》、曰《法刑》、曰《平役賦》、曰《鏡總敘》。篇目視《崇文總目》較多其一，《疑問刑》、《法刑》本屬一篇，《永樂大典》誤分爲二耳。其《宋志》五卷，原第已不可考，謹依文編綴，總爲一卷。其有《永樂大典》未載而見於他書所徵引者，復蒐輯得四十餘條，別爲《附録》，繫之於後。晉代子家今傳於世者，惟張華《博物志》、干寶《搜神記》、葛洪《抱朴子》、稽含《草木狀》、戴凱之《竹譜》尚存。然《博物志》、《搜神記》皆經後人竄改，已非原書。《草木狀》、《竹譜》記録瑣屑，無關名理。《抱朴子》又多道家詭誕之説，不能悉軌於正。獨元此書所論，皆闗切治道，闡啟儒風，精意名言，往往而在，以視《論衡》、《昌言》皆當遜之。殘編斷簡，收拾於闕佚之餘者，尚得以考見其什一，是亦可爲寶貴也。

張之洞《書目答問・儒家》 《傅子》一卷。晉傅元。聚珍本。杭本。福本。

揚子法言注

《隋書・經籍志・儒家》 《揚子法言》十五卷《解》一卷。揚雄撰，李軌注。梁有《揚子法言》六卷，侯苞注，亡。

鄭樵《通志・藝文略・儒術》 《揚子法言》十五卷。《解》一卷。揚雄撰，李軌注。

李氏注法言

《舊唐書・經籍志・儒家》 又十三卷。李軌注。

《新唐書・藝文志・儒家類》 李軌注《法言》三卷。

晁公武《郡齋讀書志・儒家類》 《李氏注法言》十三卷。右漢揚雄撰。晉祠部郎中李軌注。雄好古學，見諸子各以其知舛駁，不與聖人同，是非頗謬於經，故人時有問雄者，常用法應之，撰此以象《論語》，號曰《法言》。每篇復爲序贊，以發其大意。然雄之學，自得者少，其言務擬聖人，靳靳然若影之守形，既鮮所發明，又往往違其本指，正古人所謂畫者僅毛而失貌者也。

張金吾《愛日精廬藏書志・儒家類》《揚子法言》十三卷。臨義門何氏校。宋刊。李氏注本。漢楊雄撰，晉李軌注。絳雲樓舊藏《李注楊子》，注言《序篇》在末卷，未湇本書次序。後轉入泰興季氏，又歸傳是樓。康熙己亥，心友弟偶獲見之，畧校訛字，寄至京師。冬日呵凍自校此本。他日餘兒苟能讀之，乃不負二父殷勤訪求善本，以貽後人之意也。老潛記。

錢東垣等輯《崇文總目・儒家類》《法言》十三卷。楊雄撰。〔原釋〕李軌注。見天一閣鈔本。

法言註　音義

陳振孫《直齋書録解題・儒家類》《法言注》十三卷《音義》一卷。晉尚書郎李軌宏範注。此本歷景祐、嘉祐、治平三降詔，更監學、館閣兩制校定，然後頒行。與建寧四注本不同。錢佃得舊監本刻之，與《孟》、《荀》、《文中子》爲四書。

錢曾《讀書敏求記・子》李軌注《法言》十三卷《音義》一卷。《法言》十三篇，篇各有序，總附之卷末，同乎班固之《叙傳》。然也宋咸升序于篇首，殊失漢人著述體裁。李軌仍其舊而不更，唐以前學人卓識如此。軌字洪範，東晉尚書郎、都亭侯，所著書見《隋書・經籍志》。此本後附《音義》一卷，撰之者不知何人，是又洪範之桓君山矣。

顧廣圻《思適齋書跋・子部》《揚子法言》十三卷。校本。右所據乃司馬温公所謂李祠部注本及《音義》最爲精詳者。今李注補正善矣，而《音義》頗多不能別識，於此恨何校之不密也。賈人錢景開言桐鄉金德輿曾以宋槧大字《揚子》進呈，未知即此所據與否？己未六月，顧廣圻借讀并記。

袁子正論

《隋書・經籍志・儒家》《袁子正論》十九卷。袁準撰。梁又有《袁子正書》二十五卷，袁準撰；《孫氏成敗志》三卷，孫毓撰；《古今通論》二卷，王嬰撰；《蔡氏化清經》十卷，松滋令蔡洪撰；《通經》二卷，晉丞相從事中郎王長文撰。

《舊唐書・經籍志・儒家》《袁子正論》二十卷。袁準撰。

《新唐書・藝文志・儒家類》《袁子正論》二十卷。

鄭樵《通志・藝文略・儒術》《袁子正論》二十卷。袁準撰。

袁子正書

《隋書・經籍志・儒家》梁又有《袁子正書》二十五卷。袁準撰。亡。

《舊唐書・經籍志・儒家》《袁子正書》二十五卷。袁準撰。

《新唐書・藝文志・儒家類》《正書》二十五卷。袁準。

鄭樵《通志・藝文略・儒術》《袁子正書》二十五卷。

孫氏成敗志

《隋書・經籍志・儒家》梁又有《孫氏成敗志》三卷。孫毓撰。亡。

《舊唐書・經籍志・儒家》《孫氏成敗志》三卷。孫毓撰。

《新唐書・藝文志・儒家類》《孫氏成敗志》三卷。孫毓。

鄭樵《通志・藝文略・儒術》《孫氏成敗志》三卷。孫毓撰。

通　經

《隋書・經籍志・儒家》梁又有《通經》二卷。晉丞相從事中郎王長文撰。亡。

新　論

《隋書・經籍志・儒家》《新論》十卷。晉散騎常侍夏侯湛撰。梁有《楊子物理論》十六卷，《楊子大元經》十四卷，並晉徵士楊泉撰；《新論》十卷，晉金紫光禄大夫華譚撰；

《梅子新論》一卷。亡。

《舊唐書·經籍志·儒家》《新論》十卷。夏侯湛撰。

《新唐書·藝文志·儒家類》夏侯湛《新論》十卷。

鄭樵《通志·藝文略·儒術》《新論》十卷。晉散騎常侍夏侯湛撰。

新論

《隋書·經籍志·儒家》梁有《新論》十卷。晉金紫光禄大夫華譚撰。亡。

《舊唐書·經籍志·儒家》《新論》十卷。華譚撰。

《新唐書·藝文志·儒家類》華譚《新論》十卷。

鄭樵《通志·藝文略·儒術》《新論》十卷。晉華譚撰。

正訓

鄭樵《通志·藝文略·儒術》《正訓》十卷。陸機撰。

干子

《隋書·經籍志·儒家》梁有《干子》十八卷。干寶撰。亡。

正言

《舊唐書·經籍志·儒家》《正言》十卷。干寶撰。

《新唐書·藝文志·儒家類》干寶《正言》十卷。

鄭樵《通志·藝文略·儒術》《正言》十卷。干寶撰。

立言

《舊唐書·經籍志·儒家》《立言》十卷。干寶撰。

《新唐書·藝文志·儒家類》干寶《立言》十卷。

鄭樵《通志·藝文略·儒術》《立言》十卷。干寶撰。

閎論

《隋書·經籍志·儒家》梁有《閎論》二卷。晉江州從事蔡韶撰。亡。

《新唐書·藝文志·儒家類》蔡韶《閎論》二卷。

鄭樵《通志·藝文略·儒術》《閎論》二卷。晉江州從事蔡韶撰。

志林　廣林　後林

《隋書·經籍志·儒家》《志林新書》三十卷。虞喜撰。梁有《廣林》二十四卷，又《後林》十卷，虞喜撰；《干子》十八卷，干寶撰；《閎論》二卷，晉江州從事蔡韶撰；《顧子》十卷，晉揚州主簿顧夷撰。亡。

《舊唐書·經籍志·儒家》《志林新書》二十卷。虞喜撰。

又《後林新書》十卷。虞喜撰。

《新唐書·藝文志·儒家類》虞喜《志林新書》二十卷。

又《後林新書》十卷。

鄭樵《通志·藝文略·儒術》《志林新書》二十卷。虞喜撰。

又《後林新書》十卷。虞喜撰。

姚振宗《隋書經籍志考證·儒家》《志林新書》三十卷。虞喜撰。梁有《廣林》二十四卷又《後林》十卷。虞喜撰。亡。虞喜有《周官禮駁難》，見《經部·禮類》。《晉書·儒林傳》：喜專心經傳，爲《志林》三十篇，凡所注述數十萬言，行于世。【略】

宋高似孫《子略》、馬總《意林》目録曰：虞喜《志林》二十四卷。案，此是《廣林》卷數，疑非《意林》原目。嚴氏《全晉文編》曰：虞喜有《志林》三十卷，《廣林》二十四卷，《後林》十卷。《吴志・孫策傳》注引《志林》一條，《孫權傳》注引三條，《諸葛恪傳》注引一條，凡五條。馬氏玉函山房輯本序曰：《志林新書》，《隋志》三十卷，《唐志》二十卷，今佚。明陶宗儀《説郛》輯入十三節，更采《三國志注》、《文選注》、《史記》索隱、《正義》、《太平御覽》等書補録三十七節，合爲一卷。書多雜論故事，長於考據。諸書引並作《志林》，省「新書」二字。又曰：《隋志》注云梁有《廣林》二十四卷，《後林》十卷。《唐志》不載《廣林》，逸已久。考杜佑《通典》引虞喜説凡二十節，除標題《釋滯》、《通疑》八節，明標《廣林》者一節，他皆稱虞喜曰。循其文義皆雜論禮服，知爲一書語。引者舉一例，餘不標「廣林」者，省文也。兹據輯録。又曰：《通典》引虞喜《釋滯》三節，引虞喜《通疑》五節，隋、唐《志》載虞喜所著書皆無其目，其史志佚之耶，抑爲《志林》、《廣林》篇目耶？疑不能明也。今别爲編次，附《廣林》後焉。

顧子

《隋書・經籍志・儒家》 梁有《顧子》十卷。晉揚州主簿顧夷撰。亡。

《舊唐書・經籍志・儒家》 《顧子義訓》十卷。顧夷撰。

《新唐書・藝文志・儒家類》 《顧子義訓》十卷。顧夷。

鄭樵《通志・藝文略・儒術》 《顧子義訓》十卷。晉揚州主簿顧夷撰。

蔡氏化清經

《隋書・經籍志・儒家》 梁又有《蔡氏化清經》十卷。松滋令蔡洪撰。亡。

《舊唐書・經籍志・儒家》 《清化經》十卷。蔡洪撰。

《新唐書・藝文志・儒家類》 蔡洪《清化經》十卷。

要覽

《隋書・經籍志・儒家》 《要覽》十卷。晉郡儒林祭酒吕竦撰。

《舊唐書・經籍志・儒家》 《要覽》五卷。吕竦撰。

《新唐書・藝文志・儒家類》 吕竦《要覽》五卷。

鄭樵《通志・藝文略・儒術》 《正覽》十卷。晉郡儒林祭酒吕竦撰。

姚振宗《隋書經籍志考證・儒家》 《要覽》十卷。晉郡儒林祭酒吕竦撰。「晉」下似有敚文。吕竦始末未詳。《通志・藝文略》作「正覽」，似誤。案《兩唐志》雜家，並有陸士衡《要覽》三卷。《玉海》、《藝文》、《中興書目》曰：陸機《要覽》一卷。機自序云：「直省之暇，乃集要術三篇，上曰《連璧》，集其嘉名，取其連類；中曰《述聞》，實予之所聞；下曰《析名》，乃搜同辨異也。」其書至南宋猶傳。吕竦《要覽》，《兩唐志》止五卷，此十卷疑有《陸氏要覽》在内，或吕氏集合諸家，通名之曰《要覽》，以勖郡文學諸生者。《宋志・類事家》又有陸機《會要》一卷。

古今通論

《隋書・經籍志・儒家》 梁又有《古今通論》二卷。王嬰撰。亡。

《舊唐書・經籍志・儒家》 《古今通論》三卷。王嬰撰。

《新唐書・藝文志・儒家類》 王嬰《古今通論》三卷。

鄭樵《通志・藝文略・儒術》 《古今通論》二卷。松滋令王嬰撰。

梅子新論

《隋書・經籍志・儒家》 梁有《梅子新論》一卷。亡。

姚振宗《隋書經籍志考證・儒家》 梁有《梅子新論》一卷，亡。

揚子太玄經

《隋書・經籍志・儒家》 《揚子太玄經》十卷。蔡文邵注。梁有《揚子太玄經》十四卷，虞翻注；《揚子太玄經》十三卷，陸凱注；《揚子太玄經》七卷，王肅注。亡。

《舊唐書・經籍志・儒家》 又一十卷。蔡文邵注。

《新唐書・藝文志・儒家類》 蔡文邵注《太元經》十卷。

錢東垣等輯《崇文總目・儒家類》 《太元經》十卷。楊雄撰，蔡文邵注。

姚振宗《隋書經籍志考證・儒家》 《揚子太玄經》十卷。蔡文邵注。蔡文邵始末未詳。**【略】**案蔡文邵并莫詳其時代，疑即撰《化清經》之蔡洪，撰《閎論》之蔡韶。見後。又本志《別集類》注云：梁有《蔡玄通集》五卷，亡。《七録》敍次在賈充、荀勖之前，蓋晉初人，亦近似之也。《吴志・張昭傳》：昭長子承能甄識人物，拔彭城蔡款于孤微，後至衛尉。注引《吴録》曰：款字文德。《步騭傳》引《周昭新論》，又稱爲蔡文至。「文至」似「文德」之譌。蔡文邵或其昆季行歟？《崇文總目》載《太玄經》，唯此一部。而《宋志》及晁、陳《志録》皆不著，唐宋諸家集注《太玄經》亦罕見稱引及之者。

何　子

鄭樵《通志・藝文略・儒術》 《何子》五卷。

孫綽子

鄭樵《通志・藝文略・儒術》 《孫綽子》十卷。

誡　林

《舊唐書・經籍志・儒家》 《誡林》三卷。綦毋氏撰。

《新唐書・藝文志・儒家類》 綦毋氏《誡林》三卷。

鄭樵《通志・藝文略・儒術》 綦毋氏《誡林》三卷。

諫　林

鄭樵《通志・藝文略・儒術》 《諫林》五卷。齊晉陵令何望之撰。

缺　文

《舊唐書・經籍志・儒家》 《缺文》十卷。陸澄撰。

述政論

鄭樵《通志・藝文略・儒術》 《述政論》十三卷。齊陸澄撰。

三統五德論

《隋書・經籍志・儒家》 梁有《三統五德論》二卷。曹思文撰。亡。

姚振宗《隋書經籍志考證・儒家》 梁有《三統五德論》二卷。曹思文撰。亡。曹思文有《孝經注》，詳見《經部》。案此論五德終始，或據劉歆《三統曆》之《世經》以爲之説。古有五德終始之術，《大戴記》之《五帝德篇》、王符《潛夫論》之《五德志篇》皆其類，在《漢志》爲諸子陰陽家之屬。又案《七録》序目《子兵録第三》曰：陰陽部《一種一袠》一卷，蓋即是書。作二卷者，非也。本志以陰陽家之書惟《七録》僅存此一部，而隨時已亡，故不能爲類，附諸此篇之末。

正覽

《隋書・經籍志・儒家》《正覽》六卷。梁太子詹事周捨撰。梁有《三統五德論》二卷，曹思文撰。亡。

《舊唐書・經籍志・儒家》《正覽》六卷。周捨撰。

《新唐書・藝文志・儒家類》周捨《正覽》六卷。

鄭樵《通志・藝文略・儒術》《正覽》六卷。梁太子詹事周捨撰。

姚振宗《隋書經籍志考證・儒家》《正覽》六卷。梁太子詹事周舍撰。周舍有《禮疑義》，詩見經部禮類。【略】案梁元帝《金樓子・后妃篇》載其母宣修容事，云：及在幼學，親承慈訓，初授《孝經》、《正覽》、《論語》、《毛詩》。不知是否即此《正覽》也。考周舍于梁初爲太子洗馬、太子右衛率、左衛率，遷詹事，始終皆兼爲宮僚。或其初爲是書以進太子。元帝幼時亦諷誦之，未可知也。又案高似孫《子略》云：《唐志》有陸景《典訓》、《譙子法訓》、周舍《正覽》、劉徽《敧器圖》之類，非合登子録。如此者數家裁之。案《正覽》等三書不登子録，將歸于何録乎？其意蓋以抄節前言往訓，不足以自爲一子也。

典言

《舊唐書・經籍志・儒家》《典言》四卷。李若等撰。

《新唐書・藝文志・儒家類》李穆叔《典言》四卷。

鄭樵《通志・藝文略・儒術》《典言》四卷。後魏李穆叔撰。

典言

鄭樵《通志・藝文略・儒術》《典言》四卷。後齊荀士遜撰。

新略

鄭樵《通志・藝文略・儒術》《新略》十卷。章道孫撰。

正訓

《舊唐書・經籍志・儒家》《正訓》二十卷。辛德源志。

《新唐書・藝文志・儒家類》辛德源《正訓》二十卷。

鄭樵《通志・藝文略・儒術》《正訓》二十卷。辛德源撰。

典墳數集

鄭樵《通志・藝文略・儒術》《典墳數集》十卷。范謐撰。

墳典

《舊唐書・經籍志・儒家》《墳典》三十卷。盧辯撰。

《新唐書・藝文志・儒家類》盧辯《墳典》三十卷。

鄭樵《通志・藝文略・儒術》《墳典》三十卷。盧辯撰。

顏氏家訓

《舊唐書・經籍志・儒家》《家訓》七卷。顏之推撰。

《新唐書・藝文志・儒家類》《顏氏家訓》七卷。顏之推。

鄭樵《通志・藝文略・儒術》《顏氏家訓》七卷。

晁公武《郡齋讀書志・儒家類》《家訓》七卷。袁本《前志》卷三《上儒家類第十八》。右北齊顏之推撰。之推本梁人，所著凡二十篇。述立身治家之法，辨正時俗之謬，以訓諸子孫。

尤袤《遂初堂書目・雜家類》齊顏之推《家訓》。

馬端臨《文獻通考・經籍考・儒家》《家訓》七卷。陳氏曰：古今家訓以此爲祖，然其書頗崇尚釋氏云。

《宋史・藝文志・儒家類》顏之推《家訓》七卷。

高儒《百川書志・儒家》《顏氏家訓》七卷。北齊黄門侍郎顏之推撰。凡二十篇。

錢謙益等《絳雲樓書目・儒家類》《顏氏家訓》。七卷。顏之推，北齊人。宋董政公撰《續家訓》八卷，續顏氏之書也。萬曆中，烏程姚舜牧嘗著《家訓》，皆稱其真切過於《顏氏》。萬曆間，臨朐馮子咸治家，宗《顏氏家訓》，鄉人師其教，多爲善良。子咸字受甫，嘗登鄉薦，以學行著。

顏氏家訓　附考證

張金吾《愛日精廬藏書志・儒家類》《顏氏家訓》七卷附《考證》。舊抄本。北齊黄門侍郎顏氏之推撰。《考證》後有結銜九行。無名氏序。沈揆跋。淳熙七年。

女　篇

《隋書・經籍志・儒家》《女篇》一卷。

姚振宗《隋書經籍志考證・儒家》《女篇》一卷。不著撰人。案此一類之書皆與《總集類》互見。此《女篇》一卷以《總集類》校之，似即彼所載《女誡》一卷。或以爲諸葛武侯撰，恐未然。又蔡中郎有《女史篇》，見經部小學家，此或敚「史」字。

女　鑒

《隋書・經籍志・儒家》《女鑒》一卷。

婦人訓誡集

《隋書・經籍志・儒家》《婦人訓誡集》十一卷。

姚振宗《隋書經籍志考證・儒家》《婦人訓誡集》十一卷。不著撰人。本志集部總集篇：《婦人訓誡集》十一卷，并録梁十卷，宋司空徐湛之撰。《唐書・經籍志》總集類：《婦人訓誡集》十卷，徐湛撰。《唐書・藝文志》史部雜傳女訓類：徐湛之《婦人訓誡集》十卷。案《宋書・徐湛之傳》，字孝源，東海郯人。高祖外孫。永初三年，封枝江縣侯，累遷尚書僕射，領護軍將軍。元嘉末，元凶劭入弒見害，年四十四。世祖即位，追贈司空，謚曰「忠烈公」。史不著其有是書，略之也。

娣姒訓

《隋書・經籍志・儒家》《娣姒訓》一卷。

姚振宗《隋書經籍志考證・儒家》《婦姒訓》一卷。「婦」當爲「娣」。不著撰人。本志集部總集篇：《娣姒訓》一卷，馮少胄撰。案《晉書・馮紞傳》，紞字少胄，安平人也。博涉經史，識悟機辨，得幸于武帝，數遷至左衛將軍，承顏悦色，寵受日隆。賈充、荀勖並與之親善。充女之爲皇太子妃也，紞有力焉。及妃之將廢，紞勖乾没救請，故得不廢。伐吴之役，紞領汝南太守，以郡兵隨王濬入秣陵，遷御史中丞，轉侍中。太康七年，紞疾，詔以爲散騎常侍，尋卒。亦不著其有是書，不知即此馮少冑否也。又案《世説・賢媛篇》曰：王汝南少無婚，自求郝普女，有令姿淑德，生東海，遂爲王氏母儀。又曰：王司徒婦鍾氏女，太傅曾孫。太傅鍾繇也。亦有俊才女德。鍾、郝爲娣姒，雅相親重，鍾不以貴陵郝，郝亦不以賤下鍾。東海家内則郝夫人之法，京陵家内範鍾夫人之禮。此《娣姒訓》爲馮少冑所撰者，或即鍾、郝二人事，録以爲世法歟？王汝南者名湛，字處仲，仕至汝南太守。東海者，湛子承，字安期，東海内史。王司徒名渾，襲父爵，京陵侯湛之兄也。

貞順志

《隋書・經籍志・儒家》 《貞順志》一卷。

姚振宗《隋書經籍志考證・儒家》 《貞順志》一卷。不著撰人。本志集部總集篇：《貞順志》一卷。《文選・干令升晉紀總論》注《列女傳》：宋鮑女宗曰：「貞順，婦人之至行也。」案《列女傳第四》曰《貞順傳》，宋鮑女宗見《第二賢明傳》中，今本無此語，蓋有所放佚也。案《唐・藝文志》雜傳女訓類有諸葛亮《貞潔記》一卷。武威張澍輯《諸葛集目録》云：澍案《隋書・經籍志》，女訓有諸葛武侯《貞潔記》一卷。今案本志實無此目，蓋誤以《唐・藝文》爲《隋・經籍》，又誤以《貞順志》爲《貞潔記》也。《貞潔記》似別爲一書。又案《晉書・涼武昭王李暠傳》，末云：玄盛前妻同郡辛納女，貞順有婦儀，先卒，玄盛親爲之誄。玄盛，暠字也。唐修《晉書》，史官以其爲皇室七廟之一，故字而不名。疑此《貞順志》即爲辛氏而作，與諸葛武侯《集誡》見前。同出于西涼李氏，因而傳譌爲諸葛亮《貞潔記》。然則《唐志》之《貞潔記》亦即此書，爲唐室先世遺籍歟？

内　訓

《舊唐書・經籍志・儒家》 《内訓》二十卷。辛德源、王邵等撰。

隋唐分部

讀書記

《舊唐書・經籍志・儒家》 《讀書記》三十二卷。王邵撰。

《新唐書・藝文志・儒家類》 王劭《讀書記》三十二卷。

鄭樵《通志・藝文略・儒術》 《讀書記》三十二卷。王劭撰。

中　説

《舊唐書・經籍志・儒家》 《中説》五卷。王通撰。

《新唐書・藝文志・儒家類》 王通《中説》五卷。

鄭樵《通志・藝文略・儒術》 王通《中説》五卷。

尤袤《遂初堂書目・儒家類》 《文中子中説》。

高似孫《子略》卷一 《文中子》。道始於伏羲，終於孔子。孔子以來二千餘年矣。孟軻氏、揚雄氏、王通氏、韓愈氏，皆祖述孔子而師尊之。若通拳拳於六經之學，自孟子而下未有也。續《書》以攷漢晉之事，續《詩》以觀六代之俗，修《元經》以斷南北之疑。易止於讚，禮樂止於論。嗚呼！通之用心足以知聖人矣。世率以是疵王氏，是殆未知其所以知聖人者乎！善乎日休皮氏之言曰：「《禮》之篇二十有五，《詩》之篇三百六十，《元經》之篇三十一，《易》之篇七十。孟子能踵孔子而贊其道，夐乎千世可繼孟子者，通也。」按杜執禮所作《文中子世家》，又有《樂論》三十篇，《讀書》一百五十篇，《元經》凡五十篇。蓋受《書》於東海李育，學《詩》於會稽夏璵，問《禮》於河東關子明，正《樂》於北平霍汲，攷樂于族父仲華，聖人之大旨。天下之能事，至是畢矣。陸□□序之，謂之「王氏六經」。嗚呼！蓋自孟子歷兩漢數百年，而僅稱揚雄；歷六朝數百年，而僅稱王通；歷唐數百年，而唯一韓愈。六經之學，其著于世者若此已是匪難乎！異時房、衛諸公，共恢文武，以濟貞觀之盛，亦天命也。此蓋出於司空表聖之言，其尚知道乎！

陳振孫《直齋書録解題・儒家類》《中説》十卷。隋河汾王通仲淹撰。《唐志》五卷，今本第十卷有《文中子世家》、《房魏論禮樂事》、《書關子明事》及《王氏家書雜録》。舊傳以此爲前後序，非也。案：晁公武《讀書志》，是書係王通之門人共集其師之語。

錢東垣等輯《崇文總目・儒家類》《中説》十卷。王通撰。〔原釋〕十卷。王通、天地、事君、周公、問易、禮樂、述史、魏相、立命、關子明。見《玉海藝文類》。

類次文中子

王圻《續文獻通考・經籍考・儒家》《類次文中子》。陳同父輯。

黄虞稷《千頃堂書目・儒家類・補宋》陳亮《類次文中子》。

倪燦等《宋史・藝文志補・儒家類》陳亮《類次文中子》。

文中子元經

楊士奇等《文淵閣書目・子書》《文中子元經》。一部，一册。完全。

文中子哀粹

黄虞稷《千頃堂書目・儒家類》柳文《文中子哀粹》。字少明，山陰人。擇其言之粹者，其餘依倣聖人之語者去之。

理道集

鄭樵《通志・藝文略・儒術》《理道集》十卷。隋李文博撰。

中興書

尤袤《遂初堂書目・儒家類》隋李文博《中興書》。

立　言

鄭樵《通志・藝文略・儒術》又，十卷。蘇道撰。

太宗序志

《舊唐書・經籍志・儒家》《太宗序志》一卷。太宗撰。

《新唐書・藝文志・儒家類》《太宗序志》一卷。

鄭樵《通志・藝文略・儒術》《唐太宗序志》一卷。

帝　範

鄭樵《通志・藝文略・儒術》《帝範》四卷。唐太宗撰。

晁公武《郡齋讀書志・儒家類》《帝範》一卷。袁本《後志》卷二《子類第十三》。右唐太宗撰。凡十二篇，今存者六篇。貞觀末，著此書以賜高宗。且曰：「修身治國，備在其中。一旦不諱，更無所言矣。」其末頗以汰侈自咎，以戒高宗，俾勿效己。殊不知閨門之內，慙德甚多，豈特汰侈而已哉！武后之立，實有自來。不能身教多言奚益，悲夫！

尤袤《遂初堂書目・雜家類》《帝範》。

陳振孫《直齋書録解題・儒家類》《帝範》一卷。案：《舊唐書・經籍志》作四卷，《宋史・藝文志》作二卷。唐太宗撰。凡十二篇，以賜高宗。

馬端臨《文獻通考・經籍考・儒家》《帝範》一卷。

《宋史・藝文志・儒家類》太宗《帝範》二卷。

錢東垣等輯《崇文總目・儒家類》《帝範》一卷。唐太宗撰。〔原釋〕述修身治國之要言。見《玉海・聖文類》。

帝範

《舊唐書・經籍志・儒家》《帝範》四卷。太宗撰，賈行注。

《新唐書・藝文志・儒家類》太宗《帝範》四卷。賈行注。

錢謙益等《絳雲樓書目・儒家類》《帝範》。唐太宗作此書以教太子，有賈行注。四卷，凡十二篇，宋時已止存其半矣。

帝範

《四庫全書總目提要・儒家類一》《帝範》四卷。《永樂大典》本。唐貞觀二十二年，太宗文皇帝御撰，以賜太子者也。新、舊《唐書》皆云四卷，晁公武《讀書志》僅載六篇，陳振孫《書録解題》亦題曰一卷。此本載《永樂大典》中，凡一十二篇，首尾完具。後有元吴萊跋，謂征雲南僰夷時，始見完書。考其事在泰定二年，蓋此書南宋佚其半，至元乃復得舊本，故明初轉有全文也。《唐書・藝文志》載有賈行註，而《舊唐書敬宗本紀》稱：「寶曆二年，祕書省著作郎韋公肅註是書以進，特賜錦綵百匹。」是唐時已有二註。今本註無姓名，觀其體裁，似唐人註經之式。而其中時稱楊萬里、吕祖謙之言，蓋元人因舊註而補之。其詞雖不免冗贅，而援引頗爲詳洽，足資參考，惟傳寫多所脱誤。謹旁考諸書，一一釐訂，各附案語於下方。仍依舊史釐爲四卷，以復其舊焉。

元經薛氏注

尤袤《遂初堂書目・儒家類》《薛氏注元經》。

諫事

《新唐書・藝文志・儒家類》魏徵《諫事》五卷。

鄭樵《通志・藝文略・儒術》魏徵《諫事》五卷。

自古諸侯王善惡録

《新唐書・藝文志・儒家類》魏徵《自古諸侯王善惡録》二卷。

鄭樵《通志・藝文略・儒術》《自古諸侯王善惡録》二卷。魏徵撰。

魏鄭公時務策

尤袤《遂初堂書目・儒家類》《魏鄭公時務策》。

百行章

《新唐書・藝文志・儒家類》杜正倫《百行章》一卷。

鄭樵《通志・藝文略・儒術》《百行章》一卷。杜正倫撰。

錢東垣等輯《崇文總目・儒家類》《百行章》一卷。杜正倫撰。

諫苑

《新唐書・藝文志・儒家類》于志寧《諫苑》二十卷。

鄭樵《通志・藝文略・儒術》《諫苑》二十卷。于志寧撰。

諫林

《新唐書・藝文志・儒家類》王方慶《諫林》二十卷。

鄭樵《通志・藝文略・儒術》《諫林》二十卷。王方慶撰。

天訓

《舊唐書・經籍志・儒家》《天訓》四卷。高宗天皇大帝撰。

《新唐書・藝文志・儒家類》高宗《天訓》四卷。

鄭樵《通志・藝文略・儒術》《天訓》四卷。唐高宗撰。

紫樞要録

《舊唐書・經籍志・儒家》《紫樞要録》十卷。大聖天后撰。

《新唐書・藝文志・儒家類》武后《紫樞要録》十卷。

鄭樵《通志・藝文略・儒術》《紫樞要録》十卷。唐武后撰。

臣軌

《舊唐書・經籍志・儒家》《臣軌》二卷。天后撰。

《新唐書・藝文志・儒家類》武后《臣軌》二卷。

鄭樵《通志・藝文略・儒術》《臣軌》二卷。唐武后撰。

晁公武《郡齋讀書志・儒家類》《臣範》二卷。袁本《後志》卷二《子類第十四》。

右唐則天皇后武氏撰。「範」或作「軌」。武氏稱制時，嘗詔天下學者習之，尋廢。本十篇，今闕其下五篇。

尤袤《遂初堂書目・儒家類》《臣範》。

馬端臨《文獻通考・經籍考・儒家》《臣範》二卷。

錢東垣等輯《崇文總目・儒家類》《臣軌》二卷。唐武后撰。

百僚新誡

《舊唐書・經籍志・儒家》《百僚新誡》四卷。天后撰。

《新唐書・藝文志・儒家類》武后《百寮新誡》五卷。

鄭樵《通志・藝文略・儒術》《百寮新誡》五卷。

青宮記要

《舊唐書・經籍志・儒家》《青宮記要》三十卷。天后撰。

《新唐書・藝文志・儒家類》武后《青宮紀要》三十卷。

鄭樵《通志・藝文略・儒術》《青宮要記》十卷。唐武后撰，以賜太子。

錢東垣等輯《崇文總目・儒家類》《青宮要記》十卷。唐武后撰。〔原釋〕闕。見天一閣鈔本。

少陽正範

《舊唐書・經籍志・儒家》《少陽正範》三十卷。天后撰。

《新唐書・藝文志・儒家類》武后《少陽正範》三十卷。

鄭樵《通志・藝文略・儒術》《少陽正範》三十卷。

列藩正論

《新唐書・藝文志・儒家類》武后《列藩正論》三十卷。

鄭樵《通志・藝文略・儒術》《列藩正論》三十卷。

訓記雜載

《新唐書・藝文志・儒家類》 武后《訓記雜載》十卷。采《青宮紀要》、《維城典訓》、《古今内範》、《内範要略》等書爲《雜載》云。

鄭樵《通志・藝文略・儒術》《訓記雜載》十卷。武后撰。

維城典訓

《新唐書・藝文志・儒家類》《維城典訓》二十卷。

鄭樵《通志・藝文略・儒術》《維城典訓》二十卷。

春宮要録

《舊唐書・經籍志・儒家》《春宮要録》十卷。章懷太子撰。

《新唐書・藝文志・儒家類》 章懷太子《春宮要録》十卷。

鄭樵《通志・藝文略・儒術》《春宮要録》十卷。章懷太子撰。

修身要覽

《舊唐書・經籍志・儒家》《修身要録》十卷。章懷太子撰。

《新唐書・藝文志・儒家類》 章懷太子《修身要覽》十卷。

鄭樵《通志・藝文略・儒術》《修身要覽》十卷。章懷太子撰。

《宋史・藝文志・儒家類》 章懷太子《修身要覽》十卷。

錢東垣等輯《崇文總目・儒家類》《修身要覽》十卷，唐章懷太子賢撰。〔原釋〕闕。見天一閣鈔本。

君臣相發起事

《舊唐書・經籍志・儒家》《君臣相發起事》三卷。章懷太子撰。

《新唐書・藝文志・儒家類》 章懷太子《君臣相起發事》三卷。

鄭樵《通志・藝文略・儒術》《君臣相起發事》三卷。

百里昌言

《舊唐書・經籍志・儒家》《百里昌言》二卷。王滂撰。

《新唐書・藝文志・儒家類》 王滂《百里昌言》二卷。

鄭樵《通志・藝文略・儒術》《百里昌言》二卷。王滂撰。

崔子至言

《舊唐書・經籍志・儒家》《崔子至言》六卷。崔靈童撰。

《新唐書・藝文志・儒家類》《崔子至言》六卷。崔靈童。

鄭樵《通志・藝文略・儒術》《崔子至言》六卷。

平臺百一寓言

《舊唐書・經籍志・儒家》《平臺百一寓言》三卷。張大素撰。

《新唐書・藝文志・儒家類》 張大玄《平臺百一寓言》三卷。

鄭樵《通志・藝文略・儒術》《平臺百一寓言》三卷。張太玄撰。

格　論

《新唐書・藝文志・儒家類》 李仁實《格論》三卷。

鄭樵《通志・藝文略・儒術》 《格論》三卷。李仁實撰。

翼善記

《新唐書・藝文志・儒家類》 褚无量《翼善記》。卷亡。

摇山往則

《新唐書・藝文志・儒家類》 裴光庭《摇山往則》一卷。

維城前軌

《新唐書・藝文志・儒家類》 裴光庭《維城前軌》一卷。

鄭樵《通志・藝文略・儒術》 《維城前軌》一卷。裴光庭撰。

千秋金鏡録

《新唐書・藝文志・儒家類》 張九齡《千秋金鏡録》五卷。

鄭樵《通志・藝文略・儒術》 《千秋金鑑録》五卷。張九齡撰。

《四庫全書總目提要・儒家類存目一》 《千秋金鑑録》一卷。江蘇周厚堉家藏本。舊本題唐張九齡撰。案王士禎《皇華紀聞》曰：隆慶間，曲江刻張文獻《千秋金鑑録》一卷，又僞撰序表。平湖陸世楷爲南雄守，著論辨之。此等謬僞，凡略識之無者亦不肎爲，百粤中新刻《曲江文集》竟收入，故孝山謂急應火其書，碎其版云云。今此書序中所謂非吾子孫不得記録，非人而傳必遭刑憲，學則素衣之人爲上達，不學則赭衣之人爲白士，此録一千年後，方許流布諸語，皆與世楷所指駁者合。士禎又言别有《金鑑録》一册，乃嘉靖間文獻裔孫張希祖所撰。康熙甲辰，曲江令凌作聖重刊。士禎所摘謬妄不經之處，如安禄山爲野猪之精，史思明爲鬫鳥之精，楊貴妃爲白鷳之精。又立子旦爲相王，武后太子，先爲中宗，皇后廢之，又名哲宗。又蜀州司户楊元琬女爲上子壽王妃，今上寵之，賜名楊貴妃，又宫室未委肅宗也諸語。今亦皆在録中。則兩本亦大概略同也。末一章預作讖語，言及狄青諸人，尤爲妖妄。蓋粗識字義而不通文理者所爲，本不足存。以其出於九齡之子孫，恐惑流俗，故存而闢之，俾無熒衆聽焉。

千秋金鑑録　附祠堂題詠

高儒《百川書志・儒家》 《千秋金鑑録》二卷附《祠堂題詠》一卷。唐光禄大夫中書令始興文獻公張九齡表上玄宗，凡五篇。

王　政

《新唐書・藝文志・儒家類》 趙多曦《王政》三卷。景龍二年上。

鄭樵《通志・藝文略・儒術》 《王政》三卷。趙冬曦撰。

君臣政理論

《新唐書・藝文志・儒家類》 楊相如《君臣政理論》三卷。

鄭樵《通志・藝文略・儒術》 《君臣政理論》三卷。楊相如撰。

尤袤《遂初堂書目・儒家類》 楊相如《君臣政理論》。

錢東垣等輯《崇文總目·儒家類》 《君臣政理論》三卷。楊相如撰。

聖典

《新唐書·藝文志·儒家類》 楊浚《聖典》三卷。校書郎,開元中上。

鄭樵《通志·藝文略·儒術》 《聖典》三卷。楊浚撰。

《宋史·藝文志·儒家類》 楊浚《聖典》三卷。

錢東垣等輯《崇文總目·儒家類》 《聖典》三卷。楊浚撰。〔原釋〕闕。見天一閣鈔本。

韋子内篇

《宋史·藝文志·儒家類》 楊浚《韋子内篇》三卷。

賈子

《新唐書·藝文志·儒家類》 《賈子》一卷。開元中藍田尉,失名。

鄭樵《通志·藝文略·儒術》 《賈子》一卷。開元中藍田尉撰。

續説苑

《新唐書·藝文志·儒家類》 劉貺《續説苑》十卷。

鄭樵《通志·藝文略·儒術》 《續説苑》十卷。劉貺撰。

尤袤《遂初堂書目·雜家類》 唐劉蛻《續説苑》。

馬端臨《文獻通考·經籍考·儒家》 《續説苑》十卷。

《宋史·藝文志·儒家類》 劉貺《續説苑》十卷。

錢謙益等《絳雲樓書目·儒家類》 唐劉貺撰《續説苑》十卷。

錢東垣等輯《崇文總目·儒家類》 《續説苑》十卷。〔原釋〕唐劉貺撰。以劉向著《説苑》二十篇時,漢史未行,故漢事頗闕,貺因採其所遺亡,凡十篇云。見《文獻通攷》。

法聖要言

《宋史·藝文志·儒家類》 《法聖要言》十卷。

叙訓

鄭樵《通志·藝文略·儒術》 《叙訓》二卷。辛之諤撰。

政録

《新唐書·藝文志·儒家類》 馮中庸《政録》十卷。開元十九年上,授汜水尉。

鄭樵《通志·藝文略·儒術》 《正録》十卷。馮中庸撰。

正論

《新唐書·藝文志·儒家類》 儲光羲《正論》十五卷。兗州人,開元進士第,又詔中書試文章,歷監察御史,安禄山反,陷賊自歸。

鄭樵《通志·藝文略·儒術》 《正論》十五卷。儲光羲撰。

太玄幽贊

《新唐書・藝文志・儒家類》 員俶《太玄幽贊》十卷。開元四年京兆府童子，進書，召試及第，授散官文學，直弘文館。

元　子

《新唐書・藝文志・儒家類》 《元子》十卷。元結。

鄭樵《通志・藝文略・儒術》 《元子》十卷。元結撰。

高似孫《子略》卷四 《元子》。元子曰：「人之毒於鄉，毒於國，毒於鳥獸草木，不如毒其形，毒其命；人之媚於時，媚於君，媚於朋友郡縣，不如媚於厩，媚於室；人之貪於權，貪於位，貪於取求聚積，不如貪於道，貪於閑静；人之忍於毒，忍於媚，忍於詐惑貪溺，不如忍於貧苦，忍於棄廢。」英哉斯言！次山平生辭章，奇古峻絶，不蹈襲古今。其視柳柳州，抑又英崛，唐代文人惟二公而已。猶有一説，頌者，所以美盛德之形容也。如《江漢》諸詩，所以寫宣王中興之美者，皆系之《雅》。唐既中興，而《磨崖》一碑乃以頌稱，漫郎豈不能致思乎此耶？初，結居商餘山著書，其序謂：天寶九年庚寅至十二年癸巳，一萬六千五百九十五言，分十卷。是蓋有意存焉。卷首有《元氏家録》，紀其世次。

錢東垣等輯《崇文總目・儒家類》 《元子》二十卷。元結撰。

浪　説

《新唐書・藝文志・儒家類》 《浪説》七篇。元結。

鄭樵《通志・藝文略・儒術》 《浪説》七篇。元結撰。

漫　説

《新唐書・藝文志・儒家類》 《漫説》七篇。元結。

鄭樵《通志・藝文略・儒術》 《漫説》七篇。元結撰。

理道要訣

鄭樵《通志・藝文略・儒術》 《理道要訣》十卷。杜佑撰。

尤袤《遂初堂書目・儒家類》 杜佑《理道要訣》。

君臣圖翼

《新唐書・藝文志・儒家類》 陸質《君臣圖翼》二十五卷。

鄭樵《通志・藝文略・儒術》 《君臣圖翼》二十五卷。陸質撰。

古今説苑

《新唐書・藝文志・儒家類》 李吉甫《古今説苑》十一卷。

鄭樵《通志・藝文略・儒術》 《古今説苑》十一卷。

用人權衡

鄭樵《通志・藝文略・儒術》 《用人權衡》十卷。賀蘭正元撰。

家國鑑

鄭樵《通志・藝文略・儒術》　《家國鑑》三卷。

魁紀公

鄭樵《通志・藝文略・儒術》　《魁紀公》三十卷。樊宗師撰。

樊　子

鄭樵《通志・藝文略・儒術》　《樊子》三十卷。樊宗師撰。

皇太子諸王訓

《新唐書・藝文志・儒家類》　丁公著《皇太子諸王訓》十卷。

鄭樵《通志・藝文略・儒術》　《皇太子諸王訓》十卷。丁公著撰。

説　玄

晁公武《郡齋讀書志・儒家類》　《説玄》一卷。袁本《後志》卷二《子類第六》。右唐王涯廣津撰。涯始以貞元丙子，終於元和己丑，二十六年間，注《太玄》爲六卷。今不之見，獨此書行於世。凡五篇：《明宗》一，《立例》二，《揲法》三，《占法》四，《辨首》五。

陳振孫《直齋書録解題・儒家類》　《説玄》一篇。唐宰相河南王涯廣津撰。《明宗》、《立例》、《揲法》、《占法》、《辨首》，凡五篇。

馬端臨《文獻通考・經籍考・儒家》　《説玄》一卷。巽岩李氏曰：自晉范望而後，爲《玄》學者無聞，而涯獨能名家，諸儒共宗之。涯别有《經註》六卷行於世，此特其大略耳。《揲法》所稱「並艻之後，便都數之，不中分」，蓋誤也。若爾，則終不成七八之數，當云又中分其餘而三數之，但不復掛一。然本多如此，今姑仍其舊，使觀者自擇焉。

《宋史・藝文志・儒家類》　王涯《説玄》一卷。

高儒《百川書志・儒家》　《説玄》五卷。唐宰相王涯廣津纂。

太玄經註

《新唐書・藝文志・儒家類》　王涯注《太玄經》六卷。

《宋史・藝文志・儒家類》　王涯注《太玄經》六卷。

王圻《續文獻通考・經籍考・儒家》　《太玄經註》。王涯撰。葉杰亦有此書。

荀子楊倞注

《新唐書・藝文志・儒家類》　楊倞注《荀子》二十卷。汝士子，大理評事。

鄭樵《通志・藝文略・儒術》　《荀子》二十卷。楊倞注。

晁公武《郡齋讀書志・儒家類》　楊倞注《荀子》二十卷。袁本《前志》卷三《上儒家類第七》。右趙荀況撰。漢劉向校定，除其重複，著三十二篇，爲十二卷，題曰《新書》。稱：卿，趙人，名況。當齊宣王、威王之時，聚天下賢士稷下。是時，荀卿爲秀才，年十五始來遊學。至齊襄王時，荀卿最爲老師。後適楚，楚相春申君以爲蘭陵令。已而歸趙。按威王死，其子嗣立，是爲宣王。楚考烈王初，黄歇始相。《年表》自齊宣王元年至楚考烈王元年，凡八十一年，則荀卿去楚時近百歲矣。楊倞，唐人，始爲之注。且更《新書》爲《荀子》，易其篇第，析爲二十卷。其書以性爲惡，以禮爲僞，非諫諍，傲災祥，尚强伯之道。論學術，則以子思、孟軻爲「飾邪説、文姦言」，與墨翟、惠施同詆焉。論人物，則以平原、信陵爲輔拂，與伊尹、比干同稱焉。其指往往不能醇粹，故後儒多疵之云。

陳振孫《直齋書録解題・儒家類》　《荀子》二十卷。楚蘭陵令趙國荀況撰。《漢志》作孫卿子，云齊稷下祭酒。其曰「孫」者，避宣帝諱也。至楊倞始改爲「荀卿」。

又　《荀子注》二十卷。唐大理評事楊倞注。案劉向序，校中書三百二十二篇，以校，除複重二百九十篇，定著三十二篇。《隋志》爲十二卷，至倞始分爲二十卷，而注釋之。淳熙中，錢佃耕道用元豐監本參校，刊之江西漕司，其同異著之篇末，凡二百二十六條，視他本最爲完善。

馬端臨《文獻通考・經籍考・儒家》　楊倞注《荀子》二十卷。

張萱等《内閣藏書目録・子部》　《荀子》十册。全。宋楊倞注。又十册。又十册。又十册。又四册。全。又四册。全。

于敏中等《天禄琳琅書目・明版子部》　《荀子》一函十册。周荀況撰，唐楊倞註。二十卷。前倞序。是書版心上方標「世德堂刊」四字。按世德堂原版，係以《老子》、《莊子》、《列子》、《荀子》、《揚子》、《文中子》合刻行世者。而此本則其分部單行之本，版式、印手俱工。明桑氏收藏諸印：一稱「黎陽郡叢桂堂考」，黎陽即桑氏族望。一稱「柏臺世澤考」。明代桑氏官御史稱忠直者，惟嘉靖間江都桑喬爲最著，此或其後人耳。其「文峯主人」、「子純氏」、「本樸氏」諸印，當即一人之私印也。

《四庫全書總目提要・儒家類一》　《荀子》二十卷。内府藏本。周荀況撰。況，趙人。嘗仕楚爲蘭陵令，亦曰荀卿。漢人或稱曰「孫卿」，則以宣帝諱詢，避嫌名也。《漢志・儒家》載《荀卿》三十三篇，王應麟《考證》謂當作三十二篇。劉向《校書序録》稱《孫卿書》凡三百二十三篇，以相校，除重複二百九十篇，定著三十三篇，爲十二卷，題曰《新書》。唐楊倞分易舊第，編爲二十卷，復爲之註，更名《荀子》，即今本也。

錢東垣等輯《崇文總目・儒家類》　《荀子》二十卷。荀況撰，楊倞注。

纂圖互註荀子

于敏中等《天禄琳琅書目・宋版子部》　《纂圖互註荀子》。一函，八册。周荀況撰。三十二篇。唐楊倞注分二十卷。前載《楊序》，序後有《欹器》、《大路》、《龍旗九斿》三圖。宋陳振孫《書録解題》曰：《漢志》作《孫卿子》者，避宣帝諱也。至楊倞始復改爲「荀」，分二十卷而注釋之。淳熙中，錢佃耕道用元豐監本參校，刊之江西漕司，其同異著之篇末，凡二百二十六條，視他本最爲完善云云。據此，則宋時刊刻《荀子》已非一本。是書標爲「纂圖互註」，書中於倞註外又加重言、重意、互註諸例，與經部宋本《毛詩》、《周禮》、《春秋經傳集解》三書正同，圖樣、字體、版式亦復相等。蓋當時帖括之書不獨有經也。序首「董珏生章」一印，無考。闕補卷三、二。卷十八、一。卷二十。二。

彭元瑞等《天禄琳琅書目後編・宋版子部》　《纂圖互註荀子》。一函，六册。見前《六子全書》，係一版摹印。

又　《纂圖互註荀子》。一函，八册。見前《六子全書》，係一版摹印。稍後。

孫星衍《平津館鑒藏書籍記・宋版》　《纂圖互註荀子》二十卷。題唐大理評事楊倞注。自《勸學》至《堯問》，三十二篇。前有元和十三年楊氏荀子序、《荀子敧器圖》、《天子大路圖》、《龍旗九斿圖》。重意、重言、互注俱用黑蓋子別出，黑口版，每葉廿二行，行廿一字。

辨謗略

《新唐書・藝文志・儒家類》　唐次《辨謗略》三卷。

鄭樵《通志・藝文略・儒術》　唐次《辨謗略》二卷。

元和辨謗略

《新唐書・藝文志・儒家類》　《元和辨謗略》十卷。令狐楚、沈傳師、杜元穎撰。

鄭樵《通志・藝文略・儒術》　《元和辨謗略》十卷。令狐楚等撰。

揚子法言注

《新唐書・藝文志・儒家類》《柳宗元注楊子法言》十三卷。

鄭樵《通志・藝文略・儒術》《揚子法言》十三卷。柳宗元注。

錢東垣等輯《崇文總目・儒家類》《法言》十三卷。〔原釋〕柳宗元注。見天一閣鈔本。

揚子注

范邦甸等《天一閣書目・儒家類》《揚子》十卷。刊本。漢揚雄撰，唐李軌、柳宗元注卷端載景祐四年宋咸《進書表》。

徐𤊹《徐氏家藏書目・諸子類》《楊子》。李軌、柳宗元注。十卷。

因論

高儒《百川書志・德行家》劉賓客《因論》一卷。唐夔州刺史劉禹錫撰。凡七篇。

張之洞《書目答問・儒家》《因論》一卷。唐劉禹錫。百川本。

元和子

《新唐書・藝文志・儒家類》杜信《元和子》二卷。

鄭樵《通志・藝文略・儒術》《元和子》二卷。杜信撰。

大和新脩辨謗略

《新唐書・藝文志・儒家類》裴潾《大和新脩辨謗略》三卷。

鄭樵《通志・藝文略・儒術》《太和新修辨謗略》三卷。裴潾撰。

晁公武《郡齋讀書志・儒家類》《大和辨謗略》三卷。右唐李德裕撰。先是，唐次撰《辨謗畧》。至大和中，文宗詔德裕、裴潾等續益唐事，删爲三卷，上之。

御臣要略

《新唐書・藝文志・儒家類》李德裕《御臣要略》。卷亡。

牧宰政術

《宋史・藝文志・儒家類》蕭佚《牧宰政術》二卷。

公侯正術

《宋史・藝文志・儒家類》魯大公《公侯正術》十卷。

續孟子

鄭樵《通志・藝文略・儒術》《續孟子》二卷。唐林慎思撰，名伸蒙子。

尤袤《遂初堂書目・雜家類》唐林慎思《續孟子》。

《宋史・藝文志・儒家類》林慎思《續孟子》二卷。

《**四庫全書總目提要・儒家類一**》《續孟子》二卷。福建巡撫採進本。唐林慎思撰。慎思字虔中，長樂人。咸通十年進士，十一年又中宏詞拔萃魁，授祕書省校書郎、興平尉，尋除尚書水部郎中，守萬年縣令。黄巢之亂，抗節不屈死。《崇文總目》及鄭樵《通志・藝文略》皆載是書二卷，與今本合。《崇文總目》載慎思之言曰：「《孟子》七篇，非軻自著書，而弟子共記其言，不能盡軻意，因傳其説演而續之。」今觀其書十四篇，大抵因孟子之言，推闡以盡其義。獨其不自立論，而必假借姓氏，類乎《莊》、《列》之寓言。又如與民同樂本《莊》暴齊王之事，而移於隔章之樂正子、魯君，義頗無取。然其委曲發明，亦時有至理，不可廢也。昔揚雄作《太元》以擬《易》，王通作《中説》以擬《論語》，儒者皆有僭經之譏。蔡沈作《洪範九疇數》，御纂《性理精義》亦以其僭經，斥之不録。慎思此書，頗蹈此弊。然唐時《孟子》不號爲經，故馬總《意林》與諸子之書並列，而韓愈亦與荀、揚並稱，固不能以後來論定之制爲慎思責矣。

錢東垣等輯《**崇文總目・儒家類**》《續孟子》二卷。〔原釋〕林慎思撰。慎思以爲《孟子》七篇非軻自著書，而弟子共記其言，不能盡軻意，因傳其説演而續之。見《文獻通攷》。

張之洞《**書目答問・儒家**》《續孟子》二卷。唐林慎思。知不足齋本。

伸蒙子

《**新唐書・藝文志・儒家類**》林慎思《伸蒙子》三卷。咸通中人。

鄭樵《**通志・藝文略・儒術**》《伸蒙子》三篇。唐林慎思撰。

徐𤊹《**徐氏家藏書目・諸子類**》《伸蒙子》二卷。林慎思。

《**四庫全書總目提要・儒家類一**》《伸蒙子》三卷。福建巡撫採進本。唐林慎思撰。前有慎思自序曰：「舊著《儒範》七篇，辭艱理僻，不爲時人所知。復研精覃思，一旦齋沐禱心靈，是宵夢有異焉。明日召蓍祝之，得蒙之觀，『曰伸蒙入觀，通明之象也』，因自號伸蒙子。」又曰：「嘗與二三子辨論興亡，敷陳古今，編成上、中、下三卷。《槐里辨》三篇，象三才，敘天地人之事。《澤國紀》三篇，象三人，敘君臣人之事。按唐人避太宗諱，故以「君臣民」爲「君臣人」。《時喻》二篇象二教，敘文武之事。」今觀其書，上卷設爲干禄先生、知道先生、求己先生問答。中卷設爲弘文先生、如愚子、盧乳子問答。下卷則自抒己説。惟上卷《喻時》一篇，釋仲尼小天下之義，詞不近理。其餘皆持論醇正，非唐時天隱、無能諸子所可彷彿。《崇文總目》列之儒家，蓋爲不忝。惟其所列六人之名，書「干禄」爲「屵嵂」，書「知道」，爲「洳道」，書「求己」爲「硋卮」，書「弘文」爲「弡攵」，書「如愚」爲「麹䵍」，書「盧乳」爲「甗乱」，而各註所以增改偏旁之故，皆怪而近妄，是則好奇之過矣。

錢東垣等輯《**崇文總目・儒家類**》《伸蒙子》三卷。林慎思撰。

張之洞《**書目答問・儒家**》《伸蒙子》三卷。唐林慎思。知不足齋本。珠塵本。

冀　子

《**新唐書・藝文志・儒家類**》《冀子》五卷。冀重，字子泉，定州容城人。廣明僞武令。

鄭樵《**通志・藝文略・儒術**》《冀子》五卷。冀重撰。

儒玄論

《**新唐書・藝文志・儒家類**》崔殼《儒玄論》三卷。字敬之，後魏白馬侯浩七世孫，中和光禄丞。

致理書

鄭樵《**通志・藝文略・儒術**》《致理書》十卷。朱朴撰。

四部言心

鄭樵《**通志・藝文略・儒術**》《四部言心》十卷。劉守恭撰。

素履子

鄭樵《通志・藝文略・儒術》《素履子》一卷。張弘撰。

《宋史・藝文志・儒家類》張弧《素履子》一卷。

范邦甸等《天一閣書目・儒家類》《素履子》二卷。刊本。唐張弧撰。明司馬公刊。

《四庫全書總目提要・儒家類一》《素履子》三卷。兩淮馬裕家藏本。唐張弧撰。以履道、履德、履忠、履孝等名分目，凡十四篇。其書《新唐書・藝文志》、晁公武《讀書志》、陳振孫《書録解題》、尤袤《遂初堂書目》皆未著録。惟鄭樵《藝文略》、《宋史・藝文志》有之。蓋其詞義平近，出於後代，不能與漢魏諸子抗衡。故自宋以來，不甚顯於世。宋濂作《諸子辨》，亦未之及。然其援引經史，根據理道，要皆本聖賢垂訓之旨，而歸之於正。蓋亦儒家者流也。弧，《唐書》無傳。宋晁説之《學易堂記》謂世所傳《子夏易傳》，乃弧僞作。舊題其官爲大理評事，而里貫已不可考。《藝文略》、《宋志》皆作一卷。今本三卷，殆後人所分析歟？

錢東垣等輯《崇文總目・儒家類》《素履子》一卷。張宏撰。〔原釋〕闕。見天一閣鈔本。

紳誡

鄭樵《通志・藝文略・儒術》《紳誡》二卷。張楚金撰。

檢志

鄭樵《通志・藝文略・儒術》《檢志》三卷。唐李知保撰。

忠經

鄭樵《通志・藝文略・儒術》《忠經》一卷。海鵬撰，失其姓名。

忠經

《宋史・藝文志・儒家類》王向《忠經》三卷。

家範

鄭樵《通志・藝文略・儒術》狄仁傑《家範》一卷。

《宋史・藝文志・儒家類》狄仁傑《家範》一卷。

行己要範

鄭樵《通志・藝文略・儒術》《行己要範》十卷。崔元暐撰。

盧公家範

鄭樵《通志・藝文略・儒術》《盧公家範》一卷。

先賢誡子書

鄭樵《通志・藝文略・儒術》《先賢誡子書》二卷。

《宋史・藝文志・儒家類》《先賢誡子書》二卷。

誡子書

鄭樵《通志・藝文略・儒術》《開元御集誡子書》一卷。

《宋史・藝文志・儒家類》《開元御集誡子書》一卷。

六　誡

鄭樵《通志・藝文略・儒術》姚元崇《六誡》一卷。

誡子拾遺

鄭樵《通志・藝文略・儒術》《誡子拾遺》四卷。唐李恕撰。

尤袤《遂初堂書目・雜家類》唐李恕已《誡子拾遺》。

女則要録

《舊唐書・經籍志・儒家》《女則要録》十卷。文德皇后撰。

鳳樓新誡

《舊唐書・經籍志・儒家》《鳳樓新誡》二十卷。張后撰。

女孝經

范邦甸等《天一閣書目・儒家類》《女孝經》一卷。刊本。唐朝散郎程邈妻鄭氏撰。□□總一十八章，各爲篇目。

劉若愚《内板經書紀略》《鄭氏女孝經》。一本，四十一葉。

錢謙益等《絳雲樓書目・儒家類》《女孝經》。十八章。《宋史・藝文志》：《女孝經》乃唐朝散郎侯莫陳邈妻鄭氏撰。後人改爲陳邈，是不知侯莫陳之爲姓也。

《四庫全書總目提要・儒家類存目一》《女孝經》一卷。内府。藏本。唐鄭氏撰。鄭氏，朝散郎侯莫陳邈之妻「侯莫陳」三字，複姓也。前載《進書表》，稱姪女策爲永王妃，因作此以戒。《唐書・藝文志》不載，《宋史・藝文志》始載之。《宣和畫譜》載：孟昶時有石恪畫《女孝經》像八，則五代時乃盛行於世也。其書仿《孝經》分十八章，章首皆假班大家以立言。進表所謂不敢自專，因以班大家爲主，其文甚明。陳振孫《書録解題》直以爲班昭所撰，誤之甚矣。

錢東垣等輯《崇文總目・小説類》《女孝經》一卷。陳邈妻鄭氏撰。

五代分部

帝道書

《宋史・藝文志・儒家類》高舉《帝道書》十卷。

君臣政論

鄭樵《通志・藝文略・儒術》《前朝君臣正論》二十五卷。晉趙瑩撰。

錢東垣等輯《崇文總目・儒家類》《前朝君臣正論》二十五卷。趙瑩撰。

〔原釋〕闕。見天一閣鈔本。

興政論

《宋史・藝文志・儒家類》 趙瑩《興政論》三卷。

格言

《宋史・藝文志・儒家類》 韓熙載《格言》五卷。

康教論

《新唐書・藝文志・儒家類》 丘光庭《康教論》一卷。

鄭樵《通志・藝文略・儒術》 《康教論》一卷。丘光庭撰。

《宋史・藝文志・儒家類》 丘光庭《康教論》一卷。

錢東垣等輯《崇文總目・儒家類》 《康教論》一卷。丘光庭撰。

皇王大政論

鄭樵《通志・藝文略・儒術》 《皇王大政論》一卷。朱梁李琪撰。

《宋史・藝文志・儒家類》 李琪《皇王大政論》十卷。

錢東垣等輯《崇文總目・儒家類》 《皇王大政論》一卷。李琪撰。

法語

晁公武《郡齋讀書志・儒家類》 《法語》二十卷。袁本《後志》卷二《子類第十五》。右南唐劉鶚撰。鶚，甲戌歲擢南唐進士第，實開寶七年也。著書凡八十一篇，言治國立身之道。徐鉉爲之敘。

馬端臨《文獻通考・經籍考・儒家》 《法語》二十卷。

治書

鄭樵《通志・藝文略・儒術》 《治書》十卷。郭昭度撰。

太平書

《宋史・藝文志・儒家類》 王敏《太平書》十卷。

理源

《新唐書・藝文志・儒家類》 牛希濟《理源》二卷。

鄭樵《通志・藝文略・儒術》 《理源》二卷。牛希濟撰。

尤袤《遂初堂書目・雜家類》 牛希濟《理源》。

錢東垣等輯《崇文總目・儒家類》 《理源》二卷。牛希齊撰。

家誡

鄭樵《通志・藝文略・儒術》 《家誡》一卷。僞吳黄訥撰。

《宋史・藝文志・儒家類》 黄訥《家戒》一卷。

宋分部

鯫　子

鄭樵《通志・藝文略・儒術》《鯫子》一卷。趙鄰幾撰。

《宋史・藝文志・儒家類》趙鄰幾《鯫子》一卷。

錢東垣等輯《崇文總目・儒家類》《鯫子》一卷。趙隣幾撰。〔原釋〕闕。見天一閣鈔本。

文明政化

《宋史・藝文志・儒家類》太宗《文明政化》十卷。

爲臣要紀

鄭樵《通志・藝文略・儒術》《爲臣要紀》三卷。

資理論

鄭樵《通志・藝文略・儒術》《資理論》三卷。宋朝朱昂撰。

《宋史・藝文志・儒家類》朱昂《資理論》三卷。

錢東垣等輯《崇文總目・儒家類》《資理論》三卷。朱昂撰。〔原釋〕闕。見天一閣鈔本。

本　説

鄭樵《通志・藝文略・儒術》《本説》十卷。宋朝刁衎撰。

《宋史・藝文志・儒家類》刁衎《本説》十卷。

錢東垣等輯《崇文總目・儒家類》《本説》十卷。刁衎撰。

治道中術

尤袤《遂初堂書目・儒家類》《治道中術》。

里　訓

鄭樵《通志・藝文略・儒術》《里訓》十卷。張涉撰。

《宋史・藝文志・儒家類》張陟《里訓》十卷。

錢東垣等輯《崇文總目・儒家類》《里訓》十卷。張涉撰。

東莞子

鄭樵《通志・藝文略・儒術》《東莞子》十卷。

錢東垣等輯《崇文總目・儒家類》《東莞子》十卷。〔原釋〕闕。見天一閣鈔本。

儒門誡節忠經

鄭樵《通志・藝文略・儒術》《儒門誡節忠經》三卷。

錢東垣等輯《崇文總目・儒家類》 《儒門誠節忠經》三卷。〔原釋〕闕。見天一閣鈔本。

商子新書

鄭樵《通志・藝文略・儒術》 《商子新書》三卷。商子逸撰。

錢東垣等輯《崇文總目・儒家類》 《商子新書》三卷。商子逸撰。

李子正辭

錢東垣等輯《崇文總目・儒家類》 《李子正辭》十卷。〔原敍〕闕。見天一閣鈔本。

尹　子

錢東垣等輯《崇文總目・儒家類》 《尹子》五卷。〔原敍〕仲尼之業，垂之六經，其道閎博。君人、治物、百王之用，微是無以爲法，故自孟軻、楊雄、荀況之徒，又駕其説扶而大之。歷世諸子轉相祖述，自名一家。異端其言，或破碎於大道。然計其作者之意，要之孔氏不有殊焉。

省心詮要

高儒《百川書志・儒行家》 《省心詮要》一卷。宋和靖處士錢塘林逋君復著。

范邦甸等《天一閣書目・儒家類》 《省心詮要》一卷。刊本。宋林逋撰。天順六年，空谷景隆序云：正統戊辰冬，杭城方彦稽示孤山林和靖先生所著《省心詮要》，覽之，皆治心之樞機也，因入梓以壽其傳。東溪王清序後。

徐𤊹《徐氏家藏書目・子類》 《省心録》一卷。林逋。有跋辯。

本　書

尤袤《遂初堂書目・儒家類》 何亮《本書》。

演　玄

《宋史・藝文志・儒家類》 許洞《演玄》十卷。

儒術通要經濟格言

王圻《續文獻通考・經籍考・儒家》 《儒術通要經濟格言》。劉顔，彭城人，好古學，不專章句。舉進士，知龍興縣，免官家居，以著書自適，學者嘗數十百人。所著《格言》，石介見之，歎曰：恨不在弟子之列。

斥蠹　正言

王圻《續文獻通考・經籍考・儒家》 《斥蠹》、《正言》二書。張庠著。庠，永新人。博通經史，著二書以排佛、老。號白雲先生。

太玄正義統論

《宋史・藝文志・儒家類》 張齊《太玄正義統論》一卷。

太玄釋文玄説

《宋史·藝文志·儒家類》 張齊《太玄釋文玄説》二卷。

太玄解

晁公武《郡齋讀書志·儒家類》 宋惟幹《太玄解》十卷。袁本《後志》卷二《子類第七》。右皇朝宋惟幹注。惟幹嘗得《太玄》古本於昭應。咸平中知滑臺，取宋衷、陸績、范望三家訓解，別爲之注，仍作《太玄宗旨》兩篇附於後。其學蓋師齊東田告。司馬温公所謂「小宋」者也。

馬端臨《文獻通考·經籍考·儒家》 宋惟幹《太玄解》十卷。

太玄經疏

晁公武《郡齋讀書志·儒家類》 《太玄經疏》十八卷。袁本《前志》卷三《上儒家類第十一》。右皇朝郭元亨撰。元亨謂雄之作《玄》，傳之侯芭，後獨有張衡、桓譚、張華見而稱歎，吴郡鄒伯岐求本不能得。宋衷爲訓，陸績爲解，范叔明、王涯亦注之，皆未明白。元亨在蜀，自淳化末迄於祥符八年，僅三十年，撰成今疏。又云《太玄》潤色於君平，未知何所據而言然。

馬端臨《文獻通考·經籍考·儒家》 《太玄經疏》十八卷。巽岩李氏曰：其疏專主范望，雖講論極詳，然於望本注無所增益也。元亨自謂得師於蜀，而不著其師之名氏。蜀人蓋多《玄》學，疑嚴、揚所傳固自不絶，但潛伏退避，非遇其人，則鮮有顯者耳。元亨之本末亦未詳。

山東野録

陳振孫《直齋書録解題·儒家類》 《山東野録》七卷。殿中丞臨淄賈同公餗撰。本名罔，真宗御筆改之。蓋祥符祀汾陰時，所放經明行修進士也。

《宋史·藝文志·儒家類》 賈罔《山東野録》七卷。

正説

鄭樵《通志·藝文略·儒術》 真宗皇帝《正説》十卷。

尤袤《遂初堂書目·儒家類》 《御製正説》。

《宋史·藝文志·儒家類》 真宗《正説》十卷。

承華要略

尤袤《遂初堂書目·儒家類》 《御製承華要略》。

《宋史·藝文志·儒家類》 真宗《承華要略》二十卷。

演玄

晁公武《郡齋讀書志·儒家類》 陳漸《演玄》十卷。袁本《後志》卷二《子類第八》。右皇朝陳漸撰。漸，堯佐族子也。《國史》有傳。凡十四篇。漸謂史以揚雄非聖人而作經，猶吴、楚僭王。按子雲《法言》、《解嘲》止云《太玄》，然則經非其自稱，弟子侯芭之徒尊之耳。

《宋史·藝文志·儒家類》 陳漸《演玄》七卷。

太玄釋文

陳振孫《直齋書録解題・儒家類》《太玄釋文》一卷。相傳自侯芭、虞翻、宋衷、陸績互相增損，非後人所作也，吴秘嘗作《音義》，豈即此耶？

馬端臨《文獻通考・經籍考・儒家》《太玄釋文》一卷。

高儒《百川書志・儒家》《太玄經釋文》一卷。

希賢録

王圻《續文獻通考・經籍考・儒家》《希賢録》。蔡用之著。用之，新昌人。天禧初進士，嘗獻萬言書，真宗覽之驚喜，出其文以示諸學士。所著又有《貫道集》、《友議雜書》。

太玄淵旨

晁公武《郡齋讀書志・儒家類》《太玄淵旨》一卷。袁本《後志》卷二《子類第九》。右皇朝張揆撰。

馬端臨《文獻通考・經籍考・儒家》《太玄淵旨》一卷。

救性

王圻《續文獻通考・經籍考・儒家》《救性》七篇。章望之字表民，浦城人。仁宗時以光禄丞致仕。學宗孟子，言性善，排荀、楊、韓、李之説，著《救性》七篇。

明統

王圻《續文獻通考・經籍考・儒家》《明統》三篇。章望之又以歐陽修魏梁正統之論爲非，著《明統》三篇。

集解義訣

《宋史・藝文志・儒家類》《宋衷解太玄經義訣》十卷。李沂集。

過文中子

《宋史・藝文志・儒家類》宋咸《過文中子》十卷。

楊士奇等《文淵閣書目・子書》《過文中子言》。一部，一册。闕。

孔叢子注

趙希弁《讀書附志・諸子類》《孔叢子》七卷。右孔子八世孫鮒集先君仲尼、子思、子上、子高、子順之言及己之事，凡二十一篇，爲六卷，名之曰《孔叢子》，蓋言有善而叢聚之也。孔臧又以其所爲賦與書謂之《連叢》，上下篇爲一卷，附之卷末。其書不見於漢、唐《藝文志》。嘉祐四年，提點廣南西路刑獄公事兼本路勸農事、朝散郎守尚書屯田郎中、上輕車都尉宋咸始爲註釋以進。

彭元瑞等《天禄琳琅書目後編・元版子部》《孔叢子》。一函，六册。宋宋咸注。書七卷，凡二十三篇。曰《嘉言》、曰《論書》、曰《記義》、曰《刑論》、曰《雜問》、曰《雜訓》、曰《居衛》、曰《巡守》、曰《公儀》、曰《抗志》、曰《小爾雅》、曰《公孫龍》、曰《儒服》、曰《對魏王》、曰《陳士義》、曰《論勢》、曰《執節》、曰《詰墨》、曰《獨治》、曰

《問軍禮》、曰《答問》、曰《連叢子》上下。前有咸序及嘉祐三年《進書表》四年《謝賜金紫表》。後有後序，末墨記「茶陵桂山書院校正版行」。泰興季氏藏本。餘無考。

潘祖蔭《滂喜齋藏書記・子部》 元刻《孔叢子》七卷。一函，四册。宋咸注。前後皆有咸序。前序後接本文，無目，每半葉十二行，行大二十三四字，小二十七八九字不等。附釋文。「敬」、「儆」字缺筆。後有嘉祐八年吕逢刊書序，此元人覆刻本也。延令季氏藏書。附藏印。季振宜藏書記。

太玄音

《宋史・藝文志・儒家類》 宋咸《太玄音》一卷。

揚子法言補注

《宋史・藝文志・儒家類》 柳宗元注《揚子法言》十三卷。宋咸補注。

四注法言

尤袤《遂初堂書目・儒家類》 《四注法言》。

元　鑒

《宋史・藝文志・儒家類》 師望《元鑒》十卷。

正　書

《宋史・藝文志・儒家類》 范鎮《正書》一卷。

潛書　廣潛書

祁承㸁《澹生堂藏書目・儒家》 《潛書》。一卷。《廣潛書》。一卷。李覯。

浩齋語録

《四庫全書總目提要・儒家類存目一》 《浩齋語録》二卷。江西巡撫採進本。

舊本題宋過源撰。卷末有源《行實》一篇，稱源字道源，號浩齋。其先浙東人，至高祖徙於臨川。源生有異徵，篤志聖賢之學，以斯文自任。嘉祐間，召爲國子直講，不赴。卒於崇寧丙戌九月。併載所著述甚富，今皆不傳，惟此書僅存。上卷爲其門人永新龍圖所録，下卷爲其門人白城章偉所録，而其從孫昺刊之。然所列書名，《宋史》及諸家《書目》皆不著録，其中疑竇尤多。如《行實》稱源生於丙子，不著年號。以召於嘉祐，卒於崇寧推之，當生於仁宗景祐丙子，則卒時年七十一，召時年二十餘。是於邵、周、張、程皆爲行輩。當時所稱，不過曰堯夫、茂叔、子厚、伯淳、正叔而已，諸家之書可考，而此曰邵子、周子、張子、程子，非同時語也。李燾《長編》：凡所有徵召，如胡瑗、孫復、常秩之類，無不具書。源見徵既在嘉祐中，何以嘉祐首尾八年，《長編》皆不見其事？伊川《易傳》據楊時跋，則臨歿以稿授張繹，至政和初時乃排比成書。源卒於崇寧五年，在伊川前。其時《易傳》未出，何以論程傳之得失？自朱子以前，無以《大學》爲曾子作者，故攻朱子者以《章句》爲口實。此書乃已稱曾子，何以自北宋以來無人引及？《大學》、《中庸》自二程子，始表章其書，於《禮記》中取出別行。後人辨難者惟引梁武帝有《中庸義疏》，宋仁宗嘗書《大學》賜進士，以爲先於程子而已。此書乃先有《大學》定本、《中庸》定本，又何以宋儒無一語及之耶？觀其論樂以黄鍾爲三寸九分，是《吕氏春秋》之文，李文利不得其解，衍爲異説者也。萬曆以前，安有是僻論乎？其跋稱有秦觀、謝無逸二序，觀《淮海集》具在，實無此文。無逸《溪堂集》雖佚，而詩文散見《永樂大典中》，今已裒輯成帙，亦無此文。其依託可以概見。又末附其從孫昺祖光賦，稱「宣和乙巳，余在遼陽」「乙巳」爲「靖康」前一年，兩國兵交，信使且艱於往來，游學之士安能越國至是？其僞尤不問而知矣。

觀文鑒古圖

尤袤《遂初堂書目・儒家類》　《觀文鑒古圖》。

邇英聖問

尤袤《遂初堂書目・儒家類》　《邇英聖問》。

答邇英聖問

馬端臨《文獻通考・經籍考・儒家》　《答邇英聖問》一卷。《兩朝國史志》：慶曆四年三月，仁宗於邇英閣出御書十有三軸，凡三十五事：一曰遵祖宗之訓，二曰奉真考之業，三曰念祖宗艱難，四曰思祖宗愛民，五曰守信義，六曰不巧詐，七曰親碩學，八曰精六藝，九曰慎言語，十曰待耆老，十一曰崇静退，十二曰求忠正，十三曰懼貴驕，十四曰招勇將，十五曰尚儒術，十六曰議釋、老，十七曰重良臣，十八曰廣視聽，十九曰功無迹，二十曰戒喜怒，二十一曰明巧媚，二十二曰杜希旨，二十三曰從民欲，二十四曰慎滿盈，二十五曰傷暴露兵，二十六曰哀鰥寡，二十七曰訪屠釣，二十八曰講遠圖，二十九曰絶朋比，三十曰斥諂佞，三十一曰察小忠，三十二曰鑒迎合，三十三曰罪己爲民，三十四曰損躬撫軍，三十五曰求善補過。又出《危竿諭》一篇，述居高慎危之意。顧丁度等曰：「朕觀書之暇，取臣僚上言及進對事目可施於政治者，書以分賜卿等。」度暨曾公亮、楊安國、王洙等既拜賜，因請注釋其義。是月，丁度等上《答邇英聖問》一卷。上覽之終篇，指其中體大者六事，付中書、樞密院，令奉行之。《答聖問》者，即所釋前所賜三十五事也。

聱隅子

晁公武《郡齋讀書志・儒家類》　《聱隅子歔欷瑣微論》十卷。袁本《前志》、《後志》未收。右皇朝黄晞撰。聱隅子，晞自號也。其敘畧曰：「聱隅者，枿物之名；歔欷者，兼歎之聲；瑣微者，述之之謂，故以名其書。」

趙希弁《讀書附志・諸子類》　《聱隅子》二卷。右閩人黄晞之書也。晞好讀書，聚數千卷，學者多從之。著《聱隅歔欷瑣微論》。石介爲直講，聞其名，使諸生如古禮，執羔鴈束帛，就里中聘之，以補學職。晞固辭不就。故歐陽文忠公《哭徂徠先生詩》云：「羔雁聘黄晞，晞驚走鄰家」是也。嘉祐中，韓魏公爲樞密使，薦之以爲太學助教，受命而卒。或曰有子甚愚魯，所聚及自著書，多散失不存。

阮元《四庫未收書目提要・儒家類》　《聱隅子》二卷。（知不足齋叢書本。崇文書局本。）宋黄晞撰。晞字景微，蜀人。嘗聚書數千卷，學者多從之游。案趙希弁《讀書附志》，晞好讀書，著《聱隅歔欷瑣微論》。石介爲直講，聞其名，使諸生如古禮執羔鴈束帛就里中聘之，以補學職，固辭不就。故歐陽文忠爲徂徠先生詩，有「羔鴈聘黄晞，晞驚走鄰家」之句。嘉祐中，韓魏公爲樞密使，薦之，以爲太學助教。而朱子《近思録》中，亦嘗稱之爲聱隅黄先生，洵乎儒者之流也。《書録解題》嘗載此書，至《宋史・藝文志》雜家類又有《虞欷子》一卷，亦疑即此本。此從宋刻本影鈔，國初時曾收藏于泰州季振宜、崑山徐乾學兩家書目。書凡十篇，曰《生學》，曰《進身》，曰《揚名》，曰《虎豹》，曰《仁者》，曰《文成》，曰《戰克》，曰《大中》，曰《道德》，曰《三王》。每篇冠以小序，卷首又有自序，述十篇相承之旨。晞之文學，在宋初能見重于名臣大儒，其辭受不苟，殆有足稱者。故書中言論不詭于正，體裁文句皆規橅揚雄《法言》。王應麟《玉海》直著爲儒家，似可無愧也。（按黄晞，《宋史・隱逸傳》作建安人，此云蜀人，恐誤。）

削荀

鄭樵《通志・藝文略・儒術》　《削荀》一卷。陳之方撰。

《宋史·藝文志·儒家類》 陳之方《削荀子疵》一卷。

楊士奇等《文淵閣書目·子書》 阮元方《削荀子疵》。一部，一册。闕。

致君堯舜論

《宋史·藝文志·儒家類》 陳之方《致君堯舜論》一卷。

玄　頤

《宋史·藝文志·儒家類》 徐庸《玄頤》一卷。

太玄經解

晁公武《郡齋讀書志·儒家類》 徐庸注《太玄經解》十卷袁本《前志》卷三《上儒家類第十》。右皇朝徐庸注。庸，慶曆間人也。以范望《解》指義不的，因王涯、林氏諸解，重爲之注。取王涯《説玄》附於後，及自爲《玄頤》，通名之爲《太玄性總》。其自序云爾。又多改其文字，如以「杚」爲「仡」，以「娩」爲「娩」，以「壯凡」爲「札乃」，以「孿」爲「孿」，以「稚」爲「推」之類。其所謂林氏者，瑀也。賈文元嘗闢瑀之姦妄於朝。

《宋史·藝文志·儒家類》 徐庸注《太玄經》十二卷。

太玄略例

《宋史·藝文志·儒家類》 僧全瑩《太玄略例》一卷。

中説注

晁公武《郡齋讀書志·儒家類》 阮逸注《中説》十卷。袁本《前志》卷三上《儒家類第二十五》。右隋王通之門人共集其師之語爲是書。通行事於史無考，獨《隋唐通録》稱其有穢行，爲史臣所削。今觀《中説》，其迹往往僭聖人，模擬竄竊，有深可怪笑者。獨貞觀時，諸將相若房、杜、李、魏、二温、王、陳皆其門人。予嘗以此爲疑。及見李德林、關朗、薛道衡事，然後知其皆妄也。通生於開皇四年，而德林卒以十一年，通適八歲，固未有門人。通仁壽四年，嘗一到長安，時德林辛巳九載矣，其書乃有子在長安，德林請見，歸，援琴鼓蕩之什，門人皆霑襟。關朗在太和中見魏孝文，自太和丁巳，至通生之年甲辰，蓋一百七年矣，而其書有問《禮》於關子明。《隋書·薛道衡傳》稱道衡仁壽中，出爲襄州總管，至煬帝即位，召還。《本紀》：仁壽二年九月，襄州總管周搖卒。道衡之出，當在此年也。通仁壽四年始到長安，是年高祖崩，蓋仁壽末也。又《隋書》稱「道衡子收，初生即出繼族父孺，養於孺宅，至於長成，不識本生。」其書有「内史薛公見子於長安，語子收曰：『汝往事之。』」用此三事推焉，則以房、杜輩爲門人，抑又可知矣。

陳振孫《直齋書録解題·儒家類》 《中説注》十卷。太常丞阮逸天隱撰。

《宋史·藝文志·儒家類》 王通《文中子》十卷。宋阮逸注。

范邦甸等《天一閣書目·儒家類》 《中説》十卷。刊本。隋王通撰，宋□□□□□。

于敏中等《天禄琳琅書目·明版子部》 《文中子》一函，四册。隋王通著，宋阮逸注。十卷。前逸序。是書亦世德堂刊本，橅印並工。桑氏收藏諸印記並見前，惟中增「瀛洲仙客」一印。

元　經

晁公武《郡齋讀書志·儒家類》 《元經》十卷。袁本《後志》卷二《子類第十二》。右隋王通撰，唐薛收傳，皇朝阮逸學。起晉惠帝太熙元年，終於陳亡。予從兄子逸仕安康，嘗得其本，歸而示四父，四父讀至「帝問蛙鳴」，哂其陋曰：「六籍奴婢之言不爲過」。按《崇文》無其目，疑逸依託爲之。

纂圖互注文中子

吴壽暘《拜經樓藏書題跋記》卷四　《纂圖互注文中子》。宋本《纂圖互注文中子》十卷。前有《文中子纂事》世系年表一篇，題「河汾肄子王壬」。無目録，有阮逸序。末卷數篇後爲杜淹《文中子世家》，録唐太宗與房、魏論禮樂事，關子明事，《書録解題》云《唐志》五卷，今本第十卷，舊傳以此爲前後序、王福時《王氏家書雜録》等。此本與前《纂圖互注老子》同，紙墨俱佳，有「海昌馬思贊印」、「中安一號漁邨」圖記。

監本音注文中子

潘祖蔭《滂喜齋藏書記・子部》　宋刻《監本音注文中子》十卷。一函，二册。巾箱本。前五卷題「監本音注」，後五卷題「纂圖音注」。前有《世系》、《年表》，河汾肄子王壬編，其後裔也。每半葉十二行，行大小俱二十三字。阮逸注。下有注云：逸，建陽縣文瑞里人，本朝王堯臣榜乙科。「本朝」上空格，宋諱，徵、敬字缺筆，可知爲宋槧也。

至性書

鄭樵《通志・藝文略・儒術》　《至性書》三卷。茅知至撰。

王圻《續文獻通考・經籍考・儒家》　《至性書》三卷。仙游茅知微著。

錢大昕《補元史藝文志・儒家類》　茅知微《至性書》。仙游人。

皇極經世書

尤袤《遂初堂書目・儒家類》　邵康節《皇極經世》。

陳振孫《直齋書録解題・儒家類》　《皇極經世書》十二卷。邵雍堯夫撰。其學出於李之才挺之，之才受之穆脩伯長，脩受之种放明逸，放受之陳摶。蓋數學也，曰元會運世，以元經會，以運經世。自帝堯至於五代，天下離合、治亂興廢、得失、邪正之迹，以天時而驗人事，以陰陽剛柔窮聲音律吕，以窮萬物之數。末二卷論所以爲書之意，窮日月星辰、飛走動植之數，以盡天地萬物之理；述皇王帝霸之事，以明大中至正之道。書謂之《皇極經世》，篇謂之《觀物》，凡六十二篇。其子伯温爲之《敍係》，具載《先天》、《後天》、《變卦》、《反對》諸圖，又爲《易學辨惑》一篇，敍傳授本末真僞。然世之能明其學者，蓋鮮焉。

馬端臨《文獻通考・經籍考・儒家》　《皇極經世書》十二卷。晁氏曰：皇朝邵雍堯夫撰。雍隱居博學，尤精於《易》，世謂其能窮作《易》之本原，前知來物。《朱子語録》曰：康節其初想只是看得太極生兩儀，兩儀生四象，心只管在上面轉，久之便透想得一舉眼便成四片。其法，四之外又有四焉。凡物才過到二之半時，便煩惱了，蓋已漸趨之於衰也。謂如見花方蓓蕾，則知其將盛，既開，則知其將衰，其理不過如此。謂如今日戌時，從此推上去，至未有天地之始，從此推下去，至人物消盡之時，蓋理在數内，數在理内。康節是他見得一箇盛衰消長之理，故能知之。若只説他知得甚事，如歐陽叔弼定謚之類，此知康節之淺陋者也。程先生有一柬，説《先天圖》甚有理，可試。往聽他説，看觀其意，甚不把當事。然自有《易》以來，只有康節説一箇物事如此齊整。如揚子雲《太玄》，便零星補湊得可笑，若不補，又却欠四分之一，補得來，又却多四分之三。如《潛虚》之數，用五只似如今算位一般，其值一畫則五也，下横一畫則爲六，横二畫則爲七，蓋亦補湊之書也。又曰：《易》是卜筮之書，《皇極經世》是推步之書。《經世》以十二辟卦管十二會，綳定時節，却就中推吉凶消長。堯時正是《乾卦》九五。其書與《易》自不相干，只是加一倍推將去。問：「伯温解《經世書》如何？」先生曰：「他也只是説將去，那裏而精微曲折也未必曉得。當時康節只説與王某，不曾説與伯温。」又曰：康節之學，骨髓在《皇極經世》，其花艸便是詩。

觀物内篇

陳振孫《直齋書録解題・儒家類》 《觀物内篇》二卷。康節之子右奉直大夫伯温撰。即《經世書》之第十一、十二卷也。張氏曰：「先生《觀物》有内、外篇。《内篇》，先生所著之書也；《外篇》，門人所記先生之言也。《内篇》理深而數略，《外篇》數詳而理顯。學先天者，當自《外篇》始。」先生詩云：「若無楊子天人學，安有莊周内、外篇。」以此知《外篇》亦先生之文，門人蓋編集之耳。又曰：「《皇極經世》者，康節之《易》，先天之嗣也。《觀物篇》立言廣大，措意精微如《繫辭》，然稽之以理，既無不通，參之以數，亦無不合。」案以上三書，皆已見《易類》，而解題詳略互異，今並仍之。

馬端臨《文獻通考・經籍考・儒家》 《觀物内篇》二卷。

觀物外篇

陳振孫《直齋書録解題・儒家類》 《觀物外篇》六卷。康節門人太常寺簿張崏子望記其言，雖十纔一二，而足以發明成書。

馬端臨《文獻通考・經籍考・儒家》 《觀物外篇》六卷。晁氏曰：右邵雍之没，門人記其平生之言，合二卷。雖以次筆授，不能無小失，然足以發明成書爲多，故以《外篇》名之。或分爲六卷。

皇極内篇

楊士奇等《文淵閣書目・性理》 《皇極内篇》。一部，一册。闕。

皇極經世正聲正音綱目

楊士奇等《文淵閣書目・性理》 《皇極經世正聲正音綱目》。一部，四册。闕。

經世圖

楊士奇等《文淵閣書目・性理》 《經世圖》。一部，四册。闕。

張萱等《内閣藏書目録・理學部》 《皇極經世圖》十册。全。又七册。不全。又一册。不全。

邵子全書

黄虞稷《千頃堂書目・儒家類》 徐必達《邵子全書》二十四卷。

體　論

《宋史・藝文志・儒家類》 邵亢《體論》十卷。

校勘荀子

《宋史・藝文志・儒家類》 黎錞《校勘荀子》二十卷。

周子通書

晁公武《郡齋讀書志・儒家類》《周子通書》一卷。袁本《前志》、《後志》未收。右皇朝周敦頤茂叔撰。茂叔師事鶴林寺僧壽涯，以其學傳二程，遂大顯於世。此其所著書也。

楊士奇等《文淵閣書目・性理》《周子通書》。一部，一册。完全。

王世貞《讀書後》卷四《讀通書正蒙》：秦漢以後，卓然欲紹孟子而追跡六經之者，揚雄氏而已耳，王通氏而已耳，周張二先生而已耳；《太玄》紹《易》者也，《法言》、《中説》紹《論語》者也，《通書》、《正蒙》紹《繫辭》、《中庸》者也。其所入有深淺，所造有純駁，要之皆不能無意者也。吾于措語之際，竊窺焉。二程者志在脩明夫子之道而羽翼之者也，不欲爲家，是以其見不盡合，既不盡合，是以無取于《正蒙》而口不及《通書》。其曰茂叔者不純師之也，更百餘年而朱子特尊焉。其尊之也，亦以自爲紹也。曰《通鑑綱目》者紹《春秋》者也。大約《通書》入之淺，是以《爾雅》而鮮格辭；《正蒙》入之深，是以精至而多瑕語。《通書》嫡也，而不甚肖《正蒙》，庶也且孽也。雖然自秦漢以後，未有能爲是識者也。其讀而不易入者，何學既明矣。是故二書爲筌蹄而可以無述也，譬之始制食芻豢者美之，而謂爲天下之食師也。食之久味且忘矣，而何有于師。

周子太極圖

尤袤《遂初堂書目・儒家類》《周子太極圖》。

楊士奇等《文淵閣書目・性理》《周子太極圖》。一部，一册。闕。又《周子太極圖》。一部，一册。完全。

太極圖説

陳振孫《直齋書録解題・儒家類》《太極圖説》一卷。廣東提刑春陵周敦頤茂叔撰。

馬端臨《文獻通考・經籍考・儒家》《太極圖説》一卷。朱子序。又曰：《通書》文雖高簡，而體實淵懿。且其所論，不出乎陰陽變化、修己治人之事，未嘗遽談無物之先、文字之外也。周子留下《太極圖》，若無《通書》，却教人如何曉得？故《太極圖》得《通書》而始明。朱子既爲《太極圖説》，則録以寄廣漢張敬夫，以書來曰：「先生所與門人講論問答之言，見於書者詳矣。其於《西銘》蓋屢言之，至此圖則未嘗一言及也。謂其必有微意，是則固然。然所謂微意者，果何謂邪？」熹竊以爲此圖立象盡意，剖析幽微，周子蓋不得已而作也。觀其手授之意，蓋以爲惟程子爲能當之，至程子而不言，則疑其未有能受之者爾。夫既未能默識於言意之表，則馳心空妙，入耳出口，其弊必有不勝言者。

太極通書

馬端臨《文獻通考・經籍考・儒家》周惇頤《太極通書》一卷。

楊士奇等《文淵閣書目・性理》《周子太極通書》。一部，三册。闕。又《周子太極通書》。一部，一册。闕。

錢謙益等《絳雲樓書目・道學類》《太極圖通書》。二卷。

太極問答

楊士奇等《文淵閣書目・性理》《周子太極問答》。一部，二册。完全。

張萱等《内閣藏書目録・理學部》《太極問答》二册。全。朱晦菴著。

周子全書

朱睦㮮《萬卷堂書目・儒家類二》《周子全書》二十二卷。宋周子撰。董氏本。江西吉南贛甯道董榕編輯。首載列聖諭旨及御製評論詩文；次列《太極圖説》、《通書》，附以諸儒發明；次遺文遺事、交遊贈述、年譜褒崇，即今通行坊本也。

謹案《周子文集》七卷，見於《陳録》遺文一卷，餘皆附録今所行《元公集》，不知何人所編。前四卷爲遺書，雜著，圖譜，後五卷皆諸儒評論及誌傳、祭文，與宋本七卷不合。明嘉靖間，漳浦王會曾爲刊行。國朝康熙初，其裔孫沈珂復校正、重刊，此九卷之本也。周沈珂又編《周元公集》十卷，附録後人詩文。周子著書最少而諸儒辨論最多，故歷代編集者多所附益，始克成帙，然不若呂氏《抄釋》之爲得實也。集中《愛蓮説》，江昱以爲出於依託，然別無顯證。周子之書惟《抄釋》得其精要，餘多不能簡潔，至於《周子年譜》及《濂溪集》屢經增翻，板本益劣。又如《通書問》、《太極辨》他人各自爲書者，更不可勝紀。其能上接周子之傳與否，吾不能知也。陸氏《通書跋》曰：濂溪之生也，世但以佳士許之耳。既死，蒲左轄作誌，黄太史作詩，其稱述亦不過如此。向使無二程先生，後世豈知濂溪爲大儒，傳聖人之道者耶？以此知士之埋没無聞者，何可勝計！録於《渭南集》。

周子書

黄虞稷《千頃堂書目・儒家類・補元》 張淮遠編《周子書》四卷。

倪燦等《補遼金元藝文志・儒家類》 張淮遠編《周子書》四卷。

錢大昭《補元史藝文志・儒家類》 張懷遠編《周子書》四卷。

周子全書

黄虞稷《千頃堂書目・儒家類》 徐必達《周子全書》七卷。

弟子記

《四庫全書總目提要・儒家類二》 《公是先生弟子記》四卷。浙江巡撫採進本。宋劉敞撰。敞有《春秋傳》，已著録。是編題曰《弟子記》者，蓋託言弟子之所記。而文格古雅，與敞所註《春秋》詞氣如出一手，似非其弟子所能。故晁公武《讀書志》以爲敞自記其問答之言，當必有據也。公武又稱，書中於王安石、楊慥之徒書名，王深甫、歐陽永叔之徒書字，以示褒貶。今考公武所説，亦大概以意推之。即如王回一人，「論四岳薦鯀」一條，「論聖人」一條，則書其名；「論泰伯」一條，「論晉武公」一條，則書其字。是於褒貶居何等乎？且其書固多攻王氏新學，而亦兼寓鍼砭元祐諸賢之意。故其言曰：淫聲出乎律呂，而非所以正律呂也。小道生乎仁義，而非所以明仁義也。又曰：八音不同物而同聲，同聲乃和；賢能不同術而同治，同治乃平。又曰：忘情者自以爲達，悖情者自以爲難，直情者自以爲真，三者異趨而同亂。又曰：學不可行者，君子弗取也。言不可用者，君子弗詢也。又曰：智不求隱，辨不求給，名不求難，行不求異。又曰：無爲而治者，因堯之臣，襲堯之俗，用堯之政，斯孔子謂之無爲也。又曰：夫賢者爲人所能爲而已矣。人所不能爲，賢者不爲也。又曰：君子恥過而欲改之，小人恥過而欲遂之。君子欲善而自反，小人欲善而自欺。又曰：矜小名以售大僞，飾小廉以鉤大利者，惟鉅孱爾。蓋是時三黨交訌，而敞獨蕭然於門户之外，故其言和平如是。至於稱老子之無爲，則爲安石之新法發。辨孟子之人皆可以爲堯舜，則爲安石之自命聖人發。其説稍激，則有爲言之者也。又王守仁謂無善無惡者性之體，有善有惡者意之用。明人斷斷辨正，稱爲衞道。今觀是書，乃知王安石先有是説，敞已辭而闢之。是其發明正學，又在程朱之前。其或謂「仁義禮智不若道之全」一條，謂道固仁義禮智之名，仁義禮智弗在焉，安用道？亦預杜後來狂禪之弊。所見甚正。徒以獨抱遺經，澹於聲譽，未與伊洛諸人傾意周旋，故講學家視爲異黨。抑之不稱耳。實則元豐、熙寧間，卓然一醇儒也。其書宋時蜀中有刻板。乾道十年，豫章謝諤得之於劉文濬，付三衢江溥重刊。淳熙元年，趙不黠又於敞從曾孫子和及子和從叔椿家得二舊本，校正舛脱。就江本改刻十八頁，補三百七十字。此本即從不黠所刻鈔出者，末有諤、溥、不黠三跋。證以《永樂大典》所引，一一符合。知爲原書，亦可謂罕覯之笈矣。敞《墓誌》及《宋史》本傳俱稱《弟子記》五卷，《讀書志》則作一卷，蓋南宋之初已病其繁碎，合併爲一。今以篇頁稍多，釐爲四卷，以酌其中。又錢曾《讀書敏求記》載《極没要緊》一卷，註曰：即劉原父《弟子記》也。考浙江所進遺書，有《極没要緊》一卷，亦題公是先生撰。其文皆採掇郭象《莊子註》語，似出依託，與此顯爲二書。今別存其目於道家中，庶真贋不相淆焉。

張之洞《書目答問・儒家》 《公是先生弟子記》一卷。宋劉敞。聚珍本福本。

知不足齋本。

公是先生極没要緊

錢謙益等《絳雲樓書目・儒家類》 《公是先生極没要緊》。

錢曾《讀書敏求記・子》 《公是先生極没要緊》一卷。即劉甫《弟子記》也。于時，人或書名，或稱字，蓋以微旨別其人之賢否耳。

正蒙書

晁公武《郡齋讀書志・儒家類》 《正蒙書》十卷。袁本《前志》卷三上《儒家類第二十一》。右皇朝張載子厚撰。張舜民嘗乞追贈載於朝云。横渠先生張載著書萬餘言，名曰《正蒙》。陰陽變化之端，仁義道德之理，死生性命之分，治亂國家之經。罔不究通。方之前人，其孟軻、揚雄之流乎？此書是也。初無篇次，其後門人蘇昞等區別成十七篇云。

尤袤《遂初堂書目・儒家類》 《正蒙書》。

陳振孫《直齋書録解題・儒家類》 《正蒙書》十卷。崇文校書長安張載子厚撰。凡十九篇。【略】范育、吕大臨、蘇昞爲前後序，皆其門人也。又有待制胡安國所傳，編爲一卷，末有《行狀》一卷。

理窟

晁公武《郡齋讀書志・儒家類》 《理窟》二卷。袁本《前志》卷三上《儒家類第二十四》。右題曰金華先生，未詳何人。蓋爲二程、張氏之學者。

趙希弁《讀書附志・語録類》 《横渠先生經學理窟》一卷。右張獻公載之説也。【略】希弁所藏横渠先生《經學理窟》一卷，其目有所謂《周禮》、《詩書》、《宗法》、《禮樂》、《氣質》、《義理》、《學大原》、《自道》、《祭祀》、《月令統》、《喪紀》，凡十二云。

漁樵對問

《四庫全書總目提要・儒家類存目一》 《漁樵對問》一卷。兩江總督採進本。舊本題宋邵子撰。晁公武《讀書志》又作張子《劉安上集》中亦載之。三人時代相接，未詳孰是也。其書設爲問答，以發明義理，所稱有温泉而無寒火者，楊慎《丹鉛録》嘗引葛洪《抱樸子》「蕭邱寒焰」以駁之。不知儒者論理，論其常耳。其偶異者，即使有之，不足爲據。執松栢而謂冬不肅殺，執靡草而謂夏不茂育，則拘墟之見也。且「蕭邱」誰得而見之，葛洪又何自而知之。摭百家迂怪之言，以曲相詰難，則道經、釋典理外之事亦多矣，可援以爲證乎？至「天何依，曰依乎地。地何附，曰附乎天。天地何依何附，曰自相依附」一條，慎亦駁之。然地處天中，大氣包而舉之，所以不墜。卵黄脬豆，厥譬甚明。是即依附之明證。慎不知歷術，所以獻疑，均不足爲是書病。然書中所論，大抵習見之談。或後人摭其緒論爲之，如《二程遺書》不盡出於口授歟？

横渠語録

趙希弁《讀書附志・語録類》 《横渠先生語録》三卷。右張獻公載字子厚之語也。公秦人，舉嘉祐二年進士。歷崇文檢書、同知太常禮院。議禮不合，復以病請歸，卒。門人謚爲「明誠中子」。吕大臨爲謚議。有《正蒙》、《理窟》二書行于世。嘉定中有旨賜謚，禮官議謚曰「達」，或者不以爲然，改議曰「誠」，或者又以謚法「至誠感神」爲疑。久之，乃謚曰「獻」。淳祐初，從祀于學，封郿伯云。

張子語録　後録

瞿鏞《鐵琴銅劍樓藏書目録・儒家類》 《張子語録》三卷《後録》二卷。宋刊本。不題名，亦無序跋。卷末有「後學天台吴堅刊於福建漕治」二行。每半葉十行，行十八字。板心注字數及刊工人名。「敦」字闕筆，光宗後刻本也。舊爲汲古毛氏藏書。卷首末有「奏叔汲古閣圖書記」朱記。

雜述

《宋史・藝文志・儒家類》 張載《雜述》一卷。

西銘

楊士奇等《文淵閣書目・性理》 《張子西銘》。一部，一册。完全。 又《張子西銘》。一部，一册。闕。 又《西銘綱領》。一部，一册。完全。

張萱等《内閣藏書目録・理學部》 《張子西銘》一册。全。宋儒張載著。

張子遺書

范邦甸等《天一閣書目・儒家類》 《張子遺書》四卷。藍絲闌鈔本。宋横渠張憲公撰，一作明公。

張子全書

黄虞稷《千頃堂書目・儒家類》 徐必達《張子全書》十五卷。

《四庫全書總目提要・儒家類二》 《張子全書》十四卷、附録一卷。編修勵守謙家藏本。宋張載撰。考載所著書見於《宋史・藝文志》者，有《易説》三卷、《正蒙》十卷、《經學理窟》十卷、《文集》十卷。虞集作吴澄行狀，稱嘗校正張子之書，以東、西銘冠篇，《正蒙》次之，今未見其本。此本不知何人所編，題曰《全書》，而止有《西銘》一卷、《正蒙》二卷、《經學理窟》五卷、《易説》三卷、《語録鈔》一卷、《文集鈔》一卷，又《拾遺》一卷，又採宋元諸儒所論及行狀等作爲《附録》一卷，共十五卷。自《易説》、《西銘》以外，與史志卷數皆不相符。又語録、文集皆稱曰鈔，尤灼然非其完帙。蓋後人選録之本，名以《全書》，殊爲乖舛。然明徐時達所刻已屬此本。嘉靖中吕柟作《張子鈔釋》，稱《文集》已無完本，惟存二卷。康熙己亥，朱軾督學於陝西，稱得舊稿於其裔孫五經博士繩武家，爲之重刊。勘其卷次篇目，亦即此本。則其來已久矣。張子之學，主於深思自得，本不以著作繁富爲長。此本所録，雖卷帙無多，而去取謹嚴。横渠之奥論微言，其精英業已備採矣。

張之洞《書目答問・儒家》 《張子全書》十五卷。高安朱氏藏書本。

伊周素藴

王圻《續文獻通考・經籍考・儒家》 《伊周素藴》。臨川鄧孝甫著。

中説注

尤袤《遂初堂書目・儒家類》 龔輔之注《中説》。

陳振孫《直齋書録解題・儒家類》 《中説注》十卷。正議大夫淄川龔鼎臣輔之撰。自甲至癸爲十卷，而所謂前後序者，在十卷之外，亦頗有所删取。李格非跋云，龔自謂明道間得唐本於齊州李冠，此阮本改正二百餘處。

《宋史・藝文志・儒家類》 龔鼎臣《中説解》十卷。

董子注

晁公武《郡齋讀書志・儒家類》 《董子》一卷。袁本《後志》卷二《子類第五》。右周董無心撰，皇朝吴祕注。無心在戰國時著書闢墨子。

潛虛

晁公武《郡齋讀書志·儒家類》《潛虛》一卷。袁本《前志》卷三上《儒家類第二十二》。右皇朝司馬光君實撰。光擬《太玄》撰此書，以五行爲本，五五相乘爲二十五，兩之得五十。首有氣、體、性、名、行、變、解七圖，然其辭有闕者，蓋未成也。其手寫稿草一通，今在子健姪房。

陳振孫《直齋書録解題·儒家類》《潛虛》一卷。司馬光撰。言萬物皆祖於虛，《玄》以準《易》，《虛》以準《玄》。

馬端臨《文獻通考·經籍考·儒家》《潛虛》一卷。朱子《書張氏所刻潛虛圖後》曰：范仲彪炳文家多藏司馬文正公遺墨。嘗示予《潛虛》别本，則其所闕之文甚多。問之，云温公晚注此書，未竟而薨，故所傳止此。嘗以手稿屬晁景迂補之，而晁謝不敢也。近見泉州所刻，乃無一字之闕。始復驚疑，然讀至數行，乃釋然曰：此贋本也。

太玄集注

晁公武《郡齋讀書志·儒家類》《温公集注太玄經》十卷。袁本《後志》卷二《子類第十》。右皇朝司馬光君實集漢宋衷《解詁》、吴陸績《釋文》、晉范望《解贊》、唐王涯注《經》及《首測》、宋惟幹《通注》、陳漸《演玄》、吴祕《音義》七家，爲此書。自慶曆至元豐，凡三十年始成。其直云宋者，衷也；小宋者，惟幹也。惟幹、漸、祕皆國朝人。

尤袤《遂初堂書目·儒家類》《集注太玄》。

陳振孫《直齋書録解題·儒家類》《太玄集注》六卷。司馬光撰。自宋衷而下四家之外，有直昭文館宋惟幹注，天水尉陳漸《演玄》，司封郎吴祕《音義》，通前凡七家。集取其説，斷以己意。

迂書

祁承㸁《澹生堂藏書目·儒家》司馬温公《迂書》。一卷。本集本。

法言集注

鄭樵《通志·藝文略·儒術》《揚子法言》十卷。司馬光集注。

《四庫全書總目提要·儒家類一》《法言集註》十卷。通行本。漢揚雄撰，宋司馬光集註。雄有《方言》，光有《易説》，皆已著録。考《漢書·藝文志》儒家，《揚雄所序》三十八篇。註曰：《法言》十三。雄本傳具列其目，曰《學行第一》、《吾子第二》、《修身第三》、《問道第四》、《問神第五》、《問明第六》、《寡見第七》、《五百第八》、《先知第九》、《重黎第十》、《淵騫第十一》、《君子第十二》、《孝至第十三》。凡所列漢人著述，未有若是之詳者，蓋當時甚重雄書也。自程子始謂其曼衍而無斷，優柔而不決。蘇軾始謂其以艱深之詞，文淺易之説。至朱子作《通鑑綱目》，始書「莽大夫揚雄死」，雄之人品著作，遂皆爲儒者所輕。若北宋之前，則大抵以爲孟、荀之亞。故光作《潛虛》以擬《太元》，而又採諸儒之説以註此書。考自漢以來，有侯芭註六卷，宋衷註十三卷，李軌解一卷，辛德源註二十三卷。又有柳宗元註、宋咸廣註、吴祕註。至光之時，惟李軌、柳宗元、宋咸、吴祕之註尚存，故光裒合四家，增以己意。原序稱各以其姓别之，然今本獨李軌註不署名，餘則以「宗元曰」、「咸曰」、「祕曰」、「光曰」爲辨，蓋傳刻者所改題也。舊本十三篇之序列於書後，蓋自《書序》、《詩序》以來，體例如是。宋咸不知《書》序爲《僞孔傳》所移，《詩》序爲毛公所移，乃謂「子雲親旨反列卷末甚非聖賢之旨。今升之章首，取合經義」。其説殊謬。然光本因而不改，今亦仍之焉。

纂圖互注揚子法言

高儒《百川書志·儒家》《諸家註揚子》十卷。晉李軌，唐柳宗元，宋宋咸、吴祕、司馬光，諸家互註。十卷，凡十三篇。一抄本互作之。按「互」似不誤，此所著録或纂圖互註本也。

孫星衍《平津館鑒藏書籍記・宋版》《纂圖互注揚子法言》十卷。題晉李軌、唐柳宗元注，次行題聖宋宋咸、吴祕、司馬光重添注。前有宋咸《重廣注〈揚子法言〉》，并景祐四年宋咸《進〈法言〉表》，司馬温公注《揚子》序、《渾儀圖》、《五聲十二律圖》。重意、重言、互注，俱用黑蓋子別出。黑口版。每葉廿二行，行廿一字。宋咸序後有「本宅今將監本《四子纂圖互注》附入重言重意，精加校正，並無譌謬，謄作大字刊行。務令學者得下損。」木長印。

新纂門目五臣音註揚子法言

彭元瑞等《天禄琳琅書目後編・宋版子部》《新纂門目五臣音註揚子法言》。一函，四册。見前李軌、柳宗元、宋咸、吴祕、司馬光。標「五臣」，用《文選》例也。前有光註、揚子序。序後刻記：「謹將監本寫作大字刊行，校證無誤，專用上等好紙印造，的與他本不同，收書賢士幸詳鑒焉。崇川余氏家藏云云。」蓋南宋坊本，而字畫、槧法俱精工。書尾兩印不可辨。

五臣音註揚子法言

范邦甸等《天一閣書目・儒家類》《五臣音註法言》十卷。刊本。漢揚雄撰，唐李軌、柳宗元註，宋咸、吴祕、宋司馬光增註。

于敏中等《天禄琳琅書目・明版子部》《五臣音註揚子法言》。一函，四册。漢揚雄著。晉李軌，唐柳宗元，宋宋咸、吴祕、司馬光五家注。十卷。前咸序，次咸《進書表》，次光序，次篇目，次《渾天儀》、《圖説》二篇。考馬端臨《文獻通考》載《揚子法言》十三卷，引晁公武《讀書志》云：「晉祠部郎中李軌注。」《宋史・藝文志》載柳宗元注《揚子法言》十三卷，宋咸補注。又載司馬光集注四家《揚子法言》十三卷。《文獻通考》亦載《温公集注法言》十三卷，引《讀書志》云：「温公集晉李軌，唐柳宗元，國朝宋咸、吴祕注。温公自言『李祠部注本及《音義》最爲精詳。宋、吴亦皆據李本，而文多異同。今參以《漢書》，取其通者，顯爲定本。先審其音，乃解其義』云云。據諸書所稱軌及宗元、祕所注者俱止名爲「注」，咸注者謂之「補注」，光集者謂之「集注」。明以前未嘗稱「《音注》」，亦無五臣之目，且著於録者皆十三卷，不止十卷。是本亦世德堂所刊《六子》中之一，蓋仿《文選注》名而稱爲「《五臣》」，因其兼及審音而稱爲「《音注》」。又改併卷帙，省爲十卷。則皆非宋刻之舊，乃書中所載咸《進表》亦稱十卷，豈改竄其原文耶？咸字貫之，建陽人，天聖二年進士，官至都官郎中。祕，甌寧人，官提點京東路刑獄。並見淩迪知《萬姓統譜》。

張之洞《書目答問・儒家》《法言五臣注》十卷。世德堂本。十子本同。李軌、柳宗元、宋咸、吴祕、司馬光。

元刻纂圖分門類題五臣注揚子法言

潘祖蔭《滂喜齋藏書記・子部》《元刻纂圖分門類題五臣注揚子法言》十卷。四册。前附新增麗澤編次《揚子事實品題》，所采陸績《述元》、班固《漢書》，凡十餘家。又附《門類題目》，取篇中語分類排次，凡五十門，龐雜無序，題永嘉先生陳傅良編，疑依託也。分類之後有題記二行，云「麻沙劉通判宅刻梓於仰高堂」。每半葉十行，行大十九字，小二十三字。前有「鼎元」、「李雅」印，王元美舊藏也。弇州藏書多有「伯雅」、「仲雅」、「季雅」印，自明竺塢文氏及王雅宜皆經藏弆入。國朝歸泰興季氏。《延令書目》著録《法言五臣注》十卷，四册，即此本也。

非荀

鄭樵《通志・藝文略・儒術》《非荀》二十八篇。吴申撰。

學論

王圻《續文獻通考・經籍考・儒家》《學論》。錢公輔著。

治道中説

《宋史・藝文志・儒家類》 何涉《治道中説》三十篇。卷亡。

信　書

馬端臨《文獻通考・經籍考・儒家》 《信書》三卷。巽岩李氏曰：文軫撰。軫，綿州巴西縣人，登元豐二年進士第，爲朝散大夫以老。其書大抵祖《周易》而倣《太玄》，略與《潛虚》相似。規模製造，雖不免乎屋下架屋之譏，然軫之用心亦勤矣。其數本三統五行，三其五而成十五式，每式八變，十五其八，一百二十斷。《易》有「象曰」，《玄》有「測曰」，《潛虚》有「解」，而此書乃無之，疑注所引「信曰」等語，則象、測、解之類也。十五式一百二十斷，皆宜有「信曰」，而今所見獨「勉成」、「地靈」、「憂苦」、「首疾」、「豐和」、「天英」六式之十二斷。又終篇不載揲法，恐此本未爲全書。且其間尚多差誤，不可强正，姑列於後，以待考之。

《宋史・藝文志・儒家類》 文軫《信書》三卷。

藍田先生遺書

朱睦㮮《萬卷堂書目・儒家》 《藍田先生遺書》二卷。呂大均。

泉　書

鄭樵《通志・藝文略・儒術》 《泉書》十卷。黄君俞撰。

尤袤《遂初堂書目・儒家類》 黄君俞《泉書》。

程伯子

范邦甸等《天一閣書目・儒家類》 《程伯子》一卷。刊本。

程氏雜説

晁公武《郡齋讀書志・儒家類》 《程氏雜説》十卷。袁本《前志》卷一下《經解類第四》。右皇朝程頤正叔門人雜記其師之言。

馬端臨《文獻通考・經籍考・儒家》 《程氏雜説》十卷。

語　録

《宋史・藝文志・儒家類》 《語録》二卷。程頤與弟子問答。

程頤遺書

《宋史・藝文志・儒家類》 《程頤遺書》二十五卷。

纂次伊川語録

王圻《續文獻通考・經籍考・儒家》 《纂次伊川語録》。吴興唐杖著。杖嘗從程頤學，頤教之以先《大學》，次《論》、《孟》，杖自是有所得，遺書相問答甚多，因纂次百餘條，門人記録爲詳。

伊川粹言

《四庫全書總目提要・儒家類存目一》《伊川粹言》二卷。江蘇巡撫採進本。舊本題宋張栻編。考宋濂《潛溪集》有此書跋，謂前序不著姓氏，相傳爲張南軒栻撰。則明初此書尚不著栻之名，此本當爲後人據濂語補題也。其序題乾道丙戌正月十有八日，然栻《南軒集》但載《二程遺書跋》，而無此序。使果栻作，不應諱而削之也。蓋併編次之說，皆在影響之間矣。

唐氏遺編

《四庫全書總目提要・儒家類存目一》《唐氏遺編》四卷。江蘇巡撫採進本。宋唐棣編。棣字彥思，宜興人。嘗受業於伊川程子，與門人共記平日問答之語爲此書。已載入二程之《遺書》。康熙中，其裔孫一學等重刊於家塾，乃易以「遺編」之名。末附《桐友遺編》一卷，則一學之父所作。一學又與其弟詩及開緒各附己見，綴列各條之下。

師說

尤袤《遂初堂書目・儒家類》《師說》。

河南雅言

尤袤《遂初堂書目・儒家類》《河南雅言》。

河南師說

陳振孫《直齋書録解題・儒家類》《河南師說》十卷。尚書潁川韓元吉无咎以《河南雅言》、《伊川雜說》及諸家語録，釐爲十卷，以尹和靖所編爲卷首，不若《遺書》之詳訂也。

馬端臨《文獻通考・經籍考・儒家》《河南師說》十卷。

二程門人集師說

張萱等《内閣藏書目録・理學部》《二程門人集師說》。一册。全。即二程語録之類。

楊士奇等《文淵閣書目・性理》《二程門人集師說》。一部，一册。完全。

師說

王圻《續文獻通考・經籍考・儒家》《師說》。李籲著。籲字伯端，洛陽人。才識穎悟。舉進士。元祐中爲秘書省校書。此編皆記二程先生語。

程氏遺書

趙希弁《讀書附志・語録類》《河南程氏遺書》二十五卷，《附録》一卷《外書》十二卷。右李籲、吕大臨、謝良佐、游酢、蘇昞諸人記二先生語十卷，劉絢録明道語四卷，劉元承、楊遵道、周孚先、張繹、唐棣、鮑若雨、鄒柄、暢大隱諸人録伊川語十三卷。《附録》則明道行狀，劉立之、朱光庭、邢恕、范祖禹叙述，游酢《書行狀後》、吕大臨《哀詞》、《明道墓表》、《伊川年譜》、張繹《祭文》、胡安國《奏狀》。《外書》則拾遺也，朱光庭録二卷、陳淵本、程氏學、馮氏本、羅氏本、胡氏本、游氏本、《春秋録》、《大全集》、時氏本、《傳聞雜記》各一卷。朱文公記其後。

陳振孫《直齋書録解題・儒家類》 《程氏遺書》二十五卷《附録》一卷《外書》十二卷。朱熹集録二程門人李籲端伯而下諸家所聞見問答之語，附録行狀、哀詞、祭文之屬八篇。其《年譜》，朱公所撰述也。《外書》則又二十五篇之所遺者。

錢謙益等《絳雲樓書目・道学類》 《程氏遺言書》八册。二十五卷。又《外書》十三卷。朱子集録。

二程遺書

尤袤《遂初堂書目・儒家類》 《二程先生遺書》。

《四庫全書總目提要・儒家類二》 《二程遺書》二十五卷《附録》一卷。江西巡撫採進本。宋二程子門人所記，而朱子復次録之者也。自程子既歿以後，所傳語録有李籲、呂大臨、謝良佐、游酢、蘇昞、劉絢、劉安節、楊迪、周孚先、張繹、唐棣、鮑若雨、鄒柄、暢大隱諸家，頗多散亂失次，且各隨學者之意，其記録往往不同。觀尹焞以朱光庭所鈔伊川語質諸伊川，伊川有若不得某之心，所記者徒彼意耳之語。則程子在時，所傳已頗失其真。案此事，見朱子後序中。故《朱子語録》謂游録語慢，上蔡語險，劉質夫語簡，李端伯語宏肆，永嘉諸公語絮也。是編成於乾道四年戊子，乃因家藏舊本復以類訪求附益，略據所聞歲月先後，編第成爲二十五卷。又以行狀之屬八篇爲《附録》一卷。《語録》載陳淳問第九卷「介甫言律」一條何意，曰：伯恭以凡事皆具，惟律不説，偶有此條，遂漫載之。又鄭可學問《遺書》有「古言乾坤，不用六子」一段如何，曰：此一段卻主張是自然之理，又有一段卻不取。又《晦庵文集》内有答呂伯恭書曰：《遺書》節本已寫出，愚意所删去者，亦須用草紙鈔出，逐條畧著删去之意，方見不草草處。若暗地删卻，久遠卻惑人云云。今觀書内如劉安節所録「謹禮者不透，須看《莊子》」一條，語涉偏矯，則註云別本所增。又暢大隱所記「道豈可離而不可離」一條，純入於禪，則註云多非先生語。其去取亦深爲不苟矣。考《文獻通考》載《遺書》卷目，與此本同。而黄震《日鈔》所載則至十七卷而止，與此互異。又震所載《遺書》卷目，呂與叔《東見録》及《附東見録》均次爲第二卷，而此本則次《附東見録》爲第三卷，殆傳本有異同歟？至附録中《年譜》一篇，朱子自謂實録所書文集、内外書所載，與凡他書之可證者。震則謂朱子訪其事於張繹、范棫、孟厚、尹焞而成。蓋朱子舉其引證之書，震則舉其參考之人。各述一端，似矛盾而非矛盾也。

程氏外書

《四庫全書總目提要・儒家類二》 《二程外書》十二卷。江西巡撫採進本。亦二程子門人所記，而朱子編次之。成於乾道癸巳六月，在《遺書》之後五年。後序稱《遺書》二十五篇，皆諸門人當時記録之全書，足以正俗本紛更之謬，而於二先生之語則不能無所遺。於是取諸人集録，參伍相除，得此十二篇，以爲《外書》。凡採朱光庭、陳淵、李參、馮忠恕、羅從彦、王蘋、時紫芝七家所録，又胡安國、游酢家本及《建陽大全集》印本三家，又《傳聞雜記》自王氏《麈史》至孔文仲《疏》，凡一百五十二條，均採附焉。其語皆《遺書》所未録，故每卷悉以「拾遺」標目。其稱《外書》者，則朱子自題，所謂取之之雜，或不能審所自來。其視前書，學者尤當精擇審取者是也。中間傳聞異辭，頗不免於叢脞。如《程氏學拾遺》卷内，以望道未見爲望治道太平一條，黄震《日鈔》謂恐於本文有增。又《時氏本拾遺》卷内，以《老子》「天地不仁，萬物芻狗」之説爲是一條，震亦謂其説殊有可疑。蓋皆記録既繁，自不免或失其本旨。要其生平精語，亦多散見於其中。故但分別存之，而不能盡廢。如呂氏《童蒙訓》記伊川言僧家讀一卷經，要一卷經道理受用，儒者讀書，都無用處一條。又明道至禪寺，見趨進揖遜之盛，歎曰：三代威儀盡在是一條。《朱子語録》嘗謂其記録未精，語意不圓，而終以其言足以警切學者，故竝收入《傳聞雜記》中，無所刊削。其編録之意，亦大畧可見矣。

河南程氏遺書

于敏中等《天禄琳琅書目・元版子部》 《河南程氏遺書》。一函，八册。宋朱子輯。二十五卷。《附録》一卷，《外書》十三卷，後附《文集》十二卷，又元譚善心輯《遺文》一卷。目録後有善心識語并朱子辯誤書，末載宋趙師耕麻沙本後序、李襲之春陵本後序，又元鄒次陳、虞槃序二篇。譚善心字元之，臨川人，《元史》無傳，其事蹟不可考。所作識語稱《程子遺文遺事》一卷。善心始盧世傳胡氏本猶未盡善，而朱子改本惜不可見，貞白虞叔近示以所得吳内翰家藏別本，乃與臆見脗合，用鋟諸梓以與學者共之。其朱子與劉共父、張南軒辯論所及者悉附著於目録之下，且爲竊考《程氏世系譜》於十二卷之首云云。《世系譜》，此本已闕。鄒次陳序稱《遺書》、《外書》俱出程門弟子手記，朱子家藏、世所刊本無不同者。獨《二先生文集》出胡文定公家，頗有改削。朱子定其所當改者數紙，屢以書致劉張二公，然承舛習譌，卒莫之從。譚元之因與蜀郡虞槃往復討論，以復乎朱子所改之舊焉。今觀李襲之春陵本後序，祇言《遺書》、《外書》而不及《文集》。其趙師耕麻沙本後序則稱《二程先生文集》，憲使楊公已鋟版三山學宮，《遺書》、《外書》則庾司舊有之，後俱燬於乙未之火。師耕承乏來此，亟將故本易以大字，與《文集》爲一體，刻之後圃明教堂云云。按陳振孫《書録解題》載《河南程氏文集》十二卷，謂爲建寧所刻本，載在集部，不與《遺書》合録子部之中。是振孫所指建寧本似爲楊公所刊，而以一體合刻則自師耕始也。考《浙江通志》，師耕黄巖人，登宋寧宗嘉定七年進士第。其序猶自署「古汴者」，蓋不忘故土之意。李襲之無考。《元史》：虞槃字仲常，隆州仁壽人，集之弟，登延祐進士，授吉安永豐丞，後終嘉魚縣尹。《西江志》：鄒次陳字周弼，一字悦道，宜黄人，中博學宏辭科。所著有《遺安集》十八卷，《史鈔》十卷。此書校正《文集》雖足訂別本之譌，然橅印草草，紙墨皆不求精，在元刻中又其次者。書中有「趙氏子昂」、「龍門子圖書記」、「進士郡李縣令」三印。考《元史》，孟頫以英宗至治二年六月卒，而鄒次陳序作於至治二年七月，譚善心識語作於至治三年九月，是孟頫殁時書尚未經刊行，安得其收藏印記？「進士郡李縣令」一印，文義亦不可解。觀三印，篆法俱極粗劣，其爲書賈僞造無疑，故不採録。闕補《文集》卷八。全。

程氏遺書

王圻《續文獻通考・經籍考・儒家》 程氏《遺書》。楊文恪濂著。

黄虞稷《千頃堂書目・儒家類》 楊廉《分類程氏遺書》三十二卷《外書》十卷。

程　書

《四庫全書總目提要・儒家類存目一》 《程書》五十一卷。內府藏本。國朝程湛編。湛爵里未詳。是編所録惟《程氏遺書》、《外書》，而益以《明道文》一卷。其次序則非朱子之舊也。

二程子遺書纂　外書纂

周中孚《鄭堂讀書記・儒家類一》 《二程子遺書纂》二卷《外書纂》一卷。《文貞全集》本。國朝李光地編。案朱子所編《二程遺書》二十五卷，《外書》十二卷，高雲從攀龍、陳惕龍龍正、張孝先伯行遞有纂本，而皆未善。至厚庵復纂録爲是編，序而刊之，其句讀、批釋比《朱子語類四纂》稍詳。其精蘊所在輒爲發明一二，及其師友之間淵源明昧、議論出入，後學指爲疑案者，亦頗詳加闡發以衷於是。於韓退之所云「纂言者，必鉤其元」，誠無媿矣。

二程粹言

《四庫全書總目提要・儒家類二》 《二程粹言》二卷。兩江總督採進本。宋楊時撰。時字中立，南劍州將樂人。熙寧九年進士，官至國子祭酒。高宗即位，除工部侍郎，兼侍讀，以龍圖閣直學士提舉杭州洞霄宮。卒謚文靖。事蹟具《宋史》本傳。時始以師禮見明道於潁昌，相得甚歡。明道没，又見伊川於洛。南渡以後，朱子及張栻等皆誦説程氏，屹然自闢一門户。其源委脈絡，實出於時。是書乃其自洛歸閩時，以二程子門人所記師説，採撮編次，分爲十篇。朱子嘗稱明道之言發明極致，善開發人；伊川之言即事明理，尤耐咀嚼。然當時記録既多。如《遺書》、《外書》、《雅言》、《師説》、《雜説》之類，卷帙浩繁，讀者不能驟窺其要。又記者意爲增損，尤不免牴牾龐雜。朱子嘗欲删訂爲節本而未就。世傳張栻所編《伊川粹言》

二卷，又出依託。惟時師事二程，親承指授，所記録終較剽竊販鬻者爲真。程氏一家之學，觀於此書，亦可云思過半矣。

二程語録

楊士奇等《文淵閣書目·性理》 《二程語録》。一部，一册。完全。

張萱等《内閣藏書目録·理學部》 《二程語録》一册。全。鈔本。

二程語録

《四庫全書總目提要·儒家類存目一》 《二程語録》十八卷。河南巡撫採進本。國朝張伯行編。伯行有《道統録》，已著録。初，朱子輯《程氏遺書》二十五篇，皆程子門人記其所見聞答問之詞。又取諸集録爲《程氏外書》十二篇。又《附録》一卷，爲行狀、墓誌之類，凡八篇。是書篇目次第，悉依朱子原本，而稍加删訂。合爲《遺書》十五卷，《外書》二卷，《附録》一卷。其少日所聞諸師友説一卷，己巳冬，所聞一卷，悉删不録。《外書》亦删馮氏本《拾遺》一卷。又《附録》一卷内以《明道先生行狀》一篇，《墓誌》一篇，門人朋友叙述序一篇，皆伊川所作，已入《二程文集》，故不復載。而《邢恕》一篇，謂其自絶於程門，亦不録焉。其《遺書》第六卷中，伯行註云：此一卷朱子原分三卷，今爲一卷。又下二卷專説《孟子》者，已與《經説》、《易傳》另行别録，概不載集中。考朱子原本，卷六以下本四卷，無篇名。卷九本一卷，專説《論》、《孟》。今伯行以四卷爲三卷，以説《論》、《孟》一卷爲二卷。又第九卷兼説《論》、《孟》，而伯行雲專説《孟子》，殆偶然筆誤，刊板者失於校讐歟？

二程全書

范邦甸等《天一閣書目·儒家類》 《二程全書》十二卷。刊本。明宏治戊午監察御史沁水李瀚重刊并序。是書采程氏家譜、像讚揭於前，取《宋史·程珦傳》及謚議制辭諸文繫於後，凡六十五卷。

張萱等《内閣藏書目録·理學部》 《二程先生全書》十册。全。宋儒程顥、程頤語録。

黄虞稷《千頃堂書目·儒家類》 徐必達《二程全書》六十五卷。

張之洞《書目答問·儒家》 《二程全書》。《遺書》二十五卷，《附録》一卷，《外書》十二卷，《文集》十二卷，《遺文》一卷，《附録》一卷，《周易傳》四卷，《經説》八卷，《粹言》二卷。同治十年，求我齊江甯刻本。又寶誥堂吕氏刻本。

二程類語

趙琦美《脈望館書目·儒家》 《二程類語》四本。

黄虞稷《千頃堂書目·儒家類》 唐伯元《二程先生新語》八卷。

程門問答録

王圻《續文獻通考·經籍考·儒家》 《程門問答録》。鮑若輯。

二先生遺言

徐𤊹《徐氏家藏書目·諸子類》 《二先生遺言》二卷。王守仁。

程子詳本

黄虞稷《千頃堂書目·儒家類》 陳龍正《程子詳本》二十卷。倣《近思録》而類分之。其重複雜記，無關理道者節去。

《四庫全書總目提要·儒家類存目一》 《程子詳本》二十卷。浙江朱彝尊家曝書亭藏本。明陳龍正編。龍正有《救荒策會》，已著録。龍正以《二程遺書》雖朱子所手編，而其記載之重複，字句之同異，以至議論之出入，均未暇是正。乃排比刊削，分類編次，定爲此本。其經説之別行者，亦併載入。又益以元譚善心之傳聞續記。自序視全書頗約，而實不敢不加詳，故不曰約本而曰詳本。其間於二子之説多所辨駁，不出明末講學家詬爭之習。

二程節録　文集鈔

《四庫全書總目提要・儒家類存目一》《二程節録》四卷《文集鈔》一卷《附録》一卷。江蘇巡撫採進本。明高攀龍編。取二程語録，擇其精粹。先辨性，次論學，次治事，次釋經，每類各爲一卷。末載《文集鈔》及《附録》各一卷。前有康熙癸未陸楫序，稱攀龍官行人時爲是書。其手鈔本藏同邑秦松齡家，顧鏊欲刻之未果，鏊子棟高，乃踵其父志刊行云。

儒　志

《宋史・藝文志・儒家類》王開祖《儒志》一卷。

王圻《續文獻通考・經籍考・儒家》《儒志編》。王開祖著。

又《儒志》一編，王景山著。景山永嘉人。少敏悟，書過目成誦。慶曆初進士。當伊洛諸儒未作，景山獨能發明經藴，學者宗之。

《四庫全書總目提要・儒家類一》《儒志編》一卷。浙江巡撫採進本。宋王開祖撰。開祖字景山，永嘉人。皇祐五年進士，試祕書省校書郎，佐處州麗水縣。既而退居郡城東山，設塾授徒，年僅三十二而卒。其著作亦多湮没。是編乃其講學之語，舊無刊本。據其原序，乃明王循守永嘉時，始爲蒐訪遺佚，編輯成帙。因當時有「儒志先生」之稱，故題曰《儒志編》。然考《宋史・藝文志》，儒家類中有王開祖《儒志》一卷，則非循之所輯。或原本殘闕，循爲釐訂而刻之歟？其書久湮復出，真僞雖不可考，然當時濂洛之説猶未大盛，講學者各尊所聞。孫復號爲名儒，而尊揚雄爲模範。司馬光三朝耆宿，亦疑孟子而重揚雄。開祖獨不涉岐趨，相與講明孔孟之道。雖其説輾轉流傳，未必無所附益，而風微人往，越數百年，官是土者猶爲掇拾其殘帙，要必有所受之。固異乎王通《中説》出於子孫之夸飾者矣。循字進之，休寧人。宏治丙辰進士。官至順天府通判。所著有《仁峯集》，今未見傳本，不知存佚。惟此書尚行於世云。案以上諸儒，皆在濂洛未出以前。其學在於修己治人，無所謂理氣心性之微妙也。其説不過誦法聖人，未嘗別尊一先生號召天下也。中惟王通師弟，私相標榜，而亦尚無門户相攻之事。今併録之，以見儒家之初軌與其漸變之萌櫱焉。

危　言

尤袤《遂初堂書目・儒家類》張蕓叟《戹言》。

張子前書

尤袤《遂初堂書目・儒家類》《張子前書》。

張子志書

尤袤《遂初堂書目・儒家類》《張子志書》。

天鷖子

尤袤《遂初堂書目・儒家類》王觀《天鷖子》。

帝學

晁公武《郡齋讀書志・儒家類》《帝學》十卷。袁本《前志》卷三上《儒家類第二十三》。右皇朝范祖禹淳夫纂。自古賢君下迨於祖宗務學事迹爲一篇，以勸講。淳夫，元祐時在講筵八年。詰旦當講，前一夕，正衣冠，儼然如在上前，命子弟侍坐，先按講其説。平時語若不出諸口，及當講，開列古義，仍參之時事，以爲勸戒。其音琅然，聞者興起。東坡嘗曰：「淳夫講書，言簡義明，粲然成文章，爲今講官第一。」

《四庫全書總目提要・儒家類一》《帝學》八卷。內府藏本。宋范祖禹撰。祖禹有《唐鑑》，已著録。是書元祐初祖禹在經筵時所進。皆纂輯自古賢君迨宋祖宗典學事蹟，由伏羲迄宋神宗，每條後間附論斷。自上古至漢唐二卷，自宋太祖至神宗六卷，於宋諸帝叙述獨詳，蓋亦本法祖之意以爲啟迪也。祖禹初侍哲宗經幄，因夏暑罷講，即上書論今日之學與不學，係他日治亂，而力陳宜以進學爲急。又歷舉人主正心修身之要，言甚切至。史稱其在邇英時守經據正，獻納尤多。又稱其長於勸講，平生論諫數十萬言。其開陳治道，區別邪正，辨釋事宜，平易明白，洞見底蘊，雖賈誼、陸贄不是過。今觀此書，言簡義明，敷陳剴切，實不愧史臣所言。雖哲宗惑於黨論，不能盡用祖禹之説，終致更張初政，國是混淆。而祖禹忠愛之忱，惓惓以防微杜漸爲念，觀於是書，千載猶將見之矣。

彭元瑞等《天禄琳琅書目後編・宋版子部》《帝學》。一函四册。宋范祖禹撰。祖禹字夢得，又字淳父，華陽人。舉進士甲科，官翰林學士，撰此書進哲宗，詳《宋史》本傳。八卷。前有嘉定辛巳齊礪序，稱祖禹五世孫擇能宰高安刊置縣齋，未幾散逸。户曹玉牒汝洋得元本鋟木，是再刻本也。汝洋，太宗八世孫楚王元佐之後，見《宋史・宗室表》。又有謝克家建炎四年奏取書劄子。泰興季氏藏本。

節孝語録

《宋史・藝文志・儒家類》 徐積《節孝語》一卷。江端禮録。

《四庫全書總目提要・儒家類二》《節孝語録》一卷。兩江總督採進本。宋徐積撰。積字仲車，山陽人。登進士第。元祐初以薦授揚州司户參軍，爲楚州教授，歷和州防禦推官，改宣德郎，監中岳廟，卒。政和六年，賜謚節孝處士。事蹟具《宋史・卓行傳》。是書爲其門人江端禮所録。《文獻通考》載一卷，與今本合。其中「説經」之條，如釋「唐棣之華，偏其反而」，謂「偏」當音「徧」，言開徧而復合。今考禮二名不偏諱註，偏讀爲徧，則偏、徧二字原相通，然以釋「偏其反而」則曲説矣。其釋《春秋》「壬申，御廩災。乙亥，嘗」，謂説者皆言先言御廩災，是火災之餘而嘗，志不敬。其實《曾子問》言「天子諸侯之祀，遇日食、火災、喪服，則皆廢祀」。今御廩災則嘗可廢而不廢，是爲不敬。何必謂火災之餘而嘗？今考《曾子問》，曰：「當祭而日食，太廟火，乃廢祭。他火災不廢也。」積概言火災則廢，反斥公、穀二《傳》，亦殊失經意。他若以《論語》「三嗅」爲「三嘆」，謂《春秋》「西狩獲麟」，重書「偺狩非禮」，不重書「獲麟」，亦皆穿鑿。至於商論古人，推揚雄而譏賈誼，至以陳平爲秦漢以來第一人，殊乖平允。而誤解《禮記》「葬欲速朽」以「近世用厚棺爲非」，尤爲紕繆。然積篤於躬行，粹於儒術，所言皆中正和平，無宋代刻核古人之習，大致皆論事論人，無空談性命之説，蓋猶近於古之儒家焉。

太玄圖　發隱

馬端臨《文獻通考・經籍考・儒家》《太玄發隱》三篇。巽岩李氏曰：章詧撰。詧有《太玄講疏》四十九卷，其説甚備。《發隱》之作，蓋在《講疏》以前，其大略可見矣。下篇所稱王莽日筮，遇於之一五七，乃宋衷、陸績舊註，本寓言也。而詧謂宋、陸皆居漢世，去揚雄未遠，必得之傳聞，故因用之，要恐非實耳。然亦不害學者，觀其意焉可也。

《宋史・藝文志・儒家類》 章詧《太玄圖》一卷又《太玄經發隱》一卷。

章氏太玄經注

晁公武《郡齋讀書志・儒家類》《章氏〈太玄經注〉十四卷疏》三十卷。袁本

《前志》卷三《上儒家類第二十七》。右皇朝章詧撰。嘉祐中，成都帥蔣堂獻其書於朝，詔書寵奬，賜號沖退處士。《實録》稱：詧，字隱之，雙流人，通經術，善屬文，性恬淡，屏居林泉，以養生治氣爲事。

上蔡語録

趙希弁《讀書附志・語録類》 《上蔡先生語録》三卷。右門人記録謝先生良佐字顯道之語也。

張萱等《内閣藏書目録・理學部》 《上蔡語録》一册。全。宋謝良佐著，朱晦庵編集。又一册。全。

《四庫全書總目提要・儒家類二》 《上蔡語録》三卷。浙江巡撫採進本。宋曾恬、胡安國所録謝良佐語，朱子又爲删定者也。良佐字顯道，上蔡人，登進士第。建中靖國初，官京師。召對忤旨，出監西京竹木場，復坐事廢爲民。事蹟具《宋史・道學傳》。恬字天隱，温陵人。安國有《春秋傳》，已著録。是書成於紹興二十九年，朱子年三十歲，監潭州南岳廟時。生平論著，此爲最早。據朱子後序稱：初得括蒼吴任寫本一篇，皆曾天隱所記。最後得胡文定公寫本二篇，凡書四篇，以相參校。胡氏上篇五十五章，記文定公問答。下篇四十九章，與版本吴氏本略同，然時有小異。輒因其舊，定著爲二篇。獨版本所增多，猶百餘章，或失本旨雜他書。其尤者五十餘章，至詆程氏以助佛學，輒放而絶之。其餘亦頗刊去，而得先生遺語三十餘章，别爲一篇。凡所定著書三篇云云。是朱子於此書芟薙特嚴。後乾道戊子，重爲編次，益以良佐與安國手簡數條，定爲今本。又作後記，稱胡憲於吕祖謙家得江民表《辨道録》，見所删五十餘章，首尾次序，無一字之差。然後知果爲江氏所著，非謝氏之書，則去取亦爲精審。觀《語録》，稱某二十年前得《上蔡語録》觀之，初用朱筆畫出合處；及再觀則不同，乃用粉筆；三觀則又用墨筆。數過之後，全與原看時不同。則精思熟讀，研究至深，非漫然而定也。良佐之學以切問近思爲要，其言論閎肆，足以啟發後進。惟才高意廣，不無過中之弊。故《語録》云：看道理不可不仔細。程門高弟如謝上蔡、游定夫、楊龜山，下梢皆入禪學去。又云：上蔡《觀復齋記》中説道理皆是禪底意思。又云：程子諸門人。上蔡有上蔡之病，龜山有龜山之病，和靖有和靖之病，也是合下見得不周遍差了。其論皆頗以良佐近禪爲譏。然爲良佐作《祠記》，則又云以生意論仁，以實理論誠，以常惺惺論敬，以求是論窮理，其命意皆精當，而直指窮理居敬爲入德之門，尤得明道教人之綱領。乃深相推重。蓋良佐之學，醇疵相半。朱子於《語録》舉其疵，於《祠記》舉其醇，似矛盾而非矛盾也。合而觀之，良佐之短長可見矣。

上蔡師説

黄虞稷《千頃堂書目・儒家類・補元》 楊琦《上蔡師説》。

倪燦等《補遼金元藝文志・儒家類》 楊琦《上蔡師説》。

元城語録

趙希弁《讀書附志・語録類》 《元城先生語録》三卷。右劉忠定公安世字器之之語也。維揚馬永卿大年爲之序。器之，大名人。中熙寧六年進士第。哲宗朝，曆正言、左史司諫、右諫議、中書舍人。貶黜久之，至除名勒停，送峽州編管。起提舉鴻慶，復直龍圖閣以卒。昔有與蘇子瞻論元祐人才者，至公，則曰：「器之真鐵漢，不可及也。」

陳振孫《直齋書録解題・儒家類》 《元城語録》三卷。右朝散郎維揚馬永卿大年撰。永卿初仕亳州永城主簿，從寓公劉安世器之之學，記其所聞之語。

馬端臨《文獻通考・經籍考・儒家》 《元城語録》三卷。

《宋史・藝文志・儒家類》 《劉安世語録》二卷。

談　録

陳振孫《直齋書録解題・儒家類》 《劉先生談録》一卷。知秀州韓瓘德全撰。瓘，億之曾孫，緬之孫。官二浙，道睢陽，往來必見劉元城，記其所談二十一則。

馬端臨《文獻通考・經籍考・儒家》《劉先生談録》一卷。

道護録

趙希弁《讀書附志・語録類》 元城先生《道護録》兩卷。

尤袤《遂初堂書目・儒家類》《元城道護録》。

陳振孫《直齋書録解題・儒家類》《道護録》一卷。胡珵德輝所録劉元城語，凡十九則。以上三書皆刻章貢，末又有邵伯温、吕本中所記數事附焉。

馬端臨《文獻通考・經籍考・儒家》《道護録》一卷。

四銘解義

楊士奇等《文淵閣書目・性理》《西銘解義》。一部，一册。完全。

張萱等《内閣藏書目録・理學部》《西銘解義》一册。宋楊時著。

龜山語録

趙希弁《讀書附志・語録類》《龜山先生語録》四卷。右楊文靖公時字中立之語也。公閩人，與游定夫、謝顯道俱從游於明道先生之門，嘗以著庭兼邇英殿説書，遷祭酒，擢右諫議，除徽猷閣直學士、工部侍郎兼侍講。紹興五年卒。初入見之際，首言自古聖賢之君，未有不以講學爲先務者，上深然之。

尤袤《遂初堂書目・儒家類》《龜山語録》。

陳振孫《直齋書録解題・儒家類》《龜山語録》五卷。延平陳淵幾叟、羅從彦仲素、建安胡大原伯逢所録楊時中立語及其子迥稿。《録》共四卷。末卷爲《附録》、《墓誌》、《遺事》，順昌廖德明子晦所集也。

龜山别録

陳振孫《直齋書録解題・儒家類》《龜山别録》二卷。不知何人所録。

馬端臨《文獻通考・經籍考・儒家》《龜山别録》二卷。

庭闈稿録

陳振孫《直齋書録解題・儒家類》《庭闈稿録》一卷。即楊迥所録，當政和八年，其父亡恙時也。

馬端臨《文獻通考・經籍考・儒家》《庭闈稿録》一卷。

二程龜山語録

王圻《續文獻通考・經籍考・儒家》《二程龜山語録》。沙縣羅仲素著。

諸儒名道集

陳振孫《直齋書録解題・儒家類》《諸儒鳴道集》七十二卷。不知何人所集涑水、濂溪、明道、伊川、横渠、元城、上蔡、無垢以及江民表、劉子翬、潘子醇凡十一家，其去取不可曉。

張萱等《内閣藏書目録・理學部》《諸儒鳴道集》六册。不全。莫詳編集姓氏。内皆集宋賢議論，凡七十二卷。自四十五以下皆闕。

潘祖蔭《滂喜齋藏書記・子部》 宋刻《諸儒鳴道集》七十二卷。所采諸儒語録，自濂溪、涑水以下凡十三家。濂溪《通書》一卷，涑水《迂書》一卷，横渠《正蒙》八卷、《經學理窟》五卷、《語録》三卷，《二程語録》二十七卷，《上蔡語録》三卷，《元城語録》三卷，劉先生《譚録》一卷、《道護録》一卷，江民表《心性説》一卷，《龜山語録》四卷，安正《忘筌集》十卷，崇安《聖傳論》二卷，《横浦日新》二卷。後有楷書題記云：「越有《諸儒鳴道集》最佳，年久板腐字漫，觀者病之，迺命刊工剜蠧填梓，隨訂舊本，鋟足其文，令整楷焉。時端平二祺八月吉日，郡守閩川黄壯猷書。」每半葉十二行，行廿一字，内缺《迂書》一卷，《理窟》第五一卷，《二程語録》第八至十九卷，皆鈔補。明文淵閣官書，其書函猶原庫裝也，至今不蠹不脱，觸手如新。崑山徐氏舊藏。附藏印：「崑山徐氏家藏」、「乾學之印」、「健庵」。

錢謙益等《絳雲樓書目・儒家類》 《諸儒鳴道集》。七十二卷。亡名氏。

理究

尤袤《遂初堂書目・儒家類》 陳無己《理究》。

《宋史・藝文志・儒家類》 陳師道《後山理究》一卷。

雜説

尤袤《遂初堂書目・儒家類》 吕滎陽《雜説》。 又《吕氏雜説》。

兼山遺學

陳振孫《直齋書録解題・儒家類》 《兼山遺學》六卷。河南郭雍録其父忠孝之遺書。前二卷爲《易・蓍卦》，次爲《九圖》，又次《説春秋》，又次爲《性説》三篇，末卷問答雜説。忠孝父子世系、出處本末，詳見《易類》。

馬端臨《文獻通考・經籍考・儒家》 《兼山遺學》六卷。

易玄星紀譜

晁公武《郡齋讀書志・儒家類》 《易玄星紀圖》一卷。袁本《前志》卷一《上易類第三十二》。右從父詹事公撰。以温公《玄曆》及邵康節《太玄準易圖》合而譜之，以見揚雄以首準卦非出私意，蓋有星候爲之機括。且辨正古今諸儒之失，如《羨》不當準《臨》，《夷》不當準《大壯》之類。凡此難與諸家口舌争，觀譜則彼自屈矣，此譜之所以作也。

《宋史・藝文志・儒家類》 晁説之《易玄星紀譜》二卷。

儒言

馬端臨《文獻通考・經籍考・儒家》 《儒言》一卷。

徐𤊹《徐氏家藏書目・子類》 《晁氏儒言》一卷。

《四庫全書總目提要・儒家類二》 《儒言》一卷。《永樂大典》本。宋晁説之撰。説之字以道，鉅野人。少慕司馬光之爲人，光晚號迂叟，説之因自號曰景迂。元豐五年進士，蘇軾以著述科薦之，元符中以上書入邪等。靖康初，召爲著作郎試中書舍人，兼太子詹事。建炎初，擢徽猷閣待制。高宗惡其作書非孟子，勒令致仕。是書已編入《景迂生集》。然晁公武《讀書志》已别著録，蓋當時亦集外别行也。公武以是書爲辨王安石學術違僻而作。今觀所論，大抵《新經義》及《字説》居多，而託始於安石之廢《春秋》，公武所言良信。然序稱作於元黓執徐，實徽宗政和二年壬辰。在崇寧二年，安石配享孔子後。故其中「孔孟」一條、「名聖」一條、「祀聖」一條皆直斥其事。則實與紹述之徒辨，非但與安石辨也。又「不奪」一條「心迹」一條及「流品」以下凡數條，併兼斥安石之居心行事，亦非但爲學術辨也。當紹述之説盛行，而侃侃不撓，誠不愧儒者之言。至於因安石附會《周禮》而詆《周禮》，因安石尊崇孟子而抑孟子，則有激之談，務與相反。惟以恩怨爲是非，殊不足爲訓。蓋元祐諸人實有負氣求勝，攻訐太甚，以釀黨錮之禍者。賢智之過，亦不必曲爲諱也，取其大旨之正可矣。

涪陵記善録

尤袤《遂初堂書目・儒家類》　《涪陵記善録》。

尹和靖語録

陳振孫《直齋書録解題・儒家類》　《尹和靖語録》四卷。馮忠恕、祈寬居之、吕堅中崇實所録尹焞彦明語。

馬端臨《文獻通考・經籍考・儒家》　《尹和靖語録》四卷。

《宋史・藝文志・儒家類》　尹焞《語録》四卷。尹焞門人馮忠恕、祁寬、吕堅中記。

要　語

《宋史・藝文志・儒家類》　范冲《要語》一卷。

勸學録

《宋史・藝文志・儒家類》　張憲武《勸學録》六卷。

法言訓詁

尤袤《遂初堂書目・儒家類》　許嵩老《法言訓詁》。

玄解　玄曆

陳振孫《直齋書録解題・儒家類》　《玄解》四卷，《玄曆》一卷。右丞襄陵許翰崧老撰。所解十一篇，通温公注爲十卷，倣韓康伯注《繫辭》合王弼爲全書之例也。大抵《玄首》如《彖》，《贊》如《爻》，案：原本脱「彖贊如」三字，今據《文獻通攷》補入。《測》如《象》，《文》如《文言》，《攡》、《瑩》、《掜》、《告》如《繫辭》，《數》如《説卦》，《衝》如《序卦》，《錯》如《雜卦》之類。其於《易》也，規規然擬之勤矣。《太玄曆》者，亦翰所傳，云温公手録，不著何人作。

豫章全書

黄虞稷《千頃堂書目・儒家類》　徐必達《豫章全書》□卷。

胡氏傳家録

尤袤《遂初堂書目・儒家類》　《胡氏傳家録》。

陳振孫《直齋書録解題・儒家類》　《胡氏傳家録》五卷。曾幾吉父、徐時動舜鄰、楊訓子中所記胡安國康侯問答之語，及其子寧和仲所録家庭之訓。

馬端臨《文獻通考・經籍考・儒家》　《胡氏傳家録》五卷。

石林審是録

尤袤《遂初堂書目・儒家類》　《石林審是録》。

范氏正蒙

尤袤《遂初堂書目・儒家類》 《范氏正蒙》。

省心雜言

張萱等《内閣藏書目録・雜部》 《省心雜言》一册。全。鈔本。宋李邦獻著。

錢謙益等《絳雲樓書目・儒家類》 《省心雜言》。沈道原作《省心録》，見《朱子語類》及宋金華跋。

黄虞稷《千頃堂書目・儒家類補宋》 李邦獻《省心雜言》一卷。

《四庫全書總目提要・儒家類二》 《省心雜言》一卷。《永樂大典》本。宋李邦獻撰。邦獻，懷州人。太宰邦彦之弟。官至直敷文閣。是書在宋有臨安刊本，題爲林逋撰。或又以爲尹焞所撰。至宋濂跋其書，則謂逋固未嘗著，焞亦因和靖之號偶同而誤，皆非其實。而王佖所編《朱子語録續類》内有《省心録》。乃沈道原作之文，必有所據，當定爲沈本。陶宗儀《説郛》録其數條，仍署爲林逋所作，迄無定論。今考《永樂大典》俱載是書，共二百餘條，蓋依宋時槧本全帙録入。前有祁寬、鄭望之、沈濬、汪應辰、王大實五序，後有馬藻、項安世、樂章三跋，并有邦獻孫耆岡及四世孫景初跋三首，皆謂此書邦獻所作。耆岡且言曾見手稿，而辨世所稱林逋之非。其説出於李氏子孫，自屬不誣。又考王安禮爲沈道原作《墓誌》，具列所著《詩傳》、《論語解》等書，竝無《省心雜言》之名，足證確非道原作。宋濂遽因《朱子語録》定爲道原，其亦考之未審矣。其書切近簡要，質而能該，於範世勵俗之道頗有發明。謹釐正舛誤，定爲李氏之書，而考證其異同如右。

師友雜志　雜説

陳振孫《直齋書録解題・儒家類》 《師友雜志》一卷《雜説》一卷。吕本中撰。

馬端臨《文獻通考・經籍考・儒家》 《師友雜志》一卷《雜説》一卷。

東萊先生雜説

范邦甸等《天一閣書目・儒家類》 《東萊先生雜説》三卷。藍絲闌鈔本。

震澤語録

朱睦㮮《萬卷堂書目・儒家》 《震澤語録》一卷。周憲。

誨　録

王圻《續文獻通考・經籍考・儒家》 《誨録》三十卷。葉廷珪著。廷珪字嗣忠，甌寧人。篤學醇雅。葉顒、陳俊卿、黄舜祖、鄭丙皆出其門。

至　言

尤袤《遂初堂書目・儒家類》 《余氏至言》。

《宋史・藝文志・儒家類》 《石月至言》一卷。余應求刊其父之言。

王圻《續文獻通考・經籍考・儒家》 《月石先生至言》。弋陽余旲行著。

黄虞稷《千頃堂書目・儒家類補元》 余安行《余氏至言》十八卷。

遺　言

《宋史・藝文志・儒家類》 蘇籀《遺言》一卷。

泮林討古

《宋史・藝文志・儒家類》 曾發《泮林討古》二卷。

心傳録

趙希弁《讀書附志・語録類》 《無垢先生心傳録》十二卷。右張文忠公九成字子韶之説也。甥于恕編。公以紹興三年狀元及第，歷禮部侍郎兼侍講，謫居南安十四年，手不停披。歲久，庭蹟依然。公題于柱曰：「予平生嗜書，老來目病，執書就明于此者十四年矣。倚立積久，雙趺隱然，可一笑也。」因自號横浦居士。寶慶初，贈太師，追封崇國公，謚文忠云。

尤袤《遂初堂書目・儒家類》 張無垢《心傳語》。《語録》附。

錢謙益等《絳雲樓書目・道學類》 《横浦心傳録》。子韶甥于恕編。　又《心傳録》。重出。

横浦日新

趙希弁《讀書附志・語録類》 《横浦日新》二卷。右門人郎曄記録無垢先生之説也。

無垢語録　言行編　遺文

陳振孫《直齋書録解題・儒家類》 《無垢語録》十四卷，《言行編》、《遺文》共一卷。張九成子韶之甥于恕所編《心傳録》，及其門人郎昱所記《日新録》。近時徐鹿卿德夫教授南安，復裒其言行，繫以歲月，及《遺文》三十篇，附於末。

馬端臨《文獻通考・經籍考・儒家》 《無垢語録》十四卷，《言行編》、《遺文》共一卷。

語　録

《宋史・藝文志・儒家類》 張九成《語録》十四卷。

延平答問

王圻《續文獻通考・經籍考・儒家》 《延平問答語録》。李侗著。侗，劍浦人。從學羅從彦，結茅中山，謝絶世故四十餘年。食飲或不充，而怡然自得。朱熹師事焉。世號延平先生。

張萱等《内閣藏書目録・理學部》 《延平答問》一册。全。宋李侗著，門人朱熹編。又二册。全。

錢謙益等《絳雲樓書目・道學類》 《延平答問》。一卷，又《後録》一卷，朱子編。王耕道刊於姑孰郡齋，朱門弟子趙師夏識其後，時嘉定甲戌也。蓋開板在朱子下世之後矣。

《四庫全書總目提要・儒家類二》 《延平答問》一卷《附録》一卷。浙閩總督採進本。宋朱子撰。程子之學，一傳爲楊時，再傳爲羅從彦，又再傳爲李侗。侗字愿中，延平其所居也。侗於朱子爲父執。紹興二十三年，朱子二十四歲，將赴同安主簿任，往見侗於延平，始從受學。紹興三十年冬，同安任滿，再見侗，僅留月餘。又閲四載而侗没。計前後相從，不過數月。故書札往來，問答爲多，後朱子輯而録之。又載其與劉平甫二條，以成是書。朱子門人又取朱子平昔論延平語，及祭文、行狀別爲一卷，題曰「附録」，明非朱子原本所有也。後侗裔孫葆初，别掇拾侗之諸文增入一卷，改題曰《延平文集》，且總題曰朱子所編，殊失其舊。今仍録原本，而葆初竄亂之本别存目於集部焉。

延平問答續録

黄虞稷《千頃堂書目・儒家類》 周木《延平問答續録》一卷。字近仁，常熟人。成化乙未進士，南京行人司副。學者稱勉思先生。

《明史・藝文志・儒家類》 周木《延平問答續録》一卷。

延平語録

楊士奇等《文淵閣書目・性理》 《延平語録》。一部，一册。完全。

張萱等《内閣藏書目録・理學部》 《延平語録》一册。全。

延平遺書

錢謙益等《絳雲樓書目・儒家類》 《延平遺書》。

崇正辨

高儒《百川書志・崇正家》 《崇正辨》三卷。宋致堂先生胡寅明仲著。凡二百九十九事，專闢佛教，序尤痛快人心。

徐𤊹《徐氏家藏書目・子類》 胡致堂《崇正辯》三卷。宋儒胡寅。專闢佛法。嘉靖丁酉江以達刻之閩中。

《四庫全書總目提要・儒家類存目一》 《崇正辨》三卷。兩淮馬裕家藏本。宋胡寅撰。寅有《讀史管見》，已著録。是書專爲闢佛而作。每條先引釋氏之説於前，而辨正於後。持論最正，其剖析亦最明。然佛之爲患在於以心性微妙之詞汩亂聖賢之學問，故不可不辨。至其經典荒誕之説，支離矛盾，妄謬灼然，皆所謂不足與辨者。必一一較其有無，是亦求勝之過，適以自褻矣。

聖傳録

陳振孫《直齋書録解題・儒家類》 周簡惠《聖傳録》一卷。參政荆溪周葵惇義撰。案：周惇義名葵，原本誤作「蔡」，今改正。自堯、舜至孔、孟聖傳正統，爲絶句詩二十章，而各著其説，自爲一家，然無高論。

馬端臨《文獻通考・經籍考・儒家》 周簡惠《聖傳録》一卷。

《宋史・藝文志・儒家類》 周葵《周傳録》一卷。

十　論

《宋史・藝文志・儒家類》 劉子翬《十論》一卷。

維民論

祁承㸁《澹生堂藏書目・儒家》 劉屏山《維民論》。三卷。劉子翬本集本。

翼　玄

《宋史・藝文志・儒家類》 張行成《翼玄》十二卷。

張萱等《内閣藏書目録・理學部》 《翼元》四册。全。行成以邵雍言元數要而未詳，因拾其遺意解釋，以明律歷之原，探用數之旨，併采晁説之《星紀譜》而是正之。凡十二卷。

觀物外篇衍義

《宋史・藝文志・儒家類》 張行成《觀物外篇衍義》九卷。

楊士奇等《文淵閣書目・性理》 《觀物外篇衍義》。一部，九册。闕。 又《觀物外篇衍義》。一部，四册。完全。

張萱等《内閣藏書目録・理學部》 《觀物外篇演義》四册。全。 宋張行成注。

皇極經世索隱

《宋史・藝文志・儒家類》 張行成《皇極經世索隱》一卷。

張萱等《内閣藏書目録・理學部》 《皇極經世索隱》二册。全。 宋張行成注進。

潛虚衍義

《宋史・藝文志・儒家類》 張行成《潛虚衍義》十六卷。

張萱等《内閣藏書目録・理學部》 《潛虚衍義》三册。全。

皇極通變

楊士奇等《文淵閣書目・性理》 《皇極通變》。一部，十册。闕。

張萱等《内閣藏書目録・理學部》 《皇極通變》八册。全。 宋臨邛張行成著。又十一册。不全。

胡子知言

于敏中等《天禄琳琅書目・元版子部》 《胡子知言》。一函，一册。宋胡宏著。一卷。《後録》一卷。前宋張栻序。《宋史》：胡宏字仁仲，建寧崇安人，安國次子。初以蔭補右承務郎，不調。秦檜當國，貽書其兄寅，問二弟何不通書，意欲用之。宏書辭甚厲，人問之，宏曰：「正恐其召，故示之以不可召之端。」檜死，宏被召，竟以疾辭。著書曰《知言》。張栻謂其言約義精，道學之樞要，制治之蓍龜也。按張栻嘗從宏遊，其序作於孝宗乾道四年，極推崇之意。《朱子語録》有曰：因與諸子論湖湘學者崇尚《胡子知言》，曰：《知言》固有好處，然亦大有差失，如論性，往往與告子「湍水」之説「生之謂性」之意有相似處云云。而吕祖謙謂《知言》勝似《正蒙》，則又過於稱許焉。此書兩卷，後別行皆刻「後學天台吴堅刊於福建漕治」。考《宋史》，無堅傳。《浙江通志》載堅仙居人，登淳祐四年甲辰進士第，歷官至端明殿學士。此書係元時翻刻，雖不能精而宋槧規矩猶存，尚屬元版之佳者。本朝商邱宋犖藏本有「緯蕭草堂印」，按犖作《西陂雜詠詩》，有《緯蕭草堂》一篇，其子至曾取以名其集。

《四庫全書總目提要・儒家類二》 《知言》六卷，《附録》一卷。《永樂大典》本。宋胡宏撰。宏有《皇王大紀》，已著録。是編乃其論學之語，隨筆劄記，屢經改訂而後成。吕祖謙嘗以爲勝於《正蒙》。然宏之學本其父安國，安國之學雖出於楊時，而又兼出於東林常總。總嘗謂本然之性不與惡對言。安國沿習其説，遂以本然者與善惡相對者分成兩性。宏作此書，亦仍守其家傳。其所謂性無善惡，心以成性。天理人欲，同體異用，同行異情。指名其體曰性，指名其用曰心。性不能不動，動則心矣云云。朱子力詆其非，至作《知言疑義》，與吕祖謙及宏門人張栻互相論辨，即栻亦不敢盡以其師説爲然。其論治道，以井田封建爲必不可廢，亦泥古而流於迂謬。然其他實多明白正大，足以闡正學而闢異端，朱子亦嘗稱其思索精到處殊不可及，固未以一二瑕疵盡廢其書也。自元以來，其書不甚行於世。明程敏政始得舊本於吴中，後坊賈遂有刊版。然明人傳刻古書，好意爲竄亂，此本亦爲妄人强立篇名，顛倒次序，字句舛謬，全失其真。惟《永樂大典》所載，尚屬宋槧原本，首尾完備，條理釐然。謹據其章目，詳加刊正，以復其舊。其《朱子語録》各條，亦仍依原本。別爲《附録》一卷，繫之於末，以備考證焉。

學政發縱

《宋史・藝文志・儒家類》 董與幾《學政發縱》一卷。

修學門庭

尤袤《遂初堂書目・儒家類》 《修學門庭》。

《宋史・藝文志・儒家類》 高登《修學門庭》一卷。

潛虛發微論

陳振孫《直齋書録解題・儒家類》 《潛虛發微論》一卷。監察御史張敦實撰。凡九篇。

馬端臨《文獻通考・經籍考・儒家》 《潛虛發微論》一卷。

忘筌書

陳振孫《直齋書録解題・儒家類》 《忘筌書》二卷。浦城潘植子醇撰。多言《易》，亦涉異端，凡五十一篇。此書載《鳴道集》爲九十二篇，附見者又十有三，而《館閣書目》又稱七十七篇，皆未詳。

王圻《續文獻通考・經籍考・儒家》 《忘筌書》五卷。章才邵著。才邵字師古，崇安人。悟新學之非，著此書。又《理性書》九篇，號《浩然子》，劉勉之、劉子翬、胡憲皆喜其書。《前考》稱潘植撰，止二卷，置於雜家。

樂庵語録

朱睦㮮《萬卷堂書目・儒家》 《樂庵語録》五卷。龔昱。

張萱等《内閣藏書目録・理學部》 《樂庵先生語録》一册。全。宋左史祕撰李衡著。

通　言

《四庫全書總目提要・儒家類存目一》 《通言》一卷。《永樂大典》本。宋吳沆撰。沆有《易璇璣》，已著録。此書亦語録之類。如曰「不求過於人而人不能及之者，善道也；不求合於人而人不能離之者，善德也。」又曰：「立朝廷而後見山林之志，享富貴而後見貧賤之節。」論亦間有可取。然其自序有曰：「孟軻談仁義，至楊、墨而不通。其道小，不足以容楊、墨故也。孔子則無所否矣。韓愈原道德，至佛、老而不通。其道小，不足以容佛、老故也。王通則有所可矣。」其宗旨殊爲謬誕，不可訓也。

玉泉講學

陳振孫《直齋書録解題・儒家類》 《玉泉講學》一卷。沙隨程迥可久所記喻樗子才語。樗本末見《語孟類》。

王圻《續文獻通考・經籍考・儒家》 《玉泉講學録》，程迥著。

玉泉語録

王圻《續文獻通考・經籍考・儒家》 《玉泉語録》。喻樗著。

性理窟

王圻《續文獻通考·經籍考·儒家》　《性理窟》。喻樗著。

程尚書極書

尤袤《遂初堂書目·儒家類》　《程尚書極書》。

庸　言

《四庫全書總目提要·儒家類存目一》　《庸言》一卷。《永樂大典》本。宋楊萬里撰。萬里有《易傳》，已著録。是編乃其語録。大致規摹揚雄《法言》，頗極修飾之力。較其詩文又自爲一體。而詞工意淺，亦略近於雄。

項氏家説

《四庫全書總目提要·儒家類二》　《項氏家説》十卷《附録》二卷。《永樂大典》本。宋項安世撰。安世有《周易玩辭》，已著録。此蓋其讀經史時條記所得，積以成編者也。案嘉定辛未，樂章撰《周易玩辭後序》曰：「項公昔忤權臣，擯斥十年。杜門卻掃，足跡不涉户限。耽思經史，專意著述，成書數篇。迨兵端既開，邊事告急，被命而起，獨當一面。外禦憑陵，内固根本，成就卓然。」陳振孫《書録解題》亦稱其當慶元中得罪時，謫居江陵，杜門潛心，起居不出一室。送迎賓友，未嘗踰閾。諸書皆有論説。然則是書乃慶元間斥居江陵時所作也。安世學有體用，通達治道，而説經不尚虚言。其訂覈同異，考究是非，往往洞見本原，迥出同時諸家之上。是書見於《宋史·藝文志》者十卷，《附録》四卷。又别出《孝經説》一卷，《中庸説》一卷。《書録解題》並同。自明初以來，其本久佚。今惟散見《永樂大典》各韻内。核其所載，多兼及説經、説事、説政、説學等篇名，而逐條又各有標題，其原書體例約略可見，篇帙亦尚多完善。謹依類排纂，經則按各經之文次之。卷一、卷二並易説，卷三書説，卷四詩説，卷五周禮，卷六禮記，卷七論語、孟子等。是爲説經篇，凡七篇。其八、九、十三卷則先以説事篇，次説政篇，次説學篇。雖原目無存，未必悉符其舊。然陳振孫言是書有云「九經皆有論著」。其第八卷以後雜説文史政學，則序次大致當亦不甚懸殊。振孫又云，附録《孝經》、《中庸》、《詩篇次》、《邱乘圖》則各爲一書。重見諸類，似《附録》之四卷本分爲四種單行，而復取以附於《家説》後也。今檢《永樂大典》，但有《孝經説》、《中庸臆説》二書，而《詩篇次》、《邱乘圖》未經收入。疑當時即已散佚，無可考補。謹據其存者，仍合爲《附録》二卷，次之於末，以畧還原書之舊焉。

張子太極解義

趙希弁《讀書附志·語録類》　《張子太極解義》一卷。右張宣公解周元公《太極》之義也。

尤袤《遂初堂書目·儒家類》　《南軒太極圖解》。

南軒先生問答

趙希弁《讀書附志·語録類》　《南軒先生問答》四卷。右張宣公栻敬夫答門人之所問也。敬夫，魏國忠獻公之嗣子也。忠獻都督諸軍事，奏以公書寫機宜文字，以軍事入見，天子異其言，詔以爲直祕閣。劉珙薦公學行志業，遂與郡，召爲吏部員外郎兼侍講，除左司，知静江。治狀上聞，特轉承事郎，除修撰，爲湖北運副，知江陵而卒。且死，猶手章遺表，寫畢而絶。學者稱爲南軒先生。嘉定八年賜謚。

晞顔録

陳振孫《直齋書録解題・儒家類》《晞顔録》一卷。張栻取經傳中凡言及顔子者，録爲一編。

馬端臨《文獻通考・經籍考・儒家》《晞顔録》一卷。

南軒語録

陳振孫《直齋書録解題・儒家類》《南軒語録》十二卷。蔣邁所記張栻敬夫語。

馬端臨《文獻通考・經籍考・儒家》《南軒語録》十二卷。

楊士奇等《文淵閣書目・性理》《南軒語録》。一部，三册。完全。　又《南軒語録》。一部，三册。完全。

二程傳道辯言

朱睦㮮《萬卷堂書目・儒家》《二程傳道辯言》十卷。張栻。

南軒語録拾遺

張萱等《内閣藏書目録・理學部》《南軒語録拾遺》一册。全。

二十先生西銘解義

趙希弁《讀書附志・語録類》《二十先生西銘解義》一卷。右明道、伊川、呂大防微仲、呂大臨與叔、楊時中立、游酢定夫、尹焞彦明、劉安節元承、鮑若雨商霖、李朴先生之、張九成子韶、胡銓邦衡、許景衡少伊、郭雍子和、謝諤昌國、劉清之子澄、張維、祝禹圭、錢聞詩子言、張栻敬夫解横渠先生《西銘》之義也。

復禮齋語録

趙希弁《讀書附志・語録類》《復禮齋語録》一卷。右楚澤李著之説也。亦名《桂林語録》。

晦庵語録

趙希弁《讀書附志・語録類》《晦庵先生語録》四十三卷。右廖德明、輔廣、余大雅、陳文蔚、李閎祖、李方子、葉賀孫、潘時舉、董銖、竇從周、金去僞、李季札、萬人傑、楊道夫、徐寓、林恪、石洪慶、徐容、甘節、黄義剛、晏淵、龔蓋卿、廖謙、孫自修、潘履孫、湯泳、林夔孫、陳埴、錢木之、曾祖道、沈僩、郭友仁、李儒用三十三人記録晦庵先生之語也。李文惠公道傳持江東庾節，刻于池陽，黄榦書于目録之後。

陳振孫《直齋書録解題・儒家類》《晦庵語録》四十六卷。著作佐郎陵陽李道傳貫之，裒晦翁門人廖德明子晦而下三十二家，刻之九江。

馬端臨《文獻通考・經籍考・儒家》《晦庵語録》四十六卷。

《宋史・藝文志・儒家類》朱熹《語録》四十三卷。朱熹門人所記。

楊士奇等《文淵閣書目・性理》《晦庵語録》。一部，三十册。闕。案塾本作《語録》十五册。闕。　又《晦庵語録》。一部，六册。完全。

張萱等《内閣藏書目録・理學部》《晦庵語録》三十册。全。宋朱熹著。　又二十九册。全。　又六册。全。　又二十四册。不全。内闕二册。　又三十册。不全。　又《晦庵語録》三十册。全。

錢謙益等《絳雲樓書目・道學類》《朱子語録》十七册。四十六卷。《續録》卷數亦同，刻於九江。

晦庵續録

趙希弁《讀書附志・語録類》 《晦庵先生語續録》四十六卷。右黄榦、何鎬、程端家、周謨、潘柄，魏椿、吴必大、黄𦳝、楊若海、楊驤、陳淳、童伯羽、鄭可學、滕璘、王力行、游敬仲、黄升卿、周明作、蔡懇、楊與立、鄭南升、歐陽謙之、游倪、楊至、潘植、王過、董拱壽、林學蒙、林賜、李儒用、胡泳、吕燾、黄義剛、吴壽昌、楊長孺、吴琮等四十一家記録晦庵先生語也。內五家莫詳姓氏，後一卷則前録廖德明、潘時舉、董銖、萬人傑、徐寓、林恪所遺也。李性傳叙而刻之鄱陽。

陳振孫《直齋書録解題・儒家類》 《晦庵續録》四十六卷。李太史之弟樞密性傳成之，又得黄榦直卿而下四十一家，及《前録》所無者併刻之，合貫之《前録》，益見該備矣。

馬端臨《文獻通考・經籍考・儒家》 《晦庵續録》四十六卷。

楊士奇等《文淵閣書目・性理》 《晦庵語續録》。一部，六册。完全。 又《晦庵語續録》。一部，二十六册。完全。 又《朱文公續録》。一部，十八册。殘缺。 又《文公續語録》。一部，十四册。闕。 又《文公語録續後集》。一部，四册。闕。

張萱等《内閣藏書目録・理學部》 《朱文公語録續集》十八册。不全。 又六册。全。 又《晦庵先生朱文公續語録》二十六册。全。內後續六册。即《後集》。

朱子語略

趙希弁《讀書附志・語録類》 《朱子語略》二十卷。右楊與立編次晦庵先生之語。蕭一致刻于道州。

黄虞稷《千頃堂書目・儒家類・補宋》 楊與立《朱子語略》二十卷。建安人，朱子門人，知遂昌縣。人稱船山先生。國子監《書目》作十卷。

倪燦等《宋史・藝文志補・子部》 楊與立《朱子語略》二十卷。一作十卷。建安人，朱子門人。

師誨

趙希弁《讀書附志・語録類》 《師誨》三卷《附録》一卷。右吴必大記録晦庵先生之語。朱鑑刻于興國。

張萱等《内閣藏書目録・理學部》 《師誨》三册。全。宋吴必大録其師朱晦庵與諸生講學語。

朱氏通書太極圖解

尤袤《遂初堂書目・儒家類》 《朱氏通書太極圖解》。

文公語略

楊士奇等《文淵閣書目・性理》 《文公語略》。一部，三册。闕。

朱子語録類要

楊士奇等《文淵閣書目・性理》 《朱子語録格言》。一部，一册。闕。

黄虞稷《千頃堂書目・儒家類・補宋》 葉士龍《晦庵朱子語録類要》十八卷。括蒼人。字雲叟，號澹軒，黄榦門人。爲考亭書院堂長。凡四十八類。

楊紹和《楹書隅録・子部》 《元本新編晦庵先生語録類要》十八卷。六册。卷首有嘉熙戊戌新安朱□、淳祐甲辰專陽王遂兩序。卷末大德壬寅武夷詹天祥跋云：右《文公語録類要》十八卷，故考亭書院堂長澹軒葉氏手編之書也。堂長諱士龍，字雲叟，弱冠由括蒼來考亭，從勉齋游，因家焉。學成行尊，臺郡迎致講説。其所著書有《論語詳説》二十篇，又《文集》若干卷。是編取《文公語録》撮要分類，初題曰「語録格言」，凡十九卷。殿講徐公幾愛其簡切，更題曰「語録類要」，内獨省去第十九卷，蓋不欲學者驟言兵也。近年兵燹不復存，天祥家藏殿講手校本乃重校刻之云云。是書較《語類大全》頗極詳該，諸家書目俱未載，惟上元倪閣公燦《宋史藝文志補》始著録。顧既列之《宋志》，自當依雲叟之舊，乃題葉士龍《語録類要》十八卷，似有未安，或亦未覩此本，不知經後人刪易耶？每半葉十一行，行二十字，有「楝亭曹氏藏書樹德堂英和私印、長白敷文氏謹齋昌齡圖書印、謹齋圖書蔣成山記各印。

家山圖書

楊士奇等《文淵閣書目・性理》《家山圖書》。一部，一册。闕。

《四庫全書總目提要・儒家類二》《家山圖書》一卷。《永樂大典》本。不著撰人名氏。《永樂大典》題爲朱子所作。今考書中引用諸説，有《文公家禮》，且有朱子之稱，則非朱子手定明矣。錢曾《讀書敏求記》曰：《家山圖書》，晦菴私淑弟子之文。案「弟子」二字，刊本誤倒其文，今改正。蓋逸書也。李晦顯翁得之於劉世常平父，劉得之於魯齋許文正公。其書以《易》、《中庸》、《古大學》、《古小學》叅列於圖，而於修身之旨歸綱領，條分極詳。此本惜不多覯，宜刊布之，以廣其傳云云。曾家所藏舊本，久已不傳。世無刊本，書遂散失。惟《永樂大典》尚備載其原文，然首列《小學本旨圖》，中多典禮、内則、少儀之事，與曾所謂以《易》、《中庸》、《古大學》、《小學》叅列於圖者，體例稍異。意是書諸儒相傳，互有增損，行世者非一本歟？然要其旨歸則一也。其書先圖後説，根據《禮經》，依類標題，詞義明顯。自入學以至成人，序次冠、昏、喪、祭、賓、禮、樂、射、御、書、數諸儀節，至詳且備。而負劍、辟咡以及鄉飲、五御諸圖，尤足補聶崇義所未及。蓋朱子《小學》一書詳於義理，而此則詳於名物度數之間。二書相輔而行，本末互資，内外兼貫，均於蒙養之學深有所裨，有不容以偏廢者焉。

朱子語類

《四庫全書總目提要・儒家類二》《朱子語類》一百四十卷。内府藏本。宋咸淳庚午，導江黎靖德編。初，朱子與門人問答之語，門人各録爲編。嘉定乙亥，李道傳輯廖德明等三十二人所記爲四十三卷。又續增張洽録一卷，刻於池州，曰《池録》。嘉熙戊戌，道傳之弟性傳續蒐黄榦等四十二人所記爲四十六卷，刊於饒州，曰《饒録》。淳祐己酉，蔡杭又裒楊方等二十三人所記爲二十六卷，亦刊於饒州，曰《饒後録》。咸淳乙丑，吴堅採三録所餘者二十九家，又增入未刊四家爲二十卷，刊於建安，曰《建録》。其分類編輯者，則嘉定己卯黄士毅所編，凡百四十卷。史公説刊於眉州，曰蜀本。又淳祐壬子王佖續編四十卷，刊於徽州，曰徽本。諸本既互有出入，其後又翻刻不一，譌舛滋多。靖德乃裒而編之，刪除重複一千一百五十餘條，分爲二十六門，頗清整易觀。其中甚可疑者，如包楊録中論《胡子知言》以書爲溺心志之大穽之類，概爲刊削，亦深有功於朱子。靖德目録後記有曰：朱子嘗言《論語》後十篇不及前，六言六蔽，不似聖人法語。是孔門所記猶可疑，而況後之書乎？觀其所言，則今他書間傳朱子之語而不見於《語類》者，蓋由靖德之刪削。鄭任鑰不知此意，乃以《四書大全》所引不見今本《語類》者，指爲《或問小註》之證。其亦不考之甚矣。

張之洞《書目答問・儒家》《朱子語類》一百四十卷。宋黎靖德編。明刻本。日本刻本。

朱子三書

張萱等《内閣藏書目録・理學部》《周張三書》一册。全。宋周、張二子《太極》、《通書》、《西銘》，朱晦菴注。

又 《太極通書》三册。全。宋儒周敦頤著。《西銘》附。皆朱晦菴注。

紫陽宗旨

楊士奇等《文淵閣書目・性理》《紫陽宗旨》。一部，四册。完全。

張萱等《内閣藏書目録・理學部》《紫陽宗旨》四册。全。宋淳祐間，金華王佖編次朱子語録，凡三十八卷。又三册。不全。

《四庫全書總目提要・儒家類存目一》　《紫陽宗旨》二十四卷。兩江總督採進本。舊本題宋王佖撰。佖，東陽人，即淳祐壬子作《朱子年譜序》者也。其書採輯朱子《文集》、《語類》，分誨人、析理、理經、論事四門，每門又各分子目。其中註語有出朱子原文者，亦有出佖所增識者。考趙希弁《讀書附志》，載《晦菴先生朱文公語後録》二十卷，註曰：右東陽王佖記，楊方、黄榦、劉琰、黄灝、邵浩、劉砥、李輝、黄卓注，德輔、陳芝、吴振、吴雉、林子蒙、林學履、劉礪、鍾震、蕭佐、舒高、魏春、楊至所録也。其説謂《池録》初成，勉齋猶未免有遺恨於刊行之後，況饒本又出於其後乎？此二十卷，皆池、饒所未及刊者云云。其書名各異，卷數復殊。據其所言，乃續刊之《語録》，體例亦與此書不合。惟《内閣書目》有佖《紫陽宗旨》三十八卷，《千頃堂書目》則作二十八卷。書名、撰人均與此本相合，而卷數復異，未詳其故。然《浙江通志・經籍門》中，以佖《朱文公語後録》列爲一條，而以此書附載於下，不入標目，則亦疑非佖作矣。

讀書日程

范邦甸等《天一閣書目・儒家類》　《讀書日程》二卷。刊本。宋朱子撰。

經濟文衡

黄虞稷《千頃堂書目・儒家類》　馬季機《經濟文衡》前集廿五卷，後集廿五卷，續集廿二卷。皆輯朱子文字及問答要語。楊一清序。正德四年刊。

于敏中等《天禄琳琅書目・元版子部》　《類編標註文公先生經濟文衡》一函，六册。宋馬括輯。《前集》二十五卷，《後集》二十五卷，《續集》二十二卷，共七十二卷。前宋黄昇序，括自序。馬括，《宋史》無傳，宋人諸《書目》亦不載是書。其序作於淳祐辛亥，按「辛亥」爲宋理宗淳祐十一年。書中蓋取朱子所著論者類而編之，加以標註。黄昇序稱括字曰季機，而未詳其爵里。昇，《宋史》亦無傳。著有《中興詞選》，字曰叔暘，號曰玉林，又號花菴。胡德方爲之序，稱其早棄科舉，吟咏自適，秋房樓公以泉石清士目之。馬括當時纂輯此書，似未刻梓，是本前集總目後有「時泰定甲子春刊於梅溪書院」本記，按「泰定甲子」爲元泰定帝御極之元年，版式係仿宋巾箱本，而未能如宋槧之工也。

又　《類編標註文公先生經濟文衡》。一函，六册。篇目同前。此書即前版，橅印亦出一時。周大訓印，無考。

《四庫全書總目提要・儒家類二》　《經濟文衡前集》二十五卷，《後集》二十五卷，《續集》二十二卷。安徽巡撫採進本。不著編輯者名氏。初刻於正德辛巳，有楊一清序，但稱先儒所輯。再刻於萬曆丙午，有朱吾弼序，但稱爲董崇相家藏本，亦不能指作者何人。黄虞稷《千頃堂書目》則載是書爲馬季機編。所列前集、後集、續集之目，亦皆相合。乾隆乙未，南昌楊雲服重刻，程恂序之，稱爲宋滕珙編。考滕珙字德章，號蒙齋，婺源人。淳熙十四年進士，官合肥令。與兄璘俱遊朱子之門。朱子銘其父墓，稱二子皆有聲州縣間。又稱珙廷對甚佳，蓋亦新安高弟也。今觀是書，取朱子《語録》、《文集》分類編次。前集皆論學，後集皆論古，續集則兼二集所遺而補之。每一論必先著其緣起，次標其立論之意。條分縷析，條理秩然。視他家所編《經世大訓》之類，或簡而不詳，或繁而少緒者，迥乎不同。即不出於珙手，要非學有淵源者不辦也。惟是朱子平生學問大端，具見於此，而獨以「經濟」爲名，殆不可曉。即以開卷一篇論之，太極、無極有何「經濟」可言耶？其門目亦太煩碎，多不應分而分之，前集尤甚。亦爲一瑕。讀者取其宏旨可耳。

又《儒家類存目一》　《分類標註朱子經濟文衡》七十五卷。江蘇巡撫採進本。宋滕珙編。其原本已著録。此本爲明朱吾弼重刊，即珙之書而標其要語於簡端，以備荅策之用，殊爲猥陋。

朱子大全私鈔

范邦甸等《天一閣書目・儒家類》　《朱子大全私鈔》十二卷。刊本。明嘉靖臨海王宗沐編次，海寧朱有孚序。

黄虞稷《千頃堂書目・儒家類》　王宗沐《朱子大全私鈔》十二卷。

朱子讀書法

朱睦㮮《萬卷堂書目・儒家》 《朱子讀書法》二卷。敖英。

朱子節要

朱睦㮮《萬卷堂書目・儒家類二》 《朱子節要》十四卷。明高攀龍編。明本。此本清朗豁目，前有題辭，不知何人所撰。次萬曆壬寅高攀龍自序，序後有按。高氏自序曰：朱子之書自傳注而外見於《文集》、《語録》者，浩渺無涯。三復之餘，節其要言，倣朱子《近思録》例，分爲十四卷，名曰《朱子節要》。高氏按曰：《近思録》一卷《論道體》，二卷《論學》，三卷《致知》，四卷《存養》，五卷《克治》，六卷《家道》，七卷《出處》，八卷《治體》，九卷《治法》，十卷《居官處事》，十一卷《教人之法》，十二卷《警戒改過》，十三卷《辨别異端》，十四卷《總論聖賢》。東萊謂一卷所論，非初學所能領會。朱子曰：「且令識個頭腦，須自二、三、四卷而入。」

黄虞稷《千頃堂書目・儒家類》 高攀龍《朱子節要》十四卷。

朱子學的

王圻《續文獻通考・經籍考・皇明》 《朱子學的》。瓊山丘濬著。

黄虞稷《千頃堂書目・儒家類》 丘濬《朱子學的》二卷。凡二十篇，輯朱子語爲之，以擬《論語》。

《四庫全書總目提要・儒家類存目一》 《朱子學的》二卷。副都御史黄登賢家藏本。明邱濬編。濬有《家禮儀節》，已著録。是編上卷分《下學》、《持敬》、《窮理》、《精藴》、《須看》、《鞭策》、《進德》、《道在》、《夫德》、《韋齋》等十篇。下卷分《上達》、《古者》、《此學》、《仁禮》、《爲治》、《紀綱》、《聖人》、《前輩》、《斯文》、《道統》等十篇。蔡衍鍉序曰：上編自《下學》以至《天德》，由事而達理，而終之以《韋齋》，所以紀朱子之生平言行，猶《論語》之有《鄉黨》也。下編自《上達》以至《斯文》，由理而散事，而終之以《道統》，所以紀濂洛、關、閩之學之所由來，猶《論語》之有《堯曰》也。然濬闡朱子之言以示學者，即仿朱子編《近思録》、《小學》之體足矣，何必摹擬《論語》，使之貌似聖人。況揚雄、王通之僭經，朱子嘗深譏之。濬之是編，豈朱子所樂受乎？

文公語録

王圻《續文獻通考・經籍考・儒家》 《文公語録》。順昌廖德明集。

文公語録

王圻《續文獻通考・經籍考・儒家》 《文公語録》。又有晉江楊至著，凡二卷。

朱子語録

王圻《續文獻通考・經籍考・儒家》 順昌余大雅亦有《朱子語録》一卷。

晦庵語録

王圻《續文獻通考・經籍考・儒家》 《晦庵語録》。胡常次。

朱子語略

王圻《續文獻通考・經籍考・儒家》 《朱子語略》。楊奂著。

朱子語録

王圻《續文獻通考・經籍考・儒家》　《朱子語録》。葉賀孫編。

朱子語類

王圻《續文獻通考・經籍考・儒家》　《朱子語類》。葉味道著。

文公要語

王圻《續文獻通考・經籍考・儒家》　《文公要語》。熊禾字去非，號勿軒，建陽人。取文公諸書擇其至精且要者爲此書，而以邵、馬、張、吕及朱氏門人之説爲《附録》。

黄虞稷《千頃堂書目・儒家類・補宋》　熊禾《文公要語》。取文公諸書擇其精要爲之，而以趙、馬、張、吕及朱氏門人之書附録。

追記語録

王圻《續文獻通考・經籍考・儒家》　《追記語録》一卷。孫自修字敬父，宣城人。偕其弟自新、自任從朱子遊。朱子嘗貽書商確傳訓，殁，自修追記《語録》一卷，附《朱子語録》中。

師　説

王圻《續文獻通考・經籍考・儒家》　《師説》十卷。莆田鄭可學著。

文公語類　文公書説

王圻《續文獻通考・經籍考・儒家》　《文公語類》一百三十八卷《文公書説》十卷。莆田黄士毅因《文公語録》分門序次成書。

宋文公政訓

徐𤊹《徐氏家藏書目・子類》　《宋文公政訓》一卷。

文公經世大訓

徐𤊹《徐氏家藏書目・諸子類》　《文公經世大訓》。

黄虞稷《千頃堂書目・儒家類》　余祐《文公經世大訓》十六卷。

《四庫全書總目提要・儒家類存目一》　《文公先生經世大訓》十六卷。禮部尚書曹秀先家藏本。明余祐編。祐字子積，鄱陽人。宏治庚戌進士，官至雲南布政使，内召爲太僕寺卿，未及行，又擢吏部侍郎，未聞命而病卒。《明史・儒林傳・附見胡居仁傳》中：祐，居仁之門人，又其壻也。是書成於正德甲戌。採朱子《文集》、《語類》二書，分類排纂爲三十六門，别無一字之發揮。其曰「大訓」，蓋取與天球河圖竝重之義。然書所稱者乃古聖先王之教典，非大賢以下所敢受，恐未必合朱子意也。

周子太極圖

張萱等《内閣藏書目録・理學部》　《周子太極圖》一册。全。宋朱晦菴解注，黄巖孫集録。

通書發揮

張萱等《内閣藏書目録・理學部》《通書發揮》二册。全。朱晦庵注。

朱公大同集

錢謙益等《絳雲樓書目・儒家類》《朱公大同集》。

紫陽先生精義

黄虞稷《千頃堂書目・儒家類・補元》《紫陽先生精義》四卷。

朱子讀書法

黄虞稷《千頃堂書目・儒家類》吾昮《朱子讀書法》。

文公全集摘要

黄虞稷《千頃堂書目・儒家類》徐即登《文公全集摘要》八卷。

朱子録要

黄虞稷《千頃堂書目・儒家類》馮應京《朱子録要》十五卷。

朱子鈔

黄虞稷《千頃堂書目・儒家類》孫應奎《朱子鈔》十卷。

參定朱子語類

黄虞稷《千頃堂書目・儒家類》陳龍正《參定朱子語類》□卷。

玉溪師傳録

《四庫全書總目提要・儒家類存目一》《玉溪師傳録》一卷，附録一卷。兩江總督採進本。舊本題宋童伯羽撰。伯羽字蜚卿，甌寧人，朱子之門人也。是編所録朱子語，在《語録》饒本内。繫以庚戌，庚戌爲紹熙元年，伯羽時年四十七也。本名《晦菴語録》。明成化中，其九世孫訓以語類諸本參校補訂，改題今名。前列《道學統宗》一圖，上溯羲、孔，而以伯羽直接朱子之下，蓋亦訓之所爲。後附《墓表》、《行實》，載朱子詩二首及《敬義堂銘》。考《朱子文集》及續刊諸集，皆所未載，莫詳所自。其稱伯羽撰《四書集成》、《孝經衍義》、《羣經訓解》三書，《宋志》不著録。朱彝尊《經義考》亦惟載伯羽有《四書訓解》，無此諸名。又前有邱濬序，其文不類。復有龔道後序，作於萬曆甲午，而稱皇宋淳熙，跳行出格，尤爲舛迕，疑即訓捃拾《語類》附益之，非必果出伯羽也。

雜學辨　附記疑

《四庫全書總目提要・儒家類二》《雜學辨》一卷，附《記疑》一卷。副都御史黄登賢家藏本。宋朱子撰。以斥當代諸儒之雜於佛、老者也。凡蘇軾《易傳》十九條，蘇轍《老子解》十四條，張九成《中庸解》五十二條，吕希哲《大學解》四條，皆摘録原文，各爲駁正於下。末有乾道丙戌何鎬跋。鎬字叔京，何兑之子。「丙戌」爲乾道二年，朱子三十七歲，監嶽廟家居時也。《高疑》一卷，前有朱子題詞，稱偶得雜書一册，不知何人所記，懼其流傳久遠，上累師門云云。蓋程子門人記録師説，附以己意，因而流入二氏者。亦摘録而與之辨，凡二十條。其書作於淳熙二年丙申三月，朱子方在婺源，距作《雜學辨》時十年矣。後人附刻《雜學辨》後，以類相從。今亦仍舊本録之焉。

近取編

《四庫全書總目提要・儒家類存目二》 《近取編》二卷。陝西巡撫採進本。明胡纘宗撰。是編取《朱子要語》釐成二卷，名曰「近取」者，謂取諸切近日用，以救宗金谿者之弊，殆爲王守仁發也。

朱子書要

《四庫全書總目提要・儒家類存目四》 《朱子書要》。無卷數。兩江總督採進本。不著編輯人名氏。取《朱子語類》、《文集》鈔撮成帙。前無序目，每條下又各以硃筆註道體、大命等子目。蓋欲分類編排，手録未竟之本也。

朱子全書

《四庫全書總目提要・儒家類四》 《御纂朱子全書》六十六卷。康熙五十二年。聖祖仁皇帝御定。南宋諸儒好作語録，卷帙之富，尤無過於朱子。咸淳中，黎靖德刪除重複，編爲一集，尚得一百四十卷。又南宋文集之富，無過周必大、楊萬里、陸游，而《晦菴大全集》卷帙亦與相埒。其記載雜出衆手，編次亦不在一時。故或以私意潤色，不免失真。或以臆説託名，全然無據。即確乎得自師説者，其中早年晚歲，持論各殊，先後異同，亦多相矛盾。儒者務博篤信朱子之名，遂不求其端，不訊其末，往往執其一語，奉若《六經》，而朱子之本旨轉爲尊朱子者所淆。考《朱子語録》，稱孔門弟子留下《家語》，至今作病痛。憾其擇之不精也。然則讀朱子之書者不問其真贋是非，隨聲附和，又豈朱子之意乎哉！聖祖仁皇帝表章朱子之學，而睿鑒高深，獨洞燭《語録》、《文集》之得失，乃特詔大學士李光地等汰其榛蕪，存其精粹，以類排比，分爲十有九門。金受鍊而質純，五經琢而瑕去。讀朱子之書者，奉此一編爲指南，庶幾可不惑於多岐矣。

張之洞《書目答問・儒家》 《朱子全書》六十六卷。康熙五十二年。敕編。殿本。古香齋本。貴陽官本。

朱子語類纂

《四庫全書總目提要・儒家類存目一》 《朱子語類纂》十三卷。山東巡撫採進本。國朝王鉞撰。鉞有《粤遊日記》，已著録。是書，其世德堂遺書之第五種也。取黎靖德所編《朱子語類》一百四十卷，摘理氣、鬼神、性理、論學四門，餘皆不取。四門之外，又各刪存大略，而間附以己説。如朱子謂「理氣本無先後」，語原無病，鉞必謂「先有天地之理，然後太極生兩儀」。如其所説，是理又別是一物，可以生氣。然則氣未生時，理又安在？此主理太過之弊。又如謂「雨是鬱蒸之氣，有時龍能爲之者，龍亦是鬱蒸之氣；雹是不和之氣，有時蜥蜴能爲之者，蜥蜴亦是不和之氣」。執一理以該天下之變，不至於穿鑿附會不止矣。

朱子文語纂編

《四庫全書總目提要・儒家類存目一》 《朱子文語纂編》十四卷。編修勵守謙家藏本。不著編輯者名氏。其書取朱子《文集》、《語類》，約略以類相從，而不分門目，前後亦無序跋。蓋草創未完之本也。

朱子讀書法

《四庫全書總目提要・儒家類二》 《朱子讀書法》四卷。《永樂大典》本。宋張洪、齊熙同編。洪字伯大，熙字充甫，皆鄱陽人。事蹟無可考。據洪自序，咸淳中分教四明，熙適客遊浙東，遂相與商榷是書，而刻諸鄞泮。其書本朱子門人輔廣所輯，巴川度正嘗屬遂寧于和之校刊，鄱陽王氏復廣爲後編，洪與熙又因而補訂之。以輔氏原本爲上卷，而以所續增者列爲下卷，皆以《文集》、《語類》排比綴緝，分門隸屬。雖捃拾鈔撮，裨販舊文，不足以言著述。而條分縷析，綱目井然，於朱子一家之學，亦可云覃思研究矣。元時版已不存。至順中，江南行臺御史趙之維重鏤於集慶路學，故《永樂大典》全帙收入。原編卷次已不可考。今酌其篇帙，釐爲四卷，俾講新安之學者有所考證焉。

紫陽大旨

《四庫全書總目提要・儒家類存目三》 《紫陽大旨》八卷。江蘇巡撫。採進本。國朝秦雲挾撰。雲挾字開地，號定叟，錢塘人。是編成於順治辛丑。專爲王守仁《朱子晚年定論》而作。分八門，一曰朱子初學，二曰論已發未發，三曰論涵養本源，四曰論居敬窮理，五曰論致知格物，六曰論性，七曰論心，八曰論太極。大約以第一卷所載實爲未定之論，二卷以下則真知灼見，粹然一出於正。守仁之論，亦間附載以互證。其何叔京書顛倒年月之類，羅欽順等所已駁者，不復糾焉。

朱子學歸

《四庫全書總目提要・儒家類存目三》 《朱子學歸》二十三卷。浙江巡撫採進本。國朝鄭端編。端有《政學録》，已著録。是書成於康熙癸亥。採摭朱子緒論，分類編輯。列爲二十三門，門爲一卷。自序稱少讀朱子《近思録》，而求明儒高攀龍所編《朱子節要》，數年不得。及此書既成，復得《節要》一册，取以相質，亦不至大相剌謬云。

下學編

《四庫全書總目提要・儒家類存目四》 《下學編》十四卷。江西巡撫採進本。國朝祝洤撰。洤以蔡氏所纂《朱子近思續録》及近代《朱子近思續録》、《朱子文語纂》、《朱子節要》諸書皆爲未善，乃掇取《文集》、《語類》，分十四門編次之。門爲一卷，凡六百九十二條。其去取頗具苦心，然多竄易其原文。雖所改之處皆註其下，曰原作某句，然先儒之書，意有所契，簡擇取之可也。意所不合，附論是非，破除門户，無所曲阿亦可也。學未必能出其上，而遽改古書，其意雖善，其事則不可訓矣。

太極圖説注　通書注　西銘注

周中孚《鄭堂讀書記・儒家類一》 《太極圖説注》一卷《通書注》一卷《西銘注》一卷。《文貞全集》。本。國朝李光地編。宋朱子撰。朱子、光地仕履俱見禮類。案《讀書志》止載《周子通書》一卷，時尚未有朱注。至《書録解題》、《通考》既載《通書》一卷，復載《太極圖説》一卷，蓋據朱注本著之。《宋志》總作《太極通書》一卷，不知所據何本也。又陳、馬兩家俱載《西銘集解》一卷。陳氏云趙師俠集吕大臨、胡安國、張九成、朱熹四家之説爲一編，則朱子注已總在一書中，故不别載專注本也。《四庫全書》著録三書，係明曹端述解本。惟《性理大全》所收俱全載朱注，厚庵即據以録出，各爲一卷，於三書後分載朱跋，而《通書》之後仍依《大全》録出《通書後録》附之，并自爲之記。《後録》條下亦間有所附記。其《全集》中又載明道程子《論定性書》附以朱子《定性書説》，及伊川程子《顔子所好何學論》附以朱子《答胡廣仲書》、《記論性答稿後》，以其不成卷帙附記於此，庶可攷見厚庵啟發學者之心，真無微不至矣。

朱子語類四纂

周中孚《鄭堂讀書記・儒家類》 《朱子語類四纂》五卷。《文貞全集》本。國朝李光地編。案宋黎靖德所編《朱子語類》，凡一百四十卷，厚庵苦其太多，於是芟冗重録精要以備遺忘。又以其取舍失中，過輒稍覺，或增或省，至是而四，方成定本，始爲序而刊之。凡分十門，曰學，曰師友淵源，曰學語孟庸，曰六經，曰通禮，曰治道，曰聖賢諸子異端，曰歷代，曰天道，曰心性命，較黎氏原編更覺清整易觀。每條間有引證及旁批，上闌亦間有評語，皆原本所有，非其孫清植。所加入也。

朱子語類選

朱記榮《國朝未刊遺書志略・子目》 《朱子語類選》九卷。寶應朱澤澐編。姚春木先生有手鈔本，今藏姚氏通蓺閣。此書編次極精，別有《分類文選》九卷，爲韓菼卿舍人所刻，旋燬於兵燹。印本今亦僅有矣。

閫範

尤袤《遂初堂書目・儒家類》 呂伯恭《閫範》。

陳振孫《直齋書録解題・儒家類》 《閫範》十卷。呂祖謙撰。集經、史、子、傳，發明人倫之道，見於父子、兄弟之間者爲一篇。時教授嚴州，張南軒守郡，寔爲之序。

馬端臨《文獻通考・經籍考・儒家》 《閫範》十卷。

讀書記

陳振孫《直齋書録解題・儒家類》 《呂氏讀書記》七卷。呂祖謙撰。乾道癸巳、淳熙乙未家居日閲之書，隨意手筆，或數字，或全篇。蓋偶有所感發，或以備遺忘者。

馬端臨《文獻通考・經籍考・儒家》 《呂氏讀書記》七卷。

楊士奇等《文淵閣書目・性理》 《東萊讀書記》。一部，二册。完全。

麗澤論説集

《宋史・藝文志・儒家類》 《麗澤論説集》十卷。呂祖謙門人記。

楊士奇等《文淵閣書目・性理》 《麗澤論説》。一部，五册。殘缺。

東萊日程

王圻《續文獻通考・經籍考・儒家》 《東萊日程》。呂祖謙著。

東萊要語

黃虞稷《千頃堂書目・儒家類・補元》 《東萊要語》四卷。

臥遊録

馬國翰《玉函山房藏書簿録・儒家類》 《臥遊録》一卷。長洲顧氏本。宋呂祖謙撰。有嘉定九年王深源序，云：先生之從子喬年既取「臥遊」二字扁先生燕寢之堂，復以是編屬東陽郭君洪書之，且屬深源識其顛末云。

東萊正學編

丁仁《八千卷樓書目・儒家類》《東萊正學編》一卷。宋呂祖謙撰。率祖堂本。

近思録

趙希弁《讀書附志・語録類》《近思録》十四卷。右晦庵先生、東萊先生集周、張、二程之説也。

陳振孫《直齋書録解題・儒家類》《近思録》十四卷。朱熹、呂祖謙取周、程之書關於大體而切於日用者六百十九條，取「切問近思」之義，以教後學。

馬端臨《文獻通考・經籍考・儒家》《近思録》十四卷。趙氏跋曰：朱子、呂子相與講明伊、洛之學，取其言之簡而要者，集爲是書，要使學者知所趣向。譬如洛居天下之中，行者四面而至，苟不惑其塗路，則千里雖遠，行無不至矣。然其間亦有平居師友相問答之際，盡意傾吐，義已切至而語不暇擇者。學者得其意，玩其辭可也。不然，徒高遠其言，詭異其行，俾世之人咸共指目曰道學云云者，則甚非朱、呂所以爲書之意也。

《宋史・藝文志・儒家類》《近思録》十四卷。朱熹、呂祖謙編類周敦頤、程顥、程頤、張載等書。

范邦甸等《天一閣書目・儒家類》《近思録》十四卷。刊本。宋朱熹、呂祖謙同撰。明戈陽汪偉序云：《近思録》爲卷十四，爲條六百二十二，惟我文公與成公所銓定。近時刻本既多淆亂，建安葉采有《集註》，代郡楊伯巖有《衍註》，皆未能深有所發明。偉承乏成均，患諸士枝葉繁而本根昧，思有以易之，乃與同寅中兄景伯時取是編，考定其條，併正其謬誤，繕寫刻之，以復于舊。刻且半，諸生盧襄偶得宋本，取以相校，良合。時正德己卯歲秋九月既望。

近思録

張萱等《内閣藏書目録・理學部》《近思録》四册。全。金華何基纂集。

朱子近思録

耿文光《萬卷精華樓藏書記・儒家類二》《朱子近思録》十四卷。國朝湯顯祖重編。通行本。採《文集》、《性理》諸書，與原本不同。自宋以來注《近思録》者數家，唯葉氏《集解》至今盛行。國朝烏程茅氏病其粗率膚淺，别撰《近思録集注》十四卷。其注參校諸本，薈萃衆説，支分節解，考證尤詳，而傳本未廣，葉解無所竄亂。明代周公恕妄加分析，江氏《集注》出始正其謬。

諸論辨

《宋史・藝文志・儒家類》程迥《諸論辨》一卷。

皇極經世指要

楊士奇等《文淵閣書目・性理》《皇極經世指要》。一部，一册。闕。又《皇極經世指要》。一部，三册。完全。案塾本下尚有《皇極經世索隱》一部，二册。完全。

張萱等《内閣藏書目録・理學部》《皇極經世指要》三册。全。宋蔡元定著。

皇極經世太玄潛虛指要

王圻《續文獻通考·經籍考·儒家》《皇極經世太玄潛虛指要》。蔡西山著。

無極太極辨

趙希弁《讀書附志·語録類》《無極太極辨》一卷。右朱文公、陸梭山、象山往復論難之書也。

象山遺書

楊士奇等《文淵閣書目·性理》《象山遺書》。一部，一册。完全。

象山語録

楊士奇等《文淵閣書目·性理》《象山語録》。一部，一册。完全。

張萱等《内閣藏書目録·理學部》《象山語録》二册。全。宋陸九淵著。又一册。全。

錢謙益等《絳雲樓書目·道學類類》《象山語録》。二卷。

張之洞《書目答問·儒家》《象山語録》四卷。宋陸九淵。附《象山全集》本，止二卷。

存齋語録

王圻《續文獻通考·經籍考·儒家》《存齋語録》。安福陳經著。經，慶元進士。

象山語類

王圻《續文獻通考·經籍考·儒家》《象山語類》。楊文恪濂著。

黄虞稷《千頃堂書目·儒家類》楊廉《象山語類》。

象山遺言

張萱等《内閣藏書目録·理學部》《象山遺言》一册。全。莫詳編集姓氏。中雜載陸象山先生語録、書札、詩文，共一卷。

修和管見

王圻《續文獻通考·經籍考·儒家》《修和管見》。章節夫著。節夫，臨川人。少從陸九淵學，因取象山、晦菴辭異旨同處疏之，曰《修和管見》。

東西銘解

《宋史·藝文志·儒家類》祝禹圭《東西銘解》一卷。

慈湖遺書

陳振孫《直齋書録解題·儒家類》《慈湖遺書》三卷。楊簡撰。前二卷雜説，末一卷遺文。慈湖之學，專主乎「心之精神，是謂聖」一語。其誨人，惟欲發明本心而有所覺。然其稱學者之覺，亦頗輕於印可。蓋其用功偏於上達，受人之欺而不疑。竊嘗謂誠明一理，焉有誠而不明者乎？當淳熙中，象山、陸九淵之學盛行於江西，朱侍講不然之。朱公於前輩不肯張無垢，於同流不肯陸象山，爲其本原未純故也。象山之後，一傳而慈湖，遂如此。甚矣，道之不明，賢知者過之也！

先聖大訓

陳振孫《直齋書録解題・儒家類》 《先聖大訓》六卷。龍圖閣學士慈谿楊簡敬仲撰。案楊簡官龍圖閣學士，此本脱「龍圖」二字，今補正。取《禮記》、《家語》、《左傳》、《國語》而下諸書，凡稱孔子之言，皆類爲此編。然聖人之言，旨意未易識也。「喪欲速貧，死欲速朽」，自門弟子已不能知其有爲而言，況於百氏所記，其間淺陋依託，可勝道哉！多聞闕疑，庶乎其弗畔也。

《四庫全書總目提要・儒家類二》 《先聖大訓》六卷。衍聖公孔昭焕家藏本。宋楊簡撰。簡有《慈湖易傳》，已著録。是編蒐輯孔子遺言，排比成五十五篇，而各爲之註。錢時作簡行狀曰：其歸自冑監也，家食者十四載，築室德潤湖上，更名「慈湖」。始取先聖大訓間見諸雜説中者，刊譌別誣，萃成六卷，而爲之解，即此書也。簡之學出陸九淵。其嘉泰二年擬《陛辭劄子》，稱「臣願陛下即此虚明不起意之心以行，勿損勿益，自然無所不照」。嘉定三年面對，稱「舜曰道心明，心即道。孔子曰心之精神是謂聖。案此據《孔叢子》之文，其實《尚書大傳》先有此言，不云孔子，僞撰《孔叢子》者剽劉其文，駕言先聖耳。謹附訂於此。孟子曰仁人心也。此心虚明無體，廣大無際，日用云爲，無非變化，無思無爲而萬物畢照」。考其立言宗旨，已開新會、餘姚之派。故註是書，往往借以抒發心學，未免有所牽附。然秦漢以來，百家詭激之談，緯候怪誕之説，無一不依託先聖爲重。龐雜蕪穢，害道滋深。學者愛博嗜奇，不能一一決擇也。簡此書削除僞妄而取其精純，刊落瑣屑而存其正大。其間字句異同，文義舛互，亦皆參訂斟酌，歸於一是。較之薛據《集語》，頗爲典核。求洙泗之遺文者，固當以是爲驪淵矣。

首陽續註

王圻《續文獻通考・經籍考・儒家》 《首陽續註》。興化黄中器之著。器之，宋末人。

西銘集解

陳振孫《直齋書録解題・儒家類》 《西銘集解》一卷。張載作《訂頑》、《砭愚》二銘，後更曰東、西《銘》，其《西銘》即《訂頑》也。大抵發明理一分殊之旨。有趙師俠者，集吕大臨、胡安國、張九成、朱熹四家之説爲一編，刻之興化軍。

馬端臨《文獻通考・經籍考・儒家》 《西銘集解》一卷。陳氏曰：【略】又有户部侍郎王夢龍，集《通書》、《西銘》解爲三卷。龜山楊氏曰：《西銘》理一而分殊。知其理一，所以爲仁；知其分殊，所以爲義。所謂分殊，猶孟子言「親親而仁民，仁民而愛物」。其分不同，故所施不能無差等耳。或曰：「如是則體用果離而爲二矣。」曰：「用未嘗離體也。以人觀之，四支百骸，具於一身者體，至其用處，則首不可以加屨，足不可以納冠，蓋即體而言，分已在其中矣。」

鹽石論

《宋史・藝文志・儒家類》 吴仁傑《鹽石論》丙、丁二卷。

邇　言

黄虞稷《千頃堂書目・儒家類・補宋》 劉炎《劉子邇言》十二卷。字子宣，松陽人。

陽人。

倪燦等《宋史·藝文志補·儒家類》 劉炎《劉子邇言》十二卷。字子宣，松陽人。

《四庫全書總目提要·儒家類二》 《邇言》十二卷。浙江范懋柱家天一閣藏本。宋劉炎撰。炎字子宣，括蒼人。是書分十二章，曰成性、存心、立志、踐行、天道、人道，君道、臣道、今昔、經範、習俗、志見。其立言醇正篤實，而切於人情，近於事理。無迂濶難行之説，亦無刻核過高之論。如曰「井田封建，成之非一日，其壞也亦非朝夕之故，不必泥其制也」。能存其意，亦可以爲治矣。又曰：「或問節義之士如之何而黨錮？曰：自取之也。君子百是，必有一非；小人百非，必有一是。天下士至不少矣，豈必登龍仙舟者皆賢，不在此選者皆不肖耶？更相題表，自立禍的者也。人豈能禍之哉！」又曰：「或問學聖賢之道者，其流亦有偏乎？曰：近聞之真公學而至之，烏得偏。學而不至，雖孔、孟門人不能無偏。」能遡其源，歸於正矣。心知其然而斷不出之於口者。炎獨筆之於書，可謂光明磊落，無纖毫門户之私矣。不然，毫釐之差，其謬逾遠。是足爲學二程而不至者之戒也。如此之類，皆他儒者此本爲嘉靖己丑光澤王所刊。考《明史·諸王世表》，光澤王寵瀼以成化二十三年封，嘉靖二十五年薨。「己丑」爲嘉靖八年，當即寵瀼。前有梅南生序，稱得鈔本於棠陵方思道，梅南生即寵瀼别號也。又有嘉泰甲子炎自序、嘉定壬午真德秀後序、嘉定癸未葉克跋。書中《君道篇》第一條、第二條，《習俗篇》第十一條，《志見篇》第九條，寵瀼俱註有脱誤。今無别本可校，亦仍其舊。又《經籍篇》「唐無全史」一條，中亦有譌脱，寵瀼未註，今補註之。《經籍篇》第二條下有夾註「止菴曰」一段，駁尊揚雄、陶潛、蘇軾而抑屈原之非，其言有理，亦併附録。考寵瀼序，末有私印曰「止菴」，則此註亦寵瀼所加矣。

觀頤悟言

黄虞稷《千頃堂書目·儒家類·補宋》 王宗道《觀頤悟言》一卷。

倪燦等《宋史·藝文志補·儒家類》 王宗道《觀頤悟言》一卷。

讀書臆説

黄虞稷《千頃堂書目·儒家類·補宋》 王宗道《讀書臆説》十卷。

倪燦等《宋史·藝文志補·儒家類》 王宗道《讀書臆説》十卷。

詮心指要

黄虞稷《千頃堂書目·儒家類·補宋》 劉軫《詮心指要》。字德輿，平陽人。

倪燦等《宋史·藝文志補·儒家類》 劉軫《詮心指要》。字德輿，平陽人。

雲莊外稿

王圻《續文獻通考·經籍考·儒家》 《雲莊外稿》。建陽劉爚著。

果仁子

楊士奇等《文淵閣書目·子書》 吴枋《里仁子》。一部，一册。闕。

荀子考異

瞿鏞《鐵琴銅劍樓藏書目録·儒家類》 《荀子考異》一卷。鈔本。宋淳熙間邑人錢氏佃刻《荀子》，既用各本參校，復有所疑，因著《考異》附卷末，自爲之跋。今淳熙本不獲見，惟傳此卷。其跋云：「右《荀卿子書》，楊倞注，凡三十二篇，爲二十卷。并劉向篇目，舊嘗患此書無善本，求之國子監，亦未嘗版行。比集諸家所藏，得二浙、西蜀本凡四，增寡同異，莫適取正。末乃於廬陵學官藏書中得元豐國子監刻者，遂取以爲據。然猶有謬誤，用諸本參校，凡是正一百五十有四字，其有疑而未決者，并世俗所習熟而未定，如『青出於藍而青於藍』者，監本所出而文義或非。又如『莫言於樂』而作『美善相樂』，皆不敢没其實，著之卷末，又一百二十有六條。雖未敢以爲盡善，然耳目所及，此已特爲精好，謹刻之江西計臺，俾學者得以攷訂而誦習焉。淳熙八年六月丙午，吴郡錢佃謹識。」案佃字仲耕，政和進士，觀復之子。登紹興十五年進士，官至中奉大夫、祕閣修撰。著有《易解》十卷，《詞科類要》二十卷，《文集》二十卷。見《常熟縣志》。

水心進卷

王圻《續文獻通考・經籍考・儒家》　《水心進卷》。葉適著。適，永嘉人。淳熙中進士。雄文奥學，推重當世，雅以經濟自負。

習學記言

錢謙益等《絳雲樓書目・道學類》　《習學記言》十二册。五十卷。《宋史》作四十五卷。

荀楊問答外稿

黄虞稷《千頃堂書目・儒家類・補宋》　葉適《荀楊問答外稿》。

倪燦等《宋史・藝文志補・儒家類》　葉適《荀揚問答外稿》。

勉齋語録

楊士奇等《文淵閣書目・性理》　《勉齋語録》。一部，一册。完全。

張萱等《内閣藏書目録・理學部》　《勉齋語録》一册。全。宋黄榦著。

北溪字義

范邦甸等《天一閣書目・儒家類》　《北溪先生字義》二卷，刊本。宋陳淳撰。淳祐丁未門人王稼編次并序。

倪燦等《宋史・藝文志補・儒家類》　陳淳《性理字義》二卷。采集周、程、張、朱之論。

又　《字義詳講》二卷。即前《字義》，引古今事實證之。

《四庫全書總目提要・儒家類二》　《北溪字義》二卷。副都御史黄登賢家藏本。宋陳淳撰。淳字安卿，號北溪，龍溪人。嘉定十年授迪功郎，泉州安溪主簿，未上而卒。事蹟具《宋史》本傳。此編爲其門人清源王雋所録。以《四書》字義分二十有六門，每拈一字，詳論原委，旁引曲證，以暢其論。初刻於永嘉趙氏。又有清漳本，刻於宋淳祐間，即九華葉信厚本也，舊板散佚，明宏治庚戌始重刻。復有四明豐慶本，增減互異。近惟桐川施氏本爲較詳，然亦有《大全》所引而施氏本未收者。此本乃國朝顧秀虎校正諸本之異同，復取散見於他書者録爲《補遺》一卷，又附以《嚴陵講義》四條，曰道學體統，曰師友淵源，曰用工節目，曰讀書次第，乃淳嘉定九年待試中歸過嚴陵，郡守鄭之悌延講郡庠時作也。考淳同時有程端蒙者，亦撰《性理字訓》一卷，其大旨亦與淳同。然書頗淺陋，故趙汸《荅汪德懋性理字訓疑問書》案汸《東山集》，誤作《性理字義》。稱其爲初學者設。今惟録淳此書，而端蒙之書則姑附存其目焉。

孫星衍《平津館鑒藏書籍記・明版》　《北溪先生字義》二卷附録《嚴陵講義》四篇。目録前題門人清源王雋編。北溪，宋陳淳號。卷末有文山林同跋，稱舊本歲久字漫，公暇特加考正，命工刻梓，不著年月。《宋史》有林同，附見《林空齋傳》，官至監丞。《明史》有林同，附《蔡清傳》。《萬姓統譜》有林同，天順進士，官至廣東布政。未知誰氏所作，驗其摹印、紙色，當出於明代，疑即《四庫全書》所稱宏治庚戌重刻本。黑口板，每葉廿行，行廿一字。收藏有「克庵」朱文主印，「快閣主人」朱文方印，「豫園主人」白文方印。

又《影寫本》　《北溪字義》二卷附録《嚴陵講義》四篇。目録前題門人清源王雋編，後學四明豐慶重刊。前有莆田陳宓序。此書宋時刊本有三：一永嘉本，一清潭本，一四明本。故所載詳略往往互異。豐慶，明正統己未進士，官河南右布政。黑口板，每葉廿行，行廿字。收藏有「祖詒之印」白文方印、「子逸」朱文方印。

至　書

《宋史・藝文志・儒家類》 蔡沉《至書》一卷。

性理彝訓

黄虞稷《千頃堂書目・儒家類・補宋》 王孝友《性理彝訓》三卷。字順伯。豐城人。與魏了翁善，了翁稱爲修士。徐鹿卿志其墓。所著有《政鑒》、《豐水志》、《海潮論》、《造化六合論》，皆未曾見。

倪燦等《宋史・藝文志補・儒家類》 王孝友《性理彝訓》一卷。字順伯。豐城人。

師友問答集

王圻《續文獻通考・經籍考・儒家》 《師友問答集》。光澤劉剛中著。剛中從朱文公學。

諸書日記

王圻《續文獻通考・經籍考・儒家》 《諸書日記》。莆田劉彌邵著。

準齋雜説

《四庫全書總目提要・儒家類二》 《準齋雜説》二卷。《永樂大典》本。宋吴如愚撰。如愚字子發，錢塘人。少以父蔭補承信郎，監福州連江商税，再調常熟，解職歸。嘉熙二年，以丞相喬行簡奏薦，改授承信郎，差充祕閣校勘。三疏辭免，特轉秉義郎與祠。其仕履見於《館閣續録》及趙希弁《讀書附志》，而《宋史》不爲立傳，故行實不概見。今考徐元杰《楳埜集》有所作《如愚行狀》，臚載事蹟極詳。大略言如愚孝友忠恕，安貧樂道，理明行修。凡所著述，於學問自得甚深。别有《易》、《詩》、《書》説，《大學》、《中庸》、《論》、《孟》及《陰符經》解諸種，竝佚不傳。此書亦久無行世之本，獨散見《永樂大典》中者尚得四十餘篇。大抵皆研究理學之文。元杰又稱如愚早年留心清净之教，凡三四年。既而幡然，盡棄所學，刻意講道。是如愚學術，其初亦稍涉於禪悦。其解《大學》「格物」，以「正」爲訓。明王守仁《傳習録》所謂「格物」如孟子格君心之「格」，其説實創於如愚。似欲毅然獨行一家之言者。然如愚平日嘗稱「塞乎天地者皆實理，行乎萬世者皆實用。惟盡心知性則實理融而實用貫」。其用功致力，實以體用兼備爲主，而不墜於虚無。故其剖析義理，如天理人欲之辨，三畏四勿之論，無不發揮深至，於宋末諸儒中所造較爲平實。元杰又言，永嘉陳昉親炙不倦，得所著述，退輒録之，刻爲一編。臨川羅愚復刊於廣右漕臺，所傳益廣。蓋是編即昉所輯，久經刊布。在當時甚重其書。今檢行狀，載如愚别有踐形踐迹諸説，已不在《永樂大典》中。則所録亦不免闕佚。然崖略具存。謹編次成帙，釐爲二卷。猶可考見其概焉。

通書西銘集解

陳振孫《直齋書録解題・儒家類》 《通書西銘集解》三卷。户部侍郎新昌王夢龍慶翔所集。

傳心直指

王圻《續文獻通考・經籍考・儒家》《傳心直指》十卷。寧德高汝諧集關洛諸公語爲之。所著又有《一得録愚齋類稿》。

東宮備覽

《四庫全書總目提要・儒家類二》《東宮備覽》六卷。浙江吴玉墀家藏本。宋陳謨撰。謨字中行，泉州永春人。慶元二年進士。嘉泰二年，除祕書省正字。三年，兼國史院編修官。開禧三年，又兼實録院檢討官。嘉定二年，除校書郎，仍兼檢討。其歷官始末見於《館閣續録》中。是書乃其爲正字時所上，取經史舊文有關於訓儲者匯成一編，凡分二十條：曰始生，曰入學，曰立教，曰師傅，曰講讀，曰宫僚，曰擇術，曰廣誨，曰謹習，曰主器，曰正本，曰問安，曰友悌，曰戒逸，曰崇儉，曰辨分，曰正家，曰規諫，曰幾諫，曰監國。支分縷析，節次詳明。前有《遺書表》一篇，敘一篇。又有《上宰相劄子》，申言二十餘條中「擇妃嬪」「簡宫僚」「謹遊習」三條，尤爲切務。又冠以《改官省劄》及《誥詞》，以温嶠《侍臣箴》比之，蓋當時甚重其書也。按《宋史・藝文志》載陳謨《東宮備覽》一卷，然校《進表》及序皆稱分爲六卷，則《宋史》字誤矣。其第二卷「講讀」條闕一頁，「宫僚」條闕一頁，第六卷「監國」條闕一頁。今無別本可校，亦姑仍其舊録之焉。

傳道精語

趙希弁《讀書附志・語録類》《傳道精語》三十卷《後集》二十六卷。右李方子編濂溪、康節、横渠、明道、伊川、晦庵、南軒、東萊之説，類而集之。

王圻《續文獻通考・經籍考・儒家》《傳道精語》。光澤李方子著。方子字公晦，呂之孫。嘉定中廷試第三，後學于朱文公、真德秀、袁甫，嘗進其《禹貢解》，授朝奉郎致仕。

自警編

高儒《百川書志・德行家》《自警編》八卷。不知作者，亦無序説。《續考》張琳曰：「宋趙公善璙所編。」

范邦甸等《天一閣書目・儒家類》《自警編》九卷。刊本。卷首有「東明山人之印」、「萬古同心之學」二圖章。宋趙善璙撰并自序。林庭棉序，莊一俊後序。

錢謙益等《絳雲樓書目・儒家類》《自警編》十册。九卷。趙善璙撰。

黄虞稷《千頃堂書目・儒家類・補宋》趙善璙《自警編》九卷。字德純，宋宗室，居于歙。先以父任授承信郎，登嘉靖元年進士，再中法科，除大理評事，至中奉大夫。

倪燦等《宋史・藝文志補・儒家類》趙善璙《自警編》九卷。字德純，宗室，居於歙。大理評事。

自警要語

高儒《百川書志・德行家》《自警要語》一卷。皇明勾餘張琳述採趙璙之編也。

明倫集

陳振孫《直齋書録解題・儒家類》《明倫集》十卷。高安塗近止撰。取經傳言行之要，以孝爲本，推而廣之爲十篇。塗有子登科，得初品官致仕。

馬端臨《文獻通考・經籍考・儒家》《明倫集》十卷。

《宋史・藝文志・儒家類》塗近正《明倫》二卷。

《四庫全書總目提要・儒家類存目一》《明倫集》三卷。《永樂大典》本。宋塗近正撰。近正字尊爵，筠陽人。歐陽偉跋謂其隱德弗耀，以私淑諸人爲己任。謝樞跋則稱致政塗公。自序亦題嘉定六年承務郎致仕塗近正，則近正固嘗通籍矣。是集雜採前言往行，分爲十類。一曰盡事，二曰養志，三曰勿辱，四曰移忠，五曰移治，六曰因睦，七曰廣孝，八曰念德，九曰家學，十曰揚名，自序有曰：考諸載籍，隨事而書。衣冠之族，必志其家法，而不問閥閲。文章之録，必志其行實，而不取浮華。其論周公曰：嘗讀《金縢》之書、《常棣》之詩，見周公之仁兄弟，而不見周公之誅管、蔡。後世信以爲周公自誅管、蔡者，起於孔安國傳《書》之妄，與漢儒序《詩》之誤。「我之弗辟」，「辟」者「避」也，言即日以冢宰之事付之召公、畢公，而身乃避居東都以待命。安國訓「辟」爲「法」，遂使周公之志不白於天下。其於經亦間有發明，惟所録多習見之事，未免爲牀上牀、屋下屋耳。

太極圖西銘輯説

王圻《續文獻通考・經籍考・儒家》《太極圖西銘輯説》。都昌馮椅著。

綱齋問答

王圻《續文獻通考・經籍考・儒家》《綱齋問答》十卷。光澤李閎祖著。閎祖，吕之子也，自號綱齋，黄幹李燔張洽陳淳皆敬重之。

日新録

王圻《續文獻通考・經籍考・儒家》《日新録》。輔廣著。

師訓編

王圻《續文獻通考・經籍考・儒家》《師訓編》。輔廣著。

語溪宗輔録

徐燉《徐氏家藏書目・子類》《語溪宗輔録》四卷。宋輔慶源注，朱文公同時。

心　經

陳振孫《直齋書録解題・儒家類》《心經法語》一卷。參政建安真德秀希元撰。集聖賢論心格言。

馬端臨《文獻通考・經籍考・儒家》《心經法語》一卷。

徐燉《徐氏家藏書目・子類》 真西山《心經》一卷。

錢謙益等《絳雲樓書目・儒家類》《心經法語》。一卷。真希元撰。集聖賢論心格語。

《四庫全書總目提要・儒家類二》《心經》一卷。安徽巡撫採進本。宋真德秀撰。是編集聖賢論心格言，而以諸家議論爲之註。末附四言贊一首。端平元年，顔若愚鋟於泉州府學。有跋一首，稱其築室粤山之下，雖晏息之地，常如君父之臨其前。淳祐二年，大庾令趙時棣又以此書與《政經》合刻。前有德秀門人王邁序云：《心經》一書行於世，至徹禁中。端平乙未，公薨後兩月，從臣洪公咨夔在經筵，上出公《心經》曰：真某此書，朕乙夜覽而嘉之，卿宜爲之序。其見重也如此。《文獻通考》作《心經法語》，與《書録解題》相合，蓋一書而二名耳。明程敏政嘗爲作註，而疑其中有引及真西山《讀書記》者，非德秀之原文。殆後人又有所附益，非舊本也。

真文忠公心政經

楊士奇等《文淵閣書目・性理》《真文忠公心政經》。一部，一册。完全。

又《真文忠公心政經》。一部，二册。完全。

張萱等《內閣藏書目録・理學部》《真文忠公心政二經》一册。全。朱真德秀著。又二册。全。

真文忠公四經

楊士奇等《文淵閣書目・性理》《真文忠公四經》。一部,一册。闕。

真文忠公心經集傳

楊士奇等《文淵閣書目・性理》《真文忠公心經集傳》。一部,一册。闕。

讀書記

楊士奇等《文淵閣書目・性理》真西山《讀書記》。一部,八十册。殘缺。又真西山《讀書記》。一部,四十四册。殘缺。又真西山《讀書記》。一部,四十八册。殘缺。又真西山《讀書記》。一部,二十二册。完全。又真西山《讀書記》。一部,二十二册。完全。又真西山《讀書記》。一部,四十四册。殘缺。又真西山《讀書記》。一部。三十二册。殘缺。又真西山《讀書記》。一部,二十二册。殘缺。塾本尚有一部,二十二册。闕。

王圻《續文獻通考・經籍考・儒家》《讀書記》。真德秀既歸浦城著。語門人曰:此人君爲治之門,如有用我者,執此而往可也。袁桷亦有《讀書記》。

張萱等《內閣藏書目録・雜部》真西山《讀書記》七十五册。不全。原甲、乙、丁三集,爲成書。《乙集上》即《大學衍義》也。今《甲集》闕一册,又闕三十八册以後,止存三十一册。《乙集上》闕第四、第五、第四十二卷,此存十八册。《乙集下》闕八册,止存二十四册。《丁集》止存二册。又二十一册。不全。即《乙集下》内闕第四卷。又二十一册。不全。又二十册。不全。《甲集》無闕。又五十册。不全。《甲集》十八册。全。《乙集》三十册。《丁集》二册。又二十二册。不全。《乙集》無闕。又五十四册。不全。《甲集》十九册,《乙集上》十五册,《乙集下》十九册,《丁集》一册。内俱有闕。又十二册。不全。又二十册。不全。《甲集》無闕。又十九册。不全。《乙集》闕一卷、二卷、十二卷。

《四庫全書總目提要・儒家類二》《讀書記》六十一卷。江西巡撫採進本。宋真德秀撰。案陳振孫《書録解題》,謂西山《讀書記》有甲、乙、丙、丁。甲言性理,中述治道,末言出處。大抵本經史格言,而述以己意。今但有甲三十七卷,丁二卷。乙、丙未見,故載於《文獻通考》者僅三十九卷。今世所傳明時舊刊本,甲、丁二記,卷數與《書録解題》合,中多乙記二十二卷。前有開慶元年德秀門人湯漢序,稱《讀書記》惟甲、乙、丁爲成書,甲、丁二記先刊行。乙記上即《大學衍義》,久進於朝,其下未及繕寫而德秀没。漢從其子仁夫鈔得,釐爲二十二卷,而刊之福州。據此,則丙記原書本闕,乙記爲湯漢所續刊。振孫惟見初行之本,故止於甲、丁二記也。甲記自論天命之性至論鬼神,各分標目。前有綱目一篇,具詳論次先後之旨。乙記載虞、夏以來名臣賢相事業,略仿編年之體。前亦有綱目一篇,謂訖於五閏,而書中至唐李德裕而止,蓋撰次未完者。丁記上卷皆論出處大義,下卷分處貧賤、處患難、處生死、安義命、審重輕諸目,與上卷互相發明。德秀《大學衍義》羽翼聖經,此書又分類詮録,自身心性命、天地五行以及先儒授受源流,無不臚晰。名言緒論,徵引極多,皆有裨於研究。至於致治之法,《衍義》所未及,詳者則於乙記中備著其事。古今興衰治忽之故,亦犁然可睹。在宋儒諸書之中可謂有實際者矣。

貞文忠公讀書丁記重雕

范邦甸等《天一閣書目・儒家類》《貞文忠公讀書丁記重雕》二卷。刊本。明嘉靖十三年婺源潘璜序。

大學衍義

劉若愚《内板經書紀略》《大學衍義》。二十本,一千三百八十二葉。

《四庫全書總目提要・儒家類二》《大學衍義》四十三卷。兵部侍郎紀昀家藏本。宋真德秀撰。德秀有《四書集編》，已著録。是書因《大學》之義而推衍之。首曰帝王爲治之序，帝王爲學之本，次以四大綱，曰格物致知、曰正心誠意、曰修身、曰齊家，各繫以目。格物致知之目四，曰明道術、辨人材、審治體、察民情。正心誠意之目二，曰崇敬畏、戒逸欲。修身之目二，曰謹言行、正威儀。齊家之目四，曰重妃匹、嚴内治、定國本、教戚屬。中惟修身一門無子目。其餘分子目四十有四，皆徵引經訓，參證史事，旁採先儒之論，以明法戒，而各以己意發明之。大旨在於正君心，肅宫闈，抑權倖。蓋理宗雖浮慕道學之名，而内實多欲。權臣外戚，交煽爲姦。卒之元氣凋弊，閲五十餘年而宋以亡。德秀此書成於紹定二年，而進於端平元年，皆陰切時事以立言，先去其有妨於治平者以爲治平之基。故《大學》八條目僅舉其六。然自古帝王正本澄源之道，實亦不外於此。若夫宰馭百職，綜理萬端，常變經權，因機而應。利弊情僞，隨事而求，其理雖相貫通，而爲之有節次，行之有實際，非空談心性即可坐而致者。故邱濬又續補其闕也。

彭元瑞等《天禄琳琅書目後編・明版子部》 《大學衍義》。二函二十册。宋真德秀撰。書四十三卷，首以帝王爲治之序、帝王爲學之本。次以四大綱，曰格物至知，子目四：明道術、辨人材、審治體、察民情；曰正心誠意，子目二：崇敬畏、戒逸欲；曰修身，子目二：謹言行、正威儀；曰齊家，子目四：重妃匹、嚴内治、定國本、教戚屬。紹定二年書成，端平元年進。明官刻本。考嘉靖六年五月，諭大學士等以經筵盛暑輟講，宜命講官以《大學衍義》進講。自是月十三日始，五日一輪，二人講書。又以是書版在内局，寫刻未精，乃定新式，命司禮監重刻以傳。明世宗御製序冠首，大學士楊一清作後序。一清字應寧，號石淙，雲南安寧州人。泰興季氏藏本。

孫星衍《平津館鑒藏書籍記續編・明版》 《大學衍義》四十三卷。前有西山先生經進《大學衍義》一卷、真德秀《進〈大學衍義〉表》，中書端平元年《門下省時政記房申狀》、《尚書省劄子》，又有德秀自序。每卷後有校正人姓名，細審爲元仿宋刊本，亦有明人補刻葉，而無題識。《天禄琳琅》所收，即此本也。黑口巾箱，每葉廿二行，行廿一字。

張之洞《書目答問・儒家》 《大學衍義》四十三卷。宋真德秀。通行本。

政經

錢謙益等《絳雲樓書目・儒家類》 《政經》。

《四庫全書總目提要・儒家類二》 《政經》一卷。安徽巡撫採進本。宋真德秀撰。采典籍中論政之言列於前，而以行政之蹟列於後，題曰「傳」以別之。末附當時近事六條，謂之《附録》。其後載德秀帥長沙咨呈，又知泉州軍事時《勸諭文》、帥長沙時《勸民間置義倉文》、帥福州《曉諭文》諸篇，蓋後人所益，如《心經》之引《讀書記》耳。德秀雖自命大儒，斷不敢以己之條教題曰「經」也。按《宋史・道學傳》，德秀任湖南安撫使知潭州，以「廉仁公勤」四字厲僚屬。復立惠民倉，置社倉。其知福州，戒所部無濫刑横斂，無徇私黷貨。蓋德秀立朝日淺，其政績多在居外任時。故留心民瘼，著爲此編。其門人王邁序，謂先生再守温陵日著《政經》。考德秀再守泉州在理宗紹定五年，蓋晚年之作。邁又言趙時棣爲法曹，朝夕相與，遂得此經。實在四方門人之先，而四方門人亦未必盡見之。《書録解題》載《心經》而不及此書。豈《心經》行世早，而此書晚出歟，抑或德秀名重，好事者依託之也。真僞既不可詰，而其言能不悖於儒者，故姑與《心經》竝存焉。

性理會元

楊士奇等《文淵閣書目・性理》 《性理會元》。一部，十五册。完全。

張萱等《内閣藏書目録・理學部》 《性理會元》十五册。全。宋太學鈔本。編集關洛諸儒共四十家理學語，凡二十三卷。

性學指要

楊士奇等《文淵閣書目・性理》 《性學指要》。一部，一册。完全。

張萱等《内閣藏書目録・理學部》 《性理指要》一册。全。鈔本。嘉禾高士明編，皆講學語。

蒙齋先生番江集

張萱等《内閣藏書目録・理學部》《蒙齋先生番江集》二册。全。宋紹定間鄞人袁甫講學語録。

荀子注

黄虞稷《千頃堂書目・儒家類・補宋》 趙汝談《荀子注》。

倪燦等《宋史・藝文志補・儒家類》 趙汝談《荀子注》。

荀子注

黄虞稷《千頃堂書目・儒家類・補宋》 洪咨夔《荀子注》。

倪燦等《宋史・藝文志補・儒家類》 洪咨夔《荀子注》。

續近思録

趙希弁《讀書附志・語録類》《續近思録》十四卷。右寶慶丁亥蔡模纂晦庵先生之語以續之。

王圻《續文獻通考・經籍考・儒家》《續近思録》。蔡模著。模字元覺，元定之孫。輯文公之書爲之。學者稱覺軒先生。

徐𤊹《徐氏家藏書目・子類》《續近思録》。

錢謙益等《絳雲樓書目・儒家類》《近思續録》。蔡模。

樵漁録

黄虞稷《千頃堂書目・儒家類・補宋》 許棐《樵漁録》二卷。

倪燦等《宋史・藝文志補・儒家類》 許棐《樵漁録》二卷。

西銘發揮綱領

楊士奇等《文淵閣書目・性理》《西銘發揮綱領》。一部，一册。闕。

伊洛精義

楊士奇等《文淵閣書目・性理》《伊洛精義》。一部，二册。闕。塾本一册。又《伊洛精義》。一部，一册。闕。

王圻《續文獻通考・經籍考・儒家》《伊洛精義》。何基著。

近思録發揮

楊士奇等《文淵閣書目・性理》《近思録發揮》。一部，一册。完全。

王圻《續文獻通考・經籍考・儒家》《近思録發揮》。何基著。

黄虞稷《千頃堂書目・儒家類・補宋》 何基《近思録發揮》十四卷。

倪燦等《宋史・藝文志補・子部》 何基《近思録發揮》十四卷。

太極圖發揮

楊士奇等《文淵閣書目・性理》《周子太極圖發揮》。一部，一册。完全。

黄虞稷《千頃堂書目・儒家類・補宋》 何基《太極圖發揮》一卷。

倪燦等《宋史・藝文志補・儒家類》 何基《太極圖發揮》一卷。

通書發揮

楊士奇等《文淵閣書目・性理》 《通書發揮》。一部，一册。闕。

黄虞稷《千頃堂書目・儒家類・補宋》 何基《通書發揮》二卷。

倪燦等《宋史・藝文志補・儒家類》 何基《通書發揮》二卷。

啓蒙發揮

黄虞稷《千頃堂書目・儒家類・補宋》 何基《啓蒙發揮》二卷。

倪燦等《宋史・藝文志補・儒家類》 何基《啓蒙發揮》二卷。

北山正學編

丁仁《八千卷樓書目・儒家類》 《北山正學編》一卷。宋何基撰。率祖堂本。

銘心偶録

王圻《續文獻通考・經籍考・儒家》 《銘心偶録》。樓大年著。大年，浙人。

七十二子粹言

倪燦等《宋史・藝文志補・儒家類》 朱南功《七十二子粹言》二卷。

羣書就正

黄虞稷《千頃堂書目・儒家類・補宋》 李大同《羣書就正》六卷。

讀書手鈔

黄虞稷《千頃堂書目・儒家類・補宋》 黄宜《讀書手鈔》二卷。

倪燦等《宋史・藝文志補・儒家類》 黄宜《讀書手鈔》二卷。

西疇常言

高儒《百川書志・德行家》 《西疇老人常言》一卷，宋盱江何垣著。凡九篇。

徐𤊹《徐氏家藏書目・子類》 《西疇常言》一卷。宋何垣。

馬國翰《玉函山房藏書簿録・儒家類》 《西疇老人常言》一卷。紅藕花軒鈔本。宋盱江何垣撰。講學、律己、應世、明道、莅官、原治、評古、用人、正弊，凡九篇。

東谷所見

高儒《百川書志・德行家》 《李東谷所見》一卷，宋永嘉東谷李之彦撰。凡三十事。

黄虞稷《千頃堂書目・儒家類・補宋》 李之彦《東谷所見》一卷。永嘉人。

倪燦等《宋史・藝文志補・儒家類》 李之彦《東谷所見》一卷。永嘉人。

時習編

黃虞稷《千頃堂書目・儒家類・補宋》 王萬《時習編》。

倪燦等《宋史・藝文志補・儒家類》 王萬《時習編》。

性理羣書

楊士奇等《文淵閣書目・性理》 《性理羣書》。一部，七册。闕。　又《性理羣書》。一部，四册。闕。

性理羣書句解

范邦甸等《天一閣書目・儒家類》 《性理羣書句解》二十三卷。刊本。宋熊節編，熊綱大註。

徐𤊹《徐氏家藏書目・子類》 《性理羣書》二十三卷。宋儒熊節編，熊剛大焦解。

錢謙益等《絳雲樓書目・道學類》 《性理羣書解》。吳訥有《性理羣書補注》，西楊作序。

黃虞稷《千頃堂書目・儒家類・補宋》 熊節編《性理羣書》二十三卷。熊剛大集解。

倪燦等《宋史・藝文志補・儒家類》 熊節編《性理羣書》二十三卷，熊剛大集解。

《四庫全書總目提要・儒家類二》 《性理羣書句解》二十三卷。兩江總督採進本。宋熊節編，熊剛大註。節字端操，建陽人。官至通直郎，知閩清縣事。剛大亦建陽人，受業於蔡淵、黄榦。嘉定中登進士。自稱覺軒門人，掌建安書院朱文公諸賢從祀祠。其仕履則不可考。註中稱「邇年皇上親灑白鹿洞規以賜南康」，則理宗時人也。節受業於朱子。是書採摭有宋諸儒遺文，分類編次。首列濂溪、明道、伊川、横渠、康節、涑水、考亭遺像竝傳道支派，次贊，次訓，次戒，次箴，次規，次銘，次詩，次賦，次序，次記，次説，次録，次辨，次論，次圖，次正蒙，次皇極經世，次通書，次文，而以七賢行實終焉。其列司馬光一人，與後來講學諸家持論迥異。考朱子於紹熙五年冬築竹林精舍，率諸生行舍菜之禮於先聖先師，以周、程、邵、張、司馬、延平七先生從祀。集中載其祝文，有「曰邵曰張，爰及司馬，學雖殊轍，道則同歸」之語，則朱子序列學統本自有光，後來門户日分，講學者乃排而去之。節親受業於朱子，故猶不敢恣爲高論也。所録之文亦以七賢爲主，而楊時、羅仲素、范浚、吕大臨、蔡元定、黄榦、張栻、胡宏、真德秀所作亦間及焉。其上及范質者，以朱子作《小學》嘗録其詩。旁及蘇軾者，則以司馬光行狀之故，非因軾也。明永樂中，詔修《性理大全》，其録諸儒之語，皆因《近思録》而廣之。其録諸儒之文，則本此書而廣之。併其「性理」之名，似亦因此書之舊。是其文雖習見，固亦作樂者之葦籥，造車者之椎輪矣。剛大所註，蓋爲訓課童蒙而設，淺近之甚，殊無可採。以其原附此書以行，姑竝録之，以存其舊焉。

近思録續録

吳壽暘《拜經樓藏書題跋記》卷四 《近思録續録》。《近思正續録》二十三卷。宋刻本。每葉二十六行，每行大字二十四，小字二十五六字不等。紙墨精雅。有東谷武原鄭氏圖記，蓋端簡舊藏，彌足珍重。

雙峰講義

楊士奇等《文淵閣書目・性理》 饒雙峰《講義》。一部，五册。完全。

張萱等《内閣藏書目録・理學部》 《雙峰講義》五册。全。

近思録義類

王圻《續文獻通考・經籍考・儒家》　《近思録義類》。莆田黄績著。

研幾圖

楊士奇等《文淵閣書目・性理》　王魯齋《研幾圖》。一部，一册。闕。

徐𤊹《徐氏家藏書目・子類》　《研幾圖》一卷。王柏。

錢謙益等《絳雲樓書目・道學類》　王魯齋《研幾圖》。王柏字會之，金華人。

黄虞稷《千頃堂書目・儒家類・補宋》　王柏《研幾圖》一卷。

倪燦等《宋史・藝文志補・儒家類》　王柏《研幾圖》一卷。

嵇璜等《續通志圖譜略・記有》　宋王柏《研幾圖》。

《四庫全書總目提要・儒家類存目一》　《研幾圖》一卷。浙江巡撫採進本。舊本題宋王柏撰。柏有《書疑》，已著録。是書前有自序，稱温習舊書，有未解者，因畫成圓，沈潛翫索，萬理悠然而輻輳云云。考《宋史》柏本傳，雖載柏嘗撰《研幾圖》，然其本不傳。元代諸儒，亦未嘗一字及是書。至明永樂中，突出此本。自二五交運以下，爲圖者凡七十三。又衍聖公孔昭焕家别傳一本，增綴以李元綱《聖門事業圖》、徐毅齋《性命心説》諸圖，共爲圖八十五。大抵支離破碎，徒亂視聽。即真出於柏，亦無足採，更無論其僞撰也。

王先生文粹

朱睦㮮《萬卷堂書目・儒家》　《王先生文粹》一卷。王柏。

伊洛指南

王圻《續文獻通考・經籍考・儒家》　《伊洛指南》。王柏著。

魯齋正學編

丁仁《八千卷樓書目・儒家類》　《魯齋正學編》二卷。宋王柏撰。率祖堂本。

實齋心學

楊士奇等《文淵閣書目・性理》　《王實齋心學》。一部，一册。完全。

張萱等《内閣藏書目録・理學部》　《實齋心學》一册。全。宋淳祐間，王遂著。《先天圖説》、《太極圖解》、《中庸章句》、《西銘解》及附以雜箸。

黄虞稷《千頃堂書目・儒家類・補宋》　王遂《實齋心學》一卷。淳祐間人。《解先天圖説》、《太極圖》、《中庸章句》及《西銘》，並附雜作。

天地萬物造化論注

黄虞稷《千頃堂書目・儒家類・補宋》　王柏《天地萬物造化論》一卷。廬陵周顒著。

倪燦等《宋史・藝文志補・儒家類》　王柏《天地萬物造化論》一卷。廬陵周顒註。

明本釋

楊士奇等《文淵閣書目・性理》 劉荀《明本》。一部，三冊。完全。　又劉荀《明本》。一部，三冊。完全。

黄虞稷《千頃堂書目・儒家類・補宋》 劉荀《明本釋》三卷。汶上人。因有子務本、林放問本之義而推廣之。凡三十五則，引前人之論，分列於下而釋之。

倪燦等《宋史・藝文志補・儒家類》 劉荀《明本釋》三卷。汶上人。

《四庫全書總目提要・儒家類二》 《明本釋》三卷。《永樂大典》本。宋劉荀撰。荀，東平人。尚書左僕射摯之孫。書中所稱先文肅公，即謂摯也。孝宗時嘗知盱眙軍，其事蹟則不可考矣。是書乃其講學之語，大旨謂致力當求其本。因舉其切要者三十三條，各爲標目，而著論以發明之。論所不盡者，又自爲之註。中多稱引元祐諸人、程門諸子及同時胡宏、張九成、朱子之言，持論頗醇正。其文率詳明愷切，務達其意而止。北宋諸名臣之言行出處，亦附註焉。蓋黨籍子孫，尊其先世之舊聞也。《宋史・藝文志》、晁公武《讀書志》皆不載。陳振孫《書録解題》、馬端臨《經籍考》但載荀所撰《建炎德安守禦録》，而是書亦略焉。惟明《文淵閣書目》、《國史・經籍志》有之。蓋其書在宋不甚顯，至元明間始行於世也。楊士奇、焦竑皆作《明本》二卷，劉荀撰。然《永樂大典》所載，實皆題曰《明本釋》，疑其書原名《明本》，或後人因其註而增題釋字歟？

學　言

楊士奇等《文淵閣書目・性理》 許庸齋《學言》。一部，一冊。闕。

楚澤先生問學

楊士奇等《文淵閣書目・性理》 《楚澤先生問學》。一部，三冊。闕。

木鐘集

楊士奇等《文淵閣書目・性理》 陳潛室《木鍾集》。一部，三冊。闕。　又陳潛室《木鍾集》。一部，一冊。闕。

《四庫全書總目提要・儒家類二》 《木鍾集》十一卷。浙江巡撫採進本。宋陳埴撰。埴字器之，永嘉人。嘗舉進士，授通直郎，致仕。其學出於朱子。永樂中修《五經大全》，所稱潛室陳氏即埴也。是編雖以「集」爲名，而實則所作語録。凡《論語》一卷，《孟子》一卷，《六經總論》一卷，《周易》一卷，《尚書》一卷，《毛詩》一卷，《周禮》一卷，《禮記》一卷，《春秋》一卷，《近思雜問》一卷，《史》一卷。其説《大學》、《中庸》，列《禮記》之中，蓋其時《四書章句集註》雖成，猶私家之書，未懸於國學之功令，故仍從古本。史論惟及漢、唐，則伊、洛之傳不以史學爲重，偶然及之，非專門也。其體例皆先設問而答之，故卷首自序，謂取《禮》「善問者如攻堅木，善待問者如撞鐘」義，名曰「木鐘」。刊帙久佚。明宏治十四年，温州知府鄧淮始得舊本重刊。自第五卷至十一卷皆題曰「某卷下」，疑或各佚其上半卷。而核其所列，則《書》始二典，《詩》始比興賦，《春秋》始隱元年，《近思雜問》始理氣，《史》始漢，皆不似尚有前文。惟《周禮》不始天官而始府史，《禮記》不始曲禮而始王制，似有所佚。然府史之名先見於序官，而王制亦《禮記》第三篇，即從此託始，亦無不可。宋本既不可見，姑闕所疑焉可矣。

十先生奧論

楊士奇等《文淵閣書目・性理》 《十先生奧論》。一部，三冊。闕。

饒焕録朱張答問

楊士奇等《文淵閣書目・性理》 《饒焕録朱張答問》。一部，二冊。闕。

性理文録

楊士奇等《文淵閣書目・性理》 《性理文録》。一部，四册。闕。

聖門事業圖

楊士奇等《文淵閣書目・性理》 《聖門事業圖》。一部，一册。闕。

徐𤊹《徐氏家藏書目・子類》 《聖門事業圖》一卷。宋李元綱。

黄虞稷《千頃堂書目・儒家類・補宋》 李元剛《聖門事業圖》一卷。

倪燦等《宋史・藝文志補・儒家類》 李元剛《聖門事業圖》一卷。

嵇璜等《續通志圖譜略・記有》 宋李元綱《聖門事業圖》。

《四庫全書總目提要・儒家類存目一》 《聖門事業圖》一卷。編修勵守謙家藏本。宋李元綱撰。元綱字國紀，錢塘人。孝宗時上庠生。是書凡分十圖，曰傳道正統，曰大本達道，曰進修倫類，曰爲學之序，曰存心要法，曰求仁捷徑，曰聚散常理，曰傳心密旨，曰一氣通感，曰帥氣良方，曰心性本體。前有自序，後有自跋。其大旨以存心爲主，以謹獨爲要，而以窮理爲用力之始。大抵皆儒生習見之説。

厚德録

高儒《百川書志・德行家》 《厚德録》四卷。宋百練真隱李國紀編。

池陽講書本末

楊士奇等《文淵閣書目・性理》 史繩祖《池陽講書本末》。一部，一册。完全。

張萱等《内閣藏書目録・理學部》 《池陽講書本末》一册。宋景定間，趙滔守池陽，敦請史繩祖詣學講書，文移及講章。

黄虞稷《千頃堂書目・儒家類・補宋》 趙滔《池陽講書本末》一卷。景定間，滔守池陽，延史繩祖詣學講書，録其講義及文移。

倪燦等《宋史・藝文志補・儒家類》 趙滔《池陽講書本末》一卷。

梅裕堂講義

楊士奇等《文淵閣書目・性理》 《梅裕堂講義》。一部，一册。完全。

近思録集解

黄虞稷《千頃堂書目・儒家類・補宋》 葉采《近思録集解》十四卷。建安人。

倪燦等《宋史・藝文志補・儒家類》 葉采《近思録集解》十四卷。建安人。

于敏中等《天禄琳琅書目・元版子部》 《近思録》。一函，四册。宋朱子、吕祖謙同輯。十四卷。宋葉采集解。前采序並《進書表》目録。後載朱子、祖謙識語二篇。陳振孫《書録解題》、馬端臨《文獻通考》皆載《近思録》十四卷，而不及葉采《集解》。明王圻《續文獻通考》載《近思録》有何基《發揮》、載亨《補註》、柳貫《廣輯》、黄績《義類》諸書，亦不載此本。考《宋史》無葉采傳。淩迪知《萬姓統譜》稱采字仲圭，成都人。初從蔡淵受《易》學，已而往見陳淳，淳以其好躐高妙而少循序就實工夫，屢折而痛砭之。采自是屏斂鋒铓，駸趨著實，淳深喜之。理宗寶慶初，爲祕書監，嘗論郡守貪刻之害，上嘉納之。今觀書中《進表》係淳祐十二年，表後結銜爲朝奉郎 監登聞鼓院兼景獻府教授，距作秘書監時已歷二十八載。迪知乃未經考及耳。《集解》之作，蓋在黜浮崇實之後。序中有「研思積久踰三十載，義稍明備」之語，用心亦良苦矣。此本係仿宋刊，而紙質不免麤黝之病。

闕補卷二、三十五。卷九。十六。

又 《近思録》。一函，三册。篇目同前，闕葉采序。此本版式較大，紙質亦極堅緻，勝於前本。闕補卷一、四。卷十、十一、十二。卷十四。十一之十三。

《四庫全書總目提要・儒家類二》 《近思録》十四卷。直隸總督採進本。宋朱子與吕祖謙同撰。案年譜，是書成於淳熙二年，朱子年四十六矣。書前有朱子題詞曰：淳熙乙未之夏，東萊吕伯恭來自東陽，過余寒泉精舍，留止旬日。相與讀周子、程子、張子之書，嘆其廣大宏博，若無津涯，而懼夫初學者不知所入也。因共掇取其關於大體，而切於日用者，以爲此編云云。是其書與吕祖謙同定，朱子固自著之，且併載祖謙題詞。又《晦菴集》中有乙未八月與祖謙一書，又有丙申與祖謙一書，戊戌與祖謙一書，皆商榷改定《近思録》，灼然可證。《宋史・藝文志》尚竝題朱熹、吕祖謙類編。後來講學家力争門户，務黜衆説而定一尊，遂没祖謙之名，但稱朱子《近思録》，非其實也。書凡六百六十二條，分十四門。實爲後來性理諸書之祖。然朱子之學，大旨主於格物窮理，由博反約。根株六經，而參觀百氏，原未暖暖姝姝守一先生之言。故題詞有曰：窮鄉晚進，有志於學，誠得此而玩心焉，亦足以得其門而入矣。然後求諸四君子之全書，以致其博而返諸約焉，庶乎其有而盡得之。若憚煩勞，安簡便，以爲取足於此而止，則非纂集此書之意。然則四子之言且不以此十四卷爲限，亦豈教人株守是編，而一切聖經賢傳束之高閣哉。又吕祖謙題詞，論首列陰陽性命之故曰：後出晚進，於義理之本原雖未容驟語，苟茫然不識其梗概，則亦何所底。列之篇端，特使知其名義，有所向往而已。至於餘卷所載講學之方，日用躬行之實，自有科級。循是而進，自卑升高，自近及遠，庶不失纂集之旨。若乃厭卑近而騖高遠，躐等凌節，流於空虚，迄無所依據，則豈所謂近思者耶？其言著明深切，尤足藥連篇累牘，動談未有天地以前者矣。其《集解》則朱子殁後葉采所補作。淳祐十二年，采官朝奉郎監登聞鼓院兼景獻府教授時，嘗齋進於朝。前有《進表》及自序。采字仲圭，號平巖，建安人。其序謂悉本朱子舊註，參以《升堂記聞》及諸儒辨論。有畧闕者，乃出臆説。又舉其大旨，著於各卷之下，凡閲三十年而後成云。

瘖叟自志

黄虞稷《千頃堂書目・儒家類・補宋》 葉由庚《瘖叟自志》一卷。

倪燦等《宋史・藝文志補・儒家類》 葉由庚《瘖叟自志》一卷。

翼善書

黄虞稷《千頃堂書目・儒家類・補宋》 盧楨《翼善書》。錢塘人。

倪燦等《宋史・藝文志補・儒家類》 盧楨《翼善書》。錢塘人。

黄氏日鈔

錢謙益等《絳雲樓書目・道學類》 《黄氏日抄》。九十七卷。黄裳。又《古今紀要》十九卷。《水東日記》中言其「便於篋衍行笈初學之士，惜有未精詳處」。誠哉是言！

黄虞稷《千頃堂書目・儒家類・補宋》 黄震《黄氏日鈔》九十八卷。原本百卷，正德己卯書林龔氏重刊本，止九十七卷。

《四庫全書總目提要・儒家類二》 《黄氏日鈔》九十五卷。安徽巡撫採進本。

宋黄震撰。震有《古今紀要》，已著録。是書本九十七卷。凡讀經者三十卷，讀三傳及孔氏書者各一卷，讀諸儒書者十三卷，讀史者五卷，讀雜史、讀諸子者各四卷，讀文集者十卷，計六十八卷，皆論古人。其六十九卷以下，凡奏劄、申明、公移、講義、策問、書記序、跋、啟、祝文、祭文、行狀、墓誌著録者計二十九卷，皆所自作之文。其中八十一卷、八十九卷原本併闕，其存者實九十五卷也。震與楊簡同鄉里，簡爲陸氏學，震則自爲朱氏學，不相附和。是編以所讀諸書隨筆劄記，而斷以己意。有僅摘切要數語者，有不摘一語而但存標目者，併有不存標目而採録一兩字者，大旨於學問排佛、老，由陸九淵、張九成以上溯楊時，謝良佐，皆議其雜禪，雖朱子校正《陰符經》、《參同契》，亦不能無疑。於治術排功利，詆王安石甚力。雖朱子謂《周禮》可致太平，亦不敢遽信。其他解説經義，或引諸家以翼朱子，或舍朱子而取諸家，亦不堅持門户之見。蓋震之學朱一如朱之學程，反復發明，務求其是，非中無所得而徒假借聲價者也。

七十子説

王圻《續文獻通考・經籍考・儒家》《七十子説》。戴良輯。

中説辨妄

王圻《續文獻通考・經籍考・儒家》《中説辨妄》。戴良輯。

黄虞稷《千頃堂書目・儒家類・補宋》戴良齊《中説辨妄》。

倪燦等《宋史・藝文志補・儒家類》《中説辨妄》。戴良齊。

柯山講義

王圻《續文獻通考・經籍考・儒家》《柯山講義》。孔元龍著。

魯樵裒稿

王圻《續文獻通考・經籍考・儒家》《魯樵裒稿》。孔元龍著。

濂洛論語

王圻《續文獻通考・經籍考・儒家》《濂洛論語》十卷。温州劉黻取濂洛諸書，摘其精要語，輯而成書。

理學簡言

丁仁《八千卷樓書目・儒家類》《理學簡言》一卷。宋區仕衡撰。嶺南遺書本。

格物入門書

王圻《續文獻通考・經籍考・儒家》《格物入門書》。方逢辰著。

皇極經世考

黄虞稷《千頃堂書目・儒家類・補宋》方回《皇極經世攷》。

倪燦等《補遼金元藝文志・儒家類》方回《皇極經世考》。

錢大昕《補元史藝文志・儒家類》方回《皇極經世考》。

聞見善善録

《宋史・藝文志・儒家類》《聞見善善録》一卷。不知作者。

黄虞稷《千頃堂書目・儒家類・補宋》趙孟奎《聞見善善録》一卷。咸淳間人。

倪燦等《宋史・藝文志補・儒家類》趙孟奎《聞見善善録》一卷。

正性論

王圻《續文獻通考・經籍考・儒家》《正性論》。李直方著。

心　書

王圻《續文獻通考・經籍考・儒家》《心書》六卷。奉化舒津著。

近思録補註

王圻《續文獻通考・經籍考・儒家》《近思録補註》。戴亨著。

明善録

楊士奇等《文淵閣書目・性理》《明善録》。一部，七册。完全。《明善録》。一部，八册。殘缺。

黄虞稷《千頃堂書目・儒家類・補宋》劉夢應《明善録》八卷。取前賢嘉言善行，分講學、立身、居家、居官四類。夢應，衡州臨武人。咸淳間進士，承議郎。

倪燦等《宋史・藝文志補・儒家類》劉夢應《明善録》八卷。衡州臨武人。

傳道精語

黄虞稷《千頃堂書目・儒家類・補宋》劉應李《傳道精語》。字希泌，建陽人。咸淳進士，入元不仕。

倪燦等《宋史・藝文志補・儒家類》劉應李《傳道精語》。字希泌，建陽人。

荀子句解

楊士奇等《文淵閣書目・子書》《荀子句解》。一部，三册。闕。又《荀子龔士啇解》。一部，二册。闕。

青宮備覽

張萱等《内閣藏書目録・雜部》《青宮備覽》一册。不全。宋景定間宣教郎國之材采摘經史，分前、左、右、後四集。今闕右、後二集。

黄虞稷《千頃堂書目・儒家類・補宋》國之材《青宮備覽》四十卷。之材，景定間官宣教郎，采摭經史，分前、後、左、右四集。

倪燦等《宋史・藝文志補・儒家類》國之材《青宮備覽》四十卷。景定間宣教郎。

周子通書

張萱等《内閣藏書目録・理學部》《周子通書》一册。宋景定間，魏峙采集諸家注釋《通書》、《西銘》二書。

張子正蒙網領

張萱等《内閣藏書目録・理學部》《張子正蒙網領》一册。全。吴革采集諸儒《西銘》注釋語。

皇極經世書類要

楊士奇等《文淵閣書目・性理》《皇極經世書類要》。一部，二册。闕。

黄虞稷《千頃堂書目・儒家類・補元》《皇極經世書類要》十卷。元人輯。

張氏祝氏皇極觀物外篇編

王圻《續文獻通考・經籍考・儒家》《張氏祝氏皇極觀物外篇編》。馬廷鸞著。

子家子

趙希弁《讀書附志・諸子類》《子家子》一卷。右眉山家頤養正之書也。無卷帙篇目，姑附于諸子後。

尤袤《遂初堂書目・儒家類》《子家子》。

《四庫全書總目提要・傳家類存目一》《子家子》一卷。《永樂大典》本。宋家頤撰。頤字養正，眉山人。其始末未詳。衛湜《禮記集説》嘗引其語，則亦研經之士也。此書趙希弁《讀書附志》著録，世罕傳本。此本載《永樂大典》中，蓋語録之類。亦頗明白醇正，而率皆習語。案《公羊傳》，有子公羊子、子沈子、子司馬子、子女子、子北宫子。何休註發例於子沈子，下曰：「子沈子，後師稱，子冠氏上者，著其爲師也。」此書果頤自撰，不應自稱子家子，殆其門人所題歟？然《劉禹錫集》中亦自稱子劉子，或偶然沿誤，亦未可知也。

林子誨語録

尤袤《遂初堂書目・儒家類》《林子誨語録》。

質疑請益

《宋史・藝文志・儒家類》《質疑請益》一卷。不知作者。

皇極經世運卦

楊士奇等《文淵閣書目・性理》《皇極經世運卦》。一部，六册。闕。

朱子三書

張萱等《内閣藏書目録・理學部》《朱子三書》三册。全。即朱子所注以上三書也，黄益能箋釋。

集事詩鑒

高儒《百川書志・德行家》《集事詩鑒》一卷。宋莆陽吏隱方昕景明著。凡三十條，各係詩句，皆人易知可行之事。

范氏義莊條規

馬國翰《玉函山房藏書簿録・儒家類》《范氏義莊條規》一卷。歲寒堂本，又青照堂本。宋范仲淹撰。青照堂本作《范氏義莊規矩》，題范純仁撰。考《宋史・范仲淹傳》，云好施予，置義莊里中，以贍族人。康熙中，文正公二十一世孫廣東巡撫時崇補刊此卷於《文正集》，題《義莊條規》，並據改正。

家　範

鄭樵《通志・藝文略・儒術》司馬温公《家範》六卷。

晁公武《郡齋讀書志・儒家類》《家範》十卷。袁本《前志》卷三《上儒家類第二十》。右皇朝司馬光君實纂,取經史所載聖賢修身齊家之法,分十九門,編類以訓子孫。

尤袤《遂初堂書目・儒家類》司馬温公《家範》。

《宋史・藝文志・儒家類》司馬光《家範》十卷。

《四庫全書總目提要・儒家類一》《家範》十卷。兩淮鹽政採進本。宋司馬光撰。光有《易説》,已著録。是書見於《宋史・藝文志》、《文獻通考》者,卷目俱與此相合,蓋猶原本。首載《周易》家人卦辭,及節録《大學》、《孝經》、《堯典》、《詩・思齊篇》語,以爲全書之序。其後自《治家》至《乳母》,凡十九篇,皆雜採史事可爲法則者。亦間有光所論説,與朱子《小學》義例差異,而用意略同。其節目備具,簡而有要,似較《小學》更切於日用。且大旨歸於義理,亦不似《顔氏家訓》徒揣摩於人情世故之間。朱子嘗論《周禮》師氏云:「至德以爲道本,明道先生以之;敏德以爲行本,司馬温公以之。」觀於是編,猶可見一代偉人修己型家之梗概也。

吕氏鄉約儀

《宋史・藝文志・儒家類》《吕氏鄉約儀》一卷。吕大鈞撰。

古今家戒

馬端臨《文獻通考・經籍考・儒家》《古今家戒》。太常少卿長沙孫景修集。潁濱序略曰,轍少而讀書,見父母之戒其子者,諄諄乎惟恐不盡也。嗚呼!此父母之心也。故父母之於子,人倫之極,雖其不賢,及其爲子言也,必忠且盡,况其賢者乎!太常少卿長沙孫公景脩,少孤而教於母。母賢,能就其業。既老而念母之心不忘,爲《賢母録》以致其意。既又集《古今家戒》,得四十九人,以示轍,曰:「古有爲是書者,而其文不完。吾病焉,是以爲此。合衆父母之心,以遺天下之人,庶幾有益乎?」轍讀之而歎曰:「雖有悍子忿鬭於市,莫之能止也,聞父之聲,則斂手而退,市人之過之者,亦莫不泣也。慈孝之心,人皆有之,特患無以發之耳。今是書也,要將以發之歟,雖廣之天下可也。自周公以來至於今,父戒四十五,母戒若干,公又將益廣之未止也。」

《宋史・藝文志・儒家類》《古今家戒》四卷。

石林家訓

錢溥《秘閣書目・未收書目子書》《石林家訓》。

廣川家學

尤袤《遂初堂書目・儒家類》《廣川家學》。

誡子拾遺

《宋史・藝文志・儒家類》柳玢《誡子拾遺》十卷。

示兒編

《宋史・藝文志・儒家類》孫奕《示兒編》一部。

范邦甸等《天一閣書目・儒家類》《履齋示兒編》二十三卷。藍絲闌鈔本。宋廬陵孫弈撰并序。其書立總説、經説、文説、詩説、正誤、雜記、字説,凡七條。

戒子通録

《四庫全書總目提要・儒家類二》《戒子通録》八卷。《永樂大典》本。宋劉清之撰。清之字子澄,號静春,臨江人。紹興二年進士,光宗時知袁州。《宋史》本傳稱其生平著述甚多,是書其一也。其書博採經史羣籍,凡有關庭訓者,皆節録其大要。至於母訓閫教,亦備述焉。史稱其甘貧力學,博極羣書,故是編採摭繁富,或不免於冗雜。然其隨事示教,不憚於委曲詳明。雖瑣語碎事,莫非勸戒之資,固不以過多爲患也。元虞集甚重其書,嘗勸其後人刻諸金谿。後崔棟復爲重刻。顧自宋以來,史志及諸家《書目》皆不著録,惟《文淵閣書目》載有二册,亦無卷數。外間傳本尤稀。今謹據《永樂大典》所載,約略篇頁,釐爲八卷。所引諸條,原本於標目之下各粗舉其人之始末,其中間有未備者,今竝爲考補增註,以一體例。惟自宋以前時代錯出,頗無倫次,蓋一時隨手摘録,未經排比之故。今亦姑存其舊焉。

袁氏世範

高儒《百川書志·德行家》 《袁氏世範》三卷。宋樂清令三衢袁采君載著。分睦親、處己、治家三類,有關風教。

《四庫全書總目提要·儒家類二》 《袁氏世範》三卷。《永樂大典》本。宋袁采撰。案《衢州府志》,采字君載,信安人。登進士第三,宰劇邑,以廉明剛直稱,仕至監登聞鼓院。陳振孫《書録解題》稱采嘗宰樂清,修《縣志》十卷。王圻《續文獻通考》又稱其令政和時,著有《政和雜志》、《縣令小録》,今皆不傳。是編即其在樂清時所作。分睦親、處己、治家三門,題曰《訓俗》。府判劉鎮爲之序,始更名《世範》。其書於立身處世之道反覆詳盡,所以砥礪末俗者,極爲篤摯。雖家塾訓蒙之書意求通俗,詞句不免於鄙淺,然大要明白切要,使覽者易知易從,固不失爲《顔氏家訓》之亞也。明陳繼儒嘗刻之祕笈中,字句譌脱特甚。今以《永樂大典》所載宋本互相校勘,補遺正誤,仍從《文獻通考》所載,勒爲三卷云。

彭元瑞等《天禄琳琅書目後編·明版子部》 《世範》一函,三册。宋袁采撰。采字君載,信安人。登進士,仕至監登聞鼓院。書三卷,上卷《睦親》六十五條,中卷《處己》六十七條,下卷《治家》七十四條。前有淳熙戊戌劉鎮序、己亥采自序,刊木時作也。是本萬曆癸卯重梓,吴獻台序。鎮字叔安,南海人,嘉泰二年進士。獻台,莆田人,萬曆庚辰進士,官順天府尹。

放翁家訓

丁仁《八千卷樓書目·儒家類》 《放翁家訓》一卷。宋陸游撰。知不足齋本。

居家正本制用篇

馬國翰《玉函山房藏書簿録·儒家類》 《居家正本制用篇》一卷。桂林陳氏刊本。宋金谿陸九韶子美撰。自號梭山老圃,隱居講學,與朱子善。此編論居家之要,分《正本》、《制用》二篇。

北山家訓

《宋史·藝文志·儒家類》 《北山家訓》一卷。

續家訓

晁公武《郡齋讀書志·儒家類》 《續家訓》八卷。袁本《前志》卷三《上儒家類第十九》。右皇朝董正功撰。續顔氏之書。

馬端臨《文獻通考·經籍考·儒家》 《續家訓》八卷。

程氏發蒙新書

楊士奇等《文淵閣書目·性理》 《程氏發蒙新書》。一部,三册。完全。

張萱等《内閣藏書目録·雜部》 《程子訓蒙新書》三册。全。宋二程先生撰。

訓蒙

尤袤《遂初堂書目・儒家類》 劉清之《訓蒙》。

止堂訓蒙

《宋史・藝文志・儒家類》 彭龜年《止堂訓蒙》二卷。

童蒙大訓

張萱等《内閣藏書目録・雜部》 《集書指意》一册。全。宋淳熙間熊大年。皆小學訓蒙語。

又 《童蒙大訓》一册。全。即《集書指意》。

遠齋告蒙

徐𤊹《徐氏家藏書目・子類》 《遠齋告蒙》一卷。虞復。

性理小學直解

王圻《續文獻通考・經籍考・儒家》 《性理小學直解》。熊剛大著。

三字經

劉若愚《内板經書紀略》 《三字經》。一本，二十二葉。

續蒙求

張萱等《内閣藏書目録・雜部》 《續蒙求》一册。全。宋博士舒津著，續李瀚《蒙求》也。

發蒙宏綱

張萱等《内閣藏書目録・雜部》 《發蒙宏綱》二册。全。宋咸淳間羅黄裳撰。五言詩十二篇，又擇古文凡有關於蒙養者三十篇，以訓童蒙。

程氏廣訓

尤袤《遂初堂書目・儒家類》 《程氏廣訓》。

小學字訓

黄虞稷《千頃堂書目・儒家類・補元》 程端蒙《小學字訓》一卷。

倪燦等《補遼金元藝文志・儒家類》 程端蒙《小學字訓》一卷。

經學明訓

楊士奇等《文淵閣書目・性理》 《經學明訓》。一部，一册。完全。　又《性理字訓》。一部，一册。闕。　又《增廣字訓》。一部，四册。完全。　《增廣字訓》。一部，三册。殘缺。

張萱等《内閣藏書目録・雜部》 《字訓》四册。全。鈔本。宋程若庸因程蒙齋《小學字訓》三十條未備，增廣爲六篇，凡二百四十條，條皆四言韻語，自爲注釋。

又 《經學明訓》一册。全。即程若庸《字訓》正文。

《四庫全書總目提要・儒家類存目一》 《性理字訓》一卷。湖北巡撫採進本。舊本題宋程端蒙撰，程若庸補輯。端蒙字正思，德興人。淳熙七年鄉貢，補太學生。若庸字達原，休寧人。咸淳四年進士，嘗充武夷書院山長。端蒙所作凡三十條，若庸廣之爲造化、性情、學力、善惡、成德、治道六門，凡百八十三條。門目糾紛，極爲冗雜。明初朱升又增善字一條，摭袁甫之説以補之，共爲一百八十四條。皆以四字爲句，規仿李瀚《蒙求》，而不諧聲韻。不但多棘唇吻，且亦自古無此體裁。疑端蒙游朱子之門，未必陋至於此，或村塾學究所託名也。

小學明説便覽

丁仁《八千卷樓書目・儒家類》 《小學明説便覽》六卷。宋夏相撰。元刊本。

女　教

都穆《南濠居士文跋》卷一 《女教》。女子有教，畧有見于《曲禮・内則》諸篇。自漢曹大家《女誡》、劉中壘《列女傳》之作，而其教益備。宋季莆田方漵孫嘗節取古人之意，著《女教》十章以便童習。惜世罕傳，故福建僉憲吾鄉陳公祚嘗録其本以藏于家。公之孫怡念手澤之重，恐日就湮毁，遂取而刻之。後方氏有相臺許熙載者，亦著《女教》六篇，類例頗精。女子之誦習，先以方氏是書，而後諸家以次而及，則他日爲婦，而婦爲母，前母其于風化，豈曰小補之哉！

遼金元分部

興亡金鑑録

錢大昕《補元史藝文志・經濟類》 傅慎微《興亡金鑑録》一百卷。泰州人，禮部尚書。金。

揚子發微

王圻《續文獻通考・經籍考・儒家》 《楊子發微》一卷。趙秉文著。

黄虞稷《千頃堂書目・儒家類・補金》 趙秉文《揚子發微》一卷。

倪燦等《補遼金元藝文志・儒家類》 〔金〕趙秉文《揚子發微》一卷。

錢大昕《補元史藝文志・儒家類》 趙秉文《楊子發微》一卷。金。

龔顯曾《金藝文志補録・儒家類》 《揚子發微》一卷。趙秉文。

又 《法言微旨》。趙秉文。

太玄箋贊

王圻《續文獻通考・經籍考・儒家》 《太玄箋贊》一卷。趙秉文著。

黄虞稷《千頃堂書目・儒家類・補金》 趙秉文《太玄箋贊》六卷。

倪燦等《補遼金元藝文志・儒家類》 〔金〕趙秉文《太玄箋贊》一卷。

錢大昕《補元史藝文志・儒家類》 趙秉文《太玄箋贊》六卷。金。

文中子類説

王圻《續文獻通考・經籍考・儒家》《文中子類説》一卷。金趙秉文著。

黃虞稷《千頃堂書目・儒家類・補金》 趙秉文《文中子類説》六卷。

倪燦等《補遼金元藝文志・儒家類》 趙秉文《文中子類説》一卷。一作六卷。

錢大昕《補元史藝文志・儒家類》《文中子類説》一卷。金趙秉文。

龔顯曾《金藝文志補録・儒家類》《中説類解》。趙秉文。《中州集》、《倪志》、《金志》俱作《文中子類説》一卷，又一作六卷。

百里指南

錢大昕《補元史藝文志・經濟類》 趙秉文《百里指南》一册。金。

龜鑑萬年録

錢大昕《補元史藝文志・經濟類》 楊雲翼、趙秉文等《龜鑑萬年録》二十篇。金。

君臣政要

錢大昕《補元史藝文志・經濟類》 楊雲翼、趙秉文《君臣政要》。金。

瑶山往鑑

錢大昕《補元史藝文志・經濟類》 楊伯雄《瑶山往鑑》。稾城人。金。

皇極經世圖説

錢大昕《補元史藝文志・儒家類》 薛微之《皇極經世圖説》。

聖賢心學編

錢大昕《補元史藝文志・儒家類》 薛微之《聖賢心學編》。

處 言

黃虞稷《千頃堂書目・儒家類・補金》 劉祁《處言》四十三篇。

倪燦等《補遼金元藝文志・儒家類》 劉祁《處言》四十三篇。

宮學正要

張萱等《内閣藏書目録・雜部》《宮學正要》一册。全。元臣鄭以忠撰進。凡五篇，曰《立教》，曰《講學》，曰《游藝》，曰《前言》，曰《往行》。

黃虞稷《千頃堂書目・儒家類・補元》 鄭以忠《宮學正要》二卷。凡五篇，曰《主教》，曰《講學》，曰《游藝》，曰《前言》，曰《往行》。

倪燦等《補遼金元藝文志・儒家類》 鄭以忠《宮學正要》二卷。凡五篇，曰

《主敬》,曰《講學》,曰《遊藝》,曰《前言》,曰《往行》。

錢大昕《補元史藝文志・儒家類》 鄭以忠《宫學正要》二卷。

萬年龜鏡録

黄虞稷《千頃堂書目・儒家類・補元》 張巨濟《萬年龜鏡録》十卷。采摭經史,因□宗萬年節進呈。

倪燦等《補遼金元藝文志・儒家類》 張巨濟《萬年龜鏡録》十卷。采摭經史,因萬年節進呈。

錢大昕《補元史藝文志・經濟類》 張巨濟《萬年龜鑑録》十卷。

言行龜鑑

黄虞稷《千頃堂書目・儒家類・補元》 張光祖《言行龜鑑》十卷。

倪燦等《補遼金元藝文志・儒家類》 張光祖《言行龜鑑》十卷。

鳴道集説

楊士奇等《文淵閣書目・性理》 《鳴道集説》。一部,一册。闕。 又《鳴道集説》。一部,一册。完全。

中國心學

王圻《續文獻通考・經籍考・儒家》 《中國心學》。金李純甫著。純甫字之純,襄陰人。承安二年經義進士,以諸葛孔明、王景略自期。

黄虞稷《千頃堂書目・儒家類・補金》 李純甫《中國心學》。字之純,襄陽人。承安二年經義進士,以諸葛公明、王景略自期。(吴補)

倪燦等《補遼金元藝文志・儒家類》 李純甫《中國心學》。字之純,襄陽人。承安二年經義進士。

極　學

黄虞稷《千頃堂書目・儒家類・補元》 杜瑛《極學》十卷。

倪燦等《補遼金元藝文志・儒家類》 杜瑛《極學》十卷。

錢大昕《補元史藝文志・儒家類》 杜瑛《極學》十卷。

皇極引用

黄虞稷《千頃堂書目・儒家類・補元》 杜瑛《皇極引用》八卷。

倪燦等《補遼金元藝文志・儒家類》 杜瑛《皇極引用》八卷。

錢大昕《補元史藝文志・儒家類》 杜瑛《皇極引用》八卷。

皇極疑事

黄虞稷《千頃堂書目・儒家類・補元》 杜瑛《皇極疑事》四卷。

倪燦等《補遼金元藝文志・儒家類》 杜瑛《皇極疑事》四卷。

錢大昕《補元史藝文志・儒家類》 杜瑛《皇極疑事》四卷。

皇極經世義

黄虞稷《千頃堂書目・儒家類・補元》 耶律楚材《皇極經世義》。

倪燦等《補遼金元藝文志・儒家類》 元耶律楚材《皇極經世義》。

錢大昕《補元史藝文志・儒家類》 耶律楚材《皇極經世義》。

太極辨

楊士奇等《文淵閣書目・性理》《太極辨》。一部，一册。闕。

《四庫全書總目提要・儒家類存目一》《太極辨》三卷。《永樂大典》本。元孫自强撰。自强會稽人。仕履未詳。

許魯齋心法

楊士奇等《文淵閣書目・性理》《許魯齋心法》。一部，一册。完全。又《許魯齋心法》。一部，一册。完全。

張萱等《内閣藏書目録・理學部》《許魯齋心法》一册。全。元許衡著。又一册。全。

黄虞稷《千頃堂書目・儒家類・補元》《許魯齋心法》一卷。不知何人撰。元潁川馮士可得之以行，永嘉陳剛爲序。

倪燦等《補遼金元藝文志・儒家類》《許魯齋心法》一卷。失名。

《四庫全書總目提要・儒家類存目一》《魯齋心法》一卷。浙江巡撫採進本。

錢大昕《補元史藝文志・儒家類》 許衡《魯齋先生心法》一卷。不知何人所編，皆與學者講説之意。

魯齋遺書

楊士奇等《文淵閣書目・性理》《魯齋遺書》。一部，一册。完全。又《魯齋遺書》。一部，一册。完全。

張萱等《内閣藏書目録・理學部》《魯齋遺書》一册。全。

錢謙益等《絳雲樓書目・道學類》《魯齋遺書》。六卷。

黄虞稷《千頃堂書目・儒家類・補元》 許衡《魯齋遺書》六卷。

倪燦等《補遼金元藝文志・儒家類》 許衡《魯齋遺書》六卷。

錢大昕《補元史藝文志・儒家類》 許衡《魯齋先生遺書》六卷。

魯齋語録

楊士奇等《文淵閣書目・性理》《魯齋語録》。一部，一册。殘缺。

錢大昕《補元史藝文志・儒家類》 許衡《語録》。

四箴説

錢大昕《補元史藝文志・儒家類》 許衡《四箴説》。

近思録精義

黄虞稷《千頃堂書目・儒家類・補元》 趙順孫《近思録精義》。

倪燦等《補遼金元藝文志・儒家類》 趙順孫《近思録精義》。

經世補遺

王圻《續文獻通考・經籍考・儒家》《經世補遺》三卷。丘富國著。

黄虞稷《千頃堂書目・儒家類・補元》 丘富國《經世補遺》三卷。

倪燦等《補遼金元藝文志・儒家類》 丘富國《經世補遺》三卷。

錢大昕《補元史藝文志・儒家類》 丘富國《經世補遺》三卷。

太玄索隱

錢謙益等《絳雲樓書目・儒家類》　《太玄索隱》。章詧撰《太元索隱》三篇，宋嘉祐間人。

黄虞稷《千頃堂書目・儒家類・補元》　《太玄索隱》四卷。不知時代。

伊洛發揮

黄虞稷《千頃堂書目・儒家類・補元》　趙復《伊洛發揮》。

倪燦等《補遼金元藝文志・儒家類》　趙復《伊洛發揮》。

錢大昕《補元史藝文志・儒家類》　趙復《伊洛發揮》。

希賢録

黄虞稷《千頃堂書目・儒家類・補元》　趙復《希賢録》。取伊尹、顔淵言行，以勉學者。

倪燦等《補遼金元藝文志・儒家類》　趙復《希賢録》。取伊尹、顔淵言行，以勉學者。

錢大昕《補元史藝文志・儒家類》　趙復《希賢録》。

觀物外篇

王圻《續文獻通考・經籍考・儒家》　《觀物外篇》。永年何榮祖著。

黄虞稷《千頃堂書目・儒家類・補元》　何榮祖《觀物外篇》。

倪燦等《補遼金元藝文志・儒家類》　何榮祖《觀物外篇》。

錢大昕《補元史藝文志・儒家類》　何榮祖《觀物外篇》。

太極演

金門詔《補三史藝文志・儒家類》　郝經《太極演》。

天原發微

楊士奇等《文淵閣書目・性理》　《天原發微》。一部，六册。闕。　又《天原發微》一部，四册。闕。

黄虞稷《千頃堂書目・儒家類・補元》　鮑雲龍《天原發微》五卷。字景翔，號魯齋，歙縣人。領元鄉薦。元貞丙申方回序。

倪燦等《補遼金元藝文志・儒家類》　鮑雲龍《天原發微》五卷。字景翔，歙縣人。

守成事鑑

錢大昕《補元史藝文志・經濟類》　王惲《守成事鑑》十五篇。

相　鑑

錢大昕《補元史藝文志・經濟類》　王惲《相鑑》五十卷。

皇極經世書續

錢大昕《補元史藝文志・儒家類》　鄭松《皇極經世書續》。一名復，字特立，樂安人。

經世書聲音既濟圖

王圻《續文獻通考・經籍考・儒家》《經世書聲音既濟圖》。同安丘葵著。

錢大昕《補元史藝文志・儒家類》 丘葵《經世書聲音既濟圖》。

服膺録

黄虞稷《千頃堂書目・儒家類・補元》 曹涇《服膺録》。

倪燦等《補遼金元藝文志・儒家類》 曹涇《服膺録》。

錢大昕《補元史藝文志・儒家類》 曹涇《服膺録》。字清甫，歙人。

要言

黄虞稷《千頃堂書目・儒家類・補元》 張延《要言》一卷。

倪燦等《補遼金元藝文志・儒家類》 張延《要言》一卷。

學基學統私録

王圻《續文獻通考・經籍考・儒家》《學基學統私録》。吴澄著。澄自幼知用力聖賢之學，著此書及《友言集》。仕至翰林學士。學者稱爲草廬先生。

錢大昕《補元史藝文志・儒家類》 吴澄《學基》、《學統》二篇。

支言

黄虞稷《千頃堂書目・儒家類・補元》 吴澄《文正公支言》五卷。

錢大昕《補道金元藝文志・儒家類》 吴澄《支言》五卷。

校正太玄經

金門詔《補三史藝文志・儒家類》 吴澄校正《太玄經》。

校定皇極經世書

金門詔《補三史藝文志・儒家類》 吴澄校定《皇極經世書》。

私語

馬國翰《玉函山房藏書簿録・儒家類》《私語》二卷。仁讓堂本。元吴澄撰。乾隆中宗仁訓導萬璞刊，附《文正集》後。

太極圖集義窮神

錢大昕《補元史藝文志・儒家類》 鄭謐《太極圖集義窮神》。字彦淵，金華人。

人倫事鑒

黄虞稷《千頃堂書目・儒家類・補元》 胡一桂《人倫事鑒》。

倪燦等《宋史・藝文志補・儒家類》 胡一桂《人倫事鑒》。

錢大昕《補元史藝文志・儒家類》 胡一桂《人倫事鑒》。

周子通書訓義

楊士奇等《文淵閣書目·性理》《周子通書訓義》。一部，一册。完全。

太極圖説

黄虞稷《千頃堂書目·儒家類·補元》程時登《太極圖説》一卷。

倪燦等《補遼金元藝文志·儒家類》程時登《太極圖説》一卷。

錢大昕《補元史藝文志·儒家類》程時登《太極圖説》一卷。

西銘補注

黄虞稷《千頃堂書目·儒家類·補元》程時登《西銘補注》一卷。

倪燦等《補遼金元藝文志·儒家類》程時登《西銘補注》一卷。

錢大昕《補元史藝文志·儒家類》程時登《西銘補注》一卷。

臣鑑圖

錢大昕《補元史藝文志·經濟類》程時登《臣鑑圖》。

太極圖説

黄虞稷《千頃堂書目·儒家類·補元》呂洙《太極圖説》一卷。

倪燦等《補遼金元藝文志·儒家類》呂洙《太極圖説》一卷。

錢大昕《補元史藝文志·儒家類》呂洙《太極圖説》一卷。

中興濟治策

錢大昕《補元史藝文志·經濟類》卜天璋《中興濟治策》二十篇。天曆二年表上。

性理通

黄虞稷《千頃堂書目·儒家類·補元》胡炳文《性理通》。

倪燦等《補遼金元藝文志·儒家類》胡炳文《性理通》。

錢大昕《補元史藝文志·儒家類》胡炳文《性理通》。

四聖一心

黄虞稷《千頃堂書目·儒家類·補元》程直方《四聖一心》。

倪燦等《補遼金元藝文志·儒家類》程直方《四聖一心》。

正蒙句解

徐𤊹《徐氏家藏書目·子類》《張横渠正蒙》二卷。熊禾句解。又《横渠正蒙句解》二句。宋熊禾解。

黄虞稷《千頃堂書目·儒家類·補宋》熊禾《正蒙句解》二卷。

倪燦等《宋史·藝文志補·儒家類》熊禾《正蒙句解》二卷。

小學句解

錢大昕《補元史藝文志・儒家類》 熊禾《小學句解》。

言行龜鑑

黄虞稷《千頃堂書目・儒家類・補宋》 熊禾《言行龜鑑》二卷。

倪燦等《宋史・藝文志補・儒家類》 熊禾《言行龜鑑》二卷。

太玄潛虚圖説

黄虞稷《千頃堂書目・儒家類・補宋》 吴霞舉《太玄潛虚圖説》十卷。

倪燦等《宋史・藝文志補・儒家類》 吴霞舉《太玄潛虚圖説》十卷。

義根守墨

黄虞稷《千頃堂書目・儒家類・補元》 馬端臨《義根守墨》三卷。

倪燦等《補遼金元藝文志・儒家類》 馬端臨《義根守墨》三卷。

經濟録

黄虞稷《千頃堂書目・儒家類・補元》 許熙載《經濟録》四卷。

倪燦等《補遼金元藝文志・儒家類》 許熙載《經濟録》四卷。

錢大昕《補元史藝文志・經濟類》 許熙載《經濟録》四卷。

皇圖大訓

錢大昕《補元史藝文志・經濟類》 許師敬《皇圖大訓》。師敬爲中書右丞，日因其父衡説而申衍之。

正學編

王圻《續文獻通考・經籍考・儒家》《正學編》。浙人陸正著。

錢大昕《補元史藝文志・儒家類》 陸正《正學編》。

志學指南　心學淵源

嵇璜等《續通志圖譜略・記無》 元林起宗《志學指南》、《心學淵源》二圖。

朱子成書

楊士奇等《文淵閣書目・性理》《朱子成書》。一部，二册。完全。　又《朱子成書》。一部，六册。完全。

王圻《續文獻通考・經籍考・儒家》《諸子成書》。黄瑞節著。瑞節，安福人。元季不仕。嘗輯濂洛關閩諸儒之言爲書，並加註釋。

孫能傳、張萱等《内閣藏書目録・理學部》《朱子成書》六册。全。元大德間，廬陵黄瑞節編集晦菴先生所注《太極》、《通書》、《西銘》、《正蒙》、《易學啟蒙》、《家禮》、《律吕新書》、《皇極經世》、《參同契》、《陰符經》諸書。又二册。不全。

錢謙益等《絳雲樓書目・道學類》《朱子成書》。

黄虞稷《千頃堂書目・儒家類・補元》 黄瑞節《朱子成書》十卷。字觀樂，以薦授泰和州學正，不赴。輯朱子《太極圖》、《通書》、《正蒙》、《西銘》諸解，及《易啓蒙》、《家禮》、《律呂新書》、《皇極經世》、《陰符經》、《參同契注》，而以己所見爲《附録》。

倪燦等《補遼金元藝文志・儒家類》 黄瑞節《朱子成書》十卷。字觀樂。

錢大昕《補元史藝文志・儒家類》 黄瑞節《朱子成書》十卷。

張金吾《愛日精廬藏書志・儒家類》 《宋子成書》。元刊本。

性理遺書

王圻《續文獻通考・經籍考・儒家》 《性理遺書》十四卷。張復著。復字伯陽，建安人。爲建寧路知事。師事鄭儀孫，學《易》得丘氏之傳。此書輯諸儒遺論爲之。

黄虞稷《千頃堂書目・儒家類・補元》 張復《性理遺書》十四卷。建安人，字伯陽。建寧路知事。

倪燦等《補遼金元藝文志・儒家類》 張復《性理遺書》十四卷。字伯陽，建安人。建寧路知事。

錢大昕《補元史藝文志・儒家類》 張復《性理遺書》十四卷。字伯陽，建安人。建寧路知事。

通書問

黄虞稷《千頃堂書目・儒家類・補元》 何中《通書問》。

倪燦等《補遼金元藝文志・儒家類》 何中《通書問》。

《四庫全書總目提要・儒家類存目一》 《通書問》一卷。江西巡撫採進本。元何中撰。

錢大昕《補元史藝文志・儒家類》 何中《通書問》一卷。

正蒙疑解

黄虞稷《千頃堂書目・儒家類・補元》 沈貴瑶《正蒙疑解》。字成叔，德興人。董鼎弟子。

倪燦等《補遼金元藝文志・儒家類》 沈貴瑶《正蒙疑解》。字成叔，德興人。

洙泗大成集

黄虞稷《千頃堂書目・儒家類・補元》 蕭元益《洙泗大成集》。字楚材，湖廣安化人。

倪燦等《補遼金元藝文志・儒家類》 蕭元益《洙泗大成集》。字楚材，湖廣安化人。

錢大昕《補元史藝文志・儒家類》 蕭元益《洙泗大成集》。字楚材，安化人。

續皇極經世書

王圻《續文獻通考・經籍考・儒家》 《續皇極經世書》。藁城安熙著。

黄虞稷《千頃堂書目・儒家類・補元》 安熙《續皇極經世書》。

倪燦等《補遼金元藝文志・儒家類》 安熙《續皇極經世書》。

錢大昕《補元史藝文志・儒家類》 安熙《續皇極經世書》。

經筵餘旨

張萱等《内閣藏書目録・雜部》 《經筵餘旨》一册。全。元至正間中丞張養浩著。

黄虞稷《千頃堂書目・儒家類・補元》 張養浩《經筵餘旨》一卷。

倪燦等《補遼金元藝文志・儒家類》 張養浩《經筵餘旨》一卷。

錢大昕《補元史藝文志・儒家類》 張養浩《經筵餘旨》一卷。

自省編

黄虞稷《千頃堂書目・儒家類・補元》 許謙《自省編》。

倪燦等《補遼金元藝文志・儒家類》 許謙《自省編》。

錢大昕《補元史藝文志・儒家類》 許謙《自省編》。

日聞雜記

黄虞稷《千頃堂書目・儒家類・補元》 許謙《日聞雜記》。謙門人記。

倪燦等《補遼金元藝文志・儒家類》 許謙《日聞雜記》,謙門人記。

錢大昕《補元史藝文志・儒家類》 許謙《日聞雜説》,門人所記。

近思録廣輯

王圻《續文獻通考・經籍考・儒家》《近思録廣輯》。柳貫著。貫,浦陽人。

黄虞稷《千頃堂書目・儒家類・補元》 柳貫《近思録廣輯》三卷。

倪燦等《補遼金元藝文志・儒家類》 柳貫《近思録廣輯》三卷。

錢大昕《補元史藝文志・儒家類》 柳貫《近思録廣輯》三卷。

格物類編

王圻《續文獻通考・經籍考・儒家》《格物類編》。元城潘迪著。

黄虞稷《千頃堂書目・儒家類・補元》 潘迪《格物類編》。

倪燦等《補遼金元藝文志・儒家類》 潘迪《格物類編》。

草堂語録

黄虞稷《千頃堂書目・儒家類・補元》 張煇《草堂語録》。字子充,永嘉人。

倪燦等《補遼金元藝文志・儒家類》 張煇《草堂語録》。字子充,永嘉人。

性理集義

黄虞稷《千頃堂書目・儒家類・補元》 衛富益《性理集義》。崇德人。

倪燦等《補遼金元藝文志・儒家類》 衛富益《性理集義》。崇德人。

讀書日程

張萱等《内閣藏書目録・雜部》《讀書日程》二册。全。元延祐間程端禮著。皆本輔漢卿所粹《朱子讀書法》修之,凡先儒論説有裨讀書者雜載焉。共三卷。

錢謙益等《絳雲樓書目・道學類》《程敬伯讀書程》。三卷。

又《程氏家塾》。

黄虞稷《千頃堂書目・儒家類・補元》 程端禮《讀書分年日程》三卷。

《四庫全書總目提要・儒家類三》《讀書分年日程》三卷。編修勵守謙家藏本。元程端禮撰。端禮字敬叔,號畏齋,鄞縣人。

錢大昕《補元史藝文志・儒家類》 程端禮《讀書分年日程》三卷。

江東書院講義

丁仁《八千卷樓書目・儒家類》《江東書院講義》一卷。元程端禮撰。《學海類編》本。

讀書録存遺

丁仁《八千卷樓書目・儒家類》　《讀書録存遺》一卷。宋潘音撰。葉氏刊本。

忍　書

高儒《百川書志・德行家》　《忍書》一卷。元古杭蟾心吴亮明卿著。凡經、書、子、史之語，賢人、君子之言行，皆採輯之。

百忍箴

徐𤊹《徐氏家藏書目・子類》　《百忍箴》四卷。

劉若愚《内板經書紀略》　《勸忍百箴》。四本，三百葉。

錢謙益等《絳雲樓書目・儒家類》　《百忍箴》。

百忍箴

黄虞稷《千頃堂書目・儒家類・補元》　僧天祐注許召奎《百忍箴》四卷。

先儒粹言

王圻《續文獻通考・經籍考・儒家》　《先儒粹言》。浮梁吴仲遷著。

黄虞稷《千頃堂書目・儒家類・補元》　吴仲迂《先儒粹言》。

倪燦等《補遼金元藝文志・儒家類》　吴迂《先儒粹言》。

錢大昕《補元史藝文志・儒家類》　吴迂《先儒粹言》。

先儒法言

王圻《續文獻通考・經籍考・儒家》　《先儒法言》。浮梁吴仲遷著。

黄虞稷《千頃堂書目・儒家類・補元》　吴仲迂《先儒法言》。

倪燦等《補遼金元藝文志・儒家類》　吴迂《先儒法言》。

錢大昕《補元史藝文志・儒家類》　吴仲迂《先儒法言》。字可翁，番陽人。

帝王心法

錢大昕《補元史藝文志・經濟類》　贍思《帝王心法》。

日損齋筆記

范邦甸等《天一閣書目・儒家類》　《日損齋筆記》。藍絲闌鈔本。元黄溍撰。

黄虞稷《千頃堂書目・儒家類・補元》　黄溍《日損齋筆記》二卷。

倪燦等《補遼金元藝文志・儒家類》　黄溍《日損齋筆記》一卷。

淳熙糾繆

王圻《續文獻通考・經籍考・儒家》　《淳熙糾繆》。東陽陳樵著。

鹿皮子飛小稿

王圻《續文獻通考・經籍考・儒家》　《鹿皮子飛小稿》。東陽陳樵著。

太極圖解

王圻《續文獻通考・經籍考・儒家》《太極圖解》。東陽陳樵著。

黃虞稷《千頃堂書目・儒家類・補元》 陳樵《太極圖解》。東陽人。嘗入太霞洞著書，其書縱横辯博，自孟子而下，皆未免于議論。按《續文獻通考》，尚有《淳熙糾繆》、《鹿皮子飛小稿》。【略】凡數百卷。

倪燦等《補遼金元藝文志・儒家類》 陳樵《太極圖解》。東陽人。入太霞洞著書。

錢大昕《補元史藝文志・儒家類》 陳樵《太極圖解》。

通書解

王圻《續文獻通考・經籍考・儒家》《通書解》。東陽陳樵著。

黃虞稷《千頃堂書目・儒家類・補元》 陳樵《通書解》。

倪燦等《補遼金元藝文志・儒家類》 陳樵《通書解》。

錢大昕《補元史藝文志・儒家類》 陳樵《通書解》。

聖賢大意

王圻《續文獻通考・經籍考・儒家》《聖賢大意》。東陽陳樵著。

黃虞稷《千頃堂書目・儒家類・補元》 陳樵《聖賢大意》。

倪燦等《補遼金元藝文志・儒家類》 陳樵《聖賢大意》。

錢大昕《補元史藝文志・儒家類》 陳樵《聖賢大意》。

性理大明

王圻《續文獻通考・經籍考・儒家》《性理大明》。東陽陳樵著。

黃虞稷《千頃堂書目・儒家類・補元》 陳樵《性理大明》。

倪燦等《補遼金元藝文志・儒家類》 陳樵《性理大明》。

錢大昕《補元史藝文志・儒家類》 陳樵《性理大明》。

石室新語

王圻《續文獻通考・經籍考・儒家》《石室新語》。東陽陳樵著。

黃虞稷《千頃堂書目・儒家類・補元》 陳樵《石室新語》。

倪燦等《補遼金元藝文志・儒家類》 陳樵《石室新語》。

錢大昕《補元史藝文志・儒家類》 陳樵《石室新語》。

答客問

王圻《續文獻通考・經籍考・儒家》《答客問》。東陽陳樵著。

錢大昕《補元史藝文志・儒家類》 陳樵《答客問》。

觀物篇解

錢謙益等《絳雲樓書目・道學類》《觀物篇解》。

黃虞稷《千頃堂書目・儒家類・補元》 祝泌《觀物解》。

倪燦等《補遼金元藝文志・儒家類》 祝泌《觀物解》。

錢大昕《補元史藝文志・儒家類》 祝泌《皇極經世觀物篇解》六十二卷。字子堅。宋季爲提領幹辦公事。

讀書記

王圻《續文獻通考・經籍考・儒家》 《讀書記》二十五卷。熊本著。

黃虞稷《千頃堂書目・儒家類・補元》 熊本《讀書記》二十五卷。本吳草廬門人，記問答於其師者。

倪燦等《補遼金元藝文志・儒家類》 熊本《讀書記》二十五卷。

吳山録

王圻《續文獻通考・經籍考・儒家》 《吳山録》二十卷。熊本著。本嘗從吳文正公澄學，所謂《吳山》即記吳門問辨〔辨〕之所得者。

黃虞稷《千頃堂書目・儒家類・補元》 熊本《吳山録》二十卷。

倪燦等《補遼金元藝文志・儒家類》 熊本《吳山録》二十卷。

精覽歸一圖解

黃虞稷《千頃堂書目・儒家類・補元》 季致平《精覽歸一圖解》二卷。青田人。

倪燦等《補遼金元藝文志・儒家類》 季致平《精覽歸一圖解》二卷。青田人。

端本書

黃虞稷《千頃堂書目・儒家類・補元》 徐泰亨《端本書》一卷。龍游人。黃溍爲撰《墓志》。

倪燦等《補遼金元藝文志・儒家類》 徐泰亨《端本書》一卷。龍游人。

忠報録

黃虞稷《千頃堂書目・儒家類・補元》 徐泰亨《忠報録》一卷。

倪燦等《補遼金元藝文志・儒家類》 徐泰亨《忠報録》一卷。

可鈔書

黃虞稷《千頃堂書目・儒家類・補元》 徐泰亨《可鈔書》一卷。

倪燦等《補遼金元藝文志・儒家類》 徐泰亨《可可抄書》一卷。

董子雅言

黃虞稷《千頃堂書目・儒家類・補元》 凌緯《董子雅言》。

倪燦等《補遼金元藝文志・儒家類》 凌緯《董子雅言》。

孝全撰言

黃虞稷《千頃堂書目・儒家類・補元》 申屠徵《孝全撰言》。

倪燦等《補遼金元藝文志・儒家類》 申屠澂《孝全撰言》。

存養録

黃虞稷《千頃堂書目・儒家類・補元》 張明卿《存養録》十二卷。天台人，號務光生。宋濂撰墓碣。

倪燦等《補遼金元藝文志・儒家類》 張明卿《存養録》十二卷。天台人。

錢大昕《補元史藝文志・儒家類》 張明卿《存養録》十二卷。

政事書

黄虞稷《千頃堂書目・儒家類・補元》 張明卿《政事書》一卷。

倪燦等《補遼金元藝文志・儒家類》 張明卿《政事書》一卷。

錢大昕《補元史藝文志・經濟類》 張明卿《政事書》一卷。

朱子傳疑

黄虞稷《千頃堂書目・儒家類・補元》 陳潛《朱子傳疑》。紹興府人。

倪燦等《補遼金元藝文志・儒家類》 陳潛《朱子傳疑》。紹興府人。

列后金鑑

錢大昕《補元史藝文志・經濟類》 馬祖常《列后金鑑》。

心性論

錢大昕《補元史藝文志・儒家類》 曾異申《心性論》。

理氣辨

錢大昕《補元史藝文志・儒家類》 曾異申《理氣辨》。

性理群書

王圻《續文獻通考・經籍考・儒家》《性理羣書》。永新馮翼翁著。

錢大昕《補元史藝文志・儒家類》 馮翼翁《性理羣書》。

性理本旨

王圻《續文獻通考・經籍考・儒家》《性理本旨》。孟夢恂著。

黄虞稷《千頃堂書目・儒家類・補元》 孟夢恂《性理本旨》。

倪燦等《補遼金元藝文志・儒家類》 孟夢恂《性理本旨》。

錢大昕《補元史藝文志・儒家類》 孟夢恂《性理本旨》。

有官龜鑑

錢大昕《補元史藝文志・經濟類》 蘇霖《有官龜鑑》十九卷。

補正蒙解

錢大昕《補元史藝文志・儒家類》 鄭原善《補正蒙解》。

道統銘

錢大昕《補元史藝文志・儒家類》 桂本《道統銘》。

大寶録

錢大昕《補元史藝文志・經濟類》 李好文《大寶録》。

大寶龜鑑

錢大昕《補元史藝文志・經濟類》 李好文《大寶龜鑑》。

政　鑒

錢大昕《補元史藝文志・經濟類》 朱嗣榮《政鑒》。字文昌，金溪人。

歷代人臣正邪龜鑑

錢大昕《補元史藝文志・經濟類》 戴焴《歷代人臣正邪龜鑑》二百卷。婺源人。

性理發蒙

王圻《續文獻通考・經籍考・儒家》 《性理發蒙》四卷。黄鎮成著。

黄虞稷《千頃堂書目・儒家類・補元》 黄鎮成《性理發微》四卷。

倪燦等《補遼金元藝文志・儒家類》 黄鎮戌《性理發微》四卷。

錢大昕《補元史藝文志・儒家類》 黄鎮成《性理發微》四卷。

皇極經世衍數

楊士奇等《文淵閣書目・性理》 《皇極經世衍數》。一部，十册。闕。　又《皇極經世衍數》。一部，四十八册。闕。

黄虞稷《千頃堂書目・儒家類・補元》 蔡仁《皇極經世衍數》五十五卷　又《後集》五十二卷　又《別集》十五卷　又《續集》十六卷　又《支集》十五卷。字和仲，饒州人。布衣。

倪燦等《補遼金元藝文志・儒家類》 蔡仁《皇極經世衍數》五十卷　又《後集》五十二卷　又《別集》十五卷　又《續集》十六卷　又《支集》十五卷。字和仲，饒州人。

錢大昕《補元史藝文志・儒家類》 蔡仁《皇極經世衍數》一百五十四卷。《前集》五十五卷《後集》五十三卷《別集》十五卷《續集》十六卷《支集》十五卷。字和仲，饒州布衣。

治世龜鑑

黄虞稷《千頃堂書目・儒家類・補元》 蘇天爵《治世龜鑑》一卷。

《四庫全書總目提要・儒家類三》 《治世龜鑑》一卷。浙江鄉大節家藏本。元蘇天爵撰。

錢大昕《補元史藝文志・經濟類》 蘇天爵《治世龜鑑》一卷。

太平經國

錢大昕《補元史藝文志・經濟類》 歐陽原功等《太平經國》二百十二卷。

太平金鏡策

高儒《百川書志・儒家》 《太平金鏡策》八卷。《答策秘訣》一卷。東平布衣趙天麟表進。凡六十四篇，皆陳治國之要。

錢大昕《補元史藝文志・經濟類》 趙天麟《太平金鏡策》八卷。東平人，世祖時上。

秘　訣

高儒《百川書志・儒家》 《秘訣》十二篇。不知作者。

太平策

錢大昕《補元史藝文志・經濟類》 鄭介夫《太平策》。字以吾，開化人。

定本萬言策

錢大昕《補元史藝文志・經濟類》 吴明《定本萬言策》。大同人，國子助教。

太平十策

錢大昕《補元史藝文志・經濟類》 艾本固《太平十策》。臨川人。

平徭六策

錢大昕《補元史藝文志・經濟類》 徐中立《平徭六策》。字宗道。

爲政善惡報應事類

錢大昕《補元史藝文志・經濟類》 葉留《爲政善惡報應事類》十卷。

資政格言

錢大昕《補元史藝文志・經濟類》 秦輔之《資政格言》一册。

九疇策疏

錢大昕《補元史藝文志・經濟類》 程珙《九疇策疏》。

經世書入式

黄虞稷《千頃堂書目・儒家類・補元》 齊履謙《經世書入式》一卷。

倪燦等《補遼金元藝文志・儒家類》 齊履謙《經世書入式》一卷。

錢大昕《補元史藝文志・儒家類》 齊履謙《皇極經世書入式》一卷。

經世外篇微旨

黄虞稷《千頃堂書目·儒家類·補元》 齊履謙《經世外篇微旨》一卷。

倪燦等《補遼金元藝文志·儒家類》 齊履謙《經世外篇微旨》一卷。

錢大昕《補元史藝文志·儒家類》 齊履謙《外篇微旨》一卷。

管窺外編

王圻《續文獻通考·經籍考·儒家》 《管窺外編》。平陽史伯璿著。

黄虞稷《千頃堂書目·儒家類·補元》 史伯璿《管窺外編》五卷。字文璣，温州平陽人。隱居不仕。

倪燦等《補遼金元藝文志·儒家類》 史伯璿《管窺外編》五卷。字文璣，温州平陽人。隱居不仕。

《四庫全書總目提要·儒家類三》 《管窺外篇》二卷。浙江鮑士恭家藏本。元史伯璿撰。

錢大昕《補元史藝文志·儒家類》 史伯璿《管窺外篇》五卷。

辨惑編

高儒《百川書志·崇正家》 《辨惑編》四卷《附録》一卷。元毘陵謝應芳編集經、書、子、史等語，分十八類，皆切於應世接物，日用常行之理，使愚人見之不啻撥霧雲而睹青天。所附書辨，亦深理致，凡八篇。

黄虞稷《千頃堂書目·儒家類》 謝應芳《辨惑編》四卷。

《明史·藝文志·儒家類》 謝應芳《辨惑編》四卷。

《四庫全書總目提要·儒家類三》 《辨惑編》四卷《附録》一卷。兩江總督採進本。元謝應芳撰。應芳有《思賢録》，已著録。

理學正宗

楊士奇等《文淵閣書目·性理》 《理學正宗》。一部，一册。完全。

王圻《續文獻通考·經籍考·儒家》 《理學正宗》。趙居信著。

張萱等《内閣藏書目録·理學部》 《理學正宗》一册。元至元間，趙居信采集諸大儒各書院記，并附北谿宗旨。

黄虞稷《千頃堂書目·儒家類·補元》 趙居信《理學正宗》一卷。采輯諸儒《北谿書院記》及宗旨。

倪燦等《補遼金元藝文志·儒家類》 趙居信《理學正宗》一卷。採輯諸儒《北溪書院記》及宗旨。

錢大昕《補元史藝文志·儒家類》 趙居信《理學正宗》一卷。

春谷讀書記

王圻《續文獻通考·經籍考·儒家》 《春谷讀書記》二百卷。元婺州路儒學教授李仁壽著。仁壽歷覽羣書，所節抄者，惜兵火之餘皆鮮有存。

黄虞稷《千頃堂書目·儒家類·補元》 李仁壽《春谷讀書記》二百卷。婺州路儒學教授。

倪燦等《補遼金元藝文志·儒家類》 李仁壽《春谷讀書記》二百卷。婺州路儒學教授。

治原通訓

錢大昕《補元史藝文志·經濟類》 朶兒直班《治原通訓》四卷。

經世説

高儒《百川書志・儒家》　《皇極經世書説》十二卷。宋康節先生邵雍堯夫撰，豐城朱隱老著集。

王圻《續文獻通考・經籍考・儒家》　《經世説》。豐城朱隱老著。其曰：先天之學，心學也。邵子以命世人豪，乃探是圖著爲《皇極經世書》，性命物理之説重明于世。學者往往厭其難，棄而弗講，予于是有《經世説》。

黄虞稷《千頃堂書目・儒家類・補元》　朱子方《皇極經世書解》。上篇十三卷，下篇五卷。字隱老，號灊峰，豐城人。朱善父。

倪燦等《補遼金元藝文志・儒家類》　朱子方《皇極經世書解》。上篇十三卷，又下篇五卷。字隱老，豐城人。

錢大昕《補元史藝文志・儒家類》　朱隱老注《皇極經世書》十八卷。

正蒙書説

王圻《續文獻通考・經籍考・儒家》　《正蒙書説》。豐城朱隱老著。

景行録

高儒《百川書志・德行家》　《景行録》一卷。元紫微公史弼君佐集。於身心大有所補，如穀帛養生，不可一日闕也。

倪燦等《補遼金元藝文志・儒家類》　史若佐《景行録》一卷。

錢大昕《補元史藝文志・儒家類》　史若佐《景行録》一卷。

近思録分類集解

黄虞稷《千頃堂書目・儒家類・補元》　周公恕《近思録分類集解》十四卷。吉安人。就葉采《集解》參錯雜折之，非葉氏本書也。

倪燦等《補遼金元藝文志・儒家類》　周公恕《近思録分類集解》十四卷。吉安人。

錢大昕《補元史藝文志・儒家類》　周公恕《近思録分類解》十四卷。

性理會元

黄虞稷《千頃堂書目・儒家類・補元》　陳剛《性理會元》二集四十六卷。字公潛，温州平陽人，從胡石塘學，門人稱之潛齋先生。

倪燦等《補遼金元藝文志・儒家類》　陳剛《性理會元》二集四十六卷。字公潛，温州平陽人。

錢大昕《補元史藝文志・儒家類》　陳剛《性理會元》二集四十六卷。字公潛，温州平陽人。

太極圖解

王圻《續文獻通考・經籍考・儒家》　《太極圖解》。安福劉霖著。

黄虞稷《千頃堂書目・儒家類・補元》　劉霖《太極圖解》。字雲章，安福人。至正丙子舉人，入明徵不起。

倪燦等《補遼金元藝文志・儒家類》　劉霖《太極圖解》。字雲章，安福人。

錢大昕《補元史藝文志・儒家類》　劉霖《太極圖解》。

皇極經世解

黄虞稷《千頃堂書目·儒家類·補元》 朱本《皇極經世解》。字致真，豐城人。福州路儒學提舉。自明初以賢良官召至京，固辭，安置和州，放歸。

倪燦等《補遼金元藝文志·儒家類》 朱本《皇極經世解》。字致其，豐城人。入明不就徵。

錢大昕《補元史藝文志·儒家類》 朱本《皇極經世解》。

通書解

黄虞稷《千頃堂書目·儒家類·補元》 朱本《通書解》。

倪燦等《補遼金元藝文志·儒家類》 朱本《通書解》。

錢大昕《補元史藝文志·儒家類》 朱本《通書解》。

太極圖解

黄虞稷《千頃堂書目·儒家類·補元》 朱本《太極圖解》。

倪燦等《補遼金元藝文志·儒家類》 朱本《太極圖解》。

錢大昕《補元史藝文志·儒家類》 朱本《太極圖解》。字致其，豐城人。福州路儒學提舉。明初以賢良徵，不至，安置和州。

經世明道集

王圻《續文獻通考·經籍考·儒家》 《經世明道集》。徐宗度著。宗度以聖賢之道載之言，觀其言，是以知其所用。嘗辟教官。

皇王大訓

錢大昕《補元史藝文志·經濟類》 徐宗度《皇王大訓》。建安人。

景行録

黄虞稷《千頃堂書目·儒家類·補元》 史岩佐《景行録》一卷。大德間肇慶路星巖書院山長羅芳釋。

命本録

黄虞稷《千頃堂書目·儒家類·補元》 吴海《命本録》一卷。

倪燦等《補遼金元藝文志·儒家類》 吴海《命本録》一卷。

錢大昕《補元史藝文志·儒家類》 吴海《厚本録》。

道學發明

黄虞稷《千頃堂書目·儒家類·補元》 王文焕《道學發明》。一名子敬，字叔恭，松陽人。元季隱松陽山，學者稱西山先生。

倪燦等《補遼金元藝文志·儒家類》 王文焕《道學發明》。又名子敬，字叔恭，松陽人。

錢大昕《補元史藝文志·儒家類》 王文焕《道學發明》。一名子敬，字叔恭，松陽人。

語　録

黄虞稷《千頃堂書目・儒家類・補元》 黎仲基《語録》八卷。

倪燦等《補遼金元藝文志・儒家類》 黎仲基《語録》八卷。

帝王寶範

黄虞稷《千頃堂書目・儒家類・補元》 馬順孫《帝王寶範》六十二卷。稱江南布衣馬順孫撰進。采歷代帝王事迹，凡十二門。

倪燦等《補遼金元藝文志・儒家類》 馬順孫《帝王寶範》六十二卷。稱江南布衣。

性理正蒙分節解

黄虞稷《千頃堂書目・儒家類・補元》 許珍《性理正蒙分節解》十七卷。

倪燦等《補遼金元藝文志・儒家類》 許珍《性理正蒙分節解》十七卷。不知時代。

太極圖解釋義

黄虞稷《千頃堂書目・儒家類・補元》 許珍《太極圖解釋義》一卷。

倪燦等《補遼金元藝文志・儒家類》 許珍《太極圖解釋義》一卷。不知時代。

性理紀聞

黄虞稷《千頃堂書目・儒家類・補元》 葉涵《性理紀聞》四卷。不知時代。

倪燦等《補遼金元藝文志・儒家類》 葉涵《性理紀聞》四卷。

理學要言

黄虞稷《千頃堂書目・儒家類・補元》 黄堂《理學要言》十卷。不知時代。

倪燦等《補遼金元藝文志・儒家類》 黄堂《理學要言》十卷。不知時代。

太玄集注

黄虞稷《千頃堂書目・儒家類・補元》 胡次和《太玄集注》十二卷。江源胡次和。不知時代。

倪燦等《補遼金元藝文志・儒家類》 胡次和《太玄集注》十二卷。江原人。不知時代。

中説指歸録

黄虞稷《千頃堂書目・儒家類・補元》 于鑑《中説指歸録》二卷。不知時代。

容城先生至論

黄虞稷《千頃堂書目・儒家類・補元》 《容城先生至論》二卷。不知撰人。

薛楊精粹録

張萱等《内閣藏書目録・理學部》 《薛楊精粹録》二册。全。薛公瑄、楊公繼宗語録。

黃虞稷《千頃堂書目・儒家類・補元》 《薛楊精粹録》二册。録薛瑄、楊繼宗語。不知撰人。

經邦軌轍

黃虞稷《千頃堂書目・儒家類・補元》 郭慶傳《經邦軌轍》十卷。臨江人。爲目十有二，引經史于端，而證以元名臣之事。監察御史進於朝。（盧補）

錢大昕《補元史藝文志・經濟類》 郭慶傳《經邦軌轍》十卷。臨江人。

孔子家語句解

倪燦等《補遼金元藝文志・儒家類》 王廣謀《孔子家語句解》三卷。字景猷。

《四庫全書總目提要・儒家類存目一》 《聖賢語論》二卷。浙江朱彝尊家曝書亭藏本。元王廣謀編。

錢大昕《補元史藝文志・儒家類》 《王廣謀孔子家語句解》三卷。字景猷。

周中孚《鄭堂讀書記・儒家類》 《標題句解孔子家語》三卷。元刊本。元王廣謀撰。廣謀字景猷，號猷堂。里貫未詳。

皇極經世發微

錢大昕《補元史藝文志・儒家類》 徐驤《皇極經世發微》。字伯驥，婺源人。

帝範

都穆《南濠居士文跋・帝範》 唐太宗《帝範》三卷。

張萱等《内閣藏書目録・雜部》 太宗《帝範》一册。全。鈔本。唐文皇帝撰以賜太子者。幾十二條，共四卷。元霸郡李肅音釋。又一册。全。又二册。俱同前。

家訓

王圻《續文獻通考・經籍考・儒家》 《家訓》。張雄飛著。

家範

王圻《續文獻通考・經籍考・儒家》 《宗範》五卷。惠希孟著。希孟，江陰人。學問該博，持守嚴重。兄老無子，希孟奉侍如父。

黃虞稷《千頃堂書目・儒家類・補元》 惠希孟《家範》五卷。字秋崖，江陰人。

倪燦等《補遼金元藝文志・儒家類》 惠希孟《家範》五卷。

錢大昕《補元史藝文志・儒家類》 惠希孟《家範》五卷。

鄭氏家範

范邦甸等《天一閣書目・儒家類》 《鄭氏家範》。刊本。宋浦江鄭綺撰，明翰林張翥序。

黃虞稷《千頃堂書目・儒家類》 鄭綺《鄭氏家範》一卷，《鄭氏旌義編》二卷。字宗文，浦江人。

金門詔《補三史藝文志・儒家類》 鄭文嗣《家範》三卷。

錢大昕《補元史藝文志・儒家類》 《浦江鄭氏家範》三卷，鄭文融字太和撰。

家儀

黃虞稷《千頃堂書目・儒家類》 鄭泳《家儀》。字仲潛，浦江人。仕元温州路總管府經歷。

王氏宗教

黃虞稷《千頃堂書目・儒家類・補元》 吴宗元《王氏宗教》一篇。諸暨人。宋濂有序。宗元，字筠西，有學行，嘗爲浙東宣慰司奏差，以母老歸養。

倪燦等《補遼金元藝文志・儒家類》 吴宗元《王氏宗教》一篇。字筠西，諸暨人。

錢大昕《補元史藝文志・儒家類》 吴宗元《吴氏宗教》一篇。諸暨人。

教家要語

黃虞稷《千頃堂書目・儒家類・補元》 姚君大《教家要語》二卷。不知時代。

倪燦等《補遼金元藝文志・儒家類》 姚君大《教家要言》一作「語」。二卷。

小學大義

錢大昕《補元史藝文志・儒家類》 許衡《小學大義》。

小學標題駁論

錢大昕《補元史藝文志・儒家類》 蕭𣄃《小學標題駁論》。

小學詳斷

錢大昕《補元史藝文志・儒家類》 蔣捷《小學詳斷》。字勝欲，宜興人。

小學標注

錢大昕《補元史藝文志・儒家類》 熊朋來《小學標注》。

純正蒙求

錢大昕《補元史藝文志・儒家類》 胡炳文《純正蒙求》三卷。

小學纂疏

楊士奇等《文淵閣書目・性理》 《小學纂疏》。一部，六册。完全。

張萱等《内閣藏書目録・雜部》 《小學纂疏》六册。全。元大德間，薛延年采集經史所載事物，各爲圖説以訓童蒙，又以李成己《小學》諸書附焉。

錢大昕《補元史藝文志・儒家類》 薛延年《小學纂圖》六册。

小學書闕疑

錢大昕《補元史藝文志・儒家類》 韓準《小學書闕疑》。字公衡，沛人。江南行臺侍御史。

小學書纂疏

錢大昕《補元史藝文志・儒家類》 李成己《小學書纂疏》。字友仁，陝西人。

小學入門

錢大昕《補元史藝文志・儒家類》 熊良輔《小學入門》。

敏求機要

張萱等《内閣藏書目録・雜部》 《敏求機要》四册。劉芳實編集古人雜學，自帝王至物産、服食、器用，凡十五類以便童蒙。十六卷鈔本。又三册。不全。

養正羣書

錢大昕《補元史藝文志・儒家類》 熊大年《養正羣書》一卷。

養蒙大訓

錢大昕《補元史藝文志・儒家類》 熊大年《養蒙大訓》十二卷。

女　教

黄虞稷《千頃堂書目・儒家類・補元》 許熙載《女教》六卷。字敬臣。官州路經歷。

倪燦等《補遼金元藝文志・儒家類》 許熙載《女教》六卷。字敬臣，許有壬父。

錢大昕《補元史藝文志・儒家類》 許熙載《女教》六卷。字敬臣，安陽人。

金閨彝訓

黄虞稷《千頃堂書目・儒家類・補元》 丁儼《金閨彝訓》八卷。字主敬，新建人。吴草廬門人。

倪燦等《補遼金元藝文志・儒家類》 丁儼《金閨彝訓》八卷。字主敬，新建人。

錢大昕《補元史藝文志・儒家類》 丁儼《金閨彝訓》八卷。字主敬，新建人。

公子書　務農技藝商賈書

黄虞稷《千頃堂書目・儒家類》 《公子書》一卷。又《務農技藝商賈書》。太祖徵儒士熊鼎、朱夢炎至建康，令纂是書。

文華進講録

楊士奇等《文淵閣書目・國朝》 《文華進講録》。一部，一册。殘缺。

孝慈録

錢謙益等《絳雲樓書目・本朝制書實録》 《孝慈録》。

資世通訓

楊士奇等《文淵閣書目・國朝》《御製資世通訓》。一部，一冊。完全。又《御製資世通訓》。一部，一冊。完全。又《御製資世通訓》。一部，一冊。闕。又《御製資世通訓》。一部，一冊。闕。

張萱等《内閣藏書目録・聖制部》《御製資世通訓》一冊。全。洪武八年，御製以訓百官衆庶者。凡十四篇，首以人羣所當爲者十四事，次言人臣所不當爲者十七事，其三、其四則爲民用章。又以士、農、工、商各爲一篇，合僧、道爲一篇。念此之愚癡，欲其教子戒其造言示以禍福，又各爲一篇，以勸懲之。

錢謙益等《絳雲樓書目・本朝制書實録》《資世通訓》。

黄虞稷《千頃堂書目・儒家類》太祖《御製資世通訓》一卷。

昭鑑録

楊士奇等《文淵閣書目・國朝》《儲君昭鑑録》。一部，一冊。完全。又《儲君昭鑑録》。一部，一冊。闕。又《昭鑑録》。一部，二冊。完全。又《昭鑑録》。一部，二冊。完全。又《昭鑑録》。一部，一冊。完全。又《昭鑑録》。一部，一冊。完全。又《昭鑑録》。一部，一冊。完全。又《昭鑑録》。一部，一冊。闕。

張萱等《内閣藏書目録・聖制部》《儲君昭鑒》一冊。全。朝代未詳。皆輯古今儲君事蹟以爲儲訓。善六十人，惡二十五人，一事之善一人，一事之惡一人。

劉若愚《内板經書紀略》《昭鑑録》。一本，一百五十二葉。

黄虞稷《千頃堂書目・儒家類》《昭鑒録》五卷。太祖常命禮部尚書陶凱、主事張籌等，采録漢唐以來藩王善惡以爲鑒戒。後凱出參行省，編輯未成。於是詔秦王傅文原吉、翰林編修王僎、國子博士李叔元、助教朱復、録事蔣子杰等續修之，至六年三月書成。太子贊善宋濂爲序以進。頒賜諸臣。一作二卷。

又《宗藩永鑑録》五卷。（吴補）

昭鑑録簡略

楊士奇等《文淵閣書目・國朝》《昭鑑録簡略》。一部，二冊。完全。

祖訓條章

劉若愚《内板經書紀略》《祖訓條章》。一本，十二葉。

黄虞稷《千頃堂書目・儒家類》《祖訓條章》一卷。洪武二年四月乙亥詔中書省編定封建諸王國邑及官屬之制，至六年六月書成。目凡十三，帝自爲序。頒之諸王，且録於謹身殿及乾清宮東壁，命諸王亦書於王宮正殿内宮東壁，以時觀省。

新編相鑑

楊士奇等《文淵閣書目・國朝》《新編相鑑》。一部，十冊。殘缺。又《新編相鑑》。一部，十冊。殘缺。

臣戒録

楊士奇等《文淵閣書目・國朝》《臣戒録》。一部，二冊。闕。又《臣戒録》。一部，二冊。闕。

志戒録

楊士奇等《文淵閣書目・國朝》《志戒録》。一部，一冊。完全。又《歷代姦臣備傳》一部，一册。完全。

彰善癉惡録

楊士奇等《文淵閣書目・國朝》《彰善癉惡録》。一部，三册。完全。　又《彰善癉惡録》。一部，二册。完全。

張萱等《内閣藏書目録・雜部》《彰善癉惡録》二册。全。洪武二十五年，命吏科將歷年爲善受賞、爲惡受刑者類集成書，刊布之，以示勸戒。又二册。全。

癉惡録

楊士奇等《文淵閣書目・國朝》《癉惡録》。一部，一册。完全。　又《癉惡録》。一部，一册。完全。

癉惡續録

楊士奇等《文淵閣書目・國朝》《癉惡續録》。一部，一册。完全。　又《癉惡續録》。一部，一册。闕。

張萱等《内閣藏書目録・雜部》《癉惡續録》一册。全。洪武間録訓導景德暉等譏侮誹謗累惡不悛諸罪狀。又一册。全。

武臣鑑戒

楊士奇等《文淵閣書目・國朝》《武臣鑑戒》。一部，一册。完全。

永鑑録

黄虞稷《千頃堂書目・儒家類》《永鑑録》一卷。其書輯歷代宗室諸王爲惡悖逆者，以類爲編，直序其事。洪武二十六年十二月書成，頒賜諸王。一作二卷。

祖　訓

劉若愚《内板經書紀略》《皇明祖訓》。一本，五十葉。

錢謙益等《絳雲樓書目・本朝制書實録》《皇明祖訓》。一卷。太祖。即《祖訓録》。

黄虞稷《千頃堂書目・儒家類》《祖訓》一卷。洪武二十八年九月庚戌頒於内外文武諸司。

歷代公主録

楊士奇等《文淵閣書目・國朝》《歷代公主録》。一部，一册。完全。　又《歷代公主録》。一部，一册。闕。

黄虞稷《千頃堂書目・儒家類》《歷代公主録》二卷。洪武時編。始隋蘭陵公主，終襄陽公主，分善惡以示勸誡。

存心録

楊士奇等《文淵閣書目・國朝》《存心録》。一部，十册。殘缺。　又《存心録》。一部，八册。闕。　又《存心録》。一部，八册。闕。

張萱等《内閣藏書目録・聖制部》《存心録》二册。不全。洪武間命儒臣劉三吾等編次本朝祭祀、壇位、禮儀圖説，又以歷代羣書災祥可驗者條列於後，且述齋戒之義以備觀覽。先有刻本，後改訂作寫本，今止共存三册。　又一册。不全。　又二册。不全。　鈔本。

劉若愚《内板經書紀略》《省躬録》。一本，七十二葉。

錢謙益等《絳雲樓書目・本朝制書實録》《省躬録》。七卷。洪武中命學士劉三吾等編。皆記歷代災異之應於臣下者。

黄虞稷《千頃堂書目・儒家類》《省躬録》七卷。《存心録》既成，復命贊善劉三吾編類漢、唐、宋以來災異之應於臣下者爲一書。洪武十九年三月成編，詔頒行之。

精誠録

楊士奇等《文淵閣書目・國朝》《精誠録》一部，一册。完全。

張萱等《内閣藏書目録・聖制部》《精誠録》一册。全。洪武十五年，大學士吴沈奉敕撰進。一敬天，二忠君，三孝親，皆取諸經格言編集成書。賜名「精誠録」。

黄虞稷《千頃堂書目・儒家類》《精誠録》三卷。洪武十六年二月，東閣大學士吴沈等撰進。類編古聖賢敬天、忠君、孝親之言散見於《六經》、《語》、《孟》、《國語》諸書者，每事各爲一類。命沈爲序。

醒貪録

楊士奇等《文淵閣書目・國朝》《醒貪録》。一部，二册。闕。　又《醒貪録》。一部，一册。完全。　又《醒貪録》。一部，一册。完全。　又《醒貪録》。一部，二册。闕。

黄虞稷《千頃堂書目・儒家類》《醒貪録》二卷。

龍門子凝道記

高儒《百川書志・儒家》《龍門子凝道記》三卷。宋濂至正十六年入小龍山，著書曰四符、八樞、十二微，符言合，樞言奥，微言藴，總二十有四篇。以按一歲之氣，號曰《凝道記》。猶揚子草玄希聖之義。

紀非録

楊士奇等《文淵閣書目・國朝》《紀非録》。一部，一册。完全。　又《紀非録》。一部，一册。完全。　又《紀非録》。一部，一册。完全。　又《紀非録》。一部，一册。完全。　又《紀非録》。一部，一册。完全。　又《齊王紀非録》。一部，一册。闕。

張萱等《内閣藏書目録・聖制部》《御製紀非録》一册。全。洪武二十年，御製歷代藩王罪惡，以國朝秦、周、齊、潭、魯、靖江附之。　又一册。全。　又一册。全。　又一册。全。

錢謙益等《絳雲樓書目・本朝制書實録》《御製紀非録》。一卷。諭周、齊、潭、魯四王。

黄虞稷《千頃堂書目・儒家類》《紀非録》一卷。訓周、齊、潭、魯諸王。

世臣總録

黄虞稷《千頃堂書目・儒家類》《世臣總録》二卷。自魯周公至唐劉蕡止，各爲論斷。

省躬録

張萱等《内閣藏書目録・聖制部》《省躬録》一册。全。儒臣劉三吾等奉敕，同上《存心録》編輯，亦古今災祥事，其應在君上者曰「存心」，應在臣下者曰「省躬」，皆上賜名。

錢謙益等《絳雲樓書目・儒家類》《龍門子凝道記》。宋濂。

黃虞稷《千頃堂書目・儒家類》 宋濂《龍門子凝道記》二卷。

馬國翰《玉函山房藏書簿録・儒家類》《龍門子凝道記》三卷。金華府學刊本。明翰林學士金華朱濂景濂撰。其書深醇迤衍，於儒道實有所見。舊二卷，此編分爲三卷，刊附集後。

郁離子

高儒《百川書志・儒家》《郁離子》十卷。誠意伯劉基在元季所著之書也。郁離者何，離火，文明之象。用之其文郁郁然，爲盛世文明之治，故曰「郁離子」。其書總爲十卷，分爲十八章，散爲一百九十五條。

徐𤊹《徐氏家藏書目・諸子類》《郁離子》一卷。明劉基。

黃虞稷《千頃堂書目・儒家類》 劉基《郁離子》三卷。

張之洞《書目答問・儒家》《郁離子》二卷。明劉基。學津本。

性理本原

黃虞稷《千頃堂書目・儒家類》 朱右《性理本原》三卷。揚《河圖》、《洛書》於首，本諸天以復乎人，次録《太極圖説》、《定性書》、《理學論》，東、西二《銘》，擴諸人以復乎天。附以《通書》一卷、《感興詩》一卷於後。若《正蒙》諸書，或有未純，故不録。

《明史・藝文志・儒家類》 朱右《性理本原》三卷。

理學纂言

黃虞稷《千頃堂書目・儒家類》 朱廉《理學纂言》。義烏人。預修《明史》。取《朱子語類》，摘其精義。

理學類編

楊士奇等《文淵閣書目・性理》《理學類編》。一部，一册。闕。

范邦甸等《天一閣書目・儒家類》《理學類編總目》八卷。刊本。元至正丙午，臨江張九韶撰并序。

黃虞稷《千頃堂書目・儒家類》 張九韶《理學類編》八卷。字九韶。

《明史・藝文志・儒家類》 張九韶《理學類編》八卷。

《四庫全書總目提要・儒家類三》《理學類編》八卷。浙江巡撫採進本。明張九韶撰。九韶字美和，後以字行，故《明史》附見《宋訥傳》，作張美和，清江人。

理學正編　理學續編

高儒《百川書志・崇正家》《理學正編》一卷《理學續編》一卷。宋臨江張九韶美和編輯，明内江陰秉衡振平續編。上卷集宋諸儒辨析異端者，分五類，輯六十四條；下卷集宋明名儒匡扶正道者，二類，三十五條。

餘力稿

王圻《續文獻通考・經籍考・儒家》《餘力稿》。樂平朱公遷著。

理學括要

黃虞稷《千頃堂書目・儒家類》 詹鳳翔《理學括要》六卷。字道存，江西樂平人。洪武中舉爲本學訓導。

性理叢説

王圻《續文獻通考・經籍考・儒家》《性理叢説》。傅淳著。

黄虞稷《千頃堂書目・儒家類》傅淳《性理叢説》。慈谿人。

傳道四子書

黄虞稷《千頃堂書目・儒家類》徐達左《傳道四子書》十卷。達左以顔、曾、思、孟遺書，傳者真僞不齊，因輯其言行散見羣書者爲此。每一子皆分内外篇。

交山迂論

范邦甸等《天一閣書目・儒家類》《交山迂論》七卷。藍絲闌鈔本。明括蒼王廉撰。

宋儒會解

黄虞稷《千頃堂書目・儒家類》林弼《宋儒會解》。字庚卿，龍谿人。洪武中知登州。

華川卮詞

黄虞稷《千頃堂書目・儒家類》王禕《華川卮詞》一卷。

太玄本旨

錢謙益等《絳雲樓書目・儒家類》《太元本音》。葉世奇。此書究通衍皇極之説，儒者多宗之，收翁云。

黄虞稷《千頃堂書目・儒家類》葉子奇《太玄本旨》九卷。字世傑，一名錡，龍泉人。至正庚寅署懸事，府判葉景淵薦試方州，中第四人，退居不仕。龍鳳八年，浙江行中書省以學行薦遺君子衛官，仁壽趣裝上道，廷試中式，授岳州巴陵簿，尋致仕卒。自號静齋。

《明史・藝文志・儒家類》葉子奇《太玄本旨》九卷。

範通玄理

黄虞稷《千頃堂書目・儒家類》葉子奇《範通玄理》。

東家子

黄虞稷《千頃堂書目・儒家類》孫作《東家子》十二篇。

《明史・藝文志・儒家類》孫作《東家子》一卷。

黄丕烈《蕘圃藏書題識續録・子類》《東家子》十二卷。舊鈔本。

潛　書

黄虞稷《千頃堂書目・儒家類》葉儀《潛書》一卷。

《明史・藝文志・儒家類》葉儀《潛書》一卷。

留子

黄虞稷《千頃堂書目・儒家類》 留睿《留子》九篇。字若愚，一字養愚，括蒼人。明初隱居著書。

《明史・藝文志・儒家類》 留睿《留子》一卷。

辨惑續編

黄虞稷《千頃堂書目・儒家類》 顧亮《辨惑續編》九卷。字寅仲，上虞人，寓於吴。楊維楨常爲作《顧孝子傳》。因應芳之書增損演釋之。萬曆《上虞縣志》作「顧諒」。

《四庫全書總目提要・儒家類存目二》 《辨惑續編》七卷《附録》二卷。浙江巡撫採進本。明顧亮撰。亮字寅仲，長洲人。

省己録

高儒《百川書志・德行家》 《省己録》一卷。皇明上虞顧諒著。凡八十八章。

黄虞稷《千頃堂書目・儒家類》 顧亮《省己録》一卷。

《四庫全書總目提要・儒家類存目一》 《西村省己録》二卷。浙江范懋柱家天一閣藏本。明顧諒撰。諒字希武，上虞人。「西村」其别號也。

明學録

黄虞稷《千頃堂書目・儒家類》 俞子良《明學録》。

尊親録

黄虞稷《千頃堂書目・儒家類》 俞子良《尊親録》。

顔子鼎編

《四庫全書總目提要・儒家類存目一》 《顔子鼎編》二卷。浙江巡撫採進本。明徐達左編。高陽删補併註。達左字良夫，平江人。

綱常彝範

黄虞稷《千頃堂書目・儒家類》 周是修《綱常彝範》十二卷。

《明史・藝文志・儒家類》 周是修《綱常彝範》十二卷。

邇言

黄虞稷《千頃堂書目・儒家類》 周是修《邇言》四卷。

雜誡

高儒《百川書志・德行家》 《雜誡》一卷。皇明天台方孝孺著。凡三十八章。

《四庫全書總目提要・儒家類存目一》 《雜誡》一卷。浙江范懋柱家天一閣藏本。明方孝孺撰。孝孺字希直，一字希古，號正學，天台人。

遜志齋釋統論

祁承㸁《澹生堂藏書目・儒家》《遜志齋釋統論》。一卷。方孝孺。本集本。

慮深論

祁承㸁《澹生堂藏書目・儒家》《慮深論》。一卷。方孝孺。本集本。

武王戒書注

黄虞稷《千頃堂書目・儒家類》 方孝孺《武王戒書注》一卷。

讀書記

黄虞稷《千頃堂書目・儒家類》 范祖幹《讀書記》。

自省録

黄虞稷《千頃堂書目・儒家類》 黄准《自省録》。在獄中作。

學範

錢謙益等《絳雲樓書目・道學類》《學範》。六卷。趙撝謙。

造化經綸圖

黄虞稷《千頃堂書目・儒家類》 趙古則《造化經綸圖》一卷。趙名撝謙。

嵇璜等《續通志圖譜略・記有》 明趙謙《造化經綸圖》。

語録

黄虞稷《千頃堂書目・儒家類》 尤文《語録》二卷。字務朴，無錫人。洪武中學明經、秀才，皆不就。門人私謚爲孝靖先生。陳真晟稱其學，與有宋五子相表裏。

《明史・藝文志・儒家類》 尤文《語録》二卷。

理學述言

黄虞稷《千頃堂書目・儒家類》 趙文《理學述言》。字宗文，長洲人。洪武中鄱陽知縣。

性理字訓

王圻《續文獻通考・經籍考・儒家》《性理字訓》。建安鄭儀孫著。

黄虞稷《千頃堂書目・儒家類》 鄭儀孫《性理字訓》。

性理羣書補注

黄虞稷《千頃堂書目・儒家類》 吴訥《性理羣書補注》十四卷。

補性理字訓

黄虞稷《千頃堂書目·儒家類》 吴訥《補性理字訓》。

性理問答

黄虞稷《千頃堂書目·儒家類》 吴彬《性理問答》。休寧人。從櫟學，即櫟甥。

理　髓

黄虞稷《千頃堂書目·儒家類》 胡應璣《理髓》三卷。

太極圖解

黄虞稷《千頃堂書目·儒家類》 朱謐《太極圖解》。

正蒙解

王圻《續文獻通考·經籍考·儒家》 《正蒙解》。朱謐著。

黄虞稷《千頃堂書目·儒家類》 朱謐《正蒙述解》。永嘉人。洪武中邳州學正。

學　訓

黄虞稷《千頃堂書目·儒家類》 王洪《學訓》。

理學正義

黄虞稷《千頃堂書目·儒家類》 魏驥《理學正義》。

律身規鑑

黄虞稷《千頃堂書目·儒家類》 胡濙《律身規鑑》一卷。

夜行燭書

范邦甸等《天一閣書目·儒家類》 《夜行燭書》一卷。紅絲闌鈔本。不著撰人名氏。

黄虞稷《千頃堂書目·儒家類》 曹端《夜行燭》一卷。

《明史·藝文志·儒家類》 曹端《夜行燭》一卷。

《四庫全書總目提要·儒家類存目一》 《夜行燭》。無卷數。副都御史黄登賢家藏本。明曹端撰。

太極圖説述解　通書述解　西銘述解

王圻《續文獻通考·經籍考·儒家》 《太極圖解》。蒲、霍二州學正曹端著。

黄虞稷《千頃堂書目·儒家類》 曹端《太極圖説述解》一卷，《西銘述解》一卷，《通書述解》一卷。

《四庫全書總目提要·儒家類二》 《太極圖説述解》一卷《通書述解》一卷《西銘述解》一卷。河南巡撫採進本。明曹端撰。端字正夫，號月川，澠池人。

性理論

黃虞稷《千頃堂書目・儒家類》 曹端《性理論》一卷。

存疑録

黃虞稷《千頃堂書目・儒家類》 曹端《存疑録》。

理學要覽

黃虞稷《千頃堂書目・儒家類》 曹端《理學要覽》二卷。

《明史・藝文志・儒家類》 曹端《理學要覽》二卷。

月川語録

黃虞稷《千頃堂書目・儒家類》 曹端《月川語録》一卷。

《明史・藝文志・儒家類》 曹端《月川語録》一卷。

《四庫全書總目提要・儒家類存目一》《月川語録》一卷。河南巡撫採進本。明曹端撰。

月川録粹

丁仁《八千卷樓書目・儒家類》《月川録粹》一卷。明孟化鯉撰。《月川遺書》本。

文華寶鑑

楊士奇等《文淵閣書目・國朝》《文華寶鑑》。一部，一册。闕。

黃虞稷《千頃堂書目・儒家類》 成祖《文華寶鑑》□卷。永樂二年四月甲申編成。

傳心要語

黃虞稷《千頃堂書目・儒家類》《傳心要語》一卷。

《明史・藝文志・儒家類》《傳心要語》一卷。永樂中編。

聖學心法

楊士奇等《文淵閣書目・國朝》《聖學心法》。一部，四册。完全。 又《聖學心法》。一部，五册。殘缺。

范邦甸等《天一閣書目・儒家類》《聖學心法》四卷。刊本。永樂七年御撰。

王圻《續文獻通考・經籍考・儒家・皇明》《聖學心法》。永樂七年御製。

張萱等《内閣藏書目録・雜部》《聖學心法》三册。不全。鈔本。莫詳姓氏。闕一册。

劉若愚《内板經書紀略》《聖學心法》。四本，三百十五葉。

錢謙益等《絳雲樓書目・本朝制書實録》《聖學心法》四册。永樂間編。成祖自言此書是手輯，訓東宮。

黃虞稷《千頃堂書目・儒家類》《聖賢心法》四卷。

《明史・藝文志・儒家類》《聖學心法》四卷。永樂中編。爲類四：曰君道、臣道、父道、子道。成祖製序。

于敏中等《天禄琳琅書目・明版子部》《聖學心法》。一函，四册。明成祖御撰。四卷。前成祖序。

《四庫全書總目提要・儒家類存目一》《聖學心法》四卷。江蘇巡撫採進本。

明成祖文皇帝撰。

務本之訓

楊士奇等《文淵閣書目・國朝》《御製務本之訓》。一部，一册。完全。

張萱等《内閣藏書目録・聖制部》《務本之訓》一册。全。永樂七年，成祖皇帝巡狩北京，因偕宣宗皇帝徧歷經行田野，諭以農家服田力穡勞苦之事著爲書，以訓之。鈔本。

黄虞稷《千頃堂書目・儒家類》《務本之訓》一卷。永樂八年，上以皇孫生長深宫，欲其知稼穡艱難，因巡幸北京，命侍行使歷觀民情風俗及田野農桑勞苦之事。因采太祖創業事跡及往古興亡得失，爲書以示訓。十月書成。

性理大全

徐㶿《徐氏家藏書目・子類》《性理大全》七十卷。

劉若愚《内板經書紀略》《性理大全》。三十本，二千一百六十九葉。

錢謙益等《絳雲樓書目・道學類》《性理大全》。七十卷。

黄虞稷《千頃堂書目・儒家類》《性理大全》七十卷。永樂十二年十一月，既命翰林儒臣胡廣等纂修《五經四書大全》，又以周、程、張、朱諸君子性理之言，如《太極》、《通書》、《西銘》、《正蒙》之類，皆六經之羽翼，各自爲書，未有統會，令廣等類聚成編，務極精備，庶幾以垂後世。命廣及楊榮、金幼孜總其事，傳送廷臣及在外教官有文學者同纂修。明年九月書成，帝親製序，令禮部刊行。

《明史・藝文志・儒家類》《性理大全》七十卷。永樂中，既命胡廣等纂修《經書大全》，又以周、程、張、朱諸儒性理之書類聚成編。成祖製序。

《四庫全書總目提要・儒家類三》《性理大全書》七十卷。兵部侍郎紀昀家藏本。明胡廣等奉敕撰。

彭元瑞等《天禄琳琅書目後編・明版子部》《性理大全》二函，十二册。明胡廣、楊榮、金幼孜等奉敕撰。

孫星衍《平津館鑒藏書籍記・補遺・明版》《性理大全書》七十卷。

勸善書

楊士奇等《文淵閣書目・國朝》仁孝皇后《勸善書》。一部，十册。完全。又仁孝皇后《勸善書》。一部，十册。闕。又仁孝皇后《勸善書》。一部，五册。闕。

張萱等《内閣藏書目録・聖制部》仁孝皇后《勸善書》十册。全。又七册。不全。采三教聖賢勸善懲惡之言類編爲書，附以事實。凡二十卷。又《勸善書》九册。不全。仁孝皇后編。又《勸善書》一册。又一册。不全。同前。

劉若愚《内板經書紀略》仁孝皇后《勸善書》。十本八百七十六葉。

錢謙益等《絳雲樓書目・本朝制書實録》仁孝皇后《勸善書》。己卯秋日，在錢唐書肆中見此書。卷首有硃印「厚載之記」四字，蓋皇后璽也。

貞烈事實

楊士奇等《文淵閣書目・國朝》《貞烈事實》。一部，二册。完全。

五經四書性理大全

楊士奇等《文淵閣書目・國朝》《五經四書性理大全》。一部，一百九十册。完全。又《五經四書性理大全》。一部，一百十九册。殘缺。

爲善陰隲

楊士奇等《文淵閣書目・國朝》《爲善陰隲》。一部，一册。完全。又《爲善陰隲》。一部，一册。完全。

張萱等《内閣藏書目録・聖制部》《御製爲善陰隲書》。全。

劉若愚《内板經書紀略》《爲善陰隲》。一本，三百七十二葉。

《明史・藝文志・儒家類》《爲善陰隲》十卷。永樂中編。

孝順事實

劉若愚《内板經書紀略》《孝順事實》。一本，二百九十二葉。

錢謙益等《絳雲樓書目・本朝制書實録》 成祖《孝順事實》四册。此書成祖輯，以訓儲宫者。永樂十八年頒降天下學宫。

《明史・藝文志・儒家類》《孝順事實》十卷。永樂中編。

海涵萬象録

黄虞稷《千頃堂書目・儒家類》 黄潤玉《海涵萬象録》三卷。

南山録

黄虞稷《千頃堂書目・儒家類》 黄潤玉《南山録》。

理氣圖説

黄虞稷《千頃堂書目・儒家類》 葉挺《理氣圖説》。永嘉人。正統間學經明行修，不赴。

讀書劄記

范邦甸等《天一閣書目・儒家類》《讀書劄記》一卷。鈔本。明河東文清公薛瑄撰，門人莆陽杜華序。

薛文清公要語外篇

范邦甸等《天一閣書目・儒家類》《薛文清公要語外篇》一册。刊本。明薛瑄撰，鄭洛跋，吕焕後序。

薛文清語録

徐𤊹《徐氏家藏書目・子類》《薛文清語録》。魏長春集。

策　問

張萱等《内閣藏書目録・理學部》《策問》一册。國朝大學士薛公瑄著。

河東先生粹言

黄虞稷《千頃堂書目・儒家類・補元》《河東先生粹言》二卷。

性理三書

黄虞稷《千頃堂書目・儒家類》 薛瑄《性理三書》三卷。

從政名言

《四庫全書總目提要·儒家類存目一》《從政名言》二卷。江蘇巡撫採進本。明薛瑄撰。

理學粹言

馬國翰《玉函山房藏書簿録·儒家類》《理學粹言》一卷。薛瑄撰。與《讀書録》體例同。

讀書録　續録

王圻《續文獻通考·經籍考·皇明》薛文清《讀書録》。河東薛瑄輯。

徐𤊹《徐氏家藏書目·子類》薛文清《讀書録》十七卷。　又薛文清《讀書續録》十二卷。

張萱等《内閣藏書目録·理學部》薛文清公《讀書録》八册。全。　又十一册。全。前、續二録皆全。　又二册。全。《續讀書録》一册。不全。　又五册。全。

錢謙益等《絳雲樓書目·道學類》讀書録。十二卷。又《續録》十二卷。薛瑄。嘉靖間刻本佳。

黄虞稷《千頃堂書目·儒家類》薛瑄《讀書録》十卷《續讀書録》十卷。

《明史·藝文志·儒家類》薛瑄《讀書録》十卷《續録》十卷。

《四庫全書總目提要·儒家類三》《讀書録》十一卷《附録》十二卷。浙江巡撫採進本。明薛瑄撰。瑄字德温，河津人。永樂辛丑進士，官至禮部右侍郎，入閣預機務，贈禮部尚書，謚文清。

張之洞《書目答問·儒家》《讀書録》十卷《續録》十二卷。明薛瑄。《薛文清公集》本。

讀書録要語

晁瑮《晁氏寶文堂書目·性理》《讀書録要語》。

讀書録鈔

黄虞稷《千頃堂書目·儒家類》葉秉敬《讀書録鈔》八卷。

《明史·藝文志·儒家類》葉秉敬《讀書録鈔》八卷。

薛文清讀書録抄

徐𤊹《徐氏家藏書目·子類》《薛文清讀書録抄》二卷。凌瑄。

讀書録類編

丁仁《八千卷樓書目·儒家類》《讀書録類編》二十卷。明侯鶴齡撰。明刊本。

薛子道論

徐𤊹《徐氏家藏書目·子類》《薛子道論》一卷。薛瑄。

《四庫全書總目提要·儒家類存目一》《薛子道論》一卷。編修程晉芳家藏本。舊本題明薛瑄撰。

帝訓

張萱等《内閣藏書目録・聖制部》《帝訓》一册。全。宣宗章皇帝御製。首君德，終馭夷。凡二十四條，分四卷。鈔本。

黄虞稷《千頃堂書目・儒家類》宣宗《御製帝訓》一卷。自君德至藥餌，凡二十五篇。宣德三年三月書成，上親序其首，并跋於後。一作四卷。

五倫書

劉若愚《内板經書紀略》《五倫書》。六十二本，一千七百一葉。

錢謙益等《絳雲樓書目・本朝制書實録》《五倫書》六十二册。

黄虞稷《千頃堂書目・儒家類》宣宗《五倫書》六十二卷。先是宣宗萬幾之下，采輯經、傳、子、史嘉言善行，有關於君臣、父子、兄弟、夫婦、朋友之道者爲是書，英宗正統十三年五月製序頒行。

《明史・藝文志・儒家類》《五倫書》六十二卷。宣宗采經、傳、子、史嘉言善行爲是書。正統中，英宗製序刊行。

于敏中等《天禄琳琅書目・明版子部》《五倫書》。四函，三十二册。明宣宗御撰。六十二卷。前英宗序。

又《五倫書》。六函，六十册。篇目同前。此與前書同時槧印，而紙質之緻膩過之。明内府藏本，鈐寶同前。

又《五倫書》。四函，二十六册。篇目同前。此本印工較前二部更爲精潔。鈐寶並同。闕補卷五十四。全。

又《五倫書》。六函，六十二册。篇目同前。此本槧印在前三部之後。書中雖鈐内府之寶，而亦有收藏家私印者，未必非因紙墨稍差散入民間也。韓氏、仲氏印記，未詳其人。

又《五倫書》。四函，六十册。篇目同前。此書墨香、紙色與第一部同，亦槧印之佳本也。明内府鈐寶並同。

彭元瑞等《天禄琳琅書目後編・明版子部》《五倫書》。二函，二十册。明宣宗御撰。

又《五倫書》。四函，二十四册。篇目同上。坊刻小字本。卷一末有「正德元年孟冬，宗文書堂新刊」字。

外戚事鑒

楊士奇等《文淵閣書目・國朝》《外戚事鑑》。一部，一册。完全。

劉若愚《内板經書紀略》《外戚事鑒》。一本，六十八葉。

錢謙益等《絳雲樓書目・本朝制書實録》《外戚事鑒》。五卷。宣宗。

黄虞稷《千頃堂書目・儒家類》《外戚事鑒》五卷。采漢以下歷代戚里之臣，其善惡之迹并其終所得吉凶，舉其大略而類别之，得七十九人。宣德元年四月書成，皇親各賜一本。

歷代臣鑒

楊士奇等《文淵閣書目・國朝》《歷代臣鑒》。一部，十册。殘缺。

劉若愚《内板經書紀略》《歷代臣鑒》。十本，五百六十葉。

錢謙益等《絳雲樓書目・本朝制書實録》《歷代臣鑒》五册。三十七卷，宣宗編。序文宣德元年四月。

黄虞稷《千頃堂書目・儒家類》《歷代臣鑒》三十七卷。三七以上見諸經者不録，自春秋以下二千餘年，凡臣之行事，其善惡大概，分類録之，用賜羣臣。亦宣德元年四月成書，並自製序。

彭元瑞等《天禄琳琅書目後編・明版子部》《歷代臣鑒》。一函，十册。明宣宗御撰。書三十七卷，分二門。善可爲法一百十三人，惡可爲戒七十三人，各採經史事實，倣小傳體。前有宣德元年御製序。明官刊頒行本。羅憲汶號篁菴，南昌人。明崇正癸未進士，官翰林。入本朝，至少詹事。

康齋語録

王圻《續文獻通考・經籍考・皇明》《康齋語録》。天順中宗〔崇〕仁吴與弼著。弼號康齋，字子傅。

康齋日録

黄虞稷《千頃堂書目・儒家類》 吴與弼《康齋日録》一卷。

《明史・藝文志・儒家類》 吴與弼《康齋日録》一卷。

經世續卦

黄虞稷《千頃堂書目・儒家類》 張芝《經世續卦》。歙縣人。字庭毓。弘治丙辰進士，湖廣按察副使。

體驗録

王圻《續文獻通考・經籍考・皇明》《體驗録》。李賢著。

黄虞稷《千頃堂書目・儒家類》 李賢《體驗録》一卷。

莅阼典要

黄虞稷《千頃堂書目・儒家類》 夏英《莅阼典要》一卷。官邵武府知府。弘治十八年八月表上，分《法祖》、《師古》二篇。

鑑古録

黄虞稷《千頃堂書目・儒家類》 李賢《鑑古録》。英宗時進呈。取堯舜以下二十三君所行最善者數十事。

稽古政要

黄虞稷《千頃堂書目・儒家類》 顧潛《稽古政要》。弘治十六年，潛爲監察御史時進呈。

正學階梯

黄虞稷《千頃堂書目・儒家類》 彭時《正學階梯》一卷。

心學探微

黄虞稷《千頃堂書目・儒家類》 金潤《心學探微》十二卷。字伯玉，上元人。正統戊午舉人，南安知府。

《明史・藝文志・儒家類》 金潤《心學探微》十二卷。

讀書要法

黄虞稷《千頃堂書目・儒家類》 彭勖《讀書要法》。集朱子以下讀書規範。

太極解

黄虞稷《千頃堂書目・儒家類》 白良輔《太極解》。字堯佐，洛陽人。景泰二年進士，太僕寺少卿。從業薛瑄。

貞字補遺

黄虞稷《千頃堂書目・儒家類》 盧璣《貞字補遺》十卷。字舜臣，松陽人。天順甲申進士。成化初上疏忤旨，謫戍銅鼓衛。

理氣管見

黄虞稷《千頃堂書目・儒家類》 鄭還《理氣管見》。字復正，遂昌人。從學盧璣，爲曹州訓導。

天原發微辨正

黄虞稷《千頃堂書目・儒家類》 鮑寧《天原發微辨正》五卷。廷謐，歙縣人。天順中處士。

《明史・藝文志・儒家類》 鮑寧《天原發微辨正》五卷。

問答節要

黄虞稷《千頃堂書目・儒家類》 鮑寧《問答節要》二卷。

皇極經世通釋

黄虞稷《千頃堂書目・儒家類》 倪復《皇極經世通釋》。

正蒙發微

黄虞稷《千頃堂書目・儒家類》 倪復《正蒙發微》。

正懞直解

黄虞稷《千頃堂書目・儒家類》 王啓《正蒙直解》。

性理解惑

黄虞稷《千頃堂書目・儒家類》 喬縉《性理解惑》。

讀書備忘

黄虞稷《千頃堂書目・儒家類》 包瑜《讀書備忘》一百卷。

務本録

黄虞稷《千頃堂書目・儒家類》 倪鎧《務本録》。字右文，上虞人。

稽古正要

黄虞稷《千頃堂書目·儒家類》 張楷《稽古正要》。

典籍格言

高儒《百川書志·德行家》 《典籍格言》二卷。皇明石渠老人輯録典籍中切於處事輔治之格言也。

石渠意見　意見拾遺補缺

馬國翰《玉函山房藏書簿録·儒家類》 《石渠意見》四卷《意見拾遺補缺》二卷。石渠家藏本。明王恕撰。有《玩易意見》，已著録。王自號石渠老人。此編發明義理，多有心得。

雜　言

高儒《百川書志·儒家》 《雜言》二卷。國朝燕山岳正著。

柏軒語録

黄虞稷《千頃堂書目·儒家類》 段堅《柏軒語録》。

箐齋讀書録

錢謙益等《絳雲樓書目·儒家類》 《箐齋讀書録》。

黄虞稷《千頃堂書目·儒家類》 周洪謨《箐齋讀書録》二卷。

《明史·藝文志·儒家類》 周洪謨《箐齋讀書録》二卷。

南皋子雜言

黄虞稷《千頃堂書目·儒家類》 周洪謨《南皋子雜言》二卷。

《明史·藝文志·儒家類》 周洪謨《南皋子雜言》二卷。

大學衍義補纂要

丁仁《八千卷樓書目·儒家類》 《大學衍義補纂要》六卷。明徐栻編。刊本。

雲山樵語

黄虞稷《千頃堂書目·儒家類》 任道遜《雲山樵語》。

太極心性圖説

黄虞稷《千頃堂書目·儒家類》 任道遜《太極心性圖説》。字克誠，臨安人，一作温州永嘉人。永樂中舉奇童，歷官太常寺卿。

遺言纂要

范邦甸等《天一閣書目・儒家類》《遺言纂要》十卷。刊本。明白沙陳先生撰，門人張詡纂，宏治乙丑序。

《四庫全書總目提要・儒家類存目一》《白沙遺言纂要》十卷。衍聖公孔昭煥家藏本。明張詡編。詡字廷實，南海人。

白沙子

趙琦美《脈望館書目・儒家》《白沙子》八本。

白沙緒言

錢謙益等《絳雲樓書目・道學類》《白沙緒言》。陳獻章。

白沙先生至言

丁丙《善本書室藏書志・子部一》《白沙先生至言》十卷。明刊本。楝亭曹氏藏書。

白沙語要

丁仁《八千卷樓書目・儒家類》《白沙語要》一卷。明陳獻章撰。《學海類編》本。《嶺南遺事》本。

學業須知

黃虞稷《千頃堂書目・儒家類》莫旦《學業須知》四卷。

祠山雜辨

高儒《百川書志・崇正家》《祠山雜辨》一卷。皇明廣德知州莆田周瑛梁石辨，凡十五條。

明良交泰録

《四庫全書總目提要・儒家類存目一》《明良交泰録》十八卷。江西巡撫採進本。明尹直撰。

居業録

范邦甸等《天一閣書目・儒家類》胡梅溪《居業録》。一册。刊本。明餘干敬齋胡居仁撰，同里陳憲重刊序後。

徐𤊹《徐氏家藏書目・子類》《胡氏居業録》四卷。胡居仁。

錢謙益等《絳雲樓書目・道學類》《胡先生居業録》。胡居仁。餘干人。吳康齋高弟。楊廉《序》以河東《讀書録》爲比。

黃虞稷《千頃堂書目・儒家類》胡居仁《居業録》八卷。餘干人。

《明史・藝文志・儒家類》胡居仁《居業録》八卷。

《四庫全書總目提要・儒家類三》《居業録》八卷。江西巡撫採進本。明胡居仁撰。

居業録類編

《四庫全書總目提要・儒家類存目一》《居業録類編》三十一卷。兩江總督採進本。明胡居仁撰，陳鳳梧編。

居業録要語

黄虞稷《千頃堂書目・儒家類》張吉《居業録要語》四卷。

皇極經緯

黄虞稷《千頃堂書目・儒家類》周正《皇極經緯》。淮安大河衛指揮僉事。

歷代君鑒

錢謙益等《絳雲樓書目・本朝制書實録》《歷代君鑒》。五十卷，景帝編。序文景泰四年八月。

黄虞稷《千頃堂書目・儒家類》《歷代君鑑》五十卷。景泰四年御製序。

程朱正學纂要

王圻《續文獻通考・經籍考・皇明》《程朱正學纂要》。天順中漳州陳布衣先生真晟詣闕，上此書。

黄虞稷《千頃堂書目・儒家類》陳真晟《程朱正學纂要》。天順三年詣闕上。

四子擇言

黄虞稷《千頃堂書目・儒家類》謝鐸《四子擇言》。

續四山讀書記

王圻《續文獻通考・經籍考・皇明》《續四山讀書記》。謝方石著。

黄虞稷《千頃堂書目・儒家類》謝鐸《續真西山讀書記》。

五箴解

黄虞稷《千頃堂書目・儒家類》吾冔《五箴解》。

石谷遺言

黄虞稷《千頃堂書目・儒家類》吴伯通《石谷遺言》一卷。

甘棠書院録

黄虞稷《千頃堂書目・儒家類》吴伯通《甘棠書院録》一册。

道一編

范邦甸等《天一閣書目・儒家類》《道一編》五卷。刊本。明程敏政撰，永豐聶豹序。

王圻《續文獻通考・經籍考・儒家》《道一編》。程敏政著。

黃虞稷《千頃堂書目・儒家類》 程敏政《道一編》五卷。

《明史・藝文志・儒家類》 程敏政《道一編》五卷。

《四庫全書總目提要・儒家類存目一》《道一編》六卷。浙江汪汝瑮家藏本。不著撰人名氏。

丁丙《善本書室藏書志・子部一》《道一編》六卷。明刊本。右宏治二年新安程敏政撰。敏政字克初，休甯人。

心經附註

王圻《續文獻通考・經籍考・儒家》《附註真文忠公新經》三卷。程敏政著。

徐𤊹《徐氏家藏書目・子類》《西山心經附註》四卷。程敏政。

黃虞稷《千頃堂書目・儒家類》 程敏政《心經附注》三卷。

于敏中等《天禄琳琅書目・明版子部》《心經附注》。一函，四册。宋真德秀《心經》，明程敏政附註。

《四庫全書總目提要・儒家類存目一》《心經附註》四卷。浙江巡撫採進本。明程敏政撰。

彭元瑞等《天禄琳琅書目後編・明版子部》《心經附注》。一函，四册。宋真德秀撰，明程敏政附注。敏政字克初，休寧人。

正學辨

朱睦㮮《萬卷堂書目・儒家》《正學辨》一卷。程敏政。

文華大訓

張萱等《内閣藏書目録・聖制部》《文華大訓》二十八册。全。憲宗純皇帝御製。自孔、孟、濂、洛諸儒論述伏羲、神農、黄帝、堯、舜、禹、湯、文、武及漢唐宋諸賢君行事，與我祖宗謨烈，凡有切於儲副，采彙爲編。其綱曰進學，曰養德，曰厚倫，曰明治。其目自明典訓至禦夷狄，凡二十有四。每篇各有言以發其端，而結其末。凡十有八卷。鈔本。

黃虞稷《千頃堂書目・儒家類》 憲宗《御製文華大訓》二十八卷。成化十八年十二月編，以賜皇太子。其書爲綱四，目二十有四。嘉靖八年製序刊行。

《明史・藝文志・儒家類》 憲宗《文華大訓》二十八卷。綱四，目二十有四，成化中編。嘉靖中，世宗製序刊行。

千秋日鑑録

黃虞稷《千頃堂書目・儒家類》 劉誠《千秋日鑑録》。成化中誠爲秀王長史，編進。

立齋語録

徐𤊹《徐氏家藏書目・子類》《立齋語録》一卷。馬森録。

道南三先生遺書

黃虞稷《千頃堂書目・儒家類》 宋端儀《道南三先生遺書》。

《四庫全書總目提要・儒家類存目一》《道南三先生遺書》十一卷。浙江巡撫採進本。不著編輯者名氏。

中說

黃虞稷《千頃堂書目・儒家類》 于鎰《中說》二卷。字南金，號契玄，金壇人。成化甲午舉人，江西萬載縣知縣，以子湛貴對布政右參政。

太極圖說

黃虞稷《千頃堂書目・儒家類》 葉應《太極圖說》。歸善人。成化戊戌進士，慶遠知府。

東溪日談

黃虞稷《千頃堂書目・儒家類》 周琦《東谿日談》十八卷。廣西馬平人。

《明史・藝文志・儒家類》 周琦《東溪日談》十八卷。

《四庫全書總目提要・儒家類三》 《東溪日談録》十八卷。湖北巡撫採進本。明周琦撰。琦字廷璽，馬平人。

尊心録

黃虞稷《千頃堂書目・儒家類》 宋佳《尊心録》十二卷。奉化人，字子美。成化癸卯舉人，徽府長史。

啓蒙圖解

王圻《續文獻通考・經籍考・儒家》 《啓蒙圖解》。蔡清著。

太極圖說

王圻《續文獻通考・經籍考・儒家》 《太極圖說》。提學副使蔡清著。清，晉江人。

黃虞稷《千頃堂書目・儒家類》 蔡清《太極圖說》一卷。

密箴

黃虞稷《千頃堂書目・儒家類》 蔡清《密箴》一卷。

性理要解

黃虞稷《千頃堂書目・儒家類》 蔡清《性理要解》二卷。

《明史・藝文志・儒家類》 蔡清《性理要解》二卷。

《四庫全書總目提要・儒家類存目一》 《性理要解》二卷。浙江鄭大節家藏本。明蔡清撰。

虛齋三書

《四庫全書總目提要・儒家類存目一》 《虛齋三書》。無卷數。浙江巡撫採進本。明蔡清撰。

太極圖纂要

王圻《續文獻通考・經籍考・儒家》 《太極圖纂要》。楊文恪濂著。

黄虞稷《千頃堂書目・儒家類》 楊廉《太極圖纂要》一卷。

西銘旁通

王圻《續文獻通考・經籍考・儒家》 《西銘旁通》。楊文恪濂著。

黄虞稷《千頃堂書目・儒家類》 楊廉《西銘旁通》一卷。

皇極經世啓鑰

王圻《續文獻通考・經籍考・儒家》 《皇極經世啓鑰》。楊文恪濂著。

黄虞稷《千頃堂書目・儒家類》 楊廉《皇極經世啓鑰》□卷。

畏軒劄記

王圻《續文獻通考・經籍考・儒家》 《劄記》三卷。楊文恪濂著。

黄虞稷《千頃堂書目・儒家類》 楊廉《畏軒劄紀》三卷。

《明史・藝文志・儒家類》 楊廉《畏軒劄紀》三卷。

性　書

黄虞稷《千頃堂書目・儒家類》 余祐《性書》三卷。

學　範

黄虞稷《千頃堂書目・儒家類》 張吉《學範》。

陸學訂疑

朱睦㮮《萬卷堂書目・儒家》 《陸學辨訂疑》二卷。張吉。

黄虞稷《千頃堂書目・儒家類》 張吉《陸學訂疑》二卷。

《明史・藝文志・儒家類》 張吉《陸學訂疑》二卷。

章楓山遺文

趙琦美《脈望館書目・儒家類》 《章楓山遺文》一本。

楓山語録

張萱等《内閣藏書目録・理學部》 《楓山章文懿公語録》一册。全。國朝章懋著。又一册。全。

黄虞稷《千頃堂書目・儒家類》 章懋《楓山語録》二卷。

《明史・藝文志・儒家類》 章懋《楓山語録》二卷。

《四庫全書總目提要・儒家類三》 《楓山語録》一卷。浙江范懋柱家天一閣藏本。明章懋撰。懋字德懋，别號闇然子，蘭谿人。

諸儒講義

黄虞稷《千頃堂書目・儒家類》 章懋《諸儒講義》二卷。

楓山正學編

丁仁《八千卷樓書目・儒家類》 《楓山正學編》一卷。明章懋撰。率祖堂本。

正內編

趙琦美《脈望館書目・儒家》 《正內編》二本。

夕川愚特

高儒《百川書志・德行家》 《夕川愚特》二卷。皇明夕川居士鳳陽陶輔著。集一百二十事,實俗而易知,直而易解,不待講論之語也。

明分部

定性書

黄虞稷《千頃堂書目・儒家類》 章拯《定性書》。章懋從子,工部侍郎,謚恭惠。

五箴解

黄虞稷《千頃堂書目・儒家類》 吴景端《五箴解》。開化人。江浦教諭,取程子視、聽、言、動四箴及敬齋箴注釋之,程敏政爲之序。

西銘通

黄虞稷《千頃堂書目・儒家類》 張志淳《西銘通》。

子思子

黄虞稷《千頃堂書目・儒家類》 林士元《子思子》。

申鑒注

范邦甸等《天一閣書目・儒家類》 《申鑒》五卷,刊本。漢荀悦著。

徐𤊹《徐氏家藏書目・子類》 《申鑒》五卷。漢荀悦。明黄曾省注。

黄虞稷《千頃堂書目・儒家類》 黄省曾注《申鑒》五卷。

《四庫全書總目提要・儒家類一》 《申鑒》五卷兩江總督採進本。漢荀悦撰。

忠經注

黄虞稷《千頃堂書目・儒家類》 程廷策注馬融《忠經》一卷。

諸儒講義

范邦甸等《天一閣書目・儒家類》 《諸儒講義》二卷。刊本。明外翰董遵道編,宏治甲子豐城楊廉序。

黄虞稷《千頃堂書目・儒家類》 董遵道《諸儒講義》□卷。類集宋元諸儒講義,凡六十九篇。(盧補)

省愆録

黄虞稷《千頃堂書目・儒家類》 畢亨《省愆録》四卷。

學齋心學録

黄虞稷《千頃堂書目・儒家類》 姚文灝《學齋心學録》。字秀夫，貴谿人。成化甲辰進士，湖廣按察司僉事。

思庵野録

黄虞稷《千頃堂書目・儒家類》 薛敬之《思庵野録》。字顯思，渭南人。成化中貢士，應州知州。周蕙廷芳門人。

定性説

黄虞稷《千頃堂書目・儒家類》 薛敬之《定性説》。

洙泗言學録

黄虞稷《千頃堂書目・儒家類》 薛敬之《洙泗言學録》。

濯　舊

黄虞稷《千頃堂書目・儒家類》 林俊《濯舊》一卷。

正蒙會稿

黄虞稷《千頃堂書目・儒家類》 劉璣《正蒙會稿》四卷。陝西咸寧人。户部尚書。

馬國翰《玉函山房藏書簿録・儒家類》 《正蒙會稿》一卷。惜陰軒本。明户部尚書咸寧劉璣近山撰。

皇極經世觀物外篇釋義

黄虞稷《千頃堂書目・儒家類》 余本《皇極經世觀物外篇釋義》四卷。

正蒙集解

黄虞稷《千頃堂書目・儒家類》 余本《正蒙集解》。

皇極世書内篇注

黄虞稷《千頃堂書目・儒家類》 童品《皇極世書内篇注》。

續正蒙發微

黄虞稷《千頃堂書目·儒家類》 童品《續正蒙發微》二卷。

太極圖解

黄虞稷《千頃堂書目·儒家類》 吴世忠《太極圖解》。

程朱心印

黄虞稷《千頃堂書目·儒家類》 張璡《程朱心印》。潭州人。河南按察司僉事。

定性書説

黄虞稷《千頃堂書目·儒家類》 邵寶《定性書説》。

邵文莊遺書

徐𤊹《徐氏家藏書目·子類》 《邵文莊遺書》二十卷。邵寶著。曾荃刻。

日格子

黄虞稷《千頃堂書目·儒家類》 邵寶《日格子》十二卷。一名《泉齋簡端録》。

正教編

黄虞稷《千頃堂書目·儒家類》 正瓚《正教編》一卷。

心鑑警語

高儒《百川書志·德行家》 《心鑑警語》一卷。康衢子集。

黄虞稷《千頃堂書目·儒家類》 許莊《心鑑警語》一卷。字康衢。弘治癸亥序。

顔　子

黄虞稷《千頃堂書目·儒家類》 潘府校集《顔子》二卷。上下八篇，輯經傳所載爲正文，別引雜説附於下，凡三十一章。

困學寡聞録

黄虞稷《千頃堂書目·儒家類》 楊守阯《困學寡聞録》十卷。集程朱議論。

《明史·藝文志·儒家類》 楊守阯《困學寡聞録》十卷。

文華大訓箴解

黄虞稷《千頃堂書目·儒家類》 廖道南《文華大訓箴解》六卷。

《四庫全書總目提要·儒家類存目二》 《殘本文華大訓箴解》三卷。浙江巡撫採進本。明吴道南撰。

丁丙《善本書室藏書志・子部一》《文華大訓箴解》六卷。明刊本。明憲宗成化十八年十二月，以《御製文華大訓》二十八卷賜皇太子。嘉靖八年，世宗御製《序文》頒行。廖道南謹按其篇章，前爲之序，次爲解爲箴。嘉靖十九年正月，表以上進。

孔子家語註

于敏中等《天禄琳琅書目・明版子部》《標題句解孔子家語》。一函，三册。明何孟春補註。三卷。前漢孔衍、魏王肅二序，孟春自序、林俊序。

《四庫全書總目提要・儒家類存目一》《孔子家語註》八卷。湖南巡撫採進本。明何孟春撰。

張金吾《愛日精廬藏書志・儒家類》《家語》八卷。明建寧守十世祖端嚴公刊本。明郴陽何孟春注。

正學編

徐𤊹《徐氏家藏書目・子類》《正學編》一卷。陳琛。

《四庫全書總目提要・儒家類存目二》《正學編》二卷。浙江范懋柱家天一閣藏本。明陳琛撰。

中説考

高儒《百川書志・儒家》《中説考》七卷。皇明相臺崔銑考並釋。

徐𤊹《徐氏家藏書目・諸子類》《中説考》七卷。崔銑著。

張萱等《内閣藏書目録・子部》《中説考》二册。全。國朝崔銑考擇，取文中子《中説》十篇，分内、外、雜，爲二十篇。

錢謙益等《絳雲樓書目・儒家類》《中説考》。七卷。崔銑。

黄虞稷《千頃堂書目・儒家類》崔銑《中説考釋》七卷。

士　翼

范邦甸等《天一閣書目・儒家類》《士翼》四卷。刊本。卷首殘闕。明崔銑撰，張洧識後。

黄虞稷《千頃堂書目・儒家類》崔銑《士翼》四卷。

《四庫全書總目提要・儒家類三》《士翼》四卷。副都御史黄、登賢家藏本。明崔銑撰。

揚子折衷

黄虞稷《千頃堂書目・儒家類》崔銑《揚子折衷》六卷。

程　志

黄虞稷《千頃堂書目・儒家類》崔銑《程志》十二卷。一作十卷。

松窗寤言

黄虞稷《千頃堂書目・儒家類》崔銑《松窗寤言》一卷。

周中孚《鄭堂讀書記・儒家類二》《松窗寤言》一卷。借月山房彙鈔本。明崔銑撰。銑字仲鳧，號後渠，安陽人。

後渠庸書

《四庫全書總目提要・儒家類存目二》《後渠庸書》一卷。編修程晉芳家藏本。明崔銑撰。

雅　述

高儒《百川書志・儒家》　《雅述》二篇。皇明儀封王廷相子衡著。

黄虞稷《千頃堂書目・儒家類》　王廷相《雅述》二篇。

慎　言

高儒《百川書志・儒家》　《慎言》十三卷。皇明浚川王廷相撰。

黄虞稷《千頃堂書目・儒家類》　王廷相《王氏慎言》十三卷。

《四庫全書總目提要・儒家類存目一》　《慎言》十三卷。衍聖公孔昭焕家藏本。明王廷相撰。廷相字子衡，儀封人。宏治壬戌進士，官至兵部尚書。事蹟具《明史》本傳。

文　端

朱睦㮮《萬卷堂書目・儒家》　《文端》二卷。顧璘。

近　言

黄虞稷《千頃堂書目・儒家類》　顧璘《近言》一卷。

《四庫全書總目提要・儒家類存目一》　《近言》一卷。山西巡撫採進本。明顧璘撰。

空同子

高儒《百川書志・儒家》　《空同子》一卷。皇明北郡李夢陽撰。八篇二百章。

徐𤊹《徐氏家藏書目・諸子類》　《空同子》一卷。

黄虞稷《千頃堂書目・儒家類》　李夢陽《空同子》一卷。

何　子

高儒《百川書志・儒家》　《何子》一卷。皇明信陽何景明著。

黄虞稷《千頃堂書目・儒家類》　何景明《何子》一卷。

定性書發蒙

晁瑮《晁氏寶文堂書目・性理》　《定性書發蒙》。

潛心録

黄虞稷《千頃堂書目・儒家類》　羅僑《潛心録》。字惟升，吉安人。從張東白訥學。舉弘治己未進士，歷官廣東參政，知台州府，舉治行第一。

省克録

黄虞稷《千頃堂書目・儒家類》　陳茂烈《省克録》。

静思録

黄虞稷《千頃堂書目・儒家類》 陳茂烈《静思録》。

動静圖説

黄虞稷《千頃堂書目・儒家類》 王承裕《動静圖説》。

草堂餘録

黄虞稷《千頃堂書目・儒家類》 王承裕《草堂餘録》。

三泉堂漫録

黄虞稷《千頃堂書目・儒家類》 王承裕《三泉堂漫録》。

進修筆録

黄虞稷《千頃堂書目・儒家類》 王承裕《進修筆録》。

太極圖説

黄虞稷《千頃堂書目・儒家類》 王承裕《太極圖説》。

正蒙拾遺

黄虞稷《千頃堂書目・儒家類》 韓邦奇《正蒙拾遺》一卷。

性理三解

黄虞稷《千頃堂書目・儒家類》 韓邦奇《性理三解》八卷。

《明史・藝文志・儒家類》 韓邦奇《性理三解》八卷。

馬國翰《玉函山房藏書簿録・儒家類》 《性理三解》八卷。謝正原校本。明韓邦奇撰。

苑洛語録

《四庫全書總目提要・儒家類存目二》 《苑洛語録》六卷。副都御史黄登賢家藏本。明韓邦奇撰。

讀書記

黄虞稷《千頃堂書目・儒家類》 王鴻漸《讀書記》二卷。

《明史・藝文志・儒家類》 王鴻漸《讀書記》二卷。

忠義録

楊士奇等《文淵閣書目・國朝》 《忠義録》。一部，一册。完全。

大儒心學録

黄虞稷《千頃堂書目·儒家類》 王蓂《大儒心學録》二十七卷。金谿人。提學副使。

《明史·藝文志·儒家類》 王蓂《大儒心學録》二十七卷。

《四庫全書總目提要·儒家類存目二》 《大儒心學語録》二十七卷。江蘇巡撫採進本。明王蓂撰。

講學録

黄虞稷《千頃堂書目·儒家類》 王蓂《講學録》。

《四庫全書總目提要·儒家類存目二》 《東石講學録》十一卷。浙江范懋柱家天一閣藏本。明王蓂撰。

心學録

《四庫全書總目提要·儒家類存目二》 《心學録》四卷。浙江范懋柱家天一閣藏本。明王蓂撰。

聖學一貫

黄虞稷《千頃堂書目·儒家類》 王大用《聖學一貫》。字時行，興化衛人。弘治乙丑進士，南京刑部右侍郎。

毘陵正學編

黄虞稷《千頃堂書目·儒家類》 毛憲《毘陵正學編》。

太玄經注

黄虞稷《千頃堂書目·儒家類》 劉績《太玄經注》。江夏人。

讀書劄記

黄虞稷《千頃堂書目·儒家類》 徐問《讀書劄記》八卷。武進人。户部尚書。

《明史·藝文志·儒家類》 徐問《讀書劄記》八卷。

《四庫全書總目提要·儒家類三》 《讀書劄記》八卷。江蘇巡撫採進本。明徐問撰。問字用中，號養齋，武進人。宏治壬戌進士，官至南京户部尚書。謚莊裕。事蹟具《明史》本傳。

彭元瑞等《天禄琳琅書目後編·明版子部》 《讀書劄記》。一函，四册。明徐問撰。

續讀書劄記

黄虞稷《千頃堂書目·儒家類》 徐問《續讀書劄記》八卷。

《明史·藝文志·儒家類》 徐問《續記》八卷。

續觀感録

高儒《百川書志・德行家》《續觀感録》十二卷。國朝崑山方鵬集諸書而成者。

黄虞稷《千頃堂書目・儒家類》方鵬《觀感録》十二卷。

《明史・藝文志・儒家類》方鵬《觀感録》十二卷。

治心要語

黄虞稷《千頃堂書目・儒家類》方鵬《治心要語》一卷。

日省餘録

黄虞稷《千頃堂書目・儒家類》劉玉《日省餘録》二卷。

體仁説

徐𤊹《徐氏家藏書目・子類》魏莊梁《體仁説》一卷。

黄虞稷《千頃堂書目・儒家類》魏校《體仁説》一卷。

莊渠遺書

張萱等《内閣藏書目録・理學部》《莊渠先生遺書》八册。全。正德間魏校著，後有官職會通。

錢謙益等《絳雲樓書目・道學類》《莊渠遺書》十册。魏校字子才，崑山人。又《莊渠集》二十六卷。

莊渠全書

黄虞稷《千頃堂書目・儒家類》魏校《莊渠全書》十卷。

《明史・藝文志・儒家類》魏校《莊渠全書》十卷。

古源先生省己録 附知行二論

黄虞稷《千頃堂書目・儒家類》李呈祥《古源先生省己録》一卷。《知行二論》附。字時龍，貴池人。正德中貢士，從王守仁問學。

古源山人二語

黄虞稷《千頃堂書目・儒家類》李呈祥《古源山人二語》八卷。

性理羣書集覽

《四庫全書總目提要・儒家類存目二》《性理羣書集覽》七十卷。江蘇巡撫採進本。不著撰人名氏，但題瓊山玉峯道人集覽，不知爲誰。

三難軒質正

《四庫全書總目提要・儒家類存目二》《三難軒質正》。無卷數。浙江巡撫採進本。明戴金編。金字純夫，漢陽人。正德甲戌進士，官至兵部尚書。

正學階梯

黄虞稷《千頃堂書目・儒家類》 林有年《正學階梯》。字以永，莆田人。舉人，官南御史。疏諫武宗迎佛，逮詔獄，謫武義丞。嘉靖中官貴州副使。

良知議辨

朱睦㮮《萬卷堂書目・儒家》 《良知議辨》一卷。王畿。

龍谿語録

張萱等《内閣藏書目録・理學部》 《龍谿王先生語録》三册。全。嘉靖間王畿講學語也。

李慈銘《越縵堂讀書記・儒家類》 《龍谿語録》。明王畿撰。

太極圖分解

范邦甸等《天一閣書目・儒家類》 《太極圖分解》。鈔本。泰和羅鶴撰。

《四庫全書總目提要・儒家類存目一》 《太極圖分解》一卷。浙江范懋柱家天一閣藏本。不著撰人名氏。

示教録

黄虞稷《千頃堂書目・儒家類》 趙鶴《示教録》。

金華正學編

黄虞稷《千頃堂書目・儒家類》 趙鶴《金華正學編》十卷。

《明史・藝文志・儒家類》 趙鶴《金華正學編》十卷。

良知同然録

范邦甸等《天一閣書目・儒家類》 《良知同然録》二卷。刊本。明王守仁撰。

陽明則言

范邦甸等《天一閣書目・儒家類》 《則言》二卷。刊本。明王守仁撰，薛侃序。

張萱等《内閣藏書目録・理學部》 《陽明則言》二册。全。明王守仁語録，門人潮州薛侃等輯。

黄虞稷《千頃堂書目・儒家類》 王守仁《陽明則言》二卷。門人薛侃等輯。

《明史・藝文志・儒家類》 王守仁《陽明則言》二卷。

要　書

范邦甸等《天一閣書目・儒家類》 《要書》八卷。刊本。明王守仁撰，陳龍正纂并序。

黄虞稷《千頃堂書目・儒家類》 陳龍正《陽明先生要書》八卷。

傳書録節要

朱睦㮮《萬卷堂書目・儒家》《傳書録節要》一卷。戴經。

陽明要語

趙琦美《脈望館書目・儒家》《陽明要語》一本。

傳習録

王圻《續文獻通考・經籍考・儒家》 王文成公守仁有《傳習録》。

錢謙益等《絳雲樓書目・道學類》《傳習録》。四卷。王守仁。陽明高弟徐愛所輯，愛即陽明妹壻。又是録，錢德洪亦與焉。

黄虞稷《千頃堂書目・儒家類》 王守仁《傳習録》四卷。徐愛、錢德洪輯。

《明史・藝文志・儒家類》 王守仁《傳習録》四卷。

張之洞《書目答問・儒家》《傳習録》三卷。明王守仁。明刻單行本。《王文成公集》本。

朱子晚年定論

錢謙益等《絳雲樓書目・道學類》《朱子晚年定論》。一名《道古編》，凡六卷，程敏政編。

黄虞稷《千頃堂書目・儒家類》 王守仁《朱子晚年定論》一卷。

語　録

徐𤊹《徐氏家藏書目・子類》 王陽明《語録》三卷。

心學新書

錢謙益等《絳雲樓書目・道學類》 王文成《心學新書》。

傳習録略

《四庫全書總目提要・儒家類存目一》《傳習録略》一卷。編修程晉芳家藏本。不著編輯者名氏。

三立編

《四庫全書總目提要・儒家類存目四》《三立編》十二卷。安徽巡撫採進本。國朝王梓編。梓字琴伯。郃陽人。官崇寧縣知縣。

陽明先生集要三編

馬國翰《玉函山房藏書簿録・儒家類》《陽明先生集要三編》十五卷。濟美堂本。明王守仁撰。

新泉問辯録

朱睦㮮《萬卷堂書目・儒家》 《新泉問辯録》三卷。周衝。

困知記

黄虞稷《千頃堂書目・儒家類》 陳鳳梧《困知記》。

學蔀通辨

錢謙益等《絳雲樓書目・道學類》 《學蔀通辨》。陳建。

黄虞稷《千頃堂書目・儒家類》 陳建《學蔀通辨》十二卷。前、後、續、别四編，專辨象山之學。

《明史・藝文志・儒家類》 陳建《學蔀通辨》十二卷。

《四庫全書總目提要・儒家類存目二》 《學蔀通辨》十二卷。内府藏本。明陳建撰。

張之洞《書目答問・儒家》 《學蔀通辨》十二卷。明陳建。原刻本。正誼堂全書本。此書辨陸、王之學。

傳習辨疑

黄虞稷《千頃堂書目・儒家類》 陸坳《傳習辯疑》。

太極管見

黄虞稷《千頃堂書目・儒家類》 許誥《太極管見》。

太極論

黄虞稷《千頃堂書目・儒家類》 許誥《太極論》。

原道釋

黄虞稷《千頃堂書目・儒家類》 許誥《原道釋》一卷。

聖訓衍

黄虞稷《千頃堂書目・儒家類》 許讚《聖訓衍》三卷。嘉靖庚寅序。

性學編

黄虞稷《千頃堂書目・儒家類》 許讚《性學編》一卷。又許誥《性學編》一卷。

《明史・藝文志・儒家類》 許讚《性學編》一卷。

困知記　續記

范邦甸等《天一閣書目・儒家類》《困知記》四卷。刊本。明羅允升整菴撰，黄芳序。

徐𤊹《徐氏家藏書目・子類》《羅氏困知記》八卷。羅欽順。《續》二卷，附録二卷。

錢謙益等《絳雲樓書目・道學類》《羅念菴困知記》。三卷。羅欽順著。專闢姚江之説。

黄虞稷《千頃堂書目・儒家類》羅欽順《困知記》六卷，附録二卷。泰和人，吏部尚書。

《明史・藝文志・儒家類》羅欽順《困知記》六卷，附録二卷。

《四庫全書總目提要・儒家類三》《困知記》二卷《續記》二卷，附録一卷。左都御史張若淮家藏本。明羅欽順撰。欽順字允升，號整菴，泰和人。弘治癸丑進士，官至南京吏部尚書。謚文莊。事蹟具《明史・儒林傳》。

約　言

范邦甸等《天一閣書目・儒家類》《約言》十卷。刊本。明湛若水撰，廬陵黄如桂序。

遵道録

范邦甸等《天一閣書目・儒家類》《遵道録》十卷。刊本。明湛若水撰并序。

黄虞稷《千頃堂書目・儒家類》湛若水《遵道録》十卷。

《明史・藝文志・儒家類》湛若水《遵道録》十卷。

《四庫全書總目提要・儒家類存目二》《遵道録》八卷。江蘇巡撫採進本。明湛若水撰。

格物通

徐𤊹《徐氏家藏書目・子類》《正學格物通》一百卷。湛若水。

錢謙益等《絳雲樓書目・道學類》《聖學格物通》十六册。湛若水。嘉靖初曾進呈，其書仿《大學衍義補》。

于敏中等《天禄琳琅書目・明版子部》《格物明通》。二函，二十册。明湛若水著。一百卷。

《四庫全書總目提要・儒家類三》《格物通》一百卷。廣東巡撫採進本。明湛若水撰。

心性圖説

錢謙益等《絳雲樓書目・道學類》《心性圖説》。嘉靖初，湛若水爲南祭酒，作此書以訓士。

黄虞稷《千頃堂書目・儒家類》湛若水《甘泉心性書》二卷。

《四庫全書總目提要・儒家類存目二》《心性書》。無卷數。浙江巡撫採進本。明湛若水撰。

聖謨衍

黄虞稷《千頃堂書目・儒家類》湛若水《聖謨衍》一卷。

甘泉明論

黄虞稷《千頃堂書目・儒家類》湛若水《甘泉明論》十卷。

《明史·藝文志·儒家類》湛若水《甘泉明論》十卷。

甘泉新論

黄虞稷《千頃堂書目·儒家類》湛若水《甘泉新論》一卷。

《四庫全書總目提要·儒家類存目二》《甘泉新論》一卷。編修程晉芳家藏本。明湛若水撰。

樵　語

黄虞稷《千頃堂書目·儒家類》湛若水《樵語》二卷。

問辨録

黄虞稷《千頃堂書目·儒家類》湛若水《問辨録》三卷。

《明史·藝文志·儒家類》湛若水《問辨録》六卷。

問辨續録

黄虞稷《千頃堂書目·儒家類》湛若水《問辨續録》三卷。

二業合一訓

黄虞稷《千頃堂書目·儒家類》湛若水《二業合一訓》四卷。

雍　語

黄虞稷《千頃堂書目·儒家類》湛若水《雍語》□卷。

楊子折衷

《四庫全書總目提要·儒家類存目二》《楊子折衷》六卷。浙江鄭大節家藏本。明湛若水撰。

柏齋三書

黄虞稷《千頃堂書目·儒家類》何塘《柏齋三書》四卷。武陟人。贈禮部尚書。

《明史·藝文志·儒家類》何塘《柏齋三書》四卷。

石川明道録

黄虞稷《千頃堂書目·儒家類》殷雲霄《石川明道録》二卷。

皇極經世圖纂

黄虞稷《千頃堂書目·儒家類》鍾芳《皇極經世圖纂》。

同異録

《四庫全書總目提要・儒家類存目二》 《同異録》二卷。浙江鮑士恭家藏本。明陸深撰。

涇野子

范邦甸等《天一閣書目・儒家類》 《涇野子》二卷。刊本。明呂柟撰。

涇野子内編

張萱等《内閣藏書目録・雜部》 《涇野子内編》六册。全。呂柟著。

黃虞稷《千頃堂書目・儒家類》 黃柟《涇野子内篇》三十三卷。

《明史・藝文志・儒家類》 呂柟《涇野子内篇》三十三卷。

《四庫全書總目提要・儒家類三》 《涇野子内篇》二十七卷。陝西巡撫採進本。明呂柟撰。

五子鈔釋

徐𤊹《徐氏家藏書目・子類》 《二程子周子朱子張子抄釋》共二十卷。

黃虞稷《千頃堂書目・儒家類》 黃柟《五子鈔釋》二十一卷。周子二卷，張子二卷，二程子八卷，朱子九卷。

周子鈔釋

徐𤊹《徐氏家藏書目・子類》 《周子全書》二卷。呂柟演。

黃虞稷《千頃堂書目・儒家類》 呂柟《周子演》二卷。

《四庫全書總目提要・儒家類三》 《周子鈔釋》三卷。兩江總督採進本。明呂柟撰。

張子鈔釋

徐𤊹《徐氏家藏書目・子類》 《張横渠抄釋》十卷。

《四庫全書總目提要・儒家類三》 《張子鈔釋》六卷。兩江總督採進本。明呂柟撰。

語　録

黃虞稷《千頃堂書目・儒家類》 呂柟《語録》二十卷。

《明史・藝文志・儒家類》 呂柟《語録》二十卷。

二程子鈔釋

《四庫全書總目提要・儒家類三》 《二程子鈔釋》十卷。左都御史張若淮家藏本。明呂柟撰。

朱子鈔釋

《四庫全書總目提要・儒家類三》　《朱子鈔釋》二卷。兩江總督採進本。明呂柟撰。

願學編

《四庫全書總目提要・儒家類存目二》　《願學編》二卷。陝西巡撫採進本。明胡纘宗撰。

中庸衍義

《四庫全書總目提要・儒家類三》　《中庸衍義》十七卷。兩淮馬裕家藏本。明夏良勝撰。良勝字于中，南城人。正德戊辰進士，官至太常寺少卿。事蹟具《明史》本傳。

太極圖解

黄虞稷《千頃堂書目・儒家類》　林希元《太極圖解》三卷。

疣贅録

黄虞稷《千頃堂書目・儒家類》　顧孟圭《疣贅録》二卷。

弘道録

黄虞稷《千頃堂書目・儒家類》　邵經邦《弘道録》五十七卷。

《明史・藝文志・儒家類》　邵經邦《弘道録》五十七卷。

古堂筆記

黄虞稷《千頃堂書目・儒家類》　黄綰思《古堂筆記》。

王心齋教録

朱睦㮮《萬卷堂書目・儒家》　《王心齋教録》二卷。王艮。

心齋遺録

趙琦美《脈望館書目・儒家》　《心齋遺録》一本。

心齋語録

黄虞稷《千頃堂書目・儒家類》　王艮《心齋語録》二卷。泰州人。

《明史・藝文志・儒家類》　王艮《心齋語録》二卷。

心齋約言

《四庫全書總目提要・儒家類存目二》 《心齋約言》一卷。編修程晉芳家藏本。明王艮撰。艮字汝止，泰州人。王守仁之門人。

少谷漫言

黃虞稷《千頃堂書目・儒家類》 鄭善夫《少谷漫言》一卷。

經世要談

徐𤊹《徐氏家藏書目・子類》 《經世要談》一卷。鄭善夫。

古今廉鑑

黃虞稷《千頃堂書目・儒家類》 喬懋敬《古今廉鑑》八卷。號純所，松江人。一名《壺天玉露》。

錢氏廉鑑

黃虞稷《千頃堂書目・儒家類》 錢陞《錢氏廉鑑》四卷。

廉　矩

《四庫全書總目提要・儒家類存目二》 《廉矩》一卷。編修程晉芳家藏本。明王文禄撰。文禄字世廉，海寧人。嘉靖辛卯舉人。

大文録

黃虞稷《千頃堂書目・儒家類》 濕川王俊柏《大文録》。

鄒子觀心約

黃虞稷《千頃堂書目・儒家類》 鄒森《鄒子觀心約》一卷。蔚州人。號漸齋。嘉靖辛卯舉人，未仕卒。

續近思録

黃虞稷《千頃堂書目・儒家類》 郭孺《續近思録》二卷。號一泉，祁縣人。凡十一篇。嘉靖丁酉舉人，官淳化知縣，以清幹稱。

朱子感興詩解

黃虞稷《千頃堂書目・儒家類》 吳文光《朱子感興詩解》一卷。字有明，婺源人。嘉靖丙午舉人，應山知縣。

門人答問録

黄虞稷《千頃堂書目·儒家類》 吴文光《門人答問録》四卷。

洪子聞言

黄虞稷《千頃堂書目·儒家類》 洪垣《洪子聞言》四卷。

天游困學録

徐㶿《徐氏家藏書目·子類》 《天游困學録》四卷。楊應昭。

理學會通

黄虞稷《千頃堂書目·儒家類》 吴介《理學會通》。字于石。嘉靖辛卯舉人，知州。

蔡氏性理二書圖解

黄虞稷《千頃堂書目·儒家類》 胡明庶《蔡氏性理二書圖解》。羅田人。嘉靖壬辰進士，未仕卒。

格致圖

黄虞稷《千頃堂書目·儒家類》 張倫《格致圖》。汶上人。嘉靖中户部員外郎。

理數或問

黄虞稷《千頃堂書目·儒家類》 李義壯《理數或問》。

道林先生粹言

黄虞稷《千頃堂書目·儒家類》 孫應鼇《道林先生粹言》。

道林諸集

《四庫全書總目提要·儒家類存目二》 《道林諸集》。無卷數。浙江巡撫採進本。明蔣信撰。信字卿實，常德人。嘉靖壬辰進士，官至貴州提學副使。嘗師王守仁，又師湛若水。

西田語略 續集

《四庫全書總目提要·儒家類存目二》 《西田語略》二十三卷《續集》二十九卷。内府藏本。明樊深撰。

象山白沙要語

黄虞稷《千頃堂書目·儒家類》 金賁亨《象山白沙要語》一卷。

惜陰録

黄虞稷《千頃堂書目・儒家類》 顧應祥《惜陰録》十二卷。

《明史・藝文志・儒家類》 顧應祥《惜陰録》十二卷。

夜鐙管測

黄虞稷《千頃堂書目・儒家類》 沈愷《夜鐙管測》二卷。字舜臣，華亭人。官太僕寺卿。

海樵子

徐𤊹《徐氏家藏書目・子類》 《海樵子》一卷。王崇慶。

黄虞稷《千頃堂書目・儒家類》 王崇慶《海樵子》七卷。

《四庫全書總目提要・儒家類存目二》 《海樵子》一卷。編修程晉芳家藏本。明王崇慶撰。

海樵濫語

錢謙益等《絳雲樓書目・道學類》 王崇慶《海樵濫語》。

黄虞稷《千頃堂書目・儒家類》 王崇慶《海樵濫語》二卷。

劉元城語録

黄虞稷《千頃堂書目・儒家類》 王崇慶解《劉元城語録》三卷。

古學選注

黄虞稷《千頃堂書目・儒家類》 王崇慶《古學選注》二卷。

溪野問答

黄虞稷《千頃堂書目・儒家類》 王崇慶《溪野問答》一卷。

續讀書録

黄虞稷《千頃堂書目・儒家類》 方泰《續讀書録》。字時盛，河南新安人。舉人，邢臺縣學教諭。

理數啓鑰

黄虞稷《千頃堂書目・儒家類》 毛仲時《理數啓鑰》二卷。

正學編

黄虞稷《千頃堂書目・儒家類》 吴稷明《正學編》□卷。字舜弼，松江人。正德甲戌進士，荆徽二府長史。

破愚録

黄虞稷《千頃堂書目・儒家類》 吴稷明《破愚録》。

欽定鑒古韻語

黄虞稷《千頃堂書目・儒家類》 孫承恩《欽定鑒古韻語》一卷。

説理會編

錢謙益等《絳雲樓書目・道學類》 季本《説理會編》。

黄虞稷《千頃堂書目・儒家類》 季本《説理會編》。

《四庫全書總目提要・儒家類存目二》 《説理會編》十五卷。浙江巡撫採進本。明季本撰。

龍惕書

黄虞稷《千頃堂書目・儒家類》 季本《龍惕書》一卷。

研幾圖

黄虞稷《千頃堂書目・儒家類》 薛侃《研幾圖》一卷。

研幾録

《四庫全書總目提要・儒家類存目二》 《研幾録》。無卷數。河南巡撫採進本。明薛侃撰。

太極通書釋義

黄虞稷《千頃堂書目・儒家類》 舒芬《太極通書釋義》。

《四庫全書總目提要・儒家類存目一》 《太極繹義》一卷《通書繹義》一卷。兩江總督採進本。明舒芬撰。

象山學辨

黄虞稷《千頃堂書目・儒家類》 霍韜《象山學辨》一卷。嘉靖丙申序。

困辨録

錢謙益等《絳雲樓書目・道學類》 《困辨録》。象豐聶豹著。

黄虞稷《千頃堂書目・儒家類》 聶豹《困辨録》八卷。

幽居答述録

黄虞稷《千頃堂書目・儒家類》 聶豹《幽居答述録》。嘉靖癸丑仲子釋序。

燕居答述

《四庫全書總目提要·儒家類存目二》《燕居答述》二卷。浙江巡撫採進本。明戴經撰。經，德清人，聶豹之門人也。

約　言

高儒《百川書志·儒家》《約言》一卷。皇明西原薛蕙著。凡九篇。
范邦甸等《天一閣書目·儒家類》《約言》十卷。刊本。西原薛蕙著。
王圻《續文獻通考·經籍考·儒家·皇明》《約言》。薛惠著。
徐𤊹《徐氏家藏書目·子類》《薛子約言》一卷。惠。
黄虞稷《千頃堂書目·儒家類》薛蕙《約言》二卷。

大寧齋日録

黄虞稷《千頃堂書目·儒家類》薛蕙《大寧齋日録》□卷。亳州人。吏部考功郎中。
《明史·藝文志·儒家類》薛蕙《日録》五卷。

泰泉庸言

黄虞稷《千頃堂書目·儒家類》黄佐《泰泉庸言》十二卷。
《明史·藝文志·儒家類》黄佐《泰泉庸言》十二卷。
《四庫全書總目提要·儒家類存目二》《庸言》十二卷。江蘇巡撫採進本。明黄佐撰。

道南三書

徐𤊹《徐氏家藏書目·子類》《道南三書》三卷。鄒守益輯。
錢謙益等《絳雲樓書目·道學類》《道南三書》。
黄虞稷《千頃堂書目·儒家類》鄒守益《道南三書》三卷。
《明史·藝文志·儒家類》鄒守益《道南三書》三卷。

鄒文莊明道録

黄虞稷《千頃堂書目·儒家類》鄒守益《鄒文莊明道録》四卷。
《明史·藝文志·儒家類》鄒守益《明道録》四卷。

聖學正傳

黄虞稷《千頃堂書目·儒家類》張岳《聖學正傳》。惠安人。

恭敬大訓

黄虞稷《千頃堂書目·儒家類》張岳《恭敬大訓》。

載道集

黄虞稷《千頃堂書目·儒家類》張岳《載道集》。

理學緒言

黄虞稷《千頃堂書目・儒家類》 王之士《理學緒言》。

信學私言

黄虞稷《千頃堂書目・儒家類》 王之士《信學私言》。

心統圖説

黄虞稷《千頃堂書目・儒家類》 吕懷《心統圖説》二卷。

緒山會語

《四庫全書總目提要・儒家類存目二》 《緒山會語》二十五卷。江蘇周厚堉家藏本。明錢德洪撰。

鹽鐵論

《四庫全書總目提要・儒家類一》 《鹽鐵論》十二卷。内府藏本。漢桓寬撰。寬字次公,汝南人。宣帝時舉爲郎,官至廬江太守丞。

張之洞《書目答問・儒家》 《鹽鐵論》十卷《考證》三卷。漢桓寬。張敦仁考證。岱南閣刻本。明張之象注本。

柯子答問

徐𤊹《徐氏家藏書目・子類》 《柯子答問》六卷。

柯維騏講義

黄虞稷《千頃堂書目・儒家類》 《柯維騏講義》二卷。

枝　辭

徐𤊹《徐氏家藏書目・子類》 《枝辭》一卷。

黄虞稷《千頃堂書目・儒家類》 唐樞《太極枝辭》一卷。

禮元剩語

徐𤊹《徐氏家藏書目・子類》 《禮元剩語》一卷。唐樞。

酬物難

徐𤊹《徐氏家藏書目・子類》 《酬物難》一卷。唐樞。

感學篇

徐𤊹《徐氏家藏書目・子類》 《感學篇》一卷。唐樞。

轄環窩雜著

徐𤊹《徐氏家藏書目・子類》《轄環窩雜著》一卷。唐樞。

一菴語録

徐𤊹《徐氏家藏書目・子類》《一菴語録》一卷。唐樞。

黄虞稷《千頃堂書目・儒家類》 唐樞《一庵語録》二卷。

三一測

徐𤊹《徐氏家藏書目・子類》《三一測》一卷。唐樞。

宋學商求

徐𤊹《徐氏家藏書目・子類》《宋學商求》一卷。唐樞。

館　論

徐𤊹《徐氏家藏書目・子類》《館論》一卷。唐樞。

積承録

徐𤊹《徐氏家藏書目・子類》《積承録》一卷。唐樞。

因領録

徐𤊹《徐氏家藏書目・子類》《因領録》一卷。唐樞。

咨　言

徐𤊹《徐氏家藏書目・子類》《咨言》一卷。唐樞。

疑　誼

徐𤊹《徐氏家藏書目・子類》《疑誼》一卷。唐樞。

嘉禾問録

徐𤊹《徐氏家藏書目・子類》《嘉禾問録》一卷。唐樞。

政問録

徐𤊹《徐氏家藏書目・子類》《政問録》一卷。唐樞。

病榻荅言

徐𤊹《徐氏家藏書目・子類》《病榻荅言》一卷。唐樞。

識仁定性解註

《四庫全書總目提要・儒家類存目二》《識仁定性解註》二卷。浙江巡撫採進本。明何祥撰。祥字克齋，内江人。嘉靖甲午舉人。

尊聖録

范邦甸等《天一閣書目・儒家類》《尊聖録》一卷。刊本。明通郡陳堯撰并自序。

明儒論宗

范邦甸等《天一閣書目・儒家類》《明儒論宗》。刊本。毘陵方山薛應旂批點。

紀　述

徐𤊹《徐氏家藏書目・子類》《照心犀》一卷。薛應旂。原名《紀述》。

《四庫全書總目提要・儒家類存目二》《薛方山紀述》一卷。浙江鮑士恭家藏本。明薛應旂撰。

薛子庸語

《明史・藝文志・儒家類》薛應旂《薛子庸語》十二卷。

心性圖説

黄虞稷《千頃堂書目・儒家類》李元陽《心性圖説》。

揚子法言集注

范邦甸等《天一閣書目・儒家類》《揚子法言》十卷。刊本。明趙大綱集註并序。

省身日記

黄虞稷《千頃堂書目・儒家類》徐貢元《省身日記》。繁昌人。嘉靖辛丑進士，南京户部右侍郎，與海瑞等稱「天下四君子」。

正學紀

黄虞稷《千頃堂書目・儒家類》王漸逵《正學紀》一卷。

觀水記

黄虞稷《千頃堂書目・儒家類》王漸逵《觀水記》一卷。

乾惕録

黃虞稷《千頃堂書目・儒家類》 凌瀚《乾惕録》一卷。

古言

祁承㸁《澹生堂藏書目・儒家》 《鄭端簡公名言》二册。二卷。鄭曉。

錢謙益等《絳雲樓書目・儒家類》 《古言》。二卷。鄭曉。

黃虞稷《千頃堂書目・儒家類》 鄭曉《古言》二卷。

語録

黃虞稷《千頃堂書目・儒家類》 沈睿《語録》四卷。字子公，華亭人。正德辛未進士，貴州參政。

《明史・藝文志・儒家類》 沈睿《語録》四卷。

戴子

黃虞稷《千頃堂書目・儒家類》 戴冠《戴子》。長洲人。訓導。

慎言集訓

高儒《百川書志・德行家》 《慎言集訓》二卷。皇明陝西提學副使清江敖英，每覽載籍於慎言有涉者，輒纂集焉。凡三十二則。共三百三十四條。

范邦甸等《天一閣書目・儒家類》 《慎言集訓》二卷。刊本。明清江敖英撰，錢塘楊祜跋。

徐𤊹《徐氏家藏書目・子類》 《慎言録》二卷。敖英。

張萱等《内閣藏書目録・雜部》 《慎言集訓》一册。嘉靖間清江敖英著。

黃虞稷《千頃堂書目・儒家類》 敖英《慎言集訓》二卷。

《四庫全書總目提要・儒家類存目二》 《慎言集訓》二卷。浙江鮑士恭家藏本。明敖英撰。英字子發，清江人。正德辛巳進士，官至河南右布政使。

聖諭衍

黃虞稷《千頃堂書目・儒家類》 尤時熙《聖諭衍》。

擬學小記　續録

黃虞稷《千頃堂書目・儒家類》 尤時熙《擬學小記》八卷。字季仲，洛陽人，嘉靖中舉人，官户部主事。以母老乞歸，里居三十年，遠近學者宗之，人稱西川先生。

《明史・藝文志・儒家類》 尤時熙《擬學小記》八卷。

《四庫全書總目提要・儒家類存目二》 《擬學小記》六卷，《續録》一卷。浙江巡撫採進本。明尤時熙撰。

一庵會語

黃虞稷《千頃堂書目・儒家類》 王棟《一庵會語》十二卷。泰州人。王艮門人。嘉靖中歲貢，泰安州訓導。

一菴遺集

《四庫全書總目提要·儒家類存目二》 《一菴遺集》二卷。兩江總督採進本。明王棟撰。棟字隆吉,號一菴,泰州人。嘉靖中由歲貢生補江西南城訓導,遷深州學正。

東溪蔓語

《四庫全書總目提要·儒家類存目二》 《東溪蔓語》一卷。浙江范懋柱家。天一閣藏本。明曹煜撰。煜,浮梁人。嘉靖丙戌進士,其仕履未詳。

世緯

《四庫全書總目提要·儒家類三》 《世緯》一卷。江蘇巡撫採進本。明袁袠撰。袠字永之,號胥臺,吴縣人。嘉靖丙戌進士,官至廣西提學僉事。

洨濱語録

《四庫全書總目提要·儒家類存目二》 《洨濱語録》二十卷。直隸總督採進本。明蔡靉撰。靉字天章,號洨濱,寧晉人。嘉靖己丑進士,官至監察御史,巡按河南。

黄虞稷《千頃堂書目·儒家類》 蔡靉《洨濱語録》二十卷。

存齋教言

黄虞稷《千頃堂書目·儒家類》 徐階《存齋教言》一卷。

岱陽答問

徐𤊹《徐氏家藏書目·子類》 《岱陽答問》六卷。鄭世威。

黄虞稷《千頃堂書目·儒家類》 鄭世威《岱陽答問》六卷。

困辨録

《四庫全書總目提要·儒家類存目二》 《困辨録》八卷。浙江巡撫採進本。明聶豹撰。豹字文蔚,永豐人。正德丁丑進士,官至兵部尚書。謚貞襄。事蹟具《明史》本傳。

讀書録鈔釋

黄虞稷《千頃堂書目·儒家類》 毛愷《讀書録鈔釋》三卷。衢州人。

衛道録

黄虞稷《千頃堂書目·儒家類》 李經綸《衛道録》。

友問集

范邦甸等《天一閣書目·儒家類》 《友問集》十卷。刊本。明吉陽某撰,浙省督學阮山峯刊,金陵葛清序。

黄虞稷《千頃堂書目·儒家類》 何蓋之《友問集》十卷。一作何遷《友問》四卷。

諸儒文要

范邦甸等《天一閣書目·儒家類》 《諸儒文要》八卷。刊本。

黄虞稷《千頃堂書目·儒家類》 唐順之《諸儒文要》八卷。録宋濂谿、二程、横渠、龜山、上蔡、五峰、紫陽、東萊、南軒、象山、慈湖，明白沙、陽明之語及文章。

諸儒語要

黄虞稷《千頃堂書目·儒家類》 唐順之《諸儒語要》十卷。

《四庫全書總目提要·儒家類存目二》 《諸儒語要》二十卷。浙江巡撫採進本。明唐順之編。

儒　編

黄虞稷《千頃堂書目·儒家類》 唐順之《儒編》。

《明史·藝文志·儒家類》 唐順之《儒編》六十卷。

諸儒語要續

黄虞稷《千頃堂書目·儒家類》 黄一脈《諸儒語要續》六卷。

敬一箴　注程子四箴　注范浚心箴

高儒《百川書志·德行家》 《御製箴》一卷。今上《御製敬一箴》，並程子視、聽、言、動《四箴》，范氏《心箴》御註。「御」字原脱，從瞿校鈔本補。

黄虞稷《千頃堂書目·儒家類》 世宗《敬一箴》一卷又《注程頤〈四箴〉》一卷又《注范浚〈心箴〉》一卷。

《明史·藝文志·儒家類》 世宗《敬一箴》一卷《注程子四箴》、《注范浚心箴》共二卷。

道在編

范邦甸等《天一閣書目·儒家類》 《道在編》二卷。刊本。明常郡陸奎章撰。

太極圖解

黄虞稷《千頃堂書目·儒家類》 何維柏《太極圖解》。

太極解

黄虞稷《千頃堂書目·儒家類》 龐嵩《太極解》。

弼唐遺言

黄虞稷《千頃堂書目·儒家類》 龐嵩《弼唐遺言》。

皇極經世注

黄虞稷《千頃堂書目·儒家類》 余嘉謨《皇極經世注》。

汲古叢語

黄虞稷《千頃堂書目·儒家類》 陸樹聲《汲古叢語》一卷。

《明史·藝文志·儒家類》 陸樹聲《汲古叢語》一卷。

薛子庸語

黄虞稷《千頃堂書目·儒家類》 薛應旂《薛子庸語》十二卷。門人慈谿向程釋，凡二十四篇。

《四庫全書總目提要·儒家類存目二》 《薛子庸語》十二卷。浙江巡撫採進本。明薛應旂撰。

二谷讀書記

《四庫全書總目提要·儒家類存目二》 《二谷讀書記》二卷。編修程晉、芳家藏本。明侯一元撰。一元字舜舉，樂清人。嘉靖戊戌進士，官至江西布政使。

皇極經世聲音譜

黄虞稷《千頃堂書目·儒家類》 張敔《皇極經世聲音譜》。

性理三書解

黄虞稷《千頃堂書目·儒家類》 李承恩《性理三書解》一卷。

心印圖

黄虞稷《千頃堂書目·儒家類》 李承恩《心印圖》。

日録劄記存稿

黄虞稷《千頃堂書目·儒家類》 李承恩《日録劄記存稿》。

定性書釋

徐𤊹《徐氏家藏書目·子類》 《定性書釋》一卷。太倉徐熿。

黄虞稷《千頃堂書目·儒家類》 徐熿《定性書釋》二卷。太倉人。

管　見

黄虞稷《千頃堂書目·儒家類》 郭朴《管見》一卷。

顔　子

黄虞稷《千頃堂書目·儒家類》 李鐸補注《顔子》。光化人。略陽教諭。

中玄子本語

錢謙益等《絳雲樓書目·儒家類》 《中元子本語》。

黄虞稷《千頃堂書目・儒家類》 高拱《中玄子本語》六卷。

徽忿窒慾編

黄虞稷《千頃堂書目・儒家類》 殷邁《徽忿窒慾編》一卷。

閒雲館野語

黄虞稷《千頃堂書目・儒家類》 殷邁《閒雲館野語》一卷。

逍遥館測言

黄虞稷《千頃堂書目・儒家類》 殷邁《逍遥館測言》一卷。

士林正鵠

黄虞稷《千頃堂書目・儒家類》 徐應乾《士林正鵠》四卷。字以清，遂昌人。貢士，官雷州府學教授。蒐輯古人孝、悌、忠、信、清、慎、勤、敏八行，凡二百餘條。

先行録

黄虞稷《千頃堂書目・儒家類》 李渭《先行録》十卷。字湜之，思南府人。舉人，官雲南參政。從耿定向學。人稱同野先生。

《明史・藝文志・儒家類》 李渭《先行録》十卷。

羅近溪語録

徐𤊹《徐氏家藏書目・子類》 《羅近溪語録》卷。羅汝芳。

盱壇真詮

徐𤊹《徐氏家藏書目・子類》 《盱壇真詮》二卷。羅汝芳。

近谿子明道録

黄虞稷《千頃堂書目・儒家類》 羅汝芳《近谿子明道録》八卷。耿定向編。

《明史・藝文志・儒家類》 羅汝芳《明道録》八卷。

近谿集語

黄虞稷《千頃堂書目・儒家類》 羅汝芳《近谿集語》十二卷。盱江人。郎中。

《明史・藝文志・儒家類》 羅汝芳《近溪集語》十二卷。

會語續録

黄虞稷《千頃堂書目・儒家類》 羅汝芳《會語續録》二卷。

定孔心要

朱睦㮮《萬卷堂書目・儒家》 《定孔心要》二卷。林兆恩。

西峰明道録

黄虞稷《千頃堂書目・儒家類・補元》 《西峰明道録》八卷。即周思兼。不知撰人。

學道記言

黄虞稷《千頃堂書目・儒家類》 周思兼《學道記言》六卷。松江人。提學副使。

《明史・藝文志・儒家類》 周思兼《學道記言》六卷。

西齋日録

黄虞稷《千頃堂書目・儒家類》 周思兼《西齋日録》十卷。

正蒙章句

黄虞稷《千頃堂書目・儒家類》 徐師曾《正蒙章句》。

正學心法

張萱等《内閣藏書目録・理學部》 《正學心法》三册。嘉靖丙寅，泰和胡直摘濂谿、明道、陽明三先生語，附歐陽南野羅念菴書，彙集之。

胡子衡齊

黄虞稷《千頃堂書目・儒家類》 胡直《胡子衡齊》八卷。

《明史・藝文志・儒家類》 胡直《胡子衡齊》八卷。

《四庫全書總目提要・儒家類存目二》 《胡子衡齊》八卷。浙江鄭大節家藏本。明胡直撰。直字正甫，泰和人。嘉靖丙辰進士，官至福建按察使。

衡廬精舍雜言

黄虞稷《千頃堂書目・儒家類》 胡直《衡廬精舍雜言》十五卷。

獻子講存

黄虞稷《千頃堂書目・儒家類》 盧忠守《獻子講存》二卷。

就正録

（盧補）

黄虞稷《千頃堂書目・儒家類》 魯邦彦《就正録》十卷。歸德人。光禄寺丞。

見羅書

黄虞稷《千頃堂書目・儒家類》 汪應蛟《見羅先生書》二十卷。

《四庫全書總目提要・儒家類存目二》 《李見羅書》二十卷。江蘇巡撫採進本。明李復陽編。皆其師李材講學之書。材字孟誠，豐城人。嘉靖壬戌進士，官至右僉都御史，巡撫鄖陽。事蹟具《明史》本傳。

教學録

黄虞稷《千頃堂書目・儒家類》 李材《教學録》十二卷。

《明史・藝文志・儒家類》 李材《教學録》十二卷。

南中問辨録

黄虞稷《千頃堂書目・儒家類》 李材《南中問辨録》十卷。（盧補）

《明史・藝文志・儒家類》 李材《南中問辨録》十卷。

李希雒益言

黄虞稷《千頃堂書目・儒家類》 《李希雒益言》四卷。字宗裕，太原人。嘉靖□□進士，吏科給事中。

自警新編

黄虞稷《千頃堂書目・儒家類》 陳善《自警新編》。

學覺窺斑

黄虞稷《千頃堂書目・儒家類》 貢安國《學覺窺斑》六卷。

紫薇堂劄記

黄虞稷《千頃堂書目・儒家類》 王樵《紫薇堂劄記》一卷。

《明史・藝文志・儒家類》 王樵《劄記》一卷。

戊申筆記

黄虞稷《千頃堂書目・儒家類》 王樵《戊申筆記》一卷。

《明史・藝文志・儒家類》 王樵《筆記》一卷。

語　録

黄虞稷《千頃堂書目・儒家類》 李遂《語録》三卷。豐城人。南京兵部尚書。

微　言

黄虞稷《千頃堂書目・儒家類》 蕭廩《微言》二卷。

論學緒言

黄虞稷《千頃堂書目・儒家類》 蕭廪《論學緒言》。

明儒警語

黄虞稷《千頃堂書目・儒家類》 范永鑾《明儒警語》一卷。

薛畏齋緒言

徐𤊹《徐氏家藏書目・子類》 《薛畏齋緒言》四卷。江陰薛甲。

黄虞稷《千頃堂書目・儒家類》 薛甲《緒言》四卷。

心傳書院講義

黄虞稷《千頃堂書目・儒家類》 薛甲《心傳書院講義》。

古今藥石

黄虞稷《千頃堂書目・儒家類》 宋纁《古今藥石》。

自考録

黄虞稷《千頃堂書目・儒家類》 王時槐《自考録》一卷。

廣仁彙編

黄虞稷《千頃堂書目・儒家類》 王時槐《廣仁彙編》。

天臺先生語録

張萱等《内閣藏書目録・理學部》 《天臺先生語録》二册。全。萬曆間大中丞耿定力著。

耿子庸言

黄虞稷《千頃堂書目・儒家類》 耿定向《耿子庸言》二卷。黄安人。户部尚書。

《明史・藝文志・儒家類》 耿定向《庸言》二卷。

《四庫全書總目提要・儒家類存目二》 《耿子庸言》二卷。浙江巡撫採進本。明耿定向撰。

學　象

黄虞稷《千頃堂書目・儒家類》 耿定向《學象》二卷。

雅　言

黄虞稷《千頃堂書目・儒家類》 耿定向《雅言》一卷。焦竑輯。

《明史・藝文志・儒家類》 耿定向《雅言》一卷。

新 語

黄虞稷《千頃堂書目・儒家類》 耿定向《新語》一卷。

《明史・藝文志・儒家類》 耿定向《新語》一卷。

教學商求

黄虞稷《千頃堂書目・儒家類》 耿定向《教學商求》一卷。

《明史・藝文志・儒家類》 耿定向《教學商求》一卷。

帝鑑圖説

劉若愚《内板經書紀略》 《帝鑑圖説》。六本，三百五十六葉。

黄虞稷《千頃堂書目・儒家類》 張居正《帝鑑圖説》六卷。隆慶六年八月進呈，取歷代人君善可爲法者八十一事，惡可爲戒者三十六事，每一事爲一圖。

臆 言

黄虞稷《千頃堂書目・儒家類》 曾朝節《臆言》八卷。

《明史・藝文志・儒家類》 曾朝節《臆言》八卷。

論學彙編

黄虞稷《千頃堂書目・儒家類》 孫應鰲《論學彙編》八卷。

《明史・藝文志・儒家類》 孫應鰲《論學彙編》八卷。

教秦總録

黄虞稷《千頃堂書目・儒家類》 孫應鰲《教秦總録》四卷。

教秦緒言　幽心瑶草

丁仁《八千卷樓書目・儒家類》 《教秦緒言》一卷《幽心瑶草》一卷。明孫應鰲撰。《遺書》本。

大中本旨

黄虞稷《千頃堂書目・儒家類》 章潢《大中本旨》。南昌人。順天府教諭。

此洗堂語略

黄虞稷《千頃堂書目・儒家類》 章潢《此洗堂語略》二卷。

彀 語

黄虞稷《千頃堂書目・儒家類》 周子義《彀語》二十卷。吏部侍郎，謚文恪。

日録見聞

黄虞稷《千頃堂書目・儒家類》 周子義《日録見聞》十卷。

《明史・藝文志・儒家類》 周子義《日録見聞》十卷。

一中

黄虞稷《千頃堂書目・儒家類》 李元育《一中》四册。閬中人。元育謂五行各具一中，一行遞三，四行迭輔，而一行之變凡二十有四，五之凡一百二十，各著説以明之。

諸儒詩教

朱睦㮮《萬卷堂書目・儒家》 《諸儒詩教》九卷。吴仕期。

大儒敷言

黄虞稷《千頃堂書目・儒家類》 吴仕期《大儒敷言》三十三卷。

《明史・藝文志・儒家類》 吴仕期《大儒敷言》三十三卷。

庸齋日記

黄虞稷《千頃堂書目・儒家類》 徐三重《庸齋日記》八卷。字伯同。

《四庫全書總目提要・儒家類存目二》 《庸齋日記》八卷。江蘇巡撫採進本。

明徐三重撰。是書前一卷説《易》，後七卷説《四書》，皆隨意標舉，非循文箋註。蓋借經義以發揮其講學之旨耳。

信古餘論

黄虞稷《千頃堂書目・儒家類》 徐三重《信大約論》八卷。一作《信古餘論》。

《明史・藝文志・儒家類》 徐三重《信古餘論》八卷。

《四庫全書總目提要・儒家類存目二》 《信古餘論》八卷。江蘇巡撫採進本。

明徐三重撰。三重有《餘言》，已著録。是編乃其講學語録。《江南通志》稱所著《庸齋日記》及此書，皆可垂世範俗。然理氣性命之説義居其半，以道之大原言之，固屬推究根本；以學者之實踐言之，又不免爲枝葉矣。

三儒類要

黄虞稷《千頃堂書目・儒家類》 徐用檢《三儒類要》五卷。浙江蘭谿人。太常寺卿。三儒敬軒、白沙、陽明。

《四庫全書總目提要・儒家類存目二》 《三儒類要》五卷。江蘇巡撫採進本。

明徐用檢編。用檢字魯源，蘭谿人。嘉靖壬戌進士，官至南京太常寺卿。是書彙録薛瑄、陳獻章、王守仁語録，分類排纂，釐爲五門，曰志學、曰爲仁、曰政治、曰性命、曰游藝，其大旨亦與魏時亮同。

反聲編

黄虞稷《千頃堂書目・儒家類》 徐用檢《反聲編》四卷。

大儒學粹

《四庫全書總目提要・儒家類存目二》 《大儒學粹》九卷。江西巡撫採進本。

明魏時亮編。時亮字敬吾，南昌人。嘉靖己未進士，官至工部侍郎。事蹟具《明史》本傳。史稱時亮初好交游，負意氣，中遭挫抑，潛心性理。是書取周子、二程子、張子、朱子及陸九淵、薛瑄、陳獻章、王守仁九家之言，人各爲卷。大旨謂孔子之道，顔以敏悟，曾以魯得，濂溪、明道、象山、白沙、陽明則顔子之入道可幾焉，伊川、横渠、晦菴、敬軒則曾子之入道可幾焉。要之，道無二，學無二，其所至亦無二也。蓋主調停之説者。本傳稱其官兵科給事中時，請以薛瑄、陳獻章、王守仁竝從祀文廟，猶是志也。

續自警篇

黄虞稷《千頃堂書目・儒家類》 黄希憲《續自警篇》十六卷。字伯容，金谿人。嘉靖癸丑進士，福建參政。

宵練匣

徐𤊹《徐氏家藏書目・子類》 《宵練匣》一卷。靖江朱得之。

祁承㸁《澹生堂藏書目・儒家》 《參元三語》。朱得之《稽山□語》一卷，《漫語》三卷，《印古心語》六卷。

黄虞稷《千頃堂書目・儒家類》 朱得之《宵練匣》十卷。凡三種，曰稽山承語、印古心語、烹芹漫語。

正蒙通義

黄虞稷《千頃堂書目・儒家類》 朱得之《正蒙通義》。靖江人。貢生。

格物圖

嵇璜等《續通志圖譜略・記有》 孫丕揚《格物圖》。

《四庫全書總目提要・儒家類存目二》 《格物圖》一卷。陝西巡撫採進本。明孫丕揚撰。

論學篇

《四庫全書總目提要・儒家類存目二》 《論學篇》一卷。陝西巡撫採進本。明孫丕揚撰。丕揚既撰《格物圖》，復爲《講學》三篇。一爲《格物工夫》，一爲《良知明辨》，一爲《心學始終》，皆申明格物圖中之意也。

理學宗旨

黄虞稷《千頃堂書目・儒家類》 鄧球《理學宗旨》二卷。

《明史・藝文志・儒家類》 鄧球《理學宗旨》二卷。

大學衍義通略

《四庫全書總目提要・儒家類存目一》 《大學衍義通略》三十一卷。内府藏本。明王諍編。諍號竹巖，永嘉人。嘉靖庚戌進士，官至右僉都御史，巡撫貴州。其書取楊廉《大學衍義節略》、邱濬《大學衍義補》，合爲一編。凡《節略》十卷，《補略》二十一卷。間亦釋字證義，取便檢閲，無所闡明。

警愚筆記

徐㶿《徐氏家藏書目・子類》　《警愚筆記》二卷。臨卭王廷簡。嘉靖壬戌進士。

日　言

《四庫全書總目提要・儒家類存目二》　《日言》一卷。衍聖公孔昭焕家藏本。

明孔承倜撰。承倜字永冠，曲阜人，先聖六十代孫。官保定縣知縣，終於荆王府長史。是書乃承倜劄記之文。其學出於王守仁，故以鐘析喻性，明其本空。又云：「朱晦翁中年學尚未悟，至晚年則甚悔。今人不於悟處用功，却於其悔處執迷，惑矣。」是即守仁《晚年定論》之説也。

性理圖説

嵇璜等《續通志圖譜略・記有》　徐中《性理圖説》。

《四庫全書總目提要・儒家類存目二》　《性理圖説》一卷。浙江巡撫採進本。

明徐中撰。中字成中，鄱陽人。其目分無極、天道、性命諸類。語多陳因，無足採録。

一書增删

《四庫全書總目提要・儒家類存目二》　《一書增删》四卷。浙江巡撫採進本。

明俞邦時撰。邦時號敬軒，新昌人。是編名曰「一書」者，以一爲本也。第一卷曰元卷，爲傳四，曰一元、兩儀、三才、四象；第二卷曰副卷，爲傳四，曰一天、兩地、三人、四物；第三卷曰參卷，爲傳四，曰一期、兩至、三和、四時；第四卷曰輔卷，爲傳二，曰河洛、律呂。總三百六十六章，以當周天之數。大意欲配後子《正蒙》、邵子《皇極經世》，而刻畫皮毛，去之轉遠。書成於隆慶丁卯，刊於萬曆癸酉，再刊於國朝康熙壬子，皆名「一書」。此本爲第三刻，乃康熙己卯吕夏音所增删，故題曰「一書增删」云。

許敬庵語録

徐㶿《徐氏家藏書目・子類》　《許敬庵語録》二卷。

黄虞稷《千頃堂書目・儒家類》　許孚遠《敬庵語要》二卷。

《明史・藝文志・儒家類》　許孚遠《語要》二卷。

原　學

祁承㸁《澹生堂藏書目・儒家》　《原學》。一卷。許孚遠。

呻吟語

黄虞稷《千頃堂書目・儒家類》　吕坤《呻吟語》四卷。

《明史・藝文志・儒家類》　吕坤《呻吟語》四卷。

《四庫全書總目提要・儒家類存目二》　《呻吟語》六卷。副都御史黄登賢家藏本。

明吕坤撰。坤有《四禮質疑》，已著録。此編上三卷爲内篇，下三卷爲外篇，蓋萬曆壬辰刊本也。晚年又手自删補爲《呻吟語摘》二卷，彌爲簡要，故此本附存其目焉。

呻吟語摘

《四庫全書總目提要・儒家類三》　《呻吟語摘》二卷。直隸總督採進本。明吕坤撰。

呂子節録　補遺

《四庫全書總目提要・儒家類存目二》　《呂子節録》四卷《補遺》二卷。兩江總督採進本。國朝陳宏謀編。宏謀有《大學衍義輯要》，已著録。此編亦《呻吟語》之節本，初刻於乾隆丙辰，後於戊午八月復得坤原書，知從前所據乃摘鈔之本，多所挂漏。因採録初刻所遺者，復爲《補遺》二卷。然摘鈔之本實坤所自定也，宏謀掇拾其所棄，蓋未考也。

小兒語

徐㤿《徐氏家藏書目・子類》　《小兒語》一卷。

黄虞稷《千頃堂書目・儒家類》　吕坤《小兒語》五卷。

閨範

黄虞稷《千頃堂書目・儒家類》　吕坤《閨範》四卷。

無如

馬國翰《玉函山房藏書簿録・儒家類》　《無如》四卷。繩其居本。吕坤撰。自引云：無如者，人人不屑如者也。取乞人三人，盜賊六人，倡優四人以及禽獸昆蟲極人所不屑如者，以發人良知、良能。蓋從孟子乞人不受蹴爾之與推出。

好人歌

馬國翰《玉函山房藏書簿録・儒家類》　《好人歌》一卷。繩其居本。吕坤撰。勸人興善，情詞深摯。

反輓歌

馬國翰《玉函山房藏書簿録・儒家類》　《反輓歌》一卷。繩其居本。吕坤撰。深知死生之説，不止達觀也。

省心録

馬國翰《玉函山房藏書簿録・儒家類》　《省心録》一卷。繩其居本。吕坤撰。自序云紀過差，以自省也。

呻吟語選

張之洞《書目答問・儒家》　《呻吟語選》二卷。明吕坤。阮福改輯。文選樓本。別有《呻吟語節録》通行本。

呂語集粹

丁仁《八千卷樓書目・儒家類》　《呂語集粹》四卷。國朝尹元孚撰。道光刊本。

義蒼子

黄虞稷《千頃堂書目·儒家類》 李得陽《義蒼子》一卷。字伯茂，廣德州人。嘉靖乙丑進士，南京工部侍郎。

闡道集

馬國翰《玉函山房藏書簿録·儒家類》《闡道集》十卷。涇州查氏刊本。明廣西副使涇州查鐸毅齋撰。歸田後倡學水西，闡濂洛之理，歸之於微。門人同里蕭彦、趙士登校録，曾孫希頌梓。

聖學正宗

黄虞稷《千頃堂書目·儒家類》 梁斗輝《聖學正宗》二十卷。新會人。隆慶丁卯舉人，太平府同知。

《明史·藝文志·儒家類》 梁斗輝《聖學正宗》二十卷。

性理抄

徐𤊹《徐氏家藏書目·子類》《性理抄》卷。

《四庫全書總目提要·儒家類存目二》《性理鈔》二十卷。副都御史黄登賢家藏本。明楊道會撰。道會字惟宗，晉江人。隆慶戊辰進士，歷官至湖廣左布政使。是編取《性理大全》删節繁冗。前有萬曆戊子王道顯序，稱其更定者十之一，而裁割者十之九。然去取多未得當，蓋亦書帕本耳。

羣書歸正集

《四庫全書總目提要·儒家類存目二》《羣書歸正集》十卷。副都御史黄登賢家藏本。明林昺撰。昺號方塘，鄞縣人。隆慶中諸生。此書爲昺八十四歲時作。本四十二卷，其從孫御史祖述删爲十卷，其十六門則仍其故。書中皆援引舊文，斷以正理，然不過老生常談，人所共知者也。

張子志學録

黄虞稷《千頃堂書目·儒家類》 張元忭《張子志學録》一卷。

問辨牘

黄虞稷《千頃堂書目·儒家類》 管志道《七九問辨牘》四卷。婁縣人。

《明史·藝文志·儒家類》 管志道《問辨牘》八卷。

續問辨牘

黄虞稷《千頃堂書目·儒家類》 管志道《續問辨牘》四卷。

理學酬咨録

黄虞稷《千頃堂書目·儒家類》 管志道《理要酬咨録》四卷。

《明史·藝文志·儒家類》 管志道《理學酬咨録》八卷。

酬咨續録

黄虞稷《千頃堂書目・儒家類》 管志道《酬咨續録》四卷。

覺迷蠡測

黄虞稷《千頃堂書目・儒家類》 管志道《覺迷蠡測》六卷。

師門求正牘

黄虞稷《千頃堂書目・儒家類》 管志道《師門求正牘》二卷。

病榻心宗

黄虞稷《千頃堂書目・儒家類》 管志道《(八九)病榻心宗》二卷。

學原前後編

黄虞稷《千頃堂書目・儒家類》 李多見《學原前後編》八卷。

《明史・藝文志・儒家類》 李多見《學原前後編》八卷。

趙梅峯語録

徐𤊹《徐氏家藏書目・子類》 《趙梅峯語録》三卷。涇上趙仲全。

警心類編

張萱等《内閣藏書目録・雜部》 《警心類編》四册。全。大學士張公位采輯。

黄虞稷《千頃堂書目・儒家類》 張位《警心類編》四卷。

好生編

張萱等《内閣藏書目録・雜部》 《好生編》一册。全。大學士張公位著。以戒殺也。

黄虞稷《千頃堂書目・儒家類》 張位《好生編》一卷。

就正臆説

祁承㸁《澹生堂藏書目・儒家》 《就正臆説》。一卷。張位。

桃溪劄記

祁承㸁《澹生堂藏書目・儒家》 《桃溪劄記》。一卷。唐鶴徵。餘苑本。

憲世編

黄虞稷《千頃堂書目・儒家類》 唐鶴徵《憲世編》六卷。

《明史・藝文志・儒家類》 唐鶴徵《憲世編》六卷。

《四庫全書總目提要・儒家類存目二》《憲世編》六卷。浙江巡撫採進本。明唐鶴徵撰。鶴徵有《周易象義》，已著録。是編發明心性之學。首列孔子、顔子、仲弓、子貢、曾子、子思、孟子，次列周子、二程子、張子、邵子、楊時、朱子、張栻，次列陸九淵、楊簡、薛瑄、陳獻章、王守仁、王艮、羅洪先、唐順之、羅汝芳、王時槐，各述其言行而論之。大旨主於牽朱就陸，合兩派而一之。

黽　記

黄虞稷《千頃堂書目・儒家類》　錢一本《黽記》四卷。

《明史・藝文志・儒家類》　錢一本《黽記》四卷。

《四庫全書總目提要・儒家類存目二》　《黽記》四卷。編修勵守謙家藏本。明錢一本撰。

性理要删

范邦甸等《天一閣書目・儒家類》　《性理要删》三卷。刊本。明黄洪憲纂，吴文光參，程登對閲，周曰校刊。

徐𤊹《徐氏家藏書目・子類》　《性理要删》卷。黄洪憲。

燕居録

黄虞稷《千頃堂書目・儒家類》　李廷機《燕居録》一卷。

性理指歸

黄虞稷《千頃堂書目・儒家類》　姚舜牧《性理指歸》二十八卷。

《明史・藝文志・儒家類》　姚舜牧《性理指歸》二十八卷。

志學罪言

黄虞稷《千頃堂書目・儒家類》　周敬止《志學罪言》十二卷。

顧學齋存語

黄虞稷《千頃堂書目・儒家類》　于孔兼《顧學齋存語》二卷。

述　語

黄虞稷《千頃堂書目・儒家類》　于孔兼《述語》四卷。

憶　語

黄虞稷《千頃堂書目・儒家類》　于孔兼《憶語》四卷。

續憶語

黄虞稷《千頃堂書目・儒家類》　于孔兼《續憶語》二卷。

瞿塘日録

徐𤊹《徐氏家藏書目・子類》　《來瞿塘日録内外編》十四卷。來知德。

黃虞稷《千頃堂書目・儒家類》 來知德《瞿塘日録》十二卷。
《明史・藝文志・儒家類》 來知德《日録》十二卷。

心學宗

黃虞稷《千頃堂書目・儒家類》 方學漸《心學宗》四卷。桐城人。
《明史・藝文志・儒家類》 方學漸《心學宗》四卷。
《四庫全書總目提要・儒家類存目二》 《心學宗》四卷。浙江巡撫採進本。明方學漸撰。

性善繹

黃虞稷《千頃堂書目・儒家類》 方學漸《性善繹》一卷。

方子庸言

黃虞稷《千頃堂書目・儒家類》 方學漸《方子庸言》一卷。

東游記

黃虞稷《千頃堂書目・儒家類》 方學漸《東游記》三卷。

爾　訓

黃虞稷《千頃堂書目・儒家類》 方學漸《爾訓》二十卷。

思問編

黃虞稷《千頃堂書目・儒家類》 劉元卿《思問編》。

先正義方

黃虞稷《千頃堂書目・儒家類》 劉元卿《先正義方》。

劉聘君會語

黃虞稷《千頃堂書目・儒家類》 劉元卿《劉聘君會語》四卷。

六鑑舉要

黃虞稷《千頃堂書目・儒家類》 劉元卿《六鑑舉要》六卷。

俟後編

黃虞稷《千頃堂書目・儒家類》 王敬宗《俟後編》四卷。一作八卷。
《明史・藝文志・儒家類》 王敬臣《俟後編》四卷。

遵聞録

黃虞稷《千頃堂書目・儒家類》 賀沚《遵聞録》。字汝定，廬陵人。隆慶庚午舉人，蘇州府同知。

敬止堂日劄

黄虞稷《千頃堂書目·儒家類》 賀沚《敬止堂日劄》。

聖學管窺

黄虞稷《千頃堂書目·儒家類》 賀沚《聖學管窺》。

性理備要

《四庫全書總目提要·儒家類存目一》 《性理備要》十二卷。安徽巡撫採進本。明王三極撰。三極號少墩，仙游人。是書成於萬曆丁亥。取《性理大全》，摘其要語，以便誦習。

日進劄記

黄虞稷《千頃堂書目·儒家類》 馮子咸《日進劄記》。

自警新録

黄虞稷《千頃堂書目·儒家類》 馮子咸《自警私録》。

中詮

黄虞稷《千頃堂書目·儒家類》 汪應蛟《中詮》八卷。

《四庫全書總目提要·儒家類存目二》 《中詮》六卷。安徽巡撫採進本。明汪應蛟撰。應蛟有《古今彝語》，已著録。是編皆其講學之語，起萬曆丁亥，至乙卯，凡二十年。多詳於儒釋之辨，而於王守仁所云「無善無惡心之體」一語，論之尤詳。以當日諸儒各立門户，應蛟欲無所偏倚，故以中詮爲名云。

理學經濟二編

黄虞稷《千頃堂書目·儒家類》 汪應蛟《理學經濟二編》。

經正録

黄虞稷《千頃堂書目·儒家類》 汪應蛟《經正録》八卷。

知本同參

黄虞稷《千頃堂書目·儒家類》 汪應蛟《知本同參》二卷。一作十一卷。

經世大論

黄虞稷《千頃堂書目·儒家類》 汪應蛟《經世大論》四卷。

性善編

黄虞稷《千頃堂書目・儒家類》 汪應蛟《性善編》。

四大儒書

黄虞稷《千頃堂書目・儒家類》 汪應蛟《四大儒書》。

已千録

黄虞稷《千頃堂書目・儒家類》 孟化鯉《已千録》。

諸儒要録

黄虞稷《千頃堂書目・儒家類》 孟化鯉《諸儒要録》。

尊聞録

黄虞稷《千頃堂書目・儒家類》 孟化鯉《尊聞録》。

馬國翰《玉函山房藏書簿録・儒家類》 《尊聞録》一卷。子氏寶善堂本。明南京户部主事新安孟化鯉叔龍撰。傳姚江學，學者稱雲浦先生。此編刊入集中，其言曰：看書俱是活看，只在道理可通。又曰：人心不能無思，若思得皆是天理。即是學書之大指不外此。

大學續衍精義刪補要覽

耿文光《萬卷精華樓藏書記・儒家類二》 《大學續衍精義刪補要覽》十八卷。明劉洪謨撰。

天泉要語

黄虞稷《千頃堂書目・儒家類》 楊起元《天泉要語》。字貞復，歸善。萬曆丁丑進士，南京禮部侍郎。

證學編

黄虞稷《千頃堂書目・儒家類》 楊起元《證學編》二卷。

《明史・藝文志・儒家類》 楊起元《證學編》二卷。

楊子學解

黄虞稷《千頃堂書目・儒家類》 楊起元《楊子學解》。

楊子格言

黄虞稷《千頃堂書目・儒家類》 楊起元《楊子格言》。

識仁編

黄虞稷《千頃堂書目・儒家類》 楊起元《識仁編》二卷。

《明史・藝文志・儒家類》 楊起元《識仁編》二卷。

論學存笥稿

黄虞稷《千頃堂書目・儒家類》 楊起元《論學存笥稿》四卷。

馬國翰《玉函山房藏書簿録・儒家類》 《南中論學存笥稿》四卷。明刊本。明時歸善楊起元復所撰。大旨主姚江之學。

朱陸參同辨解

黄虞稷《千頃堂書目・儒家類》 連城璧《朱陸參同辨解》。

史記事澗陸語略

黄虞稷《千頃堂書目・儒家類》 《史記事澗陸語略》二卷。

日講録

黄虞稷《千頃堂書目・儒家類》 吴道南《日講録》。

學辨撤蔀

黄虞稷《千頃堂書目・儒家類》 張恒《學辨撤蔀》一卷。字伯常，嘉定縣人。江西左參政。

因明子

黄虞稷《千頃堂書目・儒家類》 張恒《因明子》一卷。

性理辨疑

黄虞稷《千頃堂書目・儒家類》 楊東明《性理辨疑》。

山居功課

黄虞稷《千頃堂書目・儒家類》 楊東明《山居功課》。

性命緒言

黄虞稷《千頃堂書目・儒家類》 姚君俞《性命緒言》五卷。

續近思録

黄虞稷《千頃堂書目・儒家類》 江□□《續近思録》十四卷。

太玄玄言

黄虞稷《千頃堂書目・儒家類》 許世卿《太玄玄言》。無錫人，萬曆中舉人。

程門微旨

黄虞稷《千頃堂書目・儒家類》 周汝登《程門微旨》一卷。

王門宗旨

黄虞稷《千頃堂書目・儒家類》 周汝登《王門宗旨》十四卷。

英廉奏《抽毀書目》 《王門宗指》十二本。查《王門宗旨》係明周汝登撰。書中書徐調元卷一篇，語有駁雜，應請抽燬。

《四庫全書總目提要・儒家類存目二》 《王門宗旨》十四卷。浙江巡撫採進本。明周汝登編。汝登有《聖學宗傳》，已著録。是編首載王守仁講學之語，竝其奏疏、雜著、詩文，而以王艮、徐曰仁、錢德洪、王畿之説次焉。蓋督學陳大綬之意，而汝登編次之。書成之後，陶望齡又爲校定。汝登嘗供羅汝芳像，節日必祭祀之。南都講會，拈《天泉證道》一篇相發明，又嘗作《九解》以伸無善無惡之説。首載汝登自序云：「首稱宗者，明爲千聖之嫡嗣也。數門人語附見而概系之王門者，統於宗無二旨之義也。」然姚江再傳以後，去其師之本旨益遠。汝登此編，徒争王學之門户，實不足以發明王學也。

東越證學録

黄虞稷《千頃堂書目・儒家類》 周汝登《東越證學録》十二卷。

小心齋劄記

黄虞稷《千頃堂書目・儒家類》 顧憲成《小心齋劄記》十八卷。起甲午迄辛亥歲爲一卷。無錫人。光禄少卿。

《明史・藝文志・儒家類》 顧憲成《劄記》十八卷。

《四庫全書總目提要・儒家類存目二》 《小心齋劄記》十六卷。江蘇巡撫採進本。明顧憲成撰。憲成字叔時，無錫人。萬曆庚辰進士，官至吏部文選司郎中。

東林商語

黄虞稷《千頃堂書目・儒家類》 顧憲成《東林商語》二卷。

《明史・藝文志・儒家類》 顧憲成《東林商語》二卷。

當下繹

黄虞稷《千頃堂書目・儒家類》 顧憲成《當下繹》一卷。

《明史・藝文志・儒家類》 顧憲成《當下繹》一卷。

顧涇陽遺書

黄虞稷《千頃堂書目・儒家類》 顧憲成《顧涇陽遺書》二十卷。崇禎元年憲成子舉人與沐進呈。

《明史・藝文志・儒家類》 顧憲成《涇陽遺書》二十卷。

顧端文語要

黄虞稷《千頃堂書目・儒家類》 顧憲成《顧端文語要》三卷。

證性編

黄虞稷《千頃堂書目・儒家類》 顧憲成《證性編》八卷。

《明史・藝文志・儒家類》 顧憲成《證性編》八卷。

東林會約

黄虞稷《千頃堂書目・儒家類》 顧憲成《東林會約》一卷。

識仁客語

黄虞稷《千頃堂書目・儒家類》 顧憲成《識仁客語》一卷。

顧端文公遺書

《四庫全書總目提要・儒家類存目二》 《顧端文公遺書》三十七卷附《年譜》一卷。副都御史黄登賢家藏本。明顧憲成撰。是編爲其曾孫貞觀所彙刻。首即《小心齋劄記》十八卷,次《證性編》六卷,次《東林會約》一卷,次《東林商語》二卷,次《虞山商語》三卷,次《經正堂商語》一卷,次《志矩堂商語》一卷,次《仁文商語》一卷,次《南岳商語》一卷,次《當下繹》一卷,次《還經録》一卷,次《自反録》一卷。末附《年譜》四卷,則其孫樞所編,而貞觀訂補者。外别有《以俟録》、《涇皋藏稿》、《大學重訂》、《大學質言》、《大學通考》五書在初刻十種内者,與未刻之《桑梓録》皆不列於是編,以卷帙頗繁,尚待續刻故也。

仁文會語

徐𤊹《徐氏家藏書目・子類》 《會議》四卷。鄒南臯。

黄虞稷《千頃堂書目・儒家類》 鄒元標《南臯仁文會語》四卷。

《明史・藝文志・儒家類》 鄒元標《仁文會語》四卷。

日新編

徐𤊹《徐氏家藏書目・子類》 鄒平阜《日新編》一卷。

黄虞稷《千頃堂書目・儒家類》 鄒元標《日新編》二卷。

《明史・藝文志・儒家類》 鄒元標《日新編》二卷。

輔仁編

黄虞稷《千頃堂書目・儒家類》 鄒元標《輔仁編》二卷。

宗儒語略

黄虞稷《千頃堂書目・儒家類》 鄒元標《宗儒語略》六卷。

語義合編

黄虞稷《千頃堂書目・儒家類》 鄒元標《義語合編》四卷。

《四庫全書總目提要・儒家類存目二》 《鄒南臯語義合編》四卷。浙江巡撫採進本。明鄒元標撰。元標字爾瞻，吉水人。萬曆丁丑進士，官至左都御史。謚忠介。事蹟具《明史》本傳。是編乃其門人所輯。以講學者曰「會語」，説經者曰「解義」，故總名曰《語義合編》。元標以氣節重一時。其立首善書院，卒釀門户之争，功不補過。其學亦源出姚江，不能一一淳實，然其人則不愧於儒者，故仍存其目於儒家焉。

朱子二大辨

黄虞稷《千頃堂書目・儒家類》 顧允成《李時二大辨》三卷。一名《朱子二大辨》。

少墟語録

黄虞稷《千頃堂書目・儒家類》 馮從吾《少墟語録》六卷。一作十卷。

《明史・藝文志・儒家類》 馮從吾《語録》六卷。

馮子節要

《四庫全書總目提要・儒家類存目二》 《馮子節要》十四卷。安徽巡撫採進本。明馮從吾撰。從吾有《元儒考略》，已著録。從吾以風節著，而亦喜講學。無錫高攀龍、高邑趙南星皆稱之。時官京師，會講都城，至環聽者院宇不能容，終亦以此招讀。是編即其各地會講之語也。

聖學範圍圖説

黄虞稷《千頃堂書目・儒家類》 岳元聲《聖學範圍圖説》一卷。

嵇璜等《續通志圖譜略・記有》 岳元聲《聖學範圍圖》。

《四庫全書總目提要・儒家類存目二》 《聖學範圍圖》。無卷數。浙江鮑士恭家藏本。明岳元聲撰。元聲字之初，號石帆，嘉興人。萬曆癸未進士，官至兵部侍郎。此書一名《範圍象教圖》。大旨以儒教統攝二氏，以易中一陽一陰之卦併入剥復卦，爲剥復圖以範釋；二陽二陰之卦併入坎離卦，爲坎離圖以範老；三陽三陰之卦併入否泰卦，爲否泰圖以爲儒宗。其自序謂：「昉於孟子指點楊、墨歸儒之意。」蓋宗王氏良知之學，而好爲新奇者耳。

明儒見道編

黄虞稷《千頃堂書目・儒家類》 曾鳳儀《明儒見道編》二卷。

《明史・藝文志・儒家類》 曾鳳儀《明儒見道編》二卷。

時習新知

黄虞稷《千頃堂書目・儒家類》 郝敬《時習新知》六卷。

閑邪記

黄虞稷《千頃堂書目・儒家類》 郝敬《閑邪記》二卷。闢李贄諸書。

炳燭孤談

黄虞稷《千頃堂書目・儒家類》　郝敬《炳燭孤談》十卷。

馮子求是編

徐𤊹《徐氏家藏書目・子類》　《馮子求是編》四卷。馮柯。

黄虞稷《千頃堂書目・儒家類》　馮柯《馮子求是編》四卷。

馮子質言

徐𤊹《徐氏家藏書目・子類》　《馮子質言》一卷。

黄虞稷《千頃堂書目・儒家類》　馮柯《馮子贅言》一卷。

迴瀾正論

徐𤊹《徐氏家藏書目・子類》　《迴瀾正論》一卷。馮柯。

黄虞稷《千頃堂書目・儒家類》　馮柯《洄瀾正論》一卷。

論學要語　洞語　接善編　人倫外史

《四庫全書總目提要・儒家類存目二》　《論學要語》一卷《洞語》一卷《接善編》一卷《人倫外史》一卷。江西巡撫採進本。明劉陽撰。陽字一舒，安福人。由舉人授碭山縣知縣，官至監察御史。陽初從族人劉曉受經，曉告以王守仁之學，遂往謁守仁於贛州。故《要語》、《洞語》大率不離良知之旨。其《接善編》多採先儒粹語，非所自作。其《人倫外史》即基誌、傳狀、詩詠等作，以其人係於孝弟、忠義、貞節之大，故以「外史」爲名。舊總題曰《劉兩峯集》，然實非詩文之屬，未可著録於集部。故分列其目，隸之儒家類焉。

閑闢録

黄虞稷《千頃堂書目・儒家類》　程曈《閑闢録》十卷。

《四庫全書總目提要・儒家類存目二》　《閑闢録》十卷。浙江巡撫採進本。明程曈撰。曈有《新安學係録》，已著録。是編録朱子集中辨正異學之語，以闢陸、王之説。凡九卷，末一卷則雜取《宋史》以下諸家之論朱、陸者。其説不爲不正，而門户之見太深。詞氣之間，激烈已甚，殊非儒者氣象。與陳建《學蔀通辨》均謂之善罵可也。《江南通志》載曈所著尚有《新安文獻》、《紫陽風雅》二書，今並未見。然大略可睹矣。

明道會録

黄虞稷《千頃堂書目・儒家類》　史孟麟《明道會録》一卷。

畏聖録

黄虞稷《千頃堂書目・儒家類》　鄒德溥《畏聖録》二卷。

《明史・藝文志・儒家類》　鄒德溥《畏聖録》二卷。

隆沙證學記

黄虞稷《千頃堂書目・儒家類》　涂宗濬《隆沙證學記》三卷。南昌人。萬曆癸未進士，宫保尚書。含經堂作六卷。

《明史・藝文志・儒家類》 涂宗濬《證學記》三卷。

吴氏叢語

黄虞稷《千頃堂書目・儒家類》 吴炯《吴氏叢語》十二卷。華亭人。

語　録

黄虞稷《千頃堂書目・儒家類》 鄒德泳、鄒聚所《語録》三卷。

雞鳴偶語

黄虞稷《千頃堂書目・儒家類》 蘇濬《雞鳴偶語》三卷。

龐　言

黄虞稷《千頃堂書目・儒家類》 范淶《范子龐言》十卷。休寧人，號晞陽。萬曆甲戌進士，福建左布政使。又《朱子語録述要》。

《四庫全書總目提要・儒家類存目二》 《龐言》十卷。江蘇巡撫採進本。明范淶撰。淶有《兩浙海防類考》，已著録。此編隨筆劄記，亦語録之類。前有小引，稱所著《筆記》二十卷，起辛巳，迄戊申，以年爲次。每年有哤言附其後。因録出別爲一册，凡八卷，其後二卷起己酉，迄癸丑，蓋續所增入也。

寧澹語

黄虞稷《千頃堂書目・儒家類》 方大鎮《寧澹語》八卷。學漸子。萬曆己丑進士，大理寺少卿。

田居乙記

黄虞稷《千頃堂書目・儒家類》 方大鎮《田居乙記》四卷。

荷薪義

《四庫全書總目提要・儒家類存目二》 《荷薪義》八卷。内府藏本。明方大鎮撰。大鎮字君静，桐城人。萬曆己丑進士，官至大理寺少卿。始大鎮父學漸講學桐川，大鎮追述父訓及與同社諸人問答之語，詮次成帙，名曰「荷薪」，蓋亦不忘繼述之意。其大旨在闡良知之説，於儒、釋分別，辨論極詳。

南雍誡勖淺言

《四庫全書總目提要・儒家類存目二》 《南雍誡勖淺言》一卷。山西巡撫採進本。明傅新德撰。新德字元明，又字商盤，定襄人。萬曆己丑進士，官至國子監祭酒。贈禮部右侍郎，謚文恪。是編乃其官南京國子監司業署祭酒時訓導諸生之文。凡誡言八條，曰淫蕩、酗酒、鬭很、罔利、詞訟、詭服、黨比、傲惰；勖言八條，則孝、弟、忠、信、禮、義、廉、耻也。

知非録

黄虞稷《千頃堂書目・儒家類》 黄時熠《知非録》六卷。

《明史・藝文志・儒家類》 黄時熠《知非録》六卷。

儒學明宗録

黄虞稷《千頃堂書目・儒家類》 徐即登《儒學明宗録》二十五卷。

《明史・藝文志・儒家類》 徐即登《儒學明宗録》二十五卷。

中州問答

黄虞稷《千頃堂書目・儒家類》 徐即登《中州問答》。

同求録

黄虞稷《千頃堂書目・儒家類》 李頫《同求録》。

辨　俗

黄虞稷《千頃堂書目・儒家類》 徐奮鵬《辨俗》十卷。

怡偲集

黄虞稷《千頃堂書目・儒家類》 徐奮鵬《怡偲集》十卷。與弟奮鶚講習語。

就正録

黄虞稷《千頃堂書目・儒家類》 高攀龍《就正録》二卷。

《明史・藝文志・儒家類》 高攀龍《就正録》二卷。

高子遺書

黄虞稷《千頃堂書目・儒家類》 高攀龍《高子遺書》十二卷。門人陳龍正編定。

《明史・藝文志・儒家類》 高攀龍《高子遺書》十二卷。

荆關語録

徐𤊹《徐氏家藏書目・子類》 《荆關語録》六卷。葉秉敬。

荆關叢語

黄虞稷《千頃堂書目・儒家類》 葉秉敬《荆關叢語》六卷。

廓如編

黄虞稷《千頃堂書目・儒家類》 耿汝志《廓如編》三卷。字克勵，黄安人。耿定向子。萬曆中舉人。

龍沙學録

《四庫全書總目提要・儒家類存目二》 《龍沙學録》六卷。江蘇巡撫採進本。明王在晉撰。在晉有《歷代山陵記》，已著録。是編輯宋儒程、朱以下及明王守仁、羅汝芳諸人之説而註釋之。大率鈔撮語録，無所發明。其論良知格致，仍以姚江爲宗，特假程、朱爲重耳。在晉誤國庸臣，而亦著書講學。明季風氣，觀此可以知矣。

聖學啟關臆説

《四庫全書總目提要・儒家類存目二》 《聖學啟關臆説》三卷。浙江巡撫採進本。明龍遇奇撰。遇奇字才卿，號紫海，吉安人。萬曆辛丑進士，官至監察御史。是編乃其巡按陝西時與諸生講學之語。分爲八關，一曰迷悟、二曰濃淡、三曰剥復、四曰窮達、五曰死生、六曰聖凡、七曰内外安勉、八曰門户異同。又於八關之中别爲子目，雜引諸儒語録以證之。雖衆説兼陳，而大旨則姚江一派也。

經書考語

《四庫全書總目提要・儒家類存目二》 《經書考語》。無卷數。浙江巡撫採進本。明朱鴻編。鴻字子漸，仁和人。萬曆間諸生。是書摭《五經》、《四書》中言孝之語爲一帙，而各爲之發明，附録《曾子孝實》於末。文既餖飣，論亦凡近，殊無可取。鴻嘗刻《孝經》而以此附之。今既别本單行，不可復溷於經部，姑置之儒家類焉。

宋先賢讀書法

《四庫全書總目提要・儒家類存目二》 《宋先賢讀書法》一卷。内府藏本。不著撰人名氏。所採宋儒之説凡十二家，而朱子爲多。其法始以熟經，繼以玩味，終以身體力行。明萬曆丙午，莆田訓導江震鯉序而重刊之，亦不云誰所輯也。

諸儒要語

《四庫全書總目提要・儒家類存目二》 《諸儒要語》九卷。浙江巡撫採進本。明王化振編。化振字宇春，滁州人。萬曆己酉舉人，官至户部主事。周汝登之門人也。是編節取諸儒語録，編次而成。於宋則周、程、張、朱而外，取陸九淵、楊簡二人。於明則取薛瑄、羅汝芳及汝登三人而已。其宗旨則不出於姚江一派，蓋汝登本傳王氏學也。

餘堂恥言

馬國翰《玉函山房藏書簿録・儒家類》 《餘堂恥言》二卷。曲阜刊本。明副都御史華亭徐禎稷餘齋撰，乾隆中麯阜孔廣棨京立校刊。日用倫常語，而性命天人之指，吉凶禍福之幾，罕譬引喻，親切有味。

正蒙釋

黄虞稷《千頃堂書目・儒家類》 高攀龍《正蒙釋》四卷。徐必達發明。

《四庫全書總目提要・儒家類存目一》 《正蒙釋》四卷。浙江巡撫採進本。舊本題明高攀龍集註，徐必達發明。攀龍有《周易易簡説》，必達有《南京都察院志》，均已著録。葉向高序，稱《正蒙》精深浩渺，朱子訓釋未盡，錫山高雲從緣其指，廣爲集註。檇李徐德夫篤好此書，嘗條其所見，謂之發明。以質雲從之説，同者去之，異者存之，異而此失彼得者去之，短長互見者存之云云。則此書爲必達所自定，非攀龍之本矣。

周張全書

《四庫全書總目提要・儒家類存目一》 《周張全書》二十二卷。内府藏本。明徐必達編。周子書自《太極圖説》、《通書》而外，僅得詩文、尺牘數首，附以年譜、傳誌及諸儒之論爲七卷。張子書，《正蒙》、《理窟》、《易説》而外，兼載語録、文集，其散見於《性理》、《近思録》、《二程書》者，蒐輯薈稡，别爲《拾遺附録》，通十五卷。

明四先生要語

黄虞稷《千頃堂書目・儒家類》 吴尚學《明四先生要語》二卷。

明四先生繹訓編

黄虞稷《千頃堂書目・儒家類》 鍾韶《明四先生繹訓編》四卷。

日　鈔

黄虞稷《千頃堂書目・儒家類》 張信民《日鈔》。字孚若，澠池人。萬曆中選貢，懷仁知縣。

理學彙梓剖疑

黄虞稷《千頃堂書目・儒家類》 張信民《理學彙梓剖疑》。

講學會解

黄虞稷《千頃堂書目・儒家類》 張信民《講學會解》。

噱　録

黄虞稷《千頃堂書目・儒家類》 張信民《噱録》。

印正稿

黄虞稷《千頃堂書目・儒家類》 張信民《印正稿》。

《四庫全書總目提要・儒家類存目二》 《印正稿》六卷。江西巡撫採進本。明張信民撰。信民，澠池人。孟化鯉之門人也。傳姚江良知之學，從游者頗衆。其門人馮奮庸等録其平日問答議論爲是書。國朝雍正丙午，澠池縣知縣王箴輿爲校訂而刊之。

洗心録

黄虞稷《千頃堂書目・儒家類》 張信民《洗心録》。

困思抄

黄虞稷《千頃堂書目・儒家類》 孫慎行《玄晏齋困思抄》四卷。

《明史・藝文志・儒家類》 孫慎行《困思抄》四卷。

性善二書

黄虞稷《千頃堂書目・儒家類》 吴應賓《性善二書》五卷。

宗一聖論

黄虞稷《千頃堂書目・儒家類》 吴應賓《宗一聖論》二卷。

理學邇言

黄虞稷《千頃堂書目・儒家類》 李修吉《理學邇言》二卷。字允敬，同州人。萬曆丙戌進士，户部主事。

日省近言　近取譬言

黄虞稷《千頃堂書目・儒家類》 馬朴《日省近言》四卷《近取譬言》一卷。

聖諭解説

黄虞稷《千頃堂書目・儒家類》 馬朴《聖諭解説》一卷。

真寓雜言

祁承㸁《澹生堂藏書目・儒家》 《真寓雜言》。一卷。李登。

顔學編

黄虞稷《千頃堂書目・儒家類》 李登《顔學編》。字士龍，上元人。選貢，授新野令。

寶唐語録

黄虞稷《千頃堂書目・儒家類》 李登《寶唐語録》。《語録》，吴道南輯。

讀程愚得

徐𤊹《徐氏家藏書目・子類》 《讀程愚得》一卷。袁中道。

日省録

馬國翰《玉函山房藏書簿録・儒家類》 《日省録》二卷。崇一堂本。明王徵撰。有《學庸書解》已著録。徵尚氣節，以宇宙事爲己任，崇禎甲申之變致身殉國，大義浩然。録名「日省」，實能無欺於心，無欺於言矣。

道一編

黄虞稷《千頃堂書目・儒家類》 何東如《道一編》五卷。

性理定本

馬國翰《玉函山房藏書簿録・儒家類》 《性理定本》八卷。慧業堂本。明葵陽黄洪憲纂，鍾惺評。

投明印心録

徐𤊹《徐氏家藏書目・子類》 《投明印心録》一卷。王廷聘。

慕古録

黄虞稷《千頃堂書目・儒家類》 張銓《慕古録》六卷。

聖矩參考

黄虞稷《千頃堂書目・儒家類》 徐守綱《聖矩參考》。

理學宗要

黄虞稷《千頃堂書目・儒家類》 劉宗周《理學宗要》一卷。

《明史・藝文志・儒家類》 劉宗周《理學宗要》一卷。

證人要旨

黄虞稷《千頃堂書目・儒家類》 劉宗周《證人要旨》一卷。

《明史・藝文志・儒家類》 劉宗周《證人要旨》一卷。

聖學宗要　學言

黄虞稷《千頃堂書目・儒家類》 劉宗周《聖學宗要》。亦擇五子書之醇者。

又 《子劉子學言》二卷。（吴補）

《四庫全書總目提要・儒家類三》 《聖學宗要》一卷《學言》三卷。浙江巡撫採進本。明劉宗周撰。

張之洞《書目答問・儒家》 《子劉子學言》三卷。明劉宗周。黄宗羲、姜希轍校刻本。

陽明傳信録

黄虞稷《千頃堂書目・儒家類》 劉宗周《陽明傳信録》三卷。

明道統録

黄虞稷《千頃堂書目・儒家類》 劉宗周《明道統録》。

人譜　人譜類記

黄虞稷《千頃堂書目・儒家類》 劉宗周《選人譜》。

嵇璜等《續通志圖譜略・記有》 劉宗周《人譜》。

《四庫全書總目提要・儒家類三》 《人譜》一卷，《人譜類記》二卷。浙江巡撫採進本。明劉宗周撰。姚江之學多言心，宗周懲其末流，故課之以實踐。是書乃其主蕺山書院時所述以授生徒者也。《人譜》一卷，首列人極圖説，次記過格，次改過説。《人譜類記》二卷，曰體獨篇、曰知幾篇、曰凝道篇、曰考疑篇、曰作聖篇，皆集古人嘉言善行，分類録之，以爲楷模。每篇前有總記，後列條目，間附以論斷。主於啟迪初學，故詞多平實淺顯。兼爲下愚勸戒，故或參以福善禍淫之説，然偶一及之，與袁黄功過格立命之學終不同也。或以蕪雜病之，則不知宗周此書本爲中人以下立教，失其著作之本旨矣。

劉子遺書

黄虞稷《千頃堂書目・儒家類》 劉宗周《劉子遺書》四卷。

《明史・藝文志・儒家類》 劉宗周《劉子遺書》四卷。

劉子全書

黄虞稷《千頃堂書目・儒家類》 《劉子全書》。子汋輯。

子總部・儒家部・明分部

劉子節要

黄虞稷《千頃堂書目・儒家類》 《劉子節要》十四卷。門人惲日初輯。

《四庫全書總目提要・儒家類存目二》 《劉子節要》十四卷。浙江巡撫採進本。明惲日初編。日初號遜菴，武進人，劉宗周之門人也。

證人社約言

《四庫全書總目提要・儒家類存目二》 《證人社約言》一卷。浙江巡撫採進本。明劉宗周撰。宗周有《周易古文鈔》，已著録。宗周初以順天府尹罷歸，與陶奭齡講學王守仁祠，以「證人」名堂。此其所爲條誡也。首冠以《社學檄》，題「辛未三月」，蓋崇禎四年所作。次爲《約言》十則，次爲《約戒》十則，所載凡三十條，題曰「癸未秋日」，爲崇禎十六年。次爲《社會儀》七則，不題年月。次爲《宗周自書後》，而附以《荅管而抑論遷改格書》。其書中後所稱石梁子者，即奭齡之别號。奭齡字君奭，國子監祭酒望齡弟也。

續性理

黄虞稷《千頃堂書目・儒家類》 張國綱《續性理》十五卷。安定人。

在疚記

黄虞稷《千頃堂書目・儒家類》 朱之馮《在疚記》一卷。

作論録

馬國翰《玉函山房藏書簿録・儒家類》 《作論録》一卷。德造齋本。明南京户部廣東清吏司員外郎江夏劉民悦時可撰。語録類也。有萬曆丙午自序。

憤　語

馬國翰《玉函山房藏書簿録・儒家類》 《憤語》一卷。【略】德造齋本。劉民悦撰。作于萬曆甲寅，門人太倉王布校刊。

榕檀問業

徐𤊹《徐氏家藏書目・子類》 《榕檀問業》卷。黃道周。

黃虞稷《千頃堂書目・儒家類》 黃道周《榕檀問業》十八卷。

《明史・藝文志・儒家類》 黃道周《榕壇問業》十八卷。

《四庫全書總目提要・儒家類三》 《榕壇問業》十八卷。福建巡撫採進本。明黃道周撰。

太函經

黃虞稷《千頃堂書目・儒家類》 黃道周《太函經》八卷。以形、聲、色，九九相推，各得七百二十九。本《河圖》曲折之勢，兩其陰陽，以六因之。諸生時作。

畜懿編

馬國翰《玉函山房藏書簿録・儒家類》 《畜懿編》二卷。青照堂本。明黃道周撰。有《易象正》、《月令明義》等書，已各著録。集名臣事實以爲法，仿朱子名臣言行録。朝邑李元春重訂。

幾亭全書

黃虞稷《千頃堂書目・儒家類》 陳龍正《幾亭全書》六十四卷。

蔡忠恪公語録

丁仁《八千卷樓書目・儒家類》 《蔡忠恪公語録》一卷。明蔡懋德撰。《乾坤正氣集》本。

尚絅小語

黃虞稷《千頃堂書目・儒家類》 姚張斌《尚絅小語》三卷。

息齋筆記

黃虞稷《千頃堂書目・儒家類》 吴桂森《息齋筆記》二卷。字叔英，無錫人。從錢一本學。自號「東林素衣」。

真　儒

《四庫全書總目提要・儒家類存目二》 《真儒》一脈。無卷數。江蘇巡撫採進本。明吴桂森編。桂森有《周易像象述》，已著録。是編前列從祀四先生語録，薛瑄、胡居仁、陳獻章、王守仁也；後列東林三先生語録，顧憲成、錢一本、高攀龍也。前有天啟丙寅桂森自序。《千頃堂書目》載桂森著述二種，《江南通志》載四種，皆無是書，殆偶然鈔録，當時未著於世耶？

存古約言

《四庫全書總目提要・儒家類存目二》 《存古約言》六卷。浙江巡撫採進本。明吕維祺撰。維祺有《四禮約言》，已著録。是書凡十二篇。首敦本、次閑家、次厚俗、次冠昏喪祭、次服式、次宴會、次交際、次揖讓、次柬劄，大略以朱子《家禮》爲主，並採擇諸家之言爲條例註釋，而以箴誡格言附於後。亦司馬氏《書儀》、吕氏《鄉約》之支流也。

書紳要語

徐𤊹《徐氏家藏書目・子類》 《書紳要語》一卷。華淑。

友助事宜

馬國翰《玉函山房藏書簿録・儒家類》 《友助事宜》一卷。載《金文忠集》。明都御史兵部右侍郎休寧金聲正希撰。爲鄉社定相友相助事宜，酌古準今，簡切易行，足以厲乎薄俗。

閑道録

《四庫全書總目提要・儒家類存目二》 《閑道録》十六卷。浙江巡撫採進本。明沈壽民撰。壽民字眉生，號耕巖，宣城人。崇禎中行保舉法，巡撫張國維以壽民應詔。甫入都，即劾楊嗣昌奪情，熊文燦撫賊。留中不報，乃移疾歸。疏中語侵阮大鋮。福王時，大鋮柄國，必欲殺之，變姓名遁迹以免。事蹟附見《明史・田一儁傳》。是書爲排斥佛、老而作，故名以「閑道」。取先儒格言分條節録，凡不惑於二氏者咸載之，以爲世訓，不能無惑者亦録以示戒。雍正戊申，其孫廷璐校刊之，復取壽民詩文、雜記等條補諸卷末。

消閑録

黄虞稷《千頃堂書目・儒家類》 成勇《消閑録》十卷。

《四庫全書總目提要・儒家類存目二》 《消閑録》十卷。浙江范懋柱家天一閣藏本。明成勇編。勇字仁有，樂安人。天啟乙丑進士，官至南京監察御史。崇禎十一年以劾楊嗣昌逮治，戍寧波衛。福王時起爲原官，不赴。披緇而終。事蹟具《明史》本傳。是編乃其講學之語，皆纂輯諸儒論説而發明以己意。史稱勇初授饒州府推官，謁鄒元標於吉水，從之受業，故多傳其緒論云。

西銘解

黄虞稷《千頃堂書目・儒家類》 成勇《西銘解》。

狷庵先生語録

黄虞稷《千頃堂書目・儒家類》 金鉉《狷庵先生語録》。

語　録

黄虞稷《千頃堂書目・儒家類》　黄淳耀《語録》二卷。

《明史・藝文志・儒家類》　黄淳耀《語録》一卷。

劄　記

黄虞稷《千頃堂書目・儒家類》　黄淳耀《劄記》二卷。

《明史・藝文志・儒家類》　黄淳耀《劄記》二卷。

吾師録

黄虞稷《千頃堂書目・儒家類》　黄淳耀《吾師録》一卷。

《明史・藝文志・儒家類》　黄淳耀《吾師録》一卷。

周中孚《鄭堂讀書記・儒家類二》　《吾師録》一卷。《藝海珠塵》本。明黄淳耀撰。淳耀字蕴生，號陶庵，嘉定人。崇禎癸未進士，明亡殉節。國朝子謚忠愍。《明史・藝文志》著録是書。取古人言行之可法者，牽連比類，各以類從，始於攝心，終於養生，凡三十二條，一以自證，一勖其弟偉恭，淵耀。因取《論語》「三人行必有吾師」語以名之。所録極爲醇正而平易可近，絶無黨同伐異氣習，足以見其所得之深矣。是録本載《陶庵全集》，後吴稷堂復取以刻入《叢書》，列之儒家類中。

自監録

周中孚《鄭堂讀書記・儒家類二》　《自監録》四卷。《陶庵全集附刊》本。明黄淳耀撰。國朝陶應鯤編。應鯤號澹泉，溧水人。案《明史・藝文志》，於《吾師録》一卷下又載有《語録》一卷，《劄記》二卷，而無是録。今《語録》、《劄記》不傳，恐即是録所有之文也。陶庵仿古人遺意，每日所爲，夜必書之，兼攷念慮之純雜，語言之得失，以成是録，故曰《自鑑》，一名《困學記》。書作於崇禎辛未，自爲小引，越十五載而殉節，其自命不苟早如此，後來從容就義，豈偶然哉！是本爲澹泉所編，自道德、經濟、文章以及嘉言格論，類爲四卷，刊附《全集》後，并爲之記略云。

思聰録

黄虞稷《千頃堂書目・儒家類》　賀時泰《思聰録》。江夏人。賀逢聖父。

《四庫全書總目提要・儒家類存目二》　《思聰録》一卷。湖北巡撫採進本。明賀時泰撰。時泰字叔交，一字陽亨，陳鼎《留溪外傳》作字叔文。以時泰之名推之，「交」字有義，「文」字誤也。江夏人。少爲諸生，以聾廢，因自號曰聾人。是書爲其子大學士逢聖所編。皆其講學語録，大旨宗良知之説。

作師編

《四庫全書總目提要・儒家類存目二》　《作師編》一卷。湖北巡撫採進本。明賀時泰編。首列《易蒙卦》，次列《大學聖經》一章，次列《禮記學記》一篇，次列《白鹿洞規》五節六十九字，次列《程董學則》一節九十一字，終以《興文會條件》兩頁有奇。皆無一字之發明，又屬天下所習見，亦何必爲此鈔胥也。

人模様

《四庫全書總目提要・儒家類存目二》　《人模様》一卷。湖北巡撫採進本。明賀時泰撰。是編以人身五官四體之類分目標題，往往牽强。如元氣一條，引唐柳公權語，是攝養之法，非學問之事。兩肘一條，引楊時兩肘不離案語。脚一條，引宋璟有脚陽春事。皆關合字面而已。其胃頭一條，引陳獻章除却此心此理，渾是一包膿血裹一塊骨頭語，亦是論心，非論骨也。不及劉宗周《人譜》遠矣。陳鼎《留溪外傳》乃稱一時學者俱奉此書爲法則，因稱時泰爲人模樣先生。蓋講學家標榜之談，不足據也。

傳習録論述參

《四庫全書總目提要・儒家類存目二》《傳習録論述參》一卷。安徽巡撫採進本。明王應昌編，其子錟績成之。應昌有《宗譜纂要》，已著録。是編皆發明傳習録之旨，蓋姚江之學弊於明末，至國初而攻之者彌衆，故應昌父子力爲之回護云。

養心録

黄虞稷《千頃堂書目・儒家類》 辛全《養心録》。

衡門芹

《四庫全書總目提要・儒家類存目二》《衡門芹》一卷。山西巡撫採進本。明辛全撰。全字復元，號天齋，絳州人。萬曆末貢生，以特薦授知府，未及赴官而卒。全爲曹于汴門人，故亦喜講學。是書皆論治天下之法，分治本三綱，治具八目。三綱曰君治、君心、君學。八目曰選賢才以輔士習、破資格以定臣品、行限田以足民生、定里甲以防姦宄、驅游民以務生業、正禮樂以興教化，其宗藩、軍政二目則有録無書。自序稱屏伏衡門，芹曝之獻，不能自已，故名其書曰《衡門芹》。然全意主匡救時弊，而實勤襲舊文，其限田之法於事理尤斷不可行，亦祇儒生之迂論而已。

經世碩畫

《四庫全書總目提要・儒家類存目二》《經世碩畫》三卷。山西巡撫採進本。明辛全撰。此書輯前代事蹟議論之有關治道者，分爲二門。一曰聖典採據，皆紀明太祖至英宗五朝善政；二曰定論採據，皆宋明諸儒之説，而以北魏至唐共四條附焉。書爲其門人所刊，故卷末併載全試策一首，其論取士不過調停於科目保舉之間，別無創見。當事者遽稱其學術經濟俱於是見，殆未必然。

馬國翰《玉函山房藏書簿録・儒家類》《經世石畫》三卷。林汲山房藏本。明保舉知府絳州辛全復元撰。自序謂取皇朝祖宗已行之盛典，歷代經世之定論，匯爲一集，欲人不以爲迂腐而力行之也。

迪吉録

黄虞稷《千頃堂書目・儒家類》 顔茂猷《迪吉録》八卷。

學契

徐𤊹《徐氏家藏書目・子類》 陸瑞家《學契》三卷。金華人。

黄虞稷《千頃堂書目・儒家類》 陸瑞家《學契》三卷。金華人。

心學直指

黄虞稷《千頃堂書目・儒家類》 夏雲蛟《心學直指》二卷。嘉定縣人。

留書

黄虞稷《千頃堂書目・儒家類》 章世純《留書》十卷。

《明史・藝文志・儒家類》 章世純《留書》十卷。

留書別集

《四庫全書總目提要・儒家類存目二》 《留書別集》二卷。江蘇巡撫採進本。明章世純撰。世純有《四庫留書》，已著録。是編《内集》一卷，分四十三篇，篇各有名，多摹倣周秦諸子。《散集》一卷，皆《内集》之緒餘，不立篇名，故謂之「散」。前有世純自序。總謂之《别集》，以有説四書者故也。兩書自序甚明。《明史》合爲一編，殊非世純之意。今分載之。又此書《内集》、《散集》各一卷，合《四書》六卷僅得八卷，而《明史》乃作十卷。然《四書》六卷無所闕佚，《内集》列有目録，無所散失。《散集》亦首尾完具。蓋是集初名《已未留》，亦編爲二卷，周鍾序之。張煒如以刊本未善，因爲編定先後，考正標題，定爲此本。雖有小異，實即一書。《明史》殆以兩本竝行，故合之稱十卷歟？

性理綜要

《四庫全書總目提要・儒家類存目二》 《性理綜要》二十二卷。浙江巡撫採進本。舊本題明詹淮輯，陳仁錫訂正。而前有《凡例》一條云：《性理》有詹柏山、諸理齋、黄葵陽、李九我、董思白諸刻，或病其太簡略，兹刻從《大全》增益之云云。柏山即詹淮之號，則《凡例》必非淮語，殆仁錫取淮原本稍增輯之。又卷首竝存李廷機、詹淮及仁錫序，皆稱其所自輯，而仁錫序中亦不稱爲據淮本，即其開卷數頁，已自相牴牾，則是書爲庸俗坊本決矣。書中各加標識，於可作闈試題者從「。」，可作小試題者從「、」，可作策題者從「△」，竝見之凡例序中。大抵爲場屋剽竊之用，於性理本旨實無所關也。淮自署新安人，仕履未詳。仁錫有《繫詞》十篇，書已著録。

又 《性理標題彙要》二十二卷。江蘇巡撫採進本。舊本亦題明詹淮、陳仁錫同編。核檢其文，與《性理綜要》相同。蓋坊賈以原刻習見，改新名以求速售，非兩書也。

讀書劄記

黄虞稷《千頃堂書目・儒家類》 喬可聘《讀書劄記》四卷。

《四庫全書總目提要・儒家類存目二》 《讀書劄記》四卷。江蘇巡撫採進本。明喬可聘撰。可聘字君徵，一字聖任，寶應人。天啟壬戌進士，官至河南道監察御史。

弟經

黄虞稷《千頃堂書目・儒家類》 林胤昌《弟經》一卷。

《四庫全書總目提要・儒家類存目二》 《弟經》一卷。直隸總督採進本。明林允昌撰。允昌有《易史象解》，已著録。是書仿《孝經》分十八章，篇末引詩亦仿《孝經》之體。大抵掇拾陳言，徒供覆瓿，又《僞忠經》之重儓矣。

講學

黄虞稷《千頃堂書目・儒家類》 李培《講學》二卷。秀水人。龍南知縣。（吴補）

《四庫全書總目提要・儒家類存目四》 《講學》二卷。浙江范懋柱家天一閣藏本。國朝陳祖銘編。皆其師李培講學語也。培號此菴，嘉興人。其説皆闡姚江餘緒。上卷曰溯源委、同人我、端學術、定志趣、認本體、議功夫、求悟門、先默識、崇實際、重悟輕修、脱世味，凡十一條。下卷則皆雜論《性理》、《四書》大旨。觀其立論，以悟爲宗，而又譏世之講學者重悟而輕修。特巧掩其迹，杜人攻詰而已矣。

警時新録

黄虞稷《千頃堂書目・儒家類》 胡澄《警時新録》二卷。臨川人。（吴補）

圖書直指

黄虞稷《千頃堂書目・儒家類》 揭其大《圖書直指》。

心學旨歸

黄虞稷《千頃堂書目・儒家類》 劉竟中《心學旨歸》。字子庸,山陰人。

性理晰疑

黄虞稷《千頃堂書目・儒家類》 劉竟中《性理晰疑》。

蕺山證道集

黄虞稷《千頃堂書目・儒家類》 劉竟中《蕺山證道集》。

就正編

黄虞稷《千頃堂書目・儒家類》 張鎡《就正編》。山陰人。

證人録

黄虞稷《千頃堂書目・儒家類》 邢大忠《證人録》。字仲安,山陰人。

理學正宗

黄虞稷《千頃堂書目・儒家類》 何國輔《理學正宗》。字紹寧,山陰人。

存養録

黄虞稷《千頃堂書目・儒家類》 張應槐《存養録》。字汝植,浦江人。

鳳山博議

黄虞稷《千頃堂書目・儒家類》 張應槐《鳳山博議》。

素雯齋語録

祁承㸁《澹生堂藏書目・續收》 《素雯齋語録》。一卷。

顏子繹

《四庫全書總目提要・儒家類存目二》 《顏子繹》五卷。浙江巡撫採進本。明張星撰。星,永城人。崇禎甲戌進士,官光禄寺署丞。

顏子内篇

丁仁《八千卷樓書目・儒家類》 《顏子内篇》一卷。明張星撰。原刊本。

性理會通　續編

《四庫全書總目提要・儒家類存目二》《性理會通》七十卷,《續編》四十二卷。江蘇巡撫採進本。明鍾人傑撰。人傑字瑞先,錢塘人。是書成於崇禎甲戌,即《性理大全》而增以明人之説。袁宏道、陳繼儒皆躋諸理學儒先之列,則其去取可知矣。

學脈正編

《四庫全書總目提要・儒家類存目二》《學脈正編》五卷。浙江巡撫採進本。明李公柱編。公柱初名松,字子喬,嘉善人。崇禎庚辰進士,官欽縣知縣。是書取薛瑄、胡居仁、顧憲成、錢一本、高攀龍五人語録,彙輯成帙。人各一卷,末各系以傳贊。蓋欲標篤實之學以抗姚江之末派,然如曹端之學,其醇正不減薛瑄,何以又獨遺之乎?則亦意爲進退而已矣。

道學迴瀾

《四庫全書總目提要・儒家類存目二》《道學迴瀾》八卷。江西巡撫採進本。明王尹撰。尹字莘民,號覺齋,安福人。

西疇日鈔

《四庫全書總目提要・儒家類存目二》《西疇日鈔》二卷。江蘇巡撫採進本。明顧樞撰。樞字庸菴,無錫人。天啟中舉人。顧憲成之孫,高攀龍之門人也。此書主程、朱而闢陸、王。又謂考亭之學得姚江而明,又謂文成之學從程子來,惜矯枉過正,遂啟後來之弊。皆不甚確。各條之下間有其子貞觀識語,蓋刊版時所附入也。

成均語録

范邦甸等《天一閣書目・儒家類》《成均語録》十卷。刊本。明國子監丞王維城等編輯。内有錢謙益序。

疊庵雜述

黄虞稷《千頃堂書目・儒家類》 朱朝瑛《疊庵雜述》二卷。(吴補)

《四庫全書總目提要・儒家類存目二》《疊庵雜述》二卷。浙江巡撫採進本。明朱朝瑛撰。朝瑛有《讀易略記》,已著録。兹編則隨其所偶得,雜書成帙,每喜以數言理。蓋其學本出黄道周也。

求仁録

《四庫全書總目提要・儒家類存目二》《求仁録》十卷。浙江巡撫採進本。明潘平格撰。平格字用微,慈谿人。是書其分七目,曰學派、曰格致、曰性理、曰孝悌、曰讀書、曰學問、曰篤志力行。而其立説大綱,總以吾性渾然,天地萬物一體爲求仁之宰。毛文强爲作小傳,稱其少時念程、朱、主、羅之學皆不合於孔、孟,因竭力參求,慚痛交迫者四十日,始得親證孔、孟之學。然聖門大旨,惟尊德性、道問學二途。平格一概棄置,别闢門徑,則所云證孔、孟之學者,亦仍流入禪宗而已。文强乃謂其功不在孟子下,何其傎歟?

卓菴心書

《四庫全書總目提要・儒家類存目二》《卓菴心書》四卷。江西巡撫採進本。

明張自勳撰。自勳有《綱目續麟》，已著録。其論學以求放心爲本。謂陽明言良知，是偶有所見，故從此推出，遂主張立説不若言正心，尤爲探本窮源之論。然自動之學實沿陽明之餘波，觀其自跋可見。故書中於象山、白沙、甘泉、龍溪之説多所採掇也。

四明薛氏端室録

范邦甸等《天一閣書目・儒家類》《四明薛氏端室録》刊本。明嘉靖十二世孫薛晨編刻并序。

弦所李先生語略

范邦甸等《天一閣書目・儒家類》《弦所李先生語略》一卷。刊本。莆田李德用著，男多見録。

太極圖西銘學庸解

王圻《續文獻通考・經籍考・儒家》《太極圖西銘學庸解》。仙游趙升賢著。刻於濂泉書院。

性理集要標題

徐𤊹《徐氏家藏書目・子類》《性理集要標題》卷。

陸賈新書注

徐𤊹《徐氏家藏書目・子類》《陸賈新書》三卷。萬言策注。

理學奥言

徐𤊹《徐氏家藏書目・子類》《理學奥言》二卷。

壇書　格物書

徐𤊹《徐氏家藏書目・子類》《壇書》一卷、《格物書》一卷。吴時憲。

張子正蒙訓

徐𤊹《徐氏家藏書目・子類》《張子正蒙訓》十卷。

太極圖釋旨

徐𤊹《徐氏家藏書目・子類》《太極圖釋旨》一卷。

一源先生應山答問録

徐𤊹《徐氏家藏書目・子類》《一源先生應山答問録》一卷。門人張紹槃録。

學人言

徐𤊹《徐氏家藏書目·子類》《學人言》一卷。陳履祥。

翊忠心旨

徐𤊹《徐氏家藏書目·子類》《翊忠心旨》一卷。陳勸。

顧行愚言

徐𤊹《徐氏家藏書目·子類》《顧行愚言》一卷。謝汝泮。

自檢篇摘畧

徐𤊹《徐氏家藏書目·子類》《自檢篇摘畧》一卷。林鳴盛。

删註荀子

祁承㸁《澹生堂藏書目·儒家》《删註荀子》二册。二卷。王納諫。

心學解説

錢謙益等《絳雲樓書目·儒家類》《心學解説》。

宏文子

錢謙益等《絳雲樓書目·儒家類》《宏文子》。

性理雜要

錢謙益等《絳雲樓書目·道學類》《性理雜要》。

理學蒙養

錢謙益等《絳雲樓書目·道學類》《理學蒙養》。

性理三書圖解

嵇璜等《續通志圖譜略·記有》韓萬鍾《性理三書圖解》。

勤忍百箴考註

范邦甸等《天一閣書目·儒家類》《勤忍百箴考註》四卷。刊本。四明許名奎撰。

性理會要

丁仁《八千卷樓書目·儒家類》《性理會要》十卷。明游遜撰。明刊本。

筆疇

高儒《百川書志・德行家》《筆疇》一卷。不知作者。凡三十三條，誠處己接物之要道也。

忠經直解

劉若愚《内板經書紀略》《忠經直解》。一本，十六葉。

諸王事要

楊士奇等《文淵閣書目・國朝》《諸王事要》。一部，一册。完全。

張萱等《内閣藏書目録・雜部》《諸王事要》一册。全。雜采歷代諸王事蹟以訓小學者。莫詳姓氏。鈔本。

外家積慶圖

楊士奇等《文淵閣書目・國朝》《外家積慶圖》。一部，一册。闕。塾本「積」作「集」。

勸世嘉言

楊士奇等《文淵閣書目・國朝》《勸世嘉言》。一部，一册。闕。

勸世文

楊士奇等《文淵閣書目・國朝》《勸世文》。一部，一册。完全。

張萱等《内閣藏書目録・雜部》《勸世文》一册。莫詳編輯姓氏。自忠孝、君親，至戒奸、盜、邪、婬，凡二十五則。

技藝鑒戒録

楊士奇等《文淵閣書目・國朝》《技藝鑒戒録》。一部，一册。完全。

訓長孫

楊士奇等《文淵閣書目・國朝》《訓長孫》。一部，一册。闕。

貞固先生慮得集

黄虞稷《千頃堂書目・儒家類》華宗韓《貞固先生慮得集》三卷《附録》一卷。字公愷，無錫人。

家　訓

黄虞稷《千頃堂書目・儒家類》周是修《家訓》十二卷。

訓子編

黄虞稷《千頃堂書目・儒家類》 楊榮《訓子編》一卷。

家規輯略

黄虞稷《千頃堂書目・儒家類》 曹端《家規輯略》十四篇。

家　訓

黄虞稷《千頃堂書目・儒家類》 寧獻王權《家訓》六篇。

寧國儀範

黄虞稷《千頃堂書目・儒家類》 寧獻王權《寧國儀範》七十四章。

家　教

黄虞稷《千頃堂書目・儒家類》 唐成王彌鍗《家教》。

家　訓

黄虞稷《千頃堂書目・儒家類》 周憲王有燉《家訓》一卷。

貽後録

黄虞稷《千頃堂書目・儒家類》 博平恭裕王安鉞《貽後録》。

宗訓直言

黄虞稷《千頃堂書目・儒家類》 交城王彌鉺《宗訓直言》。

諭家邇談

黄虞稷《千頃堂書目・儒家類》 中尉朱勤美《諭家邇談》二卷。

鴻跡録

黄虞稷《千頃堂書目・儒家類》 鄭瓘《鴻跡録》。蘭谿人。訓子孫。

鸞音録

黄虞稷《千頃堂書目・儒家類》 鄭瓘《鸞音録》。

家　則

黄虞稷《千頃堂書目・儒家類》 王士覺《定則》一卷。浦江人。父經慕同里鄭氏合食同居，戒士覺效之。士覺因爲此書，凡一百八十四條。

程氏孝則堂家教輯録

黄虞稷《千頃堂書目・儒家類》 程達道《程氏孝則堂家教輯録》一卷。洪武初人。

徐氏家規

黄虞稷《千頃堂書目・儒家類》 徐履誠《徐氏家規》二卷。正統時人。

歸田訓

黄虞稷《千頃堂書目・儒家類》 李裕《歸田訓》一册。

正宗條約

黄虞稷《千頃堂書目・儒家類》 李裕《正宗條約》。

家　規

黄虞稷《千頃堂書目・儒家類》 楊廉《家規》一卷。

世　訓

黄虞稷《千頃堂書目・儒家類》 張瓛《世訓》一卷。字孔圭，建安人。成化庚子舉人，贛州府同知。

家　範

黄虞稷《千頃堂書目・儒家類》 顧諒《家範》。

許氏貽謀

黄虞稷《千頃堂書目・儒家類》 許相卿《許氏貽謀四則》一卷。

孫簡肅公家訓

黄虞稷《千頃堂書目・儒家類》 孫植《孫簡肅公家訓》一卷。嘉靖間刑部尚書。

史氏内範

黄虞稷《千頃堂書目・儒家類》 史朝賓《史氏内範》一卷。晉江人。嘉靖丁未進士，南京鴻臚寺卿。集自古父子、兄弟美事可法者以訓家。

宗約

黄虞稷《千頃堂書目・儒家類》 吴性《宗約》一卷。

家訓

黄虞稷《千頃堂書目・儒家類》 吴性《家訓》一卷。

忠愍家訓

黄虞稷《千頃堂書目・儒家類》 楊繼盛《忠愍家訓》一卷。在獄中臨命前一日書，以訓其家者。

家規

黄虞稷《千頃堂書目・儒家類》 周凱《家規》二卷。字希文，龍游人。

端肅公家訓

黄虞稷《千頃堂書目・儒家類》 葛守禮《端肅公家訓》。

上黨仇氏家範

黄虞稷《千頃堂書目・儒家類》 仇楫《上黨仇氏家範》二卷。楫，潞州人。爲宿州吏目。與其弟儀賓森同立家範，訓其宗。【略】仇氏自鴻至楫百五十年，六世同居。隆慶初旌表爲義門。

仇氏鄉約集成

黄虞稷《千頃堂書目・儒家類》 仇楫《仇氏鄉約集成》。舉行鄉約範其俗。

鄉約便覽

徐𤊹《徐氏家藏書目・子類》 《鄉約便覽》一卷。宏治中海陽周成。

袁氏家訓

黄虞稷《千頃堂書目・儒家類》 袁顥《袁氏家訓》一卷。

家幃雜録

黄虞稷《千頃堂書目・儒家類》 袁顥《家幃雜録》一卷。

庭幃紀録

徐𤊹《徐氏家藏書目・子類》 《庭幃紀録》一卷。

家庭庸言

黃虞稷《千頃堂書目・儒家類》 王祖嫡《家庭庸言》二卷。

講宗約會規

馬國翰《玉函山房藏書簿録・儒家類》《講宗約會規》一卷。桂林陳氏刊本。

明山西副使彭澤王演疇孟箕撰。立條規訓戒宗人，凡七章。

家兒私語

黃虞稷《千頃堂書目・儒家類》 張獻翼《家兒私語》一卷。

家　訓

黃虞稷《千頃堂書目・儒家類》 孫枝《家訓》。仁和人。

家　訓

黃虞稷《千頃堂書目・儒家類》 葉樹聲《家訓》。長興人。

家　訓

黃虞稷《千頃堂書目・儒家類》 張伯樞《家訓》。山陰人。

家　訓

黃虞稷《千頃堂書目・儒家類》 陳其蔥《家訓》。東陽人。

王氏族約

黃虞稷《千頃堂書目・儒家類》 王澈《王氏族約》。永嘉人。

教家輯略

黃虞稷《千頃堂書目・儒家類》 酈洙《教家輯略》。字白巖，諸暨人。

家　儀

黃虞稷《千頃堂書目・儒家類》 鄭崇岳《家儀》。浦江人。

家　範

黃虞稷《千頃堂書目・儒家類》 張一琳《家範》。浦江人。

家訓類編

黃虞稷《千頃堂書目・儒家類》 石懋《家訓類編》十二卷。字蒼渠，會稽人。

教家類纂

黄虞稷《千頃堂書目·儒家類》 薛厚《教家類纂》十卷。嘉善人。取古今訓誡分類。

笏谿家訓

黄虞稷《千頃堂書目·儒家類》 陸應陽《笏谿家訓》一卷。

費氏家訓

黄虞稷《千頃堂書目·儒家類》 費元禄《費氏家訓》十卷。

齊治要規

黄虞稷《千頃堂書目·儒家類》 郭良翰《齊治要規》二卷。

宗約歌

馬國翰《玉函山房藏書簿録·儒家類》 《宗約歌》一卷。繩其居本。吕坤撰。

家訓警俗編

黄虞稷《千頃堂書目·儒家類》 姚舜牧《家訓警俗編》。

陸氏家訓

黄虞稷《千頃堂書目·儒家類》 《陸氏家訓》。烏程温璜母。

《四庫全書總目提要·儒家類三》 《温氏母訓》一卷。編修程晉芳家藏本。明温璜録其母陸氏之訓也。璜初名以介，字于石，號石公。後以夢兆改今名，而字曰寶忠。烏程人。崇禎癸未進士，官徽州府推官。事蹟附見《明史·邱祖德傳》。

移風社

黄虞稷《千頃堂書目·儒家類》 王盛《移風社》一卷。字茂德，韓城人。

家誡要言

《四庫全書總目提要·儒家類存目二》 《家誡要言》一卷。編修程晉芳家藏本。明吴麟徵撰。麟徵字來皇，號磊齋，海鹽人。天啟壬戌進士，官至太常寺少卿。明亡殉難。世祖章皇帝賜謚貞肅。事蹟具《明史》本傳。

教家要略

范邦甸等《天一閣書目·儒家類》 《教家要略》一册。刊本。明姚儒撰并自序。

宗　約

馬國翰《玉函山房藏書簿録·儒家類》 《宗約》一卷。【略】桂林陳氏刊本。明王士晉撰。與王孟箕《講宗約會規》同意，而條約更周備，凡十六章。

小學集註

趙琦美《脈望館書目・儒家》《小學句讀》二本。

錢謙益等《絳雲樓書目・道學類》《小學集註》。陳選輯。選字士賢，臨海人。成化初以御史督學南畿，作《集註》，訓諸生。

又《朱文公小學註》。

《四庫全書總目提要・儒家類二》《小學集註》六卷。通行本。宋朱子撰，明陳選註。選字士賢，臨海人。天順庚辰進士，官至廣東布政使。追贈光禄寺卿，謚恭愍。事蹟具《明史》本傳。

張之洞《書目答問・儒家》《小學集注》六卷。舊題宋朱子。通行本。

聖功圖

黃虞稷《千頃堂書目・儒家類》鄭紀《聖功圖》十卷。字廷綱，仙游人。天順庚辰進士，改庶吉士，授檢討，歷官户部尚書。爲太常卿時，武宗在東宮，紀集古今帝王嘉言善行，凡百餘條，各繪圖作贊，名曰《聖功圖》，表進。

小學章句

范邦甸等《天一閣書目・儒家類》《小學章句》四卷。刊本。王雲鳳著。首列朱子題辭。

聖功圖

范邦甸等《天一閣書目・儒家類》《聖功圖》一册。刊本。明嘉靖十八年，禮部尚書霍韜，吏部考功郎鄒守益等奏進，以裨東宮聖學之功。山東布政王應鍾序。

蒙求白文

劉若愚《内板經書紀略》《蒙求白文》。一本，十九葉。

小學書解

劉若愚《内板經書紀略》《小學書解》。一本，一百六葉。

訓兒俗説

徐𤊹《徐氏家藏書目・子類》《訓兒俗説》一卷。袁黄。

養正圖解

黃虞稷《千頃堂書目・儒家類》焦竑《養正圖解》二卷。

童蒙初告

徐𤊹《徐氏家藏書目・子類》《童蒙初告》卷。郭子章。

萬氏蒙訓

黄虞稷《千頃堂書目・儒家類》 萬邦孚《萬氏蒙訓》六卷。

楊氏塾訓

黄虞稷《千頃堂書目・儒家類》 楊庭筠《楊氏塾訓》六卷。

訓蒙大意

范邦甸等《天一閣書目・儒家類》 《訓蒙大意》十八卷。刊本。明孫三錫撰，崇禎癸未成勇序。

小學補

徐𤊹《徐氏家藏書目・子類》 《小學補》一卷。

女　戒

黄虞稷《千頃堂書目・儒家類》 太祖《女戒》。洪武六年命儒臣編。

内　訓

楊士奇等《文淵閣書目・國朝》 仁孝皇后《内訓》。一部，一册。完全。又仁孝皇后《内訓》。一部，一册。闕。

張萱等《内閣藏書目録・聖制部》 大明仁孝皇后《内訓》一册。全。又一册。全。

劉若愚《内板經書紀略》 《内訓》。一本，五十葉。

又 《内訓》。一本，五十葉。

錢謙益等《絳雲樓書目・本朝制書實録》 仁孝皇后《内訓》。

黄虞稷《千頃堂書目・儒家類》 高皇后《内訓》一卷。

《四庫全書總目提要・儒家類三》 《内訓》一卷。兩江總督採進本。明仁孝文皇后撰。案成祖以篡逆取國，淫刑肆暴，無善可稱，后乃特以賢著。

女　訓

范邦甸等《天一閣書目・儒家類》 《女訓》一卷。正德戊辰御製序。

劉若愚《内板經書紀略》 《女訓》。一本，四十九葉。　又《女訓》。一本，四十九葉。

黄虞稷《千頃堂書目・儒家類》 章聖皇太后《女訓》一卷。獻帝爲序，世宗爲後序，嘉靖九年九月命禮部同《高皇后傳》、文皇后《内訓》同刊行。

女　鑒

劉若愚《内板經書紀略》 慈聖皇太后《女鑒》。一本，六十九葉。

錢謙益等《絳雲樓書目・本朝制書實録》 慈皇太后《女鑒》。一卷。

黄虞稷《千頃堂書目・儒家類》 慈聖皇太后《女鑒》一卷。

內則書

錢謙益等《絳雲樓書目·本朝制書實録》　《内則書》。

内則詩

劉若愚《内板經書紀略》　《内則詩》。一本，六十二葉。

黃虞稷《千頃堂書目·儒家類》　《内則詩》一卷。

女教續編

黃虞稷《千頃堂書目·儒家類》　王直《女教續編》□卷。

女　則

黃虞稷《千頃堂書目·儒家類》　朱家棟《女則》四卷。清江人。歲貢，官鎮江府學教授。

女誡直解

劉若愚《内板經書紀略》　《女誡直解》。一本，四十八葉。

女蒙求

黃虞稷《千頃堂書目·儒家類》　黃佑《女蒙求》。廣昌人。萬曆中貢士，國子監典籍。

女　訓

黃虞稷《千頃堂書目·儒家類》　陳其蒽《女訓》。東陽人。

女　學

黃虞稷《千頃堂書目·儒家類》　徐泰《女學》。海鹽人。

女　則

黃虞稷《千頃堂書目·儒家類》　樓一堂《女則》。浦江人。

清分部

續證人社約誡

馬國翰《玉函山房藏書簿録·儒家類》　《續證人社約誡》一卷。

藤陰劄記

《四庫全書總目提要·儒家類存目三》《藤陰劄記》。無卷數。副都御史黄登賢家藏本。國朝孫承澤撰。

學約續編

《四庫全書總目提要·儒家類存目三》《學約續編》十四卷。直隸總督採進本。國朝孫承澤編。

考正晚年定論

《四庫全書總目提要·儒家類存目三》《考正晚年定論》二卷。江蘇巡撫採進本。國朝孫承澤撰。

吴壽暘《拜經樓藏書題跋記》卷四《考正朱子晚年定論》。

明辨録

《四庫全書總目提要·儒家類存目三》《明辨録》二卷。副都御史黄登賢家藏本。國朝孫承澤撰。

此菴語録

《四庫全書總目提要·儒家類存目三》《此菴語録》十卷。浙江巡撫採進本。

國朝胡統虞撰。統虞字孝緒，武陵人。前明崇禎、癸未進士。入國朝官至國子監祭酒。

取節録

黄虞稷《千頃堂書目·儒家類》孫奇逢《取節録》十卷。

歲寒居劄記

黄虞稷《千頃堂書目·儒家類》孫奇逢《歲寒居劄記》十五卷。

理學傳心纂要

《四庫全書總目提要·儒家類存目三》《理學傳心纂要》八卷。湖北巡撫採進本。國朝孫奇逢撰，溙士昌補。

歲寒居答問

《四庫全書總目提要·儒家類存目三》《歲寒居答問》二卷附録一卷。浙江范懋柱家天一閣藏本。國朝孫奇逢撰。

戒殺文

馬國翰《玉函山房藏書簿録·儒家類》《戒殺文》一卷。《檀幾叢書》本。國朝番禺黎遂球美周撰。

辨道録

黃虞稷《千頃堂書目・儒家類》 刁包《辨道録》四卷。字蒙吉，祁州人。天啓丁卯舉人。録濂、洛、關、閩之文。

潛室劄記

黃虞稷《千頃堂書目・儒家類》 刁包《潛室劄記》二卷。

《四庫全書總目提要・儒家類存目三》 《潛室劄記》二卷。直隸總督採進本。國朝刁包撰。

矜情録

黃虞稷《千頃堂書目・儒家類》 丁雄飛《矜情録》。

旦氣宗旨

黃虞稷《千頃堂書目・儒家類》 丁雄飛《旦氣宗旨》。

思辨録輯要

黃虞稷《千頃堂書目・儒家類》 陸世儀《思辨録輯要》三十卷。字道成，號桴亭。太倉諸生。

《四庫全書總目提要・儒家類四》 《思辨録輯要》三十五卷。江蘇巡撫採進本。國朝陸世儀撰。世儀字道成，號桴亭，太倉人。

張界軒集

《四庫全書總目提要・儒家類存目三》 《張界軒集》八卷。江西巡撫採進本。國朝張時爲撰。時爲字景明，餘干人。前明福王時貢生。

性圖

嵇璜等《清通志圖譜略・學術》 黃采《性圖》。謹按是書立爲六圖，以發明心性之旨，大抵以孟子四端爲説。

《四庫全書總目提要・儒家類存目三》 《性圖》一卷。江西巡撫採進本。國朝黃采撰。采字亮公，號復堂，南城人。

儒宗理要

《四庫全書總目提要・儒家類存目三》 《儒宗理要》二十九卷。内府藏本。國朝張能鱗編。

洙泗問津

楊士奇等《文淵閣書目・性理》 《洙泗問津》。一部，一册。闕。

明夷待訪録

李慈銘《越縵堂讀書記·儒家類》《明夷待訪録》。清黄宗羲撰。

張之洞《書目答問·儒家》《明夷待訪録》二卷。黄宗羲。粤雅堂本。《指海》本。

蒿菴閒話

馬國翰《玉函山房藏書簿録·儒家類》《蒿菴閒話》二卷。濟陽刊本。國朝張爾岐撰。

性理大中

《四庫全書總目提要·儒家類存目三》《性理大中》二十八卷。浙江孫仰曾家藏本。國朝應撝謙撰。

紫陽通志録

《四庫全書總目提要·儒家類存目三》《紫陽通志録》四卷。江蘇巡撫採進本。國朝高世泰編。

聖學入門書

范邦甸等《天一閣書目·儒家類》《聖學入門書》一卷。刊本。國朝陳瑚確庵撰。

《四庫全書總目提要·儒家類存目三》《聖學入門書》。無卷數。江西巡撫採進本。國朝陳瑚撰。瑚字言夏，號確菴，太倉人。前明崇禎壬午舉人。

學　言

《四庫全書總目提要·儒家類存目三》《學言》三卷。山西巡撫採進本。國朝白允謙撰。允謙字子益，陽城人。前明崇禎癸未進士，改庶吉士。入國朝授祕書院檢討，官至刑部尚書。

孝民恒言

《四庫全書總目提要·儒家類存目三》《教民恒言》一卷。直隸總督採進本。國朝魏裔介撰。

致知格物解

《四庫全書總目提要·儒家類存目三》《致知格物解》二卷。直隸總督採進本。國朝魏裔介撰。

周程張朱正脈

《四庫全書總目提要·儒家類存目三》《周程張朱正脈》。無卷數。直隸總督採進本。國朝魏裔介編。

論性書

《四庫全書總目提要・儒家類存目三》《論性書》二卷。直隸總督採進本。國朝魏裔介撰。

約言録

《四庫全書總目提要・儒家類存目三》《約言録》二卷。直隸總督採進本。國朝魏裔介撰。

會語支言

《四庫全書總目提要・儒家類存目三》《會語支言》四卷。浙江巡撫採進本。國朝陸鳴鼇撰。鳴鼇字石菴，仁和人。

正修録　齊治録

《四庫全書總目提要・儒家類存目三》《正修録》三卷，《齊治録》三卷。浙江巡撫採進本。國朝于準撰。準字萊公，永寧人。江南總督成龍子也。官至江蘇巡撫。

心印正説

《四庫全書總目提要・儒家類存目四》《心印正説》三十四卷。江蘇巡撫採進本。國朝吴臺碩撰。臺碩字位三，嘉定人。陸隴其之門人也。

尊道集

《四庫全書總目提要・儒家類存目四》《尊道集》四卷。湖北巡撫採進本。國朝朱搴撰。搴字良一，黄陂人。

冷　語

《四庫全書總目提要・儒家類存目四》《冷語》三卷。副都御史黄登賢家藏本。國朝劉源渌撰。其門人馬恒謙編。

讀書日記

《四庫全書總目提要・儒家類存目四》《讀書日記》六卷。山東巡撫採進本。國朝劉源渌撰。

近思續録

《四庫全書總目提要・儒家類存目四》《近思續録》四卷。副都御史黄登賢家藏本。國朝劉源渌撰。源渌字崑石，自號直齋，安邱人。

性理辨義

《四庫全書總目提要・儒家類存目四》《性理辨義》二十卷。直隸總督採進本。國朝王建衡撰。

偶　書

馬國翰《玉函山房藏書簿録・儒家類》《偶書》一卷。國朝寧都魏際瑞伯子撰。原名祥，字善伯。張潮題辭稱其於保身保家之道、治己治人之方，靡所不具。

讀書法

馬國翰《玉函山房藏書簿録・儒家類》《讀書法》一卷。魏際瑞撰。標爲韻語，爲閲書者示之法。

東江子

馬國翰《玉函山房藏書簿録・儒家類》《東江子》一卷。《檀几叢書》本。國朝仁和沈謙去矜撰。推究物理，似邵子《觀物外篇》。

戒賭文

馬國翰《玉函山房藏書簿録・儒家類》《戒賭文》一卷。《昭代叢書》本。國朝尤侗撰。

稚黄子

馬國翰《玉函山房藏書簿録・儒家類》《稚黄子》一卷。《檀几叢書》本。國朝毛先舒撰。有《喪禮雜説》，已著録。初名騤，字馳黄，後改本名，字稚黄，故書取號焉。自萬物至閑身凡三十三章，善言心性之理。

家人子語

馬國翰《玉函山房藏書簿録・儒家類》《家人子語》一卷。毛先舒撰。

語　小

馬國翰《玉函山房藏書簿録・儒家類》《語小》一卷。【略】《昭代叢書》。毛先舒撰。

省過録

范邦甸等《天一閣書目・儒家類》《省過録》一卷。刊本。國朝康熙元年，王芝封撰并序。

太極圖説註解

《四庫全書總目提要・儒家類存目一》《太極圖説註解》。無卷數。浙江巡撫採進本。國朝陳兆成撰。兆成字慎亭，常熟人。

訓世格言

馬國翰《玉函山房藏書簿録・儒家類》《訓世格言》一卷。繩其居本。國朝寧陵吕慎多減之撰。自號樂善道人，新吾先生孫也。書成於康熙癸丑。始理學，終婦道，凡十四篇。

慶符堂理學就正言

范邦甸等《天一閣書目·儒家類》《慶符堂理學就正言》。刊本。國朝康熙戊午，浙西祝文彦撰，蕭山管鳳來序。

海昌會語

范邦甸等《天一閣書目·儒家類》《海昌會語》一册。刊本。國朝康熙十五年，朱爾邁等同集。

武林會語

范邦甸等《天一閣書目·儒家類》《武林會語》一册。刊本。不著撰人名氏。

臆　言

《四庫全書總目提要·儒家類存目三》《臆言》四卷。浙江巡撫採進本。國朝朱顯祖撰。

王學質疑

《四庫全書總目提要·儒家類存目三》《王學質疑》一卷附録一卷。浙江巡撫採進本。國朝張烈撰。

日録裏言

馬國翰《玉函山房藏書簿録·儒家類》《日録裏言》一卷。國朝寧都魏禧凝叔撰，吴縣葉藩桐初校。凡六十二則，有伯子石公、謝約齋、邱邦士、張山來諸人評細書節下。

日録雜説

馬國翰《玉函山房藏書簿録·儒家類》《日録雜説》一卷。魏禧撰，歙張潮删定。稱其實實可見諸施行。

太極圖説遺議

《四庫全書總目提要·儒家類存目三》《太極圖説遺議》一卷。浙江巡撫採進本。國朝毛奇齡撰。

憒助編

《四庫全書總目提要·儒家類存目三》《憒助編》二卷。浙江巡撫採進本。國朝蔡方炳編。

理學辨

范邦甸等《天一閣書目·儒家類》《理學辨》一卷。鈔本。國朝康熙二十四年，王庭撰。

《四庫全書總目提要·儒家類存目三》《理學辨》一卷。浙江巡撫採進本。國朝王庭撰。庭字言遠，嘉興人。順治己丑進士，官至山西布政使。

燕翼篇

馬國翰《玉函山房藏書簿録·儒家類》《燕翼篇》一卷。《檀几叢書》本。國朝興化李隆若金撰。凡十七篇，有自序。

七勸口號

馬國翰《玉函山房藏書簿録·儒家類》《七勸口號》一卷。張習孔撰。七勸者，一勸天，二勸地，三勸閻羅王，四勸鬼，五勸人父，六勸人子，七勸著勸世文者。皆爲五言韻語，文奇而詞摯。

俗　砭

馬國翰《玉函山房藏書簿録·儒家類》《俗砭》一卷。《檀几叢書》本。國朝方象瑛撰。有《封長白山記》，已著録史編。此書推廣法戒，取戴仲若俗耳鍼砭語以名之。

艮堂十戒

馬國翰《玉函山房藏書簿録·儒家類》《艮堂十戒》一卷。《檀几叢書》本。方象瑛撰。一妄思，二多譚，三作文，四觀書，五應客，六憂貧，七久立，八强步，九拜起，十觸怒。病後告親友之詞。

格言僅録

馬國翰《玉函山房藏書簿録·儒家類》《格言僅録》一卷。國朝歙縣王仕雲望如撰。每取前人言行而論斷之，凡二十四條。

常語筆存

《四庫全書總目提要·儒家類存目三》《常語筆存》一卷。編修程晉芳家藏本。國朝湯斌撰。

理學要旨

《四庫全書總目提要·儒家類存目三》《理學要旨》。無卷數。河南巡撫採進本。國朝耿介編。

廣祀典議

《四庫全書總目提要·儒家類存目三》《廣祀典議》一卷。兩江總督採進本。國朝吴肅公撰。

勸　言

馬國翰《玉函山房藏書簿録·儒家類》《勸言》一卷。桂林陳氏刊本。國朝處士崑山朱用純致一撰。父節孝先生名璜，明季諸生，殉難。

艾言

馬國翰《玉函山房藏書簿録・儒家類》《艾言》一卷。《檀几叢書》本。國朝江都徐元美松岑撰。凡三十七條。

拙翁庸語

馬國翰《玉函山房藏書簿録・儒家類》《拙翁庸語》一卷。《檀几叢書》本。國朝宛平劉芳喆宣人撰。凡十六則,多格言名語。

敬一録

范邦甸等《天一閣書目・儒家類》《敬一録》二卷。鈔本。河陽趙士麟撰,金容梁永淳輯。

徐勿箴先生省身録

范邦甸等《天一閣書目・儒家類》《徐勿箴先生省身録》一册。刊本。國朝桐鄉錢枋、慈谿王量同校。

讀朱隨筆

《四庫全書總目提要・儒家類四》《讀朱隨筆》四卷。浙江巡撫採進本。國朝陸隴其撰。

三魚堂賸言

《四庫全書總目提要・儒家類四》《三魚堂賸言》十二卷。編修勵守謙家藏本。國朝陸隴其撰。本名《日鈔》,皆平時劄記之文,未分門目。其甥金山陳濟排次成編。

張之洞《書目答問・儒家》《三魚堂賸言》十二卷。陸隴其。全集本。正誼堂本。

松陽鈔存

《四庫全書總目提要・儒家類四》《松陽鈔存》二卷。浙江巡撫採進本。國朝陸隴其撰。

問學録

《四庫全書總目提要・儒家類存目三》《問學録》四卷。浙江巡撫採進本。國朝陸隴其撰。

陸清獻公日記

張之洞《書目答問・儒家》《陸清獻公日記》十卷。陸隴其。道光辛丑柳氏刻本。指海本二卷。

學術辨

《四庫全書總目提要・儒家類存目三》 《學術辨》一卷。編修程晉芳家藏本。國朝陸隴其撰。

潛　書

張之洞《書目答問・儒家》 《潛書》卷。唐甄。王聞達刻本。

溯流史學鈔

《四庫全書總目提要・儒家類存目三》 《溯流史學鈔》二十卷。河南巡撫採進本。國朝張沐撰。

道一録

馬國翰《玉函山房藏書簿録・儒家類》 《道一録》五卷。國朝内黄知縣著臺張沐仲誠撰。

正學隅見述

《四庫全書總目提要・儒家類四》 《正學隅見述》一卷。陝西巡撫採進本。國朝王宏撰撰。

諸子辨言

朱睦㮮《萬卷堂書目・儒家》 《諸子辨言》五册。徐允文。

存性編

《四庫全書總目提要・儒家類存目三》 《存性編》二卷。直隸總督採進本。國朝顔元撰。元字渾然，號習齋，博野人。明末，其父戍遼東，殁於關外。

存學編

《四庫全書總目提要・儒家類存目三》 《存學編》四卷。浙江巡撫採進本。國朝顔元撰。

存治編

《四庫全書總目提要・儒家類存目三》 《存治編》一卷。直隸總督採進本。國朝顔元撰。

存人編

《四庫全書總目提要・儒家類存目三》 《存人編》四卷。直隸總督採進本。國朝顔元撰。

讀書質疑

《四庫全書總目提要・儒家類存目三》《讀書質疑》二卷。安徽巡撫採進本。國朝王錟撰。

欲從録

《四庫全書總目提要・儒家類存目三》《欲從録》十卷。安徽巡撫採進本。國朝王錟撰。

閑道録

《四庫全書總目提要・儒家類存目三》《閑道録》三卷。湖北巡撫採進本。國朝熊賜履撰。

下學堂劄記

《四庫全書總目提要・儒家類存目三》《下學堂劄記》三卷。湖北巡撫採進本。國朝熊賜履撰。

性理譜

《四庫全書總目提要・儒家類存目三》《性理譜》五卷。湖北巡撫採進本。國朝蕭企昭撰。企昭字文超，漢陽人。順治丁酉副榜貢生。

資政要覽

《四庫全書總目提要・儒家類四》《御定資政要覽》三卷，《後序》一卷。順治十二年，世祖章皇帝御撰。

孝經衍義

《四庫全書總目提要・儒家類四》《御定孝經衍義》一百卷。謹案是書爲順治十三年奉敕所修，至康熙二十一年告成，聖祖仁皇帝親爲鑒定，製序頒行。

聽訓齋語

馬國翰《玉函山房藏書簿録・儒家類》、《聽訓齋語》二卷。桐城張氏家藏本。國朝張英撰。

恒産瑣言

馬國翰《玉函山房藏書簿録・儒家類》《恒産瑣言》一卷。桐城張氏家藏本。張英撰。皆訓子孫保守恒産之語，憂深思遠，有唐風遺意。

萬世玉衡録

《四庫全書總目提要・儒家類存目三》《萬世玉衡録》四卷。江蘇巡撫採進本。國朝蔣伊撰。伊字渭公，常熟人。康熙癸丑進士。

夙興語

馬國翰《玉函山房藏書簿録・儒家類》《夙興語》一卷。《昭代叢書》本。國朝南豐甘京楗齋撰，三原孫枝蔚豹人校。爲豫章程山先生學，語多箴規藥石。

心病説

馬國翰《玉函山房藏書簿録・儒家類》《心病説》一卷。《昭代叢書》本。甘京撰。

日知録

馬國翰《玉函山房藏書簿録・儒家類》《日知録》一卷。澤州段氏刊本。國朝鄗成撰。有《大學學思録》、《中庸學思録》，已著録。此編闡發理學，深醇簡切。

仰思記

馬國翰《玉函山房藏書簿録・儒家類》《仰思記》一卷。澤州段氏刊本。鄗成撰。

儒者十知略

馬國翰《玉函山房藏書簿録・儒家類》《儒者十知略》一卷。澤州段氏刊本。鄗成撰。究明性理，凡十篇。

致知階略

馬國翰《玉函山房藏書簿録・儒家類》《致知階略》一卷。澤州段氏刊本。鄗成撰。凡十八章。意以學人致知必先有所持循方能入細，故舉數端以爲階梯云。

三訓俚説

馬國翰《玉函山房藏書簿録・儒家類》《三訓俚説》一卷。澤州段氏刊本。鄗成撰。

性理標題訓解

馬國翰《玉函山房藏書簿録・儒家類》《性理標題訓解》八卷。國朝翰林院編修鄞縣仇兆鰲滄柱、錢塘張道升慎高同撰。

性理體注

馬國翰《玉函山房藏書簿録・儒家類》《性理體注》八卷。國朝張道升與鄞縣仇廷桂丹植同纂。

人鑑

馬國翰《玉函山房藏書簿録・儒家類》《人鑑》三卷。國朝南蘭湯自銘西箴撰。

似是心鏡

馬國翰《玉函山房藏書簿録・儒家類》《似是心鏡》一卷。洛川賈氏藏本。國朝湖南東安知縣洛川賈構塾菴撰。

性理纂要

《四庫全書總目提要・儒家類存目四》《性理纂要》八卷。河南巡撫採進本。國朝冉覲祖撰。

天理主敬圖

《四庫全書總目提要・儒家類存目四》《天理主敬圖》一卷。河南巡撫採進本。國朝冉覲祖撰。

雙橋隨筆

《四庫全書總目提要・儒家類四》《雙橋隨筆》十二卷。浙江巡撫採進本。國朝周召撰。召字公右，號拙菴，衢州人。康熙初，官陝西鳳縣知縣。

註解正蒙

《四庫全書總目提要・儒家類二》《註解正蒙》二卷。江蘇巡撫採進本。國朝李光地撰。

性理精義

《四庫全書總目提要・儒家類四》《御纂性理精義》十二卷。康熙五十六年，聖祖仁皇帝御定。

張之洞《書目答問・儒家》《性理精義》十二卷。康熙五十六年，敕編。通行本。

榕村語録

《四庫全書總目提要・儒家類四》《榕村語録》三十卷。福建巡撫採進本。國朝李光地撰。

通書注

張之洞《書目答問・儒家》《周子通書注》一卷。李光地注。《榕村全集》本。

五子近思録發明

耿文光《萬卷精華樓藏書記・儒家類二》《五子近思録發明》十四卷。國朝施璜撰。合河孫氏本。

餘慶堂十二戒

馬國翰《玉函山房藏書簿録・儒家類》《餘慶堂十二戒》一卷。《檀几叢書》本。國朝開原劉德新裕公撰。

王劉異同

《四庫全書總目提要・儒家類存目三》《王劉異同》五卷。浙江巡撫採進本。國朝黄百家撰。

體獨私鈔

《四庫全書總目提要・儒家類存目三》《體獨私鈔》四卷。浙江巡撫採進本。國朝黄百家撰。百家字主一，餘姚人。康熙中嘗以薦預修《明史》。其父宗羲爲劉宗周門人，故百家是編皆發明宗周之説。

南阿集

《四庫全書總目提要・儒家類存目四》《南阿集》二卷。陝西巡撫採進本。國朝康呂賜撰。

儒門法語

《四庫全書總目提要・儒家類存目三》《儒門法語》。無卷數。江蘇巡撫採進本。國朝彭定求編。

信陽子卓録

《四庫全書總目提要・儒家類存目三》《信陽子卓録》八卷。編修勵守謙家藏本。國朝張鵬翮撰。

太極集註

《四庫全書總目提要・儒家類存目一》《太極集註》一卷。山西巡撫採進本。國朝孫子昶撰。子昶號主一，聞喜人。康熙己未進士，官垣曲縣知縣。

太極圖説

《四庫全書總目提要・儒家類存目一》《太極圖説》十四卷。浙江吴玉墀家藏本。國朝王嗣槐撰。嗣槐字仲昭，錢塘人。康熙己未薦舉博學鴻詞，老不與試，授内閣中書舍人以歸。

三子定論

《四庫全書總目提要・儒家類存目三》《三子定論》五卷。浙江巡撫採進本。國朝王復禮撰。

續近思録

《四庫全書總目提要・儒家類存目三》《續近思録》二十八卷。兩江總督採進本。國朝鄭光羲撰。光羲字夕可，無錫人。

性理正宗

《四庫全書總目提要・儒家類存目三》《性理正宗》四十卷。河南巡撫採進本。國朝張伯行撰。

濂洛關閩書

《四庫全書總目提要・儒家類存目三》《濂洛關閩書》十九卷。副都御史黄登賢家藏本。國朝張伯行編。

困學録集粹

《四庫全書總目提要・儒家類存目三》《困學録集粹》八卷。副都御史黄登賢家藏本。國朝張伯行撰。

續近思録

《四庫全書總目提要・儒家類存目三》《續近思録》十四卷。河南巡撫採進本。國朝張伯行編。

廣近思録

《四庫全書總目提要・儒家類存目三》《廣近思録》十四卷。副都御史黄登賢家藏本。國朝張伯行撰。

正誼堂全書

張之洞《書目答問・儒家》《正誼堂全書》四百七十八卷。張伯行編。福州局本。六十二種。此書爲程、朱之學。

理學正宗

《四庫全書總目提要・儒家類存目三》《理學正宗》十五卷。河南巡撫採進本。國朝竇克勤編。克勤字敏修，號敬菴，柘城人。康熙戊辰進士，官翰林院檢討。

餘山遺書

《四庫全書總目提要・儒家類存目四》《餘山遺書》十卷。浙江巡撫採進本。國朝勞史撰。史字麟書，號餘山，餘姚人。

虚谷遺書

《四庫全書總目提要・儒家類存目四》《虚谷遺書》三卷。江西巡撫採進本。國朝何國材撰。國材字維楚，江西新城人。

大學辨業　聖經學規纂　論學

《四庫全書總目提要・儒家類存目四》《大學辨業》四卷，《聖經學規纂》二卷，《論學》二卷。直隸總督採進本。國朝李塨撰。

程功録

《四庫全書總目提要・儒家類存目四》《程功録》五卷。兩江總督採進本。國朝楊名時撰。

五子近思録

馬國翰《玉函山房藏書簿録・儒家類》《五子近思録》十四卷。退思堂本。國朝休寧汪佑啓我撰。

嵩陽學凡

《四庫全書總目提要・儒家類存目四》《嵩陽學凡》六卷。副都御史黄登賢家藏本。國朝景日昣撰。

童子問

《四庫全書總目提要・儒家類存目四》《童子問》一卷。浙江巡撫。採進本。國朝黄文澍撰。

敬義録

《四庫全書總目提要・儒家類存目四》《敬義録》一卷。浙江巡撫採進本。國朝黄文澍撰。

孔叢子正義

《四庫全書總目提要・儒家類存目一》《孔叢子正義》五卷。江蘇巡撫採進本。國朝姜兆錫撰。

家語正義

《四庫全書總目提要・儒家類存目一》《家語正義》十卷。江蘇巡撫採進本。國朝姜兆錫撰。

朱子聖學考略

《四庫全書總目提要・儒家類存目三》《朱子聖學考略》十卷。副都御史黄登賢家藏本。國朝朱澤澐撰。澤澐字止泉，寶應人。

陸子學譜

《四庫全書總目提要・儒家類存目四》《陸子學譜》二十卷。江西巡撫採進本。國朝李紱撰。

朱子晚年全論

《四庫全書總目提要・儒家類存目四》《朱子晚年全論》八卷。江西巡撫採進本。國朝李紱編。紱字巨來，號穆堂，臨川人。康熙己丑進士，官至内閣學士，兼禮部侍郎。

集程朱格物法　集朱子讀書法

《四庫全書總目提要・儒家類存目四》《集程朱格物法》一卷，《集朱子讀書法》一卷。兩江總督採進本。國朝王澍撰。

經書性理類輯精要録

《四庫全書總目提要·儒家類存目四》《經書性理類輯精要録》六卷。兵部侍郎紀昀家藏本。國朝王士陵撰。

謀道續録

《四庫全書總目提要·儒家類存目四》《謀道續録》二卷。江西巡撫採進本。國朝譚旭撰。旭字東白，新建人。康熙丁酉副榜貢生。

愚齋反經録

《四庫全書總目提要·儒家類存目四》《愚齋反經録》十六卷。陝西巡撫採進本。國朝謝王寵撰。王寵字愚齋，陝西人。

太極解拾遺　通遺解拾遺　西銘解拾遺

《四庫全書總目提要·儒家類存目一》《太極解拾遺》一卷，《通遺解拾遺》一卷，《後録》一卷，《西銘解拾遺》一卷，《後録》一卷。湖南巡撫採進本。國朝李文炤撰。

正蒙集解

《四庫全書總目提要·儒家類存目一》《正蒙集解》九卷。湖南巡撫採進本。國朝李文炤撰。

近思録集解

《四庫全書總目提要·儒家類存目一》《近思録集解》十四卷。湖南巡撫採進本。國朝李文炤撰。

周子疏解

《四庫全書總目提要·儒家類存目一》《周子疏解》四卷。陝西巡撫採進本。國朝王明弼撰。

靜用堂偶編

《四庫全書總目提要·儒家類存目四》《靜用堂偶編》十卷。兩江總督採進本。國朝涂天相撰。天相字燮菴，號存齋，一號迂叟，孝感人。康熙癸未進士，官至工部尚書。

知非録

《四庫全書總目提要·儒家類存目四》《知非録》一卷。山東巡撫採進本。國朝鄧鍾岳撰。鍾岳字東長，號悔廬，聊城人。康熙辛丑進士第一，官至禮部左侍郎。

聖諭廣訓

《四庫全書總目提要・儒家類四》《聖諭廣訓》一卷。謹案《聖諭》十六條，聖祖仁皇帝所頒。《廣訓》一萬餘言，則我世宗憲皇帝推繹聖謨以垂範奕世者也。

庭訓格言

《四庫全書總目提要・儒家類四》《庭訓格言》一卷。雍正八年，世宗憲皇帝追述聖祖仁皇帝天語，親録成編。凡二百四十有六則，皆實録聖訓所未及載者。

執中成憲

《四庫全書總目提要・儒家類四》《御定執中成憲》八卷。雍正六年春，世宗憲皇帝敕撰。雍正十三年夏，書成奏進，仰蒙裁定，宣付武英殿校刊。乾隆三年告藏，御製序文頒行。

近思録集註

《四庫全書總目提要・儒家類二》《近思録集註》十四卷。編修徐天柱家藏本。國朝茅星來撰。星來字豈宿，烏程人。康熙間諸生。

大儒粹語

《四庫全書總目提要・儒家類存目三》《大儒粹語》二十八卷。江蘇巡撫採進本。國朝顧棟高編。棟高字季任，又字未餘，吴江人。

近思録集註

《四庫全書總目提要・儒家類二》《近思録集註》十四卷。安徽巡撫採進本。國朝江永撰。

張之洞《書目答問・儒家》《近思録集注》十四卷。宋朱子、吕祖謙同撰，江永注。原刻本。武昌局本。吴氏望三益齋本。

朱子爲學考

《四庫全書總目提要・儒家類存目四》《朱子爲學考》三卷。福建巡撫採進本。國朝童能靈撰。

理學疑問

《四庫全書總目提要・儒家類存目四》《理學疑問》四卷。福建巡撫採進本。國朝童能靈撰。

倫理至言

范邦甸等《天一閣書目・儒家類》《倫理至言》四卷。刊本。顔章其輯。

讀周子劄記

《四庫全書總目提要・儒家類存目四》《讀周子劄記》。無卷數。江蘇巡撫採進本。國朝崔紀撰。

筆　記

《四庫全書總目提要・儒家類存目四》《筆記》二卷。湖北巡撫採進本。國朝程大純撰。大純字漢舒，孝感人。康熙中由貢生官黄岡縣教諭。

日省編

《四庫全書總目提要・儒家類存目四》《日省編》一卷。浙江巡撫採進本。國朝馮昌臨撰。

聖學輯要

《四庫全書總目提要・儒家類存目四》《聖學輯要》一卷。兩江總督採進本。國朝潘繼善撰。

正蒙初義

《四庫全書總目提要・儒家類存目二》《正蒙初義》十七卷。直隸總督採進本。國朝王植撰。

濂關三書

《四庫全書總目提要・儒家類存目一》《濂關三書》。無卷數。直隸總督採進本。國朝王植撰。

載道集

《四庫全書總目提要・儒家類存目四》《載道集》六十卷。浙江巡撫採進本。國朝許焞編。焞字純也，海寧人。雍正癸卯進士，官翰林院編修。

恥亭遺書

《四庫全書總目提要・儒家類存目四》《恥亭遺書》十卷。浙江巡撫採進本。國朝周宗濂撰。宗濂字簡菴，華亭人。雍正癸卯拔貢生，官灊山縣教諭。

躬行實踐録

《四庫全書總目提要・儒家類存目四》《躬行實踐録》十五卷。浙江巡撫採進本。國朝桑調元撰。

讀書小記

《四庫全書總目提要・儒家類存目四》《讀書小記》三十一卷。山西巡撫採進本。國朝范爾梅撰。爾梅字梅臣，號雪菴，洪洞人。雍正中貢生。

讀書偶記

《四庫全書總目提要・儒家類四》《讀書偶記》三卷。福建巡撫採進本。國朝雷鋐撰。鋐字貫一，寧化人。雍正癸丑進士，官至副都御史。

大學衍義輯要　補輯要

《四庫全書總目提要·儒家類存目一》《大學衍義輯要》六卷，《大學衍義補輯要》十二卷。江蘇巡撫採進本。國朝陳宏謀撰。宏謀字汝咨，號榕門，臨桂人。雍正癸卯進士，官至大學士。謚文懃。

五種遺規

張之洞《書目答問·儒家》《五種遺規》十五卷。陳宏謀。通行本。《養正遺規》、《教女遺規》、《訓俗遺規》、《從政遺規》、《學仕遺規》。

訓俗遺規

馬國翰《玉函山房藏書簿録·儒家類》《訓俗遺規》四卷。桂林陳氏刊本。國朝陳宏謨撰。

淑艾録

《四庫全書總目提要·儒家類存目四》《淑艾録》十四卷。江西巡撫採進本。國朝祝淦撰。淦字人齋，原名游龍，海寧人。乾隆丙辰舉人。

逸　語

《四庫全書總目提要·儒家類存目四》《逸語》十卷。江蘇巡撫採進本。國朝曹庭棟撰。

思通集　隨意吟

《四庫全書總目提要·儒家類存目四》《思通集》二卷《隨意吟》一卷。江蘇巡撫採進本。國朝秦望撰。望字元宫，無錫人。

敘天齋講義

《四庫全書總目提要·儒家類存目四》《敘天齋講義》四卷。陝西巡撫採進本。國朝竇文炳撰。文炳字質民，長安人。是書首純一圖說，次學約，次《中庸》撮總，次禮樂緒言，凡四種。

明儒講學考

《四庫全書總目提要·儒家類存目四》《明儒講學考》一卷。浙江巡撫採進本。國朝程嗣章撰。嗣章字元朴，號南耕，上元人。

業儒臆説

《四庫全書總目提要·儒家類存目四》《業儒臆説》一卷。編修程晉芳家藏本。國朝陶圻撰。圻字甸方，秀水人。

砭身集

《四庫全書總目提要·儒家類存目四》《砭身集》六卷。江蘇巡撫採進本。國朝劉鳴珂撰。

性理析疑

《四庫全書總目提要・儒家類存目四》《性理析疑》十五卷。福建巡撫採進本。國朝蔡洛撰。洛，武平人。

理解體要

《四庫全書總目提要・儒家類存目四》《理解體要》二卷。江西巡撫採進本。國朝黄爲鶚撰。

讀白鹿洞規大義

《四庫全書總目提要・儒家類存目四》《讀白鹿洞規大義》五卷。江蘇巡撫採進本。國朝任德成撰。德成字象元，吴江人。

困勉齋私記

《四庫全書總目提要・儒家類存目四》《困勉齋私記》四卷。編修周永年家藏本。國朝閻循觀撰。

法　書

張之洞《書目答問・儒家》《法書》十卷。檀粹。刻本。

古觀人法

馬國翰《玉函山房藏書簿録・儒家類》《古觀人法》一卷。《檀几叢書》本。宋瑾撰。

人譜補圖

馬國翰《玉函山房藏書簿録・儒家類》《人譜補圖》一卷。《檀几叢書》本。國朝秀水宋瑾豫菴撰。

日知薈説

《四庫全書總目提要・儒家類四》《御製日知薈説》四卷。乾隆元年，皇上取舊製各體文删擇精要，得二百六十則，釐爲四卷。

孔子家語疏證

李慈銘《越縵堂讀書記・儒家類》《孔子家語疏證》。清陳士珂撰。

荀子補注

李慈銘《越縵堂讀書記・儒家類》《荀子補注》。清郝懿行注。

張之洞《書目答問・周秦諸子》《荀子補注》一卷。郝懿行。《郝氏遺書》本。

桐牕𧮰説　附陳子碎言

馬國翰《玉函山房藏書簿録・儒家類》《桐牕𧮰説》一卷《陳子碎言》附。青照堂本。國朝李元春撰。

張子釋要

馬國翰《玉函山房藏書簿録・儒家類》《張子釋要》一卷。青照堂本。國朝李元春編輯，釋張子書能扼其要。

關中三先生要語録

馬國翰《玉函山房藏書簿録・儒家類》《關中三先生要語録》四卷。守樸堂本。李元春撰。輯少墟、仲復、二曲三先生語。

關中四先生要語録

馬國翰《玉函山房藏書簿録・儒家類》《關中四先生要語録》四卷。國朝李元春撰。輯涇野、苑洛、谿田、斛山四先生語。

退菴隨筆

馬國翰《玉函山房藏書簿録・儒家類》《退菴隨筆》二十卷。國朝江西布政使福州梁章鉅茝林撰。

古格言

張之洞《書目答問・儒家》《古格言》十二卷。梁章鉅。自刻本。

曾子注釋

周中孚《鄭堂讀書記・儒家類一》《曾子注釋》四卷。《文選樓叢書》本。國朝阮元撰。

學舫

《四庫全書總目提要・儒家類存目四》《學舫》。無卷數。山東巡撫採進本。國朝吴雲撰。

衛道編

馬國翰《玉函山房藏書簿録・儒家類》《衛道編》二卷。三原刊本。國朝劉紹攽撰。有《九畹》、《易説》、《春秋筆削微旨》等書已著録。此編力攻陸、王以翼朱子。

醉筆堂三十六善

馬國翰《玉函山房藏書簿録・儒家類》《醉筆堂三十六善》一卷。《檀几叢書》本。國朝濟南李日景方山撰。分居官、紳宦、士行、商賈、農家五類，各繫以三十六善。

羣言瀝液

軍機處奏《禁毀書目》 《羣言瀝液》四本。查《羣言瀝液》，係梁顯祖撰。其書係節採格言，乃多引呂留良之語雜入先儒緒論中，悖妄殊甚，應請銷燬。

大呼集

馬國翰《玉函山房藏書簿録・儒家類》 《大呼集》八卷，《凡例綜旨》一卷。國朝古宜梁顯祖良夫撰。匯理學之名言，以辨邪正、明是非、別真僞、析疑義、釋妖妄、破習氣爲主。

猶見篇

馬國翰《玉函山房藏書簿録・儒家類》 《猶見篇》一卷。《檀几叢書》本。國朝錢塘傳麟昭又昭撰。分遵禮服、重官箴、隆鄉望、端士習、謹教習、慎交遊、覈名實、嚴喪制、崇儉約、勵仕學，凡十段。言猶見以慨當時之不然。筆議皆擬賈長沙，自評謂「吾將採莊山之金，鑄賈大夫像而爲之太息乾坤一腐儒意可知矣。

古人居家居鄉法

馬國翰《玉函山房藏書簿録・儒家類》 《古人居家居鄉法》一卷。《檀几叢書》本。國朝江寧丁雄飛菡生撰。意在以温恭勗人。韓聖秋《跋》稱其爲砥礪之綱維。

家塾座右録

馬國翰《玉函山房藏書簿録・儒家類》 《家塾座右録》一卷。《檀几叢書》本。國朝宋起鳳紫庭撰。凡十二章。王晫跋云：……味之如飽菽粟，被之如煖布帛，較之崔銘更爲古雅。

傳氏家訓

丁仁《八千卷樓書目・儒家類》 《傳氏家訓》二卷。國朝傳超撰。刊本。

家　訓

馬國翰《玉函山房藏書簿録・儒家類》 《家訓》一卷。國朝歙縣張習孔黄嶽撰。歸本於孝弟、禮義，視《顔氏家訓》爲醇。

治家格言

馬國翰《玉函山房藏書簿録・儒家類》 《治家格言》一卷。鈔本。朱用純撰。《遺集》載此篇，與《勸言》相表裏。或稱《朱子家訓》，世傳流俗以爲宋晦庵朱子作，非也。

呂晚村先生家訓

軍機處奏《禁毀書目》 《呂留良家訓真蹟》一本。查《呂留良家訓真蹟》，應請銷燬。

凝菴家訓

馬國翰《玉函山房藏書簿録·儒家類》 《凝菴家訓》八卷。國朝婁縣教諭金壇曹李煜亮采撰。皆本分語，不務爲性命高談。

小學集解

《四庫全書總目提要·儒家類存目二》 《小學集解》六卷。江蘇巡撫採進本。國朝蔣永修撰。永修有《孝經集解》，已著録。是編即其提督湖廣學政時學《孝經》合刊者。註釋甚略，而先賢爵里，事蹟與《小學》無關者乃載之頗詳，於朱子著書之旨，似乎倒置矣。

小學纂註

《四庫全書總目提要·儒家類存目二》 《小學纂註》六卷。編修勵守謙家藏本。國朝高愈撰。愈有《高註周禮》，已著録。是書因天台陳選舊註略删訂之，後附《總論》及《朱子年譜》。

周中孚《鄭堂讀書記·儒家類一》 《小學纂注》六卷。乾隆戊子重刊本。國朝高愈撰。愈字紫超，無錫人。順治中歲貢生。《四庫全書》存目。紫超以《小學》舊注大抵襲他經之解而本義莫彰，櫛比章句之間而條理鮮貫，因本陳士賢《集注》而是正其得失，删節其繁冗，次第章法，脈絡貫通，參伍衆説，發揮盡義，閒出其所獨得亦頗中肯綮。前列《朱子年譜》及《朱子小學總論》七條，并纂注《凡例》十則。康熙丁丑華天沐泉爲之序。

小學分節

《四庫全書總目提要·儒家類存目二》 《小學分節》二卷。浙江巡撫採進本。國朝高熊徵撰。熊徵字渭南，岑溪人。順治庚子副榜貢生，官至浙江都轉鹽運使。是書隨章案節，略爲分解，特使童子讀之，易於明曉而已。

小學集解

《四庫全書總目提要·儒家類存目二》 《小學集解》六卷。福建巡撫採進本。國朝黄澄撰。澄字庭聞，莆田人。康熙中諸生。其書取朱子《小學》内、外篇，參會舊註，附以己見。章分句釋，援引頗爲賅洽，然亦不免於過冗。

訓蒙條例

馬國翰《玉函山房藏書簿録·儒家類》 《訓蒙條例》一卷。《檀几叢書》本。國朝仁和陳芳生漱六撰。以十一條統攝身心，復以六條專爲舉業設。

續小學

《四庫全書總目提要·儒家類存目四》 《續小學》六卷。浙江巡撫採進本。國朝葉鈖編。鈖號潛夫，嘉善人。是書成於康熙辛未。以朱子《小學》一書所採至宋淳熙而止，因續採自宋迄明諸儒言行可爲師法者，仍以内、外篇目分條類敘，自爲之註。其《立教》第一篇，末附《幼儀》三十則，則鈖所自撰也。

小學集解

《四庫全書總目提要・儒家類存目二》《小學集解》六卷。直隸總督採進本。國朝張伯行撰。是編以坊刻《小學》數十種，纂註標題，止爲試論剽竊之具，無當於朱子親切指點，引人身體力行之意。因集諸家註釋，融會其說，以成是編。伯行没後，其門人樂亭李蘭梓行之。

小學稽業

《四庫全書總目提要・儒家類存目四》《小學稽業》五卷。直隸總督採進本。國朝李塨撰。其序謂朱子《小學》所載天道、性命，上達也；親迎、朝覲，年及壯强者也。以及居官、告老諸條，皆非幼童事，且無分於《大學》。乃別輯此編。卷一爲小學四字韻語，括其總綱，以便誦讀。卷二爲食食能言，六年教數方名，七年別男女，八年入小學教讓，九年教數目，十年學幼儀諸條。卷三爲學書。卷四爲學記。卷五爲十有五學樂、誦詩、舞勺。大旨以禮、樂、書、數爲綱。其中如引《曲禮》履不上堂一節，在今日竝無解履之事。引《王制》道路，男子由右，婦人由左，車從中央一節，在今日亦跬步不可行。此虛陳古禮者也。又誦詩一條自造詩譜，舞勺一條自造舞譜，此又杜撰古樂者也。惟學書一篇，辨篆楷之分，極爲精核，然亦非童子之所急；其郛廓正與親迎、朝覲等耳。

廣字義

《四庫全書總目提要・儒家類存目四》《廣字義》三卷。浙江巡撫採進本。國朝黄叔璥撰。叔璥有《南征記程》，已著録。初，宋陳普作《字義》，凡一百五十三字，孫承澤嘗爲增訂。叔璥復取陳淳《北溪字義》及程達原《字訓》，合承澤所訂裒爲一書。每條之首題「原」字者，普之舊；題「廣義」者，皆續增也。

弟子職集解

張之洞《書目答問・周秦諸子》《弟子職集解》一卷。莊述祖。《珍埶宧遺書》本。遵義唐氏重刻本。即《管子》之一篇。

弟子職正音

張之洞《書目答問・周秦諸子》《弟子職正音》一卷。王筠。鄂宰四種本。

小學句讀記

《四庫全書總目提要・儒家類存目一》《小學句讀記》六卷。陝西巡撫採進本。國朝王建常撰。建常有《律吕圖說》，已著録。是書因陳選《小學》註本而雜採諸書疏於其下，略如孔穎達《正義》之例，文頗煩蕪。

養正圖

嵇璜等《清通志圖譜略・學術》《養正圖》。謹按，是圖自寢門視膳以及借事納忠，共六十事，皆仰經。御題備著法戒之意。

内則衍義

《四庫全書總目提要・儒家類四》《御定内則衍義》十六卷。順治十三年，世祖章皇帝御定。冠以御製序文及恭進皇太后表。以《禮記・内則篇》爲本，援引經史諸書以佐證推闡之。分八綱，三十二子目。

婦德四箴

馬國翰《玉函山房藏書簿録・儒家類》　《婦德四箴》一卷。《檀几叢書》本。國朝徐士俊撰。有《三百篇鳥獸草木記》、《月令演》，已各著録《經編》。此其晚年授經閨閤，倣程子視聽言動之義作爲德、言、容、功四箴而警之。張潮跋云：真堪羽翼聖賢，傳諸久遠，彤管生輝。

新婦譜

嵇璜等《清通志圖譜略・學術》　陸圻《新婦譜》。謹按是書皆詳論爲婦承順之道，凡五十九條。

女教經傳通纂

《四庫全書總目提要・儒家類存目四》　《女教經傳通纂》二卷。江蘇巡撫採進本。國朝任啟運撰。啟運有《周易洗心》，已著録。是編仿朱子《小學》之例，採諸經傳及《女誡》、《女訓》、《女史箴》等書，分十三類，曰立教，曰敬身，曰笄禮，曰昏禮，曰事父母舅姑，曰謹夫婦，曰辨内外，曰逮妾媵，曰生子，曰勤職，曰祭禮，曰喪禮，曰貞節。其子翔爲之註。末有其門人傳洛等跋，稱尚有《女教史傳通纂》一書，仿《小學》外篇之意，今未之見。據翔所附記，此書立教等十一門，乃啟運之妻所輯，笄禮、喪禮二門乃其妻没後啟運所補。然啟運序中不及之，且其妻名氏翔亦未著，故仍以啟運之名著録焉。

張之洞《書目答問・儒家》　《女教經傳通纂》一卷。任啟運。

女學

《四庫全書總目提要・儒家類存目四》　《女學》六卷。福建巡撫採進本。國朝藍鼎元編。鼎元以《周禮・天官》有九嬪掌婦學之法，謂婦人不可不學。然自班氏《女誡》以外，若劉向《列女傳》，擇而不精；鄭氏《女孝經》精而不詳。至《女訓》、《女史》、《閨範》、《女範》等書，尤爲鄙陋淺率。因採經傳格言，參摭史傳，分爲德、言、容、功四篇。章區類别，間綴論斷，其體例皆本之朱子《小學》。

婦學

張之洞《書目答問・儒家》　《婦學》一卷。章學誠。《文史通義》之一篇，舊别行，亦收《經世又編》中。《珠塵》本。

道家部

論述

《漢書・藝文志・道家類序》 道家者流，蓋出於史官，歷記成敗存亡禍福古今之道，然後知秉要執本，清虛以自守，卑弱以自持，此君人南面之術也。合於堯之克攘，《易》之嗛嗛，一謙而四益，此其所長也。及放者爲之，則欲絶去禮學，兼棄仁義，曰獨任清虛可以爲治。

《隋書・經籍志・道家類序》 道者，蓋爲萬物之奧，聖人之至賾也。《易》曰：「一陰一陽之謂道。」又曰：「仁者見之謂之仁，智者見之謂之智，百姓日用而不知。」夫陰陽者，天地之謂也。天地變化，萬物蠢生，則有經營之迹。至於道者，精微淳粹，而莫知其體，處陰與陰爲一，在陽與陽不二。仁者資道以成仁，道非仁之謂也；智者資道以爲智，道非智之謂也；百姓資道而日用，而不知其用也。聖人體道成性，清虛自守，爲而不恃，長而不宰，故能不勞聰明而人自化，不假修營而功自成。其玄德深遠，言象不測。先王懼人之惑，置于方外，六經之義，是所罕言。《周官》九兩，其三曰師，蓋近之矣。然自黄帝以下，聖哲之士，所言道者，傳之其人，世無師説。漢時，曹參始薦蓋公能言黄老，文帝宗之。自是相傳，道學衆矣。下士爲之，不推其本，苟以異俗爲高，狂狷爲尚，迂誕譎怪而失其真。

焦竑《國史經籍志・道家類序》 九流惟道家爲多端。昔黄老列莊之言，清静無爲而已，煉養服食所不道也。赤松子、魏伯陽則言煉養而不言清静，盧生、李少君則言服食而不言煉養，張道陵、寇謙之則言符籙而不言煉養服食。迨杜光庭以來，至近世黄冠，獨言經典科教，蓋不惟清静之旨趣懵焉無聞，而煉養服食之書，亦未嘗過而問焉矣。而悉宗老氏以託於道家者流，不亦謬乎？夫道以深爲根，以約爲紀，以虛極静篤爲至。故曰虛者道之常，因者君之綱。此古聖人秉要執中而南面無爲之術也，豈有幾于長生哉？然以彼儵然元覽，獨立垢埃之外，則乘雲御雨，揮斥八極，超無有而獨存，特餘事耳。昧者至棄本逐末，誕欺迂怪因而乘之，假託之書，彌以益衆。嗟乎，世惟卓識殫洽者，能辨學之正僞。彼方士非研精教典，獨會于心，烏能知其純駁，擇善而從也？世行《道藏》，視隋、唐、宋著録尤汎濫不經，今稍删次之如左。

《四庫全書總目提要・道家類序》 後世神怪之迹，多附於道家。道家亦自矜其異，如《神仙傳》、《道教靈驗記》是也。要其本始，則主於清浄自持，而濟以堅忍之力，以柔制剛，以退爲進。故《申子》、《韓子》流爲刑名之學，而《陰符經》可通於兵。其後長生之説，與神仙家合爲一，而服餌導引入之。房中一家，近於神仙者亦入之。鴻寶有書，燒煉入之；張魯立教，符籙入之；北魏寇謙之等又以齋醮章呪入之。世所傳述，大抵多後附之文，非其本旨。彼教自不能别，今亦無事於區分，然觀其遺書，源流遷變之故，尚一一可稽也。

錢東垣等輯《崇文總目・道家類序》【原敘】：道家者流，本清虛去健羨泊然自守。故曰「我無爲而民自化，我好静而民自正，雖聖人南面之術不可易也」。至或不究其本，棄夫侗按一本作「去」。仁義而歸之自然，以因循爲用，則儒者病之。

雜録

《漢書・藝文志・道家類》 右道三十七家，九百九十三篇。

《隋書・經籍志・道家類》 右七十八部，合五百二十五卷。

《舊唐書・經籍志・道家類》 右道家一百二十五部，老子六十一家，莊子十七家，道釋諸説四十七家，凡九百六十卷。

《新唐書・藝文志・道家類》 右道家類一百三十七家，七十四部，一千二百四十卷。失姓名三家，玄宗以下不著録一百五十八家，一千三百三十八卷。總一百三十七家，一百七十四部。

《宋史・藝文志・道家類》 右道家類一百二部，三百五十九卷。

《明史・藝文志・道家類》 右道家類，五十六部，二百六十七卷。

《四庫全書總目提要・道家類》 右道家類四十四部，四百三十二卷，皆文淵閣著録。

又《道家類存目》 右道家類一百部，四百六十四卷，内四部無卷數。皆附存目。

錢東垣等輯《崇文總目・道家類》 共三十五部，計一百七十卷。

綜述

伊尹

《漢書・藝文志・道家類》《伊尹》五十一篇。湯相。

姚振宗《漢書藝文志條理・道家類》《伊尹》五十一篇。湯相。

姚振宗輯《七略別録佚文・道家類》《伊尹》五十一篇。《史記》伊尹從湯，言素王及九主之事。九主者，有法君、專君、授君、勞君、等君、寄君、破君、國君、三歲社君，凡九品，圖畫其形。嚴本、馬本並據《史記・殷本紀集解》。

又曰：法君，謂用法嚴急之君，若秦孝公及始皇等也。勞君，謂勤勞天下，若禹、稷等也。等君，等者平也，謂定等威、均禄賞，若高祖封功臣，侯雍齒也。授君，謂人君不能自理，而政歸臣，若燕王噲授子之，禹授益稷之比也。專君，謂耑己獨斷，不任賢臣，若漢宣之比也。破君，謂輕敵致寇，國滅君死，若楚戊、吴濞等是也。寄君，謂人困於下，主驕於上，離析可待，故孟軻謂之「寄君」也。國君，國當爲「固」，謂完城郭，利甲兵，而不脩德，若三苗、智伯之類也。三歲社君，謂在襁褓而主社稷，若周成王、漢周昭、平等是也。《史記殷本紀・索隱》云：劉向所稱九主載之《七録》，名稱甚奇，不知所憑據耳。以下即言「法君謂用法嚴急」云云。按《索隱》此一段九載九主次序與所引不同，《七録》殆《七畧》、《别録》之省文，非指阮氏《七録》。漢昭平或是昭帝之寫誤。此劉氏據《伊尹》書以爲之説。唐時《伊尹》書亡，爲司馬貞所未見，故目爲不知憑據。大抵《集解》但引九主之名，稱《索隱》復據《别録》引申而有微變其文。

辛甲

《漢書・藝文志・道家類》《辛甲》二十九篇。紂臣，七十五諫而去，周封之。

姚振宗《漢書藝文志條理・道家類》《辛甲》二十九篇。

姚振宗輯《七略別録佚文・道家類》《辛甲》二十九篇。辛甲，故殷之臣，事

紂。蓋七十五諫而不聽。去至周。召公與語，賢之。告文王，文王親自迎之，以爲公卿，封長子，今上黨所治縣是也。

鬻子

《漢書・藝文志・道家類》《鬻子》二十二篇。名熊，爲周師，自文王以下問焉，周封爲楚祖。

《隋書・經籍志・道家類》《鬻子》一卷。周文王師鬻熊撰。

《新唐書・藝文志・道家類》《鬻子》一卷。鬻熊。

陳振孫《直齋書録解題・道家類》《鬻子》一卷。鬻熊爲周文王師，封於楚，爲始祖。《漢志》云爾。書凡二十二篇，今書十五篇。陸佃農師所校。

王世貞《讀書後》卷五 《鬻子》僞書也，其文辭雖不悖謬，于道要之至淺陋者，掇拾先賢之遺而加飾之耳。謂禹據一饋而七十起，非三吐之戹言乎？七十起何其勞也。禹得七大夫如杜季施皆非夏氏因生之姓，至所謂東門虚、南門壖、西門疕、北門側幾乎戲矣。夫鬻子九十而爲文王師也，乃末篇曰「昔者魯周公使康叔往守于殷」，何哉？阮逸僞《元經》、李荃僞《陰符》、劉歆僞《周禮》固矣，猶能文其辭。未有如《鬻子》之淺陋者也。雖然，使僞而近也，毋寧僞而遠也乎？近則惑。

徐𤊹《徐氏家藏書目・諸子類》《鬻子》一卷。

錢謙益等《絳雲樓書目・道家類》《鬻子》一卷。鬻熊。

姚振宗《漢書藝文志條理・道家類》《鬻子》二十二篇。

姚振宗輯《七略別録佚文・道家類》《鬻子》二十二篇。名熊，爲周師，自文王以下問焉。周封爲楚祖。鬻子，名熊，封於楚。

錢東垣等輯《崇文總目・道家類》《鬻子》一卷。鬻熊撰。【原釋】：《藝文志》二十六篇，其八篇亡，特存此十四篇耳。異巖李氏引，見《文獻通攷》。

太公

《漢書・藝文志・道家類》《太公》二百三十七篇。吕望爲周師尚父，本有道者。

或有近世又以爲太公術者所增加也。《謀》八十一篇，《言》七十一篇，《兵》八十五篇。

姚振宗《漢書藝文志條理・道家類》《太公》二百三十七篇。

姚振宗輯《七略別録佚文・道家類》《太公》二百三十七篇。《太公謀》八十一篇。《太公言》七十一篇。《太公兵》八十五篇。此三條並據《漢藝文志》。呂望爲周師尚父。師之、尚之、父之，故曰「師尚父」。父亦男子之美稱也。按首句七字據漢志輯補。

筦　子

《漢書・藝文志・道家類》《筦子》八十六篇。名夷吾，相齊桓公，九合諸侯，不以兵車也，有《列傳》。

徐𤊹《徐氏家藏書目・諸子類》《管子》十卷。

姚振宗輯《七略別録佚文・道家類》《筦子》八十六篇。護左都水使者光禄大夫臣向言：所校讎中《筦子書》三百八十九篇，《大中大夫卜圭書》二十七篇，《臣富參書》四十一篇，《射聲校尉立書》十一篇，《太史書》九十六篇，凡中外五百六十四篇，以下校。除復重四百八十四篇，定著八十六篇。

老　子

《舊唐書・經籍志・道家類》《老子》二卷。老子撰。《道德經》三卷。

《新唐書・藝文志・道家類》《老子道德經》二卷。李耳。又三卷。

晁公武《郡齋讀書志・道家類》《老子道德經》二卷。

尤袤《遂初堂書目・道家類》《古文老子》。

陳振孫《直齋書録解題・道家類》《老子道德經》二卷。周柱下史李耳伯陽撰。昔人言謚曰「聃」，故世稱老聃。然「聃」之爲訓，耳漫無輪也，似不得爲謚。

馬端臨《文獻通考・經籍考・道家類》《老子道德經》二卷。

楊士奇等《文淵閣書目・子書類》《老子道德經》。一部，一册。完全。

又《道書類》《道德真經》。一部，二册。《道德經》。一部，一册。

高儒《百川書志・道家類》《老子道德經》二卷。李耳撰。八十一章，五千七百四十有八言。

張萱等《内閣藏書目録・子部》《老子》一册。全。《道德》、《南華》、《冲虚》三經共四册。全。

錢東垣等輯《崇文總目・道家類》《道德經》二卷。【原釋】：不著姓氏。闕。見天一閣鈔本。

老萊子

《漢書・藝文志・道家類》《老萊子》十六篇。楚人，與孔子同時。

姚振宗《漢書藝文志條理・道家類》《老萊子》十六篇。楚人與孔子同時。《史記・老子列傳》：或曰老萊子亦楚人，著書十五篇，言道家之用，與孔子同時云。

姚振宗輯《七略別録佚文・道家類》《老萊子》十六篇。老萊子，古之壽者。嚴本。馬本。

文　子

《漢書・藝文志・道家類》《文子》九篇。老子弟子，與孔子並時，而稱周平王問，似依託者也。

《隋書・經籍志・道家類》《文子》十二卷。文子，老子弟子。《七略》有九篇，梁《七録》十卷，亡。

《舊唐書・經籍志・道家類》《文子》十二卷。

《新唐書・藝文志・道家類》《文子》十二卷。

尤袤《遂初堂書目・道家類》《文子》。

高似孫《子略》卷二　《文子》。柳子厚以《文子》徐靈府注十二卷，李白進訓注十二卷。天寶中以《文子》爲《通元真經》。文子爲老子弟子，其辭指皆本之老子。其傳曰老子弟子，雖其辭指。柳子厚以爲時有若可取，蓋駁書也。凡《孟子》

數家，皆入剽竊，文詞又互相抵而不合，人其損益之歟？或聚斂以成其書歟？乃爲刊去謬亂，頗發其意，子厚所刊之書，世不可見矣。今觀其言，曰神者智之淵，神清則智明；智者心之府，智公則心平。又曰上學以神聽之，中學以心聽之，下學以耳聽之。又曰貴則觀其所舉，富則觀其所欲，貧則觀其所愛。又曰人性欲平，嗜欲害之。此亦《文子》之一臠也。

《宋史·藝文志·道家類》 《文子》十二卷。舊書目云，周文子撰。

楊士奇等《文淵閣書目·道書》 《文子通元真經》。一部，三冊。

徐𤊹《徐氏家藏書目·諸子類》 《文子》二卷。辛鈃。

錢謙益等《絳雲樓書目·道家類》 《文子通元正經》。十二卷。老子弟子。

《四庫全書總目提要·道家類》 《文子》二卷。兩淮鹽政採進本。案《漢志·道家》，《文子》九篇。註曰：老子弟子，與孔子並時，而稱周平王問，似依託者也。案此班固之原註，《讀書志》以爲顏師古註，誤也。《隋志》載《文子》十二篇。註曰：老子弟子，《七略》有九篇，梁十卷，亡。二《志》所載，不過篇數有多寡耳，無異説也。因《史記·貨殖傳》有「范蠡師計然」語，又因裴駰《集解》有「計然姓辛，字文子，其先晉國公子」語。北魏李暹作《文子》註，遂以計然、文子合爲一人。文子乃有姓、有名，謂之辛鈃。案暹註今已不傳，此據《讀書志》所引。案馬總《意林》列《文子》十二卷，註曰：周平王時人，師老君。又列《范子》十三卷，註曰：並是陰陽、曆數也。又曰：計然者，葵邱濮上人。姓辛，名文子。其先晉國公子也。其書皆范蠡問而計然荅。是截然兩人、兩書，更無疑義。暹移甲爲乙，謬之甚矣。《柳宗元集》有《辨文子》一篇，稱其旨意皆本《老子》。然考其書，蓋駁書也。其渾而類者少，竊取他書以合之者多。凡《孟子》輩數家，皆見剽竊，嶢然而出其類。其意緒文詞，又互相牴而不合。不知人之增益之歟？或者衆爲聚斂以成其書歟？今刊去謬惡濫雜者，取其似是者，又頗爲發其意，藏於家。是其書不出一手，唐人固已言之。然宗元所刊之本，高似孫《子略》已稱不可見。今所行者，仍十二篇之本。別本或題曰《通元真經》，蓋唐天寶中嘗加是號，事見《唐·藝文志》云。

張之洞《書目答問·周秦諸子》 《文子》二卷附《校勘記》。《守山閣》本、又《金壺》本、吳刻《二十子》本。道。

姚振宗《漢書藝文志條理·道家類》 《文子》九篇。老子弟子，與孔子並時，而稱周平王問，似依託者也。

錢東垣等輯《崇文總目·道書類》 《太上通元真經》三卷。

亢倉子

尤袤《遂初堂書目·道家類》 《亢倉子》。

《宋史·藝文志·道家類》 《亢倉子》三卷。一名庚桑子。戰國時人，老子弟子。

高儒《百川書志·道家類》 《亢倉子》一卷。

蜎子

《漢書·藝文志·道家類》 《蜎子》十三篇。名淵，楚人，老子弟子。

姚振宗輯《七略別録佚文·道家類》 《蜎子》十三篇。名淵，楚人，老子弟子。太史公曰：環淵楚人。環，姓也。《史記·孟荀列傳·索隱》。

姚振宗《漢書藝文志條理·道家類》 《蜎子》十三篇。名淵，楚人，老子弟子。《史記·田完世家》：齊宣王喜文學游説之士，自如騶衍、環淵之徒七十六人，皆賜列第爲上大夫，不治而議論。

又《孟荀列傳》：環淵，楚人，學黄老道德之術，因發明序其指意，與慎到、田駢、接子皆有所論，環淵著上、下篇。

劉歆《七略》曰：蜎子，名淵，楚人也。

本書《人表》：蜎子列第六等中下。梁玉繩曰：蜎子，亦見本書《藝文志》，即楚人環淵，老子弟子，蜎姓。案班氏本劉歆《七略》，以淵爲老子弟子，故置魯昭公世。然《史》稱淵在稷下先生之列，當齊宣王時，未知孰信。又《淮南·原道》有娟嬛，《文選·七發》作「便蜎」，李善注引《淮南》作「蜎嬛」，引《宋玉集》作「玄淵」，謂與蜎子是一人。考高誘云，娟嬛古善釣人名，故同詹何並舉，善以爲一人，恐誤。

應劭《風俗通·姓氏篇》：環氏出楚環列之尹，後以爲氏，楚有賢者環淵著書上下篇，張澍輯注曰：環淵，亦即蜎淵也。隗囂將環安，公孫述將環饒。吳有環濟著《要略》。

壺丘子

姚振宗《漢書藝文志拾補・道家類》 《壺丘子》五篇。《世本》曰：狐丘氏，晉大夫狐丘林之後。張澍《輯注》曰：《英賢傳》云，出自狐丘封人之裔。又按狐丘，一作「壺丘」，又作「瓠丘」。

皇甫謐《高士傳》：壺丘子林者，鄭人也，道德甚優。列禦寇師事之。林寶《元和姓纂》曰列子師壺丘子，林鄭人。《漢書》：壺丘子著書五篇。今下邳有壺丘氏。錢塘梁玉繩《古今人表考》曰：壺丘子林，始見《呂覽・下賢》、《列子・天瑞》諸篇。亦曰壺子，亦曰壺丘子，亦曰壺子林。名林，鄭人也。案表依《呂覽》以壺子爲子產之師，故敍於魯昭公時，而《列子》言列子師之，豈寓言耶？「狐」「壺」古通。

按林寶所述，疑亦得之《風俗通・姓氏篇》，其云《漢書》未詳所據。

列子

《漢書・藝文志・道家類》 《列子》八篇。名圄寇，先莊子，莊子稱之。

洪邁《容齋題跋》卷一《跋列子》 《列子》書事簡勁宏妙，多出《莊子》之右。其言惠盎見「宋康王說勇有力」一段，語宛轉四反，非數百言曲而暢之不能了。而潔淨粹白如此，後人筆力渠可復到耶？

尤袤《遂初堂書目・道家類》 《列子》。

高似孫《子略》卷二 《列子》。劉向論《列子》書《穆王》、《湯問》之事，迂誕恢詭，非君子之言。又觀穆王與化人游，若清都紫微，鈞天廣樂，帝之所居。夏革所言，四海之外，天地之表，無極無盡。傳記所書，固有是事也，人見其荒唐幻異，固以爲誕。然觀太史公《史》，殊不傳《列子》，如《莊周》所載許由、務光之事。漢去古未遠也，許由、務光，往往可稽，遷猶疑之，所謂禦寇之說，獨見於寓言耳。遷於此詎得不致疑耶？周之末篇，敍墨翟、禽滑釐、慎到、田駢、關尹之徒，以及於周，而禦寇獨不在其列。豈禦寇者，其亦所謂鴻蒙列缺者歟？然則是書與《莊子》合者十七章，其間尤有淺近迂僻者，特出於後人會粹而成之耳。至於西方之人有聖者焉，不言而自信，不化而自行，此固有及於佛，而世尤疑之。夫天毒之國，紀于《山海》；竺乾之師，聞于柱史，此楊文公之文也。佛之爲教，已見於是，何待於此時乎？然其可疑可怪者不在此也。

陳振孫《直齋書録解題・道家類》 《列子》八卷。鄭人列禦寇撰。穆公時人。案：劉向校定八篇，謂列禦寇與鄭繆公同時。柳宗元云，鄭繆公在孔子前幾百載，禦寇書言鄭殺其相駟子陽，則鄭繻公二十四年，當魯穆公之十年。向蓋因魯穆公而誤爲「鄭」耳。

高儒《百川書志・道家類》 《列子》八卷。鄭列禦寇撰，劉向校定，八篇。

王世貞《讀書後》卷一 《讀〈列子〉》。吾始好《列子》文，謂其與《莊子》同敘事而獨簡勁有力，以爲差勝之，于鱗亦以爲然。而柳子厚故謂《列子》辭尤質厚少譌作。最後稍熟《莊子》，始知《列子》之不如《莊子》遠甚。凡《列子》之談理引喻皆明淺，僅得其虛泊無爲，以幻破。闕。於膚膜之間。而《莊子》則往往深入而探得其髓，其出世處世之精妙，有超於揣摩意見之表者。至其措句琢字、出鬼入神，固非《列子》之所敢望也。吾意《列子》非全文，其文當缺，而後有附會之者。凡《莊子》之所引徵散漫，而《列子》之所引則簡勁，疑附會之者因《莊子》之文而加劘琢者也。柳柳州《列子辨》獨舉劉向所稱爲鄭穆公時人，以穆公在孔子前百餘歲，而歷舉列子在繻公時，與其相駟子陽證其非。夫《列子》引孔子不一而足，是可知已，又何必別引子陽以爲證？且向寧不自知其非？鄭穆公「穆」之一字當由傳録者訛。柳州之辨其所不必辨，尤可笑也。

又卷五 《讀〈列子〉》。《莊子》語多引《列子》，或曰傅會之書也。此殆不然，其持論無以大異。《莊子》其敍事裁而挾，辭法則似勝之。獨所稱「化人見周穆王」與「西方有聖人」語，爲瞿曇氏之學者往往相引以重，至謂其教嘗已行于中國，而秦廢絶之，噫亦謬矣。余謂《列子》中所載二事與《關尹子》之言皆非舊文，儒而瞿曇學者陰益之。

張萱等《內閣藏書目録・聖製部》 《列子》二册。全。

又《子部》 《道德》、《南華》、《沖虛》三經共四册。全。

于敏中等《天禄琳琅書目・明版子部》 《沖虛至德真經》。一函，六册。篇目同前。亦世德堂刊本，紙墨與前部同。

彭元瑞等《天禄琳琅書目後編・宋版子部》 《沖虛至德真經》。一函，三册。見前《六子全書》內《列子》係一版摹印。

《沖虛至德真經》。一函，四册。見前《六子全書》內《列子》係一版摹印，稍後。

《沖虛至德真經》。一函，四册。見前《六子全書》内《列子》係一版摹印，更後。據印記與《前四子》爲一家所藏。

黄丕烈《蕘圃藏書題識》卷六　《沖虛至德真經》八卷。宋刻本。

乾隆乙卯季冬，書船鄭輔義攜宋刻《列子》二册求售。適是日余在友人處，因留於大兒玉堂書塾中。至暮抵家，取書閲之，密行細字，尚是宋刻之上駟。急撥鐙校一卷，覺世德堂本，訛舛已復不少，真善本也。明晨，訪顧抱沖于小讀書堆，鄭書友已在坐。背抱沖問其直，索白鏹六十金。余方以爲價昂不之得，而抱沖已喧傳余之獨得此書矣。蓋是書先攜至金閶袁綬階處，後到余家。綬階遂爲抱沖言之，抱沖作書於輔義，指名相索。輔義含餬答應，忽見余與輔義耳語，知是書已留余家，故抱沖以余爲必得也。余亦以是書不歸江夏，即歸武陵。儻惜財物致失異書，大是恨事，因固留之，并不敢重與物主一觀。輔義來議價者再三，仍執前所言，不得已屬其取向所見之宋刻《新序》同買之，許以八十金而始允余。雖知是書之貴，明爲余與抱沖爭購之故，然此愛書之私終不爲所奪。在余亦自笑其癡獃耳。歲晚事忙，不及敘得書顛末。新年以守制，家居不出門賀歲。午窗新霽，展函讀之，爰題數行于後，俾後之覽者知異書忽來如景星慶雲，争先睹之爲快，若癡獃如余尤有甚焉。人有不竊相笑者乎？大清嘉慶元年元旦，試筆書此於昭明庵舊居之敉恬書屋，棘人黄丕烈。

《列子》行世本以世德堂《六子》本爲最，余舊藏景宋鈔本，抱沖曾取與世德堂本較之，多所歧異，幾自矜爲善本矣。近得此本佳處更多鈔本，遂遜而居乙。抱沖從弟潤蘋爲余校是書，見其中所坿音，始猶疑爲殷敬順《釋文》。後細審之，乃知非《釋文》，蓋作注者之舊音也。且爲余言殷敬順乃宋人而託名唐人者。如此本字句《釋文》所云「一本作某某」，皆與此本合，則此本之在《釋文》未行以前，可知《列子》善本絶少，得此足正羣譌。書前跋畢并紀數語以傳信於後。

張之洞《書目答問・别録・群書讀本》　朱墨本《列子》。明閔氏刻本。

姚振宗《漢書藝文志條理・道家類》　《列子》八卷。名圄寇，先莊子，莊子稱之。

姚振宗輯《七略别録佚文・道家類》　《列子》八卷。《天瑞》第一，《黄帝》第二，《周穆王》第三，《仲尼》第四，一曰《極知》。《湯問》第五，《力命》第六，《楊朱》第七。一曰《達生》。《説符》第八。右新書定著八篇，護左都水使者光禄大夫臣向言：所校中書《列子》五篇，臣向謹與長社尉臣參校讎，太常書三篇，太史書四篇，臣向書六篇，臣參書二篇，内外書凡二十篇，以校。除復重十二篇，定著八篇，中書多，外書少。章亂布在諸篇中，或字誤，以「盡」爲「進」，以「賢」爲「形」，如此者衆。及在新書有棧。音剪。校讎從中書，已定，皆以殺青。書可繕寫。列子者，鄭人也，與鄭繆公同時，王氏《漢志攷證》曰：或謂鄭紂公字誤爲繆公。蓋有道者也。其學本於黄帝、老子，號曰道家。道家者，秉要執本，清虛无爲，及其治身接物，務崇不競，合於六經，而《穆王》、《湯問》二篇，迂誕恢詭，非君子之言也。至於《力命》篇一推分命，《揚子》之篇唯貴放逸，二義乖背，不似一家之書。然各有所明，亦有可觀者。孝景皇帝時貴黄老術，此書頗行於世。及後遺落，散在民間，未有傳者，且多寓言，與莊周相類，故太史公司馬遷不爲列傳，謹第録。臣向昧死上，護左都水使者光禄大夫臣向所校列於《書録》，永始三年八月壬寅日上。《列子》宋刻本。

老成子

《漢書・藝文志・道家類》　《老成子》十八篇。

姚振宗《漢書藝文志條理・道家類》　《老成子》十八篇。《世本氏姓篇・老成氏》：宋有大夫老成方。張澍輯注曰：《列仙傳》老成子，從尹文先生學幻者，在齊定公時。《氏族略》云：老成子著書十篇，言黄老之道。甄鸞注《數術記遺》云：《四維》者，老成子所造也。又曰：宋有老氏出戴公後，有老成氏。《廣韻》引作「考」，疑非是。《列子・周穆王》篇有老成子。《廣韻》引《列子》又作「考成」，是古「考」、「老」通也。

本書《人表》第六等中下孝成子。梁玉繩曰：老成子，始見《列子・周穆王篇》。翟教授曰：《藝文志》，老成子在道家，蓋亦老子之徒。孝字譌。

按《元和姓纂》云：老城氏或爲考城子，古賢人也。著書述黄老之道。《列子》有考城子，幼學于尹先生。《氏族略》引文同。「幼學」似「學幻」之譌。又《姓纂》及《廣韻》、《氏族略》别出老成氏，並言老成方仕宋爲大夫，著書十篇，言黄老之道。豈著書者即爲老成方乎？其言十篇，與此十八篇不合，不可知已。

田子

《漢書・藝文志・道家類》《田子》二十五篇。名駢，齊人，游稷下，號天口駢。

姚振宗輯《七略別録佚文・道家類》《田子》二十五篇。名駢，齊人。游稷下，號天口駢。

稷，齊城門名也。談説之士，期會於稷門下，故曰稷下也。嚴本、馬本。又曰齊有稷門，齊城門也。談説之士，期會於其下。《史記・田敬仲世家・索隱》。按《漢志》言稷下者始見於《孫卿子》，而《孫卿子・叙録》無是説，再見於此，今姑繫之。

姚振宗《漢書藝文志條理・道家類》《田子》二十五篇。名駢，齊人，游稷下，號天口駢。

《吕氏春秋・不二篇》：陳駢貴齊。《尸子・廣澤篇》曰：田子貴均。高誘曰：陳駢，齊人也。作道書二十五篇。貴齊，齊死生、等古今也。《史記・田敬仲世家》：齊宣王喜游説文學之士，自如騶衍、淳于髡、田駢、環淵之徒七十六人，皆賜列第爲上大夫。是以齊稷下學士復盛且數百千人。又《孟荀列傳》：自騶衍與齊之稷下先生如淳于髡、環淵、田駢之徒言治亂之事，以干世主，豈可勝道哉！又曰：田駢，齊人；環淵，楚人。皆學黄老道德之術，因發明序其指意。

劉向《別録》曰：稷，齊城門名，談説之士期會于稷門下者甚衆，故曰稷下。又《七略》曰：齊田駢好談論，故齊人爲語曰「天口駢」，天口者，言田駢子不可窮其口，若事天。

本書《人表》：田駢列第五等中中。梁玉繩曰：田駢始見《齊策》、《莊子・天下》、《荀子・非十二子》，又名廣齊人，亦曰田子，亦曰陳駢，亦曰陳駢子。按《七略》又稱曰田駢子。

唐楊倞《荀子・非十二子篇》注：田駢，齊人，游稷下，著書十五篇。按敓二字。其學本黄老，大歸名法。馬國翰輯本序曰：《漢志・道家》：田子二十五篇，隋、唐《志》皆不著録，佚已久。茲從《吕氏春秋》輯得佚説三篇。其一篇與《淮南子》所引互有詳略異同，參訂校補並附考爲卷。

公子牟

《漢書・藝文志・道家類》《公子牟》四篇。魏之公子也，先莊子，莊子稱之。

姚振宗《漢書藝文志條理・道家類》《公子牟》四篇。魏之公子也。先莊子，莊子稱之。《列子・仲尼篇》中山公子牟者，魏國之賢公子也。好與賢人遊。張湛注曰：公子牟、文侯子作書四篇，號曰道家。魏伐得中山，以邑子牟，因曰中山公子牟也。

荀卿《非十二子篇》曰：縱情性，安恣睢，禽獸之行。楊注曰：言任情，性所爲而不知禮義，則與禽獸無異，故曰禽獸行。不足以合文通治，然而其持之有故，其言之成理，足以欺惑衆愚，是它囂魏牟也。楊倞曰：魏牟，魏公子，封于中山。莊子有公子牟稱莊子之言，以折公孫龍。據即與莊子同時也。又《列子》稱公子牟解公孫龍之言，公孫龍，平原君之客，而張湛以爲文侯子，據年代非也。《説苑》曰：公子牟東行，穰侯送之，未知何者爲定也。按《魏世家》：魏文侯十七年伐中山，使子擊守之。文侯三十八年卒，子擊立是爲武侯。武侯十六年卒，子罃立是爲惠王。惠王二十八年，中山君相魏張湛。蓋以此中山君爲即公子牟，故謂文侯子。其時代亦頗相近。相魏之時，年當在七八十矣。張説似未可非也。又曰：妄稱古之人亦有如此者，故曰持之有故；又其言論能成文理，故曰言之成理，足以欺惑愚人衆人矣。

本書《人表》魏公子牟列第六等中下，公孫龍之次。梁玉繩曰：魏公子牟始見《趙策》、《列子・仲尼》、《莊子・秋水》，即魏牟，魏國之賢公子。魏得中山以邑子牟，故曰公子魏牟，亦曰中山公子牟，亦曰范魏牟。

馬國翰輯本序曰：《漢志・道家》：《公子牟》四篇，魏之公子也。其書隋、唐《志》皆不著目，佚已久。茲從《莊子》、《戰國策》、《吕氏春秋》、《説苑》所引捃摭，觕可補四篇之缺，理見其大，清辯滔滔，宜乎折堅白異同之論，使公孫龍口呿而舌舉也。

莊子

《漢書・藝文志・道家類》《莊子》五十二篇。名周，宋人。

尤袤《遂初堂書目・道家類》　《莊子》。

高似孫《子略》卷二　《莊子》。道德三千言，辭絜旨諡，澹然《六經》之外，其用則易也。莊周則不然，浚滌沉潛，若老於元者。而泓峥蕭瑟，乃欲超遥於老氏之表。是以其説意空一塵，倜儻峻拔，無一毫蹈襲沿仍之陋，極天之荒窮人之僞。放肆迤演，如長江長河，衮衮灌注，泛濫乎天下；又如萬籟怒號，澎湃洶湧，聲沉影滅，不可控摶。率以荒怪詭誕，狂肆虚眇，不近人情之説。瞽亂而自呼，至於法度森嚴，文辭雋健，自作瓌新，亦一代之奇才乎？戰國多奇士，荀卿之學，有志斯世者也；魯連之辯，獨善其身者也。寓言一書，非深乎道者，未易造此。顧獨以滑稽發之，士至於無所用其才，而猶區區於矯拂世俗之弊者，不亦恝恝乎？方是時，天下大壞，蕩不可支，攘奪争凌，斬然一律。其意思有以激之回之，矯之夷之，肆意無忌，以放乎辭，矯世之私，曾不一二。而亂天下之過，特不可免於中。若其言託孔子以自致其過者，二十有九章。又言堯、禹、文王、太公之事，皆非《詩》、《書》所見，而竊快其無稽之論，狎聖海道，玆爲亦甚矣。學者知之乎？

陳振孫《直齋書録解題・道家類》　《莊子》十卷。蒙漆園吏宋人莊周撰。案《史記》與齊宣、梁惠同時，則亦當與孟子相先後矣。

楊士奇等《文淵閣書目・子書》　《莊子南華經》。一部，五册。闕。

高儒《百川書志・道家類》　《莊子南華真經》。莊周撰，《内篇》七，《外篇》十五，《雜篇》十一，合三十三篇。

張萱等《内閣藏書目録・聖製部》　《南華經》五册。全。正文鈔本。又《子部》。《南華》。道德、南華、冲虚共四册，全。

彭元瑞等《天禄琳琅書目後編・明版子部》　《南華真經》。三函，十六册。篇目見前宋版子部《纂圖互注六子全書》條下。書中卷七上方有墨蹟云：先繕部篤信好學，試第一。卷用款啟字，事在萬曆丁酉，距今五十七年矣。順治壬辰九月十七日記。鈐印「一士楫」。此讀書家私記，雖其人無可考，亦可驗爲明代舊籍。

《南華真經》。二函，十册。篇目同上。每葉版心有「世德堂刊」四字，紙墨精工，與《中説》同。

張之洞《書目答問・别録・群書讀本》　朱墨本《莊子》。明閔氏刻本。

姚振宗《漢書藝文志條理・道家類》　《莊子》五十二篇。名周，宋人。《史・老莊列傳》：莊子者，蒙人也，名周。周嘗爲蒙漆園吏，與梁惠王、齊宣王同時。其學無所不闚，然其要本歸于老子之言。故其著書十餘萬言，大抵率寓言也。作《漁父》、《盜跖》、《胠篋》，以詆訾孔子之徒，以明老子之術。《畏累虚》、《亢桑子》之屬，皆空語無事實。然善屬書離辭，指事類情，用剽剥儒、墨，雖當世宿學不能自解免也。其言洸洋自恣以適己，故自王公大人不能器之。楚威王聞莊周賢，使使厚幣迎之，許以爲相。莊周笑謂楚使者曰：千金，重利；卿相，尊位也。子獨不見郊祭之犧牛乎？養食之數歲，衣以文繡，以入太廟。當是之時，雖欲爲孤豚，豈可得乎？子亟去，無污我。我寧游戲污瀆之中自快，無爲有國者所羈，終身不仕，以快吾志焉。

劉向《别録》曰：莊子，宋之蒙人也。又作人姓名，使相與語，是寄辭于其人，故莊子有《寓言篇》。

本書《人表》嚴周列第六等中下。梁玉繩曰：嚴周，字子休，楚莊王之後，亦曰莊叟，亦曰莊生。墓在濠州東二里。唐天寶元年號爲「南華真人」，宋宣和元年詔封「微妙元通真君」，配享混元皇帝，元至元三年加封「南華至極雄文弘道真君」。

《釋文・敘録》曰：《漢書・藝文志》：《莊子》五十二篇，即司馬彪、孟氏所注是也。又曰：司馬彪注二十一卷五十二篇。《内篇》七，《外篇》二十八，《雜篇》十四，《解説》三，爲音三卷。孟氏注十八卷五十二篇。按孟注無《音》三卷，故十八卷。

《唐書・藝文志》：天寶元年詔號《莊子》爲《南華真經》。

姚振宗輯《七略别録佚文・道家類》　《莊子》五十二篇。莊子，宋之蒙人也。又作人姓名，使相與語，是寄辭於其人，故《莊子》有《寓言》篇。並嚴、馬本。

鶡冠子

《漢書・藝文志・道家類》　《鶡冠子》一篇。楚人，居深山，以鶡爲冠。

《隋書・經籍志・道家類》　《鶡冠子》三卷。楚之隱人。

《舊唐書・經籍志・道家類》　《鶡冠子》三卷。鶡冠子撰。

《新唐書・藝文志・道家類》　《鶡冠子》三卷。

鄭樵《通志・藝文略・道家類》　《鶡冠子》三卷。楚之隱人。

晁公武《郡齋讀書志・道家類》　《鶡冠子》八卷。右班固載：「鶡冠子，楚人。居深山，以鶡羽爲冠。」著書成編，因以名之。至唐韓愈稱愛其《博選》、《學問篇》，而柳宗元以其多取賈誼《鵩賦》，非斥之。按《四庫書目》：《鶡冠子》三十六篇，與愈合，已非《漢志》之舊。今書乃八卷，前三卷十三篇，與今所傳《墨子》書同。中三卷十九篇，愈所稱兩篇皆在，宗元非之者，篇名《世兵》，亦在。後兩卷有十九篇，多稱引漢以後事，皆後人雜亂附益之。今削去前、後五卷，止存十九篇，庶得其真。其辭雜黄老刑名，意皆鄙淺，宗元之評蓋不誣。

尤袤《遂初堂書目・道家類》《鶡冠子》。

高似孫《子略》卷三 《鶡冠子》。春秋戰國間人才之偉且多。有不可勝數者，不得其時，不得其位，不得其志，退而藏之山谷林莽之間，無所泄其謀慮智勇，大抵見之論者。然其經營馳騁天下之志，未始一日忘，而其志亦可窺見其萬一者矣。是以功名之念有以怵其心，利害之機有以蕩其慮，而特立獨行之操，不足以盡洗見聞之陋也。是其爲書不出於黄老，則雜於刑名，是蓋非一鶡冠子而已也。柳子厚讀賈誼《鵩賦》，嘉其詞，而學者以爲盡出《鶡冠子》。得其書讀之，殊爲鄙淺，唯誼所引用者爲甚美，餘無可言者。《列僊傳》曰：鶡冠子楚人，隱居。衣弊履穿，以鶡爲冠，莫測其名。著書言道家事，則蓋出於黄老矣。其書有曰「小人事其君，務蔽其明，塞其聰，乘其威，以灼熱天下，天高而難追，有福不可請，有禍不可違」。其言如此。是蓋未能忘情於斯世者。至曰「鳳鳥，陽之精，麒麟，陰之精；萬民者，德之精」。嗚呼！亦神矣。

馬端臨《文獻通考・經籍考・道家類》《鶡冠子》八卷。

《宋史・藝文志・道家類》《鶡冠子》三卷。不知姓名。《漢志》云：「楚人，居深山，以鶡羽爲冠，因號云。」

楊士奇等《文淵閣書目・子書》《鶡冠子》。一部，一册。闕。

高儒《百川書志・道家類》《鶡冠子》一卷。楚鶡冠子撰，宋人定爲十九篇。

徐𤊹《徐氏家藏書目・諸子類》《鶡冠子》一卷。楚隱人。

錢謙益等《絳雲樓書目・道家類》《鶡冠子》。三卷。宋刻八卷。《野客叢書》今所行者四卷十五篇。《公羊傳疏》卷末，嘗引是書，則其書雖非真，亦必出唐以前人手筆，或云唐人王某撰。非也。

錢東垣等輯《崇文總目・道家類》《鶡冠子》三卷。【原釋】：今書十五篇，述三才變通、古今治亂之道。唐世嘗辨此書後出，非古所謂《鶡冠子》者。

姚振宗輯《七略别録佚文・道家類》《鶡冠子》一篇。鶡冠子，常居深山，以鶡爲冠，按鶡下當有羽字。故號鶡冠子。嚴本。

鄭長者

《漢書・藝文志・道家類》《鄭長者》一篇。六國時。先韓子，韓子稱之。

姚振宗輯《七略别録佚文・道家類》《鄭長者》一篇。六國時鄭人，不知姓名。嚴本。馬本。

姚振宗《漢書藝文志條理・道家類》《鄭長者》一篇。六國時，先韓子，韓子稱之。劉向《别録》曰：鄭長者，鄭人，不知姓名。

唐釋慧苑《華嚴音義》引《風俗通》曰：春秋之末，鄭有賢人，著書一篇，號鄭長者，謂年長德艾事長于人，以之爲長者故也。

《御覽・逸民部・袁淑真隱傳》：鄭長者，隱德無名，著書一篇，言道家事。韓非稱之。世傳是長者之辭，因以爲名。王氏考證曰：見《韓非子・外儲説》。

馬國翰輯本序曰：《漢志・道家》、《鄭長者》一篇。《别録》云：不知姓名。《隋・唐志》皆不著録，佚已久。《韓非子・外儲説》引一則，是佚篇中語，據録以存一家。

力牧

《漢書・藝文志・道家類》《力牧》二十二篇。六國時所作，託之力牧。力牧，黄帝相。

姚振宗《漢書藝文志條理・道家類》《力牧》二十二篇。六國時所作，託之力牧。力牧，黄帝相。《史・五帝本紀》舉風后、力牧、常先、大鴻以治民。裴駰《集解》：班固曰：力牧，黄帝相也。

本書《人表》：力牧居第二等上中仁人。梁玉繩曰：力牧始見《列子・黄帝》、《淮南・覽冥》。姓力，名牧。牧又作「墨」。

《淮南子・覽冥篇》：黄帝治天下，力牧、太山稽輔之。以日月之行律，治陰陽之氣，節四時之度，正律曆之數，别男女，異雌雄，明上下，等貴賤。使彊不掩弱，衆不暴寡。人民保命而不夭，歲時孰而不凶。田者不侵畔，漁者不争隈；道不拾遺，市不豫賈；城郭不關，邑無盜賊；鄙旅之人相讓以財，狗彘吐菽粟于路而無忿争之心。

皇甫謐《帝王世紀》：力牧者，黄帝將也。蚩尤作亂，黄帝徵諸侯，使力牧、神皇直討之，擒于涿鹿之野，使應龍殺之。凡五十二戰，而天下大服。

孫 子

《漢書・藝文志・道家類》 《孫子》十六篇。六國時。

姚振宗《漢書藝文志條理・道家類》 《孫子》十六篇。六國時。本書《人表》：孫子居第五等中中。梁玉繩曰：孫子惟見《莊子・達生篇》，名休。又梁學昌《庭立紀聞》云：《藝文志道家》：《孫子》十六卷。當即其人。

鄧名世《古今姓氏書辨證》：《莊子》有子扁慶子，爲孫休師。

案《人表》于吴孫武之外列此孫子于田太公和魏武侯之時，與春秋時孫武自別，亦與此言六國相合，蓋即此孫子。《莊子・達生篇》引其語，當出是書，然自司馬彪以來注《莊子》書者，皆略而不言，其始末不可考。德清俞樾《莊子人名考》亦但言孫休《釋文》無説云。

老子河上丈人注

《隋書・經籍志・道家類》 梁有戰國時河上丈人注《老子經》二卷。亡。

鄭樵《通志・藝文略・道家類》 《老子道德經》二卷。周柱下史李耳撰，戰國時河上丈人注。

高似孫《子略》卷二 《老子注》。河上丈人。戰國時人。

姚振宗《漢書藝文志拾補・道家類》 《老子河上丈人注》二卷。皇甫謐《高士傳》：河上丈人者，不知何國人也。明老子之術，自匿姓名，居河之湄，著《老子章句》，故世號曰河上丈人。當戰國之末，諸侯交争，馳説之士咸以權勢相傾。唯丈人隱身修道，老而不虧，傳業於安期生，爲道家之宗焉。

《隋志・子部・道家》：梁有戰國時河上丈人注《老子經》二卷，亡。

按《史記・樂毅列傳》云：樂氏之族有樂瑕公、樂臣公，趙且爲秦所滅，亡之齊高密。樂臣公善修黄帝、老子之言，顯聞於齊，稱賢師。又曰：樂臣公學黄帝、老子，其本師號曰河上丈人，不知其所出。河上丈人教安期生，安期生教毛翕公，毛翕公教樂瑕公，樂瑕公教樂臣公，樂臣公教蓋公。蓋公教於齊高密、膠西，爲曹相國師。《隋・經籍志》云：漢時曹參始薦蓋公，能言黄老，文帝宗之。蓋河上丈人五傳而至蓋公。

雜黄帝

《漢書・藝文志・道家類》 《雜黄帝》五十八篇。六國時賢者所作。

姚振宗《漢書藝文志條理・道家類》 《雜黄帝》五十八篇。六國時賢者所作。《淮南子・脩務篇》：世俗之人，多尊古而賤今，故爲道者必託之于神農、黄帝，而後能入説。亂世闇主，高遠其所從來，因而貴之。爲學者蔽于論而尊其所聞，相與危坐而稱之，正領而誦之。此見是非之分不明。王氏《考證》：朱文公曰：黄帝聰明神聖得之于天，天下之理無不知，天下之事無不能。上而天地陰陽造化發育之原，下而保神練氣愈疾引年之術，庶物萬事之理，巨細精粗，洞然于胸次。是以其言有及之者，而世之言此者因自託焉，以信其説于後世。至戰國時方術之士，遂筆之書，以相傳授。如《列子》所引，與《素問》、《握奇》之屬，蓋必有粗得遺言之彷彿者，如許行所道神農之言耳。《周官》外史掌三皇五帝之書，恐不但若此而已。

黔婁子

《漢書・藝文志・道家類》 《黔婁子》四篇。齊隱士，守道不詘，威王下之。

姚振宗《漢書藝文志條理・道家類》 《黔婁子》四篇。齊隱士，守道不詘，威王下之。

劉向《列女傳》：魯黔婁先生死，曾子與門人往弔之。吴之曰：「嗟乎先生之終也！何以爲謚？」其妻曰：「以康爲謚。」曾子曰：「先生在時，食不充口，衣不蓋形，死則手足不斂，旁無酒肉。生不得其美，死不得其榮，何樂于此而謚爲康乎？」其妻曰：「昔先生君嘗欲授之政以爲國相，辭而不爲，是有餘貴也；君嘗賜之粟三千鍾，先生辭而不受，是有餘富也。彼先生者，甘天下之淡味，安天下之卑位，不戚戚于貧賤，不忻忻于富貴。求仁得仁，求義得義，其謚爲康，不亦宜乎？」曾子曰：「唯斯人也而有斯婦。」君子謂黔婁妻爲樂貧行道。

皇甫謐《高士傳》：黔婁先生者，齊人也。修身清節，不求進于諸侯。魯恭公聞其賢，遣使致禮，賜粟三千鍾，欲以爲相，辭不受。齊王又禮之以黄金百斤，聘爲卿，又不就。著書四篇，言道家之務，號黔婁子。終身不屈，以壽終。

邵思《姓解》曰：《漢書藝文志》：齊有隱士贛婁子，著書五篇。鄧名世《古今姓氏書辨證》同，《廣韻》無五篇字。此所據大抵本之《風俗通・姓氏篇》，或東漢時應劭所見《贛婁子》有五篇也。贛婁、黔婁，猶考成、老成之類。

鄭樵《氏族略》：黔婁氏，不詳其本。《列女傳》：黔婁先生，古賢士。

馬國翰曰：《漢志・道家》：《黔婁子》四篇。《隋唐志》不著目，佚已久。諸家亦無引述之者。惟曹氏庭棟搜采孔子及羣弟子言行，仿薛據《孔子集語》作《逸語》，中引黔婁子述聖言一節、記原憲事一節，所據之書當爲不傳祕本，既不可考，姑依録之，並附考爲卷。

長盧子

《漢書・藝文志・道家類》《長盧子》九篇。楚人。

姚振宗《漢書藝文志條理・道家類》《長盧子》九篇。楚人。《史記・孟荀列傳》：楚有尸子、長盧，世多有其書，故不論其傳。《索隱》曰：長盧未詳。

鄭樵《氏族略》曰：長盧氏，不知其本。《列子》楚賢者，長盧氏著書。

王狄子

《漢書・藝文志・道家類》《王狄子》一篇。

姚振宗《漢書藝文志條理・道家類》《王狄子》一篇。王狄子未詳。按氏姓諸書亦無。王狄氏豈姓王名狄，如韓非、鄧析之稱子者歟？

關尹子

《漢書・藝文志・道家類》《關尹子》九篇。名喜，爲關吏，老子過關，喜去吏而從之。

尤袤《遂初堂書目・道家類》《關尹子》。

陳振孫《直齋書録解題・道家類》《關尹子》九卷。周關令尹喜，蓋與老子同時，啓老子著書言道德者。案《漢志》有《關尹子》九篇，而《隋》、《唐》及《國史志》皆不著録，意其書亡久矣。徐藏子禮得之於永嘉孫定，首載劉向校定序，篇末有葛洪後序。未知孫定從何傳授，殆皆依托也。序亦不類向文。

馬端臨《文獻通考・經籍考・道家類》《關尹子》九卷。

《宋史・藝文志・道家類》劉向《關尹子》九卷。

楊士奇等《文淵閣書目・子書》《關尹子》。一部，一册。闕。《關尹子》。一部，一册。闕。

又《道書》《文始尹子經》。一部，一册。

高儒《百川書志・道家類》《關尹子》九卷。周關令尹喜著，老子同時人也。

范邦甸等《天一閣書目・道家類》《文始經》一卷。刊本。周關門令尹喜著。元至元二十二年吴興趙孟頫記云：關令尹喜，周大夫也。老子西遊，喜望見有紫氣浮關，知真人當遇，候物色而迹之。果得老子。老子亦知其奇，爲著書。喜既得老子書，亦自著書九篇，名《關尹子》。今陝州靈寶縣太初觀乃古函谷關候見老子處，終南宗聖宫乃關尹故宅。周穆王脩其草樓，改號樓觀，建老子祠。道觀之興實祖于此。老子授經後西出大散關，復會於成都青羊肆，賜號「文始先生」，即莊子所謂「博大真人」也。

王世貞《讀書後》卷五《讀〈關尹子〉》《關尹子》九篇，劉向所進，云：其人即老子所與留著五千言者。其持論抑塞支離而小近，實非深於師老子者也。其辭《潛夫》、《論衡》之流耳，不敢望《西京》，何論《莊》、《列》？至云「人之厭生死者，超生死者，皆是大患也。譬如化人，若有厭生死心、超塵死心，止名爲妖，不名爲道」，則昭然摩騰入洛後語耳。豈向自有別本邪？抑向本遺錯，後人妄益之邪？夫老子而不爲關尹著五千言已耳，老子而爲關尹著五千言，此其非關尹語也無疑。

徐𤊹《徐氏家藏書目・諸子類》《關尹子》一卷。

錢謙益等《絳雲樓書目・道家類》《關尹子》。九卷。陳氏《書録解題》言後人依托爲之。

《四庫全書總目提要・道家類》《關尹子》一卷。兩淮鹽政採進本。舊本題周尹喜撰。案《經典釋文》載喜，字公度。未詳何本。然陸德明非杜撰者，當有所傳。李道謙《終南祖庭仙真内傳》稱，終南樓觀爲尹喜故居，則秦人也。考《漢志》有《關尹子》九篇，劉向《列仙傳》作《關令子》，而《隋志》、《唐志》皆不著録，則其佚久矣。南宋時徐藏子禮始得本於永嘉孫定家。前有劉向校定序，後有葛洪序。向序稱：蓋公授曹參。參薨，書葬。孝武帝時，有方士來上，淮南王祕而不出。向父德，治淮南王事得之。其説頗誕，與《漢書》所載得淮南鴻寶祕書言作黄金事者不同，疑即假借此事以附會之。故宋濂《諸子辨》以爲文既與向不類，事亦無據，疑即定之所爲。然定爲南宋人，而《墨莊漫録》載黄庭堅詩「尋師訪道魚千里」句，已稱用《關尹子》語，則其書未必出於定，或唐、五代閒方士解文章者所爲也。至濂謂其書多法釋氏及神仙方技家，如變識爲智、一息得道、嬰兒蕊女、金樓絳宫、青蛟白虎、寶鼎紅爐、誦呪土偶之類，老聃時皆無是言。又謂其文峻潔，而頗流於巧刻，則所論皆當。要之，其書雖出於依托，而核其詞旨，固遠出《天隱》、《無能》諸子上，不可廢也。此本分一宇、二柱、三極、四符、五鑑、六匕、七釜、八籌、九藥九篇，與濂所記合。俞琬《席上腐談》稱，舊有陳抱一註，又元大德中有杜道堅註，名曰《闡元》，今皆未見云。

張之洞《書目答問・周秦諸子》《關尹子》一卷。明吴勉學刻《二十子》本。《珠叢别録》本。道。

姚振宗輯《七略别録佚文・道家類》《關尹子》九篇。關尹子，名嘉。列子師之，多所請問。莊子稱爲「博大真人」。襄平李鍇《尚史・諸子傳》引劉向《别録》與宋人依託《關尹子・敘録》語不同，不知所引見於何書，大抵得之《道藏》中。

素書

鄭樵《通志・藝文略・道家類》黄石公《素書》一卷。

晁公武《郡齋讀書志・道家類》《素書》一卷。右題黄石公著，凡一千三百六十六言。其書言治國治家治身之道，而庬雜無統，蓋采諸書以成之者也。

馬端臨《文獻通考・經籍考・道家類》《素書》一卷。

高儒《百川書志・道家類》《素書》一卷。秦黄石公撰，六篇一千三百六十六言。

老子河上公章句

《隋書・經籍志・道家類》《老子道德經》二卷。周柱下史李耳撰。漢文帝時，河上公注。

《舊唐書・經籍志・道家類》《老子》二卷。河上公注。

《新唐書・藝文志・道家類》河上公注《老子道德經》二卷。

鄭樵《通志・藝文略・道家類》《老子道德經》二卷。漢文帝時河上公注。

高似孫《子略》卷二《老子注》河上公。漢文帝時人。

尤袤《遂初堂書目・道家類》河上公注《道德經》。

馬端臨《文獻通考・經籍考・道家類》河上公注《老子》二卷。晁氏曰：

【略】

《宋史・藝文志・道家類》河上公《老子道德經注》一卷。

楊士奇等《文淵閣書目・子書》《老子河上公注》。一部，一册。闕。

高儒《百川書志・道家類》《河上公註老子》二卷。漢時河上丈人章句註解。

范邦甸等《天一閣書目・道家類》《道德經》二卷。刊本。漢河上公註。

徐𤊹《徐氏家藏書目・諸子類》《老子河上公注》一卷。

錢謙益等《絳雲樓書目・道家類》《老子河上公註》。二卷。唐開元間，劉子元上議，請黜《老子河上》之僞注，用王弼注。見《唐會要》。

《四庫全書總目提要・道家類》《老子註》二卷。江西巡撫採進本。舊本題河上公撰。晁公武《讀書志》曰：太史公謂河上丈人通《老子》，再傳而至蓋公。蓋公，即齊相曹參師也。而葛洪謂河上公者，莫知其姓名，漢孝文時居河之濱，侍郎裴楷言其通《老子》，孝文詣問之，即授素書《道經》。兩説不同，當從太史公云云。案晁氏所引，乃《史記・樂毅列傳・贊》之文，敘述源流甚悉。然《隋志・道家》載《老子道德經》二卷，漢文帝時河上公註；又載梁有戰國時河上丈人註《老子經》二卷，亡。則兩河上公各一人，兩老子註各一書。戰國時河上公書在隋已亡。今所傳者實漢河上公書耳。明朱東光刻是書，題曰「秦人」，蓋未詳考。惟是文帝駕臨河上，親受其書，無不入祕府之理，何以劉向《七略》載註《老子》者三家，獨不列其名？且孔穎達《禮記正義》稱馬融爲《周禮》註，欲省學者兩讀，故具載本文。後漢以來，始就經爲註。何以是書作於西漢，註已散入各句下？《唐書・劉子元傳》稱《老子》無河上公註，欲廢之而立王弼。前此，陸德明作《經典釋文》，雖敘録之中亦採葛洪《神仙傳》之説，頗失辨正。而所釋之本則不用此註而用王弼註。二人皆一代通儒，必非無據。詳其詞旨，不類漢人，殆道流之所依託歟？相傳已久，所言亦頗有發明，始存以備一家可耳。

孫星衍《平津館鑒藏書籍記・宋版》《纂圖互注老子道德經二卷》。題河上公章句注釋，自《體道》至《顯質》，凡十一章。目録分作四卷，前有葛玄《道德經序》、《老氏聖紀圖》、《混元三寶圖》、《初真内觀静定圖》、《金丹圖》；卷中有重意、重言、互注、解曰者，俱非本注，用黑蓋子別之。黑口版，每葉廿二行，行廿一字。

錢東垣等輯《崇文總目・道家類》《老子道德經》二卷。李耳撰。【原釋】：河上公注。見天一閣鈔本。

姚振宗《漢書藝文志拾補・道家類》《老子河上公章句》四卷。《太平御覽》五百十引魏嵇康《聖賢高士傳》曰，河上公，不知何許人也，謂之丈人，隱德無言無德而稱焉。安邱先生等從之，修其黃老業。

《釋文敘録》：漢文帝、竇皇后好黃老言，有河上公者，居河之湄，結草爲菴，以老子教授。文帝徵之不至，自詣河上責之。河上公乃踊身空中，文帝改容謝之，於是作《老子章句》四篇以授文帝，言治身治國之要。又曰《河上公章句》四卷，不詳名氏。又《節解》二卷，不詳作者，或云老子所作，一云河上公作。

《隋志・子部・道家》：《老子道德經》二卷。周柱下史李耳撰，漢文帝時河上公注。《唐經籍志》：《老子》二卷。河上公注。《藝文志》：《河上公注老子道德經》二卷。《宋史・藝文志》：《河上公老子道德經注》一卷。

晁氏《讀書志》曰：晉葛洪曰：河上公者，莫知其姓名。漢孝文時居河之濱，侍郎裴楷言其通老子。孝文詣問之，即授《素書》、《道經章句》。其書頗言吐故、納新、按摩、導引之術，近神仙家。劉子玄稱其非真，殆以此歟？傅奕謂「常善救人，故無棄人；常善救物，故無棄物」四句，古本無有，獨得於公耳。《四庫全書總目提要》曰：《老子注》二卷，舊本題河上公撰。《唐書・劉子玄傳》稱《老子》無河上公注，欲廢之而立王弼。前此，陸德明作《經典釋文》，雖敘録之中采葛洪《神仙傳》之説，而所釋之本則不用此注，而用王弼注。二人皆一代通儒，必非無據。詳其詞旨不類漢人，殆道流之所依託歟？相傳已久，所言亦頗有發明，姑存以備一家可耳。

老子章句

《隋書・經籍志・道家類》 梁有漢長陵三老毋丘望之注《老子》二卷。亡。

《舊唐書・經籍志・道家類》《老子章句》二卷。安丘望之撰。

《新唐書・藝文志・道家類》 安丘望之《老子章句》二卷。

鄭樵《通志・藝文略・道家類》《老子道德經》二卷。漢長陵三老毋丘望之注。《老子章句》二卷。毋丘望之撰。

高似孫《子略》卷二 《老子注》。毋丘望之。漢長陵三老。又章句二卷。

尤袤《遂初堂書目・道家類》 漢安丘注《老子》。

姚振宗《漢書藝文志拾補・道家類》《老子毋丘望之章句》二卷。《後漢書・耿弇傳》注引嵇康《聖賢高士傳》曰：安丘望之，字仲都，京兆長陵人。少持《老子經》，恬浄不求進宦，號曰安丘丈人。成帝聞，欲見之。望之辭不肯見，爲巫醫於人間也。

皇甫謐《高士傳》：安丘望之，少持《老子經》，號曰安丘丈人。成帝聞，欲見之，辭不肯見。上以其道德深重，常宗師焉。望之不以見敬爲高，愈日損，退爲巫醫於民間，著《老子章句》。故老氏有安丘之學。扶風耿況、王汲等皆師事之，從受《老子》。終身不仕，道家宗焉。范書《耿弇傳》：弇父況，與王莽從弟伋共學老子於安丘先生。

《釋文・敘録》：《毋丘望之章句》二卷。字仲都，京兆人，漢長陵三老。《隋志・子部・道家》：梁有漢長陵三老毋丘望之注《老子》二卷，亡。《唐・經籍志》：《老子章句》二卷。安丘望之撰。《藝文志》：《安丘望之老子章句》二卷。

老子指趣

《隋書・經籍志・道家類》《老子指趣》三卷。毌丘望之撰。

《舊唐書・經籍志・道家類》《老子道德經指趣》四卷。毌丘望之撰。

《新唐書・藝文志・道家類》安丘望之《道德經指趣》三卷。

鄭樵《通志・藝文略・道家類》《老子指趣》三卷。毌丘望之撰。

姚振宗《漢書藝文志拾補・道家類》毌丘望之《老子指趣》三卷。《隋志・子部・道家》：《老子指趣》三卷。毌丘望之撰。《唐・經籍志》：《老子道德經指趣》四卷。安丘望之撰。《藝文志》：安丘望之《道德經指趣》三卷。

老子嚴遵注

陸德明《經典釋文・序録・注解傳述人》嚴遵《注》二卷。字君平，蜀郡人，漢徵士，又作《老子指歸》十四卷。《漢書・王吉傳》稱：「蜀有嚴君平，修身自保，卜筮於成都市。得百錢足自養，則閉肆下簾而授《老子》，博覽無不通，依老子、嚴周之旨，著書十萬餘言。楊雄少時從游學。君平九十餘，遂以其業終。」《道藏》本《道德指歸説目注》云：「君平生西漢中葉，王莽簒漢，遂隱遁，楊子雲所謂沈冥者也。」《隋志》云：梁有《注》二卷，亡；《指歸》十一卷。《唐志》十四卷。見行《指歸》六卷本爲後人綴輯而成，唯《道藏》本自七卷起至十三卷止，較通行本多一卷。

《隋書・經籍志・道家類》梁有漢徵士嚴遵注《老子》二卷。亡。

鄭樵《通志・藝文略・道家類》《老子道德經》二卷。漢處士嚴遵注。

高似孫《子略》卷二《老子注》。嚴遵。

姚振宗《漢書藝文志拾補・道家類》《老子嚴遵注》二卷。《漢書・王貢兩龔鮑傳序》：漢興有園公、綺里季、夏黄公、角里先生。其後谷口有鄭子真，蜀有嚴君平。師古曰：《三輔決録》云：君平名尊。君平卜筮於成都市，以爲卜筮者賤業，而可以惠衆人。有邪惡非正之問，則依蓍龜爲言利害。與人子言依於孝，與人弟言依於順，與人臣言依於忠。各因勢導之以善，從吾言者已過半矣。裁日閲數人，得百錢足自養，則閉肆下簾而授《老子》。博覽亡不通，依老子嚴周之指著書十萬餘言。揚雄少時從游學，已而仕京師，數爲朝廷在位賢者稱君平德。君平年九十餘，遂以其業終，蜀人愛敬，至今稱焉。自園公、綺里季、夏黄公、角里先生、鄭子真、嚴君平皆未嘗仕，然其風聲足以激貪厲俗，近古之逸民也。

《釋文・敍録》：《老子嚴遵注》二卷。字君平，蜀都人，漢徵士。《隋志・子部・道家》：梁有漢隱士《嚴遵注老子》二卷，亡。

張澍《蜀典》曰：按君平注如「益我貨者損我神，生我名者殺我生」。又言「爲禍匠默，爲害工進；爲妖式退，爲孽容理」。甚淵微。

按唐岷山道士張君相集三十家《老子注》，其首兩家曰河上公、嚴遵。晁氏《讀書志》有之。張氏《蜀典・著作類》有《莊遵老子注序》、《座右銘》各一篇。

老子指歸

《隋書・經籍志・道家類》《老子指歸》十一卷。嚴遵注。

《舊唐書・經籍志・道家類》《老子指歸》十四卷。嚴遵志。

《新唐書・藝文志・道家類》嚴遵《指歸》十四卷。

鄭樵《通志・藝文略・道家類》《老子指歸》十一卷。嚴遵注。

高似孫《子略》卷二《老子指歸》十一卷。

尤袤《遂初堂書目・道家類》嚴遵《老子指歸》。

馬端臨《文獻通考・經籍考・道家類》《老子指歸》十三卷。晁氏曰：【略】

《宋史・藝文志・道家類》嚴遵《老子指歸》十三卷。

徐𤊹《徐氏家藏書目・諸子類》《道德指歸》六卷。嚴君平。

錢謙益等《絳雲樓書目・道家類》《道德指歸論》。六卷。宋刻十三卷，嚴君平。

《四庫全書總目提要・道家類》《道德指歸論》六卷。江蘇巡撫採進本。舊本題漢嚴遵撰。《隋志》著録十一卷。晁公武《讀書志》曰：《唐志》有嚴遵《指歸》四十卷，馮廓註《指歸》十三卷。今考新《舊唐書》均載嚴遵《老子指歸》十四卷，馮廓《老子指歸》十三卷，無嚴遵書四十卷之説。疑公武所記爲傳寫誤倒其文也。此書爲胡震亨《祕册彙函》所刻，後以版歸毛晉，編入《津逮祕書》，止存六卷。錢曾《讀書敏求記》云：曾得錢叔寶鈔本，自七卷至十三卷。前有總序，後有「人之饑也」至「信言不實」四章，今皆失去。又引《谷神子序》云：《道德指歸論》，陳隋之閒已逸其半，今所存者止《論德篇》。近代嘉興刻本列卷一之卷六，與序文大相逕庭云云。此本亦題卷一之卷六。然則震亨所刻，即據嘉興本也。曹學佺作《元羽外編序》，稱近刻嚴君平《道德指歸論》乃吳中所僞作。今案《通考》引晁氏之言，案此條《通考》所引與今本《讀書志》不同。稱其章句頗與諸本不同。如以「曲則全」章末十七字爲次章首之類，則是書原有經文。《陸游集》有是書跋，稱爲《道德經指歸古文》，亦以經文爲言。此本乃不載經文，體例互異。又《谷神子》註本，晁氏尚著録十三卷，不云佚闕。此本載《谷神子序》，乃云「陳隋之閒已逸其半，今所存者止《論德篇》，因獵其譌舛，定爲六卷」。與晁氏所録亦顯相背觸。且既云佚其上經，何以説目一篇獨存？至於所引《莊子》，今本無者十六七，不應遵之所取皆向、郭之所棄。此必遵書散佚，好事者摭吳澄《道德經註》跋中「莊君平所傳章七十有二」之語，造爲上經四十、下經三十二之説目。又因《漢志》、《莊子》五十二篇，今本惟三十三篇，遂多造《莊子》之語，以影附於逸篇。而偶未見晁公武説，故《谷神子》僞序之中，牴牾畢露也。以是推求，則學佺之説不爲無據。錢曾所辨，殊逐末而遺其本矣。以其言不悖於理，猶能文之士所贋託，故仍著於録，備道家之一説焉。

錢東垣等輯《崇文總目・道書類》《老子指歸》十三卷。嚴遵注。

姚振宗《漢書藝文志拾補・道家類》嚴遵《老子指歸》十四卷。

《華陽國志》：嚴遵字君平，成都人也。雅性澹泊，學業加妙，專精《大易》，耽於《老》、《莊》，著《指歸》，爲道書之宗。

唐殷敬順《列子釋文》曰：嚴遵字君平，作《指歸》十四篇，演解《五千文》。《釋文・敍録》：又作《老子指歸》十四卷。《隋志・子部・道家》：《老子指歸》十一卷，嚴遵注。《唐經籍志》：《老子指歸》十四卷，嚴遵志。《藝文志》：嚴遵《指歸》十四卷。唐《日本國見在書目》：《老子指歸》十三卷，後漢嚴遵撰。按稱後漢非。《宋史・藝文志》：嚴遵《老子指歸》十三卷。

晁氏《讀書志》：《老子指歸》十三卷，漢嚴遵撰，谷神子注。本理國修身清淨無爲之説。又曰其章句頗與諸本不同，如以「曲則全」章末十七字爲後章首之類。按《唐志》有十四卷，又《馮廓注》十三卷。此本卷數與廓注同，而題谷神子，不顯姓名，疑即廓也。

《四庫全書總目提要》曰：此本僅存説德經者六卷。案晁氏稱其章句頗與諸本不同，則是書原有經文。《陸游集》有是書跋，稱爲《道德經古文指歸》，亦以經文爲言。此本乃不載經文，體例互異。

海寧吳壽暘《拜經樓藏書題跋記》曰：《真經道德指歸》十三卷，題蜀郡嚴遵字君平撰，谷神子注。卷首爲總序，並元德纂疏。晁氏所云「十三卷谷神子注」，今《道藏》尚有之，原未嘗佚闕。

周訓

《漢書・藝文志・道家類》《周訓》十四篇。

姚振宗輯《七略別録佚文・道家類》《周訓》十四篇。人間小書，其言俗薄。嚴本。馬本。按《別録》原文當是民間，此唐人避諱所改。

姚振宗《漢書藝文志條理・道家類》《周訓》十四篇。劉向《別録》曰：人間小書，其言俗薄。按《別録》本文當是《民間》，此蓋顔監避諱所改也。

老子鄰氏經傳

《漢書・藝文志・道家類》《老子鄰氏經傳》四篇。姓李，名耳，鄰氏傳其學。

姚振宗《漢書藝文志條理・道家類》《老子鄰氏經傳》四篇。姓李，名耳，鄰氏傳其學。

黃帝君臣

《漢書・藝文志・道家類》《黃帝君臣》十篇。起六國時，與《老子》相似也。

姚振宗《漢書藝文志條理・道家類》《黃帝君臣》十篇。起六國時，與《老子》相似也。

老子傅氏經説

《漢書・藝文志・道家類》《老子傅氏經説》三十七篇。述老子學。

姚振宗《漢書藝文志條理・道家類》《老子傅氏經説》三十七篇，述老子學。

老子徐氏經説

《漢書・藝文志・道家類》《老子徐氏經説》六篇。字少季，臨淮人，傳《老子》。

宮孫子

《漢書・藝文志・道家類》《宮孫子》二篇。

姚振宗《漢書藝文志條理・道家類》《宮孫子》二篇。顔氏《集注》曰：宮孫，姓也。不知名。

鄭樵《氏族略》：室孫氏，王室之孫也。古有室孫子著書。《姓纂》云：今棣州有室孫氏。鄧名世《古今姓氏書》辨證曰：《漢藝文志》有宮孫子著書，或云室孫氏，「宮」訛爲室。

按《氏族略》有室孫氏，無宮孫氏。據鄧名世言，則室孫氏即宮孫氏。

郎中嬰齊

《漢書・藝文志・道家類》《郎中嬰齊》十二篇。武帝時。

姚振宗輯《七略别録佚文・道家類》《郎中嬰齊》十二篇。武帝時。故待詔，不知其姓，數從游觀，名能爲文。嚴本，馬本。

姚振宗《漢書藝文志條理・道家類》《郎中嬰齊》十二篇。武帝時。劉向《别録》曰：嬰齊，故待詔，不知其姓。數從游觀，名能爲文。

案《詩賦略》中有《郎中臣嬰齊賦》十篇，次司馬遷之後。

黄帝四經

《漢書・藝文志・道家類》《黄帝四經》四篇。

姚振宗《漢書藝文志條理・道家類》《黄帝四經》四篇。《隋經籍志・道佛篇》曰：漢時諸子道書之流，有三十七家。大旨皆去健羡，處沖虚而已。其《黄帝》四篇、《老子》二篇最得深旨。

王氏《考證》：黄帝、老子之書，謂之黄老。《列子》引黄帝書，《吕氏春秋》引黄帝言。又曰：嘗得學黄帝之所，以誨顓頊矣。賈誼《淮南子》引「黄帝曰」云云。嚴可均《全上古文編》：黄帝姓公孫，名軒轅。一云姓姬。始服軒冕，號軒轅氏。一云居軒轅之邱，因以爲號。亦云帝軒氏，一云帝鴻氏，一云歸藏氏，有熊國君少典氏之子，亦號有熊氏。伐炎帝，殺蚩尤，以土德王，稱黄帝，在位百年，年百一十一。今輯《道言》凡六條，《政語》凡二條，《戒》一條，《丹書戒》一條，《誨顓頊》一條。

案太史公《素王妙論》曰：諸稱富者，非貴其身，得志也，乃貴恩覆子孫，澤及鄉里也。黄帝設五法，布之天下，用之無窮。蓋世有能知者，莫不尊親，如范子可謂曉之矣。范蠡行十術之計，二十一年之間，三致千萬，再散與貧。案《黄帝五法》當在此書中。

黄帝銘

《漢書・藝文志・道家類》《黄帝銘》六篇。

姚振宗《漢書藝文志條理・道家類》《黄帝銘》六篇。《文心雕龍・銘箴篇》：銘者，名也。昔帝軒刻輿几以弼違先聖鑒戒，其來久矣。

王氏《考證》：《皇覽》記陰謀言黄帝《金人器銘》，《金人銘》，蓋六篇之一也。蔡邕《銘論》：黄帝有巾機之法。《皇王大紀》曰：黄帝作《輿几之箴》以警宴安，作《巾几之銘》以戒逸欲。

章學誠《校讎通義》曰：《漢志・道家》：《黄帝銘》六篇，其書今既不可見，考《皇覽》：黄帝《金人器銘》及《皇王大紀》所謂《輿几之箴》、《巾几之銘》，則六篇之旨可想見也。

嚴可均《全上古文編》：《漢志・道家》有《黄帝銘》六篇。《路史・疏仡記》引《巾几銘》。《説苑・敬慎篇》引《金人銘》。案《巾几銘》，《後漢朱穆傳》注：黄帝作巾几之法，即此《金人銘》，舊無撰人。據《太公陰謀》、《太公金匱》知即黄帝六銘之一，《金匱》僅載銘首廿餘字，今取《説苑》足之。

捷　子

《漢書・藝文志・道家類》《捷子》二篇。齊人，武帝時説。

姚振宗《漢書藝文志條理・道家類》《捷子》二篇。齊人，武帝時説。按此條據《風俗通》所引，則班氏原注當爲齊人六國時，此云武帝時説者，因下文而寫誤也。

曹　羽

《漢書・藝文志・道家類》《曹羽》二篇。楚人，武帝時説於齊王。

姚振宗《漢書藝文志條理・道家類》《曹羽》二篇。楚人，武帝時説于齊王。曹羽無考。

案武帝時齊王有齊懿王壽，齊厲王次景，並高帝子齊悼惠王肥之後也。元朔中亡，後國除。又有齊懷王閎，武帝子也；元封元年亡，後國除。即主父偃相齊時脅王而自殺者。自是之後無齊王。又考齊悼惠王母曹氏也，似曹羽于齊王爲外屬，其説于齊王，當在懿王、厲王之時歟？

臣君子

《漢書・藝文志・道家類》《臣君子》二篇。蜀人。

姚振宗《漢書藝文志條理・道家類》《臣君子》二篇。蜀人。張澍《蜀典・姓氏篇》：《漢書藝文志・道家》有《臣君子》一篇，蜀人。案《書序》有《疑至》、《臣扈》。臣姓，扈名也。《唐・宰相世系表》言臣扈、祖已，皆仲虺之胄裔。唐有臣悦著《平陳紀》五，漢有臣綜官安東將軍，今蜀無此氏。

案張氏所考則著書者臣姓，而稱爲君子，猶鄭人而號爲長者，其列于鄭長者之前，則大抵六國時人，與下四家别爲一類者歟？

楚　子

《漢書・藝文志・道家類》《楚子》三篇。

姚振宗《漢書藝文志條理・道家類》《楚子》三篇。楚子無考。案臣姓而稱爲君子，鄭人而號爲長者，則此殆以楚人而尊爲子者歟？

道家言

《漢書・藝文志・道家類》《道家言》二篇。近世，不知作者。

姚振宗《漢書藝文志條理・道家類》《道家言》二篇。近世，不知作者。案此亦似劉中壘所裒録如《儒家言》十八篇之類也。

屋廬子

姚振宗《漢書藝文志拾補・道家類》《屋廬子》。《廣韻》十一模盧字注：《孟子》有屋廬子，著書。

唐林寶《元和姓纂》曰：屋廬子，晉賢人，著書言彭聃之法。《通志・氏族略》引云，晉賢人，屋廬子，下並同。

《經義考・承師篇》：趙岐曰：屋廬連，孟子弟子，宋贈奉符伯。

按屋廬子既爲孟子弟子，則其書當爲儒家言。乃《元和姓纂》及《氏族略》並云

「述彭聃之法」，則道家之書審矣。疑別是一人，非孟子弟子。

太史公素王妙論

姚振宗《漢書藝文志拾補・道家類》 《太史公素王妙論》二卷。《史記・自敘》曰：太史公有子曰遷，遷生龍門，仕爲郎中。太史令遭李陵之禍，幽於縲紲。《漢書》本傳：遷既被刑之後，爲中書令，尊寵任職。張守節曰：字子長，左馮翊人也。徐廣曰：龍門在馮翊夏陽縣。

《西京雜記》曰：漢承周史官，至武帝置太史公。太史公司馬談世爲太史，談死子遷以世官，復爲太史公，作《景帝本紀》，極言其短，及武帝之過。帝怒而削去之。後坐舉李陵，陵降匈奴，故下遷蠶室，有怨言，下獄死。宣帝以其官爲令，行太史公文書事而已，不復用其子孫。

《隋志・子部・五行家》：梁有《太史公素王妙議》二卷，亡。

《玉海・藝文》曰：《史記・越世家》注引《太史公素王妙論》，《正義》云二卷。

《七略》云司馬遷撰。按此引《七略》似《七録》之誤。

嚴可均《全漢文編》曰：《素王妙論》見《太平御覽》四百四又四百七十二。《困學紀聞》二十引，凡二條。馬國翰《輯本・序》曰：今從王充《論衡》采得《太史公》一節，從《太平御覽》得《素王妙論》三節，合録爲卷。書題素王，蓋以孔子爲嚮往，而推詳貧富，有取於計然、范蠡諸人，則亦發憤著書，與作《史記・貨殖列傳》同一微意。

按是書《七録》入五行家，王伯厚《漢志考證》補入道家。按《殷本紀》：伊尹從湯言素王及九主之事。《索隱》曰：太素上皇其道質素，故稱素王。素王之義蓋如此，自當入之道家。又按《越世家・集解》引云：太史公曰素王妙論曰，是太史公引《素王妙論》非太史公自撰也，不可得而詳矣。

説老子

《漢書・藝文志・道家類》 劉向《説老子》四篇。

姚振宗輯《七略別録佚文・道家類》 臣向《説老子》四篇。《老子》臣向定著二篇。八十一篇，上經三十四章，下經四十七章。宋董思靖《老子集解・敘説》：《老子》劉向定著二篇云云。下文云葛洪又加損益，從此遂失中壘舊制矣。董益及見《老子敘録》，故能言分篇上下及章次數目如此。

姚振宗《漢書藝文志條理・道家類》 劉向《説老子》四篇。劉向有《五行傳記》，始末見《六藝・尚書家》。

宋董思靖《道德經集解序説》曰：《老子》劉向定著二篇八十一章，《上經》三十四章，《下經》四十七章，葛洪等又加損益，乃云天以四時成，故《上經》四九三十六章；地以五行成，故《下經》五九四十五章，通應九九之數而從此分章，遂失中壘舊制矣。

案董思靖或及見《別録》，故能言分篇上下及章次數目如此，又中壘是書大抵與《五行傳記》、《琴頌》、《新國語》、《新序》、《説苑》、《世説》、《列女傳》、《頌圖賦》諸篇皆當時奏御之書。故《七略》備載其目。他如《稽疑論》、《春秋穀梁傳》、《五經通義》、《五經要義》、《孝子圖傳》、《列士傳》、《列仙傳》、《楚辭・天問解》、《五紀論》等書皆私家譔述，故《七略》皆不之及。

老子注

姚振宗《後漢藝文志・道家類》 馬融《老子注》。融始末具《經部易類》。范書本傳：注《孝經》、《論語》、《詩》、《易》、《三禮》、《尚書》、《列女傳》、《老子》。

老子想余注

陸德明《經典釋文・序録・注解傳述人》 《老子想余注》二卷。不詳何人。一云張魯，或云劉表。魯字公旗，沛國豐人，漢鎮南將軍、關內侯。

姚振宗《後漢藝文志・道家類》 想余《注老子》二卷。《釋文敘録》曰：《老子想余注》二卷，不詳何人。一云張魯。或云劉表。魯，字公旗，沛國豐人，漢鎮南將軍、關內侯。

想爾注老子道德經

佚名《道藏闕經目録》卷上 《想爾注老子道德經》。二卷。

匡老子

姚振宗《後漢藝文志・道家類》 劉陶《匡老子》。陶始末具《經部・書類》。范書本傳：陶著書數十萬言，又作《匡老子》。惠棟補注曰：陶著書匡《老子》之失。

牟子

《舊唐書・經籍志・道家類》 《牟子》二卷。牟融撰。

《新唐書・藝文志・道家類》 《牟子》二卷。牟融。

徐𤊹《徐氏家藏書目・諸子類》 《牟子》一卷。三十七篇。漢牟融。《宏明集》載。

姚振宗《後漢藝文志・道家類》 牟子《理惑論》三十七條。《自序》有曰：靈帝崩後，天下擾亂，獨交州差安，北方異人咸來在焉。是時牟子將母避世交趾，年二十六，歸蒼梧娶妻。太守聞其守學，謁請署吏，時年方盛，志精于學。又見世亂，無仕宦意，竟遂不就。太守使致敬荆州，會被州牧優文處士辟之，復稱疾不起。會母卒亡，念世方擾擾，非顯已之秋也，乃歎曰：老子絶聖棄智，修身保真，萬物不干其志，天下不易其樂，天子不得臣，諸侯不得友，故可貴也。于是鋭志於佛道，兼研老子五千文。世俗之徒多非之者，以爲背五經而向異道。欲争則非道，欲默則不能，遂以筆墨之間略引聖賢之言證解之，名曰《牟子理惑》云。

又卷末云：或問曰：子之所解何以止著三十七條？牟子曰：吾覽佛經之要有三十七品，老氏道經亦三十七篇，故法之焉。

《唐書・經籍志・道家》：《牟子》二卷，牟融撰。《藝文志・道家》、《牟子》二卷。注云：牟融。按此以《隋志・儒家》之牟子謂即此牟子《理惑論》，恐非是。

臨海洪頤煊校刊序曰：《隋志》《牟子》二卷。後漢太尉牟融撰。新、舊《唐志》同。梁僧祐《弘明集》有漢牟融《理惑論》三十七篇。前有自序云：一名牟子《理惑》。按《後漢書・牟融傳》：融代趙喜爲太尉，建初四年薨。是書自序云「靈帝崩後，天下擾亂」，則相距已百餘年。牟子非融作明矣。《弘明集》題下注云：一云蒼梧太守牟子博傳，子博之名不見于史，據自序云云。則牟子避亂交州，未嘗居官，《弘明集》作蒼梧太守牟子博傳，豈從其後而署之耶？抑别有其人耶？

老子訓

姚振宗《三國藝文志・道家類》 鍾繇《老子訓》。繇始末具《經部・易類》。《世説・言語篇》注《魏志》曰：繇家貧好學，爲《周易》、《老子訓》。《侯志》曰：鍾繇《老子訓》見《世説》注引《魏志》。今無此文，當是《魏書》之訛。

老子注

姚振宗《三國藝文志・道家類》 張揖《老子注》。揖始末具《經部・小學類》。汪師韓《文選理學權輿》曰：《選》注所引羣書，有張揖《老子注》。《侯志》曰：張揖《老子注》見《文選注》。

老子講疏

《新唐書・藝文志・道家類》 何晏《老子講疏》四卷。

鄭樵《通志・藝文略・道家類》 《老子講疏》四卷。何晏撰。

高似孫《子略》卷二 《老子講疏》四卷。

姚振宗《三國藝文志・道家類》 何晏《老子講疏》四卷。晏始末具《經部・易類》。

老子道德論

《隋書・經籍志・道家類》 梁有《老子道德論》二卷，何晏撰。

《舊唐書・經籍志・道家類》 《老子道德論》二卷。何晏撰。

《新唐書・藝文志・道家類》 何晏《道德問》二卷。

鄭樵《通志・藝文略・道家類》 《道德問》二卷。何晏撰。

高似孫《子略》卷二 何晏《道德問》。二卷。何晏《道德二論》。晏又有《講疏》四卷。何平叔晏。注《老子》始成，詣王輔嗣，見王注精奇。迺神伏曰：若斯人可與論天人之際矣。因以所注爲《道德二論》。又晏注《老子》未畢，見弼自説注《老子》旨，何意多所短，不復得作聲，但應諾諾，遂不復注，因作二論。《文章敘録》曰：自儒者論以老子非聖人，絶禮棄學，晏説與聖人同，著論行於世。《魏氏春秋》曰：弼論道約美不如晏，自然出拔過之。又曰，晏少有異才，善談《易》、《老》。

姚振宗《三國藝文志・道家類》 何晏《老子道德論》二卷。《魏志・曹爽附傳》：晏少以才秀知名，好《老》、《莊》言，作《道德論》。《世説・文學篇》：何晏注《老子》未畢，見王弼，自説注《老子》旨，何意多所短，不復得作聲，但應諾諾。遂不復注，因作《道德論》。又曰：何平叔注《老子》始成，詣王輔嗣，見王注精奇，迺神伏曰：若斯人可與論天人之際矣。因以所注爲《道德二論》。

《世説・文學篇》注：《文章敍録》曰：自儒者論以老子非聖人，絶禮棄學。晏説與聖人同，著《論》行于世也。

《文心雕龍・論説篇》曰：魏之初，霸術兼名法，傅嘏、王粲校練名理，迄至正始務欲守文。何晏之徒始盛玄論，于是聃、周當路，與尼父争塗矣。

《隋書・經籍志》：梁有《老子道德論》二卷，何晏撰。《唐藝文志》：何晏《講疏》四卷，又《道德問》二卷。高似孫《子略》：何晏《疏》四卷，何晏《老子指略論》二卷。案《通志・藝文略》有《道德問》無《指略論》。高似孫抄列其目則反是，知《道德問》即《指略論》，亦即《道德論》也。

案《魏志・管輅傳》注引《輅别傳》曰：何平叔説《老》、《莊》，則巧而多華。又裴徽曰：吾數與平叔共説《老》、《莊》及《易》。則何晏尚有《莊子説》，今無考。

老子道德經注

陸德明《經典釋文・序録・注解傳述人》 王弼《注》二卷。

《隋書・經籍志・道家類》 《老子道德經》二卷。王弼注。

《舊唐書・經籍志・道家類》 《玄言新記道德》二卷。王弼注。

《新唐書・藝文志・道家類》 王弼注《新記玄言道德》二卷。

鄭樵《通志・藝文略・道家類》 《老子》二卷。王弼注。

高似孫《子略》卷二 王弼《老子注》。

尤袤《遂初堂書目・道家類》 王弼《注老子》。

陳振孫《直齋書録解題・道家類》 《老子注》二卷。魏王弼撰。魏、晉之世，玄學盛行，弼之談玄，冠於流輩，故其注《易》，亦多玄義。晁説之以道曰：「弼本深於《老子》，而《易》則未也。其於《易》多假諸《老子》之旨，而《老子》無資於《易》，其有餘不足之迹可見矣。」世所行《老子》，分《道德經》爲上、下卷。此本《道德經》且無章目，當是古本。

《宋史・藝文志・道家類》 王弼《老子注》二卷。

范邦甸等《天一閣書目・道家類》 《道德經》四卷。藍絲闌鈔本。魏王弼註，政和乙未嵩山晁説之鄘疇記後。

《四庫全書總目提要・道家類》 《老子註》二卷。兵部侍郎紀昀家藏本。魏王弼撰。案《隋書・經籍志》載《老子道德經》二卷，王弼註。《舊唐書・經籍志》作《元言新記道德》二卷，亦稱弼註，名已不同。《新唐書・藝文志》又以《元言新記道德》爲王肅撰，而弼所註者别名《新記元言道德》，益爲舛互。疑一書而誤分爲二，又顛錯其文也。惟《宋史・藝文志》作王弼《老子註》與此本同，今從之。錢曾《讀書敏求記》謂弼註《老子》已不傳。然明萬曆中華亭張之象實有刻本，證以《經典釋文》及《永樂大典》所載，一一相符。《列子・天瑞篇》引「谷神不死」六句，張湛皆引弼註以釋之，雖增損數字，而文亦無異。知非依託，曾蓋偶未見也。此本即從張氏三經晉註中録出，亦不免於脱譌，而大致尚可辨别。後有政和乙未晁説之跋，稱文字多謬誤。又有乾道庚寅熊克重刊跋，稱近世希有，蓋久而後得之。則書在宋時已希逢善本矣。然二跋皆稱不分《道經》、《德經》，而今本《經典釋文》，實上卷題

《道經音義》,下卷題《德經音義》,與此本及跋皆不合。豈傳刻《釋文》者,反據俗本增入歟?考陳振孫《書録解題》尚稱不分《道經》、《德經》,而《陸游集》有此書跋曰:晁以道謂王輔嗣《老子》題曰《道德經》,不析乎道、德而上下之,猶近乎古。此本乃已析矣,安知其他無妄加竄定者乎?其跋作於慶元戊午,已非晁、熊所見本,則《經典釋文》之遭妄改,固已久矣。

錢東垣等輯《崇文總目・道家類》 《道德經》一卷。【原釋】:王弼注。見天一閣鈔本。

張之洞《書目答問・周秦諸子》 《老子王弼注》二卷。聚珍本、杭本、福本。《河上公注》僞。道。

姚振宗《三國藝文志・道家類》 王弼《老子道德經注》二卷。弼始末具《經部・易類》。

《魏志・鍾會附傳》:弼好論儒道,辭才逸辨,注《易》及《老子》。《釋文・敍録》:弼又注《老子》。又曰:其後談論者莫不宗尚玄言,唯王輔嗣妙得虚無之旨。又曰:《老子王弼注》二卷。《隋書・經籍志》:《老子道德經》二卷,王弼注。《唐經籍志》:《玄言新記道德》二卷,王弼注。《藝文志》:王弼注《新記玄言道德》二卷。《宋藝文志》:王弼《老子注》二卷。

明白雲霽《道藏目録》曰:《道德真經》四卷,山陽王弼注,言陰陽道理。

《四庫簡明目録》曰:《老子注》二卷,魏王弼撰。弼以《老》、《莊》説《易》,論者互有異同,至于解《老》則用其所長,故是注詞義簡遠,妙得微契。《老子》注本此爲最古。

老子指例略

陸德明《經典釋文・序録・注解傳述人》 王弼《老子指略》一卷。

《舊唐書・經籍志・道家類》 《老子指例略》二卷。

《新唐書・藝文志・道家類》 王弼《老子指例略》二卷。

鄭樵《通志・藝文略・道家類》 《老子指略例》二卷。王弼撰。

晁公武《郡齋讀書志・道家類》 《老子略論》一卷。右魏王弼撰,凡十有八章。景迂云,弼有得於《老子》而無得於《易》,注《易》資於《老子》,而《老子論》無資於《易》,則其淺深之效可見矣。

尤袤《遂初堂書目・道家類》 王弼《老子略論》。

高似孫《子略》卷二 王弼《老子指例略》二卷。

馬端臨《文獻通考・經籍考・道家類》 《老子略論》一卷。晁氏曰:【略】

《宋史・藝文志・道家類》 王弼《道德略歸》一卷。又《老子指例略》一卷。不知作者。

姚振宗《三國藝文志・道家類》 王弼《老子指例略》二卷。或作《指略例》。

《魏志・鍾會附傳》注:何劭爲弼傳曰:弼注《老子》爲之《指略》,致有理統。《釋文敍録》:弼又作《老子指略》一卷。《唐書經籍志》:《老子指例略》二卷,不著撰人。《藝文志》:王弼《老子指例略》二卷。《宋藝文志》:王弼《道德略歸》一卷。

老子雜論

《隋書・經籍志・道家類》 《老子雜論》一卷,何、王等注。亡。

姚振宗《三國藝文志・道家類》 何王等注《老子雜論》一卷。

道德論

姚振宗《三國藝文志・道家類》 夏侯玄《道德論》。《魏志・夏侯尚傳》:尚字伯仁,淵從子也。封昌陵鄉侯,子玄嗣。玄字太初,少知名。弱冠爲散騎黄門侍郎,累遷常侍中護軍,出爲征西將軍假節都督雍涼州諸軍事。曹爽誅後徵爲大鴻臚,數年徙太常。玄以爽抑絀内不得意。中書令李豐雖宿爲大將軍司馬景王所親待,然私心在玄,遂結皇后父光禄大夫張緝、黄門監蘇鑠、永寧署令樂敦、宂從僕射劉賢等,欲誅大將軍以玄代之。事露皆夷三族。玄格量弘濟,臨斬東市,顔色不變,舉動自若,時年四十六。《齊王紀》嘉平六年二月庚戌,中書令李豐與皇后父光禄大夫張緝等謀廢易大臣,以太常夏侯玄爲大將軍。事覺,諸所連及者皆伏誅。

道德論

姚振宗《三國藝文志・道家類》 阮籍《道德論》。籍始末具《經部・易類》。《世説・文學篇》注：晉諸公贊曰：自魏太常夏侯玄、步兵校尉阮籍等皆著《道德論》。

案嚴氏《全三國文編》曰：《御覽》卷一、卷七十七引阮籍《通老論》凡三條。《通老論》似即《道德論》。

玄言新記道德

《新唐書・藝文志・道家類》 王肅《玄言新記道德》二卷。

鄭樵《通志・藝文略・道家類》 《玄言新記道德》，二卷。王肅撰。

高似孫《子略》卷二 王肅《元言道德新記》二卷。

姚振宗《三國藝文志・道家類》 王肅《玄言新記道德》二卷。肅始末具《經部・易類》。

《唐書・藝文志》：王肅《玄言新記道德》二卷。《通志藝文略》：《元言新記道德》二卷，王肅撰。高似孫《子略》：王肅《元言道德新記》二卷。

《四庫全書總目提要》曰：《隋書・經籍志》載《老子道德經》二卷，王弼注。《舊唐書・經籍志》作《元言新記道德》二卷，亦稱弼注，名已不同。《新唐書・藝文志》又以《元言新記道德》爲王肅撰。而弼所注者，别名《新記元言道德》，益爲舛互，疑一書而誤分爲二，又顛錯其文也。

老子道德經注

陸德明《經典釋文・序録》 鍾會《注老子道德經》二卷。

《隋書・經籍志・道家類》 《老子道德經》二卷。鍾會注。

《舊唐書・經籍志・道家類》 《老子》二卷。鍾會注。

《新唐書・藝文志・道家類》 鍾會《注老子道德經》二卷。

鄭樵《通志・藝文略・道家類》 《老子道德經》二卷。鍾會注。

高似孫《子略》卷二 《老子注》。鍾會。

姚振宗《三國藝文志・道德經》 鍾會《老子道德經注》二卷。會始末具《經部・易類》。

《釋文・敍録》：《老子鍾會注》二卷。《隋書・經籍志》：《老子道德經》二卷，鍾會注。《唐經籍志》：《老子》二卷，鍾會注。《藝文志》：鍾會《注》二卷。

汪師韓《文選理學權輿》曰：《選》注所引羣書有鍾會《老子注》。

案會父成侯有《易説》，有《老子訓》。會爲其母傳曰：雅好書籍，涉歷衆書，特好《易》、《老子》。則會于《易》、《老》固家學也。

注老子

陸德明《經典釋文・序録》 孟子《注老子》二卷。或云孟康。康字公休，安平廣宗人，魏中書監、廣陵亭侯。

《隋書・經籍志・道家類》 梁有《老子》二卷，孟氏注。亡。

姚振宗《三國藝文志・道家類》 孟子《注老子》二卷。《釋文・敍録》曰：《老子孟子注》二卷，或云孟康字公休，安平廣宗人，魏中書監廣陵亭侯。

嚴可均《全三國文編》曰：孟康有《老子注》二卷。

案《隋志》：梁有《老子》二卷，孟氏注，亡。似即此書。唐張君相三十家《集解》中有大孟、小孟二家。小孟或是孟智周，大孟當即此孟康，康有《漢書音義》，見《史部・正史類》中。

老子義

姚振宗《三國藝文志・道家類》 荀融《老子義》。融始末具《經部・易類》。《魏志・荀彧傳》注：《荀氏家傳》曰：融與王弼、鍾會俱知名，與弼、會論《易》、《老》義傳于世。

《侯志》曰：荀融《論老子義》，見《荀彧傳》注引《荀氏家傳》。

老子注

陸德明《經典釋文・序録・注解傳述人》 虞翻《老子注》二卷。

《隋書・經籍志・道家類》 梁有虞翻注《老子》二卷，亡。

姚振宗《三國藝文志・道家類》 虞翻《老子注》二卷。翻始末具《經部・易類》。

《吴志》本傳：翻又爲《老子》、《論語》、《國語》訓注，皆傳于世。

《釋文・敍録》：《老子虞翻注》二卷。《隋書經籍志》：梁有虞翻《注老子》二卷，亡。

老子注訓

陸德明《經典釋文・序録・注解傳述人》 范望州《老子注訓》二卷。字叔文，會稽人，吴尚書郎。

姚振宗《三國藝文志・道家類》 范望《老子注訓》二卷。望始末具《儒家類》。

《釋文・敍録》：《老子范望州注訓》二卷，字叔文，會稽人，吴尚書郎。

《册府元龜・學校部・注釋門》：吴范望州，字淑文，爲尚書郎，作《老子注訓》三卷。

案范望有《太玄解》，其自序稱名曰望，不曰望州，此「州」字似衍。其訓注《老子》，《隋》、《唐》諸志皆不載，惟陸元朗著于録。

老子序次

《隋書・經籍志・道家類》 《老子序次》一卷，葛仙公撰。

《宋史・藝文志・道家類》 葛玄《老子道德經節解》二卷。

姚振宗《三國藝文志・道家類》 葛玄《老子序次》一卷。《晉書・葛洪傳》：洪丹陽句容人也，從祖玄，吴時學道得仙，號曰「葛仙公」。《隋書・經籍志》梁有《老子序次》一卷，葛僊公撰。嚴可均《全三國文編》曰：葛玄，字孝先，大帝時方士，有《道德經序》，見《老子河上公》注本，又略見《太平御覽》六百六十。《侯志》曰：《玉海・藝文》引葛玄序：老子西游天下，關令尹喜曰：大道將隱乎？願爲我著書。于是作《道德》二篇，五千文上下經。《史記・老子傳》索隱引葛玄曰：李氏女所生，因母姓也。又云生而指李樹，因爲姓焉。又《初學記》卷廿三、《御覽》六百六十七並引《道德經序訣》。

案《宋史・藝文志》有葛玄《老子道德經節解》二卷，似即此書。

任子道論

《隋書・經籍志・道家類》 《任子道論》十卷。魏河東太守任嘏撰。

《舊唐書・經籍志・道家類》 《任子道論》十卷。任嘏撰。

《新唐書・藝文志・神仙家類》 《任子道論》十卷。任嘏。

鄭樵《通志・藝文略・道家類》 《任子道論》十卷。魏河東太守任嘏撰。

姚振宗《三國藝文志・道家類》 《任子道論》十卷。任嘏撰。嘏始末見《史部・雜傳記類》。

《魏志・王昶傳》注《嘏別傳》曰：嘏爲人淳粹，愷悌虚己若不足，恭敬如有畏。其修身履義，皆沈默潛行，不顯其美。故時人少得稱之，著書三十八篇，凡四萬餘言。嘏卒後，故吏東郡程威、趙國劉固、河東上官崇等，録其事行及所著書奏之，詔下祕書，以貫羣言。

《隋書・經籍志》：《任子道論》十卷，魏河東太守任嘏撰。《唐經籍志》：《任子道論》十卷，任嘏撰。《藝文志・道家神仙類》：《任子道論》十卷，任嘏。案任嘏二字是注文，誤寫作大字。《通志略・道家》遂誤連下文云：任嘏《顧道士論》三卷，殊爲炫惑，并附訂之。

《侯志》曰：《王昶傳》注稱其著書三十八篇，凡四萬餘言，當即此書也。《初學記》卷十七引任嘏《道德論》。

馬國翰輯本序曰：馬總《意林》載《任子》十卷，注云名奕，考諸史志，無任奕著書之目。奕蓋「嘏」之譌。《意林》載十七節，又從《北堂書鈔》、《初學記》、《太平御覽》輯得九節，參互考訂，並附別傳爲卷。《初學記》引作任嘏《道德論》，他皆引作

《任子》。兹依《隋》、《唐志》題任子《道論》，既訂名奕之謁，因改題魏任嘏焉。

案嚴氏《全三國文編》以《意林》稱任子名奕，不采其文，别從諸類書輯存十一條。

渾輿經

《隋書・經籍志・道家類》 梁有《渾輿經》一卷。魏安成令桓威撰，亡。

《舊唐書・經籍志・道家類》 《渾輿經》一卷。姖威撰。

《新唐書・藝文志・神仙家類》 姖威《渾輿經》一卷。

姚振宗《三國藝文志・道家類》 桓威《渾輿經》一卷。《魏志・王粲附傳》：景初中，下邳桓威出自孤微，年十八而著《渾輿經》，依道以見意。從齊國門下書佐司徒署吏，後爲安成令。

《隋書・經籍志》：梁有《渾輿經》一卷，魏安成令栢威撰。《唐經籍志》：《渾輿經》一卷，姬威撰。《藝文志・道家神仙類》姖威《渾輿經》一卷。宋本《隋志》因避諱書作「柏」，而傳寫誤作「栢」。兩《唐志》又轉寫誤作「姬」、「姖」。

養生論

《隋書・經籍志・道家類》 梁有《養生論》三卷，嵇康撰。亡。

姚振宗《三國藝文志・道家類》 嵇康《養生論》三卷。康始末具《經部・易類》。

《魏志・王粲附傳》：康兄喜爲康傳曰：長而好老、莊之業，恬静無欲，性好服食。常采御上藥，善屬文論，彈琴詠詩，自足于懷抱之中。以爲神仙者稟之自然，非積學所致，至于導養得理，以盡性命，若安期、彭祖之倫，可以善求而得也。著《養生篇》。《隋書・經籍志》：梁有《養生論》三卷，嵇康撰，亡。

嚴可均《全三國文編》曰：嵇康《養生論》見本集、《文選》及《藝文類聚》七十五，又本集有《答向子期難養生論》。

唐子

《隋書・經籍志・道家類》 《唐子》十卷。吴唐滂撰。

《舊唐書・經籍志・道家類》 《唐子》十卷。唐滂撰。

《新唐書・藝文志・道家類》 《唐子》十卷。唐滂。

鄭樵《通志・藝文略・道家類》 《唐子》十卷。吴唐滂撰。

姚振宗《三國藝文志・道家類》 《唐子》十卷。唐滂撰。馬總《意林》曰：《唐子》十卷，名滂，字惠潤，生吴太元二年。

《隋書・經籍志》：《唐子》十卷，吴唐滂撰。《唐經籍志》：《唐子》十卷，唐滂撰。《藝文志》：《唐子》十卷，注云唐滂。馬國翰輯本序曰：滂子惠潤，生吴太元二年，見《意林》注。據本書言「大晉應期一舉席卷」云云，則撰述之成定在吴亡入晉之後也。《意林》載十九節，又從《北堂書鈔》、《藝文類聚》、《文選注》、《太平御覽》諸書采輯，除已見《意林》者，得佚説八節，合訂一卷。其書論政談兵，不盡述道家之言。

《侯志》曰：《意林》引《唐子》有「大晉應期一舉席卷」之語，則滂已入晉。又稱滂生于太元二年，下距吴亡時年僅三十，其入晉宜也。而《隋志》仍系之吴，豈其入晉不仕，猶當爲吴人耶？

案《唐書・世系表》：丹陽太守翔二子固、滂。固，吴尚書僕射，是滂爲固之弟。固見《吴志・闞澤附傳》云：黄武四年卒。注引《吴録》云：時年七十餘。則固卒于是年審矣。後二十七年始爲太元二年，兄弟年紀相距幾及百歲，殊非事理。《意林》稱生于太元二年者，生當爲卒。凡後人記事多詳其卒年，滂後其兄二十七年乃卒，庶得其實歟？

又案嚴氏可均《意林》校文云：今本《意林》、《中論》、《傅子》、《物理論》三家文皆羼越，以《物理論》爲《傅子》，以《傅子》爲《中論》，以《傅子》、《中論》爲《物理論》，有數十條皆錯者，有半句在此半句在彼者，蓋由所據本破爛零落，隨手黏聯匀分五卷云云。是《意林》多錯簡，前人已言之矣。又今本《意林》卷五第十二葉所載《傅子》十二條，據昭文張氏本皆爲《唐子》，是《傅子》、《唐子》又有所羼越。「大晉應期」云云，疑是《傅子》，非《唐子》本文。

廣成子

《舊唐書・經籍志・道家類》《廣成子》十二卷。商洛公撰。

徐𤊹《徐氏家藏書目・諸子類》《廣成子》一卷。

老子注

《舊唐書・經籍志・道家類》《老子》二卷。羊祜注。

《新唐書・藝文志・道家類》羊祜《注老子道德經》二卷。

鄭樵《通志・藝文略・道家類》《老子道德經》二卷。羊祜注。

高似孫《子略》卷二　《老子注》。羊祜。

解釋老子道德經

陸德明《經典釋文・序録・注解傳述人》　羊祜《解釋老子道德經》四卷。字叔子，泰山平陽人，晉太傅、鉅平成侯。

《隋書・經籍志・道家類》　梁有《老子道德經》二卷，晉太傅羊祜解釋。亡。

《舊唐書・經籍志・道家類》《老子解釋》四卷。羊祜撰。

《新唐書・藝文志・道家類》《解釋老子道德經》四卷。

鄭樵《通志・藝文略・道家類》《老子道德經》四卷。羊祜解釋。

高似孫《子略》卷二　《老子注》。羊祜。《解釋》。

姚振宗《隋書經籍志考證・道家類》　梁有《老子道德經》二卷。晉太傅羊祜解。

《晉書》本傳：祜字叔子，泰山南城人也。蔡邕外孫景獻皇后同産弟，仕魏爲祕書監，封鉅平子。武帝受禪進爲侯，位尚書右僕射衛將軍。帝將有滅吴之志，以祜爲都督荆州諸軍事。咸寧初，除征南大將軍開府儀同三司。寢疾求入朝，既至洛陽疾漸篤，乃舉杜預自代，尋卒，時年五十八，追贈侍中太傅，謚曰成。祜所著文章及爲《老子傳》，並行于世。

老子道德經注

陸德明《經典釋文・序録・注解傳述人》　孫登《老子道德經集注》二卷。字仲山，太原中都人，東晉尚書郎。

《隋書・經籍志・道家類》《老子道德經》二卷。晉尚書郎孫登注。

《舊唐書・經籍志・道家類》《老子》二卷。孫登注。

《新唐書・藝文志・道家類》　孫登注《老子》二卷。

鄭樵《通志・藝文略・道家類》《老子道德經》二卷。晉尚書郎孫登注。

高似孫《子略》卷二　孫登注《老子》。晉尚書郎。

姚振宗《隋書經籍志考證・道家類》《老子道德經》二卷。《音》一卷。晉尚書郎孫登注。

《晉書・孫楚傳》：楚子纂，纂子統、綽，並知名。統幼與綽及從弟盛過江爲餘姚令，子騰位至廷尉，騰弟登少善名理，注《老子》行于世，仕至尚書郎，早終。

老子音

《隋書・經籍志・道家類》《老子音》一卷。晉尚書郎孫登注。

鄭樵《通志・藝文略・道家類》《老子音》一卷。晉孫登撰。

老子注

陸德明《經典釋文・序録・注解傳述人》　蜀才《老子注》二卷。

《隋書・經籍志・道家類》　梁有《老子道德經》二卷，蜀才注。亡。

《舊唐書・經籍志・道家類》《老子》二卷。蜀才注。

《新唐書・藝文志・道家類》 蜀才注《老子》二卷。

鄭樵《通志・藝文略・道家類》 《老子道德經》二卷。蜀才注。

高似孫《子略》卷二 《老子注》。蜀才。

莊子注

陸德明《經典釋文・序録・注解傳述人》 郭象《注莊子》三十三卷三十三篇。字子玄，河内人，晉太傅主簿。《内篇》七，《外篇》十五，《雜篇》十一，爲《音》三卷。

《隋書・經籍志・道家類》 《莊子》三十卷《目》一卷。晉太傅主簿郭象注。梁《七録》三十三卷。

《舊唐書・經籍志・道家類》 《莊子》十卷。郭象注。

《新唐書・藝文志・道家類》 郭象注《莊子》十卷。莊周。

鄭樵《通志・藝文略・道家類》 《莊子》十卷。郭象注。

晁公武《郡齋讀書志・道家類》 郭象《注莊子》十卷。右莊周撰，晉郭象注。周爲蒙漆園吏。按《漢書志》本五十二篇，晉向秀、郭象合爲三十三篇：《内篇》八，《外篇》十五，《雜篇》十一。唐世號《南華真經》。自孔子没，天下之道術日散。老聃始著書垂世，而虚無自然之論起。周又從而羽翼之，掊擊百世之聖人，殫殘天下之聖法而不忌，其言可謂反道矣。自荀卿、揚雄以來，諸儒莫不闢之，而放者猶自謂遊方之外，尊其學以自肆。於是乎禮教大壞，戎狄亂華，而天下横流，兩晉之禍是已。自熙寧、元豐之後，學者用意過中，見其書末篇論天下之道術，雖老聃與其身皆列之爲一家而不及孔子，莫不以爲陽訾孔子而陰尊焉，遂引而内之，殊不察其言之指歸宗老氏耶，宗孔氏耶？既曰宗老氏矣，詎有陰助孔子之理也耶？至其論道術而有是言，蓋不得已耳。夫盜之暴也，又何嘗不知主人之爲主人耶？顧可以其知及此，遂以爲尊我，開關揖而進之乎？竊懼夫禍之過乎兩晉也。

高似孫《子略》卷二 《莊子注》。郭象。十卷。

陳振孫《直齋書録解題・道家類》 《莊子注》十卷。晉太傅主簿河南郭象子玄撰。案本傳，向秀解義未竟而卒，頗有别本遷流，象竊以爲己注，乃自注《秋水》、《至樂》二篇，又易《馬蹄》一篇，其餘點定文句而已。其後秀義别出，故今有向、郭二《莊》，其義一也。然向義今不傳，但時見陸氏《釋文》。

馬端臨《文獻通考・經籍考・道家類》 郭象注《莊子》十卷。晁氏曰：【略】東坡蘇氏《莊子祠堂記》曰：謹按《史記》，莊子「與梁惠王、齊宣王同時，其學無所不窺，然要本歸於老子之言，故其著書十餘萬言，大抵率寓言也，作《漁父》、《盜蹠》、《胠篋》，以詆訾孔子之徒，以明老子之術。」此知莊子之粗者。余以爲莊子蓋助孔子者，要不可以爲法耳。楚公子微服出亡，而門者難之，其僕操箠而駡曰：「隸也不力，門者出之。」事固有倒行而逆施者，以僕爲不愛公子則不可，以爲事公子之法亦不可。故莊子之言皆實予而文不予，陽擠而陰助之。其正言蓋無幾，至於詆訾孔子，未嘗不微見其意。其論天下道術，自墨翟、禽滑釐、彭蒙、慎到、田駢、關尹、老聃之徒，以至於其身，皆以爲一家，而孔子不與，其尊之也至矣。然余嘗疑《盜蹠》、《漁父》則若真詆孔子者。至於《讓王》、《説劒》，皆淺漏不入於道。反覆觀之，得其《寓言》之終曰：「陽子居西遊於秦，遇老子，老子曰：『而睢睢，而盱盱，而誰與居。太白若辱，盛德若不足。』陽子居蹵然變容。其往也，舍者將迎，其家公執席，妻執巾櫛，舍者避席，煬者避竈。其反也，舍者與之争席矣。」去其《讓王》、《説劒》、《漁父》、《盜蹠》四篇，以合於《列禦寇》之篇，曰「列禦寇之齊，中道而反，曰：『吾驚焉。吾食於十漿而五漿先餽』」，然後悟而笑曰，是固一章也。莊子之言未終，而昧者勦之，以入其言，余不可以不辯。凡分章名篇，皆出於世俗，非莊子之本意。

《朱子語録》曰：莊、列亦似曾點底意思，他也不是專學老子，吾儒書他都看來，不知如何被他瞧見這箇物事，便放浪去了。今禪學也是恁地。列、莊本楊朱之學，故其書多引其語。莊子説「子之於親也，命也，不可解於心」，至臣之於君，則曰「義也，無所逃於天地之間」。是他看得那君臣之義，却似是逃不得，不奈何，須着臣伏，他更無一箇自然相胥爲一體處可怪。故孟子以爲無君，此類是也。又莊子比列子見較高，氣較豪，他是事事識得，又却蹴踏了，以爲不足爲，列子却有規矩。問：「莊子、孟子同時，何不曾相遇，又不聞相道及？」先生曰：「莊子當時也無人宗之，他只是在僻處自説。孟子平生足跡只在齊、魯、滕、大梁之間，不曾過大梁之南。莊子自是楚人。想見聲聞止於梁而止。然當時南方亦多異端，如陳良之類是也。」

《宋史・藝文志・道家類》 郭象注《莊子》十卷。

楊士奇等《文淵閣書目・子書類》 《莊子晉郭象注》。一部。四册。殘缺。

徐𤊹《徐氏家藏書目・諸子類》 《莊子郭象注》十卷。

錢謙益等《絳雲樓書目・道家類》 《莊子郭象註》。十卷。

錢曾《讀書敏求記・子書類》 郭象《注莊子》十卷。《晉書・郭象傳》：象竊向秀《解莊子》爲己注，乃自注《秋水》、《至樂》二篇，又易《馬蹄》一篇，其餘點定文句而已。予覽陸氏《釋文》引向注者非一處，疑秀尚有別本行世。時代遼邈，傳聞異詞，《晉書》云云，恐未必信然也。

《四庫全書總目提要・道家類》 《莊子註》十卷。江蘇巡撫採進本。晉郭象撰。象字子元，河南人。辟司徒掾，稍遷至黄門侍郎，東海王越引爲太傅主簿。事蹟具《晉書》本傳。劉義慶《世説新語》曰：註《莊子》者數十家，莫能究其旨統。向秀於舊註外別爲解義，妙演奇致，大暢元風。惟《秋水》、《至樂》二篇未竟，而秀卒。秀子幼，其義零落，然頗有別本遷流。象爲人行薄，以秀義不傳於世，遂竊以爲己註。乃自註《秋水》、《至樂》二篇，又易《馬蹄》一篇。其餘衆篇，或點定文句而已。其後秀義別本出，故今有向、郭二《莊》，其義一也。《晉書》象本傳亦採是文，絶無異語。錢曾《讀書敏求記》獨謂世代遼遠，傳聞異詞。《晉書》云云，恐未必信。案向秀之註，陳振孫稱宋代已不傳，但時見陸氏《釋文》。今以《釋文》所載校之，如《逍遥遊》有「蓬之心」句，《釋文》郭、向並引，絶不相同；《胠篋》篇「聖人不死，大盜不止」句，《釋文》引向註二十八字，又「爲之斗斛以量之」句，《釋文》引向註十六字，郭本皆無。然其餘皆互相出入。又張湛《列子》註中，凡文與《莊子》相同者，亦兼引向、郭二註。所載《達生篇》「痀僂丈人承蜩」一條，向註與郭一字不異。《應帝王篇・神巫季咸》一章「皆棄而走」句，向、郭相同。「列子見之而心醉」句，向註曰「迷惑其道也」；「而又奚卵焉」句，向註六十二字，郭註皆無之。「故使人得而相汝」句，郭註多七字。「示之以地文」句，向註「塊然如土也」，郭註無之；「是殆見吾杜德機」句，「鄉吾示之以天壤」句，「名實不入」句，向、郭並同。「是殆見吾善者機也」句，向註多九字。「子之先生坐不齊」句，向註二十二字，郭註無之。「鄉吾示之以太沖莫勝」句，郭改其末句。「淵有九名，此處三焉」句，郭增其首十六字，尾五十一字。「鄉吾示之以未始出吾宗」句，「故逃也」句，「食豨如食人」句，向、郭並同。「於事無與親」以下，則並大同小異。是所謂竊據向書，點定文句者，殆非無證。又《秋水篇》「與道大蹇」句，《釋文》云：「蹇，向紀輦反。」則此篇向亦有註。併《世説》所云象自註《秋水》、《至樂》二篇者，尚未必實録矣。錢曾乃曲爲之解，何哉？考劉孝標《世説註》，引《逍遥遊》向、郭義各一條，今本無之。《讓王篇》惟註三條，《漁父篇》惟註一條，《盜跖篇》惟註三十八字，《説劍篇》惟註七字。似不應簡略至此，疑有所脱佚。又《列子》「生物者不生」、「化物者不化」二句，張湛註曰：「《莊子》亦有此文。」併引向秀註一條。而今本《莊子》皆無之，是併正文亦有所遺漏。蓋其亡已久，今不可復考矣。

錢東垣等輯《崇文總目・道家類》 《莊子》十卷。莊周撰，郭象注。

張之洞《書目答問・周秦諸子》 郭象《莊子注》附《釋文》十卷。明鄒之嶧刻本，明胡氏世德堂大字本，《十子》本即世德堂本。

郭象莊子音

《隋書・經籍志・道家類》 《莊子音》三卷。郭象撰。

鄭樵《通志・藝文略・道家類》 《莊子音》三卷。郭象撰。

孫盛老子考訊

尤袤《遂初堂書目・道家類》 晉孫盛《老子攷訊》。

巨生解老子道德經

陸德明《經典釋文・序録・注解傳述人》 梁有巨生《老子道德經内解》二卷。不詳何人。

《隋書・經籍志・道家類》 梁有《老子道德經》二卷，巨生解。亡。

老子集解

陸德明《經典釋文・序録・注解傳述人》 程韶《老子集解》二卷。鉅鹿人，東晉郎中、關内侯。

《隋書・經籍志・道家類》 梁有《老子》二卷，晉郎中程韶集解。亡。

《舊唐書・經籍志・道家類》 《老子》二卷。程韶集注。

《新唐書・藝文志・道家類》 程韶《集注》二卷。

鄭樵《通志・藝文略・道家類》 《老子道德經》二卷。程韶集注。

高似孫《子略》卷二 《老子》。程韶。《集注》。

老子注

陸德明《經典釋文・序録・注解傳述人》 邯鄲氏《老子注》二卷。不詳何人。

《隋書・經籍志・道家類》 梁有《老子》二卷，邯鄲氏注。亡。

老子注

陸德明《經典釋文・序録・注解傳述人》 常氏《老子注》二卷。不詳何人。

《隋書・經籍志・道家類》 梁有《老子》二卷，常氏傳。亡。

老子注

陸德明《經典釋文・序録・注解傳述人》 盈氏《老子注》二卷。

《隋書・經籍志・道家類》 梁有《老子》二卷，盈氏注。亡。

莊子注

陸德明《經典釋文・序録・注解傳述人》 孟氏《莊子注》十八卷五十二篇。不詳何人。

《隋書・經籍志・道家類》 梁有《莊子》十八卷，孟氏注，録一卷。亡。

鄭樵《通志・藝文略・道家類》 《莊子》十八卷。孟氏注。

老子道德經注

陸德明《經典釋文・序録・注解傳述人》 袁真《老子道德經注》二卷。字彦仁，陳郡人，東晉西中郎將、豫州刺史。

《隋書・經籍志・道家類》 梁有《老子道德經》二卷，晉西中郎將袁真注。亡。

《舊唐書・經籍志・道家類》 《老子》二卷。袁真注。

《新唐書・藝文志・道家類》 袁真《老子道德經注》二卷。

鄭樵《通志・藝文略・道家類》 《老子道德經》二卷。晉中郎將袁真注。

高似孫《子略》卷二 《老子注》。袁真。晉中郎將。

姚振宗《隋書經籍志考證・道家類》 梁有《老子道德經》二卷。晉西中郎將袁真注。亡。《晉書・桓温傳》：太和四年，温率弟南中郎沖、西中郎袁真步騎五萬北伐至枋頭，先使袁真伐譙梁，開石門以通運。真討譙梁皆平之，而不能開石門，軍糧竭盡。温焚舟步退。慕容垂以八千騎追之，戰于襄邑。温軍敗績，死者三萬人。温甚恥之，歸罪于真，表廢爲庶人。真怨温誣己，據壽陽以自固，潛通苻堅、慕容暐。温發州人築廣陵城移鎮之。袁真病死，其將朱輔立其子瑾以嗣事。慕容暐、苻堅並遣軍援瑾。温遣桓伊及弟子石虔等逆擊，大破之。瑾衆潰，生擒之，并其宗族數十人及朱輔送于京都，斬之。瑾所侍養乞活數百人悉坑之，以妻子爲賞。又《文苑・伏滔傳》：滔從温伐袁真，至壽陽，以淮南屢叛，著論二篇，名曰《正淮》云。

又《廢帝海西公本紀》：太和四年冬十月，豫州刺史袁真以壽陽叛。五年春正月乙亥，袁真子雙之、愛之害梁國内史朱憲、汝南内史朱斌。二月癸酉，袁真死。陳郡太守朱輔立真子瑾嗣事，求救于慕容暐。夏四月辛未，桓温部將竺瑶破瑾于武丘。八月癸丑，桓温擊袁瑾于壽陽，敗之。六年春正月，苻堅遣將王鑒來援袁瑾，將軍桓伊逆擊大破之。丁亥，桓温剋壽陽，斬袁瑾。

老子道德經注

《隋書・經籍志・道家類》《老子道德經》二卷。劉仲融注。

《新唐書・藝文志・道家類》劉仲融《老子道德經注》二卷。

鄭樵《通志・藝文略・道家類》《老子道德經》二卷。劉仲融注。

高似孫《子略》卷二《老子注》。劉仲融。

姚振宗《隋書經籍志考證・道家類》《老子道德經》二卷。劉仲融注。劉仲融始末未詳。唐張君相《三十家集注》有劉仁會，列盧景裕之次。

《唐書・藝文志》：劉仲融《注老子》二卷。

案《晉書・劉隗傳》：隗彭城人，伯父訥，訥子疇，疇兄子劭，劭族子黄老。太元中爲尚書郎，有義學。注《慎子》、《老子》並傳于世，此或其書，仲融其字歟？黄老似非其名，疑其上有敚文，又有劉法先，見後顧歡《義疏》條。

老子注

陸德明《經典釋文・序録・注解傳述人》張嗣《老子注》二卷。

《隋書・經籍志・道家類》梁有《老子道德經》二卷，張嗣注。亡。

老子道德經注

陸德明《經典釋文・序録・注解傳述人》張憑《老子注》二卷。

《隋書・經籍志・道家類》梁有《老子道德經》二卷，張憑注。亡。

《舊唐書・經籍志・道家類》《老子》二卷。張憑注。

《新唐書・藝文志・道家類》張憑《老子道德經注》二卷。

鄭樵《通志・藝文略・道家類》《老子道德經》二卷。張憑注。

高似孫《子略》卷二《老子注》。張憑。

老子玄譜

陸德明《經典釋文・序録・注解傳述人》劉遺民《老子玄譜》一卷。字遺民，彭城人，東晉柴桑令。

《隋書・經籍志・道家類》梁有《老子玄譜》一卷，晉柴桑令劉遺民撰。亡。

《舊唐書・經籍志・道家類》《老子玄譜》一卷。劉道人撰。

《新唐書・藝文志・道家類》劉遺民《老子玄譜》一卷。

又《神仙類》劉道人《老子玄譜》一卷。

鄭樵《通志・藝文略・道家類》《道德經元譜》一卷。劉遺民撰。

高似孫《子略》劉遺民。《老子元譜》一卷。

佚名《道藏闕經目録》卷上《太上混元上德皇帝玄譜》。

老子音

《隋書・經籍志・道家類》《老子音》一卷。李軌撰。

《新唐書・藝文志・道家類》李軌《老子音》一卷。

鄭樵《通志・藝文略・道家類》《老子音》一卷。李軌撰。

莊子音

陸德明《經典釋文・序録・注解傳述人》李軌《莊子音》一卷。

《隋書・經籍志・道家類》《莊子音》一卷。李軌撰。

鄭樵《通志・藝文略・道家類》《莊子音》一卷。李軌撰。

老子音

陸德明《經典釋文・序録・注解傳述人》 戴逵《老子音》一卷。字安道，譙國人，東晉散騎常侍、太子中庶子，徵不就。

《隋書・經籍志・道家類》 梁有《老子音》一卷，晉散騎常侍戴逵撰，亡。

鄭樵《通志・藝文略・道家類》 《老子音》一卷。戴逵撰。

養生要集

《舊唐書・經籍志・道家類》 《養生要集》十卷。張湛撰。

《新唐書・藝文志・神仙類》 張湛《養生要集》十卷。

列子注

《隋書・經籍志・道家類》 《列子》八卷。鄭之隱人列禦寇撰，東晉光禄勳張湛注。

《舊唐書・經籍志・道家類》 《列子》八卷。列禦寇撰，張湛注。

《新唐書・藝文志・道家類》 張湛注《列子》八卷。列禦寇。

鄭樵《通志・藝文略・道家類》 《列子冲虛至德真經》八卷。鄭穆公時隱者列禦寇撰，東晉張湛注，唐加「冲虛真經」，宋朝又加以「至德」。

晁公武《郡齋讀書志・道家類》 張湛注《列子》八卷。右鄭列禦寇撰。劉向校定八篇，云：「繆公時人，學本於黄帝老子，清虛無爲，務崇不競，其寓言與莊周類。」晉張湛注。唐號《沖虛真經》。景德中，加「至德」之號。《力命篇》言壽夭不存於葆養，窮達不繫乎知力，皆天之命。《楊朱篇》言極耳目之欲，而不卹生之危，縱酒色之娱而不顧名之醜，是之謂制命於内。劉向以「二義乖背，不似一家之言」。予以道家之學，本謂世衰道喪，物僞滋起，或騁知力以圖利，不知張毅之走高門，竟以病殞；或背天真以徇名，不知伯夷之在首陽，因以餒終。是以兩皆排擯，欲使好利者不巧詐以干名，好名者不矯妄以失性爾，非不同也。雖然，儒者之道則異乎是，雖知壽夭窮達非人力也，必修身以竢焉，以爲立巖墻之下而死者，非正命也。雖知耳目之於聲色有性焉，以爲其樂也外而不易吾内。嗚呼，以此自爲，則爲愛己，以此教人，則爲愛人。儒者之道所以萬世而無弊歟？

陳振孫《直齋書録解題・道家類》 《列子注》八卷。晉光禄勳張湛處度撰。

馬端臨《文獻通考・經籍考・道家類》 張湛注《列子》八卷。晁氏曰：【略】

《宋史・藝文志・道家類》 張湛《列子注》八卷。

楊士奇等《文淵閣書目・子書類》 《列子》張湛注。一部，二册。闕。

徐𤊹《徐氏家藏書目・諸子類》 《列子》張湛注。

錢謙益等《絳雲樓書目・道家類》 《列子》張湛注。八卷。

顧廣圻《思適齋書跋・補遺》 《列子》八卷。校宋本。 張湛注《列子》北宋槧本，不附《釋文》本，在陳景元前也。蕘圃以重價購之吴興賈人，抱經學士《拾補》中所區別，間有未當者得此正之。又宋槧本有舊音，亦前所未聞也。綬階袁君以此本命校一過，而藏於三硯齋。嘉慶丙辰十二月顧廣圻記。

張金吾《愛日精廬藏書志・道家類》 《沖虛至德真經》八卷。元刊本。季滄葦藏書。晉張湛處度注。自序。

錢東垣等輯《崇文總目・道家類》 《列子冲虛至德真經》八卷。列禦寇撰，張湛注。

列子音義

鄭樵《通志・藝文略・道家類》 《列子音義》一卷。

《宋史・藝文志・道家類》 張湛《列子音義》一卷。

莊子注

陸德明《經典釋文・序録・注解傳述人》 向秀《莊子注》二十卷二十六篇。

一作二十七篇，一作二十八篇，亦無《雜篇》，爲《音》三卷。

《隋書・經籍志・道家類》 《莊子》二十卷。梁漆園吏莊周撰，晉散騎常侍向秀注。本二十卷，今闕。

《舊唐書・經籍志・道家類》 《莊子》二十卷。向秀注。

《新唐書・藝文志・道家類》 向秀《注莊子》二十卷。

鄭樵《通志・藝文略・道家類》 《莊子》二十卷。梁漆園吏莊周撰，晉散騎常侍向秀注。

高似孫《子略》卷二 《莊子注》。向秀。二十卷。

姚振宗《隋書經籍志考證・道家類》 《莊子》二十卷。梁漆園吏莊周撰，晉散騎常侍向秀注，本二十卷。今闕。案此當有敚誤。

莊子音

《隋書・經籍志・道家類》 梁有向秀《莊子音》一卷。

莊子解義

高似孫《子略》卷二 向秀《莊子解義》。初注《莊子》者數十家，莫能究其旨要。向秀於舊注外爲《解義》，妙析奇致，大暢元風。《秀別傳》曰：秀與嵇康、呂安爲友，趣舍不同。嵇康傲世不羈，安放逸邁俗，而秀雅好讀書。二子頗以此嗤之。後秀將注《莊子》，先以告康、安。康、安咸曰：此書詎復須注，徒棄人作樂事耳。及成以示二子，康曰：爾故復勝否？安乃驚曰：莊周不死矣。後注《周易》，大義可觀，而與漢世諸儒互有彼此，未若隱莊之絶倫也。秀本傳或言秀遊託數賢，蕭屑卒歲，都無注述，唯好《莊子》。聊隱崔譔所注，以備遺忘云。《竹林七賢論》云：秀爲此義，讀之者，無不超然若已出塵埃而窺絶冥，始了視聽之表，有神德元哲，能遺天下、外萬物，雖復使動競之人顧觀所徇，皆怡然自有振拔之情矣。唯《秋水》、《至樂》二篇未竟而秀卒。秀子幼，《義》遂零落，然猶有別本。郭象者，爲人薄行，有雋才。《文士傳》曰：象字子元，河南人，少有才理，慕道好學，篤志《老》、《莊》，時人咸以爲王弼之亞，辟司空掾，太傅主簿。見秀《義》不傳於世，遂竊以爲己注。乃自注《秋水》、《至樂》二篇，又易《馬蹄》一篇，其餘衆篇，或定點文字而已。《文士傳》曰：象作《莊子注》，最有清辭道旨。後秀《義》別本出，故今有向、郭二《莊》，其義一也。

莊子注

陸德明《經典釋文・序録・注解傳述人》 崔譔《莊子注》十卷二十七篇。清河人，晉議郎。《内篇》七，《外篇》二十。

《隋書・經籍志・道家類》 梁有《莊子》十卷，東晉議郎崔譔注，亡。

《舊唐書・經籍志・道家類》 《莊子》十卷。崔譔注。

《新唐書・藝文志・道家類》 崔譔《注莊子》十卷。

鄭樵《通志・藝文略・道家類》 《莊子》十卷。崔譔注。

高似孫《子略》卷二 《莊子注》。崔譔。十卷。

莊子注

陸德明《經典釋文・序録・注解傳述人》 司馬彪《莊子注》二十一卷五十二篇。字紹統，河内人，晉祕書監。《内篇》七，《外篇》二十八，《雜篇》十四，《解説》三，爲《音》三卷。

《隋書・經籍志・道家類》 《莊子》十六卷。司馬彪注。本二十一卷，今闕。

《舊唐書・經籍志・道家類》 《莊子注》二十一卷。司馬彪注。

《新唐書・藝文志・道家類》 司馬彪《注莊子》二十一卷。

鄭樵《通志・藝文略・道家類》 《莊子》十六卷。司馬彪注。

高似孫《子略》卷二 《莊子注》。司馬彪。十六卷。

姚振宗《隋書經籍志考證・道家類》 《莊子》十六卷。司馬彪注本，二十一卷。今闕。司馬彪有《續漢書》，詳見《史部・正史》篇。

《晉書》本傳：泰始中爲祕書郎，轉丞。注《莊子》，作《九州春秋》。

《釋文・敍録》：《漢書・藝文志》：《莊子》五十二篇，即司馬彪所注是也。又曰：司馬彪《注》二十一卷，五十二篇。《内篇》七，《外篇》二十八，《雜篇》十四，《解説》三。

《唐日本國見在書目》：《莊子》二十一卷。梁漆園吏莊周撰。後漢司馬彪注。

周中孚《鄭堂讀書記·道家類》《莊子注》一卷。《問經堂叢書》本。晉司馬彪撰。國朝孫馮翼輯。按紹統《莊子注》，《晉書》本傳未詳，其卷數《隋志》載《莊子》十六卷，司馬彪注，本二十一卷，今闕。然新、舊《唐志》俱作二十一卷，是即《通志》所謂書籍有不足於前朝而足於後世者矣。《經典釋文》於《莊子》薈萃衆家音注以成，而於紹統注徵引最夥。彪注本大抵佚於宋代，《太平御覽》以修文殿書爲粉本，故雖引及彪注，未可執之以證未佚也。鳳卿因摭拾逸闕以存彪注之舊，而義取限斷不采陸氏《釋文》，誠以《釋文》既有專書，明人所刻《莊子》又分篇臚列，爲學者所易見，且其語不啻三倍于選注諸書，無庸爲陸氏作鈔胥重爲編録也。

張之洞《書目答問·周秦諸子》《司馬彪莊子注》一卷。孫馮翼輯。問經堂本，又茆輯十種本。

莊子注音

《隋書·經籍志·道家類》《莊子注音》一卷。司馬彪等撰。

《新唐書·藝文志·道家類》司馬彪《莊子注音》一卷。

鄭樵《通志·藝文略·道家類》《莊子注音》一卷。司馬彪撰。

莊子集解

陸德明《經典釋文·序録·注解傳述人》李頤《莊子集解》三十卷三十篇。字景真，潁川襄城人，晉丞相參軍，自號玄道子。一作三十五篇。爲《音》一卷。

《舊唐書·經籍志·道家類》《莊子集解》二十卷。李頤集解。

《新唐書·藝文志·道家類》李頤《莊子集解》二十卷。

鄭樵《通志·藝文略·道家類》《莊子》二十卷。李頤集解。

高似孫《子略》卷二《莊子注》。李頤。《集解》二十卷。

莊子注

《隋書·經籍志·道家類》梁有《莊子》三十卷，晉丞相參軍李頤注。亡。

鄭樵《通志·藝文略·道家類》《莊子》三十卷。晉李頤注。

高似孫《子略》卷二《莊子注》。李頤。三十卷。

釋莊子論

《舊唐書·經籍志·道家類》《釋莊子論》二卷。李充撰。

《新唐書·藝文志·道家類》李充《釋莊子論》二卷。

鄭樵《通志·藝文略·道家類》《莊子論》二卷。李充撰。

高似孫《子略》卷二 李充。《莊子論》二卷。

莊子義疏

陸德明《經典釋文·序録·注解傳述人》王叔之《莊子義疏》三卷。字穆□，琅邪人，宋處士。亦作《注》。

《隋書·經籍志·道家類》梁有《莊子義疏》十卷，又《莊子義疏》三卷，宋處士王叔之撰，亡。

鄭樵《通志·藝文略·道家類》《莊子義疏》三卷。宋處士李叔之撰。

高似孫《子略》卷二 李叔之。《莊子義疏》三卷。宋處士。

莊子音

陸德明《經典釋文·序録·注解傳述人》徐邈《莊子音》三卷。

《隋書・經籍志・道家類》《莊子音》三卷。徐邈撰。

鄭樵《通志・藝文略・道家類》《莊子音》三卷。徐邈撰。

莊子集音

《隋書・經籍志・道家類》《莊子集音》三卷。徐邈撰。

蘇子

《隋書・經籍志・道家類》梁有《蘇子》七卷，晉北中郎參軍蘇彦撰。亡。

《舊唐書・經籍志・道家類》《蘇子》七卷。蘇彦撰。

《新唐書・藝文志・道家類》《蘇子》七卷。蘇彦。

鄭樵《通志・藝文略・道家類》《蘇子》七卷。晉北中郎參軍蘇彦撰。

姚振宗《隋書經籍志考證・道家類》梁有《蘇子》七卷。晉北中郎參軍蘇彦撰。亡。蘇彦始末未詳。

高似孫《子略》：馬總《意林目録》曰：《蘇子》八卷。自云魏人。

宋刻全本《意林》曰：《蘇子》十八卷。名淳，衛人也。《唐書・經籍志》：《蘇子》七卷。蘇彦撰。《藝文志》同。

嚴氏《全晉文編》曰：蘇彦，孝武時爲北中郎參軍。《隋志・道家》：梁有《蘇子》七卷。晉北中郎參軍蘇彦撰。亡。舊、新《唐志》皆七卷，宋不著録。蓋唐末復亡，羣書引見尚多，繹其詞，譽商韓而詆孟子，亦各言其志也，然而誤矣。《漢志・從横家》別有《蘇子》三十一篇，蘇秦撰。王伯厚謂即《鬼谷子》，未審信否。近有爲《鬼谷子篇目考》者，采《御覽》等書所引《蘇子》三條，指爲蘇秦則尤誤。又《四録堂類集總目》云：《蘇子》一卷，可均輯。

案嚴氏輯存十二條，馬氏《玉函山房》亦輯一卷，凡十三條。宋刻全本《意林》第六卷引《蘇子》二條。其一條嚴馬二家輯本皆遺之。

宣子

《隋書・經籍志・道家類》梁有《宣子》二卷，晉宜城令宣舒撰。亡。

《舊唐書・經籍志・道家類》《宣子》二卷。宣聘撰。

《新唐書・藝文志・道家類》《宣子》二卷。宣聘。

鄭樵《通志・藝文略・道家類》《宣子》二卷。晉宜城令宣聘撰。

姚振宗《隋書經籍志考證・道家類》梁有《宣子》二卷。晉宜城令宣聘撰。亡。宣聘當爲宣舒。

陸氏《經典釋文・敍録》宣舒字幼驥，陳郡人，晉宜城令，爲《通知來藏往論》。見《易家》張璠《集解》二十二家中。

《唐書・經籍志》：《宣子》二卷。宣聘撰。《藝文志》同。

案舊、新《唐志》，《經部・易類》有宣聘《通易象論》一卷，即所《通知來藏往論》也。又本志《別集類》注云：梁有《宣舒集》五卷。《舊唐志》作《宣聘集》。《新志》作《宣騁集》，一宣舒也。隋、唐三《志》或以爲宣聘，或以爲宣騁。據《釋文・敍録》則爲宜城令者，實宣舒非聘，亦非騁也。其所以致誤之由，則以其字幼驥，轉寫脱「幼」字。又誤以驥爲騁，以騁爲聘耳。《舊唐志・易家》又有誤作「宣駛」者。

又案魏晉六朝人以《周易》、《老》、《莊》爲三玄，談玄義者，馳騁其説。宣舒所作《通易論》，或亦編入是書中。

陸子

《隋書・經籍志・道家類》梁有《陸子》十卷。陸雲撰。亡。

《舊唐書・經籍志・道家類》《陸子》十卷。陸雲撰。

《新唐書・藝文志・道家類》《陸子》十卷。陸雲。

鄭樵《通志・藝文略・道家類》《陸子》十卷。陸雲撰。

姚振宗《隋書經籍志考證・道家類》梁有《陸子》十卷。陸雲撰。亡。《晉書・陸機傳》：機字士衡，吳郡人也。太康末與弟雲俱入洛。雲字士龍，少與兄機齊名，號曰二陸。刺史周浚召爲從事，以公府掾爲太子舍人，出補浚儀令，拜吴王晏郎中令，入爲尚書郎、侍御史、太子中舍人、中書侍郎，成都王穎表爲清河内史。機之敗也，穎并殺雲，時年四十二。所著文章若干篇，又撰《新書》十篇並行于世。初雲嘗夜行迷路，至一家便寄宿，見一少年美風姿，共談《老子》，辭致深遠，後知此數十里中無人居，卻尋昨宿處，乃王弼冢。雲本無玄學，自此談老殊進。

《世説・賞譽篇》注《陸雲别傳》曰：雲大司馬抗之第五子，機母弟也。儒雅有俊才，口敏能談，博聞彊記，善著述，後爲成都王穎所害。

唐馬總《意林》：《抱朴子》曰《陸子》十篇。誠爲快書，其辭之富者，雖覃思不可損也；其理之約者，雖鴻筆不可益也。

《唐書・經籍志》：《陸子》十卷。陸雲撰。《藝文志》同。

馬氏《玉函山房輯本序》曰：《晉書・本傳》稱又撰《新書》十篇，行于世。隋、唐《志・道家》皆載《陸子》十卷，即《新書》也。今佚。《初學記》、《太平御覽》引二節，《魏志》注引《陸氏異林》一節，記鍾繇事云：叔父清河太守説如此，清河陸雲也。陸氏，蓋雲之猶子。考《陸機傳》二子蔚夏，或其所作稱清河説，定爲《新書》中語，又《本傳》紀雲作《新書》下引路行遇王弼事，云雲本無玄學，自此談老殊進，此作書之繇，且文筆與《異林》所引同，亦《陸子》佚文也。並采録之。

案宋版全本《意林》第六卷引《陸子》文一條，馬氏遺之。

孫子

《隋書・經籍志・道家類》《孫子》十二卷。孫綽撰。

《舊唐書・經籍志・道家類》《孫子》十二卷。孫綽撰。

《新唐書・藝文志・道家類》《孫子》十二卷。孫綽。

錢東垣等輯《崇文總目・道家類》《孫子》十卷。孫綽撰。

簡文談疏

《隋書・經籍志・道家類》《簡文談疏》六卷。晉簡文帝撰。

鄭樵《通志・藝文略・道家類》晉簡文《談疏》六卷。

姚振宗《隋書經籍志考證・道家類》《簡文談疏》六卷。晉簡文帝撰。《晉書・本紀》：簡文皇帝諱昱，字道萬，元帝之少子也。幼而岐嶷，爲元帝所愛。及長，清虚寡欲，尤善玄言。永昌元年，元帝封爲琅邪王。咸和元年徙封會稽王，海西公。太和六年，桓温圖廢立，以皇太后詔奉迎。咸安元年冬十一月己酉，即皇帝位。二年秋七月乙未崩，年五十三，廟號太宗。帝雖神識恬暢，而無濟世大略。故謝安稱爲惠帝之流，清談差勝耳。沙門支道林嘗言會稽有遠體而無遠神，謝靈運迹其行事，亦以爲赧、獻之輩云。

案晁載之《續談助》抄《殷芸小説》引《簡文談疏》一事。又《世説新語》諸篇述簡文語及稱撫軍，稱會稽王者特多，似皆本之是書。嚴氏《全梁文編》以《談疏》六卷爲梁簡文帝撰，蓋誤寫入也。

攝生論

《隋書・經籍志・道家類》梁有《攝生論》二卷，晉河内太守阮侃撰。亡。

姚振宗《隋書經籍志考證・道家類》梁有《攝生論》二卷。晉河内太守阮侃撰。亡。《世説・賢媛篇》注《陳留志》曰：阮共字伯彦，尉氏人，清真守道，動以禮讓，仕魏，至衛尉卿。少子侃字德如，有俊才，而飭以名理，風儀雅潤，與嵇康爲友，仕至河内太守。《宋書・符瑞志》晉武帝太康二年六月丁卯白雀二見河内，南陽太守阮侃獲以獻。

杜氏幽求新書

《隋書・經籍志・道家類》《杜氏幽求新書》二十卷。杜夷撰。

《舊唐書・經籍志・道家類》《幽求子》三十卷。杜夷撰。

《新唐書・藝文志・神仙類》杜夷《幽求子》三十卷。

鄭樵《通志・藝文略・道家類》《幽求子》二十卷。杜夷撰。

姚振宗《隋書經籍志考證・道家類》《杜氏幽求新書》二十卷。杜夷撰。《晉書・儒林傳》：杜夷字行齊，盧江灊人也。世以儒學稱，爲郡著姓，博覽經籍百家之書，算曆圖緯靡不畢究，閉門教授生徒千人。惠、懷時累辭徵辟，尋以胡寇渡江。元帝爲丞相以爲儒林祭酒，又除國子祭酒。皇太子三至夷第執經問義，夷雖逼時命，未嘗朝謁。國有大政，恆就夷諮訪焉。明帝太寧元年卒，年六十六。贈大鴻臚，謚曰貞子。著《幽求子》二十篇行于世。

《文心雕龍・諸子篇》：若夫陸賈《典語》，賈誼《新書》，揚雄《法言》，劉向《説苑》，王符《潛夫》，崔寔《政論》，仲長《昌言》，杜夷《幽求》，咸敍經典，或明政術，雖標論名，歸乎諸子。何者？博明萬事爲子，適辨一理爲論。彼皆蔓延雜説，故入諸子之流。

《唐日本國見在書目》：《幽求子》廿卷。杜夷撰。【略】

案《杜畿傳》注所引《杜氏新書》乃京兆杜陵之杜氏。嚴氏可均以爲即篤論之末篇。詳見《雜家》。此廬江灊縣之杜氏，《唐世系》及《元和姓纂》、《古今姓氏書辨證》皆不載，似與京兆杜氏別爲一族，未必即彼之《杜氏新書》也。

又案高似孫《子略》載《意林》篇目無《幽求子》，干寶《干子》、華譚《新論》、孫綽《孫子》凡四家。宋刻全本《意林》第六卷皆有之，而引《幽求子》文凡五條，前四條馬氏未及采焉。又《御覽・人事部・幼智篇》引《杜祭酒別傳》即夷也。

苻子

《隋書・經籍志・道家類》 《苻子》二十卷。東晉員外郎苻朗撰。

《舊唐書・經籍志・道家類》 《苻子》三十卷。苻朗撰。

《新唐書・藝文志・道家類》 《苻子》三十卷。苻朗。

鄭樵《通志・藝文略・道家類》 《苻子》二十卷。東晉員外郎苻朗撰。

姚振宗《隋書經籍志考證・道家類》 《苻子》二十卷。東晉員外郎苻朗撰。

《晉書・孝武帝本紀》：太元九年冬十月，苻堅、青州刺史苻朗帥衆來降。

又《苻堅載記》：苻朗字元達，堅之從兄子也。性宏達神氣爽邁，幼懷遠操，不屑時榮。堅嘗目之曰：吾家千里駒也。徵拜鎮東將軍青州刺史，封樂安男，不得已起而就官，有若素士，耽翫經籍，手不釋卷。每談虛語玄，不覺日之將夕，在任甚有稱績，後遣詣謝玄于彭城求降。玄表上詔加員外散騎侍郎，既至揚州。風流邁于一時，超然自得，志淩萬物，所與晤言不過一二人而已。後忤王忱、王國寶，數年，國寶譖而殺之，臨刑志色自若。著《苻子》數十篇，行于世，亦老莊之流也。

《世説・排調》篇注：裴景仁《秦書》曰：朗，苻堅從兄。堅爲慕容冲所圍，朗降謝玄，用爲員外散騎侍郎。著《苻子》數十篇，蓋老莊之流也。朗矜高忤物，不容于世，後衆讒而殺之。

宋刻全本《意林》第六卷：《苻子》二十卷。名朗。《唐日本國見在書目》：《苻子》六卷。苻朗撰。《唐書・經籍志》：《苻子》三十卷。苻朗撰。《藝文志》同。嚴氏《全晉文編輯本序》曰：道家祖黄老，蓋三皇五帝之道也。變而爲列禦寇、莊周，則楊朱之爲我也；又變而房中術，而金丹而符籙，而齋醮，每降益下，而道家幾乎熄矣。于是乎秦漢以來未有著書象《道德經》者，其象《列子》、《莊子》僅有苻朗。苻朗者，秦苻堅之從兄子也。隋、唐《志》：《苻子》三十卷，《宋》不著録，《路史》徵引皆取諸類書，余從類書寫出八十二事，省併重復得五十事，定著一卷，備道家之一種。其言具有名理，本傳稱老莊之流，非過許也。又曰：有篇名者二，曰《方外》曰，《家策》。其《家策》篇稱抱朴子非葛洪也，洪與朗不相值，又《四録堂類集・總目》：曰《苻子》一卷，可均輯。

馬氏《玉函山房輯本序》曰：楊慎《丹鉛總録》以苻子與秦子並論，以爲不特世無其書，並罕知其姓名。王世貞駁之，謂其書《道藏》有之，今偏檢《道藏》全目，實無《苻子》，弇州大言欺人耳。茲輯得四十餘節，文筆頗似《抱朴子》。據本書有「朗棄千金之劍，把苻子而趍，抱朴子趨謂曰，何夫子棄大而存小」之語，似抱朴朗之門人也。案此竟有疑抱朴子爲苻子門人者，嚴氏已辨之矣。馬氏又云：書中多春秋遺事，足資考證，是以寓言爲事實，猶未悟其書之旨歸矣。

莊子逍遥義

高似孫《子略》卷二 支道林《莊子逍遥義》。《莊子逍遥篇》，舊是難處，諸名賢所可鑽味，而不能拔理於郭、向之外。支道林在白馬寺中，將馮太常共語，《馮氏譜》曰：馮懷，字祖思，長樂人，歷太常護軍將軍。因及《逍遥》，支卓然標新理於二家之表，立異義於衆賢之外，皆是諸名賢尋味之所不得，後遂用支理。向子期郭子元《逍遥義》曰：夫大鵬之上九萬尺，鷃之起榆枋，小大雖差，各任其性。苟當其分，逍遥一也。然物之芸芸，同資有待，得其所待，然後逍遥耳。唯聖人與物真而循大變，爲能無待而常通，豈獨自通而已。又從有待者不失其所待，不失則同於大通矣。支氏《逍遥論》曰：夫逍遥者，明至人之心也。莊生建言大道而寄指鵬鷃，鵬以營生之路曠，故失適於體外。鷃以在近而笑遠，有矜伐於心内。至人乘天正而高興，遊無窮於放浪，物物而不物於物，則遥然不我得，元感不爲，不疾而速，則逍然靡不適。此所以爲逍遥也。若夫有欲，當其所足。足於所足，快然有似天真，猶饑者一飽，渴者一盈，豈忘烝嘗於糗糧，絶觴爵於醪醴哉？苟非至足，豈所以逍遥乎？此向、郭之注所未盡。

老子注

《舊唐書·經籍志·道家類》《老子》二卷。釋義盈注。

《新唐書·藝文志·道家類》義盈《老子道德經注》二卷。

鄭樵《通志·藝文略·道家類》《老子道德經》二卷。僧義盈注。

高似孫《子略》卷二《老子注》。義盈。僧。

老子注

《舊唐書·經籍志·道家類》《老子》二卷。鳩摩羅什注。

《新唐書·藝文志·道家類》鳩摩羅什《老子道德經注》二卷。

鄭樵《通志·藝文略·道家類》《老子道德經》二卷。僧鳩摩羅什注。

高似孫《子略》卷二《老子注》。鳩摩羅什。

賀子述言

《隋書·經籍志·道家類》梁有《賀子述言》十卷，宋太學博士賀道養撰。亡。

《舊唐書·經籍志·道家類》《賀子》十卷。賀道養撰。

《新唐書·藝文志·道家類》《賀子》十卷。賀道養。

鄭樵《通志·藝文略·道家類》《賀子》十卷。宋太學博士賀道養撰。

老子注

陸德明《經典釋文·序録·注解傳述人》《老子》釋慧琳《注》二卷。

《隋書·經籍志·道家類》梁有《老子道德經》二卷，釋惠琳注。亡。

《新唐書·藝文志·道家類》《老子道德經》僧惠琳《注》二卷。

鄭樵《通志·藝文略·道家類》《老子道德經》二卷。僧惠琳注。

高似孫《子略》卷二《老子注》。惠琳。僧。

老子注

陸德明《經典釋文·序録·注解傳述人》《老子》釋慧嚴《注》二卷。陳留人，本姓范，宋世沙門。

《隋書·經籍志·道家類》梁有《老子道德經》二卷，釋惠嚴注。亡。

《舊唐書·經籍志·道家類》《老子》二卷。釋惠嚴注。

《新唐書·藝文志·道家類》《老子道德經》惠嚴《注》二卷。

鄭樵《通志·藝文略·道家類》《老子道德經》二卷。僧惠嚴注。

高似孫《子略》卷二《老子注》。惠嚴。僧。

老子講疏

陸德明《經典釋文·序録·注解傳述人》梁武帝父子《講疏》。

《隋書·經籍志·道家類》《老子講疏》六卷。梁武帝撰。

《舊唐書·經籍志·道家類》《老子講疏》六卷。梁武帝撰。

《新唐書·藝文志·道家類》梁武帝《老子講疏》六卷。

鄭樵《通志·藝文略·道家類》《老子講疏》六卷。梁武帝撰。

高似孫《子略》卷三梁武帝《老子講疏》六卷。

姚振宗《隋書經籍志考證・道家類》 《老子講疏》六卷。梁武帝撰。

梁武有《易大義》，見《經部・易家》。

《梁書・本紀》帝洞達儒玄，造制旨《老子講疏》。《南史・儒林・顧越傳》：越特善莊老，尤長論難。武帝嘗于重雲殿自講《老子》，僕射徐勉舉越論義，越抗首而請，音響若鐘，容止可觀。帝深贊美之。

《梁書・朱异傳》：大同六年，异啓于儀賢堂奉述高祖《老子義》，勅許之，及就講，朝士及道俗聽者千餘人，爲一時之盛。

《金樓子・著書篇》：《老子義疏》一袠十卷，奉述制旨。案所奉述者，即述此書也。

《唐日本國見在書目》：《老子義疏》八卷。梁武帝撰。

老子講疏

《舊唐書・經籍志・道家類》 《老子講疏》四卷。

《新唐書・藝文志・道家類》 梁武帝《講疏》四卷。

鄭樵《通志・藝文略・道家類》 《老子講疏》四卷。梁武帝。

高似孫《子略》 梁武帝《老子講疏》四卷。

老子私記

《隋書・經籍志・道家類》 梁有《老子私記》十卷。梁簡文帝撰。亡。

《舊唐書・經籍志・道家類》 《老子私記》十卷。梁簡文帝撰。

《新唐書・藝文志・神仙家》 梁簡文帝《老子私記》十卷。

鄭樵《通志・藝文略・道家類》 《老子私記》十卷。梁簡文帝撰。

姚振宗《隋書經籍志考證・道家類》 梁有《老子私記》十卷。梁簡文帝撰。

梁簡文帝有《毛詩十五國風義》。見《經部・詩類》。《梁書・本紀》：帝博綜儒書，善言玄理，所著《老子義》二十卷，行于世。《南史・本紀》遺之。

《南史・何敬容傳》：太清元年，遷太子詹事，是年簡文頻于玄圃，自講《老》、《莊》二書，學士吴孜時寄詹事府，每日入聽。敬容謂孜曰：昔晉氏喪亂，頗由祖尚虛玄，胡賊遂覆中夏，今東宮復襲，此殆非人事，其將爲戎乎？俄而侯景難作，其言有徵也。

莊子講疏

《隋書・經籍志・道家類》 《莊子講疏》十卷。梁簡文帝撰。本二十卷，今闕。

《舊唐書・經籍志・道家類》 《莊子講疏》三十卷。梁簡文撰。

《新唐書・藝文志・道家類》 梁簡文帝《莊子講疏》三十卷。

鄭樵《通志・藝文略・道家類》 《莊子講疏》三十卷。梁簡文帝撰。

高似孫《子略》卷二 梁簡文帝。《莊子講疏》三十卷。

姚振宗《隋書經籍志考證・道家類》 《莊子講疏》十卷。梁簡文帝撰。本二十卷，今闕。梁簡文帝有《老子私記》，見前。

《梁書・本紀》：所著《老子義》二十卷，《莊子義》二十卷，並行于世。案《南史・本紀》不載《老、莊義》，或已在《長春殿義記》百卷中，故李延壽刪除之。《長春義記》見《經部・論語》後《五經總義類》中。

《陳書・徐陵傳》：陵十二通《莊》、《老》義，爲通直散騎侍郎。梁簡文在東宮撰《長春殿義記》，使陵爲序，又令于少傅府述所製《莊子義》。【略】

老子政綱

《隋書・經籍志・道家類》 《老子義綱》一卷。顧歡撰。

《新唐書・藝文志・道家類》 顧歡《義疏治綱》一卷。

鄭樵《通志・藝文略・道家類》 《老子義綱》一卷。顧歡撰。

高似孫《子略》卷二 顧歡《老子義綱》一卷。

夷夏論

《隋書・經籍志・道家類》 《夷夏論》一卷。顧歡撰。梁二卷。

《舊唐書・經籍志・道家類》 《夷夏論》二卷。顧歡撰。

鄭樵《通志・藝文略・道家類》 《夷夏論》一卷。顧歡撰。

老子義疏

陸德明《經典釋文・序録・注解傳述人》 顧懽《堂誥》四卷。一作《老子義疏》。

《隋書・經籍志・道家類》 《老子義疏》一卷。顧歡撰。

《舊唐書・經籍志・道家類》 《老子道德經義疏》四卷。顧歡撰。

《新唐書・藝文志・道家類》 顧歡《道德經義疏》四卷。

鄭樵《通志・藝文略・道家類》 《老子義疏》一卷。顧歡撰。

高似孫《子略》卷二 顧歡《老子義疏》一卷。

姚振宗《隋書經籍志考證・道家類》 《老子義疏》一卷。顧歡撰。

顧歡有《老子義綱》見前。

《太平御覽・道部・道士篇・道學傳》曰：劉法先彭城人也。時顧歡著《道經義》，于孔德璋多有與奪，法先與書討論同異，顧道屈服。又《傳授篇》云：法先爲宋明帝崇靈館主，帝先師陸元德，元德卒又師事法先，盡北面之禮。案陸元德即孔德璋爲撰《陸先生傳》者。詳見《史部・雜傳類》，德璋，稚圭字也。

案明白雲霽《道藏目録》云：《道德真經》八卷，吴郡徵士顧歡注疏。言清净臨民之術。案此即唐張君相集《三十家注》，非顧氏此書也。阮文達嘗奏進于朝。詳見《揅經室外集》。

老子講疏

陸德明《經典釋文・序録・注解傳述人》 周弘正《講疏》。

莊子内篇講疏

《隋書・經籍志・道家類》 《莊子内篇講疏》八卷。周弘正撰。

鄭樵《通志・藝文略・道家類》 《莊子内篇講疏》八卷。周弘正撰。

高似孫《子略》卷二 周宏正。《莊子講疏》八卷。

莊子講疏

《隋書・經籍志・道家類》 《莊子講疏》二卷。張譏撰，亡。

鄭樵《通志・藝文略・道家類》 《莊子講疏》二卷。張機撰。

高似孫《子略》卷二 張機。《莊子講疏》二卷。

姚振宗《隋書經籍志考證・道家類》 《莊子講疏》二卷。張機撰。亡。機當爲譏，又「撰」下當有敚文。張譏有《周易講疏》，見《經部・易家》。

《陳書・儒林傳》：譏幼聰俊，有思理，年十四通《孝經》、《論語》，篤好玄言，爲士林館學士。及侯景寇逆，于圍城之中，猶侍哀太子武德後殿講《老》、《莊》。陳後主在東宫，令于温文殿講《莊》、《老》，高宗幸宫臨聽。所撰《老子義》十一卷，《莊子内篇義》十二卷，《外篇義》二十卷，《雜篇義》十卷。

老子注

陸德明《經典釋文・序録・注解傳述人》 北學有杜弼《注》，世頗行之。

玄子

《隋書・經籍志・道家類》《玄子》五卷。

鄭樵《通志・藝文略・道家類》《玄子》五卷。

姚振宗《隋書經籍志考證・道家類》《玄子》五卷。不著撰人。案《北齊書》、《北史・李公緒傳》：公緒雅好著書，撰《玄子》五卷，似即此書。李別有《趙記》。詳見《史部・地理類》。

正一論

鄭樵《通志・藝文略・道家類》《正一論》一卷。

《宋史・藝文志・道家類》《正一論》一卷。

錢東垣等輯《崇文總目・道書類》《正一論》一卷。

三破論

鄭樵《通志・藝文略・道家類》《太玄三破論》一卷。張融撰。

《宋史・藝文志・道家類》張融《三破論》一卷。

少子

《隋書・經籍志・道家類》梁有《少子》五卷，齊司徒左長史張融撰。亡。

鄭樵《通志・藝文略・道家類》《少子》五卷。齊司徒左長史張融撰。

姚振宗《隋書經籍志考證・道家類》梁有《少子》五卷。齊司徒左長史張融撰。

《南齊書・本傳》：融字思光，吴郡吴人也。仕宋爲中書郎，入齊累遷黄門郎、太子中書。子司徒左長史。建武四年病卒，年五十四。融玄義無師法，而神解過人，白黑談論，鮮能抗拒。

又《高逸・顧歡傳》：司徒從事中郎張融作《門律》云：道之與佛，逗極無二。吾見道士與道人戰儒墨，道人與道士辨是非。昔有鴻飛天首，積遠難亮，越人以爲鳧，楚人以爲乙，人自楚越，鴻常一耳。以示太子僕周顒，顒難之，往復文多不載。案此蓋即《少子》之緣起也，張周難答往復，今略見《弘明集》中。

梁釋僧祐《弘明集》：孔稚珪答竟陵王啓曰：民于釋老非敢異同，昔嘗明一同之義，經以此訓張融。融乃著通源之論，其名《少子》，《少子》所明，會同道佛，融之此悟，出于民家云云。

嚴氏《全齊文編》曰：張融字思光，一名少子，宋會稽太守暢子也。《南齊書・本傳》載融《門律・自序》一篇，《弘明集》載張融以《門律》致書周顒等諸游生一篇，又答周顒書并問難凡十條。馬氏《玉函山房輯本序》曰：《七録》載《少子》五卷，《唐志》不著目，佚已久。梁釋僧祐采入《弘明集》，南齊《顧歡傳》亦引其略，稱《門律》。本傳載有《問律・自序》，《問律》疑即《門律》，並據輯録。其書究明二氏大旨，謂百聖同投，本末無異，周與顒往復論難倒兵乃已，史稱融玄義神解過人，自序其文不阡不陌，非途非路，亦可謂善自寫照矣。

案是書亦名《門律》。門律云者，其與周山茨及諸生書，有繩墨弟姪，故爲《門律》之語。又云復爲子弟留地，所以製是《門律》，以律其門，非佛與道門將何律。孔稚圭《答竟陵王書》亦云：民積世門業依奉李老。又云：門業有本，不忍頓棄，大抵釋家之稱門律，門業，猶儒家之稱家學及家世傳業者歟？《宋志・神仙家》有張融《三破論》一卷。列陶弘景之前，疑即是書殘賸。竟陵王子良主持佛義甚力，張孔皆爲其寮屬，故有此和同之論，其實二人皆家世奉道者。

老子注

陸德明《經典釋文・序録・注解傳述人》王玄載《老子注》二卷。

《隋書・經籍志・道家類》梁有《老子道德經》二卷，王玄載注。亡。

姚振宗《隋書經籍志考證・道家類》梁有《老子道德經》二卷。王玄載注。

亡。王玄載有《孝經注》,見《經部》。

《南齊書》本傳：玄載夷雅,好玄言。

老子玄示

《隋書·經籍志·道家類》 梁有《老子玄示》一卷,韓莊撰。亡。

《舊唐書·經籍志·道家類》 《老子玄旨》八卷。韓莊撰。

《新唐書·藝文志·道家類》 韓莊《老子玄旨》八卷。

鄭樵《通志·藝文略·道家類》 《老子玄旨》八卷。韓莊撰。

高似孫《子略》卷二 韓莊。《老子元旨》二卷。

老子玄機

《隋書·經籍志·道家類》 梁有《老子玄機》三卷。宗塞撰。亡。

姚振宗《隋書經籍志考證·道家類》 梁有《老子玄機》三卷。宗塞撰。亡。

宗塞始末未詳。

案此疑是宗測之音誤。《南史·隱逸傳》測善《易》、《老》,游名山,齎《老子》、《莊子》二書自隨。測别有《衡山記》。詳見《史部·地理類》。

老子幽易

《隋書·經籍志·道家類》 梁有《老子幽易》五卷。山琮撰。亡。

老子志

《隋書·經籍志·道家類》 梁有《老子志》一卷,山琮撰。亡。

老子義疏

《隋書·經籍志·道家類》 梁有《老子義疏》一卷,釋慧觀撰,亡。

姚振宗《隋書經籍志考證·道家類》 梁有《老子義疏》一卷。釋慧觀撰。亡。

梁釋慧皎《高僧傳》：釋慧觀,姓崔,清河人。十歲便以博見知名,弱年出家,游方受業,適廬山諮稟慧遠,聞什公入關,乃自南徂北訪異覈同,詳辨新舊。什亡後南適荆州,宋武南伐至江陵,與觀相遇,敕與西中郎游,即文帝也。俄而還京,止道場寺觀,既妙善佛理,探究老莊,又精通十誦,博采諸部。元嘉中卒,春秋七十一。著《辨宗論》,論頓悟漸悟義,傳于世。

法　苑

《舊唐書·經籍志·道家類》 《法苑》十五卷。釋僧祐撰。

老子義疏

《隋書·經籍志·道家類》 《老子義疏》五卷。孟智周私記。

《舊唐書·經籍志·道家類》 《老子義疏》四卷。孟智周撰。

《新唐書·藝文志·道家類》 孟智周《老子義疏》五卷。

鄭樵《通志·藝文略·道家類》 《老子義疏》五卷。孟智周撰。

高似孫《子略》卷二 孟智周。《老子義疏》五卷。

姚振宗《隋書經籍志考證·道家類》 《老子義疏》五卷。孟智周私記。

孟智周始末未詳。【略】案唐張君相集《三十家注》中有大孟、小孟,或謂大孟即孟康,小孟即此。

老子義疏

《隋書・經籍志・道家類》《老子義疏》九卷。戴詵撰。

《新唐書・藝文志・道家類》戴詵《老子義疏》六卷。

鄭樵《通志・藝文略・道家類》《老子義疏》九卷。戴詵注。

高似孫《子略》卷二　戴詵。《老子義疏》九卷。

姚振宗《隋書經籍志考證・道家類》《老子義疏》九卷。戴詵撰。戴詵始末未詳。《太平御覽・道部・道士篇》：《老氏聖紀》曰：孟道養字孝元，初名援，平昌人時有劉緩、戴詵相造，研論玄理，各歎伏以爲邁絶。

《唐書・藝文志》：戴詵《義疏》六卷。

案舊、新《唐志・經部・論語類》有戴詵《述義》二十卷。《新志・子部・神仙家》又有戴詵《老子西昇經義》一卷，而本志又有《莊子義疏》八卷。見後。又詵與劉緩同時，緩爲梁劉昭次子，見《梁書・文學傳》。此列于梁武帝書後，敘次亦合。

莊子義疏

《隋書・經籍志・道家類》《莊子義疏》八卷。戴詵撰。

鄭樵《通志・藝文略・道家類》《莊子義疏》八卷。戴詵撰。

高似孫《子略》卷二　戴詵《莊子義疏》八卷。

老子章門

《隋書・經籍志・道家類》《老子章門》一卷。

《舊唐書・經籍志・道家類》《老子章門》一卷。

《新唐書・藝文志・道家類》《老子章門》一卷。

鄭樵《通志・藝文略・道家類》《老子章門》一卷。

姚振宗《隋書經籍志考證・道家類》《老子章門》一卷。不著撰人。《唐書・經籍志》：《老子章門》一卷。《藝文志》同。案本志著録六藝之例，以注釋家爲首，次集注，次音義，次雜義雜論，次義疏、講疏。其有圖譜者，則取以爲殿焉。道家一類，惟老、莊二家篇籍最多，故其次第亦悉如編纂六藝之例。

集注莊子

《隋書・經籍志・道家類》《集注莊子》六卷。

莊子外篇雜音

《隋書・經籍志・道家類》《莊子外篇雜音》一卷。

鄭樵《通志・藝文略・道家類》《莊子外篇雜音》一卷。

莊子内篇音義

《隋書・經籍志・道家類》《莊子内篇音義》一卷。

鄭樵《通志・藝文略・道家類》《莊子内篇音義》一卷。

莊子講疏

《隋書・經籍志・道家類》《莊子講疏》八卷。

鄭樵《通志・藝文略・道家類》《莊子講疏》八卷。

莊子疏

《舊唐書・經籍志・道家類》《莊子疏》七卷。

《新唐書・藝文志・道家類》《莊子疏》七卷。

尤袤《遂初堂書目・道家類》《莊子疏》。

莊子文句義

《隋書・經籍志・道家類》《莊子文句義》二十八卷。本三十卷，今闕。

鄭樵《通志・藝文略・道家類》《莊子文句義》二十八卷。

南華論音

《隋書・經籍志・道家類》《南華論音》三卷。

鄭樵《通志・藝文略・道家類》《南華論音》三卷。

莊成子

《隋書・經籍志・道家類》《莊成子》十二卷。

鄭樵《通志・藝文略・道家類》《莊成子》十二卷。

蹇　子

《隋書・經籍志・道家類》　梁有《蹇子》一卷，今亡。

鄭樵《通志・藝文略・道家類》《蹇子》一卷。

玄言新記明莊部

《隋書・經籍志・道家類》《玄言新記明莊部》二卷。梁澡撰。

守白論

《隋書・經籍志・道家類》《守白論》一卷。

鄭樵《通志・藝文略・道家類》《守白論》一卷。

無宗論

《隋書・經籍志・道家類》　梁有《無宗論》四卷，亡。

姚振宗《隋書經籍志考證・道家類》　梁有《無宗論》四卷。亡。不著撰人。慧皎《高僧傳》云：慧觀著《辯宗論》論頓悟漸悟義，行于世，疑即此書之緣起。慧觀有《老子義疏》。見前。

聖人無情論

《隋書・經籍志・道家類》　梁有《聖人無情論》六卷。亡。

姚振宗《隋書經籍志考證・道家類》　梁有《聖人無情論》六卷。亡。不著撰人。案《魏志・鍾會傳》注《王弼别傳》曰：何晏以爲聖人無喜怒哀樂，其論甚精，鍾會等述之。弼與不同，以爲聖人茂于人者，神明也；同于人者，五情也。神明茂故能體冲和以通無，五情同故不能無哀樂以應物。然則聖人之情應物而無累于物者也。今以其無累，便謂不復應物，失之多矣。案《中庸章句》：喜怒哀樂情也，聖人無喜怒哀樂，論似即此《聖人無情論》也。大抵始于何晏，而鍾會等述之，王弼非之，其後尚論者，又演益之爲六卷。

談　衆

《隋書・經籍志・道家類》 梁有《談衆》三卷，亡。

無名子

《隋書・經籍志・道家類》 《無名子》一卷。張太衡撰。

《舊唐書・經籍志・道家類》 《無名子》一卷。張太衡撰。

《新唐書・藝文志・神仙家類》 張太衡《無名子》一卷。

鄭樵《通志・藝文略・道家類》 《無名子》一卷。張太衡撰。

廣成子注

《隋書・經籍志・道家類》 《廣成子》十三卷。商洛公撰。張太衡注，疑近人作。

《新唐書・藝文志・道家類》 《廣成子》十二卷。商洛公撰，張太衡注。

鄭樵《通志・藝文略・道家類》 《廣成子》十三卷。商洛公撰，張太衡注。

姚振宗《隋書經籍志考證・道家類》 《廣成子》十三卷。商洛公撰，張太衡注，疑近人作。商洛公、張太衡並未詳。

【略】

案晁氏《志》有東坡《廣成子》解一卷。取《莊子》中《黄帝問道于廣成子》一章爲之解。此則猶王士元《亢倉子》之補亡也。太抵皆張太衡所僞託。廣成子見今本《列仙傳》，以爲老子在黄帝時號廣成子，神仙家野言也。

老子節解

陸德明《經典釋文・序録・注解傳述人》 《老子節解》二卷。不詳作者。或云老子所作，一云河上公作。

《隋書・經籍志・道家類》 《老子節解》二卷。

《舊唐書・經籍志・道家類》 《老子節解》二卷。

《新唐書・藝文志・道家類》 《老子道德經節解》二卷。

鄭樵《通志・藝文略・道家類》 《老子節解》二卷。

莊子文句義

《舊唐書・經籍志・道家類》 《莊子文句義》二十卷。陸德明撰。

《新唐書・藝文志・道家類》 陸德明《莊子文句義》二十卷。

鄭樵《通志・藝文略・道家類》 《莊子文句義》二十卷。陸德明撰。

高似孫《子略》卷二 陸德明。《莊子文義句》二十卷。

老子疏

《新唐書・藝文志・道家類》 陸德明《老子疏》十五卷。

莊子音義

陳振孫《直齋書録解題・道家類》 《莊子音義》三卷。唐陸德明撰。即《經典釋文》二十六至二十八卷。

馬端臨《文獻通考・經籍考・道家類》 《莊子音義》三卷。

郭象注陸德明音義纂圖互注南華經

楊士奇等《文淵閣書目・子書類》 《纂圖互注南華經》。一部，一册。闕。《纂圖互注南華經》。一部，二册。闕。《互注南華經》。一部，四册。闕。

于敏中等《天禄琳琅書目・宋版子部》 《纂圖互註南華真經》。二函，十册。

彭元瑞等《天禄琳琅書目後編・宋版子部》 《纂圖互註南華真經》。一函，六册。見前《六子全書》内《莊子》，係一版摹印。《纂圖互註南華真經》。一函，八册。見前《六子全書》内《莊子》，係一版摹印。《纂圖互註南華真經》。二函，十册。見前《六子全書》内《莊子》，係一版摹印。

孫星衍《平津館鑒藏書籍記・宋版》 《纂圖互注南華真經》十卷。題晉郭象子元注，唐陸德明音義，前有郭象《南華真經序》、《莊子太極説》、《周子太極圖説》，重意、重言、互注，俱用黑蓋子別出。黑口版，每葉廿二行，行廿一字。

《纂圖互注南華真經》十卷。郭象子元注，唐陸德明音義，前圖已殘缺。巾箱本，互注等字，俱用黑蓋子。此本俱以重闌綫別之，巾箱本、音義本字用方綫。此本多用黑蓋子，此本當出於巾箱本之後。黑口版，每葉廿四行，行廿六字，收藏有「書帶草堂」朱文長印。

又《明版》 《南華真經》十卷。題郭象子元注，陸德明音義，前有郭象序。每葉十六行，行十七字，板式、行款俱同世德堂六子刊本，唯板心無「世德堂刊」四字。有毛扆從宋槧本紅筆校字，稱宋槧每葉廿行，行十五字，注倍之，不載音義，足證此本脱譌。收藏有「小安樂窩」白文方印、「邵恩多印」白文方印、「沛雲」朱文方印。

又《補遺宋版》 《纂圖互注南華真經》十卷。題晉郭象子元注，唐陸德明音義，前有郭象序，《莊子太極説》、《周子太極圖説》，互注等字，亦用黑蓋子別之，與巾箱本行款式樣無異，而刻略在後。板心間有「張輝刊」三字，收藏有「汝範之印」朱文方印。

張金吾《愛日精廬藏書志・道家類》 《纂圖互注南華真經》十卷。元刊本。晉郭象子元注，唐陸德明音義。板心有刻工姓名，如張輝、景亨、文顯、文富、余以正等名，蓋猶沿宋板舊式也。自序。

莊子注疏

張萱等《内閣藏書目録・子部》 《莊子注疏》十一册。不全。唐陸德明著。

老子道德經注

《隋書・經籍志・道家類》 《老子道德經》二卷。盧景裕撰。

《新唐書・藝文志・道家類》 《老子道德經》盧景裕、梁曠等《注》二卷。

鄭樵《通志・藝文略・道家類》 《老子道德經》二卷。盧景裕注。

高似孫《子略》卷二 《老子注》。盧景裕。

老子注

《隋書・經籍志・道家類》 《老子》四卷。梁曠撰。

鄭樵《通志・藝文略・道家類》 《老子道德經》四卷。梁曠等注。

高似孫《子略》卷二 《老子注》。梁曠。

老子道德經品

《隋書・經籍志・道家類》

《舊唐書・經籍志・道家類》 《老子道德經品》四卷。梁曠注。

《新唐書・藝文志・道家類》 梁曠《道德經品》四卷。

鄭樵《通志・藝文略・道家類》 《道德經品》四卷。梁曠撰。

高似孫《子略》卷二 梁曠。《道經經品》四卷。

南華論

《隋書・經籍志・道家類》　《南華論》二十五卷。梁曠撰，本三十卷。

鄭樵《通志・藝文略・道家類》　《南華論》二十五卷。梁曠撰。

高似孫《子略》　梁曠。《南華論》二十五卷。

南華仙人莊子論

《舊唐書・經籍志・道家類》　《南華仙人莊子論》三十卷。梁曠撰。

《新唐書・藝文志・神仙類》　梁曠《南華仙人莊子論》三十卷。

鄭樵《通志・藝文略・道家類》　《南華仙人莊子論》三十卷。梁曠撰。

文子訓注

錢東垣等輯《崇文總目・道家類》　《文子》十二卷。【原釋】：李暹注。見天一閣鈔本。

《新唐書・藝文志・道家類》　李暹訓注《文子》十二卷。

鄭樵《通志・藝文略・道家類》　《文子》十二卷。李暹訓注。

晁公武《郡齋讀書志・道家類》　李暹注文子十二卷。右李暹注。其傳曰姓辛氏，葵丘濮上人，號曰計然，范蠡師事之。本受業於老子，録其遺言，爲十二篇云。按劉向録《文子》九篇而已。《唐志》録暹注，與今篇次同，豈暹析之歟？顔籀以其「與孔子並時，而稱周平王問，疑依託者」。然三代之書，經秦火幸而存者，其錯亂參差類如此。《爾雅》，周公作也，而有「張仲孝友」。列子，鄭穆公時人，而有「子陽餽粟」是也。李暹師事僧般若流支，蓋元魏人也。

馬端臨《文獻通考・經籍考・道家類》　李暹注《文子》十二卷。河東柳氏《辯文子》曰：文子書十二篇，其傳曰老子弟子。唐有徐靈府注，又有李暹注訓，或謂其書録老子遺言。其辭有若可取，其旨意皆本老子。然考其書，孝即考字。蓋駁書也。其渾而類者少，竊取他書以合之者多。凡孟子輩數家，皆見剽竊，嶢然而出其類。童曰：「嶢音堯，山高貌，或作嶤。」其意緒文辭，叉牙相抵而不合。不知人之增益之歟？或者衆爲聚斂以成其書歟？然觀其往往有可立者，又頗惜之，閔其爲之也勞。今刊去謬惡亂雜者，取其似是者，又頗爲發其意，藏於家。

高氏《子略》曰：天寶中，以《文子》爲《通玄真經》。柳子厚爲刊去謬亂，頗發其意。子厚所刊之書，世不可見矣。今觀其言，曰：「神者智之淵，神清則智明；智者心之府，智公則心平。」又曰：「上學以神聽之，中學以心聽之，下學以耳聽之。」又曰：「貴則觀其所齊，富則觀其所欲，貧則觀其所愛。」又曰：「人性欲平，嗜欲害之。」此亦學之一臠也。

周氏《涉筆》曰：《文子》一書，誠如柳子厚所云駁書也。然不獨其文聚斂而成，亦黄、老、名、法、儒、墨諸家，各以其説入之，氣脈皆不相應。其稱平王者，往往是楚平王，序者以爲周平王時人，非也。

《宋史・藝文志・道家類》　李暹《訓文子注》十二卷。

崇正論

《舊唐書・經籍志・道家類》　《崇正論》六卷。釋彦琮撰。

莊子通真論

《新唐書・藝文志・神仙類》　賈參寥《莊子通真論》三卷。垂拱中，隱武陵。

鄭樵《通志・藝文略・道家類》　《莊子通真論》三卷。唐賈參寥撰。

高似孫《子略》卷二　賈參寥。《莊子通真論》三卷唐人。

錢東垣等輯《崇文總目・道書類》　《莊子通真論》三卷。

莊子通真論

《宋史·藝文志·道家類》 張烜《莊子通真論》三卷。

老子注

《新唐書·藝文志·道家類》 玄宗注《道德經》二卷。

鄭樵《通志·藝文略·道家類》 《老子道德經》二卷。唐明皇注。

晁公武《郡齋讀書志·道家類》 明皇《老子注》二卷。右唐玄宗撰。玄宗既爲《注》二卷，又爲《疏》六卷。天寶中，加號《玄邁道德經》，世不稱焉。又頗增其辭，如「而貴食母」作「兒貴求食於母」之類。「貴食母」者，嬰兒未孩之義。諸侯之子，以大夫妻爲食母，增之贅矣。

尤袤《遂初堂書目·道家類》 《唐明皇注老子》。

馬端臨《文獻通考·經籍考·道家類》 明皇《老子注》二卷。【略】

《宋史·藝文志·道家類》 唐玄宗注《老子道德經》二卷。有序。

錢東垣等輯《崇文總目·道家類》 《道德經》二卷。【原釋】：唐明皇注。見天一閣鈔本。

道德經疏

《新唐書·藝文志·道家類》 唐玄宗《道德經疏》八卷。天寶中加號《玄通道德經》，世不稱之。

鄭樵《通志·藝文略·道家類》 《道德經疏》八卷。唐明皇撰。

晁公武《郡齋讀書志·道家類》 明皇《老子疏》六卷。右唐玄宗撰。

馬端臨《文獻通考·經籍考·道家類》 明皇《老子疏》一卷。

《宋史·藝文志·道家類》 唐玄宗《道德經音疏》六卷。

范邦甸等《天一閣書目·道家類》 《唐元宗御製道德真經疏》十卷。藍絲闌鈔本。

錢東垣等輯《崇文總目·道家類》 《道德疏》六卷。唐元宗撰。【原釋】：闕。見天一閣鈔本。

唐玄宗御製道德真經疏摘録

范邦甸等《天一閣書目·道家類》 《唐元宗御製道德真經疏摘録》四卷。

老子注

《新唐書·藝文志·道家類》 邢南和注《老子》。開元二十一年上。

老子疏

《新唐書·藝文志·道家類》 陳庭玉《老子疏》。開元二十年上，授校書郎。

王圻《續文獻通考·經籍考·道家類》 《老子疏》。陳廷玉著。卷亡。

莊子疏

《新唐書·藝文志·道家類》 陳庭玉《莊子疏》。卷亡。

莊子注

《新唐書·藝文志·道家類》 柳縱注《莊子》。開元二十年上，授章懷太子廟丞。

亢倉子

《新唐書・藝文志・道家類》　王士元《亢倉子》二卷。天寶元年，詔號《莊子》爲《南華真經》，《列子》爲《冲虛真經》，《文子》爲《通玄真經》，《亢桑子》爲《洞靈真經》。然《亢桑子》求之不獲，襄陽處士王士元謂：「《莊子》作《庚桑子》，太史公《列子》作《亢倉子》，其實一也。」取諸子文義類者補其亡。

鄭樵《通志・藝文略・道家類》　《亢倉子》三卷。老聃之徒庚桑楚撰，王士元注。

晁公武《郡齋讀書志・道家類》　亢倉子二卷。右唐柳宗元曰：「太史公爲《莊周列傳》，稱其爲書，《畏累》、《亢桑子》，皆空言無事實。今世有《亢桑子》書，其首篇出《莊子》而益以庸言，蓋周所云者尚不能有事實，又況取其語而益之者？其爲空言尤也。劉向、班固録書無《亢倉子》，而今之爲術者，乃始爲之傳注，以教於世，不亦惑乎！」按唐天寶元年，詔號《亢桑子》爲《洞靈真經》，然求之不獲。襄陽處士王士元謂《莊子》作《庚桑子》，太史公《列傳》作《亢桑子》，其實一也。取諸子文義類者，補其亡。今此書乃士元補亡者，宗元不知其故而遽詆之，可見其鋭於譏議也。其書多作古文奇字，豈内不足者，必假外飾歟？何璨注。

尤袤《遂初堂書目・道家類》　《王士元注亢倉子》。

馬端臨《文獻通考・經籍考・道家類》　《亢倉子》二卷。【略】高氏《子略》曰：開元、天寶間，天子方鄉道家者流之説，尊表老氏、莊、列，又以《亢桑子》號《洞靈真經》，既不知其人之仙否，又不識其書之可經，一旦表而出之，固未始有此書也。處士王褒乃趨世好，迫上意，撰而獻之。今讀其篇，往往采諸《列子》、《文子》，又采《吕氏春秋》、《新序》、《説苑》，又時采諸《戴氏禮》，源流不一，往往論殊而辭異，可謂雜而不純，濫而不實者矣。

周氏《涉筆》曰：《庚桑楚》固寓言，然所居以忘言化俗，以醇和感天。今所著切切用誅罰政術，蓋全未識庚桑者。其稱「危代以文章取士，剪巧綺濫益至」，正指唐事。又補賊廣引俟赦，率是獄案文書。又一鄉、一縣、一州，被青紫章服，皆近制。既爲唐人短淺者無書，不煩子厚掊擊也。惟《農道》一書可讀，自合孤行。

陳氏曰：首篇所載，與莊子《庚桑楚》同。「亢倉」者，「庚桑」聲之變也。《崇文總目》凡九篇。

《宋史・藝文志・道家類》　王源《亢倉子注》三卷。

王世貞《讀書後》卷五《讀〈亢倉子〉》　《亢倉子》其文辭東京之後迂於儒者耳，其議則無嘉焉。余讀《公孫龍》，雖其謬悠鄙舛，而要之縱放强辨，儼然戰國之習也。僞者多援少倍，多拘少劌。《亢倉子》僞書也，《列子》載亢倉子，遂有《亢倉子》；《家語》記子華子，遂有《子華子》；賈誼稱鶡冠子，遂有《鶡冠子》。嗚呼！士之托空名以求傳其言者，意亦可悲哉。

徐𤊹《徐氏家藏書目・諸子類》　《亢倉子》一卷。王士源。

錢謙益等《絳雲樓書目・道家類》　《亢倉子》二卷。唐王士元集，李肇《國史補》中言天寶間人僞爲此書。其詞鄙俚，非聖賢書也。柳河東亦極貶之。

《四庫全書總目提要・道家類》　《亢倉子》一卷。衍聖公孔昭焕家藏本。舊本題庚桑楚撰。唐柳宗元嘗辨其僞。晁公武《讀書志》曰：案唐天寶元年詔號《亢桑子》爲《洞靈真經》，然求之不獲。襄陽處士王士元謂《莊子》作《庚桑子》，太史公列子作《亢倉子》，其實一也。取諸子文義類者補其亡。今此書乃士元補亡者，宗元不知其故而遽詆之，可見其鋭於譏議也。今考《新唐書・藝文志》載王士元《亢倉子》二卷，所註與公武所言同，則公武之説有據。又考《孟浩然集》首有宣城王士元序，自稱修《亢倉子》九篇。又有天寶九載韋滔序，亦稱宣城王士元藻思清遠，深鑒文理。常游山水，不在人間。著《亢倉子》數篇，傳之於代云云。與《新唐書》所言合，則《新唐書》之説亦爲有據。宋濂作《諸子辨》，乃仍摘其以人易民，以代易世，斷爲唐人所僞，亦未之考矣。惟是庚桑楚居於畏壘，僅見《莊子》，而《史記・莊周列傳》則云：周爲書如畏壘，《亢倉子》皆空言無事實，則其人亦鴻濛雲將之流，有無蓋未可定。其書《漢志》、《隋志》皆不著録。至於唐代，何以無所依據，憑虚漫求？毋亦士元先有此本，而出入禁中之方士如葉法善、羅公遠者，轉相煽惑，預爲之地，因而詔求歟？觀士元自序，稱天寶四載，徵謁京邑。適在書成之後，是亦明證也。劉恕《通鑑外紀》引封演之言曰：王巨源採《莊子・庚桑楚篇》義補葺，分爲九篇。云其先人於山中得古本，奏上之。敕付學士詳議，疑不實竟不施行。今《亢桑子》三卷是也。案此條《封氏聞見記》不載，蓋今本乃殘闕之餘，其以王士元爲王巨源，以亢倉子爲亢桑子，以二卷爲三卷，則傳聞異詞也。然則士元此書，始猶僞稱古本。後經勘驗，知其不可以售欺，乃自承爲補亡矣。然士元本亦文士，故其書雖雜剽《老子》、《莊子》、《列子》、《文子》、《商君書》、《吕氏春秋》、劉向《説苑》、《新序》之詞，而聯絡貫通，亦殊亹亹有理致，非他僞書之比。其多作古文奇字，與衛元嵩元包相類。晁公武謂内不足者必假外飾，頗中其病。《宋史・藝文志》别有《亢倉子音》一卷，殆即釋其奇字歟？《崇文總目》作九篇，晁、陳諸家皆同。《宋志》作二卷，宋濂《諸子辨》則作五卷。此本僅有一卷，而篇數與《崇文總目》合，蓋又明人所併云。

錢東垣等輯《崇文總目・道家類》 《亢倉子》三卷。王士元補。亡。【原釋】：凡九篇。《書録解題》引。見《文獻通攷》。

三玄異義

《新唐書・藝文志・道家類》 帥夜光《三玄異義》三十卷。幽州人。開元二十年上，授校書郎，直國子監。

莊子注

《新唐書・藝文志・道家類》 甘暉、魏包注《莊子》。卷亡。開元末奉詔注。

道德經傳

《新唐書・藝文志・道家類》 陸希聲《道德經傳》四卷。

鄭樵《通志・藝文略・道家類》 《道德經傳》四卷。陸希聲撰。

高似孫《子略》卷二 陸希聲。《道德經傳》四卷。

馬端臨《文獻通考・經籍考・道家類》 《道德經傳》四卷。

《宋史・藝文志・道家類》 陸氏《道德經傳》四卷。

范邦甸等《天一閣書目・道家類》 《道德真經傳》四卷。朱絲闌鈔本。吴郡陸希聲傳并序。

張金吾《愛日精廬藏書志・道家類》 《道德真經傳》四卷。抄本。從《道藏》本傳録。唐吴郡陸希聲傳。前有自序，大意謂老氏之道同於夫子，故夫子嘆爲「猶龍」，從之問禮無間，然後世不能通其意，妄爲區别，致其道不甚顯於世，此注者之罪也。因作此傳，以發明其指歸。雖未免援儒入墨，然探本窮源，研幾索隱，推性命之極，闡道德之奥，俾老氏之微言大義昭昭然與聖人之道同符，是亦老氏之功臣矣。故録存之。

錢謙益等《絳雲樓書目・道藏類》 《道德經傳》。四卷。唐陸希聲。《道德經傳》。重出。

錢東垣等輯《崇文總目・道家類》 《道德經傳》四卷。【原釋】：唐陸希聲撰。傳疏《道》、《德》二經義。見《文獻通考》。

老子指解　問答

尤袤《遂初堂書目・道家類》 唐陸希聲《老子指解》并《問答》。

道德經疏

鄭樵《通志・藝文略・道家類》 《道德經疏》二卷。不著名氏。

馬端臨《文獻通考・經籍考・道家類》 《道德經疏》二卷。

錢東垣等輯《崇文總目・道家類》 《道德經疏》二卷。【原釋】：不著撰人名氏。集河上公、葛仙翁、鄭思遠、唐睿宗、明皇諸家注，敘其自疏。見《文獻通攷》。

老子指歸注

晁公武《郡齋讀書志・道家類》 《老子指歸》十三卷。右漢嚴遵君平撰，谷神子注。其章句頗與諸本不同，如以「曲則全」章末十七字爲後章首之類。按《唐志》有嚴遵《指歸》四十卷，馮廓注《指歸》十三卷。此本卷數與廓注同，其題谷神子而不顯姓名，疑即廓也。

范邦甸等《天一閣書目・道家類》 《道德真經指歸》十三卷。藍絲闌鈔本。漢蜀郡嚴遵撰，谷神子註。

吴壽暘《拜經樓藏書題跋記》卷四　《真經道德指歸注》。《真經道德指歸》十三卷，題蜀郡嚴遵字君平撰，谷神子注。卷首爲總序並元德纂疏。先君子跋，見《愚谷文存》。又別録《四庫全書提要簡明目録》、《渭南文集》、《郡齋讀書志》衢本、蜀本、《讀書敏求記》各條爲一册。《四庫提要目録》云曹學佺作《元羽外編序》，稱近刻嚴君平《道德指歸論》乃吴中所僞作，今案《通考》晁氏之言。案此條《通考》所引，與今本《讀書志》不同。先君子書云：《通考》所引《讀書志》乃衢本，世行板本乃蜀本，故互異也。又《谷神子》注本晁氏尚著録十三卷，不云佚闕，此本載《谷神子序》乃云陳、隋之間，已逸其半，今所存者止《論德篇》，因獵其譌舛，定爲六卷，與晁氏所録亦顯相背觸，且既云佚其上經，何以《説目》一篇獨存？至於所引《莊子》，今本無者十六七，不應遵之云云。先君子又書云：按六卷本《指歸論》前列《谷神子序》者，安知非明末人從十三卷中鈔此序以冠卷首？晁氏所云十三卷《谷神注》，今《道藏》尚有之，原未嘗佚闕，所稱「莊子曰」即君平，以既諱嚴，即稱莊子，誤認爲子甫，殊費詞矣。

谷神子注經諸家道德經疏

《宋史・藝文志・道家類》　《谷神子註經諸家道德經疏》二卷。河上公、葛仙公、鄭思遠、睿宗、玄宗疏。

素履子

鄭樵《通志・藝文略・道家類》　《素履子》一卷。

道德經

《新唐書・藝文志・道家類》　吴善經注《道德經》二卷。貞元中人。

鄭樵《通志・藝文略・道家類》　《老子道德經》二卷。吴善經注。

高似孫《子略》卷二　《老子注》。吴善經。

老子小解

高似孫《子略》卷二　吴善經。《老子小解》二卷。

無能子

《新唐書・藝文志・道家類》　《無能子》三卷。不著人名氏，光啓中隱民間。

鄭樵《通志・藝文略・道家類》　《無能子》三卷。唐光啓中隱者，不著名氏。

晁公武《郡齋讀書志・道家類》　《無能子》三卷。右不著撰人。唐光啓三年，天子在褒。寓三輔景氏舍，成書三十篇，述老莊自然之旨，《總目》録之於道家。

尤袤《遂初堂書目・道家類》　《無能子》。

陳振孫《直齋書録解題・道家類》　《無能子》三卷。不著名氏。《唐志》云光啓中隱民間，蓋其自序云爾。

馬端臨《文獻通考・經籍考・道家類》　《無能子》三卷。

《宋史・藝文志・道家類》　《無能子》一卷。不知作者。

高儒《百川書志・道家類》　《無能子》三卷。唐光啓三年，天子在褒，寓三輔，成書三十六篇。其旨歸於明自然之理，極性命之端，今缺八篇。

徐𤊹《徐氏家藏書目・諸子類》　《無能子》一卷。

《四庫全書總目提要・道家類》　《無能子》三卷。浙江范懋柱家天一閣藏本。不著撰人名氏。序稱光啓三年，天子在褒，則唐僖宗時人也。《崇文總目》列之於道家。晁公武《讀書志》云：書三十篇，明老、莊自然之旨。今考其書，實三十四篇，與序所言篇數合。而卷上註闕第六篇，卷中註闕第五篇，卷下註闕第七、第九、第十、第十一、第十二、第十三、第十四等六篇。是其全書具在，實四十二篇，與序又不相應。豈序爲後人追改以就所存之篇數耶？《唐書・藝文志》以爲光啓間隱民。考序中有不述姓名游宦語，則亦嘗登仕籍，非隱民也。其書多竊《莊》、《列》之旨，又雜以釋氏之説，詞旨頗淺。第以唐代遺書漸少，姑以舊本録之耳。

錢東垣等輯《崇文總目・道家類》 《無能子》三卷。

老子指略論

《新唐書・藝文志・道家類》 《老子指略論》二卷。太子文學。

老子音義

《新唐書・藝文志・道家類》 傅奕《老子音義》。並卷亡。

尤袤《遂初堂書目・道家類》 《傅奕老子音義》。

《宋史・藝文志・道家類》 傅奕《道德經音義》二卷。

老子注

《舊唐書・經籍志・道家類》 《老子》二卷。傅奕注。

《新唐書・藝文志・道家類》 傅奕注《老子》二卷。

鄭樵《通志・藝文略・道家類》 《老子道德經》二卷。傅奕注。

高似孫《子略》卷二 《老子注》。傅奕。

老子注

《新唐書・藝文志・道家類》 盧藏用注《老子》二卷。

鄭樵《通志・藝文略・道家類》 《老子道德經》二卷。盧藏用注。

莊子内外篇注

《新唐書・藝文志・道家類》 盧藏用《注莊子内外篇》十二卷。

鄭樵《通志・藝文略・道家類》 《莊子》十二卷。盧藏用注。

高似孫《子略》卷二 《莊子注》。盧藏用。十二卷。

老子注

《新唐書・藝文志・道家類》 馮朝隱注《老子》。

老子注

《新唐書・藝文志・道家類》 白履忠注《老子》。

老子注

《新唐書・藝文志・道家類》 李播注《老子》。

老子注

《新唐書・藝文志・道家類》 尹知章注《老子》。

莊子注

《新唐書・藝文志・道家類》 尹知章注《莊子》。並卷亡。

鬻子注

《新唐書・藝文志・道家類》 逄行珪注《鬻子》一卷。鄭縣尉。

鄭樵《通志・藝文略・道家類》 《鬻子》一卷。周文王師楚人鬻熊撰，唐鄭縣尉逄行珪注。

晁公武《郡齋讀書志・道家類》 《鬻子》一卷。右楚鬻熊撰。按《漢志》云：「爲周師，自文王以下問焉。周封爲楚祖。」凡二十二篇。今存者十四篇。唐逄行珪注，永徽中上於朝。敍稱見文王時行年九十，而書載周公封康叔事，蓋著書時百餘歲矣。

陳振孫《直齋書録解題・道家類》 《鬻子注》一卷。唐鄭縣尉逄行珪撰。止十四篇，蓋中間以二章合而爲一，故視陸本又少一篇。此書甲乙篇次，皆不可曉，二本前後亦不同。姑兩存之。

馬端臨《文獻通考・經籍考・道家類》 《鬻子》一卷。

高儒《百川書志・道家類》 《鬻子》一卷。楚鬻熊撰。華州鄭縣尉奉行珪註，凡十四篇。

《四庫全書總目提要・雜家類》 《鬻子》一卷。兩江總督採進本。舊本題周鬻熊撰。《崇文總目》作十四篇，高似孫《子略》作十二篇，陳振孫《書録解題》稱陸佃所校十五篇。此本題唐逄行珪註，凡十四篇，蓋即《崇文總目》所著録也。考《漢書・藝文志》道家《鬻子説》二十二篇，又小説家《鬻子説》十九篇，是當時本有二書。《列子》引《鬻子》凡三條，皆黄老清静之説，與今本不類。疑即道家二十二篇之文。今本所載，與賈誼《新書》所引六條文格略同，疑即小説家之《鬻子説》也。杜預《左傳註》稱鬻熊爲祝融十二世孫，孔穎達疏謂不知出何書。《史記》載鬻熊子事文王，早卒，其子曰熊麗，熊麗生熊狂，熊狂生熊繹，成王時舉文武勤勞之後嗣，受封於楚。《漢書》載魏相奏記霍光，稱文王見鬻子，年九十餘。雖所説小異，然大約文、武時人。今其書乃有「昔者魯周公使康叔往守於殷」語，而賈誼《新書》亦引其成王問荅凡五條，時代殊不相及。劉勰《文心雕龍》云：「鬻熊知道，文王咨詢。遺文餘事，録爲《鬻子》。」則哀輯成編，不出熊手。流傳附益，或搆虚詞。故《漢志》别入小説家歟？獨是僞《四八目》一書見北齊陽休之序録。凡古來帝王輔佐有數可紀者，靡不具載。而此書所列禹七大夫皋陶、杜子業、既子、施子黯、季子甯、然子堪、輕子玉，湯七大夫慶誧、伊尹、湟里且、東門虚、南門蜠、西門疵、北門側，皆具有姓名，獨不見收。似乎六朝之末尚無此本。或唐以來好事之流依仿賈誼所引，撰爲贋本，亦未可知。觀其標題甲乙，故爲佚脱錯亂之狀，而誼書所引則無一條之偶合。豈非有心相避，而巧匿其文，使讀者互相檢驗，生其信心歟？且其篇名冗贅，古無此體。又每篇寥寥數言，詞旨膚淺，決非三代舊文。姑以流傳既久，存備一家耳。卷首有逄行珪序，及永徽四年進書表，自署華州鄭縣尉，里居未詳。

南華象罔説

《新唐書・藝文志・道家類》 張游朝《南華象罔説》十卷。

鄭樵《通志・藝文略・道家類》 《南華象罔説》十卷。張游朝撰。

高似孫《子略》卷二 張游朝。《南華罔象説》十卷。

冲虚白馬非馬證

《新唐書・藝文志・道家類》 《冲虚白馬非馬證》八卷。張志和父。

南華通微

《新唐書・藝文志・道家類》 元載《南華通微》十卷。

鄭樵《通志・藝文略・道家類》 《南華通微》十卷。元載撰。

高似孫《子略》卷二 元載。《南華通微》十卷。

莊子指要

《新唐書・藝文志・道家類》 張隱居《莊子指要》三十三篇名九垓，號渾淪子，代、德時人。

鄭樵《通志・藝文略・道家類》 《莊子指要》三十三篇。張九垓撰。

高似孫《子略》卷二 張隱居。《莊子指要》三十三篇。

老子注

鄭樵《通志・藝文略・道家類》 《老子道德經》二卷。曹道冲注。

高似孫《子略》卷二 《老子注》。曹道冲。

道德經兵論要義述

鄭樵《通志・藝文略・道家類》 《道德經兵論要義述》四卷。

列子盧重元注

鄭樵《通志・藝文略・道家類》 《列子冲虛至德真經》八卷。盧重元注。

張之洞《書目答問・周秦諸子》 《列子盧重元注》八卷。秦恩復校刻本。

列子釋文

鄭樵《通志・藝文略・道家類》 《列子釋文》二卷。

晁公武《郡齋讀書志・道家類》 《列子釋文》一卷。右唐殷敬順撰。敬順嘗爲當塗丞。

陳振孫《直齋書録解題・道家類》 《列子釋文》二卷。唐當塗縣丞殷敬順撰。案：殷敬順撰《列子釋文》原本作「處順」，今改正。

馬端臨《文獻通考・經籍考・道家類》 《列子釋文》二卷。

高儒《百川書志・道家類》 《張湛註列子冲虛至德真經》八卷。張湛處度註，唐當塗縣丞殷敬順釋文。

范邦甸等《天一閣書目・道家類》 《列子》八卷。刊本。周列禦寇撰，唐當塗縣丞殷敬順釋文，永始三年張湛註并序。

《四庫全書總目提要・道家類》 《列子》八卷。江蘇巡撫採進本。舊本題周列禦寇撰。前有劉向校上奏，以禦寇爲鄭穆公時人。唐柳宗元集有《辨列子》一篇，曰穆公在孔子前幾百歲，《列子》書言鄭國，皆言子產、鄧析。不知向何以言之如此。《史記》鄭繻公二十四年、楚悼王四年，圍鄭，殺其相駟子陽。子陽正與列子同時，是歲魯穆公十年，不知向言魯穆公時，遂誤爲鄭耶？其後張湛徒知怪《列子》書言穆公後事，每不能推知其時。然其書亦多增竄，非其實。其言魏牟、孔穿皆出《列子》後，不可信云云。其後高似孫《緯略》遂疑列子爲鴻濛雲將之流，並無其人。今考第五卷《湯問》篇中併有鄒衍吹律事，不止魏牟、孔穿。其不出禦寇之手，更無疑義。然考《爾雅》疏引《尸子・廣澤篇》曰：墨子貴兼，孔子貴公，皇子貴衷，田子貴均，列子貴虛，料子貴別囿，其學之相非也數世矣而已，皆弇於私也。天、帝、皇、后、辟、公、宏、廓、宏、溥、介、純、夏、幠、冢、晊、昄，皆大也，十有餘名，而實一也。若使兼、公、虛、均、衷、平、易、別囿一實也，則無相非也云云。是當時實有列子，非莊周之寓名。又《穆天子傳》出於晉太康中，爲漢魏人之所未睹。而此書第三卷《周穆王篇》所叙駕八駿、造父爲御、至巨蒐、登崑崙、見西王母於瑶池事，一一與傳相合。此非劉向之時所能僞造，可信確爲秦以前書。考《公羊傳・隱公十一年》子沈子曰，何休註曰：子沈子，後師。沈子稱子冠氏上，著其爲師也。然則凡稱「子某子」者，乃弟子之稱師，非所自稱。此書皆稱「子列子」，則決爲傳其學者所追記，非禦寇自著。其雜記列子後事，正如《莊子》記莊子死，《管子》稱吳王、西施，《商子》稱秦孝公耳，不足爲怪。晉光禄勳張湛作是書註，於《天瑞篇》首所稱子列子字，知爲追記師言，而他篇復以載及後事爲疑，未免不充其類矣。書凡八篇，與《漢志》所載相合。趙希弁《讀書附志》載，政和中，宜春彭瑜爲積石軍倅，聞高麗國《列子》十卷，得其第九篇曰《元瑞》於青唐卜者云云。今所行本皆無此卷，殆宋人知其妄而不傳歟？其註自張湛以外，又有唐當塗丞殷敬順《釋文》二卷，此本亦散附各句下。然音註頗爲淆亂，有灼然知爲殷説者，亦有不辨孰張、孰殷者。明人刊本往往如是，不足訝也。據湛自序，其母爲王弼從姊妹，湛往來外家，故亦善談名理。其註亦弼註《老子》之亞。葉夢得《避暑録話》乃議其雖知《列子》近佛經，而逐事爲解，反多迷失。是以唐後五宗之禪繩晉人，失其旨矣。

于敏中等《天禄琳琅書目・明版子部》　《冲虚至德真經》。一函，四冊。周列禦寇著，晉張湛註，唐殷敬順釋文，八卷。前湛序，目録，後載漢劉向原序。

考馬端臨《文獻通考》載張湛注《列子》八卷，又載《列子釋文》二卷。是知宋時傳本《注》與《釋文》分刻，此則合刊，亦世德堂梓行六子之一也。其以「冲虚至德真經」爲名者，唐天寶初奉册列禦寇爲冲虚真人，改題其書爲《冲虚真經》，逮宋景德四年敕加至德之號，又稱《冲虚至德真經》。晁公武《讀書志》所載已同此名矣。桑氏收藏印記，見前。

孫星衍《平津館鑒藏書籍記・宋版》　《冲虚至德真經》八卷。次行題《列子》，張湛處度注，前有張湛《列子序》、《冲虚真經目録》，題唐當塗縣丞殷敬順釋文，目録後有劉向《敍上列子奏》。黑口板，每葉廿行，行廿一字。

張之洞《書目答問・周秦諸子》　《列子》張湛注八卷，附殷敬順《釋文》。汪繼培校。湖海樓本。任大椿燕禧堂本附《考異》。道。

天隱子

鄭樵《通志・藝文略・道家類》　鄭樵《天隱子》一卷。

晁公武《郡齋讀書志・神仙類》　天隱子一卷。右唐司馬子微爲之序，云：「天隱子，不知何許人，著書八篇。修鍊形氣，養和心靈，歸根契於伯陽，遺照齊乎莊叟。殆非人間所能力學者也。」王古以天隱子即子微也。一本有《三宮法》附於後。

尤袤《遂初堂書目・道家類》　《天隱子》。

陳振孫《直齋書録解題・道家類》　《天隱子》一卷。司馬子微作序，言不知其何許人，著書八篇，修鍊形氣，養和心靈，長生久視，無出此書。今觀其言，殆與《坐忘論》相表裏。豈「天隱」云者，托之别號歟？案：洪興祖云，司馬子微得天隱子之學，未知何據。

馬端臨《文獻通考・經籍考・神僊類》　《天隱子》一卷。

楊士奇等《文淵閣書目・道書類》　《天隱子》。一部，一冊。

高儒《百川書志・道家》　《天隱子》一卷。

范邦甸等《天一閣書目・道家類》　《天隱子》一卷。唐貞一先生司馬承禎撰并序，宋胡璉跋後。

王世貞《讀書後》卷七《書〈天隱子〉後》　《天隱子》一書，司馬子微述，謂傳之天隱子，疑即子微所自著也。注《參同》者見以爲淺近，思《悟真》者見以爲局小，而亦自有理。至謂胞胎有形已呼吸精血，豈可去食而求長生，則所謂見其一未見其二者。子微之術，不過却病延年而已。夫道苟不得，病何必卻，而年又何必延也，其謂坐忘者，因存想而得，因存想而忘，語故精。

徐𤊹《徐氏家藏書目・諸子類》　《天隱子》一卷。

《四庫全書總目提要・道家類》　《天隱子》一卷。兵部侍郎紀昀家藏本。《天隱子》亦唐人撰，不知其姓名。前有司馬承禎序，則元宗時人。晁公武、陳振孫皆疑爲承禎所託名。然承禎自有《坐忘論》，已自著名，又何必託名爲此書也？書凡八篇：一曰《神仙》，二曰《易簡》，三曰《漸門》，四曰《齋戒》，五曰《安處》，六曰《存想》，七曰《坐忘》，八曰《神解》。《讀書志》稱一本有《三宮法》附於後。此本無之，殆傳寫佚脱矣。書寥寥僅兩三紙，不能自成卷帙。今以與《元真子》同時，即附之《元真子》後，俾從其類焉。

文子注

晁公武《郡齋讀書志・道家類》　朱玄《注文子》十二卷。右唐朱玄注。闕

《符言》一篇，或取默希《注》補焉。

馬端臨《文獻通考·經籍考·道家類》 朱玄注《文子》十二卷。

道德真經次解

范邦甸等《天一閣書目·道家類》 《道德真經次〔解〕》二卷。藍絲闌鈔本。無名氏撰。

老子注

《舊唐書·經籍志·道家類》 《老子》二卷。湘注。

老子注

《舊唐書·經籍志·道家類》 《老子》二卷。樹鍾山注。

《新唐書·藝文志·道家類》 《老子道德經》樹鍾山《注》二卷。

鄭樵《通志·藝文略·道家類》 《老子道德經》二卷。鍾樹山注。

老子注

《舊唐書·經籍志·道家類》 《老子》二卷。楊上善注。

《新唐書·藝文志·道家類》 楊上善注《老子道德經》二卷。

鄭樵《通志·藝文略·道家類》 《老子道德經》二卷。楊上善注。

高似孫《子略》卷二 《老子注》。楊上善。

老子道德指略論

《舊唐書·經籍志·道家類》 《老子道德指略論》二卷。楊上善撰。

鄭樵《通志·藝文略·道家類》 《老子指略論》二卷。

道德經略論

《舊唐書·經籍志·道家類》 《道德經略論》三卷。楊上善撰。

《新唐書·藝文志·道家類》 楊上善《道德經三略論》三卷。

莊子注

《舊唐書·經籍志·道家類》 《莊子》十卷。楊上善撰。

《新唐書·藝文志·道家類》 楊上善注《莊子》十卷。

鄭樵《通志·藝文略·道家類》 《莊子》十卷。楊上善注。

高似孫《子略》卷二 《莊子注》。楊上善。十卷。

六趣論

《舊唐書·經籍志·道家類》 《六趣論》六卷。楊上善撰。

三教詮衡

《舊唐書·經籍志·道家類》 《三教詮衡》十卷。楊上善撰。

老子注

《舊唐書・經籍志・道家類》《老子》二卷。辟閭仁諝注。

《新唐書・藝文志・道家類》辟閭仁諝注《老子》二卷。聖曆司禮博士。

鄭樵《通志・藝文略・道家類》《老子道德經》二卷。辟閭仁諝注。

高似孫《子略》卷二 《老子注》。辟閭仁諝。

老子注

《舊唐書・經籍志・道家類》《老子》二卷。李允愿注。

《新唐書・藝文志・道家類》李允愿《老子注》二卷。

鄭樵《通志・藝文略・道家類》《老子道德經》二卷。李允愿注。

高似孫《子略》卷二 《老子注》。李允愿。

老子注

《舊唐書・經籍志・道家類》《老子》二卷。陳嗣古注。

《新唐書・藝文志・道家類》陳嗣古《老子注》二卷。

鄭樵《通志・藝文略・道家類》《老子道德經》二卷。陳嗣古注。

高似孫《子略》卷二 《老子注》。陳嗣古。

老子指歸

《舊唐書・經籍志・道家類》《老子指歸》十三卷。馮廓撰。

《新唐書・藝文志・道家類》馮廓《老子指歸》十三卷。

莊子古今正義

《舊唐書・經籍志・道家類》《莊子古今正義》十卷。馮廓撰。

《新唐書・藝文志・道家類》馮廓《莊子古今正義》十卷。

鄭樵《通志・藝文略・道家類》《莊子古文正義》十卷。馮廓撰。

高似孫《子略》卷二 馬廓。《莊子古本正義》十卷。

老子道德簡要義

《舊唐書・經籍志・道家類》《老子道德簡要義》五卷。玄景先生注。

《新唐書・藝文志・道家類》玄景先生《老子道德簡要義》五卷。

鄭樵《通志・藝文略・道家類》《老子道德簡要義》五卷。玄景先生撰。

高似孫《子略》卷二 元景先生。《簡要義》五卷。

太上玄元皇帝道德經

《舊唐書・經籍志・道家類》《太上玄元皇帝道德經》二卷。楊上器撰。

老子義疏理綱

《舊唐書・經籍志・道家類》《老子義疏理綱》一卷。

老子述義

《舊唐書・經籍志・道家類》《老子述義》十卷。賈大隱撰。

《新唐書・藝文志・道家類》賈大隱《老子述義》十卷。

鄭樵《通志・藝文略・道家類》《老子述義》十卷。賈大隱撰。

高似孫《子略》卷二　賈大隱。《老子述義》十卷。

莊子集解

《舊唐書・經籍志・道家類》《莊子集解》二十卷。王玄古撰。

《新唐書・藝文志・道家類》王玄古《莊子集解》二十卷。

鄭樵《通志・藝文略・道家類》《莊子》二十卷。王玄古集解。

高似孫《子略》卷二　王元古。《莊子集解》二十卷。

南華真人道德論

《舊唐書・經籍志・道家類》《南華真人道德論》三卷。

《新唐書・藝文志・道家類》《南華真人道德論》三卷。

莊子疏

《舊唐書・經籍志・道家類》《莊子疏》十卷。王穆撰。

《新唐書・藝文志・道家類》王穆《莊子疏》十卷。

鄭樵《通志・藝文略・道家類》《莊子疏》十卷。王穆撰。

高似孫《子略》卷二　王穆。《莊子義疏》十卷。

莊子音

《舊唐書・經籍志・道家類》《莊子音》一卷。王穆撰。

《新唐書・藝文志・道家類》王穆《莊子音》一卷。

鄭樵《通志・藝文略・道家類》《莊子音》一卷。王穆撰。

同光子

《舊唐書・經籍志・道家類》劉無待《同光子》八卷。侯儼注。

《新唐書・藝文志・道家類》《同光子》八卷。劉無待撰，侯儼注。

鄭樵《通志・藝文略・道家類》《同光子》八卷。劉無待撰。

内典博要

《舊唐書・經籍志・道家類》《内典博要》三十卷。虞孝景撰。

經論纂要

《舊唐書・經籍志・道家類》《經論纂要》十卷。駱子義撰。

齊三教論

《舊唐書・經籍志・道家類》《齊三教論》七卷。衛元嵩撰。

甄正論

《舊唐書・經籍志・道家類》《甄正論》三卷。杜乂撰。

心鏡論

《舊唐書·經籍志·道家類》《心鏡論》十卷。李思慎撰。

老子心鏡

《新唐書·藝文志·神仙類》崔少元《老子心鏡》一卷。

高似孫《子略》卷二　崔少元。《老子心鑑》一卷。

呂氏老子昌言

《新唐書·藝文志·神仙類》《呂氏老子昌言》二卷。

鄭樵《通志·藝文略·道家類》《老子昌言》二卷。呂氏撰。

道德經疏義節解

錢東垣等輯《崇文總目·道家類》《道德經疏義節解》上、下各二卷。【原釋】：偽蜀喬諷撰。諷仕蜀爲諫議大夫知制誥，奉詔以唐明皇《注疏》、杜光庭《義》，掇其要，附以己意解釋之。見《文獻通考》。闕。見天一閣鈔本。

馬端臨《文獻通考·經籍考·道家類》《道德經疏節解》上、下各二卷。

《宋史·藝文志·道家類》喬諷《道德經疏義節解》二卷。

補注莊子

錢東垣等輯《崇文總目·道家類》《補注莊子》十卷。張昭撰。

鄭樵《通志·藝文略·道家類》《莊子》十卷。張昭補注。

高似孫《子略》卷二《莊子注》。張昭。十卷。

《宋史·藝文志·道家類》張昭《補注莊子》十卷。

道德經疏義

《宋史·藝文志·道家類》僧文儻《道德經疏義》十卷。

廣成子注

鄭樵《通志·藝文略·道家類》《廣成子》三卷。何璨注。

亢倉子注

陳振孫《直齋書録解題·道家類》《亢倉子》三卷。何粲注。音篇所載與《莊子庚桑楚》同。「亢倉」者，「庚桑」聲之變也，其餘篇亦皆依托。唐柳子厚辨其非劉向、班固所録，是矣。今《唐志》有王士元《亢倉子》二卷，注云天寶元年，詔號《莊子》爲《南華真經》、《列子》《沖虛》、《文子》《通玄》、《亢倉子》《洞靈真經》。然《亢倉子》求之不獲，襄陽處士王士元謂《莊子》作《庚桑子》，太史公《列子》作《亢倉子》，其實一也。乃取諸子文義類者補其亡。然則今之《亢倉》，士元爲之也。宗元唐人，豈偶不之知耶？

楊士奇等《文淵閣書目·子書》《亢倉子何粲注》。一部，一册。完全。

高儒《百川書志·道家類》《何粲註亢倉子》一卷。又名《洞靈真經》。何粲註，凡九篇。

范邦甸等《天一閣書目·道家類》《洞靈真經》二卷。何粲註。是經即《亢倉子》也。唐天寶元年詔號《亢倉子》爲《洞靈真經》。

張萱等《内閣藏書目録·子部》《亢倉子》一册。全。何燦注。

《四庫全書總目提要·道家類》 《亢倉子註》九卷。衍聖公孔昭焕家藏本。舊本題何粲撰。不著時代。柳宗元《讀亢倉子》稱：劉向、班固録書無《亢倉子》，而今之爲術者，乃始爲之傳註，以教於世。則註自宗元時已有，然宗元不著註者姓名。晁公武《讀書志》乃作《亢倉子》二卷，何璨註。公武當南、北宋之閒，則何璨當在北宋以前。惟璨字從玉，與今本小異，或傳寫異文歟？註文簡質，不類宋以後語，疑即宗元所見也。註中又雜以音釋，爲明黄諫所補。卷末有諫跋，諫喜作古字，所著有《從古正文》，頗迂怪不可行用。《亢倉子》多用奇字，與諫所學合，故諫喜而爲之音釋。然與註糅雜，不復識别，是則明人竄亂古書之惡習也。《亢倉子》爲王士元所補，高似孫《子略》誤以士元爲王褎，紕謬殊甚。諫跋亦以爲王褎所作，不能考正。蓋諫平生之精力主於以篆改隸，以駭俗取名，其他皆未能深究，固其所矣。

素書注

晁公武《郡齋讀書志·道家類》 無盡居士注《素書》一卷。右皇朝張商英注。商英稱《素書》凡六篇。按《漢書》黄石公圯上授子房，世人多以《三畧》爲是，蓋誤也。晉亂，有盜發子房冢，玉枕中獲此書。商英之言，世未有信之者。

馬端臨《文獻通考·經籍考·道家類》 無盡居士注《素書》一卷。

高儒《百川書志·道家類》 《無盡居士註素書》一卷。宋尚書左丞相張商英天覺註。

黄石公素書合注

范邦甸等《天一閣書目·道家類》 《黄石公素書》二卷。魏魯、張商英合註。

温公道德論述要

晁公武《郡齋讀書志·道家類》 《温公道德論述要》二卷。右皇朝司馬光撰。光意謂道、德連體，不可偏舉，故廢《道經》、《德經》之名，而曰《道德論》。《墓誌》載其目。「無名天地之始，有名萬物之母，常無欲以觀其妙，常有欲以觀其徼」，皆於「無」與「有」下斷句，不與先儒同。

尤袤《遂初堂書目·道家類》 《司馬温公老子解》。

陳振孫《直齋書録解題·道家類》 《老子道德論述要》二卷。司馬光撰。太史公曰：老子著書言道德之意。後人以其篇首之文名。上篇曰《道》，下篇曰《德》。夫道德連體，不可偏舉，合從本名。温公之説如此。其不曰「經」而曰「論」，亦公新意也。

馬端臨《文獻通考·經籍考·道家類》 《老子德道經論著》二卷。

《宋史·藝文志·道家類》 司馬光《老子道德經注》二卷。

老子注

晁公武《郡齋讀書志·道家類》 王安石《注老子》二卷。右皇朝王安石介甫注。介甫平生最喜《老子》，故解釋最所致意。首章皆斷「無」、「有」作一讀，與温公同。後其子雱及其徒吕惠卿、陸佃、劉仲平皆有《老子注》。

馬端臨《文獻通考·經籍考·道家類》 王介甫注《老子》二卷。

老子注

晁公武《郡齋讀書志·道家類》 《王雱老子注》二卷。

尤袤《遂初堂書目·道家類》 王元澤《老子解》。

馬端臨《文獻通考·經籍考·道家類》 《王雱老子注》二卷。

南華真經新傳

晁公武《郡齋讀書志·道家類》 王元澤注《莊子》十卷。右皇朝王雱撰。元澤，其字也。

馬端臨《文獻通考・經籍考・道家類》 王元澤注《莊子》十卷。

徐𤊹《徐氏家藏書目・諸子類》 《南華經新傳》二十卷。宋王雱。

《四庫全書總目提要・道家類》 《南華真經新傳》二十卷。兩淮鹽政採進本。宋王雱撰。雱字元澤，臨川人，王安石子也。未冠登進士，累官龍圖閣直學士。事蹟附見《宋史・安石傳》。是書體例略仿郭象之註，而更約其詞，標舉大意，不屑屑詮釋文句。大旨謂《內》七篇皆有次序綸貫，其十五《外篇》，十一《雜篇》，不過藏《內篇》之宏綽幽廣，故所説《內篇》爲詳。後附《拾遺雜説》一卷，以發揮餘義，疑其書成後所補綴也。史稱雱睥睨一世，無所顧忌。其很愎本不足道，顧率其傲然自恣之意，與莊周之洸漾肆論，破規矩而任自然者，反若相近，故往往能得其微旨。孫應鼇序謂取言不以人廢，諒矣。是書《宋志》不著録，晁公武《讀書志》作十卷，此本倍之，疑《讀書志》誤脱二字。或明人重刊，每卷分爲二歟？王宏撰《山志》曰：註《道德》、《南華》者，無慮百家，而呂惠卿、王雱所作頗稱善。雱之才尤異，使當時從學於程子之門，所就當不可量。又曰：竊又疑惠卿之姦諂，雱之恣戾，豈宜有此。小人攫名，或倩門客爲之，亦未可知。案小人凶狡，其依憑道學，不過假借聲名。邢恕何嘗不及程子之門？見《伊洛淵源録》。章惇何嘗不及邵子之門？見《聞見録》。而一旦決裂，不可收拾。安見雱一從程子必有所就？至於雱之材學，原自出羣，王安石所作《新經義》，惟《周禮》是其手稾，其餘皆雱所助成，蔡絛《鐵圍山叢談》言之甚詳。又何有於《莊子》註，而必需假手乎？宏撰所言，不過好爲議論，均未詳考其實也。

張金吾《愛日精廬藏書志・道家類》 《南華真經新傳》二十卷。舊抄本。宋王雱元澤傳。無名氏刊板。序曰：王元澤待制《莊子》舊無完解，其見傳於世者，此數千言而已。元豐中，始得完本於西蜀陳襄氏之家。其間意義淵深，言辭典絢，向之無説者悉皆全備焉。予是時鋭意科舉，思欲獨善，遂藏篋笥蓋有歲年。前一日賓友謂予曰：方今朝廷復以經術造士，欲使天下皆知性命道德之所歸，而《莊子》之書實載斯道，而王氏又嘗發明奥義，深解妙旨，計其爲書，豈無意於傳示天下後世哉？今子既得王氏之説，反以祕而不傳，則使莊氏之旨終亦晦而不顯也。與其獨善於一身，曷若共傳於天下與示後世乎？予敬聞其説，乃以其書親加校對，以授於崔氏之書肆，使命工刊行焉。丙子歲季冬望日序。

自序曰：世之謂《莊子》之書者，不知莊子爲書之意，而反以爲虚怪高潤之論，豈知莊子患拘近之士不知道之始終，而故爲書而言道之盡矣。夫道不可盡也，而《莊子》盡之，非得已焉者也。蓋亦矯當時之枉而歸之於正，故不得不高其言而盡於道，道之盡則入於妙，豈淺見之士得加之，宜乎見非其書也。吾甚傷不知莊子之意，故因其書而解焉。

集注老子

《宋史・藝文志・道家類》 《集注老子》二卷。明皇、河上公、王弼、王雱等注。

老子注

晁公武《郡齋讀書志・道家類》 呂惠卿《老子注》二卷。

尤袤《遂初堂書目・道家類》 呂惠卿《老子解》。

馬端臨《文獻通考・經籍考・道家類》 呂惠卿《老子注》二卷。

范邦甸等《天一閣書目・道家類》 《道德真經傳》四卷。朱絲闌鈔本。宋呂惠卿傳并序。

莊子解

晁公武《郡齋讀書志・道家類》 呂吉甫《注莊子》十卷。右皇朝呂惠卿撰。吉甫，惠卿字也。

陳振孫《直齋書録解題・道家類》 《莊子義》十卷。參政清源呂惠卿吉父撰。元豐七年，先表進《内篇》，其餘蓋續成之。

馬端臨《文獻通考・經籍考・道家類》 呂吉甫注《莊子》十卷。

《宋史・藝文志・道家類》 呂惠卿《莊子解》十卷。

楊士奇等《文淵閣書目・子書類》 《莊子呂惠卿解》。一部，五册。闕。

錢謙益等《絳雲樓書目・道家類》 呂吉甫注《莊子》。十卷。元豐七年先表進

《內篇》，餘續成之，又嘗注《老子》二卷，吉甫謚文敏。

鶡冠子注

尤袤《遂初堂書目・道家類》　《陸右丞注鶡冠子》。

陳振孫《直齋書録解題・道家類》　《鶡冠子》三卷。陸佃解。案《漢志》，鶡冠子，楚人，居深山，以鶡爲冠。今書十九篇，韓吏部稱十有六篇，故陸謂非其全也。韓公頗道其書，至柳柳州則曰盡鄙淺言也，好事者僞爲其書，反用《鵩賦》以文飾之。其好惡不同如此。自今攷之，柳説爲長。

《四庫全書總目提要・雜家類》　《鶡冠子》三卷。兩淮馬裕家藏本。案《漢書・藝文志》載《鶡冠子》一篇，註曰「楚人，居深山，以鶡爲冠」。劉勰《文心雕龍》稱：「鶡冠綿綿，亟發深言。」《韓愈集》有《讀鶡冠子》一首，稱其《博選篇》四稽五至之説，《學問篇》一壺千金之語，且謂其「施於國家，功德豈少」。《柳宗元集》有《鶡冠子辨》一首，乃詆爲言盡鄙淺，謂其《世兵篇》多同《鵩賦》，據司馬遷所引賈生二語，以決其僞。然古人著書，往往偶用舊文；古人引證，亦往往偶隨所見。如「谷神不死」四語，今見《老子》中，而《列子》乃稱爲《黄帝書》。「克己復禮」一語，今在《論語》中，《左傳》乃謂「仲尼稱志有之」。「元者善之長也」八句，今在《文言傳》中，《左傳》乃記爲穆姜語。司馬遷惟稱賈生，蓋亦此類。未可以單文孤證遽斷其僞。惟《漢志》作一篇，而《隋志》以下皆作三卷，或後來有所附益，則未可知耳。其説雖雜刑名，而大旨本原於道德，其文亦博辨宏肆。自六朝至唐，劉勰最號知文，而韓愈最號知道，二子稱之。宗元乃以爲鄙淺，過矣。此本爲陸佃所註，凡十九篇。佃序謂愈但稱十六篇，未睹其全。佃，北宋人。其時古本韓文初出，當得其真。今本韓文乃亦作十九篇，殆後來反據此書以改《韓集》。猶劉禹錫《河東集序》稱編爲三十二通，而今本《柳集》亦反據穆修本改爲四十五通也。佃所作《埤雅》，盛傳於世，已別著録。此註則當日已不甚顯。惟陳振孫《書録解題》載其名。晁公武《讀書志》則但稱有八卷一本，前三卷全同《墨子》，後兩卷多引漢以後事。公武削去前後五卷，得十九篇。殆由未見佃註，故不知所註之本先爲十九篇歟？

老子注

晁公武《郡齋讀書志・道家類》　陸佃《老子注》二卷。

馬端臨《文獻通考・經籍考・道家類》　陸佃《老子注》二卷。

老子注

晁公武《郡齋讀書志・道家類》　劉仲平《老子注》二卷。

馬端臨《文獻通考・經籍考・道家類》　劉仲平《老子注》二卷。

老子注

晁公武《郡齋讀書志・道家類》　吕氏《老子注》二卷。右皇朝吕大臨撰。其意以老氏之學合有無謂之玄，以爲道之所由出，蓋至於命矣。其言道體，非獨智之見，孰能臻此？求之終篇，繆於聖人者蓋寡，但不當以聖知仁義爲可絶棄爾。

馬端臨《文獻通考・經籍考・道家類》　吕氏《老子注》二卷。

廣成子解

晁公武《郡齋讀書志・道家類》　東坡《廣成子解》一卷。右皇朝蘇軾撰。軾取《莊子》中「黄帝問道於廣成子」一章，爲之解。景迂嘗難之。其序畧曰：「某晚玷先生薦賢中，安敢與先生異論？然先生許我不苟同，翰墨具在。」

馬端臨《文獻通考・經籍考・道家類》　東坡《廣成子解》一卷。

范邦甸等《天一閣書目・道家類》　《廣成子解》一卷。刊本。廣成子撰。宋蘇軾解，明司馬公諱欽訂。

道德經注疏

錢謙益等《絳雲樓書目・道家類》《道德經注疏》。蘇眉山。

老子注

晁公武《郡齋讀書志・道家類》 蘇子由《注老子》二卷。右皇朝蘇轍子由注。子由謫官筠州，頗與學浮屠者遊，而有所得焉，於是解《老子》。嘗曰：「《中庸》云：『喜怒哀樂未發謂之中；發而皆中節謂之和。致中和，天地位焉，萬物育焉。』此蓋佛法也。六祖謂不思善，不思惡，則喜怒哀樂之未發也。蓋中者，佛法之異名，而和者，六度萬行之總目。致中極和而天地萬物生於其間，非佛法何以當之？天下無二道，而所以治人則異，古之聖人，中心行道而不毀世法，以此耳。」故解《老子》，亦時有與佛法合者。其自序云耳。其解「是謂襲明」，以爲釋氏《傳燈》之類。

尤袤《遂初堂書目・道家類》《蘇黄門老子解》。

陳振孫《直齋書録解題・道家類》《老子新解》二卷。蘇轍撰。東坡跋曰：「使戰國有此書，則無商鞅、韓非；使漢初有此書，則孔老爲一；使晉、宋間有此書，則佛老不爲二。」

馬端臨《文獻通考・經籍考・道家類》 蘇子由注《老子》二卷。【略】朱子《雜學辯》曰：蘇侍郎晚著此書，合吾儒於老子，以爲未足，又并釋氏而彌縫之，可謂舛矣。然其自許甚高，至謂當世無一人可與語此者，而其兄東坡公亦以爲不意晚年見此奇特。以予觀之，其可謂無忌憚者歟，因與之辯。而或者謂：「蘇氏兄弟以文義贊佛乘，蓋未得其所謂，如《傳燈録解》之屬，其失又有甚焉，不但此書爲可辯也。」應之曰：「予之所病，病其學儒之失而流於異端，不病其學佛未至而溺於文義也。其不得已而論，此豈好辯哉？誠懼其亂吾學之傳，而失人心之正爾。若求諸彼而不得其説，則予又何暇知焉？」

《宋史・藝文志・道家類》 蘇轍《老子道德經義》二卷。

楊士奇等《文淵閣書目・子書類》《老子蘇子由注》。一部，二册。闕。

范邦甸等《天一閣書目・道家類》《老子》二卷。藍絲闌鈔本。宋眉山蘇轍註并後序。云予年四十有二，謫居筠州。筠雖小州而多古禪刹，四方遊僧聚焉。有全道者住黄蘗山，南公之孫也。行高而心通，喜從予遊，嘗與予論道。迨予居筠五年而北歸，全亦化去，迄今二十餘年矣。凡《老子解》亦時有所刊定，未有不與佛法合者，時人無可與語，思復見全而示之。故書之《老子》之末。

徐𤊹《徐氏家藏書目・諸子類》《道德經解》二卷。蘇子由。

張萱等《内閣藏書目録・子部》《老子道德經》一册。宋蘇轍注。

錢謙益等《絳雲樓書目・道家類》《老子集注》。蘇子由解《老子》，多與佛書合，渠題詞中，已自言之矣。其書至晚年又多所更定。又穎濱《註老子》。二卷。《捫蝨新語》云「子由作《老子解》，多與佛書合。亦時用其語，當是先看佛書，知其旨趣，故時時參用耳。」

《四庫全書總目提要・道家類》《道德經解》二卷。内府藏本。宋蘇轍撰。轍有《詩傳》，已著録。蘇氏之學，本出入於二氏之間，故得力於二氏者特深。而其發揮二氏者，亦足以自暢其説。是書大旨主於佛、老同源，而又引《中庸》之説以相比附。蘇軾跋之曰：使漢初有此書，則孔、老爲一；使晉、宋有此書，則佛老不爲二。朱子謂其援儒入墨，作《雜學辨》以箴之。然二氏之書，往往陰取儒理而變其説。儒者説經明道，不可不辨别毫氂，剖析疑似，以杜學者之岐趨。若爲二氏之學，而註二氏之書，則爲二氏立言，不爲儒者立言矣。其書本不免援儒以入墨，註其書者又安能背其本旨哉？故自儒家言之，則轍書爲兼涉兩岐；自道家言之，則轍書猶爲各明一義。《雜學辨》所攻四家，攻其解《易》、解《中庸》、解《大學》者可也，攻及此書，則不揣其本而齊其末，不如徑攻老子矣。

老子注

晁公武《郡齋讀書志・道家類》 劉巨濟《注老子》二卷。右皇朝劉涇巨濟注。涇，蜀人。篤志於學，文辭奇偉。早登蘇子瞻之門，晚受知於蔡京，除太學博士。

馬端臨《文獻通考・經籍考・道家類》 劉巨濟注《老子》二卷。

御注老子

鄭樵《通志・藝文略・道家類》《老子道德經》二卷。政和御製。

晁公武《郡齋讀書志・道家類》《御注老子》二卷。右徽宗御撰。或云鄭居中視草，未詳。

趙希弁《讀書附志・諸子類》《御解老子》二卷。右徽宗皇帝之御製也。嘗倣唐制，命大臣分章句書寫刻石，又詔《史記・老子傳》陞于列傳之首，自爲一帙，《前漢・古今人表》列于上聖。今觀此解，所謂道者，人之所共由；德者，人之所自得。道者，亘萬世而無弊；德者，充一性而常存。老子當周之末，道降而德衰，故著書九九篇，以明道德之常，而謂之經。其辭簡，其旨遠，學者當默識而深造之。其説大槩與政和之詔同。

尤袤《遂初堂書目・道家類》《御注道德經》。

陳振孫《直齋書録解題・道家類》《御注老子》二卷。徽宗皇帝御製。

馬端臨《文獻通考・經籍考・道家類》《御注老子》二卷。

《宋史・藝文志・道家類》徽宗《老子解》二卷。

范邦甸等《天一閣書目・道家類》《宋徽宗道德真經解》四卷。藍絲闌鈔本。

列子冲虚至德真經義解

鄭樵《通志・藝文略・道家類》《列子冲虚至德真經》八卷。政和御注。

《宋史・藝文志・道家類》宋徽宗《列子解》八卷。

范邦甸等《天一閣書目・道家類》《冲虚至德真經義解》六卷。朱絲闌鈔本。

宋徽宗皇帝御撰。唐天寶元年詔號《列子》爲《冲虚真經》。

老子義疏

鄭樵《通志・藝文略・道家類》《老子義疏》十四卷。江徵撰。

高似孫《子略》卷二 江徵。《老子義疏》十四卷。《道德真經疏義》。卷一之七。

宋徽宗註。太學生江徵疏。內逐句解，以《莊》、《易》文理參證。

冲虚至德真經解

范邦甸等《天一閣書目・道家類》《冲虚至德真經解》二十卷。宋江遹撰。

《四庫全書總目提要・道家類》《冲虚至德真經解》八卷。內府藏本。宋江遹撰。遹，自署杭州州學內舍生，始末未詳。是書乃所註《列子》，據舊刻標題，蓋經進之本。其稱冲虚至德真經者，案《唐書・藝文志》，天寶元年詔，號《莊子》爲《南華真經》，《列子》爲《冲虚真經》，《文子》爲《通元真經》，《亢倉子》爲《洞靈真經》。故有是名。其兼稱至德，據晁公武《讀書志》，宋景德中所加也。《老》、《莊》二子，自王弼、郭象作註後，著録者不下百家。《列子》今尚僅存註本之行於世者，張湛、殷敬順以外，惟林希逸《口義》及遹此書而已。此書焦竑《國史經籍志》作二十卷，與今本不符。然今本首尾完具，不似闕佚。竑所著録，大抵雜鈔史志書目，舛漏相仍，僞妄百出。所記卷數，不足憑也。張湛註，詞旨簡遠，不尚繁詞。遹此註則仿郭象註《莊》之體，擺落訓詁，自抒會心。領要標新，往往得言外之旨。其閒如《周穆王》篇註云：穆王，亦丹臺之舊侶也。謫降人閒，塵俗之氣，尚未深染，故能安栖聖境。此雖下乘之所居，豈胎生肉人所能到哉？殆似杜光庭、林靈素輩語，未免自穢其書。考諸《宋史》，徽宗時始立三舍法，遹自稱曰內舍生，其當道君上號之日，作此以附和方士之局乎？又如《楊朱篇》謂列子以禦寇爲名，蓋以閑先聖之道爲己任。《湯問篇》解魏黑卵、邱邴章、來丹之名曰：黑者，陰之色；卵者，陰之類；魏者，高顯之所。魏黑卵者，老陰之象也。邴者，明之盛；章者，文之成；邱者，中高之地。邱邴章者，老陽之象也。丹含陽，來丹，則少陽之方浸而長也云云。亦未免於穿鑿。然大致文詞都雅，思致元遠，迥在林希逸書之上也。

易老通言

陳振孫《直齋書録解題・道家類》《易老通言》十卷。程大昌撰。其序言名爲訓《老》，而實該《六經》，故曰《易老通言》，《易》在而《六經》皆在矣。蓋以《易》爲《六經》之首也。

馬端臨《文獻通考・經籍考・道家類》 《易老通言》十卷。

《宋史・藝文志・道家類》 程大昌《易老通言》十卷。

楊士奇等《文淵閣書目・道書類》 《易老通言》。一部，一册。

莊子十論

陳振孫《直齋書録解題・道家類》 《莊子十論》一卷。題李士表撰。未詳何人。

馬端臨《文獻通考・經籍考・道家類》 《莊子十論》一卷。

《宋史・藝文志・道家類》 李士表《莊子十論》一卷。

老子解

陳振孫《直齋書録解題・道家類》 《老子解》二卷。葉夢得撰。其説曰：「孔子稱竊比於我老彭，孟子闢楊、墨，而不及老氏。老氏之書，孔、孟所不廢也。」所解生之徒十有三，死之徒十有三，案：《老子解》云「生之徒十有三，死之徒十有三」，原本作「死之徒有三」，誤。今改正。以爲四肢九竅，本《韓非子・解老》之説。

馬端臨《文獻通考・經籍考・道家類》 《老子解》二卷。

王圻《續文獻通考・經籍考・道家類》 《老子解》。葉夢得著。

道德經講義

《宋史・藝文志・道家類》 吕知常《老子講義》十二卷。

范邦甸等《天一閣書目・道家類》 《道德經講義》十二卷。宋吕知常撰并表進，明宣德七年錢塘周思德序。

老子通論語

《宋史・藝文志・道家類》 劉驥《老子通論語》二卷。

老子道德經解

《宋史・藝文志・道家類》 趙令穆《老子道德經解》二卷。

道德真經真解

楊士奇等《文淵閣書目・子書類》 《老子邵若愚直解》。一部，一册。闕。

范邦甸等《天一閣書目・道家類》 《道德真經真解》四卷。朱絲闌鈔本。本來子邵若愚真解。

道德真經註疏

范邦甸等《天一閣書目・道家類》 《道德真經註疏》八卷。藍絲闌鈔本。吴郡徵士顧歡述。

極没要緊

《四庫全書總目提要・道家類存目》 《極没要緊》一卷。浙江巡撫採進本。舊本題公是先生撰。公是先生，宋劉敞別號也。錢曾《讀書敏求記》曰：《極没要緊》一卷，即劉原父《弟子記》也。於時人或書名，或書字，蓋以微旨別其人之賢否。案公是先生《弟子記》載晁公武《讀書志》，曾所述，即公武之語。然其書尚有傳本，今別著録此書，皆採掇郭象《莊子》註語，聯綴成文，與《弟子記》迥別。不知曾何以合爲一書。豈曾所見别一本，而此爲好事者所依託歟？《弟子記》本屬儒家，此書既剽《莊子註》，則道家言矣。故附存其目於道家，而辨其僞妄焉。

纂圖互注老子

吴壽暘《拜經樓藏書題跋記》卷四　《纂圖互注老子》。宋本《纂圖互注老子》二卷，卷首序，題太極左仙公葛元造。每葉二十四行，每行大字二十，小字二十三，有「方纂時鳴」私印，「方而怡際明父」圖記。

文子注

鄭樵《通志·藝文略·道家類》　《文子》十二卷。朱弁注。

尤袤《遂初堂書目·道家類》　《朱弁注文子》。

《宋史·藝文志·道家類》　朱弁《文子注》十二卷。

老子通述

《宋史·藝文志·道家類》　晁公武《老子通述》二卷。

道德真經解義

范邦甸等《天一閣書目·道家類》　《宋徽宗道德真經解義》十卷。朱絲闌鈔本。宋章安撰并序。

道德真經集註

范邦甸等《天一閣書目·道家類》　《道德真經集註》十八卷。藍絲闌鈔本。宋彭耜纂集并序。

道德真經集註釋文

范邦甸等《天一閣書目·道家類》　《道德真經集註釋文》一卷。宋彭耜纂集并序。

道德真經集註雜説

范邦甸等《天一閣書目·道家類》　《道德真經集註雜説》二卷。宋彭耜纂集并序。

道德經小解

鄭樵《通志·藝文略·道家類》　《道德經小解》二卷。

馬端臨《文獻通考·經籍考·道家類》　《道德經小解》二卷。

《宋史·藝文志·道家類》　《道德經小解》一卷。

錢東垣等輯《崇文總目·道家類》　《道德經小解》二卷。【原釋】：不著撰人名氏。注解《道德經義》。見《文獻通攷》。闕。見天一閣鈔本。

南華真經篇目録

鄭樵《通志・藝文略・道家類》《南華真經篇目》三卷。

《宋史・藝文志・道家類》《南華真經篇目義》三卷。

錢東垣等輯《崇文總目・道家類》《南華真經篇目義》三卷。【原釋】：闕。

見天一閣鈔本。

老子心鏡

鄭樵《通志・藝文略・道家類》《老子心鏡》一卷。崔少元撰，王守愚注。

錢東垣等輯《崇文總目・道書類》《老子心鑑》一卷。崔少元撰，王守愚注。

老子道德經注

鄭樵《通志・藝文略・道家類》《老子道德經》二卷。陳皐注。

老子注

鄭樵《通志・藝文略・道家類》《老子道德經》二卷。偃松子注。

高似孫《子略》卷二 《老子注》。偃松子。

老子義疏

鄭樵《通志・藝文略・道家類》《老子義疏》四卷。王顧等撰。

尤袤《遂初堂書目・道家類》《王顧老子疏》。

高似孫《子略》卷二 王顧。《老子義疏》四卷。

《宋史・藝文志・道家類》 王顧《老子道德經疏》四卷。

老子義疏

鄭樵《通志・藝文略・道家類》《老子義疏》四卷。賈清夷撰。

高似孫《子略》卷二 賈青夷。《老子義疏》四卷。

尤袤《遂初堂書目・道家類》《賈清夷老子疏》。

新歌注道德經

鄭樵《通志・藝文略・道家類》《新歌注道德經》一卷。李若愚撰。

高似孫《子略》卷二 《老子注》。李若愚。

《宋史・藝文志・道家類》 李若愚《道德經注》一卷。

錢東垣等輯《崇文總目・道書類》《新歌注道德經》一卷。

老子音解

鄭樵《通志・藝文略・道家類》《老子音解》二卷。李畋撰。

尤袤《遂初堂書目・道家類》 李畋《老子音解》。

道德經内解

鄭樵《通志・藝文略・道家類》《道德經内解》一卷。

《宋史・藝文志・道家類》《道德經内解》二卷。不知作者。

道德經契源

鄭樵《通志・藝文略・道家類》《道德經契源》一卷。

道德經傳授圖

鄭樵《通志・藝文略・道家類》《道德經傳授圖》一卷。

老子真義機要

鄭樵《通志・藝文略・道家類》《老子真義機要》一卷。

四家注莊子疏

鄭樵《通志・藝文略・道家類》《莊子疏》十五卷。四家注。

莊子内要

鄭樵《通志・藝文略・道家類》《莊子内要》一卷。

莊子統略

鄭樵《通志・藝文略・道家類》《莊子統略》三卷。

王曉南華真經提綱

鄭樵《通志・藝文略・道家類》《南華真經提綱》一卷。王曉撰。

王觀注鬻子

鄭樵《通志・藝文略・道家類》《鬻子》三卷。王觀注。

列子冲虚至德真經注

鄭樵《通志・藝文略・道家類》《列子冲虚至德真經》八卷。孫鶚注。

列子指歸

鄭樵《通志・藝文略・道家類》《列子指歸》一卷。

列子統略

鄭樵《通志・藝文略・道家類》《列子統略》一卷。

文子釋音

鄭樵《通志・藝文略・道家類》《文子釋音》一卷。

文子統略

鄭樵《通志・藝文略・道家類》《文子統略》一卷。

文子家語要言

鄭樵《通志・藝文略・道家類》《文子家語要言》一卷。

達觀子

鄭樵《通志・藝文略・道家類》《達觀子》一卷。

亢倉子音略

鄭樵《通志・藝文略・道家類》《亢倉子音略》一卷。

《宋史・藝文志・道家類》《亢倉子音義》一卷。

元中子

鄭樵《通志・藝文略・道家類》《元中子》三卷。杜登暉撰。

錢東垣等輯《崇文總目・道書類》《元中子》三卷。林登暉撰。

元筌子

鄭樵《通志・藝文略・道家類》《元筌子》一卷。珞琭子撰。

古今道德經

尤袤《遂初堂書目・道家類》《古今道德經》。

解老子

尤袤《遂初堂書目・道家類》陳鼻《解老子》。

老子解

尤袤《遂初堂書目・道家類》達真子《老子解》。

老子解

尤袤《遂初堂書目・道家類》王懋才《老子解》。

老子解

尤袤《遂初堂書目・道家類》毛達可《老子解》。

老子糾

尤袤《遂初堂書目・道家類》 孫盛《老子糾》。

老子注

高似孫《子略》卷二 鍾植《老子注》。

道德經志玄疏

《宋史・藝文志・道家類》 張惠超《道德經志玄疏》三卷。

老子解

《宋史・藝文志・道家類》 蔣之奇《老子解》二卷。

老子繫辭解

《宋史・藝文志・道家類》 蔣之奇《老子繫辭解》二卷。

白术子

《宋史・藝文志・道家類》 衛偕一作「稽」《白术子》三卷。

老子道德經内節解

《宋史・藝文志・道家類》 《老子道德經内節解》二卷。題尹先生注。

老子道德經義

《宋史・藝文志・道家類》 《老子道德經義》二卷。不知作者。

老子解

黄虞稷《千頃堂書目・道家類》 李衎息齋《老子解》二卷。

倪燦《補遼金元藝文志・道家類》 李衎息齋《老子解》二卷。

錢大昕《補元史藝文志・道家類》 李衎《老子解》二卷。

三子口義

楊士奇等《文淵閣書目・子書類》 《三子口義》。一部，十二册。完全。

范邦甸等《天一閣書目・道家類》 《三子口義》十四卷。刊本。元林希逸著，正德戊寅國子司業汪偉跋，嘉靖乙酉江汝璧重刊。後序云：《老子》、《列子》、《莊子口義》，舊梓書林，蓋勝國時本也，而今弗傳。吾郡侯西潭張公以所藏活字摹本復梓之。公名士鎬字景周，西潭其號也。

王圻《續文獻通考・經籍考・道家類》 《老莊列口義》。林希逸著。

徐𤊹《徐氏家藏書目・諸子類》 《三子口義》十卷。林希逸。

張萱等《内閣藏書目録・子部》 《三子口義》十二册。全。宋林希逸著。又十二册。全。

老子口義

楊士奇等《文淵閣書目・子書類》《老子林希逸口義》。一部，一册。闕。

高儒《百川書志・道家類》《老子口義》二卷。鬳齋林希逸著。

錢謙益等《絳雲樓書目・道家類》《老子鬳齋口義》。

孫星衍《平津館鑒藏書籍記・補遺元版》《老子鬳齋口義》二卷。題須溪劉辰翁會孟。下卷題作須溪劉辰翁點校。「鬳齋」爲宋林希逸號，希逸，紹定閒進士，官中書舍人。《萬姓統譜》作「獻齋」，所著有老、莊、列《口義》，此特其一種耳。《老子》依纂圖互注本分八十一章，而又以首句爲章名，與纂圖本異注，先解釋其義，後又題「林曰」別之，然則前注非鬳齋作也。劉須溪評語羼入注中，俱用黑蓋子，正文字旁俱有圈點。巾箱，黑口版，每葉廿二行，行十八字，收藏有「水東草堂」白文方印。

列子口義

楊士奇等《文淵閣書目・子書類》《列子林希逸口義》。一部，二册。完全。

高儒《百川書志・道家類》《列子口義》二卷。鬳齋林希逸著。

張萱等《内閣藏書目録・子部》《列子口義》二册。全。

老子列子口義

楊士奇等《文淵閣書目・子書類》《老子列子口義》。一部，一册。闕。

莊子口義

楊士奇等《文淵閣書目・子書類》《莊子林希逸口義》。一部，四册。殘缺。

高儒《百川書志・道家類》《莊子口義》十卷。鬳齋林希逸著。

張萱等《内閣藏書目録・子部》《莊子口義》四册。不全。又三册。不全。

錢謙益等《絳雲樓書目・道家類》《莊子口義》。

《四庫全書總目提要・道家類》《莊子口義》十卷。安徽巡撫採進本。宋林希逸撰。希逸有《考工記解》，已著録。是編爲其《三子口義》之一。前有自序，大意謂：讀《莊子》有五難：必精於《語》、《孟》、《學》、《庸》等書，見理素定。又必知文字血脈，知禪宗解數，而後知其言意。少嘗聞於樂軒，因樂軒而聞艾軒之説，文字血脈，頗知梗概。又嘗涉獵佛書，而後悟其縱横變化之機，於此書稍有所得，實前人所未盡究者云云。蓋希逸之學本於陳藻，藻之學得於林光朝。所謂樂軒者，藻之別號；艾軒者，光朝之別號。凡書中所稱先師，皆指藻也。序又謂郭象之註，未能分章析句；王雱、吕惠卿之説，大旨不明。愈使人有疑於莊子云云。今案郭象之註，標意旨於町畦之外。王、吕二註，亦非希逸之所及。遽相詆斥，殊不自量。以其循文衍義，不務爲艱深之語，剖析尚爲明暢，差勝後來林雲銘輩以八比法詁《莊子》者，故姑録存之，備一解焉。

莊子釋音

高儒《百川書志・道家類》《莊子釋音》一卷。鬳齋林希逸著。

道德真經藏室纂微手鈔

范邦甸等《天一閣書目・道家類》《道德真經藏室纂微手鈔》二卷。

道德真經藏室纂微開題科文疏

范邦甸等《天一閣書目・道家類》《道德真經藏室纂微開題科文疏》五卷。藍絲闌鈔本。太霞老人薛致玄述，浮陽李廷序。云太霞真人性純德粹，學問賅通，號爲羽流宗匠。執經講演垂五十年，可謂升堂覩奥矣。迺于静練之暇，撰成《科文義疏》七卷、《纂微開題》及《總章夾頌》各二卷。書成既久，祕而不出。鳳翔張公大師、美原白公顯道再三懇請，欲鏤版以廣其傳，京兆劉伯英贊而成之，且囑僕爲序。

道德真經衍義手鈔

范邦甸等《天一閣書目・道家類》 《道德真經衍義手鈔》二十卷。藍絲闌鈔本。五峯清安逸士王守正集。

文始真經直解

范邦甸等《天一閣書目・道家類》 《文始真經》九卷。周尹喜著。宋神峯逍遥子牛道淳直解。

道德真經集解

范邦甸等《天一閣書目・道家類》 《道德真經集解》四卷。藍絲闌鈔本。趙學士集解。

白雲霽等《道藏目録詳注・洞神部》 《道德真經集解》。卷一之四。趙學士句解。

黄虞稷《千頃堂書目・道家類》 趙學士《老子集解》四卷。

倪燦《補遼金元藝文志・道家類》 趙學士失名。《老子集解》四卷。

錢大昕《補元史藝文志・道家類》 趙學士《老子集解》四卷。

道德真經全解

黄虞稷《千頃堂書目・道家類》 趙學士《道德真經全解》二卷。

倪燦《補遼金元藝文志・道家類》 趙學士《道德真經全解》二卷。

錢大昕《補元史藝文志・道家類》 趙學士《道德真經全解》二卷。

南華略釋

王圻《續文獻通考・經籍考・道家類》 《南華略釋》一卷。金趙秉文著。

錢大昕《補元史藝文志・道家類》 趙秉文《南華略説》一卷。

列子補註

王圻《續文獻通考・經籍考・道家類》 《列子補註》一卷。金趙秉文著。

錢大昕《補元史藝文志・道家類》 趙秉文《列子補注》一卷。

老子解

錢大昕《補元史藝文志・道家類》 李純甫《老子解》。

莊子解

錢大昕《補元史藝文志・道家類》 李純甫《莊子解》。

道德真經全解

范邦甸等《天一閣書目・道家類》 《道德真經全解》二卷。藍絲闌鈔本。亳社時雍逍遥解。

道德真經四子古道集解

范邦甸等《天一閣書目・道家類》 《道德真經四子古道集解》十卷。朱絲闌鈔本。（宋）〔金〕大定十九年己亥古襄寇才質集并序。云莊、列、文、庚四子之書，廼老氏之門人所親授。僕昔隨佐嘗遊京都，得參高道講師，略叩元關，盡爲空性之説，不能述道之一二。故摭其四子引其真經集爲一編，計一十卷，以破雷同之説，因目之曰「四子古道」義。又述《經史疏》十卷，以相爲表裏。

道德真經取善集

范邦甸等《天一閣書目・道家類》 《道德真經取善集》十二卷。藍絲闌鈔本。宋饒陽居士李（霏）〔霖〕集并序。

冲虛至德真經四解

范邦甸等《天一閣書目・道家類》 《冲虛至德真經四解》二十卷。

古老子

《四庫全書總目提要・道家類存目》 《古老子》二卷。浙江汪啟淑家藏本。舊本題許劍道人手刊。卷首有自題絶句一首云：「道人自昔不談元，何事幡然繪此篇。料得浮雲無挂礙，欲從牛背學長年。」稱壬子閏五題於申州傳舍。末有二小印，一曰「史垂名」，一曰「青史」，蓋其名字。次爲所畫老子像，亦有二小印，一曰「許劍道人」，一曰「別號題橋生」。又書首二小印，一曰「垂名原名南」，一曰「兩江一字青史」，不知何許人也。考《石墨鐫華》有元至元閒盩厔樓觀説經臺篆書《古老子》及正書釋文，與此無異。末刻夷門天樂道人李道謙跋。云：魯之大儒高翿文舉者，善古篆，嘗爲會真宮提點張志偉壽符書《道德》五千言，筆法精妙，古今罕有。至元庚寅，承命祀香嶽瀆，駐於終南山重陽萬壽宮，遂摹諸經臺，垂之永久。然則高翿所書，李道謙摹刻於石，而是册又從石刻摹出耳。字體怪異，不合六書。趙崡謂其雜出頡籀款識古文大小二篆，沾沾自喜，尚不堪郭忠恕一嗤，非過論也。考翿自識有云：《老子》舊有古本，歷歲滋久，不可復見。於《古文韻海》中檢討綴緝，越月乃成。據此，則翿所書篆體，徒本之《古文韻海》耳。其文視今本《老子》惟增減數虛字，亦不足以資考校也。

老子道德經注

黄虞稷《千頃堂書目・道家類》 吳澄《老子道德經注》四卷。更定一百六十八字。

倪燦《補遼金元藝文志・道家類》 〔元〕吳澄《老子道德經注》四卷。更定一百六十八字。

《四庫全書總目提要・道家類》 《道德真經註》四卷。兩淮鹽政採進本。元吳澄撰。澄有《易纂言》，已著録。據澄年譜稱：大德十一年，澄辭疾歸。自京南下，留清都觀，與門人論及《老》、《莊》、《太元》等書，因爲正厥譌僞而著其説。澄學出象山，以尊德性爲本。故此註所言，與蘇轍指意略同，雖不免援儒入墨，而就彼法言之，則較諸方士之所註精邃多矣。篇末有澄跋云：莊君平所傳章七十二，諸家所傳章八十一，然有不當分而分者，定爲六十八章。上篇三十二章，二千三百六十六字；下篇三十六章，二千九百六十二字。凡五千二百九十二字。然大抵以意爲之，不必於古有所考。蓋澄好竄改古經，故於是書亦多所更定。殆習慣成自然云。

錢大昕《補元史藝文志・道家類》 吳澂《道德經注》四卷。

南華内篇訂正

黄虞稷《千頃堂書目・道家類》 吳澄《南華内篇訂正》二卷。

倪燦《補遼金元藝文志・道家類》 吴澄《南華内篇訂正》二卷。

錢大昕《補元史藝文志・道家類》 吴澂《南華内篇訂正》二卷。

老莊精語

黄虞稷《千頃堂書目・道家類》 瞻思《老莊精語》。

倪燦《補遼金元藝文志・道家類》 瞻思《老莊精語》。

錢大昕《補元史藝文志・道家類》 瞻思《老莊精詣》。

道德經注

錢大昕《補元史藝文志・道家類》 王珪《道德經注》。字君璋，常熟人。

還原奥旨

錢大昕《補元史藝文志・道家類》 王珪《還原奥旨》。字君璋，常熟人。

老子發微

錢大昕《補元史藝文志・釋道類》 劉莊孫《老子發微》。

老子講義

錢大昕《補元史藝文志・道家類》 吕與之《老子講義》。慶元人，失其名。

老子注

錢大昕《補元史藝文志・道家類》 陳岳《老子注》。字甫申，天台人，自稱委羽山人。

老子注

錢大昕《補元史藝文志・道家類》 張慶之《老子注》。字子善，吴人。

南華注

錢大昕《補元史藝文志・釋道類》 何南卿《南華注》十三卷。

道德真經三解

范邦甸等《天一閣書目・道家類》 《道德真經三解》四卷。元鄧錡述并序。

錢大昕《補元史藝文志・道家類》 鄧錡《道德經三解》四卷。

道德真經解

范邦甸等《天一閣書目・道家類》 《道德真經解》二卷。藍絲闌鈔本。無名氏解。

道德經附註

范邦甸等《天一閣書目・道家類》《道德經附註》二卷。元四明黄(閔)〔潤〕玉撰并題詞。

黄虞稷《千頃堂書目・道家類》黄潤玉《道德經注解》二卷。

《明史・藝文志・道家類》黄潤玉《道德經注解》二卷。

御注道德經

楊士奇等《文淵閣書目・道書類》《御注道德經》。一部，一册。

楊士奇等《文淵閣書目・天字號國朝》《御注道德經》。一部，二册。闕。《御注道德經》。一部，一册。完全。

范邦甸等《天一閣書目・道家類》《道德真經》二卷。藍絲闌鈔本。明洪武七年御註。

張萱等《内閣藏書目録・聖製部》《御製道德經》一册。全。

劉若愚《内板經書紀略》《高皇帝道德經註解》。一本。六十九葉。

黄虞稷《千頃堂書目・道家類》《太祖御注道德經》二卷。帝以諸家之注，各有異見，因自爲注以發其義。洪武七年成。

《明史・藝文志・道家類》太祖《注道德經》二卷。

道德真經集義

范邦甸等《天一閣書目・道家類》《道德真經集義》六卷。藍絲闌鈔本。明洪武丁卯盱江危大有集并序。

造化鉗鎚

黄虞稷《千頃堂書目・道家類》寧獻王權《造化鉗鎚》一卷。

《明史・藝文志・道家類》寧獻王權《造化鉗鎚》一卷。

莊子闕悮

徐𤊹《徐氏家藏書目・諸子類》《莊子闕悮》一卷。楊慎。

黄虞稷《千頃堂書目・道家類》楊慎《莊子闕誤》一卷。

《明史・藝文志・道家類》楊慎《莊子闕誤》一卷。

老子龔士卨句解

楊士奇等《文淵閣書目・子書類》《老子龔士卨句解》。一部，一册。闕。

莊子句解

楊士奇等《文淵閣書目・子書類》《莊子句解》。一部，二册。闕。

天鬻子

楊士奇等《文淵閣書目・子書類》《天鬻子》。一部，一册。闕。

史子朴語

楊士奇等《文淵閣書目・子書類》 《史子朴語》。一部，三册。闕。《史子朴語》。一部，一册。闕。

三子白文

徐𤊹《徐氏家藏書目・諸子類》 《三子白文》。

老莊翼

徐𤊹《徐氏家藏書目・諸子類》 《老莊翼》十卷。

郭子翼莊

徐𤊹《徐氏家藏書目・諸子類》 《郭子翼莊》一卷。

黄虞稷《千頃堂書目・道家類》 高䀉《郭子翼莊》一卷。

道德經釋略

徐𤊹《徐氏家藏書目・諸子類》 《道德經釋畧》二卷。林兆恩。

黄虞稷《千頃堂書目・道家類》 林兆恩《道德經釋略》六卷。

南華膚解

徐𤊹《徐氏家藏書目・諸子類》 《南華膚解》二卷。李光縉。

黄虞稷《千頃堂書目・道家類》 李光縉《南華膚解》二卷。字衷一，萬曆乙酉福建解元。

列子通義

徐𤊹《徐氏家藏書目・諸子類》 《列子通義》八卷。朱得之，靖江宗藩。

《明史・藝文志・道家類》 朱得之《列子通義》八卷。

老子通義

范邦甸等《天一閣書目・道家類》 《老子通義》二卷。刊本。明朱得之著。

徐𤊹《徐氏家藏書目・諸子類》 《老子通義》二卷。朱得之。

《明史・藝文志・道家類》 朱得之《老子通義》二卷。

三子通義

黄虞稷《千頃堂書目・道家類》 朱得之《三子通義》二十卷。《老子》二卷。《莊子》十卷。《列子》八卷。

莊子通義

《明史・藝文志・道家類》 朱得之《莊子通義》十卷。

《四庫全書總目提要・道家類存目》《莊子通義》十卷。兩江總督採進本。明朱得之撰。得之有《宵練匣》，已著録。此書以爲莊子之書，命辭跌宕，設喻險奇，人多謂其荒唐謬悠，不知異者辭也，不異者道也。故爲作《通義》，并加旁註，以詳釋之。先是宋咸淳閒錢塘道士褚伯秀嘗作《義海纂微》，未行於世。王潼録其遺稟，以授得之。得之因附刻於每段之下，先列《通義》，次及《義海》，前有得之自序。案伯秀《義海纂微》，採掇詳博，今原本尚存，已著於録。得之所解，議論陳因，殊無可採。至於評論文格，動至連篇累牘，尤冗蔓無謂矣。

老子指玄

徐𤊹《徐氏家藏書目・諸子類》《老子指元》二卷。田（秇衡）〔藝蘅〕。
黄虞稷《千頃堂書目・道家類》 田藝蘅《老子指玄》二卷。
《明史・藝文志・道家類》 田藝蘅《老子指玄》二卷。

老子無垢注

徐𤊹《徐氏家藏書目・諸子類》《老子無垢注》二卷。

老子解

徐𤊹《徐氏家藏書目・諸子類》《老子解》一卷。鄭之惠。

測　莊

徐𤊹《徐氏家藏書目・諸子類》《測莊子》一卷。
黄虞稷《千頃堂書目・道家類》 鄭之惠《測莊》一卷。錢塘人。

莊　砭

徐𤊹《徐氏家藏書目・諸子類》《莊砭》一卷。

老子疏略

徐𤊹《徐氏家藏書目・諸子類》《老子疏畧》二卷。新安吴汝紀。
黄虞稷《千頃堂書目・道家類》 吴汝紀《老子疏略》二卷。

莊子膏肓

徐𤊹《徐氏家藏書目・諸子類》《莊子膏肓》四卷。葉秉敬。
黄虞稷《千頃堂書目・道家類》 葉秉敬《莊子膏肓》四卷。

廣　莊

徐𤊹《徐氏家藏書目・諸子類》《廣莊》一卷。袁宏道。
黄虞稷《千頃堂書目・道家類》 袁宏道《廣莊》一卷。

文子通玄真經輯略

徐𤊹《徐氏家藏書目・諸子類》《文子通元真經輯畧》二卷。潘恩刻。
黄虞稷《千頃堂書目・道家類》 潘恩《通玄真經節要》一卷。

老子億

徐𤊹《徐氏家藏書目・諸子類》《老子億》二卷。王道。

黄虞稷《千頃堂書目・道家類》王道《老子億》二卷。別本有注文云，武城人。

《明史・藝文志・道家類》王道《老子億》二卷。

道德經筌解

徐𤊹《徐氏家藏書目・諸子類》《道德經筌解》。

老莊精解

徐𤊹《徐氏家藏書目・諸子類》《老莊精解》卷。陳懿典。

老子解

徐𤊹《徐氏家藏書目・諸子類》《老子解》四卷。

莊子解

徐𤊹《徐氏家藏書目・諸子類》《莊子解》一卷。臨川曾如春。

道德經解

徐𤊹《徐氏家藏書目・道類》曾如春《道德經解》一卷。

黄虞稷《千頃堂書目・道家類》曾如春《道德經解》一卷。

老子繹

徐𤊹《徐氏家藏書目・諸子類》《老子繹》二卷。金邦柱。

道德經正解

黄虞稷《千頃堂書目・道德類》鄭瓘《道德經正解》。字温卿，蘭谿人。成化庚戌進士，官通判。

玉華子

黄虞稷《千頃堂書目・道家類》盛端明《玉華子》四卷。饒平人，弘治壬戌進士，歷官南京糧儲都御史，以方術特授太子太保，謚榮簡。

老子集解

范邦甸等《天一閣書目・道家類》《老子集解》二卷。刊本。宋薛惠著并序，祥符高叔嗣序云：亳，老子所産也。初老子著書，言天道元虚。自漢以下莫能遡其本旨。州人薛考功先生始覃思大道之原，究意天人之一，析衷羣言，合于桀度，老子之道，乃粲然大明。書成嘉成九年，歲在庚寅之次。

錢謙益等《絳雲樓書目・道家類》 薛蕙《老子集注》。蕙字君采，亳州人。正德甲戌進士，歷官吏部考功郎中，其注老子，極爲唐荆川所稱。

徐𤊹《徐氏家藏書目・諸子類》 《老子集解》二卷。薛惠。

黃虞稷《千頃堂書目・道家類》 薛蕙《老子集解》二卷。

《明史・藝文志・道家類》 薛蕙《老子集解》二卷。

老子考異

范邦甸等《天一閣書目・道家類》 《老子考異》一卷。

南華經題評

張萱等《内閣藏書目録・子部》 《南華經題評》三册。全。萬曆閒大學士張公位著。

老子道德經張洪陽注

徐𤊹《徐氏家藏書目・道類》 《老子道德經張洪陽注》一卷。

黃虞稷《千頃堂書目・道家類》 張位張洪陽《道德經解》一卷。

南華標略

黃虞稷《千頃堂書目・道家類》 張位《南華標略》二卷。

説　莊

黃虞稷《千頃堂書目・道家類》 李騰芳《説莊》三卷。號湘洲，長沙人，萬曆壬辰進士，由庶吉士歷官少詹事。

莊子翼

黃虞稷《千頃堂書目・道家類》 焦竑《莊子翼》八卷。

《明史・藝文志・道家類》 焦竑《莊子翼》八卷。

《四庫全書總目提要・道家類》 《莊子翼》八卷。安徽巡撫採進本。明焦竑撰。是編成於萬曆戊子，體例與《老子翼》同。前列所載書目，自郭象《註》以下凡二十二家。旁引他説互相發明者，自支遁以下凡十六家。又章句音義，自郭象以下凡十一家。今核其所引，惟郭象、吕惠卿、褚伯秀、羅勉學、陸西星五家之説爲多，其餘特閒出數條，略備家數而已。又稱褚氏《義海》引王雱註《内篇》，劉概註《外篇》。《道藏》更有雱《新傳》十四卷。豈其先後所註不同，故並列之歟？今採其合者著於編，仍以《新傳》别之云云。今考書中所引，自雱《新傳》以外，别無所謂雱註。而《養生主》註引劉概一條，則概註亦有《内篇》，其説殆不可解。蓋明人著書，好誇博奧，一核其實，多屬子虚。萬曆以後，風氣類然，固不足深詰也。至於支遁註《莊》，前史未載，其《逍遥遊》義，本載劉孝標《世説新語》註中，乃没其所出，竟標「支道林註」，亦明人改頭换面之伎倆，不足爲憑。然明代自楊慎以後，博洽者無過於竑。其所引據，究多古書，固較流俗註本爲有根柢矣。

老子翼

黃虞稷《千頃堂書目・道家類》 焦竑《老子翼》一卷。

《明史・藝文志・道家類》 焦竑《老子翼》二卷。

《四庫全書總目提要·道家類》　《老子翼》三卷。浙江巡撫採進本。明焦竑撰。竑有《易筌》，已著録。是編輯韓非以下解《老子》者六十四家，而附以竑之《筆乘》，共成六十五家。各採其精語，裒爲一書。其首尾完具自成章段者，仿李鼎祚《周易集解》之例，各標舉姓名，列本章之後；其音義訓詁但取一字一句者，則仿裴駰《史記集解》之例，聯貫其文，綴本章末句之下。上、下篇各爲一卷，附録及考異共爲一卷。不立《道經》、《德經》之名，亦不妄署篇名，體例特爲近古。所採諸説，大抵取諸《道藏》，多非世所常行之本。竑之去取，亦特精審。大旨主於闡發元言，務明清浄自然之理。如葛長庚等之參以道家爐火，禪學機鋒者，雖列其名，率屏不録。於諸家註中，爲博贍而有理致。蓋竑於二氏之學本深於儒學，故其説儒理者，多涉悠謬，説二氏之理者，轉具有别裁云。

老子考異

黄虞稷《千頃堂書目·道家類》　焦竑《〔老子〕考異》一卷又《附録》一卷。

《明史·藝文志·道家類》　焦竑《〔老子〕考異》一卷。

《四庫全書總目提要·道家類》　《老子考異》一卷。明焦竑撰。

南華真經餘事雜録

黄虞稷《千頃堂書目·道家類》　焦竑《南華真經餘事雜録》二卷。

《明史·藝文志·道家類》　焦竑《南華經餘事雜録》二卷。

南華真經拾遺

黄虞稷《千頃堂書目·道家類》　焦竑《南華真經拾遺》一卷。

《明史·藝文志·道家類》　焦竑《南華真經拾遺》一卷。

莊子闕誤

《四庫全書總目提要·道家類》　《莊子闕誤》一卷。《附録》一卷。明焦竑撰。附《莊子闕誤》一卷，乃全録宋陳景元《南華經解》之文，亦足以資考證。又附刻一卷，列《史記·莊子列傳》，阮籍、王安石《莊子論》，蘇軾《莊子祠堂記》，潘佑《贈别》，王雱《雜説》，李士表《莊子九論》。考南唐潘佑，以直諫見殺。而此列蘇軾、王雱之間，未審即其人否。李士表自陳振孫《書録解題》已不知爲何許人。《宋史·藝文志》載其《莊子十論》一卷，此惟存其九，亦未喻何故。又此九論，書中已採其《解牛》、《壺子》、《濠梁》三篇，而仍全録之於末，亦爲例不純。殆隨手編纂，未及删併之故歟？

道德經測言

黄虞稷《千頃堂書目·道家類》　張正學《道德經測言》。潼川州人，萬曆中官吏科給事中。

道德經注解

黄虞稷《千頃堂書目·道家類》　馬應龍《道德經注解》二卷。字伯光，安邱人，萬曆壬辰進士，禮部主事。

老莊解

黄虞稷《千頃堂書目·道家類》　潘基慶《老莊解》。字良粕，烏程人，萬曆戊午貢士。

道德經輯解

范邦甸等《天一閣書目・道家類》 《道德經輯解》二卷。刊本。理山居士皇甫濂輯解并序。

黄虞稷《千頃堂書目・道家類》 皇甫濂《道德經輯解》三卷。

《明史・藝文志・道家類》 皇甫濂《道德經輯解》三卷。

道德性命後集

范邦甸等《天一閣書目・道家類》 《道德性命後集》三卷。刊本。孫宸洪補註。

亢倉子音釋

范邦甸等《天一閣書目・道家類》 《亢倉子》九卷。刊本。庚桑楚撰，何粲註，黄諫音釋。

黄虞稷《千頃堂書目・道家類》 黄諫《亢倉子音釋》一卷。

老子本義

黄虞稷《千頃堂書目・道家類》 李先芳《老子本義》一卷。

關尹子要語

王世貞《讀書後》卷七 《書〈關尹子要語〉後》。昔關尹子望紫氣一縷於函谷之東，而知猶龍公之至；今不佞讀《關尹子》一句，而知其非關尹子書。雖然，是後世識玄理、曉養生、苦思振奇者之所撰，其言非以托關尹子也。何以故？能識玄理、曉養生、苦思振奇者，必不以關尹子重；以關尹子重者，其人必剽黄《老》、《莊》、《列》之扈緒而爲之。屈於旨，伸於辭，恒也。今此所屈者辭也，所伸者旨也，故曰非以托關尹子也。乃王生爲余書者，則奇已甚矣。思愈苦矣，夫亦可以已矣夫。

莊子要語

王世貞《讀書後》卷七 《書〈莊子要語〉後》。莊子亦人中天也，其位業所受則天中人也。其言有倏然而出世外者，則亦人中天也；出而不能盡不獲如大雄氏者，則又天中人也。爲言幾數十萬，今吾采之，而周生爲録之者十不能一耳。然皆粹乎瑩然，若穀之得鑿，酥乳之得醍酪，而砂礦之得燭銀也。自莊子之言出，而後世之修辭者獵其奇，務識者資其博，拘方者疑其誕，而守經者病其詭，彼皆有以來之。雖然，彼固有以來之，於彼無與也。吾采之，吾以自爲而已，於四者亦無與也。

莊子註

王圻《續文獻通考・經籍考・道家類》 《莊子註》。趙汝談著。

老子解

王圻《續文獻通考・經籍考・道家類》 趙善湘著《老子解》十卷。

南華循本

黄虞稷《千頃堂書目・道家類》 羅勉道《南華循本》三十卷。

《明史・藝文志・道家類》 羅勉道《南華循本》三十卷。

翼莊

錢謙益等《絳雲樓書目・道家類》 高允升《翼莊》。

淘沙見金

錢謙益等《絳雲樓書目・道家類》 《淘沙見金》。

河上遺言

錢謙益等《絳雲樓書目・道家類》 《河上遺言》。

元門易髓圖

錢謙益等《絳雲樓書目・道書類》 《元門易髓圖》。

老子旁注

黄虞稷《千頃堂書目・道家類》 朱升《老子旁注》。

老子解

黄虞稷《千頃堂書目・道家類》 張時徹《老子解》一卷。

老子解

黄虞稷《千頃堂書目・道家類》 王樵《老子解》。

道德經贅言

黄虞稷《千頃堂書目・道家類》 萬表《道德經贅言》一卷。

老子彙注

黄虞稷《千頃堂書目・道家類》 邵弁《老子彙注》。

老子解

黄虞稷《千頃堂書目・道家類》 徐學謨《老子解》二卷。

老子約筌

黄虞稷《千頃堂書目・道家類》 李登《老子約筌》二卷。

老子解

黄虞稷《千頃堂書目・道家類》 黄洪憲《老子解》。

老子通

黃虞稷《千頃堂書目・道家類》 沈一貫《老子通》二卷。一作《道德經解》。

老子疏略

黃虞稷《千頃堂書目・道家類》 龔錫爵《老子疏略》一卷。

《明史・藝文志・道家類》 龔錫爵《老子疏略》一卷。

老子道德經玄覽

黃虞稷《千頃堂書目・道家類》 陸長庚《老子道德經玄覽》二卷。

《明史・藝文志・道家類》 陸長庚《老子玄覽》二卷。

南華副墨

黃虞稷《千頃堂書目・道家類》 陸長庚《南華副墨》八卷。

《明史・藝文志・道家類》 陸長庚《南華副墨》八卷。

于敏中等《天祿琳琅書目・明版子部》 《南華真經副墨》。一函，四册。周莊周著，明陸西星注，八卷。前明程涓序，次西星自序，次篇目，次讀《南華真經》雜説，次批點法，次論音葉，次論字畫，後明孫大綬序。

按西星自序稱《南華經》爲《道德經》之注疏，妙竅同元，並通大乘之祕，故爲是注，以匡昔賢之不逮云云。蓋合二家之説而參訂一書也。其以「副墨」爲名者，即取《莊子》「副墨之子聞諸洛誦之孫」句。考郭象《注》，副墨即文字之謂。西星《序》作於萬曆戊寅，涓與大綬二序，俱作於萬曆乙酉。涓字巨源，新安人；大綬字伯

老子解

黃虞稷《千頃堂書目・道家類》 郭子章《老子解》二卷。

老子解

黃虞稷《千頃堂書目・道家類》 李贄《老子解》二卷。

莊子内篇解

黃虞稷《千頃堂書目・道家類》 李贄《莊子内篇解》二卷。

道德經發隱

黃虞稷《千頃堂書目・道家類》 僧德清《道德經發隱》二卷。

觀老莊影響論

《四庫全書總目提要・道家類存目》 《觀老莊影響論》一卷。浙江巡撫採進本。明釋德清撰。德清字登印，全椒人，即當時所稱憨山大師者也。其書多引佛經以證《老》、《莊》。大都欲援道入釋，多惝恍恣肆之言，以其借《老》、《莊》爲名，故姑附之道家。其曰影響論者，取空谷傳聲，衆響斯應之義也。

符，各見本序。西星爵里無考。是書紙墨雅潔，可稱明版佳本。

《四庫全書總目提要·道家類存目》《南華經副墨》八卷。兩江總督採進本。明陸西星撰。西星字長庚，號方壺外史，不知何許人。焦竑作《莊子翼》，引西星之説頗多，則其人在竑以前。書首有其從子律序，作於萬曆戊寅，則與竑相距亦不遠也。是書編次，一依郭象本，而以《天道篇》「虚」、「静」、「恬」、「淡」、「寂」、「寞」、「無」、「爲」八字，分標八卷。每篇逐節詮次，末爲韻語，總論一篇之旨。其名「副墨」，即取《大宗師》篇「副墨之子」語也。大旨謂《南華》祖述《道德》，又即佛氏不二法門，蓋欲合老、釋爲一家。其言博辨恣肆，詞勝於理。其謂《天下》篇爲即《莊子》後序，歷敘古今道術，而以己承之，即《孟子》終篇之意，則頗爲有見，故至今註《莊子》是篇者，承用其説云。

老子疏述

黄虞稷《千頃堂書目·道家類》 陳嘉謀《老子疏述》一卷。

莊子臺懸

黄虞稷《千頃堂書目·道家類》 吴伯敬《莊子臺懸》四卷。

老子臺懸

黄虞稷《千頃堂書目·道家類》 吴伯敬《老子臺懸》一卷。

老子真詮

黄虞稷《千頃堂書目·道家類》 吴德明《老子真詮》一卷。

解老悟道編

黄虞稷《千頃堂書目·道家類》 諸萬里《解老悟道編》二卷。

莊子止樸編

黄虞稷《千頃堂書目·道家類》 諸萬里《莊子止樸編》二卷。

老子解

黄虞稷《千頃堂書目·道家類》 鄭孔肩《老子解》一卷。

道德要覽

黄虞稷《千頃堂書目·道家類》 鍾繼元《道德要覽》。

莊義要删

黄虞稷《千頃堂書目·道家類》 孫應鰲《莊義要删》十卷。

《明史·藝文志·道家類》 孫應鰲《莊義要删》十卷。

莊子補剿

黄虞稷《千頃堂書目·道家類》 胡以遜《莊子補剿》。

南華經別編

黄虞稷《千頃堂書目・道家類》 王宗沐《南華經別編》二卷。字新甫。

《明史・藝文志・道家類》 王宗沐《南華經別編》二卷。

蒙莊獨契

黄虞稷《千頃堂書目・道家類》 黄洪憲《蒙莊獨契》。

莊子解

黄虞稷《千頃堂書目・道家類》 陶望齡陶周望《莊子解》五卷。

《明史・藝文志・道家類》 陶望齡《莊子解》五卷。

《四庫全書總目提要・道家類存目》 《解莊》十二卷。内府藏本。明陶望齡撰。望齡字周望，號石簣，會稽人。萬曆癸丑進士，官至國子監祭酒，謚文簡。事蹟附見《明史・唐文獻傳》。是編僅寥寥數則，歸安茅兆河取與郭正域所評合刻之。均無所發明。

老子解

黄虞稷《千頃堂書目・道家類》 陶望齡陶周望《老子解》二卷。

《明史・藝文志・道家類》 陶望齡《老子解》二卷。

南華經薈解

黄虞稷《千頃堂書目・道家類》 郭良翰《南華經薈解》三十三卷。

《明史・藝文志・道家類》 郭良翰《南華經薈解》三十三卷。

欒氏談莊

黄虞稷《千頃堂書目・道家類》 《欒氏談莊》一卷。

遯園居士批莊子内篇

黄虞稷《千頃堂書目・道家類》 顧起元《遯園居士批莊子内篇》一卷。

老莊解

黄虞稷《千頃堂書目・道家類》 歸起先《老莊略》二卷。

莊子注

黄虞稷《千頃堂書目・道家類》 吕繼儒《莊子注》。字明谷，新昌人。

譚子遇莊

黄虞稷《千頃堂書目・道家類》 譚元春《譚子遇莊》三卷。

漆園逸響

黄虞稷《千頃堂書目·道家類》　釋通潤《漆園逸響》。

莊子内篇注

黄虞稷《千頃堂書目·道家類》　錢士升《莊子内篇注》二卷。

藥地炮莊

黄虞稷《千頃堂書目·道家類》　方以智《藥地炮莊》八卷。

《四庫全書總目提要·道家類存目》　《藥地炮莊》九卷。內府藏本。明方以智撰。以智有《通雅》，已著録。是編乃所作《莊子解》。藥地者，以智僧號也。以《莊子》之説爲藥，而已解爲藥之炮，故曰「炮莊」。大旨詮以佛理，借滉洋恣肆之談，以自攄其意，蓋有託而言，非《莊子》當如是解，亦非以智所見真謂莊子當如是解也。

南華經注

黄虞稷《千頃堂書目·道家類》　方允文《南華經注》六卷。

老莊因然

黄虞稷《千頃堂書目·道家類》　吴伯輿《老莊因然》八卷。

讀莊小言

《四庫全書總目提要·道家類存目》　《讀莊小言》一卷。江西巡撫採進本。明文德翼撰。德翼有《宋史存》，已著録。此書就《莊子》諸篇隨筆記其所得，然未能拔奇於舊註之外。

道德經説奥

《四庫全書總目提要·道家類存目》　《道德經説奥》二卷。兩江總督採進本。舊本題朱孟嘗撰。附刻朱翊鈓《廣講堂集》後。明宗室命名，每府以二十字爲次。其下一字，則偏旁取五行相生。此曰孟嘗，蓋其字號，惟未審即翊鈓作，或其子孫所作耳。其書於每章之後寥寥各贅數言，殊未盡老氏之旨。

古今南華内篇講録

《四庫全書總目提要·道家類存目》　《古今南華内篇講録》十卷。浙江巡撫採進本。題林屋洞藏書，不著撰人名氏，亦不著時代。卷一爲《南華旨要》，皆言註《莊》之大旨。其第五節云：洞庭今日首提虚用，其言何徵，亦惟得宗印於雲莊先師。卷二以《莊子·寓言》一篇升冠於諸篇。前有小序云：洞庭山縹緲峯林屋洞天夢蝶易師從蕙谿老農學《易》於天都峯，嘗會門弟子，詳説《南華》反約旨要。弟子三林輩因記録師語，著爲成書。而《南華旨要》中又有「莊子至今二千年」語，以長歷推之，當爲明末國初人也。卷三爲《逍遥遊》，卷四爲《齊物論》，卷五爲《養生主》，卷六爲《人閒世》，卷七爲《德充符》，卷八爲《大宗師》，卷九爲《應帝王》，卷十爲《天下》。蓋以《寓言》爲《莊子》前序，以《天下》爲《莊子》後序。而内七篇之次第，亦先後不同。其説以郭象註爲今本，以向秀註爲古本。宋以來諸家書目皆不著録，不知何由見之。然秀註《經典釋文》尚引之，而陳氏《書録解題》已稱亡佚。

且古人一書無兩序，其有序者必附於末。最可考者，《吕氏春秋》之序在十二紀末，《史記》自序、《漢書》序傳、揚雄《太元》、《法言》、王符《潛夫論》、袁康《越絶書》，下至劉勰之《文心雕龍》諸序，亦皆在書末。此以前序後序指爲古本，是用後世之例，推測三代，其爲依託無疑。又《唐書・藝文志》稱唐天寶元載尊《莊子》爲《南華眞經》，而此乃云加之《南華》之名，吾玆未之聞焉，意者郭子歟？向子歟？其在後之人歟？吾無聞焉耳矣。烏在其見古本也？

莊子旦暮解

黄虞稷《千頃堂書目・道家類》 僧如愚《莊子旦暮解》一卷。

御注道德經

《四庫全書總目提要・道家類》 《御註道德經》二卷。順治十三年，世祖章皇帝御撰。《老子》載《漢書・藝文志》，而不載其有註。《隋書・經籍志》以下，註其書者著録日繁。焦竑《老子翼》作於明萬曆中，所採尚六十四家。竑所未見者不知凡幾，竑以後之所註又不知凡幾也。蓋儒書如培補榮衛之藥，其性中和，可以常餌；《老子》如清解煩熱之劑，其性偏勝。當其對證，亦復有功。與他子書之偏駁悠謬者異，故論述者不絶焉。然諸家舊註，多各以私見揣摩，或參以神怪之談，或傅以虚無之理，或岐而解以丹法，或引而絫諸兵謀。羣言淆亂，轉無所折衷。惟我世祖章皇帝此註，皆即尋常日用，親切闡明，使讀者銷争競而還淳樸，爲獨超於諸解之上。蓋聖人之道大，兼收並蓄，凡一家之書，皆不没所長；聖人之化神，因事制宜，凡一言之善，必旁資其用。固非拘墟之士所能仰窺涯涘矣。

老子說略

《四庫全書總目提要・道家類》 《老子說略》二卷。編修周永年家藏本。國朝張爾岐撰。爾岐有《儀禮鄭註句讀》，已著録。《道德經》解者甚多，往往缴繞穿鑿，自生障礙。爾岐是編，獨屏除一切，略爲疏通大意。其自序謂流覽本文，讀有未通，輒以己意占度，稍加一二言於句讀隙閒，覺大意犂然。迴視諸註，勿計不能讀，亦已不欲讀云云。又有自跋，稱人問朱子「道可道」如何解？應之曰「道而可道則非常道，名而可名則非常名」。朱子生平未嘗解《老》，使其解《老》，此即其解《老》之法，亦即可謂解一切諸書之法。要在不執解求解，反之是書以解是書而已云云。蓋其大旨在於涵泳本文，自得理趣。故不及縱横權譎之談，亦不涉金丹黄白之術，明白簡當，頗可以備參覽焉。

道德經注

《四庫全書總目提要・道家類》 《道德經註》二卷。洗馬劉權之家藏本。國朝徐大椿撰，大椿有《神農本草經百種録》，已著録。是編以老子舊註人人異說，而本旨反晦，乃尋繹經文，疏解其義。仍分上、下二篇，而削其《道經》、《德經》之目。仍分八十一章，而削其章名，但以每章第一句標題。其字句參考諸本，取其詞意通達者；其訓詁推求古義，取其上下融貫者；其所詮釋，主於言簡理該。大旨與張爾岐《老子說略》相同，而研索較深，發揮較顯。在《老子》註中，尚爲善本。附載《陰符經註》一卷，詁以《易》理，義亦可通。惟其凡例詆呵古人，王弼註謂之膚近，河上公註謂之文理不通，未免過當。又謂老氏之學，與六經旨趣各有不同。六經爲中古以後文物極盛之書。老氏所云養生修德、治國用兵之法，皆本上古聖人相傳之精意。故其教與黄帝並稱。其用甚簡，其效甚速。漢時循吏師其一二，已稱極治云云，亦未免務爲高論。夫老子生乎亂世，立清净之說以救之，特權宜拯弊之一術，猶曰不藥得中醫耳。蓋公以是術教曹參，亦適當秦虐之後，人思休息，猶適當靜攝可愈之病耳。必謂老氏欲以此術治萬世，非老氏之本意。至於黄帝以七十戰定天下，一切禮樂刑政無一非其所製作。古書具在，班班可考。必謂黄帝以無爲治天下，尤非黄帝之實事。大椿此書，於《老子》之學不爲無見，而躋《老子》於《六經》上，則不可以訓。故録存其書，而附辨其說如右。

道德經編注

《四庫全書總目提要·道家類存目》《道德經編註》二卷。安徽巡撫採進本。國朝胡與高撰。與高字岱瞻，黟縣人，雍正癸卯舉人。是書謂《老子》今本相沿，章句多舛，乃遍訪古本，考正其文，併註釋其義。而篇中分合增改之處，絶不註所據者何本，未免無徵。其謂《老子》與六經相發明，亦蘇轍之緒論。每章註釋之後又有附解，則其弟與宗所續。與高之註，成於雍正甲寅；與宗之解，成於乾隆戊辰。據與宗自跋，仍其兄之餘意云。

讀道德經私記

《四庫全書總目提要·道家類存目》《讀道德經私記》二卷。江蘇巡撫採進本。國朝汪縉撰。縉字大紳，吴縣人。是書以《易》義解《老子》。前有自序曰：釋《老子》者多矣，别於諸子方外與《易》相出入者私記之。蓋其大意，欲於諸註之外獨標新義。然晉人清談，實合《老》、《莊》與《易》爲一。王弼以《老子》解《易》，人人類能言之。即「三語掾」之故實，亦非僻事也。

道德經懸解

《四庫全書總目提要·道家類存目》《道德經懸解》二卷。編修周永年家藏本。國朝黄元御撰。元御有《周易懸象》，已著録。是書多以養生家言訓釋《老子》。於原文章次多所變更，字句亦多有竄亂，謂之改本《老子》可也。

列子辨

《四庫全書總目提要·道家類存目》《列子辨》二卷。江蘇巡撫採進本。不著撰人名氏。前有康熙後壬寅自序，署其號曰「復堂」，不知何許人也。其註用林希逸《口義》本，稍爲删削，而間附以劉辰翁評。卷首凡例稱：《列子》刻本，書肆絶少。此特借鈔，其中必多譌字云云。則亦寒鄉之士，罕睹舊籍者矣。其辨論大旨，謂《漢·藝文志》載《列子》八篇，典午之禍，典籍蕩然，六朝清談之士，依傍《藝文志》所云而妄託之。然其所證據，特以文句臆斷之耳。考柳宗元集有《辨列子》一篇，摘其言魏牟、孔穿皆出《列子》後，然特謂其不免增竄，不以爲僞也。高似孫《緯略》頗以《史記》無傳爲疑，又疑其出於後人之薈萃，然未敢定爲誰氏作也。是編漫無所據，竟毅然斷其出於六朝，極詆其文詞之惡，以朱筆勒其旁者，不一而足。文詞工拙姑置無論。第考東晉光禄勳張湛所註，已疑其言鄭穆公以後事，與劉向所云鄭穆公時人者不合。則書在東晉以前審矣。作者未見湛註，遂以爲出自六朝耳。觀其批篇首「將嫁於衛」句云：嫁字，諸書所無。但此書率多譌字，嫁或家字之譌。不知《爾雅·釋詁》曰：嫁，往也。郭璞註引《方言》曰：自家而出謂之嫁，猶女出爲嫁。古訓炳然，乃横生揣度，其空言臆斷可知矣。

南華評注

《四庫全書總目提要·道家類存目》《南華評註》。無卷數。山東巡撫採進本。國朝張坦撰。坦字方平，號一菴，泰安人。是書成於康熙戊午。自序謂：廣求古註數十餘家，採其簡當，删其繁蕪，又參以己意，爲之評釋。别爲《或問》十條，列於卷首。今案其書，分段加評，逐句加註，皆不言本某家之古註。其註似徐增之説唐詩，其評亦如金人瑞之評《西廂記》、《水滸傳》而已。觀其《或問》第一條，以莊子爲風流才子，可知其所見矣。

莊子解

《四庫全書總目提要·道家類存目》《莊子解》三卷。内府藏本。國朝吴世尚撰。世尚，貴池人。是編成於康熙癸巳，所説止《莊子》内七篇。大旨引《莊子》而附之儒家，且發揮其文字之妙。觀其目録後附記，稱向來解《莊子》者，惟林西仲可觀，但有不盡洽乎文義者。是不知古有向、郭。又開卷即云「莊子自名其書曰《南華經》」。是併《唐書・藝文志》亦未考也。

南華通

《四庫全書總目提要・道家類存目》 《南華通》七卷。陝西巡撫採進本。國朝孫嘉淦撰。嘉淦有《春秋義》，已著録。是編取《莊子》内篇，以時文之法評之。使起承轉合，提掇呼應，一一易曉，中亦頗以儒理文其説。

南華本義

《四庫全書總目提要・道家類存目》 《南華本義》二卷。山東巡撫採進本。國朝林仲懿撰。仲懿不知何許人。是編衹註《莊子》内篇，語多附會。如釋《逍遥遊》以北冥有魚爲太極静而生陰，化而爲鵬爲太極動而生陽。以南冥、北冥爲無極而太極、太極本無極之類，皆强生意見。其餘詮釋，亦多類金人瑞、徐增之流。

槐南華簡鈔

《四庫全書總目提要・道家類存目》 《南華簡鈔》四卷。浙江巡撫採進本。國朝徐廷槐撰。廷槐字立三，號笠山，會稽人，雍正庚戌進士。是編於《莊子・内篇》全録其文，《外篇》、《雜篇》頗有刊削，《漁父》、《盗跖》、《讓王》、《説劍》之屬則全篇删之。每篇各爲詳註，其論文、論理，純以妙悟不測爲宗。大抵原本禪機，自矜神解也。

南華模象記

《四庫全書總目提要・道家類》 《南華模象記》八卷。浙江巡撫採進本。國朝張世犖撰。世犖字無夜，錢塘人，乾隆甲子舉人。其學以禪爲宗，因以禪解《莊子》。以《天下》篇爲《莊子》自序，以《寓言》篇爲開宗第一爲首卷，如林屋洞《南華講録》之説；其下則悉取《外篇》之文附《内》七篇之後，亦明人移掇《管子》、《晏子》之意。其篇目皆依佛經之例，以《内篇》之名標曰某品某品，删去《盗跖》、《漁父》、《説劍》三篇，又删去蔣誾葹數段。每篇之首，各爲宗旨，敘其所以分并之故。昔蘇軾撰《莊子祠堂記》，欲删《漁父》、《盗跖》等篇，然不過託之文字，非真有删本。今則分割併附，又多所芟薙，是直修改《莊子》，非註釋《莊子》矣。

老子道德經考異

張之洞《書目答問・周秦諸子》 《老子道德經考異》上下卷。畢沅。經訓堂本。

墨家部

論述

《漢書·藝文志·墨家類序》 墨家者流，蓋出於清廟之守。茅屋采椽，是以貴儉；養三老五更，是以兼愛；選士大射，是以上賢；宗祀嚴父，是以右鬼；順四時而行，是以非命；以孝視天下，是以上同：此其所長也。及蔽者爲之，見儉之利，因以非禮，推兼愛之意，而不知別親疏。

《隋書·經籍志·墨家類序》 墨者，强本節用之術也。上述堯、舜、夏禹之行，茅茨不翦，糲粱之食，桐棺三寸，貴儉兼愛，嚴父上德，以孝示天下，右鬼神而非命。《漢書》以爲本出清廟之守。然則《周官》宗伯「掌建邦之天神地祇人鬼」，肆師「掌立國祀及兆中廟中之禁令」，是其職也。愚者爲之，則守於節儉，不達時變，推心兼愛，而混於新疎也。

焦竑《國史經籍志·墨家類序》 墨氏見天下無非我者，故不自愛而兼愛也。此與聖人之道濟何異？故賈誼、韓愈往往以孔墨並名。然見儉之利而因以非禮，推兼愛之意而不殊親疎，此其敝也。莊生曰：「墨子雖獨任，如天下何？」其太觳而難遵，有以也夫？墨子死，有相里氏之墨、相芬氏之墨、鄧陵氏之墨，世皆不傳。《晏子春秋》舊列儒家，其尚同、兼愛、非樂、節用、非厚葬久喪、非儒、明鬼無一不出墨氏。柳宗元以爲墨子之徒尊著其事，以增高爲己術者，得之。今附著於篇。

錢東垣等輯《崇文總目·墨家類序》 墨家者流，其言貴儉、兼愛、尊賢、右鬼、非命、上同，此墨家之所行也。孟子之時，墨與楊其道塞路，軻以墨子之術儉而難遵，兼愛而不知親疏，故辭而闢之。然其彊本嗇用之説有足取焉。見《歐陽文忠公集》。

雜録

《漢書·藝文志·墨家》 右墨六家，八十六篇。

《隋書·經籍志·墨家》 右三部，合一十七卷。

《舊唐書·經籍志·墨家》 右墨家二部，凡一十六卷。

《宋史·藝文志·墨家類》 右墨家類一部，十五卷。

錢東垣等輯《崇文總目·墨家類》 墨家類共二部，計十六卷。

綜述

尹佚

《漢書·藝文志·墨家》 《尹佚》二篇。周臣，在成、康時也。

姚振宗《漢書藝文志條理·墨家》 《尹佚》二篇。周臣，在成康、時也。《史·周本紀》：武王至商國，入，至紂死所。明日，除道修社。師尚父牽牲，尹佚筴祝。又曰：命南宫括、史佚展九鼎保玉。《正義》曰：「尹佚讀筴書祝文以祭社也。」徐廣曰：「『保』一作『寶』。」《大戴記·保傅》篇：「明堂之位曰：篤仁而好學，多聞而道慎。天子疑則問，應而不窮者謂之道。道者，導天子以道者也。常立於前，是周公也。誠立而敢斷，輔善而相義者謂之充。充者，充天子之志也。常立于左，是太公也。絜廉而切直，匡過而諫邪者，謂之弼。弼者，拂天子之過者也。常立于右，是召公也。博聞彊記，接給而善對者謂之承。承者，承天子之遺妄者也。常立于後，是史佚也。故成王中立而聽朝，則四聖維之。是以慮無失計，而舉無過事。」盧辯曰：「接給，謂應所而給也。史佚，周太史尹佚也。」本書人表，史佚列第二等上中仁人。梁玉繩曰：始見《逸書·世俘解》、《禮·曾子問》、《左·僖十五》、《周語下》，周文武時太史，「佚」又作「逸」。亦曰：尹佚與太公、周、召稱四聖。《通志·氏族略》云：少昊之子，封于尹城，因以爲氏。子孫世爲周卿士，食采于尹。考《左·昭廿三》：王子朝入于尹，單、劉伐尹。《疏》謂：尹子食采于尹，世爲卿士。然則尹佚乃少昊之裔，而周尹氏乃史佚之後也。王氏《考證》曰：尹佚周史也，而爲墨家之首，今書亡不可考。按《吕氏春秋》：魯惠公使宰讓請郊廟之禮于天子，天子使史角往，惠公止之。其後在于魯，墨子學焉。意者史角之後，託于佚歟？嚴可均《三代文編》：尹佚亦稱史佚，周初太史，事武王、成王、康王。《逸周書》及《史記》引武王即位筴。《說苑》引史佚對成王問。《左傳》引史佚之言四條，又引史佚之志。馬國翰輯本序曰：《漢志》墨家《尹佚》二篇。《隋》、《唐》志皆不著録，散亡已久。惟《左傳》、《國語》引其言。《淮南子》引成王問政。《說苑》亦引之。又《逸周書》、《史記》載佚策祝，皆其佚文，並據輯録。據《大戴記》，則史佚固聖人之流亞。諸書所載，亦皆格言大訓，不知班《志》何以入其書于墨家之首，意或以墨家者流，出于清廟之守，佚爲周太史，故探源而定之歟？按：史佚之後有史角，而墨翟學于史角之後，其道盛行于世，遂以墨名其家。而其初出于清廟之守者也。清廟之守之爲書者自尹佚始，故是類以尹佚爲之首。武王即位告天，尹佚筴祝。而是篇篇敘所謂茅屋采椽，養三老五更，選士大射，宗祀嚴父，順四時而行，以孝視天下，皆清廟之守之所有事也。

墨子

姚振宗輯《七略別録佚文・墨家》 《墨子》七十一篇。名翟，爲宋大夫，在孔子後。太史公曰：「墨翟，宋之大夫，或曰並孔子時，或曰在其後。」今案：《墨子》書有文子。文子，子夏之弟子，問於墨子。如此，則墨子者在七十子後也。《史記・孟子列傳索隱》馬本取入道家《文子》條下。嚴氏係之墨家，而皆不取末後三句。攷《索隱》引《別録》文首有「今案」二字，則皆是《別録》語，所以辨《史記》之疑。今从嚴本，列於此而補完其文也。

《漢書・藝文志・墨家》 《墨子》七十一篇。名翟，爲宋大夫，在孔子後。

《隋書・經籍志・墨家》 《墨子》十五卷、《目》一卷。宋大夫墨翟撰。

《舊唐書・經籍志・墨家》 《墨子》十五卷。墨翟撰。

《新唐書・藝文志・墨家類》 《墨子》十五卷。墨翟。

鄭樵《通志・藝文略・墨家》 《墨子》十五卷。宋大夫墨翟撰。墨翟與孔子同時，《漢志》注，在孔子後。

晁公武《郡齋讀書志・墨家類》 《墨子》十五卷。右宋墨翟撰。戰國時，爲宋大夫，著書七十一篇，以「貴儉」、「兼愛」、「尊賢」、「右鬼」、「非命」、「上同」爲說。荀、孟皆非之，韓愈獨謂「辨生於末學，非二師之道本然也」。

高似孫《子略》卷三 《墨子》。韓非子謂：「墨子死，有相里氏之墨、相芬氏之墨、鄧陵氏之墨。孔、墨之後，儒分爲八，墨離爲三。」其爲說異矣。墨子稱堯曰「采椽不斲，茅茨不剪」；稱周曰「嚴父配天，宗祀文王」。又引「若保赤子」、「發罪惟均」，出於《康誥》、《泰誓》篇。固若依於經，據於禮者。孟子方排之，不遺一力。蓋聞之夫子曰：「惡似而非者。惡莠，恐其亂苗也。惡鄭聲，恐其亂雅也。惡紫，恐其亂朱也。惡鄉原，恐其亂德也。」《墨》之爲書，一切如莊周，如申、商，如韓非、惠施之徒，雖不闢可也。唯其言近乎謁，行近乎誣，使天下後世人盡信其說。其害有不可勝言者，是不可不加闢也。嗚呼！孟子之學，一於羽翼羣經，推尊聖人者歟？異時有纏子者，修墨子之業，唯曰勸善兼愛，墨子重之。嗚呼！學墨子者，豈學此乎？

陳振孫《直齋書録解題・墨家類》 《墨子》三卷。宋大夫墨翟撰。孟子所謂邪説詖行，與楊朱同科者也。韓吏部推尊孟氏，而《讀墨》一章，乃謂孔、墨相爲用，何哉？《漢志》七十一篇，《館閣書目》有十五卷六十一篇者，多訛脱，不相聯屬。又二本，止存十三篇者，當是此本也。方楊、墨之盛，獨一孟子詘言非之，諄諄焉惟恐不勝。今楊朱書不傳，《列子》僅存，其餘墨氏書傳於世者亦止於此。《孟子》越百世益光明，遂能上配孔氏，與《論語》並行，異端之學，安能抗吾道哉！

馬端臨《文獻通考・經籍考・墨家》 《墨子》十五卷。【略】巽巖李氏曰：《墨子》十五卷，所傳本甚古，然多脱誤，或次第混亂，章句顛倒，往往斷爛不可復讀。反覆尋究，稍加是正，使相聯屬，十厘得一二，當其合處，猶符節也。乃知古書訛謬，正坐學者弗習耳，博觀深考，尚庶幾識其純全云。【略】按：自夫子没而異端起，老、莊、楊、墨、蘇、張、申、商之徒，各以其知舛馳，至孟子始辭而闢之。然觀七篇之書，所以距楊、墨者甚至，而闊略於餘子何也？蓋老、莊、申、商、蘇、張之學，大概俱欲掊擊聖人，鄙堯笑舜陋禹，而自以其說勝。老、莊之蔑棄仁義禮法，生於憤世嫉邪，其語雖高虛可聽，而實不可行，料當時亦無人宗尚其說，故鄒書略不及之。蘇、張之功利，申、商之刑名，大抵皆枉尋直尺，媚時取寵，雖可以自售，而鄉黨自好少知義者亦羞稱之。故孟子於二家之說，雖斥絶之而猶未數數然者，正以其與吾儒旨趣，本自冰炭薰蕕，遊於聖門之徒，未有不知其非者，固毋俟於辯析也。獨楊朱、墨翟之言，未嘗不本仁祖義，尚賢尊德，而擇之不精，語之不詳，其流弊遂至於無父無君，正孔子所謂「似是而非」，明道先生所謂「淫聲美色，易以惑人」者，不容不深鋤而力辯之。高氏《子略》之言得之矣，而其說猶未暢，愚故備而言之。韓文公謂「儒、墨同是堯、舜，同非桀、紂」，以爲其二家本相爲用，而咎末學之辯。嗚呼！孰知惟其似同而實異者，正所當辯乎！

《宋史・藝文志・墨家類》《墨子》十五卷。宋墨翟撰。

楊士奇等《文淵閣書目・子書》《墨子》一部，一册。闕。

高儒《百川書志・墨家》《墨子》十五卷。宋大夫墨翟撰。凡七十一篇。

王世貞《讀書後》《讀墨子》。墨子，戰國一賢士大夫也。孟子闢之，以爲惑世誣民，若不可一日容於堯、舜之世者。而後世如韓昌黎輩尚尊之，以與孔子並稱，而上媲於神。愚以爲皆過也。今讀其書，大抵皆平治天下國家之道，不甚悖於理。如所謂「入國必擇務而後從事。國家昏亂，則語之以尚賢、尚同；國家貧，則語之節用、節葬；國家憙音湛湎，則語之非樂、非命；國家淫僻無禮，則語之尊天、事鬼；國家務奪侵凌，則語之兼愛」。然則墨子之言，以救世主之藥石耳，非欲執而爲世主之準也。獨所謂棺三寸足以朽骨，衣三領足以朽肉，掘地之深，下無菹漏。哭往哭來，及從事乎衣食。若以爲薄而無當者。然此亦中產之下之常，至今獨不能改。而探墨子之旨，大槩激於一時王公、大人之爲葬埋，謂必大棺、中棺，革闠三操，璧玉即具，戈劍、鼎鼓、壺濫、文繡、素練、大鞅萬領，輿馬、女樂皆具，必捶垛通壟。輟民之事，廢民之財如此，而矯之以薄，亦何不可？且夫驪山之藏，不三載而焚掘殆盡。即漢、唐、宋以還，諸陵寢亡不發者。王公、大臣、貴家亡得完骨者。厚葬之爲失，不唯損天下之有用以歸無用，戕天下之有知以供無知。其究至於暴其親之蜕，以委草莽，餧鳶犬，而横開天下椎埋劫殺之竅。其罪加於薄葬者，何啻萬萬倍。顧不之訾，而徒墨子之訾，何也？且夫墨子之道行，則世主必不能安宫室之侈，與聲音、采色、狗馬、田獵之奉。卿大夫必不能安趙、孟、韓、魏之富。而説客、游士必不能安華陽、碣石之居。與後車數十乘，從者數百人，其辭而闢之者，蓋不止一孟子也。吾故曰：微孟子，墨子固不能久且大也。然而所謂塞路者，何也？貧乏失職之徒，假其説以干世。主用之，則貴且顯。即不用，而可以希冀賢豪富饒之匄施。一廛一畝，足以終其身而已。此非墨子意也，爲墨子之徒而私之者意也。

錢曾《讀書敏求記・子》《墨子》十五卷。潛溪《諸子辨》云：「《墨子》三卷，戰國時宋大夫墨翟撰。上卷七篇，號曰經。中卷、下卷六篇，號曰論，共十三篇。考之《漢志》七十一篇。《館閣書目》則六十一篇。已亡《節用》、《節葬》、《明鬼》、《非樂》、《非儒》等九篇。今書則又亡多矣。」潛溪之言如此。予藏弘治己未舊鈔本，卷篇之數恰與其言合。又藏會稽鈕氏世學樓本，共十五卷，七十一篇，內亡《節用》等九篇。蓋所謂《館閣書目》本或即此歟？潛溪博覽典籍，其辨訂不肯聊且命筆，而止題爲三卷，豈猶未見完本歟？抑此書兩行于世而未及是正歟？姑識此，以詢藏書家。

《四庫全書總目提要・雜家類》《墨子》十五卷。兩江總督採進本。舊本題宋墨翟撰。考《漢書・藝文志》，《墨子》七十一篇，註曰：「名翟，宋大夫。」《隋書・經籍志》亦曰：「宋大夫墨翟撰。」然其書中多稱「子墨子」，則門人之言，非所自著。又諸書多稱墨子名翟，《因樹屋書影》則曰：「墨子姓翟，母夢烏而生，因名之曰烏，以墨爲道。今以姓爲名，以墨爲姓，是老子當姓老耶？」其説不著所出，未足爲據也。宋《館閣書目》稱《墨子》十五卷，六十一篇。此本篇數與《漢志》合，卷數與《館閣書目》合。惟七十一篇之中，僅佚《節用下》第二十二，《節葬上》第二十三，《節葬中》第二十四，《明鬼上》第二十九，《明鬼下》第三十，《非樂中》第三十三，《非樂下》第三十四，《非儒》上第三十八，凡八篇。尚存六十三篇，與《館閣書目》不合。陳振孫《書録解題》又稱有一本止存十三篇者，今不可見。或後人以兩本相校，互有存亡，增入二篇歟？抑傳寫者譌以六十三爲六十一也？墨家者流，史罕著録，蓋以孟子所闢，無人冒居其名。然佛氏之教，其清净取諸老，其慈悲則取諸墨。韓愈《送浮屠文暢序》稱儒名墨行，墨名儒行，以佛爲墨，蓋得其真。而《讀墨子》一篇，乃稱墨必用孔，孔必用墨，開後人三教歸一之説，未爲篤論。特在彼法之中，能自嗇其身，而時時利濟於物，亦有足以自立者。故其教得列於九流，而其書亦至今不泯耳。第五十二篇以下，皆兵家言。其文古奥，或不可句讀，與全書爲不類。疑因五十一篇言公輸般九攻，墨子九拒之事，其徒因採摭其術，附記其末。觀其稱弟子禽滑釐等三百人，已持守固之器在宋城上，是能傳其術之徵矣。

孫星衍《平津館鑒藏書籍記・明版》《墨子》十五卷。自《親士》至《雜守》七十一篇，内缺《節用下》第二十二，《節葬上》第二十三，《節葬中》第二十四，《明鬼上》第廿九，《明鬼中》第卅，《非樂中》第卅三，《非樂下》第卅四，《非儒上》第卅八，凡八篇。又第五十一、第五十四、第五十五、第五十七、第五十九、第六十、第六十四、第六十五、第六十六、第六十七，凡十篇，並篇目而亡之矣。洪頤煊曰：《書録解題》稱《漢志》七十一篇。《館閣書目》有十五卷六十一篇者，多譌脱，不相聯屬。是無題十篇。宋本已缺，有題八篇，缺當在宋本後。前有嘉靖癸丑陸穩序，江蕃七十七翁白賁枘叙，末有南昌唐堯臣跋。此本即唐所刻也。每葉十六行，行十七字。收藏有枕經閣朱文長圖印。

黄丕烈《蕘圃藏書題識・子類二》《墨子》十五卷。影寫本。此影寫吴匏菴手鈔本《墨子》十五卷。余從顧千里所借嚴氏芳椒堂藏本録出，卷中朱墨兩筆校改，皆仍其舊。是書本出吳郡，不知何時轉入浙江。今得此影鈔，亦可爲中郎之似矣。書此以志緣起。蕘翁。

初余以此本爲吳文定手鈔，憑張青父跋信之，千里尚猶豫未決，既檢陸其清《佳趣堂書目》有云：「《墨子》十五卷，吳匏菴手録，張青父舊藏。」此更信而有徵矣。癸亥正月小晦日。丕烈。

又 《墨子》三卷。校舊鈔本。《讀書敏求記》載潛溪《諸子辨》云：「《墨子》三卷，戰國時宋大夫墨翟撰。上卷七篇，號曰經。中卷、下卷六篇，號曰論，共十三篇。」據此，則是書兩行於世者也。蓋《墨子》十五卷，《道藏》收之。余所臧嘉靖時刻有二本，皆十五卷。取《道藏》本勘之，無大異者。惟此字句閒有不同，當必所自出殊矣。丁卯九月三日鐙下記。復翁。

又 《墨子》十五卷。校明藍印銅活字本。《墨子》向無善本，往時顧抱冲訪書海鹽張氏，曾得明藍印本，歸其從弟千里，歎爲絶佳，自後卻無所遇。因從千里借吳匏菴鈔本，傳録一本，以備誦讀。頃香嚴周丈有伊親託售之書，內有藍印《墨子》，遂乞歸余。其來札云：「此刻與畢刻稍異，彼據《道藏》本，此出自內府，皆本於宋刻，未易優劣也。」余復取吳鈔本相勘，大段相同，而鈔所自出，雖未知其何，從其年代較先於此，或可互證也。家藏子書，極多宋刻，惟《晏子》、《墨子》皆明本之善者，是可喜已。嘉慶丙辰春三月七日，從友人齋頭賞牡丹歸，燒燭書此，蕘翁。

丁卯春，以養疴杜門，因假袁氏五硯樓所臧正統十年十一月十一日《道藏》本手校此刻，其異同甚少也。香嚴云此出自內府，恐未必然，蓋亦據《道藏》本也。《道藏》本每卷標題下有「沛一」等數，今悉記於卷尾。復翁黄丕烈識。二跋均在卷末。

丁卯秋，續得嘉靖癸丑歲春二月吳興陸穩敘刻本，與此差後一年，而陸《敘》中有「前年居京師，幸於友人家覓內府本讀之」語，知香嚴以爲此從內府本者，非無據也。陸敘又云：「別駕唐公以博學聞於世，視郡暇訪余，於山堂，得《墨》原本，將歸而梓之。」是又一本矣。今取唐本以勘陸本，殊有不合。知陸所云唐得《墨》原本者，非即陸本也。陸本出內府，唐本出《道藏》，殆不謬矣。惟陸本無敘，唐本有陸之敘，後人遂疑唐本出自陸本，其實陸刻先一年，唐刻後一年，實不侔爾。秋九月六日。復翁。在卷首。

顧廣圻《思適齋書跋・子部》 《墨子》十五卷。經訓堂刻本。乙卯二月七日校畢。澗薲記。嘉慶己未再讀一過，又正錯簡數條。澗薲又記。

錢東垣等輯《崇文總目・墨家類》 《墨子》十五卷。墨翟撰。

張之洞《書目答問・周秦諸子》 《墨子》十五卷，《目録》一卷。畢沅校。經訓堂本。墨。

姚振宗《漢書藝文志條理・墨家》 《墨子》七十一篇。名翟，爲宋大夫，在孔子後。

《呂氏春秋・當染》篇：「魯惠公使宰讓請郊廟之禮于天子，桓王使史角往，惠公止之。其後在于魯，墨子學焉。」高誘曰：「惠公，魯孝公之子，隱公之父。墨子，名翟，魯人，作書七十一篇，以墨道聞之。」梁玉繩《呂子校補》曰：「『桓王』當作『平王』。惠公卒于平王四十八年，與桓王不相接。《竹書》請禮在平王四十二年。」

《史・孟荀列傳》：「蓋墨翟，宋之大夫，善守禦，爲節用。或曰並孔子時，或曰在其後。」《索隱》曰：「按：《別録》云墨子書有文子，文子，子夏之弟子，問于墨子。如此則墨子者，在七十子後也。」范書《張衡傳》注：「《衡集》云公：輸班與墨翟並當子思時，出仲尼後。」

本書《人表》，墨翟列第四等中上。梁玉繩曰：墨翟，始見《孟子》。《戰國・齊策》：宋之大夫，魯人，姓墨。本墨胎氏所改，名翟。亦曰墨氏，亦曰墨子，亦曰子墨子，亦曰翟子。案：《孟子》楊、墨並言，諸子每云孔、墨。《抱朴子・名實》篇稱班墨，則墨其姓也。《墨子》《耕柱》、《貴義》、《公孟》、《魯問》及《呂覽・高義》多自稱翟，則翟其名也。乃元伊世珍《瑯環記》引賈子《説林》，失名。謂墨子姓翟，名烏，其母夢日中赤烏入室，驚覺，生烏，遂名之，誕不足信。

《隋書・經籍志》：《墨子》十五卷，目一卷。宋大夫墨翟撰。《唐書・經籍志》：墨子十五卷。墨翟撰。《唐・藝文志》同。《宋藝文志》同。

馬端臨《文獻經籍考》曰：按：自夫子没而異端起，老、莊、楊、墨、蘇、張、申、商之徒，各以其知舛馳，至孟子始辭而闢之。然觀七篇之書，所以距楊、墨者甚至，而闢略于餘子何也？蓋楊朱、墨翟之言，未嘗不本仁祖義，尚賢尊德，而擇之不精，語之不詳。其流弊遂至于無父無君，正孔子所謂「似是而非」者，不容不深鋤而力辯之。韓文公謂「儒、墨同是堯、舜，同非桀、紂」，以爲二家本相爲用，而咎末學之辯。嗚呼！孰知惟其似同而實異者，正所當辯乎！

《四庫》雜家《提要》曰：隋唐《志》稱墨翟撰。然其書中多稱子墨子，則門人之言，非所自著。今本七十一篇之中佚《節用下》、《節葬上》、《節葬中》、《明鬼上》、《明鬼下》、《非樂中》、《非樂下》、《非儒上》，凡八篇，存六十三篇。墨家者流，史罕著録，蓋以孟子所闢，無人肯居其名。然佛氏之教，其清静取諸老，其慈悲則取諸墨。韓愈《送浮屠文暢序》稱儒名墨行，墨名儒行，以佛爲墨，蓋得其真。而《讀墨子》一篇，乃稱墨必用孔，孔必用墨，開後人三教歸一之説，未爲篤論。特在彼法之中，能自嗇其身，而時時利濟于物，亦有足以自立者。故其教得列于九流，而其書亦至今不泯耳。第五十二篇以下，皆兵家言。其文古奥，或不可句讀，與全書爲不類。疑因五十一篇言公輸般九攻，墨子九拒之事，其徒因采摭其術，附記其末。觀其稱弟子禽滑釐等三百人，已持守固之器在宋城上，是能傳其術之徵矣。《淮南・泰族》篇云：墨子服役者百八十人，皆可使赴火蹈刃，死不遺踵，化之所致也。

又《簡明目録》曰：觀其近理亂真之處，然後知儒墨異同之所以然，則亦不必廢觀也。按：《七略》兵技巧家有《墨子》。班氏以其重複省之。蓋書中本有兵家言，今本猶略可考見，故任步兵取以入技巧。

樂臺注墨子

鄭樵《通志・藝文略・墨家》 《墨子》三卷。樂臺注。《唐志》不載，當考。

墨子全書

祁承㸁《澹生堂藏書目・墨家》 《墨子全書》四册。六卷。

墨子正文

祁承㸁《澹生堂藏書目・墨家》 《墨子正文》二册。四卷。《子彙》本。

李贄批選墨子

祁承㸁《澹生堂藏書目・墨家》 《李贄批選墨子》四卷。《李氏叢書》本。

墨子摘略

祁承㸁《澹生堂藏書目・墨家》 《墨子摘略》二卷。《諸子纂》本。

隨巢子

《漢書・藝文志・墨家》 《隨巢子》六篇。墨翟弟子。

《隋書・經籍志・墨家》 《隨巢子》一卷。巢，似墨翟弟子。

《新唐書・藝文志・墨家類》 《隨巢子》一卷。

鄭樵《通志・藝文略・墨家》 《隨巢子》一卷。墨翟弟子。

姚振宗《漢書藝文志條理・墨家》 《隨巢子》六篇。墨翟弟子。太史公司馬談《論六家要指》曰：墨者，儉而難遵。《正義》曰：韋云：墨翟之術也尚儉，後有隨巢子傳其術也。本書《人表》第四等中上隨巢子。梁玉繩曰：隨巢子，惟見本書《藝文志》墨家。隨巢當是氏，或謂隨名巢。無據。《文心雕龍・諸子》篇：墨翟、隨巢，意顯而語質。《隋書・經籍志》：《隨巢子》一卷，巢似墨翟弟子。按：此以巢爲名。唐《藝文志》：《隨巢子》一卷。鄧名世《古今姓氏書辨證》：隨巢氏，漢《藝文志》有《隨巢子》六篇。注云：墨翟弟子。謹按：《姓書》未有此氏，而當時有胡非子、隨巢子，皆師墨氏，則隨巢合爲人氏。馬國翰輯本序曰：《漢志》墨家有《隨巢子》六篇。隋唐《志》皆以一卷著録。今佚。《意林》引其二節，又從諸書所引輯十三節，以類編次，多言災祥、禍福。其論鬼神之能，亦即《中庸》「體物而不可遺」之義，而謂鬼神賢于聖人，過爲奇語，醇駁分焉已。

胡非子

《漢書・藝文志・墨家》 《胡非子》三篇。墨翟弟子。

《隋書・經籍志・墨家》 《胡非子》一卷。非，似墨翟弟子。梁有《田俅子》一卷。亡。

《舊唐書・經籍志・墨家》《胡非子》一卷。胡非子撰。

《新唐書・藝文志・墨家類》《胡非子》一卷。

鄭樵《通志・藝文略・墨家》《胡非子》一卷。墨翟弟子。

洪邁《容齋題跋》卷一《跋隨巢子胡非子》《漢書・藝文志》墨家者流有《隨巢子》六篇、《胡非子》三篇，皆云墨翟弟子也。二書皆不復存。馬總《意林》所述，各有一卷。隨巢之言曰：「大聖之行，兼愛萬民，疎而不絶，賢者欣之，不肖者憐之。賢而不欣，是賤德也，不肖不憐，是忍人也。」又有「鬼神賢於聖人」之論。其於兼愛、明鬼爲墨之徒可知。胡非之言曰：「勇有五等：負長劒，赴榛薄，折兕豹，搏熊羆，此獵徒之勇也。負長劒，赴深淵，折蛟龍，搏黿鼉，此漁人之勇也。登高危之上，鵠立四望，顔色不變，此陶岳之勇也。剽必刺，視必殺，此五刑之勇也。齊威公以魯爲南境，魯憂之，曹劌匹夫之士，一怒而刧萬乘之師，存千乘之國，此君子之勇也。」其説亦卑陋，無過人處。

馬端臨《文獻通考・經籍考・墨家》《隨巢子》、《胡非子》。石林葉氏曰：吾嘗從趙全僉得《隨巢子》一卷，其間乃載唐太宗造明堂事。初不曉名書之意，因讀班固《藝文志》墨家有《隨巢子》六篇，注言墨翟弟子，乃知後人因公輸之事假此名耳。

姚振宗《漢書藝文志條理・墨家》《胡非子》三篇。墨翟弟子。

本書《人表》，胡非子居第四等中上。梁玉繩曰：《胡非子》惟見本書《藝文志》墨家，胡非，複姓。《廣韻》注云：胡公之後，有公子非，因以爲氏。則胡非子齊人也。

應劭《風俗通・姓氏》篇：胡非氏，胡公之後，有公子非，其後子孫因以胡非爲氏。戰國有胡非子著書。張澍《輯注》曰：胡非子，墨翟弟子。《藝文志》有《胡非子》三篇。《氏族略》云：胡非氏，嬀姓陳。胡公後有公子非，其後子孫爲胡非氏。

《隋書・經籍志》：《胡非子》一卷。非，似墨翟弟子。按：此又以非爲名。《唐經籍志》：《胡非子》一卷，胡非子撰。《唐・藝文志》：《胡非子》一卷。

馬國翰輯本序曰：《漢志》墨家《胡非子》三篇。隋唐《志》皆著録一卷。今佚。馬總《意林》亦載一卷，而止引其説五勇一篇。文句多戕，略校《太平御覽》所引補足。又搜輯三節，合爲卷。「五勇」與《莊子》相出入。説弓矢，亦本《韓非子》矛盾之喻。戰國人文字相襲，往往而然也。按韓非子在戰國之末，于戰國諸子中爲最後。胡非子爲墨翟弟子，則遠在其前，當是韓非襲胡非。

相里子

姚振宗《漢書藝文志拾補・墨家》《相里子》七篇。林寶《元和姓纂》曰：咎繇之後爲理氏，殷末理徵。或作「徵」。孫仲師遭難，去王姓里。至晉大夫里克爲惠公所滅。克妻司成氏攜少子季連逃居相城，因爲相里氏。季連玄孫相里勤見《莊子》。《韓子》云：「相里子，古賢人也，著書七篇。」《通志・氏族略》同。

《莊子・天下》篇：相里勤之弟子五侯之徒，南方之墨者。成玄英疏曰：姓相里，名勤，南方之墨師也。陶淵明《羣輔録》載三墨曰：裘褐爲衣，跂蹻爲服，日夜不休，以自苦爲極者，相里勤五侯子之墨。

鄧陵子

姚振宗《漢書藝文志拾補・墨家》《鄧陵子》。《莊子・天下篇》曰：「相里勤之弟子，五侯之徒。南方之墨者，苦獲、己齒、鄧陵子之屬，俱誦《墨經》，而倍譎不同，相謂别墨。」成玄英疏曰：「苦獲、五侯之屬，並是學墨人也。譎，異也。俱誦《墨經》而更相倍異，相呼爲别墨。」

《韓非子・顯學》篇：「世之顯學，儒、墨也。」「墨之所至，墨翟也」。「自墨子之死也，有相里氏之墨，相夫氏之墨，鄧陵氏之墨」。「故孔、墨之後，墨離爲三」。

陶淵明《羣輔録》載三墨曰：「俱誦經而倍譎不同，相爲别墨以堅白，此苦獲、己齒、鄧陵子之墨。」林寶《元和姓纂》曰：「鄧陵氏，楚公子。食邑鄧陵，因氏焉。鄧陵子著書見《韓子》。」《氏族略》引文亦同。

纏子

姚振宗《漢書藝文志拾補・墨家》《纏子》一卷。王充《論衡・福虚》篇曰：儒家之徒董無心，墨家之徒纏子，相見講道。纏子稱墨家右鬼神，是引秦穆公有明德，上帝賜之九十年。

馬總《意林》曰：《纏子》一卷。纏子修墨氏之業，以教於世。

《廣韻》「纏」字注：「纏」又姓。《漢書・藝文志》有纏子著書。唐日本國人佐世《見在書目》墨家《纏子》一卷。孫志祖《讀書脞録》曰：《文選・文賦注》、《陶淵明雜詩注》、《答賓戲注》引《纏子》凡三條。胡元瑞《經籍會通》云：《纏子》，《漢志》不載而《意林》引用二條，皆與董無心論難語。無心，戰國人，著書闢墨子，纏子蓋戰國墨之徒也。又《廣韻》注云：《漢書・藝文志》有纏子著書，不知所據。

馬國翰輯本序曰：纏子，不詳何人。漢、隋、唐《志》皆不著録。馬總《意林》始載《纏子》一卷。《論衡》亦載董無心難纏子。《文選注》亦引《纏子》，搜采爲卷。

按：邵思《姓解》亦云《漢書・藝文志》有《纏子》書，與《廣韻》同。而《漢志》實無此文，故孫氏云不知所據。日本書目明著《纏子》一卷，與《意林》所載合。則是書唐時尚存，且流傳外洋，今不知彼國官庫中尚有存焉否也？

又按《漢志》儒家《董子》一篇。注云：名無心，難墨子。尋其佚文，蓋董子、纏子相詰難，儒墨二家，各著爲書，各尊其學。至明代而《纏子》亡，惟存《董子》，見陳第《世善堂書目》。

田俅子

《漢書・藝文志・墨家》《田俅子》三篇。先韓子。

姚振宗《漢書藝文志條理・墨家》《田俅子》三篇。先韓子。蘇林曰：「俅」音「仇」。《呂氏春秋・首時》篇：墨者有田鳩，欲見秦惠王，留秦三年而弗得見。客有言于楚王者，往見楚王。楚王説之，與將軍之節以如秦。至，因見惠王。高誘曰：田鳩，齊人，學墨子術。惠王，孝公之子駟也。亦見《淮南子・道應》篇。本書《人表》，第四等中上田俅子。梁玉繩曰：田俅子，惟見本書《藝文志》墨家。《呂覽・首時》言墨者田鳩見秦惠王。注：田鳩，齊人。《韓子・外儲説左上》及《問田》篇亦稱之。「鳩」、「俅」音近，疑爲一人。《隋書・經籍志》：梁有《田俅子》一卷，亡。馬國翰輯本序曰：《漢志》墨家《田俅子》三篇。《隋志》云：梁有《田俅子》一卷。《唐志》不著録，佚已久。案：《韓非子》引田鳩説二節，家宛斯先生《繹史》云：田鳩，即田俅。《呂氏春秋》亦引墨者田鳩事。合以《藝文類聚》、《文選注》、《御覽》所引，輯得八節。

我子

《漢書・藝文志・墨家》《我子》一篇。

姚振宗輯《七略別録佚文・墨家》《我子》一篇。我子爲墨子之學。嚴本。馬本。

姚振宗《漢書藝文志條理・墨家》《我子》一篇。劉向《別録》曰：「我子爲墨子之學。」

本書《人表》，第四等中上我子。梁玉繩曰：《我子》，惟見本書《藝文志》墨家。《廣韻》注云：我，姓。

應劭《風俗通・姓氏》篇：「我氏，六國時有我子，著書爲墨子之學。」張澍《輯注》曰：「《藝文志》有我子一篇。」邵思《姓解》：「古賢者我子，著書五篇。」按：此言五篇者，或劉氏《敍録》有「中外書五篇，除複重定著一篇」之語，因而致誤歟。《氏族略》云：我氏，不詳其所系。

注墨辯

文廷式《補晉書藝文志・墨家類》《魯勝注墨辯》六篇。勝在《隱逸傳》。云其著述爲世所稱，遭亂遺失，惟《注墨辯》存其敍。

於陵子

祁承㸁《澹生堂藏書目・墨家》《於陵子》一卷。《祕册彙函》本。

法家部

論述

《漢書・藝文志・法家類序》 法家者流，蓋出於理官，信賞必罰，以輔禮制。《易》曰「先王以明罰飭法」，此其所長也。及刻者爲之，則無教化，去仁愛，專任刑法而欲以致治，至於殘害至親，傷恩薄厚。

《隋書・經籍志・法家類序》 法者，人君所以禁淫慝，齊不軌，而輔於治者也。《易》著「先王明罰飭法」，《書》美「明于五刑，以弼五教」。《周官》，司寇「掌建國之三典，以佐王刑邦國，詰四方」；司刑「以五刑之法，麗萬民之罪」，是也。刻者爲之，則杜哀矜，絶仁愛，欲以威刼爲化，殘忍爲治，乃至傷恩害親。

焦竑《國史經籍志・法家類序》 古有九流，輓近世幾於絶矣。而墨、縱横、名、法爲甚，其篇籍多軼。以此夫三家於理不衷，於用非亟，固也。至法也者，人君所以紀綱人倫而遏絶亂畧，顧可一日廢哉？百家蠭起，皆率其私智，自附於聖人，以譁世而惑衆。然其失，繇各奮其私智，而其長，蓋或出於聖人，在善用之而已。不然駘銜委馭，四牡横犇，而欲以和鑾節奏，救皇路之險傾，其可幾乎？今仍列其書以備法家。

《四庫全書總目提要・法家類序》 刑名之學，起於周季，其術爲聖世所不取。然流覽遺篇，兼資法戒。觀於管仲諸家，可以知近功小利之隘。觀於商鞅、韓非諸家，可以知刻薄寡恩之非。鑒彼前車，即所以克端治本。曾鞏所謂不滅其籍，乃善於放絶者歟？至於凝、嶸所編，和凝、和嶸父子，相繼撰《疑獄集》。闡明疑獄，桂吴所録，桂萬榮、吴訥相續撰《棠陰比事》。矜慎祥刑。並義取持平，道資弼教。雖類從而録，均隸法家。然立議不同，用心各異，於虞廷欽恤，亦屬有裨。是以仍準舊史，録此一家焉。

耿文光《萬卷精華樓藏書記・法家類序》 法家之意，明刑弼教，而其流爲刻薄寡恩。故刑名之學，聖世弗尚。漢《志》法家不列《管子》。隋唐《志》始列《管子》於法家，至今因之。茲所録者凡四家，因古刻甚少，詳爲考究，其現行諸本概弗之及。

錢東垣等輯《崇文總目・法家類序》 法家者流，以法繩天下，使一本於其術。商君、申、韓之徒，乃推而大之，挾其説以干世主，收取功名。至其尊君抑臣，辨職分，輔禮制，於王治不爲無益。然或狃細苛，持深刻，不可不察者也。見《歐陽文忠公集》。

雜録

《漢書・藝文志・法家》 右法十家，二百一十七篇。

《隋書・經籍志・法家》 右六部，合七十二卷。

《舊唐書・經籍志・法家》 右法家十五部，凡一百五十八卷。

《新唐書・藝文志・法家類》 右法家類十五家，十五部，一百六十六卷。尹知章以下不著録三家，三十五卷。

《宋史・藝文志・法家類》 右法家類十部，九十九卷。

《四庫全書總目提要・法家類》 右法家類八部，九十四卷，皆文淵閣著録。

又 右法家類一十九部，一百五卷。内一部無卷數。皆附存目。

錢東垣等輯《崇文總目・法家類》 共六部，六十五卷。

綜述

管子

《隋書・經籍志・法家》 《管子》十九卷。齊相管夷吾撰。

《舊唐書・經籍志・法家》 《管子》十八卷。管夷吾撰。

《新唐書・藝文志・法家類》 《管子》十九卷。管仲。

鄭樵《通志・藝文略・法家》 《管子》十八卷。齊相管夷吾撰，漢劉向録校。

晁公武《郡齋讀書志・法家類》 《管子》二十四卷。右劉向所定，凡八十六篇，今亡十篇。世稱齊管仲撰。杜佑《指畧序》云：「唐房玄齡注。其書載管仲將没，對桓公之語，疑後人續之。而注頗淺陋，恐非玄齡，或云尹知章也。」管仲九合諸侯，以尊王室，而三歸反坫，僭擬邦君，是以孔子許其仁，而陋其不知禮。議者以故謂仲但知治人而不知治己。予讀仲書，見其謹政令，通商賈，均力役，盡地利，既爲富强，又頗以禮義廉耻化其國俗。如《心術》、《白心》之篇，亦嘗側聞正心誠意之道。其能一匡天下，致君爲五伯之盛，宜矣。其以汰侈聞者，蓋非不知之，罪在於志意易滿，不能躬行而已。孔子云爾者，大抵古人多以不行禮爲不知禮，陳司敗譏昭公之言亦如此。然則其爲書固無不善也，後之欲治者庶幾之，猶可以制四夷而安中國，學者何可忽哉！因爲是正其文字而辨其音訓云。

高似孫《子略》卷三 《管子》。尹知章注，三十卷。杜佑《管氏指略》二卷。古者盛衰之變，甚可畏也。先王之制，其盛極於周，后稷、公劉、大王、王季、文、武、成、康、周公之所以制周者，非一人之力，一日之勤，經營之難，積累之素，況又有出於唐虞夏商之舊者。及其衰也，一夫之謀，一時之利，足以銷靡破鑿。變徙剗蝕，而迄無餘脉。吁！一何易耶？九合之力，一霸之圖，於齊何有也？使天下一於兵而忘其爲農，天下一於利而忘其爲義，孰非利也。而乃攻之以貪，騁之以詐，孰非兵也。而乃趨之以便，行之以險，一切先王之所以經制天下者煙散風靡，無一可傳。嗚呼！仲其不仁者哉。而況井田既壞，槩量既立，而商鞅之毒益滋矣。封建既隳，詩書既燎，而李斯之禍益慘矣，繄誰之咎耶？漢唐之君，貪功苟利，兵窮而用之無法，民削而誅之無度。又有出於管仲、鞅、斯之所不爲者，豈無一士之智，一議之精，區區有心於復古者而卒不復可行。蓋三代之法，其壞而掃地久矣，壞三代之法，其一出於管仲乎？劉邵之志人物也，曰管仲，曰商鞅，皆以隸之法家。李德裕以邵之索隱精微，研幾玄妙，實天下奇才。至以管仲與商鞅俱人物之品，往往不倫。德裕顧未嘗熟讀其書耳。邵所謂皆出於法者，其至論歟。孔子曰：齊一變至於魯，魯一變至於道。使齊盡變其功利之習，僅庶幾於魯耳。然則安得而變哉？聖人非有志於變齊也。古之不可復也爲可嘆耳。

陳振孫《直齋書録解題·法家類》 《管子》二十四卷。案：隋、唐《經籍志》俱作十九卷。齊相管夷吾撰。唐房玄齡注。案《漢志》，《管子》八十六篇，列於道家。隋、唐《志》著之法家之首。今篇數與《漢志》合，而卷視隋、唐爲多。管子似非法家，而世皆稱管、商，豈以其操術用心之同故耶？然以爲道則不類。今從隋、唐《志》。

馬端臨《文獻通考·經籍考·法家》 《管子》二十四卷。晁氏曰：劉向所定，凡九十六篇，今亡十篇，世稱齊管仲撰。杜佑《指略》序云：「唐房玄齡註。其書載管仲將没，對桓公之語，疑後人續之，而注頗淺陋，恐非玄齡，或云尹知章也。管仲九合諸侯，以尊王室，而三歸、反坫，僭擬邦君，是以孔子許其仁，而陋其不知禮義者，以故謂仲但知治人而不知治己。予讀仲書，見其謹政令，通商賈，均力役，盡地利，既爲富强，又頗以禮義廉耻化其國俗，如《心術》、《白心》之篇，亦嘗側聞正心誠意之道。其能一正天下，致君爲五伯之盛宜矣。其以泰侈聞者，蓋非不知之，罪在於志意易滿，不能躬行而已。孔子云爾者，大抵古人多以不行禮爲不知禮，陳司敗譏昭公之言亦如此。然則其爲書固無不善也。後之欲治者庶幾之猶可以制四夷而安中國，學者何可忽哉？因爲是正其文字，而辨其音訓云。」

東坡蘇氏曰：嘗讀《周官》司馬法，得軍旅什伍之數。其後讀管夷吾書，又得管子所以變周之制。蓋王者之兵出於不得已，而非以求勝敵也，故其爲法，要以不可敗而已。至於桓、文，非決勝無以定霸，故其法在必勝。繁而曲者，所以爲不可敗也。簡而直者，所以爲必勝也。

水心葉氏曰：《管子》非一人之筆，亦非一時之書，莫知誰所爲。以其言毛嬙、西施，吴王好劍推之，當是春秋末年。又「持滿定傾，不爲人客」等，亦種、蠡所遵用也。其時固有師傳，而漢初學者講習尤著，賈誼、晁錯以爲經本，故司馬遷謂「讀管氏書，詳哉其言之也」。篇目次第，最爲整比，乃漢世行書。至成、哀間，向、歆論定群籍，古文大盛，學者雖疑信未明，而管氏、申、韓由此稍絀矣。然自昔相承直云此是齊桓、管仲相與謀議唯諾之辭。余每惜晉人集諸葛亮事，而今不存。使管子施設果傳於世，士之淺心既不能至周、孔之津涯，隨其才分亦足與立，則管仲所親嘗經紀者，豈不足爲之標指哉？惟夫山林處士，妄意窺測，借以自名，王術始變；而後世信之，轉相疏剔，幽蹊曲徑，遂與道絶。而此書方爲申、韓之先驅，鞅、斯之初覺。民罹其禍，而不蒙其福也。哀哉！又曰：管氏書獨鹽筴爲後人所遵，言其利者無不祖管仲，使之蒙垢萬世，甚可恨也！《左傳》載晏子言「海之鹽蜃，祈望守之」，以爲衰微之苛斂，陳氏因爲厚施，謀取齊，而齊卒以此亡。然則管仲所得，齊以之伯，則晏子安得非之？孔子以小器卑管仲，責其大者可也，使其果猥瑣爲市人不肯爲之術，孔子亦不暇責矣。故《管子》之尤謬妄者，無甚於《輕重》諸篇。高氏《子略》曰：先生之制，其盛極於周。后稷、公劉、大王、王季、文、武、成、康、周公之所以創周者，非一人之力，一日之勤，經營之難，積累之素，況又有出於唐、虞、夏、商之舊者。及其衰也，一夫之謀，一時之利，足以銷靡破鑿，變徙剗蝕，而迄無餘脈。吁！一何易耶！九合之力，一霸之圖，於齊何有也，使天下一於兵而忘其爲農，天下一於利而忘其爲義。孰非利也，而乃攻之以貪，聘之以詐；孰非兵也，而乃趨之以便，行之以巧。一切先王之所以經制天下者，烟散風靡，無一可傳。嗚呼，仲其不仁也哉！而況井田既壞，概量既立，而商鞅之毒益滋矣。封建既隳，詩、書既燎，而李斯之禍益慘矣。繄誰之咎耶？漢、唐之君，貪功苟利，兵窮而用之無法，民削而誅之無度，又有出於管仲、鞅、斯之所不爲者。豈無一士之智，一議之精，區區有心於復古，而卒不可復行？蓋三代之法甚壞而掃地久矣！壞三代之法，其一出於管仲乎！

周氏《涉筆》曰：《管子》一書，雜説所叢。予嘗愛其統理道理名法處過於餘子，然他篇自語道論法，如《内業》、《法禁》諸篇，又偏駁不相麗。雖然觀物必於其聚，《文子》、《淮南》徒聚衆詞，雖成一家，無所收采。《管子》聚其意者也。粹羽錯色，純玉間聲，時有可味者焉。

【略】

《崇文總目》曰：唐國子博士尹知章註。按吴兢《書目》，凡書三十卷，自存十九卷，自《形勢解篇》而下十一卷已亡。又有《管氏指略》二卷，唐杜佑撰，采《管氏》章句之要，共爲十篇。

《宋史·藝文志·法家類》 《管子》二十四卷。齊管夷吾撰。

楊士奇等《文淵閣書目·子書》 《管子》。一部，十二册。完全。

高儒《百川書志·法家》 《管子》二十六卷。齊管仲夷吾撰。凡八十五篇。

王世貞《讀書後》卷五 《讀管子》。余讀左氏所稱管子，大要佐桓公以正，如伐楚，卻鄭太子，辭上卿禮，彬彬乎德言君子也。即孔子亦稱之曰：如其仁，如其仁。及讀《管子》一書，自定兵制，興魚鹽，諸大策外，往往擇卑而易行，博小以圖大，轉敗以爲績，巧取而不匱。愚其君，遂愚其民，以愚天下之諸侯。使翕然用于吾術而不敢背。竊以爲戰國之策士術，史傳會而增益之者，晚而信其然，不謬妄也。夫齊，積狙之國也。戎與楚積强之虜也。驟而用齊以王。齊必不信，驟而加戎楚以王。楚必不絀管子，善因時者也。時至三代，人猶純如也。及周之衰，而人斷斷如也。孟氏曰：管仲曾西之所不爲也，而子爲我願之乎。又曰：王不待大，文王以百里，湯以七十里，滕不五十里邪。井田之制，孟氏之言，則既行之矣。至於築薛之問，而後其技窮也。得王而王者，周公也。得伯而伯者，管子也。能王而不得王者，孔子也。不能王而欲王者，孟氏也。昔宋之南壓於金若卵矣，而濂閩之徒曰諄諄以正心誠意之説告其君，至於用略焉。萬一不幸而君任之，井吾田，車吾兵，不踰時，而社稷飽敵矣。於乎！今安得起仲而將相其才，使之南治島，北卻敵，徐而置濂、洛諸儒於庠序間，雅步高論，藻飾其所不足邪。

張萱等《内閣藏書目録·子部》 《管子》十二册。

《四庫全書總目提要·法家類》 《管子》二十四卷。大理寺卿陸錫熊家藏本。

舊本題管仲撰。劉恕《通鑑外紀》引《傅子》曰：管仲之書，過半便是後之好事者所加，乃説管仲死後事，《輕重篇》尤復鄙俗。葉適《水心集》亦曰：《管子》非一人之筆，亦非一時之書，以其言毛嬙、西施、吴王好劍推之，當是春秋末年。今考其文，大抵後人附會多於仲之本書。其他姑無論，即仲卒於桓公之前，而篇中處處稱桓公，其不出仲手，已無疑義矣。書中稱《經言》者九篇，稱《外言》者八篇，稱《内言》者九篇，稱《短語》者十九篇，稱《區言》者五篇，稱《雜篇》者十一篇，稱《管子解》者五篇，稱《管子輕重》者十九篇。意其中孰爲手撰，孰爲記其緒言如語録之類，孰爲述其逸事如家傳之類，孰爲推其義旨如箋疏之類，當時必有分別。觀其五篇明題《管子解》者，可以類推。必由後人混而一之，致滋疑竇耳。晁公武《讀書志》曰：劉向所校本八十六篇，今亡十篇。考李善註陸機《猛虎行》曰：江邃《文釋》引《管子》云：夫士懷耿介之心，不蔭惡木之枝，惡木尚能恥之，況與惡人同處。今檢《管子》，近亡數篇，恐是亡篇之内而邃見之。則唐初已非完本矣。明梅士享所刊，又復顛倒其篇次。如以《牧民解》附《牧民篇》下，《形勢解》附《形勢篇》下之類，不一而足。彌爲竄亂失真。此本爲萬曆壬午趙用賢所刊，稱由宋本翻雕。前有紹興己未張嵲後跋云：舛脱甚衆，頗爲是正。用賢序又云：正其脱誤者逾三萬言，則屢經點竄，已非劉向所校之舊。然終愈於他氏所妄更者，在近代猶善本也。舊有房玄齡註，晁公武以爲尹知章所託，然考《唐書·藝文志》，玄齡註《管子》不著録，而所載有尹知章註《管子》三十卷。則知章本未託名，殆後人以知章人微，玄齡名重，改題之以炫俗耳。案：《舊唐書》，知章，絳州翼城人。神龍初，官太常博士。睿宗即位，拜禮部員外郎，轉國子博士。有《孝經註》、《老子註》，今並不傳。惟此註藉玄齡之名以存。其文淺陋，頗不足採。然蔡絛《鐵圍山叢談》載蘇軾、蘇轍同入省試，有一題，軾不得其出處，轍以筆一卓而以口吹之，軾因悟出《管子註》。則宋時亦採以命題試士矣。且古來無他註本，明劉績所補註，亦僅小有糾正，未足相代，故仍舊本録之焉。

彭元瑞等《天禄琳琅書目後編·明版子部》 《管子》。一函十二册。《通鑑外紀》引《傳子》曰：管仲之書，過半便是後之好事者所加。葉適《水心集》曰：《管子》非一人之事，亦非一時之書，以其言毛嬙、西施、吴王好劍推之，當是春秋末年人作。仲卒於桓公前，篇中處處稱桓公。不出仲手已無疑義。書二十四卷，凡八十六篇。《經言》九，《外言》八，《内言》九，《短語》十八，《區言》五，《雜篇》十三，《管子解》五，《管子輕重》十九，無注。前有劉向校上奏，明趙用賢序。用賢校梓是書，頗爲精覈。是本乃淩汝亨取用賢所校，及朱大復《管子榷》，張賓王《管子選評》語，用朱墨本刊印。

又《管子》。二函二十册。篇目見上。唐司空房玄齡注，或云國子博士尹知章注，託名玄齡。前有楊忱序，張嵲《讀管子》，又《文評》十四條。書末刻吴郡顧檈書，顧時中、章掖、顧植、劉廷惠、何承德、章扞、顧賢、何承業、吴丙初、顧文、邑人吕廉同刻。

是本爲萬曆戊午趙用賢校正，並《韓非子》合刻，極精審。別本有王世貞序，稱汝師合刻此本佚。汝師用賢字，常熟人，隆慶辛未進士，以檢討劾張居正奪情事，廷杖爲民。後官吏部侍郎，謚文毅。《明史》有傳。

孫星衍《平津館鑒藏書籍記・明版》《管子》廿四卷。題唐司空房玄齡注。前有劉向序，又《管子書序》一篇，稱：「余求善本幾二十年，始得之友人秦汝立氏。」序末年月、姓名，書賈已剜去，不知何人所作。據凡例，此本悉從宋本刊定，不敢輕加更易，亦明刻之佳者。余又以黄蕘圃孝廉所藏瞿源蔡潛道宅本校勘其上，與此本無大異。唯《幼官圖》一篇，前後更易，稍爲不同。每葉十八行，行十八字。張寶德藏序末題「萬曆壬午春三月前史官吴郡趙用賢撰」。

黄丕烈《蕘圃藏書題識・子類一》《管子》二十四卷。宋本。嘉慶丁丑重陽裝成。越一日，以陸敕先原校宋刻本，手勘一過，鈔胥脱誤甚多。臨寫時校正者，墨筆標於上方。兹手勘其脱誤者，以黄筆標之。陸校在劉績本上。於宋刻可疑處，每識於旁。兹鈔胥寫入本行，所以存宋刻之真，而余復標出其字，注曰「校改者，皆敕先」，所謂刻舟也。陸跋二通，録附於後。復翁。

又《管子》二十四卷。宋本。《管子》世鮮善本，往時曾見陸敕先校宋本在小讀書堆。後於任蔣橋顧氏借得小字宋本，其卷一後有長方印記，其文云「瞿源蔡潛道宅墨寶堂新雕印」，驗其款式，當在南宋末年。中缺十三至十九卷，即其存者，取與陸校本對，亦多不同，蓋非最善之本也。甲子歲，余友陶蕴輝鬻書於都門，得大宋甲申秋楊忱序本，板寬而口黑，亦小字者，因以寄余，案直一百二十金，豪釐不可減。余亦重其代購之意，如數許之，遂得有其全本。案：大宋甲申，不言何朝，核其板刻，當在南宋初，以卷末附張巨山《讀〈管子〉》一篇也。内有鈔補并僞刻之葉，在第六卷中。偏訪諸藏書家，無可借鈔。時錢唐友人謂余曰：「嘉興某家有影宋鈔本，與此正同。」余聞之欣然，久而無以應我之求。適陶君往嘉興，於小肆中獲其半，檢所缺葉，一一完好，字跡與刻本纖毫不爽，方信影鈔者即從余所得本出，而下半部偶失之耳。命工用宋紙從影鈔本重摹，輟鈔補僞刻之葉而重裝之。《管子》至今日，宋刻始完好無闕，豈非快事。取對顧氏小字本，高出一籌，當是敕先所據以校劉績之本者也。後錢唐友人來詢之，知嘉興所見者即此鈔本，其不肯明言在書肆者，恐余捷足先得。孰知已有代購之人爲之始之終之，俾得兩美之合哉。嘉慶丙寅立冬後一日，士禮居重裝并記。

又《管子》二十四卷。校影寫宋本。舊寫一至十二卷，黄補十三至二十四卷。宋刻缺此卷第七葉以下，據此補彼因此實影鈔也。影鈔時，猶未失去，且所影鈔者即余藏宋刻，故可信。此卷之七至十一卷真如獲拱璧矣。在卷六後。

此影鈔殘本《管子》六册，計十二卷，即從宋刻出，然實有勝於宋刻處。遇紙破字缺，悉空之，一善也。有宋刻未失之字，間留一二，一善也。讀者珍之。蕘圃識。在卷十二後。

余所藏《管子》係南宋初刻本二十四卷全者。續又得一影鈔本，止十二卷而止，然即從余本出。余本稍經後人描寫，而影鈔者在前，故可寶。且余本缺幾葉，影鈔者猶有之，則尤不可輕棄矣。因命鈔胥照宋本補十三至二十四卷，復手校其訛謬。時嘉慶丁卯立冬日，復翁識。在末卷。

顧廣圻《思適齋書跋・子部》《管子》二十四卷。校宋本。殘宋槧本《管子》。闕十三至十九，凡七卷。嘉慶丁巳十二月校。廣圻記。

錢東垣等輯《崇文總目・法家類》《管子》十八卷。管夷吾撰。劉向録校。見天一閣鈔本。

管子注

鄭樵《通志・藝文略・法家》《管子》二十卷。唐房玄齡撰。

楊士奇等《文淵閣書目・子書》《管子》房玄齡注。一部，五册。闕。

丁丙《善本書室藏書志・法家》《管子》二十四卷。明成化刊本。錢遵王藏書。唐司空房玄齡注。陽湖孫星衍曰：《漢藝文志》道家《筦子》八十六篇。與今本篇數合，惟有亡篇耳。《隋經籍志》作十九卷。《舊唐志》作十八卷。今本十九卷，終《地員》第五十八，《弟子職》第五十九。疑《隋志》無後數卷。《郡齋讀書志》云：劉向校八十六篇，今亡七篇，五十八篇有注解。《玉海》云：今本房玄齡注，五十八篇有注。是房玄齡所見本亦即隋唐十九卷之書也。《文獻通攷》引《崇文總目》云：吴兢《書目》云《形勢》篇而下十一卷亡。今本《崇文總目》無此文。《玉海》引吴氏《西齋書目》三十卷。此自《形勢解下》亡，足證唐已前竟無第二十卷已下《形勢解》諸篇。今本此諸篇注亦較少，但文甚古雅，疑亦非後人掇拾增補者。豈即解五十八篇之辭，如《韓非・解老》之屬，原文本附已上各篇乎？又按《史記正義》引《七略》云：《管子》十八篇。在法家。此《七録》字誤。《史記索隱》云：案今《管子》書，其《封禪》篇亡。明朱東光本《封禪》第五十下注云：元篇亡，今以司馬遷所載《管子》言以補之。是知《封禪》篇爲房氏所補。吴勉學本無注，亦不注明此篇元闕。後人遂不能知。此書宋元本絶少，而傳注所引本文，又有不見於本書者，當俟攷定。是本前無序目，微淵如觀察所書，幾不知爲朱東光所刊者。末有康熙五年四月常熟陸貽典識云：毛斧季以善價購得錫山華氏家藏宋本，錢遵王貽余此本，竭十日之力校勘一過，頗多是正。時賦役倥傯，愁悶填胸，當研朱點筆時，大似聽秋海弈，一心以爲鴻鵠之將至，撫己爲之一笑也。有虞山錢曾遵王藏書印。

又《管子》二十四卷。明刊本。唐司空房玄齡註。此趙文毅同《韓非子》合刻本。前有萬曆壬午用賢自序，又列劉向録上及《管子文評》、《管子》凡例、目録，每卷仍載篇目接本文。按陸敕先有宋本，即毛斧季舊物。錢遵王影寫有張嵲跋。末有木記曰「瞿源蔡潛道墨寶堂新雕印」，爲南宋末年所梓。黄蕘圃有大宋甲申秋楊忱序本，附張巨山《讀管子》一篇。定爲紹興、隆興間刻。文毅刻本即從楊序宋本而出。記此備攷。

管子注

《新唐書・藝文志・法家類》 尹知章注《管子》三十卷。

鄭樵《通志・藝文略・法家》 《管子》十九卷。唐尹知章注，舊有三十卷。

《宋史・藝文志・法家類》 尹知章注《管子》十九卷。

錢東垣等輯《崇文總目・法家類》 《管子》十九卷。唐國子博士尹知章注。按：吴兢書目凡三十卷，今存十九卷。自《列勢觧》篇而下十一卷亡。見《文獻通攷》。

張之洞《書目答問・周秦諸子》 《管子尹知章注》廿四卷。舊題唐房玄齡注。明趙用賢校本即管韓合刻本附劉績補注。《十子》本同上，但多評語，不善。

管氏指略

《新唐書・藝文志・法家類》 杜佑《管氏指略》二卷。

鄭樵《通志・藝文略・法家》 《管氏指略》二卷。唐杜佑撰。

《宋史・藝文志・法家類》 杜佑《管氏指略》二卷。

錢東垣等輯《崇文總目・法家類》 《管氏指略》二卷。唐杜佑撰。采管氏章句之要爲十篇。見《文獻通攷》。

管子要略

《宋史・藝文志・法家類》 丁度《管子要略》五篇。卷亡。

管子補注

《四庫全書總目提要・法家類》 《管子補註》二十四卷。編修勵守謙家藏本。明劉績撰。績有《三禮圖》，已著録。《管子》舊註，頗爲疎略。故宋張嵲跋其後曰：《管子》書多古字，如專作摶，忒作貣，宥作侑，況作兄，釋作澤，此類甚衆。《大匡》載召忽語曰：雖得天下，吾不生也，兄與我齊國之政也。註乃謂召忽呼管仲爲兄。曰「澤命不渝」，註乃以爲恩澤之命。不可偏舉。黄震《日鈔》亦曰：《管子》註釋，最多抵牾。《四傷》之篇，誤名百匿，而以四傷名七法之篇。《幼官》篇首章云：

若因夜虚守静，人物則皇，其後方之圖本可覆也。乃衍「人物」二字。不知參對以「夜虚」爲句，「守静人物」自爲句，乃以「人物則皇」爲句，而曲爲之説，曰「聽候人物也」。《幼官》五圖，以「形生理」爲句，而中央之註，獨以「形生」屬上文。《明法》篇以「比周以相匿」爲句，而下又云「忘生死交」，其後方之《明法解》可覆也。乃以「相爲匿是」爲句，而曲爲之説，曰「匿公是而不行也」。《五法》之章曰「天下不患無財，患無人以分之」，分如分地之利之分。乃釋云：「可以分與財者賢人也。」《立政》之章曰：「道塗無行禽」，指人言之，謂其爲能行之禽耳。乃釋云：「無禽獸之行。」《版法》篇云「悦在施愛有衆在廢私」，今因闕文而云「悦在施有衆在廢私」，不成文矣云云。其抉摘皆中理。績本之以作是註，故於舊解頗有匡正。皆附於原註之後，以「績按」別之。雖其循文詮解，於訓詁亦罕所考訂，而推求意義，務求明愜，較原註所得則已多矣。案：明有兩「劉績」，一爲山陰人，字孟熙。《千頃堂書目》載此書於績名下，註江夏人，則爲字用熙者無疑。坊刻或題曰宋劉績，誤也。

管子權

《四庫全書總目提要・法家類》《管子權》二十四卷。內府藏本。明朱長春撰。長春字大復，烏程人。萬曆癸未進士，官刑部主事。是書即趙用賢本而增釋之，故凡、例文評，俱仍其舊，惟每篇各加敘釋。在篇首者曰評，多論作文之法。在篇中者曰通，則隨文訓解其義。在篇末者曰演，乃統論一篇大旨。皆出長春一手。創立異名，無所闡發。其《七法》篇評云：「是注意之作，可爲文式。後之分段者，神弛氣懈，周末秦先病如此。千年來文家反學其病，文之壞由韓、蘇以來」云云，亦可稱敢於大言矣。

刑法敘略

丁仁《八千卷樓書目・法家類》《刑法敘略》一卷。宋劉筠撰。《學海類編》本。

刑書釋名

丁仁《八千卷樓書目・法家類》《刑書釋名》一卷。宋王鍵撰。《學海類編》本。

祥刑要覽

丁仁《八千卷樓書目・法家類》《祥刑要覽》二卷。明吴訥撰。廣東刊四卷本。

風紀輯覽

丁仁《八千卷樓書目・法家類》《風紀輯覽》四卷。明傅漢臣撰。明刊本。

敬由編

丁仁《八千卷樓書目・法家類》《敬由編》十二卷。明竇子偁撰。明刊本。

學治偶存

丁仁《八千卷樓書目・法家類》《學治偶存》八卷。國朝陸維祺撰。刊本。

提牢備考

丁仁《八千卷樓書目・法家類》《提牢備考》四卷。國朝趙舒翹撰。刊本。

詮敘管子成書

《四庫全書總目提要・法家類》《詮敘管子成書》十五卷。內府藏本。明梅士享編。士享字伯獻，宣城人。《管子》原目三十卷已不可考。明代舊本皆二十四卷。士享此本合爲十五卷，而以己意詮敘之。如《牧民》、《形勢》、《立政》、《九敗》、《版法》、《明法》諸解，皆移附本篇之後，已亂其次第。又謂其文繁冗不倫，乃於一篇之中分上、下二格，其定爲《管子》本文者，列之上格，疑爲後人攙雜及義有未安者，列之下格。其自爲發明者，别稱「梅生曰」以别之。如《牧民》篇：「國之四維」一段，則云：朱晦翁解蹶不仁故不智，不智故不知禮義所枉，斯爲一貫之旨。若此節維絶則傾，及傾可正也等語，於理有乖，恐非管子之言，故列下層。又《權修》篇「天下者國之本」一段，則云：與《大學》、《孟子》之旨相悖，故列下層。讀諸子之書而必以經義繩之，何異閲晉、唐行草之跡而糾以《説文》之偏傍耶？

管子鈔

趙琦美《脈望館書目・法家》《管子鈔》二本。丙，少九之十六。

管子義證

張之洞《書目答問・周秦諸子》《管子義證》八卷。洪頤煊。傳經堂本。

李子

《漢書・藝文志・法家》《李子》三十二篇。名悝，相魏文侯，富國彊兵。

姚振宗輯《七略别録佚文・法家》《李子》三十二篇。名悝。李悝務盡地力。馬本。

姚振宗《漢書藝文志條理・法家》《李子》三十二篇。名悝，相魏文侯，富國彊兵。《史・孟荀列傳》：魏有李悝盡地方之教。《正義》曰：《藝文志》：《李子》三十二篇。劉向《别録》曰：李悝務盡地力。本書《食貨志》：陵夷至于戰國，貴詐力而賤仁義，先富有而後禮讓。是時李悝爲魏文侯作盡地力之教，行之魏國，國以富彊。本書《人表》：李悝列第三等上下智人。梁玉繩曰：李悝始見《呂覽・驕恣》。《史・孟荀傳》亦曰：李子相魏文侯。案：悝盡地力之教，是商鞅流也，何以列第三？《晉書・刑法志》：魏文侯師李悝撰次諸國法，著《法經》六篇。然皆罪名之制也。按晉張斐律序云：鄭鑄刑書，晉作執秩，趙制國律，楚造僕區，此類皆諸國法律之名，爲李悝所取裁者歟？《唐六典・刑部注》魏文侯師李悝集諸國刑書，造《法經》六篇，一《盜法》，二《賊法》，三《囚法》，四《捕法》，五《集法》，六《具法》。孫星衍《嘉穀堂集・李子法經序》曰：李悝《法經》六篇，存《唐律》中。即《藝文志》之《李子》三十二篇，在法家者，後人援其書入律令，故隋以後志經籍者不載。嚴可均《全三代文編》曰：李悝事魏文侯，爲上地守，尋入相。《韓非子・內儲説上》引李悝《習射令》。《漢書・食貨志》引《盡地力之教》二條。

商君書

《漢書・藝文志・法家》《商君》二十九篇。名鞅，姬姓，衛後也，相秦孝公，有列傳。

《隋書・經籍志・法家》《商君書》五卷。秦相衛鞅撰。梁有《申子》三卷，韓相申不害撰，亡。

《舊唐書・經籍志・法家》《商子》五卷。商鞅撰。

《新唐書・藝文志・法家類》《商君書》五卷。商鞅。或作《商子》。

鄭樵《通志・藝文略・法家》《商君書》五卷。秦相衛鞅撰。漢有十九篇，今亡三篇。

晁公武《郡齋讀書志・法家類》《商子》五卷。右秦公孫鞅撰。鞅，衛之庶孽，好刑名之學。秦孝公委之以政，遂致富強，後以反誅。鞅封於周，故以名其書。本二十九篇，今亡者三篇。太史公既論鞅刻薄少恩，又讀鞅開塞書，謂與其行事相類，卒受惡名，有以也。《索隱》曰：「開謂刑嚴峻則政化，開塞謂布恩惠則政化塞。」今考其書，司馬貞蓋未嘗見之而妄爲之説耳。《開塞》乃其第七篇，謂道塞久矣，今欲開之，必刑九而賞一。刑用於將過，則大邪不生，賞施於告姦，則細過不失。大邪不生，細過不失，則國治矣。由此觀之，鞅之術無他，特恃告訐而止耳。故其法不告姦者與降敵同罰，告姦者與殺敵同賞，此秦俗所以日壞，至於父子相夷，而鞅不能自脱也。太史公之言，信不誣也。

陳振孫《直齋書録解題・法家類》《商子》五卷。秦相衛公孫鞅撰。或稱商君者，其封邑也。《漢志》二十九篇。今二十六篇，又亡其一。

馬端臨《文獻通考・經籍考・法家》《商子》五卷。周氏《涉筆》曰：商鞅書亦多附會後事，擬取他辭，非本所論著也。其精確切要處，《史記》列傳包括已盡，今所存大抵汎濫淫辭，無足觀者。蓋「有地不憂貧，有民不憂弱」，凡此等語，殆無幾也。此書專以誘耕督戰爲根本。今云使商無得糴，農無得糶，農無糶則窳惰之農勉，商無糴則多歲不加樂。夫積而不糴，不耕者誠困矣，力田者何利哉？暴露如邱山，不時焚燒，無所用之。管子謂「積多而食寡，則民不力」，不知當時何以爲餘粟地也。貴酒肉之價，重其租，令十倍其樸，則商估少而農不酣，然則酒肉之用廢矣。凡《史記》所不載，往往爲書者所附合，而未嘗通行者也。秦方興時，朝廷官爵豈有以貨財取者？而賣權者以求貨，下官者以冀遷，豈孝公前事耶？

《宋史・藝文志・法家類》《商子》五卷。衛公孫鞅撰。

楊士奇等《文淵閣書目・子書》《商子》。一部一册。闕。

范邦甸等《天一閣書目・法家類》《商子》五卷。刊本。秦商鞅撰。明司馬公校刻。《韓非子》三十卷。刊本。周韓非撰。卷端載韓非子小傳及各家評語。

《四庫全書總目提要・法家類》《商子》五卷。兩江總督採進本。舊本題秦商鞅撰。鞅事蹟具《史記》。鞅封於商，號商君，故《漢志》稱《商君》二十九篇。《三國志・先主傳》註，亦稱《商君書》。其稱《商子》，則自《隋志》始也。陳振孫《書録解題》云：《漢志》二十九篇，今二十八篇，已亡其一。晁公武《讀書志》則云：本二十九篇，今亡者三篇。《讀書志》成於紹興二十一年，既云已闕三篇，《書録解題》成於宋末，乃反較晁本多二篇。蓋兩家所録，各據所見之本，故多寡不同歟。此本自《更法》至《定分》，目凡二十有六，似即晁氏之本。然其中第十六篇、第二十一篇，又皆有録無書，則併非宋本之舊矣。《史記》稱讀鞅開塞書，在今本爲第七篇，文義甚明。而司馬貞作《索隱》，乃妄爲之解，爲晁公武所譏。知其書唐代不甚行，故貞不及睹。又《文獻通考》引周氏《涉筆》，以爲鞅書多附會後事，疑取他詞，非本所論著。然周氏特據文臆斷，未能確證其非。今考《史記》，稱秦孝公卒，太子立，公子虔之徒告鞅欲反，惠王乃車裂鞅以徇。則孝公卒後，鞅即逃死不暇，安得著書。如爲平日所著，則必在孝公之世，又安得開卷第一篇即稱孝公之謚。殆法家者流掇鞅餘論，以成是編，猶管子卒於齊桓公前，而書中屢稱桓公耳。諸子之書，如是者多。既不得撰者之主名，則亦姑從其舊，仍題所託之人矣。

錢東垣等輯《崇文總目・法家類》《商子》五卷。商鞅撰。

姚振宗《漢書藝文志條理・法家》《商君》二十九篇。名鞅，姬姓，衛後也。相秦孝公，有《列傳》。《史》本傳：商君者，衛之諸庶孽公子也，名鞅，姓公孫氏，其祖本姬姓也。鞅少好刑名之學，事魏相公叔痤，爲中庶子。痤卒，鞅西入秦。秦孝公以爲左庶長，定變法之令。太子犯法，衛鞅曰：太子不可施刑，刑其傅公子虔，黥其師公孫賈。行之十年，秦民大説。道不拾遺，山無盜賊，家給人足。民勇于公戰，怯于私鬥，鄉邑大治。于是以鞅爲大良造，爲田開阡陌封疆，而賦税平。平斗桶權衡丈尺。行之四年，公子虔復犯約，劓之。居五年，秦人富彊，天子致胙于孝公，諸侯畢賀。秦封之于商十五邑，號爲商君。商君相秦十年，宗室貴戚多怨望者。秦孝公卒，太子立。公子虔之徒告商君欲反，發兵攻商君。秦惠王車裂商君以徇，曰：「莫如商鞅反者！」遂滅商君之家。太史公曰：商君，其天資刻薄人也。余嘗讀商君開塞耕戰書，與其人行事相類。卒受惡名于秦，有以也夫！

《史・秦本紀》：孝公元年，衛鞅入秦。二年，衛鞅説孝公變法脩刑。內務耕稼，外勸戰死之賞罰。孝公善之。甘龍、杜摯等弗然，相與争之，卒用鞅法。百姓苦之。居三年，百姓便之。乃拜鞅爲左庶長。二十二年，封鞅爲列侯，號商君。二十四年，孝公卒，子惠文君立。是歲誅衛鞅。鞅之初爲秦施法，法不行。太子犯禁，鞅曰：法之不行自于貴戚，君必欲行法，先于太子。太子不可黥，黥其傅師。于是法大用，秦人治。及太子立，宗室多怨鞅。鞅亡，因以爲反，而卒車裂以徇秦國。

本書《人表》，商鞅居第四等中上。梁玉繩曰：商鞅始見《史》本傳。衛庶孽公子，名鞅，氏公孫。秦孝公以爲相，封之于商，號商君，亦曰公孫鞅，亦曰衛鞅。惠王車裂之。案：鞅刻薄少恩，其書言民不可學問，以禮、樂、詩、書等爲六蝨。若鞅者，何以居中上哉？

本書《刑法志》：陵夷至于戰國，韓任申子，秦用商鞅連相坐之法，造參夷之誅，增加肉刑大辟，有鑿顛、抽脅、鑊亨之刑。

又《食貨志》曰：及秦孝公用商君，壞井田，開阡陌，急耕戰之賞。雖非古道，猶以務本之故，傾鄰國而雄諸侯。然王制遂滅，僭差亡度。庶人之富者累鉅萬，而貧者食糟糠。有國彊者兼州域，而弱者喪社稷。

《晉書·刑法志》：李悝著《法經》六篇。商君受之以相秦。《魏書·刑法志》曰：商君以《法經》六篇入説于秦，設參夷之誅，連相坐之法。

《隋書·經籍志》：《商君書》五卷。秦相衛鞅撰。唐《經籍志》：《商子》五卷。商鞅撰。唐《藝文志》：《商君書》五卷。商鞅或作商子。《宋史·藝文志》：《商子》五卷。衛公孫鞅撰。

晁氏《讀書志》：太史公既論鞅刻薄少恩，又讀鞅開塞書，謂與其行事相類。今考其書《開塞》乃第七篇，謂道塞久矣。今欲開之，必刑九而賞一。刑用于將過，則大邪不生。賞施于告姦，則細過不失，則國治矣。由此觀之，鞅之術無他，特恃告訐而止耳。故其治不告姦者，與降敵同罰。告姦者與殺敵同賞。此秦俗所以日壞，至于父子相夷，而鞅不能自脱也。太史公言信不誣矣！

《四庫簡明目録》曰：《商子》五卷。舊本題秦商鞅撰。周氏《涉筆》謂其書多附會後事，擬取他詞，非本所論著。今案：開卷稱孝公之謚，則謂不出鞅手，良信。然其詞峻厲而刻深，雖非鞅作，亦必其徒述説之。非秦以後人所爲也。《漢志》二十九篇，至宋佚其三篇，今有録無書者又二篇。

張之洞《書目答問·周秦諸子》 《商子》五卷。嚴可均輯。平津館別刻本。《指海》本。又明吴勉學刻二十子本。法。

申子

《漢書·藝文志·法家》 《申子》六篇。名不害，京人，相韓昭侯，終其身諸侯不敢侵韓。

《舊唐書·經籍志·法家》 《申子》三卷。申不害撰。

《新唐書·藝文志·法家類》 《申子》三卷。申不害。

姚振宗輯《七略別録佚文·法家》 《申子》六篇。名不害，京人。《史記》：申不害，京人也。京今河南京縣也。馬本。

申子名不害，河東人，鄭時賤臣。挾術以干韓昭侯，秦兵不敢至。學學本黃、老，急刻無恩，非霸王之事。《意林》篇首引劉向曰，蓋《別録》節文。

今民間所有，上下二篇，中書六篇，皆合二篇，已備過太史公所記也。嚴本。按太史公《列傳》曰：申子之學，本于黃老而主形名。著書二篇，號曰申子。

申子學號曰形名，刑名者，循名以責寔。其君尊君卑臣，崇上抑下，合於六經也。宣帝好觀其《君臣》篇。

孝宣皇帝重申不害《君臣》篇，使黃門郎張子喬正其字。並嚴本、馬本。

姚振宗《漢書藝文志條理·法家》 《申子》六篇。名不害，京人，相韓昭侯，終其身諸侯不敢侵韓。《史記·韓世家》：昭侯八年，申不害相韓。脩術行道，國内以治。諸侯不來侵伐。二十二年，申不害死。《史·老莊申韓列傳》：申不害者，京人也。故鄭之賤臣。學術以干韓昭侯，昭侯爲相。内脩政教，外應諸侯十五年。終申子之身，國治兵彊，無侵韓者。申子之學本于黃老，而主刑名。著書二篇，號曰《申子》。

劉向《別録》曰：京，今河南京縣也。又曰：今民間所有上下二篇，中書六篇，皆合二篇。已過太史公所記。又曰：申子學號刑名。刑名者，循名以責寮。其尊君卑臣，崇上抑下，合于六經也。宣帝好觀其《君臣》篇。又曰：孝宣皇帝重申不害《君臣》篇，使黃門郎張子喬正其字。

馬總《意林》引劉向云：申子，名不害，河東人。鄭時賤臣，挾術以干韓昭侯，秦兵不敢至。學本黃老，急刻無恩，非霸王之事。按此亦《別録》文也。

本書《人表》申子列第四等中上。梁玉繩曰：申子始見《韓策》、《荀子·解蔽》，名不害，鄭之京人。又第六等又列申子，不知何人。《吕覽·審應》有周申，向亦呼申子，乃申不害之族，豈即是歟？

《隋書·經籍志》：梁有《申子》三卷，韓相申不害撰。亡。唐《經籍志》：《申子》三卷，申不害撰。唐《藝文志》同。馬國翰輯本序曰：馬總《意林》六即首有劉向一節，是《七略》、《別録》語。茲更搜輯，合二十四節。

嚴可均輯本序曰：《淮南要略》云：申子者，韓昭釐之佐。韓晉別國也，地墽民險，而介于大國之間。晉國之故禮未滅，韓國之新法重出。先君之令未收，後君之令又下。新故相反，前後相繆，百官背亂，不知所用。故刑名之書生焉。《泰族訓》云：「今商鞅之《開塞》，申子之《三符》，韓非之《孤憤》。」注：「申不害治韓有三符驗之術也。」案《三符》當是《申子》篇名。《申子》，《七録》云三卷。《隋志》不著録。舊新唐《志》、《意林》皆三卷。宋不著録。明陳第《世善堂書目》有三卷，今復不著録。余從《羣書治要》寫出一篇，刺取各書引見之文，依《意林》次第之。其篇名可考者曰《君臣》，曰《大體》及《三符》也，餘三篇不知也。

處子

《漢書・藝文志・法家》《處子》九篇。

姚振宗《漢書藝文志條理・法家》《處子》九篇。顏氏集注《史記》云：趙有處子。

《史・孟荀列傳》：趙有公孫龍之辯，劇子之言。《集解》引徐廣曰：按應劭氏姓注直云：處子也。《索隱》曰：著書之人姓劇氏，而稱子也。前史不記其名，故趙有劇孟及劇辛也。按劇辛，六國時人，與此相近。劇孟乃漢文景時人，相去遠矣。

應劭《風俗通・姓氏》篇：處氏，《史記》趙有辯士處子著書，故有處姓也。漢有北海太守處興。張澍輯注曰：案《路史》：伯益之後有處氏。

林寶《元和姓纂》曰：《藝文志》劇子著書。按：此引本志，又作「劇與」，今本異文。

鄭樵《氏族略》：處氏不得其所系。《漢書・藝文志》：趙有辯士處子著書。

《風俗通》有處興，爲北海太守，望出潁川。

王氏《考證》：《風俗通》漢有北海太守處興，蓋處子之後。《史記正義》：趙有劇孟、劇辛，是有劇姓。

按史漢舊本或作「劇」，或作「處」，唐宋人已莫衷一是，今更無得而詳矣。

愼子

《漢書・藝文志・法家》《愼子》四十二篇。名到，先申、韓，申、韓稱之。

《隋書・經籍志・法家》《愼子》十卷。戰國時處士愼到撰。

《舊唐書・經籍志・法家》《愼子》十卷。愼到撰，滕輔注。

《新唐書・藝文志・法家類》《愼子》十卷。愼到撰，滕輔注。

鄭樵《通志・藝文略・法家》《愼子》一卷。戰國時處士愼到撰。舊有十卷，漢有四十二篇，隋唐分爲十卷，今亡九卷三十七篇。

趙希弁《讀書附志・諸子類》《愼子》一卷。右例陽人愼到之書也。《唐藝文志》云：《愼子》十篇，愼到撰，滕輔註。蓋法家云。

陳振孫《直齋書録解題・法家類》《愼子》一卷。趙人愼到撰。《漢志》四十二篇，先於申、韓，稱之。《唐志》十卷，滕輔注。今麻沙刻本纔五篇，固非全書也。案莊周、荀卿書皆稱田駢、愼到。到，趙人，駢，齊人，見於《史記》列傳。今《中興館閣書目》乃曰瀏陽人。瀏陽在今潭州，吳時始置縣，與趙南北了不相涉，蓋據書坊所稱，不知何謂也。《崇文總目》言三十七篇。

馬端臨《文獻通考・經籍考・法家》《愼子》一卷。周氏《涉筆》曰：稷下能言者如愼到，最爲屏去繆悠，剪削枝葉，本道而附於情，主法而責於上，非田駢、尹文之徒所能及。五篇雖簡約，而明白純正，統本貫末。如云「天下無一貴，則理無由通，故立天子以爲天下」，「君不擇其下，爲下易，莫不容，故多下，多下之謂大上」，「人不得其以自爲也，則上不取用焉，化而使之爲我，則莫可得而用矣」。自古論王政者，能及此鮮矣。又云「君舍法而以身治，則誅賞予奪從君心出」，「法雖不善，猶愈於無法」。今通指愼子爲刑名家，亦未然也。孟子言王政不合，愼子述名法不用，而騶忌一説遇合，不知何所明也。

《宋史・藝文志・法家類》《愼子》一卷。愼到撰。

楊士奇等《文淵閣書目・子書》《愼子》。一部一册。完全。

又《愼子》。一部一册。完全。

張萱等《内閣藏書目録・子部》《愼子》一册。全。戰國時愼到著。鈔本。又一册。全。

《四庫全書總目提要・雜家類》《愼子》一卷。少詹事陸費墀家藏本。周愼到撰。到，趙人。《中興書目》作瀏陽人。陳振孫《書録解題》曰：愼到，趙人，見於《史記》。瀏陽在今潭州，吳時始置縣，與趙南北了不相涉。蓋據書坊所稱，不知何謂也，則稱瀏陽者非矣。明人刻本又云：到，一名廣。案陸德明《莊子釋文》「田駢」下註曰「愼子云，名廣」，然則駢一名廣，非到一名廣，尤舛誤也。《莊子・天下》篇曰：「愼到棄知去已，而緣不得已，泠汰於物，以爲道理。曰『知不知，將薄知而後鄰傷之者也』。謑髁無任，而笑天下之尚賢也。縱脱無行，而非天下之大聖。椎拍輐斷，與物宛轉，舍是與非，苟可以免，不師智慮，不知前後，魏然而已矣。推而後行，曳而後往，若飄風之還，若羽之旋，若磨石之隧，全而無非，動靜無過，未嘗有罪。是何故？夫無知之物，無建已之患，無用知之累，動靜不離於理，是以終身無譽。故曰：『至於若無知之物而已，無用賢聖。夫塊不失道』。豪傑相與笑之。曰：『慎到之道，非生人之行，而至死人之理，適得怪焉。』」云云。是慎子之學近乎釋氏，然《漢志》列之於法家，今考其書，大旨欲因物理之當然，各定一法而守之，不求於法之外，亦不寬於法之中，則上下相安，可以清淨而治。然法所不行，勢必刑以齊之。道德之爲刑名，此其轉關，所以申、韓多稱之也。語見《漢書·藝文志》。其書《漢志》作四十二篇，《唐志》作十卷，《崇文總目》作三十七篇，《書録解題》則稱「麻沙刻本凡五篇，已非全書」。此本雖亦分五篇，而文多删削，又非陳振孫之所見。蓋明人捃拾殘剩，重爲編次，觀「孝子不生慈父之家，忠臣不生聖君之」下二句，前後兩見，知爲雜録而成，失除重複矣。

錢東垣等輯《崇文總目·法家類》 《慎子》一卷。慎到撰。【原釋】三十七篇。見《直齋書録解題》。

姚振宗《漢書藝文志條理·法家》 《慎子》四十二篇。名到，先申、韓，申、韓稱之。

荀卿《非十二子》篇：尚法而無法，下脩而好作。上則取德于上，下則取從于俗，終日言成文典。及紃注：紃與循同。則倜然無所歸宿，不可以經國定分。然而其持之有故，其言之成理，以欺惑愚衆，是慎到、田駢也。按田駢見前道家。

《史·孟荀列傳》：慎到，趙人。田駢，接子，齊人。環淵，楚人。皆學黄老道德之術，因發明序其指意，故慎到著《十二論》。徐廣曰：今《慎子》劉向所定，有四十一篇。按接子，環淵，並見前道家。據史公言，則慎子書中有十二論，乃道家言也。

本書《人表》：慎子列第六等中下。梁玉繩曰：慎子始見《荀子·天論》、《解蔽》，《吕覽》慎勢即慎到，亦作順，趙人，葬曹州濟陰縣西南四里。又案《戰國策》：楚有慎子，爲襄王傅。魯亦有慎子，見《孟子》。此與莊、惠並列，則非此人也。

應劭《風俗通·姓氏》篇「慎氏」，慎到爲韓大夫，著《慎子》三十篇。張澍輯注曰：慎到，趙人。《藝文志》作著書四十二篇，仲瑗云三十篇，疑訛。又按《左·哀十六年》：吴伐慎，白公敗之。《九域志》：慎，楚縣白公之邑，故白公救慎，是以邑爲氏者。

《荀子·脩身》篇楊倞注：齊宣王時處士慎到，其術本黄老而歸刑名，先申、韓。其意相似，多明不尚賢不使能之道。著書四十一篇。

《隋書·經籍志》：《慎子》十卷。戰國時處士慎到撰。唐《經籍志》：《慎子》十卷。慎到撰，滕輔注。《藝文志》同。《宋史·藝文志》：《慎子》一卷。慎到撰。

陳氏《書録解題》曰：《漢志》四十二篇。《唐志》十卷，滕輔注。今麻沙刻本纔五篇，固非全書。慎到，趙人。今《中興館閣書目》乃曰瀏陽人，瀏陽在今潭州，吴時始置縣，與趙南北了不相涉。蓋據書坊所稱，不知何謂也。《崇文總目》言三十七篇。

《文獻通考》周氏《涉筆》曰：稷下能言者如慎到，最爲屏去繆悠，翦削枝葉，本道而附于情，主法而責于上，非田駢、尹文之徒所能及。五篇雖簡約，而明白純正，統本貫末。孟子言王政不合，慎子言名法不用，而騶忌一説遇合，不知何所明也。

王氏《考證》：《館閣書目》一卷。案《漢志》四十二篇，今三十七篇亡，惟有《威德》、《因循》、《民雜》、《德立》、《君人》五篇。滕輔注。

《四庫雜家提要》曰：《莊子·天下》篇曰「慎到之道，非生人之行，而至死人之理」云云，是慎子之學近乎釋氏。然《漢志》列之法家，今考其書，大旨欲因物理之當然，各定一法而守之，不求于法之外，亦不寬于法之中，則上下相安，可以清静而治。然法所不行，勢必刑以齊之。道德之爲刑名，此其轉關，所以申、韓多稱之也。今本分五篇，而又多删削。蓋明人摭拾殘賸，重爲編次，觀「孝子不生慈父之家，忠臣不生聖君之下」二句，前後兩見知爲雜録而成，失除重複矣。

嚴可均輯本序曰：《漢志·法家》：《慎子》四十二篇。《隋志》、舊新《唐志》皆十卷，滕輔注。《崇文總目》三十七篇，《書録解題》稱麻沙刻本纔五篇，余所見明刻本亦皆五篇。今從《羣書治要》寫出七篇，有注即滕輔注。其多出之篇，曰《知忠》，曰《君臣》，其《威德》篇又多出二百五十三字，雖亦節本，視陳振孫所見本爲勝，因刺取各書引見之文，校補譌脱，其遺文短段不能成篇者凡四十四事，附於後。

張之洞《書目答問·周秦諸子》 《慎子》一卷附《逸文》。嚴可均校輯。《守山閣》本。又《金壺本》，法。

慎子注

姚振宗《後漢藝文志·法家》 滕撫《慎子注》十卷。范書本傳：撫字叔輔，北海劇人也。初仕州郡，稍遷爲涿令，有文武才用。太守以其能，委任郡職，兼領六縣，風政修明。在事七年，道不拾遺。順帝末，揚、徐盜賊羣起。朝廷博求將帥，三公舉撫有文武才，拜爲九江都尉。撫進擊，大破之。拜中郎將，督揚、徐二州事。

東南悉平，振旅而還。以撫爲左馮翊，除一子爲郎。撫性方直，不交權勢。宦官懷忿，及論功當封，太尉胡廣時録尚書事，承旨奏黜撫。天下怨之，卒于家。

《唐書・經籍志》：《慎子》十卷。慎到撰。滕輔注。《藝文志》同。

馬總《意林》曰：《慎子》十二卷。名到。學本黄老。滕輔注。

嚴可均《全後漢文編》曰：滕撫有《慎子注》十卷。按兩唐《志》及《意林》皆曰滕輔注，惟嚴氏以爲即此滕撫。今考《初學記・武部》、《類聚・軍器部》、《御覽・兵部》，並引後漢滕輔《祭牙文》。後漢滕輔，蓋即此滕撫。撫以都尉中郎將督揚、徐二州，連進擊盜賊，故有《祭牙文》之作。今所謂祭旗是也。轉寫譌爲輔耳。然本傳略不言其注《慎子》。《羣書治要》中引《慎子》有注文，頗似漢人語。豈即是耶？又按晉有太學博士滕輔，《七録》載其集，見《隋經籍志》，蓋別是一人。

文廷式《補晉書藝文志・法家類》 滕輔《慎子注》十卷。見《唐志》。《隋書》集部有《晉太學博士滕輔集》五卷，即此人。今存。

慎子注

文廷式《補晉書藝文志・法家類》 劉黄老《慎子注》。黄老附《劉隗傳》。

韓非子

《漢書・藝文志・法家》 《韓子》五十五篇。名非，韓諸公子，使秦，李斯害而殺之。

《隋書・經籍志・法家》 《韓子》二十卷《目》一卷。韓非撰。

《舊唐書・經籍志・法家》 《韓子》二十卷。韓非撰。

《新唐書・藝文志・法家類》 《韓子》二十卷。韓非。

鄭樵《通志・藝文略・法家》 《韓子》二十卷。韓非撰。唐有尹知章注，今亡。

晁公武《郡齋讀書志・法家類》 《韓非子》二十卷。右韓非撰。非，韓之諸公子也。喜刑名法術之學，作《孤憤》、《五蠹》、《説林》、《説難》十餘萬言。秦王見其書，歎曰：「得此人，與之遊，死不恨矣。」急攻韓，得非。後用李斯之毁，下吏使自殺。書凡五十五篇。其極刻覈無誠悃，謂夫婦父子舉不足相信，而有《解老》、《喻老》篇，故太史公以爲大要皆原於道德之意。夫老子之言高矣，世皆怪其流裔何至於是，殊不知老子之書，有「將欲歙之，必固張之」；「將欲弱之，必固强之」；「將欲廢之，必固興之」；「將欲奪之，必固與之」及「欲上人者，必以其言下之」；「欲先人者，必以其身後之」之言，乃詐也。此所以一傳而爲非歟。

陳振孫《直齋書録解題・法家類》 《韓子》二十卷。韓諸公子韓非撰。《漢志》五十五篇，今同。所謂《孤憤》、《説難》之屬，皆在焉。

高似孫《子略》卷三 《韓非子》。士生戰國，才不一伸，抱智懷謀，其求售殊切切，亦可憐也。商鞅以法治秦，李斯又以法治秦。秦之立國，一出於刑罰法律，而士以求合者，非此不可。始皇一見韓非之書，喟然嘆曰：「寡人得見斯人與之游，死不恨矣。」始皇所以惓惓於非者，必有所契焉。今讀其書，往往尚法以神其用。薄仁義，厲刑名，背詩書，課名實，心術辭旨，皆商鞅、李斯治秦之法，而非又欲凌跨之。此始皇之所投合而李斯之所忌者，非迄坐是爲斯所殺，而秦即以亡，固不待始皇之用其言也。《説難》一篇，殊爲切於事情者，惟其切之於求售，是以先爲之説而後説於人，亦庶幾萬一焉耳。太史公以其説之難也，固嘗悲之。太史公之所以悲之者，抑亦有所感慨焉而後發歟？嗚呼！士生不遇，視時以趨。使其盡遇，固無足道。而況《説難》、《孤憤》之作，有如非之不遇者乎？揚雄氏曰：秦之士賤而拘。信哉！

馬端臨《文獻通考・經籍考・法家》 《韓子》二十卷。

《宋史・藝文志・法家類》 《韓子》二十卷。韓非撰。

楊士奇等《文淵閣書目・子書》 《韓非子》。一部，十册。闕。

高儒《百川書志・法家》 《韓非子》二十卷。韓公子非撰。凡五十五篇，千餘言。按：「千餘言」當有誤，覆校鈔本作「十餘年」，亦難解。

彭元瑞等《天禄琳琅書目後編・明版子部》 《韓非子》。二函十二册。周韓非撰。書二十卷，凡五十五篇。曰《初見秦》、《存韓》、《難言》、《愛臣》、《君道》、《有度》、《二柄》、《揚權》、《入姦》、《十過》、《孤憤》、《説難》、《和民》、《姦劫殺臣》、《亡徵》、《三守》、《備内》、《南面》、《飾邪》、《解老》、《喻老》、《説林》上、下，《觀行》、《安危》、《守道》、《用人》、《功名》、《大體》、《内儲説上七術》、《下六微》、《外儲説左》上、下，《右》上、下，《難》一、二、三、四，《難勢》、《問辨》、《問田》、《定法》、《説疑》、《詭使》、《六反》、《八説》、《八經》、《五蠹》、《顯學》、《忠孝》、《人主》、《飾令》、《心度》、《制分》。有注，元何犿稱爲李瓚注。然王應麟《玉海》已稱《韓子注》不知誰作矣。

趙用賢同《管子》合刻本。

《四庫全書總目提要・法家類》 《韓子》二十卷。內府藏本。周韓非撰。《漢書・藝文志》載《韓子》五十五篇。張守節《史記正義》引阮孝緒《七録》載《韓子》二十卷。篇數卷數皆與今本相符。惟王應麟《漢藝文志考》作五十六篇，殆傳寫字誤也。其註不知何人作。考元至元三年何犿本，稱「舊有李瓚註，鄙陋無取，盡爲削去」云云。則註者當爲李瓚。然瓚爲何代人，犿未之言。王應麟《玉海》已稱《韓子註》不知誰作，諸書亦別無李瓚註《韓子》之文，不知犿何所據也。犿本僅五十三篇，其序稱「內佚《姦劫》一篇，《説林下》一篇，及《內儲説下》、《六微》內似煩以下數章」。明萬曆十年，趙用賢購得宋槧，與犿本相校，始知舊本《六微》篇之末尚有二十八條，不止犿所云數章。《説林下》篇之首尚有《伯樂教二人相踶馬》等十六章，諸本佚脱其文，以《説林上》篇「田伯鼎好士」章逕接此篇。《蟲有蚘章・和氏》篇之末自「和雖獻璞而未美，未爲玉之害也」以下脱三百九十六字。《姦劫》篇之首，自「我以清廉事上」以上脱四百六十字。其脱葉，適在兩篇之間，故其次篇標題與文俱佚。傳寫者各誤以下篇之半連於上篇，遂求其下篇而不得，其實未嘗全佚也。今世所傳，又有明周孔教所刊大字本，極爲清楷。其序不著年月，未知在用賢本前後。考孔教舉進士在用賢後十年，疑所見亦宋槧本。故其文均與用賢本同，無所佚闕。今即據以繕録，而校以用賢之本。考《史記》非本傳，稱「非見韓削弱，數以書諫韓王，韓王不能用。悲廉直不容於邪枉之臣，觀往者得失之變，故作《孤憤》、《五蠹》、《內外儲説》、《説林》、《説難》十餘萬言」。又云：「人或傳其書至秦，秦王見其《孤憤》、《五蠹》之書。」則非之著書，當在未入秦前。《史記・自敘》所謂韓非囚秦，《説難》、《孤憤》者，乃史家駁文，不足爲據。今書冠以《初見秦》，次以《存韓》，皆入秦後事，雖似與《史記・自敘》相符，然傳稱「韓王遣非使秦，秦王悦之，未信用。李斯、姚賈害之，下吏治非。李斯使人遺之藥，使自殺」，計其間未必有暇著書。且《存韓》一篇，終以李斯駁非之議，及斯上韓王書。其事與文，皆爲未畢。疑非所著書本各自爲篇，非歿之後，其徒收拾編次，以成一帙。故在韓、在秦之作，均爲收録。併其私記未完之稾，亦收入書中。名爲非撰，實非非所手定也。以其本出於非，故仍題非名，以著於録焉。

黄丕烈《蕘圃藏書題識・子類一》 《韓非子》二十卷。影宋鈔本。第十卷第七葉原缺。趙文毅本有，當是趙移《道藏》以補全耳。驗其字數，於二十六行，行二十四字爲不足，是宋本此一葉其文未必便如此，移補者非也。嘗謂宋本書雖無字處亦好，豈不信然。潤蕡記。

又 《韓非子》二十卷。校宋本。書必真本爲上，其次從真本手校乃可信。蓋手校，真本止隔一層，即如此本。余於宋刻、《藏》本兩家，皆親見真本，似爲可信矣。

顧廣圻《思適齋書跋・子部》 《韓非子》二十卷。景宋鈔本。第十卷第七葉原闕。趙文毅本有，當是趙移《道藏》以補全耳。驗其字數，於二十六行行二十四字爲不足，是宋本此一葉其文未必便如此，移補者非也。嘗謂宋本書雖無字處亦好，豈不信然。潤蕡記。

又 《韓非子》二十卷。校本。《韓子》譌舛殊甚。宋本弗得一見，孱守老人曾用以校第三一卷，是當時已無全豹矣。又用葉林宗《道藏》本，秦季公校本，及趙此刻校張鼎文本。而惠松厓先生復用此刻校臨。今兩本皆爲周薌嚴收藏。丁巳夏六月借録一過，用松厓先生本爲主，評閲語悉著之。惟張本雖闕《和氏》、《姦劫》、《説林》、《六微》等處，而字句頗多長於此刻者，松厓先生略而未及，今一一補入。《道藏》本宜善，而校出者亦未詳盡。秦本最劣，不足用。讀者詳焉。潤蕡顧廣圻記於士禮居。

凡文有複出，而張鼎本少數字皆脱耳。廿三日覆校一過。馮稱迂評者，蓋凌氏刻本多臆改，不足據也。潤蕡記。

又 《韓非子》二十卷。校本。《韓子》譌舛殊甚。宋本弗得一見，孱守老人曾用以校第三一卷，是當時已無全豹矣。又用葉林宗《道藏》本，秦季公校本，及趙此刻校張鼎文本。而松厓惠先生復用此刻校臨焉。今兩本皆爲周薌嚴收得。丁巳六月，借録一過，據惠先生本爲主，評閲語悉著之。惟張本雖闕《和氏》、《姦劫》、《説林》、《六微》等處，而字句每多長於此刻者，惠先生略而未及，仍一一補入。《藏》本宜佳，所校頗未詳盡。秦本最劣，不足用。覽者詳焉。潤蕡顧廣圻校畢記於士禮居。庚申九月，聞孫淵如觀察云曾見宋本於京師，屬畢君以恬校出一部，擬從借觀焉。十一日，潤蕡記。

又 《韓非子》二十卷。景宋鈔本。第四卷末葉六行「卓齒之用齊也」，宋刻本如此，有以墨筆於「卓」旁加「氵」成「淖」字，此不知「卓」、「淖」同字，但知有「淖齒」者所爲也。今景鈔及前所見述古堂景鈔，皆不辨旁「氵」之非。然偏左之蹟，乃宛然可驗耳。乙丑十一月覆閲書。廣圻。

錢東垣等輯《崇文總目・法家類》 《韓子》二十卷。韓非撰。

張之洞《書目答問・周秦諸子》 《韓非子》二十卷附《識誤》三卷。吳鼒校刻本。又明趙用賢校管韓合刻本，即十子本。又明周孔教刻大字本。法。

姚振宗《漢書藝文志條理・法家》 《韓子》五十五篇。名非，韓諸公子，使秦，李斯害而殺之。

《史・老莊申韓列傳》：韓非者，韓之諸公子也。喜刑名法術之學，而其歸本於黃老。非爲人口吃，不能道説，而善著書。與李斯俱事荀卿。斯自以爲不如非。非見韓之削弱，數以書諫韓王，韓王不能用。於是韓非疾治國不務脩明其法制，執勢以御其臣下，富國彊兵而以求人任賢。反舉浮淫之蠹，而加之於功實之上。以爲儒者用文亂法，而俠者以武犯禁。寬則寵名譽之人，急則用介胄之士。今者所養非所用，所用非所養。悲廉直不容于邪枉之臣，觀往者得失之變，故作《孤憤》、《五蠹》、《内外儲》、《説林》、《説難》十餘萬言。然韓非知説之難，爲説難者甚具。終死於秦，不能自脱。人或傳其書至秦，秦王見《孤憤》、《五蠹》之書曰：嗟乎！寡人得見此人，與之遊，死不恨矣。李斯曰：此韓非之所著書也。秦因急攻韓，韓王始不用非，及急迺遣非使秦。秦王悦之，未信用。李斯、姚賈害之毁之曰：韓非，韓之諸公子也。今王欲并諸侯，非終爲韓不爲秦，此人之情也。今王不用，久留而歸之，此自遺患也。不如以過法誅之。秦王以爲然，下吏治非。李斯使人遺非藥，使自殺。韓非欲自陳，不得見。秦王後悔之，使人赦之。非已死矣。申子、韓子皆著書傳於後世，學者多有。余獨悲韓子爲説難而不能自脱耳。《韓世家》：王安五年，秦攻韓，韓急使韓非使秦。秦留非，因殺之。《秦始皇本紀》：十四年，韓非使秦，秦用李斯謀留非，非死雲陽。本書《人表》：韓非列第四等中上，秦始皇時。

馬總《意林》引劉向云：秦始皇重韓非書，曰：寡人得與此人遊，死不恨矣。李斯、姚賈害之，與藥，令自殺。始皇悔，遣救之，已不及。今重刊宋本有序一篇，皆《史記》文，或以爲即劉氏《敘録》，然無碻證，未敢信。疑是王儉《七志》之文。

張守節《正義》曰：韓非見王安不用忠良，令國削弱。故觀往古有國之君，則得失之變異，而作《韓子》二十卷。

司馬貞《索隱》曰：非所著書《孤憤》，憤孤直不容于時也。《五蠹》，蠹政之事有五也。《内儲》，言明君執術以制臣下，利之在己，故曰内也。《外儲》，言明君觀聽臣下之言行，以斷其賞罰，賞罰在彼，故曰外也。《説林》者，廣説諸事，其多若林，故曰説林也。《説難》者，説前人行事與己不同而詰難之。又曰：言游説之道爲難，故曰《説難》。其書詞甚高，故史公特載之。

《隋書・經籍志》：《韓子》二十卷《目》一卷。韓非撰。唐《經籍志》：《韓子》二十卷，韓非撰。《藝文志》同。《宋史・藝文志》同。

陳氏《書録解題》曰：《韓子》二十卷。韓諸公子韓非撰。《漢志》五十五篇，今同。所謂《孤憤》、《説難》之屬皆在焉。

王氏《考證》：沙隨程氏曰：非書有《存韓》篇，故李斯言非終爲韓不爲秦也。後人誤以范睢書厠于其間，乃有舉韓之論。《通鑑》謂非欲覆宗國，則非也。又曰：韓安國受韓子《雜説》。

姚振宗輯《七略別録佚文・法家》 《韓子》五十五篇。韓非者，韓之諸公子也。喜形名、法術之學，而歸其本於黃老。其爲人吃口，不能道説，善著書。與李斯俱事荀卿。李斯自以爲不如。非見韓之削弱，數以書干韓王。韓王不能用。於是韓非病治國不務求人任賢，反舉浮滛之蠹，而加之功寔之上。以爲儒者用文亂法，而俠者以武犯禁。寬則寵名譽之人，急則用介胄之士。所用非所養，所養非所用。廉直不容於邪枉臣，觀往者得失之變，故作《孤憤》、《五蠹》、《内外儲》、《説難》五十五篇，十餘萬言。人或傳其傳書至秦，秦王見《孤憤》、《五蠹》之書，曰：嗟乎！寡人得見此人，與游，死不恨矣。李斯曰：此韓非之所著書。秦因急攻韓。韓始不用，及急，乃遣韓非使秦。秦王悦之，未任用。李斯害之。秦王曰：非，韓之諸公子也。今欲并諸侯，非終爲韓不爲秦。此人情也。今王不用，久留而歸之，此自遺患也。不如過法誅之。秦王以爲然，下吏治非。李斯使人遺藥，令早自殺。韓非欲自陳，不見。秦王後悔，使人赦之，非已死矣。嚴氏《全漢文編》曰：宋本不著名，疑是劉向作。按：此似節去其前數行言，校讎複重定著，殺青繕寫等事，而但録其敘，與馬總《意林》引文相校，大同小異，知敘文亦頗有其删節。

又曰：秦始皇重韓非書，曰：寡人得與此人游，死不恨矣。李斯、姚賈害之，與藥，令自殺。始皇悔，遣救之，已不及。《意林》篇首引劉向云，蓋亦《別録》文，皆見於前篇。惟此李斯下有姚賈及末後二語爲小異。

尹知章注韓子

《新唐書・藝文志・法家類》 尹知章注《韓子》。卷亡。

韓子迂評

范邦甸等《天一閣書目・法家類》 《韓子迂評》二十卷。刊本。明門無子評。元何犿校進本。卷端有至元三年進書表。

《四庫全書總目提要・法家類》 《韓子迂評》二十卷。內府藏本。舊本題明門無子評。前列元何犿校上。原序署至元三年秋七月庚午，結銜題奎章閣侍書學士。考元世祖、順帝俱以至元紀年，而三年七月以紀志干支排比之，皆無庚午日，疑子字之誤。奎章閣學士院設於文宗天曆二年，止有大學士，尋陞爲學士院，始有侍書學士。則犿進是書在後至元時矣。觀其序中稱：「今天下所急者法度之廢，所少者韓子之臣。」正順帝時事勢也。門無子自序稱：「坊本至不可句讀，最後得何犿本，字字而讐之，皆不失其舊。乃句爲之讀，字爲之品。閒取何氏註而折衷之，以授之梓人」云云。蓋趙用賢翻刻宋本在萬曆十年，此本刻於萬曆六年，故未見完帙，仍用何氏之本。然犿序稱「李瓚註鄙陋無取，盡爲削去」，而此本仍閒存瓚註，已非何本之舊。且門無子序又稱：「取何註折衷之」，則併犿所加旁註亦有增損，非盡其原文。蓋明人好竄改古書，以就己意，動輒失其本來。萬曆以後，刻版皆然，是書亦其一也。門無子不知爲誰，陳深序稱「門無子俞姓，吴郡人，篤行君子」，然新舊志乘皆不載其姓名。所綴評語，大抵皆學究八比之門徑，又出犿註之下。所見如是，宜其敢亂舊文矣。

游棣子

《漢書・藝文志・法家》 《游棣子》一篇。

姚振宗《漢書藝文志條理・法家》 《游棣子》一篇。鄭樵《氏族略》：游棣氏不詳其本系。《英賢傳》：游棣子著書一篇，言法家事。按：孫氏星衍輯《元和姓纂》云：補祿子著書一篇，言法家事。今考《氏族略》，蓋補祿子與游棣子因上下文而寫誤也。

鄧名世《古今姓氏書辯證》：漢《藝文志》法家有《游棣子》一篇。師古曰：棣，音徒計反。案：師古不言姓游棣，恐姓游名棣也。如韓非、鄧析子然。

晁氏新書

《漢書・藝文志・法家》 《鼂錯》三十一篇。

《隋書・經籍志・法家》 梁有《朝氏新書》三卷。漢御史大夫鼂錯撰。亡。

《舊唐書・經籍志・法家》 《晁氏新書》三卷。晁錯撰。

《新唐書・藝文志・法家類》 《晁氏新書》七卷。晁錯。

鄭樵《通志・藝文略・法家》 《晁氏新書》七卷。漢御史大夫晁錯撰。

姚振宗《漢書藝文志條理・法家》 《鼂錯》三十一篇。本書《列傳》：鼂錯，潁川人也。學申商刑名于軹張恢生所，與雒陽宋孟及劉帶《史記》作劉禮。同師。以文學爲太常掌故。錯爲人陗直刻深。孝文時，爲太子舍人門大夫，遷博士。上書言皇太子宜知術數，上善之。于是拜錯爲太子家令，以其辯得幸太子。太子家號曰「智囊」。是時匈奴彊數寇邊，錯上言兵事三章。文帝嘉之，賜璽書寵荅焉。錯復言守邊備塞、勸農力本，當世急務二事。後詔舉賢良文學士。時賈誼已死，對策者百餘人，惟錯爲高第，繇是遷中大夫。錯又言宜削諸侯事，及法令可更定者，書凡三十篇。孝文雖不盡聽，然奇其才。景帝即位，以錯爲內史，遷御史大夫。請諸侯之罪過，削其支郡。所更令三十章。諸侯讙譁。吴楚七國俱反，以誅錯爲名，以竇嬰、袁盎言，當錯大逆，要斬，父母妻子同產無少長，皆棄市。

又《本紀》：孝景三年春正月，吴王濞、膠西王卬、楚王戊、趙王遂、濟南王辟光、菑川王賢、膠東王雄渠皆舉兵反，大赦天下，遣太尉亞夫、大將軍竇嬰將兵擊之。斬御史大夫鼂錯，以謝七國。又《百官公卿表》：孝景二年八月丁巳，左內史鼂錯爲御史大夫。三年正月壬子，錯有罪，要斬。

《隋書・經籍志》：梁有《鼂氏新書》三卷。漢御史大夫鼂錯撰。亡。唐《經籍志》：《晁氏新書》三卷。晁錯撰。《藝文志》：《晁氏新書》七卷。按：《新唐志》七卷者，似并其集三卷，録一卷，合爲一袠也。

《黄氏日鈔》曰：晁錯，孟子所謂盆成括之流，且其言兵事、徙民實塞等議，蔚有文華。至賢良策，則絶無義理。蓋小小計數則可，奉大對非所長也。文帝賜民田租，卻自入粟一事，始不爲無補于漢。

馬國翰輯本序曰：《漢志》法家：《鼂錯》三十一篇。馬總《意林》載三卷，僅録三節。《文選注》、《太平御覽》引四節，或作朝子，佚文可見者僅此。考本傳載其上言對策凡五篇，又言宜削諸侯及法令可更者，書凡三十篇，則五篇皆新書中文可知，並輯録之。

春秋決獄

《舊唐書・經籍志・法家》《春秋決獄》十卷。董仲舒撰。

《新唐書・藝文志・法家類》董仲舒《春秋決獄》十卷。黄氏正。

《宋史・藝文志・法家類》董仲舒《春秋決事》。一作「獄」。十卷。丁氏平，黄氏正。

程品

姚振宗《漢書藝文志拾補・法家》張倉《程品》。亦曰《章程》，亦曰《工用程數》。蒼始末具《六藝・春秋》家。《史記・太史公自序》：漢興，蕭何次律令，韓信申軍法，張倉爲章程。如淳曰：章，曆數之章術也。程者，權衡丈尺、斛斗之平法也。瓚曰：茂陵書丞相爲工用程數，其中言百工用材多少之量，及制度之程品者是也。亦見《漢書・高帝紀》注。

《漢書》本傳：倉爲計相時，緒正律曆，以高祖十月始至霸上，故因秦時本十月爲歲首，不革。推五德之運，以爲漢當水德之時，上黑如故。吹律調樂，入之音聲，及以比定律令。若百工，天下作程品。至於爲丞相，卒就之。如淳曰：百工爲器物皆有尺寸、斤兩、斛斗、輕重之宜，使得其法。師古曰：言吹律調音以定法令及百工程品皆取則也。鄭樵《通志・校讎略》曰：按蕭何律令、張蒼章程，漢之大典也。劉氏《七略》、班固《漢志》全不收。兵家一類，任宏所編，有《韓信軍法》三篇，《廣武》一篇，豈有《韓信軍法》猶在，而蕭何律令、張蒼章程則無之？此劉氏、班氏之過也。

按是書六藝之中固無可位置，九流之内亦難得部居。今以其典守在官，將作大匠所有事，漢家最初之程法也，於法家爲近之。《玉海》亦入律令門中，故列於此。

燕十書

《漢書・藝文志・法家》《燕十事》十篇。不知作者。

姚振宗《漢書藝文志條理・法家》《燕十事》十篇。不知作者。

法家言

《漢書・藝文志・法家》《法家言》二篇。不知作者。

姚振宗《漢書藝文志條理・法家》《法家言》二篇。不知作者。按：此兩家皆以無撰人時代可紀，故次之于末簡。《法家言》二篇，則亦如儒家、道家、陰陽家之例。

政務書

姚振宗《後漢藝文志・法家》王充《政務書》。充始末具道家類。《論衡・自紀》篇曰：充又閔人君之政，徒欲治人，不得其宜，不曉其務，愁精苦思，不睹所趨。故作《政務》之書。

又《對作》篇曰：其政務言治民之道。又曰：政務爲郡國守相、縣邑令長通陳政事所當尚務，欲令全民立化，奉稱國恩。

按《對作》篇又云：建初孟年，中州頗歉，潁川、汝南民流四散。聖主憂懷，詔書數至。《論衡》之人，奏記郡守，宜禁奢侈，以備困乏。言不納用，退題記草，名曰「備乏」。酒糜五穀，生起盜賊，沈湎飲酒，盜賊不絶，奏記郡守，禁民酒。退題記草，名曰「禁酒」。由此言之，唐林之奏，谷永之章，《論衡》、《政務》同一趨也。則其書有「備乏」、「禁酒」二篇。

政事論

姚振宗《後漢藝文志・法家》　李尤《政事論》七篇。范書《文苑傳》：李尤，字伯仁，廣漢雒人也。少以文章顯。和帝時，侍中賈逵薦尤有相如、揚雄之風。召詣東觀，拜蘭臺令史，稍遷。安帝時，爲諫議大夫，受詔與謁者僕射劉珍等俱撰《漢記》。順帝立，遷樂安相。年八十三卒。

常璩《廣漢士女贊》：和帝召，作東觀、辟雍、德陽諸觀賦銘，著《政時論》七篇。帝善之。

嚴可均《全後漢文編》曰：尤有《政事論》七篇。見《華陽國志》。文亡。

崔氏政論

《隋書・經籍志・法家》　《正論》六卷。漢大尚書崔寔撰。

《舊唐書・經籍志・法家》　《崔氏政論》五卷。崔寔撰。

《新唐書・藝文志・法家類》　《崔氏政論》六卷。崔寔。

鄭樵《通志・藝文略・法家》　《崔氏政論》六卷。漢尚書崔寔撰。

姚振宗《後漢藝文志・法家》　崔寔《政論》六卷。范書《崔駰傳》：駰涿郡安平人，仲子瑗，瑗子寔，字子真，一名台，字元始。少沈静好典籍。桓帝初，以郡舉，徵詣公車，病不對策，除爲郎。明於政體，吏才有餘。論當世便事數十條，名曰《政論》。指切事要，言辯而確，確，堅正也。當世稱之。仲長統曰：凡爲人主，宜寫一通，置之坐側。其後召拜議郎，遷大將軍冀司馬，與邊韶、延篤等著作東觀。出爲五原太守。以病徵爲議郎，復與諸儒博士共雜定五經。會梁冀誅，寔以故吏免官，禁錮數年。拜遼東太守。行道，母劉氏病卒，歸葬行喪。服竟，召拜尚書。寔以四方阻亂，稱疾不視事，數月免歸。建寧中病卒。

范蔚宗曰：寔之《政論》言當世理亂，雖鼂錯之徒不能過也。

《隋書・經籍志》曰：《正論》六卷。漢大尚書崔寔撰。唐《經籍志》：《崔氏政論》五卷。崔寔撰。《藝文志》：《崔氏政論》六卷。注云崔寔。

嚴可均輯本序曰：其書成于守遼東後，故有「僕前爲五原太守」及「今遼東耕犂」云云。本傳繫于桓帝初除爲郎時，未得其實。其本北宋時已佚失，故《崇文總目》不著録。《郡齋讀書志》、《直齋書録解題》亦無之。《通志略》載有六卷，虚列書名，不足據。今從《羣書治要》寫出七篇，從本傳及《通典》各寫出一篇，凡九篇，略依《意林》編次之，刺取各書引見，校補譌脱，定著一卷。其畸零短段三十事不能成篇者，載于卷末。《治要》專取精實，而腴語美詞芟除浄盡，然于當時積弊已臚列無遺。又曰：各書引見，或作《政論》，或作《正論》，又作《本論》，止是一書，總凡四十一條。

反韓非

姚振宗《後漢藝文志・法家》　劉陶《反韓非》。陶始末具經部書類。范書本傳：陶著書數十萬言。又作《匡老子》、《反韓非》。惠棟補注曰：韓非有《解老》、《喻老》之篇。故陶作書匡老子之失，反韓非之説。

劉氏政論

《隋書・經籍志・法家》　《政論》。魏侍中劉廙撰。

《舊唐書・經籍志・法家》　《劉氏正論》五卷。劉廙撰。

《新唐書・藝文志・法家類》　《劉氏政論》五卷。劉廙。

鄭樵《通志・藝文略・法家》　《劉氏政論》五卷。魏侍中劉廙撰。

姚振宗《三國藝文志・法家類》　劉廙《政論》五卷。廙始末具史部雜傳記類。《魏志》本傳：廙著書數十篇，及與丁儀共論刑禮，皆傳于世。

《隋書・經籍志》：梁有《政論》五卷。魏侍中劉廙撰。亡。唐《經籍志》：《劉氏正論》五卷。劉廙撰。《藝文志》：《劉氏政論》五卷。注云劉廙。

嚴可均輯本序曰：劉廙有《政論》五卷。《隋志》法家云亡。舊新《唐志》著于録，至宋復亡。今所見僅《羣書治要》載有八篇，題爲《劉廙别傳》，而目録作《政論》。據裴松之所引《别傳》，似與《政論》各爲一書，則目録作《政論》者是也。各書都未引見，《治要》有此，彌復可貴，因録出以廣其傳。其目曰「正名」，曰「慎愛」，曰「審愛」，曰「欲失」，曰「疑賢」，曰「任臣」，曰「下視」 馬氏玉函山房輯本但録存傳注，引《別傳》廙表《論語道》一篇。

侯志曰：廙有《先刑後禮論》，見《陸遜傳》，當出此書。即本傳所謂與丁儀共論刑禮，傳于世者也。李善注《三都賦》序引劉廙《答丁儀刑禮書》。

案政論似全載《別傳》中，故《治要》標曰別傳刑禮論，有與丁儀諸人論難之文，似亦別行。《吴志・陸遜傳》：南陽謝景善劉廙先刑後禮之論，遜呵之曰：禮之長于刑久矣。廙以細辨而詭先聖之教，皆非也。君今侍東宫宜遵仁義以彰德音。若彼之談不須講也。則所謂先刑後禮者，亦從可知矣。

劉氏法言

《隋書・經籍志・法家》 《法論》。劉卲撰。

《舊唐書・經籍志・法家》 《劉氏法言》十卷。劉卲撰。

《新唐書・藝文志・法家類》 《劉氏法論》十卷。劉卲。

鄭樵《通志・藝文略・法家》 《劉氏法論》十卷。魏劉劭撰。

姚振宗《三國藝文志・法家類》 劉卲《法論》十卷。卲始末具經部樂類。《魏志》本傳：散騎侍郎夏侯惠薦卲曰：凡所錯綜，源流弘遠。是以羣才大小，咸取所同而斟酌焉。故法理之士明其分數精比。文章之士愛其著論屬辭。臣數聽其清談，覽其篤論，漸漬歷年，服膺彌久。又曰：凡所撰述，《法論》、《人物志》之類百餘篇。

《隋書・經籍志》：梁有《法論》十卷。劉卲撰。唐《經籍志》：《劉氏法言》十卷。劉卲撰。《藝文志》：《劉氏法論》十卷。注云劉卲。

阮子政論

《隋書・經籍志・法家》 《阮子正論》魏清河太守阮武撰。

《舊唐書・經籍志・法家》 《阮子正論》五卷。阮武撰。

《新唐書・藝文志・法家類》 《阮子政論》五卷。阮武。

鄭樵《通志・藝文略・法家》 《阮子政論》五卷。魏清河太守阮武撰。

姚振宗《三國藝文志・法家類》 《阮子正論》十八篇。阮武撰。《魏志・杜恕傳》注：阮武者，亦拓落大才也。案：《阮氏譜》，武父諶，字士信，徵辟無所就。造《三禮圖》傳于世。杜氏《新書》曰：武字文業，闊達博通淵雅之士，位止清河太守。《杜恕傳》云：初恕從趙郡還，陳留阮武亦從清河太守徵，俱白簿廷尉。《世説・賞譽》篇注：杜篤《新書》曰：阮武，字文業。陳留尉氏人。父諶，侍中。《陳留志》曰：武魏末清河太守。族子籍，年總角，未知名。武見而偉之，以爲勝己。知人多此類。著書十八篇，謂之阮子，終于家。案此稱杜篤《新書》者，似因杜氏《新書》而譌。

《隋書・經籍志》梁有《阮子正論》五卷。魏清河太守阮武撰。亡。唐《經籍志》：《阮子政論》五卷，阮武撰。《藝文志》同。

馬國翰輯本序曰：馬總《意林》載《阮子》四卷，録存五節而已。復搜輯《御覽》、《文選注》，得數節，合録一卷。嚴氏《全三國文編》輯存六條，而失采《意林》所載五節。

世要論

《隋書・經籍志・法家》 《世要論》十二卷。魏大司農桓範撰。梁有二十卷。

《舊唐書・經籍志・法家》 《桓氏代要論》十卷。桓範撰。

《新唐書・藝文志・法家類》 《桓氏世要論》十二卷。桓範。

鄭樵《通志・藝文略・法家》 《桓氏世要論》十二卷。魏大司農桓範撰。

姚振宗《三國藝文志・法家類》 桓範《世要論》二十卷。《魏志・曹爽附傳》注：《魏略》曰：範，字元則，沛國人，世爲冠族。建安末入丞相府，延康中爲羽林左監，明帝時爲中領軍尚書，征虜將軍、東中郎將，使持節都督青徐諸軍事，免。還復爲兖州刺史。正始中拜大司農。範嘗抄撮《漢書》中諸雜事，自以意斟酌之，名曰《世要論》。蔣濟爲太尉，嘗與範會社下，羣卿列坐有數人，範懷其所撰，欲以示濟，謂濟當虚心觀之。範出其書，以示左右，左右傳之示濟，濟不肯視。範心恨之，因論他事。乃發怒謂濟曰：我祖薄德，公輩何似耶？濟性雖强毅，亦知範剛毅，睨而不應，各罷。範後與曹爽、何晏等同爲司馬懿所殺。

《隋書・經籍志》：《世要論》十二卷，魏大司農桓範撰。梁有二十卷。《唐・經籍志》：桓氏《代要論》十卷，桓範撰。《藝文志》：桓氏《世要論》十二卷，注云桓範。

嚴可均輯本序曰：各書徵引，或稱《政要論》，或稱《桓範新書》，或稱《桓範世論》，或稱《桓公世論》，或稱《桓子》，或稱魏桓範，或稱《桓範論》，或稱《桓範要集》。互證之，知是一書。宋時不著録。《羣書治要》載有《政論》十四篇，據各書徵引補改闕譌，定爲一卷。曰「爲君難」，曰「臣不易」，此下篇名缺。《治要》連屬上篇，審觀之，別是一篇也。篇名當是治本。曰「政務」，曰「節欲」，曰「詳刑」，曰「兵要」，此下篇名缺。《御覽》二百七十三引凡五條，篇名當是擇將。曰「簡騎」，曰「辨能」，曰「尊嫡」，曰「諫爭」，曰「決壅」，曰「讚象」，曰「銘誄」，曰「序作」，餘無篇名者又一十四條。

馬國翰輯本序曰：桓範《世要論》，《北堂書鈔》、《初學記》、《文選注》、《太平御覽》等書引之，或作《新論》，或作《要集》，或作《世論》，皆此一書。輯録二十五節，附考事蹟爲一卷。

案宋刻全本《意林》有《世要論》四條，嚴、馬二家輯本皆未采。

道論

姚振宗《三國藝文志・法家類》 鍾會《道論》二十篇。會始末具經部易類。《魏志》本傳及會死後于會家得書二十篇。名曰《道論》，而實刑名家也。其文似會。

案：此疑即鍾會《芻蕘論》五卷。別見雜家。

陳子要言

《隋書・經籍志・法家》 《陳子要言》十四卷。吴豫章太守陳融撰。

《舊唐書・經籍志・法家》 《陳子要言》十四卷。陳融撰。

《新唐書・藝文志・法家類》 《陳子要言》十四卷。陳融。

鄭樵《通志・藝文略・法家》 《陳子要言》十四卷。吴豫章太守陳融撰。

姚振宗《三國藝文志・法家類》 《陳子要言》十四卷。陳融撰。《吴志・陸瑁傳》：陳國陳融、陳留濮陽逸、沛郡蔣纂、廣陵袁迪等，皆單貧有志，就瑁游處。瑁割少分甘，與同豐約。

《隋書・經籍志》：梁又有《陳子要言》十四卷。吴豫章太守陳融撰。亡。唐《經籍志》：《陳子要言》十四卷。陳融撰。《藝文志》同。

馬國翰輯本序曰：融，陳國人。附見《吴志・陸瑁傳》，僅載里居。《隋志》題吴豫章太守，此官爵之可見者。《七録・法家》載《陳子要言》十四卷。《隋志》云亡。《唐志》復著録。今惟《御覽》引二節，附考爲卷。

案：宋刻全本《意林》有《陳子要言》一條。馬氏輯本失采。

平正春秋決事比

姚振宗《三國藝文志・法家類》 丁季、黄復《平正春秋決事比》十卷。《唐書・藝文志》：董仲舒《春秋決獄》十卷。黄氏正。《崇文總目》：曰《春秋決事比》十卷，漢董仲舒撰。丁氏平，黄氏正。初，仲舒既老病，致仕，朝廷每有政議，武帝數遣廷尉張湯問其得失，于是作《春秋決疑》二百三十二事，動以經對。至吴太史令吴汝南丁季、江夏黄復平正得失，今頗殘缺，止有七十八事。

案《崇文目》稱吴汝南，此「吴」字疑衍，或吴時亦僑置汝南郡。又吴有太史令吴範，或敓一「範」字，皆未可知。丁季似丁孚之譌，孚爲太史令，與郎中項峻撰《吴書》，見史部正史類。黄復始末未詳。

難論

《隋書・經籍志・法家》 蔡司徒《難論》五卷。晉三公令使黄命撰。

文廷式《補晉書藝文志・法家類》 黄命蔡司徒《難論》五卷。三公令史。

姚振宗《隋書經籍志考證・法家》 梁又有蔡司徒《難論》五卷。晉三公令史黄命撰。亡。

肉刑論

文廷式《補晉書藝文志・法家類》 氾毓《肉刑論》本傳。《元和姓纂》氾毓，字毓春。晉武帝徵祕書郎，不就，著書七萬言。

肉刑論

文廷式《補晉書藝文志・法家類》 曹彦《肉刑論》。《書鈔》四十四「害輕全重去死就生」注云：曹議《肉刑論》云：李勝云：蛇蝮螫手，則士斷其腕。繫號在足，則虎跑其蟠云云。孔廣陶校云：俞本與《類聚》五十四引作曹羲《肉刑論》，且脱「蛇蝮」以下。《御覽》六百四十八引《博物志》云：李勝、曹羲建《肉刑議》。余案：據此則「害輕」、「全重」二語，曹羲議，「蛇蝮」以下李勝論也。又《御覽》引王隱《晉書》載曹彦《肉刑議》有云：於死於輕，減死五百爲重，重不害生云。今特著曹彦名，其李勝、曹羲兩論不悉録目。

刑　名

文廷式《補晉書藝文志・法家類》 魯勝《刑名》二篇。本傳。

治道集

《舊唐書・經籍志・法家》 《治道集》十卷。李文博撰。

《新唐書・藝文志・法家類》 李文博《治道集》十卷。

鄭樵《通志・藝文略・法家》 《治道集》十卷。李文博撰。

《宋史・藝文志・法家類》 李文博《治道集》十卷。

五經析疑

《舊唐書・經籍志・法家》 《五經析疑》三十卷。邯鄲綽撰。

《新唐書・藝文志・法家類》 邯鄲綽《五經析疑》三十卷。

正　論

《新唐書・藝文志・法家類》 李敬玄《正論》三卷。

鄭樵《通志・藝文略・法家》 《正論》三卷。李敬玄撰。

對越集

張萱等《内閣藏書目録・雜部》 西堂先生《對越集》五册。不全。西堂，宋紹興時人，未詳姓氏。中皆歷官獄案。又《西堂對越集》五册全。同前。

法家裒集

《四庫全書總目提要・法家類》 《法家裒集》。無卷數。浙江范懋柱家天一閣藏本。不著撰人名氏。明蘇祐題辭，稱「從史陳永以是集見，曰司臺司籍潘智手録，因命補綴，付之梓」。則是編永所輯定矣。書中設爲問答，剖析異同，頗得明慎之意。其「論拒毆追攝人」并「罪人拒捕」二條，與《唐律疏義》相合，疑其嘗見唐律也。

合刻管韓二子書

張萱等《内閣藏書目録・子部》《合刻管韓二子書》二十册。全。

學治臆説

張之洞《書目答問・法家》《學治臆説》二卷。汪輝祖。托氏刻本。讀畫齋本。

二書合刻有阮氏本、武昌局本、貴陽官本。

名家部

論述

《漢書・藝文志・名家類序》 名家者流，蓋出於禮官。古者名位不同，禮亦異數。孔子曰：「必也正名乎！名不正則言不順，言不順則事不成。」此其所長也。及警者爲之，則苟鉤〔鈲〕析亂而已。

《隋書・經籍志・名家類序》 名者，所以正百物，叙尊卑，列貴賤，各控名而責實，無相僭濫者也。《春秋傳》曰：「古者名位不同，節文異數。」孔子曰：「名不正則言不順，言不順則事不成。」《周官》，宗伯「以九儀之命，正邦國之位，辨其名物之類」，是也。拘者爲之，則苛察繳繞，滯於析辭而失大體。

焦竑《國史經籍志・名家類序》 名家之凡三，有命物之名，有毁譽之名，有况謂之名。蓋古者名位不同，事實亦異。孔子曰：「必也正名乎！名不正則言不順，言不順則事不成。」論治者不覈其名實，御衆課功，反上浮淫而詘功實，難以爲國矣。晉魯勝曰：荀卿、莊周皆非毁名家而不能易其論。有以也，至舛駁不中之失，並見於篇，俟博雅者折衷焉。

錢東垣等輯《崇文總目・名家類序》 名家者流，所以辨覈名實，流别等威，使上下之分不相踰也。仲尼有云「必也正名乎」。言爲政之大本，不可不正者也。見《歐陽文忠公集》。

雜録

《漢書・藝文志・名家》 右名七家，三十六篇。

《隋書・經籍志・名家》 右四部，合七卷。

《舊唐書・經籍志・名家》 右名家十二部，凡五十六卷。

《新唐書・藝文志・名家類》 右名家類十二家，十二部，五十五卷。趙武孟以下不著録三家，二十三卷。

馬端臨《文獻通考・經籍考・名家》 《漢志》：七家，三十六篇。《隋志》：四部，七卷。《唐志》：十二家，十二部，五十五卷。《宋三朝志》：五部，一十八卷。

《宋史・藝文志・名家類》 右名家類五部，八卷。

錢東垣等輯《崇文總目・名家類》 共五部，計一十卷。

綜述

鄧析子

《漢書・藝文志・名家》 《鄧析》二篇。鄭人，與子産並時。

《隋書・經籍志・名家》 《鄧析子》一卷。析，鄭大夫。

《舊唐書・經籍志・名家》 《鄧析子》一卷。鄧析撰。

《新唐書・藝文志・名家類》 《鄧析子》一卷。

鄭樵《通志・藝文略・名家》 《鄧析子》一卷。戰國時鄭大夫。

晁公武《郡齋讀書志・名家類》 《鄧析子》二卷。右《鄧析》二篇。文字訛闕，或以「繩」爲「澠」，以「巧」爲「功」，頗爲是正其謬，且撮其旨意而論之。曰：先王之世，道德修明，以仁爲本，以義爲輔。誥命謨訓則著之《書》，諷頌箴規則寓之《詩》，《禮》、《樂》以彰善，《春秋》以懲惡，其始雖若不同而其歸則合。猶天地之位殊而育物之化均，寒暑之氣異而成歲之功一，豈非出於道德而然邪！自文、武既没，王者不作，道德晦昧於天下而仁義幾乎熄。百家之説蠭起，各求自附於聖人，而不見夫道之大全，以其私知臆説，譁世而惑衆。故九流皆出於晚周，其書各有所長而不能無所失。其長蓋或有見於聖人，而所失蓋各奮其私知，故明者審取舍之而已。然則析之書豈可盡廢哉！《左傳》曰：「駟歂殺析而用其《竹刑》。」班固録析書於名家之首，則析之學，蓋兼名、法家也。今其大旨訐而刻，真其言也，無可疑者。而其間時勦取他書，頗駁雜不倫，豈後人附益之歟？

高似孫《子略》卷三 《鄧析子》。劉向曰：非子産殺鄧析，推《春秋》驗之。按：《左氏・魯定公八年》，鄭駟歂嗣子太叔爲政，明年，殺鄧析而用其竹刑。君子謂騶歂於是爲不忠，考其行事，固莫能詳。觀其立言，其曰「天於人無厚，君於民無厚」，又曰「勢者君之輿，威者君之策」，其意義蓋有出於申、韓之學者矣。班固《藝文志》乃列之名家。《列子》固嘗言其「操兩歧之説，設無窮之辭，數難子産之治，而子産誅之」。蓋《列》與《左氏》異矣。荀子又言其「不法先王，不是禮義，察而不惠，辯而無用」，則亦流於申、韓矣。夫《傳》者乃曰歂殺鄧析，是爲不忠，鄭以衰弱。夫鄭之所以爲國者，有若裨諶草創之，世叔討論之，東里子産潤色之，庶幾於古矣。子産之告太叔曰：「有德者能以寬服人，其次莫如猛。」子産，惠人也。固已不純乎德，他何足論哉？不止竹刑之施，而民懼且駭也。嗚呼！春秋以來，列國棊錯，不以利勝，則以威行。與其民蹂躪於争抗侵凌之域，豈復知所謂仁漸義摩者，其民苦矣。固有惠而不知爲政者，豈不賢於以薄爲度，以威爲神乎？析之見殺，雖歂之過，亦鄭之福也。

陳振孫《直齋書録解題·名家類》《鄧析子》二卷。鄭人鄧析。《左氏傳》鄭駟歂嗣子太叔爲政，殺鄧析，而用其竹刑，即此人也。《列子》、《荀子》以爲子産所殺，顔師古辨之矣。

《宋史·藝文志·名家類》《鄧析子》二卷。鄭人。

楊士奇等《文淵閣書目·子書》《鄧析子》。一部，一册。闕。

《鄧析子》。一部，一册。完全。

高儒《百川書志·名家》《鄧析子》二卷。戰國時人鄧析撰。

范邦甸等《天一閣書目·法家類》《鄧析子》二卷。刊本。周鄧析撰。《左傳·定公八年》：駟歂爲政。明年，殺鄧析而用其竹刑，即是書也。睢陽朱夏日南書後。

王世貞《讀書後》卷五《讀鄧析子》。《鄧析子》五篇。鄧析子，鄭人也。或云數難子産之政，子産戮之。按：《左氏》：駟歂嗣子太叔爲政，始殺析。其人不足論，其文辭戰國策士倪耳。循名責實，察法立威，先申、韓而鳴者也。至謂天於人、父於子、兄於弟，俱無厚者，何哉？先王之用刑也，本於愛。析之用刑也，本于無厚。於乎誅晚矣。《轉辭篇》「與智者言依于辯」數語同《鬼谷子》，豈後人傅其旨，苟益其辭也邪？要之小人之言，往往出于機心之發，故不甚相遠耳。《吕氏春秋》記析嘗教獲溺屍者購逆屍者，交勝而不可窮。固市井舞文之魁也。孰謂駟歂失刑哉？

徐𤊹《徐氏家藏書目·諸子類》《鄧析子》一卷。

《四庫全書總目提要·法家類》《鄧析子》一卷。少詹事陸費墀家藏本。周鄧析撰。析，鄭人。《列子·力命》篇曰：「鄧析操兩可之説，設無窮之詞。子産執政，作竹刑，鄭國用之，數難子産之治。子産屈之。子産執而戮之，俄而誅之。」劉歆奏上其書，案：高似孫《子略》誤以此奏爲劉向，今據《書録解題》改正。則曰：「於《春秋左氏傳》昭公二十年而子産卒，子太叔嗣爲政。定公八年，太叔卒，駟歂嗣爲政。明年，乃殺鄧析，而用其竹刑。」然則《列子》爲誤矣。其書《漢志》作二篇，今本仍分《無厚》、《轉辭》二篇，而併爲一卷。然其文節次不相屬，似亦掇拾之本也。其言如天於人無厚，君於民無厚，父於子無厚，兄於弟無厚，勢者君之輿，威者君之策，則其旨同於申、韓。如令煩則民詐，政擾則民不定，心欲安静，慮欲深遠，則其旨同於黄、老。然其大旨主於勢，統於尊，事覈於實，於法家爲近。故竹刑爲鄭所用也。至於「聖人不死，大盜不止」一條，其文與《莊子》同。析遠在莊子以前，不應預有勦説，而《莊子》所載又不云鄧析之言。或篇章殘闕，後人摭莊子以足之歟？

錢東垣等輯《崇文總目·名家類》《鄧析子》一卷。鄧析子戰國時人。《漢志》二篇。初析著書四篇，劉歆有目一篇，凡五。歆復校爲二篇。見《文獻通攷》。

張之洞《書目答問·周秦諸子》《鄧析子》一卷。《指海》本。法。

姚振宗輯《七略别録佚文·名家》《鄧析》二篇。中鄧析書四篇，臣敘書一篇。按：《崇文總目》：「臣敘」似「臣歆」之譌。凡中外書五篇，以相校，除復重爲一篇，皆定殺青而書可繕寫也。鄧析者，鄭人也。好刑名，操兩可之説，設無窮之辭。當子産之世，數難子産爲政。記或云子産執而戮之。於《春秋左氏傳》昭公二十年而子産卒，子太叔嗣爲名政。定公八年，太叔卒。駟歂嗣爲政，明年，乃殺鄧析，而用其竹刑。君子謂：子然於是乎不忠，苟有可以加於國家，棄其邪可也。《静女》之三章，取彤管焉。《竿旄》何以告之，取其忠也。故用其道，不棄其人。《詩》之「蔽芾甘棠，勿翦勿伐，召伯所茇」，思其人，猶愛其樹也。況用其道，不恤其人乎？子然無以勸能矣。竹刑，簡法也，久遠世無其書。子産卒後二十年而鄧析死。傳説或稱子産誅鄧析，非也。按：《列子·力命》篇、《吕覽·離謂》篇及《孫卿書》皆有是説，故別録引《左氏傳》辨之。其論無厚者，言之異同，與公孫龍同類。謹第上。《鄧析子》明刊本。

馬總《意林》：劉向云非子産殺鄧析，推《春秋》驗之。按此馬總引《別録》而約畧其辭。

《崇文總目》：《鄧析子》、《漢志》二篇。初析著書四篇，劉歆有目一篇。按「目有」似「自有」之譌。凡五篇，歆復校爲二篇。按此《崇文目》據舊本《敘録》之説。

姚振宗《漢書藝文志條理・名家》《鄧析》二篇。鄭人，與子産並時。

《左氏傳・定公九年》：鄭駟歂殺鄧析而用其竹刑。杜預曰：鄧析，鄭大夫。欲改鄭所鑄舊制，不受君命而私造刑法書之于竹簡，故云竹刑。孔穎達曰：昭六年，子産鑄刑書于鼎。今鄧析別造竹刑，明是改鄭所鑄舊制。若用君命遣造，則是國家法制，鄧析不得獨專其名，知其不受君命而私造刑書，書之于竹，謂之竹刑。駟歂用其刑書，則其法可取，殺之不爲作此書也。下云「棄其邪可也」，則鄧析不當私作刑書而殺，蓋別有當死之罪，駟歂不矜免之耳。

《列子・仲尼》篇：鄭之圃澤多賢，東里多才。圃澤有伯豐子者，行過東里，遇鄧析。張湛注曰：鄧析，鄭國辯智之士，執兩可之說，而時無抗者，作竹書，子産用之也。案：此則鄧析鄭之東里人，與子産同鄉里者也。

劉向《別録》：臣所校，中鄧析書四篇，臣敘書一篇。案：「臣敘」據《崇文總目》似「臣歆」之譌。凡中外書五篇，以相校，除復重爲一篇，皆定殺青而書可繕寫也。鄧析者，鄭人也，好刑名，操兩可之說，設無窮之辭。當子産之世，數難子産之治。記或云子産起而戮之。于《春秋左氏傳》昭公二十年而子産卒，子太叔嗣爲政。定公八年，太叔卒，駟歂嗣爲政。明年，乃殺鄧析而用其竹刑。君子謂：子然于是乎不忠，苟有可以加于國家，棄其邪可也。《静女》之三章，取彤管焉，《竿旄》何以告之，取其忠也。故用其道，不棄其人。《詩》之「蔽芾甘棠，勿翦勿伐，召伯所茇」，思其人，猶愛其樹也。況用其道，不恤其人乎？子然無以勸能矣。以上皆引《左氏傳》文。非也。案：《列子・力命》、《吕覽・離謂》及《孫卿書》皆有是說，故《別録》引《左氏傳》辯之。竹刑，簡法也，久遠世無其書。子産卒後二十年而鄧析死。傳說或稱子産誅鄧析，其論無厚者，言之異同，與公孫龍同類。謹第上。《意林》引劉向云：非子産殺鄧析，推《春秋》驗之。

《隋書・經籍志》：《鄧析子》一卷。析，鄭大夫。《唐經籍志》：《鄧析子》一卷，鄧析撰。《唐藝文志》：《鄧析子》一卷。《宋史・藝文志》：《鄧析子》二卷。鄭人。

《崇文總目》：鄧析子，戰國時人。案：「戰國」當爲「春秋」。《漢志》二篇，初析著書四篇，劉歆有目有一篇，案「目有」似「自有」之譌。凡五篇，歆復校爲二篇。

晁氏《讀書志》曰：析之學，蓋兼名法家，今其書大旨訐而刻。真其言也。而其間時剿取他書，頗駁雜不倫，豈後人附益之歟？

王氏《考證》：今《無厚》、《轉辭》二篇，韓非子曰「堅白無厚之辭章，而憲令之法息」。《淮南鴻烈》曰：鄧析巧辯而亂法。《荀子・非十二子》與惠施並言。

四庫雜家《提要》曰：《漢志》作二篇。今本仍分《無厚》、《轉辭》二篇，而併爲一卷。然其文節次不相屬，似亦掇拾之本也。其言頗同于申、韓，亦頗同于黄、老。其大旨主于勢統于尊，事覈于實，于法家爲近，故竹刑爲鄭所用也。至于「聖人不死，大盜不止」一條，其文與《莊子》同。析遠在莊子以前，不應預有剿說。而《莊子》所載又不云《鄧析》之言，或篇章殘闕，人摭莊子以足之歟？

嚴可均校本序曰：《漢志》名家，《鄧析》二篇。《隋志》、舊新唐《志》皆一卷。《意林》一卷二篇。《崇文總目》言劉歆校爲二篇。今本二篇即歆所分，而前有劉向奏稱「除復重爲一篇」者，蓋歆書冠以向奏，唐本相承如此也。或言此奏當爲歆作，知不然者，《意林》及楊倞注《荀子》，皆云向不云歆也。先秦古書，佚失者多，《鄧析》幸而僅存。即言不盡醇，要各有所見，自成一家。《左氏》好惡，合于聖人，而于鄧析比之《静女》彤管，召伯《甘棠》，或非過譽。流傳久遠，轉寫多訛，因據各書引見，改補五十餘事。疑者闕之。舊三十二章，今合并爲三十一章，節次或不相屬，而詞恉完具。各書徵引尟出此外，唯《御覽》八十苻子引《鄧析》言曰：「古詩云堯舜至聖身如脯臘，桀紂無道肌膚二尺」，今本無之。當是佚敓，或如《吕氏春秋》、《淮南》所載元不在二篇中，亦未可知也。

惠子

《漢書・藝文志・名家》《惠子》一篇。名施，與莊子並時。

姚振宗《漢書藝文志條理・名家》《惠子》一篇。名施，與莊子並時。《莊子・天下》篇：惠施多方，其書五車，其道舛駁，其言也不中。又曰：惠施日以知與人之辯，卒以善辯爲名。

《荀卿・非十二子》篇：不法先王，不是禮義，而好治怪說，玩琦辭，甚察而不惠，辯而無用，多事而寡功，不可以爲治綱紀。然而其持之有故，其言之成理，足以欺惑愚衆，是惠施、鄧析也。

《吕氏春秋・淫辭》篇：惠子爲魏惠王爲法。爲法已成，以示諸民人，民人皆善之。獻之惠王，惠王善之。高誘曰：惠王，孟子所見梁惠王也。惠施宋人也，仕魏爲惠王相也。

本書《人表》惠施列第六等中下。梁玉繩曰：惠施始見《楚魏策》、《莊子・天下》、《荀子・不苟》、《非十二子》。「惠」又作「慧」。亦曰「惠公」，亦曰「惠子」。宋人，爲魏惠王相。惠王請令周太史更著其名爲仲父，墓在滑州。鄭樵《氏族略》：惠氏，姬姓。周惠王支孫，以謚爲氏。戰國有惠施，爲梁相。

王氏《考證》：西山真氏曰：莊生所述諸子，墨翟、禽滑釐其一也；宋鈃、尹文其二也；彭蒙、田駢、慎到其三也；關尹、老聃其四也；莊周其五也；惠施其六也。異端之盛，莫甚于此時。

馬國翰輯本序曰：《戰國策》魏惠王、襄王、哀王皆紀其事言，則爲相在惠襄之世，至哀王時猶存也。《漢志》名家《惠子》一篇。隋、唐《志》皆不著。目佚已久。兹從羣書所引輯録十四節。

尹文子

《漢書・藝文志・名家》　《尹文子》一篇。說齊宣王。先公孫龍。

《隋書・經籍志・名家》　《尹文子》二卷。尹文，周之處士，遊齊稷下。

《舊唐書・經籍志・名家》　《尹文子》二卷。尹文子撰。

《新唐書・藝文志・名家類》　《尹文子》一卷。

鄭樵《通志・藝文略・名家》　《尹文子》二卷。尹文，周之處士，遊齊稷下。

晁公武《郡齋讀書志・名家類》　《尹文子》二卷。右周尹文撰，仲長氏所定。序稱文當齊宣王時居稷下，學於公孫龍，龍稱之。而前漢《藝文志》敍此書在龍書上。顔師古謂嘗説齊宣王，在龍之前。《史記》云公孫龍客於平原君，尹相趙惠文王，文王元年，齊宣殁已四十餘歲矣。則知文非學於龍者也。今觀其書，雖專言刑名，然亦宗六藝，數稱仲尼，其叛道者蓋鮮。豈若龍之不宗賢聖，好怪妄言哉！李獻臣云：「仲長氏，統也。熙伯，繆襲字也。」《傳》稱統卒於獻帝遜位之年，而此云「黄初末到京師」，豈史之誤乎？此本富順李氏家藏者，謬誤殆不可讀，因爲是正其甚者，疑則闕焉。

洪邁《容齋題跋》卷一　《跋尹子》。《尹文子》文僅五千言，議論亦非純本黄、老者，詳味其言，頗流而入於兼愛。《莊子》末序天下之治方術者，曰：「不累於俗，飾於物，不苟於人，不忮於衆，願天下之安寧以活民命，人我之養畢足而止，以此白心，古之道術有在於是者。宋鈃、尹文聞其風而悦之，作爲華山之冠以自表。雖天下不敢，强聒而不舍者也。其爲人太多，其自爲太少。」蓋亦盡其學云。荀卿《非十二子》有宋鈃，而文不預。又别一書曰《尹子》，五卷，共十九篇。其言論膚淺，多及釋氏，蓋晉、宋時細人所作，非此之謂也。

高似孫《子略》卷三　《尹文子》。班固《藝文志》名家者流，録《尹文子》。其書言大道，又言名分，又言仁義禮樂，又言法術權勢，大略則學老氏而雜申、韓也。其曰：「民不畏死，由過於刑罰者也。刑罰中則民畏死，畏死則知生之可樂，知生之可樂，故可以死懼之。」此有希於老氏者也。又有不變之法，齊等之法，理衆之法，平準之法，引有合於申、韓。然則其學雜矣，其學淆矣，非純乎道者也。仲長統爲之序，以子學於公孫龍。按龍客于平原君，趙惠文王時人也。齊宣王死，下距趙王之立四十餘年矣，則子之先於公孫龍爲甚明，非學乎此者也。晁氏嘗稱其「宗六藝，數稱仲尼」。熟考其書，未見所以稱仲尼、宗六藝者，僅稱誅少正卯一事耳。嗚呼！士之生於春秋、戰國之間，其所以熏烝染習，變幻捭闔，求騁於一時，而圖其所大欲者，往往一律而同歸。其能屹立中流，一掃羣異，學必孔氏，言必六經者，孟子一人而已。

陳振孫《直齋書録解題・名家類》　《尹文子》三卷。案：《宋史・藝文志》作一卷，《文獻通攷》作二卷。

齊人尹文撰。《漢志》齊宣王時人，先公孫龍。今本稱仲長氏撰定，魏黄初末得於繆熙伯；又言與宋鈃、田駢同學於公孫龍，則不然也。龍書稱尹文乃借文對齊宣王語，以難孔穿，其人當在龍先。班《志》言之是矣。仲長氏，即統也耶？熙伯名襲。

馬端臨《文獻通考・經籍考・名家》　《尹子》二卷。

周氏《涉筆》曰：尹文子，稷下能言者。劉向謂其學本莊、老。其書先自道以至名，自名以至法，以名爲根，以法爲柄。芟截文義。操制深實，必謂聖人無用於救時，而治亂不係於賢不肖。蓋所謂尊主權，聚民食，以富貴貧賤斡動宇宙，其爲法則然。蓋申、商、韓非所共行也。老子曰：「以正治國，以奇用兵，以無事取天下。」無事云者，翕張與奪，老氏所持術也。尹文子説之，以爲用名法權術，而矯抑殘暴之情，則已無事焉，已無事則得天下。然則猶未識老氏所謂道也。

《宋史・藝文志・名家類》　《尹文子》一卷。齊人。

高儒《百川書志・名家》　《尹文子》二卷。周尹文撰。篇名大道。

王世貞《讀書後》卷一　《讀尹文子》。《尹文子》非僞書，其言刑名者，真能言刑名家者也。所謂智巧皆當與衆共之，獨行之賢，不足以成化；獨能之事，不足以周務。出羣之辨，不可爲户説；絶衆之勇，不可以征陣。是以聖人任道以夷其險，立法以理其差。使賢愚不相棄，能鄙不相遺。能鄙不相遺，則能鄙齊功。賢愚不相棄，則賢愚等慮。此名語也，他所證多諸家書，頗覈而不倍道，故存之。

《四庫全書總目提要·雜家類》 《尹文子》一卷。兩江總督採進本。周尹文撰。前有魏黄初末山陽仲長氏序，稱條次撰定爲上、下篇。《文獻通考》著録作二卷。此本亦題《大道上篇》、《大道下篇》，與序文相符，而通爲一卷。蓋後人所合併也。《莊子·天下》篇以尹文、田駢並稱。顔師古注《漢書》謂齊宣王時人。考劉向《説苑》載文與宣王問答，顔蓋據此。然《吕氏春秋》又載其與湣王問答事，殆宣王時稷下舊人，至湣王時猶在歟？其書本名家者流。大旨指陳治道，欲自處於虚静，而萬事萬物則一一綜核其實。故其言出入於黄、老、申、韓之閒。周氏《涉筆》謂其「自道以至名，自名以至法」，蓋得其真。晁公武《讀書志》以爲誦法仲尼，其言誠過，宜爲高似孫《緯略》所譏。然似孫以儒理繩之，謂其淆雜，亦爲未允。百氏争鳴，九流並列，各尊所聞，各行所知，自老、莊以下，均自爲一家之言。讀其文者，取其博辨閎肆足矣，安能限以一格哉！序中所稱熙伯，蓋繆襲之字。其「山陽仲長氏」不知爲誰？李淑《邯鄲書目》以爲仲長統。然統卒於建安之末，與所云「黄初末」者不合。晁公武因此而疑史誤，未免附會矣。

錢東垣等輯《崇文總目·名家類》 《尹文子》二卷。

張金吾《愛日精廬藏書志·名家類》 古迂陳氏家塾《尹文子》二卷。宋刊本。周人尹文子著。伏讀《欽定四庫全書總目》曰：尹文子《文獻通考》著録作二卷。此本通爲一卷，蓋後人所合併也。是本分上下二卷，猶是原書舊第，可貴也。魏山陽仲長氏序。黄初末。殘闕。

張之洞《書目答問·周秦諸子》 《尹文子》一卷，附校勘記，遺文。守山閣本。又湖海樓本。又金壺本。名。

姚振宗輯《七略别録佚文·名家》 《尹文子》一篇。尹文子與宋鈃，俱游稷下。嚴本。馬本。

其學本於黄老，大較刑名家也。居稷下，與宋鈃、彭蒙、田駢等同學於公孫龍。宋《中興書目》引劉向，見《玉海》。又山陽仲長氏尹文子序引劉向。

姚振宗《漢書藝文志條理·名家》 《尹文子》一篇。説齊宣王，先公孫龍。

《莊子·天下》篇：不累于俗，不飾于物，不苟于人，不忮于衆，願天下之安寧以活民命，人我之養畢足而止，以此白心。古之道術有在于是者，宋鈃、尹文聞其風而悦之。作爲華山之冠以自表。崔譔曰：尹文，齊宣王時人。著書一篇，華山上下均平，作冠象之，表己心均平也。

《世本·氏姓》篇：尹文氏，齊有尹文子，著書五篇。張澍輯注曰：澍案：高誘《〈吕氏春秋〉注》：尹文，齊人。作《名書》一篇。

《吕氏春秋·正名》篇：尹文見齊王。高誘曰：尹文，齊人，作《名書》一篇。在公孫龍前，公孫龍稱之。

劉向《别録》曰：尹文子與宋鈃俱游稷下。宋《中興書目》曰：尹文子，齊人。劉向以其學本于黄老，居稷下，與宋鈃、彭蒙、田駢等同學于公孫龍。又王氏《考證》引洪氏曰：劉歆云其學本于黄、老。案：此引向歆云云，似皆本録略之文。

本書《人表》尹文子列第四等中上。梁玉繩曰：尹文子始見本書《藝文志》，亦曰《尹文》。齊宣王時人。尹文，複姓。《〈廣韻〉注》、《列子·周穆王》篇有尹文先生，豈其先歟？

馬總《意林》：山陽仲長氏序云：文子出于周之尹氏，齊宣王時居稷下。余黄初末始到京師，繆熙伯以此書見示，聊定之。《中興書目》曰：魏黄初末，山陽仲長氏得其書，始詮次爲上下二篇。

《文心雕龍·諸子》篇：情辯以澤，文子擅其能；辭約而精，尹文得其要。

《隋書·經籍志》：《尹文子》二卷。尹文，周之處士，游齊稷下。《唐經籍志》：《尹文子》二卷。尹文子撰。《唐藝文志》：《尹文子》一卷。《宋史·藝文志》：《尹文子》一卷。齊人。鄧名世《古今姓氏書辯證》：尹文氏，齊定公時有尹文先生，即考成子從之學幻者。《漢志》名家有尹文子説齊宣王時事，在公孫龍前，劉向云與宋鈃俱游稷下者。

四庫雜家《提要》曰：前有魏黄初末山陽仲長氏序，稱條次撰定爲上、下篇。此本亦題《大道上篇》、《大道下篇》，與序文相符，而通爲一卷。蓋後人所合并也。《莊子·天下》篇以尹文、田駢並稱。顔師古注《漢書》謂齊宣王時人。考劉向《説苑》載文與宣王問答，顔蓋據此。然《吕氏春秋》又載其與湣王問答事，殆宣王稷下舊人，至湣王時猶在歟？其書本名家者流。大旨指陳治道，欲自處于虚静，而萬事萬物則一一綜覈其實。故其言出入于黄、老、申、韓之間。周氏《涉筆》謂其「自道以至名，自名以至法」，蓋得其實。

尹文子全書

祁承㸁《澹生堂藏書目・名家》《尹文子全書》一册。二卷。《别六子全書》本、《子彙》本。

公孫龍子

《漢書・藝文志・名家》《公孫龍子》十四篇。趙人。

《舊唐書・經籍志・名家》《公孫龍子》三卷。公孫龍撰。

《新唐書・藝文志・名家類》《公孫龍子》三卷。

鄭樵《通志・藝文略・名家》《公孫龍子》一卷。戰國時人，舊十四篇，今亡八篇。

趙希弁《讀書附志・諸子類》《公孫龍子》三卷。右《唐藝文志》列于名家，陳嗣古、賈大隱皆嘗爲之註，今不辨矣。《孔叢子》第四卷有《公孫龍子》一篇。

陳振孫《直齋書録解題・名家類》《公孫龍子》三卷。趙人公孫龍爲白馬非馬，堅白之辨者也。其爲説淺陋迂僻，不知何以惑當時之聽。《漢志》十四篇，案：《漢書・藝文志》六十四篇，此云十四篇，誤。今書六篇。首敍孔穿事，文意重複。

《宋史・藝文志・名家類》《公孫龍子》一卷。趙人。

楊士奇等《文淵閣書目・子書》《公孫龍子》。一部，一册。闕。

高儒《百川書志・名家》《公孫龍子》一卷。

《四庫全書總目提要・雜家類》《公孫龍子》三卷。兩江總督採進本。周公孫龍撰。案《史記》，趙有公孫龍，爲堅白異同之辨。《漢書・藝文志》：龍與毛公等並游平原君之門，亦作趙人。高誘註《吕氏春秋》，謂龍爲魏人，不知何據。《列子釋文》：龍字子秉。莊子謂惠子曰：儒、墨、楊、秉四，與夫子爲五。秉即龍也。據此，則龍當爲戰國時人。司馬貞《索隱》謂龍即仲尼弟子者，非也。其書《漢志》著録十四篇，至宋時八篇已亡。今僅存《跡府》、《白馬》、《指物》、《通變》、《堅白》、《名實》凡六篇。其首章所載與孔穿辨論事，《孔叢子》亦有之，謂龍爲穿所絀。而此書又謂穿願爲弟子，彼此互異。蓋龍自著書，自必欲伸己説。記載不同，不足怪也。《孔叢》僞本，出於晉、漢之間，朱子以爲孔氏子孫所作，自必欲伸其祖説。其書大旨疾名器乖實，乃假指物以混是非，借白馬而齊物我，冀時君有悟而正名實。故諸史皆列於名家。《淮南鴻烈解》稱：「公孫龍粲於辭而貿名。」揚子《法言》稱：「公孫龍詭辭數萬。」蓋其持論雄贍，實足以聳動天下，故當時莊、列、荀卿並著其言，爲學術之一。特品目、稱謂之間，紛然不可數計。龍必欲一一核其真，而理究不足以相勝，故言愈辨而名實愈不可正。然其書出自先秦，義雖恢誕，而文頗博辨。陳振孫《書録解題》概以淺陋迂僻譏之，則又過矣。明鍾惺刻此書，改其名爲《辨言》，妄誕不經。今仍從《漢志》，題爲《公孫龍子》。又鄭樵《通志略》載此書，有陳嗣古註、賈士隱註各一卷，今俱失傳。此本之註，乃宋謝希深所撰。前有《自序》一篇。其註文義淺近，殊無可取。以原本所有，姑併録焉。

錢東垣等輯《崇文總目・名家類》《公孫龍子》一卷。

張之洞《書目答問・周秦諸子》《公孫龍子》三卷。守山閣本。金壺本。明梁杰訂本。名。

姚振宗輯《七略别録佚文・名家》《公孫龍子》十四篇。公孫龍持白馬之論以度關。嚴本，馬本。

齊使鄒衍過趙，平原君見公孫龍及其徒綦母子之屬，論「白馬非馬之辨」以問鄒子。鄒子曰：「不可。彼天下之辨有五勝三至，而辭正爲下。辨者，别殊類使不相害，序異端使不相亂，抒意通指，明其所謂，使人與知焉。不務相迷也。故勝者不失其所守，不勝者得其所求。若是故辨可爲也。及至煩文以相假，飾辭以相惇，巧譬以相移，引人聲使不得及其意，如此，害大道。夫繳紛争言而競後息，不能無害君子。」坐皆稱善。嚴本。馬本。

姚振宗《漢書藝文志條理・名家》《公孫龍子》十四篇。趙人。《列子・仲尼》篇：樂正子輿曰：公孫龍之爲人也，行無師，學無友，佞給而不中，漫衍而無家，好怪而妄言，欲惑人之心，屈人之口，與韓檀等肄之。張湛注曰：韓檀，人姓名，共習其業。莊子云：桓國公孫龍能勝人之口，不能服人之心，辯者之固。按《莊子・天下》篇：「桓國」作「桓團」。成玄英疏曰：姓桓，名團。按：「桓團」亦即列子之韓檀也。

《史・孟荀列傳》：趙亦有公孫龍，爲堅白同異之辯。又《平原君列傳》：平原君厚待公孫龍。公孫龍善爲堅白之辯。及鄒衍過趙，言至道，乃絀公孫龍。

劉向《別録》曰：齊使鄒衍過趙，平原君見公孫龍及其徒綦毋子之屬，論「白馬非馬之辯」以問鄒子。鄒子曰：「不可。彼天下之辯有五勝三至，而辭正爲下。辯者，別殊類使不相害，序異端使不相亂，抒意通指，明其所謂，使人與知焉。不務相迷也。故勝者不失其所守，不勝者得其所求。若是故辯可爲也。及至煩文以相假，飾辭以相惇，巧譬以相移，引人聲使不得及其意，如此，害大道。夫繳紛爭言而競後息，不能無害君子。」坐皆稱善。又曰：「公孫龍持白馬之論以度關。」

按《韓詩外傳》亦有此文，在《別録》之前，而字句或異。

本書《人表》，公孫龍居第六等中下。梁玉繩曰：始見《趙策》、《列子・仲尼》、《莊子・秋水》、《天下》。字子秉，趙人。《文心雕龍・諸子》篇：公孫之白馬孤犢，辭巧理拙，魏牟比之鴞鳥，非妄貶也。

《隋書・經籍志》道家：《守白論》一卷。不著撰人。蓋即是書。《唐經籍志》：《公孫龍子》三卷。公孫龍撰。《唐藝文志》：《公孫龍子》三卷。《宋史・藝文志》：《公孫龍子》一卷。趙人。

陳氏《書録解題》：對公孫龍謂白馬非馬、堅白之辯。其爲説淺陋迂僻，不知何以惑當時之聽。《漢志》十四篇，今書六篇首敍孔穿事，文意重複。

王氏《考證》：《淮南鴻烈》曰：公孫龍粲于辭而貿名。揚子曰：公孫龍詭辭數萬。東萊呂氏曰：《告子》：彼長而我長之，彼白而我白之，斯言也。蓋堅白同異之祖。《孟子》累章辯析，歷舉玉、雪、羽、馬、人五白之説，借其矛而伐之，而其技窮。

四庫雜家《提要》曰：《漢志》著録十四篇，至宋亡八篇。今僅存《跡府》、《白馬》、《指物》、《通變》、《堅白》、《名實》凡六篇。其書大旨疾名器乖實，乃假指物以混是非，借白馬而齊物我，冀時君有悟而正名實。故諸史皆列于名家。《淮南鴻烈》稱：「公孫龍粲于辭而貿名。」揚子《法言》稱：「公孫龍詭辭數萬。」蓋其持論雄贍，實足以聳動天下，故當時莊、列、荀卿並著其言，爲學術之一。特品目、稱謂之間，紛然不可數計。龍必欲一一核其真，而理究不足以相勝。故言愈辯而名實愈不可正。然其書出自先秦，義雖詼誕，而文頗博辯。陳振孫概以淺陋迂僻譏之，則又過矣。

公孫龍子注

《舊唐書・經籍志・名家》《公孫龍子》一卷。賈大隱注。

《新唐書・藝文志・名家類》賈大隱注《公孫龍子》一卷。

鄭樵《通志・藝文略・名家》《公孫龍子》一卷。賈大隱注。

公孫龍子注

《舊唐書・經籍志・名家》《公孫龍子》一卷。陳嗣古注。

《新唐書・藝文志・名家類》陳嗣古注《公孫龍子》一卷。

鄭樵《通志・藝文略・名家》《公孫龍子》一卷。陳嗣古注。

公孫龍子注

高儒《百川書志・名家》《公孫龍子註》一卷。趙人公孫龍撰。凡六篇，未詳註人姓名。

彭蒙書

姚振宗《漢書藝文志拾補・名家》《彭蒙書》數篇。《莊子・天下》篇曰：彭蒙、田駢、慎到聞其風而悦之。成玄英疏曰：姓彭，名蒙。姓田，名駢。姓慎，名到。並齊之隱士。俱游稷下，各著書數篇。

德清俞樾《莊子人名考》曰：彭蒙，《釋文》無説，據下文是田駢之師。《意林》引《尹文子》有彭蒙曰：雉兔在野，衆皆逐之，分未定也。雞、豕滿市，莫有志者分定故也。

《玉海・藝文》:《中興書目》曰:尹文子,齊人。劉向以其學本於黃、老,居稷下,與宋鈃、彭蒙、田駢等同學於公孫龍。

按:《藝文志》尹文子條:顔師古曰:劉向云:「與宋鈃俱游稷下。」蓋節引《別録》文。《中興目》引劉向較詳,亦《別録》文也。《尹文子》、《公孫龍子》並在名家。《意林》引尹文述彭蒙語亦名家言,知《彭蒙書》當屬名家。

生　封

姚振宗《漢書藝文志拾補・名家》《生封》一篇。《汲冢竹書》。束皙《竹書篇目》曰:《生封》一篇。帝王所封。

按:此不知言封建,言封爵,言封禪,或是升封。因音聲相近而誤歟?

成公生

《漢書・藝文志・名家》《成公生》五篇。與黃公等同時。

姚振宗輯《七略別録佚文・名家》《成公生》五篇。成公生與李斯、子由同時,由爲三川守,成公生游説談不仕。嚴本。馬本。

姚振宗《漢書藝文志條理・名家》《成公生》五篇。與黃公等同時。劉向《別録》曰:成公生與李斯、子由同時,由爲三川守,成公生游談不仕。一引仕作「住」。

鄭樵《氏族略》曰:以爵謚爲氏者有成公氏,姬姓。衛成公之後,以謚爲氏。鄧名世《古今姓氏書辯證》:成公氏,李利涉《編古命氏》曰出自姬姓,周昭王子成公男之後。《漢藝文志》有《成公生》。與李斯子由同時,而不仕。

按此條班氏注與黃公等同時,明是在黃公之前,惠子之前。今列惠子之前,似寫者顛倒亂之。

黃　公

《漢書・藝文志・名家》《黃公》四篇。名疵,爲秦博士,作歌詩,在秦時歌詩中。

姚振宗《漢書藝文志條理・名家》《黃公》四篇。名疵,爲秦博士,作歌詩,在秦時歌詩中。《廣韻》一東公字注:又複姓。秦有博士黃公庇。按:此作「庇」,似刊誤也。

按《秦始皇本紀》:三十六年,使博士爲仙真人詩,及行所游天下,傳令樂人歌弦之。黃公疵爲博士,蓋即是時也。

毛　公

《漢書・藝文志・名家》《毛公》九篇。趙人,與公孫龍等並游平原君趙勝家。

姚振宗輯《七略別録佚文・名家》《毛公》九篇。毛公論堅白、同異,以爲可以治天下。此蓋《史記》所云「藏於博徒」者。馬本。

姚振宗《漢書藝文志條理・名家》《毛公》九篇。趙人,與公孫龍等並游平原君趙勝家。《史・信陵君列傳》:魏公子無忌者,魏昭王少子也。公子既矯魏王令,奪晉鄙軍存趙。獨與客留趙。聞趙有處士毛公藏于博徒,薛公藏于賣漿家。公子欲見兩人,兩人自匿不肯見。公子聞所在,乃閒步往從。此兩人游甚歡,平原君聞之,謂其夫人曰:始吾聞夫人弟公子天下無雙,今乃妄從博徒賣漿者游,公子妄人耳。夫人以告公子。公子曰:無忌自在大梁時,常聞此兩人賢。至趙恐不得見,以無忌從之游,尚恐其不我欲也。公子留趙十年不歸,秦聞公子在趙,日夜出兵東伐魏。魏王患之,使使往請公子。公子恐其怒之,乃誡門下,有敢爲魏王使通者死。賓客莫敢勸。毛公、薛公往見公子曰:公子所以重于趙,名聞諸侯者,徒以有魏。今秦攻魏,魏急而公子不恤,使秦破大梁,而夷先王之宗廟,公子當何面目立天下乎?語未及卒,公子立變色,告車趣駕歸救魏。

劉向《別録》曰:《毛公》九篇。論堅白、同異以爲可以治天下。此蓋《史記》所云毛公藏于博徒,薛公藏于賣醪家者。

按：毛公在六國時，而劉氏、班氏列其書于黄公之次者，或其徒編次，成書在六國之後，或亦轉寫亂其舊次。

漢功臣列侯位次名籍

姚振宗《漢書藝文志拾補・名家》 《漢功臣列侯位次名籍》、《漢書・高后紀》：二年春，詔曰：高皇帝匡飭天下，諸有功者皆受分地爲列侯，萬民大安，莫不受休德。朕思念至於久遠，而功名不著，亡以尊大誼，施後世。今欲差次列侯功以定朝位，藏於高廟，世世勿絶，嗣子各襲其功位。其與列侯議定奏之。丞相臣平言：謹與絳侯臣勃、曲周侯臣商、潁陰侯臣嬰、安國侯臣陵等議：列侯幸得賜餐錢奉邑，陛下加惠，以功次定朝位，臣請藏高廟。奏可。師古曰：陳平、周勃、酈商、灌嬰、王陵也。餐錢，四時所賜厨膳錢也。奉邑，本所食邑也。

《漢書・功臣表》曰：漢興自秦二世元年之秋，楚陳之歲。初以沛公總帥雄俊，三年然後西滅秦，立漢王之號，五年東克項羽，即皇帝位，八載而天下迺平，始論功而定封。訖十二年，侯者百四十有三人，時大城名都民人散亡，户口可得而數裁什二三，是以大侯不過萬家，小者五六百户。封爵之誓曰：使黄河如帶，泰山若厲，國以永存，爰及苗裔。於是申以丹書之信，重以白馬之盟，又作十八侯之位次。按《漢紀》作「八十侯」。高后二年，復詔丞相陳平盡差列侯之功，録第下竟，藏諸宗廟，副在有司。孟康曰：高帝時唯作元功蕭、曹等十八人位次耳。高后乃詔作位次下竟。師古曰：列侯功籍已藏於宗廟，副貳之本又在有司。

按《表》又云：孝宣皇帝開廟藏覽舊籍。師古曰：籍，謂名録也。蓋封爵必著於籍録，有司掌之。班氏所敘異姓諸侯王、同姓諸侯王、王子、侯及宰相、外戚、恩澤侯，諸表亦各有之，特以史無明文，故悉從其略。惟此言之最詳，乃著於録焉。光武賜竇融外屬圖，似即外戚恩澤之世系圖，班氏據以作表者。

百官公卿表

姚振宗《漢書藝文志拾補・名家》 班回《百官公卿表》。《漢書・敘傳》：始皇之末，班壹避地于樓煩。當孝惠、高后時，以財雄邊。壹生孺，孺生長，官至上谷守。長生回，以茂材爲長子令。回生況，況三子伯斿穉，穉生彪，彪有子曰固云云。

《續漢書・百官志》序曰：「惟班回著《百官公卿表》，記漢承秦置官本末，訖于王莽，差有條貫。然皆孝武奢廣之事，又職分未悉」云云。

按班回爲班孟堅之高祖，其人當在武、宣時，其表記及王莽者，則大抵班氏後人所續也。

百官名秩

姚振宗《漢書藝文志拾補・名家》 王莽《百官名秩》。《漢書・平帝紀》：元始四年，分京師置前輝光、後丞烈二郡。更公卿、大夫、八十一元士官名位次。

《漢書・王莽傳》：始建國元年，置大司馬司允、大司徒司直、大司空司若，位皆孤卿。更名大司農曰羲和，後更爲納言。大理曰作士，太常曰秩宗，大鴻臚曰典樂，少府曰共工，水衡都尉曰予虞，與三公司卿，凡九卿，分屬三公。每一卿置大夫三人，一大夫置元士三人，凡二十七大夫，八十一元士，分主中都官諸職。更名光禄勳曰司中，太僕曰太御，衛尉曰太衛，執金吾曰奮武，中尉曰軍正。又置大贅官，主乘輿服御物。後又典兵秩，位皆上卿，號曰六監。改郡太守曰大尹，都尉曰太尉，縣令長曰宰，御史曰執法，公車司馬曰王路四門，長樂宫曰常樂室，未央宫曰壽成室，前殿曰王路堂，長安曰常安。更名秩百石曰庶士，三百石曰下士，四百石曰中士，五百石曰命士，六百石曰元士，千石曰下大夫，比二千石曰中大夫，二千石曰上大夫，中二千石曰卿。車服黻冕，各有差品。

《漢書・百官公卿表》：秦兼天下，建皇帝之號，立百官之職，漢因循而不革，明簡易，隨時宜也。其後頗有所改。王莽篡位，慕從古官，而吏民弗安，亦多虐政，遂以亂亡。

《漢書・食貨志》：莽性躁擾，不能無爲，陋小漢家制度，以爲疏闊。又動欲慕古，不度時宜，分裂州郡，改職作官。

按：王莽更易官名，始見於平帝四年《本紀》，而《王莽傳》繫之始建國元年，蓋至是而大定，其後數有更易。隗囂檄文所謂「政令日變，官名月易，吏民昏亂，不知所從」者是也。劉向《別録》云：「名家者流，出於禮官。古者名位不同，禮亦異數。」則是書及《百官公卿表》功臣位次生封，於名家爲近。

士操

《隋書・經籍志・名家》 《士操》一卷。魏文帝撰。

《舊唐書・經籍志・名家》 《士操》一卷。魏文帝撰。

《新唐書・藝文志・名家類》 魏文帝《士操》一卷。

鄭樵《通志・藝文略・名家》 《士操》一卷。魏文帝撰。

姚振宗《三國藝文志・名家類》 魏文帝《士操》一卷。

《隋書・經籍志》：《士操》一卷。魏文帝撰。《唐經籍志》同。《藝文志》：魏文帝《士操》一卷。

案：魏武諱操，而魏文著書不諱操，未喻其故。

人物志

《隋書・經籍志・名家》 《人物志》三卷。劉邵撰。

《舊唐書・經籍志・名家》 《人物志》三卷。劉邵撰。

《新唐書・藝文志・名家類》 劉邵《人物志》三卷。

鄭樵《通志・藝文略・名家》 《人物志》三卷。魏劉劭撰，僞涼劉昺注。

晁公武《郡齋讀書志・名家類》 《人物志》三卷。右魏邯鄲劉劭孔才撰，僞涼燉煌劉昞注。以人之材器志尚不同，當以九徵、八觀，審察而任使之。凡十二篇。劭，郄慮所薦。慮，譖殺孔融者，不知在劭書爲何等，而劭受其知也。

陳振孫《直齋書録解題・名家類》 《人物志》三卷。案：劉劭《人物志》止上、中、下三卷，原本作二十卷，誤。今改正。魏散騎常侍邯鄲劉劭孔才撰。梁儒林祭酒燉煌劉昞注。《梁史》無劉昞，《中興書目》云爾。晁氏云僞涼人。

《宋史・藝文志・名家類》 劉邵《人物志》二卷。

高儒《百川書志・名家》 《人物志》三卷。魏散騎常侍邯鄲劉邵撰。涼儒林祭酒劉昞註。凡十六篇。

《四庫全書總目提要・雜家類》 《人物志》三卷。副都御史黄登賢家藏本。魏劉邵撰。邵字孔才，邯鄲人。黄初中官散騎常侍。正始中賜爵關内侯。事蹟具《三國志》本傳。別本或作劉劭，或作劉邵。此書末有宋庠跋云：「據今官書《魏志》作勉劭之劭，從『力』。他本或從『邑』者，晉邑之名。案字書，此二訓外別無他釋，然俱不協『孔才』之義。《說文》則爲『邵』，音同上，但『召』旁從『卩』耳，訓高也。李舟《切韻》訓美也。高、美又與『孔才』義符。揚子《法言》曰：『周公之才之邵』是也。」所辨精核，今從之。其註爲劉昞所作。昞字延明，燉煌人，舊本名上結銜題「涼儒林祭酒」，蓋李暠時嘗授是官。然《十六國春秋》稱：沮渠蒙遜平酒泉，授昞祕書郎，專管注記。魏太武時又授樂平從事中郎。則昞歷事三主，惟署涼官者誤矣。邵書凡十二篇，首尾完具。晁公武《讀書志》作十六篇，疑傳寫之誤。其書主於論辨人才，以外見之符，驗内藏之器，分別流品，研析疑似。故《隋志》以下，皆著録於名家。然所言究悉物情，而精覈近理，視尹文之説兼陳黄、老、申、韓，公孫龍之説惟析堅白同異者，迥乎不同。蓋其學雖近乎名家，其理則弗乖於儒者也。昞註不涉訓詁，惟疏通大意，而文詞簡古，猶有魏晉之遺。《漢魏叢書》所載，惟每篇之首存其解題十六字，且以卷首阮逸之序，譌題晉人，殊爲疏舛。此本爲萬曆甲申河間劉用霖所刊。蓋用隆慶壬申鄭旻舊版而修之，猶古本云。

錢東垣等輯《崇文總目・名家類》 《人物志》三卷。劉劭撰。

侗按《玉海》引《崇文目》同。

姚振宗《三國藝文志・名家類》 劉邵《人物志》三卷。邵始末具經部樂類。《隋書・經籍志》：《人物志》三卷。劉邵撰。《唐經籍志》同。《藝文志》：劉邵《人物志》三卷。《宋史・藝文志》：即郡《人物志》二卷。此「劉邵」誤爲「即郡」，「三卷」誤爲「二卷」。

晁氏《讀書志》曰：《人物志》三卷。魏邯鄲劉邵孔才撰。以人之材器志尚不同，當以九徵、八觀審察而任使之。凡十六篇。邵，郤慮所薦。慮，譖殺孔融者，不知在邵書爲何等，而邵受其知也。

《玉海》五十七：《中興書目》，劉邵《人物志》二卷。述人性品有上下，材質有邪正，欲考諸行事，而約之中庸。十二篇：《九證》、《體別》、《流業》、《才理》、《才能》、《利害》、《接識》、《英雄》、《八觀》、《七繆》、《效難》、《釋事》。

《四庫全書總目提要》曰：邵書凡十二篇，首尾完具。晁公武《讀書志》作十六篇，疑傳寫之誤。其書主于論辨人才，以外見之符，驗内藏之器，分別流品，研析疑似，故《隋志》以下皆著録于名家。然所言究悉物情而精覈近理，其學雖近乎名家，其理則弗乖于儒者也。

人物志注

《舊唐書・經籍志・名家》 《人物志》三卷。劉卲撰，劉炳注。

《新唐書・藝文志・名家類》 劉炳注《人物志》三卷。

九州人士論

《隋書・經籍志・名家》 《九州人士論》。魏司徒盧毓撰。

《舊唐書・經籍志・名家》 《九州人士論》一卷。盧毓撰。

《新唐書・藝文志・名家類》 盧毓《九州人士論》一卷。

鄭樵《通志・藝文略・名家》 《九州人士論》一卷。魏司空盧毓撰。

姚振宗《三國藝文志・名家類》 盧毓《九州人士論》一卷。

《魏志》本傳：毓，字子家，涿郡涿人也。父植有名于世。裴《注》：植有四子，毓最小。毓十歲而孤。以學行見稱。文帝爲五官將，召毓署門下賊曹。崔琰舉爲冀州主簿。丞相法曹西曹議令史。魏國既建，爲吏部郎。文帝踐阼，徙黄門侍郎，出爲濟陰相，梁、譙二郡太守。左遷睢陽典農校尉，安平、廣平太守。青龍二年，入爲侍中、吏部尚書。齊王即位，爲廷尉，光禄勳，復爲吏部尚書，加奉車都尉，轉僕射，光禄大夫，加侍中。正元三年，爲司空，進爵封容城侯，邑二千三百户。甘露二年薨，謚曰成侯。《隋書・經籍志》：梁有《九州人士論》一卷。魏司空盧毓撰。亡。《唐經籍志》：《九州人士論》一卷。盧毓撰。《藝文志》：盧毓《九州人士論》一卷。

道論

侯康《補三國藝文志・名家類》 鍾會《道論》二十篇。

士緯

《舊唐書・經籍志・名家》 《士緯》十卷。姚信撰。

《新唐書・藝文志・名家類》 姚信《士緯》十卷。

沈家本《世説注所引書目・名家》 姚信《士緯》。《品藻》。《隋志》名家：「隋有《士緯新書》十卷，姚信撰。又《姚氏新書》二卷，與《士緯》相似。」二《唐志》姚信《士緯》十卷。

士緯新書

《隋書・經籍志・名家》 《士緯新書》十卷，姚信撰。

鄭樵《通志・藝文略・名家》 《士緯新書》十卷。姚信撰，吴人。

姚振宗《三國藝文志・名家類》 姚信《士緯新書》十卷。信始末具經部易類。

《隋書・經籍志》：梁有《士緯新書》十卷，姚信撰。亡。《唐經籍志》：《士緯》十卷。姚信撰。《藝文志》：姚信《士緯》十卷。馬國翰輯本序曰：《士緯新書》十卷。吴姚信撰。今佚。從《意林》、《藝文類聚》、《初學記》、《太平御覽》諸書輯録。如以吴季札讓國爲開篡殺之路，非所謂從忠教也，謂揚雄智似蘧瑗而高不及，謂周勃之勳不如霍光，説皆覈確。書中推尊孟子，亦識仁義爲中正之途，而其論清高之士則以老莊爲上，君平子貢爲下，擬非其倫。此所以不能醇乎儒術乎？

姚氏新書

《隋書・經籍志・名家》 《姚氏新書》二卷，與《士緯》相似。

鄭樵《通志・藝文略・名家》 《姚氏新書》二卷。其書類《士緯》。

姚振宗《三國藝文志・名家類》 《姚氏新書》二卷。

《隋書・經籍志》：梁有《士緯新書》十卷，姚信撰。又《姚氏新書》二卷，與《士緯》

相似。

通古人論

《隋書・經籍志・名家》 《通古人論》一卷。

姚振宗《隋書經籍志考證・名家》 梁又有《通古人論》一卷。亡。不著撰人。案：左定五年傳《正義》引張奐《古今人論》云云，疑即是書。奐，東漢人，有《集》，見集部。

名士優劣論

文廷式《補晉書藝文志・名家類》 張輔《名士優劣論》。《藝文類聚》卷二十二引三條，一論魏武帝劉玄德，此條本傳已載。一論司馬遷、班固，一論樂毅、諸葛孔明。

刑聲論

《隋書・經籍志・名家》 《刑聲論》一卷。亡。

姚振宗《隋書經籍志考證・名家》 梁有《刑聲論》一卷。亡。不著撰人。案：「刑聲」二字，莫詳其義，且列之名家，更不解其何謂。《魏志・劉廙傳》云：廙與丁儀共論刑禮，傳于世。《吳志・陸遜傳》：權徵遜輔太子。南陽謝景善劉廙先刑後禮之論。遜呵景曰：禮之長于刑久矣，廙以細辨而詭先聖之教，皆非也。君今侍東宮，且遵仁義以彰德音，若彼之談，不須講也。此刑聲論或刑禮論之誤歟？

兼名苑

《舊唐書・經籍志・名家》 《兼名苑》十卷。釋遠年撰。

《新唐書・藝文志・名家類》 僧遠年《兼名苑》二十卷。

鄭樵《通志・藝文略・名家》 《兼名苑》二十卷。僧遠年撰。

辯名苑

《舊唐書・經籍志・名家》 《辯名苑》十卷。范謐撰。

《新唐書・藝文志・名家類》 范謐《辨名苑》十卷。

鄭樵《通志・藝文略・名家》 《辨名苑》十卷。范謐撰。

河西人物志

《新唐書・藝文志・名家類》 趙武孟《河西人物志》十卷。

鄭樵《通志・藝文略・名家》 《河西人物志》十卷。趙武孟撰。

廣人物志

《新唐書・藝文志・名家類》 杜周士《廣人物志》三卷。

鄭樵《通志・藝文略・名家》 《廣人物志》三卷。唐杜周士撰。

陳振孫《直齋書録解題・名家類》 《廣人物志》十卷案：《唐書・藝文志》作三卷，《宋史・藝文志》作二卷。 唐鄉貢進士京兆杜周士撰。敘武德至貞元選舉薦進人物事實，凡五十五科。

馬端臨《文獻通考・經籍考・名家》 《廣人物志》十卷。

《宋史・藝文志・名家類》 杜周士《廣人物志》二卷。

錢東垣等輯《崇文總目・名家類》 《廣人物志》三卷。杜周士撰。

吴興人物志

《新唐書·藝文志·名家類》 宋璲《吴興人物志》十卷。字勝之，吴興烏椊人，大中時。

鄭樵《通志·藝文略·名家》 《吴興人物志》十卷。唐宋璲撰。

天保正名論

鄭樵《通志·藝文略·名家》 《天保正名論》八卷。龍昌期撰。

陰陽家部

論述

《漢書・藝文志・陰陽家類序》 陰陽家者流，蓋出於羲和之官，敬順昊天，曆象日月星辰，敬授民時，此其所長也。及拘者爲之，則牽於禁忌，泥於小數，舍人事而任鬼神。

雜録

《漢書・藝文志・陰陽家》 右陰陽二十一家，三百六十九篇。

綜述

宋司星子韋

《漢書・藝文志・陰陽家》 《宋司星子韋》三篇。景公之史。

姚振宗《漢書藝文志條理・陰陽家》 《宋司星子韋》三篇。景公之史。《史記・宋世家》：景公頭曼立。三十七年，熒惑守心。心，宋之分野也。景公憂之，司星子韋曰：可移于相。景公曰：相吾之股肱。曰：可移于民。景公曰：君者待民。曰：可移于歲。公曰：歲饑民困，吾誰爲君？子韋曰：天高聽卑，君有君人之言三。熒惑宜有動。于是候之，果徙三度。又《天官書》曰：昔之傳天數者于宋子韋。劉向《新序・雜事第四》篇：宋景公時，熒惑在心，懼，召子韋而問曰：熒惑在心，何也？子韋曰：熒惑，天罰也。心，宋分野也。禍當君身，雖然，可移于宰相。公曰：宰相，所使治國也，而移死焉不詳，寡人請自當也。子韋曰：可移于民。公曰：民死將誰君乎？寧獨死耳。子韋曰：可移于歲。公曰：歲饑民餓必死，爲人君欲殺其民以自活，其誰以我爲君乎？是寡人之命固盡矣。子無復言矣。子韋還走，北面再拜曰：臣敢賀君！天之處高而聽卑。君有仁人之言三，天必三賞君。今夕星必徙舍，君延壽二十一歲。公曰：子何以知之？對曰：君有三善，故三賞，星必三舍，舍行七星，星當一年，三七二十一，故曰延壽二十一年。臣請伏于殿下以伺之。星不徙，臣請死之。公曰：可。是夕也，星三徙舍，如子韋言。《論衡・變虚篇》：案《子韋書録序奏》亦言子韋曰：君出三善言，熒惑宜有動。于是候之，果徙舍。不言三，世增言三。既空增三舍之數，又虚生二十一年之壽也。按：王仲任見此書《序録》，自「子韋曰」至「果徙舍數」語，碻爲《別録》佚文。本書《人表》，宋子韋居第五等中中。梁玉繩曰：宋子韋，始見《呂氏春秋・制樂》、《淮南・道應》、《新序四》。宋景公之史，賜姓子，名曰韋，亦曰司星子韋，亦曰司馬子韋。秦王嘉《拾遺記》：宋景公之世，有善星文者，許以上大夫之位。有野人披草負笈而進曰：君愛陰陽之術，好象緯之祕，請見。景公乃延之崇堂，語未來之兆，已往之事。夜觀星望氣，書執算披圖。景公謝曰：今國喪亂，微君何以輔之？曰：德之不鈞，亂將及矣。脩德以來人，則天應之祥，人美其化。景公曰：善。賜姓子氏，名之曰韋，即子韋也。蕭綺曰：宋子韋司天部，妙觀星緯。抑亦梓慎、裨竈之儔。景公待之若神，春秋因生以賜姓，亦緣事以之顯名，號司星氏。至六國之末，著陰陽之書。按：此則是書乃六國之末，子韋後人所録。猶《公》、《穀》皆數傳而後著于竹帛也。馬國翰輯本序曰：《漢志》陰陽家有《宋司星子韋》三篇。今其書亡。惟《呂氏春秋》、《淮南子》、劉向《新序》並引，《熒惑徙舍》一節。王充《論衡》亦載之，以爲空增三舍之數，又虚生二十一年之壽。案向典校中祕書，故有《別録》之奏。《新序》同出向手，所述原文詳于録奏。考以《呂覽》、《淮南》，當得其實，未可執此疑彼。仲任必執以爲虚誣，何其謬哉？

公檮生終始

《漢書・藝文志・陰陽家》 《公檮生終始》十四篇。傳鄒奭《始終》書。

姚振宗《漢書藝文志條理・陰陽家》 《公檮生終始》十四篇。傳鄒奭《始終》書。按此條據鄒名世所引，則班氏原注當爲「傳黄帝終始書」。此云「鄒奭始終」，寫誤也。《廣韻・一東》公字注：公，又複姓。《漢書・藝文志》有公檮子著書。按《廣韻》以兵技巧家之公孫子爲公勝生，以是篇之公檮生爲公檮子，並顛倒寫誤也。鄧名世《古今姓氏書辯證》：公檮氏，《漢藝文志》有《公檮生終始》十四篇，傳黃帝終始之術。沈濤《銅熨斗齋隨筆》曰：褚先生引《黃帝終始傳》，按：見《史記・三代世表》。曰：「漢興百有餘年，有人不短不長，出自燕之鄉」云云。《索隱》曰：蓋謂五行讖緯之説，若今之童謡也。濤案：小司馬説非是。《終始傳》，即終始五備之傳。《封禪書》公孫臣上書曰：推終始傳，則漢當土德。疑即《黃帝終始傳》。《漢志》有《公檮生終始》十四篇，即其類也。按褚少孫所引《黃帝終始傳》，似武昭時方士依託爲之，非即此本也。按章氏《校讎通義》有曰：陰陽家《公檮生終始》十四篇。在《鄒子終始》五十六篇之前，而班固注云：公檮傳鄒奭《始終》書。豈可使創書之人居傳書之人後乎？今考鄧氏《姓氏辨證》，班氏原注「傳黃帝終始書」，今注乃轉寫之誤，是爲傳終始書之最初者，又終始之書不始傳于鄒奭，而鄒奭之書亦不名「終始」，是亦足以證寫誤之實。據章氏以鄒衍、鄒奭爲創書之人，非也。

計然萬物録

姚振宗《漢書藝文志拾補・陰陽家》

《計然萬物録》。《意林》引《范子》曰：計然者，葵邱濮上人，姓辛，字文子。其先晉國亡公子也。爲人有内而無外，狀皃似不及人，少而明，學陰陽見微知著。其行浩浩，其志沈沈，不肯自顯，天下莫知，故稱曰「計然」。時遨遊海澤，號曰「漁父」。范蠡請見越王。計然曰：越王爲人烏喙，不可與同利也。《漢書・貨殖・范蠡傳注》：孟康曰：姓計名然，越臣也。顔師古曰：《古今人表》計然列在第四等。計然者，一號「計研」，濮上人也。博學，無所不通，尤喜計算。嘗南遊越，范蠡卑身事之。其書則有《萬物録》，著五方所出，皆直述之。事見《皇覽》及《晉中經簿》，又《吳越春秋》及《越絶書》並作「計倪」，此則「倪研」、「及然」，聲皆相近，實一人耳。《玉海》五十八又引《史記正義》云：《方物録》亦甚有義，莫能詳。梁玉繩《人表考》曰：計然名「研」，又作「計硯」，又作「計倪」，又作「企研」，姓辛，字文子，亦曰「辛文」。高似孫《子略》謂計然姓章，名文子。《通志略四》謂姓宰，並非也。按：《氏族略》謂姓宰氏氏，以宰氏爲複姓。

范子計然

姚振宗《漢書藝文志拾補・陰陽家》

《范子計然》十二卷。《史記・越世家》：范蠡事越王句踐，既苦身戮力，與句踐深謀二十餘年，竟滅吴，報會稽之恥。句踐以霸，而范蠡稱上將軍。還反國，范蠡以爲大名之下，難以久居，且句踐爲人可與同患，難與處安，爲書辭句踐。裝其輕寶珠玉，自與其私徒屬乘舟浮海以行，終不反。於是句踐表會稽山以爲范蠡奉邑。范蠡浮海出齊，變姓名，自謂鴟夷子皮。耕於海畔，苦身戮力，父子治產。居無幾何，致產數千萬。齊人聞其賢，以爲相。范蠡喟然歎曰：居家則致千金，居官則至卿相，此布衣之極也。久受尊名，不祥。乃歸相印，盡散其財，以分與知友鄉黨，而懷其重寶，閒行以去，止於陶，以爲此天下之中，交易有無之路通，爲生可以致富矣。於是自謂陶朱公。復約要父子耕畜，廢居，候時轉物，逐什一之利。居無何，則致貲累巨萬。故范蠡三徙成名於天下，卒老死於陶，故世傳曰陶朱公。《史記・越世家集解》：太史公曰：《素王妙論》曰：蠡，南陽人。《列仙傳》云：蠡，徐人。《正義》曰：《吳越春秋》云：蠡，字少伯。楚宛三户人。《越絶》云：在越，爲范蠡。在齊，爲鴟夷子皮。在陶，爲朱公。又云：居楚曰范伯。《會稽典録》云：范蠡本是楚宛三户人，佯狂倜儻負俗。文種爲宛令，遣吏謁奉，與文種俱入越。《唐經籍志》子部五行家：《范子問計然》十五卷，范蠡問計然答。

唐馬總《意林》曰：《范子》十二卷。並是陰陽曆數也。宋高似孫《子略》曰：此編卷十有二，往往極陰陽之變，窮曆數之微，其言之妙者，有曰：「聖人之變，如水隨形。」蠡之所以俟時而動，見幾而作者，其亦有得乎此？馬國翰輯本序曰：案鄭樵《通志・氏族略》云：越有范蠡著書，曰《計然》。又宰氏注引《范蠡傳》：范蠡師事計然，姓宰氏，字文子，意者「辛」爲「宰」字之誤。《漢志》農家《宰氏》十七篇，或即《計然》歟？賈思勰《齊民要術》嘗引之。《越絶書》載《計硯内經》是本書之一篇。《吳越春秋》、《史記》、《藝文類聚》、《初學記》、《太平御覽》等書亦多引之，輯爲三卷。書於物之出，皆用郡縣。後人羼入者有之。至其熟悉物情而善觀時變，其真自不可掩也。按《藝文志》農家：《宰氏》十七篇。班氏自注云：不知何世。若計然，班氏著於《人表》，不容不知。馬竹吾疑「計然」爲「宰氏」，非也。《氏族略》引《范蠡傳》云云。今覆按《史》、《漢》，實無「計然姓宰氏」之文，不知所據。《皇覽》及《中經簿》有《計然萬物録》。《意林》云《范子》十二卷。兩《唐志》作《范子計然》，乃十五卷。今按：《御覽》諸書所引《范子》，其文多似《萬物録》，疑唐時合爲一書，故多出三卷也。歙縣程景沂輯《計倪子》一卷，高郵茆泮林輯《范子》一卷，改題《計然萬物録》。

公孫發

《漢書・藝文志・陰陽家》《公孫發》二十二篇。六國時。

姚振宗《漢書藝文志條理・陰陽家》《公孫發》二十二篇。六國時。

公孫發未詳。按此以敍次先後言之，則其人在鄒衍之前，似即爲公檮生之學，蒙上「終始」二字者歟？

鄒子

姚振宗輯《七略別録佚文・陰陽家》《鄒子》四十九篇。名衍，齊人，爲燕昭王師，居稷下，號談天衍。

《漢書・藝文志・陰陽家》《鄒子》四十九篇。名衍，齊人，爲燕昭王師，居稷下，號談天衍。

姚振宗《漢書藝文志條理・陰陽家》《鄒子》四十九篇。名衍，齊人，爲燕昭王師，居稷下，號談天衍。

鄒子終始

姚振宗輯《七略別録佚文・陰陽家》《鄒子終始》五十六篇。鄒子書有《王運》篇。馬本。鄒衍之所言五德終始，天地廣大，其書言天事，故曰談天。《方士傳》言鄒衍在燕，燕有谷地，美而寒，不生五穀。鄒子居之，吹律而温氣至，而黍生。今名黍谷。並嚴、馬本。

又曰：燕地寒谷，不生五穀。鄒衍吹律以暖之，乃生禾黍。到今名黍谷焉。《御覽》三十四又八百四十二。

《漢書・藝文志・陰陽家》《鄒子終始》五十六篇。

姚振宗《漢書藝文志條理・陰陽家》《鄒子終始》五十六篇。《史記・孟子列傳》：齊有三騶子，其前騶忌，先孟子。其次騶衍，後孟子。騶衍睹有國者益淫侈，不能尚德，若大雅整之于身，施及黎庶矣。乃深觀陰陽消息而作怪迂之變，《終始》、《大聖》之篇十餘萬言。其語閎大不經，必先驗小物，推而大之，至于無垠。先序今以上至黄帝，學者所共術，大並世盛衰，《索隱》言其並大體隨代盛衰，觀時而説事。因載其機祥度制，推而遠之。至天地未生，窈冥不可考而原也。先列中國名山大川，通谷禽獸，水土所殖，物類所珍，因而推之，及海外人之所不能睹。稱引天地剖判以來，五德轉移，治各有宜，而符應若兹。以爲儒者所謂中國者，于天下乃八十一分居其一分耳。中國名曰赤縣神州。赤縣神州内自有九州，禹之序九州是也，不得爲州數。中國外如赤縣神州者九，乃所謂九州也。于是有裨海環之，人民禽獸莫能相通者，如一區中者，乃謂一州。如此者九，乃有大瀛海環其外，天地之際也。其術皆此類也。然要其歸，必止乎仁義節儉，君臣上下六親之施，始也濫耳。王公大人初見其術，懼然顧化，其後不能行之。是以騶子重于齊。適梁，梁惠王郊迎，執賓主之禮。適趙，平原君側行襒席。如燕，昭王擁彗先驅，請列弟子之座而受業，築碣石宫，身親往師之。作《主運》。其游諸侯見尊禮如此。又《荀卿傳》：騶衍之術迂大而閎辯，故齊人頌曰「談天衍」。按史公言此二書之大要如此。又《曆書》曰：是時獨有鄒衍明于五德之傳，而散消息之分，以顯諸侯。又《封禪書》曰：自齊威、宣之時，騶子之徒論著終始五德之運。及秦帝而齊人奏之，故始皇采用之。又曰：騶衍以陰陽主運顯于諸侯。按「陰陽主運」似即此兩書首一篇篇目也。而燕、齊海上之方士，傳其術不能通，然則怪迂阿諛苟合之徒自此興，不可勝數也。如淳曰：今其書有五德，各以所勝爲行。又曰：其書有《主運》。五行相次轉用事，隨方面爲服也。按史言「終始」、「大聖」之篇，則「大聖」亦是篇名。劉向《別録》、《方士傳》言鄒衍在燕，燕有谷地美而寒，不生五穀。鄒子居之，吹律而温氣至，而黍生，今名黍谷。又曰：騶衍之所言五德終始，天地廣大，盡言天事，故曰「談天」。又曰：鄒子書有《主運》篇。劉歆《七略》曰：《方士傳》言鄒子在燕，其游，諸侯畏之，皆郊迎而擁彗。又曰：鄒子有五德終始，言土德從所不勝，木德繼之，金德次之，火德次之，水德次之。本書《人表》鄒衍列第五等中中。梁玉繩曰：鄒衍始見《燕策》、《列子・湯問》。又作「騶」，又作「鄒」，亦曰鄒子。齊人葬齊州章邱縣東十里。馬國翰輯本序曰：《漢志》陰陽家有《鄒子》四十九篇。又《鄒子終始》五十六篇，隋、唐《志》皆不著録。佚已久。茲從《史記》及諸書所引，輯録爲一帙。《文心雕龍・諸子》篇：騶子養政于天文。按本書《曆志》云：丞相屬寶、長安單安國、安陵栢育治《終始》。則昭帝時猶有傳習者。司馬貞《索隱》有曰：桓寬、王充並以衍之所言迂怪虚妄，熒惑六國之君，因納其異説。所謂匹夫而熒惑諸侯也。

大曆

姚振宗《漢書藝文志拾補・陰陽家》 《大曆》二篇。汲冢竹書。束晳《竹書敘目》曰：《大曆》二篇。鄒子談天類也。按《漢志》數術曆譜家有《天曆大曆》十八卷，《大曆》書名與此同。鄒子書見《漢志》及《史記》列傳。

乘丘子

《漢書・藝文志・陰陽家》 《乘丘子》五篇。六國時。

姚振宗《漢書藝文志條理・陰陽家》 《乘丘子》五篇。六國時。《廣韻》「一八尤」丘字注，《藝文志》有桑丘公。邵思《姓解》：《漢書・藝文志》有桑丘生。鄭樵《氏族略》：桑丘氏蓋以地爲氏者。《漢書》桑丘公著書五篇。《姓纂》云：今下邳有此姓。鄧名世《古今姓氏書辨證》：王子年《拾遺記》曰少皞號曰窮桑氏，亦曰桑丘氏。六國時桑丘子著陰陽書，即其裔也。按氏姓諸書有桑丘氏，無乘丘氏，隸寫「桑」或作「桒乘」或作「乘」，故往往訛「桒」爲「乘」。漢之桑欽、桑弘，《釋文》亦云一作「乘欽」、「乘弘」，此乘丘子亦桒丘子之譌。

杜文公

《漢書・藝文志・陰陽家》 《杜文公》五篇。六國時。

姚振宗輯《七略别録佚文・陰陽家》 《杜文公》五篇。六國時。杜文公韓人也。嚴本。馬本。

姚振宗《漢書藝文志條理・陰陽家》 《杜文公》五篇。六國時。劉向《别録》曰：杜文公韓人也。

黄帝泰素

《漢書・藝文志・陰陽家》 《黄帝泰素》二十篇。六國時韓諸公子所作。

姚振宗輯《七略别録佚文・陰陽家》 《黄帝泰素》二十篇。六國時韓諸公子所作。或言韓諸公孫之所作也。言陰陽五行，以爲黄帝之道也。故曰「泰素」。嚴本。馬本。

姚振宗《漢書藝文志條理・陰陽家》 《黄帝泰素》二十篇。六國時韓諸公子所作。劉向《别録》曰：或言韓諸公孫之所作也。言陰陽五行，以爲黄帝之道也。故曰「泰素」。按《史・殷本紀》：伊尹從湯言素王及九主之事。《索隱》曰：素王者，太素上王，其道質素，故曰素王。此言泰素，其義亦猶是爾。

南公

《漢書・藝文志・陰陽家》 《南公》三十一篇。六國時。

姚振宗《漢書藝文志條理・陰陽家》 《南公》三十一篇。六國時。《史・項羽本紀》：居鄛人范增説項梁曰：夫秦滅六國，楚最無罪。自懷王入秦不反，楚人憐之至今。故楚南公曰：「楚雖三户，亡秦必楚也。」徐廣曰：南公，楚人也，善言陰陽。文穎曰：南方老人也。《正義》：虞喜《志林》云南公者，道士，識廢興之數，知亡秦者必于楚。《漢書・藝文志》云：《南公》十三篇。六國時人，在陰陽家流。又曰：服虔云：三户，漳水津也。孟康云：津，峽名也，在鄴西三十里。《括地志》云：濁漳水。又東經葛公亭，北經三户峽，爲三户津。在相州滏陽縣界。然則南公辨陰陽，識廢興之數，知秦亡必于三户，故出此言。後項羽果渡三户津，破章邯軍，降章邯，秦遂亡。是南公之善識。按：此引《藝文志》云《南公》十三篇者，寫誤也。

《御覽・逸民部》：袁淑《真隱傳》曰：南公者，楚人也。埋名藏用，世莫能識。居國南鄙，因以爲號。著書言陰陽事。鄭樵《氏族略》：南公氏，戰國時有南公子著書三十一篇，言五行陰陽事，蓋衛南公子之後。按：《秦本紀》秦武王時有南公揭，則秦亦有南公氏。然文穎、袁淑皆以此南公非姓氏，莫得而詳已。

容成子

《漢書・藝文志・陰陽家》《容成子》十四篇。

姚振宗《漢書藝文志條理・陰陽家》《容成子》十四篇。

王氏《考證》曰：《莊子・則陽》篇：容成氏曰：除日無歲，無内無外。德清俞樾《莊子人名考》：《則陽》篇之容成氏，《釋文》曰老子師也。按《漢書・藝文志》陰陽家有《容成子》十四篇。房中家又有《容成陰道》二十六卷。此即老子之師也。又曰：然合諸説觀之，容成氏有三：上古之君，一也；黄帝之臣，二也；老子之師，三也。然老子生年亦究不可考，其師或即黄帝之臣乎？未可知矣！按此書列在南公之次，張倉之前。南公，楚懷王時人。張倉，秦漢時人。謂爲老子之師，似不然矣。或六國之末，別有其人號容成子，著書言陰陽律曆、終始五行者歟？

張蒼

《漢書・藝文志・陰陽家》《張蒼》十六篇。丞相北平侯。

姚振宗《漢書藝文志條理・陰陽家》《張倉》十六篇。丞相北平侯。史漢本傳：張倉，陽武人也，好書律曆。秦時爲御史，主柱下方書。有罪，亡歸。沛公略地過陽武，倉以客從攻南陽。遂西入武關，至咸陽，入漢中。爲常山守，爲代相、趙相。從攻臧荼有功，封北平侯。遷爲計相。明習天下圖書計籍，又善用算律曆。後以淮南相爲御史大夫，與絳侯等尊立孝文皇帝。孝文四年，代灌嬰爲丞相。倉爲計相時，緒正律曆，推五德之運。以爲漢當水德之時，上黑。吹律調樂，入之音聲，及以比定律令。若百工，天下作程品。至于爲丞相，卒就之。故漢家言律曆者本張倉。倉尤好書，無所不觀，無所不通，而尤邃律曆。文帝後元年，病免。孝景五年薨。謚曰「文侯」。年百餘歲，著書十八篇，言陰陽律曆事。又《年表》：倉以客從起武陽，至霸上，爲常山守，得陳餘，爲代相，徙趙相，以代侯，爲計相四歲，淮南相十四歲。御史大夫五歲，丞相十五歲。高帝六年八月丁丑封千二百户，封五十年薨。如淳曰：計相，官名，但知計會。《索隱》曰：主天下書計及計吏。《史・十二諸侯年表》曰：漢相張倉，曆譜五德。《索隱》曰：按張倉著《終始五德傳》也。王氏《考證》：本傳著書十八篇，與《志》篇數不同。按其餘篇，疑在曆譜家《律曆數法》三卷中。

鄒奭子

《漢書・藝文志・陰陽家》《鄒奭子》十二篇。齊人，號曰雕龍奭。

姚振宗輯《七略別録佚文・陰陽家》《鄒奭子》十二篇。齊人。鄒奭者，頗采鄒衍之術。迂大而閎辨，文具難勝。齊人美之，頌曰：談天衍，雕龍奭，炙過髡。馬本。

鄒衍修衍之文飾，若雕鏤龍文，故曰「雕龍」。嚴本。馬本。

「炙過髡」，「過」字作「輠」，輠者，車之盛膏器也。炙之雖盡，猶有餘流者。一引作「餘津」。言湻于髡智不盡如炙輠也。嚴本。馬本。

唐卷子本《玉篇・車部》輠字注：劉向《別録》以爲車釭盛膏之鍋字，音「古禍」反。按《廣韵》作「鍋」，注云車盛膏器。

姚振宗《漢書藝文志條理・陰陽家》《鄒奭子》十二篇。齊人，號曰雕龍奭。《史・孟荀列傳》：齊有三騶子，其前騶忌，先孟子；其次騶衍，後孟子；騶奭者，齊諸騶子，亦頗采騶衍之術以紀文。于是齊王嘉之，自如淳于髡以下，皆命曰列大夫，爲開第康莊之衢。高門大屋，尊寵之。覽天下諸侯賓客，言齊能致天下賢士也。又曰：荀卿年五十始來游學于齊。騶衍之術迂大而閎辯，奭也文具難施。淳于髡久與處，時有得善言。故齊人頌曰：談天衍，雕龍奭，炙轂過髡。劉向《別録》曰：鄒奭者，頗采鄒衍之術。迂大而閎辯，文具難勝。齊人美之，頌曰：談天衍，雕龍奭，炙轂輠髡。鄒衍之所言五德終始，天地廣大，盡言天事，故曰「談天」。鄒奭脩衍之文飾，若雕鏤龍文，故曰「雕龍」。輠者，車之盛膏器也。炙之雖盡，猶有餘流者。言淳于髡智不盡，如炙輠也。劉歆《七略》曰：鄒赫子，齊人。齊爲言曰：雕龍赫赫。言鄒衍之術，文飾之若雕鏤龍文。

閭丘子

《漢書・藝文志・陰陽家》《閭丘子》十三篇。名快，魏人，在南公前。

姚振宗《漢書藝文志條理・陰陽家》《閭丘子》十三篇。名快，魏人，在南公前。《世本・氏姓》篇：閭丘氏，齊大夫閭丘嬰之後。齊宣王時有閭丘卬、閭丘光。張澍《輯注》曰：閭丘嬰，齊莊公近臣子明，事見《左傳》。閭丘卬、閭丘光，均見《説苑》。鄭樵《氏族略》：齊宣王時有閭丘卬、閭丘光。漢有廷尉閭邱勳，後漢太常閭邱遵，魏有閭邱決，著書十二篇。按鄭氏敍次于曹魏之時，又以快爲決，十三篇爲十二篇，並沿林寶《元和姓纂》之誤，失于校正也。按本書《人表》第四等有閭丘光。梁氏引孫侍御曰：光乃「先」字之譌。漢人稱先生，每單稱先。閭邱先生，齊宣王時人，見《説苑・善説》篇。或曰人表傳寫脱生字。按：此閭邱快，疑即閭邱先生，時代亦復近似。嵇康《高士傳》摭《説苑》之文以爲傳。

馮促

《漢書・藝文志・陰陽家》《馮促》十三篇。鄭人。

姚振宗《漢書藝文志條理・陰陽家》《馮促》十三篇。鄭人。鄭樵《氏族略》：《世本》云馮氏歸姓，鄭大夫馮簡子之後。《姓纂》云周文王第十五子畢公高之後。畢萬封魏，支孫食采于馮城，因氏焉。按《氏族略》又云：卿大夫立邑，故以邑爲氏。此馮氏屬之鄭邑，與本注鄭人相合。馮促其即鄭大夫馮簡子之後歟？簡子見《左・襄三十一年》傳，能斷大事，與子産同時。

將鉅子

《漢書・藝文志・陰陽家》《將鉅子》五篇。六國時。先南公，南公稱之。

姚振宗《漢書藝文志條理・陰陽家》《將鉅子》五篇。六國時。先南公，南公稱之。應劭《風俗通・姓氏》篇：將具氏，齊太公子將具之後。見《國語》。《漢・藝文志》六國時將具子彰著書五篇。張澍輯注曰：按「太公子」，一引作「齊公子」，今《藝文志》作「將鉅子」。林寶《元和姓纂》曰：將具彰著子書五篇。鄭樵《氏族略》：將具氏，姜姓。《英賢傳》云齊太公子將具之後，見《國語》。將鉅氏，即將具氏之訛也。《漢藝文志》，六國時將具子彰著書五篇。按應仲遠所見《漢志》則爲將具子彰，今本作「鉅」，似寫誤，又敚「彰」字。

五曹官制

《漢書・藝文志・陰陽家》《五曹官制》五篇。漢制，似賈誼所條。

姚振宗《漢書藝文志條理・陰陽家》《五曹官制》五篇。漢制，似賈誼所條。《史・屈賈列傳》賈生以爲漢興至孝文二十餘年，天下和洽，而固當改正朔，易服色，法制度，定官名，興禮樂。乃悉草具其儀法，色尚黄，數用五，爲官名，悉更秦之法。按：《漢書》作「悉更奏之」。孝文帝初即位，謙讓未遑也。諸律令所更定，及列侯悉就國，其説皆自賈生發之。本書《禮樂志》：至文帝時，賈誼以爲漢承秦之敗俗，廢禮義，捐廉恥。漢興至今二十餘年，宜定制度，興禮樂，然後諸侯軌道，百姓素樸，獄訟衰息，迺草具其儀。天子説焉。而大臣絳、灌之屬害之，故其議遂寢。本書《傳・贊》曰：誼之所陳略施行矣。及欲改定制度，以漢爲土德，色上黄，數用五，及欲試屬國，施五餌三表以係單于，其術固已疏矣。章學誠《校讎通義》曰：《五曹官制》五篇，列陰陽家。其書今不可考。然觀班固注云：「漢制，似賈誼所條。」則當入于官禮，今附入陰陽家言，豈有當耶？太約此類，皆因終始五德之意，故附于陰陽。按本書《魏相傳》相數條漢興已來，國家便宜行事，及賢臣賈誼、鼂錯、董仲舒等所言，奏請施行之。又數表采《易陰陽》及《明堂月令》奏之。曰：《易》曰「天地以順動，故日月不過，四時不忒」；聖王以順動，故刑罰清而民服」。天地變化，必繇陰陽，陰陽之分，以日爲紀。日冬夏至，則八風之序立，萬物之性成，各有常職，不得相干。東方之神太昊，乘《震》執規司春；南方之神炎帝，乘《離》執衡司夏；西方之神少昊，乘《兑》執矩司秋；北方之神顓頊，乘《坎》執權司冬；中央之神黄帝，乘《坤》、《艮》執繩司土。茲五帝所司，各有時也。東方之卦不可以治西方，南方之卦不可以治北方。春興《兑》治則饑，秋興《震》治則華，冬興《離》治則泄，夏興《坎》治則雹。明王謹于尊天，慎于養人，故立羲和之官以乘四時，節授民事。臣愚以爲陰陽者，王事之本，羣生之命。自古賢聖未有不繇者也。此《五曹官制》本陰陽五行以爲言，而羲和官守所有事。故《七略》入之此門。

周伯

《漢書・藝文志・陰陽家》 《周伯》十一篇。齊人，六國時。

姚振宗《漢書藝文志條理・陰陽家》 《周伯》十一篇。齊人，六國時。

衛侯官

《漢書・藝文志・陰陽家》 《衛侯官》十二篇。近世，不知作者。

姚振宗《漢書藝文志條理・陰陽家》 《衛侯官》十二篇。近世，不知作者。《周伯》、《衛侯官》並未詳。

天下忠臣

《漢書・藝文志・陰陽家》 于長《天下忠臣》九篇。平陰人，近世。

姚振宗輯《七略别録佚文・陰陽家》 于長《天下忠臣》九篇。傳天下忠臣。

姚振宗《漢書藝文志條理・陰陽家》 于長《天下忠臣》九篇。平陰人。近世。劉向《别録》曰：傳天下忠臣。章學誠《校讎通義》曰：于長《天下忠臣》九篇，入陰陽家。前人已有議其非者，或曰：其書今已不傳，無由知其義例。然劉向《别録》云「傳天下忠臣」，則其書亦可以想見矣。蓋《七略》未立史部，而傳記一門之撰著，惟有劉向《列女》與此二書耳。附于《春秋》而别爲之説，猶愈于攙入陰陽家言也。

公孫渾邪

《漢書・藝文志・陰陽家》 《公孫渾邪》十五篇。平曲侯。

姚振宗《漢書藝文志條理・陰陽家》 《公孫渾邪》十五篇。平曲侯。本書《景武昭宣元成哀功臣侯表》：平曲侯公孫渾邪以將軍擊吴楚，用隴西太守侯。景帝六年四月己巳封。《史記・惠景閒侯者年表》云户三千二百二十。五年中四年，史表作「中元四年」。有罪免。又《公孫賀傳》：賀，北地義渠人也，祖父昆邪，景帝時爲隴西守，以將軍擊吴楚，有功，封平曲侯，著書十餘篇。師古曰：《藝文志》陰陽家有《公孫渾邪》十五篇，是也。又《李廣傳》：廣爲上谷太守，數與匈奴戰。典屬國公孫昆邪爲上泣曰：李廣材氣，天下無雙，自負其能，數與虜確，恐亡之。上乃徙廣爲上郡太守。

雜陰陽

《漢書・藝文志・陰陽家》 《雜陰陽》三十八篇。不知作者。

姚振宗《漢書藝文志條理・陰陽家》 《雜陰陽》三十八篇。不知作者。按此如儒家之《儒家言》十八篇，道家之《道家言》二篇相類。皆劉中壘哀録無名氏之説，類次于篇末者。又按：陰陽家之書，自《宋司星子韋》始，傳黄帝五德終始之書，自公檮生始，以迄漢之張倉，凡十家十一部。其學術大略相同，故彙次爲一類。《鄒奭子》至《五曹官制》五家，其學又略相同，故又彙次爲一類。《周伯》、《衛侯官》、《天下忠臣》三家，大抵皆制度、官品、傳記之流，或皆屬于羲和之官，故又彙爲一類，而入之此篇。公孫以下二家，皆雜論陰陽，又别爲一類。綜爲四類，是篇之章段如此。

土德時曆制度

姚振宗《漢書藝文志拾補・陰陽家》 公孫臣等《土德時曆制度》。《史・封禪書》：魯人公孫臣上書曰：始秦得水德，今漢受之，推終始傳，則漢當土德，土德之應黃龍見。宜改正朔，易服色，色尚黃。是時丞相張蒼好律曆，以爲漢乃水德之始，故河決金堤，其符也。年始冬十月，色外黑内赤，與德相應。如公孫臣言，非也。罷之。後三歲，黃龍見成紀。文帝乃召公孫臣，拜爲博士，與諸生草改曆、服色事。又《曆書》云：新垣平以望氣見，頗言正曆服色事。又略見《文紀》及《張蒼傳》。《漢書・郊祀志》：文帝召公孫臣，拜爲博士。與諸生申明土德，草改曆、服色事。又《張蒼傳》：魯人公孫臣上書，陳終始五德傳，當改正朔，易服色。事下蒼，蒼以爲非是，罷之。其後黃龍見成紀，於是文帝召公孫臣，以爲博士，草立土德時曆制度，更元年。蒼由此自絀，謝病稱老。《論衡・知實》篇：魯人公孫臣，孝文皇帝時上書，言漢土德，其符黃龍當見，後黃龍見成紀。然則公孫臣知黃龍將出，案律曆以處之也。王鳴盛《十七史商榷》曰：五運相代，取相生不取相尅。周，木德也。木生火，秦人應以火德王，乃秦自以爲水德。張蒼推漢爲水德，是承秦而不改。公孫臣謂漢當用土德，是亦承秦而言之。以秦人應火德故耳，無如秦已誤用水矣。奈何漢又用土乎？又曰：漢繼周不繼秦，當用火德，尚赤。張蒼固非，而公孫臣亦非。按《宋書・曆志》史臣按：五德更王，唯有二家之説。鄒衍以相勝立體，劉向以相生爲義，據以爲言，不得出此二家者。又按：漢當火德，劉向父子嘗言之。見《郊祀志》。

竇應王懋竑《白田雜著》曰：漢初用赤帝子之祥，旗幟尚赤。而自有天下後，仍襲秦舊，故張蒼以爲水德。孝文帝時，公孫臣言，當改用土德，色尚黃，其事未行，至孝武帝改正朔，色尚黃，印章以五字，則用公孫臣之説也。按：此作於文帝十五年，明年乃使博士諸生作《王制》。《王制》有《服制篇》，而此有改服色事。尋《封禪書》、《郊祀志》，前後本末，似此即《王制》之所繇起，非別一事，此制度亦即《王制》之異名。非別一書，然《王制》剌取六經，其服制或言禮服，似又不然，故兩存之。

黃帝終始傳

姚振宗《漢書藝文志拾補・陰陽家》《黃帝終始傳》。《史記・三代世表》：褚少孫曰：《黃帝終始傳》曰：「漢興百有餘年，有人不短不長，出白燕之鄉，持天下之政，時有嬰兒主，郤行車。」霍將軍者，本居平陽白燕。臣爲郎時，與方士考功會旗亭下，爲臣言。豈不偉哉！《索隱》曰：《黃帝終始傳》，蓋謂五行讖緯之説也。「嬰兒主」，謂昭帝也。「郤行車」，言霍光持政擅權，遏帝令如郤行車，使不前也。

按：此必是昭宣時方士所作，而託之黃帝。褚嘗言好觀外家傳記，此即外家傳記之一歟？

縱横家部

論述

《漢書・藝文志・縱横家類序》 從横家者流，蓋出於行人之官。孔子曰：「誦《詩》三百，使於四方，不能專對，雖多亦奚以爲？」又曰：「使乎，使乎！」言其當權事制宜，受命而不受辭，此其所長也。及邪人爲之，則上詐諼而棄其信。

《隋書・經籍志・縱横家類序》 從横者，所以明辯説，善辭令，以通上下之志者也。《漢書》以爲本出行人之官，受命出疆，臨事而制。故曰：「誦《詩》三百，使于四方，不能專對，雖多亦奚以爲？」《周官》，掌交「以節與幣，巡邦國之諸侯及萬姓之聚，導王之德意志慮，使辟行之，而和諸侯之好，達萬民之説；諭以九稅之利，九儀之親，九牧之維，九禁之難，九戎之威」，是也。佞人爲之，則便辭利口，傾危變詐，至於賊害忠信，覆邦亂家。

焦竑《國史經籍志・縱横家類序》 孔子曰：「誦《經》三百，使於四方，不能專對，雖多亦奚以爲？」蓋謂言有其道也。前代若吕相之絶秦，子産之獻捷，魯連倜儻以全趙，左師委曲而悟主，斯亦何惡於詞哉！乃蘇、張罪首，得其術而以召敗，非術之罪也。史言魏徵諫諍，靡出弗從，而其初實學縱横，顧用之者如何耳。《戰國策》或曰《國事》，或曰《短長》，或曰《事語》，或曰《長書》，前志列之史家，晁氏謂其紀事非盡實録，附於縱横者近是，今從之。

錢東垣等輯《崇文總目・縱横家類序》 春秋之際，王政不明，而諸侯交亂。談説之士，出於其間，各挾其術，以干時君。其因時適變，當權事而制宜，有足取焉。見《歐陽文忠公集》。

雜録

《漢書・藝文志・縱横家》 右從横十二家，百七篇。

《隋書・經籍志・縱横家》 右二部，合六卷。

《舊唐書・經籍志・縱横家》 右縱横家四部，凡十八卷。

《新唐書・藝文志・縱横家類》 右縱横家類四家，四部，一十五卷。尹知章不著録。

馬端臨《文獻通考・經籍考・縱横家》 《宋中興志》：三家，三部，四十六卷。

《宋史・藝文志・縱横家類》 右縱横家類三部，四十六卷。

錢東垣等輯《崇文總目・縱横家類》 一部，三卷。

綜述

鬼谷子

《舊唐書・經籍志・縱横家》 《鬼谷子》二卷。蘇秦撰。

《新唐書・藝文志・縱横家類》 《鬼谷子》二卷。蘇秦。

晁公武《郡齋讀書志・縱横家》 《鬼谷子》三卷。右鬼谷先生撰。按《史記》，戰國時隱居潁川陽城之鬼谷，因以自號。長於養性治身，蘇秦、張儀師之。敘謂此書即授之二子者，言捭闔之術，凡十三章。《本經》、《持樞》、《中經》三篇，梁陶弘景注。《隋志》以爲蘇秦書，《唐志》以爲尹知章注，未知孰是。陸龜蒙詩謂鬼谷先生名訓，不詳所從出。柳子厚嘗曰：「劉向班固録書無《鬼谷子》。《鬼谷子》後出，而險盭峭薄，恐其妄言亂世難信，尤者晚乃益出《七術》，怪謬異甚，言益陿，使人猖狂失守。」來鵠亦曰：「鬼谷子昔教人詭紿激訐，揣測憸滑之術，悉備於章旨，六國時得之者，惟儀、秦而已。如捭闔、飛箝，實今之常態。」是知漸漓之後，不讀鬼谷子書者，其行事皆若自然符合也。昔倉頡造字，鬼爲之哭。不知鬼谷子作是書，鬼復何爲邪？世人欲知鬼谷子者，觀二子之言畧盡矣。故掇其大要，著之篇目。

高似孫《子略》卷三 《鬼谷子》。《隋志》有《樂法》一卷，又有《鬼谷先生占氣》一卷。戰國之事危矣。士有挾儁異豪偉之氣求騁乎用。其應對酬酢，變詐激昂，以自放於文章，見於頓挾險怪、離合揣摩者，其辭又極矣。《鬼谷子》書，其智謀、其數術、其變譎、其辭談，蓋出於戰國諸人之表。夫一闢一闔，《易》之神也。一翕一張，老氏之幾也。鬼谷之術，往往有得於闔闢翕張之外，神而明之，益至於自放潰裂而不可禦。予嘗觀諸《陰符》矣，窮天之用，賊人之私，而陰謀詭祕，有《金匱韜略》之所不可該者。而鬼谷盡得而泄之，其亦一代之雄乎！按劉向、班固録書，無《鬼谷子》。《隋志》始有之，列於縱横家。《唐志》以爲蘇秦之書。然蘇秦所記，以爲周時有豪士隱者，居鬼谷，自號鬼谷先生，無鄉里族姓名字。今考其言，有曰「世無常責，事無常師」，又曰「人動我静，人言我聽。知性則寡累，知命則不憂」。凡此之類，其爲辭亦卓然矣。至若《盛神》、《養志》諸篇，所謂「中稽道德之祖，散入神明之頤」者，不亦幾乎？郭璞《登樓賦》有曰：「揖首陽之二老，招鬼谷之隱士。」又《遊僊詩》曰：「青溪千餘仞，中有一道士。借問此何誰，云是鬼谷子。」可謂慨想其人矣！徐廣曰：「潁川陽城有鬼谷。」注其書者，樂臺、皇甫謐、陶宏景、尹知章。知章唐人。

陳振孫《直齋書録解題·縱横類》　《鬼谷子》三卷。案：《唐書·藝文志》作二卷。戰國時，蘇秦、張儀所師事者，號鬼谷先生，其地在潁川陽城，名氏不傳於世。此書《漢志》亦無有，隋、唐《志》始見之，《唐志》則直以爲蘇秦撰，不可攷也。《隋志》有皇甫謐、樂壹二家注，今本稱陶弘景注。案：徐廣曰：潁川陽城有鬼谷，注其書者樂壹、皇甫謐、陶弘景、尹知章。

馬端臨《文獻通考·經籍考·縱横家》　《鬼谷子》三卷。

《宋史·藝文志·縱横家類》　《鬼谷子》三卷。

楊士奇等《文淵閣書目·子書》　《鬼谷子》。一部。一册。闕。

高儒《百川書志·縱横家》　《鬼谷子》二卷。戰國時人，子十四篇。今缺二篇。瞿校：「子」字疑爲「凡」字之誤。外《本經》、持樞《中經》、《陰符》凡九篇。

王世貞《讀書後》卷五　《讀鬼谷子》。劉向、班固不載《鬼谷子》。《隋志》始有之。以故讀者疑其僞撰。然其命篇甚奇，詞亦偉至。所以捭闔張翕之機，大要出于老氏。老氏之以退爲進，以與爲取，知白守黑，知雄守雌，不足求足，不大求大，雖天下後世之言術者，莫外焉。深于鬼谷者也。鬼谷老氏之所甚諱也。儀、秦又老氏之所甚諱也。雖然不得而終諱以辭其咎。夫老氏之於禮，猶惜其爲亂首。而充其説，詐而爲儀、秦，慘而爲申、韓，誕而爲市大，悖而爲梁角。於乎！可勝亂哉。按：鬼谷子，楚人，隱鬼谷，不著名氏，嘗有書責儀秦。夫既教之矣，又何責焉。《續仙傳》曰：鬼谷子即王詡也。得道爲地仙。此諛辭也。

《四庫全書總目提要·雜家類》　《鬼谷子》一卷。兩江總督採進本。案：《鬼谷子》，《漢志》不著録。《隋志》縱横家有《鬼谷子》三卷，註曰：周世隱於鬼谷。《玉海》引《中興書目》曰：周時高士，無鄉里族姓名字，以其所隱，自號鬼谷先生。蘇秦、張儀事之，授以《捭闔》至《符言》等十有二篇，及《轉丸》、《本經》、《持樞》、《中經》等篇。因《隋志》之説也。《唐志》卷數相同，而註曰「蘇秦」。張守節《史記正義》曰：鬼谷在雒州陽城縣北五里。《七録》有《蘇秦書》，樂壹註，云：秦欲神祕其道，故假名鬼谷。此又《唐志》之所本也。胡應麟《筆叢》則謂《隋志》有《蘇秦》三十一篇，《張儀》十篇，必東漢人本二書之言，薈稡爲此，而託於鬼谷，若「子虚」、「亡是」之屬。其言頗爲近理，然亦終無確證。《隋志》稱皇甫謐註，則爲魏晉以來書，固無疑耳。《説苑》引《鬼谷子》有「人之不善而能矯之者，難矣」一語，今本不載。又惠洪《冷齋夜話》引鬼谷子曰：「崖蜜，櫻桃也。」今本亦不載，疑非其舊。然今本已佚其《轉丸》、《胠篋》二篇，惟存《捭闔》至《符言》十二篇。劉向所引或在佚篇之内。至惠洪所引，據王直方《詩話》，及《金樓子》之文，惠洪誤以爲《鬼谷子》耳。案：王直方《詩話》今無全本。此條見朱翌《猗覺寮雜記》所引。均不足以致疑也。高似孫《子略》稱其「一闔一闢，爲《易》之神，一翕一張，爲老氏之術，出於戰國諸人之表」，誠爲過當。宋濂《潛溪集》詆爲蛇鼠之智，又謂「其文淺近，不類戰國時人」，又抑之太甚。柳宗元《辨鬼谷子》，以爲言益奇而道益隘，差得其真。蓋其術雖不足道，其文之奇變詭偉，要非後世所能爲也。

錢東垣等輯《崇文總目·縱横家類》　《鬼谷子》三卷。鬼谷先生撰。

姚振宗《漢書藝文志拾補·縱横家》　《鬼谷子》三卷。《史記》：張儀者，始嘗與蘇秦俱事鬼谷先生，學術。又曰：蘇秦東事師于齊而習之於鬼谷先生。徐廣曰：潁川陽城有鬼谷，蓋是其人所居，因以爲號。裴駰案《風俗通義》曰：鬼谷先生，六國時從横家。《藝文類聚·隱逸門》：袁淑《真隱傳》曰：鬼谷先生不知何許人也。隱居韜志，居鬼谷山，因以爲稱。蘇秦、張儀師之，遂立功名，先生遺書責之。

《隋書·經籍志》：《鬼谷子》三卷。皇甫謐注。鬼谷子，周世隱於鬼谷。《唐經籍志》：《鬼谷子》二卷。蘇秦撰。《藝文志》：《鬼谷子》三卷。蘇秦。《宋史·藝文志》：《鬼谷子》三卷。唐柳宗元《辨鬼谷子》曰：漢時劉向、班固録書，無《鬼谷子》。《鬼谷子》後出而險盭峭薄，恐其妄言亂世，難信，學者宜其不道。而世之言縱横者，時葆其書。尤者，晚乃益出七術。怪謬異甚，不可考校，其言益奇，而道益陋。使人狂狙失守，而易於陷墜。晁氏《讀書志》：《鬼谷子》三卷。鬼谷先生撰。按《史記》，戰國時隱居潁川陽城之鬼谷，因以自號。長於養性治身，蘇秦、張儀師之。陸龜蒙詩謂鬼谷先生名詡，《通考》引作「訓」。不詳所從出。來鵠曰：鬼谷子教人詭給激訐，揣測憸滑之術，六國時得之者，惟儀、秦而已。如捭闔、飛箝，實今之常態。是知漸漓之後，不讀鬼谷子書者，其行事皆若自然符合也。昔倉頡造字，鬼爲之哭。不知鬼谷子作是書，鬼復何爲耶？按《道藏目録》云：鬼谷子，姓王，名詡，晉平公時人，並謂受道於老君。宋人僞《子華子》又言：鬼谷子，姓劉，名務，滋楚人。陳氏《書録解題》曰：戰國時，蘇秦、張儀所師事者，號鬼谷先生，其地在潁川陽城，名氏不傳於世。此書《漢志》亦無有，隋、唐《志》始見之，《唐志》則直以爲蘇秦撰，不可考也。

王應麟《漢志考證》曰：尹知章敍謂：「此書即授秦、儀者捭闔之術十三章。」一云十二章。《本經》、《持樞》、《中經》三篇。一云受《轉丸》、《胠篋》三章。秦、儀復往見先生，乃正席而坐，嚴顏而言，告二子以全身之道。又曰：《説苑》引《鬼谷子》曰：人之不善，而能矯之者，難矣。《玉海・藝文》：《中興書目》三卷。周時高士，無鄉里族姓名字，以其所隱，自號鬼谷先生。蘇秦、張儀事之，授以《捭闔》下至《符言》等十有二篇，及《轉圓》、《本經》、《持樞》、《中經》等篇，亦以告儀、秦者也。《四庫全書總目提要》曰：張守節《史記正義》曰：鬼谷在雒州陽城縣北五里。《七録》有《蘇秦書》，樂壹注云：秦欲神祕其道，故假名鬼谷。此《唐志》之所本也。胡應麟《筆叢》謂《漢志》有《蘇秦》三十篇，《張儀》十篇，必東漢人本二書之言，薈萃爲此，而託於鬼谷，若「子虚」、「亡是」之屬。其言頗爲近理，然亦終無確證。《隋志》稱皇甫謐注，則爲魏晉以來書固無疑耳。《説苑》引《鬼谷子》有「人之不善而能矯之者，難矣」一語，今本不載，疑非其舊。然今本已佚其《轉丸》、《胠篋》二篇，惟存《捭闔》至《符言》十二篇。劉向所引或在佚篇之内，不足以致疑也。高似孫《子略》稱其「一闔一闢，爲《易》之神，一翕一張，爲老氏之術，出於戰國諸人之表」，誠爲過當。宋濂《潛溪集》詆爲蛇鼠之智，又謂「其文淺近，不類戰國時人」。又抑之太甚。柳宗元《辨鬼谷子》以爲言益奇而道益陿，差得其真。蓋其術雖不足道，其文之奇變詭偉，要非後世所能爲也。《四庫全書簡明目録》曰：《唐志》以爲蘇秦撰。莫能詳也。其書爲縱横家之祖，原本十四篇，今佚其二，舊有樂壹等四家注，今並不傳。按：劉向《説苑・善説》篇引鬼谷子，則漢時有其書審矣。注其書者，有皇甫謐、樂壹、陶宏景、尹知章四家，今惟陶注三卷在《道藏》。江都秦恩復刻之，上卷四篇，曰《捭闔》篇第一，《反應》篇第二，《内揵》篇第三，《抵巇》篇第四。中卷八篇，曰《飛箝》篇第五，《忤合》篇第六，《揣》篇第七，《摩》篇第八，《權》篇第九，《謀》篇第十，《決》篇第十一，《符言》篇第十二。其《轉丸》十三，《胠篋》十四兩篇亡。或曰《轉丸》、《胠篋》即下卷《本經》、《中經》。下卷爲《本經》、《陰符》七篇，及《持樞》、《中經》凡二十一篇。

鬼谷子注

《隋書・經籍志・縱横家》《鬼谷子》三卷。皇甫謐注。鬼谷子，周世隱於鬼谷。

鄭樵《通志・藝文略・縱横家》《鬼谷子》三卷。皇甫謐注。鬼谷先生，楚人也，生於周世，隱居鬼谷。

文廷式《補晉書藝文志・縱横家類》皇甫謐《鬼谷子注》三卷。《日本國見存書目》尚有此書。

鬼谷子注

鄭樵《通志・藝文略・縱横家》《鬼谷子》三卷。梁陶弘景注。

錢曾《讀書敏求記・子》陶弘景注《鬼谷子》三卷。鬼谷子，無鄉里俗姓名字。戰國時隱居潁川陽城之鬼谷，故以爲號。其《轉丸》、《胠篋》二篇今亡。貞白曰：或云即《本經》、《中經》是也。

張之洞《書目答問・周秦諸子》《鬼谷子》陶宏景注。一卷。秦恩復校刻。兩本。縱横。

趙琦美《脈望館書目・縱横家》陶弘景註《鬼谷子》一本。

鬼谷子注

《隋書・經籍志・縱横家》《鬼谷子》三卷。樂一注。

《舊唐書・經籍志・縱横家》《鬼谷子》三卷。樂臺撰。

《新唐書・藝文志・縱横家類》 樂臺注《鬼谷子》三卷。

鄭樵《通志・藝文略・縱横家》 《鬼谷子》三卷。樂臺注。

鬼谷子注

《舊唐書・經籍志・縱横家》 《鬼谷子》三卷。尹知章注。

《新唐書・藝文志・縱横家類》 尹知章注《鬼谷子》三卷。

鄭樵《通志・藝文略・縱横家》 《鬼谷子》三卷。唐尹知章注。

龐煖

《漢書・藝文志・縱横家》 《龐煖》二篇。爲燕將。

姚振宗《漢書藝文志條理・縱横家》 《龐煖》二篇。爲燕將。案此似爲趙將之譌。《史・趙世家》：悼襄王三年，龐煖將攻燕，禽其將劇辛。四年，龐煖將趙、楚、魏、燕之鋭師攻秦蕞，不拔，移攻徐，取饒安。又《燕世家》：今王喜十二年，劇辛故居趙，與龐煖善，已而亡走燕。燕見趙數困于秦，而廉頗去，令龐煖將也，欲因趙弊攻之。問劇辛，辛曰：「龐煖易與耳。」燕使劇辛將擊趙，趙使龐煖擊之，取燕軍二萬，殺劇辛。本書《人表》龐煖列第六等中下。梁玉繩曰：龐煖始見《鶡冠子・世賢》、《趙世家》、《李牧傳》。又作「援」，亦曰龐子。《李牧傳》索隱以爲即馮煖非也。

梁玉繩《瞥記》五：《漢志》有《龐煖》二篇，久不傳。今觀《鶡冠子》，則二篇全在其中，即《世賢》篇、《武靈王》篇，是煖趙人。蓋鶡冠弟子，凡書中所云龐子，即煖也。按《武靈王》篇乃龐焕之言。宋陸佃解云：龐焕，蓋龐煖之兄。又按：此二篇見《鶡冠子》者，大抵是節文，恐非《漢志》二篇之舊矣。

蘇子

《漢書・藝文志・縱横家》 《蘇子》三十一篇。名秦，有《列傳》。

姚振宗《漢書藝文志條理・縱横家》 《蘇子》三十一篇。名秦，有《列傳》。《史》本傳：蘇秦者，東周雒陽人也。東事師于齊，而習之于鬼谷先生，出游數歲，大困而歸。自傷，閉室不出，出其書徧觀之。得周書《陰符》，伏而讀之。期年，以出揣摩，曰：「此可以説當世之君矣。」求説周顯王。弗信。乃西之秦，秦方誅商鞅，疾辯士，弗用。乃東之趙，趙弗説之。去游燕，歲餘而後得見燕文侯。説燕與趙從親。文侯于是資蘇秦車馬、金帛以至趙。説趙肅侯一韓、魏、齊、楚、燕、趙從親，以畔秦。令天下之將相會于洹水之上，通質，刳白馬而盟。趙王乃飾車百乘，黄金千鎰，白璧百雙，錦繡千純，以約諸侯。于是説韓宣惠王、魏襄王、齊宣王、楚威王，六國從合而并力焉。蘇秦爲從約長，并相六國。既約歸趙，趙肅侯封爲武安君。乃投從約書于秦，秦兵不敢闚函谷關十五年。其後從約解，齊宣王以爲客卿。齊大夫多與蘇秦争寵者，而使人刺蘇秦死。蘇秦之弟曰代，代弟蘇厲，見兄遂，亦皆學。及蘇秦死，代乃求見燕王，欲襲故事。蘇代復重于燕。燕使約諸侯從親如蘇秦時，或從或不，而天下由此宗蘇氏之從約。代、厲皆以壽死，名顯諸侯。太史公曰：蘇秦兄弟三人，皆游説諸侯以顯名，其術長于權變。而蘇秦被反間以死，天下共笑之，諱學其術。然世言蘇秦多異，異時事有類之者皆附之蘇秦。夫蘇秦起閭閻，連六國從親，此其智有過人者。吾故列其行事，次其時序，毋令獨蒙惡聲焉。

本書《人表》蘇秦列第六等中下。梁玉繩曰：蘇秦屢見《戰國策》及《荀子・臣道》。東周雒陽人，居乘軒里，蓋蘇忿生之後。字季子，亦曰蘇子，亦曰蘇公，亦曰蘇生，亦曰蘇君，亦曰蘇季。封武安君，葬雒陽城東御道北孝義里西北隅。馬國翰輯本序曰：《漢志》《蘇子》三十一篇。隋唐《志》不著，佚亡已久。兹從《戰國》《秦策》、《燕策》、《趙策》、《韓策》、《魏策》、《齊策》、《楚策》、《史記》列傳輯録，凡一十七篇。按《七略》兵權謀家有《蘇子》。班氏以其重複，省之。

張子

《漢書・藝文志・縱横家》 《張子》十篇。名儀，有《列傳》。

姚振宗《漢書藝文志條理・縱横家》 《張子》十篇。名儀，有《列傳》。《史》本傳：張儀者，魏人也。始嘗與蘇秦俱事鬼谷先生，學術，蘇秦自以不及張儀。儀已學而游説諸侯。秦惠王以爲客卿，遂相秦。相秦凡四歲，後二年而免相。相魏以爲秦，欲令魏先事秦而諸侯效之。魏哀王乃倍從約而因儀請成于秦。儀歸，復相秦。又相楚，秦惠王封儀五邑，號曰武信君。惠王卒，武王不説張儀，羣臣多讒張儀。儀懼誅，因説王入儀之梁。儀相魏一歲，卒于魏。太史公曰：三晉多權變之士，夫言從衡彊秦者大抵皆三晉之人也。夫張儀之行事甚于蘇秦，然世惡蘇秦者，以其先死，而儀振暴其短以扶其説，成其衡道。要之，此兩人真傾危之士哉。《索隱》曰：蘇秦相六國，令從親而擯秦。張儀相六國，使連衡而事秦。故蘇爲合從，張爲連衡也。本書《人表》張儀列第六等中下。梁玉繩曰：張儀屢見《戰國策》及《孟子》、《荀子》魏氏餘子亦曰張子，封武信君，葬開封縣東北七里。又《武帝本紀》：建元元年，丞相綰奏所舉賢良，或治申、商、韓非、蘇秦、張儀之言，亂國政，請皆罷。奏可。《黄氏日鈔》曰：蘇秦之説六國，爲六國也，忠于六國者也。張儀之説六國，非爲六國，爲秦也。欺詐諸侯，如侮嬰兒，雖均之捭闔，而儀又秦之罪人矣。王氏《考證》：東萊吕氏曰：戰國游説之風，蘇秦、張儀、公孫衍實倡之。秦，周人也。儀與衍，皆魏人也。故言權變辯智之士，必曰三晉兩周云。

闕子

《漢書・藝文志・縱横家》《闕子》一篇。

姚振宗《漢書藝文志條理・縱横家》《闕子》一篇。應劭《風俗通・姓氏》篇：闕氏承闕黨童子之後。《漢書・藝文志》縱横家有闕子著書一篇。嚴可均輯本序曰：《漢志》縱横家《闕子》一篇。《隋志》：梁有《補闕子》十卷。梁元帝撰。今散見于各書者凡十九事，省併複重，僅得五事。諸引皆稱闕子，不稱補闕。劉逵注《吴都賦》、酈元注《水經・睢水》並采用之，當是先秦古書，非梁補也。馬國翰輯本序曰：《漢志》縱横十二家有《闕子》一篇。在《龐煖》之後，《秦零陵令信》之前，當爲六國時人。《隋志》云：梁有《補闕子》十卷。梁元帝撰。蓋梁時《闕子》書已不傳，故元帝補之。兹從《藝文類聚》、《御覽》諸書輯録六節。其二事酈道元《水經注》引之，似是原書。此外四節未知出於原書，抑爲梁帝所補。

國筮子

《漢書・藝文志・縱横家》《國筮子》十七篇。

姚振宗《漢書藝文志條理・縱横家》《國筮子》十七篇。《國筮子》未詳。按《廣韻・二十五德》國字注：國，又姓，太公之後。《左傳》齊有國氏，代爲上卿。此國筮子或爲姓名，如鄧析子之類；或爲别號，如關尹子之類。均無由考見矣。

秦零陵令信

《漢書・藝文志・縱横家》《秦零陵令信》一篇。難秦相李斯。

姚振宗《漢書藝文志條理・縱横家》《秦零陵令信》一篇。難秦相李斯。洪亮吉《曉讀書齋二録》曰：劉逵《吴都賦注》引《秦零陵令上書》云：「荆軻挾匕首卒刺陛下」云云，是零陵令信有上始皇書，又有難李斯書也。嚴可均《全秦文編》曰：零陵令信失其姓，始皇時爲零陵令。《文選注》有秦零陵令上始皇書。案《漢志》縱横家有《秦零陵令信》一篇，難秦相李斯。即此。

蒯子

《漢書・藝文志・縱横家》《蒯子》五篇。名通。

姚振宗《漢書藝文志條理・縱横家》《蒯子》五篇。名通。《史記・田儋傳・贊》曰：蒯通者，善爲長短説，論戰國之權變，爲八十一首。通善齊人安期生，安期生嘗干項羽，項羽不能用其筴。已而項羽欲封此兩人，兩人終不肯受，亡去。《索隱》曰：長短説者，言欲令此事長則長説之，短則短説之。故《戰國策》亦名《短長書》是也。本書列傳：蒯通，范陽人也。本與武帝同諱。楚漢初起，武臣略定趙地，號武信君。通説范陽令徐公歸武臣。後漢將韓信虜魏王，破趙、代，降燕，定三國，引兵將東擊齊。聞漢王使酈食其説下齊，信欲止。通説信襲歷下軍，遂至臨淄。齊王廣以酈生爲欺己而烹之，因敗走。信遂定齊地，自立爲齊假王。漢方困于滎陽，遣張良即立信爲齊王，以安固之。項王亦遣武涉説信，欲與連和。蒯通知天下權在信，欲説信令背漢，參分天下，鼎足而立。信猶與不忍背漢，又自以功多，漢不奪我齊，遂謝通。通説不聽，惶恐，乃陽狂爲巫。天下既定，信以罪廢爲淮陰侯，謀反被誅，臨死歎曰：「悔不用蒯通之言，死於女子之手！」高帝曰：「是齊辯士。」迺詔召蒯通，通至，乃赦之。至齊悼惠王時，曹參爲相，禮下賢人，請通爲客，通進齊處士東郭先生、梁石君，皆以爲上賓。通論戰國時説士權變，亦自序其説，凡八十一首，號曰《雋永》。師古曰：雋，肥肉也；永，長也。言其所論甘美而義深長也。通本名「徹」，史家追書爲「通」。《黄氏日鈔》曰：蒯通口給不在儀、秦下，會真主出興，故無所售其姦。馬國翰輯本序曰：《藝文志》縱横家有《蒯子》五篇。隋唐《志》不著録。其書久佚。所謂論戰國説士之文不可復見。本傳所載説徐公，説韓信，曹相國，當是自序，本文茲據輯録。夫利口覆邦，聖人所惡。班氏贊謂「一説而喪三儁」。應劭曰：亨酈食其，敗田横，驕韓信也。其得不亨者幸也。黄東發謂通口辯不在儀、秦下，其奇謀雄辯亦足與《國策》同傳已。章學誠《校讎通義》曰：蒯通之書，自號雋永，今著録止稱《蒯子》，且《傳》云自序其説八十一首，而著録僅稱五篇，不爲注語以別白之，則班劉之疏也。按：謂班氏之疎，則有之。若劉氏，則《七略》、《別録》今不可見，何由知其皆無別白乎？按《七略・兵權謀家》有《蒯通》，班氏以其重複，省之。

鄒陽

《漢書・藝文志・縱横家》《鄒陽》七篇。

姚振宗《漢書藝文志條理・縱横家》《鄒陽》七篇。本書列傳：鄒陽，齊人也。漢興，諸侯王皆自治民聘賢。吴王濞招致四方游士，陽與吴嚴忌、枚乘等俱仕吴，皆以文辯著名。久之，吴王以太子事怨望，稱疾不朝，陰有邪謀，陽奏書諫。爲其事尚隱，惡指斥言，故先引秦爲諭，因道胡、越、齊、趙、淮南之難，然後迺致其意。吴王不内其言。是時，景帝少弟梁孝王貴盛，亦待士。於是鄒陽、枚乘、嚴忌知吴不可説，皆去之梁，從孝王游。陽爲人有知略，忼慨不苟合，介於羊勝、公孫詭之間。勝等疾陽，惡之孝王。孝王怒，下陽吏，將殺之。陽客游以讒見禽，恐死而負累，迺從獄中上書。書奏孝王，孝王立出之，卒爲上客。初，勝、詭欲使王求爲漢嗣，王又嘗上書，願自使梁國士衆築甬道朝太后。爰盎等皆以爲不可。梁王令人刺殺盎。上疑梁殺之，使者冠蓋相望責梁王。梁王始與勝、詭有謀，陽争以爲不可，故見讒。枚先生、嚴夫子皆不敢諫。及梁事敗，勝、詭死，孝王恐誅，迺思陽言，深辭謝之，齎以千金，令求方略解罪於上者。陽乃之長安，見王長君，事得不治。《黄氏日鈔》曰：鄒陽、枚乘本未免戰國游士之餘習，能持正論可嘉，諫吴王書尤明切。馬國翰輯本序曰：陽生漢文景之世，六國餘習未能盡除，故其言論雖正，而時與《戰國策》文字相近。《漢志》列之從横家，以此故也。書本七篇，《史記》僅載其獄中上書。《漢書》並載諫吴王及説王長君二篇，據録，次《蒯子》之後云。

主父偃

《漢書・藝文志・縱横家》《主父偃》二十八篇。

姚振宗《漢書藝文志條理・縱横家》《主父偃》二十八篇。本書列傳：主父偃，齊國臨淄人也。學長短從横術，晚乃學《易》、《春秋》、百家之言。游齊諸子間，師古曰：諸子，諸侯王子。諸儒生相與排擯，不容于齊。家貧，假貣無所得。北游燕、趙、中山，皆莫能厚。甚困，以諸侯莫足游者。元光元年，迺西入關，見衛將軍。師古曰：「衛青。」衛將軍數言上，上不省。資用乏，留久，諸侯賓客多厭之，迺上書闕下。朝奏，暮召入見。所言九事，其八事爲律令，一事諫伐匈奴。迺拜偃爲郎中。偃數上疏言事，遷謁者、中郎、中大夫。歲中四遷。偃説上，令諸侯得推恩分子弟，以地侯之。彼人人喜得所願，上以德施，實分其國。必稍自銷弱矣。于是上從其計。又説上徙天下豪傑、兼并之家實茂陵，上又從之。尊立衛皇后及發燕王定國陰事，偃有功焉。大臣皆畏其口，賂遺累千金。偃盛言朔方，遂置朔方郡。元朔中，偃言齊王内有淫失之行，上拜偃爲齊相。至齊，迺使人告王與姊姦事動王。王以爲終不得脱，恐效燕王論死，迺自殺。偃始爲布衣時，嘗游燕、趙，及其貴，發燕事。趙王恐其爲國患，欲上書言其陰事，爲居中，不敢發。及其爲齊相，出關，即使人上書，告偃受諸侯金，以故諸侯子多以得封者。及齊王以自殺聞，上大怒，以爲偃劫其王令自殺，迺徵下吏治。偃服受金，實不劫齊王令自殺。上欲勿誅，公孫弘爭，迺遂族偃。又《儒林傳》：《易》家，魯周霸、莒衡胡、臨淄主父偃，皆以《易》至大官。

《黄氏日鈔》曰：主父偃，姦險無賴小人。惟諫伐匈奴一書，不當以人廢言。其勸然他日勸築朔方、襲蒙恬故事者，即今日舉秦事以諫伐匈奴之偃也。何耶？其勸分王諸侯，則掇拾賈生之緒餘也。其勸徙豪民實茂陵，則剽竊婁敬之陳言也。何能爲漢廷決一策耶？偃之爲人也，其自取覆滅也固宜，爲偃之族者可悲耳。馬國翰輯本序曰：「偃蓋反覆傾危之士。出處大略與蘇秦相埒。嘗自言「丈夫生不五鼎食死，則五鼎亨耳。吾日暮，故倒行逆施之」。負才任氣，卒不得其死。然則禍由自取也。《漢志》從横家有《主父偃》二十八篇。今存本傳者四篇。上書所言九事，八事爲律令，不傳。諫伐匈奴一節，可謂盡言其説。上使諸侯分封子弟以弱其勢，亦賈誼之議。然誼不見用，偃竊之而得行焉。則乘乎時勢之既驗也。至其議徙豪民，置朔方，皆與時政有裨。玆據録之，毋以人廢言。其可乎？

徐　樂

《漢書・藝文志・縱横家》《徐樂》一篇。

姚振宗《漢書・藝文志條理・縱横家》《徐樂》一篇。本書《主父偃傳》：是時徐樂亦上書言世務，書奏，上召見，拜樂爲郎中。又曰：徐樂，燕郡無終人。殿板《考證》：顧炎武曰：《地理志》無燕郡，而無終屬右北平。考燕王定國，以元朔二年秋有罪自殺。國除。而元狩六年夏四月，始立皇子旦爲燕王。其間爲燕郡者十年，而《志》軼之也。徐樂上書當在此時，而無終于其時屬燕郡，後改屬右北平耳。

《黄氏日鈔》曰：徐樂《土傾瓦解》一書，大要可觀，惜其駁處多。按：宋時功令避寫不祥文字，故黄氏改本文「土崩」作「土傾」。馬國翰輯本序曰：《藝文志》從横家有《徐樂》一篇。今其《傳》中不敍他事，僅載上書一篇。《志》所稱者，即此也。黄東發曰：《土崩瓦解》一書，大要可觀，惜其駁處多。真西山亦曰：樂之告武帝也，欲明安危之機，銷未形之患，則凡幾微之際，皆所當謹也。顧乃以瓦解之勢爲不必慮，而欲其自恣于游畋聲色之間。豈忠臣之言哉？大抵縱横之士，逞其高談雄辯，軌于理者絶少。二公之論，切中其病，然其言隱而危，其詞微而婉，亦足自成一家之説，故據本傳録之。

莊　安

《漢書・藝文志・縱横家》《莊安》一篇。

姚振宗《漢書藝文志條理・縱横家》《莊安》一篇。本書《主父偃傳》：是時徐樂、嚴安亦俱上書言世務，書奏，上召見三人。謂曰：公皆安在，何相見之晚也？迺拜偃、樂、安皆爲郎中。又曰：嚴安者，臨菑人也。以故丞相史上書，後以安爲騎馬令。師古曰：主天子之騎馬也。《黄氏日鈔》曰：嚴安一書，言武帝靡敝中國，結怨夷狄，而其後則謂郡守之權，非特六卿。豈慮根本既耗，或有乘時而起者耶。

殿本《考證》：顧炎武曰：鄧伯羔謂安自姓嚴。然《藝文志》曰：《莊安》一篇。是「安」亦姓「莊」也。《志》之稱「莊安」，班氏所未及改也。馬國翰輯本序曰：《藝文志》縱横家有《莊安》一篇。「莊安」即「嚴安」。本傳亦僅標其爵里，以所上書備載之，與《徐樂傳》同。上書之文，即縱横家《莊安》一篇也。安與主父偃雖同時以上書拜郎中，而安過偃遠甚。偃救其末，安正其本。其言薄賦斂，箴帝之利心也。緩刑罰，藥帝之慘心也。省徭役，約帝之侈心也。至「用兵乃人臣之利，非天下之長策」二語，尤足關要功生事者之口。更爲切要之論。《志》與主父偃、徐樂並列縱横家，玆亦編次二家之後云。

待詔金馬聊蒼

《漢書・藝文志・縱横家》《待詔金馬聊蒼》三篇。趙人，武帝時。

姚振宗《漢書藝文志條理・縱横家》《待詔金馬聊倉》三篇。趙人，武帝時。顔氏《集注》曰：《嚴助傳》作「膠倉」，而此《志》作「聊」，《志》、《傳》不同，未知孰是。本書《嚴助傳》：武帝時，助與朱買臣、吾丘壽王、司馬相如、主父偃、徐樂、嚴安、東方朔、枚皋、膠倉、終軍、嚴葱奇等，並在左右。應劭《風俗通・姓氏》篇：聊氏，漢有聊倉，爲侍中，著子書，號聊子。張澍輯注曰：聊，齊地。殆大夫食采子孫以爲氏也。「聊倉」《嚴助傳》作「膠倉」。梁玉繩《瞥記》三：膠鬲之姓甚少。漢武帝時有趙人膠倉，見嚴助東方朔《傳》，而《藝文志》作「聊倉」，疑以音近而異。《廣韻》引《風俗通》亦作「聊倉」，蓋仍《漢志》，未必是兩人。案《風俗通》又云：又有聊某，爲潁川太守，著《萬姓譜》。則確爲聊氏。聊氏之先，或出自膠鬲，故亦作膠。膠倉始以待詔金馬門而至侍中，其書亦曰《聊子》，唯應仲遠得見而知之。

明世論

曾朴《補後漢書藝文志・縱横》 杜篤《明世論》。范書十五卷。案《文選・魏都賦注》引「親録譯導，緩步四來」，稱杜篤《通邊論》。《御覽》七百八引「匈奴請降，毾㲪、罽褥、帳幔、氈裘，積如丘山」，稱《邊論》。王元長《曲水詩序》注引「文越水震，鄉風仰流」，稱杜篤《展武論》。蓋即十五篇之二。又《書鈔》十五引稱《杜篤論》。

補闕子

《隋書・經籍志・縱横家》 《補闕子》十卷。梁元帝撰。

《舊唐書・經籍志・縱横家》 《補闕子》十卷。梁元帝撰。

《新唐書・藝文志・縱横家類》 梁元帝《補闕子》十卷。

鄭樵《通志・藝文略・縱横家》 《補闕子》十卷。梁元帝撰。

姚振宗《隋書經籍志考證・縱横家》 梁有《補闕子》十卷。元帝撰。亡。

梁元帝有《漢書注》見史部正史類。

《梁書》、《南史》本紀：所著《補闕子》十卷。

《金樓子・著書》篇：《補闕子》一秩，十卷。金樓爲序，付鮑泉東里撰。鮑泉有《六經通數》，詳見經部《論語》篇後《五經總義》類。

《唐書・經籍志》：《補闕子》十卷。梁元帝撰。

《唐書・藝文志梁》：元帝《補闕子》十卷。

嚴氏《鐵橋漫稾闕子輯本序》曰：《漢志》從横家《闕子》一篇。《隋志》：梁有《補闕子》十卷。元帝撰。亡。舊、新《唐志》著于録。今散見各書，所引皆稱《闕子》，不稱《補闕子》，非梁補也。

馬氏玉函山房《闕子輯本序》曰：《漢志》縱横十二家，有《闕子》一篇。《隋志》云：梁有《補闕子》十卷。元帝撰。亡。蓋梁時《闕子》書已不傳，故元帝補之。隋時未見其書，至唐初蒐得而著于目，今併佚矣。

湘東鴻烈

《隋書・經籍志・縱横家》 《湘東鴻烈》十卷。梁元帝撰。

姚振宗《隋書經籍志考證・縱横家》 梁有《湘東鴻烈》十卷。元帝撰。亡。

長短經

馬國翰《玉函山房藏書簿録・縱横家》 《長短經》九卷。《續函海》本。唐徵士梓州趙蕤大賓撰。自稱草莽臣。《唐志》作《長短要術》十卷。《朱志》作《長短要術卷》。與今本同。源出從横家，主於因時制變，綜覈事功。蘇、張之流也。唐、宋《志》並列雜家，今移入。

兵家部

論述

《漢書・藝文志・兵權謀》 權謀者，以正守國，以奇用兵，先計而後戰，兼形勢，包陰陽，用技巧者也。

又《兵形勢》 形勢者，雷動風舉，後發而先至，離合背鄉，變化無常，以輕疾制敵者也。

又《兵陰陽》 陰陽者，順時而發，推刑德，隨斗擊，因五勝，假鬼神而爲助者也。

又《兵技巧》 技巧者，習手足，便器械，積機關，以立攻守之勝者也。

《隋書・經籍志・兵家類序》 兵者，所以禁暴静亂者也。《易》曰：「古者弦木爲弧，剡木爲矢，弧矢之利，以威天下。」孔子曰：「不教人戰，是謂棄之。」《周官》，大司馬「掌九法九伐，以正邦國」，是也。然皆動之以仁，行之以義，故能誅暴静亂，以濟百姓。下至三季，恣情逞欲，争伐尋常，不撫其人，設變詐而滅仁義，至乃百姓離叛，以致於亂。

晁公武《郡齋讀書志・兵家類》 按兵法，漢成帝嘗命任宏分權謀、形勢、陰陽、技巧爲四種。今又有卜筮、政刑之説，蓋在四種之外矣。

焦竑《國史經籍志・兵家類序》 兵之興也，或謂權輿於涿鹿。然紫、太二垣，將衛環跱，將軍、羽林、棓槍、旗弧、騎官、陳車、鈇鉞、精卒，靡不錯列於經星之次。天垂象，見吉凶，其來尚已。蓋木行惟文，金行惟武；春序文，秋序武；經文，緯事武。東西相反，而不能相無也。代之下也，《司馬法》廢矣。然本陰陽者，惟德勝，順時日以制敵。尚伎巧，習手足，便器械以立勝。識形勢者，雷動風舉，離合背向，務變化，輕疾以信威，至委以銛刃，而無瓦解之心，則壹稟於人和，誰能易之？古法不同，具列篇籍，神而明之，存乎其人。

《四庫全書總目提要・兵家類序》 《史記・穰苴列傳》稱，齊威王使大夫追論古者《司馬兵法》，是古有兵法之明證。然《風后》以下，皆出依託。其間孤虛、王相之説，雜以陰陽五行。風雲氣色之説，又雜以占候。故兵家恒與術數相出入，術數亦恒與兵家相出入，要非古兵法也。其最古者，當以《孫子》、《吴子》、《司馬法》爲本。大抵生聚訓練之術，權謀運用之宜而已。今所採録，惟以論兵爲主。其餘雜説，悉別存目。古來僞本流傳既久者，詞不害理，亦併存以備一家。明季遊士撰述，尤爲猥雜，惟擇其著有明效，如戚繼光《練兵實紀》之類者，列於篇。

錢東垣等輯《崇文總目・兵家類序》 原敘：《周禮》，夏官司馬掌軍戎，以九伐之法正邦國。《書》之《洪範》，八曰「師」。《易》之《繫辭》「取諸睽」。此兵之所由始也。湯武之時，勝以仁義，春秋戰國，出奇狃變，其術無窮。自田齊始著《司馬之法》。漢興，張、韓之徒，敘次其書。武帝之世，楊僕又捃摭之，謂之《紀奏》。孝成命任宏乃以權謀、形勢、陰陽、技巧析爲四種。繇是兵家之文既修列矣。然而《司馬之法》本之禮讓，後世莫行焉。惟孫武之書法術大詳。攷今之列非特四種，又襍以卜筮、刑政之説，存諸篇云。見《歐陽文忠公集》。

耿文光《萬卷精華樓藏書記・兵家類序》 軍禮爲五禮之一。聖王設教治之典，至鉅矣。古有此專門之學，故秦漢兵書最富，見於《漢志》者猶七百餘篇，而散佚幾盡。今所録者凡十七家。黄帝、風后、太公、黄石、諸葛、李靖等率皆依託，然詞不害理，明知爲僞，而取備一家，亦略存之。孫武以將才著書，故其言千古莫外，且文章妙絶古今，非魏晉所能潤削。《吴子》不必爲吴起所著，當是戰國時書。自《尉繚》、《孫子》而下，他莫與匹，戰國人所著無疑。總之，皆權謀形勢，以擬三代之師，無一近似。其明白正大，廓然王者之規，與《周官》相出入者，《司馬法》一書而已。雖附以穰苴縱横詭誕之説，其文義閎深肅達者，皎如日星，固非策士所能亂。班氏入之禮類，不使與兵家之權謀、形勢、陰陽、伎巧相雜糅，其識卓矣。後世守城、練兵諸書，皆已見諸施行，實有其效，非空談者可比。其他儒生所纂，或拘牽而不適於用，或迂滯而遠於事情，爲敵所困，宜矣。明代所輯兵書，半雜術數，或近兒戲，皆棄不録。

雜録

《漢書・藝文志・兵權謀》 右兵權謀十三家，二百五十九篇。省伊尹、太公、管子、孫卿子、鶡冠子、蘇子、蒯通、陸賈、淮南王二百五十九種，出《司馬法》入禮也。

又《兵形勢》 右兵形勢十一家，九十二篇，圖十八卷。

又《兵陰陽》 右陰陽十六家，二百四十九篇，圖十卷。

又《兵技巧》 右兵技巧十三家，百九十九篇。省《墨子》重，入《蹵鞠》也。

《隋書・經籍志・兵家》 右一百三十三部，五百一十二卷。

《舊唐書・經籍志・兵書》 右兵書四十五部，凡二百八十九卷。

《新唐書・藝文志・兵書類》 右兵書類二十三家，六十部，三百一十九卷。失姓名十四家，李筌以下不著録二十五家，一百六十三卷。

洪邁《容齋題跋》卷一《跋漢志・兵技考》 漢成帝命任宏論次其書爲四種。其「權謀」中有《韓信》三篇，「形執」中有《項王》一篇。前、後《藝文志》載之。且云：漢興，張良、韓信序次兵法，凡百八十二家，删取要用，定著三十五家。諸吕盗取之。項、韓雖不得其死，而遺書可傳於後者，漢世不廢。今不可復見矣。

《宋史・藝文志・兵書類》 右兵書類三百四十七部，一千九百五十六卷。

《明史・藝文志・兵書類》 右兵書類，五十八部，一千一百二十二卷。

《四庫全書總目提要・兵家類》 右兵家類二十部，一百五十三卷，皆文淵閣著録。

又《兵家類存目》 右兵家類四十七部，三百八十八卷。内二部無卷數。皆附存目。

錢東垣等輯《崇文總目・兵家類》 共六十部，計一百十六卷。

張之洞《書目答問・兵家弟三》 兵家弟三。兵者，人事。《太白陰經》、《虎鈐經》之屬，詭誕不經，不録。《登壇必究》、《武備志》多言占候，所言營陳器械，古今異宜，不録。《握奇經》、《三略》、《心書》、《李衛公問對》，僞書，不録。《武編》、《兵法百言》之屬，多空談，不録。

【略】凡兵家多與史學家相出入，地理尤要。

兵法分部

孫子兵法

《漢書・藝文志・兵書略》 《吴孫子兵法》八十二篇，圖九卷。

尤袤《遂初堂書目・兵書類》 《孫子》。

高似孫《子略》卷三《孫子》 昭文章，明貴賤，辨等列，順少長，魯兵也，不重傷，不禽二毛，不以阻隘，明恥教戰，宋兵也；少長有禮，八節和睦，晉兵也；制國作政，以寄軍令，齊兵也；僕三千人，有紀有綱，秦兵也；伐晉之舉，喪乃止焉，楚兵也。周衰，制隳法蕩，政不克綱，强弱相淩，一趨於武，侈兵圖霸，干戈相尋，甚可畏也。其間謀帥行師，命意立制，猶知篤禮信，尚訓齊，庶幾三代仁義之萬一焉耳，殊未至於毒也。兵流於毒，始於孫武乎！武稱雄於言兵，往往舍正而鑿奇，背義而依詐。凡其言議反覆，奇變無常，智術相高，氣驅力奮，故《詩》、《書》所述，《韜》、《匱》所傳，至此皆索然無餘澤矣。先儒曰：無以學術殺天下後世。是猶言學者也。吴越交兵，勝負未決，武居其間，豈無所以爲强吴勝越者？二十年間，闔廬既以戰死，夫差旋喪其國。方是時，武之術不行於他國，特見信於吴，而武之言兵，亦知爲吴計而已。成敗興亡，易如反掌，固無待於殺天下後世。兵其可以智用歟？

陳振孫《直齋書録解題・兵書類》 《孫子》三卷。吴孫武撰。《漢志》八十一篇。魏武帝削其繁冗，定爲十三篇。世之言兵者，祖孫氏。然孫武事吴闔廬而不見於《左氏傳》，未知其果何時人也。

《宋史・藝文志・兵書類》 孫武《孫子》三卷。

楊士奇等《文淵閣書目・兵法》 《孫子》。一部，一册。闕。

高儒《百川書志・兵家》 《孫武子》三卷。吴孫武撰。凡十三篇。

錢謙益等《絳雲樓書目・兵家》 《孫子書》。

《四庫全書總目提要・兵家類》 《孫子》一卷。通行本。周孫武撰。考《史記・孫子列傳》，載武之書十三篇，而《漢書・藝文志》乃載《孫子兵法》八十二篇，圖九卷。故張守節《正義》以十三篇爲上卷，又有中、下二卷。杜牧亦謂：武書本數十萬言，皆曹操削其繁剩，筆其精粹，以成此書。然《史記》稱十三篇在《漢志》之前，不得以後來附益者爲本書，牧之言固未可以爲據也。此書註本極夥。《隋書・經籍志》所載，自曹操外，有王凌、張子尚、賈詡、孟氏、沈友諸家。《唐志》益以李筌、杜牧、陳皡、賈林、孫鎬諸家。馬端臨《經籍考》又有紀燮、梅堯臣、王晳、何氏諸家。歐陽修謂：兵以不窮爲奇，宜其説者之多。其言最爲有理。然至今傳者寥寥。應武舉者所誦習，惟坊刻講章，鄙俚淺陋，無一可取。故今但存其本文，著之於録。武書爲百代談兵之祖，葉適以其人不見於《左傳》，疑其書乃春秋末、戰國初山林處士之所爲。然《史記》載闔閭謂武曰：子之十三篇，吾盡觀之矣。則確爲武所自著，非後人嫁名於武也。

姚振宗輯《七略別録佚文・兵書略》 《吴孫子兵法》八十二篇，圖九卷。

《孫子》書以殺青簡，編以縹絲繩。嚴本、馬本。按道家有《孫子》十六篇。馬氏以此條入之道家。嚴氏列之兵家。今從嚴本。又攷《孫卿子敘録》有「殺青簡」語，疑當時敘録皆有此體式。後人以其數見，節去數字也。

姚振宗《漢書藝文志條理・兵書略》 《吴孫子兵法》八十二篇，《圖》九卷。

《史・本傳》：孫子武者，齊人也。以兵法見於吴王闔廬。闔廬曰：「子之十三篇，吾盡觀之矣。」於是闔廬知孫子能用兵，卒以爲將。西破彊楚，入郢，北威齊晉，顯名諸侯，孫子與有力焉。《正義》曰：魏武帝云：「孫子者，齊人。事於吴王闔閭，爲吴將，作《兵法》十三篇。」《七録》云：《孫子兵法》三卷。案：十三篇爲上卷，又有中、下二卷。

《史・律書》：吴用孫武，申明軍約，賞罰必信，卒伯諸侯，兼列邦土，雖不及三代之誥誓，然身寵君尊，當世顯揚，可不謂榮焉？

《藝文類聚・政治部》：《吴越春秋》曰：「孫子者，吴人，名武，善爲兵法，辟隱幽居，世人莫知其能。子胥明於識人，乃薦孫子。吴王問以兵法，每陳一篇，王不覺口之稱善。」

《世系表》：孫氏又有出自媯姓。齊田完，字敬仲，四世孫桓子無宇，無宇子書，字子占，齊大夫，伐莒有功，景公賜姓孫氏，食采於樂安。生憑，字起宗，齊卿。憑生武，字長卿，以田鮑四族謀爲亂，奔吴爲將軍。

本書《人表》第五等中中：吴孫武。梁玉繩曰：孫武始見《史・律書》及《本傳》，字長卿。本齊田完之後，奔吴爲吴人，亦曰孫子。葬吴巫門外，去縣十里。宋宣和五年封滬瀆侯。

《隋書・經籍志》：《孫子兵法》二卷，吴將孫武撰。梁三卷。《吴孫子牝八變陣圖》二卷，《孫子兵法雜占》四卷。梁又有《孫子八陣圖》一卷，亡。《孫子戰鬭六甲兵法》一卷，亡。《唐書・經籍志》：《吴孫子三十二壘經》一卷。《唐・藝文志》同。《宋史・藝文志》：孫武《孫子》三卷。又云朱服校定《孫子》三卷。《太平御覽》三百五十七引《孫子三十二壘經》及《兵法雜占》。

王氏《考證》：《隋志》梁有《孫子八陣圖》一卷。《周禮》車僕注：孫子八陳有革車之陳。

孫星衍校刊序曰：孫子爲吴將，兵功歸子胥。故《春秋傳》不載其名，蓋功成不受官也。《越絶書》稱巫門外大冢，吴王客孫武冢，是其證也。畢以珣《敍録》曰：武蓋以客卿將兵也。

文登畢以珣《孫子敍録》曰：按八十二篇，圖九卷者，其一爲十三篇，今所傳《孫子兵法》是也。其一爲問答若干篇，即諸傳記所引滎陽鄭友賢所輯《遺説》是也。一爲《八陳圖》，鄭注《周禮》引之是也。一爲《兵法雜占》，《太平御覽》所引是也。外又有《牝八變陳圖》、《戰鬭六甲兵法》、《三十二壘經》，見隋、唐《志》。按《漢志》惟云八十二篇，而隋、唐《志》於十三篇之外，又有數種，可知其具在八十二篇之内也。梁玉繩《瞥記》曰：《孫武兵法》十三篇，而高誘注《吕覽・上德》云兵法五千言，則不獨上至經稱五千言矣。

孫臏兵法

《漢書・藝文志・兵書略》 《齊孫子》八十九篇。《圖》四卷。

姚振宗輯《七略别録佚文・兵書略》 《齊孫子兵法》八十九篇，《圖》四卷。

姚振宗《漢書藝文志條理・兵書略》 《齊孫子》八十九篇，《圖》四卷。

《史・孫武傳》：武既死，後百餘歲有孫臏。臏生阿鄄之間，亦孫武之後世子孫也。孫臏嘗與龐涓俱學兵法。龐涓既事魏，得爲惠王將軍，而自以爲能不及孫臏，乃陰使召孫臏。臏至，龐涓恐其賢於己，疾之，則以法刑斷其兩足而黥之，欲隱勿見。齊使者如梁，孫臏以刑徒陰見，説齊使。齊使以爲奇，竊載與之齊。齊將田忌善而客待之，進於威王。威王問兵法，遂以爲師。其後，魏伐趙，趙急，請救於齊。齊威王欲將孫臏，臏辭謝曰：刑餘之人不可。於是乃以田忌爲將，而孫子爲師，居輜車中，爲計謀。大破梁軍。後十五年，魏與趙攻韓，韓告急於齊。齊使田忌將而往，殺龐涓，虜魏太子申以歸。孫臏以此名顯天下，世傳其兵法。《史・魏世家》：惠王十七年圍趙邯鄲，十八年拔邯鄲。趙請救於齊，齊使田忌、孫臏救趙，敗魏桂陵。三十年魏伐趙，趙告急於齊。齊宣王用孫子計，救趙擊魏。魏遂大興師，使龐涓將，而令太子申爲上將軍。齊虜太子申，殺將軍涓。

《史・田敬仲世家》：齊宣王二年使田忌、田嬰將，孫子爲帥，救韓趙以擊魏。大敗之馬陵，殺其將龐涓，虜魏太子申。

《世系表》：孫武奔吴，爲將軍。三子：馳、明、敵。明食采於富春，自是世爲富春人。明生臏。畢以珣《孫子敍録》曰：「臏，武之孫也。」

《呂氏春秋・不二篇》孫臏貴勢。高誘曰：「孫臏，楚人，爲齊臣，作《謀》八十九篇，權之勢也。」

本書《人表》第四等中上：孫臏。梁玉繩曰：孫臏始見《史・孫子傳》，又作臏，亦曰孫子，葬河間府吴橋縣東南十五里。宋徽宗宣和五年，追封武清伯。唐孫氏《表》云：武子明，明生臏。蓋明雖食采富春，未久，仍歸齊，故史傳言臏生阿甄之間。《吕覽・不二篇》注，謂臏楚人，與《史》、《漢》異，恐非。《廣韻》以武、臏爲衞孫氏後，亦非。腓刑曰臏，因刑刖兩足而號之，其名不傳，惜哉！

王氏《考證》：《通典》引《孫臏》曰：用騎有十利。《呂氏春秋》：孫臏貴勢。《司馬遷傳》：孫子臏脚，兵法修列。

公孫鞅

《漢書・藝文志・兵書略》《公孫鞅》二十七篇。

姚振宗《漢書藝文志條理・兵書略》《公孫鞅》二十七篇。

公孫鞅有《商君書》二十九篇，見《諸子・法家》。

章學誠《校讎通義》曰：「若兵書之《公孫鞅》二十七篇與法家之《商君》二十九篇，名號雖異，而實爲一人，亦當著其是否一書也。」按：一在法家，一在兵家，家數既殊，篇數亦異，又何用著其是否一書耶？

吴起

《漢書・藝文志・兵書略》《吴起》四十八篇。有《列傳》。

晁公武《郡齋讀書志・兵家類》《吴子》三卷。

右魏吴起撰。言兵家機權法制之説。唐陸希聲類次爲之説，《料敵》、《治兵》、《論將》、《變化》、《勵士》，凡六篇。

尤袤《遂初堂書目・兵書類》《吴子》。

高似孫《子略》卷三 《吴子》。

自有春秋而天下日窮於兵，孫武又言兵進於吴，吴起以言兵售於魏，各以書名家。然讀《吴子》，其説蓋與孫武截然其不相侔也。起之書幾乎正，武之書一乎奇。起之書尚禮義、明教訓，或有得於《司馬法》者，武則一切戰國馳騁戰争、奪謀逞詐之術耳。武侯浮西河，下中流，喟然嘆曰：美哉！山河之固，魏之寶也。起言之曰：在德不在險，德之不修，舟中之人，盡敵國也。斯言之善，質於經，求之古，奚慚焉！反覆此編，則所教在禮，所貴在禮。夫以湯、武仁義律之，起誠有間，求之於齊、魯、晉、衞、秦、楚之論兵者，起庶幾乎！武侯賢矣，聽起者篤矣，君臣之遇，不爲不厚矣。讒間一生，棄如敝屣，動名志業，迄不一就。士之思古，安得不嘆息於斯？若其當新難之國，輔未壯之君，馭不附之大臣，臨未信之百姓，而乃明法審令，廢疎遠之公族，捐不急之庶官，持意太過，操制太嚴，是所以速禍耳。起乃疎於此耶？

陳振孫《直齋書録解題・兵書類》《吴子》三卷。魏吴起撰。

馬端臨《文獻通考・經籍考・兵書》《吴子》三卷。

《宋史・藝文志・兵書類》吴起《吴子》三卷。

楊士奇等《文淵閣書目・兵法》《吴子》。一部，一册。闕。《吴子》。一部，一册。闕。

高儒《百川書志・兵家》《吴子》二卷。魏吴起撰，凡六篇三十一章。

《四庫全書總目提要・兵家類》《吴子》一卷。通行本。

周吴起撰。起事蹟見《史記列傳》。司馬遷稱「起兵法世多有」，而不言篇數。《漢・藝文志》載《吴起》四十八篇。然《隋志》作一卷，賈詡註。《唐志》竝同。鄭樵《通志・略》又有孫鎬註一卷。均無所謂四十八篇者。蓋亦如孫武之八十二篇出於附益，非其本書世不傳也。晁公武《讀書志》則作三卷，稱唐陸希聲類次爲之，凡《説國》、《料敵》、《治兵》、《論將》、《變化》、《勵士》六篇。今所行本雖仍併爲一卷，然篇目竝與《讀書志》合。惟「變化」作「應變」，則未知孰誤耳。起殺妻求將，齧臂盟母，其行事殊不足道。然嘗受學於曾子，耳濡目染，終有典型。故持論頗不詭於正。如對魏武侯則曰「在德不在險」；論制國治軍則曰「教之以禮，勵之以義」；論爲將之道，則曰「所慎者五，一曰理，二曰備，三曰果，四曰戒，五曰約」。大抵皆尚有先王節制之遺。高似孫《子略》謂「其尚禮義，明教訓，或有得於《司馬法》者」。斯言允矣。

錢東垣等輯《崇文總目・兵家類》《吴子》一卷。吴起撰。

張之洞《書目答問・周秦諸子》《吳子》一卷。平津館校本。

姚振宗《漢書藝文志條理・兵書略》《吳起》四十八篇，有《列傳》。

《史・本傳》：吳起者，衛人也，好用兵。嘗學於曾子，事魯君。齊人攻魯，魯欲將吳起，吳起取齊女爲妻，而魯疑之。吳起於是欲就名，遂殺其妻，以明不與齊也。魯卒以爲將。將而攻齊，大破之。魯人或惡吳起，魯君疑之，謝吳起。起聞魏文侯賢，欲事之。文侯問李克曰：「吳起何如人哉？」李克曰：「起貪而好色，然用兵司馬穰苴不能過也。」於是文侯以爲將，擊秦，拔五城。乃以爲西河守。文侯卒，起事其子武侯，封起爲西河守。公叔爲相，害吳起，武侯疑之，起懼得罪，遂去之楚。楚悼王素聞起賢，至則相楚。明法審令，捐不急之官，廢公族疏遠者，以撫養戰士。要在彊兵，破馳説之言從横者。於是南平百越，北併陳、蔡，卻三晉，西伐秦。諸侯患楚之彊，楚之貴戚盡欲害吳起。及悼王死，嚴可均《三代文編》曰：「吳起，衛人，師事曾子。仕魯，去之魏，事魏文侯、武侯，爲西河守。公叔害之，去之楚。楚悼王以爲相。有《兵法》一卷。」《韓非子・内儲説》引吳起《南門令》、《西門令》、《攻秦亭令》。《呂氏春秋・慎小篇》又引《南門令》。

宗室大臣作亂，而攻吳起，起走之王尸而伏之。擊起之徒因射刺吳起，並中悼王。太子立，乃使令尹盡誅射吳起而並中王尸者。坐射起而夷宗死者七十餘家。按《吳子》首篇有云：魏文侯身自布席，夫人捧觴，醮吳起於廟，立爲大將。守西河，與諸侯大戰七十六，全勝六十四，餘則均解。闢土四面，拓地千里，皆起之功也。本書《刑法志》：春秋之後，滅弱吞小，并爲戰國。雄桀之士，因勢輔時，作爲權詐，以相傾覆。吳有孫武，齊有孫臏，魏有吳起，秦有商鞅，皆禽敵立勝，垂著篇籍。當此之時，合從連横，轉向攻伐，代爲雌雄。齊愍以技擊彊，魏惠以武卒奮，秦昭以鋭士勝。世方爭於功利，而馳説者以孫、吳爲宗。本書《人表》第六等中下：吳起。梁玉繩曰：吳起始見秦、魏《策》、《荀子・堯問》。衛左氏中人，學於曾子，據《釋文敘録》是曾申。中矢而死。或云枝解，或云車裂。宋宣和五年封廣宗伯。

《隋書・經籍志》：《吳起兵法》一卷，魏賈詡注。《唐書・藝文志》：賈詡注《吳子兵法》一卷。《宋史・藝文志》：吳起《吳子》三卷。又云朱服校定《吳子》二卷。

范　蠡

《漢書・藝文志・兵書略》《范蠡》二篇。越王句踐臣也。

姚振宗《漢書藝文志條理・兵書略》《范蠡》二篇。越王句踐臣也。

《史・越世家》：范蠡事越王句踐，既苦身戮力，與句踐深謀二十餘年，竟滅吳，報會稽之恥。而范蠡稱上將軍，還反國，爲書辭句踐。乘舟浮海出齊，變姓名，自謂鴟夷子皮。齊人聞其賢，以爲相。既歸相印，去之陶，自謂陶朱公。三徙，成名於天下。卒老死於陶，故世傳曰陶朱公。又《貨殖傳》曰：以爲陶天下之中，諸侯四近，貨物所交易也。乃治産積居，與時逐。十九年之中三致千金，再分散與貧交疏昆弟。此所謂富好行其德者也。後年衰老而聽子孫，子孫修業而息之，遂至巨萬。故言富者稱陶朱公。

《會稽典録》曰：范蠡，字少伯，越之上將軍也。本是楚宛三户人，佯狂，倜儻負俗。文種爲宛令，遣吏謁奉。後與文種俱入越。

本書《人表》第三等上下智人：范蠡。梁玉繩曰：范蠡始見《越語》。字少伯，南陽人，或云楚宛之三户人。《列仙傳》以爲徐人，非是。亦曰范子，亦曰子范子，亦曰范公，亦曰范伯，亦曰范生。又自變姓名，曰鴟夷子皮，曰陶朱公。宋徽宗宣和五年封爲遂武侯。

王氏《考證》：《甘延壽傳》張晏注、《春秋正義》、《文選》注，並引《范蠡兵法》。東萊呂氏曰：《越語》下篇所載范蠡之詞，多與《管子・勢篇》相出入。

大夫種

《漢書・藝文志・兵書略》《大夫傳》二篇。與范蠡俱事句踐。

姚振宗《漢書藝文志條理・兵書略》《大夫種》二篇。與范蠡俱事句踐。

《左・哀元年傳》：吳王夫差敗越於夫椒，報檇李也，遂入越。越子以甲楯五千，保於會稽，使大夫種因吳太宰嚭以行成。三月越及吳平。

《史・越世家》：句踐已平吳，范蠡遂去。自齊遺大夫種書曰：「蜚鳥盡，良工藏;狡兔死,走狗烹。越王爲人長頸鳥喙,可與共患難,不可與共樂。子何不去?」種見書,稱病不朝。人或讒種且爲亂,越王乃賜種劍曰:「子教寡人伐吴七術,寡人用其三而敗吴,其四在子,子爲我從先王試之。」種遂自殺。《吴越春秋》曰:大夫種,姓文,名種,字子禽。本楚南郢人,荆平王時爲宛令,句踐用其術滅吴,種爲相國。乃賜種劍,歎曰:「南陽之宰,而爲越王之禽。」自笑曰:「後世之末,忠臣必以吾爲喻矣。」遂伏劍死。句踐葬種於西山。

本書《人表》第四等中上:大夫種。梁玉繩曰:種始見左哀元《吴語》、《越語》,即文種。字少禽,或作子禽,楚南郢人,亦曰文子。句踐賜之劍而死,葬山陰種山。

李　子

《漢書・藝文志・兵書略》《李子》十篇。

姚振宗《漢書藝文志條理・兵書略》《李子》十篇。

按:《韓非子・内儲説》引李悝《習射令》,疑是李悝。悝相魏文侯,富國彊兵,别有書三十二篇,見《諸子法家》。

又按本《志》法家,於李悝書亦曰《李子》,與此相同。班氏以明注於前,故此不復贅。《習射令》或即是書之一則歟?

娷

《漢書・藝文志・兵書略》《娷》一篇。

姚振宗《漢書藝文志條理・兵書略》《娷》一篇。

《顔氏集注》曰:「娷,音女瑞反,蓋説兵法者,人名也。」按:《世本・作篇》云倕作鐘。又云垂作規矩準繩。垂作銚,作耒耜,作耨。宋注曰:垂,黄帝工人。張澍《輯注》曰:《玉篇》云倕,黄帝時巧人名。《帝王世紀》:嚳命倕作鞞。是垂爲工之通名,非一人也。又《抱朴子・辯問篇》曰:「班輸、倕狄,機械之聖也。」又梁玉繩《人表考》曰:垂,又作倕,堯時巧工。亦曰巧倕,亦曰工倕,亦曰倕氏。疑即此娷,戰國時依託爲是書。

兵春秋

《漢書・藝文志・兵書略》《兵春秋》一篇。

《舊唐書・經籍志・兵書》《兵春秋》一卷。

《新唐書・藝文志・兵書類》《兵春秋》一卷。

鄭樵《通志・藝文略・兵家》《兵春秋》一卷。

姚振宗《漢書藝文志條理・兵書略》《兵春秋》三篇。

《唐書・經籍志》,《兵春秋》一卷。《唐藝文志》著録同。按:舊、新《唐志》載《兵春秋》一卷,亦不著撰人,不知是否即是此書。

黄石子

徐𤊹《徐氏家藏書目・諸子類》《黄石子》一卷。

孫子遺説

白雲霽等《道藏目録詳注・太清部》《孫子遺説》,魏武帝製談兵。

十家注孫子

白雲霽等《道藏目録詳注・太清部》《孫子》。卷一之八。曹操、李筌、杜牧、陳皥、賈林、梅堯臣、杜佑、張預、王晳、何氏十家註解,皆言兵法。《孫子》。卷九之十三。

龐煖

《漢書・藝文志・兵書略》《龐煖》三篇。

姚振宗《漢書藝文志條理・兵書略》《龐煖》三篇。

龐煖有書二篇，見《諸子・從横家》。

兒良

《漢書・藝文志・兵書略》《兒良》一篇。

姚振宗《漢書藝文志條理・兵書略》《兒良》一篇。

顔氏《集注》曰：六國時人也。

《吕氏春秋・不二篇》：「王廖貴先，兒良貴後。」高誘曰：「王廖謀兵事，貴先，建茅也；兒良作兵謀，貴後。」賈誼《過秦論》曰：六國之士，有吴起、孫臏、帶佗、兒良、王廖、田忌、廉頗、趙奢之朋，制其兵。《史記索隱》曰：「王廖貴先，兒良貴後。」二人皆天下之豪士也。洪邁《容齋四筆》曰：「漢四種兵書有《兒良權謀》一篇。」兒良，不知其何國人，注家皆無所釋，獨《吕氏春秋》及賈誼《過秦論》僅見其名，然亦莫能詳也。

廣武君

《漢書・藝文志・兵書略》《廣武君》一篇。李左車。

姚振宗《漢書藝文志條理・兵書略》《廣武君》一篇。李左車。

《史・淮陰侯列傳》：信與張耳欲東下井陘擊趙。趙王、成安君陳餘聚兵井陘口。廣武君李左車説成安君曰：「井陘之道，車不得方軌，騎不得成列，行數百里，其勢糧食必在其後。願足下假臣奇兵三萬人，從間路絶其輜重。足下深溝高壘，勿與戰。彼前不得鬬，退不得還，吾奇兵絶其後，使野無所掠，不至十日，而兩將之頭可致於戲下。」成安君不用其策。韓信使人間視，知其不用，則大喜，乃敢引兵遂下。及破趙，斬成安君，禽趙王歇，乃令軍中毋殺廣武君，有能生得者購千金。於是有縛廣武君而致戲下者，信乃解其縛，東鄉坐，西鄉對，師事之。又有爲淮陰侯畫策下燕一事，文繁不録。

《世系》：趙郡李氏，出自秦司徒曇。次子璣，秦太傅。璣子牧，爲趙相，封武安君。牧子汨，秦中大夫、詹事。生傢、左車、仲車。左車，趙廣武君。生遐，漢涿郡守。

韓信

《漢書・藝文志・兵書略》《韓信》三篇。

姚振宗《漢書藝文志條理・兵書略》《韓信》三篇。

顔氏《集注》曰：淮陰侯。

本書《高帝紀》：元年春正月，項羽背約，更立沛公爲漢王，王巴、蜀、漢中四十一縣，都南鄭。夏四月，諸侯罷戲下，各就國。羽使卒三萬人從漢王。既至南鄭，諸將及士卒皆歌謳思東歸，多道亡還者。韓信爲治粟都尉，亦亡去，蕭何追還之，因薦於漢王，曰：「必欲争天下，非信無可與計事者。」於是漢王齋戒，設壇場，拜信爲大將軍。信陳羽可圖，三秦易并之計。又曰：「天下既定，命蕭何次律令，韓信申軍法。」

《史・漢功臣侯表》：淮陰侯韓信初以卒，從項梁。梁死，屬項羽，爲郎中。至咸陽，亡從入漢，爲連敖典客。《索隱》曰：《傳》作治粟都尉。或先爲連敖典客也。蕭何言信爲大將軍，別定魏、趙，爲齊王，徙封楚。高帝六年四月，坐擅發兵，廢爲淮陰侯。十一年信謀反關中。吕后誅信，夷三族，國除。

本《志》序曰：漢興，張良、韓信序次兵法，凡百八十二家，删取要用，定著三十五家。諸吕用事而盜取之。

王氏《考證》：李靖曰：張良所學《六韜》、《三略》是也。韓信所學《穰苴》、《孫武》是也。

《黄氏日鈔》曰：淮陰侯信虜魏、破代、平趙、下燕、定齊，南摧楚兵二十萬，殺龍且，而楚隨滅。漢并天下，皆信力也。武陟、蒯通説信背漢，而信終不忍，自以功多，漢不奪我齊。不知功之多者，忌之尤。今日破楚，明日襲奪齊王軍。方信爲漢取天下，漢之心，已未嘗一日不在取信也。高帝平生親信，無過蕭何者矣，而且疑之，況信耶！信有必誅之勢，而無人教之以蕭何避禍之策。張良爲帝謀臣，使其爲之畫善後計，猶庶幾也，而躡足之諫，召信會兵垓下之策，皆所以甚帝之疑，而置信於死者也。失職怏怏，謀反見誅，雖信之罪，而夷三族，嗚呼，甚矣！

仁和杭世駿《質疑》曰：李虁班問：韓信之事漢也，卒以反誅，先儒惜之，要未有確然明其不反者，班竊惑焉。然則舍人何以告變，皆呂氏之所爲也。呂后之所爲，皆漢高之意也。帝之任信，非得已也。急則用之，緩則棄之耳。未幾而奪其軍，未幾而一削其職。帝蓋未嘗一日不欲殺信也，特力未及耳。后窺知其意，密遣舍人上變，因而掩殺之，彼固知帝之必不問也。而史氏不察，相沿不改，亦已誤矣。方楚漢之爭鋒，兩主之命懸於信手，誠有如徹武所云者，不以此時割據爭雄，迨天下已定，始生異謀，雖至愚者不爲，而謂信爲之耶？且使信而果反，必不垂手就擒。擒而釋之，必不復爲所紿。觀其臨刑之言曰「悔不用徹言，以及此」，是亦不反之明驗矣。然則謂信功高震主，不爭引退以取禍可也，謂信謀反伏誅則過矣。夫以開代首功，一女子駕單詞，族之，至今莫辯，冤哉！答曰：史於信之不反，以蒯徹語證之，而是非自見。班固割徹語別爲一傳，而信被誣千秋，此論足以雪之。

按：《隋志》兵家，有《大將軍》一卷，不著撰人，列在《黄石公》諸書之間，自是漢人，不知是否此書。

楚兵法

《漢書・藝文志・兵書略》《楚兵法》七篇。《圖》四卷。

姚振宗《漢書藝文志條理・兵書略》《楚兵法》七篇。《圖》四卷。

《左・莊四年傳》，楚武王荆尸，授師孑焉。杜預曰：尸，陳也。荆，亦楚也，更爲楚陳兵之法。孑，戟也，楚始於此參用戟爲陳。孔穎達曰：「楚本小國，地狹民少，雖時復出師，未自爲法式。今始言荆尸，則武王初爲此楚國陳兵之法，名曰荆尸，使後人用之。宣十二年《傳》稱荆尸而舉，是遵行之也。」

《左・宣十二年傳》，欒武子曰：楚自克庸以來，在文十六年。其君無日不討國人而訓之於民生之不易、禍至之無日、戒懼之不可以怠。在軍無日不討軍實而申儆之於勝之不可保、紂之百克而卒無後，訓之以若敖、蚡冒篳路藍縷以啓山林。箴之曰：「民生在勤，勤則不匱。」其君之戎分爲二廣，廣有一卒，卒偏之兩。右廣初駕，數及日中，左則受之，以至於昏。內官序當其夜，以待不虞。杜預曰：二廣，君之親兵。十五乘爲一廣，百人爲卒，二十五人爲兩。孔穎達曰：一廣，十五乘，有一百二十五人從之。隋武子曰：荆尸而舉，卒乘輯睦，蔿敖爲宰，擇楚國之令典。軍行，右轅，左追蓐，前茅慮無，中權，後勁。軍政不戒而備。杜預曰：尸，陳也。楚武王始更爲此陳法，遂以爲名。宰，令尹。蔿敖，孫叔敖也。右轅左蓐，在車之右者，挾轅爲戰備。在左者追求草蓐爲宿備。慮無，如軍前斥候，備慮有無也。茅，明也。或曰時楚以茅爲旌識。中權、後勁者，中軍制謀，後以精兵爲殿也。其君之戎分爲二廣云云，《周禮・夏官》正義以爲即楚之軍法，當亦載於是書。

《左・襄二十四年傳》，楚子爲舟師以伐吴，不爲軍政，無功而還。杜預曰：「舟師，水軍。」又昭十九年《傳》，楚子爲舟師以伐濮，二十四年，楚子爲舟師以略吴疆。

按：《楚世家》，蚡冒弟熊通弑蚡冒子而代立，是爲楚武王。武王三十七年，熊通曰：「吾先鬻熊，文王之師也，早終。成王舉我先公，乃以子男田令居楚，蠻夷皆率服，而王不加位，我自尊耳。」乃自立，爲武王。蓋楚至武王而始大，而楚之兵法，據《左氏傳》及《疏》，亦自武王而始具。其後孫叔敖又譔次之，吴起或亦修治之。故有南門令等，見《韓非子》。又楚文王有僕區之法，楚莊王有茅門法。見《左・昭七年傳》及《韓非・外儲説》。或在此書，或別爲一書。

蚩尤

《漢書・藝文志・兵書略》《蚩尤》二篇。見《吕刑》。

姚振宗《漢書藝文志條理・兵書略》《蚩尤》二篇。見《吕刑》。

《書・吕刑》：王曰：「若古有訓，蚩尤惟始作亂，延及於平民。」注：「順古有遺訓，言蚩尤造始作亂，惡化相易，延及於平善之人。九黎之君，號曰蚩尤。」《世本・作篇》曰：「蚩尤以金作兵器。」宋衷注：「蚩尤，神農臣也。」張澍《輯注》曰：按《路史》引《世本》云：「蚩尤作五兵，戈、矛、戟、酋矛、夷矛，黄帝誅之涿鹿之野。」《太平御覽》引《世本》云：「蚩尤作兵。」又按《太白陰經》，伏羲以木爲兵，神農以石爲兵，蚩尤以金爲兵。是兵起於太昊，蚩尤始以金爲之。《吕氏春秋》，蚩尤作兵，非作兵也。高誘注：「非始作之也。」

《吕氏春秋・蕩兵篇》：蚩尤作兵，蚩尤非作兵也，利其械矣。未有蚩尤之時，民固剥林木以戰矣。高誘曰：「蚩尤，少皞氏之末，九黎之君名也。始作亂，伐無罪，殺無辜，善用兵，爲之無道，非始造之也，故曰『非作兵也』。」

《史・五帝本紀》：軒轅之時，神農氏世衰。諸侯相侵伐，暴虐百姓，而神農氏弗能征。於是軒轅乃習用干戈，以征不享。而蚩尤最爲暴，莫能伐。又曰：蚩尤作亂，不用帝命。於是黄帝乃徵師諸侯，與蚩尤戰於涿鹿之野。遂禽殺蚩尤。《龍魚河圖》云：「黄帝攝政，有蚩尤兄弟八十一人，造五兵，仗刀、戟、大弩，威振天下。」

本書《人表》，蚩尤列第九等下下愚人。梁玉繩曰：蚩尤，姜姓，炎帝之裔，逐帝榆罔，而自立，號炎帝。黄帝殺之，身體異處。冢在東郡壽張縣闞鄉城中。又有肩髀冢在山陽鉅野縣。《吕刑疏》引鄭云：蚩尤霸天下。《莊子・盜跖》釋文云：神農時，諸侯始造兵。蓋蚩尤，帝胄之有才者，故任之以事。其後倡亂，則殺之。

馬驌《繹史》曰：世之言蚩尤者，多怪誕不經，謂銅頭鐵額，八肱八趾，興雲吐霧，以迷軍士，天遣玄女始克制伏之。彼蚩尤者，姜姓之諸侯，非異類也。亦惟恃其彊暴，乘炎帝之衰，阻兵稱亂，如後世之竊據僭號者。抑或詭異其名，以愚百姓，如後世之黄巾、赤眉，執左道以惑衆者。黄帝修德撫民，以仁易暴，湯武之事，足以徵矣。奚必徵召鬼神，而後克濟哉？

《隋書・經籍志》：梁有《黄帝蚩尤兵法》一卷。亡。按：此或即此二篇之佚存者，以其書有黄帝事，故云《黄帝蚩尤兵法》。

孫軫

《漢書・藝文志・兵書略》《孫軫》五篇。《圖》二卷。

姚振宗《漢書藝文志條理・兵書略》《孫軫》五篇。《圖》二卷。

孫軫，始末未詳。

按：《世系・孫氏表》云：孫氏又有出自嬀姓。齊田完，字敬仲，四世孫桓子無宇。無宇子書，字子占，齊大夫，伐莒有功，景公賜姓孫氏，食采於樂安。蓋即孫武之祖也。《史・世家》云：陳完奔齊，以陳氏爲田氏。其後四世，又別賜姓爲孫氏。是陳、田、孫三姓本同族。此孫軫疑即陳軫。軫見《史記》，與公孫衍、張儀合傳。與張儀俱事秦惠王，皆貴重。亦見《人表》第四等。梁玉繩曰：陳軫屢見《戰國策》。

繇敘

《漢書・藝文志・兵書略》《繇敘》二篇。

姚振宗《漢書藝文志條理・兵書略》《繇敘》二篇。

《太平御覽・兵部》：李筌《太白陰經》云：黄帝設八陳之形，風后演《握奇圖》，力牧亦創營圖。其後秦由余、蜀諸葛亮並有陳圖，以教人戰。

王氏《考證》：《古今人表》繇余，即由余。疑敘當作余。李筌《太白陰經》云：秦由余有《陳圖》。

按：由余別有書三篇，見《諸子・雜家》。《白帖》五十五引《七略》亦作由余。此繇敘，或是繇余之後追述其先世，爲是書，故次於《孫軫》之後。儻孫軫審爲陳軫，則於時代先後尤合。然皆無確證也。

王孫

《漢書・藝文志・兵書略》《王孫》十六篇。《圖》五卷。

姚振宗《漢書藝文志條理・兵書略》《王孫》十六篇。《圖》五卷。

王孫，始末未詳。

按：此疑即儒家之王孫子，孫下有敚文。又疑爲吴王孫雄。《左・襄十三年傳》，《正義》曰：「《吴語》王孫雄設法，百人爲行，十行一旌，十旌一將軍。」引《司馬法》云：「十人之帥執鈴，百人之帥執鐸，千人之帥執鼓，萬人之將執大鼓。」其文與《國語》大異。《國語》亦不見引《司馬法》。疑孔穎達據別本《國語》之説。王孫雄，《國語》作王孫雒，《史・越世家》作公孫雄。又疑王廖，《吕覽・不二篇》云：王廖貴先。賈生《過秦論》云：六國之士，有兒良、王廖制其兵。或孫爲廖字之誤。又疑王子，《太史公自序》：《司馬法》所從來尚矣。太公、孫、吴、王子能紹而明之。徐廣曰：「王子成甫，或孫爲子字之誤。」然皆非碻證也。

尉繚

《漢書・藝文志・兵書略》《尉繚》三十一篇。

《隋書・經籍志・兵家》梁有《尉繚子兵書》一卷。

鄭樵《通志・藝文略・兵家》《尉繚子》五卷。梁惠王時人。《隋志》一卷。

晁公武《郡齋讀書志・兵家類》《尉繚子》五卷。

右尉繚子，未詳何人。書論兵主刑法。按：《漢・藝文志》有二十九篇，今逸五篇。首篇稱「梁惠王問」，意其魏人歟？其卒章有曰：古之善用兵者，能殺卒之半，其次殺其十三，其下殺其十一。能殺其半者，威加海內；殺十三者，力加諸侯；殺十一者，令行士卒。嗚呼！觀此則爲術可知矣。

尤袤《遂初堂書目・兵書類》《尉繚子》。

陳振孫《直齋書録解題・兵書類》《尉繚子》五卷。

六國時人。案：《漢志》雜家有二十九篇，兵形勢家又有三十一篇。今書二十三篇，未知果當時本書否。

馬端臨《文獻通考・經籍考・兵書》《尉繚子》五卷。

周氏《涉筆》曰：《尉繚子》言兵，理法兼盡，然於諸令，督責部伍刻矣。所以爲善者，能分本末，別賓主，所謂「高之以廊廟之論，重之以受命之論，鋭之以踰垠之論」。廊廟，本也；受命，所以授也；凡諸令所云將事也，踰垠之論爾。視《孫子》專篇論火攻，《吴起》、《武侯》纖碎講切，蓋從容有餘矣。人主崇儉務本，均田節斂，明法稽驗爲之主，本無蔓獄，無留刑。故曰：兵，凶器；争，逆德。事必有本，以武爲植，以文爲種。武爲表，文爲裏。文視利害，辨安危，武犯强敵，力攻守。不攻無過之城，不殺無罪之人。夫殺人之父兄，利人之財貨，臣妾人之子女，此皆盜也。其説雖未純王政，亦可謂窺本統矣。古者什伍爲兵，有戰無敗，有死無逃。自春秋、戰國來，長募既行，動輒驅數十萬人以赴一決，然後有逃亡不可禁，故《尉繚子・兵令》於誅逃尤詳。世傳張魏公建壇拜曲端爲大將，端首問魏公：見兵幾何？魏公曰：八十萬人。端曰：須是斬了四十萬人，方得四十萬人用。端所言果如是，固覆軍失地，殺身之道也。夫分數豈專在殺哉？此念熏烝，决不能興起輯睦，吸引安祥。而《尉繚子》亦云：善用兵者能殺卒之半，其次殺其十三，其下殺其十一。能殺其半者，威加海內；殺十三者，力加諸侯；殺十一者，令行士卒。筆之於書，以殺垂教，《孫》、《吴》却未有是論也。

高儒《百川書志・兵家》《尉繚子》五卷。戰國時人。

《宋史・藝文志・兵書類》《尉繚子》五卷。

未詳名氏，凡二十四篇。

《四庫全書總目提要・兵家類》《尉繚子》五卷。通行本。

周尉繚撰。其人當六國時，不知其本末。或曰魏人，以《天官篇》有「梁惠王問」知之。或又曰齊人，鬼谷子之弟子。劉向《別録》又云繚爲商君學。未詳孰是也。《漢志》雜家有《尉繚》二十九篇。《隋志》作五卷，《唐志》作六卷。亦竝入於雜家。鄭樵譏其見名而不見書，馬端臨亦以爲然。然《漢志》兵形勢家內，實別有《尉繚》三十一篇。故胡應麟謂兵家之《尉繚》即今所傳，而雜家之《尉繚》竝非此書。今雜家亡，而兵家獨傳。鄭以爲孟堅之誤者，非也。特今書止二十四篇，與所謂三十一篇者，數不相合。則後來已有所亡佚，非完本矣。其書大指主於分本末，別賓主，明賞罰，所言往往合於正。如云：「兵不攻無過之城，不殺無罪之人。」又云：「兵者，所以誅暴亂，禁不義也。兵之所加者，農不離其田業，賈不離其肆宅，士大夫不離其官府，故兵不血刃，而天下親。」皆戰國談兵者所不道。晁公武《讀書志》有張載註《尉繚子》一卷，則講學家亦取其説。然書中《兵令》一篇，於誅逃之法，言之極詳。可以想見其節制，則亦非漫無經略，高談仁義者矣。其書坊本無卷數。今酌其篇頁，仍依《隋志》之目，分爲五卷。

錢東垣等輯《崇文總目・兵家類》《尉繚子》五卷。尉繚撰。

姚振宗《漢書藝文志條理・兵書略》《尉繚》三十一篇。

《隋書・經籍志》：梁有《尉繚子兵書》一卷，亡。《宋史・藝文志》：《尉繚子》五卷，戰國時人。

王氏《考證》：今本二十四篇。《天官》至《兵令》言刑政兵戰之事，其文意有附會者。首篇稱「梁惠王問」，意者魏人歟？

按：《秦本紀》，始皇十年，大梁人尉繚來説秦王曰：「以秦之彊，諸侯譬如郡縣之君，臣但恐諸侯合從，翕而出不意，此乃智伯、夫差、湣王之所以亡也。願大王毋愛財物，賂其豪臣，以亂其謀，不過亡三十萬金，則諸侯可盡。」秦王從其計。見尉繚亢禮，衣服、食飲與繚同。繚曰：「秦王爲人，蜂準，長目，摯鳥膺，豺聲，少恩而虎狼心。居約易出人下，得志亦輕食人。我布衣，然見我常身自下我。誠使秦王得志於天下，天下皆爲虜矣。不可與久游。」乃亡去。秦王覺，固止，以爲秦國尉。卒用其計策。而李斯用事。梁玉繩《瞥記》謂與雜家之尉繚是兩人。作此書者，不知即此尉繚否也。

魏公子

《漢書・藝文志・兵書略》《魏公子》二十一篇。《圖》十卷。名無忌，有《列傳》。

姚振宗《漢書藝文志條理・兵書略》《魏公子》二十一篇。《圖》十卷。名無忌，有《列傳》。

《史・信陵君列傳》，魏公子無忌者，魏昭王少子，而安釐王異母弟也。安釐王即位，封公子爲信陵君。公子爲人仁而下士，士無賢不肖皆謙而禮交之，不敢以其富貴交士。士以此方數千里爭往歸之，致食客三千人。當是時，諸侯以公子賢，多客，不敢加兵謀魏十餘年。安釐王二十年，秦昭王已破長平軍，進兵圍邯鄲。公子既奪晉鄙軍，救邯鄲，卻秦存趙，使將將其軍歸魏，而公子獨與客留趙。十年不歸。秦聞公子在趙，日夜出兵東伐魏。魏王使使往請公子，以上將軍印授公子。安釐王三十年，公子使使遍告諸侯。諸侯聞公子將，各遣將將兵救魏。公子率五國之兵，破秦軍於河外，走蒙驁。乘勝逐秦軍至函谷關，抑秦兵，秦兵不敢出。當是時，公子威振天下，諸侯之客進兵法，公子皆名之，故世俗稱《魏公子兵法》。後四歲卒。《索隱》曰：「公子所得進兵法，而必稱其名，以言其怨也。」按：《張耳傳》，耳少時及魏公子無忌爲客。

劉歆《七略》曰：《魏公子兵法》二十一篇。圖七卷。信陵君也。按：此與本志言圖十卷者異。考下文《兵形勢》都凡云圖十八卷，則此作七卷者，是也。

本書《人表》，魏公子無忌列第五等中中。梁玉繩曰：無忌，始見齊、趙、魏《策》，封信陵君，病酒而卒，葬陳留郡浚儀縣。案：昔人稱四公子，爲原、嘗、春、陵。然其品，信陵最優，平原次之，孟嘗又次之，春申爲下。《表》獨列平原於中上，餘俱在第五，失其倫矣。

《世系表》，京兆王氏出自姬姓，周文王少子畢公高之後，封魏。至昭王彤生公子無忌，封信陵君。無忌生間憂，襲信陵君。秦滅魏，間憂子卑子，逃難於太山。漢高祖召爲中涓，封蘭陵侯。時人以其故王族也，謂之王家卑子。生悼，悼生賢，濟南太守。宣帝徙豪傑居霸陵，遂爲京兆人。又《魏氏表》云：公子無忌孫無知，漢高梁侯，與此言卑子蘭陵侯者互異。豈兩人乎？尋史、漢《功臣恩澤侯表》皆不見，莫得而詳矣。

《黃氏日鈔》曰：無忌用侯嬴、朱亥之力，竊符矯命，以赴平原之急。其後在趙，用毛公、薛公之諫，毛公見前《名家》。趣駕歸魏，以卻彊秦之圍。此四人者，皆隱於屠沽博徒，無忌獨能察而用之。五國賓從，威震天下。雖非正道，而能爲國家之重，過平原、孟嘗遠矣。釐王受秦反間，用無忌不終，十八歲而魏亡，悲夫！

嚴可均《三代文編》曰：「魏無忌，魏絳十二世孫，魏安釐王之弟，封信陵君。以矯奪晉鄙軍，懼罪，留趙十年。還魏爲上將軍。秦用反間，廢之，病酒而卒。有《魏公子兵法》二十一篇。《圖》十卷。」

按：史言諸侯之客進兵法，公子皆名之，則此二十一篇，圖十卷者，各有主名。劉氏《録》、《略》必具載，今不可知已。

景子

《漢書・藝文志・兵書略》《景子》十三篇。

姚振宗《漢書藝文志條理・兵書略》《景子》十三篇。

按：儒家有景子，七十子之弟子，此列在魏公子之後，則非其人也。

李良

《漢書・藝文志・兵書略》《李良》三篇。

姚振宗《漢書藝文志條理・兵書略》《李良》三篇。

按：史、漢《張耳陳餘傳》，有李良爲趙王武臣略常山、太原，已而襲邯鄲，殺武臣。擊陳餘，餘敗之，歸秦將章邯。不知其所終。豈即其人乎？似不然也。

丁子

《漢書・藝文志・兵書略》《丁子》一篇。

姚振宗《漢書藝文志條理・兵書略》《丁子》一篇。

鄭樵《氏族略》：丁氏，姜姓。齊太公生丁公伋，支孫以丁爲氏。

鄧名世《古今姓氏書辯證》：丁氏出自姜姓。《漢書・藝文志》有丁子，著兵書。

按：丁子敘於項王之前，則其人大抵在秦楚之際。豈即楚將丁公乎？

項王

《漢書・藝文志・兵書略》《項王》一篇。名籍。

姚振宗《漢書藝文志條理・兵書略》《項王》一篇。名籍。

《史・本紀》：項籍者，下相人也，字羽。初起時，年二十四。其季父項梁，梁父即楚將項燕，爲秦將王翦所戮者也。項氏世世爲楚將，封於項，故姓項氏。籍少時，學書不成，去學劍，又不成。於是項梁乃教籍兵法，籍大喜，略知其意，又不肯竟學。

本書《人表》，項羽列第六等中下。梁玉繩曰：羽始見《始皇紀》，即項籍，字羽，一字子羽，下相人。重瞳子，楚懷王孫心封長安侯，號魯公。破秦，自立爲西楚霸王，亦曰項王。自刎而死，葬穀城。案：史言羽初起時，年二十四，亡於漢五年，則僅二十八歲也。

《黄氏日鈔》曰：「世謂羽與漢争天下，非也。羽曷嘗有争天下之志哉？羽見秦滅諸侯而兼有之，故欲滅秦，復立諸侯，如曩時而身爲盟主爾。故既分王，即都彭城。既和漢，即東歸。羽皆以爲按甲休兵，爲天下盟主之時，不知漢之心，不盡得天下不止也。」

張良經

《隋書・經籍志・兵家》梁有《張良經》，與《三略》往往同，亡。

《舊唐書・經籍志・兵書》《張良經》一卷。張良撰。

《新唐書・藝文志・兵書類》《張良經》一卷。

鄭樵《通志・藝文略・兵家》《張良經》一卷。

姚振宗《漢書藝文志拾補・兵家類》《張良經》一卷，《張氏七篇》七卷。

史、漢《世家》、《列傳》：良字子房，其先韓人也。《功臣侯表》曰：留文成侯張良，以厩將從起下邳，以韓申徒《漢表》作申都，《漢傳》作司徒。下韓國，入武關，設策降秦王嬰，解上與項羽之隙，爲漢王請漢中地，常爲計謀平天下。高帝六年正月丙午，封萬户，十六年薨。高后三年，侯不疑嗣，孝文五年坐事贖爲城旦，國除。

《隋志》子部兵家：《七録》云：《張良經》與《三略》往往同，亡。《三略》或譌作《三洛》。《唐・經籍志》：《張良經》一卷，張良撰。《張氏七篇》七卷，張良撰。《唐・藝文志》：《張良經》一卷，《張氏七篇》七卷。注云張良。

按：《通志・藝文略》兵陰陽家，有《出軍祕占》五卷，張良撰，似又從此兩書輾轉附託者。《張良經》見《七録》，或漢以來相傳舊笈。《張氏七篇》似其別本，無以詳其真僞，姑從而録之。《晉書・天文志》言州郡躔次，稱張良所云，疑出是書。

張氏七篇

《舊唐書・經籍志・兵書》《張氏七篇》七卷。張良撰。

《新唐書・藝文志・兵書類》《張氏七篇》七卷。張良。

鄭樵《通志・藝文略・兵家》《張氏七篇》七卷。

三將軍論

姚振宗《漢書藝文志拾補・兵書略》 嚴尤《三將軍論》三篇。

《漢書・王莽傳》：天鳳六年，莽欲遣嚴尤與廉丹擊匈奴，皆賜姓徵氏，號二徵將軍。未發。尤素有智略，非莽攻伐四夷，數諫不從。著古名將樂毅、白起不用之意及言邊事，凡三篇，奏以風諫莽。又《匈奴傳》贊曰：「若乃征伐之功，秦漢行事，嚴尤論之當矣。」

《後漢書・匈奴傳》：熹平六年秋，議郎蔡邕議曰：「守邊之術，李牧善其略；保塞之論，嚴尤申其要。遺業猶在，文章具存。循二子之策，守先帝之規，臣曰可矣。」

《文心雕龍・論説篇》曰：「及班彪、王命、嚴尤三將，敷述昭情，善入史體。」

《唐經籍志》子部雜家：《三將軍論》一卷，嚴尤撰。《唐藝文志》：嚴尤《三將軍論》一卷。

嚴可均《全漢文編》曰：嚴尤，字伯石，王莽始建國時爲討穢將軍，封武建伯。天鳳中代陳茂爲大司馬，免後爲納言大將軍。莽誅，走汝南，降於劉聖，《漢紀》作望。拜大司馬。聖敗，並死。又曰：《三將軍論》，《世説・言語篇》注引一條。《御覽》四百三十七引一條。

按：范書《劉玄傳》，更始元年，前鍾武侯劉望起兵，略有汝南。時王莽納言將軍嚴尤、秩宗將軍陳茂既敗於昆陽，往歸之。八月望遂自立爲天子，以尤爲大司馬，茂爲丞相。十月奮威大將軍劉信擊殺劉望於汝南，並誅嚴尤、陳茂。尤死事如此。又《光武紀》注引桓譚《新論》曰：莊尤，字伯石。史避明帝諱，改爲嚴。

孫子兵法注

《隋書・經籍志・兵家》 《孫子兵法》二卷，吴處士沈友撰。

《舊唐書・經籍志・兵書》 《孫子兵法》二卷。沈友注。

《新唐書・藝文志・兵書類》 沈友注《孫子》二卷。

鄭樵《通志・藝文略・兵家》 《孫子兵法》二卷。吴沈友撰。

姚振宗《後漢藝文志・兵家》 沈友《孫子兵法注》二卷。

《吴志・孫權傳》：建安九年裴松之注：《吴録》曰：是時，權大會官僚，沈友有所是非，令人扶出，謂曰：「人言卿欲反。」友知不得脱，乃曰：「主上在許，有無君之心者，可謂非反乎？」遂殺之。友字子正，吴郡人。年十一，華歆行風俗，見而異之，曰：「自桓靈以來，雖多英彦，未有幼童若此者。」弱冠博學，多所貫綜，善屬文辭。兼好武事，注《孫子兵法》。又辨於口，每所至，衆人皆默，莫與爲對。咸言其筆之妙、舌之妙、刀之妙，三者皆過絶於人。權以禮聘，既至，論王霸之略，當時之務，權斂容敬焉。陳荆州宜并之計，納之。正色立朝，清議峻厲，爲庸臣所譖，誣以謀反。權亦以終不爲己用，故害之，時年二十九。

兵雲圖

姚振宗《後漢藝文志・兵家》 楊由《兵雲圖》。

范書《方術傳》：楊由，字哀侯，蜀郡成都人也。少習《易》，并七政、元氣、風雲占候。爲郡文學掾。終於家。常璩《蜀郡士女贊》曰：由學通經緯，爲太守廉范文學。大將軍竇憲從太守索《雲氣圖》，由諫莫與。尋憲受誅。其明如此。

惠棟《後漢書補注》：《益部耆舊傳》曰：「由有《兵雲圖》。時竇憲將兵在外，太守高安遣工從由，寫圖以進。」

六韜注

顧櫰三《補後漢書藝文志・兵家類》 許慎《六韜注》。

方胥鐵棓重十二斤，柄長五尺，千二百枚，一名天棓。《太平御覽》棓引。大杖以桃爲之，擊殺羿，是以鬼畏桃人也。同上。

太公陰謀解

《隋書・經籍志・兵家》 梁又有《太公陰謀》三卷，魏武帝解。

鄭樵《通志・藝文略・兵家》 《太公陰謀》三卷。魏武帝注。

姚振宗《三國藝文志・兵家類》 魏武帝《太公陰謀解》三卷。

《隋書・經籍志》，梁又有《太公陰謀》三卷，魏武帝解。《通志・藝文略》：《太公陰謀》三卷，魏武帝注。

司馬法注

姚振宗《三國藝文志・兵家類》 魏武帝《司馬法注》。

汪師韓《文選理學權輿》曰：《選注》所引羣書有曹操《司馬法注》。

侯《志》曰：魏武帝《司馬法注》見《文選》注。

孫子略解

姚振宗《三國藝文志・兵家類》 魏武帝《孫子略解》三卷。

魏武《自序》有曰：「吾觀兵書戰策多矣，孫武所著深矣。審計重舉，明畫深圖，不可相誣，而但世人未之深亮訓説。況文煩富，行於世者，失其旨要，故撰爲《略解》焉。」

《魏志・武紀》注：孫盛《異同雜語》云：太祖注《孫武十三篇》傳於世。

唐杜牧《注書序》曰：「武書大略用仁義，使機權，曹公所注解，十不釋一。」

《隋書・經籍志》：《孫子兵法》二卷，吴將孫武撰，魏武帝注，梁三卷。《日本國見在書目》：《孫子兵書》三卷，魏武解《孫子兵書》一卷。《魏祖略解》。《唐・經籍志》：《孫子兵法》十三卷，孫武撰，魏武帝注。《藝文志》：魏武帝注《孫子》三卷。《宋史・藝文志》同。

孫星衍刻書序曰：「宋雕本《孫子》三卷，魏武帝注。見《漢藝文志》者，《孫子》篇卷不止此。然《史記》已稱十三篇，則此爲完書，篇多者反由漢人輯録。阮孝緒作《七録》時《孫子》爲上、中、下三卷，見《史記正義》。此本每篇有卷上、中、下題識。」

孫星衍校刊《孫子十家注》序曰：「兵家言惟《孫子十三篇》最古，稱爲兵經，比於六藝，而或秘其書，不肯注以傳世。魏武始爲之注，云撰爲《略解》，謙言解其觕略也。」

孫子兵法集解

《隋書・經籍志・兵家》 《孫子兵法》一卷。魏武、王凌集解。

鄭樵《通志・藝文略・兵家》 《孫子兵法》一卷。魏武、王凌集解。

姚振宗《三國藝文志・兵家類》 魏武、王凌集解《孫子兵法》一卷。

《魏志》本傳：淩字彦雲，太原祈人也。叔父允，爲漢司徒，誅董卓。卓將李傕、郭汜等爲卓報仇，入長安，殺允，盡害其家。淩及兄晨，時皆年少，踰城得脱，亡命歸鄉里。淩舉孝廉，爲發干長，中山太守，太祖辟爲丞相掾屬。文帝踐阼，拜散騎常侍，出爲兖州刺史，轉青州，徙揚、豫州刺史。正始初，爲征東將軍，假節都督揚州諸軍事，進封南鄉侯，邑千三百五十户，遷車騎將軍、儀同三司，就遷爲司空。司馬宣王既誅曹爽，進淩爲太尉，假節鉞。後與外甥兖州刺史令狐愚密協計，謂齊王不任天位，欲迎立楚王彪，都許昌。嘉平三年，宣王將中軍討淩。淩勢窮，出迎，送還京都。至項，飲藥死。

孫星衍校刊《孫子十家注》序曰：「書中或多出杜佑，而置在其孫杜牧之後。杜佑實未嘗注《孫子》。其文即《通典》也，多與曹注同，而文較備，疑佑用曹公、王淩諸人古注，故有『王子曰』，即淩也。」

續孫子兵法

《隋書・經籍志・兵家》 《續孫子兵法》二卷。魏武帝撰。

《新唐書・藝文志・兵書類》 魏武帝《續孫子兵法》二卷。

鄭樵《通志・藝文略・兵家》 《續孫子兵法》二卷。魏武帝撰。

姚振宗《三國藝文志・兵家類》 魏武帝《續孫子兵法》二卷。

《隋書・經籍志》：《續孫子兵法》二卷，魏武帝撰。《日本國見在書目》同。《唐書・藝文志》：魏武帝《續孫子兵法》二卷。

案：此疑取《孫子》十三篇外之文，以爲是編。

兵書接要

《隋書・經籍志・兵家》 《兵書接要》十卷。魏武帝撰。梁有《兵書接要別本》五卷，又有《兵書要論》七卷，亡。

《舊唐書・經籍志・兵書》 《兵法捷要》七卷。魏武帝撰。

《新唐書・藝文志・兵書類》 《兵書接要》七卷。(孫)〔魏〕武。

鄭樵《通志・藝文略・兵家》 《兵書接要》十卷。魏武帝撰。

姚振宗《三國藝文志・兵家類》 魏武帝《兵書接要》十卷。

《魏志・武紀注》，孫盛《異同雜語》云：太祖博覽羣書，特好兵法。鈔集諸家兵法，名曰《接要》，傳於世。

《隋書・經籍志》，《兵書接要》十卷，魏武帝撰。《唐經籍志》，《兵書接要》七卷，魏武帝撰。《藝文志》，魏武帝《兵書捷要》七卷。

汪師韓《文選注引羣書目録》曰：《兵書接要》，魏武帝鈔集。孫志祖曰：案《舊唐志》，《兵法捷要》七卷，魏武帝撰。案：《舊唐志》作《兵書接要》。捷要，即節要也。魏諱節改耳。案：接、捷古通。《漢藝文志》道家，《捷子》二篇。《史記・孟荀列傳》作接子，此其證也。

侯《志》曰：《本紀》注引《孫盛異同雜語》及《文選・魏都賦》注引，皆作接要，與《隋志》同。《唐志》作捷要。《御覽》卷八引其文，又作輯要。又卷十一引，凡三條。

案：《御覽・經史圖書綱目》，又有《魏武兵書輯略》，亦即節要之謂也。

兵書接要別本　兵書要論

《隋書・經籍志・兵家》 梁有《兵書接要別本》五卷，又有《兵書要論》七卷，亡。

姚振宗《三國藝文志・兵家類》 魏武帝《兵書接要別本》五卷。魏武帝《兵書要論》七卷。

《隋書・經籍志》：梁有《兵書接要別本》五卷，又有《兵書要論》七卷，亡。《日本國見在書目》：《兵書論要》一卷，魏武帝撰。

案：《隋志》引《七録》，此二書並在魏武《兵書接要》十卷之次，知皆爲魏武書。疑皆是別本。其《要論》七卷，似即《唐志》《捷要》七卷之異名。

魏武帝兵書

姚振宗《三國藝文志・兵家類》 《魏武帝兵書》十三卷。亦稱《新書》。

《魏志・武紀》注：《魏書》曰：「太祖自統御海内，芟夷羣醜，其行軍用師，大較依孫、吴之法，而因事設奇，譎敵制勝，變化如神。自作《兵書》十萬餘言，諸將征伐，皆以《新書》從事，臨事又手爲節度。從令者克捷，違教者負敗。」《太平御覽》三百八十九引《益部耆舊傳》曰：張松識達精果，有材幹，劉璋乃遣詣曹公。曹公不甚禮，楊修深器之。修以公所撰兵書示松，飲讌之間，一省即便闇誦。

杜牧《注孫子序》曰：曹公所注解，十不釋一，蓋惜其所得，自爲新書爾。

《唐日本國人佐世見在書目》：《魏武帝兵書》十三卷。

兵書略要

《隋書・經籍志・兵家》 《兵書略要》九卷。魏武帝撰。梁有《兵要》二卷。

鄭樵《通志・藝文略・兵家》 《兵書略要》九卷。魏武帝撰。

姚振宗《三國藝文志・兵家類》 魏武帝《兵書略要》九卷。

《隋書・經籍志》：《兵書略要》九卷，魏武帝撰。《通志・藝文略》同。《日本國見在書目》，《兵書要略》，魏武帝撰，不著卷數。

嚴可均《全三國文編》曰：《魏武兵書要略》，《御覽》三百五十七引之。

案：此似《新書》別本。《隋志》是書之下又云：梁有《兵要》二卷。次在魏武諸書中，疑亦魏人鈔録武帝書。

兵　要

《隋書・經籍志・兵家》 梁有《兵要》二卷。

姚振宗《隋書經籍志考證・兵家》 《兵書略要》九卷，魏武帝撰。梁有《兵要》二卷。

《唐日本國見在書目》：《兵書要略》，魏武帝撰。不著卷數。

《通志・藝文略》：《兵書略要》九卷，魏武帝撰。

嚴氏《全三國文編》曰：魏武帝有《兵書要略》九卷。《太平御覽》三百五十七引《兵書要略》曰：「銜枚毋譁諱，唯令之從。」案：鮑刻本《御覽》引此條作魏文帝，而卷首《圖書綱目》唯有魏武《兵書輯略》。故嚴氏定爲魏武帝也。

案：《舊唐志》有《兵法要略》十卷，魏文帝撰。一本兵法作兵書。《新志》，魏文帝《兵書要略》十卷，似即此書，而以爲文帝。考《日本書目》、《通志略》皆無之，似《舊志》之誤，《新志》仍之也。梁有《兵要》二卷，殆即《略要》之別本，故不云亡。

兵法接要

《隋書・經籍志・兵家》 《兵法接要》三卷。魏武帝撰。

鄭樵《通志・藝文略・兵家》 《兵法接要》三卷。

姚振宗《三國藝文志・兵家類》 魏武帝《兵法接要》三卷。

《隋書・經籍志》，《兵法接要》三卷，魏武帝撰。《日本國見在書目》，《兵書接要》三卷，魏武帝撰。

案：此兩《唐志》不載，或自爲一書，或後人鈔《兵書接要》及《新書》爲是帙。《隋志》有《太公三宮兵法》一卷，而是書之下又有《三宮用兵法》一卷，敍次在魏武諸書中，疑亦魏武抄撰太公書，而失注撰人者。

魏武帝兵法

《隋書・經籍志・兵家》 《魏武帝兵法》一卷。梁有《魏時羣臣表伐吴策》一卷，《諸州策》四卷，《軍令》八卷，《尉繚子兵書》一卷。

鄭樵《通志・藝文略・兵家》 《魏武帝兵法》一卷。

姚振宗《三國藝文志・兵家類》 《魏武帝兵法》一卷。

《隋書・經籍志》：《魏武帝兵法》一卷。

案：此兩《唐志》不載，似亦當時鈔節之別本。

魏時羣臣表伐吴策　諸州策　軍令

《隋書・經籍志・兵家》 梁有《魏時羣臣表伐吴策》一卷，《諸州策》四卷，《軍令》八卷。

姚振宗《三國藝文志・兵家類》 《魏羣臣表伐吴策》一卷，《諸州策》四卷，《軍令》八卷。

《隋書・經籍志》：梁有《魏時羣臣表伐吴策》一卷，《諸州策》四卷，《軍令》八卷。

侯《志》曰：此《隋志》在亡書内，三書相承，未知下兩部亦是魏人書否。然《通典》一百四十九引《魏武軍令》、《船戰令》、《步戰令》。《御覽・兵部》亦引之。又有《魏書曹公令》，疑即所謂《軍令》八卷者也。

孫子兵法注

《隋書・經籍志・兵家》 《孫子兵法》二卷。吴將孫武撰，魏武帝注。梁三卷。

《舊唐書・經籍志・兵書》《孫子兵法》十三卷。孫武撰，魏武帝注。

《新唐書・藝文志・兵書類》魏武帝注《孫子》三卷。

鄭樵《通志・藝文略・兵家》《孫子兵法》三卷。吴將孫武撰，魏武帝注。

晁公武《郡齋讀書志・兵家類》魏武注《孫子》一卷。

右吴孫武撰，魏武帝注。按《漢藝文志》：《孫子兵法》八十二篇，今魏武所注，止十三篇。杜牧以爲「武書數十萬言，魏武削其繁剩，筆其精粹，成此書」云。其序畧曰：「吾讀兵書戰策多矣，武所著深矣。」

馬端臨《文獻通考・經籍志・兵書》魏武注《孫子》一卷。

水心葉氏曰：按司馬遷稱《孫子》十三篇，兩言之，而班固志《藝文》，乃言《孫武子兵法》八十二篇。又《吴起》四十八篇，而今《吴起》六篇而已。又今《中庸》一篇，而《志》稱四十九篇。豈昔所謂篇者，特章次之比，非今粹書也？然遷時已稱十三篇，而劉歆、班固在其後，反著八十二篇。以《火攻》、《用間》考之，疑《孫子》亦有未盡之書。然此爲文字多少，其不存者自不足論。遷載孫武齊人，而用於吴，在闔閭時，破楚入郢，爲大將。按《左氏》無孫武。他書所有《左氏》不必盡有。然穎考叔、曹劌、燭之武、鱄設諸之流，微賤暴用事，《左氏》未嘗遺，而武功名章灼如此，乃更闕。又同時伍員、宰嚭，一一銓次，乃獨不及武邪？詳味《孫子》，與《管子》、《六韜》、《越語》相出入，春秋末戰國初，山林處士所爲，其言得用於吴者，其徒夸大之說也。自周之盛至春秋，凡將兵者必與聞國政，未有特將於外者。六國時，此制始改。吴雖蠻夷，而孫武爲大將，乃不爲命卿，而《左氏》無傳焉，可乎？故凡謂穰苴、孫武者，皆辯士妄相標指，非事實。其言闔閭試以婦人，尤爲奇險，不足信。

《宋史・藝文志・兵書類》魏武帝注《孫子》三卷。

高儒《百川書志・兵家》魏武帝註《孫子》三卷。

黄丕烈《蕘圃藏書題識續録・子類》魏武帝注《孫子》三卷。平津館刻本。

昔者我友顧抱沖訪書華陽橋，顧氏購得宋板《孫》、《吴》、《司馬法》。余絶愛之，欲假歸而影寫之，未暇也。近孫淵如觀察過蘇，與抱沖從弟潤蕡談及是書，思以付梓適。余家命工翻雕影宋本《國語》畢，潤蕡即影摹一本，就蕘圃中開雕。工畢，潤蕡承淵如意轉取贈余。余願大慰，不啻獲一宋本矣。本書纖悉無二樣，所補序及缺葉，潤蕡俱已註明。惟每葉板心刻字大小數，爲向時宋本所無。兹取易於查核，且亦古款，非妄改面目也。庚申四月八日黄丕烈。

錢東垣等輯《崇文總目・兵家類》《孫子》一卷。孫武撰。原釋：魏武帝注。見天一閣鈔本。

張之洞《書目答問・周秦諸子》《孫子》魏武帝注，三卷。平津館校本。

兵法要略

《舊唐書・經籍志・兵書》《兵法要略》十卷。魏文帝撰。

《新唐書・藝文志・兵書類》魏文帝《兵書要略》十卷。

姚振宗《三國藝文志・兵家類》魏文帝《兵書要略》十卷。

《唐書・經籍志》：《兵書要略》十卷，魏文帝撰。《藝文志》，魏文帝《兵書要略》十卷。

侯《志》曰：《御覽》三百五十七引魏文帝《兵書要略》曰：「銜枚毋讙譁，惟令之從。」案：此條嚴氏可均所見本作魏武帝。

案：此疑亦是武帝書，即《隋志》《兵書略要》九卷是也。或黄初時，臣下編輯文帝行軍方略爲是書，亦未可知。

鈔孫子兵法

《隋書・經籍志・兵家》《鈔孫子兵法》一卷。魏太尉賈詡鈔。梁有《孫子兵法》二卷，孟氏解詁；《孫子兵法》二卷，吴處士沈友撰；又《孫子八陣圖》一卷。亡。

鄭樵《通志・藝文略・兵家》《鈔孫子兵法》一卷。魏太尉賈詡鈔。

姚振宗《三國藝文志・兵家類》賈詡《鈔孫子兵法》一卷。

《魏志》本傳：詡字文和，武威姑臧人也。察孝廉爲郎，董卓入洛陽，詡以太尉掾爲平津都尉，遷討虜校尉。卓壻中郎將牛輔屯陝，詡在輔軍。卓敗，輔又死，衆恐懼，李傕、郭汜、張濟等欲解散，閒行歸鄉里。詡說傕、汜等西攻長安。臣松之以爲，自古兆亂，未有如此之甚者。長安陷，詡爲左馮翊，拜尚書，典選舉。後去傕，託段煨，又去，從張繡。說繡歸太祖。太祖表詡爲執金吾，遷冀州牧，徙爲太中大夫。文帝即位，以爲太尉，進爵魏壽鄉侯。年七十七薨，謚曰肅侯。【略】《日本國見在書目》：《孫子兵書》一卷，臣詡撰。

孫子兵法解詁

《隋書・經籍志・兵家》　梁有《孫子兵法》二卷，孟氏解詁。

《舊唐書・經籍志・兵書》　又二卷。孟氏解。

《新唐書・藝文志・兵書類》　孟氏解《孫子》二卷。

鄭樵《通志・藝文略・兵家》　又二卷。孟氏解語。

姚振宗《隋書經籍志考證・兵家》　梁有《孫子兵法》二卷，孟氏解詁。

孟氏不詳何人。案《十家注》一魏武，二梁孟氏，則梁人也。

孫子八陣圖

《隋書・經籍志・兵家》　又《孫子八陣圖》一卷。亡。

鄭樵《通志・藝文略・兵家》　《孫子八陣圖》一卷。

姚振宗《隋書經籍志考證・兵家》　梁又有《孫子八陣圖》一卷。亡。

唐張彦遠《歷代名畫記》曰：古來祕畫珍圖有《孫子八陣圖》一卷。

《通志・藝文略・兵家營陣類》：《孫子八陣圖》一卷。

案：《漢書・藝文志》：《孫子兵法》有圖九卷，此或是九卷之遺。又案：此列沈友書後，或即沈所增演，附於注本之後者。

吴起兵法注

《隋書・經籍志・兵家》　《吴起兵法》一卷。賈詡注。

《新唐書・藝文志・兵書類》　賈詡注《吴子兵法》一卷。吴起。

鄭樵《通志・藝文略・兵家》　《吴起兵法》一卷。魏將吴起撰，賈詡注。

姚振宗《三國藝文志・兵家類》　賈詡注《吴起兵法》一卷。

《隋書・經籍志》：《吴起兵法》一卷。賈詡注。《唐書・藝文志》：賈詡注《吴子兵法》一卷。注云吴起。《通志・藝文略》：《吴起兵法》一卷。魏將吴起撰，賈詡注。

兵　書

姚振宗《三國藝文志・兵家類》　王昶《兵書》十餘篇。昶始末具《史部・職官類》。

《魏志・本傳》：又著《兵書》十餘篇，言奇正之用。青龍中奏之。

諸葛亮兵法

《隋書・經籍志・兵家》　梁有《諸葛亮兵法》五卷，亡。

鄭樵《通志・藝文略・兵家》　《諸葛亮兵機法》一卷。

《宋史・藝文志・兵書類》　《諸葛亮行兵法》五卷。

錢東垣等輯《崇文總目・兵家類》　《諸葛亮兵機法》五卷。

姚振宗《三國藝文志・兵家類》　《諸葛亮兵法》五卷。亮始末具《史部・正史類》。

《隋書・經籍志》：梁有《諸葛亮兵法》五卷。《崇文總目》：《諸葛亮兵機法》五卷。《宋史・藝文志》：《諸葛亮行兵法》五卷。

張澍輯《諸葛集・目録》曰：澍案《隋書・經籍志》，《諸葛亮兵法》五卷，《崇文總目》，《兵機法》五卷。《隋志》之《兵法》即《總目》之《兵機法》也，故其卷數同。今存四條。侯《志》曰：《通典》一百五十六引《諸葛亮兵法》，一百五十七引《諸葛亮兵要》。《御覽・兵部》亦屢引《諸葛亮兵法》、《兵要》。大約即一書而異名耳。《御覽》復引《諸葛亮軍令》，當亦出此書。《通志・藝文略》又載《武侯十六策》、《將苑》、《平朝陰府二十四機》、《六軍鏡》、《心訣》及後世所傳《新書》，皆出依託，今不取。

案：《武侯兵法》，陳壽重編《故事集》盡收載之，《南征》、《北出》、《兵要》、《軍令》上、中、下等篇，皆其類也。此《七録》所載，殆相傳别行之本。《宋志》又有《用兵法》一卷，《行軍指掌》二卷，《占風雲氣圖》一卷，《兵書》七卷，《兵書手訣》一卷，《文武奇編》一卷，此即《十六策》之異名。及侯氏所舉五種，並後世依託，今概不録。

武侯八陣圖

鄭樵《通志・藝文略・兵家》《武侯八陣圖》一卷。

鄭樵《通志・圖譜略・兵家》《武侯八陣圖》。

高以孫《子略》《武侯八陣圖》。附。

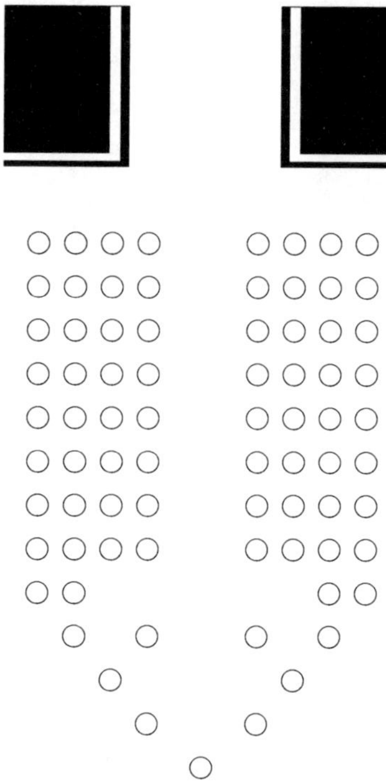

似孫曰：蜀漢丞相武鄉侯諸葛亮《八陣圖》，其一圖在沔陽高平故壘。酈道元《水經》以爲傾而難識矣；其一圖在新都八陣鄉。峙土爲魁，植以江石。四門二首六十四魁，八八成行，兩陣並峙。周凡四百七十二步，魁百有三十；其一圖在魚復者，隨江布勢，填石爲規。前障壁門，後倚郤月，縱八橫八，魁容二丈，内面偃月，九六鱗差。江自岷來，奔怒湍激。驚雷迅馬，不足以敵其雄也；徙華變滄，不足窮其力也。磊磊斯石，載轟載舂，知幾何年，曾不一仄。是非天所愛，神所儆者歟？昔者風后以陣法佐黄帝，戮蚩尤，若變與神，蓋出於《握奇經》者也。所謂經者，本乎先天，賾乎八卦，錯以九疇。非武侯窺其幾，洩其用，四頭八尾，脈落□聯，因隊相容，隨形可首。雖曰奇正迭變，未有不出於正者。故曰：黄帝之師百戰百勝者，此其得之。桓温固嘗驚嘆，以爲常山蛇。杜甫又切感嗟，稱其「石不轉」。武侯之心，則二子所未深知也。惟王通氏以爲亮而無死，禮樂可興。吁！知武侯者，通乎？昔者先王處民以井，寄兵於民，熟之以禮容，用之以節制。是誠不陣而可以服人兵者，使武侯昌諸用，勒諸功，《甘誓》、《牧誓》可也。天不壽漢，圖石如泣，悲夫！武侯又有《將苑》一卷，《十六策》一卷。

《宋史・藝文志・兵書類》《武侯八陣圖》一卷。

楊士奇等《文淵閣書目・兵法》《八陣圖》。一部，三册。闕。《八陣圖》。一部，二册。闕。《八陣圖要略》。一部，一闕。

姚振宗《三國藝文志・兵家類》《諸葛亮八陣圖》一卷。《水經・江水注》：江水又東逕魚復縣諸葛亮圖壘南，石磧平曠，望兼川陸，有亮所造八陣圖，東跨故壘，皆纍細石爲之。自壘西去，聚石八行，行間相去二丈，因曰：「八陣既成，自今行師庶不覆敗。」皆圖兵勢行藏之權，自後深識者，所不能了。【略】嚴可均《全三國文編》曰：作木牛流馬法當在《傳運篇》中，其文見《亮傳注》，又《類聚》九十四、《御覽》八百九十九。

慕容氏兵法

《隋書・經籍志・兵家》梁有《慕容氏兵法》一卷，亡。

姚振宗《隋書經籍志考證・兵家》梁又有《慕容氏兵法》一卷，亡。慕容氏，不知何人。

常熟丁國鈞《補晉書・藝文志》附録曰：《慕容氏兵法》一卷，見《七録》。此書當是記僞燕事。其爲當時所撰，抑出後人追録，莫可審定。

案：慕容氏前燕始於廆，及皝，及儁，及暐。後燕自垂，及寶，及盛，及熙。南燕自德，及超。並詳見《史部・霸史類》。

文廷式《補晉書藝文志・兵家類》《慕容氏兵法》一卷。

八陣總述

高似孫《子略》卷一《八陣總述》。

晉平虜護軍、西平太守、封奉高侯、加授東羌校尉馬隆總述。

治兵以信，求聖以奇，信不可易，戰無常規，可握則握，可施則施，千變萬化，敵莫能知。

《匹陳讚》

動則爲奇，靜則爲陳，陳者陳列，戰則不盡，分苦均勢，佚輪輙定，有兵前守，後隊勿進。

《天陳讚》

天陳十六，内方外圓，四面風衝，其形象天，爲陳之主，爲兵之先，潛用三軍，其形不偏。

《地陳讚》

地陳十二，其形正方，雲生四角，衝軸相當，其體莫測，動用無疆，獨立不可，配之於陽。

《風陳讚》

風無正形，附之於天，變而爲蛇，其意漸玄，風能鼓動，萬物驚焉，蛇能圍遶，三軍懼焉。

《雲陳讚》自太公、范蠡以來，風雲無正形，所以附天地下。

雲附於地，則知無形，變爲翔鳥，其狀乃成，鳥能突擊，雲能晦冥，千變萬化，金革之聲。

《飛龍》

天地後衝，龍變其中，有手有足，有背有胸，潛則不測，動則無窮，陳形亦然，象名其龍。

《翔鳥》

鷙鳥擊搏，必先翱翔，勢凌霄漢，飛禽伏藏，審而下之，下必有傷，一夫突擊，三軍莫當。

《蛇蟠》

風爲蛇蟠，蛇吞天真，勢欲圍遶，性能屈伸，四季之中，與虎爲鄰，後變常山，首尾相因。

《虎翼》

天地前衝，變爲虎翼，伏虎將搏，盛其威力，淮陰用之，變化無極，垓下之會，魯公莫測。

《奇兵讚》

古之奇兵，兵在陳内。今人奇兵，兵在陳外。兵體無形，形露必潰，審而爲之，百戰不昧。

《合而爲一離而爲八》

合而爲一，平川如城，散而爲八，逐地之形，混混沌沌，如環無窮，紛紛紜紜，莫知所終。合則天居兩端，地居其中，散則一陰一陽，兩兩相衝，勿爲事先，動而輙從。

《游軍》

遊軍之形，乍動乍靜，避實擊虚，視羸撓盛，結陳趨地，斷繞四徑，後賢審之，勢無常定。

《金革》

金有五，革有五。退則聽金，進則聽鼓。鼓以增氣，金以抑怒，握其機關，戰不失度。

《鞞鼓》

紅塵戰深，白刃相臨，勝負未決，人懷懼心，乍犇乍背，或縱或擒，行伍交錯，整在鞞音。

《麾角》

麾法有五，光目條流。角音有五，初驚末收。麾者指揮，角者驚覺，臨機變化，慎勿交錯。「光目」一作「光自」。

《兵體》

上兵伐謀，其下用師，棄本逐末，聖人不爲。利物禁暴，隨時禁衰，蓋不得已，聖人用之。英雄爲將，夕惕乾乾，舊闕四字。其形不偏，樂與身後，勞與身先。小人偏勝，君子兩全。争者逆德，不有破軍，必有亡國。握機爲陳，動則爲賊，後賢審之，勿以爲惑。夫樂殺人者不得志於天下，聖人之言，以戒來者。一作天下。

兵記

《隋書・經籍志・兵家》《兵記》八卷。司馬彪撰。一本二十卷。

《舊唐書・經籍志・兵書》《兵記》十二卷。司馬彪撰。

《新唐書・藝文志・兵書類》 司馬彪《兵記》十二卷。

鄭樵《通志・藝文略・兵家》《兵記》八卷。司馬彪撰。

姚振宗《隋書經籍志考證·兵家》《兵記》八卷，司馬彪撰。一本二十卷。

司馬彪有《續漢書》，見《史部·正史篇》。

《唐書·經籍志》：《兵記》十二卷，司馬彪撰。

《唐書·藝文志》：司馬彪《兵記》十二卷。

錢氏《三國志考異》卷首曰：裴松之《注》所引書有司馬彪《續漢書》、司馬彪《九州春秋》、司馬彪《戰略》。

嚴氏《全晉文編》曰：司馬彪有《戰略》二十卷。隋、唐《志》作《兵記》。

常熟丁國鈞《補晉書藝文志》曰：司馬彪《戰略》見裴氏《三國志注》。《御覽引書綱目》又有司馬彪《戰經》。彪有《兵記》二十卷。《戰略》、《戰經》疑皆其書篇目也。

文廷式《補晉書藝文志·兵家類》 司馬彪《兵記》二十卷。一本八卷。

戰略

文廷式《補晉書藝文志·兵家類》 司馬彪《戰略》。

《三國志》、《劉表傳》、《王基傳》、《鍾繇傳》、《蔣濟傳》注皆引司馬彪《戰略》。《初學記》二十五，《御覽》三百三十七、三百五十九亦引之，未知與《兵記》即一書否？

兵林

《隋書·經籍志·兵家》《兵林》六卷。東晉江都相孔衍撰。

《舊唐書·經籍志·兵書》《兵林》六卷。孔衍撰。

《新唐書·藝文志·兵書類》 孔衍《兵林》六卷。

鄭樵《通志·藝文略·兵家》 孔衍《兵林》六卷。

姚振宗《隋書經籍志考證·兵家》《兵林》六卷，東晉江都相孔衍撰。

孔衍有《凶禮》，見《經部·禮類》。

《唐書·經籍志》：《兵林》六卷，孔衍撰。

《唐書·藝文志》：孔衍《兵林》六卷。

《闕里文獻·孔氏著述考》：兵者，所以禁暴止邪也。二十二代孫晉廣陵太守衍，有《兵林》六卷。

案：孔衍終官廣陵相。此題江都相，蓋以隋唐時地名名之也。《唐日本書目》有《兵林玉府》三卷，不著撰人，似即此書。

文廷式《補晉書藝文志·兵家類》 孔衍《兵林》六卷。江都相。

武林

《隋書·經籍志·兵家》《武林》一卷。王略撰。

《新唐書·藝文志·兵書類》 王略《武林》一卷。

鄭樵《通志·藝文略·兵家》 王略《武林》一卷。

姚振宗《隋書經籍志考證·兵家》《武林》一卷，王略撰。

王略，始末未詳。宋有王略，明帝泰始初爲博士，有《昭太后祔廟議》，嚴氏《文編》輯之。不知是否即其人也。

《唐日本國見在書目》：《武林》一卷，王略撰。

《唐書·藝文志》：王略《武林》一卷。

兵林

《隋書·經籍志·兵家》《兵林》一卷。

姚振宗《隋書經籍志考證·兵家》《兵林》一卷。

不著撰人。

案：此或是孔氏之別本。《唐日本書目》又有《兵林正府》一卷，似即此書。玉府、正府，未詳孰是。

抱朴子軍術

文廷式《補晉書藝文志・兵家類》 《抱朴子・軍術》

此《外篇》中佚篇也。嚴可均輯得四十二條，今别録其目。

皇帝兵法

《隋書・經籍志・兵家》 《皇帝兵法》一卷。宋武帝所傳神人書。梁有《雜兵注》二十四卷，《兵法序》二卷，亡。

《新唐書・藝文志・兵書類》 宋高祖《兵法要略》一卷。

鄭樵《通志・藝文略・兵家》 《黄帝兵法》一卷。宋武帝所傳神人書。

姚振宗《隋書經籍志考證・兵家》 《皇帝兵法》一卷，宋武帝所傳神人書。

《唐書・藝文志》：宋高祖《兵法要略》二卷。

《通志・藝文略》：《黄帝兵法》一卷，宋武帝所傳神人書。此作黄帝，未詳孰是。

嚴氏《全宋文編》曰：《開元占經》二十一引《宋武兵法》曰：「太白熒惑，一南一北爲死喪。」

案：宋武所傳神人書，《宋書》、《南史》本紀皆不載其事，疑即下文所載下邳神人所撰名《黄石公三略》之書也。

雜兵注

《隋書・經籍志・兵家》 梁有《雜兵注》二十四卷，亡。

《舊唐書・經籍志・兵書》 《雜兵法》二十四卷。

《新唐書・藝文志・兵書類》 《新〔雜〕兵法》二十四卷。

姚振宗《隋書經籍志考證・兵家》 梁有《雜兵法》三十四卷，《兵法序》二卷，亡。

不著撰人。

《唐書・經籍志》：《雜兵法》二十四卷。《藝文志》同，雜或誤爲新。

錢塘汪師韓《文選理學權輿》曰：《選注》所引羣書有《雜兵法》。

兵法序

《隋書・經籍志・兵家》 梁有《兵法序》二卷，亡。

兵法十二陣圓圖

張鵬一《隋書經籍志補・兵家》 《兵法十二陣圓圖》。後魏源賀。《本傳》賀依古今兵法及先儒耆舊之説，略採至要，爲《十二陣圖》，上之。顯祖覽而嘉焉。《北史》同。

黄石公三略

張鵬一《隋書經籍志補・兵家》 《黄石公三略》。後魏劉昞。

梁主兵法

《隋書・經籍志・兵家》 《梁主兵法》一卷。

《新唐書・藝文志・兵書類》 《梁武帝兵法》一卷。

鄭樵《通志・藝文略・兵家》 《梁武帝兵法》一卷。

姚振宗《隋書經籍志考證・兵家》 《梁主兵法》一卷。

《梁武帝兵書鈔》一卷，《梁武帝兵書要鈔》一卷。

梁武帝有《周易大義》，見《經部・易家》。

《唐日本國見在書目》:《梁武帝兵法》二卷,《梁武帝勑抄要用兵法》一卷。
《唐書・藝文志》:《梁武帝兵法》一卷。
《通志・藝文略》:《梁武帝兵法》一卷,《兵書鈔》一卷,《兵書要鈔》一卷。
案:梁武帝有《金策》三十卷,詳見於後。此三書似皆後人抄節之本。

梁武帝兵書鈔

《隋書・經籍志・兵家》《梁武帝兵書鈔》一卷。
鄭樵《通志・藝文略・兵家》《梁武帝兵書鈔》一卷。

梁武帝兵書要鈔

《隋書・經籍志・兵家》《梁武帝兵書要鈔》一卷。
鄭樵《通志・藝文略・兵家》《梁武帝兵書要鈔》一卷。

玉韜

《隋書・經籍志・兵家》《玉韜》十卷。梁元帝撰。
《舊唐書・經籍志・兵書》《玉韜》十卷。梁元帝撰。
《新唐書・藝文志・兵書類》梁元帝《玉韜》十卷。
鄭樵《通志・藝文略・兵家》《玉韜》十卷。梁元帝撰。
姚振宗《隋書經籍志考證・兵家》《玉韜》十卷,梁元帝撰。
梁元帝有《漢書注》,見《史部・正史類》。
《金樓子・著書篇》:《玉韜》一秩十卷,金樓出牧渚宮時撰。
又《立言篇》曰:「吾少讀兵書,三十餘年,搜纂數千,止爲一帙,菁華領袠,備在其中。」
又《雜記篇》曰:「余六歲能爲詩,其後著書之中,唯《玉韜》最善。」
《梁書・本紀》:所著《玉韜》十卷。《南史・本紀》同。
《隋書・經籍志》:《玉韜》十卷,梁元帝撰。
《唐書・藝文志》:梁元帝《玉韜》十卷。

兵書要略

《隋書・經籍志・兵家》《兵書要略》五卷。後周齊王宇文憲撰。
《舊唐書・經籍志・兵書》《兵書要略》十卷。宇文憲撰。
《新唐書・藝文志・兵書類》後周齊王憲《兵書要略》十卷。
鄭樵《通志・藝文略・兵家》《兵書要略》五卷。後周宇文憲撰。
姚振宗《隋書經籍志考證・兵家》《兵書要略》五卷,後周齊王宇文憲撰。
後周齊煬王憲有別傳,詳見《史部・雜傳篇》。《後周書・本傳》:憲常以兵書繁廣,雜求指要,乃自刊定,爲《要略》五篇。至是表陳之。高祖覽而稱善。
《隋書・經籍志》:《兵書要略》十卷,宇文憲撰。
《唐書・藝文志》:後周齊王憲《兵書要略》十卷。

金韜

《隋書・經籍志・兵家》《金韜》十卷。
《舊唐書・經籍志・兵書》《金韜》十卷。劉祐撰。
《新唐書・藝文志・兵書類》劉祐《金韜》十卷。
鄭樵《通志・藝文略・兵家》《金韜》十卷。劉佑撰。
姚振宗《隋書經籍志考證・兵家》《金韜》十卷。
不著撰人。
《隋書・藝術傳》:劉祐,滎陽人也。開皇初,爲大都督,封索盧縣公。其所占候,合如符契,高祖甚親之。初與張賓、劉輝、馬顯定曆,後奉詔撰兵書十卷,名曰《金韜》。上善之。
《唐書・經籍志》:《金韜》十卷,劉祐撰。

《唐書・藝文志》：劉祐《金韜》十卷。

錢氏《隋書考異》曰：《經籍志》，《金韜》十卷，不著撰人，蓋劉祐所撰。見《藝術傳》。

陰策

《隋書・經籍志・兵家》《陰策》二十一卷。大都督劉祐撰。

鄭樵《通志・藝文略・兵家》《陰策》二十二卷。劉祐撰。

姚振宗《隋書經籍志考證・兵家》《陰策》二十一卷，大都督劉祐撰。

劉祐有《金韜》見前。

《隋書・藝術傳》：祐奉詔撰兵書十卷，名曰《金韜》，上善之。復著《陰策》二十卷。

金海

《隋書・經籍志・兵家》《金海》三十卷。蕭吉撰。

《舊唐書・經籍志・兵書》《金海》四十七卷。蕭吉撰。

《新唐書・藝文志・兵書類》蕭吉《金海》四十七卷。

鄭樵《通志・藝文略・兵家》《金海》三十卷。蕭吉撰。

孫子兵法注

鄭樵《通志・藝文略・兵家》又一卷。蕭吉注。

《宋史・藝文志・兵書類》蕭吉注或題曹、蕭注。《孫子》一卷。

錢東垣等輯《崇文總目・兵家類》《孫子》一卷。原釋：蕭吉注。見天一閣鈔本。

司馬兵法

《隋書・經籍志・兵家》《司馬兵法》三卷。齊將司馬穰苴撰。

《舊唐書・經籍志・兵書》《司馬法》三卷。田穰苴撰。

《新唐書・藝文志・兵書類》田穰苴《司馬法》三卷。

鄭樵《通志・藝文略・兵家》《司馬兵法》三卷。齊將司馬穰苴撰。

晁公武《郡齋讀書志・兵家類》《司馬法》三卷。

右齊司馬穰苴撰。威王使大夫追論古者《司馬兵法》，而附穰苴於其中，因號《司馬穰苴兵法》。司馬遷謂其書：「閎廓深遠，雖三代征伐，未能竟其義。如其文，近亦少褒矣。穰苴爲區區小國行師，何暇及《司馬兵法》之揖讓乎？」

尤袤《遂初堂書目・兵書類》《司馬法》。

陳振孫《直齋書録解題・兵書類》《司馬法》一卷。齊司馬穰苴撰。

馬端臨《文獻通考・經籍考・兵書》《司馬法》三卷。

陳后山《擬御試武舉策》曰：臣聞齊威王使其大夫追論古者《司馬兵法》，附以先齊大司馬田穰苴之説，號曰《司馬穰苴兵法》。夫所謂古者《司馬兵法》，周之政典也。所謂《穰苴兵法》，太史遷之所論，今博士弟子之所誦説者也。昔周公作政典，司馬守之，以佐天子，平邦國，而正百官，均萬民，故征伐出於天子，及上廢其典，下失其職，而周衰矣。故征伐出於諸侯，典子用舍興壞係焉。遷徒見七國、楚漢之戰以詐勝，而身固未嘗行道也。遂以仁義爲虚名，而疑三代以文具，可謂不學矣。史稱遷博極群書，而其論如此，所謂雖多奚爲者也。臣謹按傳記所載《司馬法》之文，今書皆無之，則亦非齊之全書也。然其書曰：「禮與法表裏，文與武左右。」又曰：「殺人以安人，殺之可也；攻其國，愛其民，攻之可也；以戰去戰，雖戰可也。」又曰：「夏冬不興師，所以兼愛民。」此先王之政，何所難乎？至其説曰：「擊其疑，加其卒，致其屈，襲其規。」此穰苴之所知也。漢之所行，遷之所見，而謂先王爲之乎！

《宋史・藝文志・兵書類》《司馬兵法》三卷。齊司馬穰苴撰。

高儒《百川書志・兵家》《司馬法》一卷。

齊司馬穰苴撰，凡十五篇。瞿校：鈔本無十字。

《四庫全書總目提要・兵家類》《司馬法》一卷。通行本。

舊題齊司馬穰苴撰。今考《史記・穰苴列傳》，稱齊威王使大夫追論古者《司馬兵法》，而附穰苴於其中，因號曰《司馬穰苴兵法》。然則是書乃齊國諸臣所追輯。隋、唐諸《志》皆以爲穰苴之所自撰者，非也。《漢志》稱，《軍禮司馬法》百五十五篇，陳師道以傳記所載《司馬法》之文，今書皆無之，疑非全書。然其言大抵據道依德，本仁祖義，三代軍政之遺規，猶藉存什一於千百，蓋其時去古未遠，先王舊典，未盡無徵。摭拾成編，亦漢文博士追述王制之類也。班固《序》，兵權謀十三家，形勢十一家，陰陽十六家，技巧十三家，獨以此書入禮類，豈非以其説多與《周官》相出入，爲古來五禮之一歟？胡應麟《筆叢》惜其以穰苴所言，參伍於仁義禮樂之中，不免懸疣附贅。然要其大旨，終爲近正，與一切權謀、術數迥然別矣。隋、唐《志》俱作三卷，世所行本，以篇頁無多，併爲一卷。今亦從之，以省繁碎焉。

錢東垣等輯《崇文總目・兵家類》《司馬兵法》三卷。司馬穰苴撰。

張之洞《書目答問・周秦諸子》《司馬法》三卷附逸文。指海本。又邢澍輯注浙江刻本，又平津館本一卷。

孫武兵經

《隋書・經籍志・兵家》《孫武兵經》二卷。張子尚注。

鄭樵《通志・藝文略・兵家》《孫武兵經》三卷。張子尚注。

吴孫子牝牡八變陣圖

《隋書・經籍志・兵家》《吴孫子牝牡八變陣圖》二卷。

鄭樵《通志・藝文略・兵家》《吴孫子牝牡八變陣圖》二卷。

姚振宗《隋書經籍志考證・兵家》《吴孫子牝八變陣圖》二卷。

唐張彦遠《歷代名畫記》曰：古之祕畫珍圖有《吴孫子牝牡八變陣圖》二卷。

案此則本志敚「牡」字。

《唐日本國見在書目》：《孫子兵法八陣圖》二卷。

嚴氏《全三代文編》曰：《文選》注引《孫子》曰長陳爲甄。《周禮》車僕注引《孫子》八陳有苹車之陳。

賈《疏》云：《孫子兵法》有此言也。案：《隋志》有《孫子八陳圖》一卷，《牝八陳圖》二卷，此二條是其遺文。

案：舊新《唐志》有《吴孫子三十二壘經》一卷，似即此書，否則亦必是書之別本。

太公六韜

《隋書・經籍志・兵家》《太公六韜》五卷。梁六卷。周文王師姜望撰。

《舊唐書・經籍志・兵書》《太公六韜》六卷。

《新唐書・藝文志・兵書類》《六韜》六卷。

鄭樵《通志・藝文略・兵家》《太公六韜》五卷。世言太公撰，蓋後人作。

晁公武《郡齋讀書志・兵家類》《六韜》六卷。

右周呂望撰。按《漢・藝文志》無此書，梁、隋、唐始著録，分《文》、《武》、《龍》、《虎》、《豹》、《犬》六目，兵家權謀之書也。元豐中，以《六韜》、《孫子》、《吴子》、《司馬法》、《黄石公三畧》、《尉繚子》、《李衛公對問》頒行武學，今習之，號「七書」云。

高似孫《子略》卷一 太公《金匱》、《六韜》。

《詩》曰：「維師尚父，時維鷹揚。諒彼武王，肆伐大商，會朝清明。」鄭康成稱其「天期已至，兵甲之彊，師率之武，故今伐商，合兵以清明也」。《牧誓》曰：「時甲子昧爽，武王朝至於商郊牧野。」與《詩》合也。武王之問太公曰：「何以知人心？」王時寢疾，太公負而起之曰：「行迫矣，勉之。」武王乃駕鶩冥之車，周旦爲之御，至於孟津。大黄參連弩，大才扶胥車。戰具。飛鳧，赤莖白羽，以銅爲首。電影，青莖赤羽，以銅爲首，副也。書則爲光，夜則爲星。方頭鐵鎚，重六斤，一名鐵鉞。行馬，廣二丈，二十具。渡溝飛橋，廣五丈，轉關鹿盧。鷹爪方凶鐵把，柄長七尺。天陣，日月斗杓，杓一左一右；一仰一背，此爲天陣。地陣，邱陵水泉，有左右前後之利。人陣，車馬文武。積楹臨衝，攻具。雲梯飛樓，視城中也。武衡大櫓，三軍所須。雲火萬炬，火具。吹鳴箎。審此，則康成所曰「兵甲之彊，師率之武」，爲可考歟？亦《詩》所謂「檀車煌煌，駟騵彭彭」者也。又考諸武王曰：「殷可伐乎？」太公曰：「天與不取，反受其咎。」武王又曰：「諸侯已至，士民何如？」太公曰：「大道無親，何急於元士！」武王又曰：「民吏未安，賢者未親，何如？」太公曰：「無故無新，如天如地。」其言若有合於《書》者。《詩》之上章曰：「保右命爾，燮伐大商。上帝臨汝，無貳爾心。」此之謂歟？

陳振孫《直齋書録解題・兵書類》 《六韜》六卷。

武王、太公問答。其辭鄙俚，世俗依託也。

馬端臨《文獻通考・經籍考・兵書》 《六韜》六卷。

周氏《涉筆》曰：謂太公爲兵家之祖，自漢人已然，本無所稽，僅以《陰符》有託而云爾。太公遇文王事，尚未足信，況談兵哉？《周詩》「鷹揚」外，無他語。周公曰：「惟文王尚克修和我有夏，亦惟有若虢叔，有若閎夭，有若泰顛，有若南宫括。武王惟茲四人，尚迪有禄。後暨武王，誕將天威，咸劉厥敵。惟茲四人，昭武王惟冒，丕單稱德。」向使太公主柄伐商，身爲大將，周公其遺之乎？《六韜》不知出何時，其屑屑共議「以家取國」、「以國取天下」，殆似丹徒布衣、太原宫監所經營者。《史記》載君臣各把鉞，斷首懸旗，以後人臆記，非實也。歸賂免囚，好事爲之。而此書因著「文伐」十二節，「陰賂左右」、「輔其淫樂」、「養其亂臣」，與韓非所云「納費仲，奉玉版」并爲一論，蓋文、武、周、召之一厄也。《管子》書載湯結女華以爲陰，事曲逆以爲陽。戰國諸子窺測古聖，妄誕率類此。太公舉賢尚功，周公知其有篡弑之臣，亦是後人妄以見事附合。而諸子因記殺華士，謂周公馳往救之，踈謬可笑。此書有《上賢篇》，則「六賊七害」，指「抗志高節」、「輕爵位」、「賤有司」、「語無爲」、「言無欲」、「虚論高議」、「窮居静處」，條居大半，全與暴亂同科。按武王既定天下，其《詩》曰「日靖四方」，其《書》曰「無有作惡，當丕單稱德之世」，而紛然懸賞罰，募功名，不知將何出也。此書並緣《吴起》，漁獵其詞，而綴緝以近代軍政之浮談，淺駁無可施用。蓋《吴起》，武侯真答問也，故問者當其形，對者應其實。至於料六國形勢所當出，百代之下猶可想像，而此書問答徒效之也。故務廣不務精，語脈皆不相應，讀者宜熟察也。

水心葉氏曰：自《龍韜》以後四十三篇，條畫變故，預設方禦，皆爲兵者所當講習。《孫子》之論至深不可測，而此四十三篇繁悉備舉，似爲《孫子》義疏也。其書言「避正殿」，乃戰國後事，固當後於《孫子》。《論將》有「十過」，近於「五危」。《戰車》「十死」、《戰騎》「十敗」，與《行軍》、《九地》相出入。其《勵軍》言「禮將」、「力將」、「止欲」，《練士》各聚卒教戰成三軍，又本於《吴起》。然則《孫》、《吴》固兵家所師用，至莊周亦稱「九徵」，則真以爲太公所言矣。然周嫚侮爲方術者，而不悟《六韜》之非僞，何也？蓋當時學術無統，諸子或妄相詆訾，或偶相宗，出於率爾，豈足據哉！

《宋史・藝文志・兵書類》 《六韜》六卷。不知作者。

高儒《百川書志・兵家》 《六韜》六卷。

周吕望撰，凡六十篇。

《四庫全書總目提要・兵家類》 《六韜》六卷。通行本。

舊本題周吕望撰。考《莊子・徐無鬼篇》稱《金版六弢》。《經典釋文》曰：「司馬彪、崔譔云《金版六弢》皆《周書》篇名，本又作《六韜》，謂太公六韜：文、武、虎、豹、龍、犬也。」案今本以文、武、龍、虎、豹、犬爲次，與陸德明所註不同，未詳孰是，謹附識於此。則戰國之初，原有是名。然即以爲《太公六韜》，未知所據。《漢書・藝文志》兵家不著録，惟儒家有《周史六弢》六篇。班固自註曰：「惠襄之閒，或曰顯王時，或曰孔子問焉。」則《六弢》别爲一書。顔師古註，以今之《六韜》當之，毋亦因陸德明之説，而牽合附會歟？《三國志・先主傳》註，始稱：「閒暇歷觀諸子及《六韜》、《商君書》益人志意。」《隋志》始載《太公六韜》五卷，註曰：「梁六卷。周文王師姜望撰。」唐、宋諸《志》皆因之。今考其文，大抵詞意淺近，不類古書。中閒如「避正殿」，乃戰國以後之事，「將軍」二字始見《左傳》，周初亦無此名。案《路史》有「虞舜時，伯益爲百蟲將軍」之語，雜説依託，不足爲據。其依託之迹，灼然可驗。又《龍韜》中有《陰符篇》云：「主與將有陰符，凡八等。克敵之符，長一尺。破軍之符，長九寸。至失利之符，長三寸而止。」蓋僞撰者不知「陰符」之義，誤以爲「符節」之「符」，遂粉飾以爲此言，尤爲鄙陋，殆未必漢時舊本。故周氏《涉筆》謂「其書並緣《吴起》，漁獵其詞，而綴緝以近代軍政之浮談，淺駁無可施用」。胡應麟《筆叢》亦謂「其《文伐》、《陰書》等篇爲孫、吴、尉繚所不屑道」。然晁公武《讀書志》稱：「元豐中，以《六韜》、《孫子》、《吴子》、《司馬法》、《黄石公三略》、《尉繚子》、《李衛公問對》頒武學，號曰七書。」則其來已久，談兵之家恒相稱述。今故仍録存之，而備論其踳駁如右。

錢東垣等輯《崇文總目・兵家類》 《六韜》六卷。齊太公撰。

張之洞《書目答問・周秦諸子》 《六韜》六卷。平津館校本。

太公陰謀

《隋書·經籍志·兵家》 《太公陰謀》一卷。梁六卷。梁又有《太公陰謀》三卷，魏武帝解。

《舊唐書·經籍志·兵書》 《太公陰謀》三卷。

《新唐書·藝文志·兵書類》 《太公陰謀》三卷。

鄭樵《通志·藝文略·兵家》 《太公陰謀》一卷。

太公金匱

《隋書·經籍志·兵書》 《太公金匱》二卷。

《舊唐書·經籍志·兵家》 《太公金匱》二卷。

《新唐書·藝文志·兵書類》 《金匱》二卷。

鄭樵《通志·藝文略·兵家》 《太公金匱》二卷。

姚振宗《隋書經籍志考證·兵家》 《太公金匱》二卷。

劉歆《七略》曰：太公《金版玉匱》雖近世之文，然多善者。案：此非太公本真，從可知矣。

《唐日本國見在書目》：太公明《金匱用兵要記》一卷。明字蓋望字之誤。

《唐書·經籍志》：《太公金匱》二卷。《藝文志》同。

嚴氏《全三代文編》曰：《御覽》三百九十引《金人銘》注《皇覽》云：出《太公金匱》。《路史·後紀》五云：世謂太公作《金人》。案《太公金匱》，公對武王之言，明黄帝所作。《開元占經》卷六、卷十一引《尚書·金匱》，疑即《太公金匱》異名。今輯録諸書，凡三十九條。

《孫氏祠堂書目·儒家》：《太公金匱》一卷，洪頤煊集本。

太公兵法

《隋書·經籍志·兵家》 《太公兵法》二卷。梁三卷。

尤袤《遂初堂書目·兵書類》 《太公兵法》。

鄭樵《通志·藝文略·兵家》 《太公兵法》二卷。

《四庫全書總目提要·兵家類存目》 《太公兵法》一卷。浙江范懋柱家天一閣藏本。

案：此書首列天陣、地陣、人陣之名，其説出於《六韜》。而風、雲、日、星等占，皆以七言詩句爲歌訣，辭甚鄙俚。其僞託不待辨也。

太公兵法

《隋書·經籍志·兵家》 《太公兵法》六卷。梁有《太公雜兵書》六卷。

鄭樵《通志·藝文略·兵家》 又六卷。

太公雜兵書

《隋書·經籍志·兵家》 梁有《太公雜兵書》六卷。

姚振宗《隋書經籍志考證·兵家》 《太公兵法》六卷。梁有《太公雜兵書》六卷。

嚴氏《全三代文編》曰：《隋志》兵家有《太公兵法》三卷，又六卷。

案：此《太公兵法》六卷，即梁有《太公雜兵書》六卷。本志以書名不同，故注於其下，而不云亡，蓋亦以爲一書也。

太公枕中記

《隋書・經籍志・兵家》 《太公枕中記》一卷。

鄭樵《通志・藝文略・兵家》 《太公枕中記》一卷。

周書陰符

《隋書・經籍志・兵家》 《周書陰符》九卷。

《新唐書・藝文志・兵書類》 《周書陰符》九卷。

鄭樵《通志・藝文略・兵家》 《周書陰符》九卷。

姚振宗《隋書經籍志考證・兵家》 《周書陰符》九卷。

《唐書・藝文志》：《太公陰謀》三卷，又《金匱》二卷，《六韜》六卷，《周書陰符》九卷。

嚴氏《全三代文編》曰：案《周書陰符》，《隋志》不云太公。據《戰國策》，蘇秦得《太公陰符》之謀。《史記》作《周書陰符》，明是一書也。

又曰：案陰符，謂陰符之謀，蓋即《漢志》之《太公謀》八十一篇云。《周書》者，周時史官紀述，猶《六弢》稱《周史》。案：此猶據顔氏舊説，以《漢志》儒家之《周史六弢》謂即今之《六韜》，與孫氏所據同也。詳見前。諸引《周書陰符》，或但稱《周書》，驗知非《逸周書》。録附太公之末，與《六韜》、《陰謀》、《金匱》互出入，不嫌複見也。凡十二條。案：今傳《陰符經》一篇，疑出是書。

周呂書

《隋書・經籍志・兵家》 《周呂書》一卷。

《新唐書・藝文志・兵書類》 《周呂書》一卷。

姚振宗《隋書經籍志考證・兵家》 《周呂書》一卷。

《唐書・藝文志》：《太公陰謀》三卷，又《周書陰符》九卷，《周呂書》一卷。

黄石公内記敵法

《隋書・經籍志・兵家》 《黄石公内記敵法》一卷。

鄭樵《通志・藝文略・兵家》 《黄石公内記敵法》一卷。

姚振宗《隋書經籍志考證・兵家》 《黄石公内記敵法》一卷。

黄石公事見《史記・留侯世家》，亦略見下條。

案：《唐日本書目》有《黄帝用兵勝敵法》一卷，疑此亦當是《黄石公内記勝敵法》，敚勝字。

黄石公三略注

《隋書・經籍志・兵家》 《黄石公三略》三卷。下邳神人撰，成氏注。梁又有《黄石公記》三卷，《黄石公略注》三卷。

鄭樵《通志・藝文略・兵家》 《黄石公三略》三卷。下邳神人撰，成氏注。

《宋史・藝文志・兵書類》 成氏注《三略》三卷。

黄石公記

《隋書・經籍志・兵家》 梁有《黄石公記》三卷。

鄭樵《通志・藝文略・兵家》 《黄石公記》三卷。

姚振宗《漢書藝文志拾補・兵書略》 《黄石公記》三卷。

《後漢書・臧宫傳》：光武詔報臧宫、馬武曰：《黄石公記》曰：「柔能制剛，弱能制彊。」章懷太子曰：「即張良於下邳圯所見老父出一編書者。」

《文選》，《關中詩》注、《郭有道碑文》注、《運命論》注引《黄石公記序》曰：「張良慮若源泉，深不可測。」又曰：「黄石者，神人也。有《上略》、《中略》、《下略》。」

《隋志》子部兵家：梁有《黄石公記》三卷。

按：黄石公出一編書，授張良者，乃《太公兵法》。《史記・留侯世家》及《漢書》列傳言之甚明，烏有所謂《黄石公記》者乎？然光武詔書所引，出於前漢人依託可知。《初學記》、《藝文類聚》、《文選注》、《御覽》數引《黄石公記》，或是漢以來相傳此書。

又按：《文選》，魏李康《運命論》曰：「張良受黄石之符，誦《三略》之説。」注引《黄石公記序》云有《上略》、《中略》、《下略》，則《黄石公記》即《三略》。而今本《三略》又後人所僞託。《四庫全書總目提要》言之詳矣。

黄石公略注

《隋書・經籍志・兵家》 梁有《黄石公略注》三卷。

鄭樵《通志・藝文略・兵家》 《黄石公略注》三卷。

姚振宗《隋書經籍志考證・兵家》 《黄石公略注》三卷。略注上或敚記字，或敚三字。

黄石公五壘圖

《隋書・經籍志・兵家》 《黄石公五壘圖》一卷。

鄭樵《通志・藝文略・兵家》 《黄石公五壘圖》一卷。

黄石公祕經

《隋書・經籍志・兵家》 梁有《黄石公祕經》二卷。

鄭樵《通志・藝文略・兵家》 《黄石公祕經》二卷。

大將軍兵法

《隋書・經籍志・兵家》 《大將軍兵法》一卷。

鄭樵《通志・藝文略・兵家》 《大將軍兵法》一卷。

姚振宗《隋書經籍志考證・兵家》 《大將軍兵法》一卷。

不著撰人。

案：此與張良並類從於黄石公諸書中，似此大將軍者，韓信也。《漢志》兵家敍云：「張良、韓信敍次兵法。」又兵權謀家，《韓信》三篇。師古曰：淮陰侯此或猶是其書。

黄石公兵書

《隋書・經籍志・兵家》 《黄石公兵書》三卷。

鄭樵《通志・藝文略・兵家》 《黄石公兵書》三卷。

《宋史・藝文志・兵書類》 《黄石公兵法》一卷。

姚振宗《隋書經籍志考證・兵家》 《黄石公兵書》三卷。

錢塘汪師韓《文選理學權輿》曰：《選注》所引羣書有《黄石公兵書》。

案：前《黄石公三奇法》條下云：梁有《兵書》一卷，疑即此書。

秦戰鬬

《隋書・經籍志・兵家》 《秦戰鬬》一卷。

鄭樵《通志・藝文略・兵家》 《秦戰鬬》一卷。

姚振宗《隋書經籍志考證・兵家》 《秦戰鬬》一卷。

不著撰人。

《通志・藝文略》兵書家：《秦戰鬬》一卷。

案：此列黄帝玄女之後，似爲嬴秦，而在梁武帝之前，則又似苻秦之書。

金　策

《隋書・經籍志・兵家》　《金策》十九卷。

鄭樵《通志・藝文略・兵家》　《金策》十九卷。

姚振宗《隋書經籍志考證・兵家》　《金策》十九卷。

不著撰人。

《梁書・武帝本紀》：又撰《金策》三十卷。《南史・本紀》：撰《金海》三十卷。

案：《南史》作《金海》。《金海》爲隋蕭吉撰，詳見後。文當從《梁紀》作《金策》。此十九卷，蓋散佚不全本，隋代見存書目或不知爲梁武書，故不著撰人。

兵　書

《隋書・經籍志・兵家》　《兵書》七卷。

姚振宗《隋書經籍志考證・兵家》　《兵書》七卷。

不著撰人。

案：《唐藝文志》，後周齊王憲《兵書要略》十卷之後，有隋高祖《新撰兵書》三十卷，《舊志》作新授。本《志》無隋高祖書，疑此七卷其殘帙。

兵書要術

《隋書・經籍志・兵家》　《兵書要術》四卷。伍景志撰。

鄭樵《通志・藝文略・兵家》　《兵書要術》四卷。任景志撰。

姚振宗《隋書經籍志考證・兵家》　《兵書要術》四卷，伍景志撰。

伍景志，始末未詳。

《通志・藝文略》：《兵書要術》四卷，任景志撰。此作任，未詳孰是。

兵書要序

《隋書・經籍志・兵家》　《兵書要序》十卷。趙氏撰。

鄭樵《通志・藝文略・兵家》　《兵書要序》十卷。趙氏撰。

姚振宗《隋書經籍志考證・兵家》　《兵書要序》十卷，趙氏撰。

趙氏，不詳何人。

《通志・藝文略》：《兵書要序》十卷，趙氏撰。

兵　法

《隋書・經籍志・兵家》　《兵法》五卷。

雜兵書

《隋書・經籍志・兵家》　《雜兵書》十卷。梁有《雜兵書》八卷，《三家兵法要集》三卷，《戎略機品》二卷，亡。

姚振宗《隋書經籍志考證・兵家》　《雜兵書》十卷。梁有《雜兵書》八卷，《三家兵法要集》三卷，《戎略機品》二卷，亡。

並不著撰人。

雜兵書

《隋書・經籍志・兵家》　梁有《雜兵書》八卷，亡。

三家兵法要集

《隋書・經籍志・兵家》 梁有《三家兵法要集》三卷，亡。

戎略機品

《隋書・經籍志・兵家》 梁有《戎略機品》二卷，亡。

大將軍

《隋書・經籍志・兵家》 《大將軍》一卷。

姚振宗《隋書經籍志考證・兵家》 《大將軍》一卷。

不著撰人。

案：前黃石公諸書中，已有《大將軍兵法》一卷。此大將軍不知何人，疑即前書，而見於別家書目者。

雜兵圖

《隋書・經籍志・兵家》 《雜兵圖》二卷。

兵　略

《隋書・經籍志・兵家》 《兵略》五卷。

軍勝見

《隋書・經籍志・兵家》 《軍勝見》十卷。許昉撰。

《舊唐書・經籍志・兵書》 《許子新書軍勝》十卷。

《新唐書・藝文志・兵書類》 《許子新書軍勝》十卷。

鄭樵《通志・藝文略・兵家》 《軍勝見》十卷。許昉撰。

姚振宗《隋書經籍志考證・兵家》 《軍勝見》十卷，許昉撰。

許昉，始末未詳。

《唐日本國見在書目》，《軍勝》十卷。

《唐書・經籍志》：《許子新書國勝》十卷。《藝文志》同。

戎　決

《隋書・經籍志・兵家》 《戎決》十三卷。許昉撰。

鄭樵《通志・藝文略・兵家》 《戎決》十三卷。許昉撰。

姚振宗《隋書經籍志考證・兵家》 《戎決》十三卷，許昉撰。

案：此蓋亦《許子新書》之一種。《晉書・天文志・雜氣篇》有云：「凡軍勝之氣，如隄如坂，前後磨地。或如火光，將軍勇，士卒猛。」此《軍勝見》及《戎決》，大抵皆如是之類。

陣　圖

《隋書・經籍志・兵家》 《陣圖》一卷。

姚振宗《隋書經籍志考證・兵家》 《陣圖》一卷。

不著撰人。

《唐日本國見在書目》：《陣圖》一卷。

陰策林

《隋書・經籍志・兵家》《陰策林》一卷。

鄭樵《通志・藝文略・兵家》《陰策林》一卷。

姚振宗《隋書經籍志考證・兵家》《陰策林》一卷。

不著撰人。

案：此似即從《陰策》中抄出林占之屬，用以占出軍勝負者。

承神兵書

《隋書・經籍志・兵家》《承神兵書》二十卷。

《舊唐書・經籍志・兵書》《承神兵書》八卷。

《新唐書・藝文志・兵書類》《承神兵書》八卷。

鄭樵《通志・藝文略・兵家》《承神兵書》八卷。

姚振宗《隋書經籍志考證・兵家》《承神兵書》二十卷。

不著撰人。

《唐書・經籍志》：《承神兵書》八卷。《藝文志》同。

案：《承神兵書》大抵如上文所載宋武所傳神人書，下邳神人《黄石公書》、《玄女戰經》、《玄女兵法》及下文《真人水鏡》、《黄帝蚩尤風后行軍祕術》、《太一兵書》之類，彙爲一書，言承神傳授之兵書云爾。

戰　略

《隋書・經籍志・兵家》《戰略》二十六卷。金城公趙煚撰。

鄭樵《通志・藝文略・兵家》《戰略》二十六卷。金城公趙煚撰。

姚振宗《隋書經籍志考證・兵家》《戰略》二十六卷。金城公趙煚撰。

《隋書・本傳》：煚字賢通，天水西人也。深沈有器局，略涉書史。周太祖引爲相府參軍事。從破洛陽，又帥所領，與齊人前後五戰。陳將吴明徹屢爲寇患，前後十六戰，每挫其鋒。後從上柱國于翼伐陳，克陳十九城而還。以功封平定縣男，歷大宗伯。高祖踐阼，煚授璽紱，進位大將軍，賜爵金城郡公，拜尚書右僕射，爲陝州、冀州刺史。開皇九年卒，年六十八。

《通志・藝文略》：《戰略》二十六卷，金城公趙煚撰。

兵　書

《隋書・經籍志・兵家》《兵書》二十五卷。

黄石公三略

《舊唐書・經籍志・兵書》《黄石公三略》三卷。

《新唐書・藝文志・兵書類》《黄石公三略》三卷。

晁公武《郡齋讀書志・兵家類》《黄石公三略》三卷。

右題曰：《黄石公上中下三畧》。其書論用兵機權之妙，嚴明之決，明妙審決，軍可以死易生，國可以存易亡。《經籍志》云：「下邳神人撰。」世傳此即圯上老人以一編書授漢張良者。

尤袤《遂初堂書目・兵書類》《黄石公三略》。

陳振孫《直齋書録解題・兵書類》《黄石公三略》三卷。

世傳張子房受書圯上老人，曰：「濟北穀城山下得黄石即我也。」故遂以黄石爲圯上老人。然皆傅會依託也。

馬端臨《文獻通考・經籍考・兵書》《黄石公三略》三卷。

西山真氏序曰：「《三略》，先秦書，雖非鷹揚翁自作，要必其遺法。予嘗深味之，其言治國養民法度，與儒者指意不悖，而斂藏退守、不爲物先之意，則黄、老遺言也。子房號稱善用兵，然最所得者，不過『與物推移，變化無方，因敵轉化，動而輒隋』數語耳。以此推之，則今傳於世者，子房所受書也。」

《宋史・藝文志・兵書類》《黄石公三略》三卷。

高儒《百川書志・兵家》《黄石公三略》三卷。

世傳張良圯橋所授即此。或言《素書》，未詳孰是。蘇軾曰：黄石公，秦之隱君子也。而世不察，以爲鬼物，亦已過矣。書凡三篇。

《四庫全書總目提要・兵家類》黄石公《三略》三卷。通行本。

案：黄石公事，見《史記》。《三略》之名始見於《隋書・經籍志》，云「下邳神人撰，成氏註」。唐、宋《藝文志》所載竝同。相傳其源出於太公，圯上老人以一編書授張良者，即此。蓋自漢以來，言兵法者往往以黄石公爲名。史志所載，有《黄石公記》三卷、《黄石公略註》三卷、《黄石公陰謀乘斗魁剛行軍祕》一卷、《黄石公神光輔星祕訣》一卷。又《兵法》一卷、《三鑑圖》一卷、《兵書統要》一卷。今雖多亡佚不存，然大抵出於附會。是書文義不古，當亦後人所依託。鄭瑗《井觀瑣言》稱其剽竊老氏遺意，迂緩支離，不適於用。其「知足戒貪」等語，蓋因子房之明哲而爲之辭，非子房反有得於此。其非圯橋授受之書明甚。然後漢光武帝詔書引《黄石公》「柔能制剛，弱能制强」之語，實出書中所載《軍讖》之文。其爲漢詔援據此書，或爲此書剽竊漢詔，雖均無可考，疑以傳疑，亦姑過而存之焉。

錢東垣等輯《崇文總目・兵家類》《黄石公三略》三卷。原釋：闕。見天一閣鈔本。

三略訓

《舊唐書・經籍志・兵書》《三略訓》三卷。

《新唐書・藝文志・兵書類》成氏《三略訓》三卷。

鄭樵《通志・藝文略・兵家》成氏《三略訓》三卷。

太公陰謀三十六用

《舊唐書・經籍志・兵書》《太公陰謀三十六用》一卷。

《新唐書・藝文志・兵書類》《陰謀三十六用》一卷。

鄭樵《通志・藝文略・兵家》《太公陰謀三十六用》一卷。

吴孫子三十二壘經

《舊唐書・經籍志・兵書》《吴孫子三十二壘經》一卷。

《新唐書・藝文志・兵書類》《吴孫子三十二壘經》一卷。

鄭樵《通志・藝文略・兵家》《吴孫子三十二壘經》一卷。

玉帳經

《舊唐書・經籍志・兵書》《玉帳經》一卷。

《新唐書・藝文志・兵書類》《玉帳經》一卷。

鄭樵《通志・藝文略・兵家》《玉帳經》一卷。

《宋史・藝文志・兵書類》《玉帳經》一卷。

武德圖五兵八陣法要

《舊唐書・經籍志・兵書》《武德圖五兵八陣法要》一卷。

《新唐書・藝文志・兵書類》《武德圖五兵八陣法要》一卷。

鄭樵《通志・藝文略・兵家》《武德圖五兵八陣法要》一卷。

三陰圖

《舊唐書・經籍志・兵書》《三陰圖》一卷。

《新唐書・藝文志・兵書類》《三陰圖》一卷。

兵　機

《舊唐書·經籍志·兵書》《兵機》十五卷。

《新唐書·藝文志·兵書類》《兵機》十五卷。

兵書要略

《舊唐書·經籍志·兵書》《兵書要略》一卷。

《新唐書·藝文志·兵書類》《兵書要略》十卷。

《宋史·藝文志·兵書類》《兵書要略》一卷。

隋高祖兵書

《舊唐書·經籍志·兵書》《新授兵書》三十卷。隋高祖撰。

《新唐書·藝文志·兵書類》《隋高祖新撰兵書》三十卷。

鄭樵《通志·藝文略·兵家》《隋高祖兵書》三十卷。

王佐秘珠

《舊唐書·經籍志·兵書》《王佐祕珠》五卷。樂産撰。

《新唐書·藝文志·兵書類》樂産《王佐祕書》五卷。

鄭樵《通志·藝文略·兵家》《王佐祕書》五卷。樂産撰。

《宋史·藝文志·兵書類》樂産《太一王佐祕珠》五卷。

龍武玄兵圖

《舊唐書·經籍志·兵書》《龍武玄兵圖》二卷。解忠鯁撰。

《新唐書·藝文志·兵書類》解忠鯁《龍武玄兵圖》二卷。

鄭樵《通志·藝文略·兵家》《龍武玄兵圖》二卷。解忠鯁撰。

鄭樵《通志·圖譜略·兵家》解忠鯁《龍武元兵圖》。

臨戎孝經

《舊唐書·經籍志·兵書》《臨戎孝經》二卷。員半千撰。

《新唐書·藝文志·兵書類》員半千《臨戎孝經》二卷。

鄭樵《通志·藝文略·兵家》《臨戎孝經》一卷。員半千撰。

安置軍營行陣等四十六訣

《新唐書·藝文志·兵書類》裴行儉《安置軍營行陣等四十六訣》一卷。

鄭樵《通志·藝文略·兵家》裴行儉《安置軍營行陣等四十六訣》一卷。

軍謀前鑒

《新唐書·藝文志·兵書類》李嶠《軍謀前鑒》十卷。

鄭樵《通志·藝文略·兵家》《軍謀前鑒》十卷。李嶠撰。

《宋史·藝文志·兵書類》《軍謀前鑑》十卷。

錢東垣等輯《崇文總目·兵家類》《軍謀前鑑》十卷，李嶠撰。原釋：闕。見天一閣鈔本。

兵家正史

《新唐書・藝文志・兵書類》 吳兢《兵家正史》九卷。

鄭樵《通志・藝文略・兵家》 《兵家正史》九卷。吳兢撰。

《宋史・藝文志・兵書類》 《兵家正書》十卷。

又《兵家正史》九卷。

錢東垣等輯《崇文總目・兵家類》 《兵家正史》九卷，吳兢撰。原釋：闕。

見天一閣鈔本。

兵　法

《新唐書・藝文志・兵書類》 李處祐《兵法》。開元中左衛中郎將，奉詔撰。卷亡。

止戈記

《新唐書・藝文志・兵書類》 劉秩《止戈記》七卷。

鄭樵《通志・藝文略・兵家》 《止戈記》七卷。劉秩撰。

兵法要訣

《新唐書・藝文志・兵書類》 《兵法要訣》一卷。

獸鬪亭亭

《新唐書・藝文志・兵書類》 《獸鬪亭亭》一卷。

鄭樵《通志・藝文略・兵家》 《戰鬪亭亭》一卷。

佚名《新唐書藝文志注・兵書類》 《獸鬪亭亭》一卷。謹案：《隋志・五行類》有《遁甲九宮亭亭白姦書》。《御覽》引《遁甲書亭亭》：大乙貴神，戰鬥博戲漁獵，可背不可向。「獸門」，疑「戰門」之誤。

孫子兵法注

《新唐書・藝文志・兵書類》 李筌注《孫子》二卷。

鄭樵《通志・藝文略・兵家》 《孫子兵法注》二卷。唐李筌撰。

晁公武《郡齋讀書志・兵家類》 李筌注《孫子》三卷。右唐李筌注。以魏武所解多誤，約歷代史，依《遁甲》，注成三卷。

馬端臨《文獻通考・經籍考・兵書》 李筌注《孫子》三卷。

《宋史・藝文志・兵書類》 李筌注《孫子》一卷。

閫外春秋

鄭樵《通志・藝文略・兵家》 《閫外春秋》十卷。唐李筌撰，起周至唐八代將帥。

尤袤《遂初堂書目・兵書類》 唐李筌《閫外春秋》。

陳振孫《直齋書録解題・兵書類》 《閫外春秋》十卷。

唐少室山布衣李筌撰。起周武王勝殷，止唐太宗擒竇建德，明君良將、戰爭攻取之事。天寶二年上之。

馬端臨《文獻通考・經籍考・兵書》 《閫外春秋》十卷。

《宋史・藝文志・兵書類》 李筌《閫外春秋》十卷。

軍旅指歸

《宋史・藝文志・兵書類》 李筌《軍旅指歸》三卷。

統軍靈轄秘策

《新唐書・藝文志・兵書類》 李光弼《統軍靈轄祕策》一卷。一作《武記》。

鄭樵《通志・藝文略・兵家》 《統軍靈轄祕策》一卷。亦曰《武記》，李光弼撰。

晁公武《郡齋讀書志・兵家類》 《李臨淮武記》一卷。

右唐李光弼撰。其書凡一百二章，末云「吕望智廓而遠，孫武思幽而密，黄石寬而重斷，吴起嚴而貴勇，墨翟守而無攻，老聃勝而不美，今擇其精要，雜以愚識，爲一家之書」。一本題曰《統軍靈轄寶祕策》。或云光弼從事張參所纂。

尤袤《遂初堂書目・兵書類》 李光弼《統軍祕策》。

馬端臨《文獻通考・經籍考・兵書》 《李臨淮武記》。

《宋史・藝文志・兵書類》 李光弼《統軍靈轄祕策》一卷。

又李光弼《武記》一卷。

錢東垣等輯《崇文總目・兵家類》 《統軍臨轄秘策》一卷，李光弼撰。原釋：闕。見天一閣鈔本。

將　律

《宋史・藝文志・兵書類》 李光弼《將律》一卷。

孫子兵法注

《新唐書・藝文志・兵書類》 賈林注《孫子》一卷。

鄭樵《通志・藝文略・兵家》 《孫子兵法》一卷。唐賈林注。

《宋史・藝文志・兵書類》 賈林注《孫子》一卷。

錢東垣等輯《崇文總目・兵家類》 《孫子》一卷。原釋：賈林注，闕。見天一閣鈔本。

武孝經

鄭樵《通志・藝文略・兵家》 《武孝經》一卷。唐郭良輔撰。

道德經論兵要義述

瞿鏞《鐵琴銅劍樓藏書目録・兵家類》 《道德經論兵要義述》四卷。鈔本。

題「朝議郎使、持節漢州諸軍事、漢州刺史、充威勝軍使、賜緋魚袋臣王真上」。前有元和四年進書狀，又敘表一篇。王氏久列戎行，熟於兵事，因唐時尊崇老子，故借《道德經》言兵之義，以推闡之。

兵　書

《新唐書・藝文志・兵書類》 王公亮《兵書》十八卷。長慶元年上。商州刺史。

鄭樵《通志・藝文略・兵家》 王公亮《兵書》十八卷。

行師類要

《新唐書・藝文志・兵書類》 《行師類要》七卷。

鄭樵《通志・藝文略・兵家》 《行師類要》七卷。唐王公亮撰。

《宋史・藝文志・兵書類》 王公亮《行師類要》七卷。

錢東垣等輯《崇文總目・兵家類》 《行師類要》七卷，王公亮撰。原釋：闕。見天一閣鈔本。

長慶人事軍律

《新唐書・藝文志・兵書類》 燕僧利正《長慶人事軍律》三卷。

鄭樵《通志・藝文略・兵家》 《長慶人事軍律》三卷。燕僧利正撰。

《宋史・藝文志・兵書類》 釋利正《長慶人事軍律》三卷。

錢東垣等輯《崇文總目・兵家類》 《長慶人事軍律》三卷，釋利正撰。

新集兵書要訣

《新唐書・藝文志・兵書類》 杜希全《新集兵書要訣》三卷。

鄭樵《通志・藝文略・兵家》 《新集兵書要訣》三卷。杜希全撰。

《宋史・藝文志・兵書類》 《新集兵書要訣》三卷。

又杜希全《兵書要訣》三卷。

錢東垣等輯《崇文總目・兵家類》 《新集兵書要訣》三卷，杜希全撰。原釋：闕。見天一閣鈔本。

孫子兵法注

《新唐書・藝文志・兵書類》 杜牧注《孫子》三卷。

鄭樵《通志・藝文略・兵家》 《孫子兵法注》一卷。杜牧撰。

晁公武《郡齋讀書志・兵家類》 杜牧《注孫子》三卷。

右唐杜牧牧之注。牧以武書大畧用仁義，使機權，曹公所注解，十不釋一，蓋借其所得，自爲新書爾，因備註之。世謂牧慨然最喜論兵，欲試而不得者。其學能道春秋、戰國時事，甚博而詳，知兵者有取焉。

尤袤《遂初堂書目・兵書類》 杜牧之註《孫子》。

陳振孫《直齋書録解題・兵書類》 《注孫子》三卷。

唐中書舍人杜牧之撰。

馬端臨《文獻通考・經籍考・兵書》 杜牧注《孫子》三卷。

《宋史・藝文志・兵書類》 杜牧《孫子注》三卷。

楊士奇等《文淵閣書目・兵法》 《孫子杜註》。一部，三册。完全。

孫子兵法注

《新唐書・藝文志・兵書類》 陳皥注《孫子》一卷。

鄭樵《通志・藝文略・兵家》 《孫子兵法》一卷。唐陳皥注。

晁公武《郡齋讀書志・兵家類》 陳皥注《孫子》三卷。

右唐陳皥撰。皥以曹公注隱微，杜牧注闊疎，重爲之注云。

馬端臨《文獻通考・經籍考・兵書》 陳皥注《孫子》三卷。

《宋史・藝文志・兵書類》 陳皥注《孫子》一卷。

錢東垣等輯《崇文總目・兵家類》 《孫子》一卷。原釋：陳皥注，闕。見天一閣鈔本。

吴子注

《新唐書・藝文志・兵書類》 孫鎬注《吴子》一卷。

鄭樵《通志・藝文略・兵家》 《吴起兵法》一卷。孫鎬注。

至德新議

《新唐書・藝文志・兵書類》 《至德新議》十二卷。

鄭樵《通志・藝文略・兵家》 《至德新義》十二卷。

軍誡

《新唐書・藝文志・兵書類》 裴守一《軍誡》三卷。

鄭樵《通志・藝文略・兵家》 《軍誡》三卷。裴守一撰。

《宋史・藝文志・兵書類》 裴守一《軍誡》三卷。

錢東垣等輯《崇文總目・兵家類》 《軍誡》三卷，裴守一撰。原釋：闕。見天一閣鈔本。

裴子新令

《新唐書・藝文志・兵書類》 《裴子新令》二卷。裴緒。

鄭樵《通志・藝文略・兵家》 《裴子新令》二卷。裴緒撰。

《宋史・藝文志・兵書類》 裴緒《新令》二卷。

錢東垣等輯《崇文總目・兵家類》 《裴子新令》二卷。裴緒撰。

兵　論

《新唐書・藝文志・兵書類》 張道古《兵論》一卷。字子美，景福進士第。

鄭樵《通志・藝文略・兵家》 張道古《兵論》一卷。

《宋史・藝文志・兵書類》 《兵論》十卷。

錢東垣等輯《崇文總目・兵家類》 《兵論》十卷。原釋：闕。見天一閣鈔本。

孫子兵法注

晁公武《郡齋讀書志・兵家類》 紀燮注《孫子》三卷。

右唐紀燮集唐孟氏、賈林、杜佑三家所解。

馬端臨《文獻通考・經籍考・兵書》 紀燮注《孫子》三卷。

孫子兵法注

鄭樵《通志・藝文略・兵家》 《孫子兵法》一卷。何延錫注。

晁公武《郡齋讀書志・兵家類》 何氏注《孫子》三卷。

右未詳其名，近代人也。

馬端臨《文獻通考・經籍考・兵書》 何氏注《孫子》三卷。

錢東垣等輯《崇文總目・兵家類》 《孫子》二卷。原釋：何延錫注。見天一閣鈔本。

辨解序

《宋史・藝文志・兵書類》 何延錫《辨解序》一卷。

□見管

錢東垣等輯《崇文總目・兵家類》 《□見管》十卷餘。

韜珠秘訣

鄭樵《通志・藝文略・兵家》 《韜珠秘訣》十卷。盧元撰。

《宋史・藝文志・兵書類》 盧元《韜珠秘訣》一卷。

錢東垣等輯《崇文總目・兵家類》 《韜珠秘訣》十卷，盧元撰。

五行陣圖

鄭樵《通志・藝文略・兵家》《五行陣圖》一卷。

鄭樵《通志・圖譜略・兵家》《五行陣圖》。

《宋史・藝文志・兵書類》符彥卿《五行陣圖》一卷。

又《五行陣圖》一卷。

錢東垣等輯《崇文總目・兵家類》《五行陣圖》十卷。原釋：闕。見天一閣鈔本。

兵書論語

鄭樵《通志・藝文略・兵家》《兵書論語》三卷。

《宋史・藝文志・兵書類》《兵書論語》三卷。

錢東垣等輯《崇文總目・兵家類》《兵書論語》三卷，符彥卿撰。原釋：闕。見天一閣鈔本。

人事軍律

鄭樵《通志・藝文略・兵家》《人事軍律》三卷。符彥卿撰。

晁公武《郡齋讀書志・兵家類》《人事軍律》三卷。

右皇朝符彥卿撰。其序稱「言兵者多雜以陰陽，殊不知往亡宋捷，甲子胡興，鵶入梟集，翻成吉兆，故此但述人事」云。或以爲唐燕僧利正撰，當考之。

馬端臨《文獻通考・經籍考・兵書》《人事軍律》三卷。

《宋史・藝文志・兵書類》符彥卿《人事軍律》三卷。

武侯十六策

鄭樵《通志・藝文略・兵家》《諸葛武侯十六策》一卷。

晁公武《郡齋讀書志・兵家類》《武侯十六策》一卷。

右蜀諸葛亮孔明撰。序稱：「謹進便宜十六事：一治國，二君臣，三視聽，四納言，五察疑，六治民，七舉措，八考黜，九治軍，十賞罰，十一喜怒，十二治亂，十三教令，十四斬斷，十五思慮，十六陰察。」陳壽録孔明書，不載此策，疑依託者。

尤袤《遂初堂書目・兵書類》《諸葛亮十六策》。

馬端臨《文獻通考・經籍考・兵書》《武侯十六策》一卷。

楊士奇等《文淵閣書目・兵法》《武侯策》。一部，一册。闕。

高儒《百川書志・兵家》《武侯十六策》二卷。

後漢諸葛亮孔明撰。共七十六篇。《將苑》、《十六策》，行世久矣。後人益以十策，總成《卧龍文集》。世儒疑其依託所爲。是非孔明所著，其詞旨不迨《出師表》。此集不載二表，必有所見。其書專論兵事，故此類列之。

《四庫全書總目提要・兵家類存目》《十六策》一卷。《永樂大典》本。

此本載《永樂大典》中，舊題漢諸葛亮撰。考亮著作，陳壽《三國志》詳列於傳後，初無是書之名，故晁公武《讀書志》疑附託者所爲。又晁《志》曰：「有序稱謹進便宜十六事，是尚有僞撰亮序文。」今本不載。而末有李革跋云：「泰和五祀中秋日，閱圖書，得此集，因録一本，既竟而題於此。」革字君美，河津人。登大定二十五年進士，貞祐中爲吏部尚書。蓋晁氏所據宋人本，此則金人本耳。又晁氏稱六曰「治民」，今本作「治人」；十二曰「治亂」，今本作「治政」；十六曰「陰察」，今本作「陰誡」。亦小小異同。然皆不足究詰也。

錢東垣等輯《崇文總目・兵家類》《武侯十六策》一卷，諸葛亮撰。

契神經

鄭樵《通志・藝文略・兵家》《契神經》一卷。周顯德中，劉可久撰。

《宋史・藝文志・兵書類》 劉可久《契神經》一卷。

錢東垣等輯《崇文總目・兵家類》 《契神經》一卷，劉可久撰。原釋：闕。見天一閣鈔本。

虎鈐經

《宋史・藝文志・兵書類》 許洞《虎鈐兵經》二十卷。

楊士奇等《文淵閣書目・兵法》 《虎鈐經》。一部，一册。闕。

范邦甸等《天一閣書目・兵家類》 《虎鈐經》二十卷。刊本。宋許洞著并表。自序云：「《虎鈐經》者，將軍之事也。臣素好奇正之變，由是而言之也。自古兵法多矣。然孫子之法，奥而精，使學者難於曉用。諸家之法，膚而淺，或用者喪於師律。淺深長短，迭爲表裏，酌中之理，誠難得焉。又觀李筌所著《太白陰經》，論心術，則祕而不言；談陰陽，則散而不備。以是觀之，誠非具美。臣今上采孫子、李筌之要，明演其術；下撮天時、人事之變，備舉其占。或作於己見，或述於古人，名曰《虎鈐經》。然則奇謀詭道，或不合於六經，既爲兵家要用，故必貫穿條縷，以備載之。六壬、遁甲、星辰、日月、風雲、氣候、風角、鳥情，雖遠於人事，亦不敢遺漏焉。至於宣文設奠，醫藥之用，人馬之相，得有補於軍中者，莫不具載。自爲一家之言。創意於辛丑之初，成文於甲辰之末。」其書二百一十篇，分爲二十卷。成於吴郡鳳凰里。明司馬公諱欽訂。

錢謙益等《絳雲樓書目・兵家》 《虎鈐經》。

錢曾《讀書敏求記・兵家》 許洞《虎鈐經》二十卷。

景德二年，許洞表上其書。前又有許洸爲之序。

《四庫全書總目提要・兵家類》 《虎鈐經》二十卷。安徽巡撫採進本。

宋許洞撰。洞字淵夫，吴興人。登咸平三年進士，爲雄武軍推官，免歸。尋召試中書，改烏江縣簿，坐事變姓名，隱中條山。龔明之《中吴紀聞》謂，洞平生以文章自負，所著詩篇甚多。歐陽修嘗稱爲俊逸之士者是也。是書卷首有洞《進表》及自序，大意謂《孫子兵法》奥而精，學者難於曉用。李筌《太白陰符經》論心術，則祕而不言；談陰陽，又散而不備。乃演孫、李之要，而撮天時、人事之變，備舉其占。凡六壬、遁甲、星辰、日月、風雲、氣候、風角、鳥情以及宣文設奠、醫藥之用，人馬相法，莫不具載。積四年書成，凡二百十篇。分二十卷，名曰《虎鈐經》。大都裒輯前人之説，而參以己意。惟第九卷所載飛鶚、長虹、重覆、八卦、四陣，及飛轅寨諸圖，爲洞自創耳。其四陣統論自以爲遠勝李筌所纂。其間亦多迂濶誕渺之説，不足見諸施行。然考《漢書・藝文志》，兵家者流，有兵權謀、兵形勢、陰陽諸類，凡七百餘篇。蓋古來有此專門之學。今《漢志》所録者，久已亡佚，而洞獨能掇拾遺文，撰次成帙，不可謂非一家之言。録而存之，亦足以備一説也。

孫星衍《平津館鑒藏書籍記》卷三 《虎鈐經》二十卷。前有許洞《上虎鈐經表》。許洞《自序》稱創始於辛丑之初，成於甲辰之末。其書二百十篇，分爲廿卷。今本老人星第一百五十七，至鶉尾第一百六十八十二篇，止有圖八，而闕其四。又闕回兵文第二。二百十篇末，有徐達、沐英等戰事。不完五葉，是明人所附。

兵書應籌策科

王圻《續文獻通考・經籍考・兵書》 《兵書應籌策科》，許洞著。

孫子兵法張預注

鄭樵《通志・藝文略・兵家》 《孫子兵法》一卷。張預注。

百將傳

鄭樵《通志・藝文略・兵家》 《百將傳》十卷。張預編。

晁公武《郡齋讀書志・兵家類》 《百將傳》十卷。

右皇朝張預公立撰。預觀歷代將兵者所以成敗，莫不與孫武書相符契，因擇良將得百人，集其傳成一書，而以武之《兵法》題其後，上之。

尤袤《遂初堂書目・兵書類》 《百將傳》。

陳振孫《直齋書録解題・兵書類》《百將傳》十卷。

清河張預集進。凡百人。每傳必以《孫子兵法》斷之。

馬端臨《文獻通考・經籍考・兵書》《百將傳》十卷。

胡師安等《元西湖書院重整書目・子》《百將傳》。

《宋史・藝文志・兵書類》張預《集注百將傳》一百卷。

楊士奇等《文淵閣書目・兵法》《百將傳》。一部，四册。完全。《百將傳》。一部，二册。闕。《百將傳》。一部，一册。闕。《百將傳》。一部，一册。闕。塾本，二册。《百將傳》。一部，一册。闕。塾本，二册。

徐𤊹《徐氏家藏書目・兵類》《百將傳》。

錢謙益等《絳雲樓書目・兵家》《百將傳》。宋張(豫)〔預〕編。起周太公望，至五代劉詞。凡百人。(豫)〔預〕字公立，見晁氏《讀書志》。嘗注《孫子》。

《四庫全書總目提要・兵家類存目》《百將傳》一百卷。浙江范懋柱家天一閣藏本。

宋張預撰，翟安道註。預字公立，東光人。安道字居仁，安陽人。其書採歷代名將百人，始於周太公，終於五代劉鄩，各爲之傳，而綜論其行事。凡有一節與孫武書合者，皆表而出之，別以「孫子兵法」題其後。蓋欲述古以規時，亦戴少望《將鑑論斷》之類。然其分配多未確當，立説亦未免近迂。仍爲宋人之談兵而已矣。

孫子兵法王晳注

鄭樵《通志・藝文略・兵家》《孫子兵法》三卷。王晳注。

晁公武《郡齋讀書志・兵家類》王晳注《孫子》三卷。

右皇朝王晳撰。晳以古本校正闕誤，又爲之注。仁廟時，天下承平久，人不習兵。元昊既叛，邊將數敗，朝廷頗訪知兵者，士大夫人人言兵矣。故本朝注解孫武書者，大抵皆當時人也。

馬端臨《文獻通考・經籍考・兵書》王晳注《孫子》三卷。

孫子兵法梅堯臣注

鄭樵《通志・藝文略・兵家》《孫子兵法》一卷。宋朝梅堯臣撰。

晁公武《郡齋讀書志・兵家類》梅聖俞注《孫子》三卷。

右皇朝梅堯臣聖俞注。歐公爲之序。

馬端臨《文獻通考・經籍考・兵書》梅聖俞注《孫子》三卷。

歐陽氏序曰：「世所傳孫武十三篇多用曹公、杜牧、陳皞注，號《三家孫子》。余頃與撰《四庫書目》，所見《孫子》注者尤多。武之書本於兵，兵之術非一，而以不窮爲奇，宜其説者之多也。凡人之用智有短長，其設施各異，故或膠其説於偏見，然無出所謂三家者。三家之注，皞最後，其説時時攻牧之短。牧亦慨然最喜論兵，欲試而不得者，其學能道春秋、戰國時事，甚博而詳。然前世言善用兵，稱曹公，曹公嘗與董、吕、諸袁角其力而勝之，遂與吴、蜀分漢而王。《傳》言魏之諸將出兵千里，每坐計勝敗，授其成算，諸將用之，十不失一，一有違者，兵輒敗北。故魏世用兵，悉以新書從事，其精於兵也如此。牧謂曹公於注《孫子》尤略，蓋惜其所得，自爲一書，是曹公悉得武之術也。然武嘗以其術干吴王闔閭，用之西破楚，北服齊、晋而霸諸侯。夫使武自用其書，止於彊霸，及曹公用之，然亦終不能滅吴、蜀，豈武之術盡於此乎？抑用之不極其能也？後之學者徒見其書，又各牽於己見，是以注者雖多而少當也。獨吾友聖俞不然，嘗評武之書曰：此戰國相傾之説也。三代王者之師，司馬九伐之法，武不及，然亦愛其文略而意深。其行師用兵、料敵制勝亦皆有法，其言甚有次序，而注者汩之，或失其意。乃自爲注，凡膠於偏見者皆抉去，傳以己意而發之，然後武之説不汩而明。吾知此書當與三家並傳，而後世取其説者，往往於吾聖俞多焉。聖俞爲人謹質温恭，衣冠進趨，眇然儒者也。後世之視其書者，與太史公疑張子房爲壯夫何異！」

《朱子語録》曰：「歐公大段推許梅聖俞所注《孫子》，看得來如何得似杜牧注底好。」

錢謙益等《絳雲樓書目・兵家》梅堯臣註《孫子》。三卷。歐公爲之序。聖俞注不及杜牧之注，朱子云。

神武秘略

鄭樵《通志・藝文略・兵家》《神武祕略》二十卷。

晁公武《郡齋讀書志・兵家類》《神武祕略》十卷。

右皇朝仁宗御撰。纂古今兵書戰策及舊史成敗之迹，類《權謀》、《形勢》、《陰陽》、《技巧》，凡四門，三十篇。

尤袤《遂初堂書目・兵書類》　《神武祕略》

馬端臨《文獻通考・經籍考・兵書》　《神武祕略》十卷。

《宋史・藝文志・兵書類》　仁宗《神武祕略》十卷。

行軍環珠

《宋史・藝文志・兵書類》　仁宗《行軍環珠》一部。卷亡。

四路獸守約束

《宋史・藝文志・兵書類》　仁宗《四路獸守約束》一部。卷亡。

攻守圖術

《宋史・藝文志・兵書類》　仁宗《攻守圖術》三卷。

將帥要略

王圻《續文獻通考・經籍考・兵書》　《將帥要略》。胡旦著。

三朝經武聖略

鄭樵《通志・藝文略・兵家》　《三朝經武聖略》十五卷。

晁公武《郡齋讀書志・兵家類》　《武經聖略》十五卷。

右皇朝王洙撰。寶元中，西邊用兵，朝廷講武備。是時，洙奉詔編祖宗任將、用兵、邊防事迹，分二十門。

陳振孫《直齋書録解題・兵書類》　《三朝經武聖略》十五卷。

天章閣侍講王洙撰。案：《文獻通攷》載晁氏説，稱曾公亮、丁度撰。下文又有「是時洙奉詔」云云，未知何據。寶元中上進。凡十七門。後五卷爲奏議。《中興書目》云十卷，李淑《書目》十五卷。今本與《邯鄲》卷數同。

馬端臨《文獻通考・經籍考・兵書》　《三朝武經聖略》十卷。

《宋史・藝文志・兵書類》　王洙《三朝經武聖略》十卷。

武經總要

晁公武《郡齋讀書志・兵家類》　《武經總要》四十卷。

右皇朝曾公亮、丁度撰。康定中，朝廷恐羣帥昧古今之學，命公亮等采古兵法，及本朝計謀方畧，凡五年奏御。《制度》十五卷，《邊防》五卷，《故事》十五卷，《占候》五卷。御爲製序。

尤袤《遂初堂書目・兵書類》　《武經總要》。

陳振孫《直齋書録解題・兵書類》　《武經總要》四十卷。

天章閣待制曾公亮等撰。《制度》、《故事》各十五卷，《邊防》、《占候》各五卷。昭陵御製序，慶曆四年也。

馬端臨《文獻通考・經籍考・兵書》　《武經總要》四十卷。

巽岩李氏曰：「昔杜君卿取前世用兵故事，分一百三十餘門，編入《通典》，國朝修《經武要略》，亦承用之，但微有附益耳。」

《宋史・藝文志・兵書類》　曾公亮《武經總要》四十卷。

楊士奇等《文淵閣書目・兵法》　《武經總要》。一部，二十册。闕。

王圻《續文獻通考・經籍考・兵書》　《武經總要》。

徐𤊹《徐氏家藏書目・兵類》　《武經總要》□卷。

《四庫全書總目提要・兵家類》　《武經總要》四十卷。江蘇巡撫採進本。

宋曾公亮、丁度等奉敕撰。晁公武《讀書後志》稱，康定中，朝廷恐羣帥昧古今之學，命公亮等採古兵法及本朝計謀方略。凡五年奏御，仁宗御製序文。其書分前、後二集。前集《制度》十五卷，《邊防》五卷，而十六卷、十八卷各分上下。後集《故事》十五卷，《占候》五卷。仁宗爲守成令主，然武事非其所長。公亮等亦但襄贊太平，未嫻將略。所言陣法戰具，其制彌詳，其拘牽彌甚。大抵所謂檢譜角觝也。至於諸番形勢，皆出傳聞。所言道里山川，以今日考之，亦多刺謬。然前集備一朝之制度，後集具歷代之得失，亦有足資考證者。《讀書後志》別載王洙《武經聖略》十五卷，乃寶元中西邊用兵，詔洙編祖宗任將用兵邊防事迹爲十二門。今已佚。南渡以後，又有《御前軍器集模》一書，今惟《造甲法》二卷，《造神臂弓法》一卷，尚載《永樂大典》中，其餘亦佚。宋一代朝廷修講武備之書，存者惟此編而已，固宜存與史志相參也。

孫星衍《平津館鑒藏書籍記・兵家》 《武經總要》，前集二十二卷，後集二十一卷。前有宋仁宗序，後有紹定四年趙休國跋。紹定辛卯鄭魏挺跋，據仁宗天章待制曾公亮等同加編定。司天監楊惟德等參考舊説，共勒成四十卷。內《制度》十五卷，《邊防》五卷，《故事》十五卷，《占候》五卷。目曰《武經總要》。晁氏《讀書志》、陳氏《書録解題》卷數俱同此本。前集廿二卷，《目録》作廿卷，尚是原本之舊。趙休國跋稱，《武經總要》條目故事，凡四十四卷。此本共四十三卷，分爲前後集，則又非宋本之舊矣。

軍政備覽

《宋史・藝文志・兵書類》 曾公亶《軍政備覽》一卷。

唐兵志

尤袤《遂初堂書目・兵書類》 呂夏卿《唐兵志》。

《宋史・藝文志・兵書類》 呂夏卿《兵志》三卷。

尉繚子注

晁公武《郡齋讀書志・兵家類》 張橫渠注《尉繚子》一卷。右皇朝張載撰。其辭甚簡。載早年喜談兵，後謁范文正，文正愛其才，勸其學儒。載感悟，始改業。此殆少作也。

馬端臨《文獻通考・經籍考・兵書》 張橫渠注《尉繚子》一卷。

三略注

鄭樵《通志・藝文略・兵家》 《三略》三卷。呂惠卿注。

素書注

鄭樵《通志・藝文略・兵家》 《素書》二卷。呂惠卿注。

三略素書解

陳振孫《直齋書録解題・兵書類》 《三略素書解》一卷。呂惠卿吉甫撰。

馬端臨《文獻通考・經籍考・兵書》 《三略素書解》一卷。

何博士備論

尤袤《遂初堂書目・兵書類》 《何博士備論》。

《宋史・藝文志・兵書類》 何去非《備論》十四卷。

《四庫全書總目提要・兵家類》 《何博士備論》一卷。浙江鮑士恭家藏本。

宋何去非撰。去非字正通，浦城人。元豐五年，以特奏召，廷試，除右班殿直，武學教授博士。元祐四年，以蘇軾薦，換承奉郎。五年，出爲徐州教授。軾又奏進所撰《備論》，薦爲館職，不果行。是編即軾奏進之本，軾《狀》稱二十八篇，此本僅二十六篇，蓋佚其二也。去非本以對策論兵得官，故是編皆評論古人用兵之作。其文雄快踔厲，風發泉涌，去蘇氏父子爲近。蘇洵作《六國論》，咎六國之賂秦。蘇轍作《六國論》，咎四國之不救。去非所論，乃兼二意。其旨尤相近，故軾屢稱之。卷首惟載軾薦狀二篇，所以誌是書之緣起也。卷末有明歸有光跋，深譏是論之謬。且以元符、政和之敗，歸禍本於去非。夫北宋之釁，由於用兵。而致釁之由，則起於狃習晏安，廢弛武備，驅不可用之兵而戰之。故一試而敗，再試而亡。南渡以後，卒積弱以至不振。有光不咎宋之潰亂，由士大夫不知兵，而轉咎去非之談兵。明代通儒所見如是，明所由亦以弱亡歟？

黄丕烈《蕘圃藏書題識・子類》 《何博士備論》一卷。

丁丑仲秋，湖賈以閩中所刻書數種求售。此《何博士備論》，其一也。書爲浦城祝氏留香室開雕。首《四庫全書總目提要》，末有祖之望跋，謂鈔自翰林院藏《四庫》副本。取對此大段相同，字句閒有異耳。餘書亦皆閩中人著述。開雕於嘉慶辛未。以道遠不通交易，賈人偶得，詫爲奇貨，未之收也。後書賈願以他書相易，率歸之。聊記於此。復翁。

《何博士備論》四卷，載《直齋書録解題》別集類。此本偶得諸郡故家。通二十六篇，不分卷，未知全否？因其爲穴研齋繕寫，珍之。先是，收得穴研齋繕寫諸書，初不知爲誰何，并所鈔時代先後。惟陸游《南唐書》爲虞山錢遵王藏書，則在遵王先矣。他爲宋人説部各種，總得於松江故宦家。有賈人知其由來，謂出於康熙朝明相國家。是亦古物。此册又在郡中故家。三次搜羅其十餘册。惜紙張大小，未能一律，裝潢各仍其舊可耳。乙亥夏仲。復翁。

張金吾《愛日精廬藏書志・兵家類》 《何博士備論》一卷。述古堂鈔本。

宋何去非撰。原二十八篇。此本止二十六篇，從陳君子準藏舊抄本補録《鄧禹論》一篇。每頁格闌外有虞山錢遵王述古堂藏書一行。

元祐四年正月日，翰林學士、朝奉郎、知制誥兼侍讀蘇軾狀奏：「右臣伏見左侍禁何去非，本以進士，六舉到省。元豐五年，以特奏名御廷唱名。先帝見其策對

策詞理優贍，長於論兵，因問去非願與不願武臣官。去非不敢違聖意，遂除右班殿直、武學教授。後遷博士，今已八年。嘗見其所著述，材力有餘，識度高遠。其論歷代所以廢興成敗，皆出人意表，有補於世。去非雖喜論兵，然本儒者，不樂爲武吏。又其他文章無施不宜。欲望聖慈，特與換一文資，仍令充太學博士，以率勵學者，稍振文律，庶幾近古。若後不如所舉，臣等甘伏朝典。謹録奏明，伏候勅旨。」奉聖旨特授承事郎，依舊武學博士。

元祐五年十月十八日，龍圖閣學士、左朝奉郎、知杭州蘇軾狀奏：「右臣自揣虚薄，叨塵侍從，常求勝己，以爲報國。恭惟先皇帝道配周孔，言成典謨。雲漢之光，藻飾萬物，而臣子莫副其意，蓋嘗當食不御，有才難之歎。伏見承事郎、徐州州學教授何去非，文章議論，實有過人。筆勢雄健，得秦漢間風力。元豐五年，以累舉免解，答策廷中。極論用兵利害，先帝覽而異之，特授右班殿直，使教授武學。不久，遂爲博士。臣揆聖意，必將長育成就，以待其用。豈特以一博士期去非而已哉？而去非立志强毅，不苟合於當時公卿。故莫爲一言，推轂成就之者。臣任翰林學士日，嘗具以此奏，聞乞换文資，置之太學。雖蒙恩换承奉郎，而今者乃出爲徐州教授。比於博士，乃似左遷。非獨臣人微言輕，不足取信，亦恐朝廷不見其文章議論，無以較量其人。謹繕寫去非所著《備論》二十八篇，附遞進上，乞降付三省執政考覽。如臣言不謬，乞降一官職。非獨以取羅逸才，風曉士類，亦以彰先帝知人之明。一經題目，決無虚士，書之史策，足爲光華。若後不如所舉，臣甘伏朝典。謹録奏聞，伏候勅旨。」

司馬法講義

王圻《續文獻通考・經籍考・兵書》 《司馬法講義》三卷。浦城何去非著。

三略講義

王圻《續文獻通考・經籍考・兵書》 《三略講義》三卷。何去非著。

教閲陣圖

《宋史・藝文志・兵書類》 蔡挺《教閲陣圖》一卷。

熙寧收復熙河陣法

陳振孫《直齋書録解題・兵書類》 《熙寧收復熙河陣法》三卷。觀文殿學士九江王韶子純撰。

馬端臨《文獻通考・經籍考・兵書》 《熙寧收復熙河陣法》三卷。

《宋史・藝文志・兵書類》 王韶《熙河陣法》一卷。

六　韜

《宋史・藝文志・兵書類》 朱服校定《六韜》六卷。

孫子兵法

《宋史・藝文志・兵書類》 朱服校定《孫子》三卷。

司馬法

《宋史・藝文志・兵書類》 朱服校定《司馬法》三卷。

吴　子

《宋史・藝文志・兵書類》 朱服校定《吴子》二卷。

三　略

《宋史・藝文志・兵書類》 朱服校定《三略》三卷。

兵　書

《宋史・藝文志・兵書類》 任諒《兵書》十卷。

總夫要録

《宋史・藝文志・兵書類》 徐確《總夫要録》一卷。

中興兵房事類

王圻《續文獻通考・經籍考・兵書》 《中興兵房事類》。徐次鐸撰。次鐸，東陽人。負才尚氣，登紹熙間進士。

武經龜鑒

陳振孫《直齋書録解題・兵書類》 《武經龜鑑》二十卷。

保平軍節度使王彦撰。隆興御製序。其書以《孫子》十三篇爲主，而用歷代事證之。

馬端臨《文獻通考・經籍考・兵書》《武經龜鑑》二十卷。

兵略

王圻《續文獻通考・經籍考・兵書》《兵略》。李光著。

十家孫子會注

《宋史・藝文志・兵書類》吉天保《十家孫子會注》十五卷。

阮元《四庫未收書目提要・兵家類》《孫子十家注》十三卷。岱南閣叢書本。

宋吉天保撰。保字里未詳。《孫子》一卷，《四庫全書》已著録。伏讀《四庫全書總目》云：「此書注本極夥。如《隋書・經籍志》、《唐書・藝文志》、馬端臨《經籍考》所載諸家。然至今傳者寥寥，應武舉者所誦習，惟坊刻講章，鄙俚淺陋，無一可取。故今但存其本文，著之於録。」是編依華陰道藏本録出。十家者：魏武一，梁孟氏二，唐李筌三，杜牧四，陳皞五，賈林六，宋梅堯臣七，王晳八，何延錫九，張預十也。十家之内，多出杜佑，乃佑作《通典》時引《孫子》而訓釋之，非爲《孫子》作注也。案：自魏武後，注者莫先於孟氏，《隋志》可攷。而晁公武則誤以爲唐人。道藏原本題曰《集注》，明人所刊，又作《注解》。此作《十家注》，依《宋志》改，末附《孫子遺説》，乃鄭友賢所撰也。

黄丕烈《蕘圃藏書題識續録・子類》《孫子注解》十三卷，《遺説》一卷。貞節堂鈔本。

凡書必取舊本，未經校改也。如《孫子注解》有《遺説》者，此道藏本也。道藏本雖已爲孫淵如觀察刻過，然皆校改，非道藏原本也。五硯舊有道藏本外，兼收明刻本，又好古，故雖有新刻，仍留舊本也。惜物是人非，余以主人故後，料理遺編，檢此，代爲校閱，因知明刻不如道藏之善者。昔有人鈔之，今有人校之，他有人讀之。其亦鑒鈔者、校者之苦心乎。壬申仲冬十有二日校畢記。知非子識。近孫淵如觀察刻《孫子十家注》，謂出於道藏本，後有鄭友賢《遺説》一卷，則此鈔當亦本於道藏也。孫又云大興朱氏有明人刻本，當即黄邦彦本矣，止十三卷，名曰《孫子集注》。五硯既有鈔，復有刻，因以刻参鈔本，而爲之手校一過，壬申冬仲始畢。復翁。

張之洞《書目答問・周秦諸子》《孫子十家注》十三卷。岱南閣校本。

冲晦郭氏兵學

《宋史・藝文志・兵書類》《冲晦郭氏兵學》七卷。郭雍述。

制勝方略

陳振孫《直齋書録解題・兵書類》《制勝方略》三十卷。

修武郎楊肅德欽撰。自《左氏傳》而下迄於陳、隋用兵事迹。慶元丁巳序。

馬端臨《文獻通考・經籍考・兵書》《制勝方略》三十卷。

八陣圖説

王圻《續文獻通考・經籍考・兵書》《八陣圖説》。蔡元定著。

錢謙益等《絳雲樓書目・兵家》《八陣圖説》。

嵇璜等《續通志・圖譜略・兵防》宋蔡元定《八陣圖説》。

兵書訂解

王圻《續文獻通考・經籍考・兵書》《兵書訂解》。陳舜申著。

四將傳

《宋史・藝文志・兵書類》 章潁《四將傳》三卷。

南渡十將傳

楊士奇等《文淵閣書目・兵法》 《南渡十將傳》。一部，二册。闕。

黃虞稷《千頃堂書目・兵家類》 章穎《南渡十將傳》十卷。

倪燦等《宋史藝文志補・兵書類》 章穎《南渡十將傳》十卷。

會稽兵家術

王圻《續文獻通考・經籍考・兵書》 《會稽兵家術》。戴溪著。

兵書解

王圻《續文獻通考・經籍考・兵書》 《兵書解》。鄒補之著。

孫子遺説

鄭樵《通志・藝文略・兵家》 《孫子遺説》一卷。鄭友賢撰。

黃石公素書

鄭樵《通志・藝文略・兵家》 《黃石公素書》一卷。

尤袤《遂初堂書目・兵書類》 《黃石公素書》。

高似孫《子略》卷四 《黃石公素書》。

梁肅《圯橋石表》曰：黃帝氏方平蚩尤時，乃元女啓符，風后行誅。漢祖方征秦項時，乃黃石授兵，留侯演成。《易》稱：「人謀鬼謀，百姓與能。」又曰：「神道設教而天下服。」蓋謂是矣。東坡以爲子房授書於圯上老人，其事甚怪，安知非秦之世有隱君子者，出而試之。世不察以爲鬼物，亦已過矣。子房以蓋世之才，不爲伊尹、太公之謀，而特出於荆軻、聶政之計，以僥倖於不死，此圯上老人之所深惜。老人者，以爲子房才有餘而憂其度量之不足，故深折其少年剛鋭之氣，使之忍小忿而就大謀。高祖之所以勝，項籍之所以敗，在能忍與不能忍之間耳。項籍惟不能忍，是以百戰百勝，而輕用其鋒。高祖忍之，養其全鋒而待其弊，豈出於張良者乎？按黃石公又有《三略》三卷、《兵書》三卷、《三奇法》一卷、《陰謀軍祕》一卷、《五壘圖》一卷、《内記敵法》一卷、《祕經》一卷、《記》一卷，又有《張良經》一卷，其出於《三略》、《素書》者乎？

陳振孫《直齋書録解題・兵書類》 《黃石公素書》一卷。

亦依託也。

《宋史・藝文志・兵書類》 《黃石公素書》一卷。張良所傳。

楊士奇等《文淵閣書目・兵法》 《黃石公素書》。一部，一册。闕。《黃石公素書》。一部，一册。闕。《黃石公素書》。一部，一册。闕。

王世貞《讀書後》卷一 《讀黃石公》。

《黃石公素書》六篇，至爲淺顯。孔、老、荀卿之所雅言者，豈别有不傳之祕，以授子房，而此則約其凡，爲可示人者哉？不然，當報讐大索之後，跪而進履於圯橋與夜半不失約，子房已思過半矣，何用是《素書》爲也？

錢謙益等《絳雲樓書目・兵家》 《素書兵法》。六章。黃石公。昔人亦嘗辨其非真書。

《四庫全書總目提要・兵家類》 《素書》一卷。江蘇巡撫採進本。

舊本題黃石公撰，宋張商英註。分爲六篇：一曰原始，二曰正道，三曰求人之志，四曰本德宗道，五曰遵義，六曰安禮。黄震《日抄》謂其説以道、德、仁、義、禮五者爲一體。雖於指要無取，而多主於卑謙損節，背理者寡。張商英妄爲訓釋，取老子先道而後德，先德而後仁，先仁而後義，先義而後禮之説以言之，遂與本書説正相反。其意蓋以商英之註爲非，而不甚斥本書之僞。然觀其後序，所稱「圯上老人以授張子房，晉亂，有盗發子房冢，於玉枕中得之，始傳人間」。又稱「上有祕戒，不許傳於不道、不仁、不聖、不賢之人。若非其人，必受其殃。得人不傳，亦受其殃」。尤爲道家鄙誕之談。故晁公武謂「商英之言，世未有信之者」。至明都穆《聽雨紀談》以爲自晉迄宋，學者未嘗一言及之，不應獨出於商英，而斷其有三僞。胡應麟《筆叢》亦謂其書中悲莫悲於精散，病莫病於無常，皆仙經、佛典之絶淺近者。蓋商英嘗學浮屠法於從悦，喜講禪理，此數語皆近其所爲，前後註文與本文亦多如出一手。以是核之，其即爲商英所僞撰，明矣。以其言頗切理，又宋以來相傳舊本，姑録存之，備參考焉。

黄帝用兵法訣

鄭樵《通志・藝文略・兵家》 《黄帝用兵法訣》一卷。

李衛公問對

鄭樵《通志・藝文略・兵家》 《唐李衛公對問》三卷。

晁公武《郡齋讀書志・兵家類》 《李衛公對問》三卷。

右唐李靖對太宗問兵事。史臣謂李靖《兵法》，世無完書，畧見於《通典》，今《對問》出於阮逸家，或云逸因杜氏附益之。

尤袤《遂初堂書目・兵書類》 《李衛公兵法問答》。

陳振孫《直齋書録解題・兵書類》 《李衛公問對》三卷。

唐李靖對太宗。亦假託也。文辭淺鄙尤甚。今武舉以七書試士，謂之《武經》。其間《孫》、《吴》、《司馬法》或是古書，《三略》、《尉繚子》亦有可疑，《六韜》、《問對》僞妄明白，而立之學官，置師弟子伏而讀之，未有言其非者，何也？何薳《春渚紀聞》言，其父去非爲武學博士，受詔校七書，以《六韜》、《問對》爲疑，白司業朱服。服言：「此書行之已久，未易遽廢。」遂止。後爲徐州教授，與陳師道爲代，師道言聞之東坡，世所傳王通《元經》、關子明《易傳》及李靖《問對》皆阮逸僞撰，逸嘗以草示奉常公云。奉常公者，老蘇也。

馬端臨《文獻通考・經籍考・兵書》 《李衛公問對》三卷。

按：《四朝國史・兵志》，神宗熙寧間，詔樞密院曰：「唐李靖《兵法》，世無全書，雜見《通典》，離析譌舛，又官號物名，與今稱謂不同，武人將佐，多不能通其意。令樞密院檢詳官與王震、曾旼、王白、郭逢原等校正，分類解釋。令今可行。」豈即此《問答》三卷邪？或别有其書也？然晁、陳二家以爲阮逸取《通典》所載附益之，則似即此書。然神宗詔王震等校正之説，既明見於《國史》，則非逸之假託也。

高儒《百川書志・兵家》 《唐太宗李衛公問對》三卷。

李靖對太宗問兵事。凡四十二條。

《四庫全書總目提要・兵家類》 《李衛公問對》三卷。通行本。

唐司徒并州都督衛國景武公李靖與太宗論兵之語，而後人録以成書者也。

案：史稱所著兵法世無完書，惟《通典》中略見大槩。此書出於宋代，大旨因杜氏所有者而附益之。何薳《春渚紀聞》謂蘇軾嘗言世傳王通《元經》、關子明《易傳》及此書皆阮逸所僞撰，蘇洵曾見其草本。馬端臨撰《四朝國史・兵志》謂「神宗熙寧間，嘗詔樞密院校正此書」。似非逸所假託。胡應麟《筆叢》則又稱其「詞旨淺陋猥俗，最無足采」。阮逸亦不應鄙野至此。當是唐末宋初，村儒俚學掇拾貞觀君臣遺事而爲之。諸説紛紜，多不相合。今考阮逸僞撰諸書，一見於《春渚紀聞》，再見於《後山談叢》，又見於《聞見後録》，不應何薳、陳師道、邵博不相約會，同搆誣詞。至熙寧、元豐之政，但務更新，何嘗稽古。尤未可據《七書》之制，斷爲唐代舊文。特其書分別奇正，指畫攻守，變易主客，於兵家微意時有所得，亦不至遂如應麟所詆耳。鄭瑗《井觀瑣言》謂「《問對》之書雖僞，然必出於有學識謀略者之手」。斯言近之。故今雖正其爲贋作，而仍著之於録云。

玉帳新書

鄭樵《通志・藝文略・兵家》 《玉帳新書》十卷。

神武要略

鄭樵《通志・藝文略・兵家》《神武要略》十卷。

兵家心術

鄭樵《通志・藝文略・兵家》李靖《兵家心術》一卷。

明將秘要

鄭樵《通志・藝文略・兵家》《明將祕要》三卷。李靖撰。

韜鈐秘術

《宋史・藝文志・兵書類》李靖《韜鈐祕術》一卷。

總　要

《宋史・藝文志・兵書類》李靖《總要》三卷。

太公兵法

尤袤《遂初堂書目・兵書類》李靖集《太公兵法》。

將　苑

鄭樵《通志・藝文略・兵家》諸葛亮《將苑》一卷。

尤袤《遂初堂書目・兵書類》諸葛亮《將苑》。

《宋史・藝文志・兵書類》諸葛亮《將苑》一卷。

楊士奇等《文淵閣書目・兵法》《武侯將苑》。一部，一册。闕。

高儒《百川書志・兵家》《武侯將苑》二卷。後漢諸葛亮孔明撰。

錢謙益等《絳雲樓書目・兵家》《諸葛武侯將苑》。

《四庫全書總目提要・兵家類存目》《將苑》一卷。浙江范懋柱家天一閣藏本。

舊本題漢諸葛亮撰。前有明僉都御史甯仲升序，謂「出於士人周源所藏」。考此書諸家不著録，至尤袤《遂初堂書目》乃載其名，亦稱亮撰。蓋僞書之晚出者。又明焦竑《經籍志》更有亮《心書》、《六軍鏡》、《心訣》、《兵機法》諸書，益爲依託。蓋宋以來兵家之書，多託於亮。明以來術數之書，多託於劉基。委巷之談，均無足與深辨者耳。

元戎機

鄭樵《通志・藝文略・兵家》《元戎機》二卷。嚴洞撰。

陰符二十四機

鄭樵《通志・藝文略・兵家》《平朝陰府二十四機》一卷。諸葛武侯撰。

《宋史・藝文志・兵書類》《陰符二十四機》一卷。

六軍鏡心訣

鄭樵《通志・藝文略・兵家》 《六軍鏡心訣》一卷。諸葛武侯撰。

文武奇編

《宋史・藝文志・兵書類》 諸葛亮《文武奇編》一卷。

用兵法

《宋史・藝文志・兵書類》 諸葛亮《用兵法》一卷。

兵書手訣

《宋史・藝文志・兵書類》 諸葛亮《兵書手訣》一卷。

武侯十策

高儒《百川書志・兵家》 《武侯十策》二卷。後漢諸葛亮孔明撰。

韜鈐要訣

鄭樵《通志・藝文略・兵家》 《韜鈐要訣》一卷。

軍志總要

鄭樵《通志・藝文略・兵家》 《軍志總要》十卷。

樵　子

鄭樵《通志・藝文略・兵家》 《樵子》五卷。

韋　子

鄭樵《通志・藝文略・兵家》 《韋子》二卷。

正元新書

鄭樵《通志・藝文略・兵家》 《正元新書》一卷。

備急玉櫃訣

鄭樵《通志・藝文略・兵家》 《備急玉櫃訣》一卷。楊渭撰。

黎教授兵説

鄭樵《通志・藝文略・兵家》 《黎教授兵説》二卷。

改正六韜

鄭樵《通志・藝文略・兵家》《改正六韜》四卷。

裴子兵馬

鄭樵《通志・藝文略・兵家》《裴子兵馬》六卷。

軍額目

鄭樵《通志・藝文略・兵家》《軍額目》一卷。

行軍賞罰符契敕

鄭樵《通志・藝文略・兵家》《行軍賞罰符契勑》一卷。

刑兵律

鄭樵《通志・藝文略・兵家》《刑兵律》一卷。

隋朝雜兵圖

鄭樵《通志・藝文略・兵家》《隋朝雜兵圖》一卷。

八陣四象陣法

鄭樵《通志・藝文略・兵家》《八陣四象陣法》一卷。

神變隊陣圖

鄭樵《通志・藝文略・兵家》《神變隊陣圖》一卷。

風后握奇八陣圖

鄭樵《通志・藝文略・兵家》《風后握奇八陣圖》一卷。

神機靈秘圖

鄭樵《通志・藝文略・兵家》《神機靈祕圖》一卷。
鄭樵《通志・圖譜略・兵家》《神機靈秘圖》。
《宋史・藝文志・兵書類》《神機靈祕圖》三卷。

營陣圖經

鄭樵《通志・藝文略・兵家》《營陣圖經》一卷。

行營要訣

鄭樵《通志・藝文略・兵家》《行營要訣》三卷。李惟則撰。

五陣圖

鄭樵《通志・圖譜略・兵家》《五陣圖》。

李靖兵鈐新書

《宋史・藝文志・兵書類》《李靖兵鈐新書》一卷。並不知作者。

慶曆軍録

尤袤《遂初堂書目・兵書類》《慶曆軍録》。

《宋史・藝文志・兵書類》《慶曆軍録》一卷。不知作者。

左氏要類

晁公武《郡齋讀書志・兵家類》《左氏要類》。右皇朝韓迪撰。纂《左氏》兵事，凡五十門。

武經七書

尤袤《遂初堂書目・兵書類》《七書》。

楊士奇等《文淵閣書目・兵法》《武經七書》。一部，一册。完全。《武經七書》。一部，二册。闕。《武經七書》。一部，二册。闕。《武經七書》。一部，一册。闕。《武經七書》。一部，一册。闕。

范邦甸等《天一閣書目・兵家類》《武經七書》六卷。刊本。明喜靖崇明恒齋施一德編。

《武經七書》七卷。刊本殘。國朝西陵汪桓訂。

徐𤊹《徐氏家藏書目・兵家》《武經七書》。

錢謙益等《絳雲樓書目・兵家》《武經七書》。《孫子》、《吴子》、《六韜》、《司馬法》、《尉繚子》、《三略》、《李靖問對》。

十一家注孫子

尤袤《遂初堂書目・兵書類》《十一家注孫子》。

彭元瑞等《天禄琳琅書目後編・宋版子部》《十一家註孫子》。一函，三册。周孫武撰。曹操、李筌、杜佑、杜牧、王晳、張預、賈林、梅堯臣、陳皞、孟氏、何氏註。書三卷，十三篇，附録《孫子》本傳。又《十家註孫子遺説并序》，鄭友賢撰説三十則，蓋本有十家注，友賢輯且補之，爲十一家也。徐乾學季振宜藏本。

風后握機贊

尤袤《遂初堂書目・兵書類》《風后握機贊》。

八陣法

尤袤《遂初堂書目・兵書類》《八陣法》。

古今兵要

尤袤《遂初堂書目・兵書類》《古今兵要》。

神機武略

尤袤《遂初堂書目・兵書類》《神機武略》。

重修武經總要

尤袤《遂初堂書目・兵書類》《重修武經總要》。

千古兵要

尤袤《遂初堂書目・兵書類》《千古兵要》。

兵法精義

尤袤《遂初堂書目・兵書類》《兵法精義》。

握奇經續圖

高似孫《子略》卷一《握奇經續圖》。

角音二　初警衆　末收衆

革音五　一持兵　二結陣　三行　四趨走　五急鬬

金音五　一緩鬬　二止鬬　三退　四背　五急背背一本作趍。

麾法五　一玄　二黄　三白　四青一作赤。　五赤一作青。

旗法八　一天玄　二地黄　三風赤　四雲白　五天前上玄下赤　六天後上玄下白　七地前上玄下青。一作赤。　八地後上黄下赤一作青。

陣勢八　天　地　風　雲

飛龍　翔鳥　虎翼　蛇蟠

二革二金爲天　三革三金爲地

二革三金爲風　三革二金爲雲

四革三金爲龍　三革四金爲虎

四革五金爲鳥　五革四金爲蛇舊注：此八陣名，用金鼓之制。

其金革之間加一角音者，在天爲兼風，在地爲兼雲，在龍爲兼鳥，在虎爲兼蛇。加二角音者，全師進東。加三角音者，全師進南。一作西。加四角音者，全師進西。一作南。加五角音者，全師進北。鞞音不止者，行伍不整。金革既息，而角音不止者，師竝旋。

三十二隊天衡　十六隊風

八隊天前衡　十二隊地前衡

十二隊地軸合作二十四隊。　八隊天後衡

十二軸地後衡　十六隊雲

以天地前衡爲虎翼，天地後衡爲飛龍，風爲蛇蟠，雲爲翔鳥。

渭南秘訣

陳振孫《直齋書録解題・兵書類》《渭南秘缺》一卷。

昭武謝淵得之於瀘州。蓋武侯八陣圖法也。爲之注釋，而傳於世。

馬端臨《文獻通考・經籍考・兵書》《渭南祕訣》一卷。

黄帝秘珠三略

《宋史・藝文志・兵書類》《黄帝秘珠三略》三卷。

握機圖

《宋史・藝文志・兵書類》《握機圖》一卷。

太公兵書要訣

《宋史・藝文志・兵書類》《太公兵書要訣》四卷。

孫子解　武經簡要

《宋史・藝文志・兵書類》宋奇《孫子解》并《武經簡要》二卷。

司馬穰苴兵法注

《宋史・藝文志・兵書類》吴章注《司馬穰苴兵法》三卷。

陣　書

《宋史・藝文志・兵書類》白起《陣書》一卷。

兵書統要

《宋史・藝文志・兵書類》《兵書統要》三卷。

三略秘要

《宋史・藝文志・兵書類》《三略秘要》三卷。

行軍指掌

《宋史・藝文志・兵書類》《行軍指掌》二卷。

兵　書

《宋史・藝文志・兵書類》《兵書》七卷。

兵　書

《宋史・藝文志・兵書類》《兵書》三卷。

兵要式

《宋史・藝文志・兵書類》《兵要式》一卷。

行兵法

《宋史・藝文志・兵書類》《行兵法》二卷。

兵　法

《宋史・藝文志・兵書類》《兵法》一卷。

閫外紀事

《宋史・藝文志・兵書類》《閫外紀事》十卷。

秘要兵書

《宋史・藝文志・兵書類》李氏《秘要兵書》二卷。

秘要兵術

《宋史・藝文志・兵書類》李氏《秘要兵術》四卷。

軍機討略策

《宋史・藝文志・兵書類》鄭先忠《軍機討略策》三卷。

古今兵略

《宋史・藝文志・兵書類》《古今兵略》十卷。

軍國要制

《宋史・藝文志・兵書類》紀動《軍國要制》五卷。

將軍總録

《宋史・藝文志・兵書類》《將軍總録》三卷。

武孝經

《宋史・藝文志・兵書類》李遠《武孝經》一卷。

制勝略

《宋史・藝文志・兵書類》徐漢卿《制勝略》三卷。

專征小格略

《宋史・藝文志・兵書類》牟知白《專征小格略》一卷。

圖南兵略

《宋史・藝文志・兵書類》《圖南兵略》三卷。

從征録

《宋史・藝文志・兵書類》《從征録》五卷。

出軍別録

《宋史・藝文志・兵書類》《出軍別録》一卷。

兵書總要

《宋史・藝文志・兵書類》《兵書總要》四卷。

兵策秘訣

《宋史・藝文志・兵書類》《兵策祕訣》三卷。

萬勝訣

《宋史・藝文志・兵書類》《萬勝訣》二卷。

戰鬥秘訣

《宋史・藝文志・兵書類》《戰鬥祕訣》一卷。

兵　訣

《宋史・藝文志・兵書類》《兵訣》一卷。

隨軍要訣

《宋史・藝文志・兵書類》《隨軍要訣》一卷。

軍謀要術

《宋史・藝文志・兵書類》《軍謀要術》一卷。

韜鈐秘要

《宋史・藝文志・兵書類》《韜鈐祕要》一卷。

軍旅要術

《宋史・藝文志・兵書類》《軍旅要術》一卷。

訓將勝術

《宋史・藝文志・兵書類》《訓將勝術》二卷。

兵書手鑒

《宋史·藝文志·兵書類》《兵書手鑑》二卷。

五家注孫子

《宋史·藝文志·兵書類》《五家注孫子》三卷。魏武帝、杜牧、陳皞、賈隱林、孟氏。

孫子兵法注

《宋史·藝文志·兵書類》曹、杜注《孫子》三卷。曹操、杜牧。

綦先生兵書

《宋史·藝文志·兵書類》《綦先生兵書》一十六卷。並不知名。

黄帝太公兵法

《宋史·藝文志·兵書類》《黄帝太公兵法》三卷。虞彦行進。

閫外策鈐

《宋史·藝文志·兵書類》《閫外策鈐》五卷。

經武略

《宋史·藝文志·兵書類》《經武略》二百九十卷。

百將新書

《宋史·藝文志·兵書類》張文伯《百將新書》十二卷。

司命兵機秘略

《宋史·藝文志·兵書類》徐研《司命兵機祕略》二十八卷。

兵籌類要

《宋史·藝文志·兵書類》余壹《兵籌類要》十五卷。

神武秘略論

《宋史·藝文志·兵書類》葉上達《神武祕略論》十卷。

兵　法

《宋史·藝文志·兵書類》夏休《兵法》三卷。

兵録

《宋史・藝文志・兵書類》 度濟《兵録》八十卷。

諸家兵法秘訣

《宋史・藝文志・兵書類》 《諸家兵法秘訣》四卷。

行師類要

《宋史・藝文志・兵書類》 《行師類要》七卷。

古今兵書

《宋史・藝文志・兵書類》 《古今兵書》十卷。

五行陣决

《宋史・藝文志・兵書類》 《五行陣决》一卷。

會稽兵術

《宋史・藝文志・兵書類》 《會稽兵術》三卷。

玄珠要訣

《宋史・藝文志・兵書類》 《玄珠要訣》一卷。

軍塾兵鈐

《宋史・藝文志・兵書類》 《軍塾兵鈐》三卷。

三軍指要

《宋史・藝文志・兵書類》 《三軍指要》五卷。

兵法機要

《宋史・藝文志・兵書類》 《兵法機要》三卷。

神兵要術

《宋史・藝文志・兵書類》 《神兵要術》三卷。

神兵機要

《宋史・藝文志・兵書類》 《神兵機要》三卷。

總戎策

《宋史・藝文志・兵書類》《總戎策》二卷。

兵書精訣

《宋史・藝文志・兵書類》《兵書精訣》二卷。

權經對

《宋史・藝文志・兵書類》《權經對》三卷。

行軍用兵玄機

《宋史・藝文志・兵書類》《行軍用兵玄機》三卷。

兵機要論

《宋史・藝文志・兵書類》《兵機要論》五卷。

行軍備曆

《宋史・藝文志・兵書類》《行軍備曆》六十卷。

兵機簡要

《宋史・藝文志・兵書類》《兵機簡要》十卷。

兵　談

《宋史・藝文志・兵書類》《兵談》三卷。

水陸陣圖

《宋史・藝文志・兵書類》韓霸《水陸陣圖》三卷。

九九陣圖

《宋史・藝文志・兵書類》《九九陣圖》一卷。

軍林要覽

《宋史・藝文志・兵書類》《軍林要覽》三卷。

制勝權略

《宋史・藝文志・兵書類》《制勝權略》三卷。

兵書精妙玄術

《宋史・藝文志・兵書類》《兵書精妙玄術》十卷。

兵籍要樞

《宋史・藝文志・兵書類》《兵籍要樞》三卷。

戎　機

《宋史・藝文志・兵書類》《戎機》二卷。

通神機要

《宋史・藝文志・兵書類》《通神機要》三卷。

軍令備急

《宋史・藝文志・兵書類》劉玄之《軍令備急》一卷。

將　律

《宋史・藝文志・兵書類》張從實《將律》一卷。

將　術

《宋史・藝文志・兵書類》《將術》一卷。

兵家秘寶

《宋史・藝文志・兵書類》《兵家祕寶》一卷。

秘寶書

《宋史・藝文志・兵書類》《祕寶書》一卷。

制旨兵法

《宋史・藝文志・兵書類》張昭《制旨兵法》十卷。

兵機法

《宋史・藝文志・兵書類》《兵機法》一卷。

武　記

《宋史・藝文志・兵書類》《武記》一卷。

揀將要略

《宋史・藝文志・兵書類》《揀將要略》十卷。

陣　法

《宋史・藝文志・兵書類》林廣《陣法》一卷。

兵法圖議

《宋史・藝文志・兵書類》楊伋《兵法圖議》一卷。

溱播州勝兵法

《宋史・藝文志・兵書類》《溱播州勝兵法》二部。

重演握奇

《宋史・藝文志・兵書類》方坰《重演握奇》三卷。

握奇陣圖

《宋史・藝文志・兵書類》方坰《握奇陣圖》一卷。

孫子口義

楊士奇等《文淵閣書目・兵法》《孫子口義》。一部，二册。完全。

孫子比事

楊士奇等《文淵閣書目・兵法》《孫子比事》。一部，一册。完全。

張萱等《内閣藏書目録・子部》《孫子比事》一册。全。鈔(木)〔本〕莫詳撰集姓氏。主《孫武子十三篇》，而以古今用兵事蹟，分隸於下。

兵　書

王圻《續文獻通考・經籍考・兵書》《兵書》二卷。胡閔休著。

吴子三原

徐𤊹《徐氏家藏書目・子類》《吴子三原》一卷。

北征録

楊士奇等《文淵閣書目・兵法》《北征録》。一部，一册。闕。

黃虞稷《千頃堂書目・兵家類》《華岳翠微先生北征録》三卷。今傳《翠微南征録》是詩集，此云《北征録》，入兵家何也？

倪燦等《宋史藝文志補・兵書類》《華岳翠微先生北征録》三卷。

八陣圖解

黄虞稷《千頃堂書目・兵家類》 程時登《八陣圖解》。

倪燦等《補遼金元藝文志・兵書類》 程時登《八陣圖解》。

錢大昕《補元史藝文志・兵家類》 程時登《八陣圖通釋》。

用武提要

黄虞稷《千頃堂書目・兵家類》 俞在明《用武提要》二十篇。見瓊爲序。在明，錢塘人。

倪燦等《補遼金元藝文志・兵書類》 俞在明《用武提要》二十篇。錢塘人。

錢大昕《補元史藝文志・兵家類》 俞在明《用武提要》二十篇。錢唐人。

武事要略

黄虞稷《千頃堂書目・兵家類》 秦輔之《武事要略》。

倪燦等《補遼金元藝文志・兵書類》 秦輔之《武事要略》。

錢大昕《補元史藝文志・兵家類》 秦輔之《武事要覽》。一作《要略》。

百戰奇法

楊士奇等《文淵閣書目・兵法》 《百戰奇法》。一部，一册。闕。

黄虞稷《千頃堂書目・兵家類》 《百戰奇法》十卷。

倪燦等《補遼金元藝文志・兵書類》 《百戰奇法》十卷。

行軍須知

楊士奇等《文淵閣書目・兵法》 《行軍須知》。一部，一册。闕。

高儒《百川書志・兵家》 《行軍須知》二卷。凡十五篇，一百七十二條。

徐𤊹《徐氏家藏書目・兵類》 《行軍須知》四卷。

黄虞稷《千頃堂書目・兵家類》 《行軍須知》二卷。

倪燦等《補遼金元藝文志・兵書類》 《行軍須知》二卷。

孫星衍《平津館鑒藏書籍記・兵家》 《行軍須知》二卷。《行軍須知》前有正統四年李進序，稱是書永樂初，李公元凱已(壽)〔籌〕諸梓，是亦舊人所作。黑口板，每葉廿行，行廿一字。

陣圖雜輯

黄虞稷《千頃堂書目・兵家類》 《陣圖雜輯》十卷。

倪燦等《補遼金元藝文志・兵書類》 《陣圖雜輯》十卷。

剿寇陣圖

黄虞稷《千頃堂書目・兵家類》 《剿寇陣圖》二卷。

倪燦等《補遼金元藝文志・兵書類》 《剿寇陣圖》二卷。

兵機便覽

黄虞稷《千頃堂書目・兵家類》 《兵機便覽》十册。

倪燦等《補遼金元藝文志・兵書類》 《兵機便覽》十册。

素書直說

黃虞稷《千頃堂書目・兵家類》 王氏《素書直說》一卷。

瞿鏞《鐵琴銅劍樓藏書目録・兵家類》 《直説素書》一卷。元刊本。

是書乃黃石公遺言，與《三略》異。其注釋未題名。案：序作於至正十四年，稱廣陵寡學王氏注，即其作也。後有音釋。

素　書

黃虞稷《千頃堂書目・兵家類》 寧獻王權《注素書》一卷。

《明史・藝文志・兵書類》 寧獻王權《注素書》一卷。

八陣圖說

黃虞稷《千頃堂書目・兵家類》 戴安忠愛《八陣圖說》。字伯寧，永豐人。洪武中廣東提舉。

校正八陣圖

王圻《續文獻通考・經籍考・兵書》 《校正八陣圖》吴澂著。

錢大昕《補元史藝文志・兵家類》 吴澂《校正八陣圖》。

孫子直解

高儒《百川書志・兵家》 劉寅《孫子直解》三卷。太原人。

黃虞稷《千頃堂書目・兵家類》 劉寅《孫子直解》三卷。

吴子直解

高儒《百川書志・兵家》 劉寅《吴子直解》三卷。

黃虞稷《千頃堂書目・兵家類》 劉寅《吴子直解》三卷。

尉繚子直解

高儒《百川書志・兵家》 劉寅《尉繚子直解》五卷。

黃虞稷《千頃堂書目・兵家類》 劉寅《尉繚子直解》五卷。

阮元《四庫未收書目提要・兵家類》 《尉繚子直解》五卷。（武經直解本）

《尉繚子》，《四庫全書》已著録。《直解》，明劉寅撰。寅所撰書皆名「直解」，凡六種，見《林泉筆記》。此則六書中之一耳。每篇下各有小序，發明其義。注中所論多精審處，如注《威戰篇》「妙勝之論」，云即孫子所謂未戰而妙算勝者，得算多也。於「受命之論」云即太公論立將之義。於「踰垠之論」，云即太公所謂越江河渡溝塹之義。寅以兵家言注兵書，猶儒者之以經注經也。惟於《天官篇》刑德之説，而不用《淮南子・天文訓》「凡用太陰，左前刑，右背德」及《兵略訓》注「刑謂十二辰，德十日」之語。又《將理篇》云：「壻父曰婚，女父曰姻。」而不引《爾雅》：「壻之父爲姻，婦之父爲婚」未足爲據。然瑕瑜不相掩也。（按《司馬法》、《尉繚子》兩書，乃劉寅校宋朱服本，合《孫子》、《吴子》、《李衛公問對》、《三略》、《六韜》爲《武經直解》二十五卷。首有服所撰《讀法》、《凡例》、《陣圖》、《國名》各一卷。末有《附録》一卷，阮氏謂寅作《直解》凡六種，蓋沿《林泉筆記》之誤，未見《武經全書》也。）

司馬法直解

高儒《百川書志・兵家》 《司馬法解》三卷。劉寅解。

黃虞稷《千頃堂書目・兵家類》 劉寅《司馬法直解》三卷。

阮元《四庫未收書目提要·兵家類》 《司馬法直解》一卷（《武經直解》本作三卷。）。

明劉寅撰。寅有《三略直解》，《四庫全書》已著録。寅作「直解」共六種，見張綸《林泉筆記》。《司馬法》亦六書中之一也。寅自序云：「是書言辭古簡而義深，中間又有闕文誤字。儒家多不經意，學者由是不得其説。今姑爲之直解。」其言非無所見，而又能不妄改古書舊字。如《仁本篇》「會之以發禁者九」，註云：「『發』當作『法』，即《周禮·大司馬》『九伐之法』也。」《定爵篇》「變嫌推疑」註云：「『變』當作『辨』，辨别人之所嫌也。」又「是謂兩之」註云：「『之』當作『支』，謂兩相支持之道。」《用衆篇》「因其不避」註云：「『避』當作『備』，因其不備，即所謂乘其無備也。」又註《仁本篇》「正不獲意則權」云：「『正』者萬世之常，『權』者一時之用。湯武仁義之兵，而濟之以權者，尤爲切實近理之言矣。」

潘祖蔭《滂喜齋藏書記·子部》 明刻《司馬法直解》。一册。

題「前辛亥科進士、太原劉寅解」，當是明初人也。前有自序，章疏句釋，淺而易曉，閒引史事爲證。《四庫》未著録。怡府藏書。

六韜直解

高儒《百川書志·兵家》 《六韜解》六卷。

皇明太原劉寅直解。

黄虞稷《千頃堂書目·兵家類》 劉寅《六韜直解》六卷。

三略直解

高儒《百川書志·兵家》 劉寅《三略直解》三卷。

黄虞稷《千頃堂書目·兵家類》 劉寅《三略直解》三卷。

《四庫全書總目提要·兵家類》 《三略直解》三卷。浙江范懋柱家天一閣藏本。

明劉寅撰。寅，始末未詳。自題前辛亥科進士。考《太學進士題名》，洪武辛亥有劉寅，崞縣人。蓋即其人。張綸《林泉隨筆》稱，「太原劉寅作《六書直解》，謹據經史，辨析舛謬。」然劉寅所註者凡六書，此其一種也。《三略》一書，《漢志》不著於録。張商英僞作《素書》，託盜者得之張良冢中，而以稱《三略》出《黄石公》者爲誤。寅辨其雜取子書中語，更换字樣聯屬之，詆商英言涉虚無。其説當矣。然必以《三略》爲真出太公，至黄石公始授張良，於書中越王句踐投醪飲士一事無以爲解，則指爲黄石公所附益。又遁其説以爲句踐以前，或别有投醪之事，今不可考。則其誣與商英等矣。真德秀《西山集》有是書序，亦以爲雖非太公作，而當爲子房之所受。則寅説亦有所自來。其大旨出於黄老，務在沈幾觀變，先立於不敗以求敵之可勝。操術頗巧，兵家或往往用之。寅之所註，亦頗能發明此意。又能參校諸本，註其異同，較他家所刻亦特爲詳贍。中有闕字，無可考補，今亦姑仍之焉。

李衛公問對直解

高儒《百川書志·兵家》 劉寅《解李衛公問對》三卷。

黄虞稷《千頃堂書目·兵家類》 劉寅《李衛公問對直解》三卷。《明史·藝文志》作《七書直解》二十六卷。又有《集古兵法》一卷。

七書直解

《明史·藝文志·兵書類》 劉寅《七書直解》二十六卷。

楊守敬《日本訪書志·子部》 《武經直解》十二卷。明萬曆刊本。

明劉寅撰。凡《孫子》三卷，《吴子》一卷，《司馬法》一卷，《李衛公問對》二卷，《尉僚子》二卷，《三略》一卷，《六韜》二卷。首自序，次萬曆五年張居正增訂序，次翁鴻業序。按：此書不及施氏《講義》之博贍，而隨文解義，明暢易曉，故在武經中亦稱善本。《四庫》僅著其《三略》一種。阮文達《四庫未收書目》著其《司馬法》、《尉僚子》二種，知其書流傳甚罕。

集古兵法

高儒《百川書志・兵家》　《集古兵法》一卷。太原劉寅集。

黃虞稷《千頃堂書目・兵家類》　劉寅《集古兵法》一卷。

《明史・藝文志・兵書類》　劉寅《集古兵法》一卷。

孫子集解

黃虞稷《千頃堂書目・兵家類》　閻禹錫《孫子集解》二卷。

吳子集解

黃虞稷《千頃堂書目・兵家類》　閻禹錫《吳子集解》二卷。

司馬法集解

黃虞稷《千頃堂書目・兵家類》　閻禹錫《司馬法集解》二卷。

尉繚子集解

黃虞稷《千頃堂書目・兵家類》　閻禹錫《尉繚子集解》五卷。

李衛公問對集解

黃虞稷《千頃堂書目・兵家類》　閻禹錫《李衛公問對集解》三卷。

武學詞範

黃虞稷《千頃堂書目・兵家類》　閻禹錫《武學詞範》。

元戎濟陣風雷集

丁丙《善本書室藏書志・兵家類》　《元戎濟陣風雷集》不分卷。鈔本。

前有永樂十年東甯焦玉自序。云：「予少涉獵儒書，精研將略。一日遊天台，上清玉平洞天，遇道士，以師禮事，從游三年，自號止止道人，授火攻一册。別後，不知所之。乙未，太祖高皇帝起兵，和州渡江，取采石、太平。予按制火龍鎗上獻，上命徐達試之，洞透層革」。語多依託，中有「新安胡公平倭」一語，豈有預知嘉靖間事？惟分重地固守山險攻戰、細作劫營撓扶、平陸攻戰野戰交鋒、黑夜白晝步戰、馬上攻戰夜戰、燒船焚篋、萬騎攻敵、鋒堠防守各門各器并水陸防守，分形式二十七款及火藥方，殆如《讀書敏求記》中之《火器大全》、《火龍萬勝神藥圖》相類之書。

武經七書注釋

黃虞稷《千頃堂書目・兵家類》　李清《武經七書注釋》。字希憲，松江人。官布政使。

武經小學

黄虞稷《千頃堂書目·兵家類》 張楷《武經小學》。

司馬法

黄虞稷《千頃堂書目·兵家類》 劉源注《司馬法》五篇。江陰人。正統十一年八月，進於朝，詔賜鈔十錠，遣歸。

兵法綱目

黄虞稷《千頃堂書目·兵家類》 王沓《兵法綱目》一卷。

八陣圖演義

黄虞稷《千頃堂書目·兵家類》 童昶《八陣圖演義》。施州衛指揮，任參將，征四川鄖藍二賊有功。

孫子旁註

黄虞稷《千頃堂書目·兵家類》 朱升《孫子旁註》。

孫武子十三篇本義

黄虞稷《千頃堂書目·兵家類》 鄭靈《孫武子十三篇本義》二卷。字希山，同安人，工部主事。

吴子增釋

黄虞稷《千頃堂書目·兵家類》 鄭靈《吴子增釋》□卷。

孫子兵法注

黄虞稷《千頃堂書目·兵家類》 黄潤玉注《孫子》。

孫子斷注

高儒《百川書志·兵家》 《孫子斷註》二卷。皇朝錢塘陳珂、陳天策斷註。

黄虞稷《千頃堂書目·兵家類》 陳珂《孫子斷注》二卷。字希白，錢塘人。弘治庚戌進士，大理寺卿。

武經節要發揮

高儒《百川書志·兵家》 《武經節要發揮》一卷。皇明錢塘陳瓛、陳珂著。

黄虞稷《千頃堂書目·兵家類》 陳獻《武經節要發揮》一卷。一作陳珂。

孫武子十三篇定本

黄虞稷《千頃堂書目·兵家類》 趙鶴《孫武子十三篇定本》。

孫子吳子集解

黄虞稷《千頃堂書目·兵家類》 蘇祐《孫子吳子集解》。

孫子釋疑

黄虞稷《千頃堂書目·兵家類》 王崇獻《孫子釋疑》。

孫子集注

范邦甸等《天一閣書目·兵家類》 《孫子集註》十三卷。刊本。明嘉靖乙卯錫山談愷刊，序云：「歐陽文忠公撰《四庫書目》，言孫子註二十餘家。予所見僅此。漢有曹操，唐有杜牧、李筌、陳皥、孟氏、賈林、杜佑，宋有張預、梅堯臣、王晳、何氏諸家。操嘗別爲新書，今不傳，而見於《李肅公問答》者，機權應變，實本之《孫子》。其註多隱辭，引而不發。杜牧未嘗用兵，觀其與時宰論兵二書，謂兵柄本出儒術，授古証今，其言足用。陳皥計多指摘杜之謬誤，人各有見，未必爲樊川病。李筌註依《太乙》、《遁甲》，雜引諸史，以證《太乙》、《遁甲》，與今所存書往往不同。孟氏、賈林、杜佑，即唐紀燮所集者。張預取歷代各將用兵制勝，編次爲傳，於《孫子》多所發明。梅堯臣註，文忠公謂其當與三家並傳，晦翁有定論矣。王晳、何氏皆於觀者有所裨益。此註之所以集也。予奉命督軍虔臺，進武弁及生儒問之無有知是書者，故授之梓，以廣其傳。」

黄虞稷《千頃堂書目·兵家類》 譚愷《孫子集注》十三卷。

會注孫子兵法十三篇

黄虞稷《千頃堂書目·兵家類》 徐昌《會注孫子兵法十三篇》一卷。

孫子本義

黄虞稷《千頃堂書目·兵家類》 趙本學《孫子本義》十三卷。晉江人。

韜鈐内篇

黄虞稷《千頃堂書目·兵家類》 趙本學《韜鈐内篇》一卷。

《明史·藝文志·兵書類》 趙本學《韜鈐内篇》一卷。

孫武子纂注

黄虞稷《千頃堂書目·兵家類》 黄邦彦《孫武子纂注》十三卷。

楊守敬《日本訪書志》卷七 《孫子集注》十三卷。明萬曆己丑刻本。

首萬曆己丑新都程涓序，卷末新都黄邦彦後序。卷首題《孫子集注》，卷之一次行題「新都後學黄邦彦校正。」本書大字頂格，注雙行小字，低一格。按陽湖孫氏校刻本稱道藏原本題曰《集注》，大興朱氏明刻本題曰《注解》。今此題《集注》，則知亦原於道藏。又孫氏稱書中，或改曹公爲曹操，或以孟氏置唐人之後，或不知何延錫之名稱爲何氏，或出杜佑於杜牧之後。今按此本，魏武注皆稱曹操，無稱曹公者。此或黄氏校改。其餘皆如孫氏說。又「道」者，令民與上同意也。孫云「令民」二字，原本脱。此本有「令民」二字，則亦黄氏所補與？孫氏校訂此書頗精核，此本似不足録。但孫本於篇題之注皆作雙行小字，與本書注不一律。此則通爲雙行，體例校勝。又孫本「法者，曲制官道，主用也。」杜牧注：「制者，金鼓口口，有節制也。」空二字，未刻。按此本知爲「旌旗」二字。其他間與孫本異同處，寸有所長，亦校《孫子》者所不廢也。日本寬文九年，書坊以此本重刊，則頗有脱葉，不足觀矣。

按：此書自道藏本外，明人重刻有朱氏所藏注解本，又有此本。而《四庫》皆不著録，則流傳之少，可知也。

孫子參同

錢謙益等《絳雲樓書目·兵家》　《孫子參同》。

黄虞稷《千頃堂書目·兵家類》　李贄《孫子參同》三卷。

《四庫全書總目提要·兵家類存目》　《孫子參同》五卷。江蘇巡撫採進本。

此本不知何人所輯。前有凡例，又有萬曆庚申吴興松筠館主人序，亦不署姓名。其版用朱、墨二色，與世所稱「閔版」者同，疑爲烏程閔氏刻也。所採註釋，列曹操、李筌、杜牧、王晳、張預、賈林、梅堯臣、陳皥、杜佑、孟氏、何氏、解元、張鏊、李材、黄治徵十五家。所採批評，列蘇洵、主圻、唐順之、王世貞、陳深、李贄、梅國楨、焦竑、郎文煥、陸宏祚十家，而卷中不盡見。卷中所見如茅坤、王鏊之類，卷首又不列名。其凡例稱：「卓吾子以《吴子》、《司馬法》、《李靖問荅》、《六韜》、《三略》集其品類，分列十三篇後。今悉總之。」又稱：「今旁集諸書，廣採事實，以補前人所未備。」又稱：「批點悉係鳳洲，了凡原筆，而評則蘇、王諸家竝存。」又稱「卓吾《參同》具載叢書中，原有梅司馬評點，竝不擅改。」所言輾轉糾紛，無從得其端緒。蓋坊賈湊合之本，故漫無體例如是也。

武經節要

黄虞稷《千頃堂書目·兵家類》　鄭芸《武經節要》四卷。

武侯將苑

黄虞稷《千頃堂書目·兵家類》　甯杲《武侯將苑》一卷。

韜素附録

黄虞稷《千頃堂書目·兵家類》　藍汝忠《韜素附録》一卷。

續百將傳

王圻《續文獻通考·經籍考·兵書》　《續百將傳》何椒丘著。

徐𤊹《徐氏家藏書目·兵類》　《續百將傳》。

錢謙益等《絳雲樓書目·兵家》　《續百將傳》。

黄虞稷《千頃堂書目·兵家類》　何喬新《續百將傳》四卷。輯五代迄宋元名將四十人。

《明史·藝文志·兵書類》　何喬新《續百將傳》四卷。五代訖宋、元。

經世通略

黄虞稷《千頃堂書目·兵家類》　李晟《經世通略》□卷。字孔陽，濮州人。成化己丑進士，鄖陽府同知。好言兵，自比諸葛武侯，爲世所嗤。

平胡兵式

黄虞稷《千頃堂書目·兵家類》　李晟《平胡兵式》□卷。

兵法纂

黄虞稷《千頃堂書目·兵家類》　彭程《兵法纂》。字萬里，甌寧人。成化辛丑進士，宣府兵備僉事。

新續百將傳

黃虞稷《千頃堂書目·兵家類》 顧其言《新續百將傳》四卷。一名《明百將傳》。

《明史·藝文志·兵書類》 顧其言《新續百將傳》四卷。一名《明百將傳》。

百將兵法

軍機處奏《禁毀書目》 《百將兵法》一部，二本。

查《百將兵法》係明顧其言撰。大抵抄撮他書而成，甚爲弇陋。其劉挺一傳，尤多指斥字面。應請銷燬。

紀效新書

王圻《續文獻通考·經籍考·兵書》 《紀効新書》戚繼光著。

黃虞稷《千頃堂書目·兵家類》 戚繼光《紀效新書》十四卷。

《明史·藝文志·兵書類》 戚繼光《紀效新書》十四卷。

《四庫全書總目提要·兵家類》 《紀效新書》十八卷。山東巡撫採進本。

明戚繼光撰。是書乃其官浙江參將時，前後分防寧波、紹興、台州、金華、嚴州諸處，練兵備倭時作。首爲《申請》、《訓練》、《公移》三篇。所謂提督阮者，阮一鶚。所謂總督軍門胡者，胡宗憲也。次爲《或問》，題下有繼光自註云：「東伍既有成法，信於衆，則令可申。苟一字之種疑，則百法之是廢，故爲《或問》以明之。」蓋明人積習，惟務自便其私，而置國事於不問。故己在事中，則攘功避過，以身之利害爲可否，以心之愛憎爲是非。己在事外，則嫉忌成功，惡人勝己，吠聲結黨，倡浮議以掣其肘。繼光恐局外阻撓，敗其成績，故反覆論辨，冠之簡端。蓋爲當時文臣發也。其下十八篇：曰《東伍》、曰《操令》、曰《陣令》、曰《論兵》、曰《法禁》、曰《比較》、曰《行營》、曰《操練》、曰《出征》、曰《長兵》、曰《牌筅》、曰《短兵》、曰《射法》、曰《拳經》、曰《諸器》、曰《旌旗》、曰《守哨》、曰《水兵》，各系以圖，而爲之説，皆閲歷有驗之言，故曰「紀效」。其詞率如口語，不復潤飾。蓋宣諭軍衆，非如是則不曉耳。《或問》第一條云：「開大陣，對大敵，比場中較藝，擒捕小賊不同。千百人列陣而前，勇者不得先，怯者不得後，只是一齊擁進。轉手皆難，焉能容得左右動跳？一人回頭，大衆同疑，焉能容得或進或退？」可謂深明形勢，不爲韜略之陳言。第四篇中一條云：「若犯軍令，便是我的親子姪，也要依法施行。」厥後竟以臨陣回顧，斬其長子。可謂不愧所言矣。宜其所向有功也。

張之洞《書目答問·兵家》 《紀效新書》十八卷。明戚繼光。學津（木）（本）。一。以上二書通行本粗惡。

練兵實紀

黃虞稷《千頃堂書目·兵家類》 戚繼光《練兵實紀》九卷，《雜集》六卷。

《明史·藝文志·兵書類》 戚繼光《練兵實紀》九卷，《雜集》六卷。

《四庫全書總目提要·兵家類》 《練兵實紀》九卷，《雜集》六卷。山東巡撫採進本。

明戚繼光撰。繼光字元敬，世襲登州衛指揮僉事，歷官薊州、永平、山海等處地方總兵官，中軍都督府左都督，進太子太保。事蹟具《明史》本傳。考隆慶二年，繼光以都督同知總理薊州、昌平、保定三鎮練兵事。至鎮，上疏請浙東殺手、礮手各三千，再募西北壯士馬軍五枝，步軍十枝，專聽訓練。此書乃載其練兵實效。一練伍法，二練膽氣，三練耳目，四練手足，五練營陣，六練將。其附載《雜集》：一《儲練通論》，二《將官到任》，三《登壇口授》，四《軍器制解》，五《車步騎解》蓋繼光爲將，精於訓練。臨事則飈發電舉，當世稱爲「戚家軍」。今以此書考其守邊事蹟，無不相符，非泛摭韜略常談者比。繼光初到鎮疏有云：「教兵之法，美觀則不實用，實用則不美觀。」此書標曰《實紀》，徵實用也。考《登壇口授》云：「時惟庚午夏六月，諸邊新臺，肇建過半，奏奉暫停，以舉練事。」庚午爲隆慶四年。又考繼光請刊此書移文云：「擬定教練已經二年，今將條約通集成帙。」則是書成於隆慶五年辛未矣。《明史》本傳稱，「薊鎮十七年中易大將十人，率以罪去。繼光在鎮十六年，邊備修整，薊門宴然。繼之者，踵其成法，數十年得無事。」又稱「所著《紀效新書》、《練兵事實》，談兵者遵用焉。」此本題曰《練兵實記》，與史不同。或史偶誤一字歟？

張之洞《書目答問・兵家》 《練兵實紀》九卷《雜集》六卷。明戚繼光。守山閣本。金壺本。

將臣寶鑑

黄虞稷《千頃堂書目・兵家類》 戚繼光《將臣寶鑑》一卷。

《明史・藝文志・兵書類》 戚繼光《將臣寶鑑》一卷。

長子心鈐

《四庫全書總目提要・兵家類存目》 《長子心鈐》。無卷數。兩江總督採進本。

舊本題明戚繼光撰。繼光有《練兵實紀》，已著録。考書中「對壘號令」一條云：「南塘戚少保謂此爲束伍第一陣法，屢戰屢勝，皆由於此。」則非繼光所自爲矣。又「車營」一條云：「一放厠所節，不録。」又「取散長蛇陣」一條云：「以扳子鳴一聲，註曰：『其制未詳』。」則明爲後人鈔撮繼光舊文，僞題此名。以繼光《練兵實紀》校之，皆一一具載也。

莅戎要略

《四庫全書總目提要・兵家類存目》 《莅戎要略》一卷。編修程晉芳家藏本。

舊本題明戚繼光撰。即《練兵實紀》中之條約也。或先有此册，後乃載入書中。或後人於書中鈔山別行，則均不可知矣。

百將提衡

黄虞稷《千頃堂書目・兵家類》 穆文熙《百將提衡》四卷。

古今將略

范邦甸等《天一閣書目・兵家類》 《古今將畧》四卷。刊本。明檇李馮時撰并序。

黄虞稷《千頃堂書目・兵家類》 馮孜《古今將略》四卷。

《明史・藝文志・兵書類》 馮孜《古今將略》四卷。

《四庫全書總目提要・兵家類存目》 《古今將略》四卷。浙江巡撫採進本。

案：《明史・藝文志》、黄虞稷《千頃堂書目》載此書，皆作馮孜撰。孜字原泉，桐鄉人。隆慶戊辰進士，官至湖廣布政使。此刊本則題馮時寧以一甫撰。前有李維楨序，亦稱時寧所作。維楨登隆慶戊辰進士，與孜同年，似不應有誤。然孜六世孫浩有此書跋，稱孜生三子，次曰時寧，孜殁時僅六歲。及年漸長，忽有志習武，乃妄竊父書，鑿改己名，且求父之同年李維楨爲序。維楨詭隨徇物，竟不爲之是正云。其語出馮氏子孫，當必有據。然則此書實孜所撰，刊本及序皆僞作，不足信也。書分元、亨、利、貞四集。採自黄帝迄明代，以戰功顯者，録其事蹟，而以孫、吴諸書所載兵法證之。體例略與宋張預《百將傳》相近，特隨事節録，不立全傳爲異耳。

諸史將略

黄虞稷《千頃堂書目・兵家類》 劉觿《諸史將略》十六卷。浙江巡撫、都御史劉觿，知府毛鋼、教諭黄讓編。

《明史・藝文志・兵書類》 劉觿《諸史將略》十六卷。

閫外春秋

黄虞稷《千頃堂書目・兵家類》 尹商《閫外春秋》三十二卷。漢陽人。

《明史・藝文志・兵書類》 尹商《閫外春秋》三十二卷。

英廉奏《全毁書目》 《閫外春秋》八本。明尹商編。

八陣圖要訣

徐𤊹《徐氏家藏書目・兵類》 《八陣圖要訣》二卷。霍文玉。

黄虞稷《千頃堂書目・兵家類》 霍文玉《八陣圖要訣》二卷。

紀效新書續集

黄虞稷《千頃堂書目・兵家類》 霍文玉《紀效新書續集》二卷。

類輯練兵諸書

黄虞稷《千頃堂書目・兵家類》 《類輯戚南塘練兵諸書》十八卷。

《四庫全書總目提要・兵家類存目》 《類輯練兵諸書》十八卷。浙江巡撫採進本。

明董承詔編。承詔，武進人。萬曆丁未進士，天啟中官至浙江左布政使。是書輯録戚繼光談兵之言。繼光所著有《紀效新書》、《練兵實紀》、《儲練通論》、《哨守條約》四書，承詔薈萃其説，删除繁複，編爲十六類：曰奏疏、曰條議、曰將略、曰兵紀、曰賞罰、曰陣、曰營、曰戰、曰操、曰哨守、曰長兵、曰短兵、曰聲類、曰色類、曰什器、曰儀節。而以汪道昆所作《繼光墓誌》及承詔所作小傳冠於首。

韜鈐續編

黄虞稷《千頃堂書目・兵家類》 俞大猷《韜鈐續編》一卷。

《明史・藝文志・兵書類》 俞大猷《韜鈐續編》一卷。

木鐘臺未學學

黄虞稷《千頃堂書目・兵家類》 唐樞《木鐘臺未學學》一卷。

兵機要集

黄虞稷《千頃堂書目・兵家類》 李桂芳《兵機要集》一卷。

葆林

黄虞稷《千頃堂書目・兵家類》 吴子孝《葆林一卷》。凡十五篇。子孝謫廣平通判時作。

問馬集

黄虞稷《千頃堂書目・兵家類》 吴子孝《問馬集》一卷。

綱目兵法

黄虞稷《千頃堂書目・兵家類》 王芑《綱目兵法》六卷。杭補。

《明史・藝文志・兵書類》 王芑《綱目兵法》六卷。

司兵便録

黄虞稷《千頃堂書目・兵家類》 康天爵《司兵便録》一卷。

兵法彙編

黄虞稷《千頃堂書目・兵家類》 吴從周《兵法彙編》十二卷。字宗文，邵武府人。嘉靖中貢士，南康縣訓導。有禦倭功，擢國子監博士。

《明史・藝文志・兵書類》 吴從周《兵法彙編》十二卷。

左傳兵法

黄虞稷《千頃堂書目・兵家類》 吴從周《左傳兵法》□□卷。

綱目武覽

黄虞稷《千頃堂書目・兵家類》 吴從周《綱目武覽》□□卷。

荆川武編

徐𤊹《徐氏家藏書目・兵類》 《荆川武編》。唐順之。

黄虞稷《千頃堂書目・兵家類》 唐順之《荆川武編》十二卷。

《明史・藝文志・兵書類》 唐順之《武編》十二卷。

《四庫全書總目提要・兵家類》 《武編》十卷。江蘇巡撫採進本。

明唐順之編。順之有《廣右戰功録》，已著録。是書皆論用兵指要，分前、後二集。《前集》六卷，自將士、行陣，至器用、火藥、軍需、雜術，凡五十四門。《後集》徵述古事，自料敵、撫士，至堅壁、摧標，凡九十七門。體例略如《武經總要》。所録前人舊説，自孫、吴、穰苴、李筌、許洞諸兵家言，及唐、宋以來名臣奏議，無不摭集。史稱順之於學無所不窺，凡兵法、弧矢、壬奇、禽乙，皆能究極原委，故言之俱有本末。其應詔起爲淮揚巡撫勦倭也，負其宿望，虚憍恃氣，一戰而幾爲寇困。賴胡宗憲料其必敗，伏兵豫救得免。殆爲宗憲玩諸股掌之上。然其後，部署既定，亦頗能轉戰蹙賊，捍禦得宜，著有成效。究非房琯、劉秩迂謬僨轅者可比。是編雖紙上之談，亦多由閲歷而得，固未可槩以書生之見目之矣。

兵垣四編

黄虞稷《千頃堂書目・兵家類》 唐順之《兵垣四編》五卷。

《明史・藝文志・兵書類》 唐順之《兵垣四編》五卷。

行師選要

黄虞稷《千頃堂書目・兵家類》 高舉《行師選要》一卷。

王文成用兵心法

黃虞稷《千頃堂書目・兵家類》 華復元《王文成用兵心法》一卷。

益智録兵類

黃虞稷《千頃堂書目・兵家類》 蘇志皋《益智録兵類》二十卷。

左氏兵法略

黃虞稷《千頃堂書目・兵家類》 陳禹謨《左氏兵法略》三十二卷。禹謨以左氏爲兵家之祖,萬曆三十八年十一月官兵部司務,輯是書進呈。

《明史・藝文志・兵書類》 陳禹謨《左氏兵法略》三十二卷。

英廉奏《抽毀書目》 《左氏兵略》十六本。查《左氏兵略》係明陳禹謨撰。書首《進書疏》内,語有違悖。應請抽燬。

《四庫全書總目提要・兵家類存目》 《左氏兵略》三十二卷。浙江巡撫採進本。

明陳禹謨撰。禹謨有《經籍異同》,已著録。是編乃其任兵部司務時所撰,嘗疏進於朝。其例取《左傳》之敘及兵事者,以次排纂,仍從十二公之序。其事相類者,則不拘時代,類附於前。又雜引子史證明之,而斷以己意,謂之「捫蝨談」。非惟無關於《春秋》,併無關於《左傳》,特借以談兵而已。考《五代史・敬翔傳》曰:「梁太祖問翔曰:『聞子讀《春秋》,《春秋》所紀何等事?』《翔》曰:『諸侯戰爭之事耳。』太祖曰:『其用兵之法,可以爲吾用乎?』翔曰:『兵者應變出奇以取勝,《春秋》古法,不可用於今』」云云。是左氏兵法至五代已不可用,而禹謨進疏,乃請敕下該部,將副本梓行,俾九邊將領人手一編。是與北向誦《孝經》何異?明季士大夫之迂謬,至於如是,欲不亡也,得乎?

益智兵書

黃虞稷《千頃堂書目・兵家類》 何東序《益智兵書》一百卷。

《明史・藝文志・兵書類》 何東序《益智兵書》一百卷。

武庫益智録

黃虞稷《千頃堂書目・兵家類》 何東序《武庫益智録》六卷。

《明史・藝文志・兵書類》 何東序《武庫益智録》六卷。

將傳略合法纂要

黃虞稷《千頃堂書目・兵家類》 邵復《將傳略合法纂要》二卷。

運籌綱目

黃虞稷《千頃堂書目・兵家類》 葉夢熊《運籌綱目》十卷。一作《兵家運籌勝訣》。

《明史・藝文志・兵書類》 葉夢熊《運籌綱目》十卷。

《四庫全書總目提要・兵家類存目》 《運籌綱目》八卷,《決勝綱目》十卷。浙江巡撫採進本。

明葉夢熊撰。夢熊字南兆,歸善人。嘉靖己丑進士,官至南京工部尚書。事蹟附見《明史・魏學曾傳》。此編乃其以都御史兼兵部侍郎總督三邊時所作。《運籌綱目》凡八卷。爲綱八,爲目八十,綱目之下,俱有統論,各採史事以證之。《決勝綱目》凡十卷。俱以二字標目,不立總綱目,凡百條。亦前綴統論,證以史事。

隹《運籌綱目》列史事而評之，《決勝綱目》先立説，而以史事證之，爲體例小異耳。夢熊官陜西巡撫時，曾請討拵力克，與經略不合，朝廷右經略而絀其議。後移甘肅，有討賊功，蓋亦留心韜鈐者。然兵機萬變，轉瞬勢移。田單火牛，再用則敗。是固不可以成法拘耳。

決勝綱目

黄虞稷《千頃堂書目・兵家類》 葉夢熊《決勝綱目》十卷。歸善人，副都御史。《決勝綱目》從《遺書目》增。《明史・藝文志》失載。《傳是樓目》作《運籌決勝》十卷，似亦誤。

將將紀

徐𤊹《徐氏家藏書目・兵類》 《將將紀》二十四卷。李材。

黄虞稷《千頃堂書目・兵家類》 李材《將將紀》二十四卷。

《明史・藝文志・兵書類》 李材《將將紀》二十四卷。

《四庫全書總目提要・兵家類存目》 《將將紀》二十四卷。內府藏本。

明李材撰。材有《李見羅書》，已著録。是書大旨專重御將，而首卷至九卷詳載漢、唐、宋七帝《本紀》之文，牽連竝書，殊無斷制。十卷至二十一卷分别得失，用爲法戒。自虞、夏迄於南宋，各綴數條，亦未完備。二十二卷至二十四卷援摭經文，旁及子史，議論尤迂。據《明史》本傳，材於隆慶中官廣東按察使僉事，嘗破羅旁賊，屢殲倭冦。萬曆中，官雲南按察使，備兵金騰時，又屢破緬甸之衆。則非全不知兵者，而其書乃拘腐如是。蓋材以講學著名，恐儒者以不談王道病之故也。

兵政紀略

黄虞稷《千頃堂書目・兵家類》 李材《兵政紀略》五十卷。

《明史・藝文志・兵書類》 李材《兵政紀略》五十卷。

經武淵源

徐𤊹《徐氏家藏書目・兵類》 《經武淵源》十五卷。李材。

黄虞稷《千頃堂書目・兵家類》 李材《經武淵源》十五卷。

《明史・藝文志・兵書類》 李材《經武淵源》十五卷。

諸史機略

黄虞稷《千頃堂書目・兵家類》 何僎《諸史機略》十卷。

《明史・藝文志・兵書類》 何僎《讀史機略》十卷。

武　略

徐𤊹《徐氏家藏書目・兵類》 《武畧》。魏濬。

黄虞稷《千頃堂書目・兵家類》 魏濬《武略》。

百將傳補遺

黄虞稷《千頃堂書目・兵家類》 王有麟《百將傳補遺》。晋江人。萬曆甲戌武進士，官參將。

古今戰守攻圍兵法

黄虞稷《千頃堂書目・兵家類》 王有麟《古今戰守攻圍兵法》六十卷。

《明史・藝文志・兵書類》 王有麟《古今戰守攻圍兵法》六十卷。

兵　録

徐𤊹《徐氏家藏書目・兵類》 《兵録》。何仲升。

又何仲升《兵録》。

黃虞稷《千頃堂書目・兵家類》 何仲升《兵録》。

兵法要略

黃虞稷《千頃堂書目・兵家類》 郭應響《兵法要略》。

兵法節略

黃虞稷《千頃堂書目・兵家類》 黃應甲《兵法節略》。字汝第，懷寧人。嘉靖壬戌武舉。破廣西古田賊有功，歷官都督僉事。

省括編

黃虞稷《千頃堂書目・兵家類》 姚文蔚《省括編》二十二卷。

《明史・藝文志・兵書類》 姚文蔚《省括編》二十二卷。

古方略

黃虞稷《千頃堂書目・兵家類》 余懋衡《古方略》□□卷。

方略摘要

黃虞稷《千頃堂書目・兵家類》 趙大綱《方略摘要》十卷。

《明史・藝文志・兵書類》 趙大綱《方略摘要》十卷。

將略類編

黃虞稷《千頃堂書目・兵家類》 高折枝《將略類編》二十四卷。

《明史・藝文志・兵書類》 高折枝《將略類編》二十四卷。

古今紆籌

黃虞稷《千頃堂書目・兵家類》 施浚明《古今紆籌》十二卷。

《明史・藝文志・兵書類》 施浚明《古今紆籌》十二卷。

兵　略

黃虞稷《千頃堂書目・兵家類》 畢懋康《兵略》三册。

文章兵法譜

黃虞稷《千頃堂書目・兵家類》 張汝蘭《文章兵法譜》十卷。漕運參將。

武　略

黄虞稷《千頃堂書目・兵家類》 楊惟休《武略》十卷。

《明史・藝文志・兵書類》 楊惟休《武略》十卷。

知己知彼制勝三編

黄虞稷《千頃堂書目・兵家類》 李呈芬《知己知彼制勝三編》。靈壁人。

涉世雄譚

黄虞稷《千頃堂書目・兵家類》 朱正色《涉世雄譚》八卷。

經武全編

黄虞稷《千頃堂書目・兵家類》 孫元化《經武全編》十卷。

《明史・藝文志・兵書類》 孫元化《經武全編》十卷。

歷代當機録

黄虞稷《千頃堂書目・兵家類》 胡汝桂《歷代當機録》六卷。

賓續録

黄虞稷《千頃堂書目・兵家類》 黄正《賓續録》一卷。

明武功紀勝通考

黄虞稷《千頃堂書目・兵家類》 顔季亨《明武功紀勝通考》八卷。

《明史・藝文志・兵書類》 顔季亨《明武功紀勝通考》八卷。

九十九籌

軍機處奏《禁毀書目》 《九十九籌》一部，四本。

查《九十九籌》係明顔季亨撰。及所作論兵之書九十篇，故以爲名。此本僅六十篇。查勘目録，似无缺佚。蓋當時刊刻未完。其詞氣佻纖，不出明季惡習，中多悖礙字句。應請銷燬。

兵機纂要

黄虞稷《千頃堂書目・兵家類》 徐標《兵機纂要》四卷。崇禎中進呈。

《明史・藝文志・兵書類》 徐標《兵機纂要》四卷。

兵書纂要

黄虞稷《千頃堂書目・兵家類》 徐標《兵書纂要》十卷。

武德内外編

黄虞稷《千頃堂書目・兵家類》 韓雲《武德内外編》。

百將妙略

黄虞稷《千頃堂書目・兵家類》 張家玉《百將妙略》。

纛　記

黄虞稷《千頃堂書目・兵家類》 王模《纛記》一卷。

忠武録

黄虞稷《千頃堂書目・兵家類》 沈津《忠武録》四卷。

兵略纂聞

黄虞稷《千頃堂書目・兵家類》 瞿汝稷《兵略纂聞》十二卷。

《明史・藝文志・兵書類》 瞿汝稷《兵略纂聞》十二卷。

師　尚

黄虞稷《千頃堂書目・兵家類》 歸醇子《師尚》五卷。

經世奇謀

黄虞稷《千頃堂書目・兵家類》 徐琳《經世奇謀》八卷。

師律提綱

高儒《百川書志・兵家》 《師律提綱》一卷。

皇明太原陳璠著。

徐𤊹《徐氏家藏書目・兵類》 《師律提綱》一卷。太原陳璠。

黄虞稷《千頃堂書目・兵家類》 陳蟠《師律提綱》一卷。高郵州人，太原左衛千户。凡六篇。

軍　權

黄虞稷《千頃堂書目・兵家類》 何良臣《軍權》二卷。餘姚人。又有《利器圖考》、《制勝便宜》未刻。案：《遺書目》，《陣紀》四卷。杭補。

《四庫全書總目提要・兵家類存目》 《軍權》四卷。浙江巡撫採進本。

明何良臣撰。良臣有《陣紀》，已著録。是書分國本、國禁、兵本、兵祕、禮士、士遇、馭士、士品、握機、揣情、必慮、必克、將事、將誡、住將、軍範、術占，凡十七目，一百七十四篇。中間有云：「募選之事，付諸有司，欺昧蒙朧，上下交蔽。」又云「將不識兵，兵不識將，卒然有事，實無以支。」皆譏切時政之語。自序稱：「早歲事戎行，足迹偏寰宇，而累於談忌，困於貪胥。」蓋亦發憤而著書者也。

陣　紀

黄虞稷《千頃堂書目・兵家類》 何良臣《陣紀》二卷。

《四庫全書總目提要・兵家類》《陣紀》四卷。浙江鮑士恭家藏本。

明何良臣撰。良臣字惟聖，會稽人。弱冠棄諸生從軍，嘉靖閒官至薊鎮遊擊。是編皆述練兵之法。一卷曰募選、束伍、教練、致用、賞罰、節制，二卷曰奇正、虛實、衆寡、卒伍、技用，三卷曰陣宜、戰令、戰機，四卷曰摧陷、因勢、車戰、騎戰、步戰、水戰、火戰、夜戰、山林谷澤之戰、風雨雪霧之戰，凡二十三類，共六十六篇。明之中葉，武備廢弛，疆圉有警，大抵鳩烏合以赴敵，十出九敗。故良臣所述，切切以選練爲先。其所列機要，亦多即中原野戰立説。夫事機萬變，應在一心，蘇軾所謂「神兵非學到，自古不留訣」也。明代談兵之家，自戚繼光諸書外，往往捃摭陳言，横生鄙論。如湯光烈之掘穽藏錐，彭翔之木人火馬，殆如戲劇。惟良臣當嘉靖中海濱弗靖之時，身在軍中，目睹形勢，非憑虛理斷，攘袂坐談者可比。在明代兵家，猶爲切實近理者矣。

師律

黃虞稷《千頃堂書目・兵家類》 范景文《師律》十六卷。

《明史・藝文志・兵書類》 范景文《師律》十六卷。

編定八陣圖

黃虞稷《千頃堂書目・兵家類》 戴琥《編定八陣圖》。字廷節，浮梁人。景泰中舉人，廣西左參政。

八陣合變圖説

徐𤊹《徐氏家藏書目・兵類》《八陣合變圖説》一卷。東萊藍章。

黃虞稷《千頃堂書目・兵家類》 藍章《八陣合變圖説》一卷。東萊人。一作雷震北。

八陣圖演注

黃虞稷《千頃堂書目・兵家類》 龍正《八陣圖演注》一卷。

《明史・藝文志・兵書類》 龍正《八陣圖演注》一卷。

八陣合變圖説

嵇璜等《續通志・圖譜略・兵防》 龍正《八陣合變圖説》。

《四庫全書總目提要・兵家類存目》《八陣合變圖説》。無卷數。兩淮鹽政採進本。

明龍正撰。正，武都人。正德中，萊陽藍章、巡撫四川，駐兵漢中，遣人至魚復江，圖八陣壘石。正時在章幕中，遂推演爲《圖説》，刊於蜀中。

破鹵新陣圖説

黃虞稷《千頃堂書目・兵家類》 許論《破鹵新陣圖説》一卷。

陣法舉要

黃虞稷《千頃堂書目・兵家類》 徐常《陣法舉要》一卷，附《八陣圖數》一卷。

《明史・藝文志・兵書類》 徐常《陣法舉要》一卷。

八陣圖説

黃虞稷《千頃堂書目・兵家類》 陳棐《八陣圖説》。

大車陣圖考

黄虞稷《千頃堂書目・兵家類》 陳棐《大車陣圖考》。

車營百八扣

黄虞稷《千頃堂書目・兵家類》 孫承宗《車營百八扣》一卷。

《明史・藝文志・兵書類》 孫承宗《車營百八扣》一卷。

戰陣圖説

黄虞稷《千頃堂書目・兵家類》 畢侍御《戰陣圖説》三卷。

備　書

黄虞稷《千頃堂書目・兵家類》 王應遴《備書》二十卷。

《明史・藝文志・兵書類》 王應遴《備書》二十卷。

武學經術傳

徐𤊹《徐氏家藏書目・兵類》 《武學經術傳》二十四卷。

黄虞稷《千頃堂書目・兵家類》 《武學經傳》二十四卷。

孫子衍義

楊士奇等《文淵閣書目・兵法》 《孫子衍義》。一部，一册。闕。

黄虞稷《千頃堂書目・兵家類》 《孫子衍義》三卷。

孫子注略

黄虞稷《千頃堂書目・兵家類》 《孫子注略》四卷。

孫子握機緯

黄虞稷《千頃堂書目・兵家類》 《孫子握機緯》十三卷。

武經新書

黄虞稷《千頃堂書目・兵家類》 《武經新書》一卷。

續武經節要

黄虞稷《千頃堂書目・兵家類》 《續武經節要》八卷。

圯渭叟十八法

黄虞稷《千頃堂書目・兵家類》 《圯渭叟十八法》一卷。

兵覽

徐𤊹《徐氏家藏書目・兵類》《兵覽》三十二卷。

黄虞稷《千頃堂書目・兵家類》《講武全書兵覽》三十二卷。

《明史・藝文志・兵書類》《講武全書兵覽》三十二卷。

兵律

徐𤊹《徐氏家藏書目・兵類》《兵律》三十八卷。

黄虞稷《千頃堂書目・兵家類》《兵律》三十八卷。

《明史・藝文志・兵書類》《兵律》三十八卷。

兵法心要十論

楊士奇等《文淵閣書目・兵法》《兵法十論》。一部，一册。闕。

高儒《百川書志・兵類》《兵法心要十論》一卷。

黄虞稷《千頃堂書目・兵家類》《兵法心要十論》一卷。

戎軒小注

高儒《百川書志・兵類》《戎軒小註》一卷。

皇明青華子註。

黄虞稷《千頃堂書目・兵家類》 清華子《戎軒小注》一卷。

兵法八寶箴

高儒《百川書志・兵類》《兵法八寶箴》一卷。

書序俱無名氏。

黄虞稷《千頃堂書目・兵家類》《兵法八寶箴》一卷。

必勝奇法

高儒《百川書志・兵類》《必勝奇法》一卷。

不著載人世及姓名。凡十二篇，出於吾師雲中析公桂家。序説亦隱姓名，必先生之爲也。題額全文，皆公筆跡，但公没始得於其子，故未達其詳也。

黄虞稷《千頃堂書目・兵家類》《必勝奇法》一卷。

兵機備纂

黄虞稷《千頃堂書目・兵家類》《兵機備纂》十三卷。

《明史・藝文志・兵書類》《兵機備纂》十三卷。

籌國勝書

黄虞稷《千頃堂書目・兵家類》《籌國勝書》四卷。

河朔治兵膚言

黄虞稷《千頃堂書目・兵家類》《河朔治兵膚言》一卷。

大同鎮戰車營操法

黄虞稷《千頃堂書目・兵家類》《大同鎮戰車營操法》二卷。

復套陣圖

黄虞稷《千頃堂書目・兵家類》《復套陣圖》一卷。

火攻陣法

黄虞稷《千頃堂書目・兵家類》《火攻陣法》三卷。

武經七書講義

楊士奇等《文淵閣書目・兵法》《武經七書講義》。一部,二册。闕。

七書集注

楊士奇等《文淵閣書目・兵法》《七書集註》。一部,二册。闕。

武侯集

楊士奇等《文淵閣書目・兵法》《武侯集》。一部,一册。闕。

武侯選將入門書

楊士奇等《文淵閣書目・兵法》《武侯選將入門書》。一部,一册。闕。

武侯心書

楊士奇等《文淵閣書目・兵法》《武侯新書》。一部,一册。闕。《武侯新書》。一部,一册。闕。

徐𤊹《徐氏家藏書目・兵類》《武侯心書》一卷。關西劉讓刊,有跋。

《四庫全書總目提要・兵家類存目》《心書一卷》。陝西巡撫採進本。

舊本題諸葛亮撰。書中皆言爲將用兵之法。陶宗儀《説郛》作《新書》。明宏治間,關西劉讓鋟之於木,始改名《心書》,附以《出師》二表。嘉靖中,夔人張鋭重刊,增入《夔門圖》。前載讓序,後有郥鄉進士冦韋跋,皆以爲真出於亮。考五十篇內之文,大都竊取孫子書而附以迂陋之言,至不足道。蓋妄人所僞作,又出於《將苑》之後也。

武侯遺文

楊士奇等《文淵閣書目・兵法》《武侯遺文》。一部,一册。闕。

李衛公兵法

楊士奇等《文淵閣書目・兵法》《李衛公兵法》。一部,一册。闕。

李衛公兵機

楊士奇等《文淵閣書目・兵法》《李衛公兵機》。一部，一册。闕。

李衛公武略

楊士奇等《文淵閣書目・兵法》《李衛公武略》。一部，一册。闕。

李靖四門經歷

楊士奇等《文淵閣書目・兵法》《李靖四門經歷》。一部，一册。闕。

李衛公元戎必勝録

楊士奇等《文淵閣書目・兵法》《李衛公元戎必勝録》。一部，一册。闕。

元機祕旨

楊士奇等《文淵閣書目・兵法》《元機祕旨》。一部，一册。闕。

武學發明

楊士奇等《文淵閣書目・兵法》《武學發明》。一部，四册。闕。

兵機備要

楊士奇等《文淵閣書目・兵法》《兵機備要》。一部，一册。闕。

武學要覽

楊士奇等《文淵閣書目・兵法》《武學要覽》。一部，一册。闕。

將法書

楊士奇等《文淵閣書目・兵法》《將法書》。一部，一册。闕。

奇兵陣圖

楊士奇等《文淵閣書目・兵法》《奇兵陣圖》。一部，三册。闕。

少室書

楊士奇等《文淵閣書目・兵法》《少室書》。一部，一册。闕。

軍戎祕術

楊士奇等《文淵閣書目・兵法》《軍戎祕術》。一部，一册。闕。

長短經

楊士奇等《文淵閣書目・兵法》《長短經》。一部，一册。闕。

行軍秘寶

楊士奇等《文淵閣書目・兵法》《行軍祕寶》。一部，一册。闕。

布陣圖

楊士奇等《文淵閣書目・兵法》《布陣圖》。一部，一册。闕。

神機制敵

楊士奇等《文淵閣書目・兵法》《神機制敵》。一部，一册。闕。

玉帳元樞

楊士奇等《文淵閣書目・兵法》《玉帳元樞》。一部，一册。闕。

治兵會要

楊士奇等《文淵閣書目・兵法》《治兵會要》。一部，五册。闕。

集要兵書

楊士奇等《文淵閣書目・兵法》《集要兵書》。一部，一册。闕。

歷代將書

楊士奇等《文淵閣書目・兵法》《歷代將書》。一部，五册。完全。

南渡四將傳

楊士奇等《文淵閣書目・兵法》《南渡四將傳》。一部，三册。闕。

歷代將傳

楊士奇等《文淵閣書目・兵法》《歷代將傳》。一部，十册。闕。

韜鈐精要

楊士奇等《文淵閣書目・兵法》《韜鈐精要》。一部，三册。闕。

軍職模範

楊士奇等《文淵閣書目・兵法》《軍職模範》。一部，一册。闕。

操練軍士律

楊士奇等《文淵閣書目・兵法》《操練軍士律》。一部，一冊。完全。《操練軍士律》。一部，一冊。闕。

賞善罰惡録

楊士奇等《文淵閣書目・兵法》《賞善罰惡録》。一部，一冊。闕。

軍法定律

楊士奇等《文淵閣書目・兵法》《軍法定律》。一部，一冊。完全《軍法定律》。一部，一冊。完全。《軍法定律》。一部，一冊。完全。《軍法定律》。一部，一冊。闕。《軍法定律》。一部，一冊。闕。

水陸兵律令操法

《明史・藝文志・兵書類》 谷中虚《水陸兵律令操法》四卷。

磁州保障録

徐𤊹《徐氏家藏書目・兵類》《磁州保障録》一卷。李文察。

武經要解

徐𤊹《徐氏家藏書目・兵家》《武經要觧》七卷。

軍務集録

張萱等《内閣藏書目録・雜部》《軍務集録》。六冊。全。嘉靖間吏部侍郎何孟春著。

諸葛心法

錢謙益等《絳雲樓書目・兵家》《諸葛心法》。

宋遼金名將傳

錢謙益等《絳雲樓書目・兵家》《宋遼金名將傳》。

少室集

錢謙益等《絳雲樓書目・兵家》《少室集》。

希夷注武經七書

錢謙益等《絳雲樓書目・兵家》《希夷註武經七書》。

方　略

錢謙益等《絳雲樓書目・兵家》《方略》。

什伍法

范邦甸等《天一閣書目・兵家類》《什伍法》一卷。刊本。無頒行年月。

嶺西水陸兵紀

《四庫全書總目提要・兵家類存目》《嶺西水陸兵紀》二卷。浙江巡撫採進本。

明盛萬年撰。萬年字恭伯，秀水人。萬曆癸未進士，官至江西按察使，遷雲南布政使，未到官卒。是編乃萬年官廣西按察使時，值倭入寇，萬年擊破之。因增設戰船，繕治營壘，益兵練卒，爲善後計。以電白、吴川，東南濱海，番舶内犯，二地先受其害。遂審度地勢，布置堡塞，圖其兵弁制度及巡船款式，以成此書。其陸路則由電白、吴川至於高州，添置員弁。凡郵傳之政及攻守之器悉載焉。歲久版佚。此本乃國朝雍正辛亥，其裔孫熙祚署吴川縣知縣，即萬年駐兵之地，因校其舊本，重梓以行。

劍　草

《四庫全書總目提要・兵家類存目》《劍草》一卷。兩淮鹽政採進本。

明熊明遇撰。明遇字子良，進賢人。萬曆辛丑進士，官至兵部尚書。事蹟具《明史》本傳。是編摘取古今名將事蹟，爲之論斷，凡百餘條。蓋隨筆劄記之文，不足以當著述之目。

嶺南客對

《四庫全書總目提要・兵家類存目》《嶺南客對》一卷。浙江范懋柱家天一閣藏本。

舊本題粤西舜山子撰，不著姓名。所紀有王守仁事，則嘉、隆以後人也。其書以粤中猺獞嘯聚，時出劫掠，爲居民行旅之害，有司不能制，故設爲賈客問答，以推究其得失。大略爲土軍畏怯好利，將帥營求冒功，必得老成而任之，合四省兵力，明賞罰，嚴號令，始可成功。其云：府江之賊，東則荔浦，西則宣威，古田、修仁、兩江等處，亦閒有之。蓋指桂林、平樂二府所屬猺人而言。即《明史・土司傳》所稱「設防置戍，世世爲患者也」。是編所陳方略，雖未必切中事機，然亦可見當時疆吏措置乖方，不能綏靖，致起草茅之竊議矣。

兵機類纂

《四庫全書總目提要・兵家類存目》《兵機類纂》三十二卷。江蘇巡撫採進本。

明張龍翼撰。龍翼字羽明，松江人。是書取古今言兵事者，自《春秋左氏傳》而下，至於元、明，分爲三十二類。每類中又各析子目，所載明事尤詳。大抵書生紙上談也。第三十一卷專言陣勢，然陣法未載圖式，殊爲闕略。其凡例云：篇中如陣法、器械之類，不詳圖説者，慮或冗漫。亦爲文飾其詞。蓋是書之作，本爲武闈荅策之用，故可略則略耳。

守　筌

徐𤊹《徐氏家藏書目・兵類》《守筌》五卷。冒起宗。

黄虞稷《千頃堂書目・兵家類》 冒起宗《守筌》五卷。

《明史・藝文志・兵書類》 冒起宗《守筌》五卷。

尉繚子解

黄虞稷《千頃堂書目・兵家類》 阮漢聞《尉繚子解》。

詰戎踐墨

黄虞稷《千頃堂書目・兵家類》 阮漢聞《詰戎踐墨》□卷。

軍機處奏《禁毁書目》 《詰戎踐墨》一部，六本。

查《詰戎踐墨》係明阮漢聞撰。乃所作談兵之書。分爲十類，雜引經史，而加以論斷。大抵紙上空談，中間字句甚多悖謬之處。應請銷燬。

古今名將傳

黄虞稷《千頃堂書目・兵家類》 陳元素《古今名將傳》十七卷。

《明史・藝文志・兵書類》 陳元素《古今名將傳》十七卷。

軍機處奏《禁毁書目》 《古今名將傳》四本。

查《古今名將傳》係明陳元素撰。其書所叙歷代名將事蹟，皆係剽竊史文，别无考訂。書前冠以綉像，全似坊刻小説，殊爲鄙末。載劉綎一傳，字面甚多指斥。應請銷燬。

廣名將譜

《四庫全書總目提要・兵家類存目》 《廣名將譜》十七卷。浙江巡撫採進本。

不著撰人名氏。卷首題黄道周註斷。前有崇禎癸未道周序，稱「即舊本，芟其繁文，取其精要，入妙旁批，有疑夾註。又總斷結其智勇之所在」云云。詞意弇陋，決不出道周之手。殆坊肆所依託。其目録後幅割裂，亦似非足本。

左略

《四庫全書總目提要・兵家類存目》 《左略》一卷。浙江汪啟淑家藏本。

明曾益撰。益字子謙，山陰人。其書專摘《左傳》所言兵事，凡五十六篇，每條標以名目。陳禹謨《左氏兵略》尚援引他書，疏通證解。此但摘録傳文，益無可採矣。

談兵髓

《四庫全書總目提要・兵家類存目》 《談兵髓》七卷。安徽巡撫採進本。

題西浙囂囂生撰，不著名氏。首爲《談兵髓説》，稱「自黄帝用兵以來，兵法不廢天時。故日月星辰、風雲節候，皆用兵者所宜知。」然其所載，如黄赤道、渾天儀、寒暑晝夜長短諸説，多涉律曆家言，於兵事無可徵驗。蓋亦雜綴成書，初無祕授也。前有王洽序。洽字和仲，臨邑人，萬曆甲辰進士，官至兵部尚書。序作於天啟甲子，蓋其巡撫浙江之時。則所爲囂囂生者，亦明末人矣。

殘本金湯十二籌

《四庫全書總目提要・兵家類存目》 《殘本金湯十二籌》八卷。江蘇周厚堉家藏本。

明李盤撰。盤字小有，揚州人。是書以「十二籌」爲名，而今所存者，一曰籌修備，二曰籌訓練，三曰籌積貯，四曰籌制器，五曰籌清野，六曰籌方略，七曰籌水戰，八曰籌制勝。已闕其四籌。蓋斷爛不完之本矣。所言皆團練鄉勇扞禦土寇之計，雜引古事以證之，多不切合，亦頗支蔓。如無糧無水不可以守，三尺童子能知之，而臚列前代絶糧絶水之故實，以爲鑒戒。連篇累牘，殊爲浪費筆墨。所列飛鎗、飛刀諸法，及以桐油、雞卵抛擲敵船，使滑不能立諸計，亦頗近戲劇也。

左氏兵法測要

《四庫全書總目提要・兵家類存目》《左氏兵法測要》二十卷。江蘇周厚堉家藏本。

明宋徵璧撰。徵璧原名存楠，字尚木，華亭人。是書節略左氏所紀兵事，而論其得失。春秋車戰事，與後世迥異。徵璧引以談兵，殊爲不達時變也。

征苗圖記

嵇璜等《續通志・圖譜略・兵防》 卜大同《征苗圖記》。

車營圖

嵇璜等《續通志・圖譜略・兵防》 余子俊《車營圖》。

軒轅陣圖

嵇璜等《續通志・圖譜略・兵防》 鄭林《軒轅陣圖》。

左　兵

英廉奏《抽毀書目》《左兵》二本。查《左兵》二本，係明龔爽輯取《左傳》兵事，編輯成書。其章世純序一篇，語有狂謬。應請抽燬。

諸子兵家言

軍機處奏《禁毀書目》《諸子兵家言》一本。查《諸子兵家言》不題撰人姓名，乃坊間所刊策科之本。後又附註釋一卷。編次冗雜淺陋已極，且有悖犯語。應請銷燬。

兵　略

軍機處奏《禁毀書目》《兵畧》十四本。查《兵略》係明陳象明撰。具書作於崇禎九年，取自古兵家言，分類抄撮，體例與《武備志》相同。多係勦襲各書成文，了無發明之處。其《遼東》、《薊門》諸類中，語句尤多詆斥。應請銷燬。

談兵略

軍機處奏《禁毀書目》《談兵畧》二本。查《談兵畧》係明戴日昭撰。其書第三卷内原本多挖空處，蓋係指斥之語。應請銷燬。

督師紀略

軍機處奏《禁毀書目》《督師紀畧》三本。查《督師紀略》係明茅元儀撰。元儀嘗在孫承宗幕府。此書所紀，皆承宗督師時事蹟。承宗，《明史》已有列傳。此乃元儀私行紀録，往往自誇其謀畫，未足憑信。且觸悖字句甚多。應請銷燬。

武經集注

軍機處奏《禁毁書目》《武經集註》六本。

查《武經集註》係明沈應明撰。取《武經七書》各爲註釋。本坊刻陋本，粗淺猥鄙，殊无可取。第十一卷《濟時策》内，語皆狂悖。應請銷燬。

兵曹條議

軍機處奏《禁毁書目》《兵曹條議》一部，一本。

查《兵曹條議》明鄒維璉撰。語多指斥。應請銷燬。

戎政先知

軍機處奏《禁毁書目》《戎政先知》一部，二本。

查《戎政先知》係明江杏撰。皆剽竊兵家言，湊集成書。中多悖礙字句。應請銷燬。

兵　鏡

軍機處奏《禁毁書目》《兵鏡》一部，八本。

查《兵鏡》係明吴惟順、吴若禮撰。其書大抵剿襲兵家陳言，並无發明。末卷内語多狂悖。應請銷燬。

籌兵要言

軍機處奏《禁毁書目》《籌兵藥言》一部，三本。

查《籌兵藥言》係明曹飛撰。書中指斥之處，不一而足。應請銷燬。

名臣寧攘要編

軍機處奏《禁毁書目》《名臣寧攘要編》一部，六本。

查《名臣寧攘要編》係明項德楨輯取諸家所記明初以迄隆慶間邊疆用兵事蹟，彙爲一書。大抵皆指楚粵蠻司及交趾、土魯番、朵顔三衛諳答等款剿之事，並无干礙。應請毋庸銷燬，惟間有字句偏駁處，仍應酌删。

握機經　握機緯

《四庫全書總目提要・兵家類存目》《握機經》三卷，《握機緯》十五卷。浙江巡撫採進本。

明曹允儒撰。允儒字魯川，太倉人。是書首載《風后》古文一十九字，次載太公望增衍三百六十五字，次載宋阮逸所撰《李衛公問對》中六十七字。採輯諸家註釋，於衡衝、風雲諸陣，皆繪爲圖，凡三卷。又以《孫子》十三篇、《吴子》六篇爲《握機緯》。《孫子》輯諸家訓釋，凡十三卷。《吴子》惟用劉寅註，凡二卷。考《千頃堂書目》有元人《孫子握機緯》十三卷，劉寅《吴子握機緯》二卷。書名、卷數與此書一一相合，其即得此書之殘本，誤爲標目歟？據王世貞序稱「崑山明齋王氏與念菴羅公、荆川唐公因倭變，力研窮之，而以其説盡授之魯川曹君。曹君向與戚大將軍商之，戚深以爲然，數數向予稱道之」云云。則確非元人及劉寅作矣。然以孫、吴二子加以緯名，亦殊杜撰。二子之書，各明一義，與《握機》不相發明也。

草廬經略

張之洞《書目答問・兵家》《草廬經略》十二卷。明失名人。粵雅堂本。

耿文光《萬卷精華樓藏書記・兵家類》《草廬經略》十二卷。

不著撰人名氏。

粵雅堂本。是書明人所著，有目無序，後有道光庚戌南海伍崇曜跋。

伍氏跋曰：「是書爲曾晃士廣文所藏鈔本，未知撰者何人，以書中有『國初，兩淮郡縣多爲張士誠所據，高皇帝欲取之』云云，殆勝國人矣。卷中各分子目，其議論亦頗精審。末各援古事以証之，亦慎於持擇。其署曰『草廬』，亦殆以諸葛自命者歟？夫爲將，運用存乎一心。霍去病且謂顧方略何如，不至學孫吴古法。後人僞撰《將苑》、《心書》各種，其爲贋鼎，顯然易見。前明如唐順之，一代偉儒，於學無所不窺。大則天文、樂律、地理、兵法，小則弧矢、勾股、壬奇禽乙、㓷槍、拳棍，莫不精心叩擊。究極原委，以資其經濟，毅然自任天下之重。倭人搆患，志在擇牧，圉以保鄉曲，僇力行間。轉戰淮海，積勞而殞。周櫟園《書影》紀其佚事，且貽千古笑端。而况房琯、劉秩之輩，迂謬僨轅哉？顧狄武襄，良將材，范文正且授以《左氏春秋》曰：『將不知古今，匹夫勇耳。』武襄折節讀書，悉通秦漢以來將帥兵法。故即紙上之談，亦必罔攬百家，靡不融會，乃稱開濟之才，庶不致以白面書生相誚耳。昔茅元儀《武備志》成，曾經明神宗乙夜之覽，天語稱其該博，即以顔其堂。此書視元儀所著，詳略迴殊，而目以該博亦洵無媿色。爰付梓人，俾談兵者，各有所攷焉。」

火攻挈要

張之洞《書目答問・兵家》《火攻挈要》三卷。明焦勖。海山仙館本。單行本。

李善蘭《火器真訣》一卷，見下則《古昔齋算學》内。

武學經傳句解

黄虞稷《千頃堂書目・兵家類》王圻《武學經傳句解》十卷。

王圻《續文獻通考・經籍考・兵書》《武學經傳句解》王圻輯。

懼謀録

丁丙《善本書室藏書志・兵家類》《懼謀録四録》。寫本。

崑山顧炎武甯人氏録。

此書前後無序跋。亭林先生亦未聞著是書。其姓名不署録字，豈當時手録他人之作歟？第一卷爲知彼知己、致人不致於人、伐交、警敏、先聲、兵勢、地勢、嘗敵、死戰、窮追、詭道、掩襲、憑城、覘敵、攻橋、遊戲。第二卷爲虚聲、受降、深入、救敗、採掠、合刃、惡鬬、擊虚、鈔後、横冲、奪氣、設伏、身先、援師、移營、攻營、圍師。第三卷爲遊軍、半渡、夜劫、勇決、有備、攻瑕、攻堅、乘釁、出奇、守城、攻城。第四卷爲争利、勞之、誘之、誤之、分之、散之、懈之、用間、先發、壓營、知衆情、謀定決機、分數事機、多算、和克、智決、攻心、伐謀諸目，而各引古人遺事以證之。目録後有小篆文，記嘉慶六年鈔竣。二條通部硃筆勘點，惜不知出誰手耳。

武經體注大全會解

《四庫全書總目提要・兵家類存目》《武經體註大全會解》七卷。内府藏本。

國朝夏振翼撰。振翼字遯門，蕪湖人。《孫子》等七書，武科用以試士，故相傳謂之「武經」。振翼因依《五經講章》例，作《體註》以訓釋之。冠以胡秉中《射學摘要》一篇。蓋坊閒通俗之本也。

謹案：《四庫》編纂之例，凡註古書者，仍以古書之時代爲次，則此書當列《孫子彚徵》後。然七書合爲一編，實始於宋元豐中，又與自爲一書者不同。故今移冠宋人兵書之前。

兵鏡備考

軍機處奏《禁毀書目》 《兵鏡備考》一部,十二本。

查《兵鏡備考》係鳳陽鄧廷羅撰。於《孫子十三篇》中摘其要語爲綱,而採歷代名將用兵機畧,分條綴列,以爲之目。書中有外省、簽出各條,查俱係嘉靖以前事蹟,且《明史》所已載,尚无干礙。應請毋庸銷燬。

兵　鏡

《四庫全書總目提要・兵家類存目》 《兵鏡》十一卷。兩江總督採進本。

國朝鄧廷羅撰。廷羅字叔奇,號偶樵,江寧人。順治中拔貢生,官至湖廣荆南道。是編凡《孫子集註》一卷,十三篇各爲評釋。其《作戰》一篇,移爲第三。《九變》一篇,改爲《軍變》,而删其《與地形》篇重出五句。《九地》一篇,謂原本重複,爲之改正。殊嫌竄亂舊文。次爲《兵鏡或問》上下卷,各十五篇。次爲《兵鏡備考》八卷,則於十三篇中摘其要語爲綱,而羅列史事以互證其説,摭拾頗爲叢雜。

歷代車戰叙略

《四庫全書總目提要・兵家類存目》 《歷代車戰叙略》一卷。兩江總督採進本。

國朝張泰交撰。泰交字洎谷,陽城人。康熙壬戌進士,官至浙江巡撫。是書皆剽宋章俊卿《山堂考索後集・車戰篇》之文,而稍附益之,别無考正。如述列國車戰,而齊侯伐衛之先驅、申驅失載。叙唐代,而裴行儉之糧車、李光弼之檑車亦失載。叙明代,而給事中李侃所奏之嬴車、總兵官張泰所造之獨馬小車、定襄伯郭登之仿古偏箱車皆不能徵引。蓋不免於疎漏矣。

太祖實録戰圖

嵇璜等《清通志・圖譜略・御定政典》 《太祖實録戰圖》。

謹按《實録戰》八册,乃國家盛京時舊本,敬貯乾清宫。嗣奉敕依式重繪二本。以一本恭送盛京尊藏。以一本貯上書房,傳之弈世,用昭祖德豐功,開億萬載,無疆之丕業。

平定准噶爾回部戰圖

嵇璜等《清通志・圖譜略・御定政典》 《平定准噶爾回部戰圖》。

謹按:西師底定,皆我皇上發謀授畧,決勝萬里。乃於紫光閣既圖有功臣之像。復奉命就征戰之地,詳繪軍營形勢。御製鴻章,以旌勞績,武功赫濯,實從古未有也。

烏什戰圖

嵇璜等《清通志・圖譜略・御定政典》 《烏什戰圖》。

謹按:烏什介於阿克蘇、喀什噶爾之間,爲回部適中之地。恃其地險土饒,敢作不靖。時乾隆乙酉二月也。仰經皇上命將行師,天威播震,越六月而事平。爰繪爲圖,悉蒙奎藻題詠,用紀將士成勢。而防戍官軍得形勢之地,以鎮壓衆回部,西陲永見寧謐矣。

平定兩金川戰圖

嵇璜等《清通志・圖譜略・御定政典》 《平定兩金川戰圖》。

謹按:兩金川負固一隅,地勢險峻。凡命將行師,皆廟謨決策用能。擒渠掃穴，全境蕩平。奉敕將奪碉撲卡，攻搗形勢，詳繪成圖。與西域戰功，後先輝映，而大聖人不得已用兵之心。恭繹御製奎文，義正仁育，度越萬古矣。

哨鹿圖

嵇璜等《清通志・圖譜略・御定政典》《哨鹿圖》。

謹按：是圖乃聖駕初幸木蘭秋獮行圍，命郎世寧恭繪。用彰講武習軍，爲萬世不易之法。

握機經解

《四庫全書總目提要・兵家類存目》《握機經解》一卷。山西巡撫採進本。

國朝王暾撰。暾字始旦，絳州人。是編據《李衛公問對》，以《握機經》三百八十四字皆太公增衍之文，因捃摭往説，竝攄己見，爲之集註。考《李衛公問對》三卷，本宋阮逸僞撰。暾乃據以定此書爲太公之文，殊不足信。後附增衍《握機經》六十八字，自註云：「相傳宋阮逸擬作」。則亦明知其僞矣。

孫子匯徵

《四庫全書總目提要・兵家類存目》《孫子彙徵》四卷。直隸總督採進本。

國朝鄭端撰。端有《政學編》，已著録。考《孫子》十三篇舊註，見於史志及諸家書目者，今多不傳。傳者亦多散見諸書，罕專家之完本。端此編彙集衆説，兼採古來談兵之言，足與《孫子》發明者，附録於各句之下，頗爲詳備。然徵引太宂，如《作戰篇》公家之費節，註內所録車馬器械之論，於車則全載《考工記》；於馬則悉引《相馬經》；於弓矢、戈戟、牌棒、鈀钂等類則縷陳演習攻打之法。極其瑣細，亦博而不精者也。其書每卷皆標曰《孫武子集解廣義》，而端自序則又題曰《孫子彙徵》。未詳二名孰先孰後，今姑從端自序之名焉。

洴澼百金方

張之洞《書目答問・兵家》《洴澼百金方》十四卷。吴宫桂。据王芑孫序後自記，或云袁氏撰。通行本。近人《金湯十二籌》詳於城守，亦切實有用。

讀史兵略

李慈銘《越縵堂讀書記・兵家類》《讀史兵略》清胡林翼纂。

此書共四十六卷，摘取《左傳》、《通鑑》之言兵事者，依時代爲次，不加論斷。每條下間有附注地理，考證頗核，差爲可傳，否則直鈔胥耳。首有使相官公序，言與文忠共爲此書，而每卷之首但題益陽胡林翼纂。胡序言編輯者江寧孝廉汪士鐸，分輯者楚中孝廉胡兆春張裕釗莫友芝、諸生丁取忠、布衣張華理也。

同治壬戌（一八六二）十二月二十二日。

張之洞《書目答問・兵家》《讀史兵略》四十六卷。胡林翼。武昌官本。

兵器分部

馬槊譜

《隋書・經籍志・兵家》《馬槊譜》一卷。梁二卷。梁有《騎馬都格》一卷，《騎馬變圖》一卷，《馬射譜》一卷，亡。

攻守器械圖

鄭樵《通志・圖譜略・兵家》《攻守器械圖》。

防城器具

鄭樵《通志・藝文略・兵家》　《防城器具》一卷。

邊城器用圖

鄭樵《通志・藝文略・兵家》　《邊城器用圖》一卷。

炮　經

《宋史・藝文志・兵書類》　《礮經》一卷。

行兵攻具圖

《宋史・藝文志・兵書類》　《行兵攻具圖》一卷。

火龍神器圖法

倪燦等《補遼金元藝文志・兵書類》　《火龍神器圖法》六卷。

戰寇神器

黄虞稷《千頃堂書目・兵家類》　《戰寇神器》二卷。

倪燦等《補遼金元藝文志・兵書類》　《戰寇神器》二卷。

弩　考

黄虞稷《千頃堂書目・兵家類》　孫堪《弩考》。

火器圖説

黄虞稷《千頃堂書目・兵家類》　黄應甲《火器圖説》。萬曆十九年十月進呈。詔褒之，并賜銀幣有差。

神器譜

徐𤊹《徐氏家藏書目・兵類》　《神器譜》一卷。永嘉趙士禎。

黄虞稷《千頃堂書目・兵家類》　趙士禎《東嘉神器譜》四卷。

火器圖

嵇璜等《續通志・圖譜略・兵防》　顧斌《火器圖》。

《四庫全書總目提要・兵家類存目》　《火器圖》一卷。浙江巡撫採進本。

明顧斌撰。斌字質夫，晉江人。萬曆己酉舉人，官廣東信宜縣知縣，調蜀府左長史。是編言軍中火攻之具甚詳。然大抵斌以意造之。如所製木人騎馬之類，頗近兒戲。其火藥器具皆取天地星宿之數，太極兩儀之象，亦殊爲迂闊。前有《火器原》、《火攻要》二篇，多書生紙上之談。又末有《風雨賦》一篇，謂熟此以占天文，百無一失，是(尢)〔尤〕必不然之事也。

利器解

黃虞稷《千頃堂書目・兵家類》 温綸《利器解》一卷。

火藥妙品

徐𤊹《徐氏家藏書目・兵類》 《火藥妙品》一卷。胡獻忠。

黃虞稷《千頃堂書目・兵家類》 《火藥妙品》一卷。

火龍神器圖法

黃虞稷《千頃堂書目・兵家類》 《火龍神器圖法》六卷。

武經陣圖

張萱等《内閣藏書目録・圖經部》 《武經陣圖》一册。

鈔本皆甲、胄、戈、矛、刀、劒、弓、弩、營、陣之圖。每圖皆有論説。莫詳時代姓氏。

火器大全

錢曾《讀書敏求記・兵家》 《火器大全》一卷。

古無所謂火攻也，肇自即墨之牛始。其後兵法著火攻五，亦止火人、火積、火輜、火庫、火隊而已。芻膏之屬，未云器也。有器必有械。《大全》之所以獨善於近代，其神奇爲不可測歟？此未知撰自何人，稱李承勳、朱騰擢、趙士楨皆負笈其門，隨才授藝。夫三子骨騰肉飛，聲施當世，而其師之氏名，余竟無從考得之。徒撫殘編，惜其苦志未申，亦可以觀世矣。

火龍萬勝神藥圖

錢曾《讀書敏求記・兵家》 《火龍萬勝神藥圖》一卷。

首列二十八草，應二十八宿。和以諸毒藥，煉爲神砂、神烟、神水以制敵。奇矣哉！必有所試而云然，非徒楮上浮談也。繼列火攻諸藥品，并水戰神器。專閫外者，宜覓此書，珍秘也。

兵技分部

鮑子兵法

《漢書・藝文志・兵書略》 《鮑子兵法》十篇。《圖》一卷。

姚振宗《漢書藝文志條理・兵書略》 《鮑子兵法》十篇。《圖》一卷。

鄧名世《古今姓氏書辯證》，鮑氏出自姒姓，夏諸侯國子孫氏焉。裔孫叔牙，相齊桓公，名顯諸侯，謚曰共。曾孫牽，曰鮑莊子，國曰鮑文子。國孫鮑牧。皆齊卿牧之家臣，曰「差車鮑點」。其族仕晉者，曰鮑癸。其後鮑氏居東海郯縣。

按：此鮑子列在伍子胥之前，則爲春秋時人可知。

伍子胥

《漢書・藝文志・兵書略》 《伍子胥》十篇。《圖》一卷。

《舊唐書・經籍志・兵書》 《伍子胥兵法》一卷。

《新唐書・藝文志・兵書類》《伍子胥兵法》一卷。

鄭樵《通志・藝文略・兵家》《伍子胥兵法》一卷。

姚振宗《漢書藝文志條理・兵書略》《伍子胥》十篇。《圖》一卷。

伍子胥有書八篇，見《諸子雜家》。

《呂氏春秋・首時篇》王子光代吴王僚爲王，任子胥。子胥乃修法制，下賢良，選練士，習戰鬭，六年，然後大勝楚於柏舉。九戰九勝，追北千里。

《武帝本紀》注：臣瓚曰：「《伍子胥書》有戈船，以載干戈，因謂之戈船也。」又曰：「《伍子胥・書》有下瀨船。瀨，湍也，吴越謂之瀨，中國謂之磧。」

《隋・經籍志》五行家，《遁甲決》一卷，吴相伍子胥撰。《遁甲文》一卷，伍子胥撰。《遁甲孤虚記》一卷，伍子胥撰。《唐經籍志》兵家，《伍子胥兵法》一卷。又五行家《伍子胥遁甲文》一卷。《唐藝文志》同。按：伍子胥諸書見於隋、唐《志》者，唯此。其遁甲三書，或亦在此十篇中。

王氏《考證》，《武經總要》云：「伍子胥對闔廬，以船軍之教，比陸軍之法。」嚴可均《三代文編》曰：伍子胥有《兵技巧》十篇，《圖》一篇。《文選注》、《太平御覽》引《伍子胥水戰法》又引《越絶書》、《伍子胥水戰兵法》、《内經》，凡三條。

公勝子

《漢書・藝文志・兵書略》《公勝子》五篇。

姚振宗《漢書藝文志條理・兵書略》《公勝子》五篇。

《廣韻》一東公字注：公，又複姓。《漢書・藝文志》有公檮子著書，又有公勝生著書。公檮生，見《諸子陰陽家》。《廣韻》於此兩人，並小有舛誤。

鄧名世《古今姓氏書辯證》，公勝氏《前漢藝文志》技巧家有《公勝子》五篇。

苗子

《漢書・藝文志・兵書略》《苗子》五篇。《圖》一卷。

姚振宗《漢書藝文志條理・兵書略》《苗子》五篇。《圖》一卷。

《世系表》苗氏，出自芈姓，楚若敖生鬭伯比，鬭伯比生子良。子良生越椒，字伯棼，以罪誅。其子賁皇，奔晉，晉侯與之苗邑，因以爲氏。河内軹縣南有苗亭，即其地也。

按：此敍於《伍子胥》之後，參以世系之言，則此苗子，似即苗賁皇之後人。又自《伍子胥》至此三家，亦蒙上兵法二字。

逢門射法

《漢書・藝文志・兵書略》《逢門射法》二篇。

姚振宗《漢書藝文志條理・兵書略》《逢門射法》二篇。

《顔氏集注》曰：「即逢蒙」。

《孟子・離婁篇》，逢蒙學射於羿，盡羿之道，思天下惟羿爲愈己，於是殺羿。趙岐注曰：「羿，有窮后羿。逢蒙，羿之家衆也。《春秋傳》曰：羿將歸自田，家衆殺之。」

《世本・作篇》曰：「逢蒙作射。」張澍《輯注》曰：《世本》言「逢蒙作射」者，蓋作射法也。故《漢書・藝文志》兵技巧十三家有《逢門射法》二篇，顔師古曰：即逢蒙。《呂氏春秋・作蠭門》、《荀子》、《史記》皆同。《莊子》作蓬蒙，《鹽鐵論》作逢須。惟《孟子》作逢蒙。

《史・龜筴傳》，羿名善射，不如雄渠，蠭門。《集解》曰：駰案：《淮南子》曰：射者重以逢門子之巧。劉歆《七略》有《蠭門射法》也。

本書《人表》，逢門子列第八等下中。梁玉繩曰：「逢門子，即逢蒙。又作逢蒙，又作蠭門，又作蠭蒙，亦曰逢須，亦曰逢蒙子。夷羿、逢門皆篡弑之賊，何以一在第八，一在第九？當置逢門九等。」按：《廣韻》門字注引《人表》作逢門子豹。鄭氏《氏族略》引亦同。今按《廣韻》豹字之上有敚文，當以逢門子爲句，豹字屬下文也。

陰通成射法

《漢書・藝文志・兵書略》《陰通成射法》十一篇。

姚振宗《漢書藝文志條理·兵書略》《陰通成射法》十一篇。

陰通成，未詳。

李將軍射法

《漢書·藝文志·兵書略》《李將軍射法》三篇。

姚振宗《漢書藝文志條理·兵書略》《李將軍射法》三篇。

《顔氏集注》曰李廣。

《史·本傳》，李將軍廣者，隴西成紀人也。廣家世世受射。孝文帝十四年，以良家子從軍擊胡，爲中郎、武騎常侍。孝景初，爲隴西都尉，騎郎將、驍騎都尉，從太尉亞夫擊吴楚軍。爲上谷太守，轉爲邊郡太守。徙上郡。嘗爲隴西、北地、雁門、代郡、雲中太守，皆以力戰爲名。武帝立，按：此稱武帝者，非其本文。爲未央衛尉。後爲將軍，出雁門擊匈奴。所失亡多，當斬，贖爲庶人。數歲，召拜爲右北平太守。廣出獵，見草中石，以爲虎而射之，没鏃，視之石也。因復射之，終不能復入石矣。廣所居郡聞有虎，嘗自射之。及居右北平射虎，虎騰傷廣，廣亦竟射殺之。廣爲人長，猨臂，其善射亦天性也，雖其子孫他人學者，莫能及。廣與人居則畫地爲軍陳，射闊狹以飲。專以射爲戲。其射，見敵急，非在數十步之內，度不中不發，發即應弦而倒。用此，其將兵數困辱，其射猛獸亦爲所傷云。元狩四年，從大將軍青擊匈奴。失道，大將軍使長史急責廣之幕府對簿，遂引刀自剄。

洪邁《容齋隨筆》曰：「漢文帝見李廣曰：『惜廣不逢時，令當高祖世，萬户侯豈足道哉！』吴楚反時，廣以都尉戰昌邑下顯名，以梁王授廣將軍印，故賞不行。武帝時，五爲將軍擊匈奴，無尺寸功，至不得其死。三朝不遇，命也夫！」

《文獻經籍考》，《射評要略》一卷。晁氏曰：題李廣撰，凡十五篇。陳氏曰：依託也，鄙淺無奇。

魏氏射法

《漢書·藝文志·兵書略》《魏氏射法》六篇。

姚振宗《漢書藝文志條理·兵書略》《魏氏射法》六篇。

魏氏未詳。

彊弩將軍王圍射法

《漢書·藝文志·兵書略》《彊弩將軍王圍射法》五卷。

姚振宗《漢書藝文志條理·兵書略》《彊弩將軍王圍射法》五卷。

《顔氏集注》曰：「圍，郁郅人也，見《趙充國傳》。」按：郁郅，北地縣也。

本書《趙充國傳》贊曰：秦漢已來，山東出相，山西出將。秦將軍白起，郿人；王翦，頻陽人。漢興，郁郅王圍，成紀李廣，皆以武勇顯。山西天水、隴西、安定、北地處勢迫近羌胡，民俗修習戰備，高上勇力鞍馬騎射。其風聲氣俗，自古而然也。師古曰：「圍爲彊弩將軍，見《藝文志》。」

望遠連弩射法具

《漢書·藝文志·兵書略》《望遠連弩射法具》十五篇。

姚振宗《漢書藝文志條理·兵書略》《望遠連弩射法具》十五篇。

本書《李陵傳》，陵發連弩射單于。服虔曰：「三十弩共一弦也。」張晏曰：「三十絭共一臂也。」劉攽曰：「三十弩一弦，三十絭一臂。」皆無此理，妄說也。蓋如今之合蟬，或併兩弩共一弦之類。

王氏《考證》，李廣以大黄，射其裨將。孟康曰：「太公陷堅卻敵，以大黄參連弩。」愚按《周官》，五射，參連其一也。《武經總要》曰：「弩者，中國之勁兵，四夷所畏服也。古者有黄連、百竹、八檐、雙弓之號，絞車、擘張、馬弩之差。今有參弓、合蟬、手射、小黄，皆其遺法。」

護軍射師王賀射書

《漢書・藝文志・兵書略》 《護軍射師王賀射書》五篇。

姚振宗《漢書藝文志條理・兵書略》 《護軍射師王賀射書》五篇。

本書《百官表》護軍都尉，秦官，武帝元狩四年，屬大司馬。按《表》，武帝省太尉，置大司馬，以冠將軍之號，蓋即大將軍也。成帝綏和元年，居大司馬府，比司直。哀帝元壽元年，更名司寇。平帝元始元年，更名護軍。

按：護軍之屬有射師，則《表》所不具，蓋猶今之教習也。王賀，始末未詳。其前數家皆稱《射法》，此獨名《射書》，而置於《連弩射法具》之後，則其書大抵言射具器用，製作之程品爲多。

蒲苴子弋法

《漢書・藝文志・兵書略》 《蒲苴子弋法》四篇。

姚振宗《漢書藝文志條理・兵書略》 《蒲苴子弋法》四篇。

《列子・湯問篇》，詹何曰：「臣聞先大夫之言，蒲且子之弋也，弱弓纖繳，乘風振之，連雙鶬於青雲之際。用心專，動手均也。」張湛注曰：「蒲且子，古善弋射者。」《論語正義》引《説文》云：繳，謂生絲爲繩也。

《太平御覽・資産部》，《淮南子》曰：「蒲且子連鳥於百仞之上，弓良也。」高誘注曰：「蒲且子，楚人，善弋射。」按：此見《覽冥篇》，今本《淮南子》無下句。又按：《楚世家》有云：楚人有好以弱弓微繳，加歸雁之上者，頃襄王召而問之。高注云：楚人或本諸此。然不知是否即此蒲且子也。

《後漢書・張衡傳》，衡作《應間》曰：詹何以沈鉤致精，蒲且以飛矰逞巧。章懷太子注《周禮》曰：「矰矢用弋射。」按：《夏官》司弓矢云：矰矢、茀矢，用諸弋射。鄭玄注云：「結繳於矢，謂之矰。矰，高也。」

案：《汲冢竹書》中有《繳書》二篇。束皙云：《論弋射法》爲劉、班所未見，疑即與此書略同。

劍　道

《漢書・藝文志・兵書略》 《劍道》三十八篇。

姚振宗《漢書藝文志條理・兵書略》 《劍道》三十八篇。

本書《司馬遷傳》，司馬氏在趙者，以傳劍論顯。服虔曰：「世善劍也。」師古曰：「劍論，劍術之論也。」按：此三十八篇中，當有司馬氏所傳之論。

王氏《考證》，《史記序孫吴傳》云：「非信廉仁勇不能傳兵論劍，與道同符。」《日者傳》褚先生曰：「齊張仲、曲成侯以善擊刺學用劍，立名天下。」按：《功臣侯表》，高帝時，有曲成侯蟲達。達子捷捷，子皇柔，傳封三代。又《王子侯表》，武帝時，有曲成侯萬歲，中山靖王子。

手　搏

《漢書藝文志・兵書略》 《手搏》六卷。

姚振宗《漢書藝文志條理・兵書略》 《手搏》六篇。

本書《甘延壽傳》，延壽爲郎，試弁，爲期門。孟康曰：「弁，手搏也。」又《哀帝本紀》贊：時覽卞射武戲。蘇林曰：「手搏爲卞，角力爲武戲。」按：晉灼引《甘延壽傳》云：試卞爲期門，是「卞」與「弁」同也。《刑法志》曰：「戰國稍增講武之禮，以爲戲樂，用相夸視。而秦更名角抵。」《武帝本紀》，元封三年春，作角抵戲。應劭曰：「角者，角技也。抵者，相抵觸也。」文穎曰：「名此樂爲角抵者，兩兩相當角力，角技藝射御，故名角抵，蓋雜技樂也。」師古曰：「抵者，當也。非謂抵觸。文説是也。」

按：《史記・太史公自序》云：司馬氏在趙者，以傳劍論顯。服虔曰：「世善傳劍也。」蘇林曰：「傳手搏論而釋之。」《索隱》曰：服虔云「善劍」，解所以稱傳也。蘇林作「搏」，言手搏論而知名也。按：蘇林，漢末魏初人。其注《漢書》言傳手搏論而釋之，必實有所見。似《劍道》、《手搏》兩書皆傳自司馬氏，而《手搏》一書，又從而解釋之。《索隱》又曰：何法盛《晉書》及晉司馬無忌作《司馬氏系本》並云在趙者名凱，則司馬凱所作歟？

雜家兵法

《漢書・藝文志・兵書略》《雜家兵法》五十七篇。

姚振宗《漢書藝文志條理・兵書略》《雜家兵法》五十七篇。

按：此五十七篇，不知若干家，《七略》置之於末簡。合權謀、形勢、陰陽、技巧四者而一之，未必專屬諸技巧也。

蹵鞠

《漢書・藝文志・兵書略》《蹵鞠》二十五篇。

姚振宗《漢書藝文志條理・兵書略》《蹵鞠》二十五篇。

劉向《别録》曰：蹴鞠者，傳言黄帝所作。或曰起戰國之時，記云黄帝也。蹴，亦蹋也。蹋鞠，兵勢也，所以練武士，知有才也。皆因嬉戲，而講習之。今軍士無事，得使蹋鞠。有書二十五篇。

劉歆《七略》曰：蹴鞠者，傳言黄帝所作。王者宫中，必左城，而右平。《字典》，城音戚。李善曰：限也，謂階齒也。《三輔黄圖》，未央前殿，左墄右平。注：殿階，九級中分左右。左有齒，人行之，右則平之。城，猶國也，言有國當治之也。蹴鞠，亦有治國之象，左城而右平。又曰：蹋鞠，兵勢也，其法律多微意，皆因嬉戲，以講練士。至今軍士羽林，無事使其蹋鞠。

《史記・霍去病傳》，穿域蹋鞠。徐廣曰：「穿地爲營域。」本書《傳》注服虔云：「穿地作鞠室。」《索隱》曰：鞠以皮爲之，中實以毛，蹴蹋爲戲也。《正義》曰：「按《蹴鞠書》有《域説篇》，即今之打毬也。黄帝所作，起戰國時。程武士，知其材力也，若講武。」

《顔氏集注》曰：「鞠，以韋爲之，實以物，蹴蹋之以爲戲也。蹴鞠，陳力之事，故附於兵法也。」

唐封演《聞見記》曰：打毬，古之蹴鞠也。《漢書・藝文志》，《蹴鞠》二十五篇。顔注云：「蹴音子六反，鞠音距六反。」近俗聲訛蹋踘爲毬，亦從而變焉，非古也。

按：陶宗儀《説郛》有《打毬儀》一卷，蓋權輿於是書。

繳書

姚振宗《漢書藝文志拾補・兵書略》《繳書》二篇。汲冢竹書。

束晳《竹書敍目》曰：《繳書》二篇，論弋射法。

江都陳逢衡《竹書紀年集證》卷末有曰：《文選・勵志詩》注引《汲冢書》云「蒲且子見雙鳧過之，其不被弋者，亦下。」疑是《繳書》二篇之文。《列子》曰：「蒲且子之弋，弱弓纖繳，乘風振之，連雙鶬於青雲之際，用心專，動手均也。」又《淮南子》曰：「蒲且子連鳥千仞之上，弓良也。」案：蒲且子，楚人，善弋射。《説苑・説叢篇》，蒲且修繳，鳧雁哀鳴。

按：《漢志》兵技巧家，有《蒲且子弋法》四篇，或與汲冢《繳書》略同。陳氏云云，或亦近似。

弩射祕法

姚振宗《後漢藝文志・兵家》陳愍王寵《弩射祕法》。

范書《孝明八王列傳》陳敬王羨食淮陽郡，立三十七年薨，子思王鈞嗣。立二十一年薨，子懷王竦嗣，立二年薨，無子國絶。永寧元年，立敬王子安壽亭侯崇爲陳王，是爲頃王。立五年薨，子孝王承嗣。承薨，子愍王寵嗣。寵弩射十發十中，中皆同處。中平中，黄巾賊起，寵有彊弩數千張，出軍都亭。及獻帝初，義兵起，寵率衆屯陽夏，自稱輔漢大將軍。後爲袁術遣客詐殺，陳由是破敗。《獻帝本紀》，建安二年春，袁術自稱天子。又曰是歲，袁術殺陳王寵。

華嶠《書》曰：「陳愍王寵善弩射，其《祕法》以天覆地載，參連爲奇。又有三微三小。三微爲經，三小爲緯。經緯相將，萬勝之方。然要在機牙，其射至十發十中，皆同孔。」

木牛流馬法

姚振宗《三國藝文志・兵家類》 諸葛亮《木牛流馬法》。

《蜀志・本傳》，亮性長於巧思，損益連弩，木牛流馬皆出其意；推演兵法，作八陣圖，咸得其要云。

裴注引《魏氏春秋》曰：「亮又損益連弩，謂之元戎。以鐵爲矢，矢長八寸，一弩十矢俱發。《亮集》載作《木牛流馬法》。」

强弩備術

《宋史・藝文志・兵書類》 《强弩備術》三卷。

行兵攻具術

《宋史・藝文志・兵書類》 《行兵攻具術》一卷。

射　經

黄虞稷《千頃堂書目・兵家類》 李呈芬《射經》十三篇。

劍　經

黄虞稷《千頃堂書目・兵家類》 俞大猷《劍經》一卷。

《明史・藝文志・兵書類》 俞大猷《劍經》一卷。

少陵棍法闡宗

錢謙益等《絳雲樓書目・兵家》 《少陵棍法闡宗》。

黄虞稷《千頃堂書目・兵家類》 程宗猷《少陵棍法闡宗》三卷。

蹶張心法

黄虞稷《千頃堂書目・兵家類》 程宗猷《蹶張心法》一卷。

西洋火攻圖説

黄虞稷《千頃堂書目・兵家類》 張燾、孫學詩《西洋火攻圖説》一卷。

《明史・藝文志・兵書類》 張燾《西洋火攻圖説》一卷。

嵇璜等《續通志・圖譜略・兵防》 明張燾《西洋火攻圖説》。

武藝要略

黄虞稷《千頃堂書目・兵家類》 《武藝要略》二卷。

射　法

錢謙益等《絳雲樓書目・兵家》 《射法》。

少陵棍法

錢曾《讀書敏求記・兵家》《少陵棍法》三卷。

茅元儀採之剌入《武備志》中。凡從藁本繕寫者，或謂圖訣俱是鎗法。程冲斗云：「千打不如一劄」，故少陵三分棍法，七分鎗法，兼鎗帶棍。此得於棍法之深者也。

白打要譜

錢曾《讀書敏求記・兵家》《白打要譜》六卷。

今盛傳宋太祖長拳三十二勢，温家七十二行拳。三十六合，瑣二十四，棄探馬八，閃番十二。短以至綿，張之短打，各擅所長，表表著名於世。潁川汪伯言集諸家之應變，備成要訣，與少陵棍，楊氏鎗並藝稱獨絶矣。

射　林

英廉奏《抽毀書目》《射林》四本。查《射林》係明朱克裕撰。其書作於嘉靖中。卷一《建都》一篇，卷三《創守》一篇，卷七《疆戎系》及《遼東鎮考》俱有偏謬處。應請抽燬。

手臂録

周中孚《鄭堂讀書記補逸・兵家類》《手臂録》四卷，《附録》二卷。借月山房彙鈔本。

國朝吴殳撰。殳，字修齡，崑山人。修齡留心擊刺之術，三十餘年。遍歷諸家，手臂純化，尤精於槍。此書前四卷，先列其所得槍法，而旁及臨陣諸器，皆以槍法通之。其《附録》二卷，則載程真如所著之《峨嵋槍法》、少林僧洪轉所著之《夢緑堂槍法》及程冲斗之《十六槍勢》，皆修齡所評輯也。其《峨嵋槍法》後附有八篇，乃修齡所別著，不在是書中，張若雲取以刊入之耳。卷末有若雲跋。

練閲火器陣紀

《四庫全書總目提要・兵家類存目》《練閲火器陣記》一卷。兩江總督採進本。

國朝薛熙撰。熙字孝穆，蘇州人。是書記康熙三十五年江南提督張雲翼演教礮弩之事。所言陣法頗詳，然皆訓練常制也。

兵占分部

太壹兵法

《漢書・藝文志・兵書略》《太壹兵法》一篇。

《舊唐書・經籍志・兵書》《太一兵法》一卷。

《新唐書・藝文志・兵書類》《太一兵法》一卷。

鄭樵《通志・藝文略・兵家》《太一兵法》一卷。

姚振宗《漢書藝文志條理・兵書略》《太壹兵法》一篇。

天一兵法

《漢書・藝文志・兵書略》《天一兵法》三十五篇。

姚振宗《漢書藝文志條理・兵書略》《天一兵法》三十五篇。

《史・天官書》，中宫天極星，其一明者，太一常居也。其一曰天一。《正義》曰：泰一，天帝之別名也。劉伯莊云：「泰一，天神之最尊貴者也。」又曰：天一一星，天帝之神，主戰鬬，知人吉凶。明而有光，則陰陽和，萬物成，人主吉；不然，反是。太一一星次天一南，亦天帝之神，主使十六神，知風雨、水旱、兵革、饑饉、疾疫。占以不明及移爲災也。

《隋書・經籍志》：《黄帝太一兵曆》一卷。又《太一兵書》一十一卷，梁二十卷。按此太一，疑天一之譌。《唐經籍志》、《太一兵法》一卷。《唐藝文志》：《黄帝太一兵曆》一卷，《太一兵法》一卷。

王氏《考證》：《武經總要》：太一者，天帝之神也。其星在天一之南，總十六神。知風雨、水旱、金革、凶饉，陰陽二局，存諸祕式。星文之次舍，分野之災祥，貴於先知，逆爲之備。用軍行師，主客勝負，蓋天人之際相參焉。按：此兩書大抵皆參以天人之際，據天文以占兵事者。

神農兵法

《漢書・藝文志・兵書略》《神農兵法》一篇。

姚振宗《漢書藝文志條理・兵書略》《神農兵法》一篇。

神農有書二十篇，見諸子農家。

《玉海・兵制篇》：《漢藝文志》：《神農兵法》一篇。《晁錯傳》，神農之教曰：「石城湯池，亡粟弗能守。」王氏蓋以此爲兵法中語。

何《義門讀書記》曰：「《神農兵法》一篇，其今之《握機》乎？」按：《四庫全書總目提要》：《握奇經》一卷。一作《握機經》，一作《幄機經》。舊本題風后撰，漢丞相公孫弘解，晉西平太守馬隆述贊。

嚴可均《全上古文編》曰：「《漢藝文志》農家有《神農》二十篇，兵陰陽家又有《神農兵法》一篇。倉頡造字在黄帝時，前此未有文字。神農之言，皆後人追録。不過謂相傳如是，豈謂神農手撰之文哉？」

黄帝

《漢書・藝文志・兵書略》《黄帝》十六篇。《圖》三卷。

姚振宗《漢書藝文志條理・兵書略》《黄帝》十六篇，《圖》三卷。

道家有《黄帝四經》、《黄帝銘》、《黄帝君臣》、《雜黄帝》，陰陽家有《黄帝太素》，小説家有《黄帝説》。並見前《諸子略》中。

《史・五帝本紀》，諸侯尊軒轅爲天子，代神農氏，是爲黄帝。天下有不順者，從而征之，平者，去之。披山通道，未嘗寧居。而邑於涿鹿之阿。遷徙往來，無常處，以師兵爲營衛。《正義》曰：「環繞軍兵爲營以自衛，若轅門即其遺象。」

《鶡冠子・武靈王篇》龐煖曰：「不戰而勝，善之善者也。」此《陰經》之法。宋陸佃注曰：「《陰經》，黄帝之書也。」《尉繚子・天官篇》，梁惠王問尉繚子曰：「黄帝刑德，可以百勝，有之乎？」尉繚子曰：「刑以伐之，德以守之，非所謂天官時日陰陽向背也。黄帝者，人事而已矣。」

《(後)漢書・(蘇)〔胡〕建傳》，建上奏曰：《黄帝李法》曰：「壁壘已定，穿窬不繇路，是謂姦人。姦人者，殺。」孟康曰：「《黄帝李法》，兵書之法也。」師古曰：「李者，法官之號也，總主征伐刑戮之事也。故稱其書曰《李法》。」

《隋書・經籍志》，《黄帝兵法孤虚雜記》一卷，《新唐志》作推記。《黄帝問玄女兵法》四卷，梁三卷。《黄帝兵法雜要訣》一卷，《黄帝軍出大師年命立成》一卷。唐獨孤及《毘陵集》，《八陣圖記》曰：「黄帝順煞氣以作兵，法文昌以命將，風后握機制勝，作爲陳圖。」《玉海・兵法篇》，《太平御覽》引《黄帝玄女兵法》曰：禹問於風后曰：「吾聞黄帝有屈勝之圖，六甲陰陽之道。」對曰：「藏會稽之山。禹開視之，中有《天下經》十二卷，禹得中四卷。」按：此似後世道家之野言，不足據。

嚴可均《全上古文編》曰：《開元占經》引《黄帝兵法》、《黄帝出軍訣》、《黄帝用兵要法》、《用兵要訣》。《五行大義》引《黄帝兵訣》。案：《隋志》，黄帝兵法八種，今輯《李法》一條，《兵法》六條，《黄帝問玄女兵法》十二條。按：嚴氏謂《隋志》兵法八種者，并《太一》、《蚩尤》、《風后》及許昉、吴範所次者，計之也。

封胡

《漢書・藝文志・兵書略》《封胡》五篇。黄帝臣，依託也。

姚振宗《漢書藝文志條理・兵書略》《封胡》五篇。黄帝臣，依託也。

本書《人表》，封胡列第二等上中仁人。梁玉繩曰：「封胡，唯見本書。」《藝文志》又曰：「封鉅，黄帝師。」《路史・國名紀》謂封鉅是封胡。而《表》别有封胡，似不得合而一之。二封疑屬父子。

《世系表》，封氏出自姜姓。炎帝裔孫鉅爲黄帝師，胙土命氏，至夏后氏之世，封父列爲諸侯。其地汴州封丘有封父亭，即封父所都。至周失國，子孫爲齊大夫，居渤海蓨縣。

王氏《考證》、《通典》、《衛公兵法・守城篇》曰：「禽滑釐問墨翟守城之具，墨翟答以五六十事，皆煩冗不便於用。其後，韋孝寬守晉州，羊侃守臺城，皆約封胡子伎巧之術。」按：《李衛公兵法》所言，則封胡亦稱封胡子，其書亦兼及技巧。

風后握奇經

《漢書・藝文志・兵書略》《風后》十三篇。《圖》二卷。黄帝臣，依託也。

尤袤《遂初堂書目・兵書類》《風后握機》。

高似孫《子略》卷一 《風后握奇經》。

馬隆本作《握機》。《敘》云：風后，軒轅臣也。幄者，帳也，大將所居。言其事不可妄示人，故云握機。人稱諸子總有三本：其一本三百六十字；一本三百八十字，蓋吕尚增字以發明之；其一行簡有公孫弘等語。或云武帝令霍光等習之於平樂館，以輔少主，備天下之不虞。今本衍四字。

八陣，四爲正，四爲奇，舊注：「奇」讀如字，後人説天、地、風、雲爲四正，龍、虎、鳥、蛇爲四奇。公孫弘曰：世有八卦陣法，其既不用奇正，似非風后所傳，未可參用。餘奇爲握奇。舊注：「奇」讀如「奇耦」之「奇」。解云：説奇正者多矣，而握奇云者，四爲正，四爲奇，餘奇爲握奇。陣數有九，中心奇零者，大將握之，以應赴八陣之急處。或總稱之，先出遊軍定兩端。天有衝圓地有軸，前後有衝一作有風雲。風附於天，雲附於地，衝有重列各四隊，前後之衝各三隊。風居四維，故以圓軸單列各三隊。前後之衝各三隊，風居四角故以方，天居兩端，地居中間，總爲八陣。陣訖，遊軍從後躡敵，或驚其左，或驚其右，驚一作警。聽音望麾，以出四奇。

天地之前衝爲虎翼，風爲蛇蟠，圍遶之義也。虎居於中，張翼以進，蛇居兩端，向敵而蟠以應之。天地之後衝爲飛龍，雲爲鳥翔，突擊之義也。龍居其中，張翼以進，鳥掖兩端向敵，而翔以應之。虚實二壘，一作三軍。皆逐天文氣候向背，山川利害，隨時而行。以正合，以奇勝。天地以下，八重以列，或曰：握機望敵，即引其後以掎角前列不動，而前列先進以次之，公孫弘曰：傳項氏陣法依此。今按而前列等八字，舊文在依此注下，誤也。故遷次以成文。或合而爲一，因離而爲八，各隨師之多少，觸類而長。

天或圓而不動，一作天或圓而不布。前爲左，後爲右，天地四望之屬是也。一本下有「風象」二字。天居兩端，其次風，其次雲。一作其次天衝，其次地衝，其次風衝。其次雲衝。左右相向是也。地方布，風雲各在後衝之前，天居兩端。其次地居中間，一作其次地，其次天中間。兩地爲比是也。公孫弘曰：比爲地，爲從天陣變爲地陣，或即張弛布摯，破敵攻圍，不定其形，故爲動也。一本自公孫弘曰：動静二義皆雜出經文中。縱布天一，一作「兩天」，一無「兩」字，而「縱」字上有「震象龍」一句，一作「龍者象龍」。天二次之，「天二」一作「兩天」。縱布地四，次於天後，一作「縱布四地，四地次之」，一無下四地字。縱布四風，挾天地之左右。一無地字天地前衝居其右，後衝居其左，一無二句，一無天地字，一無居其右後衝五字。雲居兩端，虚實二壘，則此是也。一本下有「此爲動也」四字，一無虚實已下。公孫弘曰：人多傳韓信注釋天或圓布已下，與此微有差異。而范蠡、樂毅之説相雜，今亦錯綜於其中。其部隊或三五，或三十，或五十，變通之理，寄之明哲，不復備載。近古以來，其文不滿尺，多憑口訣以相傳授。予今於難解之處，增字發明之耳。一本其部隊下上五十云陣圖如此，變通由人，以爲經文誤也。按公孫氏稱與其異者天或圓布，次遊軍定兩端下以爲正經，而以天有衝止觸類而長，列於續圖雲爲翔鳥之下。今馬本尚如此。【略】

似孫曰：「《風后握奇經》三百八十四字，其妙本乎奇正相生，變化不測。蓋潛乎伏羲氏之畫。所謂天、地、風、雲、龍、鳥、蛇、虎，則其爲八卦之象明矣。蓋注奇讀如奇耦之奇，則尤可與《易》凖。諸儒多稱諸葛武侯八陣、唐李衛公六花，皆出乎此。唐裴緒之論，又以爲六十四卦之變，其出也無窮。若此，則所謂八陣者，特八卦之統爾。焦氏易學，卦變至乎四千九十有六，奇正相錯，變化無窮。是可以名數該之乎。然觀太公《武韜》且言牧野之師有天陣，有地陣，此固出於《握奇》。而又有人陣焉，此又出於天、地陣之外者，非八陣、六花所能盡也。獨孤及作《風后八陣圖記》有曰：黄帝順煞氣以作兵，法文昌以命將。風后握機制勝，作爲陣圖。故八其陣，所以定位，衡抗於外，軸布於内，風雲負其四維，所以備物也。虎張翼以進，蛇向敵而蟠，飛龍翔鳥，上下其勢，所以致用也。至若疑兵以固其餘地，遊軍以案其後列，門具將發，然後合戰。弛張則二廣迭舉，掎角則四奇皆出。圖成鐏俎，帝用經略，北逐獯鬻，南平蚩尤。遺風冥冥，神機未昧。項籍得之霸西楚，黥布得之奄九江，孝武得之攘匈奴。唐天寶中，客有得其遺制於黄帝書之外篇，裂素而圖之。

按：魚復之圖，全本於《握機》，頤其妙，窮其神者，武侯而已。獨孤乃以爲項、黥、武帝得之，未之思歟？」

馬端臨《文獻通考・經籍考・兵書》《風后握奇經》一卷。

陳氏曰：「永嘉薛士龍季宣校定。自晉馬隆三百八十四字，續圖三百十五字，合標題七百字，又有馬隆讚述，多所發明，并寫陳圖於後。馬隆本『奇』作『機。』高氏《子略》曰：「《風后握奇經》三百八十四字。其妙本乎奇正相生，變化不測，蓋潛乎伏羲氏之畫，所謂天、地、風、雲、龍、鳥、蛇、虎，則其爲八卦之象明矣。蓋注『奇』讀如奇耦之奇，則尤可與《易》準。諸儒多稱諸葛武侯八陣、唐李衛公六花，皆在乎此。唐裴緒之論，又以爲六十四卦之變，其出也無窮。若此，則所謂八陣者，八卦之統爾。焦氏《易》學，卦變至於四千九十有六，奇正相錯，變化無窮，是可以名數該之乎？然觀太公《武韜》且言牧野之師，有天陣，有地陣，此固出於《握奇》，而又有人陣焉，此又出於天地之外者，非八陣、六花所能盡也。獨孤及作《風后八陣圖記》，有曰：「黄帝順煞氣以作兵法，文昌以命將，風后握機制勝，作爲陣圖。故八其陣，所以定位；衡抗於外，軸布於內，風雲負其四維，所以備物也；虎張翼以進，蛇向敵而蟠，飛龍翔鳥，上下其勢，所以致用也。至若疑兵以固其餘地，遊軍以按其後列，門具將發，然後合戰，弛張則二廣迭舉，掎角則四奇皆出。圖成鱒俎，帝用經略，北逐獯鬻，南平蚩尤，遺風冥冥，神機未昧。項籍得之霸西楚，黥布得之奄九江，孝武得之攘匈奴。唐天寶中，客有得其遺制於黄帝書之外篇，裂素而圖之。」按魚復之圖，全本於《握機》，頤其妙，窮其神者，武侯而已。獨孤及以爲項、黥、武帝得之，未之思歟！

《宋史・藝文志・兵書類》《風后握機》一卷。晉馬隆略序。

楊士奇等《文淵閣書目・兵法》《風后握奇經》。一部，一册。闕。《風后握奇經》。一部，一册。闕。《風后握奇經》。一部，一册。闕。

錢謙益等《絳雲樓書目・兵家》《風后握奇經》。三百八十四字。

《四庫全書總目提要・兵家類》《握奇經》一卷。浙江范懋柱家天一閣藏本。

一作《握機經》，一作《幄機經》。舊本題風后撰，漢丞相公孫宏解，晉西平太守馬隆述讚。案：《漢書・藝文志》兵家陰陽《風后》十三篇。班固自註曰：「圖二卷，依託也。」竝無《握奇經》之名。且十三篇，《七略》著録，固尚以爲依託。則此經此解，《七略》不著録者，其依託更不待辨矣。馬隆《述讚》，《隋志》亦不著録，則猶之公孫宏解也。考唐獨孤及《毘陵集》有《八陣圖記》，曰：「黄帝順煞氣以作兵法，文昌以命將，風后握機制勝，作爲陣圖，故八其陣，所以定位也。衡抗於外，軸布於內，風雲附其四維，所以備物也。虎張翼以進，蛇向敵而蟠，飛龍翔鳥，上下其旁，所以致用也。至若疑兵以固其餘地，游軍以案其後列，門具將發，然後合戰。弛張則二廣迭舉，犄角則四奇皆出」云云。所説乃一一與此經合。疑唐以來好事者，因諸葛亮八陣之法，推演爲圖，託之風后。其後又因及此記，推衍以爲此經，併取《記》中「握機制勝」之語以爲之名。《宋史・藝文志》始著於録，其晚出之顯證矣。高似孫《子略》曰：「馬隆本作『幄機』。《序》曰：幄者，帳也，大將所居。言其事不可妄示人，故云『幄機』」。則因握、幄字近而附會其文。今本多題曰『握奇』，則又因經中有『四爲正，四爲奇，餘奇爲握奇』之語，改易其名也。」似孫又云：「總有三本：一本三百六十字；一本三百八十字，蓋吕尚增字以發明之；其一行間有『公孫宏等』語。今本衍四字。」校驗此本，分爲三章，正得三百八十四字。蓋即似孫所謂衍四字本也。經後原附《續圖》，據《書録解題》亦稱馬隆所補。然有目而無圖，殆傳寫佚之歟？

姚振宗《漢書藝文志條理・兵書略》《風后》十三篇，《圖》二卷。黄帝臣依託也。

《管子・五行篇》，黄帝得六相而天地治，神明至，風后明乎天道，使爲當時。唐房玄齡注曰：「謂知天時之所當也。」按《管子》原本封后作蚩尤誤，李鍇《尚史》、馬驌《繹史》據《外紀》是正，今從之。

《史・五帝本紀》《集解》鄭玄曰：「風后，黄帝三公也。」《正義》曰：「按黄帝仰天地置列侯。衆官以風后配上台，天老配中台，五聖配下台，謂之三公。」《藝文志》，《風侯兵法》十三篇，圖三卷。按本志作二卷，未詳孰是。《論語摘輔象》，黄帝七輔，風后受金法。宋均注曰：「金法，言能決理是非也。」

本書《人表》，風后列第二等，上中仁人。梁玉繩曰：「風后，姓風，名后。一云風后，是風國之后伏羲後。宋大觀三年封上谷公。」

後漢張衡《應閒》曰：「渾元初基，靈軌未紀，吉凶分錯，人用朣朦，有風后者是焉。亮之察三辰於上，跡禍福乎下。經緯曆數，然後天步有常，則風后之爲也。」

《後漢書・張衡傳》注《春秋內傳》曰：「黄帝師於風后，風后善於伏羲氏之道，故推演陰陽之事。」《藝文志》陰陽家流有《風后》十三篇也。

皇甫謐《帝王世紀》曰：「自神農以上，有大九州，柱州、迎州、神州之等。黄帝以來，德不及遠，惟於神州之內分爲九州。黄帝受命，風后受圖，割地布九州，置十二圖。」按「黄帝受命以」下云云《太平御覽》一百五十七《太一式占》引此文作「周公城名」。録書《禹貢釋文》亦引此文作「周公職録」。「職録」或是「職方録」。而《通志・藝文略》地理類有《周公城名録》一卷。不詳其所據，疑皆是《風后》此書之佚存者。

《隋書・經籍志》，《黄帝蚩尤風后行軍祕術》二卷。按：此似後人鈔節三家之別本。

《宋史・藝文志》，《風后握機》一卷。晉馬隆略序。按《握機經》傳自晉代，似即此十三篇中之殘賸。或以爲後人依託。 王氏《考證》，獨孤及《風后八陳圖記》云：「得其遺制於黄帝書之外篇，裂素而圖之。」李靖《問對》云：「黄帝兵法，世傳《握奇》文。嚴從依《風后》大旨爲圖，以擬方陳。」李筌《太白陰經》云：「風后演握奇圖，復置虛實二壘。」《武經總要》曰：「大撓造《甲子》，推天地之數；風后演《遁甲》，究鬼神之奥。《抱朴子》云：黄帝講占候，則詢風后。」

力牧

《漢書・藝文志・兵書略》《力牧》十五篇。黄帝臣，依託也。

姚振宗《漢書藝文志條理・兵書略》《力牧》十五篇。黄帝臣，依託也。

《力牧》有書二十二篇，見《諸子・道家》。

《論語摘輔象》，黄帝七輔，力墨受準斥州選舉，翼佐帝德。宋均注曰：「準斥，凡事也。力墨，或作力牧。」

皇甫謐《帝王世紀》曰：「黄帝得風后於海隅，登以爲相；得力牧於大澤，進以爲將。」

王氏《考證》，李筌《太白陰經》云：「風后置虛實二壘，力牧亦創營圖。《抱朴子》云：黄帝精推步，則訪山稽、力牧。」

鵊治子

《漢書・藝文志・兵書略》《鵊治子》一篇。《圖》一卷。

姚振宗《漢書藝文志條理・兵書略》《鵊治子》一篇，《圖》一卷。宋祁曰：「治一作冶。」

《顔氏集注》，晉灼曰：「鵊音夾。」

馬驌《繹史・黄帝紀》注曰：「《漢書・藝文志》兵陰陽家，封胡、風后、力牧、鵊治子、鬼容區、地典，注俱云黄帝之臣。」

李鍇《尚史・黄帝諸臣傳》，《漢書》兵陰陽家有鬼臾區、鵊治子、地典。注云：「並黄帝臣。」

按：諸書言黄帝三公、七輔、六相及諸臣，並無鵊治子其人。本志實未嘗注黄帝臣，豈馬、李二家所見與今本有異者歟？抑以此一條在《力牧》、《鬼容區》之間，意爲牽附也。疑此一條在後二條《地典》之次，轉寫亂之。

鬼容區

《漢書・藝文志・兵書略》《鬼容區》三篇，《圖》一卷。黄帝臣，依託。

姚振宗《漢書藝文志條理・兵書略》《鬼容區》三篇，《圖》一卷。黄帝臣，依託。

《世本・作篇》曰：「臾區，占星氣。」張澍輯注曰：「臾區，即車區，亦作鬼容區，實一人也。」李奇曰：「區，黄帝時諸侯。占星氣，謂占星之昏明。流貫，主何瑞禎，變異及雲物怪變，風氣方隅時候也。」

《史・五帝本紀》，黄帝舉風后、力牧、常先、大鴻以治民。《正義》曰：「《封禪書》云：『鬼臾區，號大鴻，黄帝大臣也。死葬雍，故鴻冢是。』《藝文志》云：『《鬼容區兵法》三篇也。』」

本書《人表》，鬼臾區列第二等上中仁人。梁玉繩曰：「鬼臾區，見《黄帝内經》、《素問》、《史・封禪書》。鬼，國名。臾，又作容，又作俞，又作車區，又作蓲，亦曰大鴻。葬雍。宋大觀三年封宜都公。」

地典

《漢書・藝文志・兵書略》《地典》六篇。

姚振宗《漢書藝文志條理・兵書略》《地典》六篇。

《論語摘輔象》，黄帝七輔，地典受州絡。宋均注曰：「絡，維絡也。」

《後漢書・張衡傳》衡作《應間》曰：「方將師天老而友地典，與之乎高睨而大談。」章懷太子注，《帝王紀》曰：黄帝以風后、天老、五聖爲三公，其餘知命、規紀、地典、力牧、常先、封胡、孔甲等，或以爲師，或以爲將。《藝文志》陰陽，有《地典》六篇。

按：《志》於封胡、風后、力牧、鬼容區，並注黄帝臣。此地典亦黄帝臣，而獨不注，則轉寫敚漏也。《人表》無地典。

孟子

《漢書・藝文志・兵書略》《孟子》一篇。

姚振宗《漢書藝文志條理・兵書略》《孟子》一篇。

章學誠《校讎通義》曰：「書有同名而異實者，必著其同異之故，而辨别其疑似焉。」兵陰陽家之《孟子》一篇與儒家之《孟子》十一篇同名。當别白而條著者也。

按：此列東父、師曠之前，則其人遠在孟子之先，疑即五行家之猛子。

東父

《漢書・藝文志・兵書略》《東父》三十一篇。

姚振宗《漢書藝文志條理・兵書略》《東父》三十一篇。

《廣韻》一東注云：「東，亦姓氏。」《族略》云：「東氏，舜七友東不訾之後，望出平原。」鄧名世《辯證》云：「中國有東、西、南氏，高麗有北氏，必其先皆以方爲氏。」

按：東不訾，《韓非子・説疑篇》作董不識。《人表》第三等有董父與東不訾並列，在帝舜、有虞氏之時。董父見《左昭二十九年傳》，以擾龍服事帝舜。帝賜姓曰董氏，曰豢龍氏，封諸鬷川。夷氏其後也。疑即此董父，因通假而爲東父，猶東不訾之爲董不識歟。其敍次在師曠之前，於時代亦相合。《世系表》，董氏出自姬姓，黄帝裔孫有飂叔安，生董父，舜賜姓董氏。又按：以上三條，班氏未必無注，似皆傳刻者失之。

師曠

《漢書・藝文志・兵書略》《師曠》八篇。晋平公臣。

姚振宗《漢書藝文志條理・兵書略》《師曠》八篇。晋平公臣。

師曠有書六篇，見《諸子・小説家》。

《後漢書・蘇竟傳》竟與劉歆兄子龔書曰：「猥以《師曠雜事》，輕自炫惑，説士作書，亂夫大道，焉可信哉？」章懷注曰：「《師曠雜事》，雜占之書也。《前書》云：陰陽書十六家有《師曠》八篇也。」

萇弘

《漢書・藝文志・兵書略》《萇弘》十五篇。周史。

姚振宗《漢書藝文志條理・兵書略》《萇弘》十五篇。周史。

《史・封禪書》，及後陪臣執政，季氏旅於泰山，仲尼譏之。是時萇弘以方事周靈王，諸侯莫朝周，周力少，萇弘乃明鬼神事，設射《狸首》。《狸首》者，諸侯之不來者。徐廣曰：狸，一名不來。依神怪欲以致諸侯。諸侯不從，而晋人執殺萇弘。周人之言方怪者，自萇弘。又《天官書》曰：「昔之傳天數者，周室史佚、萇弘。」

本書《郊祀志》，周靈王時諸侯莫朝。周萇弘迺明鬼神事，設射不來。不來者，諸侯之不來朝者也。依物怪，欲以致諸侯。諸侯弗從，而周室愈微。後二世，至敬王時，晋人殺萇弘。李奇曰：「周爲晋殺之也。」又曰：「成帝末年頗好鬼神。谷永説上曰：昔周史萇弘欲以鬼神之術，輔尊靈王，會朝諸侯，而周室愈微，諸侯愈叛。」

本書《人表》，萇弘列第六等中下。梁玉繩曰：「萇弘始見《左昭十一周語下》，亦曰萇叔，周人殺之。其血三年，化爲碧，葬雒陽東北山。」

《淮南子・氾論篇》，昔者萇弘，周室之執數者也。天地之氣，日月之行，風雨之變，律曆之數，無所不通。然而不能自知，車裂而死。高誘注曰：「晋范中行氏之難，以叛其君也。周劉氏與晋范氏世爲婚姻，萇弘事劉文公，故周人助范氏。至敬王二十八年，晋人攘周，周爲殺萇弘以釋之。」

按：萇弘初事周卿士劉文公，爲屬大夫，後事靈王、景王、敬王，爲大夫。其死時，當春秋魯哀公之三年也。

別成子望軍氣

《漢書・藝文志・兵書略》《別成子望軍氣》六篇，《圖》三卷。

姚振宗《漢書藝文志條理・兵書略》《別成子望軍氣》六篇，《圖》三卷。

《史・天官書》，凡望雲氣，仰而望之，三四百里；平望，在桑榆上，餘二千里；登高而望之，下屬地者三千里。雲氣有獸居上者，勝。又曰：陳雲如垣，杼雲類杼。（軸）王朔所候，決于日旁。日旁雲氣，人主象。皆如其形以占。故北夷之氣，如羣畜穹閭，南夷之氣，類舟船幡旗。又曰：「夫自漢之爲天數者，星則唐都，氣則王朔。」

本書《西域傳下》，武帝《輪臺詔》曰：興師遣貳師將軍，公車方士、太史、治星、望氣皆以爲：吉，匈奴必破。

鄧名世《古今姓氏書辯證》別成氏，《漢藝文志》陰陽家有《別成子望軍氣》六篇。今詳別成，乃著書人也。按：鄧氏之意，蓋謂別成非姓氏，乃著書人辯古今氏姓書之謬也。

按：《廣韻》十七薛別字注云：別，又姓何氏。《姓苑》云：揚州人。此豈姓別，名成者歟？《史記》云：氣則王朔，豈朔自號別成子歟？朔，武帝時人。《隋志》兵家尚載其《雜匈奴占》一卷。

又按：《隋志》有《用兵祕法雲氣占》一卷，《氣經上部占》一卷，《天大芒霧氣占》一卷，《鬼谷先生占氣》一卷，《五行候氣占災》一卷，《乾坤氣法》一卷，不著撰人，皆是類之書，容或有此書逸篇在其間也。

辟兵威勝方

《漢書・藝文志・兵書略》《辟兵威勝方》七十篇。

姚振宗《漢書藝文志條理・兵書略》《辟兵威勝方》七十篇。

《抱朴子・仙藥篇》，《孝經援神契》曰：「椒薑禦溼，菖蒲益聰，巨勝延年，威喜辟兵，皆上聖之至言，方術之實録也。明文炳然，而世人終于不信，可歎息者也。」又《金丹篇》云：「金液，太乙所服而仙者也。」其經云：「以金液爲威喜巨勝之法，取金液及水銀一味合煑之，三十日，出，以黄土甌盛，以六一泥封，置猛火炊之，六十時，皆化爲丹，服如小豆大便仙，以此丹一刀圭粉，水銀一斤，即成銀。又取此丹一斤，置火上扇之，化爲赤金而流，名曰丹金。以塗刀劍，辟兵萬里。」又《遐覽篇》云：「《道經》中有《燕君龍虎三囊辟兵符》、《八威五勝符》、《威喜符》、《巨勝符》各一卷。」

按：葛稚川所言威勝，似即此方七十篇中之大略。《七録》有《辟兵法》一卷，《通志・藝文略》兵陰陽家有《兵書萬勝決》、《太一厭禳法》亦即是一類之書。

雜匈奴占

《隋書・經籍志・兵家》《雜匈奴占》一卷。漢武帝王溯注。

鄭樵《通志・藝文略・兵家》《雜匈奴占》一卷。漢王朔撰。

姚振宗《漢書藝文志拾補・兵書略》王朔《雜匈奴占》一卷。

《史記・天官書》曰：「夫自漢之爲天數者，星則唐都，氣則王朔。」又曰：「王朔所候，決於日旁。雲氣，人主象。皆如其形以占。故北夷之氣如羣畜穹閭，南夷之氣類舟船幡旗。」云云。《漢書・天文志》同。

《隋志》子部兵家，《雜匈奴占》一卷，漢武帝王朔注。按：武帝下，似敚時字。《通志略》兵陰陽家，《雜匈奴占》一卷，漢王朔撰。

按：王朔，始末未詳。班書《李廣傳》，廣與望氣王朔語，蓋與廣同時。《世說・文學篇》注引《東方朔傳》曰：漢武帝時，未央宮鐘無故自鳴。詔問太史待詔王朔。按：《東方朔本傳》無此事，蓋別傳也。則武帝時以望氣，知術數，官待詔者也。史與占星之唐都，占歲之魏鮮並稱。而《天官書》、《天文志》並采其語。《開元占經》七、八兩卷《日占類》中引王朔曰八條，其即是書。

京氏征伐軍候

《隋書・經籍志・兵家》 梁有《京氏征伐軍候》八卷。

姚振宗《漢書藝文志拾補・兵書略》 《京氏征伐軍候》八卷。京房撰。房始末，具《諸子法家》。

《漢書本傳》，初元四年，以孝廉爲郎。永光、建昭間西羌反，日蝕，又久青亡光，陰霧不精。房數上疏先言其將然，近數月，遠一歲，所言屢中，天子悦之，數召見問。

《隋志》子部兵家，梁有《京氏征伐軍候》八卷。

按：《七録》載是書，但稱京氏，不云京房。今以本傳證之，知爲房書。其云：西羌反，先言其將然。天子以所言屢中，數召見問。或其門弟子，如任良、段嘉、姚平、桑弘輩哀録當時奏對之語及其占候涉於軍事者，爲是編，亦事理所恒有也。《御覽》八百七十七引京房曰：若出軍之日無雲而雨，此天泣，軍没不還。雨不沾衣，名曰鬼泣，其軍必敗。頗似此書。又《開元占經》引京房諸占，頗及兵戎事者，亦似此書。又疑此亦在《災異孟氏京房》六十六篇中，姑録存之。

吳有道占出軍決勝負事

《隋書・經籍志・兵家》 《吳有道占出軍決勝負事》一卷。梁二卷。又《黄帝出軍雜用決》十二卷，《風氣占軍決勝戰》二卷。太史令吳範撰。

鄭樵《通志・藝文略・兵家》 《吳有道占出軍決勝負事》一卷。

姚振宗《三國藝文志・兵家類》 《吳有道占出軍決勝負事》二卷。

《吳志・列傳》，吳範字文則，會稽上虞人也。以治曆數，知風氣，聞于郡中。舉有道，詣京都，世亂不行。會孫權起于東南，範委身服事，每有災祥，輒推數言狀，其術多效，遂以顯名。初，權在吳，欲討黄祖。範曰：「今兹少利，不如明年。明年戊子，荆州劉表亦身死國亡。」權遂征祖，卒不能克。明年軍出破祖，劉表竟死，荆州分割。其占驗明審，類如此。權以爲騎都尉，領太史令，數從訪問。黄武五年病卒。注引《吳録》曰：範先知其死日，謂權曰：「陛下某日當喪軍師。」權曰：「吾無軍師，焉得喪之？」範曰：「陛下出軍臨敵，須臣言而後行，臣乃陛下之軍師也。」至其日果卒。《魏志・陶謙傳》注引《謝承書》有揚州從事會稽吳範，當即此吳範也。

《隋書・經籍志》，《吳有道占出軍決勝負事》一卷。梁二卷。《通志・藝文略》兵陰陽家，著録一卷。

案：吳範，舉有道，見《本傳》。傳載其占出軍，決勝負事，尤顯著者數條，大抵皆采自此書。知《隋志》稱吳有道者，即吳範。吳人録其占驗者，筆之于書。其下引《七録》稱太史令全範者，全乃吳字之誤。又《隋志》列此書在《黄帝》、《老子》諸書之後，皆兵陰陽一類之書。以時代言之，則又近似。緣是證知此書及下二書，皆出吳範，無復可疑。

黄帝出軍雜用決

《隋書・經籍志・兵家》 《黄帝出軍雜用決》十二卷。太史令吳範撰。

風氣占軍決勝戰

《隋書・經籍志・兵家》 《風氣占軍決勝戰》二卷。太史令吳範撰。

鄭樵《通志・藝文略・兵家》 《風氣占軍決勝戰》二卷。太史令全範撰。

姚振宗《三國藝文志・兵家類》 吳範《風氣占軍決勝戰》二卷。

《吳志・本傳》，範知風氣。權討黄祖，軍出，行及尋陽，範見風氣，因詣船賀，催兵急行。至即破祖。祖夜亡，權恐失之，範曰：「未遠，必生禽祖。」至五更中，果得之。及壬辰歲，範又白言：「歲在甲午，劉備當得益州。」備卒得蜀。後權與魏爲好，範曰：「以風氣言之，彼以貌來，其實有謀，宜爲之備。」劉備盛兵西陵，範曰：「後當和親。」終皆如言。

《隋書・經籍志》，梁有《風氣占軍決勝戰》二卷。太史令全範撰。《通志・藝文略》兵陰陽家，著録同。

案：《隋志》載此書于《吳有道占決》之下，而此書之下，又有吳氏《對敵權變》一書。以是證知，此書即吳太史令吳範撰，刊本誤爲全範耳。範領太史令多年，史又稱其善風氣,歷舉軍戰,決勝占事。其出吴範,似無可疑。《太平御覽・經史圖書綱目》有吴軌《占候風氣祕訣》,蓋即此書,而範誤爲軌。《隋志》引《七録》,此書之前,又有《黄帝出軍雜用决》十二卷,疑亦似吴範所裒録者。

對敵權變

《隋書・經籍志・兵家》 《對敵權變》一卷。吴氏撰。

鄭樵《通志・藝文略・兵家》 《對敵權變》一卷。吴氏撰。

姚振宗《三國藝文志・兵家類》 吴氏《對敵權變》一卷。

《隋書・經籍志》,《對敵權變》一卷。吴氏撰。《通志・藝文略》兵陰陽家,著録同。

案:《隋志》稱吴氏者,即蒙上文,指吴有道其人也。自吴有道至此,凡四書,皆出吴範。其敍次略可尋。案:其《黄帝出軍雜用訣》别無碻證,故不録。

兵法孤虛月時祕要法

《新唐書・藝文志・兵書類》 葛洪《兵法孤虛月時祕要法》一卷。

鄭樵《通志・藝文略・兵家》 葛洪《兵法孤虛月時祕要法》一卷。

文廷式《補晉書藝文志・兵家類》 葛洪《兵法孤虛月時祕要》一卷。見《唐志》。

陰符十德經

文廷式《補晉書藝文志・兵家類》 葛洪《陰符十德經》一卷。見《唐志》。

推元嘉十二年日時兵法　逆推元嘉五十年太歲計用兵法

《隋書・經籍志・兵家》 梁有《推元嘉十二年日時兵法》二卷,《逆推元嘉五十年太歲計用兵法》一卷。

姚振宗《隋書經籍志考證・兵家》 梁有《推元嘉十二年日時兵法》二卷,《逆推元嘉五十年太歲計用兵法》一卷。並不著撰人。

案:此爲宋文帝元嘉時人所作,猶京房逆刺占災異。《房傳》所謂西羌反,先言其將然之類。然考《宋書・文帝本紀》,元嘉十二年,惟有九月蜀郡賊張尋爲寇一事。小醜陸梁,無關軍國,豈所推即爲此事歟?元嘉五十年,則爲後廢帝元徽元年。太歲在癸丑,是年亦平靖無軍興事,不知此所推云何也?又疑五十年爲三十年之誤。

孫子兵法雜占

《隋書・經籍志・兵家》 《孫子兵法雜占》四卷。梁有《諸葛亮兵法》五卷,又《慕容氏兵法》一卷,亡。

鄭樵《通志・藝文略・兵家》 《孫子兵法雜占》四卷。

姚振宗《隋書經籍志考證・兵家》 《孫子兵法雜占》四卷。

嚴氏《全三代文编》曰:《太平御覽》三百二十八引《孫子占》。案《隋志》有《孫子兵法雜占》四卷。此其遺文。

案:張彦遠《名畫記》云:「古來祕畫珍圖有《吴孫子兵法雲氣圖》一卷。」雲氣,雜占之一端,或在是書。

太公陰符鈐録

《隋書·經籍志·兵家》《太公陰符鈐録》一卷。

鄭樵《通志·藝文略·兵家》《太公陰符鈐録》一卷。

姚振宗《隋書經籍志考證·兵家》《太公陰符鈐録》一卷。

《唐日本國見在書目》：《太公陰録符》一卷。案：當是陰符録、陰符鈐之誤。

《通志·藝文略》兵陰陽家，《太公陰符鈐録》一卷。嚴氏《三代文編》曰：太公有《陰符鈐録》一卷。案：陰符，謂陰符之謀。《詩·大明疏》引《太公授兵鈐之法》曰：「踐爾兵革，審權矩，應詐縱，謀出無孔。」案：《正義》并引其注云：「踐，行也。矩，法也。當親行汝兵革，審其權謀之法。孔，道也。應敵之變詐，縱己之謀，所出無常道。善太公知權變者，兵法須知彼己，當預爲之備，所以貴權謀。故善太公能審之。」案：《正義》引此，蓋據《雒師謀》之説也。《雒師謀》，《尚書中候》之篇名，故其文格如此。有鄭氏注，即此注是也。末後數語，又似孔穎達引申之詞。

案：陰符鈐，即兵鈐。《廣韻》二十四鹽「鈐」字注云：「兵鈐以閉房神符，以備非常。」其語不可曉，亦似讖緯家之説。此殆從《周書陰符》九卷中録出者。據《中候》説，則是書爲伐紂時所作，然不可考矣。

太公伏符陰陽謀

《隋書·經籍志·兵家》《太公伏符陰陽謀》一卷。

鄭樵《通志·藝文略·兵家》《太公伏符陰陽謀》一卷。

姚振宗《隋書經籍志考證·兵家》《太公伏符陰陽謀》一卷。

《通志·藝文略》兵陰陽家，《太公伏符陰陽謀》一卷。

嚴氏《全三代文編》曰：「《隋志》又有《太公伏謀陰陽謀》一卷。」案：此作伏謀，不知何本，疑寫刊之誤。

案：《唐日本書目》，《太公謀卅六甲法》一卷。兩《唐志》有《太公陰謀三十六用》一卷，似即此書。五行家有《黄帝式經三十六用》一卷，是甲爲用字之誤。其稱陰謀或亦八十一篇之遺。《文選·王元長詩》注引《太公伏符陰謀》曰：武王伐紂，四海神河伯皆曰：「天伐殷立周，謹來受命，願獻時雨。」《初學記·天部》言之尤祥。嚴氏並輯入《金匱》中。然後知《史記·曆書》所謂「諸神受紀」者本于此。

黄帝兵法孤虚雜記

《隋書·經籍志·兵家》《黄帝兵法孤虚雜記》一卷。

《新唐書·藝文志·兵書類》《黄帝兵法孤虚推記》一卷。

鄭樵《通志·藝文略·兵家》《黄帝兵法孤虚雜記》一卷。

姚振宗《隋書經籍志考證·兵家》《黄帝兵法孤虚雜記》一卷。

《唐書·藝文志》，《黄帝兵法孤虚推記》一卷。

《通志·藝文略》兵陰陽家，《黄帝兵法孤虚雜記》一卷。

案：此列在太公諸兵書中，殆亦以爲太公述黄帝之法歟？雜記，《新唐志》作推記，義亦通，未詳孰是。孤虚，别見于後。

太公三宫兵法

《隋書·經籍志·兵家》《太公三宫兵法》一卷。梁有《太一三宫兵法立成圖》二卷。

《舊唐書·經籍志·兵書》《黄帝太公三宫法要訣》一卷。

《新唐書·藝文志·兵書類》《黄帝太公三宫法要訣》一卷。

鄭樵《通志·藝文略·兵家》《太公三宫兵法》一卷。

姚振宗《隋書經籍志考證·兵家》《太公三宫兵法》一卷。梁有《太一三宫兵法立成圖》二卷。

《唐書·經籍志》，《黄帝太公三宫法要訣》一卷。《藝文志》同。

唐張彦遠《歷代名畫記》曰：「古之祕畫珍圖有《太一三宫用兵成圖》二卷。」敚立字。

《通志·藝文略》兵陰陽家，《太公三宫兵法》一卷，《太一三宫兵法立成圖》一卷。

案：王氏《小學紺珠》謂天宮、地宮、人宮爲三宮，然則亦如《六韜》所謂天陳、地陳、人陳之類也。《漢志》兵陰陽家有《太壹兵法》一篇。此推演爲《立成圖》。立成者，立其成法，爲一定之詞。術家常有此言也。

太一三宮兵法立成圖

《隋書·經籍志·兵家》 梁有《太一三宮兵法立成圖》二卷。

鄭樵《通志·藝文略·兵家》 《太一三宮兵法立成圖》一卷。

黃石公三奇法

《隋書·經籍志·兵家》 《黃石公三奇法》一卷。梁有《兵書》一卷，《張良經》與《三略》往往同，亡。

鄭樵《通志·藝文略·兵家》 《黃石公三奇法》一卷。

姚振宗《隋書經籍志考證·兵家》 《黃石公三奇法》一卷。梁有《兵書》一卷。

《通志·藝文略》兵陰陽家，《黃石公三奇法》一卷。

案：遁甲書有三奇名目，似即所謂奇門也。《抱朴子·對俗篇》云：「運三棋，以定行軍之興亡；推九符，而得禍福之分野。」疑即此三棋，而亦爲奇。本《志》五行風角類中有《黃石公北斗三奇法》一卷，疑即是書。梁有《兵書》一卷，而不注云亡，似即此《三奇法》，亦但注其異同耳。

兵書

《隋書·經籍志·兵家》 梁有《兵書》一卷。

黃石公陰謀行軍祕法

《隋書·經籍志·兵家》 《黃石公陰謀行軍祕法》一卷。梁有《黃石公祕經》二卷。

《舊唐書·經籍志·兵書》 《黃石公陰謀乘斗魁剛行軍祕》一卷。

《新唐書·藝文志·兵書類》 黃石公陰謀乘斗魁剛行軍祕一卷

鄭樵《通志·藝文略·兵家》 《黃石公陰謀行軍祕法》一卷。

姚振宗《隋書經籍志考證·兵家》 《黃石公陰謀行軍祕法》一卷。梁有《黃石公祕經》二卷。

《初學記·職官部》，《黃石公陰謀祕法》曰：「熒惑，火之精，御史之象，主禁令刑罰，收捕糾正。」

《唐書·經籍志》，《黃石公陰謀乘斗魁剛行軍祕》一卷。《藝文志》同。

三宮用兵法

《隋書·經籍志·兵家》 《三宮用兵法》一卷。

鄭樵《通志·藝文略·兵家》 《三宮用兵法》一卷。

姚振宗《隋書經籍志考證·兵家》 《三宮用兵法》一卷。不著撰人。

案：上文有《太公三宮兵法》、《太一三宮兵法》。此列在魏武書中，殆即魏武之《三宮用兵法》，而失注撰人者。

玄女戰經

《隋書·經籍志·兵家》 《玄女戰經》一卷。

鄭樵《通志·藝文略·兵家》 《玄女戰經》一卷。

姚振宗《隋書經籍志考證・兵家》　《玄女戰經》一卷。

玄女，別見下一條。

《藝文類聚・火部》《玄女戰經》曰：「諸見舉烽火、煙火，傳言虜且起。欲知審來不，以言者時所加之。得陽者，不來；得陰者，爲來法。」亦見《御覽・兵部・烽燧篇》，嚴氏皆輯入《玄女兵法》中。

案：此與下文《玄女兵法》，隔越不相屬，豈原本果如此雜亂耶？抑轉寫之誤耶？

太公書禁忌立成集

《隋書・經籍志・兵家》　《太公書禁忌立成集》二卷。

鄭樵《通志・藝文略・兵家》　《太公書禁忌立成集》二卷。

黄帝問玄女兵法

《隋書・經籍志・兵家》　《黄帝問玄女兵法》四卷。梁三卷。

《舊唐書・經籍志・兵書》　《黄帝問玄女法》三卷。玄女撰。

《新唐書・藝文志・兵書類》　《黄帝問玄女法》三卷。

鄭樵《通志・藝文略・兵家》　《黄帝問玄女兵法》四卷。

姚振宗《隋書經籍志考證・兵家》　《黄帝問玄女兵法》四卷。梁三卷。

《唐書・經籍志》，《黄帝問玄女法》三卷，玄女撰。

《唐書・藝文志》，《黄帝問玄女法》三卷。

嚴氏《全三代文編》曰：「玄女未詳，或云天帝女，一云即西王母，有《玄女戰經》一卷，《黄帝問玄女兵法》四卷。」皆五行家依託。《後漢書・皇甫嵩傳》注引《玄女三宫戰法》，又曰：《黄帝問玄女兵法》。《書鈔》、《類聚》、《御覽》、《事類》、《賦注》、《路史》、《後紀》，引凡十二條。

孫氏《祠堂書目》，《黄帝問玄女兵法》一卷，洪頤煊集本。

真人水鏡

《隋書・經籍志・兵家》　《真人水鏡》十卷。

《舊唐書・經籍志・兵書》　《真人水鏡》十卷。陶弘景撰。

《新唐書・藝文志・兵書類》　陶弘景《真人水鏡》十卷。

鄭樵《通志・藝文略・兵家》　《真人水鑑》十卷。陶弘景撰。

尤袤《遂初堂書目・兵書類》　《真人水鏡》。

《宋史・藝文志・兵書類》　陶弘景《真人水照》十三卷。

錢東垣等輯《崇文總目・兵家類》　《真人水鑑》十二卷，陶宏景撰。

姚振宗《隋書經籍志考證・兵家》　《真人水鏡》十卷。

不著撰人。

《唐日本國見在書目》，《真人水鏡》十卷。不著撰人。

《唐書・經籍志》，《真人水鏡》十卷，陶弘景撰。

《唐書・藝文志》，陶弘景《真人水鏡》十卷。

案：陶弘景有《毛詩序注》，詳見《經部・詩類》。是書《梁書》、《南史・隱逸傳》及陶翊所撰《隱居先生本起録》皆不載。兩《唐志》又有《握鏡》三卷。

握　鏡

《舊唐書・經籍志・兵書》　《握鏡》一卷。陶弘景撰。

《新唐書・藝文志・兵書類》　《握鏡》三卷。

雜撰陰陽兵書

《隋書・經籍志・兵家》　《雜撰陰陽兵書》五卷。莫珍寶撰。

鄭樵《通志・藝文略・兵家》　《陰陽兵書》五卷。莫珍寶撰。

姚振宗《隋書經籍志考證・兵家》《雜撰陰陽兵書》五卷。莫珍寶撰。

莫珍寶，始末未詳。

《通志・藝文略》兵陰陽家，《陰陽兵書》五卷，莫珍元撰。此作珍元，未詳孰是。

案：細覈本志章次節目，此書實爲兵陰陽之首，而列于《黄帝》、《老子》之前，莫明其故。其曰雜撰，豈雜取《漢志》十六家之遺佚，而撰集成書，不以撰集人序時代與？五行類以後人所集《風角要占》十二卷，列漢京房、翼奉之前，蓋與此同例，實爲舛謬也。

黄帝兵法雜要決

《隋書・經籍志・兵家》《黄帝兵法雜要決》一卷。

姚振宗《隋書經籍志考證・兵家》《黄帝兵法雜要決》一卷。

《黄帝軍出大師年命立成》一卷。

嚴氏《全上古文編》曰：案《隋志》，《黄帝兵法雜要訣》一卷。《五行大義》第五篇引《黄帝兵訣》，此省詞。《開元占經》引《黄帝兵法》、《黄帝用兵要法》、《用兵要訣》。《太平御覽》引《黄帝出軍訣》。

又曰：《漢書・胡建傳》引《黄帝李法》。《隋志》，《黄帝兵法共八種》。《李法》、《律法》、《兵律》在其中。今輯《李法》一條，《兵法》五條，《出軍訣》一條。案：《律法》、《兵律》不見，似有所漏。別有《黄帝占》三卷，詳見後《天文家》。八種者，此下所載七種，并上文《黄帝兵法孤虛雜記》一種也。

案：《類聚》、《御覽》天部並引《黄帝占軍訣》。《類聚》居處部引《黄帝軍氣訣》，《初學記》武部、器物部，《類聚》軍器部、祥瑞部，並引《黄帝出軍訣》，似皆出此二書。

黄帝軍出大師年命立成

《隋書・經籍志・兵家》《黄帝軍出大師年命立成》一卷。

鄭樵《通志・藝文略・兵家》《黄帝軍出大師年命立成》一卷。

黄帝複姓符

《隋書・經籍志・兵家》《黄帝複姓符》二卷。許昉撰。梁有《辟兵法》一卷。

鄭樵《通志・藝文略・兵家》《黄帝複姓符》一卷。許昉撰。

姚振宗《隋書經籍志考證・兵家》《黄帝複姓符》二卷。許昉撰。

許昉有《軍勝見》及《戎決》，並見前。

《通志・藝文略》兵陰陽家，《黄帝複姓符》一卷，許昉撰。

辟兵法

《隋書・經籍志・兵家》梁有《辟兵法》一卷。

鄭樵《通志・藝文略・兵家》《辟兵法》一卷。

姚振宗《隋書經籍志考證・兵家》梁有《辟兵法》一卷。

不著撰人。

案：《漢志》兵陰陽家有《辟兵威勝方》七十篇。此或其殘佚僅存者。

黄帝太一兵曆

《隋書・經籍志・兵家》《黄帝太一兵曆》一卷。

鄭樵《通志・藝文略・兵家》《黄帝太一兵曆》一卷。

姚振宗《隋書經籍志考證・兵家》《黄帝太一兵曆》一卷。

《唐書・藝文志》，《黄帝太一兵曆》一卷。

案：《漢志》兵陰陽家有《黄帝》十六篇，《太壹兵法》一篇。此不知是否合兩家之遺説爲一書。《初學記・禮部》引《黄帝太一密推》，《藝文類聚》三十九引作「察推」，疑即是書。

黄帝蚩尤風后行軍祕術

《隋書·經籍志·兵家》《黄帝蚩尤風后行軍祕術》二卷。梁有《黄帝蚩尤兵法》一卷，亡。

鄭樵《通志·藝文略·兵家》《黄帝蚩尤風后行軍祕術》二卷。

姚振宗《隋書經籍志考證·兵家》《黄帝蚩尤風后行軍祕術》二卷。梁有《黄帝蚩尤兵法》一卷，亡。

《史記·五帝本紀》：黄帝者，少典之子，姓公孫，名曰軒轅。軒轅之時，神農氏世衰。諸侯相侵伐，暴虐百姓，而神農氏弗能征。于是軒轅乃習用干戈，以征不享，諸侯咸來賓從。而蚩尤最爲暴，莫能伐。炎帝欲侵陵諸侯，諸侯咸歸軒轅。軒轅乃脩德振兵，教熊羆貔貅貙虎，以與炎帝戰于阪泉之野。三戰，然後得其志。蚩尤作亂，不用帝命。于是黄帝乃徵師諸侯，與蚩尤戰于涿鹿之野，遂禽殺蚩尤。而諸侯咸尊軒轅爲天子，代神農氏，是爲黄帝。天下有不順者，黄帝從而征之，平者去之，披山通道，未嘗寧居。而邑于涿鹿之阿。遷徙往來無常處，以師兵爲營衛。舉風后、力牧、常先、大鴻以治民。《正義》曰：鄭玄云：「風后，黄帝之三公也。」案：黄帝仰天地置列侯，衆官以風后配上台，天老配中台，五聖配下台，謂之三公也。餘詳見余所輯《漢志條理》道家、兵家兩類中。

《抱朴子·極言篇》：黄帝講占候，則詢風后；審攻戰，則納五音之策。《漢志》數術五行家有《五音奇胲用兵》二十三卷，蓋言納音之術，即此所謂「納五音之策」也。

《唐日本國見在書目》：《黄帝蚩尤兵法》一卷。

《通志·藝文略》兵陰陽家，《黄帝蚩尤風后行軍祕術》二卷，《黄帝蚩尤兵法》一卷。又營陣類有《風后握機圖經》、《風后握奇八陣圖》各一卷。案：今傳《握機經》一篇，疑出是書。

案：《漢志》兵陰陽家，有《黄帝》十六篇，圖三卷。《風后》十三篇，圖二卷。又兵形勢家有《蚩尤》二篇。此不知是否合三家之遺説爲一書。梁有一卷，雖不云《風后》，而亦是此書。

黄帝蚩尤兵法

《隋書·經籍志·兵家》梁有《黄帝蚩尤兵法》一卷，亡。

鄭樵《通志·藝文略·兵家》《黄帝蚩尤兵法》一卷。

老子兵書

《隋書·經籍志·兵家》《老子兵書》一卷。

鄭樵《通志·藝文略·兵家》《老子兵書》一卷。

姚振宗《隋書經籍志考證·兵家》《老子兵書》一卷。

老子惟有《道德經》見前《道家》。

《唐日本國見在書目》：《孝子賓訣》一卷。孝，爲老字之誤。

《通志·藝文略》兵陰陽家，《老子兵書》一卷。

對敵占風

《隋書·經籍志·兵家》《對敵占風》一卷。梁有《黄帝夏氏占氣》六卷，《兵法風氣等占》三卷，亡。

鄭樵《通志·藝文略·兵家》《對敵占風》一卷。

姚振宗《隋書經籍志考證·兵家》《對敵占風》一卷。

不著撰人。

案：五行家有《兵法風角式》一卷，疑即是書。

黄帝夏氏占氣

《隋書·經籍志·兵家》梁有《黄帝夏氏占氣》六卷，亡。

鄭樵《通志・藝文略・兵家》《黃帝夏后氏占氣》六卷。

姚振宗《隋書經籍志考證・兵家》 梁有《黃帝夏氏占氣》六卷，亡。

《通志・藝文略》兵陰陽家，《黃帝夏后氏占氣》六卷。

案：夏氏有《日旁氣圖》一卷，別見後《天文家》。《通志略》作夏后氏，未詳所據。豈今本《隋志》敚后字乎？何以《漢書・天文志》亦稱夏氏，不云夏后氏也？

兵法風氣等占

《隋書・經籍志・兵家》 梁有《兵法風氣等占》三卷，亡。

鄭樵《通志・藝文略・兵家》《兵法風氣等占》三卷。

對敵權變逆順

《隋書・經籍志・兵家》《對敵權變逆順》一卷。

《新唐書・藝文志・兵書類》《當敵》一卷。

鄭樵《通志・藝文略・兵家》《對敵權變逆順》一卷。

《宋史・藝文志・兵書類》《對敵權變逆順法》一卷。

姚振宗《隋書經籍志考證・兵家》《對敵權變逆順》一卷。

不著撰人。

《唐日本國見在書目》兵書，《對敵權變逆順法》、《武王代殷法》一卷。案：代，當爲伐。是書蓋載武王伐殷之事耳。

《唐書・藝文志》，太公《六韜》六卷，《當敵》一卷。

案：《太平御覽・天部》引《太公對敵權變逆順法》曰：夫軍出，逢天無雲而雨，此天泣也，軍没不還。則是書亦託之太公。由是證知《唐志》所載太公諸書，有《當敵》一卷，即此書。其事其文嚴氏所輯《太公陰謀》、《金匱》諸篇，亦略可見矣。

兵法權儀

《隋書・經籍志・兵家》《兵法權儀》一卷。

鄭樵《通志・藝文略・兵家》《兵法權儀》一卷。

姚振宗《隋書經籍志考證・兵家》《兵法權儀》一卷。

不著撰人。

《通志・藝文略》兵陰陽家，《兵法權儀》一卷。

案：劉熙《釋名》云：「儀，宜也，得事宜也」。蓋與宜通。

六甲孤虛雜決

《隋書・經籍志・兵家》《六甲孤虛雜決》一卷。

鄭樵《通志・藝文略・兵家》《六甲孤虛雜決》一卷。

姚振宗《隋書經籍志考證・兵家》《六甲孤虛雜決》一卷。

不著撰人。

梁有《孫子戰鬭六甲兵法》一卷。

孫子有《兵法》見前。

文登畢以珣《孫子敍録》曰：隋、唐《志》，又有《孫子牝八變陣圖》、《三十二壘經》、《戰鬭六甲兵法》。案：《漢志》惟云《孫子》八十二篇，而隋、唐《志》于十三篇之外，又有數種，可知具在八十二篇之内也。

孫子戰鬭六甲兵法

《隋書・經籍志・兵家》 梁有《孫子戰鬭六甲兵法》一卷。

六甲孤虛兵法

《隋書・經籍志・兵家》《六甲孤虛兵法》一卷。

鄭樵《通志・藝文略・兵家》《六甲孤虛兵法》一卷。

孤虛法

《隋書・經籍志・兵家》《孤虛法》十卷。梁有《兵法遁甲孤虛斗中域法》九卷。

鄭樵《通志・藝文略・兵家》《孤虛法》十卷。

姚振宗《隋書經籍志考證・兵家》《孤虛法》十卷。梁有《兵法遁甲孤虛斗中域法》九卷。

不著撰人。

《史記・龜策傳》，褚先生曰：「日辰不全，故有孤虛。」《集解》曰：駰案：「甲乙謂之日，子丑謂之辰。《六甲孤虛法》：甲子旬中無戌亥，戌亥即爲孤，辰巳即爲虛。甲戌旬中無申酉，申酉爲孤，寅卯即爲虛。甲申旬中無午未，午未爲孤，子丑即爲虛。甲午旬中無辰巳，辰巳爲孤，戌亥即爲虛。甲辰旬中無寅卯，寅卯爲孤，申酉即爲虛。甲寅旬中無子丑，子丑爲孤，午未即爲虛。劉歆《七略》有《風后孤虛》二十卷。」《正義》曰：「案：歲月日時孤虛，並得上法也。」

《後漢書・方術傳序》曰：其流又有孤虛之術。章懷太子曰：「孤，謂六甲之孤辰，若甲子旬中，戌亥無干，是爲孤也，對孤爲虛。」《前書・藝文志》有《風后孤虛》二十卷。

案：《風后孤虛》二十卷，見《漢志》數術五行家。此以上四書，梁有九卷，似即著録之《孤虛法》十卷。或爲漢時留遺，或爲後人推演，無以詳知。范書《方術・趙彦傳》，南陽宗資爲討寇中郎將，彦爲陳《孤虛》之法，從孤擊虛以討之。彦推遁甲，教以時進兵，一戰破賊。此其事之有驗，見于正史者。

兵法遁甲孤虛斗中域法

《隋書・經籍志・兵家》梁有《兵法遁甲孤虛斗中域法》九卷。

鄭樵《通志・藝文略・兵家》《兵法遁甲孤虛斗中域法》九卷。

兵書雜占

《隋書・經籍志・兵家》《兵書雜占》十卷。梁有《兵法日月風雲背向雜占》十二卷，《兵法》三卷，《虛占》三卷，《京氏征伐軍候》八卷。

兵法日月風雲背向雜占

《隋書・經籍志・兵家》梁有《兵法日月風雲背向雜占》十二卷。

鄭樵《通志・藝文略・兵家》《兵法日月風雲背向雜占》十二卷。

虛　占

《隋書・經籍志・兵家》梁有《虛占》三卷。

鄭樵《通志・藝文略・兵家》《虛占》三卷。

姚振宗《隋書經籍志考證・兵家》案：虛占，當是孤虛占，敚孤字。然考《藝文略》亦作虛占，則宋本已然矣。《四庫全書總目提要・兵家序》曰：「其間孤虛、王相之説，雜以陰陽五行；風雲、氣色之説，又雜以占候。故兵家恒與術數相出入，術數恒與兵家相出入。」此類是已。

兵書雜歷

《隋書・經籍志・兵家》《兵書雜歷》八卷。

鄭樵《通志・藝文略・兵家》《兵書雜歷》八卷。

太一兵書

《隋書・經籍志・兵家》《太一兵書》一十一卷。梁二十卷。

鄭樵《通志・藝文略・兵家》《太一兵書》十一卷。

姚振宗《隋書經籍志考證・兵家》《太一兵書》一十一卷。梁二十卷。

《史記・天官書》，中宫天極星，其一明者，太一常居也。其一曰天一。《正義》曰：「泰一，天帝之别名也。劉伯莊云：泰一，天神之最尊貴者也。」又曰：「太一一星次天一南，亦天帝之神，主使十六神，知風雨、水旱、兵革、饑饉、疾疫。占以不明及移爲災也。」

王氏《漢志考證》，《武經總要》曰：「太一者，天帝之神也。其星在天一之南，總十六神。知風雨、水旱、金革、凶饉，陰陽二局，存諸祕式。星文之次舍，分野之災祥，貴乎先知，逆爲之備。用軍行師，主客勝負，蓋天人之際相參焉。」

《唐書・經籍志》，《太一兵法》一卷。《藝文志》同。按：此一卷與本志卷數懸殊，或非其流。

案：《漢志》兵陰陽家有《太壹兵法》一篇，《天一兵法》三十五篇。又數術天文家，《泰壹雜子星》二十八卷，《泰壹雜子雲雨》三十四卷。五行家《泰一陰陽》二十三卷，《泰一》二十九卷。此或取諸家言兵占者，彙次爲是書，或後世太一家之言兵占者也。

兵書内術

《隋書・經籍志・兵家》《兵書内術》二卷。

兵法書決

《隋書・經籍志・兵家》《兵法書決》九卷。闕一卷。

軍國要略

《隋書・經籍志・兵家》《軍國要略》一卷。

兵法要録

《隋書・經籍志・兵家》《兵法要録》二卷。

用兵撮要

《隋書・經籍志・兵家》《用兵撮要》二卷。

《舊唐書・經籍志・兵書》《用兵撮要》二卷。

《新唐書・藝文志・兵書類》《用兵撮要》二卷。

用兵要術

《隋書・經籍志・兵家》《用兵要術》一卷。

《新唐書・藝文志・兵書類》《用兵要術》一卷。

用兵祕法雲氣占

《隋書・經籍志・兵家》《用兵祕法雲氣占》一卷。

鄭樵《通志・藝文略・兵家》《用兵祕法雲氣占》一卷。

五家兵法

《隋書・經籍志・兵家》《五家兵法》一卷。

兵法三家軍占祕要

《隋書・經籍志・兵家》《兵法三家軍占祕要》一卷。李行撰。

鄭樵《通志・藝文略・兵家》《兵法三家軍占祕要》一卷。李行撰。

氣經上部占

《隋書・經籍志・兵家》《氣經上部占》一卷。

鄭樵《通志・藝文略・兵家》《氣經上部占》一卷。

天大芒霧氣占

《隋書・經籍志・兵家》《天大芒霧氣占》一卷。

鄭樵《通志・藝文略・兵家》《天大芒霧氣占》一卷。

姚振宗《隋書經籍志考證・兵家》《天大芒霧氣占》一卷。

並不著撰人。

案：《隋書・藝術・庾季才傳》，季才上言引《氣經》云：「天不能無雲而雨，皇王不能無氣而立。」《初學記・天部》引《望氣經》曰：「十月癸巳，霧赤爲兵，青爲殃。」則此《芒霧氣占》亦名《望氣經》，亦即《氣經上部占》一類之書。所謂上部占者，大抵是《氣經》言兵占之事，在上一部也。

鬼谷先生占氣

《隋書・經籍志・兵家》《鬼谷先生占氣》一卷。

鄭樵《通志・藝文略・兵家》《鬼谷先生占氣》一卷。

姚振宗《隋書經籍志考證・兵家》《鬼谷先生占氣》一卷。

鬼谷先生有《鬼谷子》，見前《從横家》。

五行候氣占災

《隋書・經籍志・兵家》《五行候氣占災》一卷。

鄭樵《通志・藝文略・兵家》《五行候氣占災》一卷。

乾坤氣法

《隋書・經籍志・兵家》《乾坤氣法》一卷。

鄭樵《通志・藝文略・兵家》《乾坤氣法》一卷。

姚振宗《隋書經籍志考證・兵家》《乾坤氣法》一卷。

不著撰人。

案：五行家亦有《乾坤氣法》一卷，注云：許辯撰。辯不知何人。此或即辯書。本《志》天文家有《雜望氣經》八卷。此以上五書，及下《雜匈奴占》、《對敵占》似即《雜望氣經》之散見者。

對敵占

《隋書・經籍志・兵家》《對敵占》一卷。
鄭樵《通志・藝文略・兵家》《對敵占》一卷。
姚振宗《隋書經籍志考證・兵家》《對敵占》一卷。
不著撰人。
案：上文有《對敵占風》一卷，此在望氣一類之中，當是對敵占氣，或敚氣字。

雜　占

《隋書・經籍志・兵家》《雜占》八卷。梁有《推元嘉十二年日時兵法》二卷，《逆推元嘉五十年太歲計用兵法》一卷。
姚振宗《隋書經籍志考證・兵家》《雜占》八卷。
不著撰人。
案：此八卷疑即天文家所載，梁有《雜望氣經》八卷。

兵殺歷

《隋書・經籍志・兵家》《兵殺歷》一卷。
鄭樵《通志・藝文略・兵家》《兵殺歷》一卷。
姚振宗《隋書經籍志考證・兵家》《兵殺曆》一卷。
不著撰人。
案：五行家有《雜殺曆》九卷，蓋言煞氣，此殆其中之一卷。

兵法雲氣推占

《新唐書・藝文志・兵書類》《兵法雲氣推占》一卷。

六軍鏡

《舊唐書・經籍志・兵書》《六軍鏡》三卷。李靖撰。
《新唐書・藝文志・兵書類》李靖《六軍鏡》三卷。
鄭樵《通志・藝文略・兵家》李靖《六軍鏡》三卷。
《宋史・藝文志・兵書類》李靖《六軍鏡》三卷。

彭門玉帳

鄭樵《通志・藝文略・兵家》《彭門玉帳》一卷。
錢東垣等輯《崇文總目・兵家類》《彭門玉帳》一卷。李靖撰。

大壬用兵太一心機要訣

鄭樵《通志・藝文略・兵家》《大壬用兵太一心機要訣》一卷。李靖撰。

懸　鏡

《舊唐書・經籍志・兵書》《懸鏡》十卷。李淳風撰。
《新唐書・藝文志・兵書類》李淳風《縣鏡》十卷。
鄭樵《通志・藝文略・兵家》李淳風《懸鏡》十卷。

《宋史・藝文志・兵書類》 李淳風《懸鏡經》十卷。

倚馬立成法

晁公武《郡齋讀書志・兵家類》 《倚馬立成法》二卷。

右唐李淳風撰。兵行占候之書也。淳風，太宗時人，而此書起九宫法，至貞元六年庚午，假託以行其書，亦非淳風本真也。

馬端臨《文獻通考・經籍考・兵書》 《倚馬立成法》二卷。

諸家秘要

《宋史・藝文志・兵書類》 李淳風《諸家秘要》三卷。

行軍明時秘訣

《宋史・藝文志・兵書類》 李淳風《行軍明時秘訣》一卷。

太白陰經

《新唐書・藝文志・兵書類》 李筌《太白陰經》十卷。

鄭樵《通志・藝文略・兵家》 《太白陰經》十卷。李筌撰。

尤袤《遂初堂書目・兵書類》 《太白陰經》。

《宋史・藝文志・兵書類》 李筌《太白陰經》十卷

楊士奇等《文淵閣書目・兵法》 《太白陰經》。一部，二册。闕。

徐𤊹《徐氏家藏書目・兵類》 《神機制敵太白經》一卷。

錢謙益等《絳雲樓書目・兵家》 《神機制敵太白陰經》。

錢曾《讀書敏求記・兵家》 《神機制敵太白陰經》十卷。

此書詳整有法，篇次精允，軍家之要典也。卷末六行云：「秘閣楷書臣羅士良寫，御書祗候臣錢承顥勘，入内黄門臣張永和、朱允中監，入内内侍高班内品臣譚元吉、趙誠信監。」疑是宋朝内府鈔本。識者辨之。

《四庫全書總目提要・兵家類》 《太白陰經》八卷。浙江范懋柱家天一閣藏本。

唐李筌撰。筌，里籍未詳，惟《集仙傳》稱其「仕至荆南節度副使、仙州刺史，著《太白陰經》」。又《神仙感遇傳》曰：「筌有將略，作《太白陰符》十卷，入山訪道，不知所終。」《太白陰符》，當即此書，傳寫譌一字也。考《唐書・藝文志》、《宋史・藝文志》皆云《太白陰經》十卷，而此本止八卷，疑非完帙。然核其篇目，始於《天地陰陽險阻》，終於《雜占》，首尾完具。又似無所闕佚。殆後人傳寫，有所合併，故卷數不同歟？兵家者流，大抵以權謀相尚；儒家者流，又往往持論迂濶，諱言軍旅，蓋兩失之。筌此書先言主有道德，後言國有富强，内外兼修，可謂持平之論。其人終於一郡，其術亦未有所試。不比孫、吴、穰苴、李靖諸人，以將略表見於後世。然杜佑《通典・兵類》取通論二家，一則李靖兵法，一即此經。其《攻城具篇》則取爲攻城具。《守城具篇》：《築城篇》、《鑿濠篇》、《弩臺篇》、《烽燧臺篇》、《馬鋪土河篇》、《游奕地聽篇》則取爲守拒法。《水攻具篇》則取爲水戰具；《濟水具篇》則取爲軍行渡水；《火攻具篇》、《火戰具篇》則取爲火兵；《井泉篇》則取爲識水泉；《宴娱音樂篇》則取爲聲感人。是佑之採用此書，與李靖之書無異，其必有以取之矣。靖之兵法，宋時已殘闕舛譌。阮逸所傳，又亂以僞本。筌此經至今猶存。惟篇首《陰陽總序》及《天地無陰陽篇》有録無書，不知佚於何時，今則無從校補矣。

孫星衍《平津館鑒藏書籍記・兵家》 《神機制敵太白陰經》十卷，題唐都虞侯李筌撰。前有唐永泰四年秋，河東節度使都虞侯李筌《進書序》。後有祕閣楷書臣羅士良謄，御書祗侯臣張永和監，入内黄門臣朱永中監，入内内侍高班内品臣譚元吉監，入内内高班内品臣趙承信監。末卷後有跋。稱瑞南宋公先世有傳而得之以輔聖明。知此本爲明人所鈔。《四庫全書》本止八卷。前缺《天無陰陽》、《地無險阻》二篇，又失卷八《分野》、《風角》、《烏情》，卷九《遁甲》，卷十《元女式》等篇。此本猶全。

錢東垣等輯《崇文總目・兵家類》 《太白陰經》二卷。李筌撰。原釋：闕。見天一閣鈔本。

青囊括

《新唐書・藝文志・兵書類》《青囊括》一卷。

鄭樵《通志・藝文略・兵家》《青囊括》一卷。李筌撰。

錢東垣等輯《崇文總目・兵家類》 李筌《青囊括》一卷。

通幽鬼訣

《宋史・藝文志・兵書類》 李筌《通幽鬼訣》二卷。

占五行星度吉凶訣

《宋史・藝文志・兵書類》 李筌《占五行星度吉凶訣》一卷。

至德元寶玉函經

《新唐書・藝文志・兵書類》 董承祖《至德元寶玉函經》十卷。

鄭樵《通志・藝文略・兵家》《至德元寶玉函經》十卷。唐董承祖撰。

《宋史・藝文志・兵書類》 董承祖《至德元寶玉函經》十卷。

錢東垣等輯《崇文總目・兵家類》《至德元寶玉函經》十卷。董承祖撰。原釋：闕。見天一閣鈔本。

天事序議

《新唐書・藝文志・兵書類》 韓滉《天事序議》一卷。

鄭樵《通志・藝文略・兵家》《天事序議》一卷。韓滉撰。

兵要望江南

鄭樵《通志・藝文略・兵家》《神機武略兵要望江南詞》一卷。易静撰。

晁公武《郡齋讀書志・兵家類》《兵要望江南》一卷。

右題云黄石公以授張良者。按其書雜占行軍吉兇，寓聲於《望江南詞》，取其易記憶。《總目》云：「武安軍左押衙易静撰。」蓋唐人也。

馬端臨《文獻通考・經籍考・兵書》《兵要望江南》一卷。

楊士奇等《文淵閣書目・兵法》《兵要望江南詞》。一部，一册。闕。

錢曾《讀書敏求記・兵家》《神機武畧望江南》一卷。

諸占以《望江南詞》調之，取其易于省記也。相傳黄石公以授張良者。未知留矦時，已有此詞此調否？

《四庫全書總目提要・兵家類存目》《兵要望江南歌》一卷。浙江巡撫採進本。

是書詳述兵家占候，凡三十二門，各以《望江南詞》括之。《崇文總目》題武安軍左押衙易静撰，蓋唐人也。晁公武《讀書志》則稱舊題黄石公以授張良，其妄殆不待辨。此本又題唐李靖撰。案段安節《樂府雜録》，《望江南詞》本李德裕爲亡妓謝秋娘作，則其調起於中唐。世傳《海山記》，隋煬帝作《望江南》八闋，實出僞託。靖在唐初，安得預製是詞？推厥所由，蓋以《望江南》調始德裕，德裕實封衛國公。言兵者多稱靖，靖亦封衛國公。此書以《望江南》談兵，遂合兩衛公而一之耳。末附李淳風《占風法》、諸葛亮《氣候歌》。前有梁禎明三年安邱劉鄩序，均詞意凡鄙，亦僞託也。

錢東垣等輯《崇文總目・兵家類》《神機武畧兵要望江南詞》一卷。原釋：武安軍左押衙易静撰。見《郡齋讀書後志》。

神機武略歌

《宋史・藝文志・兵書類》 易静《神機武略歌》一卷。

韜鈐秘録

鄭樵《通志・藝文略・兵家》《韜鈐祕録》五卷。莊廷範撰。

《宋史・藝文志・兵書類》《韜鈐祕録》五卷。

錢東垣等輯《崇文總目・兵家類》《韜鈐秘録》一部，五卷。莊廷範撰。原釋：闕。見天一閣鈔本。

衛國公手記

鄭樵《通志・藝文略・兵家》《衛公手記》一卷。

《宋史・藝文志・兵書類》《衛國公手記》一卷。

錢東垣等輯《崇文總目・兵家類》《衛國公手記》一卷。原釋：闕。見天一閣鈔本。

吟風詩

鄭樵《通志・藝文略・兵家》鑒川漁子《吟風詩》一卷。

錢東垣等輯《崇文總目・兵家類》鑒川漁子《冷風詩》一卷。原釋：闕。見天一閣鈔本。

決勝孤虚集

鄭樵《通志・藝文略・兵家》《決勝孤虚集》一卷。

《宋史・藝文志・兵書類》《決勝孤虚集》一卷。

錢東垣等輯《崇文總目・兵家類》《決勝孤虚集》一卷。《通志略》、《宋志》並不著撰人。

周易占兵

鄭樵《通志・藝文略・兵家》《周易占兵》一卷。

《宋史・藝文志・兵書類》《行軍周易占》一卷。

錢東垣等輯《崇文總目・兵家類》《周易占兵》一卷。《通志略》不著撰人。原釋：闕。見天一閣鈔本。

行軍月令

鄭樵《通志・藝文略・兵家》《行軍月令》一卷。

《宋史・藝文志・兵書類》劉玄之《行軍月令》一卷。

錢東垣等輯《崇文總目・兵家類》《行軍月令》一卷。

兵家月令

《宋史・藝文志・兵書類》劉玄之《兵家月令》一卷。

戰勝歌

鄭樵《通志・藝文略・兵家》《戰勝歌》百首，一卷。

錢東垣等輯《崇文總目・兵家類》《戰勝歌》一百首，一卷。《通志略》不著撰人。原釋：闕。見天一閣鈔本。

軍軌兵鈐秘訣

鄭樵《通志・藝文略・兵家》《軍軌兵鈐祕訣》三卷。

錢東垣等輯《崇文總目・兵家類》《軍軌兵鈐秘訣》三卷。《通志略》不著撰人。原釋：闕。見天一閣鈔本。

神兵苑

鄭樵《通志・藝文略・兵家》《神兵苑》三卷。

《宋史・藝文志・兵書類》焦大憲《兵易歌神兵苑》三卷。

錢東垣等輯《崇文總目・兵家類》《神兵苑》三卷。原釋：闕。見天一閣鈔本。

六十甲子行軍法

鄭樵《通志・藝文略・兵家》《六十甲子行軍法》一卷。

《宋史・藝文志・兵書類》《六十甲子行軍法》一卷。

錢東垣等輯《崇文總目・兵家類》《六十甲子行軍法》一卷。原釋：闕。見天一閣鈔本。

兵機將略論

鄭樵《通志・藝文略・兵家》《兵機將略論》一卷。

《宋史・藝文志・兵書類》《將略兵機論》十二卷。

錢東垣等輯《崇文總目・兵家類》《兵機將畧論》十卷。原釋：闕。見天一閣鈔本。

出軍秘略

鄭樵《通志・藝文略・兵家》《出軍祕略》一卷。

《宋史・藝文志・兵書類》《六十甲子出軍祕訣》一卷。

錢東垣等輯《崇文總目・兵家類》《出軍秘略》一卷。原釋：闕。見天一閣鈔本。

會稽兵家術日月占

鄭樵《通志・藝文略・兵家》《會稽兵家術日月占》一卷。

《宋史・藝文志・兵書類》《會稽兵家術日月占》一卷。

錢東垣等輯《崇文總目・兵家類》《會稽兵家術日月占》一卷。《通志略》、《宋志》並不著撰人。原釋：闕。見天一閣鈔本。

兵書萬勝訣

鄭樵《通志・藝文略・兵家》《兵書萬勝訣》二卷。

錢東垣等輯《崇文總目・兵家類》《兵書萬勝訣》二卷。《通志略》不著撰人。原釋：闕。見天一閣鈔本。

統戎式鑒

鄭樵《通志・藝文略・兵家》《統戎式鑒》一卷。

《宋史・藝文志・兵書類》《統戎式鏡》二卷。

錢東垣等輯《崇文總目・兵家類》《統戎式鑑》三卷。原釋：闕。見天一閣鈔本。

握鑑方

鄭樵《通志・藝文略・兵家》《握鏡方》三卷。

錢東垣等輯《崇文總目・兵家類》《握鑑方》三卷。原釋：闕。見天一閣鈔本。

神妙行兵法

鄭樵《通志・藝文略・兵家》白起《神妙行軍法》三卷。李靖序。

《宋史・藝文志・兵書類》白起《神妙行軍法》三卷。

錢東垣等輯《崇文總目・兵家類》白起《神妙行兵法》三卷。原釋：闕。見天一閣鈔本。

六甲五行用軍法

鄭樵《通志・藝文略・兵家》《六甲五神用兵法》一卷。

《宋史・藝文志・兵書類》《六甲五神用軍法》一卷。

錢東垣等輯《崇文總目・兵家類》《六甲五行用軍法》一卷。原釋：闕。見天一閣鈔本。

要訣兵法立成歌

鄭樵《通志・藝文略・兵家》《要訣兵法立成歌》一卷。

《宋史・藝文志・兵書類》《要訣兵法立成歌》一卷。

錢東垣等輯《崇文總目・兵家類》《要訣兵法立成歌》一卷。《通志略》、《宋志》並不著撰人。原釋：闕。見天一閣鈔本。

六甲攻城破敵法

鄭樵《通志・藝文略・兵家》《六甲攻城破敵法》一卷。

《宋史・藝文志・兵書類》《六甲攻城破敵法》一卷。

錢東垣等輯《崇文總目・兵家類》《六甲破城攻敵法》一卷。《通志略》、《宋志》並不著撰人。原釋：闕。見天一閣鈔本。

馬前秘訣兵書

鄭樵《通志・藝文略・兵家》《馬前祕訣兵書》一卷。

《宋史・藝文志・兵書類》《馬前祕訣兵書》一卷。

錢東垣等輯《崇文總目・兵家類》《馬前秘訣兵書》一卷。《通志略》、《宋志》並不著撰人。原釋：闕。見天一閣鈔本。

靈開訣

鄭樵《通志・藝文略・兵家》《靈開訣》二卷。

又《靈關集益智》三卷。李洿撰。

《宋史・藝文志・兵書類》李洿《靈關訣》一卷。一名《靈關集益智》。

錢東垣等輯《崇文總目・兵家類》《靈開訣》二卷。原釋：闕。見天一閣鈔本。

預知歌

鄭樵《通志・藝文略・兵家》《預知歌》一卷。
《宋史・藝文志・兵書類》《預知歌》三卷。
錢東垣等輯《崇文總目・兵家類》《預知歌》一卷。諸家書目並不著撰人。原釋：闕。見天一閣鈔本。

太乙行軍六甲禳厭詩

鄭樵《通志・藝文略・兵家》《太一行軍六甲禳厭詩》一卷。
《宋史・藝文志・兵書類》《太一行軍祕術詩》三卷。
錢東垣等輯《崇文總目・兵家類》《太乙行軍六甲禳獸詩》一卷。《通志略》不著撰人。

太乙厭禳法

鄭樵《通志・藝文略・兵家》《太一厭禳法》一卷。
《宋史・藝文志・兵書類》《太一厭禳法》一卷。
錢東垣等輯《崇文總目・兵家類》《太乙獸禳法》一卷。《通志略》、《宋志》並不著撰人。原釋：闕。見天一閣鈔本。

風后握機圖經

鄭樵《通志・藝文略・兵家》《風后握機圖經》一卷。

黃石公陰陽乘斗魁罡行軍秘法

鄭樵《通志・藝文略・兵家》《黃石公陰陽乘斗魁罡行軍祕法》一卷。

握鏡圖

鄭樵《通志・藝文略・兵家》《握鏡圖》一卷。

通玄玉鑒占

鄭樵《通志・藝文略・兵家》《通玄玉鑑占》一卷。

陰符握機運要

鄭樵《通志・藝文略・兵家》《陰符握機運要》五卷。
《宋史・藝文志・兵書類》《陰符握機運宜要》五卷。並不知作者。

出軍秘占

鄭樵《通志・藝文略・兵家》《出軍祕占》五卷。張良撰。

三式風角用法立成

鄭樵《通志・藝文略・兵家》《三式風角用法立成》十二卷。王款撰。

氣神定行兵勝負立成

鄭樵《通志·藝文略·兵家》《氣神定行兵勝負立成》一卷。

小游太一立成七十二局

鄭樵《通志·藝文略·兵家》《小遊太一立成七十二局》一卷。

太一游星圖

鄭樵《通志·藝文略·兵家》《太一遊星圖》一卷。

玄女孤虚法

鄭樵《通志·藝文略·兵家》《玄女孤虚法》一卷。

《宋史·藝文志·兵書類》《九天玄女孤虚法》一卷。

遁甲出軍歷

鄭樵《通志·藝文略·兵家》《遁甲出軍歷》一卷。

唐賢祕密書

鄭樵《通志·藝文略·兵家》《唐賢祕密書》一卷。

天老神老經

鄭樵《通志·藝文略·兵家》《天老神老經》一卷。

備急玉櫃訣

鄭樵《通志·藝文略·兵家》《備急玉櫃訣》一卷。

凡角占

《宋史·藝文志·兵書類》《風角占》一卷。康定間，司天臺集。

八陣圖、風后握機文、馬隆八陣贊、獨孤及八陣記

趙希弁《讀書附志·兵家類》《八陣圖、風后握機文、馬隆八陣贊、獨孤及八陣記》四卷。右蔡元定季通所編次也。

黄帝陰符經

尤袤《遂初堂書目·兵書類》《黄帝陰符經》。

風后握機經

陳振孫《直齋書録解題·兵書類》《風后握奇經》一卷。

永嘉薛士龍季宣校定。自晉馬隆三百八十四序，《續圖》三百十五字，合標題七百字。又有馬隆讚、述，多所發明，并寫陳圖於後。馬隆本「奇」作「機」。

陰符玄機

陳振孫《直齋書録解題・兵書類》《陰符玄機》一卷。

即《陰符經》也。監察御史新安朱安國注。此書本出於李筌，云得於驪山老姥，舊志皆列於道家。安國以爲兵書之祖。要之非古書也。

玉帳陰符

《宋史・藝文志・兵書類》 吳起《玉帳陰符》三卷。

神光輔星秘訣

《宋史・藝文志・兵書類》 黄石公《神光輔星祕訣》一卷。

三鑒圖

《宋史・藝文志・兵書類》《三鑑圖》一卷。

占風雲氣圖

《宋史・藝文志・兵書類》《占風雲氣圖》一卷。

六十甲子厭勝法

《宋史・藝文志・兵書類》《六十甲子厭勝法》一卷。

占風雪氣

《宋史・藝文志・兵書類》《占風雪氣》三卷。

風雲論

《宋史・藝文志・兵書類》《風雲論》三卷。

三軍水鑒

《宋史・藝文志・兵書類》《三軍水鑑》三卷。

用兵手訣

《宋史・藝文志・兵書類》《用兵手訣》七卷。

出軍占風氣候

《宋史・藝文志・兵書類》《出軍占風氣候》十卷。

六十甲子内外行兵法

《宋史・藝文志・兵書類》 李世勣《六十甲子内外行兵法》一卷。

太白華蓋法

《宋史・藝文志・兵書類》 《太白華蓋法》二卷。

雲氣營寨占

《宋史・藝文志・兵書類》 《雲氣營寨占》一卷。

行軍曆

《宋史・藝文志・兵書類》 《行軍曆》一卷。

北帝武威經

《宋史・藝文志・兵書類》 《北帝武威經》三卷。

青囊託守勝敗歌　營野戰

《宋史・藝文志・兵書類》 《青囊託守勝敗歌》并《營野戰》一卷。

九天察氣訣

《宋史・藝文志・兵書類》 《九天察氣訣》三卷。

玄女厭陣法

《宋史・藝文志・兵書類》 《玄女厭陣法》一卷。

雜占法

《宋史・藝文志・兵書類》 《雜占法》一卷。

六甲陰符兵法

《宋史・藝文志・兵書類》 《六甲陰符兵法》一卷。

佐國玄機

《宋史・藝文志・兵書類》 《佐國玄機》一卷。

總戎志

《宋史・藝文志・兵書類》 《總戎志》二卷。

兵鈐手曆

《宋史・藝文志・兵書志》李鼎祚《兵鈐手曆》一卷。

許子兵勝苑

《宋史・藝文志・兵書類》《許子兵勝苑》十卷。

統軍玉鑒録

《宋史・藝文志・兵書類》《統軍玉鑑録》一卷。

鑿門詩

《宋史・藝文志・兵書類》張守一《鑿門詩》一卷。

秘寶興軍集

《宋史・藝文志・兵書類》《秘寶興軍集》一卷。

軍鑒式

《宋史・藝文志・兵書類》胡萬頃《軍鑑式》二卷。

行軍立成七十二局

《宋史・藝文志・兵書類》王適《行軍立成七十二局》一卷。

安營臨陣觀災氣

《宋史・藝文志・兵書類》《安營臨陣觀災氣》一卷。

決戰勝負圖

《宋史・藝文志・兵書類》《決戰勝負圖》一卷。

風雲氣象備急占

《宋史・藝文志・兵書類》《風雲氣象備急占》一卷。

秘寶風雲歌

《宋史・藝文志・兵書類》《秘寶風雲歌》一卷。

九宮軍要秘術

《宋史・藝文志・兵書類》《九宮軍要祕術》一卷。

倚馬立成鑒圖

《宋史・藝文志・兵書類》《倚馬立成鑑圖》一卷。

出軍占怪曆

《宋史・藝文志・兵書類》《出軍占怪曆》三卷。

神機武略歌

《宋史・藝文志・兵書類》羅子昷《神機武略歌》三卷。

行軍占風氣

《宋史・藝文志・兵書類》《行軍占風氣》一卷。

軍占要略

《宋史・藝文志・兵書類》《軍占要略》二卷。

論天鏡出戰要訣

《宋史・藝文志・兵書類》《論天鏡出戰要訣》一卷。

將兵秘要法

《宋史・藝文志・兵書類》《將兵祕要法》一卷。

武師左領記

《宋史・藝文志・兵書類》《武師左領記》三卷。

玄機立成法

《宋史・藝文志・兵書類》牛洪道《玄機立成法》一卷。

孤虚明堂圖

《宋史・藝文志・兵書類》《孤虚明堂圖》一卷。

軍用立成

《宋史・藝文志・兵書類》《軍用立成》一卷。

行軍廣要算經

《宋史・藝文志・兵書類》王巒《行軍廣要算經》三卷。

金符經

《宋史・藝文志・兵書類》《金符經》三卷。

十二月立成陣圖法

《宋史・藝文志・兵書類》《十二月立成陣圖法》一卷。

行軍走馬立成法

《宋史・藝文志・兵書類》《行軍走馬立成法》一卷。

立成掌中法

《宋史・藝文志・兵書類》《立成掌中法》一卷。

行軍要略分野星圖法

《宋史・藝文志・兵書類》《行軍要略分野星圖法》一卷。

黄道法

《宋史・藝文志・兵書類》《黄道法》一卷。

軍秘禳厭術

《宋史・藝文志・兵書類》《軍秘禳厭術》一卷。

占軍機勝負龜訣

《宋史・藝文志・兵書類》《占軍機勝負龜訣》一卷。

常禳經

《宋史・藝文志・兵書類》《常禳經》三卷。燕昭王太子撰，蓋依託。

鬼谷天甲兵書常禳術

《宋史・藝文志・兵書類》《鬼谷天甲兵書常禳術》三卷。梁昭明太子撰。

六十甲子禳敵克應決勝術

《宋史・藝文志・兵書類》《六十甲子禳敵克應決勝術》一卷。

出軍占候歌

《宋史・藝文志・兵書類》《出軍占候歌》一卷。

通玄玉鑒

《宋史・藝文志・兵書類》《通玄玉鑑》一卷。

握鏡訣怪祥歌

《宋史・藝文志・兵書類》《握鏡訣怪祥歌》一卷。

玄女遁甲經

《宋史・藝文志・兵書類》《玄女遁甲經》三卷。

李僕射馬前訣

《宋史・藝文志・兵書類》《李僕射馬前訣》一卷。

彭門玉帳訣録

《宋史・藝文志・兵書類》《彭門玉帳訣録》一卷。

遁甲專征賦

《宋史・藝文志・兵書類》《遁甲專征賦》一卷。

帝王中樞賦

《宋史・藝文志・兵書類》《帝王中樞賦》二卷。

長世論

《宋史・藝文志・兵書類》《長世論》十卷。

紀重政軍機决勝立成圖

《宋史・藝文志・兵書類》《紀重政軍機决勝立成圖》三卷。

兵書氣候旗勢圖

《宋史・藝文志・兵書類》《兵書氣候旗勢圖》一卷。

天一兵機舉要歌

《宋史・藝文志・兵書類》湯渭《天一兵機舉要歌》一卷。

纂下六甲營圖

《宋史・藝文志・兵書類》《纂下六甲營圖》一卷。

五十七陣出軍甲子

《宋史・藝文志・兵書類》 《五十七陣出軍甲子》一卷。

行軍玄機百術法

《宋史・藝文志・兵書類》 《行軍玄機百術法》一卷。

兵書出軍雜占

《宋史・藝文志・兵書類》 《兵書出軍雜占》五卷。

行軍月令

《宋史・藝文志・兵書類》 王洪暉《行軍月令》四卷。

星度用

《宋史・藝文志・兵書類》 《星度用》一卷。

青囊括

《宋史・藝文志・兵書類》 王洙《青囊括》一卷。

新集行軍月令

《宋史・藝文志・兵書類》 《新集行軍月令》四卷。

雲氣圖

《宋史・藝文志・兵書類》 《雲氣圖》十二卷。

行軍氣候秘法

《宋史・藝文志・兵書類》 《行軍氣候祕法》三卷。

天子氣章雲氣圖

《宋史・藝文志・兵書類》 《天子氣章雲氣圖》十二卷。

從軍占

《宋史・藝文志・兵書類》 《從軍占》三卷。

彭門玉帳歌

《宋史・藝文志・兵書類》 《彭門玉帳歌》三卷。

太一行軍六十甲子禳厭秘術詩

《宋史・藝文志・兵書類》《太一行軍六十甲子禳厭祕術詩》三卷。

兵機舉要陽謂歌

《宋史・藝文志・兵書類》《兵機舉要陽謂歌》一卷。

新修六壬大玉帳歌

《宋史・藝文志・兵書類》郟子《新修六壬大玉帳歌》十卷。

軍機決勝立成圖

《宋史・藝文志・兵書類》郭固《軍機決勝立成圖》一卷。

太乙金鑒

王仁俊《西夏藝文志・子部》景宗《太乙金鑑》。《宋史・西夏傳》，元昊曉浮圖學，通蕃漢文字。案上置法律，常攜《野戰歌》、《太乙金鑑訣》。

玄女六甲陰符經

錢曾《讀書敏求記・兵家》《玄女六甲陰符經》八卷。前有趙普經進表，云得之羅浮隱士劉罕。余不敢以爲信然。然猶是宋元時舊鈔本，或亦昔人假託而爲之，非今人僞詐也。

風角鳥占經

錢曾《讀書敏求記・兵家》《風角鳥占經》二卷。風聲、鳥聲爲玉女所述，角聲爲黄帝所述。此是宋鈔，人家見者絶少。宜録副本藏之。

風角書

錢曾《讀書敏求記・兵家》《風角書》四卷。《古風角書》乃樂産本，李淳風删其繁亂，著之于占。馬承勳謂陰陽五行，所主亦有不同，因細詳之，而爲之集類焉。

三式風角用法立成

黄虞稷《千頃堂書目・兵家類》王穎《三式風角用法立成》十二卷。不知時代。

倪燦等《補遼金元藝文志・兵書類》王穎《三式風角用法立成》十二卷。不知時代。

握機經傳

錢謙益等《絳雲樓書目・兵家》《握機經傳》。

黄虞稷《千頃堂書目・兵家類》《握機經傳》六卷。

倪燦等《補遼金元藝文志・兵書類》《握機經傳》六卷。

錢曾《讀書敏求記・兵家》 《握機經傳》六卷。

《握機經傳》流俗本止刊首卷，餘五卷刻其目而無書。是册乃方山吴岫從王子家鈔出者，爲秘本。覽者勿漫視之。

戎事類占

錢謙益等《絳雲樓書目・兵家》 《戎事類占》。

黄虞稷《千頃堂書目・兵家類》 李克家《戎事類占》二十一卷。江西人。

吴子握機緯

黄虞稷《千頃堂書目・兵家類》 劉寅《吴子握機緯》二卷。

握機衍義

黄虞稷《千頃堂書目・兵家類》 楊仲謀《握機衍義》一卷。明初大梁人。

握機經傳解

黄虞稷《千頃堂書目・兵家類》 曾啓明《握機經傳解》一卷。

握機經注

黄虞稷《千頃堂書目・兵家類》 虞舜卿《握機經注》。字用賓，錢塘人。

握機槖鑰

黄虞稷《千頃堂書目・兵家類》 徐昌會《握機槖鑰》六卷。

《明史・藝文志・兵書類》 徐昌會《握機槖鑰》六卷。

奇門遁甲兵機書

黄虞稷《千頃堂書目・兵家類》 劉翔《奇門遁甲兵機書》二十卷。成化中進呈。

奇門遁甲煙波釣叟歌

黄虞稷《千頃堂書目・兵家類》 池本理注《奇門遁甲煙波釣叟歌》一卷。贛州人。

兵法要略八門遁法機

高儒《百川書志・兵家》 《兵法要略八門遁法機》一卷。

章貢池本理註解。

黄虞稷《千頃堂書目・兵家類》 池本理注《兵法要略八門遁法機》一卷。

禽星易見

黄虞稷《千頃堂書目・兵家類》 池本理《禽星易見》四卷。

八門神書

徐𤊹《徐氏家藏書目·兵類》《八門神書》一卷。胡獻忠。

黄虞稷《千頃堂書目·兵家類》胡獻忠《八門神書》一卷。

捷徑六壬端坐書

黄虞稷《千頃堂書目·兵家類》《捷徑六壬端坐書》二卷。

參籌秘書

黄虞稷《千頃堂書目·兵家類》汪三益《參籌祕書》十卷。貴溪人。

英廉奏《抽毀書目》《參籌祕書》八本。查《參籌祕書》，係明汪三益撰。卷首楊廷樞序，語有狂謬。應請抽燬。

兵占

徐𤊹《徐氏家藏書目·兵類》《兵占》一十四卷。

黄虞稷《千頃堂書目·兵家類》《兵占》二十四卷。

《明史·藝文志·兵書類》《兵占》二十四卷。

李衛公望江南

楊士奇等《文淵閣書目·兵法》《李衛公望江南》。一部，一册。闕。

瞿鏞《鐵琴銅劍樓藏書目録·兵家類》《李衛公望江南》一卷。明刊本。

唐李靖撰。前有貞觀七年靖自序。略謂自黄帝爲始以吾漢書，撮取諸家兵道要妙，以至占課、主客、迎避、應軍所宜，勝負情源，選纂類聚，作爲誦歌。計七百首，目之曰《望江南》云云。後有錢塘張振先刻板跋。案：《敏求記》有《神機武略望江南》一卷，疑即此書。相傳黄石公以授張子房者，其説尤誕。大抵術士依託之説，即謂李衛公作，亦未可信也。

太白陽經

楊士奇等《文淵閣書目·兵法》《太白陽經》。一部，一册。闕。

行兵擇日書

楊士奇等《文淵閣書目·兵法》《行兵擇日書》。一部，一册。闕。

行軍雜占

楊士奇等《文淵閣書目·兵法》《行軍雜占》。一部，一册。闕。

風角集

楊士奇等《文淵閣書目·兵法》《風角集》。一部，一册。闕。

吕望秘書

楊士奇等《文淵閣書目·兵法》《吕望祕書》。一部，一册。闕。

黄石公進兵圖

楊士奇等《文淵閣書目・兵法》《黄石公進兵圖》。一部，一冊。闕。

黄石公心鏡

楊士奇等《文淵閣書目・兵法》《黄石公心鏡》。一部，一冊。闕。

黄石公占變三略

楊士奇等《文淵閣書目・兵法》《黄石公占變三略》。一部，一冊。闕。

禽星選擇書

楊士奇等《文淵閣書目・兵法》《禽星選擇書》。一部，一冊。闕。

禽星擇日書

楊士奇等《文淵閣書目・兵法》《禽星擇日書》。一部，一冊。闕。

奇門遁甲

楊士奇等《文淵閣書目・兵法》《奇門遁甲》。一部，一冊。闕。

奇門纂要

楊士奇等《文淵閣書目・兵法》《奇門纂要》。一部，一冊。闕。

八門遁甲

楊士奇等《文淵閣書目・兵法》《八門遁甲》。一部，一冊。闕。

遁甲星鈐

楊士奇等《文淵閣書目・兵法》《遁甲星鈐》。一部，一冊。闕。

遁甲符應

楊士奇等《文淵閣書目・兵法》《遁甲符應》。一部，一冊。闕。

六甲天書

楊士奇等《文淵閣書目・兵法》《六甲天書》。一部，一冊。闕。《六甲天書》。一部，一冊。闕。

六甲兵機

楊士奇等《文淵閣書目・兵法》《六甲兵機》。一部，一冊。闕。

太上六甲書

楊士奇等《文淵閣書目·兵法》 《太上六甲書》。一部，一册。闕。

兵家占候

楊士奇等《文淵閣書目·兵法》 《兵家占候》。一部，一册。完全。

張萱等《内閣藏書目録·技藝部》 《兵家占候》一册，全。鈔本，莫詳姓氏。

拒守篇

楊士奇等《文淵閣書目·兵法》 《拒守篇》。一部，一册。闕。

真武三陣圖

楊士奇等《文淵閣書目·兵法》 《真武三陣圖》。一部，一册。闕。

天髓靈文

楊士奇等《文淵閣書目·兵法》 《天髓靈文》。一部，一册。闕。

九天玄女秘文

楊士奇等《文淵閣書目·兵法》 《九天玄女祕文》。一部，一册。闕。

玉函玄應檢

楊士奇等《文淵閣書目·兵法》 《玉函玄應檢》。一部，一册。闕。

百奇法

徐𤊹《徐氏家藏書目·兵類》 《百奇法》二卷。

諸葛武夷便宜

徐𤊹《徐氏家藏書目·兵類》 《諸葛武夷便宜》一卷。

舟師占驗

徐𤊹《徐氏家藏書目·兵類》 《舟師占驗》一卷。

三才秘要

徐𤊹《徐氏家藏書目·兵類》 《三才秘要》。

武略神機九邊形勝圖

徐𤊹《徐氏家藏書目·兵類》 《武畧神機九邊形勝圖》一卷。

風后握奇經

范邦甸等《天一閣書目・兵家類》 《風后握奇經》一卷。刊本。漢丞相公孫宏解。

徐𤊹《徐氏家藏書目・兵類》 《握奇經》一卷。公孫宏解。

神機制敵太白經

錢曾《讀書敏求記・兵家》 《神機制敵太白經》一卷。遥山路雄纂。共二十四篇。

九賢秘典

錢曾《讀書敏求記・兵家》 《九賢秘典》一卷。《秘典》云：九者，太公《軍鏡要術》、鬼谷子《風雲氣候章》、孫武子《行軍氣色雜占》、吴起《軍録雜占》、張子房《行軍災異録》、武侯《行軍風候歌》、袁天罡《占風雨訣》、崔浩《氣色》、李靖《行兵術要》，共纂成一書也。

黄丕烈《蕘圃藏書題識・子類》 《九賢祕典》一卷。鈔本。此《九賢祕典》一卷。余於《讀書敏求記》中知其名。頃師德堂書坊持以求售。余取其祕也得之，雖非述古舊物，然爲枚菴手鈔書，倍加愛焉。黄蕘圃書。

白猿經

錢曾《讀書敏求記・兵家》 《白猿經》一卷。

此僞書也，不必存之。

天文軍鏡九宫行營

錢曾《讀書敏求記・兵家》 《天文軍鏡九宫行營》一卷。

《九宫行營》，章貢曾朝類編。凡軍行、雜占，莫不詳載焉。

黄帝陰符經集注

范邦甸等《天一閣書目・兵家類》 《黄帝陰符經集注》一册。緜紙，藍絲闌鈔本。

黄帝陰符經演

范邦甸等《天一閣書目・兵家類》 《黄帝陰符經演》一册。刊本。不著編書人姓名。

兵備分部

山川屯田圖

姚振宗《後漢藝文志・兵家》 李恂《山川屯田圖》百餘卷。

范書《本傳》，恂字叔英，安定臨涇人也。

禦寇論

姚振宗《後漢藝文志・兵家》 趙岐《禦寇論》四十章。岐，始末具《史部・雜傳記類》。

吴緣江戍圖

姚振宗《三國藝文志・兵家類》 《吴緣江戍圖》。

《太平御覽》三百三十五引《吴時緣江戍圖》曰：「每刺姦屯有五兵賊曹一人，皆作烽火，有急以光傳之。」

保聚圖

晁公武《郡齋讀書志・兵家類》 庾衮《保聚圖》一卷。

右晉庾衮撰。《晉書・孝友傳》載衮字叔褒。齊王冏之倡義也，張泓等掠陽翟，衮率衆保禹山，泓不能犯。此書序云：「大駕遷長安，時元康三年己酉，撰《保聚壘議》二十篇。」按冏之起兵，惠帝永寧元年也。帝遷長安，永興元年也。皆在元康後，且三年歲次實癸丑，今云「己酉」，皆誤。

馬端臨《文獻通考・經籍考・兵書》 庾衮《保聚圖》一卷。

文廷式《補晉書藝文志・兵家類》 庾衮《保聚圖》一卷。

《通鑑》，太安元年潁川處士庾衮聞冏期年不朝，歎曰：「晉室卑矣，禍亂將興！」率妻子逃於林慮山中。

新法武備圖

鄭樵《通志・藝文略・兵家》 《新法武備圖》一卷。

定遠安邊策

《新唐書・藝文志・兵書類》 郭元振《定遠安邊策》三卷。

鄭樵《通志・藝文略・兵家》 《定遠安邊策》三卷。郭元振撰。

晁公武《郡齋讀書志・兵家類》 郭元振《安邊策》三卷。

右唐郭元振撰。以總兵進攻、聚衆退守，不可無權謀，乃著此書。故舊題曰《定遠安邊策》。

尤袤《遂初堂書目・兵書類》 郭元振《安邊策》。

馬端臨《文獻通考・經籍考・兵書》 郭元振《安邊策》三卷。

《宋史・藝文志・兵書類》 《定遠安邊策》三卷。

又《郭代公安邊策》三卷。唐郭震撰。

錢東垣等輯《崇文總目・兵家類》 《定遠安邊策》三卷，郭元振撰。

天寶軍防録

《新唐書・藝文志・兵書類》 鄭虔《天寶軍防録》。卷亡。

開復西南夷事狀

《新唐書・藝文志・兵書類》 韋皐《開復西南夷事狀》十七卷。

鄭樵《通志・藝文略・兵家》 《開復西南夷事狀》十七卷。唐韋皐撰。

西陲要略

《新唐書・藝文志・兵書類》 范傳正《西陲要略》三卷。

鄭樵《通志・藝文略・兵家》 《西陲要略》三卷。范傳正撰。

佚名《新唐書藝文志注・兵書類》 范傳正《西陲要略》三卷。傳正，字百老，鄧州順陽人。本書有傳。

御戎新録

《新唐書・藝文志・兵書類》 李渤《禦戎新録》二十卷。

鄭樵《通志・藝文略・兵家》《禦戎新録》二十卷。李渤撰。

佚名《新唐書藝文志注・兵書類》李渤《禦戎新録》二十卷。渤，唐隱者。

西南備邊録

《新唐書・藝文志・兵書類》李德裕《西南備邊録》十三卷。

鄭樵《通志・藝文略・兵家》《西南備邊録》十三卷。李德裕撰。

佚名《新唐書藝文志注・兵書類》李德裕《西南備邊録》十三卷。德裕，見《雜史類》。

占策

鄭樵《通志・藝文略・兵家》徐德《占策》三卷。

清邊前要

鄭樵《通志・藝文略・兵家》《清邊備要》五十二卷。宋朝曾致堯撰。

《宋史・藝文志・兵書類》曾致堯《清邊前要》十卷。

錢東垣等輯《崇文總目・兵家類》《清邊前要》五十卷。

安邊致勝策

《宋史・藝文志・兵書類》趙瑜《安邊致勝策》三卷。

備邊機要

《宋史・藝文志・兵書類》劉滬《備邊機要》一卷。

御戎要訣

尤袤《遂初堂書目・兵書類》《御戎要訣》。

備邊十策

王圻《續文獻通考・經籍考・兵書》《備邊十策》，丁度著。度字公權，祥符人。真宗時登服勤詞學科，官翰林學士。

御戎七論

王圻《續文獻通考・經籍考・兵書》《御戎七論》，宋祁著。祁，庠弟。與兄同時舉進士，歷官太常博士，進翰林學士、禮部侍郎，累加龍圖閣學士。與歐陽脩同修《唐書》。

平燕策

尤袤《遂初堂書目・兵書類》劉唤《平燕策》。

平戎策

尤袤《遂初堂書目·兵書類》 劉牧《平戎策》。

武略清邊

尤袤《遂初堂書目·兵書類》 《武略清邊》。

《宋史·藝文志·兵書類》 《清邊武略》十五卷。

修城法式條約

馬端臨《文獻通考·經籍考·兵書》 《修城法式條約》二卷。

陳氏曰：「判軍器監沈括、知監丞吕和卿等所修敵樓馬面團敵式樣，并申明條約，熙寧八年上。」

南北攻守類考

《宋史·藝文志·兵書類》 趙善譽《南北攻守類攷》六十三卷。

江東經略

《宋史·藝文志·兵書類》 李大著《江東經略》十卷。

浮光戰守録

《宋史·藝文志·兵書類》 柴叔達《浮光戰守録》一卷。

論五府形勝萬言書

《宋史·藝文志·兵書類》 《論五府形勝萬言書》一卷。

又韓縝《論五府形勝萬言書》一卷。

元豐清野備敵

《宋史·藝文志·兵書類》 韓縝《元豐清野備敵》一卷。

三賢安邊策

《宋史·藝文志·兵書類》 《三賢安邊策》十一卷。

邊防備衛策

《宋史·藝文志·兵書類》 《邊防備衛策》一卷。

防城動用

《宋史·藝文志·兵書類》 《防城動用》一卷。

武備圖

《宋史・藝文志・兵書類》《武備圖》一卷。

裕陵邊機處分

《宋史・藝文志・兵書類》蔡挺《裕陵邊機處分》一卷。

聚米圖經

《宋史・藝文志・兵書類》趙珣《聚米圖經》五卷。

平戎議

《宋史・藝文志・兵書類》耿恭《平戎議》三卷。

邊臣要略

《宋史・藝文志・兵書類》耿恭《邊臣要略》二十卷。

征蠻議

《宋史・藝文志・兵書類》丘濬《征蠻議》一卷。

陝西建明

《宋史・藝文志・兵書類》薛向《陝西建明》一卷。

三備略講義

《宋史・藝文志・兵書類》何去非《三備略講義》六卷。

西夏須知

《宋史・藝文志・兵書類》劉温潤《西夏須知》一卷。

古今屯田總議

《宋史・藝文志・兵書類》汪槔《古今屯田總議》七卷。

元祐分疆録

《宋史・藝文志・兵書類》游師雄《元祐分疆録》二卷。

崇寧邊略

《宋史・藝文志・兵書類》《崇寧邊略》三卷。不知作者。

兵法攻守圖術

《宋史・藝文志・兵書類》 郭固《兵法攻守圖術》三卷。

平蠻雜議

《宋史・藝文志・兵書類》 王拱辰《平蠻雜議》十卷。

敵樓馬面法式及申明條約并修城女墻法

《宋史・藝文志・兵書類》 《敵樓馬面法式及申明條約并修城女牆法》二卷。

安南獻議文字并目録

《宋史・藝文志・兵書類》 梁燾《安南獻議文字并目録》五卷。

愈見禦戎

《宋史・藝文志・兵書類》 《愈見禦戎》十册。

宣撫經制録

《宋史・藝文志・兵書類》 韓絳《宣撫經制録》三卷。

平遼議

黄虞稷《千頃堂書目・兵家類》 張守愚《平遼議》三篇。承安元年撰進。守愚，國子監齋長。

倪燦等《補遼金元藝文志・兵書類》 〔金〕張守愚《平遼議》三篇。國子監齋長。承安元年進。

錢大昕《補元史藝文志・兵家類》 張守愚《平遼議》三卷。金。

龔顯曾《金藝文志補録・兵家類》 《平遼議》三卷。張守愚，國子監齋長。承安元年進。倪《志》作三篇。

孫德謙《金史藝文略・兵家》 《平遼議》三卷。張守愚撰。《補遼金元藝文志》作三篇。云：「國子監齋長。承安二年進。」

政和營繕軍補録序

《宋史・藝文志・兵書類》 王革《政和營繕軍補録序》一卷。

兵籌類要

《宋史・藝文志・兵書類》 余臺《兵籌類要》十五卷。

慶曆兵録

王圻《續文獻通考・經籍考・兵書》 《慶曆兵録》。

瞻邊録

王圻《續文獻通考・經籍考・兵書》 《瞻邊録》。

守城録

《四庫全書總目提要・兵家類》 《守城録》四卷。《永樂大典》本。

宋右正議大夫陳規在德安禦寇事蹟也。

邊宜十策

王圻《續文獻通考・經籍考・兵書》 《邊宜十策》，王定國著。定國，長樂人。少有大志。紹興末上此策，後知高郵軍，政蹟甚著。

南北邊籌十八篇

王圻《續文獻通考・經籍考・兵書》 《南北邊籌十八篇》，曾三英著。考究三國六朝攻守事迹，著此書。

建炎德安守禦録

《宋史・藝文志・兵書類》 劉荀《建炎德安守禦録》三卷。

備邊三策

王圻《續文獻通考・經籍考・兵書》 《備邊三策》，牟子才著。

漢兵制備邊十策

王圻《續文獻通考・經籍考・兵書》 《漢兵制備邊十策》，陳傅良著。

歷代邊防屯田便宜

王圻《續文獻通考・經籍考・兵書》 《歷代邊防屯田便宜》，黄度著。

邊方兵政十六事

王圻《續文獻通考・經籍考・兵書》 《邊方兵政十六事》，徐綱著。

車阱或問

趙希弁《讀書附志・兵家類》 《車穽或問》一卷。

右知興國軍胡逸駕所述也。自序於前，附《車戰利害奏箚》于後。

安攘六論

黄虞稷《千頃堂書目・兵家類》 李晟《安攘六論》一卷。

經世要略

黄虞稷《千頃堂書目・兵家類》 黄仁溥《明經世要略》五卷。

軍機處奏《禁毁書目》 《經世要略》一部，三本。

查《經世要畧》係明黄仁溥撰，所記皆邊防事宜。大抵紙上空談，字句亦多違礙。應請銷燬。

論三關將領檄

黄虞稷《千頃堂書目・兵家類》 王學謨《論三關將領檄》三卷。杭補。

保生管見

高儒《百川書志・兵類》 《保生管見》一卷。馮清著。

黄虞稷《千頃堂書目・兵家類》 馮清《保生管見》一卷。集懸石、懸鎗之法。

固本迂談

高儒《百川書志・兵類》 《固本迂談》一卷。

皇明兵部侍郎廣陽馮清著。二書專論邊備。

黄虞稷《千頃堂書目・兵家類》 馮清《固本迂談》一卷。成化中兵部侍郎。

城　書

黄虞稷《千頃堂書目・兵家類》 《城書》四卷。

錢曾《讀書敏求記・兵家》 《城書》一卷。

守城事宜，散見諸書中。此八章條約詳明，繪圖以便覽者。宜與《守筌》並存之。

城守要機

黄虞稷《千頃堂書目・兵家類》 《城守要機》七卷。

靖邊一經

張萱等《内閣藏書目録・雜部》 《靖邊一經》二册。全。

萬曆間，遼東苑馬卿李慎著。

江南經略

《四庫全書總目提要・兵家類》 《江南經略》八卷。兩江總督採進本。

明鄭若曾撰。若曾有《鄭開陽雜著》，已著録。是編爲江南倭患而作，兼及防禦土寇之事。八卷之中，每卷又分二子卷。卷一之上爲《兵務總要》，卷一之下爲《江南内外形勢總考》。卷二之上至卷六之下，分蘇州、常州、松江、鎮江四府所屬山川險易、城池、兵馬，各附以土寇要害。卷七上下論戰守事宜。卷八上下則雜論戰具戰備，而終以水利積儲與蘇、松之浮糧。

海防圖論

嵇璜等《續通志・圖譜略・兵防》 明鄭若曾《海防圖論》。

萬里海防圖說

嵇璜等《續通志・圖譜略・兵防》 鄭若曾《萬里海防圖說》。

江防圖考

嵇璜等《續通志・圖譜略・兵防》 鄭若曾《江防圖考》。

北邊事迹

《四庫全書總目提要・兵家類存目》 《北邊事蹟》一卷。户部尚書王際華家藏本。

明王瓊撰。瓊有《晉溪奏議》，已著録。瓊在嘉靖初總督三邊軍務，因集歷代守邊得失，及所條畫奏疏，合爲一書。大旨主於花馬池一路三百里及環縣至蘭州八百里皆築牆掘塹，以爲臨邊設險之計。又欲仿趙充國故策，於甘肅屯田，以備戰守。蓋當時兵力不能及遠。故其所設施，止於如此。後附《設險守邊圖》，則所起邊牆及剷削崖谷之道里尺寸也。

西番事迹

《四庫全書總目提要・兵家類存目》 《西番事蹟》一卷。户部尚書王際華家藏本。

明王瓊撰。瓊總督三邊時，出兵討土魯番，撫定其部族，而誅其不順命者。因爲此書，歷敘漢先零、宋岷洮諸羌叛服之事，而以當時用兵始末附之。其論王安石遣王韶西征事，許其能詰兵戎以强宋室，而斥史臣以安石爲開邊生事之非。蓋亦有見於明世邊備之不修，而爲是言歟？前有王九思序，稱「關中士大夫作爲詩歌以紀其盛，題曰《元老靖邊》，屬九思序之。」而書中實無詩歌。序與書頗不相應，疑刊書者誤取他序，以冠此册也。

海寇議

《四庫全書總目提要・兵家類存目》 《海寇議》一卷。户部尚書王際華家藏本。

明萬表撰。表字民望，鄞縣人。正德末武進士，累官都督同知僉事、南京中軍都督府。時值海寇出没，爲江浙患，表推原禍本，以爲姦民通番者所致。因爲此議，上之當事。歷敘逋逃嘯聚始末甚詳。其後倭亂大起，表結少林僧，習格鬬法，屢殲其衆。蓋本能以才略自顯者，宜其所言之具有先見也。案：黄虞稷《千頃堂書目》載表《海寇前後議》一卷。此乃袁褧採入《金聲玉振集》者，所録僅一卷。疑已佚其《後議》。又譌「萬」爲「范」，尤爲失考矣。

塞語

《四庫全書總目提要・兵家類存目》 《塞語》一卷。浙江范懋柱家天一閣藏本。

明尹耕撰。耕有《南泰紀略》，已著録。是書作於嘉靖庚戌，皆言捍禦塞北諸部之術。一曰《邊情》，二曰《形勢》，三曰《城塞》，四曰《乘塞》，五曰《出塞》，六曰《抽丁》，七曰《官軍户》，八曰《練習》，九曰《保馬》，十曰《民堡》，十一曰《審幾》。耕以邊才自負，其言頗縱横博辨，然亦書生紙上之談也。

備倭記

《四庫全書總目提要・兵家類存目》 《備倭記》二卷。編修程晉芳家藏本。

明卜大同撰。大同字吉夫，秀水人。嘉靖戊戌進士，由刑部主事，歷任湖廣按察司僉事，弭蘄、黄盜有功，陞布政司參議。又有平苗功，終於福建巡海副使。是編即其官福建時，講求備倭之術而作也。上卷分八篇：曰《制置》，曰《方畫》，曰《將領》，曰《士卒》，曰《烽堠》，曰《險要》，曰《戰舸》，曰《邊儲》。下卷分二篇：曰《奏牘》，曰《策議》。所言頗簡略，不足以資考核。又喜徵古事，尤屬空談。其書本名《備倭圖記》，原本卷首尚有海圖。此本佚之，遂併書名删去「圖」字。然浙江鮑士恭家藏本尚題《備倭圖記》也。

備倭圖記

嵇璜等《續通志·圖譜略·兵防》 卜大同《備倭圖記》。

武備新書

《四庫全書總目提要·兵家類存目》 《武備新書》十四卷。江蘇巡撫採進本。

舊本題明戚繼光撰。與繼光《紀效新書》大同小異，仍冠以繼光《紀效新書序》。其《手足篇》中火器諸圖下，題曰「崇禎庚午仲秋，羽南彭翔謹録祕藏。」考繼光卒於萬曆丁亥，則必非繼光手著矣。首有「四明謝三賓訂正」字，當即三賓所損益，改此名也。其中如火龍捲地飛礮，雕木爲虎豹之形，以輪駕之，使口中出火。飛馬、天神及木人、火馬、天雷礮，竝以木爲人，縛於馬上，飾以紙甲胄，而藏礮於腹，以火爇馬尾，使之衝敵。殆於兒戲。明季談兵者如是，其亡國非不幸也。

邊防控扼形勢圖論

嵇璜等《續通志·圖譜略·兵防》 宋江點《邊防控扼形勢圖論》。

籌海圖編

嵇璜等《續通志·圖譜略·兵防》 胡宗憲《籌海圖編》。

海防圖略

嵇璜等《續通志·圖譜略·兵防》 蔡逢時、温處《海防圖略》。

圓機營陣圖

嵇璜等《續通志·圖譜略·兵防》 李承式《圓機營陣圖》。

九邊圖考

嵇璜等《續通志·圖譜略·兵防》 魏焕《九邊圖考》。

九邊圖論

嵇璜等《續通志·圖譜略·兵防》 許論《九邊圖論》。

九邊圖説

嵇璜等《續通志·圖譜略·兵防》 霍冀《九邊圖説》。

籌邊圖記

嵇璜等《續通志·圖譜略·兵防》 范守己《籌邊圖記》。

延領圖説

嵇璜等《續通志・圖譜略・兵防》 劉敏寬《延領圖説》。

兩陣邊關圖説

嵇璜等《續通志・圖譜略・兵防》 劉昌《兩陣邊關圖説》。

宣大山西諸邊圖

嵇璜等《續通志・圖譜略・兵防》 翁萬達《宣大山西諸邊圖》。

大同鎮圖説

嵇璜等《續通志・圖譜略・兵防》 楊時寧《大同鎮圖説》。

大同分營地方圖

嵇璜等《續通志・圖譜略・兵防》 楊時寧《大同分營地方圖》。

救命書

周中孚《鄭堂讀書記・兵家類》 《救命書》二卷。借月山房彙鈔本。明吕坤撰。坤，仕履見《儒家類》。書成于萬曆丁未，前有自序。稱：「人生之急，有急于性命者乎？人事之重，有重于救性命者乎？倘不謹守備法，雖有城隍，與無城隍同，一旦爲賊所破，滿城性命何待？」云云。故曰《救命書》。上卷凡城守事宜二十八條，遇變事宜四條，預防事宜十條。下卷爲郭宗昌《二戎記》。凡弓圖七，矢圖三，圖各有説，共附論二十一條。又有王朝麟《城守補》，攻戰法附。凡十二條，附以圖四，各爲之説。叔簡以理學名時，當神宗全盛之世，而先抱杞人之憂。所謂有文事者，必有武備也。其守禦之法，視宋陳元則《守城録》，何多讓焉？夫豈若世之儒者，惟知講良知、立門户爲事者哉？

張之洞《書目答問・兵家》 《救命書》二卷。明吕坤。指海本附呻吟語刻本。借月山房本。

乘城要法

黄虞稷《千頃堂書目・兵家類》 高第《乘城要法》一卷。

武備志

錢謙益等《絳雲樓書目・兵家》 茅元儀《武備志》。止生，鹿門先生之孫。自負知兵，撰《武備志》。崇禎間，嘗進呈。

黄虞稷《千頃堂書目・兵家類》 茅元儀《武備志》二百四十卷。崇禎元年三月進呈。

《明史・藝文志・兵書類》 茅元儀《武備志》二百四十卷。

守圉全書

軍機處奏《禁毁書目》 《守圉全書》十四本。

查《守圉全書》係明韓霖撰。分《酌古》、《設險》等篇。雜採子史及時人奏疏，附以論斷。大檗剿襲陳言，取盈卷帙。書中悖礙之處，不一而足。應請銷燬。

戰守全書

軍機處奏《禁燬書目》 《戰守全書》一部，六本。

查《戰守全書》係明范景文撰。所論用兵事宜，大都紙上空談。其《守部》中有狂悖字句。應請銷燬。

攻守要略

黄虞稷《千頃堂書目·兵家類》 錢旃《攻守要略》五卷。

武備志略

《四庫全書總目提要·兵家類存目》 《武備志略》五卷。内府藏本。

國朝傅禹撰。禹字服水，義烏人。是編惟鈔撮武經諸書及明茅元儀《武備志》，别無特見。

兵鑒分部

六軍鑑要

《宋史·藝文志·兵書類》 陶侃《六軍鑑要》一卷。

文廷式《補晉書藝文志·兵家類》 陶侃《六軍鑑要》一卷。

見《宋史·藝文志》，蓋依託。

英雄龜鑒

《宋史·藝文志·兵書類》 《英雄龜鑑》一卷。

治亂貫怪記

《宋史·藝文志·兵書類》 《治亂貫怪記》三卷。

兵　鑒

《宋史·藝文志·兵書類》 《兵鑑》五卷。

康定論兵

《宋史·藝文志·兵書類》 任鎮《康定論兵》一卷。

野　言

《宋史·藝文志·兵書類》 阮逸《野言》一卷。

江東十鑒

《四庫全書總目提要·兵家類存目》 《江東十鑑》一卷。兩淮鹽政採進本。

宋李舜臣撰。舜臣字子思，井研人。乾道三年進士，官成都府教授，擢宗正寺主簿。事蹟具《宋史》本傳。是編蒐輯江東戰勝之迹，上起三國，下至六朝，共得十事。一曰周瑜赤壁之戰；二曰祖逖譙城之戰；三曰褚裒彭城之戰；四曰桓温灞水之戰；五曰謝玄淝水之戰；六曰劉裕關中之戰；七曰到彦之河南之戰；八曰蕭衍義陽之戰；九曰陳慶之洛陽之戰；十曰吴明徹淮南之戰。皆先敘其事，次加論斷。蓋宋自高宗南渡，偏據一隅，地處下游，外臨勍敵，岌岌乎不能自保。故舜臣特作此編，以勵戰氣。明姚廣孝等編緝《永樂大典》，特録其書，殆以廣孝吴人，故藉以誇鄉邦之形勝。又成祖詔修是書之時，猶在南都，故廣孝等遷就其説。不知明太祖之得天下，實緣起於江北，與漢高祖略同。又以崛起方新之氣，乘元綱縱弛、盜賊蠭起之後，故席捲長驅，混一海内，非地形可據之故也。成祖篡立之後，終於北遷，則金陵之不爲勝地，審矣。恭讀皇上御題，綜括南北之大勢，洞燭往古之得失，用以闢舜臣之虚談，揭廣孝之私意，經緯天地，睿見高深，爲萬古定評，非尋常管蠡之見所能窺測萬一也。考《永樂大典》所載，尚有地圖，此本無之，蓋傳寫佚脱。然舜臣持論既謬，則其圖之有無，固亦不足計矣。

江東十考

《四庫全書總目提要・兵家類存目》 《江東十考》一卷。《永樂大典》本。

宋李道傳撰。道傳，字貫之，舜臣子也。官至太常博士，知果州，謚文節。事蹟具《宋史・儒林傳》。是書前有自序曰：「孝宗元年，方事恢復，時先君初仕，討論南北間事，著《江東勝後之鑑》十篇上之。竊謂戰勝存乎備具，退守存乎人心。因復考六朝備具之實，曰《屯兵之地》、曰《統兵之任》、曰《取兵之制》、曰《財賦之出》、曰《出師之途》、曰《饋運之方》、曰《舟師之利》、曰《出騎之用》、曰《守城之規》、曰《守江之要》，凡十篇。參之古今，論其大略。」云云。蓋以補其父之書，然皆儒生坐談之見也。

美芹十論

《四庫全書總目提要・兵家類存目》 《美芹十論》一卷。浙江鮑士恭家藏本。

舊本題宋辛棄疾撰。棄疾字幼安，歷城人。官至龍圖閣待制，進樞密都承旨，卒謚忠敏。是書皆論恢复之計。其《審勢》、《察情》、《觀釁》三論，所以明敵之可勝。其《自治》、《守淮》、《屯田》、《致勇》、《防微》、《久任》、《詳戰》七論，所以求己之能勝。卷末又載《上光宗疏》一篇，《論荆襄上流爲東南重地疏》一篇，《論江淮疏》一篇，《議練民兵守進疏》一篇，則後人所附入也。然史不言棄疾有此書。考《江西通志》，載臨川黄兑，字悦道，紹興進士，官至朝議大夫，嘗獻《美芹十策》、《進取四論》。此或兑書，後人僞題棄疾歟？

漢兵本末

王圻《續文獻通考・經籍考・兵書》 《漢兵本末》，徐天麟著。天麟，開禧初進士，累官武學博士，通判惠、潭二州所，至興學明教，有惠政。

歷代將鑑博議

《宋史・藝文志・兵書類》 戴溪《歷代將鑑博議》十卷。

楊士奇等《文淵閣書目・兵法》 《將鑑博義》。一部，二册。闕。

王圻《續文獻通考・經籍考・兵書》 《歷代將鑑博議》。戴溪著。

徐𤊹《徐氏家藏書目・兵類》 《將鑑博議》十卷。宋戴少望。

張萱等《内閣藏書目録・雜部》 《將鑑博議》四册。

宋戴少望取歷代名將，自孫武至郭崇韜，斷其優劣，凡十卷。

錢謙益等《絳雲樓書目・兵家》 《將鑑博議》。

將鑒論斷

錢謙益等《絳雲樓書目・兵家》《將鑒論斷》。戴溪字少望，南宋時永嘉人，謚文端。《宋史》有傳。

《四庫全書總目提要・兵家類存目》《將鑑論斷》十卷。兩淮鹽政採進本。

舊本題宋戴少望撰。考沈光作《戴溪岷隱春秋傳序》，稱其字曰少望，則此書當爲溪作。然溪以淳熙五年登第，開禧中尚官資善堂説書。而此書自序題紹興辛酉，爲高宗十一年。下距其登第之歲三十八年，距開禧元年更六十五年。溪不應如是之老壽，疑别一人，其名偶與溪字同也。是書採輯古來善用兵者，始於孫武，終於郭崇韜，凡九十三人，各以時代爲次。每人之下，皆以一語標目，評其得失，而反覆論其所以然。大抵多爲南渡後時事而發。如第一條詆孫武之徒能滅楚，終於恃强以亡吴，蓋隱以比金兵破汴之事。第二條稱范蠡能復吴讐，爲春秋大夫第一，則又隱激諸將恢復之心。而耿弇一條，竇憲一條，尤三致意焉。然大旨主於尚仁義，賤權謀，尊儒者，抑武臣，至以能讀《三略》之書者，始可以立功。則又衣冠而拯焚溺，與南渡事勢迥乎不合矣。此本爲宋麻沙版，明武定侯郭勛嘗重刻之。前有正德十年達賓序，題曰《將鑑博議》，與宋版不同。考《永樂大典》已引爲《將鑑博議》，則其來久矣。

南北十論

《四庫全書總目提要・兵家類存目》《南北十論》一卷。《永樂大典》本。

案：此書載《永樂大典》，題曰許學士撰，不著其名。蓋亦南宋人也。十論僅存其八，曰吴、曰蜀、曰東晉、曰宋、曰齊、曰梁、曰陳、曰元魏。末曰：「天下之物，本吾所有而吾取之，則其理順；非吾所有而吾争之，則其事逆。」又曰：「晉氏啟土，六合爲家，子孫雖播遷，而天下與之争衡者，皆其故臣。地吾地，民吾民，城邑吾之城邑，因其有以用之，如反覆手之易。褚裒北伐，青、兖之民襁負來歸。桓温至灞上，父老争迎，牛酒踵至。劉裕入長安，秦民咸相告語，指咸陽宫殿爲晉人第宅。而數子之無成者，皆其自失之。嗚呼！民心如此，境土不復，君子不以責晉而誰責也！」其隱諷南渡君臣，可謂切矣。然東晉中原雲擾，羣雄各據一隅。建炎、紹興以來，則金憑全盛之勢，宋當積弱之餘，其勝負又當别論耳。

武昌要訣

《宋史・藝文志・兵書類》王維清《武昌要訣》一卷。

進復府兵議

《宋史・藝文志・兵書類》汪橰《進復府兵議》一卷。

西齋兵議

《宋史・藝文志・兵書類》《西齋兵議》三卷。文覺兄弟問答兵機。

軍鑒圖

《宋史・藝文志・兵書類》《軍鑑圖》二卷。

兵　論

《宋史・藝文志・兵書類》《兵論》十卷。

三國策

黃虞稷《千頃堂書目・兵家類》 劉宣化《三國策》十二卷。

續將鑒博議

黃虞稷《千頃堂書目・兵家類》 王由道《續將鑑博議》。字汝元，樂平人。正德丁卯舉人。

兵　論

黃虞稷《千頃堂書目・兵家類》 何塘、柏齋《兵論》一卷。

《明史・藝文志・兵書類》 何瑭《兵論》一卷。

兵鑒撮要

黃虞稷《千頃堂書目・兵家類》 穆伯寅《兵鑑撮要》七卷。

《明史・藝文志・兵書類》 穆伯寅《兵鑑撮要》七卷。

兩浙兵制

《四庫全書總目提要・兵家類存目》 《兩浙兵制》四卷。浙江巡撫採進本。

明侯繼國撰。繼國號龍泉，金山衛人。世襲指揮使。是書第一卷，首列《全浙海圖》，附以説，並及沿革兵制。又析杭、嘉、湖三府爲一圖；寧、紹二府爲一圖；台、金、嚴三府爲一圖；温、處二府爲一圖。圖後均有説，併詳列其兵制、烽堠、倭犯。第二卷載造戰船、福船、鳥船、沙船、唬船、火器、軍器及營操、甲操、哨操、伍操等圖。第三卷載《倭警始末》。第四卷爲《日本風土記》，於一時海防軍政，最爲詳悉。惟《日本風土記》有録無書，疑裝緝者偶佚之也。考《明世宗本紀》，二十年五月，倭犯朝鮮，陷王京。朝鮮王李昖奔義州求救。二十一年正月，李如松攻倭於平壤，克之。四月，倭棄王京逃，使小西飛請封。二十三年正月，封平秀吉爲日本國王。二十四年九月，平秀吉抗不受封，復侵朝鮮。此書中《倭警始末》載朝鮮國王奏，二十九年九月、十月、十一月，倭賊仍於慶州機張縣、蔚山郡麗陽縣、梁山郡等處肆意攻掠。而經略宋應昌爲倭奏請封貢，乃即在此數月内。則倭之請貢，非實可知。又載充龍港船商許豫偵知倭賊初敗於平壤，即食盡矢窮，思逃無路，乃以封貢議和，是墮其計。又稱倭賊素詐，議和後新造大艘十餘隻，將欲爲亂，恐和非實。與李昖所奏情事相符。乃應昌力主和議，反斥李昖妄奏。是二十四年日本之叛，應昌罪無可辭。此書實可以曲證史事。而應昌所著《經略復國要編》，於李昖之奏、許豫之偵、遼東巡按之訐，槩不録入，則自張其功，而匿其短也。此書又可以勘其謬矣。惟考《平壤録》，載日本謝表無年月，當時斷爲沈惟敬揑造，而此書載之。又多列案牘全文，辭旨鄙俚，失於刪潤，是則不免小疵耳。

登壇必究

黃虞稷《千頃堂書目・兵家類》 王鳴鶴《登壇必究》四十卷。

《明史・藝文志・兵書類》 王鳴鶴《登壇必究》四十卷。

軍機處奏《禁毀書目》 《登壇必究》一部，三十二本。

查《登壇必究》係明王鳴鶴撰。皆論次兵家事宜。多係雜湊成書，並無發明。書中有觸悖字句。其二十一至二十四共四卷，原板挖去，均係違礙之處。應請銷燬。

兵　説

黃虞稷《千頃堂書目・兵家類》 劉濂《兵説》十二卷。

《明史・藝文志・兵書類》 劉濂《兵説》十二卷。

將評心見

黄虞稷《千頃堂書目・兵家類》 王詔《將評心見》二卷。

古今兵鑒

黄虞稷《千頃堂書目・兵家類》 鄭璧《古今兵鑑》三十二卷。内江人。順天府尹。

《明史・藝文志・兵書類》 鄭璧《古今兵鑑》三十二卷。

英廉奏《全燬書目》 《古今兵鑑》六本。明鄭璧撰。

經世宏籌

黄虞稷《千頃堂書目・兵家類》 鄭璧《經世宏籌》三十六卷。

《明史・藝文志・兵書類》 鄭璧《經世宏籌》三十六卷。

倭情考略

《四庫全書總目提要・兵家類存目》 《倭情考略》一卷。兩淮鹽政採進本。

明郭光復撰。光復，武昌人。官揚州府知府。考萬曆己丑進士，别有一郭光復，順天固安人，官至右副都御史、遼東巡撫。姓名偶同，非一人也。嘉靖中，東南屢中倭患，而揚州當江海之衝，被害尤甚。光復以爲必得其情，始可籌備禦之術，因攷次所聞爲此編。首《總論》，次《事略》，次《倭患》，次《倭術》，次《倭語》，次《倭好》，次《倭船》，次《倭刀》。載其情狀頗詳。蓋亦知己知彼之意。而得諸傳聞，未必一一確實也。

百將論斷

楊士奇等《文淵閣書目・兵法》 《百將論斷》。一部，二册。闕。《百將論斷》。一部，二册。闕。

將鑒節要

楊士奇等《文淵閣書目・兵法》 《將鑑節要》。一部，一册。闕。《將鑑節要》。一部，一册。闕。

將鑒疏略

楊士奇等《文淵閣書目・兵法》 《將鑑疏略》。一部，一册。闕。

元戎龜鑒

錢謙益等《絳雲樓書目・兵家》 《元戎龜鑑》。《樞庭備檢》二百卷。王雪溪於建炎間奉旨編集。記本朝兵制最詳悉。雪溪有著述才，仲言之父也。

農家部

論述

《漢書・藝文志・農家類序》 農家者流，蓋出於農稷之官。播百穀，勸耕桑，以足衣食，故八政一曰食，二曰貨。孔子曰「所重民食」，此其所長也。及鄙者爲之，以爲無所事聖王，欲使君臣並耕，誖上下之序。

《隋書・經籍志・農家類序》 農者，所以播五穀，藝桑麻，以供衣食者也。《書》叙八政，其一曰食，二曰貨。孔子曰：「所重民食。」《周官》：冢宰「以九職任萬民」，其一曰「三農生九穀」；地官司稼「掌巡邦野之稼，而辨穜稑之種，周知其名與其所宜地，以爲法而懸于邑閭」，是也。鄙者爲之，則棄君臣之義，徇耕稼之利，而亂上下之序。

錢東垣等輯《崇文總目・農家類序》 【原叙】農家者流，衣食之本原也。四民之業，其次曰農。稷播百穀，勤勞天下，功炳後世，著見書史。侗按：一本作史書 孟子聘列國，陳王道，未始不究耕桑之勸。漢興，劭農勉人，爲之著令。今集其樹藝之説，庶取法焉。見《歐陽文忠公集》。

陳振孫《直齋書録解題・農家類序》 農家者流，本於農稷之官，勸耕桑以足衣食。神農之言，許行學之，漢世野老之書，不傳於後，而《唐志》著録，雜以歲時月令及相牛馬諸書，是猶薄有關於農者。至於錢譜、相貝、鷹鶴之屬，於農何與焉？今既各從其類，而花果栽植之事，猶以農圃一體，附見於此，其實則浮末之病本者也。

馬端臨《文獻通考・經籍考・農家序》 《宋三朝藝文志》：歲時者，本於敬授平秩之義。殖物寶貨著譜録者，亦佐助衣食之源，故咸見於此。

焦竑《國史經籍志・農家類序》 聖王播百穀，勸耕稼，以足衣食，非以務地利而已。人農則樸，樸則易用，易用則邊境安而主勢尊；人農則少私義，少私義則公法立；人農則其産複，其産複則重流徙而無二心；天下無二心，即軒轅几籧之理不過也。今大江以南，土沃力勤，甲於宇內。而斥鹵瘠空，西北爲甚。雨澤不時，輒倚耜而待槁霆潦一至，龍蛇魚鼈且據皋隰而宫之，豈獨天運人事有相剌戾哉！斯民皆窳偷惰，而教率之者疏耳。古有農官顓董其役，而田野不闢，則有讓。播殖之宜，蠶繅之節，如管子、李悝之書多具之。惜不盡傳。姑列其見存者於篇。

《四庫全書總目提要・農家類序》 農家條目，至爲蕪雜。諸家著録，大抵輾轉旁牽。因耕而及《相牛經》，因《相牛經》及《相馬經》、《相鶴經》、《鷹經》、《蟹録》，至於《相貝經》，而《香譜》、《錢譜》相隨入矣。因五穀而及《圃史》，因《圃史》而及《竹譜》、《荔支譜》、《橘譜》，至於《梅譜》、《菊譜》，而《唐昌玉蘂辨證》、《揚州瓊花譜》相隨入矣。因蠶桑而及《茶經》，因《茶經》及《酒史》、《糖霜譜》，至於《蔬食譜》，而《易牙遺意》、《飲膳正要》相隨入矣。觸類蔓延，將因《四民月令》而及算術天文，因《田家五行》而及《風角》、《鳥占》，因《救荒本草》而及《素問》、《靈樞》乎？今逐類汰除，惟存本業。用以見重農貴粟，其道至大，其義至深，庶幾不失《豳風》、《無逸》之初旨。茶事一類，與農家稍近，然龍團鳳餅之製，銀匙玉盌之華，終非耕織者所事。今亦別入譜録類，明不以末先本也。

耿文光《萬卷精華樓藏書記・農家類序》 《漢志》著《神農》二十篇，如醫家之依託黄帝，而其書不傳。《唐志》雜以歲時、月令及相牛馬諸書。至於《錢譜》、《相貝》之屬，觸類蔓延，直齋譏之，誠當矣。然《書録》所載《桐譜》、《橘録》、《糖霜》、《蟹略》之類，亦與農務無涉。今所録者九家，皆農務本業，有裨實用者，其餘悉爲删退。明人刻《便民圖纂》十六卷，首列《農務》、《女紅圖》二卷，凡有便於民者，莫不具列。其意可佳，而書不易得。愚謂農書，宜取其便，他非所急也。

又《譜録類序》 尤延之《遂初堂書目》創立譜録一門，四庫館用其例，以收諸雜書之無可繫屬者，以類相從。一器物，二食譜，三鳥獸草木蟲魚。今所録者，凡廿一家。《陶説》、《墨苑》、《硯史》，器物之屬也。竹、鑪，亦器物也，故附之。《茶録》、《酒經》、《食譜》，飲饌之屬也。《禽經》、《蟹譜》、《異魚圖贊》，鳥獸草木蟲魚之屬也。《博古》諸圖，出入於金石，而攷証多疏。草木蟲魚，有涉於《爾雅》，而與小學不類。此譜録之所以爲譜録也。

黄逢元《補晉書藝文志・農家類序》 古者耒耨教民，中土遂以農立國。《書》之八政，《周禮》冢宰之九職，先務在此。録《牛經》、《夏小正注》、《田家十月圖》。樹藝足則食貨充，故坿嵇、魯二家。

雜録

《漢書·藝文志·農家》 右農九家，百一十四篇。

《隋書·經籍志·農家》 右五部，一十九卷。

《舊唐書·經籍志·農家》 右農家二十部，凡一百九十二卷。

《新唐書·藝文志·農家類》 右農家類十九家，二十六部，二百三十五卷。失姓名六家，王方慶以下不著録十一家，六十六卷。

《宋史·藝文志·農家類》 右農家類一百七部，四百二十三卷、篇。

《明史·藝文志·農家類》 右農家類二十三部，一百九十一卷。

《四庫全書總目提要·農家類》 右農家類，十部，一百九十五卷，皆文淵閣著録。

又《農家類存目》 右農家類九部，六十八卷。内一部無卷數，皆附存目。

錢東垣等輯《崇文總目·農家類》 共八部，計二十四卷。

唐及以前分部

神農

《漢書·藝文志·農家》 《神農》二十篇。六國時，諸子疾時念於農業，道耕農事，託之神農。

姚振宗《漢書藝文志條理·農家》 《神農》二十篇。王氏《考證》：《孟子》「有爲神農之言者許行。」《食貨志》鼂錯引神農之教。」《呂氏春秋》、《管子》、《氾勝之書》，亦引「神農之教。」《淮南子》引「神農之法」。顧炎武《日知録》曰：《孟子》「有爲神農之言。」注：「史遷所謂農家者流也。」仁山金氏曰：「《太史公六家同異》無農家。班固《藝文志》分九流，始有農家者流。《集注》偶誤，未及改。」

姚振宗輯《七略别録佚文·農家》 《神農》二十篇。疑李悝及商君所說。嚴本、馬本。

神農教田相土耕種

《漢書·藝文志·雜占》 《神農教田相土耕種》十四卷。

計宜子

丁仁《八千卷樓書目·雜家類·雜學》 《計宜子》一卷。周計然撰。《子書百種》本。

夏小正

尤袤《遂初堂書目·農家類》 《夏小正》。

夏小正注

文廷式《補晉書藝文志·農家類》 郭璞《夏小正注》。《太平廣記》卷十三引《神仙傳》云：璞注《山海經》、《夏小正》、《爾雅》、《方言》。

宰氏

《漢書·藝文志·農家》 《宰氏》十七篇。不知何世。

姚振宗《漢書藝文志條理·農家》 《宰氏》十七篇。鄭樵氏《族略》：宰氏，姬姓，周卿士宰周公之後。又有宰孔者，皆周太宰，以官爲氏。仲尼弟子宰予，又曰宰氏氏。《范蠡傳》云：「范蠡師計然，姓宰氏，字文子，葵邱濮上人。」按：宰氏氏者，鄭以爲複姓，恐不然。馬國翰《范子計然》輯本《序》曰：計然者，據本書，葵邱濮上人，姓辛，字文子。案：鄭樵氏《族略・辛氏》注引《范蠡傳》：「范蠡師事計然，姓辛氏，字文子。」意者辛爲宰字之誤。《漢志・農家》：《宰氏》十七篇，或即計然歟？賈思勰《齊民要術》嘗引之。案：計然姓辛，字文字，葵邱濮上人。見馬總《意林》。北魏李暹注道家文子書，誤以計然之姓氏里籍爲文子，前人辯之已詳。茲馬氏據《氏族略》，疑辛爲宰字之誤，以爲即計然之書。案：《晉中經簿》有計然《萬物録》三卷。唐《藝文志・農家》首載《范子計然》十五卷。反覆推尋，馬氏之説，亦頗近似。

范子計然

《新唐書・藝文志・農家類》 《范子計然》十五卷。范蠡問，計然答。

鄭樵《通志・藝文略・農家》 《范子計然》十五卷。問答。

洪邁《容齋題跋》 跋《范子計然》、《漢書・貨殖傳》：越王句踐困於會稽之上，乃用范蠡、計然，遂報强吳。孟康註曰：「姓計，名然，越臣也。」蔡謨曰：「計然者，范蠡所著書篇名耳，非人也。謂之計然者，所計而然也。羣書所稱句踐之賢佐，種、蠡爲首，豈復聞有姓計名然者乎？若有此人，越但用半策便以致霸。是功重於范蠡，而書籍不見其名，史遷不述其傳乎？」顔師古曰：「蔡説謬矣。《古今人表》，計然列在第四等，一名計研。班固『賓戲研桑，心計於無垠』即謂此耳。計然者，濮上人也。嘗南遊越，范蠡卑身事之。其書則有《萬物録》，事見《皇覽》及《晉中經簿》。又《吳越春秋》及《越絶書》並作計倪。此作倪、研及然，聲皆相近，實一人耳。何云書籍不見哉？」予按，唐貞元中，馬總《意林》一書，抄類諸子百餘家，有《范子》十二卷。云：「計然者，葵丘濮上人，姓辛，字文子。其先晉國之公子也。爲人有内無外，狀貌似不及人。少而明，學陰陽，見微知著。其志沈沈，不肯自顯，天下莫知，故稱曰計然。時遨遊海澤，號曰漁父。范蠡請其見越王。計然曰：「越王爲人鳥喙，不可與同利也。」據此，則計然姓名、出處，皎然可見。裴駰註《史記》，亦知引《范子》、《北史》。蕭大圜云：「留侯追蹤於松子，陶朱成術於辛文」，正用此事。曹子建表引《文子》，李善註以爲計然，師古蓋未能盡也。而《文子》十二卷，李暹註其序，以爲《范子》所稱計然，但其書一切以《老子》爲宗，略無與范蠡謀議之事。《意林》所編《文子》正與此同。所謂《范子》乃别是一書，亦十二卷。馬總只載其敘計然及他三事云。餘並陰陽、曆數，故不取，則與《文子》了不同。李暹之説誤也。《唐藝文志》、《范子計然》十五卷。註云：范蠡問，計然答，列於農家。其是矣，而今不存。

高似孫《子略》 《范子》。范子之事，不亦奇乎？蠡相越王勾踐，深謀隱策者一十二年，迄吴亡，大雪越恥。勾踐霸，拜蠡上將軍。蠡即日上書勾踐，扁舟五湖，闃然無聲。又浮海入齊，變姓名鴟夷子皮。父子治貲數十萬，齊聞之，延爲相。有頃，上相印，盡散其所有，獨懷重寶，行次乎陶，天下稱陶朱公。嗚呼智哉！唐王績詩：「范蠡何智哉，單舟戒輕裝。」與吾言合節。蠡方居齊，以書儆大夫種云：蜚鳥盡，良弓藏。狡兔死，走狗烹。王長頸，可共患難，不可共樂，合亟圖之。嗚呼！此非蠡之言，計然之言也。初，有計然者，遨遊海澤，自稱漁父。蠡有請曰：先生有陰德，願令越社稷長保血食。計然曰：越王鳥喙，不可以同利。蠡之智其有決於此乎？引編卷十有二，往往極陰陽之變，窮曆數之微。其言之妙者有曰：聖人之變，如水隨形。蠡之所以俟時而動、見幾而作者，其亦有得乎此！計然，濮上人，姓章名文子，其先晉國公子也。

野老

《漢書・藝文志・農家》 《野老》十七篇。六國時，在齊、楚間。

姚振宗《漢書藝文志條理・農家》 《野老》十七篇。應劭《漢書集解》曰：「年老居田野，相民耕種，故號野老。」袁淑《真隱傳》：「野老，六國時人，游齊楚間。年老隱居著書，言農家事，因以爲號。」《文心雕龍・諸子篇》：「逮及七國力政，俊乂蠭起。孟軻膺儒以磬折，莊周述道以翱翔，墨翟執儉确之教，尹文課名實之符，野老治國于地利，騶子養政于天文……承流而枝附者，不可勝算。」馬國翰輯本序曰：《漢志・農家》有《野老》十七篇，隋唐《志》皆不著録，書佚已久。考《吕氏春秋》載《上農》、《任地》、《辨土》、《審時》四篇，家宛斯先生《繹史》云：「蓋古農家野老之言，而吕子述之。」茲據補録。書中稱后稷語，古奥精微。其論得時失時，形色情狀，洵非老農不能道。以此勞民勸相，洵堪矜式，宜吕氏賓客取載多篇也。

董安國

《漢書・藝文志・農家》 《董安國》十六篇。漢代内史，不知何帝時。

姚振宗《漢書藝文志條理・農家》 《董安國》十六篇。本書《百官公卿表》：内史周官，秦因之，掌治京師。景帝二年，分置左此處似敚一右字。内史。右内史，武帝太初元年更名京兆尹，左内史，更名左馮翊。又曰：孝文十四年，内史董赤。案：《表》所載漢内史，並在景帝元二年之前。其後即分爲左、右内史。而文帝十四年有内史董赤，疑赤字安國，赤心奉國義，亦相應安國。殆亦如氾勝之教田三輔，作此書歟？

尹都尉

《漢書・藝文志・農家》 《尹都尉》十四篇。不知何世。

《新唐書・藝文志・農家》 《尹都尉書》三卷。

鄭樵《通志・藝文略・農家》 《尹都尉書》三卷。

姚振宗《漢書藝文志條理・農家》 《尹都尉》十四篇。劉向《別録》又曰：「都尉有《種葱書》。」諸輯本此下又有云：「曹公既與先生言，細人覘之，見其拔葱。按，此乃類事者取魏武昭烈事，轉寫誤連爲一條而譌。先生爲先生耳，今不取。王氏《考證》：蕭大圜云：「穫菽尋氾氏之書，露葵徵尹君之録。」馬國翰輯本《序》曰：考《氾勝之書》曰：「驗美田至十九石，中田十三石，薄田一十石，尹澤取減法。」神農尹澤疑都尉之名，意其爲漢成帝以前人也。其書《隋志》不著録。《唐志》三卷，今佚。《藝文類聚》、《太平御覽》並引劉向《別録》云：《尹都尉書》有種瓜篇，種芥、葵、蓼、薤、葱諸篇。今所傳《齊民要術》，備載其法。據補得六篇云。案馬氏據《氾勝之書》，以爲尹澤，近得其似。

姚振宗輯《七略別録佚文・農家》 《尹都尉》十四篇。《尹都尉》書有種瓜篇。《尹都尉》書有種芥、葵、蓼、薤、葱諸篇。並嚴、馬本。

趙　氏

《漢書・藝文志・農家》 《趙氏》五篇。不知何世。

姚振宗《漢書藝文志條理・農家》 《趙氏》五篇。

蔡　癸

《漢書・藝文志・農家》 《蔡癸》一篇。宣帝時，以言便宜，至弘農太守。

姚振宗《漢書藝文志條理・農家》 《蔡癸》一篇。

本書《食貨志》曰：「宣帝即位，用吏多選賢良，百姓安土，歲數豐穰。五鳳中，蔡癸以好農，使勸郡國，至大官。」師古曰：「爲使而勸郡國也。」《太平御覽・資産部》：崔元始《正論》曰：「宣帝使蔡癸校民耕植，三犂共一牛，一人持之，下種挽摟皆取備焉，日種一頃也。」馬國翰曰：「《齊民要術》引武帝使趙過教民耕殖，其法三犂共一牛云云。而《御覽》引崔寔《政論》作宣帝使蔡癸校民耕，事文正同。蓋癸書述趙過法而崔氏引之也。」按：此列成帝時氾勝之之後者，或其人後氾勝之卒而其書亦後出，或所言皆趙過諸人之成法，故置之末簡歟？

姚振宗輯《七略別録佚文・農家》 《蔡癸》一篇。蔡癸，邯鄲人。並嚴、馬本。

氾勝之書

《漢書・藝文志・農家》 《氾勝之十八篇》。成帝時爲議郎。

《隋書・經籍志・農家》 《氾勝之書》二卷。漢議郎氾勝之撰。

《舊唐書・經籍志・農家》 《氾勝之書》二卷。氾勝之撰。

《新唐書・藝文志・農家類》 《氾勝之書》二卷。

鄭樵《通志・藝文略・農家》 《氾勝之書》二卷。漢議郎氾勝之撰。

姚振宗《漢書藝文志條理・農家》 《氾勝之十八篇》。

姚振宗《隋書經籍志考證·農家》 《氾勝之書》二卷。漢議郎氾勝之撰。錢塘汪師韓《文選注》引《羣書目録》曰:「《氾勝之書》亦稱《田農書》。」《孫氏書目》、《氾勝之書》二卷。洪頤煊集本。

劉錦藻《清續文獻通考·經籍考·農家類》 《漢氾勝之遺書》一卷。宋葆淳撰。葆淳字帥初,號芝山,山西安邑人。乾隆癸卯舉人,解州學正。

姚振宗《七略別録佚文·農家》 《氾勝之十八篇》。氾勝之時爲議郎使,教田三輔。有好田者師之,徙爲御史。並嚴、馬本。

王莽井田制度

姚振宗《漢書藝文志拾補·農家》 《王莽井田制度》。

度田條式

姚振宗《後漢藝文志·農家類》 秦彭《度田條式》。范書《循吏傳》:秦彭,字伯平,扶風茂陵人也。自漢興之後,世位相承。六世祖襲爲潁川太守,與羣從同時爲二千石者五人,故三輔號「萬石秦」。彭同産女弟,顯宗時入掖庭爲貴人,有寵。永平七年,以彭貴人兄,隨四姓小侯擢爲開陽城門候。十五年,拜騎都尉,副駙馬都尉耿秉北征匈奴。建初元年,遷山陽太守。興起稻田數千頃,每于農月,親度頃畝,分別肥瘠,差爲三品,各立文簿,藏之鄉縣。于是姦吏跼蹐,無所容詐。彭乃上言,宜令天下齊同其制。詔書以其所立條式班令三府,並下州郡。在職六年,轉潁川太守。章和二年卒。

蠶織法

姚振宗《後漢藝文志·農家類》 王景《蠶織法》。范書《循吏傳》:王景,字仲通,樂浪䛁邯人也。辟司空伏恭府,三遷爲侍御史。十五年,拜河堤謁者。建初七年,遷徐州刺史。明年,遷廬江太守。先是,百姓不知牛耕,致地力有餘而食常不足。景乃驅率吏民,修起蕪廢,教用犂耕。由是墾闢倍多,境内豐給。遂銘石刻誓,令民知常禁。又訓令蠶織,爲作法制,皆著于鄉亭,廬江傳其文辭。卒于官。

春秋井田記

姚振宗《後漢藝文志·農家類》 《春秋井田記》。應劭《風俗通》佚文:「謹案:《春秋井田記》:人年三十,受田百畝。以食五口。五口爲一户,父母妻子也。公田十畝,廬舍五畝,成田一頃十五畝,八家而九頃二十畝,共爲一井。廬舍在内,貴人也。公田次之,重公也。私田在外,賤私也。井田之義,一曰無泄地氣,二曰無費一家,三曰同風俗,四曰合巧拙,五曰通貨財。因井爲市,交易而退,故稱市井也。」按:《風俗通》引《春秋井田記》,始見范書《循吏·劉寵傳·注》。錢辛楣、宫詹輯本云:「又見《詩·陳風·正義》、《初學記》二十四、《御覽》百九十一、又八百二十七。其書不知何人作,疑出《前漢經義考春秋類》引史繩祖説,列唐人之前,蓋誤以爲章懷《注》所引,而未詳考章懷引《風俗通》之文也。」今以應仲遠所引,姑列後漢人中。

計然萬物録

張之洞《書目答問·農家》 《計然萬物録》一卷。茆輯十種本。

王氏

《漢書·藝文志·農家》 《王氏》六篇。不知何世。

姚振宗《漢書藝文志條理·農家》 《王氏》六篇。王氏未詳。按:氾勝之已在成帝時,此列于其後,大抵亦與氾氏同時。若又在其後,則已將漢末,《七略》亦不及載矣。而班氏注云「不知何世」，亦疑是後人語，非班氏本文。

師曠占

李昉等《太平御覽經史圖書綱目》　《師曠占》。

汪師韓《文選注引群書目録上・雜術藝》　《師曠占書》。

陶朱公養魚法

《隋書・經籍志・農家》　梁有《陶朱公養魚法》一卷，亡。

《舊唐書・經籍志・農家》　《養魚經》一卷。范蠡撰。

《新唐書・藝文志・農家類》　范蠡《養魚經》一卷。

鄭樵《通志・藝文略・食貨》　范蠡《養魚經》一卷。

尤袤《遂初堂書目・譜録類》　《養魚經》。

《宋史・藝文志・農家類》　陶朱公《養魚經》一卷。

徐𤊹《徐氏家藏書目・農圃類》　《養魚經》一卷。

錢謙益等《絳雲樓書目・雜藝類》　《養魚經》。范蠡。

姚振宗《漢書藝文志拾補・農家》　《陶朱公養魚法》一卷。范蠡始末見前陰陽家。《文選》張景陽《七命》注《陶朱公養魚經》曰：「威王聘朱公，問之曰：公家累億金，何術乎？朱公曰：夫爲生之法五，水畜第一。所謂水畜者，魚池也。以六畝地爲池，池中有九洲。即求懷子鯉魚，以二月上旬庚日内池中養鯉者，鯉不相食。及長，又貴也。亦見《太平御覽》九百三十六，引文小異。

昭明子釣種生魚鼈

《漢書・藝文志・雜占》　《昭明子釣種生魚鼈》八卷。

種樹臧果相蠶

《漢書・藝文志・雜占》　《種樹臧果相蠶》十三卷。

四民月令

《隋書・經籍志・農家》　《四人月令》一卷。後漢大尚書崔寔撰。

《舊唐書・經籍志・農家》　《四人月令》一卷。崔寔撰。

《新唐書・藝文志・農家類》　崔湜《四民月令》一卷。

侯康《補後漢書藝文志・農家類》　崔寔《四民月令》一卷。韓鄂《四時纂要》序曰：「徧閲羣書，《爾雅》則言其土産，《月令》則序彼時宜。氾勝種藝之書，崔寔試穀之法。」《經義考》曰：按《四民月令》其書雖佚，而賈思勰《齊民要術》引之特多，合以《太平御覽》所載，好事者尚可捃摭成卷也。康按：王謨有此書輯本。

馬國翰《玉函山房藏書簿録・農家類》　《四民月令》一卷。任氏忠敏家塾本。後漢大尚書安平崔寔子真撰。一名台，字元始。按十二月著其事宜，並家居用物製造之法。書總四民，實詳農業，故《隋志》入農家。原本佚，震澤任兆麟輯刊。

姚振宗《後漢藝文志・農家類》　崔寔《四民月令》一卷。寔始末具法家類。嚴可均輯本序曰：《四民月令》，《新唐志》作崔湜，誤。宋不著録。近人任兆麟、王謨皆有輯本，編次不倫，且多罣漏。王本又誤以《齊人月令》謂即《四民月令》。而所采《齊民要術》，有今本所無者六事。其文不類，未知何據。余既輯崔寔《政論》一卷，因兼及此書，蒐録遺佚，得二百許事，省併重複，逐月分章，爲十一章，定著一卷。有注，疑即崔寔撰。徵用者或以注爲正文，今加注字間隔之。而王本所采《齊民要術》六事，附存俟考。又附録《齊人月令》四事，免與崔寔書混。

月令章句

《宋史・藝文志・農家類》　蔡邕《月令章句》一卷。

銅馬相法

李昉等《太平御覽經史圖書綱目》 馬援《銅馬相法》。

卜式養羊法

《隋書・經籍志・農家》 梁有《卜式養羊法》一卷，亡。

姚振宗《漢書藝文志拾補・農家》 《卜式養羊法》一卷。

養猪法

《隋書・經籍志・農家》 梁有《養猪法》一卷，亡。

鄭樵《通志・藝文略・食貨》 卜式《養猪羊法》二卷。

姚振宗《漢書藝文志拾補・農家》 《太平御覽》九百三引《博物志》曰：卜式有《養猪羊法》。按：今本張華《博物志》無此文。

商邱子養猪法

姚振宗《漢書藝文志拾補・農家》 《商邱子養豬法》。劉向《列仙傳》：「商丘子胥者，高邑人也。按《世説》注引作子晉，商邑人。好牧豕、吹竽，年七十，不聚婦而不老，邑人多奇之，從受道，問其要，言但食術、菖蒲根，飲水，不飢不老如此，傳世見之三百餘年。貴戚富至聞之，取而服之，不能終歲輒止，墮慢矣，謂將復有匿術也。贊曰：商丘幽棲，韞櫝妙術。渴飲寒泉，飢茹蒲術。吹竽牧豕，卓犖奇出。道足無求，樂茲永日。」《世説新語・輕詆篇》，孫綽作《列仙商丘子》贊曰：「所牧何物，殆非真豬。儻遇風雲，爲我龍攄。」《太平御覽》九百三引《博物志》曰：「商邱子有《養猪法》。」按商邱子不知何時人。今本《列仙傳》敍次不可憑。據《博物志》，當在卜式之前。

本論

汪師韓《文選注引群書目録上・子類》 崔寔《本論》。

田家十月圖

文廷式《補晉書藝文志・農家類》 史道碩《田家十月圖》。《古今名畫録》曰：「晉史道碩畫《田家十月圖》，爲世所寶。」《御覽》七百五十《歷代名畫記》卷五引孫暢之云：「道碩兄弟四人，並善畫。」謝赫云：「碩與王微並師荀、衛。」

食疏

文廷式《補晉書藝文志・農家類》 何曾《食疏》。《齊書・虞悰傳》：豫章王嶷盛饌享賓，謂悰曰：「今日肴羞，寧有所遺不？」悰曰：「恨無黄頷臛，何曾《食疏》所載也。」

食檄

文廷式《補晉書藝文志・農家類》 弘君舉《食檄》。《北堂書鈔》、陸羽《茶經》、《太平御覽》皆引之。嚴可均云：疑即宏戎。《通典》八十一有晉東海國臣弘據。

食　經

文廷式《補晉書藝文志・農家類》　《食經》。《御覽》八百五十六盧諶《祭法》：秋祠用菹消，《食經》有此法也。此諶所見之《食經》，是晉以前書，《齊民要術》亦屢引《食經》。

晉牛經

黄逢元《補晉書藝文志・農家》　《晉牛經》一卷。見《意林》，又《祕目》農家時類。元案：《世説・汰侈篇》注引《相牛經》曰：《牛經》出自寗戚，傳百里奚。漢世河西薛公得其書以相牛，至魏世高堂生又傳晉宣帝，其後王愷得其書焉。《隋志》子部五行類注云：梁有寗戚《相牛經》，又高堂隆《相牛經》，各一卷。當即是書。明左圭《百川學海》存《相牛經》一卷。

錢神論

黄逢元《補晉書藝文志・農家》　《錢神論》一卷。處士南陽魯褒元道撰。見《通志》列食貨類。褒有傳，存是《論》。《元和姓纂》六云：「魯褒，晉光榮大夫」，與傳不合。

高堂隆相牛經

《隋書・經籍志・五行》　梁有《高堂隆相牛經》二卷，亡。

鄭樵《通志・藝文略・食貨》　《高堂隆相牛經》一卷。

王良相牛經

《隋書・經籍志・五行》　梁有《王良相牛經》二卷，亡。

南方草木狀

《宋史・藝文志・農家類》　嵇含《南方草木狀》三卷。

高儒《百川書志・農家》　《南方草木狀》三卷。後魏襄陽太宗嵇含撰。四類五十四種。

徐𤊹《徐氏家藏書目・農圃類》　《南方草木狀》三卷。晉嵇含。

錢謙益等《絳雲樓書目・雜藝類》　《南方草木狀》一卷。晉嵇含。

文廷式《補晉書藝文志・農家類》　嵇含《南方草木狀》三卷。見《宋志》，今存。《齊民要術》屢引《南方草物狀》，未知即此書否？案：此書文筆淵雅，敍術簡净，自是唐以前作，然以爲嵇含則非也。案《晉書・忠義傳》，劉宏表含爲廣州刺史。未發，宏卒。含素與宏司馬郭勵有隙，夜掩殺之。又《抱朴子》自敍云：故人譙國嵇居道見用爲廣州刺史，乃表請洪爲參軍，遣先行催兵，而居道於後遇害，是含實未至廣州，不得爲此書也。又案《南方草木狀》「乞力伽」一條云：劉涓子取以作煎。涓子，東晉末人，遠在嵇含後，是書非含作益明矣。

南方草木狀

文廷式《補晉書藝文志・農家類》　徐衷《南方草木狀》。《後漢書・西南夷傳》注引之。《御覽》八百三「草木」作「草物」。又八百七引徐衷《南方記》述班具嬴，九百四十一引徐衷《南方記》述白珠蜯殼，亦當出此書。戴凱之《竹譜》云：筋竹，其筍未成竹時，堪爲弩弦，見徐忠《南方奏》。徐忠蓋即徐衷。

竹譜

《舊唐書・經籍志・農家》《竹譜》一卷。戴凱之撰。

《新唐書・藝文志・農家類》戴凱之《竹譜》一卷。

鄭樵《通志・藝文略・食貨》《竹譜》一卷。戴凱之撰。見《隋志》。

晁公武《郡齋讀書志・農家類》《竹譜》一卷。袁本《後志》卷二《子類第四十一》。右戴凱之撰。凱之字慶預，武昌人。裒輯竹事，四字一讀，有韻，類賦頌。李邯鄲云：「未詳何代人。」

陳振孫《直齋書録解題・農家類》《竹譜》一卷。案：《宋史・藝文志》作三卷。武昌戴凱之慶預撰。皆四字語。

馬端臨《文獻通考・經籍考・農家》《竹譜》一卷。

《宋史・藝文志・農家類》戴凱之《竹譜》三卷。

高儒《百川書志・農家》《竹譜》一卷。晉武昌戴凱之慶豫撰。

徐𤊹《徐氏家藏書目・農圃類》《竹譜》一卷。宋戴凱之。

《四庫全書總目提要・譜録類》《竹譜》一卷。内府藏本。

舊本題晉戴凱之撰。晁公武《郡齋讀書志》云：「凱之字慶預，武昌人。」又引李淑《邯鄲圖書志》云，謂：「不知何代人。」案《隋書・經籍志》譜系類中有《竹譜》一卷，不著名氏。《舊唐書・經籍志》載入農家，始題戴凱之之名，然不著時代。左圭《百川學海》題曰「晉人」，而其字則曰「慶豫」，「預」、「豫」字近，未詳孰是。其曰「晉人」，亦不知其何所本。然觀其以崙韻年、船，以邦韻同、功，猶存古讀。註中音訓，皆引「三蒼」。他所援引，如虞豫《會稽典録》、常寛《蜀志》、徐廣《雜記》、沈瑩《臨海水土異物志》、郭璞《山海經註》、《爾雅註》，亦皆晉人之書。而《尚書》「篠簜既敷」，猶用鄭玄「篠，箭竹；簜，大竹」之註，似在孔《傳》未盛行以前，雖題爲晉人，別無顯證，而李善註馬融《長笛賦》已引其「籦籠」一條，段公路《北户録》引其「竻必六十復，亦六年」一條，足證爲唐以前書。惟《酉陽雜俎》稱《竹譜》竹類三十九，今本乃七十餘種，稍爲不符。疑《酉陽雜俎》傳寫誤也。其書以四言韻语記竹之種類，而自爲之註，文皆古雅。所引《黄圖》一條，今本無之。與徐廣註《史記》所引《黄圖》均爲今本不載者。其事相類，亦足證作是書時，《黄圖》舊本猶未改修矣。舊本傳刻頗多譌脱，如「蓋竹所生，大抵江東。上密防露，下疎來風。連畝接町，竦散岡潭」六句。「潭」字於韻不協，雖「風」字據《詩・衛風》有「孚金切」一讀，於古音可以協「潭」，而「東」字則萬無協理，似乎「潭岡散竦」四字誤倒其文，以「竦」韻東風，猶劉琨詩之以「叟」韻璆，潘岳詩之以「荷」韻歌也。然諸本竝同，難以臆改，凡斯之類，皆姑仍其舊焉。

錢東垣等輯《崇文總目・小説類》《竹譜》一卷。戴凱之撰。

張之洞《書目答問・譜録類・名物之屬》《竹譜》一卷。六朝宋戴凱之。漢魏叢書本。

竹譜

楊士奇等《文淵閣書目・辰字號・畫譜諸譜附》《竹譜》一部。一册。闕。

又《竹譜》一部。四册。闕。

禽經

鄭樵《通志・藝文略・食貨》《禽經》一卷。師曠撰。

尤袤《遂初堂書目・譜録類》《禽經》。

高儒《百川書志・格物家》《師曠禽經》一卷。晉太傅張華著。

徐𤊹《徐氏家藏書目・農圃類》《禽經》一卷。晉張華注。師曠著。

錢謙益等《絳雲樓書目・雜藝類》師曠《禽經》。一卷。此書歷代史藝文志皆不載，當是後人作。見《野客叢書》。師曠、張華之名，皆後人僞託也。

錢曾《讀書敏求記・豢養》師曠《禽經》一卷。晉張華注，從元鈔録出。流俗本刊于百川學海中者，文注混淆，改盡舊觀矣。

《四庫全書總目提要・譜録類》《禽經》一卷。内府藏本。舊本題師曠撰。晉張華註。

魏王花木志

李昉等《太平御覽經史圖書綱目》　《魏王花木志》。

月政畜牧栽種法

《隋書・經籍志・農家》　梁有《月政畜牧栽種法》一卷，亡。

鄭樵《通志・藝文略・食貨》　卜式《月政畜牧栽種法》一卷。

相鴨經

《隋書・經籍志・五行》　梁有《相鴨經》二卷。亡。

鄭樵《通志・藝文略・食貨》　《相鴨經》一卷。

相雞經

《隋書・經籍志・五行》　梁有《相雞經》二卷。亡。

鄭樵《通志・藝文略・食貨》　《相雞經》一卷。

相鵝經

《隋書・經籍志・五行》　梁有《相鵝經》二卷。亡。

鄭樵《通志・藝文略・食貨》　《相鵝經》一卷。

伯樂相馬經

《隋書・經籍志・五行》　梁有《伯樂相馬經》二卷。亡。

闕中銅馬法

《隋書・經籍志・五行》　梁有《闕中銅馬法》二卷。亡。

鄭樵《通志・藝文略・食貨》　《闕中銅馬法》一卷。

齊民要術

《隋書・經籍志・農家》　《齊民要術》十卷。賈思勰撰。

《舊唐書・經籍志・農家》　《齊人要術》十卷。賈思勰撰。

《新唐書・藝文志・農家類》　賈思協《齊民要術》十卷。

鄭樵《通志・藝文略・農家》　《齊民要術》十卷。後魏賈思勰撰。

晁公武《郡齋讀書志・農家類》　《齊民要術》十卷。袁本《前志》卷三上農家類第一。右元魏賈思勰撰。農家者，本出於神農氏之學。孔子既稱「禮義信足以化民，焉用稼」，以誚樊須，而告曾參以「用天之道，分地之利，爲庶人之孝」，言非不同，意者以躬稼非治國之術，乃一身之任也。然則士之倦遊者，詎可不知乎？故今所取，皆種藝之書也。前世録史部中有歲時，子部中有農事，兩類實不可分，今合之農家。又以《錢譜》寘其間，今以其不類，移附類書。

尤袤《遂初堂書目・農家類》　《齊民要術》。

陳振孫《直齋書録解題・農家類》　《齊民要術》十卷。

後魏高陽太守賈思勰撰。起自耕農，終於醯醢，資生之業，靡不畢書，凡九十三篇。其曰「治生之道，不仕則農」，蓋名言也。

馬端臨《文獻通考・經籍考・農家》　《齊民要術》十卷。巽岩李氏序孫氏《齊民要術音義解釋》曰：賈思勰著此書，專主民事，又旁摭異聞，多可觀，在農家最蕘然出其類，而近世學者忽焉。第奇字錯見，往往艱讀。今運使秘丞孫公爲之音義，解釋略備。其正名辨物，蓋與揚雄、郭璞相上下，不但借助於思勰也。此書李淳風嘗演之。淳風書遽亡，韓諤又撮思勰所記，別著《四時纂要》五卷。本朝天禧四年，詔並刻二書以賜勸農使者。然其書與律令俱藏，衆弗得習，市人輒抄《要術》之淺近者，摹印相師，用才一二，此有志於民者所當惜也。今公幸以稽古餘力，悉發其隱，盍併刻焉，豈惟決疑糾繆，有益學者，抑使斯民日用知所本末，更被天禧遺澤，不亦可乎？

《宋史・藝文志・農家類》 賈思勰《齊民要術》十卷。

楊士奇等《文淵閣書目・列字號・農圃》 《齊民要術》一部，五册。

高儒《百川書志・農家》 《齊民要術》十卷。後魏高陽太守賈思勰撰。旁搜經史，遠摭異聞，人力所成，方物自産，花果蔬草之屬，栽種修漑之法，靡不該載。凡九十二篇。

范邦甸等《天一閣書目・農家類》 《齊民要術》十卷。刊本。後魏高平太守賈思勰撰并自序。卷首皆列目録。於文雖繁，尋覽甚易。

徐𤊹《徐氏家藏書目・農圃類》 《齊民要術》十卷。後魏賈思協。

錢謙益等《絳雲樓書目・農家》 《齊民要術》十卷。賈思勰撰。元魏人。

錢曾《讀書敏求記・農家》 賈思勰《齊民要術》十卷。嘉靖甲申刻此書于湖湘。惜乎注中删落頗多，如首卷簡端《周書》曰：「神農之時天雨粟」云云，原條係細書夾注，竟刊作大字等類，文注混淆，殊可笑也。

《四庫全書總目提要・農家類》 《齊民要術》十卷。浙江巡撫採進本。

後魏賈思勰撰。思勰，始末未詳。惟知其官爲高平太守而已。自序稱：「起自耕農，終於醯醢，資生之業，靡不畢書，凡九十二篇。」今本乃終於五穀果蓏非中國物者。自序又稱：「商賈之事，闕而不録」。今本《貨殖》一篇，乃列於第六十二，莫知其義。中第三十篇爲《雜説》，而卷端又列雜説數條，不入篇數。一名再見，於例殊乖。其詞亦鄙俗不類，疑後人所竄入。然陳振孫《書録解題》稱其「治生之道，不仕則農」爲名言，正見於卷端雜説中，則宋本已有之矣。思勰序不言作註，亦不云有音。今本句下之註，有似自作，然多引及顔師古者。則今本之註，蓋孫氏之書。特《宋・藝文志》不著録，其名不可考耳。董穀《碧里雜存》以註中一石當今二斗七升之文，疑其與魏時長安童謡「百升飛上天」句不合。案：斛律光，齊人，非魏人，此語殊誤。蓋未知註非思勰作也。錢曾《讀書敏求記》云：嘉靖甲申，刻《齊民要術》於湖湘，首卷簡端《周書》曰云云，原係細書夾註，今刊作大字。毛晉《津逮祕書》亦然。今以第二篇至六十篇之例推之，其説良是。蓋唐以前書，文詞古奥，校勘者不盡能通。輾轉譌脱，因而譌異，固亦事所恒有矣。

錢東垣等輯《崇文總目・農家類》 《齊民要術》十卷。賈思勰撰。【原釋】記民俗、歲時、治生、種蒔之事，凡九十二卷。見《玉海・食貨類》。

黄丕烈《蕘圃藏書題識・子類一》 《齊民要術》十卷。校本。《齊民要術》舊本未之見。往聞孫伯淵爲余云其門人洪殿撰有影宋本，屬其傳録。及寄到，而伯淵已作古，無從訪問矣。此校本不知誰人手筆，開端載有宋本行款，并於細書夾注。誤爲大字正文之處，亦經校出。版刻無字處，間有填補，一似真見宋本者，惜未詳紀原委。其所校硃筆，訖於卷七《笨麴并酒》第六十六條「作秦州春酒麴法」一段止，亦並未言所據殘缺，豈無端而輟筆歟？此不可得而知也。余因是書古本絶少，又所校非出無據，卒收之。書賈之視此，與余之視此，皆不以尋常《津逮》本視之矣。庚辰二月二日，閒窗偶閲及此，追記數語，以見書至今日而貴重，不必其爲朱元舊本也。即校本稍爲世所未見者，亦珍祕之矣。見獨學人識：嘉靖間湖湘刻本，向未之見。頃湖賈以嘉靖本示余，亦知專刻索重直。取對是本，文理多同，唯十行十七字與宋本偶合。且此所缺失，嘉靖本同。知即從嘉靖本出，特行款異耳。卷五缺一葉，又缺葉前一葉最後四行，共廿四行，此僅空三行有半。若校本又云廿八行，其多寡實數不可揣知矣。嘉靖本缺二葉，一已鈔補，一以他卷葉數小號同者充之，見胡震亨跋語可考也。嘉靖本字跡惡劣，未知原翻與否，無可質證矣。辛巳二月蕘夫記。凡古書，翻刻不如原刻，明刻不如宋刻。此嘉靖湖湘間《齊民要術》，謂獲古善本刻之。今取校宋本對湖湘刻本，竟無一字合者，不知善本果云何也。乃湖湘本與此刻大段相同，其墨釘缺失亦無一可補。所勝者止空行一少一多耳。乃書賈卒以專刻，故不肯貶直售余。又因嘉靖舊刻，思欲留之，存其面目。議價再四，竟不成交，且云物主已别贈人，舊刻之書，居奇若是，爲之欷歔久之。道光紀元月在辰上巳日蕘夫記。

張金吾《愛日精廬藏書續志・農家類》 《齊民要術》十卷。黄琴六先生校朱本。

後魏賈思勰撰。《自序》。抄補。黄琴六先生手跋曰：「《齊民要術》爲隋唐以前僅存之舊籍，其書最爲切用，而久無善本。嘉慶初，照曠閣據胡震亨本梓入《學津討原》，予任讎勘之役，以《農桑輯要》校補脱誤。胡本《桑柘篇》脱去一葉，亦從《輯要》中掇拾補完。惟出於後人徵引，其中文句保無增損竄易，至今耿耿。今春月霄於鹿城書肆，得明人單刻本，其卷首序文、雜記已失，疑即所云湖湘本也。客邸苦雨，取胡本勘之，亦無甚異同，蓋胡本即從此本出也。同里陳君子準，曾手臨吴門士禮居所藏校宋本六卷，月霄假以畀余，遂合照曠新刊本逐條細勘，知《農桑輯要》所引與宋本悉合。而凡徵引所未及，可刊落胡刻之脱繆者，復得二十之二三。前後計補脱正文百餘字，注文七百餘字。卷五脱葉文注四百一十餘字，零星羨文訛字及填補空墨，又得五百一二十字。此書至是始復舊觀矣。惜校宋本缺後四卷，而《農桑輯要》中又緣非關民生樹藝，罕所徵引，無從通校。幸此四卷舊刻脱誤本少，無害完書耳。竊謂是書，宋刊既亡，傳本久苦難讀，今爲月霄校此兩册，不第於愛日廬中增一異本。倘將來有好事者據此重刊，一洗四百年來相承之繆非，爲藝林增一快事哉！余自三十年來所校古籍，不下五六十種。而所最愜心者，惟《文房四譜》、《廣川畫跋》二書，皆從訛繆中力開真面，今得此書而三矣。衰年多病，炳燭餘光，矻矻於陳編爛簡中作一老蠹魚，自笑又自慰也。道光乙酉拙經逸叟書。」

張之洞《書目答問·農家》《齊民要術》十卷。魏賈思勰。津逮本、學津本、秘册彙函本。

《齊民要術》十卷。賈思勰撰。見《隋志》，《宋志》同。《舊唐志》作《齊人要術》十卷，賈勰撰。《新志》作賈思協《齊民要術》十卷。宋李昉等輯《太平御覽》嘗引用之，不著撰人。

馬國翰《玉函山房藏書簿録·農家類》《齊民要術》十卷。汲古閣本。又三原張氏寫本。後魏高陽太守益都賈思勰撰。凡九十二篇，於農圃衣食及六畜牧養之術，纖悉備至，多此秦漢古書，典據更極明晰。楊慎拈書中數奇字横生刺議，未免好求人過矣。《注》爲孫氏作，見李燾序。

瞿鏞《鐵琴銅劍樓藏書目録·農家類》《齊民要術》十卷。校宋本。後魏賈思勰撰并序。又葛祐之序：……華亭沈氏竹東書舍刻本，較胡氏震亨刻本脱文脱字尤多。《桑柘篇》中脱去一葉，與胡本同。陳子準氏以宋槧殘本一一校補。今案宋本良然。惜後四卷宋本亦闕，不獲校全。然其佳處已不勝僂指矣。卷首有邵彌藏書畫記，朱記。

陸心源《皕宋樓藏書志·農家類》《齊民要術》十卷。勞季言校宋本。後魏高陽太守賈思勰撰。

耿文光《萬卷精華樓藏書記·農家類》《齊民要術》十卷。後魏賈思勰撰。汲古閣本。前有自序並雜説，後有紹興甲子葛祐之後序，嘉靖甲申王廷相序，又沈士龍、胡震亨跋。

楊守敬《日本訪書志·卷七》《齊民要術》殘本三卷。北宋天聖刊本。高山寺藏。見存卷五、卷八二卷，又卷一殘葉二紙。每卷題「齊民要術卷第幾」，次行題「後魏高陽太守賈思勰撰」，次列傳中篇目。

禁苑實録

《隋書·經籍志·農家》《禁苑實録》一卷。

《舊唐書·經籍志·農家》《禁苑實録》一卷。

《新唐書·藝文志·農家類》《禁苑實録》一卷。

鄭樵《通志·藝文略·食貨》《禁苑實録》一卷。見《隋志》。

種植法

《舊唐書·經籍志·農家》《種植法》七十七卷。諸葛穎撰。

《新唐書·藝文志·農家類》諸葛穎《種植法》七十七卷。

鄭樵《通志·藝文略·食貨》《種植法》七十七卷。唐諸葛穎撰。

相馬經

《舊唐書·經籍志·農家》《相馬經》六十六卷。諸葛穎等撰。

《新唐書·藝文志·農家類》諸葛穎《相馬經》六十卷。

鄭樵《通志·藝文略·食貨》《相馬經》六十卷。諸葛穎撰。

療馬方

《隋書·經籍志·醫方》《療馬方》一卷。梁有《伯樂療馬經》一卷，疑與此同。

伯樂治馬雜病經

《隋書・經籍志・醫方》《伯樂治馬雜病經》一卷。

治馬經

《隋書・經籍志・醫方》《治馬經》三卷。俞極撰。亡。

鄭樵《通志・藝文略・食貨》《治馬經》三卷。俞極撰。

治馬經

《隋書・經籍志・醫方》《治馬經》四卷。

治馬經目

《隋書・經籍志・醫方》《治馬經目》一卷。

雜撰馬經

《隋書・經籍志・醫方》《雜撰馬經》一卷。

治馬經圖

《隋書・經籍志・醫方》《治馬經圖》二卷。

鄭樵《通志・藝文略・食貨》《治馬經圖》一卷。

馬經孔穴圖

《隋書・經籍志・醫方》《馬經孔穴圖》一卷。

鄭樵《通志・藝文略・食貨》《馬經孔穴圖》一卷。

治馬牛駝騾等經

《隋書・經籍志・醫方》《治馬牛駝騾等經》三卷。目一卷。

鄭樵《通志・藝文略・食貨》《治馬牛駝騾等經》三卷。

倪燦等《補遼金元藝文志・食貨類》《治馬牛駝騾等經》三卷。失名。

錢大昕《補元史藝文志・醫書類》《治馬牛駝騾等經》三卷。

相馬經

《隋書・經籍志・五行》《相馬經》一卷。

《舊唐書・經籍志・農家》《相馬經》一卷。伯樂撰。

《新唐書・藝文志・農家類》伯樂《相馬經》一卷。

鄭樵《通志・藝文略・食貨》伯樂《相馬經》一卷。

晁公武《郡齋讀書志・藝術類》《相馬經》二卷。袁本《後志》卷二《雜藝術類第八》。右伯樂撰。

春秋濟世六常擬議

《隋書・經籍志・農家》《春秋濟世六常擬議》五卷。楊瑾撰。

鄭樵《通志・藝文略・農家》《春秋濟世六常擬議》五卷。隋楊瑾撰。

田家曆

《隋書・經籍志・五行》《田家曆》十二卷。

演齊民要術

《新唐書・藝文志・農家類》李淳風《演齊民要術》。卷亡。

鄭樵《通志・藝文略・農家》《演齊民要術》李淳風撰。

兆人本業

《舊唐書・經籍志・農家》《兆人本業》三卷。天后撰。

《新唐書・藝文志・農家類》武后《兆人本業》三卷。

鄭樵《通志・藝文略・農家》武后《兆民本業》三卷。

《宋史・藝文志・農家類》則天皇后《兆人本業》三卷。

錢東垣等輯《崇文總目・農家類》《兆人本業》三卷。唐武后撰。

園庭草木疏

《新唐書・藝文志・農家類》王方慶《園庭草木疏》二十一卷。

鄭樵《通志・藝文略・食貨》《園庭草木疏》二十一卷。唐王方慶撰。

亢倉子

李昉等《太平御覽經史圖書綱目》《亢倉子》。

晁瑮《晁氏寶文堂書目・子》《亢倉子》。

山居要術

鄭樵《通志・藝文略・農家》《山居要術》三卷。王珉撰。

陳振孫《直齋書録解題・農家類》《山居要術》三卷。稱王旼撰。《館閣書目》作王旻。皆莫知何時人也。

馬端臨《文獻通考・經籍考・農家》《山居要術》三卷。陳氏曰：稱王旼撰。《館閣書目》作王旻，皆莫知何時人也。

《宋史・藝文志・農家類》王旻《山居要術》三卷。

錢東垣等輯《崇文總目・農家類》《山居要術》三卷。王旼撰。

山居雜要

《宋史・藝文志・農家類》王旻《山居雜要》三卷。

山居種蒔要術

《宋史・藝文志・農家類》王旻《山居種蒔要術》一卷。

茶經

鄭樵《通志・藝文略・食貨》《茶經》三卷。唐陸羽撰。

晁公武《郡齋讀書志・農家類》《茶經》三卷。袁本《前志》卷三上《農家類第六》。右唐太子文學陸羽鴻漸撰。載産茶之地、造作器具、古今故事，分十門。

馬端臨《文獻通考・經籍考・農家》《茶經》三卷。

《宋史・藝文志・農家類》陸羽《茶經》三卷。

高儒《百川書志・農家》《茶經》三卷。唐竟陵陸羽撰，凡十類。

徐𤊹《徐氏家藏書目・農圃類》《茶經》三卷。陸羽。

張萱等《内閣藏書目録・雜部・農家》陸羽《茶經》一册。全。

茶記

鄭樵《通志・藝文略・食貨》《茶記》三卷。陸羽撰。

《宋史・藝文志・農家類》陸羽《茶記》一卷。

醫牛經

鄭樵《通志・藝文略・食貨》《醫牛經》一卷。

《宋史・藝文志・農家類》賈耽《醫牛經》卷亡。

甯戚相牛經

《隋書・經籍志・五行》梁有《齊侯大夫甯戚相牛經》一卷。亡。

《舊唐書・經籍志・農家》《相牛經》一卷。甯戚撰。

《新唐書・藝文志・農家類》甯戚《相牛經》一卷。

鄭樵《通志・藝文略・食貨》甯戚《相牛經》一卷。

晁公武《郡齋讀書志・藝術類》《相牛經》一卷。袁本《後志》卷二《雜藝術類第十二》。右題曰：甯戚傳之百里奚，漢世河西薛公得其書以相牛，千百不失其一。至魏世高堂生又傳晉宣帝，其後秘之。細字，薛公注也。

徐𤊹《徐氏家藏書目・農圃類》《牛經》一卷。齊甯戚。

辨養良馬論

鄭樵《通志・藝文略・食貨》《辨養良馬論》一卷。

錢東垣等輯《崇文總目・藝術類》《辨養良馬論》一卷。【原釋】闕。見天一閣鈔本。

相馬經

《舊唐書・經籍志・農家》《相馬經》二卷。

相馬經

《新唐書・藝文志・農家類》《相馬經》三卷。

鄭樵《通志・藝文略・食貨》《相馬經》三卷。

相馬經

《舊唐書・經籍志・農家》《相馬經》二卷。徐成等撰。

《新唐書・藝文志・農家類》徐成等《相馬經》二卷。

鄭樵《通志・藝文略・食貨》《相馬經》二卷。徐成等撰。

黄帝醫相馬經

晁公武《郡齋讀書志・藝術類》《黄帝醫相馬經》三卷。袁本《後志》卷二《雜藝術類第十》。右唐穆黿集伯樂、王良等六家書成此編。皇帝斥神農也。

平泉山居草木記

鄭樵《通志・藝文略・食貨》《平泉山居草木記》一卷。唐李德裕撰。

晁公武《郡齋讀書志・農家類》《平泉草木記》一卷。袁本《前志》、《後志》未收。右唐李德裕撰。記其別墅奇花、異草、樹石名品，仍以詠歎其美者詩二十餘篇附於後。平泉，即別墅地名。

太清諸卉木方

李昉等《太平御覽經史圖書綱目》《太清諸卉木方》。

竹　記

鄭樵《通志・藝文略・食貨》《竹記》一卷。

保生月録

《新唐書・藝文志・農家類》 韋行規《保生月録》一卷。

晁公武《郡齋讀書志・農家類》《保生月録》一卷。袁本《後志》卷二《子類第三十四》。右唐韋行規撰。分十二月，雜纂每月攝養、種藝、祈禳之術也。

尤袤《遂初堂書目・農家類》 韋氏《月録》。

《宋史・藝文志・農家類》 韋行規《月録》一卷。

又《保生月録》二卷。不知作者。

四時纂要

《新唐書・藝文志・農家類》 韓鄂《四時纂要》五卷。

晁公武《郡齋讀書志・農家類》《四時纂要》五卷。袁本《前志》卷三上《農家類第二》。右唐韓諤撰。諤徧閱農書，取《廣雅》、《爾雅》定土産，取《月令》、《家令》敘時宜，采汜勝種樹之書，掇崔寔試穀之法，兼刪韋氏《月録》、《齊民要術》，編成五卷。

尤袤《遂初堂書目・農家類》《四時纂要》。

陳振孫《直齋書録解題・農家類》《四時纂要》五卷。案：《宋史・藝文志》作十卷。唐韓諤撰。雖曰歲時之書，然皆爲農事也。

馬端臨《文獻通考・經籍考・農家》《四時纂要》五卷。

《宋史・藝文志・農家類》 韓鄂《四時纂要》十卷。

楊士奇等《文淵閣書目・列字號・醫書》《四時纂要》一部，一册。

耒耜經

徐𤊹《徐氏家藏書目・農圃類》《耒耜經》一卷。唐陸龜蒙。

錢謙益等《絳雲樓書目・雜藝類》《耒耜經》一卷。陸龜蒙。

《四庫全書總目提要・農家類存目》《耒耜經》一卷。内府藏本。

唐陸龜蒙撰。龜蒙字魯望，吴江人。事蹟具《唐書・隱逸傳》。是編記犁製特詳。犁與耒耜，今古異名也。次及鑱，因又及爬與礰礋，而以碌碡終焉。敘述古雅，其詞有足觀者。舊載《笠澤叢書》中，故《唐》、《宋・藝文志》皆不載。陳振孫《書録解題》始自出一條，意宋末乃別行也。

張之洞《書目答問・農家》《耒耜經》一卷。唐陸龜蒙。津逮本、學津本，在《甫里集》内。

蠶經

《舊唐書·經籍志·農家》《蠶經》一卷。
《新唐書·藝文志·農家類》《蠶經》一卷。
錢謙益等《絳雲樓書目·雜藝類》《蠶經》一卷。

蠶經

《新唐書·藝文志·農家》《蠶經》二卷。

孫氏蠶書

鄭樵《通志·藝文略·食貨》《蠶書》二卷。孫光憲撰。
陳振孫《直齋書録解題·農家類》《蠶書》二卷。案：《宋史·藝文志》作三卷。孫光憲撰。光憲事跡，見小説類。
馬端臨《文獻通考·經籍考·農家》《蠶書》二卷。
《宋史·藝文志·農家類》 孫光憲《蠶書》三卷。
錢東垣等輯《崇文總目·農家類》《孫氏蠶書》二卷。孫光憲撰。

淮南王蠶經

鄭樵《通志·藝文略·食貨》 淮南王《蠶經》三卷。
《宋史·藝文志·農家類》 淮南王《養蠶經》一卷。
錢東垣等輯《崇文總目·農家類》《淮南王蠶經》三卷。劉安撰。【原釋】闕。見天一閣鈔本。

耕譜

王圻《續文獻通考·經籍考·農家》《耕譜》。慎温其著。
嵇璜等《續通志·圖譜略下·記無·食貨》 慎温其《耕譜》。

相貝經

《隋書·經籍志·五行》 梁有《相貝經》二卷。亡。
《舊唐書·經籍志·農家》《相貝經》一卷。
《新唐書·藝文志·農家類》《相貝經》一卷。
鄭樵《通志·藝文略·食貨》《相貝經》一卷。
陳振孫《直齋書録解題·形法類》《相貝經》一卷。不知作者。
《宋史·藝文志·五行》《相貝經》一卷。
徐𤊹《徐氏家藏書目·農圃類》《相貝經》一卷。
姚振宗《隋書經籍志考證·五行》 梁有《相貝經》二卷。亡。不著撰人。《説文》：貝，海介蟲也。居陸名猋，在水名蜬，象形。古者貨貝而寶龜。至周而有泉，至秦廢貝行錢。《宋書·符瑞志》：大貝，王者不貪，財寶則出。《藝文類聚·寶玉部·相貝經》曰：《相貝經》，朱仲受之于琴高。琴高乘魚浮于海河，水産必究。仲學仙于高而得其法，又獻珠于漢武，去不知所之。嚴助爲會稽太守，仲又出，遺助以經尺之貝，并致此文于助云云。案：琴高，趙人。朱仲，會稽人，並漢初人，見《列仙傳》。此所引爲《相貝經》之序。

明楊慎《丹鉛總録》曰：馬總《意林》引《相貝經》，不著作者。讀《初學記》，始知爲嚴助作。案：見《初學記·居處部》。按：隋唐《志》載《相貝經》，不著撰人。宋本《意林》第六卷有《相貝經》一卷，題曰琴高。高似孫《子略》鈔《意林》目録作《貝書》十卷，不著名氏。陶宗儀《説郛》云朱仲撰汪氏《文選注》引《目録》云嚴助撰。按，貝之爲物，上古三代以爲貨幣，又以爲藥物、爲器具、爲珍飾，其用至廣。其書自周秦時已有之，不始于琴高、朱仲，亦不始于嚴助，特爲助所校録。觀《藝文類聚》所引序，從可知矣。《漢武故事》云：「上少好學，招求天下遺書，親自省校，使莊助、司馬相如等以類分別之，則此爲助校書時所傳，良信。其撰人則終不可考。其佚文《初學記》、《文選注》所引率不過一二語，《御覽·鱗介部》引凡二條，《藝文類聚》所引凡三百餘言，最爲詳悉。《説郛》則有録無書。

浮丘公相鶴書

《隋書·經籍志·五行》 梁有《浮丘公相鶴書》二卷。亡。

《舊唐書·經籍志·農家》 《相鶴經》一卷。浮丘公撰。

《新唐書·藝文志·農家類》 浮丘公《相鶴經》一卷。

鄭樵《通志·藝文略·食貨》 浮邱公《相鶴經》一卷。

晁公武《郡齋讀書志·藝術類》 《相鶴經》一卷。袁本《後志》卷二《雜藝術類第七》。右題曰浮丘公撰。其傳云：「浮丘公授於王子晉，後崔文子學道於子晉，得其文，藏於嵩山之石室，淮南公采藥得之，乃傳於世。」

錢東垣等輯《崇文總目·藝術類》 《相鶴經》一卷。浮邱公撰。

淮南八公相鵠經

《隋書·經籍志·五行》 梁有《淮南八公相鵠經》二卷。亡。

鄭樵《通志·藝文略·食貨》 《淮南八公相鵠經》一卷。

周穆王八馬圖

《隋書·經籍志·五行》 梁有《周穆王八馬圖》二卷。亡。

鄭樵《通志·藝文略·食貨》 《周穆王八駿圖》一卷。晉史道碩畫。

錢　譜

《舊唐書·經籍志·農家》 《錢譜》一卷。顧烜撰。

《新唐書·藝文志·農家類》 顧烜《錢譜》一卷。

鷙擊録

《舊唐書·經籍志·農家》 《鷙擊録》二十卷。堯須跋撰。

《新唐書·藝文志·農家類》 堯須跋《鷙擊録》二十卷。

鄭樵《通志·藝文略·食貨》 《鷙擊録》二十卷。堯須跋撰。

鷹　經

《舊唐書·經籍志·農家》 《鷹經》一卷。

《新唐書·藝文志·農家類》 《鷹經》一卷。

鄭樵《通志·藝文略·食貨》 《鷹經》一卷。

荆楚歲時記

《新唐書·藝文志·農家類》 宗懔《荆楚歲時記》一卷。

晁公武《郡齋讀書志·農家類》 《荆楚歲時記》四卷。袁本《前志》卷三下《類書類第二十六》。右梁宗懔撰。其序云：「傅玄之《朝會》，杜篤之《上巳》，安仁《秋興》之敍，君道《娛蜡》之述，其屬辭則已洽，其比事則未弘，某率爲小記，以録荆楚歲時。自元日至除夕，凡二十餘事。」

《宋史·藝文志·農家類》 宗懔《荆楚歲時記》一卷。

錢謙益等《絳雲樓書目・農家》《荆楚歲時記》四卷。宗懍。梁人。

荆楚歲時記

《新唐書・藝文志・農家類》杜公贍《荆楚歲時記》二卷。

玉燭寶典

《新唐書・藝文志・農家類》杜臺卿《玉燭寶典》十二卷。

尤袤《遂初堂書目・農家類》《玉燭寶典》。

《宋史・藝文志・農家類》杜臺卿《玉燭寶典》十二卷。

王圻《續文獻通考・經籍考・農家》《玉燭寶典》。杜臺卿著。

佚名《新唐書藝文志注・農家》杜臺卿《玉燭寶典》十二卷。杜臺卿，字少山，隋著作郎。今存。缺十二一卷。

四時録

《新唐書・藝文志・農家類》王氏《四時録》十二卷。

孫氏千金月令

《新唐書・藝文志・農家類》《孫氏千金月令》三卷。孫思邈。

《宋史・藝文志・農家類》孫思邈《齊人月令》三卷。

金谷園記

《新唐書・藝文志・農家類》李邕《金谷園記》一卷。

尤袤《遂初堂書目・農家類》李邕《金谷園記》。

《宋史・藝文志・農家類》李邕《金谷園記》一卷。

四時記

《新唐書・藝文志・農家類》薛登《四時記》二十卷。

乘輿月令

《新唐書・藝文志・農家類》裴澄《乘輿月令》十二卷。國子司業。貞元十一年上。

月令圖

《新唐書・藝文志・農家類》王涯《月令圖》一軸。

鄭樵《通志・圖譜略・記無・時令》王涯《月令圖》。

秦中歲時記

《新唐書・藝文志・農家類》李綽《秦中歲時記》一卷。

晁公武《郡齋讀書志・農家類》《輦下歲時記》一卷。袁本《後志》卷二《子類第三十五》。右唐李綽撰。綽經黄巢之亂，避地蠻隅，偶記秦地盛事，傳諸晚學云。

尤袤《遂初堂書目・農家類》《輦下歲時記》。

《宋史・藝文志・農家類》 李綽《秦中歲時記》一卷。一名《咸鎬記》。又李綽《輦下歲時記》一卷。

顧渚山記

晁公武《郡齋讀書志・農家類》 《顧渚山記》二卷。袁本《後志》卷二《子類第三十七》。右唐陸羽撰。羽與皎然、朱放輩論茶，以顧渚爲第一。顧渚山在湖州，吴王夫槩顧望，欲以爲都，故以名山。

馬端臨《文獻通考・經籍考・農家》 《顧渚山記》二卷。

歲華紀麗

《新唐書・藝文志・農家類》 《歲華紀麗》二卷。

晁公武《郡齋讀書志・農家類》 《歲華紀麗》四卷。袁本《前志》卷三上《農家類第三》。右唐韓諤撰。分四時十二月節序，以事實爲偶麗之句附著之。

《宋史・藝文志・農家類》 韓鄂《歲華紀麗》四卷。

錢謙益等《絳雲樓書目・農家》 《歲華紀麗》二卷。

馬國翰《玉函山房藏書簿録・農家類》 《歲華紀麗》四卷。汲古閣本。唐韓鄂撰。分月紀事，詞甚典雅。《唐志》取此與《四時纂要》並列云二卷。今本四卷，後人所分，而《四時纂要》散佚無傳矣。

續酒譜

晁公武《郡齋讀書志・農家類》 《續酒譜》十卷。袁本《前志》卷三上《農家類第十六》。右唐鄭遨雲叟撰。纂輯古今酒事，以續王績之書。

馬端臨《文獻通考・經籍考・農家》 《續酒譜》十卷。

採茶録

鄭樵《通志・藝文略・食貨》 《採茶録》三卷。唐温庭筠撰。

《宋史・藝文志・農家類》 温庭筠《採茶録》一卷。

煎茶水記

鄭樵《通志・藝文略・食貨》 《煎茶水記》一卷。唐張又新撰。

晁公武《郡齋讀書志・農家類》 《煎茶水記》一卷。袁本《前志》卷三上《農家類第七》。右唐張又新撰。其所嘗水凡二十種，因第其味之優劣。

馬端臨《文獻通考・經籍考・農家》 《煎茶水記》一卷。陳氏曰：唐涪州刺史張又新撰。本刑部侍郎劉伯芻稱水之與茶宜者凡七等，又新復言得李季卿所筆陸鴻漸《水品》凡二十，歐公《大明水記》嘗辨之，今亦載卷末。余足跡所至不廣，於《水品》僅嘗三四，若惠山泉甘美，置之第二不忝，特未知康王谷水何如爾。其次吴松第四橋水亦不惡，虎邱劍池殊未佳，而在第四，已不可曉。至於雪水清甘絶佳，而居其末，尤不可曉也。大抵水活而後宜茶，活而不清潔猶不宜，故浮泉石池漫流者爲上，爲其活且潔也。若夫天一生水，烝爲雲雨，水之活且潔者，何以過此？余嘗用凈器承雨水，試以烹煎，不減雪水，故知又新之説妄也。

《宋史・藝文志・農家類》 張又新《煎茶水記》一卷。

高儒《百川書志・農家》 《煎茶水記》一卷。唐江州刺史張又新撰。評水二十七處。宋歐陽修增大明水、浮槎山水二記。

張萱等《内閣藏書目録・雜藝類》 《煑茶水記》一卷。唐張又新撰。

茶　譜

鄭樵《通志・藝文略・食貨》 《茶譜》一卷。僞蜀毛文錫撰。

晁公武《郡齋讀書志・農家類》《茶譜》一卷。袁本《前志》卷三上《農家類第八》。右僞蜀毛文錫撰。記茶故事。其後附以唐人詩文。

茶譜

馬端臨《文獻通考・經籍考・農家》《茶譜》一卷。晁氏曰：僞蜀毛文錫撰。記茶故事，其後附以唐人詩文。

《宋史・藝文志・農家類》毛文錫《茶譜》一卷。

錢謙益等《絳雲樓書目・雜藝類》《茶譜》一卷。毛文錫。記茶故事。其後附以唐人詩文。

北苑煎茶法

鄭樵《通志・藝文略・食貨》《北苑煎茶法》一卷。

茶法易覽

鄭樵《通志・藝文略・食貨》《茶法易覽》十卷。

《宋史・藝文志・農家類》《茶法易覽》十卷。

鷹鶻病候

鄭樵《通志・藝文略・食貨》《鷹鶻病候》一卷。唐諸葛穎撰。

猩猩傳

鄭樵《通志・藝文略・食貨》《猩猩傳》一卷。王綱撰。

樹萱録

鄭樵《通志・藝文略・食貨》《樹萱録》一卷。

月令圖

鄭樵《通志・圖譜略・記有》《月令圖》。

千金月令

尤袤《遂初堂書目・農家類》《千金月令》。

四民福禄論

尤袤《遂初堂書目・農家類》《四民福禄論》。

《宋史・藝文志・農家類》李淳風《四民福禄論》二卷。

荊楚歲時記

尤袤《遂初堂書目・農家類》《荊楚歲時記》。

唐註月令

尤袤《遂初堂書目・農家類》 《唐註月令》。

唐月令

尤袤《遂初堂書目・農家類》 《唐月令》。

荔枝譜

尤袤《遂初堂書目・譜録類》 《荔枝譜》。

何首烏傳

陳振孫《直齋書録解題・農家類》 《何首烏傳》一卷。初見唐《李翱集》，今後人增廣之耳。

馬端臨《文獻通考・經籍考・農家》 《何首烏傳》一卷。

錢　譜

《宋史・藝文志・農家類》 封演《錢譜》一卷。

荔枝故事

《宋史・藝文志・農家類》 《荔枝故事》一卷。不知作者。

酒　譜

馬端臨《文獻通考・經籍考・農家》 《酒譜》一卷。陳氏曰：汶上竇苹子野撰。其人即著《唐書音訓》者。

《宋史・藝文志・農家類》 竇苹《酒譜》一卷。

高儒《百川書志・農家》 《酒譜》一卷。宋汶上竇苹子野撰，凡十五事。

錢　録

《宋史・藝文志・農家類》 張台《錢録》一卷。

注解月令

《宋史・藝文志・農家類》 李林甫《注解月令》一卷。

删定禮記月令

《宋史・藝文志・農家類》 唐玄宗《删定禮記月令》一卷。

是齋售用

《宋史·藝文志·農家類》《是齋售用》一卷。

月鑑

《宋史·藝文志·農家類》孫翰《月鑑》二卷。

月壁

《宋史·藝文志·農家類》岑貢《月壁》一卷。

時鑑雜書

《宋史·藝文志·農家類》劉靖《時鑑雜一作「新」書》四卷。

歲時雜詠

《宋史·藝文志·農家類》宋綬《歲時雜詠》二十卷。

時鏡新書

《宋史·藝文志·農家類》劉安靖《時鏡新書》五卷。

備閲注時令

《宋史·藝文志·農家類》孫昆《備閲注時令》一卷。

歲中記

《宋史·藝文志·農家類》《歲中記》一卷。不知作者。

四時録

《宋史·藝文志·農家類》《四時録》四卷。不知作者。

經界弓量法

《宋史·藝文志·農家類》王居安《經界弓量法》一卷。

南蕃香録

《宋史·藝文志·農家類》葉庭珪《南蕃香録》一卷。

許狀元節序故事

《宋史·藝文志·農家類》《許狀元節序故事》十二卷。許尚編。

夏時考異

《宋史・藝文志・農家類》張方《夏時考異》一卷。

夏時志別録

《宋史・藝文志・農家類》張方《夏時志別録》一卷。

食禁經

《宋史・藝文志・農家類》高伸《食禁經》三卷。

酒　譜

《宋史・藝文志・農家類》葛澧《酒譜》一卷。

天香傳

《宋史・藝文志・農家類》丁謂《天香傳》一卷。

夏小正戴氏傳

《宋史・藝文志・農家類》《夏小正戴氏傳》四卷。傅崧卿注。

錢謙益等《絳雲樓書目・農家》《夏小正戴氏德傳》四卷。

林泉備

《宋史・藝文志・農家類》馮安世《林泉備》五卷。

香　譜

《宋史・藝文志・農家類》洪芻《香譜》五卷。

水利編

《宋史・藝文志・農家類》王章《水利編》三卷。

治地旁通

《宋史・藝文志・農家類》林勳《治地旁通》一卷。

勸農奏議

《宋史・藝文志・農家類》陳靖《勸農奏議》三十篇。

古今泉貨圖

《宋史・藝文志・農家類》于公甫《古今泉貨圖》一卷。

錦譜

《宋史・藝文志・農家類》 沈立《錦譜》一卷。

香譜

《宋史・藝文志・農家類》 沈立《香譜》一卷。

肉攫部

徐𤊹《徐氏家藏書目・農圃類》 《肉攫部》一卷。唐段成式。

歲華紀麗譜

錢謙益等《絳雲樓書目・雜藝類》 費著《歲華紀麗譜》。

錢大昕《補元史藝文志・農家》 費著《歲華紀麗譜》一卷。記蜀中節候。

五木經

錢謙益等《絳雲樓書目・雜藝類》 《五木經》一篇。李翺。

膳夫經手録

錢謙益等《絳雲樓書目・農家》 《膳夫經手録》四卷。陽曄此書，《唐書・藝文志》編在醫家。又有鄭望《膳夫録》，皆記貴家品饌。

宋元分部

壽親養老新書

徐𤊹《徐氏家藏書目・農圃類》 《壽親養老新書》三卷。宋鄒鉉。

蟹略

陳振孫《直齋書録解題・農家類》 《蟹略》四卷。高似孫續古撰。

馬端臨《文獻通考・經籍考・農家》 《蟹略》四卷。

《四庫全書總目提要・譜録類》 《蟹略》四卷。浙江鮑士恭家藏本。宋高似孫撰。似孫有《剡録》，已著録。是編以傅肱《蟹譜》徵事太略，因别加裒集。卷一曰蟹原、蟹象，卷二曰蟹鄉、蟹具、蟹品、蟹占，卷三曰蟹貢、蟹饌、蟹牒，卷四曰蟹雅、蟹志。賦咏每門之下，分條記載，多取蟹字爲目，而系以前人詩句。

蟹譜

陳振孫《直齋書録解題・農家類》 《蟹譜》二卷。稱怪山傅肱子翼撰。嘉祐四年序。「怪山」者，越之飛來山也。

馬端臨《文獻通考・經籍考・農家》 《蟹譜》二卷。

高儒《百川書志・農家》 《蟹譜》一卷。宋怪山傅肱子翼集。凡六十六條，有總論。

徐𤊹《徐氏家藏書目・農圃類》 《觧譜》二卷。宋傅肱。

《四庫全書總目提要・譜録類》 《蟹譜》二卷。浙江鮑士恭家藏本。宋傅肱撰。肱字自翼，其自署曰怪山。陳振孫謂「怪山」乃越州之飛來山，則會稽人也。其書分上下兩篇，前有嘉祐四年自序。

大農孝經

鄭樵《通志・藝文略・農家》《大農孝經》一卷。宋朝賈元道撰。

《宋史・藝文志・農家類》賈元道《大農孝經》一卷。

錢東垣等輯《崇文總目・農家類》《大農孝經》一卷。【原釋】賈道元撰。道元，開寶中人。見《玉海・食貨類》。

花品

鄭樵《通志・藝文略・食貨》《花品》一卷。宋朝僧仲林撰。

《宋史・藝文志・農家類》僧仲林《花品記》一卷。

錢東垣等輯《崇文總目・小説類》《花品》一卷。釋仲休撰。

牡丹花品

鄭樵《通志・藝文略・食貨》《牡丹花品》一卷。越僧仲林撰。

陳振孫《直齋書録解題・農家類》《越中牡丹花品》二卷。僧仲休撰。

馬端臨《文獻通考・經籍考・農家》《越中牡丹花》二卷。

筍譜

鄭樵《通志・藝文略・種藝》《筍譜》一卷。宋朝僧贊寧撰。

尤袤《遂初堂書目・譜録類》《筍譜》。

陳振孫《直齋書録解題・農家類》《筍譜》一卷。僧贊甯撰。案：晁公武《讀書志》作「僧惠崇撰」。

《宋史・藝文志・農家類》僧贊寧《筍譜》一卷。

高儒《百川書志・農家》《笋譜》一卷。宋吴僧贊寧著。凡五類。

徐𤊹《徐氏家藏書目・農圃類》《笋譜》二卷。宋僧贊寧。

《四庫全書總目提要・譜録類》《筍譜》一卷。内府藏本。不著撰人名氏。晁公武《讀書志》作「僧惠崇撰」。陳振孫《書録解題》作「僧贊寧撰。」

錢東垣等輯《崇文總目・小説類》《筍譜》一卷。釋贊寧撰。

筍譜

晁公武《郡齋讀書志・農家類》《筍譜》三卷。袁本《後志》卷二《子類第四十二》。右皇朝僧惠崇撰。

馬端臨《文獻通考・經籍考・農家》《筍譜》二卷。

試茶録

晁公武《郡齋讀書志・農家類》《試茶録》二卷。袁本《前志》卷三上《農家類第十二》。右皇朝蔡襄君謨撰。襄，皇祐中修注，仁宗嘗面論云：「昨卿所進龍茶甚精。」襄退而記其烹試之法，成書二卷，進御。世傳歐公聞君謨進小團茶，驚曰：「君謨士人，何故如此？」

尤袤《遂初堂書目・譜録類》蔡氏《茶録》。

馬端臨《文獻通考・經籍考・農家》《試茶録》二卷。

《宋史・藝文志・農家類》蔡襄《茶録》一卷。

高儒《百川書志・農家》《茶録》一卷。宋蔡襄進。一篇凡十九條。襄字君謨。

徐𤊹《徐氏家藏書目・農圃類》蔡端明《茶録》一卷。宋蔡襄。

茶雜文

晁公武《郡齋讀書志・農家類》《茶雜文》一卷。袁本《後志》卷二《子類第四十》。右集古今詩文及茶者。

馬端臨《文獻通考・經籍考・農家》《茶雜文》一卷。

酒經

晁公武《郡齋讀書志・農家類》《酒經》三卷。袁本《前志》卷三上《農家類第十五》。右皇朝朱肱撰。記釀酒諸法并麴糵法。

《宋史・藝文志・農家類》無求子《酒經》一卷。不知姓名。又大隱翁《酒經》一卷。

王圻《續文獻通考・經籍考・農家》《酒經》。大隱翁著。

徐𤊹《徐氏家藏書目・農圃類》《酒經》二卷。宋朱大隱。

錢謙益等《絳雲樓書目・雜藝類》朱翼中《酒經》三卷。抄本。宋人。

《四庫全書總目提要・譜録類》《北山酒經》三卷安徽巡撫採進本。宋朱翼中撰。陳振孫《書録解題》稱「大隱翁」而不詳其姓氏。

張之洞《書目答問・史部・譜録類》《北山酒經》三卷。宋朱翼中。知不足齋本。

竹譜

《宋史・藝文志・農家類》吴良輔《竹譜》二卷。

本書

鄭樵《通志・藝文略・農家》《本書》三卷。何亮撰。

《宋史・藝文志・雜家類》何亮《本書》三卷。

馬齒口訣

鄭樵《通志・藝文略・食貨》《辨馬口齒訣》一卷。

錢東垣等輯《崇文總目・藝術類》《馬齒口訣》一卷。【原釋】闕。見天一閣鈔本。

辨馬圖

鄭樵《通志・藝文略・食貨》《辨馬圖》一卷。

錢東垣等輯《崇文總目・藝術類》《辨馬圖》一卷。

醫馬經

鄭樵《通志・藝文略・食貨》《醫馬經》一卷。

錢東垣等輯《崇文總目・藝術類》《醫馬經》一卷。《通志略》不著撰人。

馬經

楊士奇等《文淵閣書目・列字號・醫書》《馬經》一部。一册。

錢東垣等輯《崇文總目・藝術類》《馬經》一卷。《宋志》不著撰人。

周穆王相馬經

鄭樵《通志・藝文略・食貨》《周穆王相馬經》三卷。

錢東垣等輯《崇文總目・藝術類》《周穆王相馬經》三卷。【原釋】闕。見天一閣鈔本。

相馬經

晁公武《郡齋讀書志・藝術類》《馬相經》一卷。袁本《後志》卷二《雜藝術類第九》。右未詳撰人。述相馬法式，并著馬之疾狀及治療之術。《李氏書目》有之。

論駝經

鄭樵《通志・藝文略・食貨》《論駞經》一卷。

錢東垣等輯《崇文總目・藝術類》《論駝經》一卷。《通志略》、《宋志》並不著撰人。

醫駝方

鄭樵《通志・藝文略・食貨》《醫駞方》一卷。

錢東垣等輯《崇文總目・藝術類》《醫駝方》一卷。《通志略》、《宋志》並不著撰人。

安驥集

楊士奇等《文淵閣書目・列字號・醫書》《司牧安驥集》一部。一册。

又《司牧安驥集》一部。一册。

又《司牧安驥集》一部。二册。

張萱等《内閣藏書目録・技藝部》《司牧安驥集》一册。全。元兵部員外張穆仲編馬醫書也。

倪燦等《補遼金元藝文志・食貨類》張穆仲《司牧安驥集》，兵部員外郎。又《安驥集》八卷。失名。

錢大昕《補元史藝文志・醫書類》《安驥集》八集。

土牛經

《宋史・藝文志・農家類》丁度《土牛經》一卷。

徐𤊹《徐氏家藏書目・農圃類》《土牛經》一卷。

錢謙益等《絳雲樓書目・雜藝類》《土牛經》。

社倉本末

趙希弁《讀書附志・農家類》《社倉本末》一卷。右真文忠公帥潭日所編也。

國朝時令

晁公武《郡齋讀書志・農家類》《國朝時令》十二卷。袁本《後志》卷二《子類第三十六》。右皇朝賈昌朝撰。景祐初，復《禮記》舊文，其《唐月令》别行。三年，詔昌朝與丁度、李淑采國朝律曆典禮、百度昏曉、中星祠祀，配侑歲時施行，約《唐月令》定爲《時令》一卷，以備宣讀。後昌朝注爲十二卷，奏上頒行。

《宋史・藝文志・農家類》 賈昌朝《國朝時令集解》十二卷。

授時要録

《宋史・藝文志・農家類》 真宗《授時要録》十二卷。

十二月纂要

《宋史・藝文志・農家類》 《十二月纂要》一卷。不知作者。

歲時廣記

尤袤《遂初堂書目・農家類》 《歲時廣記》。

《宋史・藝文志・農家類》 徐鍇《歲時廣記》一百二十卷。内八卷闕。

本政書

尤袤《遂初堂書目・農家類》 林勳《本政書》。

《宋史・藝文志・農家類》 林勳《本政書》十卷。又《本政書比校》二卷。

錦帶書

尤袤《遂初堂書目・農家類》 《錦帶書》。

錢謙益等《絳雲樓書目・農家》 《昭明太子十二篇》。即流俗所刊《錦帶書》也。

四時栽接記

鄭樵《通志・藝文略・食貨》 《四時栽接記》一卷。

四時栽接花果圖

陳振孫《直齋書録解題・農家類》 《四時栽接花果圖》一卷。無名氏。

馬端臨《文獻通考・經籍考・農家》 《四時栽接花果圖》一卷。

北苑茶録

鄭樵《通志・藝文略・食貨》 《北苑茶録》三卷。宋朝丁謂撰。

晁公武《郡齋讀書志・農家類》 《建安茶録》三卷。袁本《前志》卷三上《農家類第九》。右皇朝丁謂撰。

馬端臨《文獻通考・經籍考・農家》 《建安茶録》三卷。

《宋史・藝文志・農家類》 丁謂《北苑茶録》三卷。

北苑拾遺

鄭樵《通志・藝文略・食貨》 《北苑拾遺》一卷。丁謂撰。

北苑拾遺

晁公武《郡齋讀書志・農家類》 《北苑拾遺》一卷。袁本《前志》卷三上《農家類第十》。右皇朝劉異撰。

馬端臨《文獻通考・經籍考・農家》《北苑拾遺》一卷。

《宋史・藝文志・農家類》劉異《北苑拾遺》一卷。

補茶經

晁公武《郡齋讀書志・農家類》《補茶經》一卷。又一卷。袁本《前志》卷三上《農家類第十一》。右皇朝周絳撰。

馬端臨《文獻通考・經籍考・農家》《補茶經》一卷。又一卷。

《宋史・藝文志・農家類》周絳《補茶經》一卷。

花木録

鄭樵《通志・藝文略・食貨》《花目録》七卷。宋朝張宗誨撰。

《宋史・藝文志・農家類》張宗誨《花木録》七卷。

錢東垣等輯《崇文總目・小説類》《花木録》七卷。張宗誨撰。

農家切要

鄭樵《通志・藝文略・農家》《農家切要》一卷。

《宋史・藝文志・農家類》《農家切要》一卷。不知作者。

錢東垣等輯《崇文總目・農家類》《農家切要》一卷。《通志略》、《宋志》並不著撰人。【原釋】闕。見天一閣鈔本。

農子

鄭樵《通志・藝文略・農家》《農子》一卷。

《宋史・藝文志・農家類》熊寅亮《農子》一卷。

錢東垣等輯《崇文總目・農家類》《農子》一卷。《通志略》不著撰人。【原釋】闕。見天一閣鈔本。

洛陽牡丹記

鄭樵《通志・藝文略・食貨》《洛陽牡丹記》一卷。歐陽修撰。

晁公武《郡齋讀書志・農家類》《牡丹譜》一卷。袁本《前志》、《後志》未收。右皇朝歐陽修撰。修初調洛陽從事，見其俗重牡丹，因著花品，凡三篇。

尤袤《遂初堂書目・譜録類》歐公《牡丹譜》。

陳振孫《直齋書録解題・農家類》《牡丹譜》一卷。歐陽修撰。少年爲河南從事，目擊洛花之盛，遂爲此譜。蔡君謨書之，盛行於世。

馬端臨《文獻通考・經籍考・農家》《牡丹譜》一卷。

《宋史・藝文志・農家類》歐陽脩《牡丹譜》一卷。

高儒《百川書志・農家》《洛陽牡丹記》一卷。宋歐陽修述。三篇。

徐𤊹《徐氏家藏書目・農圃類》《洛陽牡丹記》一卷。歐陽修。

《四庫全書總目提要・譜録類》《洛陽牡丹記》一卷。浙江鮑士恭家藏本。宋歐陽修撰。修有《詩本義》，已著録。

牡丹釋名

洪邁《容齋題跋・卷二》跋歐陽公《牡丹釋名》。

洛陽貴尚録

鄭樵《通志・藝文略・食貨》《洛陽貴尚録》十卷。邱濬撰。

陳振孫《直齋書録解題・農家類》《洛陽貴尚録》一卷。殿中丞新安丘濬道源撰。專爲牡丹作也。

馬端臨《文獻通考・經籍考・農家》《洛陽貴尚録》一卷。

冀王宮花品

陳振孫《直齋書録解題・農家類》《冀王宮花品》一卷。題景祐元年滄州觀察使記。以五十種分爲三等九品，而「潛溪緋」、「平頭紫」居正一品，「姚黄」反居其次，不可曉也。

馬端臨《文獻通考・經籍考・農家》《冀王宮花品》一卷。

景祐醫馬方

鄭樵《通志・藝文略・食貨》《景祐醫馬方》一卷。

吴中花品

陳振孫《直齋書録解題・農家類》《吴中花品》一卷。慶曆乙酉趙郡李英述。皆出洛陽花品之外者，以今日吴中論之，雖曰植花，未能如承平之盛也。

馬端臨《文獻通考・經籍考・農家》《吴中花品》一卷。

洛陽花譜

鄭樵《通志・藝文略・食貨》《洛陽花譜》三卷。張峋撰。

陳振孫《直齋書録解題・農家類》《花譜》二卷。案：《宋史・藝文志》作一卷。滎陽張峋子堅撰。

馬端臨《文獻通考・經籍考・農家》《花譜》二卷。

《宋史・藝文志・農家類》張峋《花譜》一卷。

洛陽花譜

尤袤《遂初堂書目・譜録類》《洛陽花譜》。

慶曆花譜

尤袤《遂初堂書目・譜録類》《慶曆花譜》。

梅花喜神譜

丁仁《八千卷樓書目・譜録類・草木蟲魚之屬》《梅花喜神譜》二卷。宋宋伯仁撰。刊本。

水族加恩簿

馬國翰《玉函山房藏書簿録・譜録類・禽魚之屬》《水族加恩簿》一卷。宋吴越判官毛勝撰。取水族造爲名字，加以封爵。袁淑《排諸集》大蘭王九錫之類也。

促織經

馬國翰《玉函山房藏書簿録・譜録類・禽魚之屬》《促織經》二卷。鈔本。同中書門下賈似道撰。

桐　譜

尤袤《遂初堂書目・譜録類》《桐譜》。

陳振孫《直齋書録解題・農家類》《桐譜》一卷。銅陵逸民陳翥撰。皇祐元年序。

馬端臨《文獻通考・經籍考・農家》《桐譜》一卷。

《宋史・藝文志・農家類》陳翥《桐譜》一卷。

荔枝新譜

鄭樵《通志・藝文略・食貨》《荔枝新譜》一卷。蔡襄撰。

晁公武《郡齋讀書志・農家類》《荔支譜》一卷。袁本《前志》卷三上《農家類第十四》。右皇朝蔡襄撰。記建安荔支味之品第，凡三十餘種，古今故事。

陳振孫《直齋書録解題・農家類》《荔枝譜》一卷。端明殿學士莆田蔡襄君謨撰，且書而刻之，與《牡丹記》並行。

馬端臨《文獻通考・經籍考・農家》《荔枝譜》一卷。

高儒《百川書志・農家》《荔枝譜》一卷。宋莆陽蔡襄君謨述。七篇。

徐𤊹《徐氏家藏書目・農圃類》《荔枝譜》一卷。宋蔡襄。

《四庫全書總目提要・譜録類》《荔枝譜》一卷。浙江鮑士恭家藏本。宋蔡襄撰。是編爲閩中荔枝而作，凡七篇。

荔支譜

楊士奇等《文淵閣書目・辰字號・畫譜諸譜附》《荔支譜》一部。一册。闕。

荔枝新譜

鄭樵《通志・藝文略・食貨》《荔枝新譜》一卷。

荔支故事

晁公武《郡齋讀書志・農家類》荔支故事一卷。袁本《前志》卷三上《農家類第十四》。右皇朝蔡襄撰。記建安荔支味之品第，凡三十餘種，古今故事。

陳振孫《直齋書録解題・農家類》《荔枝故事》一卷。無名氏。案：晁氏武《讀書志》亦作蔡襄撰。

馬端臨《文獻通考・經籍考・農家》《荔枝故事》一卷。

相鶴訣

徐𤊹《徐氏家藏書目・農圃類》《相鶴訣》一卷。宋王安石訂。

東溪試茶録

晁公武《郡齋讀書志・農家類》《東溪試茶録》一卷。袁本《前志》卷三上《農家類第十三》。右皇朝宋子安集拾丁、蔡之遺。

馬端臨《文獻通考・經籍考・農家》《東溪試茶録》一卷。

《宋史・藝文志・農家類》宋子安《東溪茶録》一卷。

高儒《百川書志・農家》《東溪試茶録》一卷。宋子安集，八篇。

徐𤊹《徐氏家藏書目・農圃類》《東溪試茶録》一卷。朱子安。

海棠記

鄭樵《通志・藝文略・食貨》《海棠記》一卷。

陳振孫《直齋書録解題・農家類》《海棠記》一卷。吴人沈立撰。

馬端臨《文獻通考・經籍考・農家》《海棠記》一卷。

芍藥譜

陳振孫《直齋書録解題・農家類》《芍藥譜》一卷。中書舍人清江劉攽貢父撰。述維揚所産花之盛。

馬端臨《文獻通考・經籍考・農家》《芍藥譜》一卷。

《宋史・藝文志・農家類》劉攽《芍藥譜》一卷。

錢謙益等《絳雲樓書目・雜藝類》劉攽《維揚芍藥譜》一卷。

揚州芍藥譜

尤袤《遂初堂書目・譜録類》《揚州芍藥譜》。

陳振孫《直齋書録解題・農家類》《芍藥譜》一卷。知江都縣王觀通叟撰。述維揚所産花之盛。

馬端臨《文獻通考・經籍考・農家》《芍藥譜》一卷。

《宋史・藝文志・農家類》王觀《芍藥譜》一卷。

高儒《百川書志・農家》《揚州芍藥譜》一卷。宋知江都事王觀撰。舊譜三十四品，觀去單葉三品，止存三十一品，分上中下七品，新收八品。合三十九品。前後有序論。

徐𤊹《徐氏家藏書目・農圃類》《芍藥譜》四卷。宋王觀。

《四庫全書總目提要・農家類》《揚州芍藥譜》一卷。浙江鮑士恭家藏本。宋王觀撰。觀字達叟，如臯人。

芍藥圖序

陳振孫《直齋書録解題・農家類》《芍藥圖序》一卷。待制新塗孔武仲常甫撰。述維揚所産花之盛。

馬端臨《文獻通考・經籍考・農家》《芍藥圖序》一卷。

《宋史・藝文志・農家類》孔武仲《芍藥譜》一卷。

增城荔枝譜

鄭樵《通志・藝文略・食貨》《增城荔枝譜》一卷。張宗閔撰。

陳振孫《直齋書録解題・農家類》《增城荔枝譜》一卷。亦無名氏。其序言福唐人，熙寧九年承乏增城，多植荔枝，蓋非嶠南之「火山」，實類吾鄉之「晚熟」。搜境内所出得百餘種，其初亦得閩中佳種植之，故爲是譜。

馬端臨《文獻通考・經籍考・農家》《增城荔枝譜》一卷。

莆田荔枝譜

鄭樵《通志・藝文略・食貨》《莆田荔枝譜》一卷。徐師閔撰。

洛陽花木記

鄭樵《通志・藝文略・食貨》《洛陽花木記》一卷。周師厚撰。

尤袤《遂初堂書目・譜録類》《洛陽花木記》。

《宋史・藝文志・農家類》周序《洛陽花木記》一卷。

周中孚《鄭堂讀書記補逸・譜録類》《洛陽花木記》一卷。《説郛》本。宋周師厚撰。師厚字敦夫，鄞縣人。皇祐五年進士，官至荆湖南路轉運判官。《宋志》作《周序洛陽花木記》一卷，蓋脱「師」字，而又誤「厚」爲「序」也。

忘懷録

晁公武《郡齋讀書志・農家類》《忘懷録》三卷。袁本《前志》卷三上《農家類第十七》。右皇朝元豐中夢溪丈人撰。所集皆飲食器用之式、種藝之方，可以資山居之樂者。或曰沈括也。

尤袤《遂初堂書目・農家類》《山居忘懷録》。

陳振孫《直齋書録解題・農家》《夢溪忘懷録》三卷。沈括存中撰。

《宋史・藝文志・農家類》沈括《志懷録》三卷。

品茶要録

馬端臨《文獻通考・經籍考・農家》《品茶要録》一卷。陳氏曰：建安黄儒道父撰。元祐中東坡嘗跋其後。

徐𤊹《徐氏家藏書目・農圃類》《品茶要録》一卷。黄儒。

錢謙益等《絳雲樓書目・雜藝類》黄儒《品茶要論》。黄道輔，建安人。博學能文，作《品茶要論》十篇，皆陸鴻漸以來論茶者所未及也。蘇子瞻嘗題其書之後云爾。

建安茶記

晁公武《郡齋讀書志・農家類》吕惠卿《建安茶記》一卷。袁本《後志》卷二《子類第三十八》。右皇朝吕惠卿撰。

馬端臨《文獻通考・經籍考・農家》吕惠卿《建安茶記》一卷。

《宋史・藝文志・農家類》吕惠卿《建安茶用記》二卷。

禾譜

鄭樵《通志・藝文略・食貨》《禾譜》一卷。

禾譜

尤袤《遂初堂書目・農家類》曾安上《禾譜》。

陳振孫《直齋書録解題・農家類》《禾譜》五卷。宣德郎温陵曾安止移忠撰。東坡所爲賦《秧馬歌》也。

馬端臨《文獻通考・經籍考・農家》《禾譜》五卷。

《宋史・藝文志・農家類》曾安止《禾譜》五卷。

耕織圖

王圻《續文獻通考・經籍考・農家》《耕織圖》。韓彦直著。

嵇璜等《續通志・圖譜略下・記無・食貨》韓彦直《耕織圖》。

養生月覽

錢謙益等《絳雲樓書目・農家》《養生月覽》二卷。宋周思忠。

靈芝瑞草象

錢曾《讀書敏求記・種藝》陸脩静《靈芝瑞草象》二卷。

靈草歌

錢曾《讀書敏求記・種藝》 白雲仙人《靈草歌》一卷。白雲仙人，不知誰何？圖靈草五十四種而附以歌，皆世所未見未聞者。

藩牧纂驗方

楊士奇等《文淵閣書目・列字號・醫書》 《藩牧纂驗方》一部。一册。

騏驥須知

鄭樵《通志・藝文略・食貨》 《騏驥須知》一卷。

牛馬書

鄭樵《通志・藝文略・食貨》 《牛馬書》一卷。

蠶書

陳振孫《直齋書録解題・農家類》 秦少游《蠶書》一卷。見少游《淮海集》第六卷。

馬端臨《文獻通考・經籍考・農家》 秦少游《蠶書》。見少游《淮海集》第六卷。

《宋史・藝文志・農家類》 秦處度《蠶書》一卷。

徐𤊹《徐氏家藏書目・農圃類》 《蠶書》一卷。秦觀。

菊譜

陳振孫《直齋書録解題・農家類》 《菊譜》一卷。彭城劉蒙撰。凡三十五品。

高儒《百川書志・農家》 《菊譜》一卷。宋彭城劉蒙著。五篇。

王圻《續文獻通考・經籍考・農家》 《菊譜》。劉蒙撰。

徐𤊹《徐氏家藏書目・農圃類》 《菊譜》一卷。宋劉蒙。

《四庫全書總目提要・譜録類》 《劉氏菊譜》一卷。浙江鮑士恭家藏本。宋劉蒙撰。蒙，彭城人，仕履未詳。《自序》中載「崇寧甲申爲龍門之游，訪劉元孫所居，相與訂論，爲此譜」，蓋徽宗時人，故王得臣《塵史》中已引其說。焦竑《國史經籍志》列於范成大之後者，誤也。

聖宋茶論

晁公武《郡齋讀書志・農家類》 《聖宋茶論》一卷。袁本《後志》卷二《子類第三十九》。右徽宗御製。

馬端臨《文獻通考・經籍考・農家》 《聖宋茶論》一卷。

陳州牡丹記

馬國翰《玉函山房藏書簿録・譜録類・草木之屬》 《陳州牡丹記》一卷。宋張邦基撰。有《墨莊漫録》已著録。此記政和壬辰，觀園户牛氏家有此異卉而作，後附蘇軾說一則。

牡丹榮辱志

高儒《百川書志・農家》《牡丹榮辱志》一卷。宋迂儒叟邱濬道源著。凡十九品，有序。

徐𤊹《徐氏家藏書目・農圃類》《牡丹榮辱志》一卷。邱璩。

茶具圖贊

高儒《百川書志・農家》《茶具圖贊》一卷。宋人撰。以茶具十二，各爲圖贊，假以職官名氏字號。

徐𤊹《徐氏家藏書目・農圃類》《茶具圖贊》一卷。宋審安老人。

耕録稿

高儒《百川書志・農家》《耕録稿》。宋括蒼胡銙國器編《農書》，爲制誥詔表，凡二十五篇。

徐𤊹《徐氏家藏書目・農圃類》《耕禄稿》一卷。胡錡。

宣和北苑貢茶録

馬端臨《文獻通考・經籍考・農家》《宣和北苑貢茶録》一卷。陳氏曰：建陽熊蕃叔茂撰。其子克義益寫其形製而傳之。

《宋史・藝文志・農家類》熊蕃《宣和北苑貢茶録》一卷。

楊士奇等《文淵閣書目・畫譜諸譜附》《宣和北苑貢茶録》一部。一册。闕。

王圻《續文獻通考・經籍考・農家》《茶録》。熊蕃著。蕃字叔茂，建安人。宗王安石之學，號獨善先生。所著《茶録》釐別其品第高下，最爲精當。又有《製茶十韻》，今傳於世。

徐𤊹《徐氏家藏書目・農圃類》《北苑貢茶録》一卷。熊畨。

北苑別録

徐𤊹《徐氏家藏書目・農圃類》《北苑別録》一卷。熊客。

北苑別録

馬端臨《文獻通考・經籍考・農家》《北苑別録》一卷。陳氏曰：趙汝礪撰。

苑總論

錢溥《秘閣書目・未收書目・子書》《苑總論》。

茶苑總録

鄭樵《通志・藝文略・食貨》《茶苑總録》十四卷。曾伉撰。

馬端臨《文獻通考・經籍考・農家》《北苑總録》十二卷。陳氏曰：興化軍判官曾伉録《茶經》諸書，而益以詩歌二卷。

茶山節對

鄭樵《通志・藝文略・食貨》《茶山節對》一卷。蔡宗顔撰。

馬端臨《文獻通考・經籍考・農家》《茶山節對》一卷。陳氏曰：攝衢州長史蔡宗顏撰。

茶譜遺事

鄭樵《通志・藝文略・食貨》《茶譜遺事》一卷。蔡宗顏撰。

壑源茶録

《宋史・藝文志・農家類》章炳文《壑源茶録》一卷。

茶苑雜録

《宋史・藝文志・農家類》《茶苑雜録》一卷。不知作者。

郊居草木記

鄭樵《通志・藝文略・食貨》《郊居草木記》一卷。

牡丹芍藥花品

陳振孫《直齋書録解題・農家類》《牡丹芍藥花品》七卷。不著名氏。録歐公及仲休等諸家《牡丹譜》、孔常甫《芍藥譜》，共爲一編。

馬端臨《文獻通考・經籍考・農家》《牡丹芍藥花品》七卷。

農　書

陳振孫《直齋書録解題・農家類》《農書》三卷。稱西山隱居全真子陳雱撰。未詳何人。其書曰《田》、曰《牛》、曰《蠶》。洪慶善爲之後序。

馬端臨《文獻通考・經籍考・農家》《農書》三卷。

《宋史・藝文志・農家類》陳旉《農書》三卷。

農蠶書

于敏中等《天禄琳琅書目・宋版・子部》《農蠶書》。一函一册。宋陳旉《農書》三卷。秦觀《蠶書》一卷。附樓璹《耕織圖詩》。按《宋史・藝文志》，陳旉《農書》三卷，陳振孫《書録解題》云：《農書》三卷，稱西山隱居全真子陳旉撰，未詳何人。其書曰《田》、曰《牛》、曰《蠶》。洪慶善爲之後序。應善係洪興祖字。又云：秦少游《蠶書》，見少游《淮海集》第六卷云云。此本二書合刻，係宋汪綱守高郵時所編。

《四庫全書總目提要・農家類》《農書》三卷。附《蠶書》一卷。江蘇巡撫採進本。此書影宋鈔本，題曰陳旉撰。《宋史・藝文志》亦同。陳振孫《書録解題》作西山隱居全真子陳雱撰。未詳何人。《永樂大典》所載則作陳敷。

張之洞《書目答問・農家》《農書》三卷。宋陳旉。附《蠶書》一卷。宋秦湛。知不足齋本。《蠶書》亦在道光重刻《淮海集》內，作秦觀撰。

萱堂香譜

尤袤《遂初堂書目・譜録類》《萱堂香譜》。

《宋史・藝文志・農家類》侯氏《萱堂香譜》一卷。

相鶴經

尤袤《遂初堂書目・譜録類》《相鶴經》。

楊士奇等《文淵閣書目・列字號・醫書》《相鶴經》一部。一册。

別本禽經

尤袤《遂初堂書目・譜録類》《別本禽經》。

竹譜

尤袤《遂初堂書目・譜録類》《竹譜》。

牡丹記

尤袤《遂初堂書目・譜録類》《牡丹記》。

北山酒經

尤袤《遂初堂書目・譜録類》《北山酒經》。

馬端臨《文獻通考・經籍考・農家》《北山酒經》三卷。陳氏曰：不知撰人。

酒譜

尤袤《遂初堂書目・譜録類》《酒譜》。

楊士奇等《文淵閣書目・辰字號・畫譜諸譜附》《酒譜》一部。一册。闕。

酒經

尤袤《遂初堂書目・譜録類》《酒經》。

魚經

祁承㸁《澹生堂藏書目・農家・牧養》《魚經》一卷。夷門廣牘本。

蟲經

祁承㸁《澹生堂藏書目・農家・牧養》《蟲經》一卷。賈似道。夷門廣牘本。

耕桑治生要備

陳振孫《直齋書録解題・農家類》《耕桑治生要備》二卷。左宣教郎通判横州何先覺撰。紹興癸酉序。

馬端臨《文獻通考・經籍考・農家》《耕桑治生要備》二卷。

瑣碎録

錢謙益等《絳雲樓書目・農家》 《分門瑣碎録》。

糖霜譜

陳振孫《直齋書録解題・農家類》 《糖霜譜》一卷。遂寧王灼晦叔撰。言四方所産，遂寧爲冠。灼自號頤堂。

馬端臨《文獻通考・經籍考・農家》 《糖霜譜》一卷。

錢謙益等《絳雲樓書目・雜藝類》 王灼《糖霜攷》一卷。凡七篇。灼號頤堂，遂寧人。洪文敏曾採其説，見《容齋五筆》。

嵇璜等《續通志・圖譜略・記有・物類》 宋王灼《糖霜譜》。

《四庫全書總目提要・譜録類》 《糖霜譜》一卷。内府藏本。宋王灼撰。灼字海叔，號頤堂，遂寧人，紹興中嘗爲幕官。是編凡分七篇，惟首篇題《原委第一》，敘唐大曆中鄒和尚始創糖霜之事。自第二篇以下，則皆無標題。

耕織圖

陳振孫《直齋書録解題・農家類》 《耕織圖》一卷。於潛令鄞樓璹壽玉撰。攻媿參政之伯父也。

馬端臨《文獻通考・經籍考・農家》 《耕織圖》一卷。

《宋史・藝文志・農家類》 樓璹《耕織圖》一卷。

高儒《百川書志・農家》 《耕織圖》二卷。宋知揚州軍事樓璹上進，凡四十六圖。

嵇璜等《續通志・圖譜略下・食貨》 樓璹《耕織圖》。

《四庫全書總目提要・農家類存目》 《耕織圖詩》。無卷數。浙江巡撫採進本。宋樓璹撰。璹，鄞縣人，鑰之伯父也。《文獻通考》載是書，引陳氏之言曰：「於潛令鄞樓璹玉撰。」今檢《永樂大典》所載陳振孫《書録解題》，乃作「於潛令鄞樓璹壽玉撰」。是壽玉乃璹之字，刊《通考》者誤落一「壽」字也。

周守忠集

錢謙益等《絳雲樓書目・農家》 宋《周守忠集》。

田書

尤袤《遂初堂書目・農家類》 范如圭《田書》。

《宋史・藝文志・農家類》 范如圭《田夫書》一卷。

秦農要事

尤袤《遂初堂書目・農家類》 《秦農要事》。

鄙記

尤袤《遂初堂書目・農家類》 《鄙記》。

農書

趙希弁《讀書附志・兵家類》 《農書》三卷。右平江陳峻景文所述也。唐德宗因李泌之請，以二月朔爲中和節，令百官進農書以示務本，而其書不見於史。景文輯《六經》中所載農圃之事，參以《田》、《牛》、《蠶》、《桑》等爲此編，以補史記之闕。謝艮齋謂爲之序。

育駿方

晁公武《郡齋讀書志·藝術類》　《育駿方》三卷。袁本《後志》卷二《雜藝術類第十一》。右未詳撰人。相馬術及醫治畜牧之方。

菊譜

陳振孫《直齋書録解題·農家類》　《菊譜》一卷。史正志志道撰。孝廟朝爲發運使者也。

馬端臨《文獻通考·經籍考·農家》　《菊譜》一卷。

《宋史·藝文志·農家類》　史正志《菊譜》一卷。

高儒《百川書志·農家》　《老圃菊譜》一卷。宋吴門老圃史正志撰。凡二十七種。

王圻《續文獻通考·經籍考·農家》　史正志有《菊譜》。

嵇璜等《續通志·圖譜略·記有·植物》　史正志《菊譜》。

《四庫全書總目提要·譜録類》　《史氏菊譜》一卷。浙江鮑士恭家藏本。宋史正志撰。正志字志道，江都人。紹興二十一年進士，累除司農丞。孝宗朝歷守廬、揚、建康，官至吏部侍郎。歸老姑蘇，自號「吴門老圃」。所著有《清暉閣詩》、《建康志》、《菊圃集》諸書，今俱失傳。

橘録

陳振孫《直齋書録解題·農家類》　《橘録》三卷。知温州延安韓彦直子温撰。世忠長子也。

馬端臨《文獻通考·經籍考·農家》　《橘録》一卷。

《宋史·藝文志·農家類》　韓彦直《永嘉橘録》三卷。

高儒《百川書志·農家》　《橘録》三卷。宋延安韓彦直編。凡二十八種，及種植九法。

徐𤊹《徐氏家藏書目·農圃類》　《橘録》三卷。韓彦直。

《四庫全書總目提要·譜録類》　《橘録》三卷。浙江鮑士恭家藏本。宋韓彦直撰。彦直字子温，延安人，蘄忠武王世忠之長子。登紹興十八年進士，官至龍圖閣學士，提舉萬壽觀。以光禄大夫致仕，封蘄春郡公。事蹟附見《宋史·世忠傳》。此譜乃淳熙中知温州時所作。

梅品

徐𤊹《徐氏家藏書目·農圃類》　《梅品》一卷。宋張功甫。

錢謙益等《絳雲樓書目·雜藝類》　張功甫《梅品》一卷。功甫名鎡，號約齋。循王諸孫撰《玉照堂梅品》一編，時紹興甲寅也。功甫，將家子，性豪邁。平生奉養，窮極奢侈。《梅品》之作，意必是假手他人，門下寒窶書生爲之，非本色也。

天彭牡丹譜

徐𤊹《徐氏家藏書目·農圃類》　《天彭牡丹譜》一卷。宋陸游。

嵇璜等《續通志·圖譜略上·記有·植物》　陸游《天彭牡丹譜》。

《四庫全書總目提要·譜録類存目》　《天彭牡丹譜》一卷。内府藏本。宋陸游撰。游有《入蜀記》，已著録。是編記蜀天彭花事之盛，已載《渭南文集》第四十二卷，此其别行之本也。

彭門花譜

《宋史·藝文志·農家類》　任璹《彭門花譜》一卷。

范村梅譜

陳振孫《直齋書録解題・農家類》《范村梅菊譜》二卷。范成大至能撰。

馬端臨《文獻通考・經籍考・農家》《范村梅菊譜》二卷。

高儒《百川書志・農家》《梅譜》一卷。宋石湖范成大至能編。

徐𤊹《徐氏家藏書目・農圃類》《梅譜》一卷。宋范成大。

嵇璜等《續通志・圖譜略上・記有・植物》范成大《范村梅譜》。

《四庫全書總目提要・譜録類》《范村梅譜》一卷。浙江鮑士恭家藏本。宋范成大撰。成大有《桂海虞衡志》，已著録。此乃記所居范村之梅，凡十二種。

范村菊譜

陳振孫《直齋書録解題・農家類》《范村梅菊譜》二卷。范成大至能撰。有園在居第之側，號范村。

馬端臨《文獻通考・經籍考・農家》《范村梅菊譜》二卷。

高儒《百川書志・農家》《石湖菊譜》一卷。宋范成大著。凡三十五色。

王圻《續文獻通考・經籍考・農家》范至能有《菊譜》。

徐𤊹《徐氏家藏書目・農圃類》《菊譜》一卷。范成大。

嵇璜等《續通志・圖譜略上・記有・植物》范成大《范村菊譜》。

《四庫全書總目提要・譜録類》《范村菊譜》一卷。浙江鮑士恭家藏本。宋范成大撰。記所居范村之菊，成於淳熙丙午，蓋其以資政殿學士領宫祠家居時作。自序稱所得三十六種，而此本所載凡黄者十六種，白者十五種，雜色四種，實止三十五種，尚闕其一，疑傳寫有所脱佚也。

玉蕊辨證

毛晉《汲古閣書跋》《玉蕊辨證》。周文益忠公雜著二十餘卷，獨此卷辨證名花，真堪與六一居士《牡丹譜》並傳。第唐昌觀之玉蕊，至唐始著。而揚州后土祠之瓊花，漢延元間祠。祠因花而有封號，則其由來甚遠。何不去瓊花辨證，乃云玉蕊，豈避瓊爲赤玉耶？其中猶有未詳者，如首載嚴休復詩，實詠長安業安坊仙遊故事。其本集題作《揚州唐昌觀》。謬哉！劉杳稱爲梏汁可作酒，似又一種。端伯呼爲瑒，何如容齋呼爲米囊，名稍佳也。若山谷所云山礬，意即野人所云鄭樹，土人所云八仙花，故江南野中多有之，安得輕視瓊之無雙而存疑似之見也？至葛常之謂非玉蕊，則又過爲異同矣。庶幾杜斿《瓊花記》，馮子振《瓊花賦》，單安仁《瓊花辯》，可互證云。

錢曾《讀書敏求記・種藝》《玉蘂辨証》一卷。《玉蘂辨証》舊藏宋刻，後亦歸之泰興季氏。此從宋刻摹寫者。

《四庫全書總目提要・譜録類存目》《唐昌玉蘂辨證》一卷。内府藏本。宋周必大撰。必大有《玉堂雜記》，已著録。唐昌觀玉蘂花，傳自唐時。宋祁疑爲瓊花，黄庭堅以爲瑒花，必大以爲皆非是，故記所目驗者辨證之。原載《平園集》中，此本乃毛晉摘出，刻入《津逮祕書》者也。

胡氏菊譜

馬國翰《玉函山房藏書簿録・譜録類・草木之屬》《胡氏菊譜》一卷。宋胡融少瀹撰。記菊品四十一種，後附所植事實，前後有自序。

沈氏菊譜

馬國翰《玉函山房藏書簿録・譜録類・草木之屬》《沈氏菊譜》一卷。宋吴縣沈競撰。摭諸州之菊，上及禁苑所有，總九十餘種。嘉定癸酉作。

農器譜

尤袤《遂初堂書目・農家類》《農器譜》。

陳振孫《直齋書録解題・農家類》《農器譜》三卷。《續》二卷。耒陽令曾之謹撰，安止之姪孫也。追述東坡作歌之意爲此編。周益公爲之序，陸務觀亦作詩題其後。

馬端臨《文獻通考・經籍考・農家》《農器譜》三卷。《續》二卷。

《宋史・藝文志・農家類》曾之謹《農器譜》三卷。

續農器譜

嵇璜等《續通志・圖譜略下・記無・食貨》宋曾之謹《續農器譜》。

本心齋蔬食譜

高儒《百川書志・農家》《本心齋蔬食譜》一卷。宋本心翁門人清漳陳達善編，凡二十品。

徐𤊹《徐氏家藏書目・農圃類》《蔬食譜》一卷。本心翁。

嵇璜等《續通志・圖譜略・記有・物類》《蔬食譜》。

促織論

高儒《百川書志・農家》《促織論》一卷。宋宣和時人著。凡二十八種，上中下品之及歌評。

山家清事

都穆《南濠居士文跋・卷二》《山家清事》。林和靖先生爲宋隱逸第一流，其七世從孫龍發，當理宗時，高抗不仕，人謂有乃祖之風。觀所著《山家清事》，則其人可知已。余山人也，邇雖竊録京師，而夢寐不忘乎山。若是書者，固余之所樂玩也。

高儒《百川書志・隱家類》《山家清事》一卷。宋可山人林洪龍發著。凡十六事。

徐𤊹《徐氏家藏書目・農圃類》《山家清事》一卷。宋林洪。

黄虞稷《千頃堂書目・農家類》林洪《山家清供》二卷。

倪燦等《宋史藝文志補・農家類》林洪《山家清供》二卷。

海棠譜

高儒《百川書志・農家》《海棠譜》三卷。宋錢塘陳思編。本無種類，採取諸家雜録及彙次唐宋詩句以實之，特備一譜云。

徐𤊹《徐氏家藏書目・農圃類》《海棠譜》三卷。宋陳思。

嵇璜等《續通志・圖譜略上・記有・植物》陳思《海棠譜》。

《四庫全書總目提要・譜録類》《海棠譜》三卷。浙江鮑士恭家藏本。宋陳思撰。思有《寶刻叢編》，已著録。此書不見於《宋史・藝文志》，惟焦竑《國史經籍志》載有三卷，與此本合。

金漳蘭譜

徐𤊹《徐氏家藏書目・農圃類》《金漳蘭譜》一卷。宋趙時庚。

嵇璜等《續通志・圖譜略上・記有》宋趙時庚《金漳蘭譜》。

《四庫全書總目提要・譜録類》《金漳蘭譜》三卷。浙江范懋柱家天一閣藏本。宋趙時庚撰。時庚爲宗室子，其始末未詳，以「時」字聯名推之，蓋魏王廷美之九世孫也。是書亦載於《説郛》中，而佚其下卷。此本三卷皆備，獨爲完帙。

百菊集譜

徐𤊹《徐氏家藏書目・農圃類》《百菊集譜》七卷。宋史鑄。

嵇璜等《續通志・圖譜略上・記有》 史鑄《百菊集譜》。

《四庫全書總目提要・譜録類》《百菊集譜》六卷、《菊史補遺》一卷。浙江鮑士恭家藏本。宋史鑄撰。鑄，字顔甫，號愚齋，山陰人，即嘉定丁丑註王十朋《會稽三賦》者也。是書於淳祐壬寅成五卷，越四年丙午，續得赤城胡融譜，乃移原書第五卷爲第六卷，而摭融譜爲第五卷。又四年庚戌，更爲《補遺》一卷。觀其自題，作《補遺》之時，已改名爲《菊史》矣。而此仍題《百菊集譜》，豈當時刊板已成，不能更易耶？首列諸菊名品一百三十一種，附註者三十二種，又一花五名、一花四名者二種，冠於簡端，不入卷帙。

菊　譜

錢謙益等《絳雲樓書目・農家》《菊譜》。宋末建陽馬楫著。劉後村有跋。范石湖亦有《菊譜》一卷。

菌　譜

高儒《百川書志・農家》《菌譜》一卷。宋陳伯玉著。十一品。

王圻《續文獻通考・經籍考・農家》《菌譜》。陳仁玉著。

徐𤊹《徐氏家藏書目・農圃類》《菌譜》一卷。宋陳仁玉。

嵇璜等《續通志・圖譜略上・記有》 宋陳仁玉《菌譜》。

《四庫全書總目提要・譜録類》《菌譜》一卷。浙江鮑士恭家藏本。宋陳仁玉撰。仁玉字碧棲，台州仙居人，擢進士第。開慶中官禮部郎中、浙東提刑，入直敷文閣。嘉定中重刊《趙清獻集》，其序即仁玉所作。其事蹟則無考矣。是編成於淳祐乙巳。

王氏蘭譜

徐𤊹《徐氏家藏書目・農圃類》《王氏蘭譜》一卷。宋王貴學。

錢謙益等《絳雲樓書目・雜藝類》《王氏蘭譜》。

《四庫全書總目提要・譜録類存目》《蘭譜》一卷。兩江總督採進本。宋王貴學撰。貴學，字進叔，臨江人。

全芳備祖

《四庫全書總目提要・類書類》《全芳備祖》前集二十七卷，後集三十一卷。編修勵守謙家藏本。宋陳景沂撰。景沂號肥遯，天台人，仕履未詳。是書前有寶祐元年韓境序，據序所言此書於理宗時嘗進於朝，其事亦無可考。凡前集二十七卷所記皆花，後集第一卷至八卷爲果部，十卷至十二卷爲卉部，十三卷爲草部，十四卷至十九卷爲木部，二十卷至二十二卷爲農桑部，二十三卷至二十七卷爲蔬部，二十八卷至三十一卷爲藥部。其例每一物分事實祖、賦詠祖二類，蓋仿《藝文類聚》之體事。實祖中分碎録紀要，雜著三子目，賦詠祖中分五言散句、七言散句、五言散聯、七言散聯，五言古詩、七言古詩，五言八句、七言八句，五言絶句、七言絶句，十子目則條理較詳明。王象《晉群芳譜》即以是書爲藍本也。雖唐以前事實賦詠記録寥寥，北宋以後則特爲賅備，而南宋尤詳，多有他書不載及其本集已佚者，皆可以資考證焉。

孫星衍《平津館鑒藏書籍記・舊影寫本》《全芳備祖》前集廿七卷，後集卅一卷。題天台陳景沂編輯，建安祝穆訂正。前有寶祐元年韓境序。

辨五音牛欄法

《宋史·藝文志·農家類》 《辨五音牛欄法》一卷。不知作者。

牛　書

《宋史·藝文志·農家類》 賈朴《牛書》一卷。

牛皇經

《宋史·藝文志·農家類》 《牛皇經》一卷。不知作者。

務本直言

黄虞稷《千頃堂書目·農家類》 修廷益《務本直言》三卷。不知時代。

倪燦等《補遼金元藝文志·農家類》 脩廷益《務本直言》三卷。不知時代。

農桑輯要

楊士奇等《文淵閣書目·列字號·農圃》 《農桑輯要》一部。七册。

又《農桑輯要》一部。九册。

又《農桑輯要》一部。五册。

張萱等《内閣藏書目録·雜部》 《農桑輯要》十四卷。元至元間諸公編。輯古今耕蠶書也。

錢謙益等《絳雲樓書目·農家》 《農桑輯要》七卷。元司農輯。王磐序。元順帝曾頒行此書於天下也。

黄虞稷《千頃堂書目·農家類》 《農桑輯要》七卷。司農輯。

倪燦等《補遼金元藝文志·農家類》 司農司《農桑輯要》七卷。世祖時頒行。

錢曾《讀書敏求記·農家》 《農桑輯要》七卷。延祐元年皇帝聖旨裏，「這農桑册子字様不好，教真、謹大字書寫開本。」蓋元朝以此書爲勸民要務，故鄭重不苟如此。序後資行結銜，皆江浙等處行中書省事官，則知是板刊于江南。當日流布必廣。今所行唯小字本，而此刻絶不多見。何耶？

《四庫全書總目提要·農家類》 《農桑輯要》七卷。永樂大典本。元世祖時官撰頒行本也。前有至元十年翰林學士王磐序，稱「詔立大司農司，不治他事，專以勸課農桑爲務。行之五六年，功效大著。農司諸公又慮夫播植之宜，蠶繅之節未得其術，於是徧求古今農家之書，删其繁重，摭其切要，纂成一書。鏤爲版本進呈，將以頒布天下」云云。

錢大昕《補元史藝文志·農家》 至元《農桑輯要書》七卷。至元十年大司農輯。

張之洞《書目答問·農家》 《農桑輯要》七卷。元至元十年官撰。聚珍本、杭本、福本。

農桑四時撮要

高儒《百川書志·農家》 《農桑四時撮要》一卷。不知作者。按月令敘事，幾二百條。

農　書

楊士奇等《文淵閣書目·列字號·農圃》 《農書》一部十册。

高儒《百川書志·農家》 《農桑通訣》六集。元東魯王禎編撰。凡十六篇，前有《起本圖》。《農器圖譜》二十集。王禎編撰。凡二十門，二百三十三事。《穀譜》十一集。王禎編集。凡七類，凡八十二條。是書據六經，該羣史，旁兼諸子百家，以及殊方異域咸著。首通訣，繼器譜，終諸種，民事通諸上下者蓋備矣。玆實大關民事，爲政之首也，亦用心良矣。

范邦甸等《天一閣書目・農家類》 《農書》六卷。刊本。元王禎撰。嘉靖十九年重刊。

徐𤊹《徐氏家藏書目・農圃類》 《王氏農書》卷。元王禎。

張萱等《内閣藏書目録・雜部》 《農書》十册，全。元大德間東魯王禎著。内《農桑通訣》六卷，《穀譜》十卷，《農器圖譜》十卷。

黄虞稷《千頃堂書目・農家類》 王禎《東魯王氏農書》三十六卷。又《農桑通訣》二十卷。又《農器圖譜》二十卷。又《穀譜》十一卷。

倪燦等《補遼金元藝文志・農家類》 王禎《農書》二十二卷。又《農桑通訣》二十卷。又《農器圖譜》二十卷。又《穀譜》十一卷。

錢曾《讀書敏求記・農家》 《王氏農書》十卷。《農桑通訣》六，《農器圖譜》二十，《穀譜》十，總名曰《農書》。元豐城縣尹東魯王楨撰。所載牛耕、蠶事起本及譜圖之類，詳而有法。民事不可緩。其學識定乎平日，非聊爾成書者也。

于敏中等《天禄琳琅書目・明版子部》 《農書》一函五册。元王禎著。《農桑通訣》五卷，《農桑圖譜》二十卷，《穀譜》十卷，共三十五卷。前禎自序，後山東巡撫准刊文移。

嵇璜等《續通志・圖譜略上・食貨》 王禎《農器圖譜》。

又《圖譜略下・食貨》 王禎《穀譜》。

《四庫全書總目提要・農家類》 《農書》二十二卷。永樂大典本。元王楨撰。楨字伯善，東平人，官豐城縣尹。《文淵閣書目》曰：「王楨《農書》一部，十册。」《讀書敏求記》曰：「《農桑通訣》六，《穀譜》四，《農器圖譜》十二，總名曰《農書》。」此《永樂大典》所載，併爲八卷，割裂綴合，已非其舊。今依原序條目，以類區別，編爲二十二卷。其書典贍而有法，蓋賈思勰《齊民要術》之流。

彭元瑞等《天禄琳琅書目後編・明版子部》 《王氏農書》。一函六册。元王禎撰。禎字伯善，東平人，官豐城縣尹。書三十六卷，分三編。

又《王氏農書》。一函六册。篇目同上，删在始圖五，田制門圖十四，蠶繅門圖六。萬曆四十五年，建武鄧渼再刊本。渼字遠遊，新城人，萬曆戊戌進士，官巡撫順天右僉都御史，有《南中紅泉》諸集。

錢大昕《補元史藝文志・農家類》 《王禎農書》二十二卷。《農桑通訣》六，《穀譜》四，《農器圖譜》十二。豐城縣尹。

張之洞《書目答問・農家》 《農書》三十六卷。元王禎。明刻本。

農桑衣食撮要

倪燦等《補遼金元藝文志・農家類》 魯明善《農桑衣食撮要》二卷。新從《永樂大典》鈔出者。黄氏《書目》作《農桑機要》。亡卷數。

《四庫全書總目提要・農家類》 《農桑衣食撮要》二卷。永樂大典本。元魯明善撰。明善，《元史》無傳，其始末未詳。此本有其幕僚導江張㮚序一篇，稱明善威烏爾舊作畏吾兒，今依《元國語解》改正。人，以父字魯爲氏，名鐵柱，以字行。「於延祐甲寅出監壽郡，始撰是書，且鋟諸梓。」又有明善自序，則稱「叨憲紀之任，取所藏《農桑撮要》刊之學宫」，末署至順元年六月，蓋自壽陽刊版之後，閱十有七年而重付剞劂者也。

錢大昕《補元史藝文志・農家》 魯明善《農桑衣食撮要》二卷。一作《農桑機要》。畏吾人，以魯爲氏，名鐵柱。

農桑撮要

錢謙益等《絳雲樓書目・農家》 《農桑撮要》七卷。羅文振。

黄虞稷《千頃堂書目・農家類》 羅文振《農桑輯要》七卷。

倪燦等《補遼金元藝文志・農家類》 羅文振《農桑撮要》七卷。

錢大昕《補元史藝文志・農家》 羅文振《農桑撮要》七卷。

農事機要

黄虞稷《千頃堂書目・農家類》 劉弘《農事機要》。

倪燦等《補遼金元藝文志·農家類》 劉宏《農事機要》。不知時代。

農桑圖説

王圻《續文獻通考·經籍考·農家》 《農桑圖説》。苗好謙撰。好謙，城武人。勤於織務，因著此書行於世。

嵇璜等《續通志·圖譜略下·記無》 元苗好謙《農桑圖説》。

栽桑圜説

錢大昕《補元史藝文志·農家》 《栽桑圖説》。延祐五年大司農買住等進，司農丞苗好謙所撰。

栽桑圖

楊士奇等《文淵閣書目·列字號·農圃》 《栽桑圖》一部。一册。

黃虞稷《千頃堂書目·農家類》 《栽桑圖》五卷。

竹　譜

王圻《續文獻通考·經籍考·農家》 《竹譜》。李衎著。衎，薊州人，號息齋道人，官至浙江行省平章政事。善畫竹石枯木。

錢謙益等《絳雲樓書目·雜藝類》 李衎《竹譜》。

嵇璜等《續通志·圖譜略上·記有·植物》 元李衎《竹譜》。

農桑輯要

王圻《續文獻通考·經籍考·農家》 《農桑輯要》。苗好謙撰。好謙，城武人。勤於織務，因著此書行於世。

農桑輯要

王圻《續文獻通考·經籍考·農家》 又暢師文字純甫，南陽人。所著亦有《農桑輯要》。

農桑撮要

徐𤊹《徐氏家藏書目·農圃類》 《農桑撮要》一卷。

山居四要

楊士奇等《文淵閣書目·列字號·農圃》 《山居四要》一部一册。

高儒《百川書志·隱家類》 《山居四要》四卷。元桐江野客遯齋汪汝懋編輯。分攝生、養生、衛生、治生之要，又附文房備急之事、省心法言之條。

王圻《續文獻通考·經籍考·農家》 《山居四要》。汪汝懋著。汝懋，淳安人。

徐𤊹《徐氏家藏書目·農圃類》 《山居四要》五卷。

劉若愚《内板經書紀略》 《山居四要》一本。八十三葉。

黃虞稷《千頃堂書目·農家類》 汪汝懋《山居四要》四卷。字以敬，浮梁人。至正中國史院編修官。

倪燦等《補遼金元藝文志・農家類》 汪汝懋《山居四要》四卷。

錢大昕《補元史藝文志・農家》 汪汝懋《山居四要》四卷。

續竹譜

尤袤《遂初堂書目・譜録類》《續竹譜》。

續竹譜

倪燦等《補遼金元藝文志・食貨類》 劉美之《續竹譜》一卷。

田家五行

黄虞稷《千頃堂書目・農家類》 婁元善《田家五行》二卷。

倪燦《宋史藝文志補・農家類》 婁元善《田家五行》二卷。

田家五行拾遺

黄虞稷《千頃堂書目・農家類》 陸泳《田家五行拾遺》一卷。字伯翔。錢惟善序。

倪燦等《補遼金元藝文志・農家類》 陸泳《田家五行拾遺》一卷。字伯翔。

錢大昕《補元史藝文志・農家》 陸泳《田家五行》一卷。字伯翔，松江人。

紀曆撮要

晁瑮《晁氏寶文堂書目・農圃》《紀曆撮要》。

馬經通元方論

倪燦等《補遼金元藝文志・食貨類》《馬經通元方論》六卷。卞管勾集。

錢大昕《補元史藝文志・醫書類》《馬經通元方論》六卷。

居家必用事類全集

《四庫全書總目提要・雜家類存目》《居家必用事類全集》十卷。內府藏本

不著撰人名氏。載歷代名賢格及居家日用事宜，以十干分集。體例頗爲簡潔。辛集中有大德五年吳郡徐元瑞吏學《指南序》，聖朝字俱跳行，又《永樂大典》屢引用之，其爲元人書無疑。黄虞稷《千頃堂書目》云「或謂熊宗立撰」，恐未必然也。

種樹書

徐𤊹《徐氏家藏書目・農圃類》《種樹書》二卷。郭橐駝。

種樹書

錢謙益等《絳雲樓書目・農家》《種樹書》二卷。俞楨。

黄虞稷《千頃堂書目・農家類》 俞貞木《種樹書》三卷。

錢曾《讀書敏求記・種藝》 俞貞木《種樹書》一卷。

《明史・藝文志・農家類》 俞貞木《種樹書》三卷。

三元延素書

錢謙益等《絳雲樓書目·農家》《三元延素書》。元人李鵬飛集。

李鵬飛集

錢謙益等《絳雲樓書目·農家》元《李鵬飛集》。

農桑雜令

錢大昕《補元史藝文志·農家》《農桑雜令》。至元二十八年頒行。

國老談苑

楊士奇等《文淵閣書目·列字號·農圃》《國老談苑》一部。一册。

道僧利論

楊士奇等《文淵閣書目·列字號·農圃》《道僧利論》一部。一册。

山居備用

楊士奇等《文淵閣書目·列字號·農圃》《山居備用》一部。二册。

治民書

楊士奇等《文淵閣書目·列字號·農圃》《治民書》一部。五册。

集治鷹鶻方

楊士奇等《文淵閣書目·列字號·醫書》《集治鷹鶻方》一部。一册。

鷹鶻雕鷂方

楊士奇等《文淵閣書目·列字號·醫書》《鷹鶻雕鷂方》一部。一册。

鷹鶻論

楊士奇等《文淵閣書目·列字號·醫書》《鷹鶻論》一部。一册。

食　説

楊士奇等《文淵閣書目·列字號·醫書》《食説》一部。一册。疑《禽説》。

酒　經

楊士奇等《文淵閣書目·辰字號·畫譜諸譜附》《酒經》一部。一册。闕。

茶録

楊士奇等《文淵閣書目・辰字號・畫譜諸譜附》《茶録》一部。一册。闕。

橘録

楊士奇等《文淵閣書目・辰字號・畫譜諸譜附》《橘録》一部。一册。闕。

草木疏

楊士奇等《文淵閣書目・辰字號・畫譜諸譜附》《草木疏》一部。一册。闕。

蘭譜

楊士奇等《文淵閣書目・辰字號・畫譜諸譜附》《蘭譜》一部。一册。闕。

菊譜

楊士奇等《文淵閣書目・辰字號・畫譜諸譜附》《菊譜》一部。二册。闕。
又《菊譜》一部。一册。闕。

牡丹譜

楊士奇等《文淵閣書目・辰字號・畫譜諸譜附》《牡丹譜》一部。一册。闕。
又《牡丹譜》一部。一册。闕。

梅譜

楊士奇等《文淵閣書目・辰字號・畫譜諸譜附》《梅譜》一部。二册。闕。
又《梅譜》一部。一册。闕。

竹譜詳録

楊士奇等《文淵閣書目・辰字號・畫譜諸譜附》《竹譜詳録》一部。十册。闕。

芝田録

錢溥《秘閣書目・未收書目・子書》《芝田録》。

續樹萱録

錢溥《秘閣書目・未收書目・子書》《續樹萱録》。

蠶衣

晁瑮《晁氏寶文堂書目・子》《蠶衣》。

本　經

晁瑮《晁氏寶文堂書目・藝譜》《本經》。

恠山蟹譜

晁瑮《晁氏寶文堂書目・藝譜》《恠山蟹譜》。

松齋梅譜

晁瑮《晁氏寶文堂書目・藝譜》《松齋梅譜》元刻不全。

葡萄譜

晁瑮《晁氏寶文堂書目・藝譜》《葡萄譜》。

山居簡用

朱睦㮮《萬卷堂書目・農家》《山居簡用》一卷。

樵歌八事

王圻《續文獻通考經籍考・農家》《樵歌八事》。徐綱著。

便民録

王圻《續文獻通考經籍考・農家》《便民録》。同安許伯詡著。

夏小正録

王圻《續文獻通考經籍考・皇明雜家》《夏小正録》。楊用修著。

羣物奇制

徐𤊹《徐氏家藏書目・農圃類》《羣物奇制》一卷。周履靖。

錢謙益等《絳雲樓書目・雜藝類》《羣物奇制》。

花木紀

徐𤊹《徐氏家藏書目・農圃類》《花木紀》一卷。曹蕃。

酒　譜

徐𤊹《徐氏家藏書目・農圃類》《酒譜》一卷。徐炬。

酒　經

徐𤊹《徐氏家藏書目・農圃類》《酒經》三卷。焦竑《序》謂：「不著撰人姓名，專編造酒大法。」

易牙遺意

徐𤊹《徐氏家藏書目・農圃類》《易牙遺意》二卷。韓奕。

錢謙益等《絳雲樓書目・農家》《易牙遺言》。

北山酒經

徐𤊹《徐氏家藏書目・農圃類》《北山酒經》一卷。宋李悰。

食時五觀

徐𤊹《徐氏家藏書目・農圃類》《食時五觀》一卷。黄庭堅。

禽蟲述

徐𤊹《徐氏家藏書目・農圃類》《禽蟲述》二卷。袁達。

錢謙益等《絳雲樓書目・農家》《禽蟲述》。袁達。

又《雜藝類》 袁達《禽蟲述》。見前子類農家。

《四庫全書總目提要・譜録類存目》《禽蟲述》一卷。浙江巡撫採進本。舊本題閩中袁達德撰。徐𤊹《筆精》云：《山居雜卷》中《禽蟲述》一卷，乃閩中袁達撰。達字德修。程榮署曰袁達德，傳之後世。誰能辨其姓名乎？案《千頃堂書目》載此書，亦云袁達字德修，閩縣人，正德癸酉舉人，官貴溪縣知縣，降補湖廣都司經歷，與𤊹語相合。然則此書實出袁達，刊本誤衍「德」字也。

酒　克

徐𤊹《徐氏家藏書目・農圃類》《酒克》一卷。句章馮元仲。

瓊芳集

徐𤊹《徐氏家藏書目・農圃類》《瓊芳集》一卷。

橘　録

徐𤊹《徐氏家藏書目・農圃類》《橘録》一卷。

質龜經

徐𤊹《徐氏家藏書目・農圃類》《質龜經》一卷。

馬　經

徐𤊹《徐氏家藏書目・農圃類》《馬經》四卷。

食品紀

徐𤊹《徐氏家藏書目・農圃類》《食品紀》一卷。曹蕃。

促織經

徐𤊹《徐氏家藏書目・農圃類》《促織經》一卷。

錢謙益等《絳雲樓書目・雜藝類》《促織經》。

酒史

徐𤊹《徐氏家藏書目・農圃類》《酒史》六卷。馮時花。

獸經

徐𤊹《徐氏家藏書目・農圃類》《獸經》一卷。

蜂經疏

徐𤊹《徐氏家藏書目・農圃類》《蜂經疏》二卷。徐渤。

種芋法

徐𤊹《徐氏家藏書目・農圃類》《種芋法》一卷。

錢謙益等《絳雲樓書目・雜藝類》《種芋法》。

山居養志譜

徐𤊹《徐氏家藏書目・農圃類》《山居養志譜》一卷。

梅花新譜

徐𤊹《徐氏家藏書目・農圃類》《梅花新譜》一卷。

藝菊書

徐𤊹《徐氏家藏書目・農圃類》《藝菊書》一卷。

鶴經

徐𤊹《徐氏家藏書目・農圃類》《鶴經》十二卷。温陵蔣德璟。

虎苑

徐𤊹《徐氏家藏書目・農圃類》《虎苑》二卷。王稺登。

虎薈

徐𤊹《徐氏家藏書目・農圃類》《虎薈》六卷。陳繼儒。

《四庫全書總目提要・譜録類存目》《虎薈》六卷。内府藏本。明陳繼儒撰。繼儒有《邵康節外紀》，已著録。是編末有黄庭鳳跋，謂繼儒病瘧，王稺登貽以虎苑一帙佩之。而瘧愈，遂爲是書。

酒　顛

徐𤊹《徐氏家藏書目・農圃類》《酒顛》四卷。

蟲天志

徐𤊹《徐氏家藏書目・農圃類》《蟲天志》十卷。沈宏正。

《四庫全書總目提要・譜録類存目》《蟲天志》十卷。安徽巡撫採進本。明沈宏正撰。宏正，嘉定人。是書集鳥獸蟲魚異事，分爲六部。《莊子》云：「惟蟲能蟲，惟蟲能天。」書之命名，蓋取於此。

煮泉小品

徐𤊹《徐氏家藏書目・農圃類》田藝蘅《煑泉小品》一卷。

茶　董

徐𤊹《徐氏家藏書目・農圃類》《茶董》二卷。

茗　史

徐𤊹《徐氏家藏書目・農圃類》萬邦寧《茗史》二卷。

熬波圖

嵇璜等《續通志・圖譜略上・記有・食貨》元陳椿《熬波圖》。

鬬茶圖

嵇璜等《續通志・圖譜略下・記無・飲食》元陳居中《鬬茶圖》。

救荒活民補遺

錢謙益等《絳雲樓書目・農家》《救荒活民補遺》。元泰定二年，以宋董煟《救荒活民書》頒州縣，見本紀。《補遺》蓋補是書之遺也。

王氏農書

錢謙益等《絳雲樓書目・農家》《王氏農書》王磐。

明分部

馬　經

丁仁《八千卷樓書目・醫家類・附録》《馬經》十卷。明俞彦撰。明刊本。

茶　苑

繆荃孫《藝風藏書記・藝術》　《茶苑》二十卷。明毘陵黄履道輯。舊鈔本。諸家書目未見著録。《武陽志》亦無其人。此書搜采淹博，鈔寫古雅，疑是藁本。前有弘治二年張楫序。收藏有「華亭朱氏」白文方印，「謙牧堂藏書記」白文，後有「嗛牧堂書畫記」朱文兩方印。

獸　經

丁仁《八千卷樓書目・譜録類・草木蟲魚之屬》　《獸經》一卷。明王穉登撰。述古叢鈔本。

鶺鴒譜

丁仁《八千卷樓書目・譜録類・草木蟲魚之屬》　《鶺鴒譜》一卷。不著撰人名氏。刊本。

雪湖梅譜

丁仁《八千卷樓書目・譜録類・草木蟲魚之屬》　《雪湖梅譜》二卷。明王恩任撰。乾隆刊本。

志促織

馬國翰《玉函山房藏書簿録・譜録類・禽魚之屬》　《志促織》一卷。明公安袁宏道撰。《論畜》、《論似》、《論體性》、《論色》、《論形》、《論病》、《養法》、《治法》、《總論》，凡九篇。

金魚品

馬國翰《玉函山房藏書簿録・譜録類・禽魚之屬》　《金魚品》一卷。並鈔本。明屠隆撰。記隨時所尚之品二十餘種，以爲隨意命名，從無定額也。

荒政輔要

張之洞《書目答問・農家》　《荒政輔要》九卷。汪志伊。嘉慶十一年刻本。

荒政叢書

張之洞《書目答問・農家》　《荒政叢書》十卷。俞森。守山閣本、《金壺》本。

康濟録

張之洞《書目答問・農家》　《康濟録》六卷。倪國連。通行本、武昌局本。

潞水客談

張之洞《書目答問・農家類》　《潞水客談》一卷。明徐貞明。單行本、粵雅堂本。

夏小正集解

朱記榮《國朝未刊遺書志略・子目》《夏小正集解》一册。未分卷。婁縣陸明睿文玉。案，先生又著《呫嗶偶録》十六册，質於楊氏。

中外水法

耿文光《萬卷精華樓藏書記・農家類》《中外水法》一卷。明西洋熊三拔撰。王徵述。

揚州瓊華集

丁丙《善本書室藏書志・譜録類・草木鳥獸蟲魚之屬》《揚州瓊華集》一卷。明成化刊本。明楊端撰。字惟正，鄞縣人。成化間寓揚州，採摭前人瓊花篇什，彙爲一編，以備故實也。前有自序及瓊華圖。《讀書敏求記》亦從著録。《四庫存目提要》謂錢遵王衍一木字，檢《敏求記》，謂楊端采輯。當時館臣所見采輯之采，訛作木字，故疑爲衍文。校誤之難，真如掃葉。《留青日札》云：南宋宦者陳源，取瓊花孫枝接於聚八仙根上，至今流傳，杭州瓊花園是也。按，嘉靖《仁和志》：忠清里舊名瓊花街，寒家實居是里。偶一展卷，覺意蕊心花都爲舒放，豈僅如遵王之謂如枯樹回春哉？

硃砂魚譜

丁丙《善本書室藏書志・譜録類・草木鳥獸蟲魚之屬》《硃砂魚譜》一卷。明鈔本。烟波釣徒裔孫謙德撰。前自序云：「余無他嗜，獨喜汲清泉養硃砂魚，時時觀其出没之趣，久而閲見浸多，餌飼益諳。暇日敘其容質與愛養之理，輒條數事與同志共之。上篇敘容質十條，下篇序愛養十條。此又在張氏藏書十種之外，有照四十七世孫當湖鮑氏豐珍藏書畫祕笈之印。

丁仁《八千卷樓書目・譜録類・草木蟲魚之屬》《硃沙魚譜》一卷。明張謙德撰。明抄本。

占　候

丁仁《八千卷樓書目・農家類》《占候》一卷。明徐光啓撰。刊本。

野蔌品

丁仁《八千卷樓書目・農家類》《野蔌品》一卷。明高濂撰。《廣百川》本。

耕架代牛圖説

丁仁《八千卷樓書目・農家類》《耕架代牛圖説》一卷。明王徵撰。咸豐刊本。

蠙衣生馬記

《四庫全書總目提要・譜録類存目》《蠙衣生馬記》一卷。兩江總督採進本。明郭子章撰。子章有《蠙衣生易解》，已著録。是編摭載籍中所記馬事，分上下二篇，援引頗博，皆著所採書名，較明人他説部頗有根據。唯以宛馬爲晉泰始時所獻，不知漢時已有之。又以果下馬爲出於《魏志》，不知亦載於《漢書》。捃拾未免稍略耳。

泰西水法

《四庫全書總目提要·農家類存目》《泰西水法》六卷。兩江總督採進本。明萬曆壬子，西洋熊三拔撰。是書皆記取水、蓄水之法。一卷曰龍尾車，用挈江河之水。二卷曰玉衡車，附以專筩車；曰恒升車，附以雙升車，用挈井泉之水。三卷曰水庫記，用蓄雨雪之水。四卷曰水法附餘，皆尋泉作井之法，而附以療病之水。五卷曰水法或問，備言水性。六卷則諸器之圖式也。西洋之學，以測量步算爲第一，而奇器次之。奇器之中，水法尤切於民用，視他器之徒矜工巧，爲耳目之玩者又殊，固講水利者所必資也。四卷之末有附記云：「此外測量水地，度形勢高下，以決排江河，蓄洩湖淀，別爲一法。或於江湖河海之中，欲作橋梁、城垣、宫室，永不圮壞，別爲一法。或於百里之遠，疏引源泉，附流灌注，入於國城，分枝析派，任意取用，別爲一法。皆別有備論。兹者專言取水，未暇多及」云云，則其法尚有全書，今未之見也。

張之洞《書目答問·農家》 附《泰西水法》六卷。明熊三拔。互見算法内。

別本農政全書

《四庫全書總目提要·農家類存目》《別本農政全書》四十六卷。山東巡撫採進本。明徐光啟撰，陳子龍刪補。子龍有《詩問略》，已著録。初光啟作《農政全書》，凡六十卷。光啟没後，子龍得本於其孫爾爵，與張國維、方岳貢共刊之。既而病其稍冗，乃重定此本。子龍所作《凡例》有曰：「文定所集，雜採衆家，兼出獨見，有得即書，非有條貫。故有略而未詳者，有重複而未及刪定者。中丞公屬子龍以潤飾之。友人謝廷正、張密皆博雅多識，使任旁搜覆校之役，而子龍總其大端。大約刪者十之三，增者十之二。其評點俱仍舊觀，恐有深意，不敢臆易。」云云。所謂文定者，光啟之謚。所謂中丞公者，即國維也。今原書有刊版，而此本乃出傳鈔，併其評點失之。核其體例，較原書頗爲清整。然農圃之事，本爲瑣屑，不必遽厭其詳。而所資在於實用，亦不必以考核典故爲優劣。故今仍録原書，而此本則附存其目焉。

香雪林集

《四庫全書總目提要·譜録類存目》《香雪林集》二十六卷。浙江巡撫採進本。明王思義編。思義有《宋史纂要》，已著録。是編凡梅圖二卷，詠梅詩詞文賦二十二卷，終以畫梅圖譜二卷。

荔支通譜

《四庫全書總目提要·譜録類存目》《荔支通譜》十六卷。編修汪如藻家藏本。明鄧慶寀撰。慶寀字道協，福州人。是書以諸家荔支譜輯爲一篇，故曰通譜。凡蔡襄譜一卷，徐𤊹譜七卷，慶寀所自爲譜六卷，附宋珏譜一卷，曹蕃譜一卷。蔡譜尚已。徐譜所收如「十八娘別傳」之類，鄧譜所收如「鮑山荔支夢」之類，皆近傳奇。宋譜「福業」諸説，不脱明人小品習氣。曹譜差簡質，猶有古格。

澹圃芋紀

《四庫全書總目提要·譜録類存目》《澹圃芋紀》一卷。兩淮鹽政採進本。明楊德周撰。趙士駿復增定之。德周字齊莊，鄞縣人，萬曆壬子舉人，官高唐縣知縣。士駿字西星，亦鄞縣人。其書專紀芋魁典故，凡十類：一名、二藝、三食、四忌、五事、六論、七詩、八賦、九謡、十方。採摭頗詳。

花裏活

《四庫全書總目提要·譜録類存目》《花裏活》三卷。編修程晉芳家藏本。明陳詩教撰。詩教字四可，秀水人。是編輯古今花卉故實，按代分編，然皆因襲陳言，别無奇僻。考證尤多疎漏，如云五代梁有王彦章，吴亦有王彦章，不知楊行密之將乃王茂章，後歸梁改名景仁，竝無所謂王彦章者，其舛謬率皆此類。至「花裏活」之名，蓋用李賀詩「秦宫一生花裏活」句，然秦宫何人，而可援以自比乎？失考甚矣。

梅譜

嵇璜等《續通志·圖譜略下·記無·植物》 明劉世儒《梅譜》。

瓊花譜

嵇璜等《續通志·圖譜略上·記有·植物》 楊綸《瓊花譜》。

互易礦税疏圖

嵇璜等《續通志·圖譜略下·記無·食貨》 明陳惟之《互易礦税疏圖》。

瓊華集

錢曾《讀書敏求記·種藝》 《瓊華集》五卷。曹璿得寶祐《維楊志》，知花始末，編成新集。首之以考證遺事，繼之以詩文。所載張三豐與丘汝乘輩游蕃釐觀，取水噀八仙，變爲瓊華，香聞十餘里，三豐即于是夕遁去。汝乘詩云：「不知今夕游何處，引鶴同棲貫月槎。」其事獨見于此。

瓊華考

錢曾《讀書敏求記·種藝》 《瓊華考》一卷。成化丁未，四明楊端木輯《瓊華考》成，凡古今序、記、詩、賦，都爲一集。流覽之餘，恍如枯樹回春，唤醒瓊華之夢也。

《四庫全書總目提要·譜録類》 《瓊花譜》一卷。兩淮鹽政採進本。明楊端撰。端字惟正，鄞縣人。成化間寓居揚州。是集採摭前人瓊花篇什彙爲一編，以備故實。首冠杜斿《瓊花記》，故或題曰《杜斿瓊花譜》。考斿，宋人，字叔高，端平初以布衣召入館閣校讐。此本載及元、明，非斿作也。又錢曾《讀書敏求記》載《瓊花考》一卷，成化丁未楊端木輯，與此本序文年月合，當即一人一書，錢曾衍一「木」字耳。范欽天一閣所藏别有《揚州瓊花集》，以雜文爲一卷，詩爲一卷，詞爲一卷，蓋即因此本而分析其卷帙，亦題曰楊端，則「木」字爲誤增審矣。

鶻譜

錢曾《讀書敏求記·豢養》 《鶻譜》一卷。樗菴居士校獵平原，知鷹之性，能搏而不能擊；鶻之性，則擊搏皆能。又知鶻類有二：鴉鶻體小，而膽勇，性馴易調習；兔鶻體大而性剛，爲難調，間有能者，則達勝于鴉鶻。且深悉所以養飼調習，形相美惡，故著《鶻譜》十篇。其十終以俊鶻擒鵞二十圖。圖各有名，系以詩。雖紀一時之興會，亦可見永樂中隆平氣象。奉藩多暇，習騎射于田獵之中，爲足樂也。

嵇璜等《續通志·圖譜略下·記無·動物》 明樗菴居士《鶻譜》。

鵓鴿論譜

錢曾《讀書敏求記·豢養》 古本古串《鵓鴿論譜》一卷。此內府藏本鴿房録出者。其名自嘉興花㔔破玉至臥泥挾翅，共九十四種，逐種詳論之。據云，直省異様異色者盡于是。噫！亦奇矣。

蟋蟀經

錢曾《讀書敏求記・豢養》 《蟋蟀經》二卷。《蟋蟀經》相傳賈秋壑所輯。其于相辨、餵養、調治之法咸備，文詞頗雅馴。牧翁詩中「更籌帷幄，選將登埸」句採其語也。予昔藏徽藩芸窗道人五綵繪畫本，爲季滄葦豪奪去，兹則絳雲樓舊鈔本也。

月令廣義

《明史・藝文志・農家類》 馮應京《月令廣義》二十四卷。

農政全書

《明史・藝文志・農家類》 張國維《農政全書》八卷。

看花二記

錢謙益等《絳雲樓題跋》 歸玄恭《看花二記》。余嘗謂《西京雜記》載上林令虞淵《花木簿》，排列名目，使人覩烏椑木弱枝棗，輙興盧橘蒲桃之感，不復點綴片語，若歐陽公《牡丹志》，小小譜録，發揮出如許議論。古人爲文，或繁或簡，皆非苟然而作。陸士衡曰：故無取乎冗長，此所謂《伐柯》之則也，不然，則甲乙帳簿耳，何以文爲？玄恭今歲飽看牡丹、菊花，紀其游最詳，屬余評定，歲莫偪塞，卒卒未遑點筆，姑書此以復之。然玄恭《看牡丹》詩云：「亂離時逐繁華事，貧賤人看富貴花。」此二句可括紀游數十紙矣。《有學集》卷四十九。

月令通纂

錢謙益等《絳雲樓書目・農家》 《月令通纂》四卷。黄諫。

養生類纂

錢謙益等《絳雲樓書目・農家》 《養生類纂》。

質龜論

錢謙益等《絳雲樓書目・農家》 《質龜論》。

又《雜藝類》 《質龜論》。見前《農家》。

雜占

錢謙益等《絳雲樓書目・農家》 《雜占》。

春秋繁露求雨止雨解

錢謙益等《絳雲樓書目・農家》 《春秋繁露求雨止雨解》。

四時氣候解

錢謙益等《絳雲樓書目・農家》 《四時氣候解》四卷。李泰。

雲林堂飲食制度

錢謙益等《絳雲樓書目·農家》《雲林堂飲食制度》。

酒　經

錢謙益等《絳雲樓書目·農家》《酒經》一卷。東皋子。

又《雜藝類》《酒經》。見前《農家》。

華夷草木鳥獸考

錢謙益等《絳雲樓書目·農家》《華夷草木鳥獸攷》。

蘭譜奥法

錢謙益等《絳雲樓書目·農家》《蘭譜奥法》。

閑居漫記

錢謙益等《絳雲樓書目·農家類》《閑居漫記》。

丸　經

錢謙益等《絳雲樓書目·雜藝類》《丸經》二卷。三十二章。

丸經集

錢謙益等《絳雲樓書目·雜藝類》《丸經集》。

田家五行

錢謙益等《絳雲樓書目·農家》《田家五行》。

蟲異賦

錢謙益等《絳雲樓書目·雜藝類》林朝儀《蟲異賦》。

客商規略

祁承㸁《澹生堂藏書目·農家·雜事》《客商規略》一卷。

客途資鑑

祁承㸁《澹生堂藏書目·農家·雜事》《客途資鑑》四册。六卷。

寶貨辨疑

祁承㸁《澹生堂藏書目·農家·雜事》《寶貨辨疑》一卷。

田舍雜鈔

祁承㸁《澹生堂藏書目·農家·雜事》《田舍雜鈔》一册。一卷。

農圃緒言

祁承㸁《澹生堂藏書目·農家·樹藝》《農圃緒言》一卷。徐常吉。

百花藏譜

祁承㸁《澹生堂藏書目·農家·樹藝》《百花藏譜》一册。二卷。江之源輯。

草木幽微經

祁承㸁《澹生堂藏書目·農家·樹藝》《草木幽微經》一卷。百名家書本。

菊品紀名譜

祁承㸁《澹生堂藏書目·農家·樹藝》《菊品紀名譜》一卷。

促織譜

祁承㸁《澹生堂藏書目·農家·牧養》《促織譜》一卷。一册。徽藩序刻。

丁仁《八千卷樓書目·譜録類·草木蟲魚之屬》《促織譜》一卷。不著撰人名氏。抄本。

蜂　譜

祁承㸁《澹生堂藏書目·農家·牧養》《蜂譜》一册。一卷。

蜂　經

徐𤊹《紅雨樓題跋》《蜂經》。養蜂，古無經，馬、鄭書目俱不載。此本分四十篇，極爲詳備。但立題迂腐，造語俚俗，必老農老圃之流信口寫出，非作手也。初閱之，疑近代所著。讀至第八篇云「咸淳四年」，第二十一篇云「咸淳五年」，此書當是南宋之末村學究爲之者。且有「南臺」等語，又知其爲吾鄉人所作也。俟有閑暇，以其所論養法另著一種，以資農圃之一，不使種魚經、養蠶書獨擅千古耳。俟陳汝翔歸自晉陵，出此商之餘子，未可與論也。甲辰冬初徐惟起題。

蜀錦譜

錢謙益等《絳雲樓書目·雜藝類》《蜀錦譜》一卷。費著。

龜　經

錢謙益等《絳雲樓書目·雜藝類》《龜經》。

相鶴經

錢謙益等《絳雲樓書目・雜藝類》 周履靖《相鶴經》。

蠶　譜

錢謙益等《絳雲樓書目・雜藝類》《蠶譜》。

酒　經

錢謙益等《絳雲樓書目・雜藝類》 宋板《酒經》。

桂　譜

錢謙益等《絳雲樓書目・雜藝類》 朱鳳翔《桂譜》。

山茶花譜

錢謙益等《絳雲樓書目・雜藝類》《山茶花譜》。

相馬記

錢謙益等《絳雲樓書目・雜藝類》 郭奎《相馬記》。

獸　經

錢謙益等《絳雲樓書目・雜藝類》 黄省曾《獸經》。

鶻　譜

錢謙益等《絳雲樓書目・雜藝類》《鶻譜》。

鵓鴿論譜

錢謙益等《絳雲樓書目・雜藝類》《鵓鴿論譜》。

養鶴經

錢謙益等《絳雲樓書目・雜藝類》《養鶴經》。

瓶花譜

徐𤊹《徐氏家藏書目・農圃類》《瓶花譜》一卷。崑山張謙德。

嵇璜等《續通志・圖譜略上・記有・植物》 張謙德《瓶花譜》。

《四庫全書總目提要・譜録類存目》《瓶花譜》一卷。兩江總督採進本。明張謙德撰。謙德後改名丑，有《清河書畫舫》，已著録。是書首品瓶，次品花以及折枝插貯等事，而終以護瓶。據書首自序，蓋其稚齡所作也。

馬　記

徐𤊹《徐氏家藏書目・農圃類》《馬記》一卷。郭子章。

瓶　史

徐𤊹《徐氏家藏書目・農圃類》《瓶史》一卷。袁宏道。

文房四譜

張萱等《内閣藏書目録・雜部》《文房四譜》四册。不全。柯由山樵編，莫詳姓氏。

竹嶼山房雜部

祁承㸁《澹生堂藏書目・農家・民務》《竹嶼山房雜部》前集八册。樹畜四卷。養生六卷。家要二卷。宗儀二卷。家規四卷。後集四册。種植一卷。尊生八卷。

重農考

祁承㸁《澹生堂藏書目・農家・民務》《重農考》一卷。馮應京。

農桑類編

祁承㸁《澹生堂藏書目・農家・民務》《農桑類編》一卷。鄧球泳化編本。

蠶桑一覽

祁承㸁《澹生堂藏書目・農家・民務》《蠶桑一覽》一卷。

備荒農遺雜録

祁承㸁《澹生堂藏書目・農家・民務》《備荒農遺雜録》一册。一卷。

鳳　談

徐𤊹《徐氏家藏書目・農圃類》《鳳談》一卷。趙世顯。

張伯淵茶録

徐𤊹《徐氏家藏書目・農圃類》《張伯淵茶録》一卷。張源。

蒙　史

徐𤊹《徐氏家藏書目・農圃類》《蒙史》二卷。武陵龍膺。

花錫新命

徐𤊹《徐氏家藏書目·農圃類》《花錫新命》一卷。佘君翼。

花殿最

徐𤊹《徐氏家藏書目·農圃類》《花殿最》一卷。廣陵女士。

香嬭

徐𤊹《徐氏家藏書目·農圃類》《香嬭》一卷。屠本畯。

盆史

徐𤊹《徐氏家藏書目·農圃類》《盆史》一卷。屠本畯。

蟫史

徐𤊹《徐氏家藏書目·農圃類》《蟫史》十一卷。穆希文。

花案

徐𤊹《徐氏家藏書目·農圃類》《花案》一卷。何偉然。

安雅堂酒令

徐𤊹《徐氏家藏書目·農圃類》《安雅堂酒令》一卷。宋曹紹。

品茶要録補

徐𤊹《徐氏家藏書目·農圃類》《品茶要録補》一卷。程百二。

荔枝譜

徐𤊹《徐氏家藏書目·農圃類》宋珏《荔枝譜》一卷。

救荒本草

范邦甸等《天一閣書目·農家類》《救荒本草》四卷。

錢謙益等《絳雲樓書目·農家》《救荒本草》。明周憲王輯。

黄虞稷《千頃堂書目·農家類》周定王《救荒本草》四卷。王以所封國土曠，庶草蕃蕪，多可佐饑饉，乃購之田野老夫，得甲坼、句萌諸物四百餘種植圃中，躬自辨別，察其滋長成熟，繪圖而并疏之。

《明史·藝文志·農家類》周定王《救荒本草》四卷。

《四庫全書總目提要·農家類》《救荒本草》二卷。兩淮鹽政採進本。明周王橚撰。橚，太祖第五子。洪武十一年封，十四年就藩開封。建文中，廢徙雲南，永樂初復爵。洪熙元年薨，謚曰定。《明史》本傳稱：「橚好學，能詞賦，以國土夷曠，庶草蕃廡，考核其可佐饑饉者四百餘種，繪圖上之。」即此書也。李時珍《本草綱目》，以此書及《普濟方》俱云洪武初周憲王著。考憲王有燉於仁宗初始嗣封，其説殊誤。是編爲嘉靖乙卯陸東所重刊。每卷又分爲前後，共成四卷。其見諸舊本草者一百三十八種，新增者二百七十六種，皆詳核可據。前有東序，亦稱周憲王著。蓋當時以親藩貴重，刊書皆不題名，故輾轉傳譌，有所不免，今特爲糾正焉。

痊驥真經

楊士奇等《文淵閣書目・列字號・醫書》《痊驥真經》一部。一册。

馬經歌括

楊士奇等《文淵閣書目・列字號・醫書》《馬經歌括》一部。一册。

牛經方

楊士奇等《文淵閣書目・列字號・醫書》《牛經方》一部。一册。

橐駞醫藥方

楊士奇等《文淵閣書目・列字號・醫書》《橐駞醫藥方》一部。一册。

誠齋牡丹譜

高儒《百川書志・農家》《誠齋牡丹譜》一卷。皇明宗室錦窠老人著。所載二十種，及栽培之法。

黄虞稷《千頃堂書目・食貨類》周憲王橚《誠齋牡丹譜並百詠》一卷。

永昌二芳記

《四庫全書總目提要・譜録類存目》《永昌二芳記》三卷。浙江鄭大節家藏本。

明張志淳撰。志淳自號南園野人，雲南籍，江寧人。成化甲辰進士，官至户部侍郎，坐劉瑾黨，勒致仕。其名見《明史・焦芳傳》中，然無事迹可見，疑亦康海、王九思之類也。是編以永昌所産山茶、杜鵑二花爲一譜。上卷山茶花品三十六種，中卷杜鵑花品二十種，下卷則二花之故實詩文。其論躑躅、山榴、杜鵑之名自唐已無别，謂杜鵑但可名山石榴，不可名躑躅。躑躅爲杜鵑别種，其花攢爲大朶，非若杜鵑小朶各開。俗名映山紅，無所謂黄紫碧者。韓愈、元稹、梅堯臣詩竝誤，其考證亦不苟也。

德善齋菊譜

晁瑮《晁氏寶文堂書目・藝譜》《德善齋菊譜》。

又《五孚德善齋菊譜》。

朱睦㮮《萬卷堂書目・農家》《菊譜》一卷。德善京。

祁承㸁《澹生堂藏書目・農家・樹藝》《德善齋菊譜》一卷。

黄虞稷《千頃堂書目・食貨類》鎮平恭靖王有炫《德善齋菊譜》一卷。

臞仙神隱

徐𤊹《徐氏家藏書目・農圃類》《臞仙神隱》六卷。

又《臞仙神隱》五卷。

黄虞稷《千頃堂書目・農家類》寧獻王《臞仙神隱書》四卷。

《明史・藝文志・農家類》寧獻王《臞仙神隱書》四卷。

種蒔占書

楊士奇等《文淵閣書目・列字號・農圃》　《種蒔占書》一部，一册。

黄虞稷《千頃堂書目・農家類》　《種蒔占書》二卷。

歲時種植

楊士奇等《文淵閣書目・列字號・農圃》　《歲時種植》一部。一册。

黄虞稷《千頃堂書目・農家類》　《歲時種植》一卷。

節令要覽

楊士奇等《文淵閣書目・列字號・農圃》　《節令要覽》一部。一册。

種藝雜歷

楊士奇等《文淵閣書目・列字號・農圃》　《種藝雜歷》一部。一册。。

黄虞稷《千頃堂書目・農家類》　《種藝雜歷》三卷。

類方馬經

《四庫全書總目提要・醫家類存目》　《類方馬經》六卷。兩江總督採進本。不著撰人名氏。首有刑部員外郎姚江舒春序，稱「太監錢公總掌御馬監，命本監中官之善於馬者取《馬經》舊本，參以羣書，日加考訂，究脈絡鍼穴之源委，校經方藥石之君臣，極歌訣之周，盡方術之備，又增馬援所進《銅馬表》、《銅馬相法》及《騰駒牧養法》諸條。書成，命壽諸梓」云云。考《太學題名碑》，成化己丑有進士舒春，武功衛人，則所謂太監錢公者，當即憲宗朝之錢能也。

便民圖纂

徐𤊹《徐氏家藏書目・農圃類》　《便民圖纂》十卷。

錢謙益等《絳雲樓書目・農家》　《便民圖纂》。

黄虞稷《千頃堂書目・農家類》　鄺璠《便民圖纂》十六卷。字廷瑞，任丘人。弘治癸丑進士，吴縣知縣，歷官河南右參政。

錢曾《讀書敏求記・農家》　《便民圖纂》十六卷。《便民圖纂》不知何人所輯，鏤板于弘治壬戌之夏。首列農務、女紅圖二卷，凡有便于民者莫不具列。爲人上者，《豳風圖》等觀可也。

《明史・藝文志・農家類》　鄺璠《便民圖纂》十六卷。

《四庫全書總目提要・雜家類存目》　《便民圖纂》十六卷。安徽巡撫採進本。不著撰人名氏。第一卷爲農務圖十五，第二卷爲女紅圖十六，每圖皆係以《竹枝詞》一首。第三卷以下分十一類：曰耕穫，曰桑蠶，曰樹藝，曰雜占，曰月占，曰祈禳，曰涓吉，曰起居，曰調攝，曰牧養，曰製造。嘉靖壬子刻於貴州。前有左布政使李涵序，稱鄺廷瑞始刻於吴中，吕經又刻於滇省，其中利民用者甚多。然意求全備，往往冗瑣，如末卷載辟鬼魅法用桃枝灑雄黄水，蓋據《本草》桃枝殺鬼、雄黄殺精魅之説，已爲迂潤。又有祛狐狸法，云妖狸能變形，惟千百年枯木能照之，可尋得年久枯木擊之，其形自見，則據張華。然華《表》照斑狸事衍爲此法，殆於兒戲矣。其書本農家者流，然旁及祈福擇日及諸格言，不名一家，故附之雜家類焉。

水雲録

黄虞稷《千頃堂書目・農家類》　楊溥《水雲録》二卷。

《明史·藝文志·農家類》 楊溥《水雲録》二卷。

《四庫全書總目提要·雜家類存目》 《水雲録》二卷。兩淮鹽政採進本。明楊溥撰。溥長沙人，自號水雲居士。《千頃堂書目》列於劉基《多能鄙事》後，即以爲永樂中石首楊溥。然考書中自述，有戎務之暇語，則其人乃嘗爲武職者。又所撰有《用藥珍珠囊》，其書成於弘治中，蓋名姓偶同，非一人也。是編上卷載十二月種植、花果、飲饌及文房雜用，下卷分衛生、養生、器用、牧養四門，所記多農圃種畜法，頗爲瑣屑。

多能鄙事

徐𤊹《徐氏家藏書目·農圃類》 《多能鄙事》四卷。

錢謙益等《絳雲樓書目·農家》 《多能鄙事》。劉基。

黄虞稷《千頃堂書目·農家類》 劉基《多能鄙事》十二卷。

《明史·藝文志·農家類》 劉基《多能鄙事》十二卷。

孫星衍《平津館鑒藏書籍記補遺·明版》 《多能鄙事》十二卷。題括蒼誠意伯劉基類編。前有嘉靖十九年魯軒序，嘉靖癸亥范惟一序，稱刻于汝南。書分飲食、服飾、器用、百藥、農圃、陰陽六類。黑口巾箱本，每葉廿四行，行廿三字，有朱筆依舊本校字。

《四庫全書總目提要·雜家類存目》 《多能鄙事》十二卷。浙江汪啟淑家藏本。舊本題明劉基撰。基有《清類天文分野之書》，已著録。是書凡飲食、器用、方藥、農圃、牧養、陰陽占卜之法，無不備載，頗適於用。然體近瑣碎，若小兒四季關、百日關之類，俱見臚列，殊失雅馴。立名取孔子之言，亦屬僭妄；殆託名於基者也。

墨娥小録

祁承㸁《澹生堂藏書目·農家·雜事》 《墨娥小録》四册。十四卷。

經世民事録

黄虞稷《千頃堂書目·農家類》 桂見山《經世民事録》二卷。

倪燦等《補遼金元藝文志·農家類》 桂見山《經世民事録》二卷。不知時代。

《四庫全書總目提要·農家類存目》 《經世民事録》十二卷。浙江范懋柱家天一閣藏本。明桂萼編。萼有《桂文襄奏議》，已著録。是書乃萼爲武康知縣時，按《明大統曆》所載逐月節氣，各註事宜，刊布曉諭。故每卷之首皆稱「湖州府武康縣據本縣陰陽呈，某時爲某節，當奉時令施行」云云。後嘉靖七年蔣瑜知鄱陽縣，萼以是本授之，瑜遂重刊以行。其中每月冠以《月令》全文一段，與民事無關。且「居青陽左个」云云，與明制亦絶不相合也。

老圃書

黄虞稷《千頃堂書目·農家類》 《老圃書》一卷。正德十五年古城山人序。

西北治田説

黄虞稷《千頃堂書目·農家類》 《西北治田説》一卷。

農舍四時雜鈔

黄虞稷《千頃堂書目·農家類》 《農舍四時雜鈔》一卷。

田家月令

黃虞稷《千頃堂書目・農家類》 顧清《田家月令》一卷。

《明史・藝文志・農家類》 顧清《田家月令》一卷。

歲時樂事

錢謙益等《絳雲樓書目・農家》 《歲時樂事雜占》二卷。唐子畏有《吴中歲時記》。

歲時雜占

錢謙益等《絳雲樓書目・農家》 《歲時樂事雜占》二卷。

探春記

錢謙益等《絳雲樓書目・農家》 《探春記》。

宋氏四時種植書

黃虞稷《千頃堂書目・農家類》 宋公望《宋氏四時種植書》一卷。字天民，松江太學生。

《明史・藝文志・農家類》 宋公望《四時種植書》一卷。

稻品

徐𤊹《徐氏家藏書目・農圃類》 《稻品》一卷。

錢謙益等《絳雲樓書目・雜藝類》 《稻品》。

黃虞稷《千頃堂書目・農家類》 黃省曾《稻品》一卷。

《明史・藝文志・農家類》 黃省曾《稻品》一卷。

蠶經

徐𤊹《徐氏家藏書目・農圃類》 《蠶經》一卷。黃省曾。

黃虞稷《千頃堂書目・農家類》 黃省曾《蠶經》一卷。

《明史・藝文志・農家類》 黃省曾《蠶經》一卷。

秇菊書

徐𤊹《徐氏家藏書目・農圃類》 《秇菊書》六卷。黃省曾。

芋經

黃虞稷《千頃堂書目・農家類》 黃省曾《芋經》一卷。

芋記

徐𤊹《徐氏家藏書目・農圃類》 《芋記》一卷。四明楊德周。

黄虞稷《千頃堂書目・農家類》 楊德周《芋記》一卷。

《四庫全書總目提要・譜録類存目》 《澹圃芋紀》一卷。兩淮鹽政採進本。明楊德周撰。趙士駿復增定之。德周字齊莊，鄞縣人。萬曆壬子舉人，官高唐縣知縣。士駿字西星，亦鄞縣人。其書專紀芋魁典故，凡十類：一名、二藝、三食、四忌、五事、六論、七詩、八賦、九謡、十方，採摭頗詳。

泰西水法

黄虞稷《千頃堂書目・農家類》 徐光啓《泰西水法》。

宜墾令

黄虞稷《千頃堂書目・農家類》 徐光啓《宜墾令》。

吕氏農書音釋

黄虞稷《千頃堂書目・農家類》 陳士元《吕氏農書音釋》一卷。

澤谷閲古農書

黄虞稷《千頃堂書目・農家類》 施大經《澤谷閲古農書》六卷。松江人，自號谷陽野父。

《明史・藝文志・農家類》 施大經《閲古農書》六卷。

菜　譜

黄虞稷《千頃堂書目・農家類》 《菜譜》三卷。不知撰人。

植物紀原

黄虞稷《千頃堂書目・農家類》 《植物紀原》四卷。以下不知撰人。穀粟一卷，蔬菜一卷，百果一卷，草木一卷。

三事遡真

黄虞稷《千頃堂書目・農家類》 李豫亨《三事遡真》一卷。

畢侍御備荒農遺雜疏

黄虞稷《千頃堂書目・農家類》 《畢侍御備荒農遺雜疏》一卷。

花藥志

黄虞稷《千頃堂書目・農家類》 馮大咸《花藥志》三卷。（盧補）。

茶　説

徐𤊹《徐氏家藏書目・農圃類》 屠隆《茶説》一卷。

茶考

徐𤊹《徐氏家藏書目・農圃類》 陳師《茶考》一卷。

茗譚

徐𤊹《徐氏家藏書目・農圃類》 徐𤊹《茗譚》一卷。

茶集

徐𤊹《徐氏家藏書目・農圃類》 喻政《茶集》二卷。

茶乘

徐𤊹《徐氏家藏書目・農圃類》 高元濬《茶乘》四卷。

茶笺

徐𤊹《徐氏家藏書目・農圃類》 郭三辰《茶笺》一卷。

茗林

徐𤊹《徐氏家藏書目・農圃類》 陳克勤《茗林》一卷。

茶解

徐𤊹《徐氏家藏書目・農圃類》 羅廩《茶解》一卷。

茶説

徐𤊹《徐氏家藏書目・農圃類》 黄龍德《茶説》一卷。

茶寮記

徐𤊹《徐氏家藏書目・農圃類》 陸樹聲《茶寮記》一卷。

錢謙益等《絳雲樓書目・雜藝類》 《茶寮記》。

茶話

徐𤊹《徐氏家藏書目・農圃類》 陳繼儒《茶話》一卷。

茗笈

徐𤊹《徐氏家藏書目・農圃類》 屠本畯《茗笈》三卷。

種蘭書

徐𤊹《徐氏家藏書目・農圃類》 《種蘭書》一卷。吴郡袁晉。

餅花譜

徐𤊹《徐氏家藏書目・農圃類》《餅花譜》一卷。

蘭譜

徐𤊹《徐氏家藏書目・農圃類》《蘭譜》一卷。

老圃一得

徐𤊹《徐氏家藏書目・農圃類》《老圃一得》一卷。

茶事彙輯

徐𤊹《徐氏家藏書目・農圃類》《茶事彙輯》四卷。抄本一名《茶藪》。朱子價、盛仲交校。

異魚圖贊

徐𤊹《徐氏家藏書目・農圃類》《異魚圖贊》二卷。楊慎。

張萱等《内閣藏書目録・雜部》《異魚圖贊》一册。全。嘉靖間楊慎按《西州畫史録》、《南朝異魚圖物》補繪之。慎以其名多踳錯，文不雅馴，乃爲是編三卷，贊八十六首，異魚八十七種。附以螺、貝、蜃、蚶、海錯爲第四卷，贊三十首，海物三十五種。

錢謙益等《絳雲樓書目・雜藝類》楊升菴《異魚圖贊》四卷。補三卷。

嵇璜等《續通志・圖譜略上・記有・動物》明楊慎《異魚圖贊》。

《四庫全書總目提要・譜録類》《異魚圖贊》四卷。浙江鮑士恭家藏本。明楊慎撰。慎有《檀弓叢訓》，已著録。是書前有嘉靖甲辰自序，稱：《西州畫史録》、《南朝異魚圖》將補繪之，予閲其名多踳錯，文不雅馴，乃取萬震、沈懷遠《異物志》，效郭璞、張駿之贊體，或述其成製，或演以新文。句中足徵，言表即見，不必張之粉繪，蹬之藍彩。凡魚圖三卷，贊八十六首，異魚八十七種，附以海錯一卷，贊三十首，海物三十五種。詞旨亦頗古雋，與宋祁《益部方物略》可以頡頏，惟詮釋名義，不過形容厓略，遽云可以代圖，未免自詡之過。且萬震《南州異物志》一卷、沈懷遠《南越志》五卷，僅見於《唐志》，《宋志》已不著録，慎何從而見之，尤出依託？亦就書論書，取其詞藻淹博而已矣。

王西樓野菜譜

高儒《百川書志・農家》《王西樓野菜譜》一卷。皇明高郵王盤著。凡六十種，圖形詠事，俾人易知。按：盤當作磐。

徐𤊹《徐氏家藏書目・農圃類》《野菜譜》一卷。王磐。

黄虞稷《千頃堂書目・農家類》王磐《王西樓野菜譜》一卷。高郵州人。

嵇璜等《續通志・圖譜略・記有・物類》明王磐《野菜譜》。

《四庫全書總目提要・農家類存目》《野菜譜》一卷。兩江總督採進本。舊本題高郵王磐鴻漸撰。磐，明正德、嘉靖間人，嘗誦詠老人燈詩以譏李東陽者，非元之王磐也。前有存白山人序，不著年月姓名。辨其私印，微似「李宫」二字，不知爲何許人。所記野菜凡六十種，題下有註，註後繫以詩歌，又各繪圖於其下。其詩歌多寓規戒，似謡似諺，頗古質可誦。然所收録，不及鮑山書之賅博也。

茶譜

徐𤊹《徐氏家藏書目・農圃類》《茶譜》二卷。顧元慶。

又顧元慶《茶譜》一卷。

黄虞稷《千頃堂書目・食貨類》 顧元慶又《茶譜》二卷。

東籬品彙録

黄虞稷《千頃堂書目・食貨類》 盧璧《東籬品彙録》六卷。【字國賢，南京金吾右衛人，嘉靖戊戌進士，苑馬寺少卿。】

農　説

黄虞稷《千頃堂書目・農家類》 馬一龍《農説》一卷。

《四庫全書總目提要・農家類存目》 《農説》一卷。浙江鮑士恭家藏本。明馬一龍撰。一龍，字負圖，溧陽人。嘉靖丁未進士，官至國子監司業。自序謂：農不知道，知道者又不明農。故天下不務此業而他圖買人之利。閭閻之間力倍而功不半，十室九空，知道者之所深憂。因就田廬作《農説》一章，逐條自爲之註。文頗簡略。

續菌譜

馬國翰《玉函山房藏書簿録・譜録類・草木之屬》 《續菌譜》一卷。並鈔本。明潘之恒撰。補陳書所缺。

茹草編

徐𤊹《徐氏家藏書目・農圃類》 《茹草編》四卷。周履靖。

錢謙益等《絳雲樓書目・農家》 《茹草編》。

黄虞稷《千頃堂書目・農家類》 周履靖《茹草編》四卷。

《明史・藝文志・農家類》 周履靖《茹草編》四卷。

菊　譜

徐𤊹《徐氏家藏書目・農圃類》 《菊譜》一卷。周履靖。

黄虞稷《千頃堂書目・食貨類》 周履靖《菊譜》一卷。

學圃雜疏

徐𤊹《徐氏家藏書目・農圃類》 《學圃雜疏》三卷。王世懋。

黄虞稷《千頃堂書目・農家類》 王世懋《學圃雜疏》三卷。

《明史・藝文志・農家類》 王世懋《學圃雜疏》三卷。

《四庫全書總目提要・譜録類存目》 《學圃雜疏》一卷。兩江總督採進本。明王世懋撰。世懋有《却金傳》，已著録。兹編皆記其圃中所有暨聞見所及者，分花、果、蔬、瓜、豆、竹六類，各疏其品目及栽植之法，大致以花爲主，而草木之類則從略。書止一卷，《續説郛》以花疏、果疏各分爲卷者，非也。

澹圃菊譜

祁承㸁《澹生堂藏書目・農家・樹藝》 《澹圃菊譜》一册。二卷。施三捷。

黄虞稷《千頃堂書目・食貨類》 施三捷《澹圃菊譜》二卷。

治圃須知

黄虞稷《千頃堂書目・農家類》 解魯《治圃須知》一卷。

花　譜

黄虞稷《千頃堂書目·食貨類》 静虚子《花譜》一卷。

花　疏

徐𤊹《徐氏家藏書目·農圃類》 《花疏》六卷。高元濬。

黄虞稷《千頃堂書目·食貨類》 高元濬《花疏》六卷。

齊民要書

黄虞稷《千頃堂書目·農家類》 温純《齊民要書》一卷。

《明史·藝文志·農家類》 温純《齊民要書》一卷。

樹藝篇

錢謙益等《絳雲樓書目·農家》 《樹藝篇》。

樹藝考

黄虞稷《千頃堂書目·農家類》 李德紹《樹藝考》。字子問，鄞縣人。光禄寺監事。

《明史·藝文志·農家類》 李德紹《樹藝考》二卷。

三徑怡閑録

祁承㸁《澹生堂藏書目·農家·樹藝》 《三徑怡閑録》二册。二卷。高濂輯。

黄虞稷《千頃堂書目·食貨類》 高濂《三徑怡閑録》二卷。

草花譜

黄虞稷《千頃堂書目·食貨類》 東會王《草花譜》一卷。

亳州牡丹志

徐𤊹《徐氏家藏書目·農圃類》 《亳州牡丹志》一卷。

黄虞稷《千頃堂書目·食貨類》 《亳州牡丹志》一卷。

《四庫全書總目提要·譜録類存目》 《亳州牡丹志》一卷。江蘇巡撫採進本。不著撰人名氏。《千頃堂書目》列朱統鐠《牡丹志》後，疑亦統鐠作也。亳之牡丹始薛蕙，亳之《牡丹志》始薛鳳翔。此本與鳳翔書不同，而簡略殊甚。後附《牡丹雜事》四條。第一條稱神隱者，乃明寧王權之别號。第二條稱上皇召至驪山，當爲唐元宗。第三條稱太祖斷宫嬪腕者，不知爲明爲宋，大抵齊東之語。第四條乃張鎡牡丹會事，皆與亳州無與，不審何以載入也。

蘭譜奥語

徐𤊹《徐氏家藏書目·農圃類》 《蘭譜奥語》一卷。

羅鐘齋蘭譜

徐𤊹《徐氏家藏書目・農圃類》《羅鐘齋蘭譜》二卷。崑山張應文。

黃虞稷《千頃堂書目・食貨類》張應文《羅鐘齋蘭譜》二卷。

閩中海錯疏

徐𤊹《徐氏家藏書目・農圃類》《閩中海錯疏》三卷。屠本畯。

黃虞稷《千頃堂書目・食貨類》屠本畯《閩中海錯疏》三卷。

《四庫全書總目提要・地理類》《閩中海錯疏》三卷。浙閩總督採進本。明屠本畯撰。本畯字田叔,鄞縣人,以門蔭入仕,官至福建鹽運司同知。是書詳誌閩海水族,凡鱗部二卷,共一百六十七種,介部一卷,共九十種,又附非閩産而閩所常有者海粉、燕窩二種。後有自跋,稱將入閩時,太常少卿余公君房曰:"狀海錯來,吾徵閩越而通之,因疏以復云云。"君房者,余寅之字,與本畯同里,爲前輩。書中本畯所附案語,多引四明土産以爲證,蓋即徵閩越而通之之意。中閒又有註「補疏」二字者,則徐𤊹所續也。其書頗與黃衷《海語》相近,而敘述較備,文亦簡核,惟其詞過略,故徵引不能博贍,舛漏亦所未免。如鯊魚一條,《海語》謂鯊有二種,而此書列至十二種,固可稱賅具。然《海語》所謂海鯊、虎頭鯊常以春晦陟於海山,旬日化而爲虎者,此書反遺之。又海鰌一條,《海語》謂其魚長百里,牡蠣聚族其背,曠歲之積,崇十許丈,鰌負以遊,崪屼水面如山,其形容最爲曲盡。而此但以移若山嶽一語槩之,殊未明析。然其辨別名類,一覽了然,頗有益於多識,要亦考地産者所不廢也。

海味索隱

徐𤊹《徐氏家藏書目・農圃類》《海味索隱》一卷。張九峻。

黃虞稷《千頃堂書目・食貨類》張九峻《海味索隱》一卷。

寶坻勸農書

徐𤊹《徐氏家藏書目・農圃類》《寶坻勸農書》一卷。袁黃。

黃虞稷《千頃堂書目・農家類》袁黃《寶坻勸農書》二卷。

《明史・藝文志・農家類》袁黃《寶坻勸農書》二卷。

馬　書

黃虞稷《千頃堂書目・食貨類》楊時喬《馬書》十四卷。

牛　書

祁承㸁《澹生堂藏書目・農家・牧養》《牛書》四册。十二卷。楊時喬輯。

黃虞稷《千頃堂書目・食貨類》楊時喬又《牛書》十二卷。

牛　經

黃虞稷《千頃堂書目・食貨類》賈□□《牛經》四卷。

茶　經

徐𤊹《徐氏家藏書目・農圃類》《茶經》一卷。崑山張謙德。

閩中荔枝譜

祁承㸁《澹生堂藏書目·農家·樹藝》 《閩中荔枝譜》一册。八卷。屠本畯考訂。大板。

黄虞稷《千頃堂書目·食貨類》 屠本畯《閩中荔枝譜》八卷。

茶　疏

徐𤊹《徐氏家藏書目·農圃類》 許然明《茶疏》一卷。

黄虞稷《千頃堂書目·食貨類》 許然明《茶疏》一卷。

《四庫全書總目提要·譜録類存目》 《茶疏》一卷。內府藏本。明許次紓撰。次紓字然明，錢塘人。是書凡三十九則，論採摘、收貯、烹點之法頗詳，中間擇水一條，誤以金山頂上井爲中泠泉，考證殊爲疎舛。

療馬集

《四庫全書總目提要·醫家類存目》 《療馬集》四卷。《附録》一卷。內府藏本。明喻仁、喻傑同撰。仁、傑皆六安州馬醫。其書方論頗簡明。附録一卷，則醫駝方也。

牡丹史

徐𤊹《徐氏家藏書目·農圃類》 《牡丹史》四卷。

《四庫全書總目提要·譜録類存目》 《牡丹史》四卷。內府藏本。明薛鳳翔撰。鳳翔，字公儀，亳州人。由例貢仕至鴻臚寺少卿。明時亳中牡丹最盛，鳳翔家園種藝尤多，因著是編，蓋本歐陽修譜而推廣之。然記一花木之微，至於規倣史例，爲紀、表、書、傳、外傳、别傳、花考、神異、方術、藝文等目，則明人粉飾之習，不及修譜之簡質有體矣。

黄虞稷《千頃堂書目·食貨類》 薛鳳翔《牡丹史》四卷。

牡丹志

黄虞稷《千頃堂書目·食貨類》 朱統鐳《牡丹志》。

叢桂牡丹譜

黄虞稷《千頃堂書目·食貨類》 朱安氿《叢桂牡丹譜》一卷。

荔枝乘

徐𤊹《徐氏家藏書目·農圃類》 《荔枝乘》一卷。曹蕃。

黄虞稷《千頃堂書目·食貨類》 曹蕃《荔枝乘》一卷。

荔枝通譜

徐𤊹《徐氏家藏書目·農圃類》 《荔枝通譜》八卷。徐𤊹。

黄虞稷《千頃堂書目·食貨類》 徐𤊹《荔枝通譜》十六卷。【鄧慶采補。】

《四庫全書總目提要·譜録類存目》 《荔枝通譜》十六卷。編修汪如藻家藏本。明鄧慶宷撰。慶宷字道協，福州人。是書以諸家荔枝譜輯爲一篇，故曰通譜。凡蔡襄譜一卷，徐𤊹譜七卷，慶宷所自爲譜六卷，附宋珏譜一卷，曹蕃譜一卷。

灌園史

黃虞稷《千頃堂書目·農家類》 陳詩教《灌園史》四卷。

周中孚《鄭堂讀書記補逸·譜録類》 《灌園史》四卷。原刊本。明陳詩教編。詩教字四可。秀水人。四可嘗撰《花裏活》三卷，輯古今花卉故實，按代分編，見《四庫全書存目》。是編殆其後取《花裏活》重編而改名者也。凡分古獻、今刑二類，類各爲前後二卷。古獻則集古韻事，按時代爲次。今刑則彙諸家種植遺法。然皆不著所出，不脱明季人習氣。惟較之《花裏活》以秦宫爲比者，差勝之耳。前有萬曆丙辰自序、凡例及陳眉公繼儒題詞二篇。

花史左編

《四庫全書總目提要·譜録類存目》 《花史左編》二十七卷。江蘇巡撫採進本。明王路撰。路字仲遵，嘉興人。此書皆載花之品目故實，分類編輯。屬辭隸事，多涉佻纖，不出明季小品之習。今此本二十七卷，無日華序，而前有陳繼儒序，與路所作小引，皆稱二十四卷。又此本二十五卷花之友、二十七卷花之器，皆題潭雲宣猷馭雲子補，二十二卷花塵，題百花主人輯，則路書本二十四卷，此三卷乃後人所補入，而刊書者併爲一目耳。又路小序稱此書爲左編，别有右編爲花之辭翰，約一十二卷，蓋有其名而未成書者也。

《浙江通志》載王路《花史》二十四卷，有天啟元年李日華序。

黃虞稷《千頃堂書目·食貨類》 王路《花史左編》二十四卷。

花　史

《四庫全書總目提要·譜録類存目》 《花史》十卷。内府藏本。明吴彥匡撰。彥匡爵里未詳。是書蓋本常熟蔣養菴《花編》、松江曹介人《花品》二書推而廣之，得百有餘種。每一花爲一類，各加神品、妙品、佳品、能品、具品、逸品標目，附以前人遺事及咏花詩歌，大都以意爲之，所品第不必皆確也。

花　編

祁承㸁《澹生堂藏書目·農家·樹藝》 《花編》二册。六卷。蔣以化。

黃虞稷《千頃堂書目·食貨類》 蔣以化《花編》四卷。

花　品

徐𤊹《徐氏家藏書目·農圃類》 《花品》一卷。曹蕃。

茶　約

《四庫全書總目提要·譜録類存目》 《茶約》一卷。兩淮鹽政採進本。明何彬然撰。彬然字文長，一字甯野，蘄州人。是書成於萬曆己未，略倣陸羽《茶經》之例，分種法、審候、採擷、就製、收貯、擇水、候湯、器具、醞飲九則，後又附茶九難一則。

筍　譜

嵇璜等《續通志·圖譜略上·記有·植物》 明釋真一《筍譜》。

《四庫全書總目提要·譜録類存目》 《筍梅譜》二卷。兩淮鹽政採進本。明釋真一撰。真一居杭州法華山龍歸塢，其地多筍，梅花亦極盛，因各爲作譜。書成於天啟七年。

梅譜

嵇璜等《續通志・圖譜略上・記有・植物》 明釋真一《梅譜》。

《四庫全書總目提要・譜録類存目》 《筍梅譜》二卷。兩淮鹽政採進本。 明釋真一撰。真一居杭州法華山龍歸塢，其地多筍，梅花亦極盛，因各爲作譜。書成於天啟七年。

汝南圃史

黄虞稷《千頃堂書目・農家類》 周文華《汝南圃史》十二卷。吴人。（吴補）。

《四庫全書總目提要・譜録類存目》 《汝南圃史》十二卷。浙江巡撫採進本。 明周文華撰。文華字含章，蘇州人。前有萬曆庚申陳元素序，稱之曰光禄君，不知爲光禄何官也。文華自序稱：因見允齋《花史》，嫌其未備，補葺是書。凡分月令、栽種、花果、木果、水果、木本花、條刺花、草本花、竹、木、草、蔬菜、瓜豆十二門。皆敘述栽種之法，間以詩詞，大抵就江南所有言之，故河北蘋婆、嶺表荔支之屬，亦不著録，較他書剽剟陳言、侈陳珍怪者較爲切實。惟分部多有未確，如西瓜不入瓜豆而入水果，枸杞不入條刺而入菜蔬，皆非其類。

農遺雜疏

黄虞稷《千頃堂書目・農家類》 徐光啓《農遺雜疏》五卷。

《明史・藝文志・農家類》 徐光啓《農遺雜疏》五卷。

羣芳譜

毛晉《汲古閣書跋》 《羣芳譜》。譜羣芳者何，凡兩間之夭喬無不卉也，無不芳也。故桐以乳拚，莽以旗蔽，稻、麻、黍、麥落其獲者稱以穗，榛、梗、楠、梓取其材者著以本。之數者，孰非含蘤吐萼香造化之精英也耶？譜之者，敍其類也。客有嘲之而且詰曰：品物有萬，不出一色一香。小者南强，大者北勝，業已九命而榮辱之矣。甚且寵木爲仙，尊艸爲帝，呼花爲聖人，奚啻氏錦心而郎繡腹也。段記室之廣植，足裨見聞；陸師農之埤雅，實資荒漏。則兹編者，弗既贅疣乎？予曰：吁！胡爾見之逕庭也。錦銅之天不設，誰悟蕉迷；紅雲之宴久虚，疇司花禁。是以楊雄之舊菜增伽，小菰非誤；崔融之瓦松作賦，昨葉何殊。人第謂草木顯繡，蟠紅而顧青，豈知荏葦乎性，乃霜辛而露酸矣。新城憲伯王公，嘗讀氾氏之書，深悲無稷；每稽尹君之録，差可徵葵。嵇含僅狀夫南方，張騫略采乎西域。此雖后圃云未能灌園，誠不足也。況徹六合之外、八荒之表乎？是願世有神瓜，人爲桂父，冥鬱蔭如何之樹，翠奚飡重思之米，墮英舞山香之曲，相贈殿婪尾之春。其爲書也，顯集幽通，横罄竪窮。鼓吹農皇，臣妾國風。碧杜紅蘅，男紫女青。葳蕤擬貌，穲稏成形。湖目思蓮，醻面呪桃。引之齊趙，鼻選舌交。至鞞釋之佉，曼殊之沙，可散而可貫者，皆佛國鹿苑之華。又存而不論者也，更若文章之樹瓏璁，科名之草茸茸，調五宜而進百益者，無非九錫吾之王公。謹敍。海虞門人毛鳳苞頓首拜譔。

《明史・藝文志・農家類》 王象晉《羣芳譜》二十八卷。

嵇璜等《續通志・圖譜略上・記有・植物》 明王象晉《羣芳譜》。

《四庫全書總目提要・譜録類存目》 《羣芳譜》三十卷。内府藏本。 明王象晉撰。象晉字藎臣，山東新城人，萬曆甲辰進士，官至浙江右布政使。是書凡天譜三卷、歲譜四卷、穀譜一卷、蔬譜二卷、果譜四卷、茶竹譜三卷、桑麻葛苧譜一卷、藥譜三卷、木譜三卷、花譜三卷、卉譜二卷、鶴魚譜一卷，略於種植而詳於療治之法與典故藝文，割裂餖飣，頗無足取。聖祖仁皇帝詔儒臣删其踳駁，正其舛謬，復爲拾遺補闕，成《廣羣芳譜》一書，昭示萬世。覆視是編，真已陳之土苴矣。

野菜博録

黄虞稷《千頃堂書目・農家類》 鮑山《野菜博録》三卷。（吴補）。

《四庫全書總目提要・農家類》《野菜博録》四卷。浙江鮑士恭家藏本。明鮑山撰。山字元則，號在齋，婺源人。嘗入黃山，築室白龍潭上七年，備嘗野蔬諸味。因次其品彙，別其性味，詳其調製，著爲是編。分草部二卷，木部二卷。草部葉可食者，自大藍至秋角苗一百四十二種。木部葉可食者，自茶樹柯至藩籬枝五十九種。花可食者，自臘梅至檽齒五種。實可食者，自青舍子條至野葡萄二十五種。花實可食者，槐樹、欒華木、房木三種。葉實可食者，杏樹至石榴十九種。花葉實俱可食者，松樹至旁其五種。葉皮實俱可食者，榆錢至老兒樹四種。竝圖繪其形，以備荒歲。蓋明之末造，饑饉相仍。山作此書，亦仁者之用心乎。自序記所得凡四百數十種，而是編所載僅二百六十二種，蓋又有所試驗去取歟？所録廣於王磐《野菜譜》，較明周定王《救荒本草》亦互有出入。木饑、金穰，理可先知。堯水、湯旱，數亦莫遁。有備無患，不厭周詳。苟其有益於民命，則王道不廢焉。書雖淺近，要亦荒政之一端也。

荔枝譜

徐𤊹《徐氏家藏書目・農圃類》 鄧慶采《荔枝譜》一卷。

嵇璜等《續通志・圖譜略上・記有・植物》 鄧慶宷《荔枝通譜》。

《四庫全書總目提要・譜録類存目》《荔支通譜》十六卷。編修汪如藻家藏本。明鄧慶宷撰。慶宷字道協，福州人。是書以諸家荔支譜輯爲一篇，故曰通譜。凡蔡襄《譜》一卷，徐𤊹《譜》七卷，慶宷所自爲《譜》六卷，附宋珏《譜》一卷，曹蕃《譜》一卷。蔡譜尚已，徐譜所收如《十八娘別傳》之類，鄧譜所收如《鮑山荔支夢》之類，皆近傳奇。宋譜福業諸說，不脱明人小品習氣。曹譜差簡質。猶有古格。

周中孚《鄭堂讀書記補逸・譜録類》《荔枝通谱》十六卷。原刊本。明鄧慶宷撰。

灌園草木識

徐𤊹《徐氏家藏書目・農圃類》《灌園草木識》六卷。陳正學。

黃虞稷《千頃堂書目・食貨類》 陳正學《灌園草木識》六卷。

農政全書

黃虞稷《千頃堂書目・農家類》 徐光啓《農政全書》六十卷。

《明史・藝文志・農家類》 徐光啓《農政全書》六十卷。

《四庫全書總目提要・農家類》《農政全書》六十卷。兵部侍郎紀昀家藏本。明徐光啟撰。光啟有《詩經六帖》，已著録。是編總括農家諸書，裒爲一集。凡農本三卷，皆經史百家有關民事之言，而終以明代重農之典。次田制二卷，一爲井田，一爲歷代之制。次農事六卷，自營制、開墾以及授時、占候，無不具載。次水利九卷，備録南北形勢，兼及灌溉器用諸圖譜。後六卷則爲《泰西水法》。考《明史》光啟本傳，光啟從西洋人利瑪竇學天文、曆算、火器，盡其術。崇禎元年，又與西洋人龍華民、鄧玉函、羅雅谷等同修《新法曆書》。故能得其一切捷巧之術，筆之書也。次爲農器四卷，皆詳繪圖譜，與王禎之書相出入。次爲樹藝六卷，分穀、蓏、蔬、果四子目。次爲蠶桑四卷，又蠶桑廣類二卷。廣類者，木棉、蔴苧之屬也。次爲種植四卷，皆樹木之法。次爲牧養一卷，兼及養魚、養蜂諸細事。次爲製造一卷，皆常需之食品。次爲荒政十八卷，前三卷爲備荒，中十四卷爲《救荒本草》，末一卷爲《野菜譜》，亦類附焉。其書本末咸該，常變有備。蓋合時令、農圃、水利、荒政數大端，條而貫之，滙歸於一。雖採自諸書，而較諸書各舉一偏者，特爲完備。《明史》稱光啟編修《兵機》、《屯田》、《鹽筴》、《水利》諸書，又稱其負經濟才，有志用世。於此書亦略見一斑矣。

張之洞《書目答問・農家》《農政全書》六十卷。明徐光啟。通行本。

致富奇書

祁承㸁《澹生堂藏書目・農家》《致富奇書》二册。二卷。

馬國翰《玉函山房藏書簿録・農家類》《致富奇書》四卷。刊本。舊題陶朱公撰。依託爲之。然於日用事物，類記詳晰，文亦淺顯易曉。

養餘月令

黄虞稷《千頃堂書目·農家類》 戴羲《養餘月令》三十卷。（吴補）。

《四庫全書總目提要·時令類存目》 《養餘月令》二十九卷。浙江巡撫採進本。明戴羲撰。羲字馭長，里貫未詳。崇禎中官光禄寺典簿。其書分紀歲序，而附以蠶、魚、竹、牡丹、芍藥、蘭、菊諸譜，鈔撮舊籍，無所發明。

田家月令

徐𤊹《徐氏家藏書目·農圃類》 《田家月令》一卷。陳鳴鶴。

黄虞稷《千頃堂書目·農家類》 陳鳴鶴《田家月令》一卷。

《明史·藝文志·農家類》 陳鳴鶴《田家月令》一卷。

四季須知

徐𤊹《徐氏家藏書目·農圃類》 《四季須知》三卷。吴嘉言。

黄虞稷《千頃堂書目·農家類》 吴嘉言《四季須知》二卷。

《明史·藝文志·農家類》 吴嘉言《四季須知》二卷。

救荒野譜

周中孚《鄭堂讀書記補逸·農家類》 《救荒野譜》一卷。借月山房彙鈔本。明姚可成撰。里貫未詳。崇禎壬午歲大饑，人相食。姚氏因從李東垣《食物本草》中，輯其草類六十種，又補遺草類四十五種，木類十五種，各爲之圖，冠以歌訣，以便人之易識，易記。復恐人或未識，莫知所用，或味螫口，用亦不適，乃以煑豆之法通之，則所遇草木，種種可口，故附晉劉景先《救荒辟穀簡易方》、唐孫思邈《救荒辟穀簡便奇方》、宋黄庭堅《救荒煑豆法》於後，其用心良苦。蓋周定王《救荒本草》、王磐《野菜譜》、鮑山《野菜博録》之類，而又詳著其用法者也。

沈氏農書

《四庫全書總目提要·農家類存目》 《沈氏農書》一卷。編修程晉芳家藏本。案：此編爲桐鄉張履祥所刊，稱漣川沈氏撰，不知沈氏爲誰也。其書成於崇禎末。履祥以其有益於農事，因重爲校定。具列藝穀、栽桑、育蠶、畜牧諸法，而首以月令以辨趨事赴功之宜。沈氏爲湖州人，故所述皆吴中土宜，與陳旉、王禎諸本互有出入。近時朱坤已刻入《楊園全書》中，而曹溶《學海類編》亦備載之云。

蘭易

《四庫全書總目提要·譜録類存目》 《蘭易》一卷。附録《蘭易十二翼》一卷。《蘭史》一卷。浙江巡撫採進本。是書上卷爲《蘭易》，一名《天根易》，題宋鹿亭翁撰。朱彝尊《經義考》載其自序云：《蘭易》始於《復》，故曰天根。又載馮京序云：「《蘭易》一卷，受之四明山中田父，書端稱鹿亭翁著。按《郡縣志》，山有鹿亭，今迷不知處，無問作者姓氏矣，要是宋代隱者」云云。此本已無自序，蓋傳寫佚之。其書以復、臨、泰、大壯、夬、乾、姤、遯、否、觀、剥、坤十二月卦爲蘭消長之機，每卦各綴以詞，其文如《彖》，下又各繫以詞，其文如《象傳》。備述出納栽培之法，蓋戲仿《周易》爲《蘭譜》耳。又附口訣二條、蘭月令十二章，不知誰作。下卷爲《蘭易十二翼》，述養蘭宜忌十二條，題曰蕈溪子。考《經義考》載馮京序此本，題曰蕈溪子，則蕈溪子即京也。其序稱鹿亭翁爲宋代隱者，則非宋之馮京，當别一人而同姓名矣。末爲《蘭史》一卷，亦題蕈溪子撰。首列《蘭表》，依《漢書·古今人表》例，分列九等，而下中、下下二等，闕而不録。次爲《蘭本紀》，所列凡三種。次爲《蘭世家》，所列凡十一種。次爲《蘭列傳》，所列凡二十種。次爲《蘭外紀》，所列凡九種。次爲《蘭外傳》，所列凡五種。蓋鹿亭翁戲擬經，京既戲擬傳，又戲擬史也。其《蘭易》爲詞人狡獪之作，與《易》義本無所涉。朱彝尊列之擬經門中，殊乖體例，今竝改列之譜録，庶存其真焉。

清分部

銜蟬小録

丁仁《八千卷樓書目・譜録類・草木蟲魚之屬》《銜蟬小録》四卷。國朝孫蓀薏撰。刊本。

醯略

丁仁《八千卷樓書目・譜録類・飲饌之屬》《醯略》四卷。國朝趙信撰。刊本。抄本。

飽有十二合説

丁仁《八千卷樓書目・譜録類・飲饌之屬》《飽有十二合説》一卷。國朝張英撰。《昭代叢書》本。

釋穀

丁仁《八千卷樓書目・譜録類・飲饌之屬》《釋穀》四卷。國朝劉寶楠撰。廣雅局本。《續經解》本。

煙譜

丁仁《八千卷樓書目・譜録類・飲饌之屬》《煙譜》一卷。國朝陸耀撰。《昭代叢書》本。

勇盧間詰

丁仁《八千卷樓書目・譜録類・飲饌之屬》《勇盧間詰》一卷。國朝趙之謙撰。仰視千七百二十九鶴齋本。

談虎

丁仁《八千卷樓書目・譜録類・草木蟲魚之屬》《談虎》一卷。國朝趙彪詔撰。《昭代叢書》本。

然犀志

丁仁《八千卷樓書目・譜録類・草木蟲魚之屬》《然犀志》二卷。國朝李調元撰。《函海》本。

羽族通譜

馬國翰《玉函山房藏書簿録・譜録類・禽魚之屬》《羽族通譜》一卷。國朝蕭山來集之元成撰。雜記諸鳥，極有義類。

花鳥春秋

馬國翰《玉函山房藏書簿録・譜録類・禽魚之屬》《花鳥春秋》一卷。國朝張潮撰。分十二月紀花鳥之候，兼用春秋、月令二體。有女史許和雲跋。

九穀考

李慈銘《越縵堂讀書記・農家類》《九穀考》。清程瑶田撰。

程瑶田《九穀考》，最稱精覈，然其辨粱爲今之小米，其在田時曰禾，禾實曰粟，粟實曰米，米名曰粱。北方人食以粟爲主，故但呼穀呼米，猶南人食以秔即稻爲主，亦但呼稻爲穀爲米。禾、粟、米本粱之專稱，而黍、稷、穀亦假借通稱之，其説皆是。而謂在北時嘗目驗小米之白苗穀黑米白者黏，赤苗穀黄者亦有黏，赤苗穀赤者最黏，則予嘗徧詢南北人，俱言未見小米有黏者。又以爲小米之采俗作穗獨垂而向根，故禾字象形，然稻采亦下垂，惟高粱即稷黍麥等不爾。同治壬申（一八七二）八月初八日。

閲《九穀考》。程氏以高粱爲稷，以黄小米爲粱，以䵚子穄子爲黍，而禾粟皆歸之小米。段氏從之。邵氏以黄小米爲稷，以高粱爲黍，鈕氏從之，而疑高粱古不入九穀。郝氏以大黄米爲黍，以小米爲稷，而稷又包高粱。案程邵郝三君之言，皆得於目驗，而不同如此。鈕駁程説，而尚主顔師古之説，謂黍稷一物二名，則誤矣。古者人君，子卯稷食，又庶人稷食，以稷爲疏糲，故人君惟忌日食之，而庶民以爲常食。聖人重民食，故以稷爲百穀之長。今北方人皆以小米爲常食，色黄而粒細，入口疏燥。稷者屑也，細散之稱，故霰曰稷雪。高粱粒大而色紅，非稷可知。《月令》中央土，食稷與牛，稷牛皆象土色，而古以季夏之月爲土，天子惟是月食稷，亦薄滋味之義。若粱則古人以爲精鑿，故曰膏粱，曰粱肉，曰持粱齒肥，必非今之小米。是小米爲稷之説，萬無可疑也。至黍之爲䵚爲穄爲高粱，粱之爲今何穀，則不能强斷矣。京師人卻呼䵚子之黏者爲黍子，亦未必本于古稱耳。同治癸酉（一八七三）閏六月三十日。

彰明附子記

馬國翰《玉函山房藏書簿録・譜録類・草木之屬》《彰明附子記》一卷。舊題東蜀楊天惠撰。記綿州所屬之彰明縣赤水、廉水、會昌、昌明四鄉所出附子、農夫歲種甚詳。惟合烏頭、萴子、天雄、漏藍爲一，與《本草圖經》小異。後附無名氏説辨論之。

花底拾遺

馬國翰《玉函山房藏書簿録・譜録類・草木之屬》《花底拾遺》一卷。並《昭代叢書》本。國朝黎遂球撰。類集花事凡五十餘則。

補花底拾遺

馬國翰《玉函山房藏書簿録・譜録類・草木之屬》《補花底拾遺》一卷。國朝張潮撰。補黎書之缺，凡五十八則。自序稱黎作「東約芬芳，平章佳麗」，蓋自道云。

別本禽經

馬國翰《玉函山房藏書簿録・譜録類・禽魚之屬》別本《禽經》一卷。國朝馬驌輯。以陸佃《埤雅》、王楙《野客》所引《禽經》今本皆不載，乃廣爲搜採以補之。

晴川蟹録

《四庫全書總目提要・譜録類存目》《晴川蟹録》四卷。《後録》四卷。浙江吳玉墀家藏本。國朝孫之騄撰。之騄所輯《尚書大傳》已著録。是編搜採蟹之詩文故實，分譜録、事録、文録、詩録四門。《後録》又分事典、賦詠、食憲、拾遺四門。餖飣掇拾，冗雜無緒，在《晴川八識》之中，最爲下乘，遠不逮傅肱、高似孫二家書也。

蛇譜

《四庫全書總目提要・譜録類存目》《蛇譜》一卷。安徽巡撫採進本。國朝陳鼎撰。此書記蛇之異者凡六十三則，大抵皆蠻荒異怪之談，不足徵信。其五十三則以後皆録《山海經》之文，尤爲勦説。

名花譜

《四庫全書總目提要・譜録類存目》《名花譜》一卷。兩淮鹽政採進本。舊本題西湖居易主人撰，不著名氏，亦無序跋。其書雜鈔《羣芳譜》之類而成，蓋近人作。所列凡九十二種，而附以瓶花訣、盆種訣、十二月花木訣。所言種植之法，挂漏不詳。間附故實，尤冗雜無緒。觀其開卷敘梅一段，字句凡鄙，引用謬誤，不過粗識文義之人偶然鈔録成册耳。

畫眉筆談

《四庫全書總目提要・譜録類存目》《畫眉筆談》一卷。安徽巡撫採進本。國朝陳均撰。均字康疇，歙縣人。是書皆記豢養畫眉鳥之事，本不足道，然養鷹諸法，古人著録，姑存其目，以備博物之一端。

釋草小記

周中孚《鄭堂讀書記・譜録類二・草木鳥獸蟲魚》《釋草小記》二卷。《通藝録》本。國朝程瑤田撰。瑤田仕履見書類。皆所著釋草之文，凡十六篇，并繪以圖。所釋多《夏小正》、《月令》、《毛詩》、《爾雅》之所具。一經疏通而證明之，而經義頓明，繆説立見，足以爲多識之一助云。

釋蟲小記

周中孚《鄭堂讀書記・譜録類二・草木鳥獸蟲魚》《釋蟲小記》一卷。《通藝録》本。國朝程瑤田撰。皆其所作釋蟲之文，凡六篇，間繫以圖。其格物之精，用心之細，由其讀書能旁穿變通，故能別黑白而定一尊也。

周中孚《鄭堂讀書記補逸・譜録類・蟲魚》《釋蟲小記》一卷。《通藝録》本。國朝程瑤田撰。仕履見經部書類。讓堂既作《釋草小記》，乃復爲是記以釋蟲魚。凡六篇，間繫以圖，考核精細，深有資於格物。蓋其讀書，本能旁穿交通者也。

箋卉

《四庫全書總目提要・譜録類存目》《箋卉》一卷。安徽巡撫採進本。國朝吳菘撰。菘字綺園，歙縣人。黃山僧雪花嘗以黃山所産諸卉繪爲圖，宋犖爲題句，菘因各爲作箋，凡三十五條。

農器圖

嵇璜等《清通志・圖譜略一・御定・政典》《農器圖》。謹按：是圖自初耕以至納稼，爲器十具，命工寫於多稼軒中。伏讀天章，於民生本務，不啻三致意焉。

親蠶圖

嵇璜等《清通志・圖譜略一・御定・物類》《親蠶圖》。謹按：是圖恭紀孝賢皇后親蠶之典，藏諸蠶館，用以昭農桑並重之至意。

瑞穀圖

嵇璜等《清通志・圖譜略一・物類》《瑞穀圖》。謹按：雍正二年三年，自帝籍御園，及兩河、三晉、江省嘉禾叢生，侍郎臣蔣廷錫繪爲總圖，並獻頌紀瑞。

瑞蔬圖

嵇璜等《清通志・圖譜略一・物類》《瑞蔬圖》。謹按：雍正三年十月，宣示御園萊菔九枝連蔕，侍郎臣蔣廷錫繪圖獻頌，以表庥徵。

十蔬圖

嵇璜等《清通志・圖譜略一・物類》《十蔬圖》。謹按：乾隆丙寅年，上命剪園蔬賜大學士并内廷翰林等，臣蔣溥繪《十蔬圖》以進。仰蒙御題，永爲藝林盛事。

西清古鑑

嵇璜等《清通志・圖譜略一・物類》《西清古鑑》。謹按：乾隆十四年奉命内廷諸臣考訂御府所藏彝器，繪其形模，備摹欵識，不特鑑古之精，三代法物，穆乎如見。

鵞鸞爾圖

嵇璜等《清通志・圖譜略一・物類》《鵞鸞爾圖》。謹按：是鳥乃尚書臣阿桂還自伊犁所獻，郎世寧奉敕恭繪。時西域既屯且城，實綏遠之徵，殊方瑞應也。

白鷹圖

嵇璜等《清通志・圖譜略一・物類》《白鷹圖》。謹按：此鳥爲喀爾喀貝勒阿約爾所進，較越裳獻雉嚮化更遠矣。

愛烏罕四駿圖

嵇璜等《清通志・圖譜略一・物類》《愛烏罕四駿圖》。謹按：是圖乃臣金廷標奉敕恭繪，以補郎世寧畫所未到。

如意驄圖

嵇璜等《清通志・圖譜略一・物類》《如意驄圖》。謹按：準噶爾進大宛馬，臣郎世寧奉敕恭繪，並錫嘉名，用示招徠。

十駿圖

嵇璜等《清通志・圖譜略一・物類》《十駿圖》。謹按：十駿皆外藩所進，爲天閑上駟。臣郎世寧奉敕恭繪。

國學瑞槐圖

嵇璜等《清通志・圖譜略一・物類》《國學瑞槐圖》。謹按：國學古槐於乾隆辛未歲重榮，大學士臣蔣溥繪圖以進。復荷睿題，蔚爲人文嘉瑞。

異魚圖贊補

稽璜等《清通志・圖譜略二・物類》 胡世安《異魚圖贊補》。謹按：胡世安以楊慎《異魚圖贊》多所闕漏，因摭其遺脱，作爲此編。

《四庫全書總目提要・譜録類》 《異魚圖贊補》三卷。《閏集》一卷。浙江巡撫採進本。國朝胡世安撰。是書前有自序，題「萬曆戊午」，乃其未第時所作。以楊慎《異魚圖贊》尚多所闕漏，因摭其遺脱，作爲此編。凡魚類補一百五十四種，爲贊五十七首。海錯類補三十八種，爲贊二十八首。又《閏集》一卷，魚三十餘種。冠以「摩竭海多非常之魚」，亦各爲之贊。而其子璞及其門人雷琯等共加箋釋。《閏集》所載，與目録多不相應，前後舛互，贊文亦往往闕佚，疑當日修改未竟之本也。慎之作贊，雖屬文人游戲之筆，而源出郭璞，要自古雋可觀。世安續加仿傚，其徵據典博，亦不失爲馴雅，與慎書相輔以行，於水族品目亦略備矣。

異魚圖贊箋

稽璜等《清通志・圖譜略二・物類》 胡世安《異魚圖贊箋》。謹按：楊慎《異魚圖贊》間有自注，僅標所據書名，未暇備引其説。世安既爲之補，又博採傳記，以爲之箋。

《四庫全書總目提要・譜録類》 《異魚圖贊箋》四卷。浙江巡撫採進本。國朝胡世安撰。世安有《大易則通》，已著録。楊慎《異魚圖贊》間有自註，僅標所據書名，未暇備引其説。世安既爲之補，又於崇禎庚午博採傳記以爲之箋，徵引頗極繁富。其名實舛互者於目録之中各爲駁正，亦殊有辨證。惟貪多嗜博，挂漏轉多，或贊中所引而失註，如赤鯉下「務光憤世」之類，或自註明云據某書者，而亦失證，如魴魚下《河雒記》引諺之類，而前代故實絶無關於名義者，乃支離曼衍，累牘不休。是徵事之書，非復訓詁之體。然其搜採典籍，實爲博贍，故殊形詭狀，一一皆有以考辨其源流，雖不免糅雜之譏，亦未始非識小之一助也。

苔譜

稽璜等《清通志・圖譜略二・物類》 汪憲《苔譜》。謹按：是編雜録苔之故實、詞句，凡六卷。

《四庫全書總目提要・譜録類存目》 《苔譜》六卷。浙江巡撫採進本。國朝汪憲撰。憲有《説文繫傳考異》，已著録。是編雜録苔之文句、故實。卷一曰釋名、卷二曰總敘苔、卷三曰諸品苔、卷四卷五曰苔生處所、卷六曰雜録。

烏衣香牒

稽璜等《清通志・圖譜略二・物類》 陳邦彦《烏衣香牒》。謹按：是編皆採摭燕事，凡分八門。

《四庫全書總目提要・譜録類存目》 《烏衣香牒》四卷。浙江巡撫採進本。國朝陳邦彦撰。邦彦字世南，此本題匏廬道人，其自號也。海寧人。康熙癸未進士，官至内閣學士兼禮部侍郎。《烏衣香牒》皆採摭燕事，凡分八門。前有乾隆戊午邦彦自序云分爲三卷，而此多一卷，疑刊刻之時分四卷，以均頁數，而序則未及追改耳。

春駒小譜

稽璜等《清通志・圖譜略二・物類》 陳邦彦《春駒小譜》。謹按：是編皆採摭蝶事，分爲五門。蒐羅甚廣，可供談助。

《四庫全書總目提要・譜録類存目》 《春駒小譜》二卷。浙江巡撫採進本。國朝陳邦彦撰。邦彦字世南，此本題匏廬道人，其自號也。海寧人。康熙癸未進士，官至内閣學士兼禮部侍郎。《春駒小譜》皆採摭蝶事，分爲五門，蓋欲仿宋人《蟹録》之例，以爲談助。然蒐羅雖廣，而考核多疎，一時寄興之作，固不暇於精審也。

菊　譜

錢謙益《絳雲樓題跋》　《菊譜》。屈子云：朝飲木蘭之墜露兮，夕餐秋菊之落英。蓋其遭時鞠窮，衆芳蕪穢，不欲與鷄鶩争食，餔糟啜醨，故以飲蘭餐菊自況，其懷沙抱石之志決矣。悠悠千載，惟陶翁知之。其詩曰：「秋蘭有佳色，裛露掇其英。」《飲酒》、《荆軻》諸篇，撫己悼世，往往相發。曹子桓送菊鍾繇，謂感時遲暮，謹送一束，以助彭老之術，此非知屈子者也。檇李吕翁天遺，雅好蒔菊，自謂有菊癖，述樹藝載植之法，爲《菊譜》一卷。聞翁爲故相文懿公之後，避世牆東。製荷衣，戴擇冠，其斯世遺民，悠然在南山東籬之間者與，抑亦飲蘭餐菊有靈均之志與。嗟乎！人世榮華勢焰，如風花煙草。昔時東陵侯，今爲種瓜人。故相之子，于今爲庶。能以種菊自老，賢于金張七葉多矣。他日訪吕翁之《菊譜》，安知不以爲青門之阡陌乎？鈔本《牧齋有學集補遺題跋》。

倦圃蒔植記

《四庫全書總目提要・譜録類存目》　《倦圃蒔植記》三卷。浙江巡撫採進本。國朝曹溶撰。溶有《崇禎五十宰相傳》，已著録。兹編乃溶自山西陽和道歸里，築室范蠡湖上，名曰倦圃，多植花木其間，因記其圃中所有，分花卉二卷，竹樹一卷，各疏其名品故實及種植之法。溶學本贍博，故引據多有可觀，惟下語頗涉纖仄，尚未脱明季小品積習。前有自序，題康熙甲子。案溶卒於康熙二十四年乙丑，年八十三，則此書乃其晚年游戲之筆也。

北墅抱瓮録

《四庫全書總目提要・譜録類存目》　《北墅抱瓮録》一卷。編修程晉芳家藏本。國朝高士奇撰。士奇有《春秋地名考略》，已著録。此書前有康熙庚午自序，乃其告歸後所作。北墅者，所居别業之名也。墅中蒔植花木頗多，士奇因取果樹、卉、竹、蔬、茹、藥、蔓之類，各疏其形色品狀以爲此編，凡二百二十二種，其敘録頗爲詳備。

竹　譜

嵇璜等《清通志・圖譜略二・物類》　陳鼎《竹譜》。謹按：是編記竹之異者，凡六十條。

《四庫全書總目提要・譜録類存目》　《竹譜》一卷。兩江總督採進本。國朝陳鼎撰。鼎有《東林列傳》，已著録。此書記竹之異者凡六十條。

耕織圖

嵇璜等《清通志・圖譜略一・御定・政典》　《耕織圖》。謹按：是圖各二十幅。昔聖祖仁皇帝廑念農桑，詠其勤苦。幅繫以詩序而刻之，以垂示久遠。伏讀御製賡和詩章，仰見我皇上勤恤民隱，先後同揆，較之《豳風・無逸》更深切著明矣。

廣羣芳譜

嵇璜等《清通志・圖譜略一・御定・物類》　《廣羣芳譜》。謹按：《羣芳譜》乃明王象晉所編。體例尚有未醇，考證亦多疏漏。我聖祖仁皇帝親加釐定，正訛補闕。凡殊方絶域之産，花鏡圃史之書，徵名覈實，一一詳載，以成博物之鴻編，而昭聖朝之隆軌。

《四庫全書總目提要・譜録類》　《御定廣羣芳譜》一百卷。康熙四十七年聖祖仁皇帝御定。蓋因明王象晉《羣芳譜》而廣之也。凡改正其門目者三：以天譜、歲譜併爲天時記，惟述物候榮枯。而天譜之雜述災祥、歲譜之泛陳節序者，俱刪不録。其鶴魚一譜，無關種植，亦無關民用，則竟全刪。改正其體例者四：原本分條標目，前後參差，今每物先釋其名狀，次徵據事實，統標曰彙考。詩文題詠，統標曰集藻。製用移植諸法，統標曰別録。其療治一條，恐參校未精，泥方貽誤，亦竟刊除。至象晉生於明季，不及見太平王會之盛，今則流沙蟠木，盡入版圖，航海梯山，咸通職貢，凡殊方絶域之產，古所未聞者，俱一一詳載，以昭聖朝之隆軌。又象晉以田居閒適，偶爾著書，不能窺天禄、石渠之祕，考證頗疏。其所載者，又多裨販於花鏡、圃史諸書，或迷其出處，或舛其姓名，譌漏不可殫數。今則紬東觀之藏，開西崑之府，泝溯委窮源，詳爲補正，以成博物之鴻編，賜名《廣羣芳譜》，特聖人褒纖芥之善，不没創始之功耳。實則新輯者十之八九，象晉舊文僅存十之一二也。

張之洞《書目答問・史部譜録類・名物之屬》 《廣羣芳譜》一百卷。康熙四十七年敕撰。殿本。重刻通行本。

梭山農譜

稽璜等《清通志・圖譜略二・政典》 劉應棠《梭山農譜》。謹按：是書分耕、耘、穫三卷，詳其器與其事，每條綴以贊詞。

《四庫全書總目提要・農家類存目》 《梭山農譜》三卷。江西巡撫採進本。國朝劉應棠撰。應棠字又許，奉新人。梭山，其所居地也。其書分耕、耘、穫三卷，詳其器與其事，而每條綴一贊詞，每卷又各有小序。詞多借題抒憤，不盡切於農事也。

藝菊志

《四庫全書總目提要・譜録類存目》 《藝菊志》八卷。浙江鮑士恭家藏本。國朝陸廷燦撰。廷燦有《續茶經》，已著録。廷燦居南朔鎮，在槎溪之上，藝菊數畝。王翬爲繪《藝菊圖》，一時多爲題咏。廷燦因廣徵菊事，以作此志。凡分六類：曰考，曰譜、曰法、曰文、曰詩、曰詞，而以《藝菊圖題詞》附之。

續茶經

《四庫全書總目提要・譜録類》 《續茶經》三卷。《附録》一卷。江蘇巡撫採進本。國朝陸廷燦撰。廷燦字秋昭，嘉定人。官崇安縣知縣候補主事。自唐以來，茶品推武夷，武夷山即在崇安境，故廷燦官是縣時，習知其説，創爲草稾，歸田後訂輯成編，冠以陸羽《茶經》原本而從其原目採摭諸書以續之。上卷續其一之源、二之具、三之造。中卷續其四之器。下卷自分三子卷，下之上續其五之煮、六之飲，下之中續其七之事、八之出，下之下續其九之略、十之圖，而以歷代茶法附爲末卷，則原目所無，廷燦補之也。自唐以來閲數百載，凡產茶之地、製茶之法，業已歷代不同，即烹煮器具亦古今多異，故陸羽所述其書雖古，而其法多不可行於今。廷燦一一訂定補輯，頗切實用，而徵引繁富。觀所作《南村隨筆》引李日華《紫桃軒又綴》五臺山凍泉一條，自稱此書失載，補録於彼。其搜採可謂勤矣，録而存之，亦足以資考訂。至於陸羽舊本，廷燦雖用以弁首，而其書久已別行，未可以續補之書掩其原目，故今刊去不載，惟録廷燦之書焉。

茶花譜

稽璜等《清通志・圖譜略二・物類》 樸靜子《茶花譜》。謹按：是編上卷爲花品，凡四十三種。中卷爲咏花之作，下卷則種植之法。

《四庫全書總目提要・譜録類存目》 《茶花譜》三卷。兩淮鹽政採進本。舊本題樸靜子撰，不著名氏。前有康熙己亥自序，蓋其官漳州時所作也。茶花盛於閩南，而以日本洋種爲尤勝。是編上卷爲花品，凡四十三種。其文欲以新雋冷峭學屠隆、陳繼儒之步，而纖佻彌甚。如敘虎班曰：經紅緯白，依稀借機杼於陰陽，非錦之一種而何？不然，騶虞仁獸，血迹安從掩異文，補録雄品，風來樹底，莫教咆哮於芳叢云云。是何等語乎。中卷爲咏花之作，凡七言絶句六十七首。下卷則種植之法也。